AF723918

Torsten Bergemann, Dennis Rühmer, Daniel van Soest

QNAP NAS

Das umfassende Handbuch

Rheinwerk
Computing

Liebe Leserin, lieber Leser,

mit einem NAS von QNAP haben Sie alles, was Sie für die Einrichtung Ihrer persönlichen Cloud benötigen. Die Geräte sind nämlich viel mehr als nur einfache Datenspeicher im Netzwerk, sondern können Aufgaben übernehmen, für die man noch vor einigen Jahren einen »echten« Server benötigt hätte. Fotos können beispielsweise nicht nur zentral gesammelt und mit Freunden und der Familie geteilt werden, sondern es gibt so spannende Zusatzfunktionen wie eine automatische Gesichtserkennung oder eine KI-gestützte Verschlagwortung. Mit diesem Funktionsumfang sind die Geräte nicht nur für das private Heimnetz interessant, sondern können auch in kleinen Firmen oder anderen Organisationen genutzt werden. Überall, wo Sie zuverlässigen Speicher für Backups oder ein zentrales System für den Zugriff von unterwegs brauchen, wird Ihr NAS eine nützliche Ergänzung für Ihre IT-Landschaft sein.

Aber Sie wissen ja: Je mehr ein Gerät kann, desto mehr kann auch schiefgehen. Viele Konfigurationsmöglichkeiten bedeuten auch immer, dass Sie sich tief in die Details einarbeiten müssen, damit alles zufriedenstellend funktioniert.

Dabei hilft Ihnen unser Autorenteam. Torsten Bergemann, Dennis Rühmer und Daniel van Soest stehen Ihnen bei der Inbetriebnahme und der Konfiguration Ihres QNAP-Modells zur Seite. Schritt für Schritt gehen sie mit Ihnen unterschiedliche Anwendungsszenarien durch, damit Sie beispielsweise Ihr NAS in die Domäne Ihres Unternehmens integrieren können, Daten aus Cloud-Speichern gesichert werden oder Sie einfach nur die Backups Ihrer wichtigsten Daten so automatisieren, dass Sie gut schlafen können.

Zum Abschluss noch ein Wort in eigener Sache: Dieses Werk wurde mit großer Sorgfalt geschrieben, geprüft und produziert. Sollte dennoch einmal etwas nicht so funktionieren, wie Sie es erwarten, freue ich mich, wenn Sie sich mit mir in Verbindung setzen. Ihre Kritik und konstruktiven Anregungen sind uns jederzeit willkommen.

Ihr Christoph Meister
Senior Lektor Rheinwerk Computing

christoph.meister@rheinwerk-verlag.de
www.rheinwerk-verlag.de
Rheinwerk Verlag · Rheinwerkallee 4 · 53227 Bonn

Auf einen Blick

TEIL I Alles für den Start

TEIL II Richtig mit dem NAS arbeiten

TEIL III Für Fortgeschrittene, Selbstständige und das Büro

Wir hoffen, dass Sie Freude an diesem Buch haben und sich Ihre Erwartungen erfüllen. Ihre Anregungen und Kommentare sind uns jederzeit willkommen. Bitte bewerten Sie doch das Buch auf unserer Website unter **www.rheinwerk-verlag.de/feedback**.

An diesem Buch haben viele mitgewirkt, insbesondere:

Lektorat Christoph Meister
Korrektorat Petra Bromand, Düsseldorf
Herstellung Nadine Preyl
Typografie und Layout Vera Brauner
Einbandgestaltung Lisa Kirsch
Coverbilder iStock: 1254825733 © shulz; iStock: 1291751221 © PeopleImages
Satz Typographie & Computer, Krefeld, gesetzt aus der TheAntiquaB (9,35 pt/13,7 pt) in FrameMaker
Druck Beltz Grafische Betriebe GmbH, Bad Langensalza

FSC® www.fsc.org MIX Papier aus verantwortungsvollen Quellen FSC® C089473

Dieses Buch wurde mit mineralölfreien Farben auf chlorfrei gebleichtem und FSC®-zertifiziertem Offsetpapier (90 g/m²) gedruckt.

Der Umwelt zuliebe wurde es ohne Folienkaschierung hergestellt und auf die Einschweißfolie wurde verzichtet.

Hergestellt in Deutschland.

Das vorliegende Werk ist in all seinen Teilen urheberrechtlich geschützt. Alle Rechte vorbehalten, insbesondere das Recht der Übersetzung, des Vortrags, der Reproduktion, der Vervielfältigung auf fotomechanischen oder anderen Wegen und der Speicherung in elektronischen Medien.

Ungeachtet der Sorgfalt, die auf die Erstellung von Text, Abbildungen und Programmen verwendet wurde, können weder Verlag noch Autor*innen, Herausgeber*innen oder Übersetzer*innen für mögliche Fehler und deren Folgen eine juristische Verantwortung oder irgendeine Haftung übernehmen.

Die in diesem Werk wiedergegebenen Gebrauchsnamen, Handelsnamen, Warenbezeichnungen usw. können auch ohne besondere Kennzeichnung Marken sein und als solche den gesetzlichen Bestimmungen unterliegen.

Bibliografische Information der Deutschen Nationalbibliothek:
Die Deutsche Nationalbibliothek verzeichnet diese Publikation in der Deutschen Nationalbibliografie; detaillierte bibliografische Daten sind im Internet über *http://dnb.dnb.de* abrufbar.

ISBN 978-3-8362-8136-2

1. Auflage 2023
© Rheinwerk Verlag, Bonn 2023

Informationen zu unserem Verlag und Kontaktmöglichkeiten finden Sie auf unserer Verlagswebsite **www.rheinwerk-verlag.de**. Dort können Sie sich auch umfassend über unser aktuelles Programm informieren und unsere Bücher und E-Books bestellen.

Inhalt

Vorwort

Liebe Leserin, lieber Leser,

als ein kluger Mensch einst das erste NAS zusammengebaut und für den Verkauf angeboten hatte, verfolgte er vielleicht nur die Idee, ein Gerät herzustellen, das für andere Geräte Speicherplatz im Netzwerk anbietet. Wenn man ein solches NAS »in Reinstform« in Betrieb nimmt, wird aber schnell deutlich, dass man es nicht wie eine externe Festplatte nur kurzzeitig anschaltet. Da schnell viele Benutzer und Geräte auf ein NAS zugreifen, arbeitet es oftmals den ganzen Tag lang. Moderne Prozessoren sind mittlerweile so leistungsfähig geworden, dass das bloße Bereitstellen von Speicherplatz und die Übertragung von Daten sie kaum auslasten. Auch das simpelste NAS hat daher Kapazitäten für zahlreiche zusätzliche Aufgaben. Das machen sich die Hersteller von NAS-Geräten zu Nutze und integrieren in ihre Produkte mehr und mehr Dienste sowohl für den Privatanwender als auch für den Geschäftskunden. Mittlerweile kann ein NAS daher schon fast als ein »Allround-Server« bezeichnet werden; so bezeichnet auch QNAP selbst seine NAS-Geräte als Server.

Bei der Flut an Möglichkeiten verliert man schnell den Überblick. Wer sein erstes NAS erworben hat, der weiß mit manchen Funktionen noch gar nicht so recht etwas anzufangen. Und der Profi kommt ins Grübeln, weil er über »kreative Bezeichnungen« aufgrund von Übersetzungsfehlern und sehr schmal ausgefallener Dokumentation stolpert. Wieder andere sind verunsichert, weil Medien von Sicherheitslücken und Verschlüsselungstrojanern berichten und sie als Anwender nicht recht einschätzen können, ob ihre Daten in Gefahr sind.

Wir, die drei Autoren dieses Buches, die täglich mit NAS-Geräten arbeiten, haben uns daher an unsere Schreibtische (bzw. auf die Liege im Garten) gesetzt und dieses Buch geschrieben, um Ihnen die zahlreichen Einsatzmöglichkeiten moderner NAS-Geräte näherzubringen. Dabei adressieren wir Einsteiger und Privatanwender, indem wir die Einrichtung des NAS in den ersten Kapiteln von Grund auf beschreiben. In den darauffolgenden Kapiteln finden Sie als fortgeschrittener Anwender – oder dann fortgeschrittener Anwender – spannende Einsatzszenarien zum NAS, die weit über die Grundfunktionalität von Dateifreigaben hinausgehen. Wir wollen Sie damit inspirieren, sich mit den zahlreichen Nutzungsmöglichkeiten zu beschäftigen. Und es gibt noch mehr Möglichkeiten, als nur das, was wir Ihnen zeigen. Aber mit dem Handwerkszeug, das Sie aus diesem Buch mitnehmen, wissen Sie sehr gut, wie Sie Ihr NAS-Gerät auch zukünftig um neue Funktionen erweitern. In diesem Sinne wünschen wir viel Freude beim Lesen.

Ein Fachbuch wie dieses ist übrigens niemals nur ein Werk der Autoren. Tatsächlich arbeiten noch viele weitere Personen im Hintergrund mit, die Sie im Vorspann aufgeführt finden. Da gibt es Lektoren, Korrektorinnen, Fachgutachter, Grafikerinnen, Herstellerinnen und Setzer. Und natürlich auch Spezialisten aus dem Bereich Marketing und Vertrieb, die dafür sorgen, dass die gedruckten Bücher nicht nur in einer Lagerhalle lagern. Allen Beteiligten möchten wir an dieser Stelle herzlich danken, denn ohne Euch wäre dieses Buch nur eine Idee in unseren Köpfen geblieben und läge jetzt nicht mit einem schicken, stabilen Einband in den Händen unserer Leser.

An dieser Stelle noch kurz ein paar Worte über uns, damit Sie wissen, wer die Worte in die Tastatur eingetippt hat, die Sie gerade lesen:

Torsten Bergemann

Torsten Bergemann hat seinen Diplom-Wirtschaftsinformatiker sowie Master of Science in Unternehmensentwicklung an der FH Hannover gemacht und betreibt seit knapp zwanzig Jahren das IT-Systemhaus Nexave in Hannover. NAS-Geräte setzt er bei Kunden und privat ein und er liebt es, neue Funktionen auszuprobieren. Außerdem ist er mit der Ausbildung von Webentwicklern in einer Berufsfachschule betraut. »Hast du ein paar Buntstifte? Ich erklär das mal!« ist sein Standardsatz.

Wenn Sie ihn nicht mit seinem E-Scooter zwischen Schule und Büro flitzen sehen, wird er vermutlich seinem großen Hobby nachgehen: dem Campen im Wohnwagen mit Ehefrau, den beiden Schulkindern und Hund! Für Torsten ist das vorliegende Werk das erste Buchprojekt. Unzählige Abende und Nächte hat seine Familie dafür auf ihn verzichtet. Er sagt: »Danke, Ina, dass du meine Frau bist und mich in allem, was ich tue, unterstützt! Ich liebe dich über alles!«

Dennis Rühmer

Dennis Rühmer ist promovierter Ingenieur der Elektrotechnik und arbeitet als Wissenschaftler an der TU Braunschweig. Als Autor befasst er sich mit Themen, die für die Verwaltung eines NAS-Systems wichtig sind: Datensicherung und Streaming, Vernetzung, Linux. Er liebt Exit-Games, komplizierte Formulierungen und ungebräuchliche Fachausdrücke. Ob es ihm wohl gelungen ist, die Wörter »Ausklappmenü« und »Datenbankmanagementsystemadministratorkonto« in dieses Buch zu schmuggeln? Finden Sie es heraus! Dennis bedankt sich herzlich bei allen, die zum Gelingen dieses Buches beigetragen und ihn bei so mancher privaten Veranstaltung vermisst haben.

Daniel van Soest

Daniel van Soest arbeitet beim Kommunalen Rechenzentrum Niederrhein in Kamp-Lintfort; die Themenschwerpunkte seiner Tätigkeit als Senior Consultant liegen in der IT-Security, Compliance und der übergreifenden Weiterentwicklung. Neben dem

Schreiben von Büchern und Artikeln für Fachzeitschriften lebt er überschüssige Kreativität in seiner Band »4Dirty5« an der E-Gitarre aus. Er wohnt mit seiner Familie in Moers an der Schwelle vom Niederrhein zum Ruhrgebiet. Daniel sagt danke zu meinen hervorragenden Co-Autoren, dem Lektorat, allen, die bei der Herstellung beteiligt waren, und natürlich ganz besonders meiner Familie, die wiedermal für ein Projekt zurückstecken musste: Danke!

Jetzt aber genug der einleitenden Worte! Wir wünschen Ihnen viel Freude beim Lesen dieses Buches und hoffen, dass es Ihnen von Nutzen ist!

Torsten Bergemann, Daniel van Soest und Dennis Rühmer

Kapitel 1
Einrichtung des Geräts

Auf die Plätze ... fertig ... los!

In diesem ersten Kapitel zeigen wir Ihnen, wie Sie Ihr NAS in Betrieb nehmen. Dieses Kapitel richtet sich an alle, die noch nie mit einem QNAP NAS gearbeitet haben. Wir erklären Ihnen, wie Sie die Festplatten in das Gerät einbauen und wo Sie Ihr NAS am besten aufstellen. Sie lernen, wie Sie das Betriebssystem installieren, den Speicherplatz einrichten und wie Sie Benutzerkonten anlegen. Außerdem erklären wir Ihnen die wichtigsten Bedienelemente des Systems.

1.1 Ersteinrichtung des NAS

Wenn Sie Ihr NAS frisch aus dem Karton ausgepackt haben, ist es normalerweise noch nicht betriebsbereit. Vielleicht haben Sie sich für ein Modell entschieden, in das bereits Festplatten eingebaut sind, aber üblicherweise ist das Betriebssystem des Geräts noch nicht konfiguriert.

1.1.1 Vorbereiten der Hardware und Einbau der Festplatten

Bevor Sie Ihr NAS in Betrieb nehmen, müssen Sie sich zunächst etwas mit der Hardware beschäftigen. Als Erstes sollten Sie einen geeigneten Aufstellungsort wählen.

Wenn Sie das NAS im privaten Wohnumfeld betreiben möchten, dann empfiehlt es sich, das Gerät außerhalb des direkten Wohnbereichs aufzustellen. Das liegt vor allem daran, dass die eingebauten Festplatten ein deutlich wahrnehmbares Betriebsgeräusch erzeugen, zusätzlich sind im NAS (je nach Modell sogar mehrere) Lüfter montiert, die ständig Geräusche von sich geben. Selbst wenn man diese per Software auf eine niedrige Geschwindigkeit einstellt, wird das Rauschen und Summen des Geräts früher oder später nerven. Im Wohnzimmer oder im Schlafzimmer hat das NAS daher nichts zu suchen.

Ein besserer Ort ist ein Technikraum, ein Abstellraum oder notfalls der Flur. Wenn Sie über einen trockenen Keller verfügen, können Sie das NAS auch prima dort aufstellen. Achten Sie darauf, dass es genügend Luftzufuhr zur Kühlung gibt.

Abbildung 1.1 Das NAS muss nicht unbedingt in einem professionellen Rechenzentrum aufgestellt werden, aber der Aufstellungsort will trotzdem gut ausgewählt sein.

Grundsätzlich ist eine niedrigere Betriebstemperatur der Lebenserwartung von elektronischen Geräten eher zuträglich. Durch eine niedrigere Temperatur werden Diffusionsprozesse in Halbleiterbauelementen, allen voran aber in Elektrolytkondensatoren verlangsamt. Deswegen ist es besser, wenn das Gerät an einem unbelebten Ort mit ausreichender Lüfterdrehzahl arbeiten kann.

Selbstredend muss es am Aufstellungsort einen Stromanschluss geben. Auch ein Netzwerkanschluss sollte in der Nähe sein. Es ist aber kein Problem, ein längeres Netzwerkkabel zu verwenden, falls Switch, Router oder Netzwerksteckdose nicht in der Nähe sind. Für ein modernes Gigabit-Netzwerk genügt ein Patchkabel der Kategorie 5 (die aus historischen Gründen oft auch als Kategorie 5e oder einfach Cat 5 bezeichnet wird). Sollte die Umgebung starke Störfelder aufweisen, können auch höherwertige Kabel sinnvoll sein, normalerweise benötigt man diese aber nicht. Selbst die Verwendung von dünnen (und im Regelfall ungeschirmten) Patchkabeln, die sich unter dem Teppich oder hinter der Fußleiste verlegen lassen, ist kein Problem. Die elektrischen Signale werden auf der Leitung symmetrisch geführt, und die einzelnen Adern sind paarweise verdrillt, so dass »haushaltsübliche« elektromagnetische Störungen die Übertragung der Nutzdaten nicht beeinflussen. Achten Sie aber unbedingt auf einen trockenen und staubarmen Ort, an dem Sie das NAS und (je nach Modell) das externe Netzteil aufstellen.

Abbildung 1.2 Das NAS wird am besten an einem zentralen Switch angeschlossen.

Auch im Firmenumfeld sollten Sie das NAS möglichst in einem separaten Technikraum aufstellen und es von Büroarbeitsplätzen fern halten. Ansonsten gelten dieselben Anforderungen wie im privaten Umfeld.

Bevor Sie das Gerät einschalten, müssen Sie die Festplatten einbauen. Für die Inbetriebnahme muss mindestens eine Festplatte eingebaut werden. Alle Daten auf der Festplatte werden bei der Inbetriebnahme komplett gelöscht. Es ist später jederzeit möglich, weitere Festplatten zu ergänzen. Der RAID-Controller des NAS kümmert sich um das Kopieren der Nutzdaten entsprechend dem gewählten RAID-System.

In einem NAS werden üblicherweise 3,5" große Festplatten eingebaut. Es ist zwar möglich, auch die kleineren 2,5" großen Festplatten zu verwenden, allerdings ist dies eher die Ausnahme. Zwar sind diese Modelle mechanisch kleiner, brauchen weniger Strom und arbeiten auch geräuschärmer, allerdings bieten sie nur vergleichsweise wenig Speicherplatz und sind (auf den gebotenen Speicherplatz bezogen) auch teurer in der Anschaffung.

QNAP verwendet in seinen Geräten zur Aufnahme der Festplatten Einschübe (siehe Abbildung 1.3), die von der Frontseite des Geräts zugänglich sind.

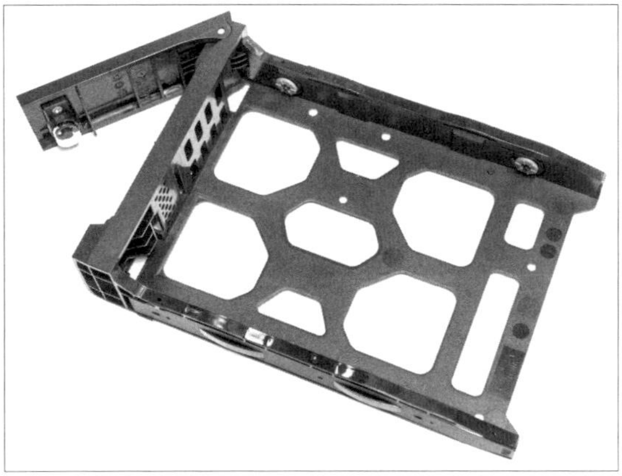

Abbildung 1.3 Die Festplatten werden in Einschüben montiert.

Entnehmen Sie die Einschübe in der benötigten Anzahl. Dazu müssen Sie diese (je nach Modell) zunächst entriegeln, gegebenenfalls ist auch ein Schloss zu öffnen, zu dem ein passender Schlüssel im Lieferumfang enthalten ist. Dieses Schloss schützt die eingebauten Festplatten später vor einer Entnahme durch unbefugte Personen. Es bietet aber keinen Schutz vor einem Diebstahl des gesamten NAS.

An den Längsseiten des Einbaurahmens befinden sich lange Plastikclips, welche die Festplatte im Rahmen fixieren (siehe Abbildung 1.4). Entfernen Sie die Plastikclips zunächst auf beiden Seiten. Legen Sie dann die Festplatte in den Einbaurahmen. Die Platine der Festplatte zeigt dabei zum Boden des Rahmens, die elektrischen Anschlüsse zum hinteren offenen Ende. Achten Sie darauf, dass die Schraublöcher der Festplatte mit den Öffnungen des Einbaurahmens fluchten. Bringen Sie dann die Plastikclips wieder an den Seiten an. Verschrauben müssen Sie die Festplatte nicht, sie wird durch die Plastikclips sicher im Einbaurahmen fixiert.

Eine Ausnahme bilden 2,5" große Festplatten, die Sie am Boden mit den beim NAS mitgelieferten Schrauben fixieren müssen. Die elektrische Verbindung wird direkt beim Einschieben des Rahmens in das NAS hergestellt, Sie müssen keine Kabel anschließen. Schieben Sie also den Einbaurahmen bis zum Anschlag vorsichtig in das NAS, und verriegeln Sie ihn anschließend. Fahren Sie dann mit den übrigen Festplatten fort. In welcher Reihenfolge Sie die Festplatten einbauen, ist irrelevant.

Abbildung 1.4 Festplatten im Format 3,5" werden schraubenlos mit Plastikclips befestigt. Die Anschlüsse zeigen zur offenen Seite des Einschubs.

Verbinden Sie anschließend das NAS mit Ihrem lokalen Netzwerk. Für die Einrichtung ist ein Internetzugang zwar nicht zwingend erforderlich, er vereinfacht die Installation aber stark. Im Netzwerk sollte ein DHCP-Server aktiv sein, der dem Gerät eine IP-Adresse zuweist. Für die Einrichtung ist es zweckmäßig, das IPv4 zu verwenden, da auch die Eingabemasken des Installationsassistenten darauf ausgelegt sind. Später wird es möglich sein, dem Gerät eine feste IP-Adresse zuzuweisen, so dass kein DHCP-Server mehr erforderlich ist.

Stellen Sie abschließend die Stromverbindung her, und schalten Sie das NAS dann ein. Nach dem Einschalten werden die Lüfter des Geräts sowie die Festplatten anfahren. Der Startvorgang dauert einen Augenblick, selbst wenn derzeit noch kein Betriebssystem installiert ist. Während des Startvorgangs ertönt ein Signalton. Das Gerät erzeugt beim Starten, beim Ausschalten und im Fehlerfall Signaltöne. Sie können nun mit der softwareseitigen Inbetriebnahme fortfahren.

1.1.2 Installation des Betriebssystems auf dem NAS

Zur Installation des Betriebssystems auf dem NAS benötigen Sie einen Computer, der mit demselben Netzwerk verbunden ist wie das NAS. Die eigentliche Installation sowie der überwiegende Teil der Konfiguration des NAS erfolgen über ein Webinterface.

Um mit dem NAS Kontakt aufzunehmen, benötigen Sie die aktuelle IP-Adresse des NAS. Diese wird vom Gerät allerdings nicht direkt bekannt gegeben (es gibt zum Beispiel kein Display mit einer entsprechenden Anzeige). Es ist aber auch nicht erforderlich, diese IP-Adresse anderweitig in Erfahrung zu bringen, denn von QNAP wird eine Software angeboten, die automatisch im lokalen Netzwerk nach QNAP-Geräten sucht und den Verbindungsaufbau ermöglicht. Diese Software ist besonders dann hilfreich, wenn Sie im Netzwerk mehrere QNAP NAS betreiben und konfigurieren. Sie können die *Qfinder Pro* genannte Anwendung kostenfrei von der Webseite *https://www.qnap.com/de-de/utilities/essentials* herunterladen.

Sie ist für die Betriebssysteme Windows (ab Windows 8), macOS und Linux (vorbereitet für Ubuntu) verfügbar (siehe Abbildung 1.5). Leider ist das Programm nicht direkt lauffähig, sondern muss zunächst auf dem Zielgerät installiert werden. Führen Sie also nach dem Download den Installationsvorgang durch, und starten Sie anschließend das Programm. Nach der Erstinstallation kann die Applikation (sofern sie nicht weiter benötigt wird) wieder vom Rechner deinstalliert werden. Werfen Sie vorher aber noch einen Blick in Abschnitt 5.2.1, in dem wir noch einmal kurz auf Qfinder Pro eingehen und zeigen, was die Software alles kann.

Abbildung 1.5 Laden Sie die Anwendung Qfinder Pro von der QNAP-Website herunter, und installieren Sie sie anschließend auf Ihrem Computer.

QNAP Qfinder Pro benötigt für die Installation des NAS einen Internetzugang. Nach dem Start der Software müssen Sie zunächst die Region auswählen, in der Sie sich befinden; allerdings stehen hier nur die Optionen GLOBAL oder CHINA zur Wahl (siehe Abbildung 1.6).

Abbildung 1.6 Wählen Sie die Region, in der Sie Ihr NAS betreiben.

Jetzt wird Ihr NAS im lokalen Netzwerk gesucht und nach kurzer Zeit gefunden. Sie erhalten eine Meldung darüber, dass der Server (so wird das NAS bezeichnet) noch nicht initialisiert ist. Ihnen wird angeboten, dass Ihnen ein Installationsassistent einen Teil der Arbeit abnimmt. Da dieser durchaus alltagstauglich konfiguriert ist, spricht kaum etwas dagegen, ihn zu aktivieren. Wählen Sie also in der Frage aus Abbildung 1.7 die Option JA (ein Klick auf NEIN würde das Fenster übrigens einfach ohne weitere Aktion schließen).

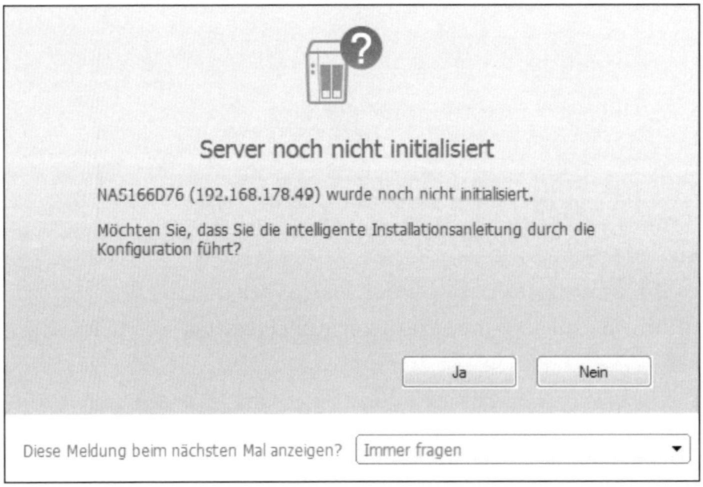

Abbildung 1.7 Ihr NAS wurde gefunden und kann jetzt in Betrieb genommen werden.

In Ihrem Standardbrowser wird nun eine Verbindung zum Webinterface des NAS aufgebaut. Sie sehen zunächst einen Warranty-Hinweis zur Garantie, die der Hersteller gewährt. Diesen können Sie mit dem X-Symbol oben rechts schließen.

Nun beginnt die eigentliche Installation, zunächst in englischer Sprache. Auf Wunsch können Sie die Sprache oben rechts ändern, so wie wir das im Beispiel getan haben. Klicken Sie auf die Schaltfläche SMART INSTALLATION STARTEN (siehe Abbildung 1.8).

Abbildung 1.8 Der Assistent ist bereit für die Installation.

Jetzt startet die Installation des Betriebssystems Ihres NAS, das auch als Firmware bezeichnet wird. Das Betriebssystem nennt sich *QTS*. Für höherwertige Geräte gibt es auch das Betriebssystem QuTS hero, das unter anderem eine Unterstützung für das ZFS-Dateisystem bietet und sich in einigen Punkten deutlich vom QTS-System unterscheidet. In diesem Buch werden wir das QTS besprechen.

Der Assistent zeigt Ihnen jetzt die aktuelle Firmware des Geräts an und bietet gegebenenfalls die Option, eine neue Version aus dem Internet zu laden (siehe Abbildung 1.9). Eine solche Anzeige erscheint auch bei einem fabrikneuen Gerät. Der Grund dafür liegt darin, dass es im Inneren des Geräts einen Flash-Speicherbaustein gibt, der Teile der Firmware aufnimmt und bereits ab Werk mit einer Firmware bestückt ist, für die es oftmals schon eine Aktualisierung gibt. Der Flash-Speicher ist dem Nutzer nicht (direkt) zugänglich und kann auch nicht (direkt) für eigene Nutzdaten verwendet werden.

Klicken Sie also stets auf die Schaltfläche AUF AKTUALISIERUNG PRÜFEN, denn vom Betriebssystem sollten Sie immer die neueste Version nutzen, in der bekannte Sicherheitslücken geschlossen wurden. Der Assistent prüft nun, ob es im Internet bei QNAP eine aktuellere Version der Firmware gibt. Wenn dem so ist, können Sie diese über die mittlere Option NEUESTE VERFÜGBARE VERSION auswählen.

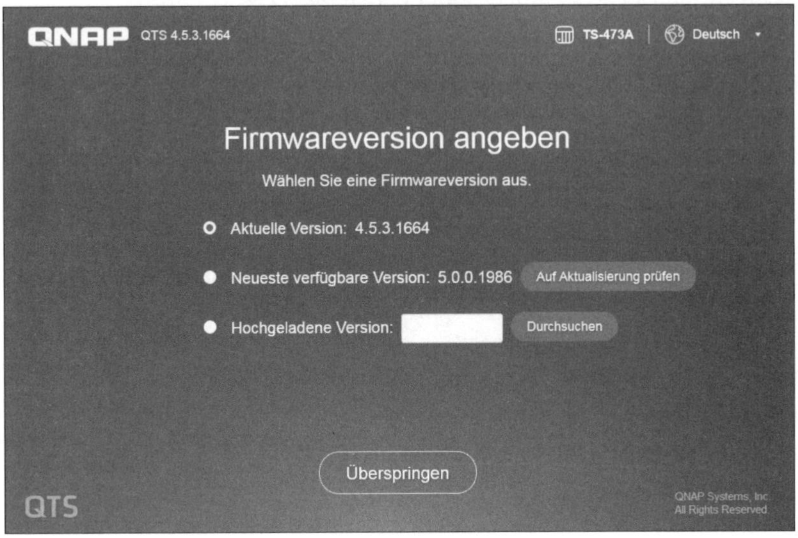

Abbildung 1.9 Legen Sie fest, welche Firmware-Version Sie auf Ihrem Gerät nutzen möchten.

Manuelle Aktualisierung der Firmware

Sollten Sie bereits eine aktuelle Firmware-Datei auf der Festplatte des aktuellen Computers vorliegen haben, dann können Sie diese auch direkt zum Gerät hochladen. Wählen Sie dafür die Option HOCHGELADENE VERSION, und tragen Sie über die Schaltfläche DURCHSUCHEN den Pfad zur Firmware-Datei ein. Klicken Sie dann ganz unten (je nach gewählter Option) auf ÜBERSPRINGEN oder AKTUALISIEREN.

Wenn Sie die Firmware aktualisieren, wird der Vorgang einige Minuten dauern, und Sie werden am Bildschirm über den Fortschritt informiert. Nach der Aktualisierung muss das NAS neu gestartet werden. Ihnen wird ein Countdown angezeigt. Warten Sie, bis dieser abgelaufen ist (was durchaus mehrere Minuten dauern kann). Anschließend wird sich der Installationsassistent wieder mit Ihrem NAS verbinden und die Installation des Betriebssystems auf dem internen Flash-Speicher fortsetzen. Sollten Sie auch nach längerer Wartezeit keine Reaktion erhalten, verbinden Sie sich im Browser einfach nochmals mit der Seite, oder nutzen Sie noch einmal den Qfinder Pro.

Nach dem Neustart müssen Sie einige grundlegende Daten festlegen, die Sie in Abbildung 1.10 sehen. Der Assistent fragt Sie als Erstes nach dem gewünschten Hostnamen des Geräts, den Sie in das Feld NAS-NAME eintragen. Der Hostname kann bis zu 14 Zeichen lang sein und Buchstaben, Ziffern und den Bindestrich beinhalten (die erlaubten Zeichen sehen Sie auch, wenn Sie mit der Maus über das i-Symbol hovern).

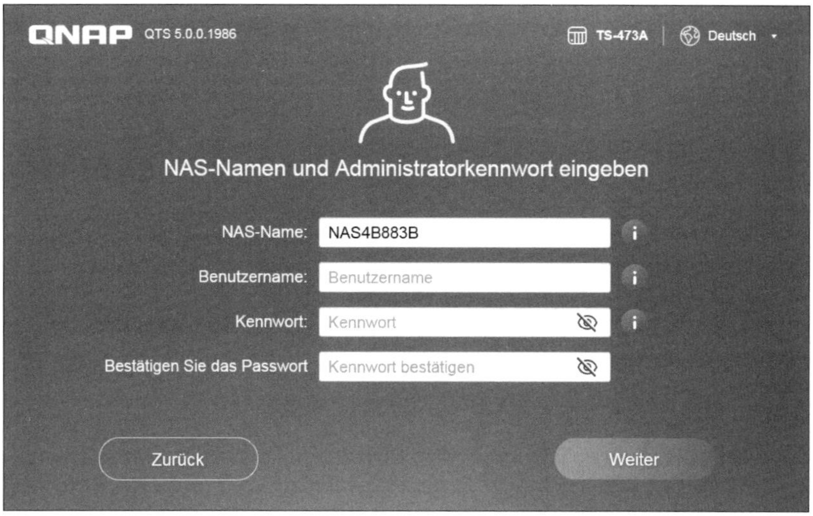

Abbildung 1.10 Erstellen Sie ein erstes Administratorkonto für die Verwaltung und Einrichtung Ihres NAS.

Als Nächstes müssen Sie ein erstes Administratorkonto festlegen. Dieses Konto wird für die grundlegende Konfiguration des NAS benötigt. Ein Administrator hat unter diesem Benutzerkonto Zugriff auf alle Daten und Konfigurationsoptionen des NAS. Er kann die Softwareausstattung des Geräts ändern und weitere Benutzerkonten anlegen. Klicken Sie anschließend auf WEITER.

Passwörter und Konten

Das Administratorkonto sollte aus Sicherheitsgründen nur für die Konfiguration des Geräts und nicht für die alltägliche Nutzung verwendet werden, denn die Gefahr ist groß, dass man aus Unachtsamkeit versehentlich etwas verstellt oder auf Daten anderer Benutzer zugreift. Sie können daher später weitere Benutzerkonten für die normale Benutzung einrichten. Wenn Sie sich die Administration mit anderen Personen teilen, können Sie auch weitere Administratorenkonten einrichten. Da der Administrator Zugriff auf alle Daten des Systems hat, ist es wichtig, dass die Zugangsdaten des Administratorkontos nicht in falsche Hände gelangen. Sie sollten daher ein besonders sicheres Passwort festlegen, das den üblichen Regeln für sichere Kennwörter gehorcht.

Wir empfehlen, dieses Passwort durch einen Zufallsgenerator erzeugen zu lassen und es in einem Passwortmanager abzuspeichern. Da Sie es später nur zur Konfiguration, nicht aber für die alltägliche Benutzung brauchen, macht die Nutzung eines Passwortmanagers keine großen Umstände. Sollte (hoffentlich niemals) eines Tages ein Hacker Zugang zum NAS-System erlangen, dann wird er häufig probieren, das Administratorkonto zu hacken. Üblicherweise wird er versuchen, die Anmeldedaten zu erraten, und als Erstes die üblichen Standardnamen eines Administratorkontos probieren. Um es dem Hacker möglichst schwer zu machen, ist es daher eine gute Idee, auf Standardbezeichnungen wie etwa Administrator, Admin oder Root zu verzichten und stattdessen eine andere Bezeichnung zu wählen, die nicht offensichtlich ist. Sie können beispielsweise einen (ungebräuchlichen) Vornamen oder ein beliebiges anderes Wort nutzen. Wir verwenden in diesem Buch oftmals die Bezeichnung »Blumentopf«, auf die ein Hacker normalerweise erst einmal nicht kommt.

Auf der folgenden Seite (siehe Abbildung 1.11) stellen Sie die Uhr des NAS ein. Das NAS benötigt Datum und Uhrzeit für diverse Dateioperationen und Hinweismeldungen.

Abbildung 1.11 Stellen Sie die Zeitzone ein, und legen Sie fest, wie die Uhr des Geräts gestellt wird.

Wählen Sie zunächst die Zeitzone aus, etwa GMT +01:00 für die deutschsprachigen Länder. Sie können Datum und Uhrzeit manuell eingeben oder sie vom aktuellen Computer übernehmen lassen. Wenn das NAS (später im Regelbetrieb) über einen Internetzugang verfügt oder es im lokalen Netzwerk einen NTP-Zeitserver gibt, können Sie die Uhr auch darüber einstellen lassen. Wählen Sie dafür die Option AUTOMATISCH MIT EINEM ZEITSERVER SYNCHRONISIEREN. Im Feld NTP-SERVER kann der Server spezifiziert werden. Die Voreinstellung POOL.NTP.ORG erfordert einen Internetzugang. Alternativ kann ein anderer (etwa ein lokaler) Zeitserver spezifiziert werden. Klicken Sie zur Überprüfung auf TESTEN und beim Erfolg der Maßnahme abschließend auf WEITER.

Als Nächstes werden die Netzwerkeinstellungen konfiguriert, wie Abbildung 1.12 zeigt.

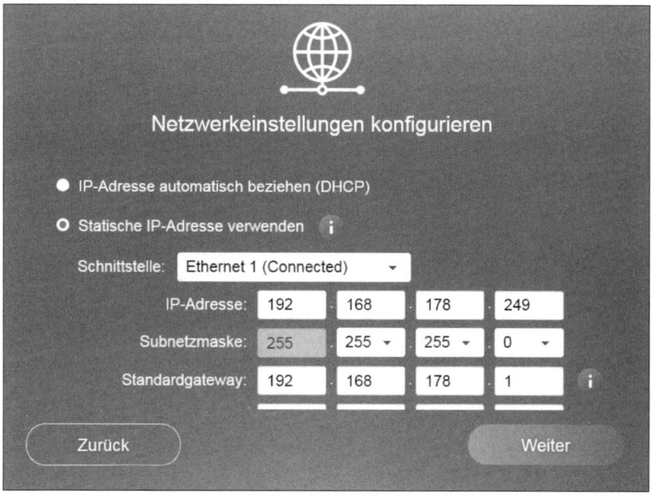

Abbildung 1.12 Konfigurieren Sie die IP-Adresse des Geräts. Nach Möglichkeit sollte eine feste IP-Adresse verwendet werden.

Die IP-Adresse des Geräts kann jetzt konfiguriert werden, an dieser Stelle allerdings zunächst nur für das klassische IPv4. Das Gerät ist zunächst so konfiguriert, dass es seine IP-Adresse über einen DHCP-Server bezieht. Das NAS sollte als ein Server-Gerät, das für andere Geräte (und Personen) Dienste anbietet, stets unter derselben IP-Adresse im lokalen Netzwerk ansprechbar sein. Dies vereinfacht den Verbindungsaufbau und ist auch bei einer Fehlersuche praktisch.

Falls Ihr DHCP-Server IP-Adressen stets dynamisch vergibt, sollten Sie jetzt eingreifen und dem Gerät eine feste IP-Adresse zuweisen. Dasselbe sollten Sie tun, wenn Sie später im Netzwerk keinen DHCP-Server betreiben möchten. Sollten Sie einen DHCP-Server betreiben, der es gestattet, einem Netzwerkgerät immer dieselbe IP-Adresse zuzuweisen, dann können Sie alternativ auch den DHCP-Server entsprechend konfigurieren. (Der DHCP-Server erkennt das jeweilige Gerät anhand dessen MAC-Adresse.) Diese Option wird nicht nur von DHCP-Servern für den Einsatz in Unternehmensumgebungen, sondern auch von vielen Heimroutern wie etwa der FRITZ!Box unterstützt.

Möchten Sie die IP-Adresse lieber manuell vergeben, dann aktivieren Sie die Option STATISCHE IP-ADRESSE VERWENDEN, und füllen Sie die Eingabefelder für die IP-Adresse, die Subnetzmaske, das Standardgateway sowie den bevorzugten und alternativen DNS-Server (für die Namensauflösung) mit den benötigten Daten. Achten Sie darauf, dass Sie eine IP-Adresse eintragen, die derzeit von keinem weiteren Netzwerkgerät genutzt wird und die außerhalb des Adressbereichs liegt, der von Ihrem DHCP-Server verwaltet wird. Wenn Ihr NAS mehrere Netzwerkschnittstellen besitzt, können Sie diese auf Wunsch individuell konfigurieren, wobei dies auch später möglich ist. Klicken Sie anschließend auf WEITER.

Der Assistent zeigt Ihnen jetzt eine Zusammenfassung mit allen gewählten Optionen. Prüfen Sie, ob alles wunschgemäß eingestellt ist – alternativ können Sie über das Bleistift-Symbol Anpassungen vornehmen. Klicken Sie abschließend auf ÜBERNEHMEN.

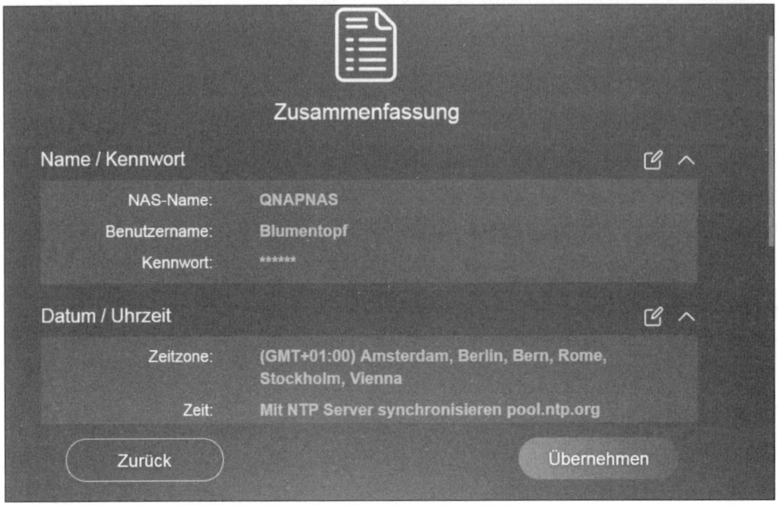

Abbildung 1.13 Prüfen Sie, ob alles zu Ihrer Zufriedenheit eingestellt ist.

Nun steht das eigentliche Kopieren der Anwendungs- und Konfigurationsdaten des Betriebssystems auf die Festplatten an (diese werden nicht im Flash-Speicher abgelegt, sondern auf den Harddisks gespeichert). Ihnen wird eine Warnmeldung (siehe Abbildung 1.14) angezeigt, dass bei diesem Vorgang alle Daten, die eventuell auf den Festplatten vorhanden sind, nun gelöscht werden.

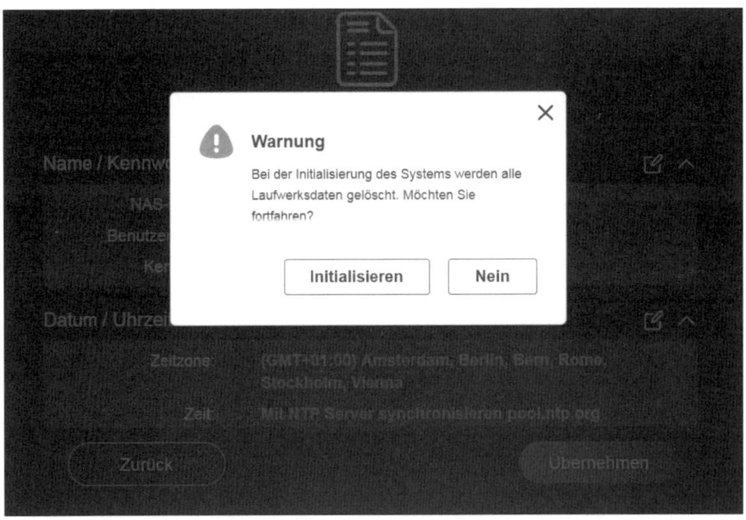

Abbildung 1.14 Falls sich noch Daten auf den Festplatten befinden, werden diese nun automatisch gelöscht.

Falls Sie fabrikneue Festplatten installiert haben, ist dieser Hinweis irrelevant, ansonsten haben Sie über die Schaltfläche NEIN nun die letzte Gelegenheit, den Vorgang abzubrechen, die Festplatten auszubauen und vorhandene Daten zu sichern. Bei der Installation wird immer ein neues Dateisystem angelegt, daher ist es nicht möglich, Daten, die bereits auf der Festplatte sind, weiterzuverwenden. Bestätigen Sie die Warnmeldung mit einem Klick auf INITIALISIEREN.

Jetzt werden die benötigten Daten des Betriebssystems aus dem Internet heruntergeladen und anschließend auf Ihrem NAS installiert. Die Installation dauert ein paar Minuten, Sie sehen entsprechende Fortschrittsmeldungen. Gegen Ende werden einige Dienste des Geräts gestartet. Eine Nutzerinteraktion ist jetzt erst einmal nicht erforderlich.

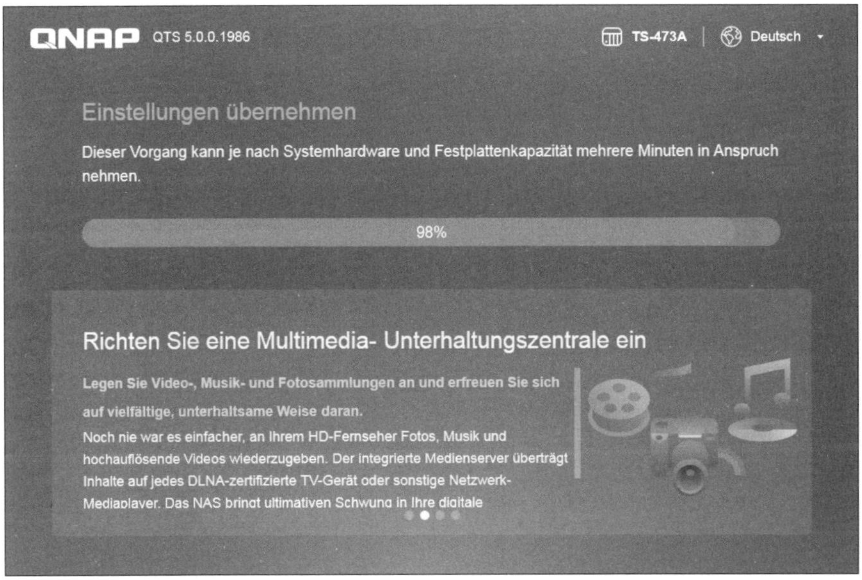

Abbildung 1.15 Die Einrichtung läuft und wird ein paar Minuten dauern.

Wenn die Installation fertig ist, erhalten Sie eine Glückwunsch-Meldung (siehe Abbildung 1.16). Klicken Sie dort auf die Schaltfläche ZUR NAS-VERWALTUNG.

Sie werden dann mit dem Webinterface des QTS verbunden und können sich erstmalig an diesem System anmelden. Für diese Verbindung wird bereits eine eventuell angepasste IP-Adresse verwendet. Ab jetzt erreichen Sie Ihr NAS also über seine fest konfigurierte IP-Adresse. Das Webinterface des QTS Ihres NAS befindet sich unter dem TCP-Port 8080. Wenn Sie also auf die Verwaltungsoberfläche zugreifen wollen, müssen Sie Folgendes in Ihren Browser eingeben:

http://[ip-adresse-des-NAS]:8080

Sie sehen dann den Anmeldedialog aus Abbildung 1.17. Melden Sie sich mit dem zuvor erstellten Administratorkonto und dem dazugehörigen Passwort an. Die Verbindung ist zunächst nicht verschlüsselt. Sie können aber, bevor Sie sich anmelden, mit dem Kontrollkästchen SICHERE ANMELDUNG auf eine verschlüsselte Verbindung wechseln.

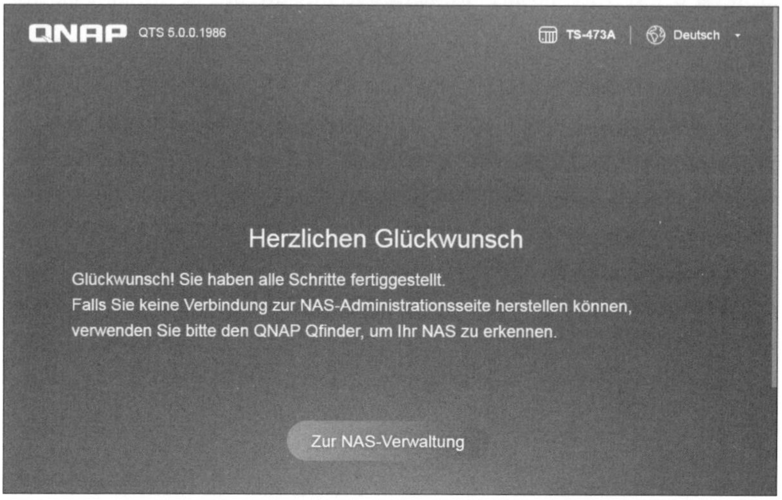

Abbildung 1.16 Alles ist fertig! Sie können Ihr NAS nun benutzen.

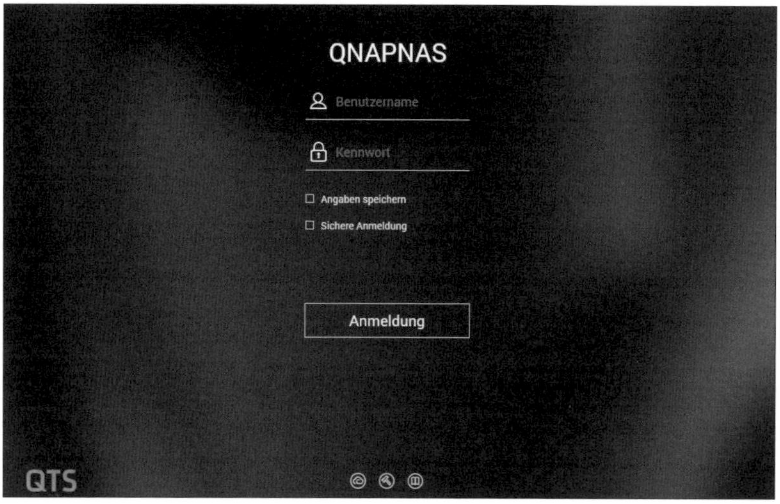

Abbildung 1.17 Auf der Anmeldeseite melden Sie sich mit den Zugangsdaten eines Benutzerkontos an.

Ihre Zugangsdaten werden dann verschlüsselt übermittelt, so dass sie nicht durch dritte Personen eingesehen werden können. Eine verschlüsselte Verbindung ist in einem sicheren privaten Heimnetzwerk meist nicht erforderlich, in einem größeren Firmennetzwerk aber eine gute Idee.

Bei der derzeitigen Konfiguration Ihres NAS wird es dann allerdings zunächst zu einer unvermeidlichen Zertifikatswarnung seitens des Browsers kommen. Das liegt daran, dass Sie Ihr NAS über dessen IP-Adresse ansprechen (also keine Domain aufgerufen haben) und dass auf dem NAS noch kein beglaubigtes Zertifikat hinterlegt ist. Wie Sie die dafür nötigen Anpassungen vornehmen, erklären wir Ihnen später in Kapitel 4, »Über das Internet auf das NAS zugreifen«.

Nach der Anmeldung sehen Sie zunächst Hinweise zum Datenschutz, die Sie zur Kenntnis nehmen und bestätigen müssen, bevor Sie fortfahren können. Je nach Modell sehen Sie nun Hinweise zu einer kleinen Einführungstour. Damit ist das System nun für die Einrichtung bereit. Bevor Sie es richtig nutzen können, müssen Sie unbedingt den Speicherplatz konfigurieren, denn bislang sind die Festplatten noch nicht für die Alltagsnutzung konfiguriert. Wie das geht, zeigen wir Ihnen im nächsten Abschnitt.

1.2 Die Einrichtung des Speicherplatzes

Bevor Sie mit Ihrem NAS vernünftig arbeiten können, müssen Sie zunächst den Speicherplatz Ihres Geräts konfigurieren. Das erledigen Sie in der Anwendung namens *Speicher & Snapshots*. Bitte öffnen Sie diese (sofern sie nicht automatisch geöffnet wurde) durch einen Klick auf das entsprechende Icon. Wie Sie dort konkret vorgehen, besprechen wir in Abschnitt 1.2.2, »Speicherpool erstellen«. Zunächst sollten Sie jedoch einige wichtige Begriffe kennenlernen, denn Sie müssen entscheiden, wie der Speicherplatz organisiert werden soll. Wenn erst einmal Daten auf den Festplatten liegen, kann die Konfiguration nicht mehr (einfach) geändert werden. Überlegen Sie sich also zunächst, wie Sie Ihren Speicherplatz aufbauen wollen.

1.2.1 Einführung

In SPEICHER & SNAPSHOTS können Sie den Speicherplatz Ihres NAS konfigurieren. In den meisten Fällen werden Sie zunächst einen *Speicherpool* anlegen. Ein Speicherpool fasst mehrere Festplatten zu einer Gruppe zusammen, wobei ein Speicherpool auch nur aus einer Festplatte bestehen kann.

Die so gruppierten Festplatten können dann Teil eines RAID-Verbunds werden und so vor einem Datenverlust durch den Ausfall eines Datenträgers geschützt werden. Auf einem Speicherpool werden jedoch noch keine Nutzdaten abgespeichert, und ein Speicherpool wird auch nicht mit einem Dateisystem formatiert.

Stattdessen müssen Sie als einen weiteren Schritt auf dem Speicherpool mindestens ein *Volume* definieren und diesem einen Teil des Speicherplatzes oder aber den gesamten verfügbaren Speicherplatz des Speicherpools zuweisen. Das Volume wird anschließend mit einem *Dateisystem* formatiert und kann dann die Nutzdaten aufnehmen.

Falls Sie verschiedene Dateien getrennt voneinander aufbewahren möchten, können Sie auf einem Speicherpool auch mehrere Volumes erstellen. So können Sie beispielsweise je ein Volume für eine Abteilung oder eine Arbeitsgruppe in einem Unternehmen vorsehen oder beim privaten Einsatz jedem Familienmitglied ein Volume spendieren. Wenn es aber vorrangig darum gehen soll, dass eine Benutzergruppe nur über einen bestimmten Speicherplatz verfügen können soll, müssen dafür nicht unbedingt Volumes genutzt werden. Der nutzbare Speicherplatz für einen einzelnen Nutzer oder eine Gruppe von Benutzern lässt sich auch später durch *Quotas* jederzeit einschränken.

Wenn Sie ein NAS mit einer größeren Anzahl an Einschüben und entsprechend vielen Festplatten betreiben, können Sie zusätzlich auch mehrere Speicherpools anlegen, die durch unterschiedliche RAID-Verfahren geschützt werden.

Fortgeschrittene können auswählen, ob sie ein statisches Volume erstellen möchten oder ob sie Thick- oder Thin-Volumes verwenden wollen. Es ist auch möglich, mit LUNs auf Block- bzw. auf Dateiebene zu arbeiten. Was es mit diesen Optionen auf sich hat, besprechen wir in den folgenden Abschnitten.

Machen Sie sich also zunächst Gedanken darüber, wie Sie den Speicherplatz Ihres Geräts verwalten möchten. Für den Einstieg machen Sie nichts verkehrt, wenn Sie alle verfügbaren Festplatten zu einem Speicherpool zusammenfassen, einen geeigneten RAID-Typ wählen und anschließend ein einzelnes Thick-Volume erzeugen, das den gesamten Speicherplatz des Speicherpools umfasst. Das ist dann vergleichbar mit einem Desktop-Rechner mit einer einzelnen Festplatte, die als ein einzelnes Laufwerk im Dateimanager erscheint und alle Nutzer- und Programmdaten aufnimmt.

1.2.2 Speicherpool erstellen

Wenn Sie Speicher & Snapshots öffnen, wird Ihnen zunächst eine Einführung gegeben, die Ihnen auch die Funktion der Snapshots erklärt.

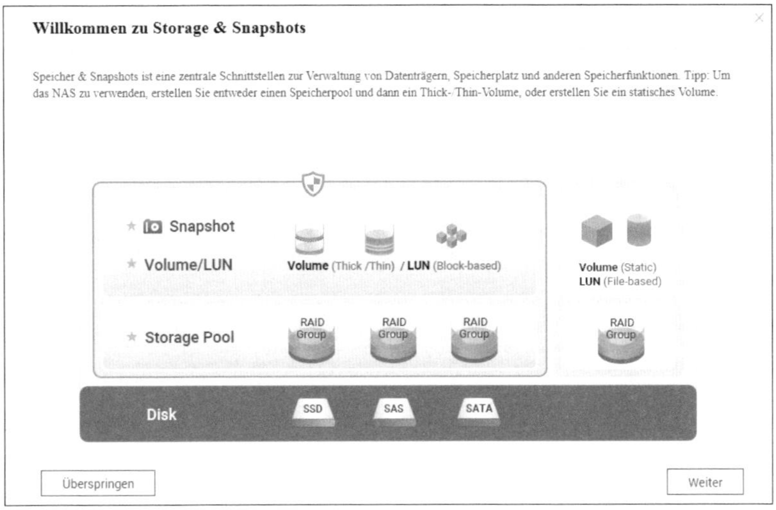

Abbildung 1.18 Das Programm »Speicher & Snapshots« richtet die Festplatten Ihres NAS ein.

Klicken Sie so oft auf WEITER, bis Sie alle Informationen zur Kenntnis genommen haben und auf der letzten Seite angelangt sind. Dort finden Sie die Schaltfläche NEUER SPEICHERPOOL. Klicken Sie diese an, um einen neuen Speicherpool zu erstellen. Falls Sie die Einführung bereits geschlossen haben sollten, finden Sie eine entsprechende Schaltfläche im rechten Teil der Hauptanwendung *Speicher & Snapshots*.

Abbildung 1.19 Sie müssen einen Speicherpool und ein Volume erstellen, damit Sie den Speicherplatz der Festplatten benutzen können.

Sie sehen nun den Assistent zum Erstellen des Speicherpools (siehe Abbildung 1.20), der Sie durch den Vorgang führt.

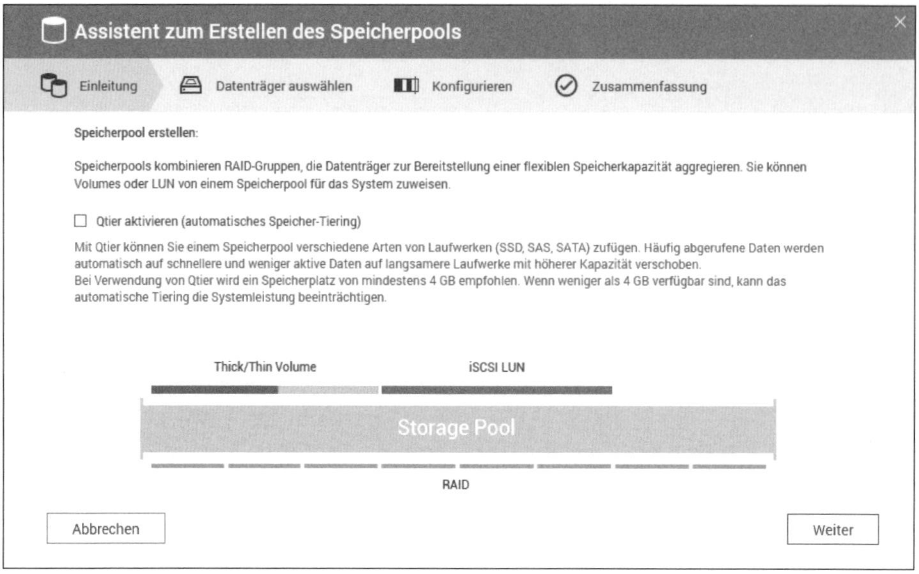

Abbildung 1.20 Der Assistent führt Sie durch die Erstellung des Speicherpools.

Auf der ersten Seite sehen Sie nochmals einen kurzen Hinweis zum Sinn und Zweck von Speicherpools. Sie haben die Möglichkeit, die Funktion Qtier zu aktivieren. Für den Einstieg oder wenn Sie kleinere NAS-Geräte nutzen, werden Sie diese Funktion nicht benötigen. Treffen Sie Ihre Wahl, und klicken Sie auf Weiter.

Wozu dient die Funktion Qtier?

Qtier richtet sich an Nutzer von Geräten mit diversen unterschiedlichen Laufwerkstypen. Sie ermöglicht es, verschiedene Laufwerkstypen zu einem Speicherpool zusammenzufassen und anschließend im Alltagsbetrieb häufig abgerufene Daten auf Datenträger mit hoher Verarbeitungsgeschwindigkeit zu verschieben. Häufig benötigte Daten können dann sehr schnell vom NAS abgerufen werden, ohne dass Sie den gesamten Speicherplatz mit vergleichsweise teuren SSD-Datenträger ausstatten müssen.

Diese Funktion ist allerdings nur für Nutzerinnen und Nutzer mit sehr schnellen Netzwerkverbindungen interessant, da üblicherweise die Netzwerkverbindung zuerst der Flaschenhals ist. Eine handelsübliche moderne Festplatte lastet eine Verbindung mit einer Datenrate von 1 GBit/s in der Regel komplett aus.

Auf der folgenden Seite sehen Sie eine Liste der in Ihrem NAS verfügbaren Festplatten (siehe Abbildung 1.21). Wählen Sie über das Kontrollkästchen in der Spalte ganz links in der Tabelle diejenigen Festplatten aus, die Sie zu einem Speicherpool zusammenfassen möchten.

Abbildung 1.21 Legen Sie fest, welche Datenträger Sie zu einem Speicherpool zusammenfassen möchten.

Anschließend können Sie unterhalb der Tabelle mit dem gleichnamigen Dropdown-Feld den RAID-Typ auswählen, den Sie für den Speicherpool verwenden möchten. Sie haben hier, in Abhängigkeit von der Anzahl ausgewählter Festplatten, die Auswahl zwischen einem Einzellaufwerk, der JBOD-Konfiguration sowie den RAID-Modi 0, 1, 5, 6, 10, 50 und 60. Die unterschiedlichen RAID-Modi besprechen wir gleich im Anschluss in Abschnitt 1.2.3.

Wenn Sie Ihr NAS mit einer Reservefestplatte betreiben möchten, die automatisch dann eingebunden wird, wenn eine andere Festplatte ausfällt, können Sie diese im Dropdown-Feld ERSATZFESTPLATTE (HOT SPARE) auswählen. Sollten Sie in Ihrem NAS die eher selten anzutreffenden Festplatten mit einer Hardware-Verschlüsselungstechnologie einsetzen (eine sogenannte *SED-Festplatte*, die Abkürzung steht für *Self Encrypting Disk*, auf Deutsch selbst verschlüsselnde Festplatte), dann können Sie einen sicheren SED-Speicherpool erstellen. Sie können diesem dann nur SED-Festplatten hinzufügen.

Auf der nächsten Seite des Assistenten (siehe Abbildung 1.22) können Sie den Speicherpool weiter konfigurieren. Hier geht es hauptsächlich darum, was passiert, wenn die Speicherkapazität des Speicherpools bereits zu einem großen Teil verwendet wird. Sie können dann Warnungen konfigurieren, damit Sie rechtzeitig auf eine vollgelaufene Festplatte reagieren können.

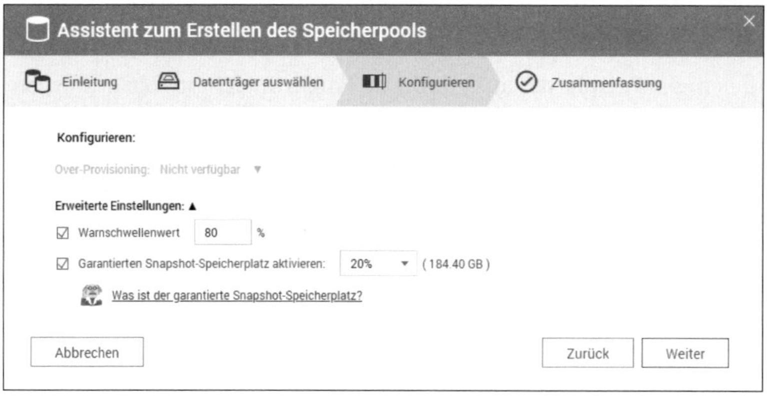

Abbildung 1.22 Legen Sie eine Warnschwelle fest und reservieren Sie Speicherplatz für Snapshots.

Falls Sie SSDs in dem Speicherpool betreiben, können Sie das Over-Provisioning anschalten. Dabei wird ein Teil der Speicherkapazität der SSD zurückbehalten, damit der Controller genügend »Freiraum« für Optimierungsarbeiten hat, was der Lebensdauer der SSD und der Datentransferrate bei Schreibvorgängen zuträglich ist. Auch für Speicherpools mit normalen Festplatten können Sie einen Schwellwert für eine Warnung einstellen. Wenn mehr als die eingestellte Kapazität für Daten genutzt wird, erhalten Sie eine automatisierte Warnung. Sie können auch einen garantierten Speicherplatz für Snapshot-Aufbewahrungen einstellen. Damit reservieren Sie einen Teil des Speicherplatzes, der nicht durch wachsende Volumes belegt werden kann.

Was sind »wachsende Volumes«?

Hierbei geht es um Folgendes: Neben statischen Volumes können Sie mit Thin- und Thick-Volumes arbeiten. Ein statisches Volume ist von Anfang an festgezurrt mit einer vorab festgelegten Speicherkapazität, die sofort auf dem Datenträger vollständig reserviert wird. Das können Sie vergleichen mit einem Regal, dessen Fach Sie mit einem leeren Schuhkarton füllen.

Wenn Sie mit Thin-Volumes arbeiten, dann belegen diese nur den tatsächlich benötigten Speicherplatz auf dem Speicherpool, und das Volume wächst sozusagen mit den Nutzdaten mit. Das ist so etwas wie eine große Tragetasche, die Sie zusammenrollen, so dass sie nur so groß ist wie ihr jeweiliger Inhalt.

Auf einer 10 TB großen Festplatte könnten Sie zwei Thin-Volumes mit jeweils 8 TB Kapazität erstellen. Zwar können insgesamt nach wie vor nur 10 TB genutzt werden, allerdings kann eines der beiden Volumes die möglichen 8 TB komplett ausnutzen.

Thick-Volumes hingegen belegen (ähnlich wie statische Volumes) sofort den angedachten Speicherplatz und wachsen nicht mit. Wenn ein Thick-Volume mit einer Kapazität von 8 TB angelegt wird, dann kann dieses diese Kapazität auch voll ausnutzen, für weitere Volumes stehen aber höchstens 2 TB zur Verfügung. Wenn Sie nun mit Thin-Volumes arbeiten und Snapshots aktiviert haben, kann der freie Speicherplatz auf dem Speicherpool, der noch nicht von wachsenden Thin-Volumes belegt ist, für Snapshots genutzt werden. Wachsen die Volumes, dann müssen irgendwann Snapshots gelöscht werden.

Auf der folgenden Seite sehen Sie eine Zusammenfassung Ihrer Einstellungen. Wenn alles wunschgemäß eingestellt ist, klicken Sie unten auf ERSTELLEN. Damit wird der Speicherpool angelegt. Je nach RAID-Typ und Anzahl der Festplatten kann der Vorgang einige Minuten dauern.

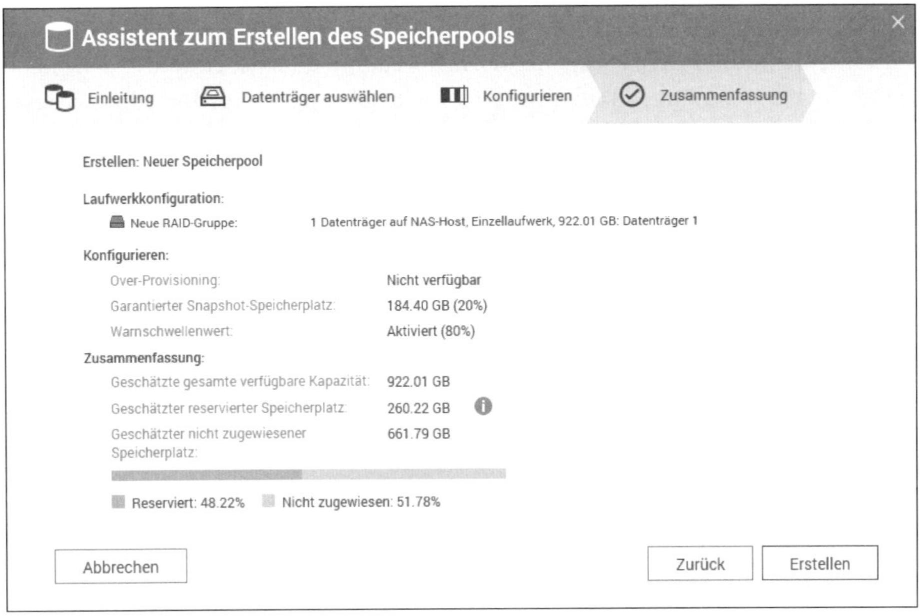

Abbildung 1.23 Prüfen Sie, ob alle Einstellungen korrekt vorgenommen wurden.

1.2.3 Die möglichen RAID-Modi für Ihr NAS

In diesem Abschnitt stellen wir Ihnen die möglichen Betriebsmodi vor, mit denen ein Speicherpool auf Ihrem NAS betrieben werden kann.

Bei einem *RAID-Verbund* (die Abkürzung steht für *Redundant Array of Independent Disks*) werden die Nutzdaten nicht nur auf einer, sondern auf mehreren Festplatten gespeichert. Dadurch ergeben sich (je nach Verfahren) auch Geschwindigkeitsvorteile, hauptsächlich wird aber die Datensicherheit erhöht. Ein RAID-Verbund schützt nämlich vor dem Datenverlust durch den Ausfall von Festplatten.

Eine Festplatte ist ein kompliziertes Gerät, das theoretisch jederzeit ausfallen kann (das gilt auch für SSDs). Im Fehlerfall sind dann zumeist die Nutzdaten verloren und lassen sich nur mit teuren Spezialwerkzeugen (und in einem Labor) wiederherstellen. Davor kann Sie ein RAID-Verbund schützen, denn in dieser Konfiguration sind von den Nutzdaten (sinngemäß) immer Kopien vorhanden, so dass alle Daten weiterhin erhalten bleiben, wenn eine Festplatte ausfällt. Je nach Verfahren können sogar mehrere Festplatten ausfallen, ohne dass ein Datenverlust eintritt.

Wenn ein Datenträger den Betrieb einstellt, stehen nicht nur alle Daten weiterhin zur Verfügung, zusätzlich kann das NAS ganz normal weiterbetrieben werden. Das ist besonders für den geschäftlichen Einsatz wichtig, damit es keine Ausfallzeiten gibt.

In diesem Fall müssen Sie aber schnell handeln: Sie müssen einfach eine neue Festplatte einbauen, der RAID-Controller kümmert sich dann im NAS darum, dass die neue Festplatte die nötigen Daten erhält und in den Verbund integriert wird.

Sie können während dieses Vorgangs normal weiterarbeiten, aber während die neue Festplatte mit den nötigen Daten befüllt wird, ist die Zugriffsgeschwindigkeit deutlich spürbar reduziert.

RAID ist kein Backup

Ganz wichtig ist, dass ein RAID-Verbund niemals ein Backup ersetzt. Es wird nur ein Schutz vor dem Datenverlust durch den Ausfall eines Datenträgers geboten und ein Fortbetrieb des Systems sichergestellt. Ein RAID-Verbund schützt aber nicht vor dem versehentlichen Löschen von Dateien. Ebenso wenig schützt er vor versehentlichen oder absichtlichen Änderungen. Auch beim Diebstahl der Datenträger oder einer Beschädigung des NAS-Systems durch ein Elementarereignis (Brand, Überschwemmung, Blitzeinschlag) wird kein Schutz geboten.

Ein RAID-Setup ist damit eine wichtige Ergänzung für ein gutes Sicherheitskonzept, es reicht alleine aber nicht aus. Lesen Sie dazu die Ausführungen zum 3-2-1-Konzept in Abschnitt 9.1.

Es gibt verschiedene RAID-Modi, die sich in der Anzahl der benutzten Festplatten unterscheiden. Zusätzlich gibt es noch weitere Betriebsarten für Speicherpools, die nichts mit einem RAID-Verbund zu tun haben. Je nach Ausstattung des NAS (insbesondere ist die Anzahl an Einbauschächten für Festplatten zu berücksichtigen) stehen nicht alle der folgenden Modi zur Verfügung:

- **Einzellaufwerk**: Jede Festplatte arbeitet einzeln für sich, wie in einem Desktop-PC. Beim Ausfall eines Datenträgers gibt es keinen Schutz vor dem Datenverlust. Der Speicherplatz der Festplatten wird auch nicht zusammenhängend verwaltet, lässt sich aber vollständig nutzen. Dieses Verfahren sollte nur dann eingesetzt werden, wenn die Daten anderweitig gut gesichert sind.
- **JBOD**: *Just a Bunch of Disks* bedeutet, dass alle Festplatten auf logischer Ebene zu einem einzelnen großen »Laufwerk« verbunden sind. Die Speicherkapazität des Ver-

bunds entspricht der Summe der Einzelkapazitäten. Die Dateien werden unter Umständen auf mehrere Festplatten aufgeteilt. Fällt ein Laufwerk aus, sind die darauf gespeicherten Daten verloren. Es sind auch die Dateien betroffen, die nicht vollständig auf dem ausgefallenen Laufwerk gespeichert waren. Ein JBOD sollte nur in begründeten Einzelfällen genutzt werden. Wenn Sie mehrere Laufwerke zur Verfügung haben, sollten Sie eine RAID-Konfiguration nutzen.

- **RAID 0**: Die Dateien werden geteilt und in Blöcken auf die beteiligten Festplatten verteilt. Dadurch ergeben sich sehr hohe Lese- und Schreibgeschwindigkeiten. Da keine Festplatte eine Datei vollständig enthält, ergibt sich keine Schutzwirkung vor einem Datenverlust. Wenn auch nur eine Festplatte ausfällt, sind alle Dateien verloren (oder zumindest nur noch in Teilen vorhanden).

  RAID 0 sollten Sie daher nur einsetzen, wenn Sie sehr hohe Zugriffsgeschwindigkeiten brauchen und einen Datenausfall und entsprechende Wiederherstellungsarbeiten abfangen können.
- **RAID 1**: Jede beteiligte Festplatte erhält eine vollständige Kopie einer Datei. Es ergibt sich eine sehr hohe Lesegeschwindigkeit. Alle bis auf eine Festplatte können ausfallen, ohne dass ein Datenverlust eintritt. Der Modus kann also eine sehr hohe Datensicherheit bieten. Die gesamte Speicherkapazität entspricht der Speicherkapazität der kleinsten beteiligten Festplatte. Dies ist der einzig sinnvolle RAID-Modus (mit Datenschutz) für Geräte mit nur zwei Festplatteneinschüben.
- **RAID 5**: Dieses Verfahren erfordert mindestens drei Festplatten. Es arbeitet mit Paritätsdaten und teilt die Dateien in Blöcken so auf die Festplatten auf, dass jederzeit ein einzelnes Speichermedium ausfallen kann, ohne dass es zum Datenverlust kommt. RAID 5 ist ein interessantes Szenario für Geräte mit vier Festplatteneinschüben. Die Gesamtkapazität entspricht der um eins reduzierten Anzahl beteiligter Festplatten, multipliziert mit der Speicherkapazität der kleinsten Festplatte: Wenn Sie vier Festplatten à 500 GB benutzen, können Sie insgesamt 1,5 TB für Ihre Daten nutzen, den Rest braucht der RAID-Controller für die Paritätsdaten. Fällt eine Festplatte aus, kann eine neue eingebaut werden, und der RAID-Controller kümmert sich um alles Weitere. Das NAS kann jederzeit normal weiterbenutzt werden.
- **RAID 6**: Dieser Modus arbeitet wie RAID 5 mit Paritätsdaten, ermöglicht aber, dass zwei Festplatten ohne Datenverlust ausfallen können. Er erfordert mindestens vier Festplatten. Das Verfahren ist dann gut geeignet, wenn höhere Anforderungen an den Datenschutz bestehen. Die Gesamtkapazität entspricht der um zwei reduzierten Anzahl beteiligter Festplatten, multipliziert mit der Speicherkapazität der kleinsten Festplatte. Mit den vier Festplatten zu je 500 GB aus dem letzten Beispiel könnten Sie nun also noch 1 TB nutzen.
- **RAID 10**: RAID 10 ist nicht als »zehn«, sondern als »eins-null« zu verstehen und ist eine Kombination aus RAID 1 und RAID 0. RAID 10 bietet eine hohe Übertragungs-

geschwindigkeit und einen hohen Schutz vor dem Datenverlust durch Ausfall einer Festplatte. Der Modus erfordert mindestens vier Festplatten, die Anzahl muss gerade sein. Die Gesamtkapazität entspricht der durch zwei dividierten Anzahl der beteiligten Festplatten, multipliziert mit der Speicherkapazität der kleinsten Festplatte. RAID 10 ist eher etwas für größere, leistungsfähige NAS-Geräte und den Einsatz in größeren (Unternehmens-)Netzwerken.

- **RAID 50**: Dieser Modus ist eine Kombination aus RAID 5 und RAID 0, nutzt also Paritätsdaten und das anteilige Speichern der Nutzdaten auf verschiedenen Festplatten. Es ergibt sich eine hohe Datentransferrate, insbesondere beim Schreiben. Mindestens sechs Festplatten sind erforderlich. RAID 50 trifft man kaum im Privatbereich, sondern vielmehr in größeren Unternehmensnetzwerken an. Vorteilhaft an RAID 50 sind höhere Zugriffsgeschwindigkeiten, wenn das System nach dem Ausfall eines Datenträgers die Daten rekonstruieren und auf eine Ersatzfestplatte schreiben muss.
- **RAID 60**: RAID 60 ist vergleichbar mit RAID 50, nutzt jedoch eine größere Menge an Paritätsdaten und erhöht folglich die Sicherheit vor dem Datenverlust beim Ausfall von Datenträgern. Wie RAID 50 ist auch dieser Modus für große Unternehmensnetzwerke geeignet und erfordert mindestens acht Festplatten.

1.2.4 Volume erstellen

Nachdem Sie den Speicherpool angelegt haben, müssen Sie mindestens ein Volume erstellen. Der Assistent bietet Ihnen dies direkt an. Klicken Sie also auf die Schaltfläche NEUES VOLUME. Alternativ können Sie auch im Hauptfenster von *Speicher & Snapshots* ein Volume erstellen.

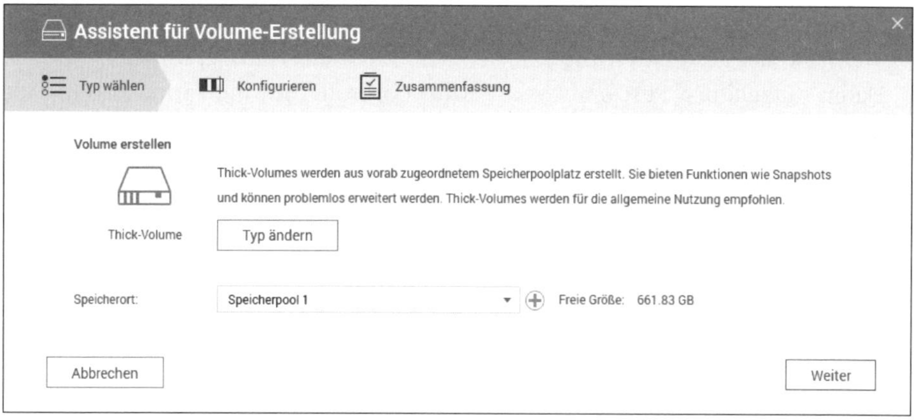

Abbildung 1.24 Wählen Sie den gewünschten Volume-Typ und den Speicherpool, auf dem das Volume erstellt werden soll.

Der Assistent für Volume-Erstellung fragt Sie zunächst nach dem gewünschten Volume-Typ (siehe Abbildung 1.25).

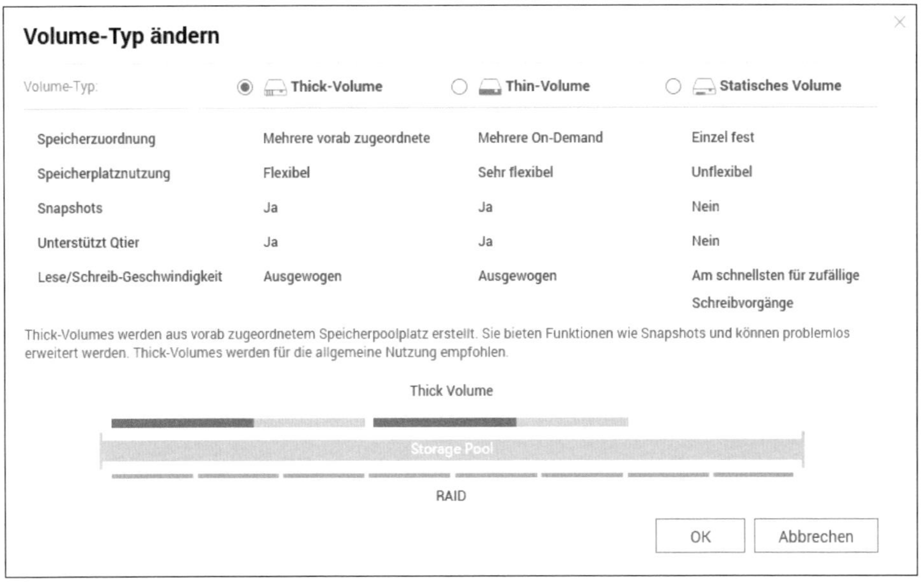

Abbildung 1.25 Legen Sie den Volume-Typen fest.

- Voreingestellt ist ein Thick-Volume, das den angedachten Speicherplatz sofort auf dem Speicherpool belegt. Es kann allerdings auch nachträglich noch erweitert werden und bietet einige Zusatzfunktionen. Dazu zählt die Möglichkeit, Snapshots erstellen zu können. Es ist auch möglich, dateibasierte LUNs auf Thick-Volumes zu speichern.
- Alternativ können Sie auf mitwachsende Thin-Volumes wechseln, auf denen allerdings keine dateibasierten LUNs angelegt werden können.
- Als dritte Alternative gibt es statische Volumes, die weder mit Snapshots noch mit LUNs umgehen können, dafür aber bei wahlfreien Schreibvorgängen sehr schnell sind. Möchten Sie den Volume-Typ ändern, dann klicken Sie auf die Schaltfläche TYP ÄNDERN. Sie sehen in einem neuen Fenster dann auch noch einmal eine Zusammenfassung mit den jeweiligen Volume-Eigenschaften.

Nachdem Sie Ihre Wahl getroffen haben, müssen Sie im Feld SPEICHERORT festlegen, auf welchem Speicherpool Sie das Volume erstellen wollen. Beachten Sie, dass die verfügbare Kapazität hier bereits eventuelle Reservebereiche für Snapshots beinhaltet und damit geringer ist als die Kapazität der enthaltenen Festplatten.

Auf der folgenden Seite des Assistenten müssen Sie dem Volume eine Bezeichnung geben und anschließend die Volume-Kapazität festlegen.

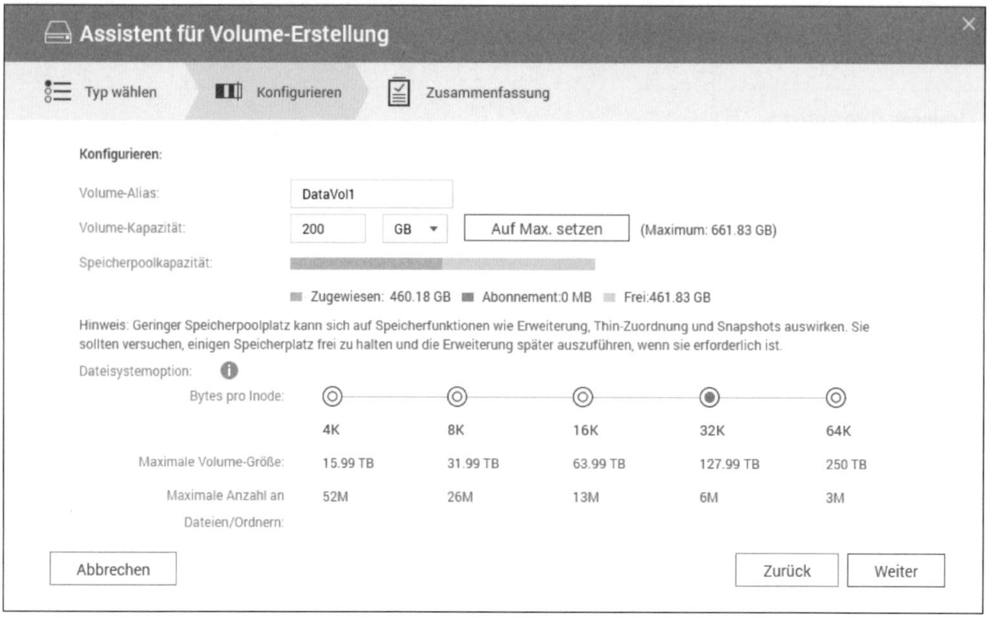

Abbildung 1.26 Passen Sie die Größe des Volumes an.

Wenn Sie den gesamten verfügbaren Speicherplatz des Speicherpools nutzen wollen, klicken Sie auf die Schaltfläche AUF MAX. SETZEN. Damit ignorieren Sie allerdings die Warnmeldungen über die Belegung des Speicherpools, die automatisch deaktiviert werden. Beachten Sie, dass Sie Thin- und Thick-Volumes später auch problemlos vergrößern können, wenn der Speicherplatz belegt ist. Es ist daher keine schlechte Idee, zunächst etwas Reserveplatz übrig zu lassen.

Die Wahl der Bytes pro Inode ist hauptsächlich für große Volumes interessant, auf denen sehr viele kleine Dateien abgelegt werden sollen. Es gilt: Je mehr Bytes pro Inode verwendet werden, desto größer kann ein Volume sein, aber desto weniger Dateien können darauf abgelegt werden. Für den Einstieg können Sie sich üblicherweise mit einem kleinen Wert begnügen und somit viele Dateien ablegen.

Abschließend wird Ihnen eine Zusammenfassung angezeigt. Kontrollieren Sie, ob alles wunschgemäß angegeben ist, und klicken Sie dann auf FERTIGSTELLEN. Das Volume wird sodann angelegt. Nach dem Anlegen wird das Volume automatisch formatiert, und es werden einige Standardordner erstellt. Wenn das abgeschlossen ist, können Sie sofort mit dem Abspeichern von Dateien beginnen. Alternativ können Sie jetzt weitere Speicherpools und weitere Volumes anlegen.

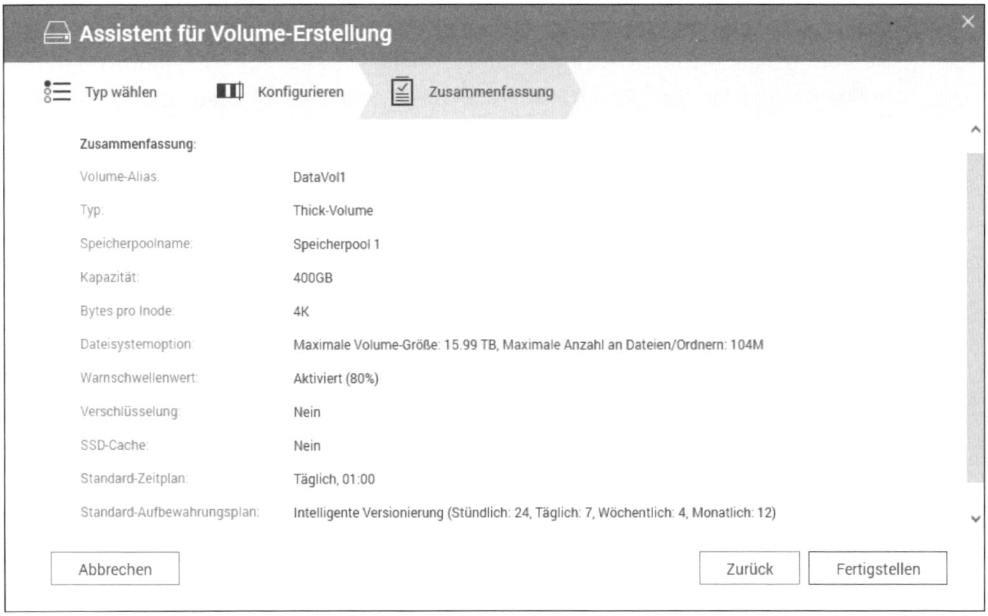

Abbildung 1.27 Kontrollieren Sie die Einstellungen, und klicken Sie dann auf »Fertigstellen«.

1.3 Das Bedienkonzept des QTS

Nach der Installation des Betriebssystems und der Einrichtung des Speicherplatzes ist Ihr NAS bereit für die ersten Aufgaben. In diesem Abschnitt stellen wir Ihnen die Oberfläche des QTS und das Bedienkonzept vor und machen Sie mit den Basisprogrammen Ihres NAS vertraut.

Die Bedienung und Konfiguration Ihres NAS erfolgen zu großen Teilen über ein Webinterface, das im Browser dargestellt wird. Sie erreichen dieses Webinterface über die interne IP-Adresse Ihres Geräts im lokalen Netzwerk oder über dessen Hostnamen. Das Webinterface ist über Port 8080 erreichbar. Über diesen Port können Sie eine unverschlüsselte Verbindung zum Gerät aufbauen. Sie sehen dann im Browser die Anmeldeseite aus Abbildung 1.28, über die Sie sich mit den Daten Ihres Administratorkontos am QTS des NAS anmelden können.

SSH-Zugriff

Das Webinterface ist der bevorzugte Weg, um Ihr NAS zu konfigurieren. Zusätzlich können Sie aber auch über SSH (Secure Shell) auf Ihr System zugreifen und direkt mit dem Betriebssystem arbeiten. Dazu müssen Sie den SSH-Zugriff entweder im Control-Panel oder im Qfinder aktivieren. Anschließend können Sie sich über einen SSH-Client direkt einloggen und sehen die Kommandozeile des Systems, über die Sie direkt mit allen Dateien auf dem NAS arbeiten können.

Auf diesem Weg operieren Sie allerdings »am offenen Herzen« des Systems. Solange Sie nicht genau wissen, was Sie tun, und idealerweise einige Linux-Kenntnisse mitbringen, sollten Sie stattdessen immer die QNAP-Weboberfläche nutzen.

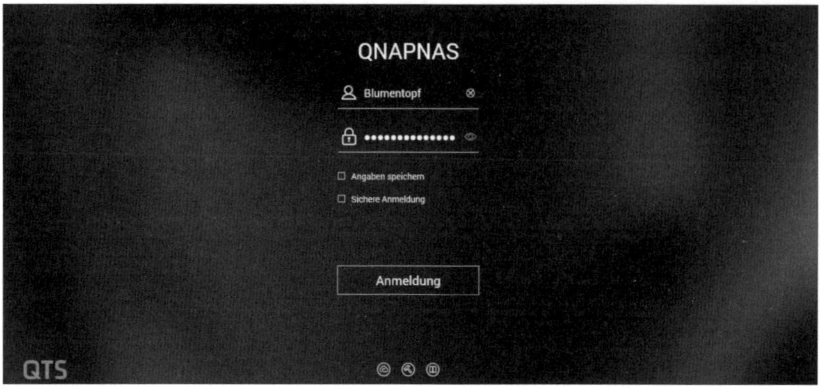

Abbildung 1.28 Melden Sie sich zunächst mit Ihrem Benutzerkonto am System an.

Auf der Anmeldeseite finden Sie das Kontrollkästchen SICHERE ANMELDUNG. Hierüber wechseln Sie auf eine verschlüsselte (mit TLS gesicherte) Verbindung. Da auf dem NAS noch kein beglaubigtes Zertifikat hinterlegt ist und Sie das Gerät nicht über eine Domain, sondern über seine IP-Adresse oder den Hostnamen angesprochen haben, kommt es beim verschlüsselten Verbindungsaufbau unweigerlich zu einer Zertifikatswarnung des Browsers. In einem privaten Heimnetzwerk und auch im sicheren Firmennetzwerk ist es unwahrscheinlich, dass gerade jetzt ein Betrugsversuch stattfindet, weswegen Sie die Warnung mit einer Ausnahmeregel übergehen können.

Anstatt das Kontrollkästchen SICHERE ANMELDUNG zu benutzen, können Sie alternativ auch direkt eine verschlüsselte Verbindung einleiten. Rufen Sie dazu die IP-Adresse des NAS oder dessen Hostnamen im Browser auf, und stellen Sie ein *https://* voran. Die gesicherte Verbindung bauen Sie über Port 443 auf, den Sie beim Verbindungsaufbau nicht explizit angeben müssen.

1.3.1 Die Taskleiste

Nachdem Sie sich am QTS angemeldet haben, sehen Sie dessen Desktop, der dem Desktop eines modernen Computer-Betriebssystems nachempfunden ist (siehe Abbildung 1.29).

Am oberen Bildschirmrand sehen Sie eine Taskleiste, die direkt mit der Taskleiste eines PCs vergleichbar ist. Im freien Bereich sehen Sie alle geöffneten Programme. Diese werden im QTS in eigenen Fenstern ausgeführt, zwischen denen Sie mit Hilfe der Taskleiste wechseln können.

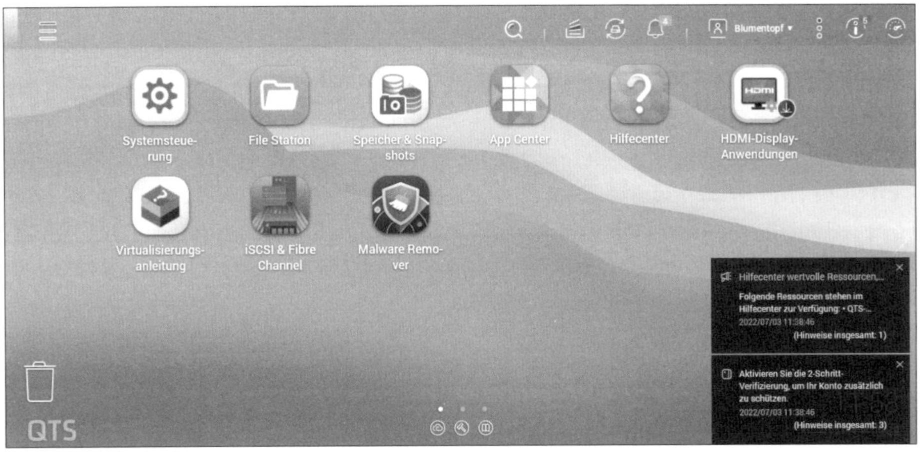

Abbildung 1.29 Der Desktop des QTS ist dem eines Desktop-PC-Betriebssystems nachempfunden.

Ganz links befindet sich eine schmale Schaltfläche, die Ihnen stets den Desktop anzeigt und die dann praktisch ist, wenn viele Fenster geöffnet sind und Sie auf ein Element direkt auf dem Desktop zugreifen möchten. Daneben befindet sich ein Symbol mit drei vertikalen Strichen, über das Sie das Hauptmenü des QTS öffnen können. Es ist mit dem Startmenü eines Windows-Systems vergleichbar und der zentrale Anlaufpunkt für alle Programme und Konfigurationsoptionen Ihres NAS-Systems (siehe Abbildung 1.30).

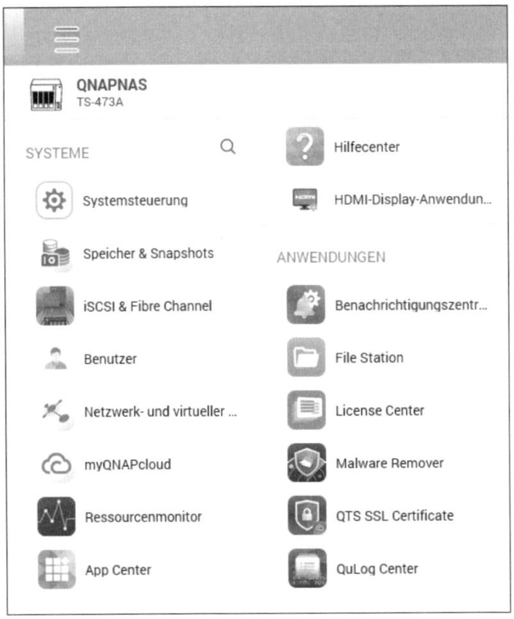

Abbildung 1.30 Das Startmenü des QTS bietet Zugriff auf alle Programme und Funktionen.

Im rechten Bereich der Taskleiste befinden sich zahlreiche Schaltflächen. Den Anfang bildet ein Lupen-Symbol, über das ein Suchfeld eingeblendet wird. Sie können hierüber Anwendungen auf dem NAS suchen. Daneben befindet sich das Symbol, das Ihnen die momentan aktiven Hintergrundaufgaben anzeigt. Das kann zum Beispiel der Kopiervorgang einer größeren Datenmenge sein, der im Hintergrund automatisiert vom NAS-System durchgeführt wird. Externe Geräte wie etwa USB-Sticks oder Festplatten, die Sie über USB mit dem NAS verbunden haben, zeigt Ihnen die Schaltfläche an. Den Abschluss der Dreiergruppe bildet das Icon, das Ihnen alle Warn- und Fehlermeldungen des Systems anzeigt.

Zu Beginn gibt es dort eventuell bereits Warnmeldungen bezüglich der Einbindung des gemeinsam genutzten Dateiordners *Public*, die noch vom Installationsvorgang stammen (siehe Abbildung 1.31).

Abbildung 1.31 Das QTS fasst alle Warn- und Fehlermeldungen übersichtlich zusammen.

1.3.2 Das persönliche Menü

Rechts daneben sehen Sie eine Schaltfläche mit dem Namen Ihres Benutzerkontos. Hierüber öffnen Sie das persönliche Menü des QTS (siehe Abbildung 1.32).

Ein Administrator kann in diesem Menü das NAS ausschalten oder neu starten. Diese Funktionen stehen einem gewöhnlichen Systembenutzer nicht zur Verfügung. Außerdem kann das NAS über den Eintrag MEIN NAS SUCHEN geortet werden. Dabei geht es aber nicht um die Anzeige des Gerätestandorts auf einer Landkarte.

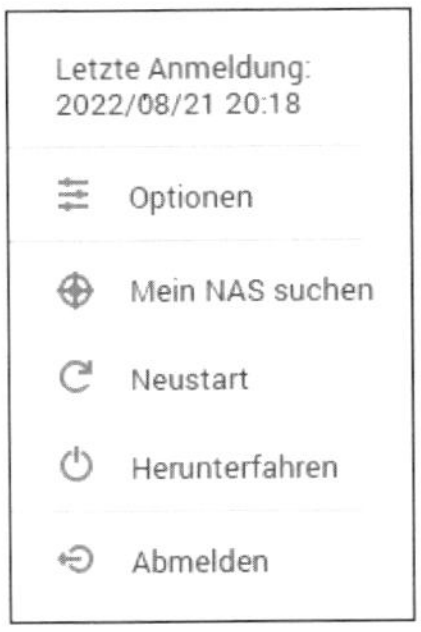

Abbildung 1.32 Nur das persönliche Menü eines Administrators gestattet den Neustart und das Herunterfahren des NAS.

Die Funktion ist dann behilflich, wenn Sie beispielsweise in einem Serverschrank mehrere Geräte betreiben und ein bestimmtes aufspüren wollen. Über die Funktion können Sie die LED-Anzeigen des Geräts blinken und einen Signalton erzeugen lassen. Am Ende des Menüs können Sie sich vom System abmelden. Sie sollten (auch als normaler Systemnutzer) nach getaner Arbeit am System stets diesen Abmeldevorgang ausführen, damit Ihre Sitzung korrekt geschlossen und nicht mehr durch einen potenziellen Angreifer übernommen werden kann.

1.3.3 Die persönlichen Optionen

Zuoberst im persönlichen Menü gibt es noch den Eintrag Optionen, der ein neues Fenster mit diversen Einstellmöglichkeiten öffnet, die nur für das aktuelle Benutzerkonto gelten. Auf der Registerkarte Profil können Sie einige Angaben zum aktuellen Benutzer eingeben, etwa die persönliche E-Mail-Adresse (siehe Abbildung 1.33). Auch ein Profilbild kann hinterlegt werden.

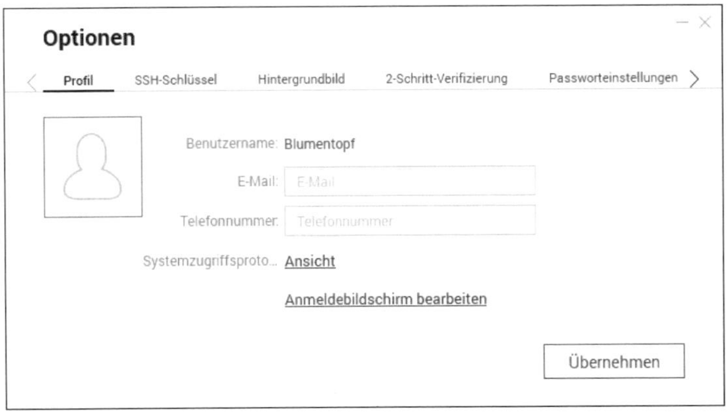

Abbildung 1.33 In den Optionen kann jeder Benutzer individuelle Einstellungen rund um das QTS vornehmen.

Ein persönlicher öffentlicher Schlüssel für eine SSH-Anmeldung lässt sich auf der Registerkarte SSH-SCHLÜSSEL hinterlegen. Mit diesem Schlüssel können Sie sich ohne Passworteingabe über eine SSH-Verbindung am QTS anmelden. Das Hintergrundbild des QTS-Desktops kann auf der gleichnamigen Registerkarte geändert werden.

Das Standardbild wechselt übrigens dynamisch zwischen einer hellen Tagversion und einer dunkleren Nachtfassung. Wundern Sie sich also bitte nicht, wenn der Desktop des NAS abends dunkler angezeigt wird.

Die Zwei-Schritt-Verifizierung ist ein wichtiger Sicherheitsmechanismus, der eine unbefugte Kontonutzung und einen Zugriff auf Ihr Konto durch einen Angreifer erschwert. Bei dem auch als Zwei-Faktor-Authentifizierung bekannten Verfahren muss zusätzlich zum Passwort des Benutzerkontos ein einmal gültiger Code eingegeben werden, der von einer App auf einem Mobilgerät erzeugt wird – das Verfahren kennen Sie vermutlich bereits vom Online-Banking. Insbesondere für das Administratorkonto bietet sich die Nutzung dieser Schutzfunktion an.

Das Passwort des aktuellen Kontos lässt sich auf der Registerkarte PASSWORTEINSTELLUNGEN ändern (siehe Abbildung 1.34).

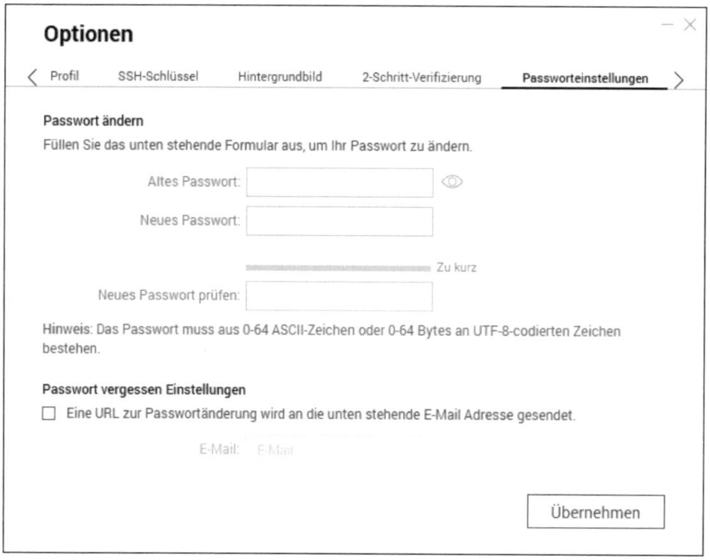

Abbildung 1.34 Auf der Registerkarte »Passworteinstellungen« können Sie das Passwort Ihres Benutzerkontos ändern.

Dort kann auch eine E-Mail-Adresse hinterlegt werden, an die eine URL zum Ändern des Passworts bei erfolglosen Anmeldevorgängen gesendet werden kann. Dafür muss die E-Mail-Funktion im QTS jedoch zuerst eingerichtet werden. Auf der Registerkarte E-MAIL-KONTO hinterlegen Sie die Zugangsdaten eines existierenden E-Mails-Kontos, das vom QTS für den Versand von persönlichen E-Mails verwendet wird. Alle Nutzer können hier eigene Konten hinterlegen, die jeweils für die eigenen Aktivitäten verwendet werden. E-Mails werden nicht nur bei einem vergessenen Passwort versendet, sondern auch zum Beispiel, wenn Freigabelinks beim Teilen von Dateien mit anderen Personen versendet werden sollen. Hier geht es explizit nicht um Systemnachrichten, die das QTS etwa an einen Administrator versendet. Diese Form von Benachrichtigungen wird an anderer Stelle (und zwar im Benachrichtigungszentrum aus der Gruppe SYSTEM der Systemsteuerung) konfiguriert. Sie müssen in diesem Fenster die Zugangsdaten eines SMTP-Servers eingeben. Für einige Anbieter wie etwa Gmail oder Yahoo sind bereits SMTP-Serverdaten hinterlegt.

Auf der Registerkarte VERSCHIEDENES sehen Sie weitere Komfortoptionen, die Sie den persönlichen Bedürfnissen entsprechend einstellen können. Hier gibt es etwa die Möglichkeit, dass Ihre QTS-Sitzung nach einer einstellbaren Zeit der Inaktivität automatisch geschlossen wird.

Die Schaltfläche mit den drei Punkten auf der Taskleiste bietet Zugriff auf weniger häufig benötigte Optionen. Sie können hier etwa die Sprachfassung des QTS einstellen. In der Standardkonfiguration wird diese Einstellung automatisch vorgenommen, Sie können jedoch auch eine gewünschte Sprache fest einstellen. Über den Menüpunkt DESKTOPEIGENSCHAFTEN können Sie die QTS-Darstellung umstellen und beispielsweise auf eine für Touchscreens optimierte Darstellung wechseln (siehe Abbildung 1.35).

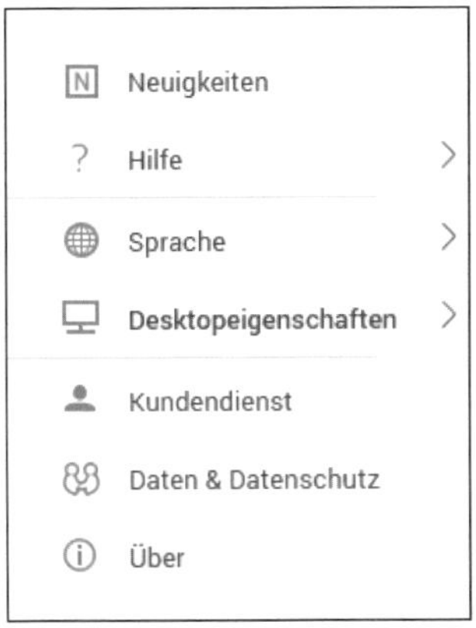

Abbildung 1.35 Über die Schaltfläche mit den drei Punkten lassen sich in der Taskleiste weniger häufig benötigte Optionen einstellen.

1.3.4 Die Hinweis- und Kontrollfunktionen

Das Symbol öffnet eine Anzeige mit Hinweismeldungen, die sich *Hinweisschild* nennt. Direkt nach der Erstinstallation erhalten Sie hier etwa Hinweise für die Einrichtung Ihres Geräts (siehe Abbildung 1.36).

Das letzte Symbol öffnet das Kontrollcenter. Es wird in einem Unterfenster auf dem Desktop angezeigt und liefert zahlreiche Informationen rund um die Systemauslastung und -nutzung (siehe Abbildung 1.37). Hier gibt es etwa Angaben zur Systemtemperatur und Lüftergeschwindigkeit, zur Auslastung von Prozessor, Arbeitsspeicher und Netzwerkanbindung und natürlich auch zur Datenträgerbelegung.

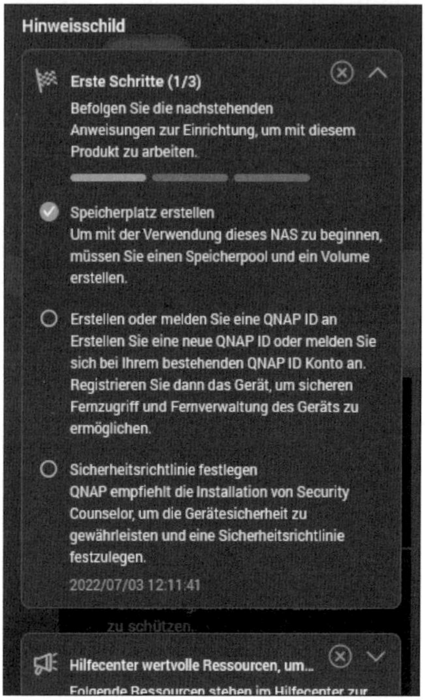

Abbildung 1.36 Das Hinweisschild gibt unter anderem Ratschläge zur Einrichtung des NAS.

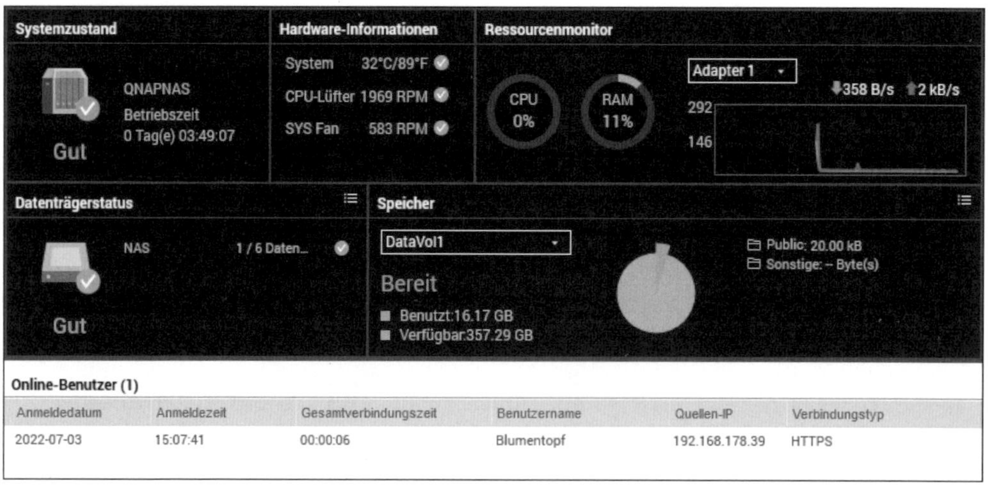

Abbildung 1.37 Das Kontrollcenter zeigt wichtige Informationen zum Systemzustand an.

1.3.5 Die Icons auf dem Desktop

Auf dem Desktop gibt es die Möglichkeit, ähnlich wie am klassischen PC Verknüpfungen zu wichtigen und häufig benötigten Elementen in Form eines Icons abzulegen. Ganz unten links finden Sie eine Verknüpfung zum Papierkorb, in dem gelöschte Dateien aufbewahrt werden können. Den Papierkorb erreichen Sie auch über die File Station, das zentrale Element zur Dateiverwaltung. Ansonsten sind auf dem Desktop bereits ab Werk einige Icons abgelegt, die dem Administrator einen schnellen Zugriff auf wichtige Elemente für die Konfiguration des Systems geben. Diese werden wir Ihnen in den folgenden Kapiteln im Detail erklären, hier möchten wir sie jeweils nur kurz mit ihrer Funktion vorstellen.

- Die SYSTEMSTEUERUNG ist die zentrale Anlaufstelle für alle Konfigurationsaufgaben des Systems (siehe Abbildung 1.38). Hier nehmen Sie Einstellungen zum Speichersystem vor, aktualisieren die Firmware und legen Benutzerkonten und deren Berechtigungen an. Sie konfigurieren hier auch die Netzwerkschnittstellen und einige der Anwendungen des NAS. Auch Dateifreigaben, also Dateiverzeichnisse zur gemeinsamen Nutzung über das Netzwerk, werden in der Systemsteuerung konfiguriert.

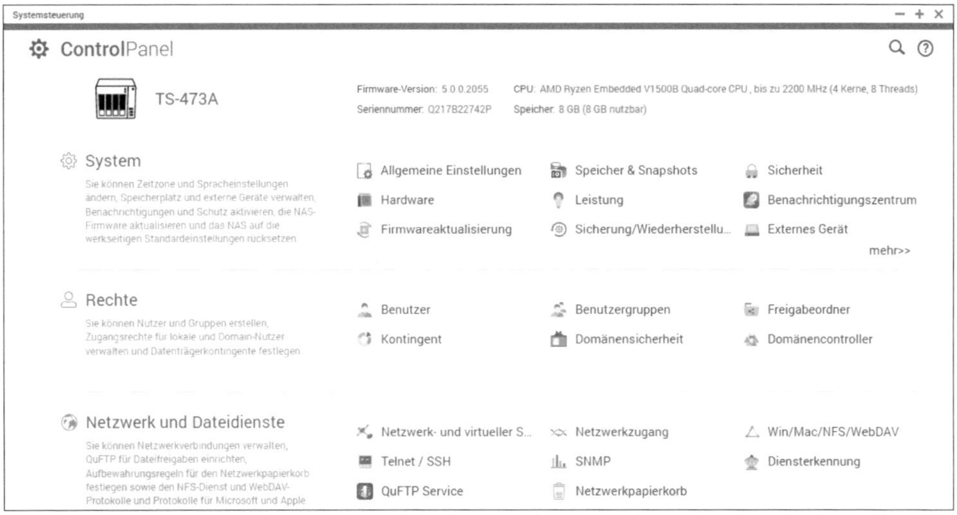

Abbildung 1.38 Bildet mit ihren vielen Modulen die zentrale Anlaufstelle für Konfigurationsarbeiten: die Systemsteuerung.

- Die FILE STATION kann mit einem Dateimanager auf dem klassischen Desktop-PC verglichen werden. Sie ermöglicht die Verwaltung des Datenbestands auf dem NAS. Dateien werden wie am PC in Verzeichnissen organisiert, die häufig auch Ordner genannt werden. Mit der File Station lässt sich der jeweilige Verzeichnisinhalt auflisten, Dateien können kopiert, umbenannt und zum NAS hoch- und vom NAS heruntergeladen werden. Wer viel mit Dateifreigaben über das Netzwerk arbeitet, der wird die File Station im Alltag jedoch möglicherweise nur sehr selten einsetzen.

- SPEICHER & SNAPSHOTS ist eigentlich ein Modul der Systemsteuerung und kümmert sich um die Verwaltung der Datenträger. Hier geht es also nicht um die eigentlichen Dateien, sondern um die Festplatten und deren Organisation etwa in einem RAID-Array. Sie kennen dieses Modul schon von der Grundeinrichtung Ihres NAS und der Einrichtung des Speicherplatzes.
- Das APP CENTER kann mit einem App-Bezugspunkt wie dem Apple App Store, dem Microsoft Store oder dem Google Play Store verglichen werden. Es ermöglicht die Installation von zusätzlichen Anwendungen auf dem NAS und damit die Erweiterung des Funktionsumfangs. Die hier verfügbaren Anwendungen stammen sowohl von QNAP selbst als auch von Drittentwicklern. Im Regelfall werden die Anwendungen kostenlos angeboten, wobei es Ausnahmen gibt.
- Das HILFECENTER bietet Ihnen Zugang zur Online-Hilfe des NAS für den Fall, dass Sie dieses Buch einmal nicht zur Hand haben.
- ISCSI UND FIBRE CHANNEL ist ein Untermodul von Speicher & Snapshots und ist damit auch über die Systemsteuerung verfügbar. Es ermöglicht die Konfiguration von iSCSI-Diensten. Hier lassen sich also beispielsweise LUNs anlegen und für die Nutzung vorbereiten. Dabei handelt es sich um eine Möglichkeit, Speicherplatz für die Nutzung über das Netzwerk anzubieten und diesen in verschiedenen Geräteklassen verfügbar zu machen.

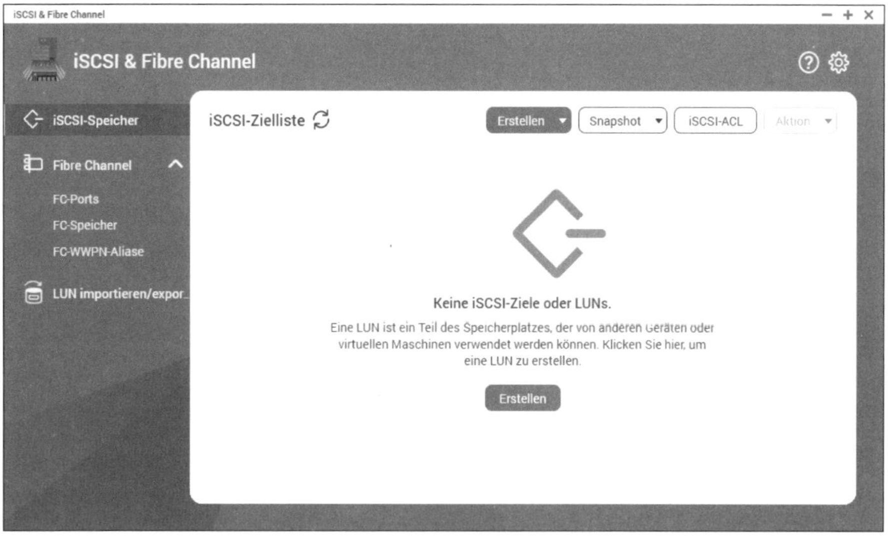

Abbildung 1.39 iSCSI-Funktionen und LUNs werden in einem eigenen Modul konfiguriert.

- Das Icon VIRTUALISIERUNGSUMGEBUNG zeigt vorrangig Informationen zum Thema Virtualisierung an, die Ihr NAS betreffen. Sie lernen hier die verschiedenen Möglichkeiten kennen, mit denen Sie das NAS beim Thema Virtualisierung unterstützen kann.
- Der MALWARE REMOVER ist ein Programm, das auf dem NAS nach Schadsoftware sucht, die sich möglicherweise im System oder den gespeicherten Dateien versteckt. Das Programm kann also mit einem modernen Antivirenscanner verglichen werden. Mehr zu diesem Programm finden Sie in Abschnitt 3.3, »Der Malware Remover«.

1.4 Benutzerkonten erstellen

Bislang nutzen Sie Ihr NAS über das bei der Installation eingerichtete Administratorkonto. Dieses sollte (wie eingangs erwähnt) nur für die Einrichtung und Wartung des Geräts, aber nicht für die alltägliche Nutzung verwendet werden. Auch ein Administrator oder eine Administratorin sollte für die eigentliche Nutzung des Geräts und die Ablage von persönlichen Dateien ein eigenes Benutzerkonto mit eingeschränkten Rechten verwenden.

Benutzerkonten richten Sie in der Systemsteuerung ein, die Sie über das Icon auf dem Desktop oder über den Eintrag im Hauptmenü aufrufen können. In der Gruppe RECHTE finden Sie das Modul BENUTZER. Dieses zeigt Ihnen nach der Installation zunächst zwei Benutzerkonten an (siehe Abbildung 1.40).

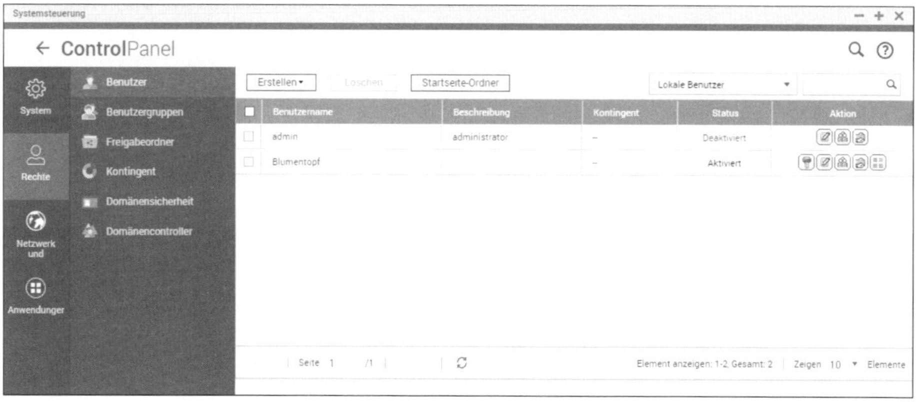

Abbildung 1.40 Das Modul »Benutzer« kümmert sich in der Systemsteuerung um die Verwaltung von Benutzerkonten.

Eines davon ist Ihr aktuelles Administratorkonto mit dem von Ihnen gewählten Nutzernamen, das andere ist ebenfalls ein Administratorkonto, das jedoch gegenwärtig deaktiviert ist und auch deaktiviert bleiben sollte. Es hat den Benutzernamen *admin* (der ja explizit nicht für Administratorkonten verwendet werden sollte) und wird für Sonderfunktionen benötigt – etwa, wenn Sie das Passwort vergessen und das System zurücksetzen. Dann wird dieses Konto temporär vom System aktiviert und nach Abschluss einer Aufgabe auch gleich wieder deaktiviert.

1.4.1 Ein einzelnes Benutzerkonto erstellen

Über die Schaltfläche ERSTELLEN können Sie ein Benutzerkonto anlegen. Wenn Sie nur ein einzelnes Benutzerkonto anlegen möchten, wählen Sie die Option EINEN BENUTZER ERSTELLEN.

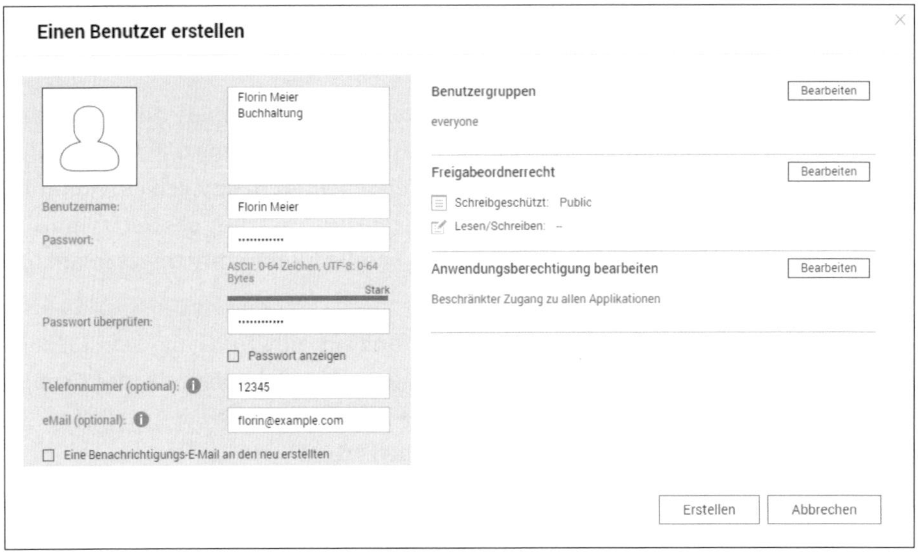

Abbildung 1.41 Tragen Sie die gewünschten Werte in die Eingabefelder ein.

In einem neuen Fenster (siehe Abbildung 1.41) können Sie auf der linken Seite die essentiellen Daten eintragen. Vergeben Sie unbedingt einen Benutzernamen. Dieser kann ruhig auch Leer- und Sonderzeichen beinhalten, Sie müssen sich nicht auf einen kleingeschriebenen Namen ohne Leerzeichen beschränken.

Vergeben Sie ein sicheres Passwort, das den üblichen Richtlinien entspricht. Unterhalb des Eingabefeldes zeigt Ihnen das Formular eine Bewertung der Passwortsicherheit, die sich hauptsächlich auf die Länge und den Zeichenumfang des Passworts stützt.

Optional können Sie eine Telefonnummer und eine E-Mail-Adresse eintragen. Letztere kann für Benachrichtigungen des Nutzers verwendet werden, weswegen es sich anbietet, dieses Feld auszufüllen. Eine Benachrichtigung über die Erstellung des Benutzerkontos können Sie über das Kontrollkästchen ganz unten aktivieren. Dort ist es auch möglich, den Text der Mitteilung zu bearbeiten. Für eine Benachrichtigung per E-Mail müssen Sie aber ein Absenderkonto im Benachrichtigungszentrum (das finden Sie in der Gruppe SYSTEM der Systemsteuerung) unter der Rubrik E-MAIL konfiguriert haben. Wenn Sie möchten, können Sie oben links ein Foto der Benutzerin oder des Benutzers hochladen. Rechts daneben kann eine ausführliche Beschreibung eingegeben werden.

Im rechten Bereich des Fensters können Sie die Berechtigungen des Nutzers bearbeiten. Im Bereich BENUTZERGRUPPEN legen Sie fest, zu welchen Benutzergruppen der neue Benutzer gehören soll. Zu Beginn sind nur zwei Benutzergruppen definiert: *administrators* und *everyone*. Die Gruppe *everyone* ist sozusagen die allgemeine Benutzergruppe, in die alle normalen Benutzer eines Systems fallen. Wenn Sie (über die Schaltfläche BEARBEITEN) zusätzlich ein Häkchen bei der Benutzergruppe ADMINISTRATORS setzen, erheben Sie den Benutzer in den Stand eines Administrators. Sein Benutzerkonto hat dann dieselben Rechte wie Ihr derzeitiges Administratorkonto. Sie können über das Modul RECHTE der Systemsteuerung weitere Benutzergruppen anlegen (wie das geht, zeigen wir Ihnen später) und diese Gruppen zur Verwaltung eines größeren Nutzerkreises verwenden. Wer das NAS daheim nutzt, wird von dieser Option vielleicht kaum profitieren, im Unternehmensumfeld oder im Verein ist sie aber recht praktisch, weil sich so rasch eine bestimmte Rechtekombination an eine größere Nutzeranzahl vergeben lässt.

Der Bereich FREIGABEORDNERRECHT kümmert sich um die Zugriffsrechte auf Dateiordner, auf die über ein Netzwerkprotokoll zugegriffen werden kann. Für jeden Freigabeordner können Sie auswählen, ob der Benutzer die jeweiligen Daten nur lesen darf, ob er sie auch verändern darf oder ob überhaupt kein Zugriff möglich ist. Wenn Sie auf BEARBEITEN klicken, sehen Sie die verfügbaren Ordner. Direkt nach der Installation ist nur der Ordner *Public* verfügbar, der sich an die Allgemeinheit der NAS-Nutzer richtet.

Im Feld VORSCHAU sehen Sie die aktuellen Berechtigungen (siehe Abbildung 1.42). Rechts können Sie über das Kontrollkästchen RO den Lesezugriff gewähren bzw. über RW den Schreibzugriff erlauben oder über DENY den Zugriff verbieten. Wenn Sie die Ordnerliste wieder schließen, sehen Sie im Bereich FREIGABEORDNERRECHT eine Zusammenfassung der gewährten Rechte für die verschiedenen Ordner.

Als Drittes können Sie die ANWENDUNGSBERECHTIGUNG BEARBEITEN. Diese Sektion regelt den Zugriff auf die Anwendungen und Programme, die auf dem NAS verfügbar sind.

Ein Klick auf die Schaltfläche BEARBEITEN öffnet die Liste aus Abbildung 1.43. Zunächst sind nur wenige Anwendungen installiert, aber dies wird sich später deutlich ändern. Sie sehen in der Liste die Optionen sortiert nach Dienstgruppen.

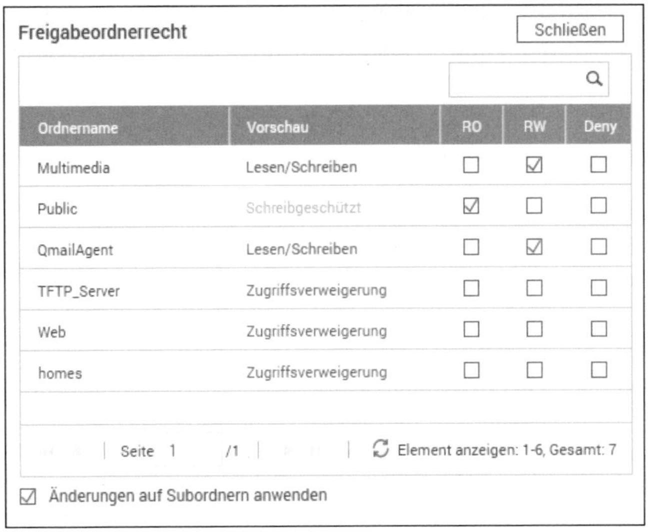

Abbildung 1.42 Für jeden Freigabeordner können Sie die Zugriffsrechte festlegen.

Die Netzwerkdienste kümmern sich zum Beispiel um die verschiedenen Optionen zur Freigabe von Dateien und Ordnern. Bei den Anwendungen ist zunächst nur die File Station verfügbar, die mit einem Dateimanager verglichen werden kann. Über das Kontrollkästchen GENEHMIGEN steuern Sie, ob der aktuelle Benutzer auf die Anwendung zugreifen darf oder nicht.

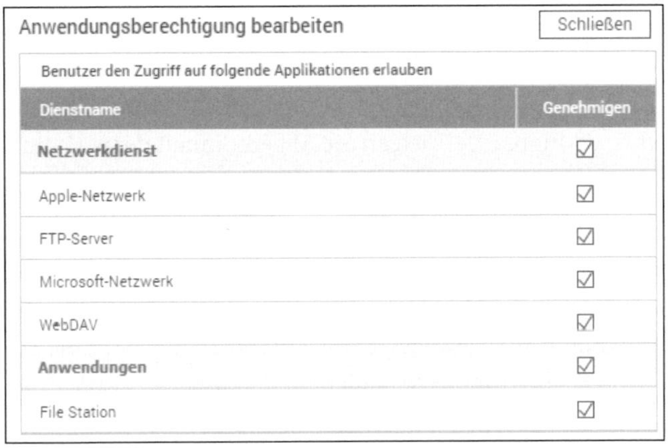

Abbildung 1.43 Legen Sie fest, welche Anwendungen, Dienste und Programme der neue Benutzer verwenden darf.

Wenn Sie mit allen Einstellungen zufrieden sind, klicken Sie ganz unten auf die Schaltfläche ERSTELLEN. Das Benutzerkonto wird nun angelegt und anschließend in der Benutzerliste geführt. Dort sehen Sie ganz rechts in der Spalte AKTION diverse Schaltflächen, über die Sie die Einstellungen des Benutzerkontos bearbeiten können.

Mit dem Icon können Sie das Passwort des Nutzers verändern. Normalerweise kann ein Nutzer sein Passwort auch selbst verändern, aber falls es in Vergessenheit geraten ist, kann ein Administrator hier eingreifen. Unterhalb der Eingabefelder wird Ihnen angezeigt, welche Zeichen für Passwörter zulässig sind (das ist der gesamte UTF-8-Zeichenraum, und das Passwort darf maximal 64 Bytes an Zeichen umfassen).

Interessant ist das Icon, das die Bearbeitung des Kontoprofils ermöglicht, denn hierüber sind Optionen verfügbar, die beim Anlegen des Benutzerkontos nicht zur Verfügung stehen (siehe Abbildung 1.44). Sie können zunächst E-Mail-Adresse, Telefonnummer und Beschreibung verändern, weiter unten dem Benutzer aber auch untersagen, das eigene Passwort zu ändern. Außerdem kann ein Konto (auch vorübergehend) deaktiviert werden. Auch Kontingente (also die Beschränkung des nutzbaren Speicherplatzes) können hier konfiguriert werden, was direkt nach der Installation des Systems mangels vorhandener Ordner aber noch nicht möglich ist.

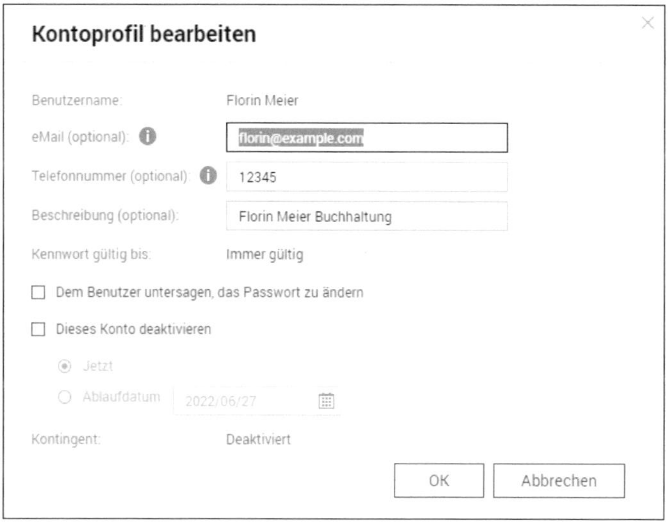

Abbildung 1.44 Bearbeiten Sie das Kontoprofil, und passen Sie die Werte gegebenenfalls an.

Die übrigen drei Icons bieten einen Zugriff auf die bekannten Elemente und bieten keine weiteren Funktionen. Im Einzelnen können Sie über die Zugehörigkeit zu einer Benutzergruppe, über den Zugriff auf die freigegebenen Ordner und über den Zugriff auf die Anwendungen des NAS-Systems steuern.

1.4.2 Eine Benutzergruppe anlegen

Wenn Sie eine Benutzergruppe erstellen möchten, verwenden Sie den gleichnamigen Eintrag im Modul RECHTE der Systemsteuerung. Klicken Sie dort auf die Schaltfläche ERSTELLEN.

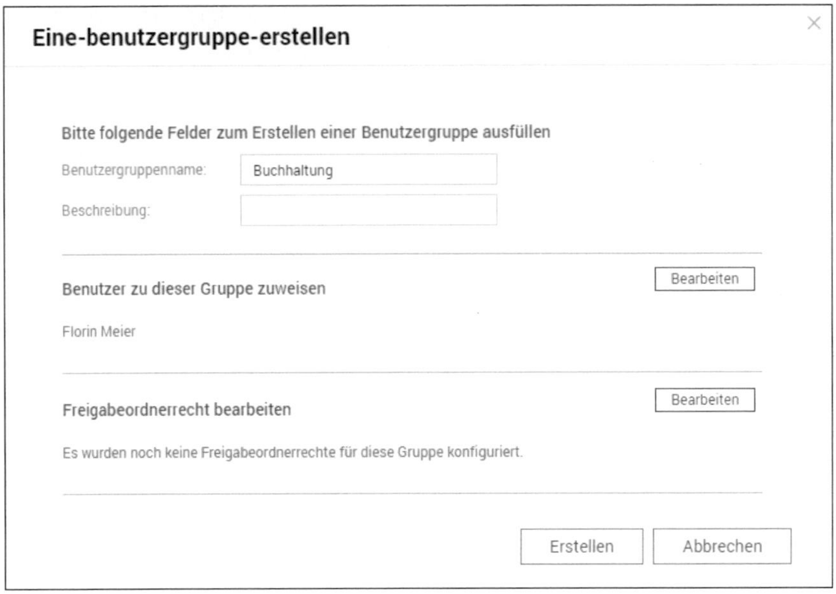

Abbildung 1.45 Erstellen Sie eine Benutzergruppe, fügen Sie die gewünschten Nutzer hinzu, und legen Sie die Zugriffsrechte auf Freigabeordner fest.

In einem neuen Fenster können Sie der Benutzergruppe zunächst einen Namen und eine Beschreibung geben. Im mittleren Teil des Fensters legen Sie fest, welche Benutzer der Gruppe angehören sollen. Klicken Sie dazu auf die Schaltfläche BEARBEITEN, und wählen Sie die gewünschten Benutzer aus. Im dritten Teil legen Sie schließlich die Berechtigungen fest. Sie können hier lediglich festlegen, auf welche Freigabeordner die Benutzergruppe zugreifen darf. Dabei können Sie die bekannten Zugriffsrechte vergeben.

Wenn es überschneidende Rechtevergaben gibt, dann gibt es eine Rangfolge: Ein Zugriffsverbot überwiegt eine Schreibberechtigung und diese überwiegt die reine Leseberechtigung.

Eine umfassende Rechtesteuerung, zum Beispiel auf Anwendungsebene, ist für Benutzergruppen allerdings nicht vorgesehen. Klicken Sie zum Anlegen der Gruppe abschließend unten auf ERSTELLEN.

Ihr NAS ist nun bereit, erste Aufgaben zu übernehmen. Sie haben das Betriebssystem eingerichtet, den Speicherplatz konfiguriert, erste Benutzerkonten eingerichtet und die wichtigsten Anlaufstellen zur Bedienung kennengelernt. Im nächsten Kapitel stellen wir Ihnen die Grundfunktionen Ihres NAS für die alltägliche Nutzung vor.

Kapitel 2
Grundlegende Funktionen

An der Basis gut aufgestellt lassen sich auch die Höhen erklimmen …

In diesem Kapitel zeigen wir Ihnen die Basisfunktionen Ihres NAS. Dazu zählen nicht nur die Systemsteuerung, die Sie für die Einstellung des Geräts brauchen, und das App Center, mit dem Sie weitere Anwendungen und Funktionen ergänzen. Vor allem zeigen wir Ihnen die App File Station, die das Herzstück der Dateiverwaltung bildet, und die Freigabeordner, mit deren Hilfe Sie über Dateidienste per Netzwerkverbindung auf den Speicherplatz des NAS zugreifen können.

2.1 Die Systemsteuerung

Die Systemsteuerung ist die zentrale Anlaufstelle für alle Konfigurations- und Einstellungsarbeiten an Ihrem NAS. Sie ist nur einem Administrator zugänglich und vereint zahlreiche Optionsdialoge, die teilweise auch separat über das Hauptmenü aufgerufen werden können. Wann immer Sie an Ihrem NAS etwas umkonfigurieren möchten, sollten Sie also zuerst in der Systemsteuerung nach der gewünschten Option suchen.

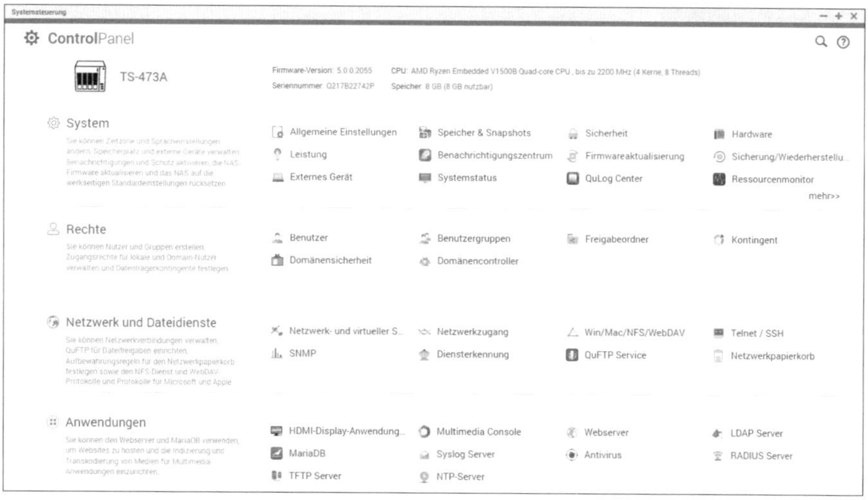

Abbildung 2.1 Fasst nahezu alle wichtigen Einstellungs- und Konfigurationsdialoge zusammen: die Systemsteuerung

In der Systemsteuerung (die auch gelegentlich unübersetzt als Control Panel auftritt) sind die diversen Einstellungsdialoge in vier große Gruppen einsortiert: System, Rechte, Netzwerk und Dateidienste sowie Anwendungen.

2.1.1 Die Gruppe »System«

Die erste Gruppe SYSTEM kümmert sich um alle Einstellungen, welche die Hardware des NAS betreffen:

- Das Modul ALLGEMEINE EINSTELLUNGEN konfiguriert die Basisoptionen wie die Uhrzeit, die Region und die Codepage für Dateinamen. Sie konfigurieren hier auch das Aussehen des Anmeldebildschirms und Sicherheitseinstellungen für den Zugriff auf das Webinterface.

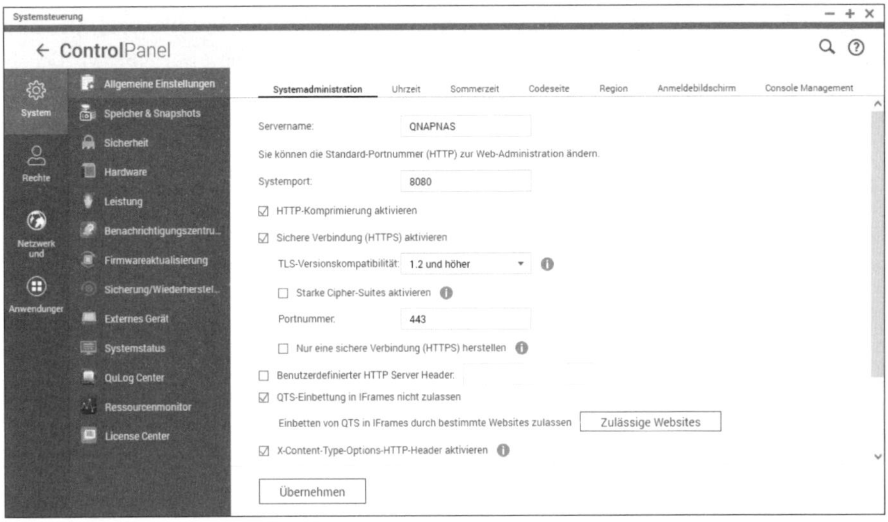

Abbildung 2.2 Basisoptionen wie die Uhrzeit werden bei den allgemeinen Einstellungen konfiguriert.

- SPEICHER & SNAPSHOTS kann auch direkt über das Hauptmenü aufgerufen werden. Sie kennen das Modul schon von der Erstinstallation. Sie konfigurieren damit die Festplatten und den Speicherplatz, legen also Speicherpools mit der gewünschten RAID-Konfiguration an und erzeugen darauf die Volumes. Auch Snapshots und iSCSI-Funktionen (wie etwa LUNs) können hier konfiguriert werden.
- Im Modul SICHERHEIT können Sie einen Zugangsfilter für das NAS-System konfigurieren. Dieser basiert auf IP-Adressen. Sie können hier auch eine automatische Blockierung von IP-Adressen einstellen, von denen wiederholt ungültige Anmeldeversuche am NAS vorgenommen wurden. Hier legen Sie auch Regeln für Passwörter fest und laden SSL-Zertifikate für die verschlüsselte Kommunikation mit dem NAS hoch.

- Grundlegende Hardware-Einstellungen nehmen Sie im gleichnamigen Modul vor. Dazu zählen etwa die Helligkeit der LED-Anzeigen, die Geschwindigkeit und damit die Lautstärke der eingebauten Lüfter, aber auch der Bereitschaftsmodus der Festplatten, der Audioalarm über den eingebauten Piepser sowie eventuelle Hardware-Erweiterungen.

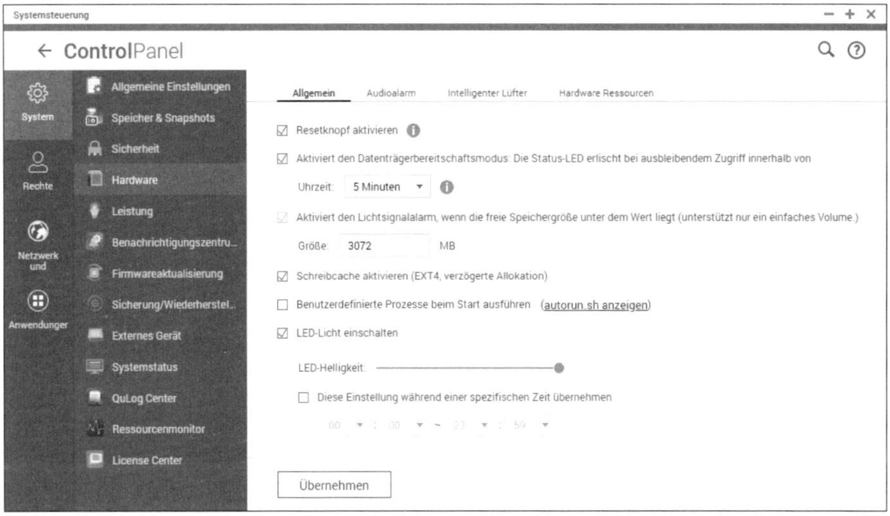

Abbildung 2.3 Hardware-Optionen wie die Helligkeit der LED-Anzeigen konfigurieren Sie im Element »Hardware«.

- Das Modul LEISTUNG ist etwas unglücklich benannt, denn hier werden eigentlich keine Leistungseinstellungen konfiguriert. Es geht vielmehr um Möglichkeiten, Energie einzusparen. Sie können hier ein automatisches An- und Abschalten des NAS konfigurieren und das NAS per eingebauter Zeitschaltuhr beispielsweise außerhalb der Bürozeiten abschalten. Um dann dennoch aus der Ferne auf das NAS zugreifen zu können, lässt sich eine Wake-on-LAN-Funktion (WOL) aktivieren. Sie können auch festlegen, was nach einem Stromausfall passieren soll.
- Das BENACHRICHTIGUNGSZENTRUM ist ein eigenständiges Modul, das sich in einem neuen Fenster öffnet und das auch über das Hauptmenü (ohne Umweg über die Systemsteuerung) aufgerufen werden kann. Mit Benachrichtigungen können Sie sich vom NAS per E-Mail, SMS und Push-Benachrichtigung über verschiedene Systemzustände informieren lassen und erhalten beispielsweise Nachrichten über knapp werdenden freien Speicherplatz. Im Benachrichtigungszentrum konfigurieren Sie, bei welchen Ereignissen Sie auf welche Weise informiert werden möchten.
- Das Betriebssystem QTS des NAS halten Sie mit dem Modul FIRMWAREAKTUALISIERUNG auf dem neuesten Stand. Sie können hier nach einer aktualisierten QTS-Version suchen und diese durch das NAS installieren lassen. Auch eine manuelle Installation ist möglich, falls Sie eine geeignete Installationsdatei besitzen. Sie kön-

nen auch die automatische Suche nach Updates und deren automatische Installation konfigurieren.

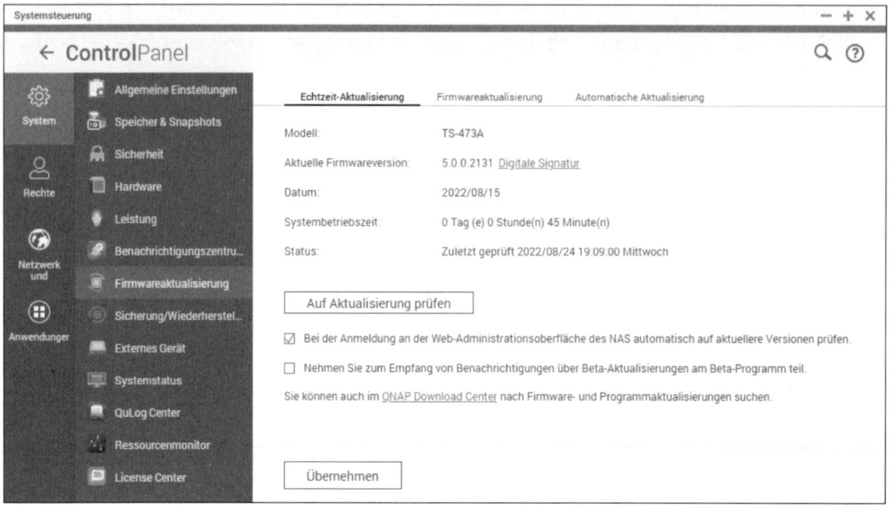

Abbildung 2.4 Überprüfen Sie, ob es neue Firmware-Versionen gibt, und installieren Sie diese auf Ihrem Gerät.

- Die Einstellungen des NAS sichern Sie im Modul SICHERUNG/WIEDERHERSTELLUNG in eine Sicherungsdatei. Diese können Sie im Bedarfsfall wieder auf das NAS übertragen. Das NAS kann hier auch auf die Werkseinstellungen zurückgesetzt werden, was beispielsweise bei einem geplanten Verkauf sinnvoll ist.
- Im Element EXTERNES GERÄT konfigurieren Sie hauptsächlich eine unterbrechungsfreie Stromversorgung (USV). Sie dient dem Schutz des NAS (beziehungsweise der darauf gespeicherten Daten) bei einem plötzlichen Stromausfall. Das USV-Gerät liefert Strom aus einem Akku. Das NAS kann den Betrieb noch eine Zeitlang aufrechterhalten und dann kontrolliert abgeschaltet werden, ohne dass es zu einem Datenverlust kommt. Das NAS muss hierfür mit dem USV kommunizieren können. Sie konfigurieren in diesem Modul, auf welche Weise die Kommunikation abläuft und wie sich das NAS verhalten soll, wenn es über das USV-Gerät mit Strom versorgt wird.
- Der SYSTEMSTATUS öffnet sich in einem neuen Fenster und liefert Basisinformationen über die Hardware- und Software-Ausstattung des NAS. Hier lässt sich ablesen, welche Hardware im NAS verbaut ist, wie hoch die Prozessortemperatur ist und wie es um die Betriebstemperaturen der Festplatten bestellt ist. Auch Informationen zur Netzwerkverbindung werden geliefert. Sie können auch überprüfen, welche Software-Dienste auf dem NAS gegenwärtig ausgeführt werden.
- Das QULOG CENTER ist eine eigenständige Anwendung, die auch über das Hauptmenü aufgerufen werden kann. Sie informiert ausführlich über alle Ereignisse auf

dem NAS und erlaubt beispielsweise das Analysieren von Log-Einträgen der verschiedenen NAS-Dienste. Es handelt sich um ein sehr wichtiges Werkzeug, das der Administrator regelmäßig zur Sicherstellung des störungsfreien Betriebs befragen sollte.

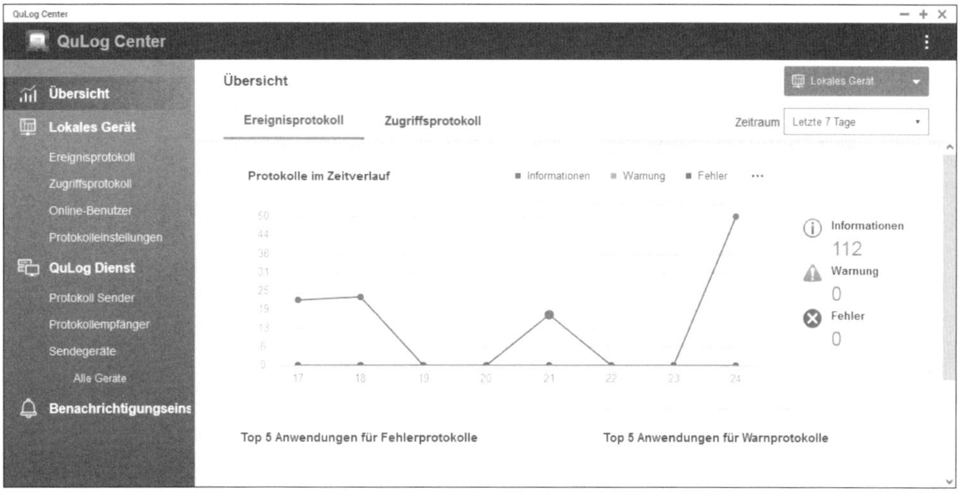

Abbildung 2.5 Informiert über Protokolle, Warnungen und Fehler: das QuLog Center

- Auch der RESSOURCENMONITOR ist eine eigenständige Anwendung mit informierendem Charakter. Er informiert allerdings nicht über Software-Ereignisse, sondern über die Intensität der Nutzung des NAS. Hier sehen Sie etwa, wie stark Prozessor, Arbeitsspeicher und Netzwerkverbindung ausgelastet sind. Sie sehen auch, welche Software-Komponenten die Hardware jeweils in welchem Umfang auslasten. Der Ressourcenmonitor kann grundlegend mit den Anzeigefunktionen des Windows-Taskmanagers verglichen werden, der über ähnliche Zustände informiert.
- Einige Funktionen des NAS erfordern für den Betrieb zusätzliche Lizenzen, die gebührenpflichtig erworben werden müssen. Solche Lizenzen verwaltet das LICENSE CENTER. Sie können hier Lizenzen kaufen und aktivieren.

2.1.2 Die Gruppe »Rechte«

Während sich die Gruppe SYSTEM eher um die Verwaltung und Konfiguration des NAS kümmert, sind die Module der Gruppe RECHTE für die Interaktion der Benutzer mit dem NAS zuständig:

- Im Modul BENUTZER werden alle einzelnen Benutzer des NAS verwaltet. Hier können Benutzerkonten erstellt und gelöscht und mit den gewünschten Berechtigungen für den Zugriff auf Freigabeordner und Anwendungen ausgestattet werden.

- Benutzer können im Element BENUTZERGRUPPEN zu Gruppen zusammengefasst werden. Anschließend lassen sich Zugriffsrechte auf Freigabeordner auf Gruppenebene setzen, was die Rechtevergabe für diesen Anwendungszweck des NAS deutlich beschleunigt.

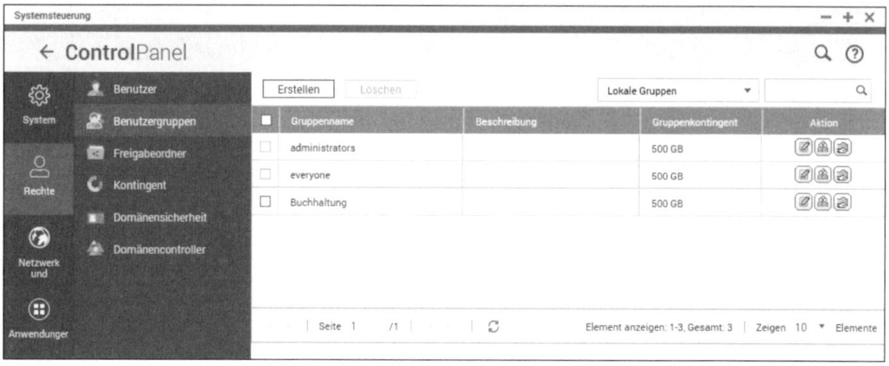

Abbildung 2.6 Fassen Sie einzelne Nutzer zu Gruppen zusammen, und legen Sie fest, wie diese auf Freigabeordner zugreifen dürfen.

- FREIGABEORDNER dienen der Erfüllung der Kernaufgabe des NAS, nämlich der Bereitstellung von Speicherplatz. Im gleichnamigen Modul können diese Dateiverzeichnisse angelegt und organisiert werden.
- Wenn einzelne Benutzer (oder Benutzergruppen) nicht über beliebig viel Speicherplatz verfügen sollen, dann kann man den nutzbaren Speicherplatz im Modul KONTINGENT beschränken. Hier lässt sich eine pauschale Höchstgrenze für alle Benutzer definieren, die anschließend auf Nutzerebene modifiziert werden kann.

Abbildung 2.7 Mit Kontingenten lässt sich der nutzbare Speicherplatz für individuelle Nutzer beschränken.

- Die beiden letzten Module der Gruppe Rechte kümmern sich um die Domänenzugehörigkeit des NAS. Im Auslieferungszustand werden die Benutzer des NAS in Form von lokalen Benutzern verwaltet, die einzeln auf dem NAS angelegt und dort verwaltet werden müssen. Das Modul Domänensicherheit gestattet es, das NAS einer Domäne hinzuzufügen und eine AD-Authentifizierung vorzunehmen. NAS von QNAP können alternativ auch mit LDAP umgehen und darüber die Authentifizierung abwickeln. Es ist auch möglich, Single-Sign-On-Verfahren zu nutzen.
- Wenn Sie im lokalen Netzwerk noch keinen Domänencontroller betreiben, können Sie im Element Domänencontroller dem NAS diese Aufgabe zukommen lassen. Die Datenbank mit den Benutzerdaten lässt sich nach einem Zeitplan automatisiert sichern.

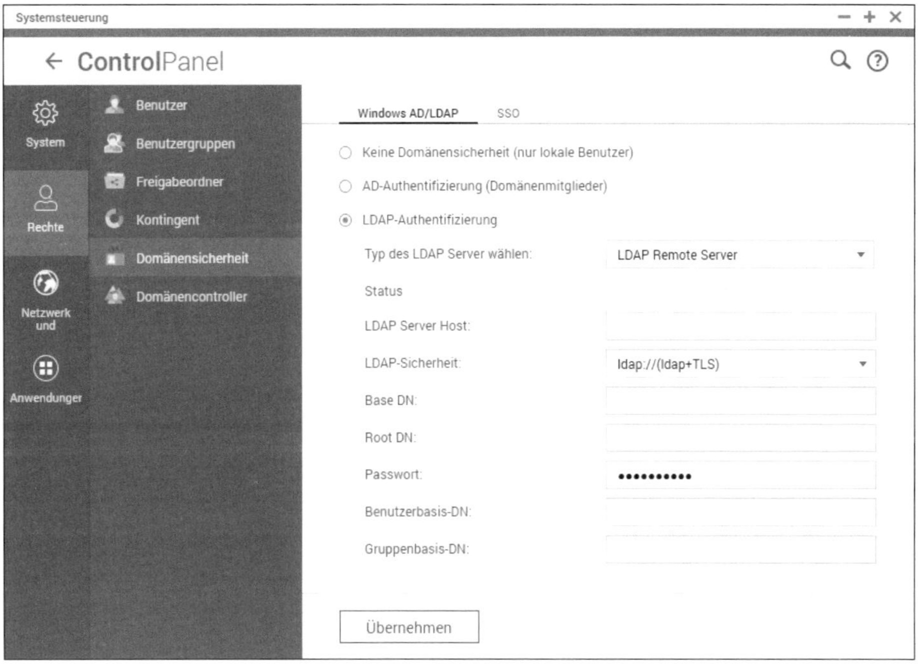

Abbildung 2.8 Das NAS lässt sich einer Domäne hinzufügen. Auch über LDAP können Authentifizierungen abgewickelt werden.

2.1.3 Die Gruppe »Netzwerk und Dateidienste«

Die Gruppe Netzwerk und Dateidienste fasst alle Module zusammen, die sich der Konfiguration der Netzwerkschnittstellen und -protokolle widmen. Dazu zählen auch die verschiedenen Dateidienste für den Dateizugriff über das Netzwerk:

- Hinter dem Modul Netzwerk- und virtueller Switch verbirgt sich eine eigenständige Anwendung, die auch über das Hauptmenü aufgerufen werden kann. Sie dient der Konfiguration der Netzwerkschnittstellen. Hierzu zählen auch virtuelle Schnittstellen und insbesondere virtuelle Switches, die zur Kommunikation mit virtuellen Maschinen und Containern verwendet werden. Auch dynamisches DNS wird hier konfiguriert. Wenn Sie also beispielsweise einer physikalischen Netzwerkschnittstelle des NAS eine feste IP-Adresse zuweisen möchten, dann finden Sie die nötigen Eingabemasken in dieser Anwendung.

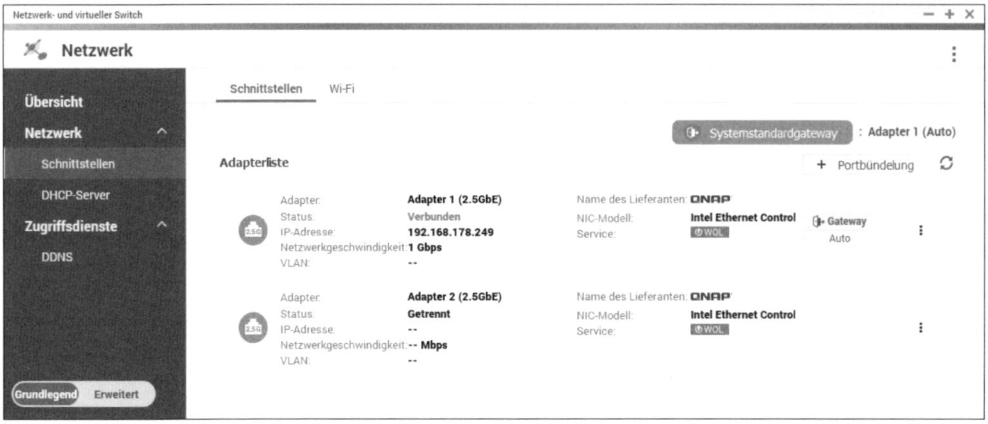

Abbildung 2.9 Die Anwendung »Netzwerk- und virtueller Switch« dient der Konfiguration der Netzwerkschnittstellen.

- Im Modul NETZWERKZUGANG geht es um die Erreichbarkeit von Netzwerkdiensten. Hier können Sie festlegen, dass ausgewählte Dienste und Anwendungen des NAS nur über eine bestimmte Netzwerkschnittstelle angesprochen werden können. Das ergibt offensichtlich nur dann Sinn, wenn das Gerät über mehrere Netzwerkschnittstellen verfügt, die mit unterschiedlichen Netzwerken verbunden sind. Falls aus Ihrem lokalen Netzwerk andere Netzwerke (wie das Internet) nur über einen Proxy-Server erreicht werden können, können Sie einen solchen ebenfalls in diesem Modul eintragen. Es ist auch möglich, die Dienste des NAS über einen Reverse-Proxy von außerhalb anzusprechen. Sie können einen solchen Reverse-Proxy-Server in diesem Modul einrichten und umfangreich konfigurieren, so dass er nur Anfragen von bestimmten Clients akzeptiert.
- Das Element WIN/MAC/NFS/WEBDAV ist von zentraler Bedeutung für Dateifreigaben über das Netzwerk, denn es konfiguriert die Dateidienste. Sie werden vielleicht über die etwas unglückliche Bezeichnung stolpern, denn anstatt der Betriebssystemkürzel Win und Mac hätte man vielleicht auch besser die Protokolle SMB und AFP nennen können, denn diese werden hier eingestellt. Folglich ermöglicht das Modul die Konfiguration des SMB-Protokolls ebenso wie die Aktivierung des AFP. Sie können jedoch auch über das aus der Linux-Welt bekannte NFS auf Dateifreigaben zugreifen. Auch über WebDAV ist ein Zugriff auf Ihre Dateien möglich.

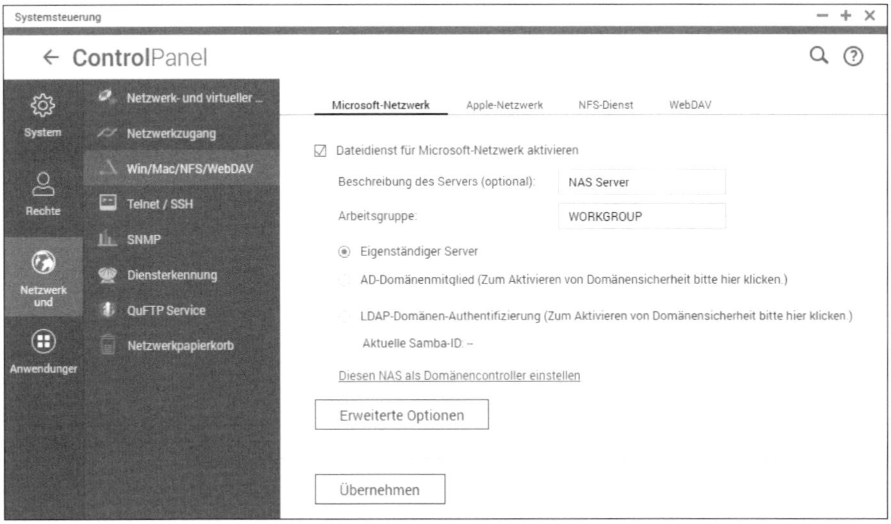

Abbildung 2.10 Das Modul »Win/Mac/NFS/WebDAV« ist die zentrale Anlaufstelle für die Konfiguration der Dateidienste SMB, AFS und Co.

- Wenn Sie über eine Terminalverbindung auf Ihr NAS zugreifen möchten, können Sie im Modul TELNET / SSH sowohl eine Telnet-Verbindung als auch eine SSH-Verbindung konfigurieren und diese mit den Zugangsdaten eines Administratorkontos nutzen. Wenn Sie eine SSH-Verbindung aktivieren, können Sie zusätzlich auf Wunsch auch das SFTP nutzen, um Dateien über eine sichere verschlüsselte Verbindung zu übertragen.
- In größeren Netzwerken kommt zur Verwaltung der einzelnen Systeme häufig das SNMP zum Einsatz, über das ein Administrator wichtige Betriebsparameter und andere Informationen über den Gerätezustand abfragen kann. Sie können im gleichnamigen Modul eine SNMP-Funktionalität des NAS-Systems aktivieren und somit über das Netzwerk Informationen zum NAS abfragen. In diesem Modul können Sie auch direkt eine MIB (Management Information Base) herunterladen und extern einbinden.
- Damit Endnutzer ohne tiefere Netzwerkkenntnisse schnell und ohne größere Konfigurationsarbeiten mit Netzwerkgeräten wie dem NAS kommunizieren können, gibt es Protokolle zum einfachen Auffinden. Hierzu zählen UPnP und Bonjour, die unter anderem diese Funktion bieten. Wenn die entsprechende Funktionalität dieser Protokolle im Modul DIENSTERKENNUNG aktiviert ist, können moderne Betriebssysteme wie Windows und macOS das NAS automatisch im lokalen Netzwerk finden und entsprechende Ressourcen in der Netzwerkübersicht anzeigen.

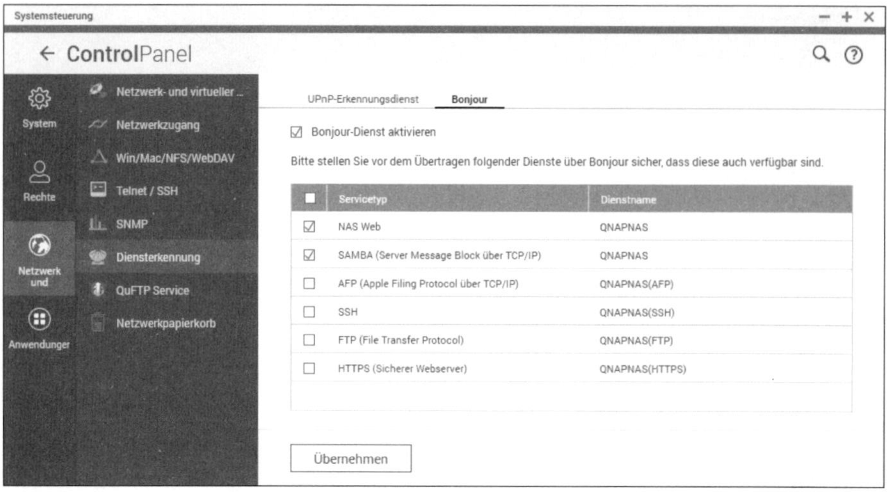

Abbildung 2.11 Die »Diensterkennung« konfiguriert Protokolle zum automatischen Finden des NAS durch andere Anwendungen.

- Der Eintrag QUFTP SERVICE ist zunächst nur aus historischen Gründen vorhanden. Einst konnten Sie darüber die FTP-Funktionalität des NAS konfigurieren. Mittlerweile ist diese jedoch in eine eigenständige App ausgelagert, die zunächst noch nicht auf dem NAS installiert ist. Sie können das jedoch unkompliziert über das App Center nachholen und somit Ihr NAS auch um moderne FTP-Server-Funktionen erweitern. Anschließend lässt sich über das FTP auf Dateifreigaben zugreifen.
- Der NETZWERKPAPIERKORB ist eine praktische Funktion Ihres NAS und ein Schutz vor Datenverlust durch versehentliches Löschen von Dateien. Normalerweise werden Dateien über ein Netzwerkübertragungsprotokoll direkt von der Quelle gelöscht.

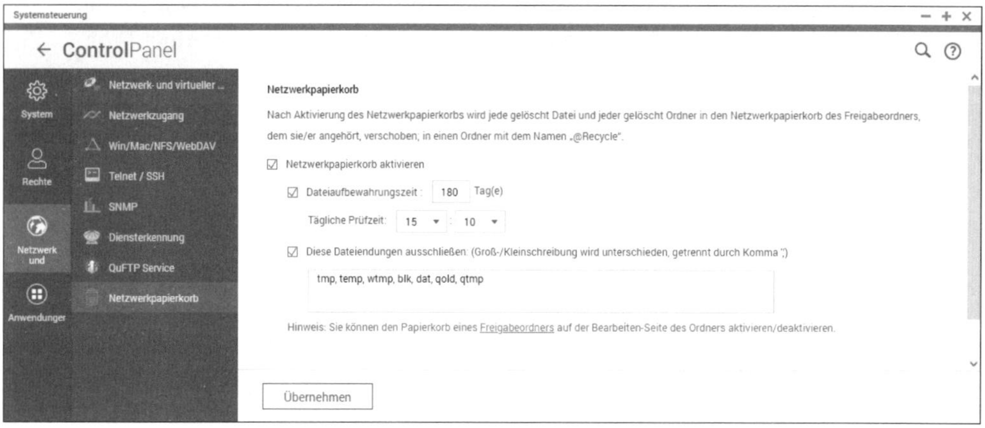

Abbildung 2.12 Der Netzwerkpapierkorb schützt vor dem versehentlichen Löschen von Dateien über ein Netzwerkprotokoll wie SMB.

QNAP ergänzt jedoch die vom Desktop-Rechner bekannte Funktion des Papierkorbs, indem gelöschte Dateien automatisch in ein Verzeichnis namens *@Recycle* verschoben werden, das sich unterhalb des jeweiligen Freigabeordners befindet. Nach einer einstellbaren Wartezeit werden die Dateien dann automatisch endgültig gelöscht. In diesem Modul können Sie den Netzwerkpapierkorb aktivieren. Es ist dann möglich, ihn für jeden Freigabeordner individuell ein- oder abzuschalten. Sie können den Netzwerkpapierkorb an diesem Ort auch manuell komplett leeren.

2.1.4 Die Gruppe »Anwendungen«

Die Gruppe ANWENDUNGEN fasst verschiedene Software-Dienste zusammen, die auf Ihrem NAS installiert sind:

- Das Element HDMI-DISPLAY-ANWENDUNGEN kümmert sich um den HDMI-Ausgang, mit dem einige NAS-Modelle ausgestattet sind. (Für Geräte ohne HDMI-Anschluss kann gegebenenfalls eine Grafikkarte angeschlossen werden.) Hierüber können verschiedene Funktionen realisiert werden, so dass das NAS im Privathaushalt als Mediaplayer oder als einfacher Desktop-Ersatz dienen kann. Auch Kiosk-Funktionalitäten können realisiert werden.
- Über die MULTIMEDIA CONSOLE (die als zusätzliche App über das App Center installiert werden muss) können die diversen Multimedia-Funktionen des NAS konfiguriert werden. Siehe hierzu insbesondere Kapitel 11, »Multimedia von A bis Z«.
- Auf Ihrem NAS kann auch ein WEBSERVER betrieben werden, mit dem sich eigene Websites hosten und ausliefern lasen. Das gleichnamige Modul konfiguriert diesen Webserver, der bereits im Auslieferungszustand des NAS verfügbar ist. (Schließlich muss das Webinterface des Geräts ja auch über einen Webserver zugänglich gemacht werden, so dass dieser auch gleich Websites vom Benutzer mit bedienen kann.)
- Der LDAP SERVER kümmert sich um die Konfiguration eines LDAP-Verzeichnisdienstes und ist dann interessant, wenn Sie das NAS nicht nur mit lokalen Benutzerkonten betreiben möchten. Generell ist diese Option für eine größere Anzahl an Benutzern interessant, etwa in einer Firmenumgebung.
- Mit dem Modul MARIADB können Sie das Datenbankmanagementsystem MariaDB konfigurieren, das Sie jedoch zuerst über das App Center installieren müssen. Anschließend bietet Ihr NAS Datenbankfunktionen an, die über das Netzwerk von beliebigen Diensten genutzt werden können.
- Mit einem über das gleichnamige Modul gesteuerten SYSLOG SERVER kann Ihr NAS Protokolle anderer Netzwerkgeräte als zentrale Instanz empfangen und für die Auswertung bereithalten. Sie konfigurieren hier die Erreichbarkeit dieses Syslog Servers.

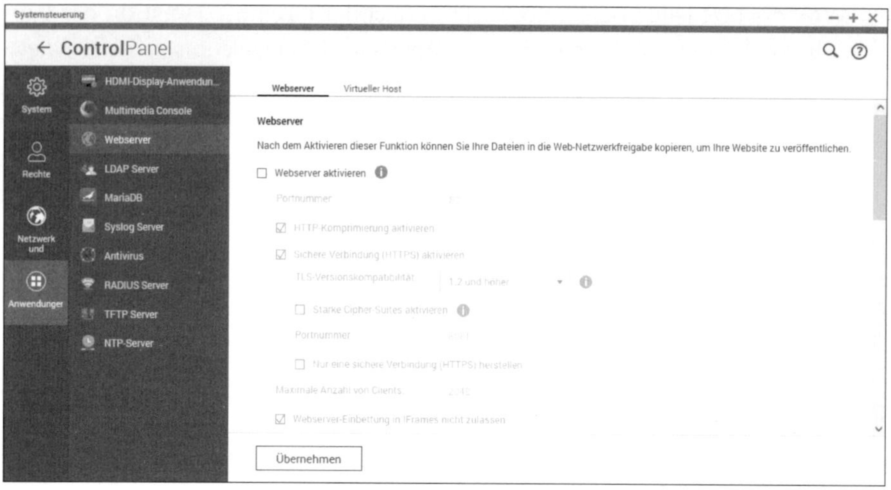

Abbildung 2.13 Auf dem NAS kann ein Webserver für die Auslieferung von Websites konfiguriert werden.

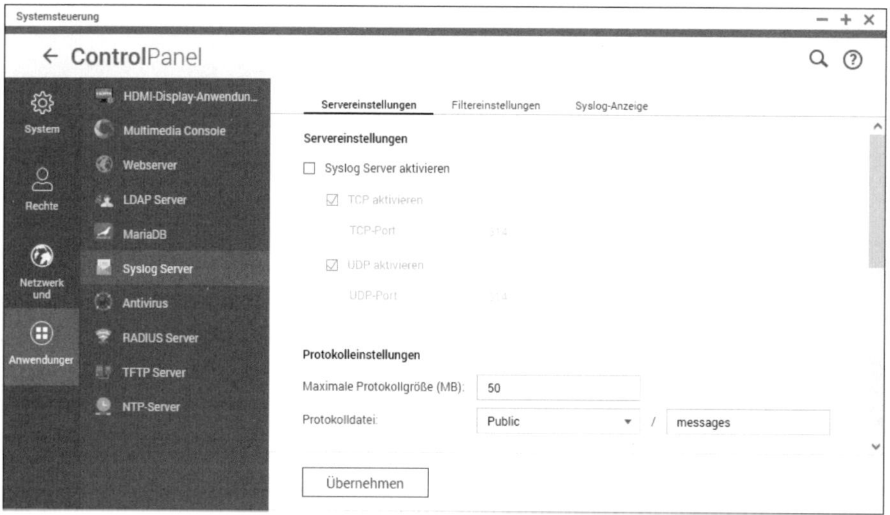

Abbildung 2.14 Der Syslog Server kann Logs von anderen Netzwerkgeräten sammeln und sie an zentraler Stelle vorrätig halten.

- Ein NAS wird mitunter von vielen Benutzern gleichzeitig verwendet, und es wird eine große Anzahl an Dateien abgelegt, die möglicherweise von Computerviren befallen sind. Selbst wenn es nur wenige Schadprogramme für das NAS selbst geben sollte, so schadet es doch gewiss nicht, wenn ein Virenscanner nach Schadsoftware Ausschau hält, welche die Computersysteme der Benutzer befallen kann. Im Element Antivirus konfigurieren Sie einen Virenscanner, der schon im Auslieferungszustand des NAS verfügbar ist.

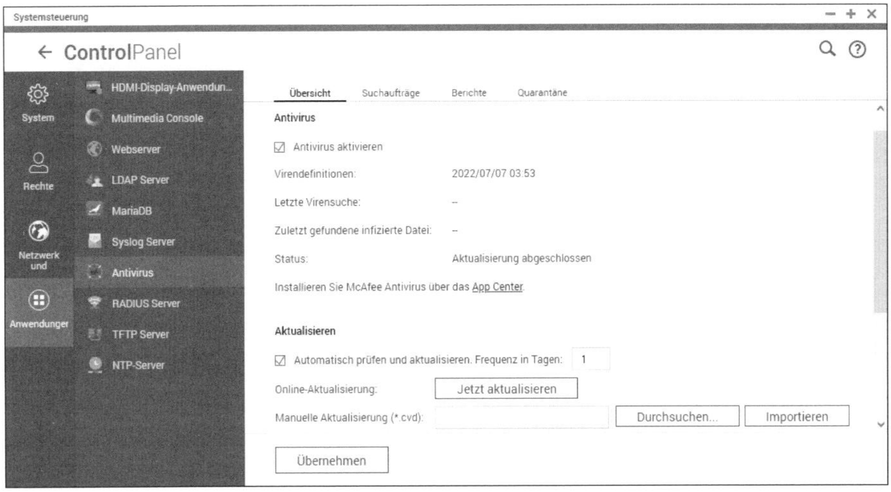

Abbildung 2.15 Ein Virenscanner auf dem NAS schützt vor allem über das Netzwerk verbundene Rechner vor einem Befall mit Schadsoftware.

- Der RADIUS Server kümmert sich um eine alternative Methode zur Anmeldung von Benutzern am System. Auf Wunsch können Sie einen RADIUS Server auf Ihrem NAS einrichten und hier konfigurieren.
- Die Abkürzung *TFTP* steht für das Trivial File Transfer Protocol. Es wird häufig für den automatischen Bezug von Software-Dateien durch Endgeräte benutzt. Mit diesem Protokoll können Endgeräte beispielsweise automatisch nach Firmware-Aktualisierungen suchen und diese herunterladen. Im gleichnamigen Modul konfigurieren Sie den TFTP Server Ihres NAS. Dazu finden Sie in Abschnitt 2.5.7 weitere Informationen.
- Im Bereich NTP-Server können Sie Ihr NAS um einen NTP-Server erweitern, der den Endgeräten im lokalen Netzwerk die aktuelle Uhrzeit ausliefert. Die Uhrzeit erhält dieser Server über das Internet von einem externen NTP-Server. Wenn Sie einen lokalen NTP-Server betreiben, können Sie dadurch die Datenübertragungsmenge mit dem Internet (minimal) reduzieren, verringern die benötigte Zeit für die Einstellung der Uhrzeit auf den Endgeräten und verringern den Zeitversatz der Uhrzeit auf den Geräten.

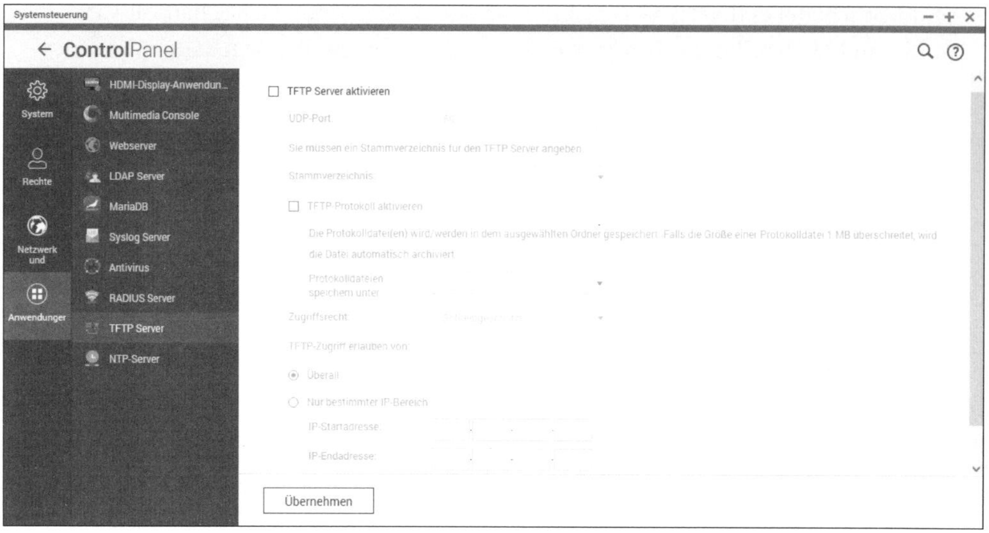

Abbildung 2.16 Mit dem TFTP können über ein simples Protokoll Dateien auf Client-Geräte übertragen werden.

2.2 File Station und der Umgang mit Dateien

Dateien und Verzeichnisse verwalten Sie auf Ihrem NAS mit File Station (siehe Abbildung 2.17). Diese kann mit einem Dateimanager verglichen werden, wie man ihn vom Desktop-PC her kennt. File Station können Sie über das Hauptmenü aufrufen, zusätzlich gibt es eine Verknüpfung auf dem Desktop. Die App steht jedem Benutzer des NAS zur Verfügung.

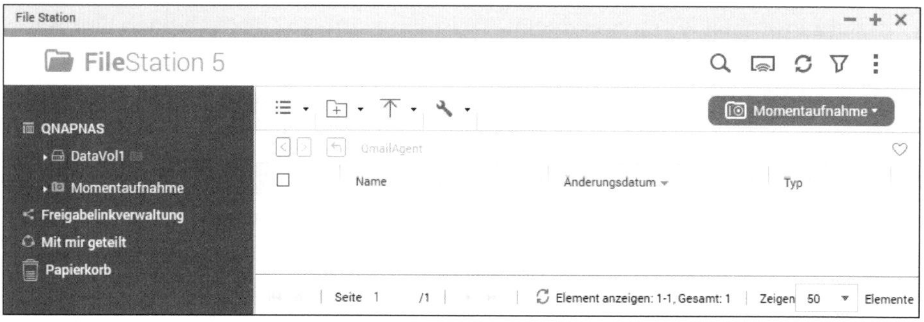

Abbildung 2.17 Kümmert sich um die Verwaltung von Dateien und Ordnern: File Station

In der linken Spalte sehen Sie die Verzeichnisstruktur der Datenträger. Baumartig sind unter dem Hostnamen des NAS zunächst die Volumes des Dateisystems aufgeführt. Darunter sehen Sie die einzelnen Verzeichnisse. Anfangs ist dort womöglich noch kein Eintrag vorhanden, bzw. es gibt nur den Ordner *Public*, welcher der Aufnahme gemeinsamer Dateien dient und von allen Benutzern verwendet werden kann. Die Bezeichnungen *Verzeichnis* (wie man es von einem Unix-System kennt) und *Ordner* (die einem auf einem Windows-System begegnet) werden synonym verwendet. Grundsätzlich muss man bei der Datenstruktur zwischen eigenen Verzeichnissen, Freigabeordnern und Systemverzeichnissen unterscheiden.

2.2.1 Eigene Verzeichnisse für private Dateien

Eigene Verzeichnisse dienen der Aufnahme privater Dateien und stehen nur dem jeweiligen Besitzer zur Verfügung. Andere Benutzer, Administratoren ausgenommen, können auf den Verzeichnisinhalt nicht zugreifen und sich die enthaltenen Daten noch nicht einmal auflisten lassen.

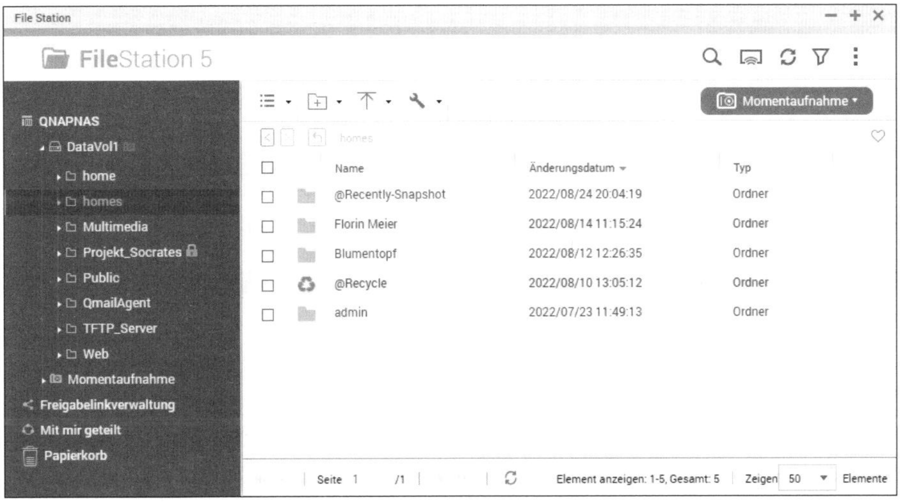

Abbildung 2.18 Home-Verzeichnisse dienen der Aufnahme privater Dateien. Jeder Nutzer erhält sein eigenes Home-Verzeichnis.

Das NAS verwendet für eigene Verzeichnisse ein übergeordnetes Verzeichnis mit dem Namen *homes*, wie man es (so ähnlich) aus der Unix-Welt kennt (siehe Abbildung 2.18). Unterhalb dieses Verzeichnisses befinden sich weitere Verzeichnisse, jeweils eines für jeden Benutzer. Ein solches Verzeichnis bildet das persönliche Home-Verzeichnis, das für jeden Benutzer innerhalb der »eigenen« File-Station-App unter dem Name *home* angezeigt wird. Der Administrator hat ebenfalls ein eigenes persönliches Home-Verzeichnis, kann aber auch auf das übergeordnete Verzeichnis *homes* zugreifen und sich die Dateien aller Benutzer ansehen. Zu Beginn sind im Dateisystem weder persönliche Home-Verzeichnisse noch das übergeordnete Verzeichnis *homes* angelegt. Diese Funktion müssen Sie erst über die Systemsteuerung einschalten. Wie das geht, erklären wir in Abschnitt 2.4, »Die persönlichen Home-Verzeichnisse aktivieren«.

2.2.2 Freigabeordner für den gemeinsamen Zugriff per Netzwerk

Freigabeordner sind normale Dateiverzeichnisse, die im Dateisystem des NAS für Benutzer angelegt werden. Sie dienen allerdings der gemeinsamen Nutzung und können von mehreren Benutzern verwendet werden. Über eine Rechteverwaltung kann festgelegt werden, welcher Benutzer auf welchen Freigabeordner zugreifen darf. Dabei werden verschiedene Zugriffsarten unterschieden. Freigabeordner sind besonders im Zusammenhang mit dem Zugriff über das Netzwerk interessant. Auf ihren Inhalt kann über einen Dateidienst über die Netzwerkverbindung zugegriffen werden (wobei dies für das persönliche Home-Verzeichnis ebenfalls gilt).

2.2.3 Systemverzeichnisse für die Daten des Betriebssystems

Als weitere Ebene gibt es noch Systemverzeichnisse. Sie enthalten die Daten des Betriebssystems sowie die eigentlichen Anwendungen und Programme. Das NAS nutzt ein angepasstes Linux-System als Betriebssystem und verwendet daher eine Unix-artige Datenstruktur. In dem zugrundeliegenden Dateisystem sind die Volumes mit den Freigabeordnern und den privaten Home-Verzeichnissen eingebunden. Systemverzeichnisse sind weder normalen Nutzern noch Administratoren direkt zugänglich und werden in File Station auch nicht angezeigt.

Administratoren können über eine SSH-Verbindung auf die Datenstruktur zugreifen und auch Änderungen vornehmen. Hierbei ist allerdings Vorsicht geboten, weil diese Daten bei einem Update des QTS-Systems möglicherweise verändert werden und eigene Änderungen verloren gehen können.

In manchen Anwendungen von Drittanbietern sehen Sie allerdings sehr wohl auch die Daten des Linux-Betriebssystems und müssen nach den Nutzerdaten (in Abhängigkeit von der Konfiguration des Dateisystems) daher erst einmal ein wenig suchen. Neben den normalen Dateiverzeichnissen gibt es auch noch weitere Möglichkeiten, wie Sie den Speicherplatz des NAS nutzen können. Beispielsweise können Sie LUNs verwenden. Diese Inhalte werden Ihnen in File Station allerdings nicht angezeigt.

2.2.4 Schnappschüsse für den Blick in die Vergangenheit

Im »Verzeichnisbaum« gibt es noch weitere Einträge: Snapshots etwa werden auch als Verzeichnis sichtbar. Bei einem Snapshot handelt es sich um eine Momentaufnahme des Dateninhalts. Sie können von einem Verzeichnis manuell oder automatisiert eine Momentaufnahme erstellen, die im System festgehalten wird.

Wenn Sie über den Eintrag MOMENTAUFNAHME auf solch einen Schnappschuss (die Bezeichnungen *Snapshot*, *Schnappschuss* und *Momentaufnahme* werden synonym verwendet) zugreifen, sehen Sie den Inhalt des Verzeichnisses, wie er bei der Erstellung des Schnappschusses war. Das gilt auch für die enthaltenen Dateien. Wenn es zwischenzeitlich Änderungen gegeben hat, können Sie also auf eine frühere Version einer Datei zugreifen. Ein Schnappschuss ist und ersetzt kein Backup und ist auch kein Paradebeispiel für eine Datensicherung. Schnappschüsse sind aber ein guter Schutz vor versehentlichen Dateiänderungen und schützen vor versehentlichem Löschen. Auch lässt sich die Historie einer Datei- oder Verzeichnisänderung mit Schnappschüssen nachvollziehen. Ein Schnappschuss belegt auf dem Datenträger übrigens nur dann (nennenswert) Speicherplatz, wenn sich tatsächlich auch ein Dateiinhalt verändert hat.

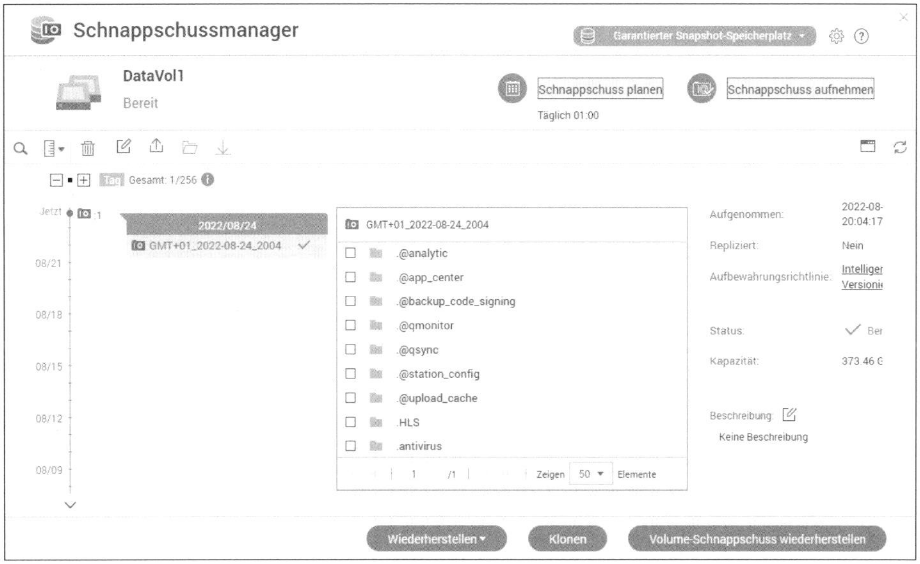

Abbildung 2.19 Der Schnappschussmanager kümmert sich um die Verwaltung von Schnappschüssen.

2.2.5 Dateien teilen und freigeben

Ansonsten gibt es in der linken Liste noch die FREIGABELINKVERWALTUNG und den Eintrag MIT MIR GETEILT. In beiden Elementen geht es um freigegebene Dateien, die man mit anderen Personen geteilt hat. Auch die Bezeichnungen *Teilen* und *Freigeben* werden synonym verwendet. Hierunter versteht man die Erzeugung eines Freigabelinks, den man an andere Personen (zum Beispiel per Mail oder Messenger) weitergibt. Diese können über den Link auf die freigegebenen Dateien (lesend oder schreibend) zugreifen. Solche Dateifreigaben werden Ihnen bei der Arbeit mit dem NAS häufig begegnen. Sie sind nicht nur über File Station möglich, sondern auch zentraler Bestandteil der Multimediaanwendungen. Die Freigabelinkverwaltung listet Ihnen die Freigaben auf, die Sie selbst erstellt haben. Der Eintrag MIT MIR GETEILT zeigt die Freigaben an, die Sie von anderen Nutzern erhalten haben. Das Freigeben ist nicht nur auf den Nutzerkreis des NAS beschränkt, sondern kann auch mit systemfremden Personen über das Internet erfolgen.

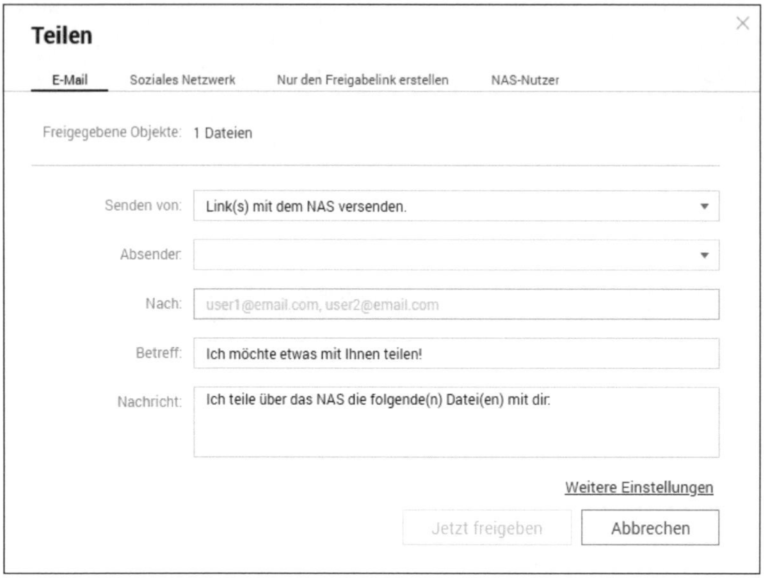

Abbildung 2.20 Dateien können per E-Mail, per Link, in einem sozialen Netzwerk oder direkt mit anderen Nutzern des NAS geteilt werden.

2.2.6 Der Papierkorb

Zuletzt sehen Sie den Papierkorb. Dieser hat dieselbe Funktion wie auf dem Desktop-PC. Gelöschte Dateien werden im Papierkorb aufbewahrt und können daraus bei Bedarf wiederhergestellt werden. Der Papierkorb bietet also einen Schutz vor dem versehentlichen Löschen von Dateien. Er ist durch den Administrator umfangreich konfigurierbar und kann beispielsweise so eingestellt werden, dass von den Nutzern gelöschte Dateien nach einer Wartezeit automatisch auch aus dem Papierkorb entfernt werden. Das NAS bietet auch einen sogenannten Netzwerkpapierkorb, der Dateien aufnimmt, die über einen Dateidienst über eine Netzwerkverbindung gelöscht wurden.

Einige Verzeichnisse haben ein @-Symbol als erstes Zeichen des Dateinamens. Hierbei handelt es sich um eine Form von Systemverzeichnissen, die für den Nutzer zugängliche Dateien beinhalten und die eine bestimmte Aufgabe erfüllen. Das Verzeichnis *@Recycle* beispielsweise enthält die Dateien des Papierkorbs (siehe Abbildung 2.21).

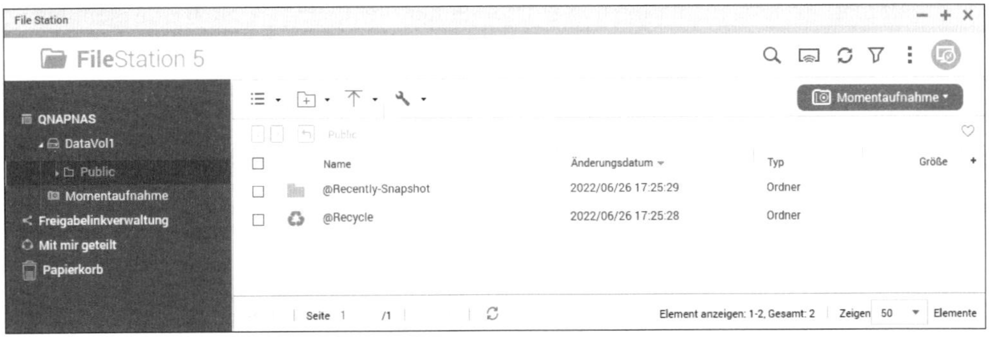

Abbildung 2.21 Verzeichnisse mit einem @-Symbol erfüllen Systemaufgaben.

2.2.7 Mit File Station arbeiten

Der rechte Bereich von File Station listet schließlich die enthaltenen Dateien und Verzeichnisse auf. Sie können dort (fast) genauso navigieren, wie Sie es vom Desktop-PC gewohnt sind. Dateien lassen sich mit der Maus ablegen, Verzeichnisse können Sie umbenennen, und es gibt auch ein Kontextmenü, das sich mit der rechten Maustaste öffnen lässt.

Abbildung 2.22 Bietet zahlreiche Funktionen eines Dateimanagers: das Kontextmenü der rechten Maustaste für Dateien und Verzeichnisse

File Station bietet nicht nur Drag-&-Drop-Funktionen, sondern auch eine Menüleiste. Hierüber können Sie Dateien hochladen, Verzeichnisse erstellen und Freigaben erteilen. Auch Snapshots können über die eigene Schaltfläche MOMENTAUFNAHME erstellt werden. Dateien werden im Hintergrund auf das NAS hochgeladen. Alle Vorgänge werden im Fenster HINTERGRUNDAUFGABE aufgeführt (siehe Abbildung 2.23).

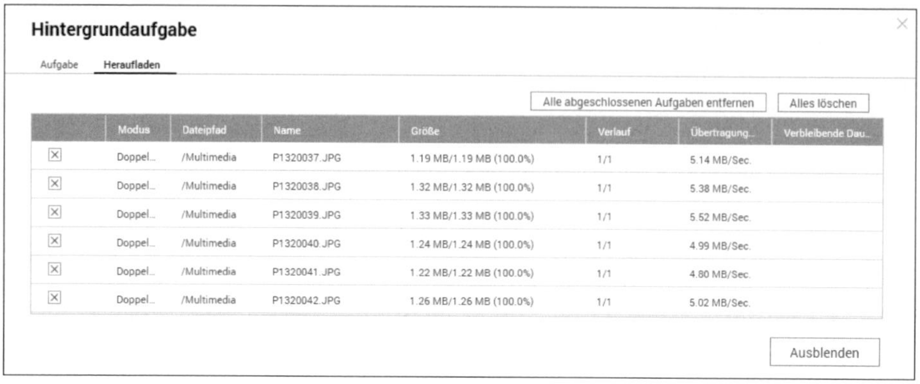

Abbildung 2.23 Mehrere Dateien werden im Hintergrund zum NAS hochgeladen.

Da anfangs aber (je nach Gerät und Einstellungen) möglicherweise noch keine Verzeichnisse verfügbar sind, möchten wir Ihnen erst einmal die Freigabeordner erklären.

2.3 Freigabeordner erstellen und benutzen

Eine zentrale Aufgabe eines NAS ist (trotz seines sehr großen Funktionsumfangs) nach wie vor das Bereitstellen von Speicherplatz, auf den über eine Netzwerkverbindung zugegriffen werden kann. Auf Ihrem QNAP NAS erstellen Sie dazu (als eine von mehreren Möglichkeiten) sogenannte *Freigabeordner*.

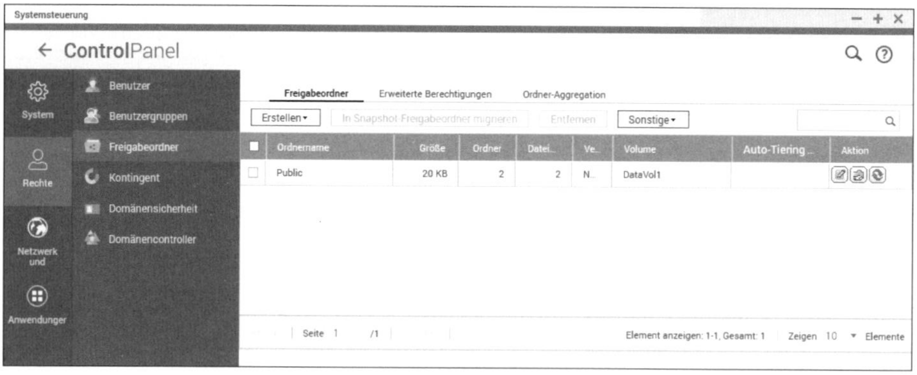

Abbildung 2.24 Im Modul »Freigabeordner« der Systemsteuerung legt der Administrator neue Freigabeordner an.

Das sind Dateiverzeichnisse auf dem Speichersystem des NAS, deren Nutzung für bestimmte (ausgewählte) Nutzer (auch über das Netzwerk) freigegeben ist. Auf so einen Freigabeordner kann anschließend, entsprechend den gesetzten Berechtigungen, über ein Netzwerkprotokoll wie etwa SMB über das Netzwerk zugegriffen werden. Einen Freigabeordner können Sie in File Station oder über die Systemsteuerung erstellen.

In der Systemsteuerung öffnen Sie zum Anlegen eines Freigabeordners das gleichnamige Modul in der Rubrik RECHTE.

1. Klicken Sie dort auf der ersten Registerkarte auf die Schaltfläche ERSTELLEN, und wählen Sie den Eintrag FREIGABEORDNER.
2. Sie sehen nun einen Assistenten, der diverse Eingaben abfragt. Als Erstes müssen Sie dem Ordner einen Namen geben und können einen optionalen Kommentar einfügen, der den Nutzungszweck näher erläutert.
3. Anschließend können Sie im Feld DATENTRÄGER das Volume auswählen, auf dem der Ordner abgespeichert werden soll. Dieses Feld steht auch dann zur Verfügung, wenn es auf Ihrem NAS nur ein einzelnes Volume geben sollte.
4. Das QTIER-AUTO-TIERING steht nur zur Verfügung, wenn es bei der Einrichtung des Speicherpools aktiviert wurde.
5. Im Feld PFAD können Sie den Speicherpfad angeben, unter dem der freigegebene Ordner abgespeichert werden soll. Über das Dropdown-Feld sehen Sie die Ordnerstruktur auf der root-Ebene des Dateisystems. Dieses Feld muss üblicherweise nicht ausgefüllt werden, im Regelfall genügt die Einstellung PFAD AUTOMATISCH ANPASSEN. Nur Fortgeschrittene, die die Abspeicherung der Freigabeordner nach einem eigenen Plan anpassen möchten, müssen hier eingreifen.

Auf den meisten NAS-Modellen ist es möglich, einen Freigabeordner individuell zu verschlüsseln. Der Dateiinhalt wird mit gemäß dem *AES*, dem Advanced Encryption Standard, mit einer Schlüssellänge von 256 Bit verschlüsselt. Dabei wird üblicherweise auf eine Hardwareunterstützung zurückgegriffen. Für die Verschlüsselung muss ein Schlüssel eingegeben werden, der oft auch als Kennwort oder Passwort bezeichnet wird. In der derzeitigen QTS-Fassung werden beide Begriffe sogar in demselben Eingabefenster synonym genutzt. Aus diesem Schlüssel wird der eigentliche Verschlüsselungsschlüssel gebildet, mit dem die Daten auf den Datenträgern verschlüsselt werden. Ein Zugriff auf die Daten ist nur bei Kenntnis des Schlüssels möglich. Sollte ein Angreifer die Datenträger oder das gesamte NAS-System stehlen, so kann er nur dann auf die verschlüsselten Daten zugreifen, wenn er den Schlüssel kennt oder errät. Deswegen sollte der Schlüssel möglichst komplex gewählt werden. Jeder Freigabeordner kann mit seinem eigenen Schlüssel verschlüsselt werden. Über das Kontrollkästchen VERSCHLÜSSELUNGSSCHLÜSSEL SPEICHERN können Sie den Schlüssel abspeichern.

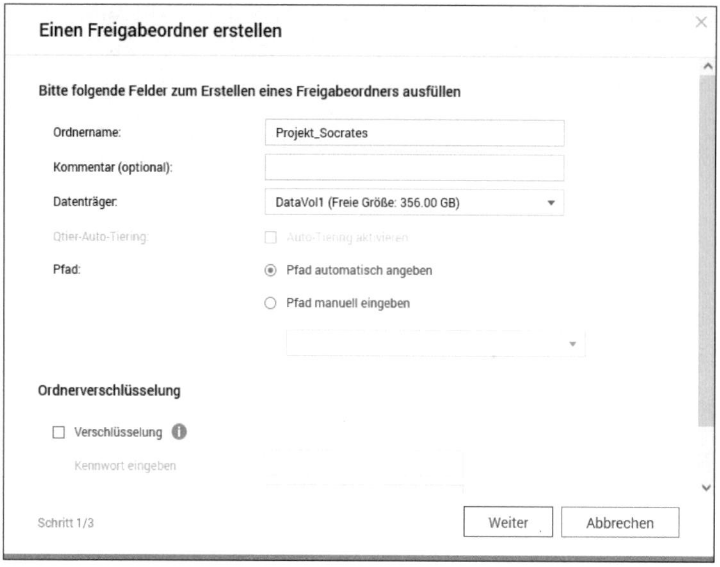

Abbildung 2.25 Auf der ersten Seite des Assistenten legen Sie die Basisinformationen fest.

Auf der zweiten Seite des Assistenten (siehe Abbildung 2.26) legen Sie die Zugriffsrechte fest.

Abbildung 2.26 Entscheiden Sie, welcher Nutzer welche Zugriffsrechte erhalten soll.

Sie sehen eine Liste aller Nutzer des NAS-Systems und können für jeden Nutzer festlegen, ob dieser nur lesend, auch schreibend oder überhaupt nicht auf die Freigabe zugreifen darf. Für diese Rechte werden rechts die englischen Abkürzungen RO (Read-Only, nur Lesezugriff), RW (Read/Write, Schreib- und Lesezugriff) sowie DENY (kein Zugriff möglich) verwendet.

Die Spalte VORSCHAU zeigt Ihnen die resultierende Berechtigung an. Sie ist (auch später bei der Verwaltung von Freigabeordnern) dann interessant, wenn es zu überschneidenden Rechtekonfigurationen kommt, etwa dann, wenn zusätzlich auch an Benutzergruppen Rechte vergeben werden.

Auf der letzten Seite des Assistenten gibt es noch einige Optionen, die für jeden Freigabeordner individuell eingestellt werden können. Sie sind teilweise etwas umständlich übersetzt, so dass sich der Sinn nicht sofort erschließt. Schauen Sie sich dazu das Menü aus Abbildung 2.27 genauer an.

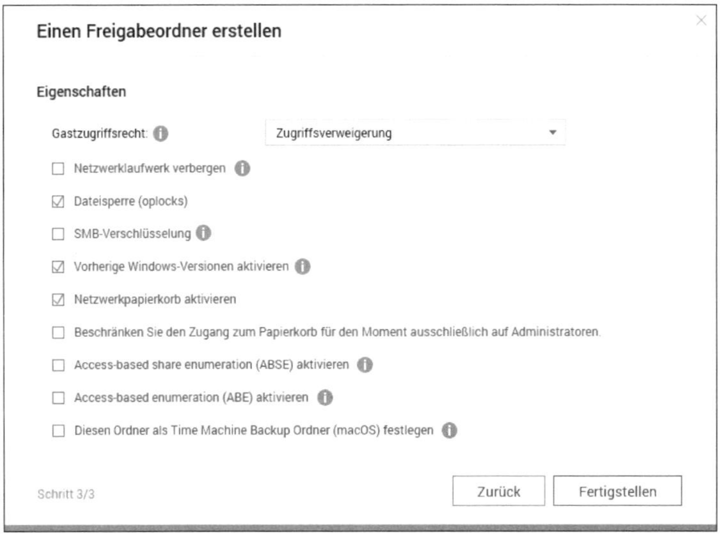

Abbildung 2.27 Für jeden Freigabeordner können Sie weitere Optionen einstellen.

- Das GASTZUGRIFFSRECHT legt fest, ob ein Gast auf den Freigabeordner zugreifen darf. Ein Gast verfügt über kein Nutzerkonto auf dem NAS-System, kann aber über das Netzwerk eine Verbindung zum NAS aufbauen. Üblicherweise ist dies (physischen) Gästen in einem Firmennetzwerk nicht gestattet, sondern wird per Firewall unterbunden. Auch in einem privaten Heimnetzwerk können Gäste, sofern sie einen Gastzugang eines Heimrouters verwenden, oftmals nicht auf die Ressourcen des Heimnetzwerks zugreifen. Sollte dieser Zugriff dennoch möglich sein, so können Sie über dieses Feld auswählen, ob Gäste lesend, schreibend oder überhaupt nicht auf die Freigabe zugreifen können. Beachten Sie, dass eine Erlaubnis durch weiter unten stehende Optionen möglicherweise wieder aufgehoben wird.
- Ist die Option NETZLAUFWERK VERBERGEN aktiv, dann zeigt etwa Windows diese Freigabe nicht in der Liste der Freigaben an, wenn Sie diese über die Netzwerkumgebung (bzw. das Netzwerk-Icon) aufrufen. Die Freigabe wird also versteckt. Allerdings kann nach wie vor auf die Freigabe zugegriffen werden, wenn deren Name in die Adresszeile des Dateimanagers eingegeben wird. Diese Option bietet also keinen Zugriffsschutz. Sie eignet sich für solche Freigaben, auf die nicht häufig zuge-

griffen wird oder die nur maschinelle Benutzer nutzen, so dass die Liste der angezeigten Freigaben übersichtlich bleibt.

- Die DATEISPERRE (OPLOCKS) (auch als Opportunistic Locking bezeichnet) sperrt eine Datei auf dem NAS, sobald sie von einem Nutzer verwendet wird. Dieser kann die Datei bei sich nun lokal zwischenspeichern, verändern und anschließend wieder hochladen. Für andere Nutzer wird der Zugriff gesperrt. Dieses Vorgehen verspricht einen schnelleren Dateizugriff, führt aber zu Problemen, wenn mehrere Nutzer gleichzeitig auf dieselbe Datei zugreifen möchten. Wenn Sie dies vorhersehen, dann deaktivieren Sie die Dateisperre.
- Die SMB-VERSCHLÜSSELUNG ist (insbesondere im Hilfetext) sehr unglücklich übersetzt. Gemeint ist hiermit, dass die Übertragungsverschlüsselung gemäß dem SMB-Protokoll in Version 3 aktiviert wird. Ältere Versionen des SMB-Protokolls erlauben keine Übertragungsverschlüsselung. Da diese kaum Ressourcen kostet, im Zweifelsfall aber einen Sicherheitsgewinn bietet, sollte die Verschlüsselung eingeschaltet werden, es sei denn, es wird ein sehr leistungsschwaches NAS eingesetzt oder es kann sichergestellt werden, dass im lokalen Netzwerk niemand Interesse an den übertragenen Daten hat. Es ist aber wichtig, dass die Verschlüsselung nur durch solche Geräte genutzt werden kann, die SMB in Version 3 beherrschen – was mittlerweile allerdings für die Mehrzahl an modernen Geräten zutreffen sollte.
- Die Option VORHERIGE WINDOWS-VERSIONEN AKTIVIEREN mag vielleicht auch für den einen oder anderen Nutzer missverständlich sein. Hier geht es um ältere Dateiversionen, auf die in Windows zugegriffen werden kann. Wenn Sie in Windows die Eigenschaften einer Datei anzeigen lassen, auf die Sie per Netzwerkfreigabe zugreifen, dann sehen Sie Optionen für Vorgängerversionen. Mit der genannten Einstellung im NAS-System steuern Sie, ob über Windows auf diese Versionen zugegriffen werden darf. Vorgängerversionen legen Sie übrigens über Snapshots, also Momentaufnahmen, an. Das bedeutet auch, dass es nur dann Vorgängerversionen gibt, wenn es mindestens auch einen Snapshot eines früheren Zustands des Freigabeordners gibt.
- Der NETZWERKPAPIERKORB ist eine Komfortoption Ihres NAS. Werden Dateien einer Netzwerkfreigabe gelöscht, dann erfolgt der Löschvorgang normalerweise unmittelbar. Ist der Netzwerkpapierkorb aktiv, dann verschiebt das NAS gelöschte Dateien in ein anderes Verzeichnis, wo sie eine Zeitlang aufbewahrt werden. Diese Funktion bietet also einen Schutz vor dem versehentlichen Löschen.
- Die beiden Optionen zur Access-based Enumeration legen fest, ob eine Freigabe auch solchen Nutzern in der Liste der Freigaben angezeigt wird, für die sie keine Zugriffsrechte haben. Sicherheitsrelevant ist diese Funktion nicht, denn ein Zugriff kann nicht »erschlichen« werden. Oftmals wird es aber so sein, dass ein Nutzer ohne Zugriffsrechte an der Freigabe nicht weiter interessiert ist (oder besser: nicht interessiert sein sollte), weswegen ihm diese auch gar nicht angezeigt werden

muss. Die erste Option ist noch ein weniger strikter. Wenn sie aktiviert ist, müssen auch Gäste einen Benutzernamen und ein Passwort eingeben, um auf Dateien zugreifen zu können.

- Mit der letzten Option können Sie den Freigabeordner so einrichten, dass er von macOS-Geräten als Ziel für das Time-Machine-Backup genutzt werden kann.

Wenn Sie auf FERTIGSTELLEN klicken, wird der Freigabeordner angelegt. Abhängig von den gewählten Optionen sehen Sie noch einige Hinweismeldungen (zum Beispiel bei aktivierter Verschlüsselung oder installierten Multimediaanwendungen).

Nachdem Sie einen Freigabeordner angelegt haben, ist dieser für berechtigte Nutzer in File Station verfügbar. Am besten machen Sie sich jetzt mit den Funktionen, die Ihnen File Station bietet, ein wenig vertraut. Zwar wird man sehr häufig über eine Netzwerkverbindung auf die Dateien zugreifen, aber es schadet nicht, wenn man sich auch mit den Möglichkeiten, die QTS anbietet, ein wenig auskennt.

2.4 Die persönlichen Home-Verzeichnisse aktivieren

Für die Aktivierung der persönlichen Home-Verzeichnisse haben sich die Übersetzer des QTS-Systems ein besonderes Schmankerl einfallen lassen. Sie aktivieren die Home-Verzeichnisse nämlich im Modul BENUTZER in der Gruppe RECHTE der Systemsteuerung. In diesem Modul finden Sie oben in der Symbolleiste die Schaltfläche STARTSEITE-ORDNER. Sie aktiviert die Home-Verzeichnisse. Klicken Sie diese an, und aktivieren Sie im neu geöffneten Fenster das einzige verfügbare Kontrollkästchen. Sie können hier noch auswählen, auf welchem Volume die Home-Verzeichnisse abgespeichert werden sollen. Klicken Sie dann auf ÜBERNEHMEN.

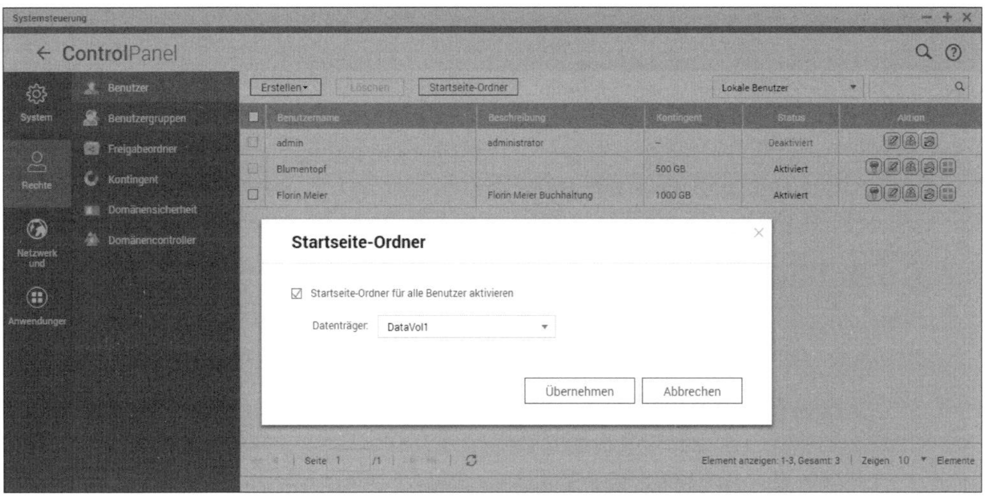

Abbildung 2.28 Unter »Benutzer« werden die persönlichen Home-Verzeichnisse aktiviert.

In File Station sieht ein Administrator nun auf der obersten Ebene ein Verzeichnis namens *homes*. In diesem befinden sich Unterverzeichnisse mit den Namen der Benutzer des Systems. Diese Unterverzeichnisse bilden die persönlichen Home-Verzeichnisse der Nutzer.

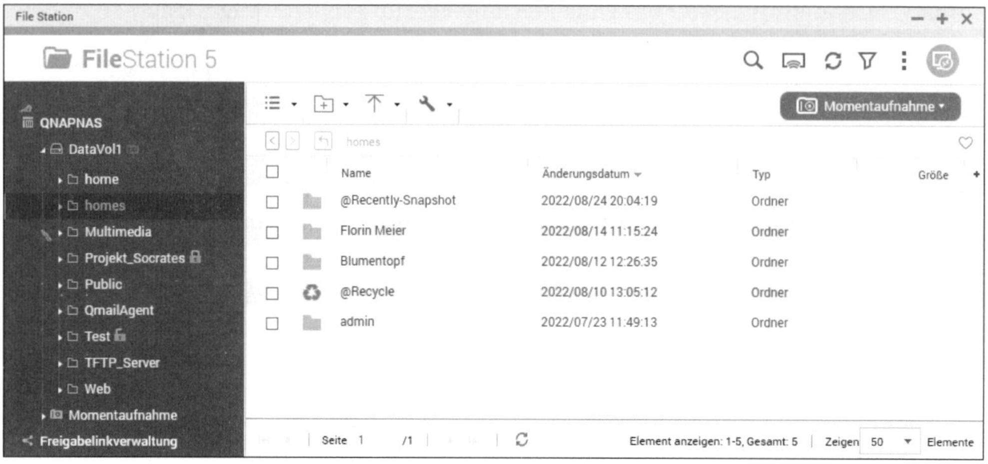

Abbildung 2.29 Ein Administrator hat Zugriff auf das Verzeichnis »homes« und die darin enthaltenen Home-Verzeichnisse der Nutzer.

Alle Nutzer sehen ihr persönliches Home-Verzeichnis unter der Bezeichnung *home* in File Station.

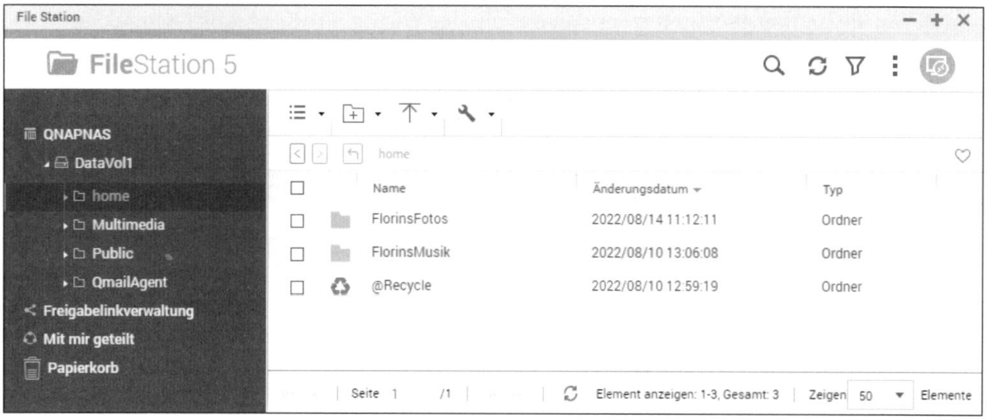

Abbildung 2.30 Der Benutzer Florin Meier sieht in File Station nur sein persönliches Home-Verzeichnis mit dem Namen »home«.

2.5 Die Dateidienste für den Dateizugriff über eine Netzwerkverbindung

Das Bereitstellen von Speicherplatz für die Nutzung über eine Netzwerkverbindung ist und bleibt trotz des großen Funktionsumfangs die Kernaufgabe eines NAS. Dessen Speicherplatz kann über das Netzwerk auf verschiedenste Weise genutzt werden. Sehr häufig werden dafür die klassischen Dateidienste verwendet. Diese gestatten oftmals die Einbindung des Speicherplatzes in das Dateimanagement des Betriebssystems, so dass auf den Netzwerkspeicher mehr oder weniger wie auf eine lokale Festplatte zugegriffen werden kann.

Andere Dienste (oder besser gesagt, andere Protokolle) hingegen erlauben den betriebssystemunabhängigen Zugriff. Für welches Protokoll bzw. welchen Dienst man sich entscheidet, hängt von der jeweiligen Aufgabe und den Randbedingungen ab, welche die übrige Infrastruktur stellt. Im Folgenden stellen wir Ihnen die Dateidienste vor, die üblicherweise und am häufigsten für den Zugriff auf den Speicherplatz des NAS verwendet werden. Andere Möglichkeiten, die in Sonderfällen eingesetzt werden oder die Spezialwissen erfordern, behandeln wir in den späteren Abschnitten.

Für den Einstieg müssen Sie ein wenig aufpassen, weil für bereitgestellten Speicherplatz, auf den man mit einem Dateidienst zugreift, oft auch die Bezeichnung »Freigabe« verwendet wird. Diese Form der Freigabe darf aber nicht mit dem Teilen von einzelnen Dateien oder Verzeichnissen mit anderen Personen verwechselt werden. Hierfür wird ebenfalls oft der Begriff »Freigabe« verwendet. Wir werden daher auch an Stellen mit Verwechslungsgefahr die Protokollbezeichnung ergänzen und beispielsweise von »SMB-Freigabe« sprechen.

2.5.1 SMB

SMB (ausgeschrieben: *Server Message Block*) ist ein sehr bekanntes Protokoll, das aus der Windows-Welt stammt und besonders häufig für den Zugriff auf den Speicherplatz eines NAS bzw. allgemein eines Servers verwendet wird. Auf Windows-Geräten ermöglicht es den Zugriff auf die Daten mit den Bordmitteln des Betriebssystems. SMB vermittelt also zwischen den Dateisystemen auf dem Server und dem Windows-Gerät. Der Datenbestand des Servers erscheint in einem normalen (Datei-)Explorer-Fenster. Auf die Daten kann fast genauso zugegriffen werden wie auf eine lokale Festplatte.

Häufig genutzt wird auch die Funktion, ein Verzeichnis auf dem Server als lokales Laufwerk in das Dateimanagement des Windows-Geräts einzubinden, womit die Grenzen zwischen dem lokalen Speicher und dem Netzwerkspeicher noch etwas mehr verwischen. Allerdings bleiben bei der Nutzung des SMB-Protokolls gewisse Unterschiede bestehen, weswegen es beispielsweise keine gute Idee ist, auf einem solchen Netzlaufwerk Programme zu installieren.

Da SMB dank der Windows-Welt weit verbreitet ist, wurde es auch in die übrigen Betriebssysteme eingebaut. Sowohl unter Linux als auch unter macOS gelingt der Zugriff problemlos. Moderne Linux-Distributionen wie etwa Ubuntu bringen die notwendigen Komponenten gleich ab Werk mit, und auch unter macOS ist keine zusätzliche Software nötig. SMB kann daher schon fast als ein Universalprotokoll bezeichnet werden, das plattformübergreifend den Zugang zum Netzwerkspeicher bietet. Es bietet sich also insbesondere für heterogene Netzwerkumgebungen an.

SMB und die Sicherheit

Das SMB-Protokoll gibt es in verschiedenen Versionen. Außerdem sind zahlreiche Einstelloptionen verfügbar. Am modernsten ist die SMB-Version 3. Diese ermöglicht auch einen verschlüsselten Dateitransfer. Bei den übrigen Protokollversionen erfolgt der Datentransfer unverschlüsselt. Zusätzlich ermöglicht die Version 3 eine sichere Authentifikation des Nutzers gegenüber dem Server. Nach Möglichkeit sollte daher diese Version des Protokolls eingesetzt werden. Wenn das nicht geht, kann auch auf Version 2 zurückgegriffen werden. Version 1 sollten Sie aber tunlichst nicht mehr nutzen, denn diese Version genügt nicht mehr modernen Sicherheitsanforderungen und muss daher als unsicher betrachtet werden.

Generell sollte SMB nicht für direkte Verbindungen über das Internet eingesetzt werden, auch nicht in der modernsten Version mit einer Übertragungsverschlüsselung. Insgesamt ist das Protokoll dafür zu »redselig« und genügt nicht den Ansprüchen eines sicheren Dateiaustauschs, über dessen Inhalt und Ablauf dritte Personen mit Zugang zum Datenverkehr keine Informationen erhalten. Für den Datenaustausch über das Internet sollten dafür vorgesehene Dateidienste wie etwa FTPS oder auch WebDAV genutzt werden. SMB ist für den Datentransfer innerhalb des lokalen Netzwerks gedacht. Das Protokoll kann aber bedenkenlos über eine sichere VPN-Verbindung verwendet werden. Die Einstelloptionen betreffen hauptsächlich den genutzten Authentifikationsmechanismus und regeln den gemeinsamen Zugriff auf die Speicherressourcen durch mehrere Benutzer.

Auf Ihrem QNAP NAS legen Sie zunächst Freigabeordner an. Auf diese Ordner kann dann mittels SMB über das Netzwerk zugegriffen werden. Auf Freigabeordner kann entsprechend den individuellen Rechteeinstellungen zugegriffen werden. Grundsätzlich wird aber jeder Freigabeordner vom SMB erfasst und als Netzwerkressource behandelt. Es ist nicht möglich, einen einzelnen Freigabeordner von der Behandlung durch das SMB auszunehmen. Sehr wohl lässt sich aber der Zugriff auf eine Netzwerkfreigabe auf Wunsch stark begrenzen.

Zunächst müssen Sie also Freigabeordner anlegen, wie wir es in Abschnitt 2.3, »Freigabeordner erstellen und benutzen«, gezeigt haben. Im laufenden Betrieb des NAS lassen sich jederzeit weitere Freigabeordner anlegen und auch wieder löschen. Es ist nicht nötig, die SMB-Komponenten des NAS über Änderungen an den Freigabeordnern gesondert zu informieren.

Das SMB aktivieren Sie im Modul Win/Mac/NFS/WebDAV in der Gruppe Netzwerk und Dateidienste der Systemsteuerung (siehe Abbildung 2.31).

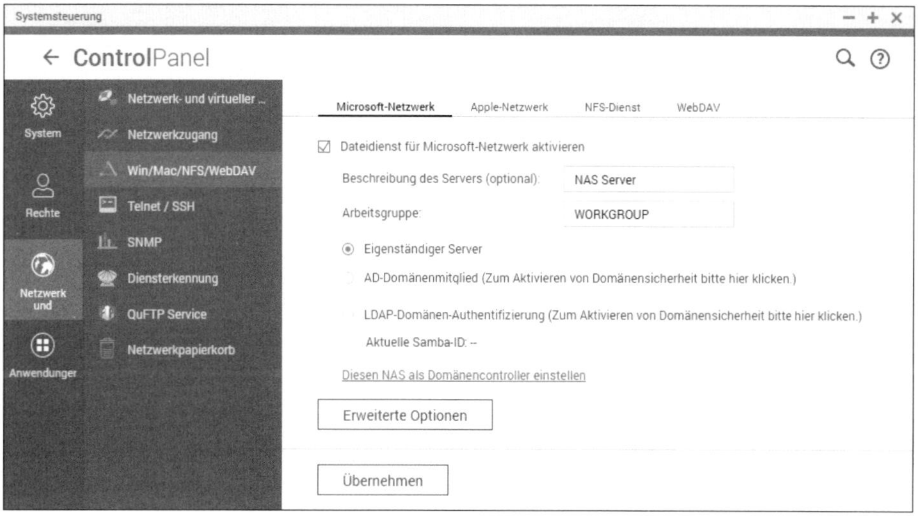

Abbildung 2.31 Für das SMB müssen Sie festlegen, wie sich Nutzer authentifizieren sollen.

Innerhalb des Moduls werden häufig anstatt der Protokollbezeichnungen die Namen der Hersteller genutzt. Das SMB-Protokoll wird daher auf der Registerkarte Microsoft-Netzwerk verwaltet. Setzen Sie zunächst einen Haken in das Kontrollkästchen Dateidienst für Microsoft-Netzwerk aktivieren.

Im Feld Beschreibung des Servers können Sie einen optionalen Text eingeben, der allerdings nur informierenden Charakter hat und nicht für den Zugriff auf den Netzwerkspeicher verwendet wird. SMB sieht die Nutzung von sogenannten *Arbeitsgruppen* vor. Diese haben heutzutage aber nicht mehr die Bedeutung wie früher. Sie dienten in kleineren Netzwerken hauptsächlich zur logischen Trennung einzelner Computergruppen. Nur Computer, die derselben Arbeitsgruppe angehörten, konnten auf den gemeinsamen Datenbestand zugreifen. Heutzutage gibt es jedoch bessere Möglichkeiten, den Datentransfer zu kontrollieren, daher bleibt es oftmals bei der Standardbezeichnung WOKRGROUP, die auf allen Windows-PCs voreingestellt wird und auch von den SMB-Implementierungen auf anderen Betriebssystemen genutzt wird. Es ist möglich, hier eine individuelle Bezeichnung zu nutzen, die dann allerdings auf allen verbundenen Geräten mit geändert werden muss.

Wichtiger als die Einstellung der Arbeitsgruppe ist die Regelung der Authentifikation der Nutzer. Hier stehen drei Optionen zur Wahl.

- Das NAS kann als **eigenständiger Server** auftreten. Dies bietet sich für kleinere Netzwerke mit einer überschaubaren Nutzeranzahl an und ist eine gute Wahl für ein privates Heimnetzwerk oder ein kleineres Büronetzwerk. Wenn man auf den Netzwerkspeicher zugreifen möchte, muss man sich am NAS mit den Daten eines lokalen Benutzerkontos anmelden, das auf dem NAS angelegt wurde. Der Administrator muss also auf dem NAS die gewünschten Nutzerkonten anlegen und den Nutzerbestand auf dem NAS pflegen. Sollten die Sicherheitsanforderungen des lokalen Netzwerks auch Regelungen zur Passwortsicherheit erfordern, dann müssen diese Anforderungen auch auf dem NAS umgesetzt werden. Zusammengefasst mag das in einem privat genutzten Heimnetzwerk eine überschaubare Aufgabe sein. In einer Firmenumgebung mit zahlreichen Nutzern, die auch noch verschiedene Dienste nutzen, kann dies aber schnell Kopfschmerzen verursachen.
- In einem größeren Netzwerk nutzt man meistens **Domänen**, hier gibt es also einen zentralen Server, und sowohl die Clients (also die Nutzer) als auch das NAS werden Mitglied der Domäne. Die Authentifizierung wird nun auf Domänenebene geregelt und an zentraler Stelle vorgenommen. Dies entlastet den Administrator von der Konfiguration zahlreicher Servergeräte und führt zu einer wesentlich übersichtlicheren Konfiguration. Wenn Sie in Ihrem Netzwerk eine Domäne verwenden möchten, stellen Sie den SMB-Betriebsmodus entsprechend um. Sie können direkt eine AD-Domäne nutzen (*AD* steht als Abkürzung für Active Directory, eine Entwicklung von Microsoft) oder sich bei der Authentifizierung vom LDAP unterstützen lassen, etwa dann, wenn andere Verzeichnisdienste eingesetzt werden. Wenn Sie eines der unteren Kontrollkästchen aktivieren möchten, müssen Sie das NAS zunächst in die gewünschte Domäne einbinden, dazu führt neben den Kontrollkästchen ein Link zum gewünschten Ziel. Das ist das Modul DOMÄNENSICHERHEIT in der Gruppe RECHTE der Systemsteuerung. Hier können Sie die Authentifizierung einer AD-Domäne oder die Authentifizierung allgemein über das LDAP einrichten. Mehr dazu finden Sie in Abschnitt 13.2, »Verzeichnisdienst und Domänencontroller«.

  Sollten Sie in Ihrem Netzwerk noch keinen Domänencontroller eingerichtet haben, dann kann auch Ihr QNAP NAS die Funktion dieser zentralen Instanz übernehmen. Dies bietet sich für mittelgroße Netzwerke an, bei denen der »Domänenverkehr« überschaubar bleibt und die Authentifizierungswünsche der Nutzer das NAS nicht überlasten.

  Bedenken Sie aber, dass das NAS stets aktiv sein muss, insbesondere, wenn dem Domänencontroller nicht nur die Verwaltung von SMB-Zugriffen obliegt. Der Link DIESEN NAS ALS DOMÄNENCONTROLLER EINSTELLEN führt Sie zum Modul DOMÄNENCONTROLLER in der Gruppe RECHTE der Systemsteuerung. Hierüber können

Sie das NAS entsprechend konfigurieren. Anschließend können Sie zur Konfiguration des SMB-Protokolls zurückkehren und die gewünschte Domänen-Authentifizierung aktivieren.

Nach Abschluss der Konfiguration der Authentifikation ist das SMB bereits grundlegend eingerichtet, und Sie können es mit einem Klick auf die Schaltfläche ÜBERNEHMEN am unteren Fensterrand aktivieren.

Sie können jetzt gleich ausprobieren, ob es einwandfrei funktioniert. Auf einem Windows-PC können Sie die Ressource Netzwerk aufrufen, für die es ein eigenes Icon auf dem Desktop gibt, alternativ finden Sie einen Eintrag im Navigationsbereich des Datei-Explorers. Dort finden Sie eine Liste aller Netzwerkgeräte, die über das jeweilige Protokoll automatisch gefunden wurden. Auch SMB-Server melden ihre Präsenz im Netzwerk und sollten somit automatisch angezeigt werden. Ein Doppelklick öffnet ein Anmeldefenster (siehe Abbildung 2.32).

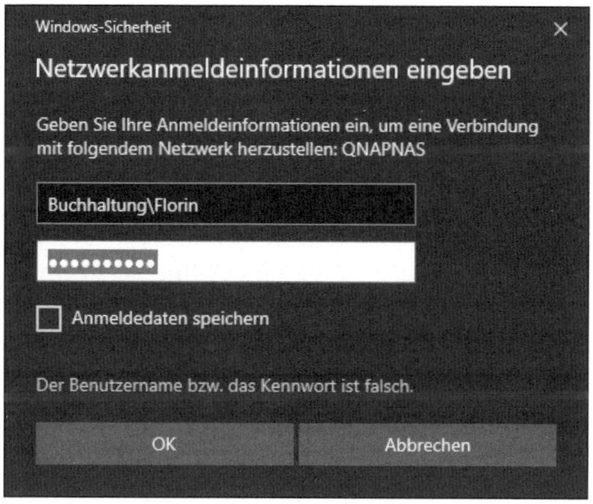

Abbildung 2.32 Vor dem Zugriff auf die Daten müssen Sie sich mit Ihren Zugangsdaten anmelden.

Je nach gewählter Authentifikation geben Sie dort die Zugangsdaten des Benutzerkontos an oder nehmen die Anmeldung am Domänenserver vor. Im ersten Fall geben Sie einfach den Nutzernamen und das zugehörige Passwort ein. Im zweiten Fall nennen Sie den Namen der Domäne, gefolgt von einem Backslash, und geben dann den Nutzernamen sowie das Passwort (in das entsprechende Feld) ein.

Sie sehen nun eine Liste der verfügbaren Freigaben (siehe Abbildung 2.33). Darunter finden sich die von Ihnen angelegten Freigabeordner sowie gegebenenfalls weitere Ordner für Spezialaufgaben. Stets verfügbar ist die Freigabe *Public*, die als gemeinsame Freigabe für alle Nutzer bei der Ersteinrichtung des NAS angelegt wurde. Wenn der aktuell angemeldete Benutzer Zugriffsrechte auf die Freigabe hat, wird Ihnen nach einem Doppelklick der Dateiinhalt angezeigt. Sie können einzelne Dateien direkt lesend öffnen. Wenn Ihnen auch das Schreibrecht gewährt wurde, dann können Sie den Dateiinhalt auch verändern sowie Dateien erstellen und löschen.

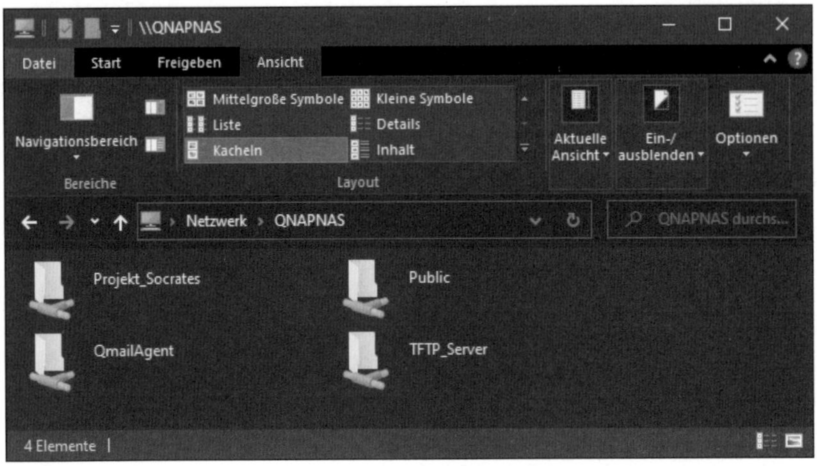

Abbildung 2.33 Die Freigabeordner werden im Windows Explorer angezeigt.

Diese Art des Zugriffs ist auch aus Anwendungen möglich. Alternativ können Sie auch direkt auf das NAS zugreifen. Geben Sie dazu in die Adressleiste des Datei-Explorers oder eines Datei-öffnen-Dialogs einer anderen Anwendung den Hostnamen oder die IP-Adresse des NAS ein, und stellen Sie einen doppelten Backslash voran.

Beim Aufrufen dieser Ressource sehen Sie (sofern es die erste Anmeldung während der aktuellen Windows-Sitzung ist) ein Anmeldefenster und anschließend die verfügbaren Verzeichnisse.

Wenn Sie häufig auf eine SMB-Freigabe zugreifen möchten, dann bietet es sich an, diese als lokales Laufwerk in das Dateisystem des Betriebssystems einzubinden. Klicken Sie dazu im Datei-Explorer von Windows im Ribbon auf START • EINFACHER ZUGRIFF • ALS LAUFWERK ZUORDNEN, und tragen Sie im Fenster aus Abbildung 2.34 den gewünschten Laufwerksbuchstaben sowie den Pfad zur gewünschten Freigabe oder zum gewünschten Ordner ein.

Freigabe- und Ordnernamen können direkt dem Hostnamen nachgestellt werden. Die Einleitung bildet ein doppelter Backslash, zur Trennung werden einfache Backslashes genutzt. Ein Beispiel lautet *\\QNAPNAS\Project_Socrates\Pictures*.

Der SMB-Zugriff unter Linux

Unter anderen Betriebssystemen erfolgt der Zugriff auf andere Weise. Unter Ubuntu wird beispielsweise auch ein Browser geboten, der verfügbare SMB-Server auflistet, alternativ ist der direkte Zugriff über die Adressleiste möglich, hier wird aber der Protokollvorsatz *smb://* und der normale Schrägstrich verwendet, etwa so: *smb://QNAPNAS/Project_Socrates/Pictures*.

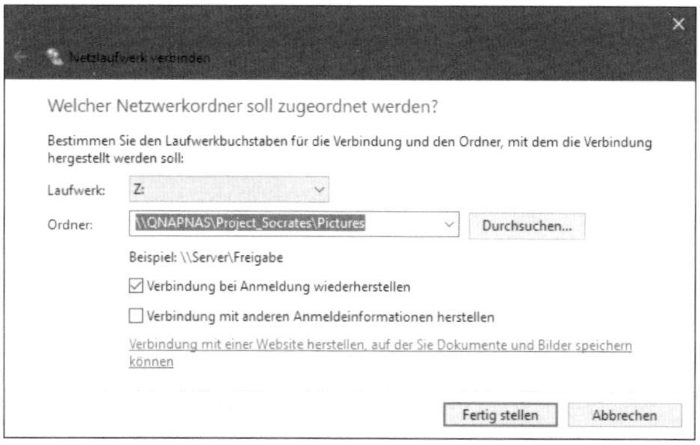

Abbildung 2.34 Eine SMB-Freigabe kann als Laufwerk in das Dateisystem eingebunden werden.

Für das SMB gibt es viele Optionen, die für den grundlegenden Betrieb zumeist nicht verändert werden müssen. Sie sehen die Liste der Optionen, wenn Sie bei den SMB-Einstellungen auf ERWEITERTE OPTIONEN klicken (siehe Abbildung 2.35).

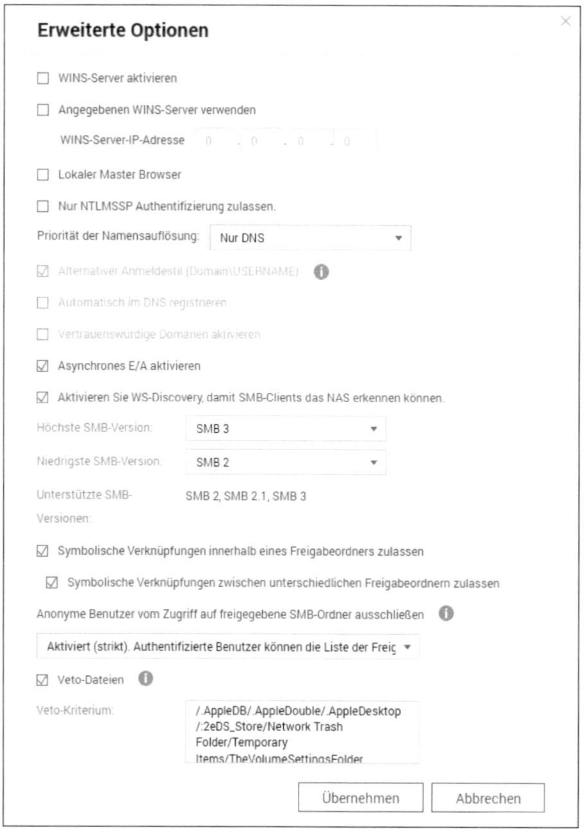

Abbildung 2.35 Konfigurieren Sie die gewünschten Optionen für das SMB.

Die folgenden Einstellmöglichkeiten sind verfügbar:

- WINS-SERVER AKTIVIEREN und ANGEGEBENEN WINS-SERVER VERWENDEN: *WINS* (Windows Internet Naming Service) ist ein Verfahren, das bei der Namensauflösung verwendet wird. Wenn der Nutzer etwa den Hostnamen des NAS in die Adresszeile des Datei-Explorers eingibt, kann WINS verwendet werden, um die IP-Adresse des NAS zu erfahren, so dass dieses über das Netzwerk angesprochen werden kann. WINS gilt jedoch heutzutage als unsicher und sollte nach Möglichkeit nicht genutzt werden. Stattdessen sollte DNS zur Namensauflösung genutzt werden. Nur wenn es die Geräteausstattung des Netzwerks erfordert, sollte auf WINS zurückgegriffen werden. Sie können entweder das NAS zum WINS-Server bestimmen oder diesen auf ein anderes Gerät auslagern.
- LOKALER MASTER BROWSER: Der lokale Master Browser ist ein Computer im Netzwerk oder der NAS-Server selbst, der eine Liste aller Computer (besser gesagt, aller Server) im Netzwerk pflegt, die SMB-Freigaben anbieten. Er wird durch einen SMB-Client kontaktiert und übergibt dem Client seine Liste. Diese nutzt der SMB-Client zur Anzeige der verfügbaren Computer mit SMB-Freigaben. Die einzelnen Dateifreigaben und Dateiverzeichnisse sind nicht Bestandteil dieser Liste. Der Master Browser wird durch verschiedene Backupgeräte unterstützt. Die Computer im Netzwerk wählen normalerweise automatisch den lokalen Master Browser, eine Einstellung ist nicht erforderlich. Sollten Sie Schwierigkeiten haben, weil etwa das NAS nicht in der Liste der freigebenden Computer erscheint, dann können Sie das NAS mit dieser Option zum lokalen Master Browser bestimmen.
- NUR NTLMSSP AUTHENTIFIZIERUNG ZULASSEN: Hier geht es um die Authentifizierung des Clients gegenüber dem NAS-Server. Dabei kann das NTLM zum Einsatz kommen – ein Protokoll, das von Microsoft entwickelt wurde. Der Zusatz SSP kennzeichnet das gesamte Verfahren, bei dem NTLM zum Einsatz kommt. Das ursprüngliche NTLM wurde aufgrund bestehender Sicherheitslücken zum NTLM2 fortentwickelt. Sollte ein Client auf der NTLM-basierten Authentifikation bestehen, dann können Sie diese mit diesem Kontrollkästchen erzwingen. Im Allgemeinen sollte hier keine Aktivierung erforderlich sein.
- ALTERNATIVER ANMELDESTIL (DOMAIN\USERNAME): Dieses Kontrollkästchen ist relevant, wenn die Anmeldung eines Clients über einen Domänencontroller vorgenommen wird. Es geht hier um das Format der Dateneingabe. Wie zuvor erwähnt, wird beim SMB zunächst der Domänenname genannt und der Nutzername mit einem umgekehrten Schrägstrich angeschlossen. Da diese Nomenklatur weitverbreitet ist und von vielen Nutzern angewendet wird, sollte diese Möglichkeit auch am NAS erlaubt sein.
- AUTOMATISCH IM DNS REGISTRIEREN: Zur Namensauflösung verwendete das SMB einst diverse eigenständige Protokolle, heute wird oftmals schlicht das DNS verwendet. Wenn das NAS einer Domäne angehört, kann es sich selbsttätig im DNS

registrieren, was dem Administrator diese Arbeit abnimmt. Daher bleibt dieses Kontrollkästchen oftmals aktiviert, es sei denn, das NAS soll nicht im DNS registriert werden oder es ist dort eine manuelle Konfiguration erforderlich.

- VERTRAUENSWÜRDIGE DOMÄNEN AKTIVIEREN: Eine vertrauenswürdige Domäne gestattet das Herunterladen der Liste der Benutzer aus dem jeweiligen Verzeichnis und die Bearbeitung der Zugriffsrechte mit den Mitteln des NAS. Sie müssen die Unterstützung dieser Option zusätzlich am Domänencontroller aktivieren.
- ASYNCHRONES E/A AKTIVIEREN: Die Nutzung von asynchronen Zugriffen auf das Dateisystem kann die Übertragungsgeschwindigkeit beim Zugriff auf SMB-Freigaben erhöhen. Dazu kommen entsprechende Puffer im Arbeitsspeicher zum Einsatz. Allerdings birgt dies die Gefahr des unkontrollierten Datenverlusts, etwa wenn es zu einem Stromausfall kommt. Das asynchrone Übertragen von Daten sollte daher nur dann aktiviert werden, wenn das NAS durch eine USV geschützt ist. Alternativ lässt es sich ohne Schutz auch in einem Heimnetzwerk betreiben, wo die Daten bei einem Datenverlust erneut kopiert werden können.
- AKTIVIEREN SIE WS-DISCOVERY, DAMIT SMB-CLIENTS DAS NAS ERKENNEN KÖNNEN: WS-Discovery kommt beim automatischen Auffinden von NAS-Geräten durch die Client-PCs zum Einsatz. Normalerweise ist diese Option aktiviert, damit Windows-PCs das NAS automatisch in der Netzwerkübersicht anzeigen können.
- HÖCHSTE SMB-VERSION und NIEDRIGSTE SMB-VERSION: Wie zuvor erwähnt, gibt es vom SMB verschiedene Protokollversionen. Sie können das NAS anweisen, nur einen Teil davon zuzulassen. Einstellbar sind eine Mindestversion, die von den Clients verwendet werden darf, sowie eine Maximalversion. Die Maximalversion sollten Sie nur aus gutem Grund reduzieren. Normalerweise ist es vorteilhaft, stets die neueste Protokollversion zuzulassen. Insbesondere sollte die Version 3 wegen der verfügbaren Übertragungsverschlüsselung mit Präferenz genutzt werden. Sie ist allerdings erst ab Windows 10 verfügbar. Wenn Sie im Netzwerk auch noch ältere Geräte einsetzen, kommt der niedrigsten SMB-Version eine Bedeutung zu. Hier sollten Sie Version 1 möglichst nicht aktivieren, da diese Fassung als unsicher gilt. Sollte ein besonders altes Gerät diese Version erfordern, dann können Sie sie hier aktivieren. Sie sollten dieses alte Gerät dann aber schnellstmöglich durch ein moderneres Exemplar ersetzen.
- SYMBOLISCHE VERKNÜPFUNGEN INNERHALB EINES FREIGABEORDNERS ZULASSEN und SYMBOLISCHE VERKNÜPFUNGEN ZWISCHEN UNTERSCHIEDLICHEN FREIGABEORDNERN ZULASSEN: SMB-Freigaben können auf Wunsch mit symbolischen Verknüpfungen umgehen, so dass Dateien per Verknüpfung in mehreren Verzeichnissen gelistet sein können, obwohl sie physikalisch nur einmal gespeichert werden. Sie können mit den Kontrollkästchen diese Funktion aktivieren und auf Wunsch sogar über mehrere Freigaben ermöglichen. Symbolische Verknüpfungen können,

wenn sie intensiv genutzt werden, zwar Speicherplatz sparen, aber auch die Übersichtlichkeit der Datenstruktur beeinträchtigen.

- Anonyme Benutzer vom Zugriff auf freigegebene SMB-Ordner ausschliessen: Dies ist eine wichtige Einstellung, welche die Sicherheit der Daten betrifft. Das SMB sieht zwar eine Authentifizierung der Nutzer vor, es ist aber auch möglich, ein Gastkonto zu nutzen. Wenn das Gastkonto aktiv ist, dann ist keine Eingabe von Zugangsdaten erforderlich. Für jede Freigabe bzw. für jeden Freigabeordner können Sie individuell einstellen, ob ein anonymer Gastzugriff möglich ist und welche Rechte der Gast hat (siehe dazu auch Abschnitt 2.3, »Freigabeordner erstellen und benutzen«). An dieser Stelle können Sie den anonymen Zugriff gemäß den individuellen Freigabeordnerrechten nun global aktivieren oder ihn verbieten. Dieses Verbot überwiegt individuelle Freigaben.
- Veto-Dateien: Über dieses Eingabefeld können Sie Dateinamenmuster definieren. Wenn ein Dateiname einem Muster entspricht, wird die zugehörige Datei nicht per SMB-Freigabe angezeigt. Auf diese Weise lassen sich etwa maschinell genutzte Steuerdaten ausblenden.

Zusätzlich zur Rechtevergabe auf Benutzerebene können Sie den Zugriff auf Freigaben für das SMB-Protokoll auch auf Ebene der IP-Adressen regeln.

Rufen Sie dazu in der Systemsteuerung in der Gruppe Rechte das Modul Freigabeordner auf, und klicken Sie beim gewünschten Freigabeordner rechts auf das Icon . In einem neuen Fenster können Sie die Berechtigungen für diesen Ordner ändern.

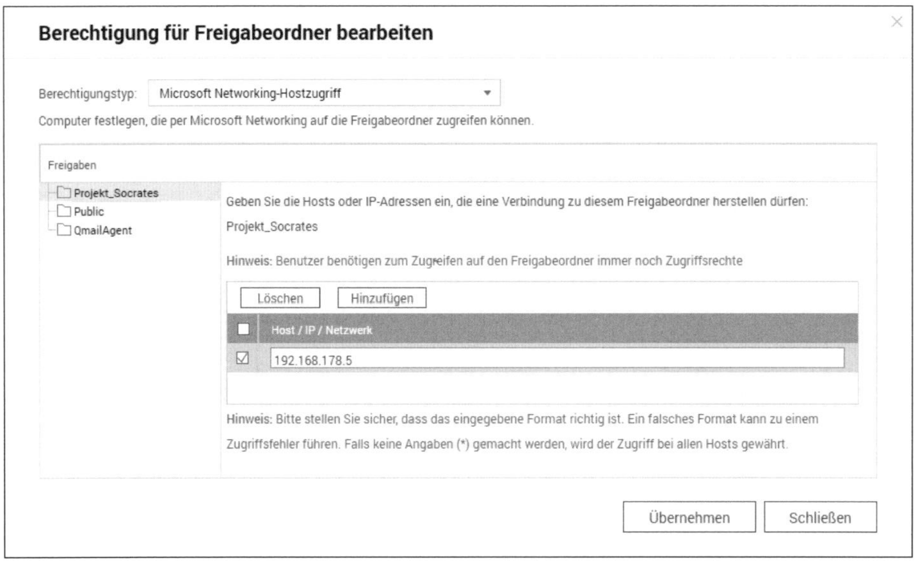

Abbildung 2.36 Legen Sie fest, welche IP-Adressen auf die Freigaben zugreifen dürfen.

Wählen Sie im Dropdown-Feld BERECHTIGUNGSTYP die Option MICROSOFT NETWORKING-HOSTZUGRIFF. Sie werden sehen, dass in der Baumansicht links der gewünschte Freigabeordner ausgewählt ist. Im rechten Teil des Fensters spezifizieren Sie nun die IP-Adressen, die auf die Freigabe zugreifen dürfen. Sie können dort einzelne Hosts oder auch ganze Netzwerke bestimmen. Nutzen Sie die Schaltfläche HINZUFÜGEN. Es lässt sich aber nur eine Erlaubnis aussprechen, ein Verbot kann nicht konfiguriert werden. Wenn einzelnen IP-Adressen der Zugriff untersagt werden soll, müssen Sie diese beim Anlegen von Erlaubnissen auslassen.

Berücksichtigen Sie auch, dass diese Form der »Firewall« zusätzlich zur normalen Rechtevergabe gilt. Ein Client mit einer erlaubten IP-Adresse muss sich also trotzdem noch mit Nutzername und Kennwort für den Zugriff auf die Freigabe anmelden.

2.5.2 AFP

Das *AFP* (Apple Filing Protocol) ist salopp gesagt das Pendant zum SMB vom Hersteller Apple und ermöglicht den Zugriff auf Dateifreigaben für Apple-Geräte. Zwar wird das AFP noch in allen modernen Versionen von macOS integriert, es wird selbst aber derzeit nicht aktiv weiterentwickelt. Auch auf macOS-Geräten wird vielmehr auf das weitverbreitete SMB zurückgegriffen, das auch unter macOS vollständig und sehr gut nutzbar integriert ist. Für den Zugriff auf SMB-Freigaben sind also keine zusätzlichen Software-Komponenten erforderlich.

Wenn Sie das AFP lieb gewonnen haben oder es ein älterer oder besonderer Gerätepark unbedingt erfordert, dann können Sie es auf der Registerkarte APPLE-NETZWERK im Modul WIN/MAC/NFS/WEBDAV aktivieren (siehe Abbildung 2.37).

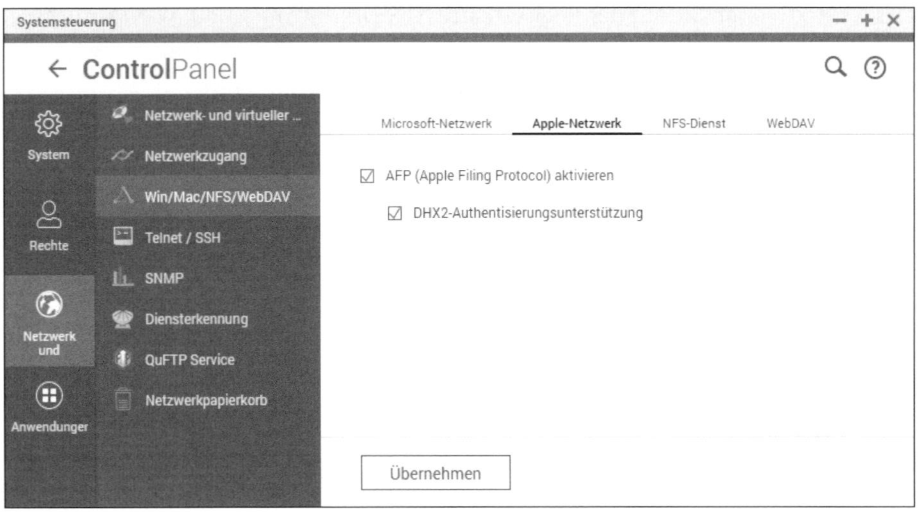

Abbildung 2.37 Für das AFP gibt es nur sehr wenige Einstelloptionen.

Als einzige verfügbare Zusatzoption gibt es die Möglichkeit, die DHX2-Autentifikation zu aktivieren.

Wie zuvor erwähnt, ist es aber sinnvoll, mit möglichst wenigen Protokollen zu arbeiten und daher dem SMB den Vorzug zu geben. Die pausierte Weiterentwicklung des AFP sollte unter dem Aspekt der Sicherheit ebenfalls berücksichtigt werden.

2.5.3 NFS

Insbesondere in der Linux-Welt ist das *NFS* geläufig. Die Abkürzung steht für *Network File System*, was recht anschaulich den Einsatzzweck beschreibt. Das Protokoll ist an sich schon recht alt und stammt aus der Unix-Welt. So verwundert es nicht, dass auch moderne macOS-Geräte auf NFS-Freigaben zugreifen können. Windows-Systeme können dies ohne Spezialsoftware allerdings nicht.

Das NFS wird fortlaufend weiterentwickelt. Gegenwärtig ist die Version 4 aktuell, die grundlegende Änderungen mit sich bringt, unter anderem wurde die Kommunikation über das Netzwerk stark vereinfacht und erfordert nur noch einen einzelnen TCP-Port. Trotzdem sollte das NFS nicht direkt über das Internet genutzt werden. Es ist für die Nutzung im lokalen Netzwerk gedacht, wo Verbindungen im Allgemeinen schneller (es geht insbesondere um die Antwortzeiten) und zuverlässiger sind. Im lokalen Netzwerk ist ein Mischbetrieb mit anderen Protokollen ohne Probleme möglich. Sie können das NFS also neben SMB-Freigaben verwenden und somit spezifische Protokollvorteile nutzen.

Einrichtung des NFS-Dienstes

Das NFS aktivieren Sie auf der Registerkarte NFS-DIENST im Modul WIN/MAC/NFS/WEBDAV in der Gruppe NETZWERK UND DATEIDIENSTE der Systemsteuerung.

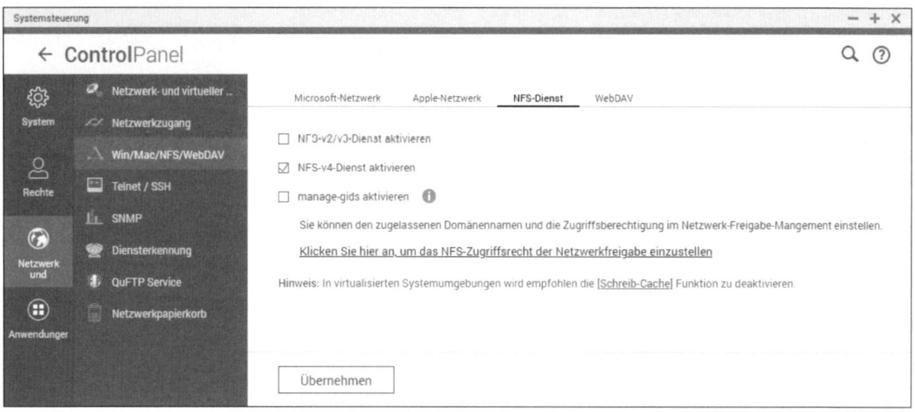

Abbildung 2.38 Das NAS beherrscht das NFS in den Versionen 2/3 und 4.

Sie können das NFS sowohl in der klassischen Version 2 bzw. 3 oder in der moderneren Version 4 verwenden (siehe Abbildung 2.38). Wie zuvor erwähnt, wurde das Protokoll mit der Version 4 grundlegend überarbeitet, man könnte schon von »neugestaltet« sprechen. Diese moderne Fassung bringt viele Neuerungen mit sich, erfordert aber auch, dass die Gegenseite ebenfalls diese Protokollfassung beherrscht. Orientieren Sie sich bei der Auswahl also an Ihrem vorhandenen Gerätepark und auch an den Funktionen, die Sie nutzen möchten. Aktivieren Sie anschließend die gewünschte Protokollversion. Ein Mischbetrieb ist ebenfalls möglich.

Als einzige weitere Option lässt sich der Umgang mit GIDs beeinflussen. Beim NFS wird neben der Benutzer-ID (kurz *UID*) auch die Gruppen-ID (abgekürzt *GID*) verwendet, die Linux-Nutzern allgegenwärtig sein dürfte. Beim NFS kann es bei der Nutzung der GID bei einer großen Nutzeranzahl zu Einschränkungen kommen. Aus diesem Grund kann das NAS-System die GID, die vom Client gesendet wurde, durch die intern genutzte GID ersetzen, sofern der Client dem NAS bekannt ist. Normalerweise sollte diese Option nicht erforderlich sein.

Bei der Nutzung des NFS gibt es die Möglichkeit, eine weitere Ebene für Berechtigungen zu verwenden. Wenn Sie in der Gruppe RECHTE der Systemsteuerung die Zugriffsberechtigungen für einen Freigabeordner aufrufen, dann sehen Sie im Dropdown-Feld BERECHTIGUNGSTYP die Option NFS-HOSTZUGRIFF. Sie können hier NFS-spezifische Zusatzoptionen konfigurieren (siehe Abbildung 2.39). Unter anderem lässt sich die Squash-Option steuern, ebenso kann das sync-Verfahren beeinflusst werden.

Abbildung 2.39 Legen Sie individuelle NFS-Berechtigungen fest.

2.5.4 WebDAV

Während die bisher betrachteten Dateidienste einzig für die Anwendung im lokalen Netzwerk gedacht sind, ist dies bei *WebDAV* anders. Das *Web-based Distributed Authoring and Versioning* genannte Protokoll ist explizit dafür gedacht, Dateien auch direkt über das Internet zu übertragen. WebDAV lässt sich daher auch selbstredend mit einer TLS-Verschlüsselung nutzen.

Es baut auf dem HTTP auf, kann aber direkt in das Dateisystem der modernen Betriebssysteme eingebunden werden, so dass ein Zugriff wie auf eine lokale Festplatte möglich wird. WebDAV unterstützt eine Authentifikation auf Benutzerebene. Es benötigt für die Verbindung nur einen einzelnen Netzwerkport, der beim QNAP-System frei gewählt werden kann. Auf Wunsch ist die Nutzung von Port 80 möglich, was die Konfiguration von Firewalls stark vereinfacht. WebDAV kann daher als einfach zu nutzende Alternative zu FTP-Verbindungen betrachtet werden und bringt einen deutlichen Komfortgewinn mit sich.

Einrichtung der WebDAV-Unterstützung

Sie aktivieren die WebDAV-Unterstützung auf der gleichnamigen Registerkarte im Modul WIN/MAC/NFS/WEBDAV, das Sie in der Gruppe NETZWERK UND DATEIDIENSTE der Systemsteuerung finden. Setzen Sie zunächst einen Haken in das Kontrollkästchen WEBDAV AKTIVIEREN (siehe Abbildung 2.40).

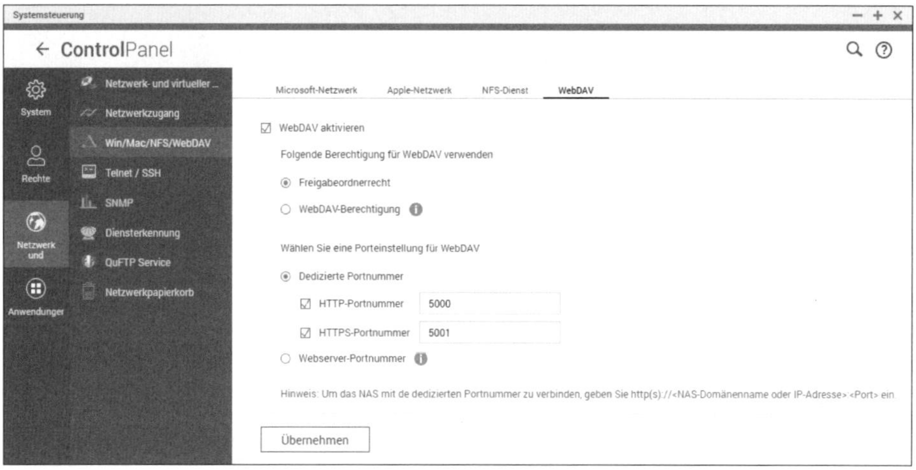

Abbildung 2.40 Für das WebDAV können eigene Ports und eine eigene Rechteverwaltung konfiguriert werden.

Darunter müssen Sie festlegen, welche Berechtigungen für den Zugriff auf Dateien und Verzeichnisse über WebDAV verwendet werden sollen. Voreingestellt ist die Option FREIGABEORDNERRECHT. Damit gelten für das WebDAV-Protokoll dieselben Berechtigungseinstellungen wie für die übrigen Dateidienste. Dies macht die Administration der Freigaben einfach und überschaubar, denn jedes gewährte Zugriffsrecht gilt automatisch auch für den Zugriff über WebDAV.

Auch für die Nutzer ist diese Art der Rechtesteuerung einfach. Auf Wunsch können Sie auf die Option WebDAV-Berechtigung wechseln. Dann wird für die Nutzung von WebDAV ein eigenes Berechtigungssystem verwendet. Sie können für jeden Freigabeordner auf Nutzerebene den Zugriff individuell erlauben oder verbieten. Dieses Verfahren bringt aber einige Einschränkungen mit sich. Zwar können Sie die Rechte für jeden Systembenutzer (oder auch für Benutzergruppen) einstellen, Sie können jedoch für einen Ordner nur allgemein einen Vollzugriff oder einen nur lesenden Zugriff konfigurieren. Es ist hier nicht möglich, zwischen den einzelnen Nutzern zu unterscheiden. Außerdem arbeitet dieses Verfahren nur mit lokalen Benutzern und kann nicht mit einem Verzeichnisdienst bzw. einer AD-Domäne verwendet werden.

Möchten Sie es dennoch nutzen, dann klicken Sie zunächst unten auf Übernehmen. Erst danach sind im Modul Rechte bei der Konfiguration der Freigabeordner zusätzliche Optionen sichtbar. Öffnen Sie die Konfiguration der Berechtigungen für einen Freigabeordner, und wählen Sie den Berechtigungstyp WebDAV-Zugriff (siehe Abbildung 2.41). Rechts oberhalb der Tabelle wählen Sie das gewünschte Zugriffsrecht (Vollzugriff, Zugriffsverweigerung oder Schreibgeschützt). Setzen Sie anschließend bei den gewünschten Benutzern einen Haken in das Kontrollkästchen Genehmigen, und klicken Sie abschließend auf Übernehmen.

Abbildung 2.41 Legen Sie fest, wie per WebDAV auf Freigaben zugegriffen werden darf.

Zurück zur Konfiguration des WebDAV-Protokolls: Sie können als Nächstes konfigurieren, welchen Netzwerkport WebDAV für die Kommunikation verwenden soll. Das erfolgt in der Sektion Wählen Sie eine Porteinstellung für WebDAV (siehe Abbildung 2.40). Voreingestellt sind Port 5000 für unverschlüsselte Verbindungen und Port 5001 für verschlüsselte Verbindungen über eine HTTPS-Verbindung. Beide Ports werden vom QNAP-System nicht anderweitig verwendet. Sie können also über eine Firewall, die Ihr lokales Netzwerk schützt, den Zugriff auf WebDAV-Ressourcen individuell beschränken.

Auf Wunsch können Sie abweichende Portnummern eintragen oder beispielsweise den unverschlüsselten Zugang auch deaktivieren, indem Sie das betreffende Häkchen entfernen. Alternativ können Sie mit der unteren Option den Port nutzen, der auch vom Webserver des NAS verwendet wird. Hierbei geht es nicht um den Port, der vom Webinterface des QTS-Systems verwendet wird, sondern um den Port, den der Webserver für die Auslieferung eigener Webseiten nutzt. Diesen Port konfigurieren Sie im Modul WEBSERVER der Gruppe ANWENDUNGEN in der Systemsteuerung. Voreingestellt ist Port 80, der universell für den Abruf von Websites über HTTP verwendet wird. Wenn Sie den Webserver-Port auch für WebDAV verwenden möchten, dann muss der Webserver in diesem Modul aktiviert werden. Damit ist die Konfiguration des WebDAV-Protokolls schon abgeschlossen. Klicken Sie abschließend unten auf ÜBERNEHMEN.

Sie können jetzt eine Verbindung zum NAS herstellen. In Windows etwa ist bereits ein WebDAV-Client eingebaut und erlaubt das Einbinden der Dateiressource als Netzlaufwerk. Öffnen Sie dazu den Datei-Explorer, und klicken Sie im Ribbon auf NETZLAUFWERK VERBINDEN. Wählen Sie dann im Menü aus Abbildung 2.42 den gewünschten Laufwerksbuchstaben aus.

Abbildung 2.42 WebDAV-Freigaben lassen sich in Windows mit einem eigenen Laufwerksbuchstaben einbinden.

Im Eingabefeld ORDNER tragen Sie nun die Domain bzw. die IP-Adresse Ihres NAS ein. Ergänzen Sie den genutzten Port. Wenn Sie eine verschlüsselte Verbindung benutzen möchten, stellen Sie das Protokollkürzel *https://* voran. Auf Wunsch können Sie optional den Pfad zu einem gewünschten Freigabeordner ergänzen. Eine mögliche Eingabe könnte lauten: *https://192.168.178.249:5001/public*.

Möchten Sie die Verbindung dauerhaft erhalten, dann aktivieren Sie das Kontrollkästchen VERBINDUNG BEI ANMELDUNG WIEDERHERSTELLEN. Klicken Sie danach auf FERTIG STELLEN.

Sie erhalten eine Eingabemaske zum Anmelden an der WebDAV-Ressource. Diese erscheint ab Windows 10 allerdings nur dann, wenn die verschlüsselte Verbindung mit einem korrekten SSL-Zertifikat (und bei Verwendung einer Domain) aufgebaut wird. Eine unverschlüsselte Verbindung wird ab Windows 10 nicht zugelassen. Unter Windows 7 funktionierte das noch ohne Probleme (siehe Abbildung 2.43) und Sie haben Zugriff auf die Dateien (siehe Abbildung 2.44). Auch andere Betriebssysteme sind hier nicht so kleinlich.

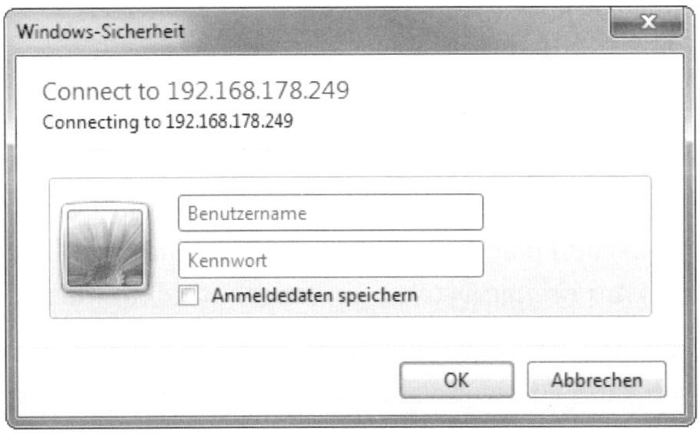

Abbildung 2.43 Sie müssen sich mit Benutzernamen und Kennwort anmelden.

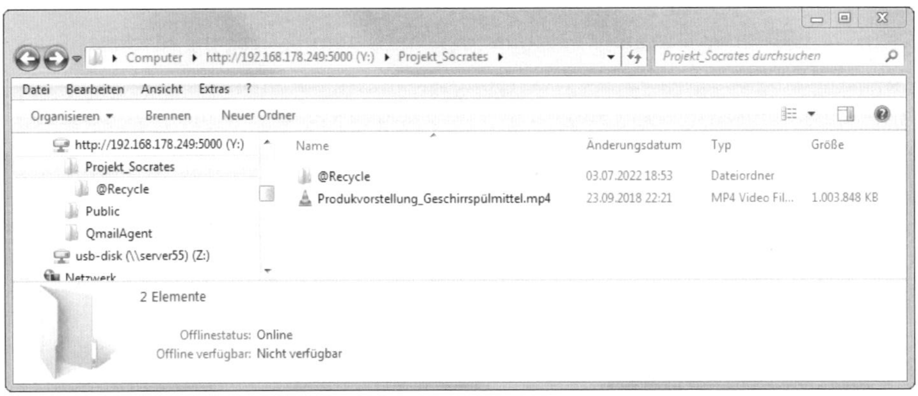

Abbildung 2.44 Der Inhalt der WebDAV-Freigabe wird im Windows Explorer angezeigt.

Zwar ist es begrüßenswert, auf das Thema Sicherheit Wert zu legen, allerdings erlaubt Windows 10 keine Ausnahmen, auch nicht für das lokale Netzwerk. Wundern Sie sich also nicht, wenn Sie eine nichtssagende Fehlermeldung erhalten. Sie müssen für Ihr NAS eine Domain einrichten und ein SSL-Zertifikat hinterlegen. Wie das geht, zeigen wir Ihnen in Abschnitt 4.2.8, »Ein SSL-Zertifikat hinterlegen«.

Tragen Sie ansonsten in die Eingabemaske die Zugangsdaten des gewünschten Nutzerkontos ein. Die WebDAV-Ressource wird nun in das Windows-Dateisystem eingebunden und steht unter dem gewünschten Laufwerksbuchstaben zur Verfügung. Es sind nun entsprechend den gewährten Berechtigungen die gewohnten Dateioperationen möglich. Möchten Sie die Verbindung nach getaner Arbeit nicht mehr nutzen, dann können Sie diese über das Ribbon wieder trennen.

2.5.5 FTP

Das *FTP* (ausgesprochen: File Transfer Protocol) ist ein eher einfach gehaltenes Protokoll zum Übertragen einzelner Dateien (hauptsächlich) von einem Server zu einem Client. Das FTP mag zwar schon recht alt sein, es konnte sich aber bis in die Neuzeit behaupten und wird nach wie vor noch häufig eingesetzt. Das mag vor allem an der Schlichtheit des Protokolls liegen, das ohne großen Aufwand auch auf einfacher Hardware lauffähig ist und sehr hohe Datentransferraten erreichen kann. Zudem ist es unter den verschiedensten Betriebssystemen einsetzbar (Client-Programme sind quasi »wie Sand am Meer« verfügbar) und macht sich sehr gut, wenn mal eben (und vor allem nur im lokalen Netzwerk) nur wenige Dateien übertragen werden sollen.

Auf Ihrem QNAP NAS können Sie einen FTP-Server betreiben, der durch FTP-Client-Programme angesprochen werden kann. Ein weit verbreitetes Client-Programm ist das aus dem Open-Source-Bereich stammende FileZilla (das eigentlich sogar freie Software ist, aber diese Unterscheidung soll an dieser Stelle einmal nicht so streng vorgenommen werden).

Beim FTP muss man allerdings beachten, dass die Datenübertragung zunächst unverschlüsselt erfolgt. Es ist zwar ein Authentifizierungsmechanismus über Benutzerkonten implementiert, der aber aufgrund der fehlenden Verschlüsselung der übertragenen Daten nur wenig Sicherheit bietet. Ein »nacktes« FTP sollte daher nur innerhalb des lokalen Netzwerks betrieben werden, und das auch nur dann, wenn alle Teilnehmer dort vertrauenswürdig sind. Es eignet sich also gut für private Heimnetzwerke und möglicherweise bereits weniger gut für ein Firmennetzwerk. Für die Übertragung über das Internet ist das einfache FTP aus Sicherheitsgründen ungeeignet.

Das FTP kann allerdings mit Hilfe des TLS zum *FTPS* (File Transfer Protocol over SSL) erweitert werden. FTPS nutzt moderne TLS-Verschlüsselungsverfahren und kann zusätzliche Authentifizierungsmechanismen über SSL-Zertifikate verwenden. Damit ist eine sichere Datenübertragung auch über unsichere Netzwerke möglich. FTPS kann also auch bedenkenlos über das Internet genutzt werden (sofern korrekte Zertifikate und sichere Zugangsdaten verwendet werden).

Bei der Übertragung über das Internet gibt es allerdings noch eine weitere Hürde zu berücksichtigen: FTP nutzt mehrere Ports des TCP zur Datenübertragung. Die eigentliche Verbindung wird zunächst (im Standardfall) über Port 21 aufgebaut. Über diese Verbindung werden allerdings nur Steuerdaten ausgetauscht. Der Transfer der Nutzdaten wird über eine andere Verbindung vorgenommen, für die zufällig ausgewählte TCP-Ports verwendet werden. Man unterscheidet zwischen dem aktiven und dem passiven FTP. Beim aktiven FTP gibt der Client einen Port vor, zu dem der Server eine Verbindung aufbauen muss. Dieser Port muss auf der Seite des Clients erreichbar sein. Wenn sich ein Client etwa in einem privaten Heimnetzwerk hinter einer NAT aufhält, kann der Server den Port des Clients möglicherweise nicht korrekt ansprechen. In diesem Fall nutzt man das passive FTP. Hierbei gibt der Server einen Port vor, den der Client ansprechen muss. Der Client hat keine Probleme, den Port des Servers anzusprechen. Auf Serverseite müssen die Ports in der Firewall freigegeben werden, die der Server für den Datentransfer verwendet. Beim passiven FTP kann man dem Server daher einen Portbereich mitteilen, den dieser verwenden darf.

Wenn Sie auf Ihrem NAS einen FTP-Server betreiben möchten, müssen Sie zunächst über das App Center den QuFTP Service installieren, den Sie anschließend über das Hauptmenü oder über das zugehörige Modul in der Gruppe NETZWERK UND DATEIDIENSTE der Systemsteuerung aufrufen können.

Im QuFTP Service informiert die zu Beginn aktivierte Registerkarte ÜBERSICHT stets über die derzeitige Auslastung des FTP-Servers. Sie zeigt unter anderem die Anzahl an geöffneten Sitzungen sowie die Datenübertragungsgeschwindigkeit (siehe Abbildung 2.45).

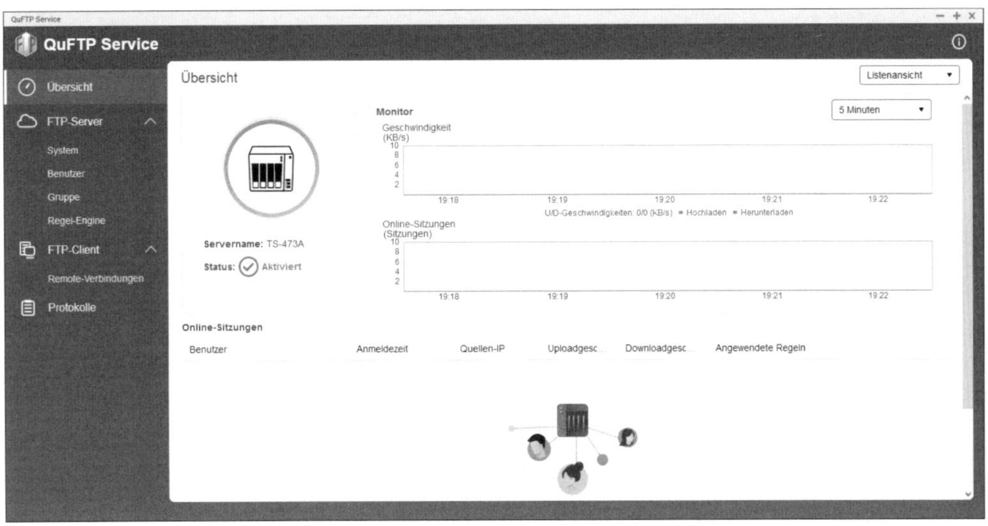

Abbildung 2.45 Der QuFTP Service erlaubt die Konfiguration und Überwachung von FTP-Funktionen.

Den FTP-Server richten Sie in der gleichnamigen Sektion ein. Öffnen Sie zuerst die Registerkarte SYSTEM. Dort nehmen Sie auf dem Reiter ALLGEMEIN grundlegende Einstellungen vor (siehe Abbildung 2.46).

Setzen Sie zunächst einen Haken in das Kontrollkästchen FTP-SERVER AKTIVIEREN. Dies ist sozusagen der Hauptschalter.

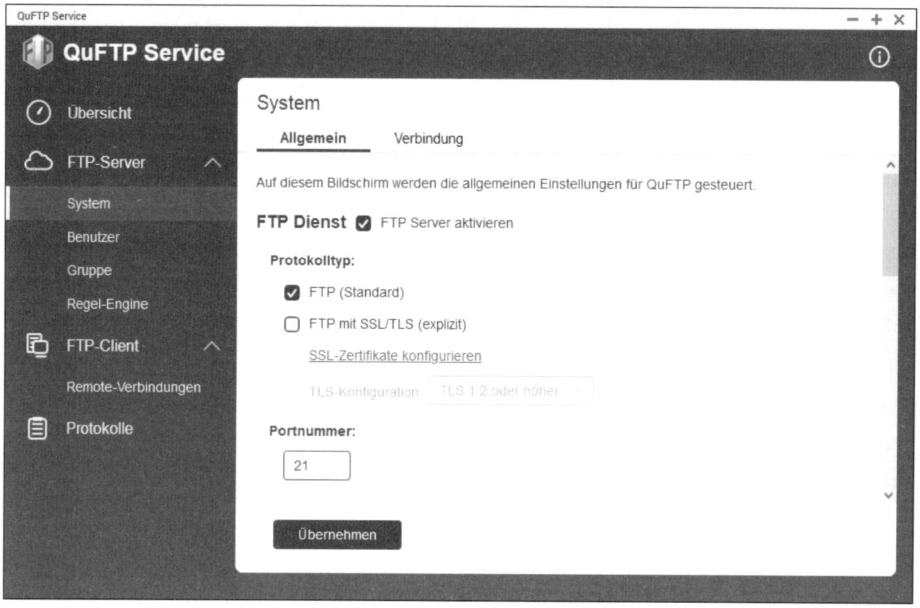

Abbildung 2.46 Legen Sie die Basisparameter für den FTP-Server fest.

Darunter müssen Sie jedoch den Protokolltyp festlegen. Die Standardeinstellung FTP (STANDARD) erlaubt unverschlüsselte Verbindungen. Diese sollten auf keinen Fall über das Internet genutzt werden. Je nach Umgebung können sie im lokalen Netzwerk aber akzeptabel sein. Für die Nutzung über das Internet bietet sich die verschlüsselte Variante FTPS an, die Sie über das Kontrollkästchen FTP MIT SSL/TLS (EXPLIZIT) erzwingen.

Für eine TLS-gestützte Übertragung müssen SSL-Zertifikate hinterlegt sein. Falls diese nicht zur Domain passen, über die der FTP-Server angesprochen wird, ist eine Zertifikatswarnung beim Verbindungsaufbau unvermeidlich. Eine solche Warnung wird auch dann erscheinen, wenn Sie den FTPS-Server über seine IP-Adresse im lokalen Netzwerk ansprechen – oder die externe IP-Adresse über das Internet verwenden.

Der Link SSL-ZERTIFIKATE KONFIGURIEREN führt Sie zum Modul SICHERHEIT in der Gruppe SYSTEM der Systemsteuerung und öffnet den Reiter SSL-ZERTIFIKAT & PRIVATER SCHLÜSSEL. Dort können Sie das SSL-Zertifikat konfigurieren, das Ihr NAS verwendet. Mehr dazu finden Sie in Abschnitt 4.3, »Eigene SSL-Zertifikate verwenden«.

Wenn Sie den FTP-Server mit Verschlüsselung konfigurieren, können Sie in dessen Optionen auch die minimale TLS-Version bestimmen, die vom Server vorausgesetzt wird. Dies nehmen Sie im Dropdown-Feld TLS-KONFIGURATION vor. Es empfiehlt sich, mindestens Version 1.2 zu verwenden. Ältere Varianten sollten Sie aus Sicherheitsgründen nur dann zulassen, wenn ältere Endgeräte diese unbedingt erfordern. Dies stellt jedoch unter Umständen ein Sicherheitsrisiko dar. Versuchen Sie, ältere Endgeräte zu ersetzen und nach Möglichkeit die neueste Protokollversion zu nutzen.

Eine FTP-Verbindung wird in der Standardkonfiguration unabhängig von einer eventuellen Verschlüsselung über TCP-Port 21 aufgebaut. Auf Wunsch können Sie den hierfür genutzten Port im Feld PORTNUMMER verändern, müssen dann jedoch gegebenenfalls Client-Programme auch entsprechend konfigurieren. Eine Änderung des Ports macht den FTP-Server für ungerichtete Angriffe schwieriger zu entdecken und lässt solche Angriffe ins Leere laufen. Diese Maßnahme ist jedoch kein Schutz vor gerichteten Angriffen, bei denen Ihr Internetanschluss (nebst zugehörigem Datenverkehr) überwacht und inspiziert wird.

Weiter unten im Fenster finden Sie die Sektion SFTP. Beim *SFTP* handelt es sich um eine weitere Möglichkeit, Dateien (auch über das Internet) zu übertragen. Sie nutzt SSH-Mechanismen zur Verschlüsslung des Datentransfers. Mehr dazu im folgenden Abschnitt. An dieser Stelle sei nur erwähnt, dass es sich bei den Bedienelementen an dieser Stelle nur um eine Verknüpfung zum Modul TELNET/SSH der Systemsteuerung handelt, in dem SFTP konfiguriert wird.

Die Sektion SERVICEBINDUNG ist ebenfalls sicherheitsrelevant. Sie können hier eine Dienstbindung aktivieren. Die Verknüpfung führt direkt zum Modul NETZWERKZUGANG der Systemsteuerung. Dort können Sie konfigurieren, ob ein Dienst (wie der FTP-Server) Verbindungsanfragen von allen oder nur von ausgewählten Netzwerkschnittstellen Ihres NAS akzeptieren soll. Diese Optionen sind also nur dann relevant, wenn Ihr Gerät mehrere Netzwerkanschlüsse besitzt und darüber (zumindest auf logischer Ebene) mit mehreren Netzwerken verbunden ist.

Die Optionen der Sektion ZUSÄTZLICHE FUNKTIONEN sind oft nur in Sonderfällen interessant:

- Moderne FTP-Clients sollten mit Unicode für die Dateicodierung zurechtkommen. Daher ist die Option UNICODE-UNTERSTÜTZUNG AKTIVIEREN standardmäßig auch angeschaltet. Sie sollte nur deaktiviert werden, wenn ältere Clients dies erfordern.
- ANONYMEN ZUGRIFF AKTIVIEREN: Dies ermöglicht die Nutzung des FTP-Servers für allgemein zugängliche Dateien und Verzeichnisse durch Gäste ohne ein Nutzerkonto auf dem NAS-System. Sie sollten diese Option aus Sicherheitsgründen nur vorübergehend und nach Möglichkeit nicht über das Internet nutzen.

- WILLKOMMENSNACHRICHT AKTIVIEREN: Beim Verbindungsaufbau kann ein Client eine Nachricht für den Benutzer anzeigen. Sie können diese Funktion hier aktivieren und die angezeigte MITTEILUNG BEARBEITEN.
- MODUS-Z-KOMPRIMIERUNG AKTIVIEREN: Der FTP-Standard erlaubt optional eine einfache Form der Datenübertragung, bei der aufeinanderfolgende Bytes zusammengefasst werden können, wenn sie identisch sind. Eine deutliche Einsparung der übertragenen Datenmenge kann also nur bei entsprechend geeigneten Dateien erreicht werden. Der Client muss diese Kompression ebenfalls unterstützen. Da die erreichbaren Einsparungen nicht sehr groß sind, lässt man die Kompression meistens deaktiviert und überträgt besser bereits komprimierte Dateien, zum Beispiel ZIP-Archive.
- STAMMORDNER FESTLEGEN: Standardmäßig kann ein Nutzer über den FTP-Dienst auf alle Freigabeordner zugreifen, auf die er auch direkt am NAS-System Zugriff hat. Mit einem Stammordner können Sie den Nutzer auf ein bestimmtes Verzeichnis beschränken. An dieser Stelle konfigurieren Sie eine globale Oberregel für alle Benutzer, die jedoch durch individuelle Benutzerregeln überschrieben werden kann.
- FTP WORM (WRITE ONCE READ MANY)-FUNKTION AKTIVIEREN: Dies ist eine Sonderfunktion beim FTP-Server. Wenn sie aktiviert ist, können Nutzer zwar Dateien in einem Verzeichnis neu erstellen (also zum Server hochladen), diese anschließend aber nicht mehr verändern. Das Verzeichnis verhält sich wie ein klassischer CD-Rohling, der nur einmalig gebrannt, aber beliebig oft gelesen werden kann. In diesem Zusammenhang ist auch die Option WARNMELDUNGEN SENDEN, WENN ÄNDERUNGEN IN AUSGEWÄHLTEN ORDNERN ERKANNT WERDEN interessant. Sie können hier ORDNER AUSWÄHLEN und erhalten nach einer einstellbaren Zeitspanne eine Benachrichtigung, wenn deren Inhalt verändert wurde.
- BENACHRICHTIGUNGSREGEL KONFIGURIEREN: Dies ist eine Verknüpfung zum Benachrichtigungszentrum. Dort können Sie Ereignisse konfigurieren, bei deren Eintreten Sie durch das NAS per Benachrichtigung informiert werden möchten. An dieser Stelle können Sie sich auch den BENACHRICHTIGUNGSVERLAUF ANZEIGEN lassen. Auch hierbei handelt es sich nur um eine Verknüpfung zum Benachrichtigungszentrum.

Auf dem Reiter VERBINDUNG (siehe Abbildung 2.47) können Sie hauptsächlich Einschränkungen hinsichtlich der Anzahl gleichzeitiger FTP-Verbindungen vornehmen. Die Anzahl an Verbindungen lässt sich entweder für den gesamten Server oder aber auch auf Client-Ebene beschränken. Sie können auch die Geschwindigkeit der Datenübertragung einschränken und Maximalwerte für den Up- und den Download von Dateien eintragen.

Mit dem entsprechenden Kontrollkästchen können Sie die maximal nutzbare Geschwindigkeit auch auf Benutzer- und Gruppenebene steuern. Eine Beschränkung ist dann sinnvoll, wenn Ressourcen des NAS durch den FTP-Dienst nicht zu sehr ausgelastet werden sollen, und kann vor allem für automatisiert arbeitende Clients interessant sein, die menschliche Nutzer nicht zu stark ausbremsen sollen.

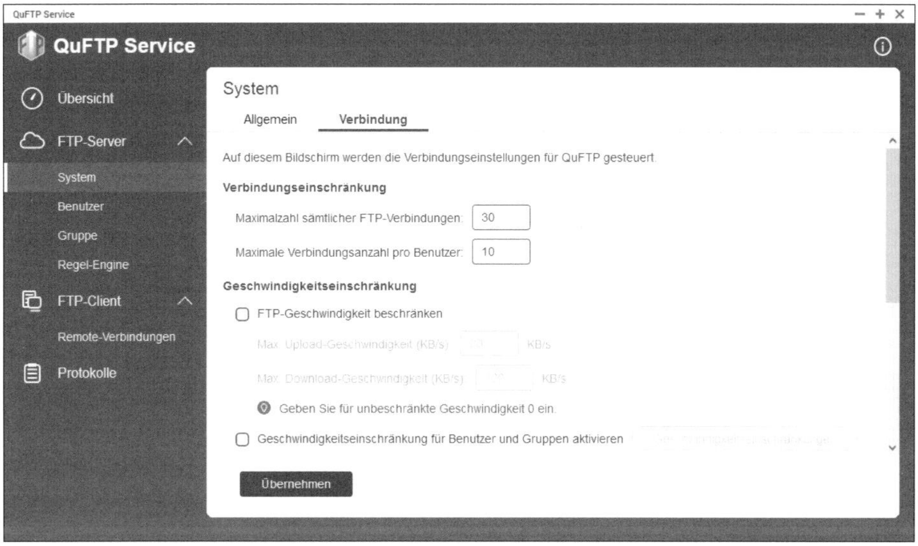

Abbildung 2.47 Der FTP-Server kann mit reduzierter Leistung arbeiten, um das NAS nicht zu stark auszulasten.

Beachten Sie unbedingt die Optionen der Sektion PASSIVES FTP, die Sie in Abbildung 2.48 sehen. Wie zuvor erwähnt, legt der Server bei dieser Art der FTP-Nutzung die Netzwerkports fest, die für den Datentransfer verwendet werden sollen.

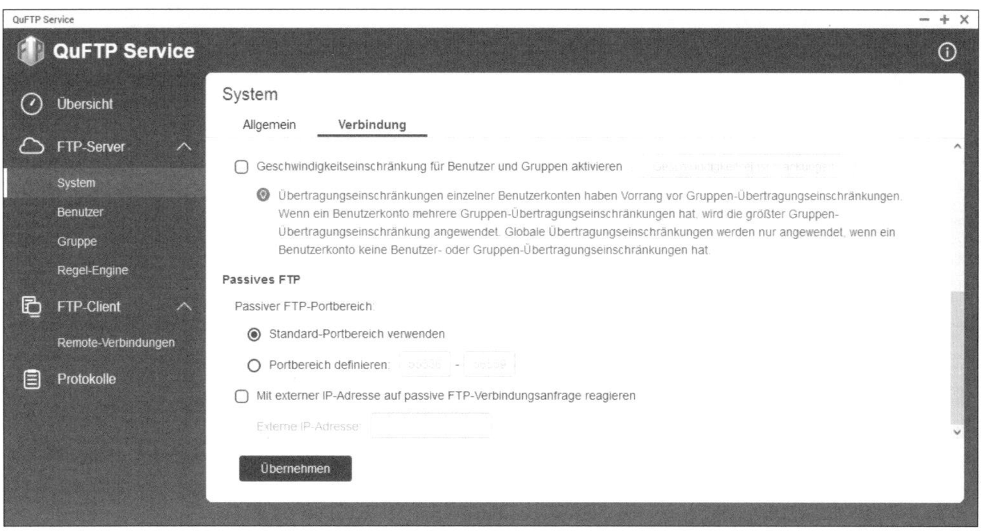

Abbildung 2.48 Überprüfen Sie die Einstellungen für den Portbereich.

In der Standardkonfiguration wird hierfür der Portbereich 55536–56559 (TCP) verwendet (das lässt sich auch aus den grauen Werten in den unteren Feldern ablesen). Dieser Portbereich muss für einen Client erreichbar sein, damit der Datentransfer in jedem Fall funktioniert, und somit auch gegebenenfalls in einer Firewall freigegeben werden, wenn der FTP-Server über das Internet angesprochen werden soll.

Beachten Sie, dass dieser Portbereich mit 1024 Ports recht großzügig gewählt ist. Wenn Sie nur mit einer überschaubaren Anzahl an Clients arbeiten möchten, können Sie den Portbereich deutlich verkleinern. Nutzen Sie in diesem Fall die Eingabefelder PORTBEREICH DEFINIEREN. Sie können einen beliebigen Portbereich zwischen 1024 und 65535 eintragen. Für jede Client-Verbindung ist ein einzelner Port für die Datenübertragung notwendig. Zusätzlich muss auf der Serverseite in jedem Fall Port 21 (TCP) für den Client erreichbar sein.

Das Kontrollkästchen MIT EXTERNER IP-ADRESSE AUF PASSIVE FTP-VERBINDUNGSANFRAGE REAGIEREN ist vor allem dann interessant, wenn sich der FTP-Server hinter einer NAT verbirgt. Es ist wichtig, dass der FTP-Server dem Client eine korrekte IP-Adresse mitteilt, die der Client auch erreichen kann. Falls der Server hinter einer NAT arbeitet und über das Internet erreichbar sein soll, kann es erforderlich sein, hier die externe IP-Adresse einzugeben, über die der Client den Server ansprechen kann.

Den Zugang zum FTP-Server beschränken

In der Standardkonfiguration hat jeder Benutzer des NAS die Berechtigung zur Nutzung des FTP-Servers gemäß seinen jeweiligen Ordnerzugriffsrechten. Auf der Registerkarte BENUTZER (siehe Abbildung 2.49) können Sie für jeden Nutzer eine individuelle FTP-Berechtigung aussprechen oder diese verweigern. Dafür dienen die Schalter in der Spalte FTP-BERECHTIGUNG.

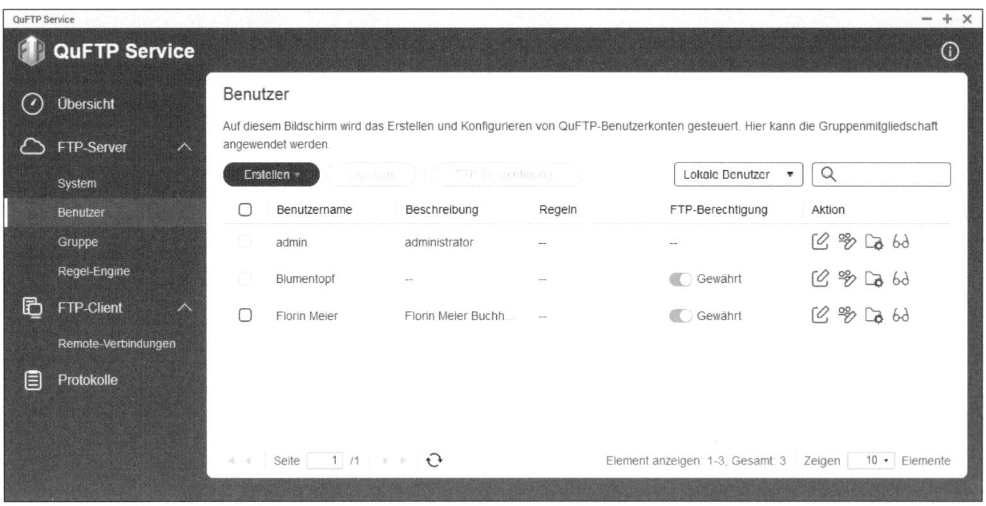

Abbildung 2.49 Für die einzelnen Benutzer lassen sich individuelle Berechtigungen setzen.

Falls Sie nicht mit lokalen Benutzerkonten, sondern mit einer Domäne arbeiten, können Sie dies rechts oberhalb der Tabelle einstellen. Die Schaltflächen in der Spalte AKTION sind hauptsächlich Verknüpfungen für den schnellen Zugriff auf die relevanten Module der Systemsteuerung. Sie können hiermit die Berechtigungen für einzelne Freigabeordner verändern. Das Symbol ganz rechts zeigt eine Zusammenfassung der Zugriffsrechte auf die Freigabeordner. Wenn Sie mit einem größeren Benutzerkreis arbeiten, können Sie auf der Registerkarte GRUPPE auch eigene Gruppen erstellen und Benutzer zuweisen.

Eine weitere Möglichkeit zur Einschränkung der Nutzbarkeit des FTP-Servers bietet die Registerkarte REGEL-ENGINE. Sie können hier Zugriffsregeln erstellen, die Sie anschließend auf den Registerkarten BENUTZER und GRUPPE individuellen Nutzern bzw. Nutzergruppen zuweisen können. Dafür dient auf diesen Registerkarten die Tabellenspalte REGELN. Wenn Sie in der Regel-Engine eine Regel erstellen, müssen Sie diese zunächst benennen.

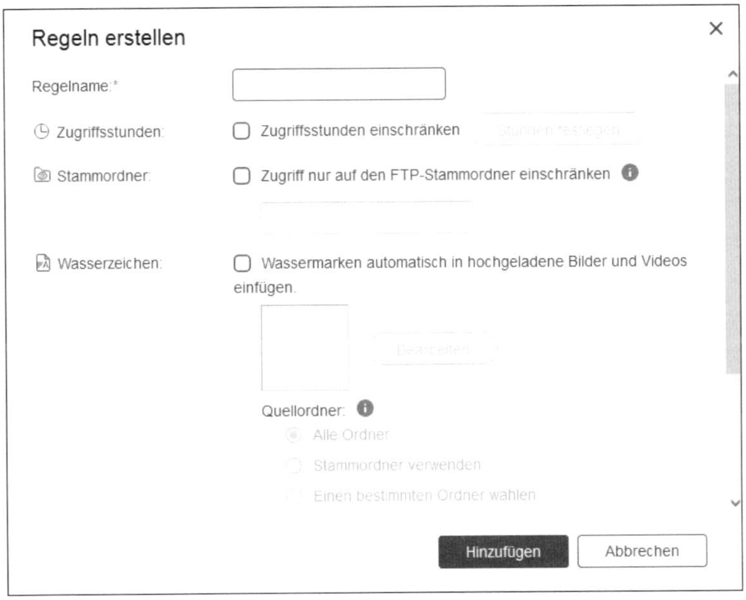

Abbildung 2.50 Erstellen Sie eine Regel, die von der Regel-Engine verwendet wird.

Anschließend haben Sie mehrere Optionen:

- ZUGRIFFSSTUNDEN: Hier können Sie eine Zeitdauer eintragen, für die der FTP-Server maximal genutzt werden darf. Über die Schaltfläche STUNDEN FESTLEGEN gelangen Sie zu einer Kalenderansicht und können für jeden Wochentag die Uhrzeiten eintragen, zu denen der FTP-Server genutzt werden darf. Salopp gesagt handelt es sich um eine Art »Zeitschaltuhr« für die Nutzbarkeit des FTP-Dienstes.

- STAMMORDNER: Hierüber sperren Sie die Clients in einen bestimmten Freigabeordner ein. Der Client kann sich dann nur innerhalb dieses Dateiverzeichnisses und seiner Unterverzeichnisse bewegen. Der Zugriff auf außerhalb liegende Ordner ist nicht mehr möglich.
- WASSERZEICHEN: Sie können in Bilddateien und in Videodateien automatisch ein Wasserzeichen einfügen und festlegen, bei welchen Quelldateien dies geschehen soll.

FTP-Client

Der FTP-Server kann Ressourcen anderer FTP-Server in seine eigene Datenstruktur einbinden und sie für Clients verfügbar machen. Das erfolgt auf der Registerkarte FTP-CLIENT. Sie tragen hier einen weiteren FTP-Server ein, der sich entweder im lokalen Netzwerk befindet oder über das Internet angesprochen werden kann. Klicken Sie dazu auf ERSTELLEN, und geben Sie im neuen Fenster zunächst die Zugangsdaten zu diesem Server an. Im Feld ZIELORDNER legen Sie fest, ob Sie die gesamte Verzeichnisstruktur des anderen FTP-Servers oder nur einen bestimmten Verzeichnispfad einbinden möchten.

Abschließend geben Sie der Verbindung einen Namen. Unter diesem Namen erscheint der andere FTP-Server in der Verzeichnisstruktur des QuFTP-Servers. Wenn sich ein Client mit Ihrem QuFTP-Server verbindet, sieht er also nicht nur die Freigabeordner Ihres Geräts, sondern einen weiteren Ordner, in dem sich die Dateien des anderen FTP-Servers befinden. Ihr QuFTP-Server arbeitet damit als eine Art von Relais.

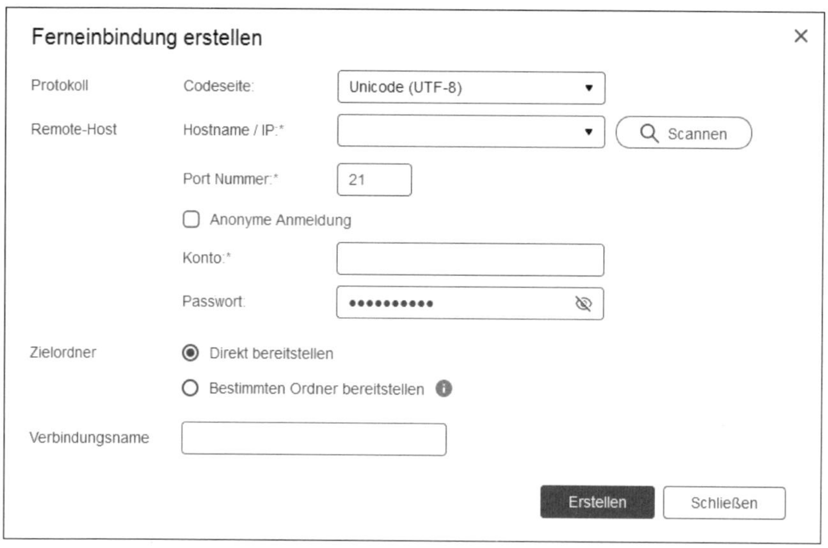

Abbildung 2.51 Der FTP-Server kann auch als FTP-Client auftreten und auf Ressourcen eines FTP-Servers zugreifen.

Nachdem Sie eine Verbindung erstellt haben, müssen Sie noch die Berechtigungen konfigurieren. Auf der Registerkarte REMOTE-VERBINDUNGEN sehen Sie die neue Verbindung in einer Tabelle. Klicken Sie in der Spalte AKTION ganz rechts auf das Icon . Im neuen Fenster (siehe Abbildung 2.52) sehen Sie eine Übersicht der erteilten Berechtigungen, in der zunächst nur das Administratorkonto eingetragen ist. Klicken Sie auf die Schaltfläche HINZUFÜGEN, und ergänzen Sie die gewünschten Nutzer. Sie können für jeden Benutzer individuelle Zugriffsberechtigungen eintragen.

Abbildung 2.52 Legen Sie fest, welcher Benutzer die Remote-Funktion verwenden darf.

Protokolle

Abschließend sei noch auf die Registerkarte PROTOKOLLE hingewiesen. Sie informiert den Administrator über alle relevanten Ereignisse des FTP-Servers. Sie sehen hier unter anderem geänderte Einstellungen und können die Meldungen auch nach einem Schweregrad filtern lassen. Dazu dient das Kontrollkästchen oben links. Auf dieser Registerkarte wird nach Ereignis- und Zugriffsprotokollen unterschieden, für die es jeweils einen eigenen Reiter gibt.

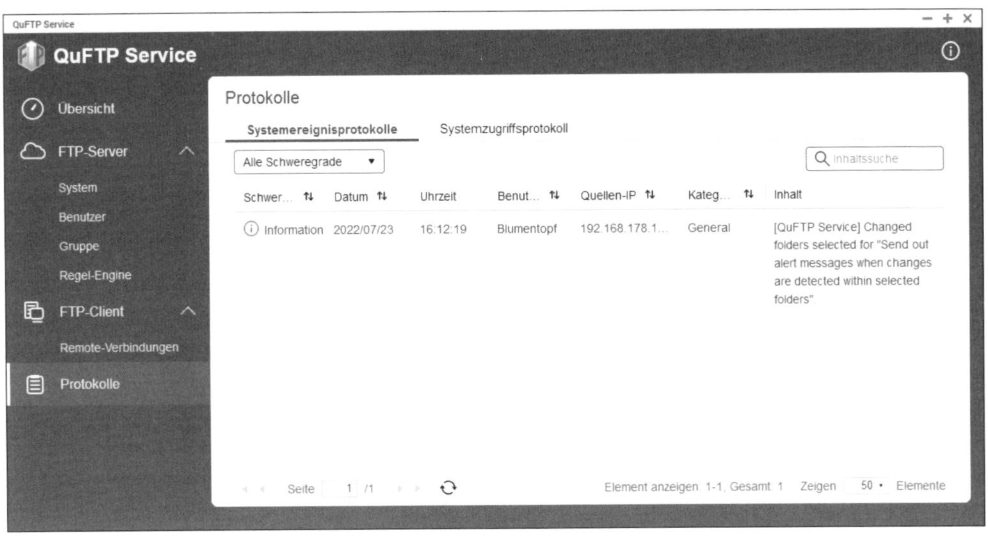

Abbildung 2.53 Lesen Sie die Protokolle des QuFTP Services.

2.5.6 SFTP

Das SFTP (die Abkürzung steht für *Secure File Transfer Protocol*) ist eine Alternative zum klassischen FTP, die damit allerdings nicht vergleichbar ist. Beim SFTP erfolgt die Datenübertragung über SSH. Dadurch können moderne Verschlüsselungs- und auch Authentifikationsmechanismen genutzt werden. SFTP ist damit ein Verfahren, bei dem die Dateiübertragung hohen kryptografischen Anforderungen genügen kann oder alltagssprachlich gesagt »sehr sicher ist«.

SFTP wird von vielen FTP-Clients beherrscht, dazu zählt beispielsweise auch FileZilla. Wenn man ein solches Programm mit einer grafischen Oberfläche benutzt, unterscheidet sich die Anwendung von SFTP nicht von der vom klassischen FTP: Die Verzeichnisinhalte des Servers werden aufgelistet, und einzelne Dateien (oder auch mehrere ausgewählte Dateien und ganze Verzeichnisse) können durch Verschieben der Icons mit der Maus kopiert werden. Die Übertragung erfolgt zumeist allein über TCP-Port 22, so dass SFTP-Pakete sehr einfach durch eine Firewall geleitet werden und ebenso einfach eine NAT überqueren können.

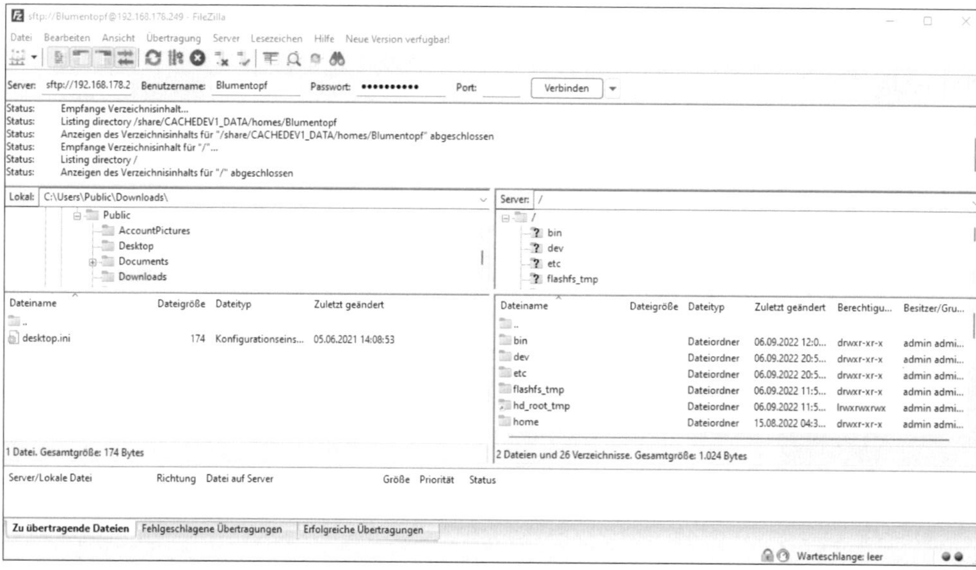

Abbildung 2.54 Ein Programm wie etwa FileZilla gestattet den Zugriff per SFTP.

Auf Ihrem QNAP NAS können Sie SFTP für den Dateitransfer nutzen. Allerdings gibt es Einschränkungen: SFTP ist nur für (ausgewählte) Mitglieder der Administratorengruppe verfügbar und kann nur zusätzlich zum Terminalzugriff über SSH aktiviert werden. Es ist also leider explizit nicht vorgesehen, normalen Nutzern das SFTP zu erlauben und den Terminalzugriff zu verbieten.

Wenn Sie das SFTP benutzen möchten, öffnen Sie das Modul TELNET / SSH in der Gruppe NETZWERK UND DATEIDIENSTE der Systemsteuerung (siehe Abbildung 2.55).

Aktivieren Sie zunächst das Kontrollkästchen SSH-VERBINDUNG ZULASSEN und dann zusätzlich das Kontrollkästchen SFTP AKTIVIEREN.

Wenn Sie möchten, können Sie über die Schaltfläche ZUGRIFFSBERECHTIGUNG BEARBEITEN auswählen, welchem Mitglied der Administratorengruppe der Zugriff auf die beiden SSH-Dienste erlaubt sein soll. Sie können optional auch einen abweichenden Port konfigurieren. Dies kann als Maßnahme aus dem Bereich *Security through Obscurity* automatisierte, ungerichtete Angriffe ins Leere laufen lassen und ergibt insbesondere bei der Nutzung über das Internet Sinn. Klicken Sie abschließend unten auf ÜBERNEHMEN; dadurch werden die Dienste aktiviert, und Sie können über den konfigurierten Port über SSH mit einem geeigneten Client-Programm eine SFTP-Verbindung aufbauen.

Verwenden Sie zum Anmelden die üblichen Daten des gewünschten und freigeschalteten Administratorkontos. Ihnen wird Zugriff auf das grundlegende Dateisystem des NAS gewährt, das auch die Verzeichnisstruktur des Linux-Basissystems beinhaltet.

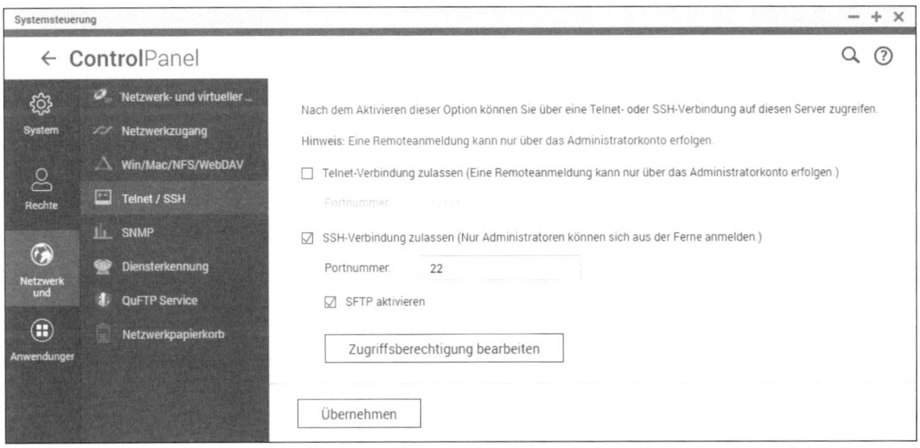

Abbildung 2.55 Aktivieren Sie die SFTP-Funktion in der Systemsteuerung.

2.5.7 TFTP

Das *TFTP* (*Trivial File Transfer Protocol*) ist ein sehr einfach gehaltenes Übertragungsprotokoll für Dateien, das eigentlich nur genau diesen einen Anwendungswunsch erfüllt. Mit TFTP können einzelne Dateien von einer Quelle zu einem Ziel kopiert werden. Weitere Funktionen sind praktisch nicht vorhanden, insbesondere gibt es keine Möglichkeit, den Inhalt von Verzeichnissen anzeigen zu lassen.

Auch wird keine Benutzerauthentifikation geboten, und es gibt auch keine verschlüsselte oder komprimierte Datenübertragung. Das TFTP wird vor allem von Computern benutzt, die ihr Betriebssystem über eine Netzwerkverbindung laden. Die Firmware auf diesem Computer (zum Beispiel ein BIOS oder ein UEFI-System) beherrscht das simple TFTP und kann initiale Boot-Dateien von einem TFTP-Server laden und ausführen. Sobald die grundlegenden Komponenten geladen sind, können komplexere Dateivorgänge durchgeführt werden. Das TFTP wird auch von einigen Geräten zum Bezug von Firmware-Updates verwendet, ein Beispiel dafür sind manche IP-Telefone. Auch der umgekehrte Weg ist möglich, Client-Geräte können zum Beispiel Konfigurationsdateien auf einen TFTP-Server hochladen.

Ihr QNAP NAS kann einen solchen TFTP-Server betreiben. Sie konfigurieren ihn in der Gruppe Anwendungen der Systemsteuerung. Rufen Sie dort das Modul TFTP-Server auf, und aktivieren Sie den Server über das oberste Kontrollkästchen (siehe Abbildung 2.56).

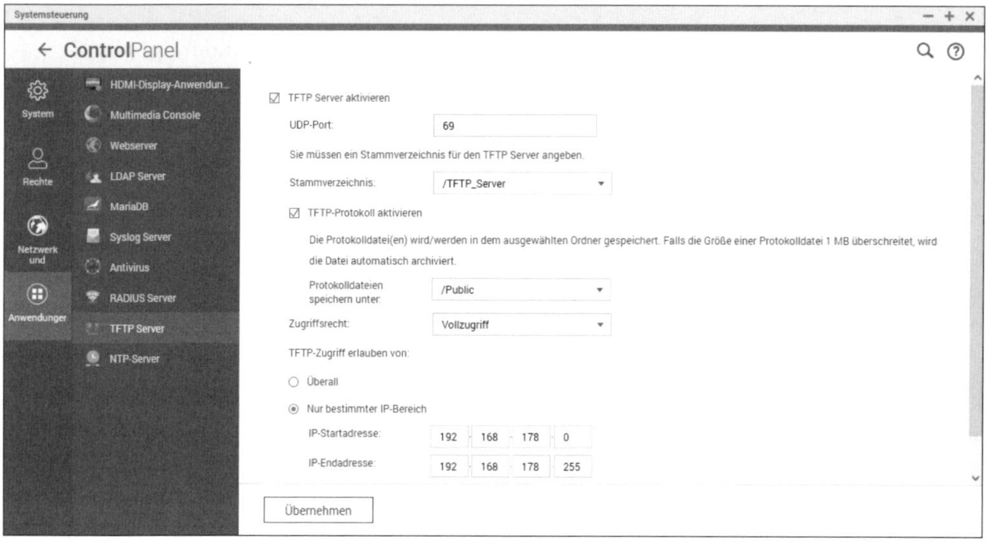

Abbildung 2.56 Konfigurieren Sie die Einstellungen für das TFTP.

TFTP-Verbindungen werden über den UDP-Port 69 aufgebaut. Die Datenübertragung geschieht ebenfalls über UDP, allerdings werden hierfür zufällig gewählte Ports verwendet. Deswegen ist das TFTP nur schwierig über eine NAT zu realisieren, und auch Firewalls können Probleme haben, die Übertragung zu erkennen und die nötigen Ports zu öffnen. Das TFTP ist (auch wegen der unverschlüsselten Dateiübertragung) daher nicht unbedingt das Mittel der Wahl, wenn Dateien direkt über das Internet übertragen werden sollen. Es sollte vorzugsweise im lokalen Netzwerk verwendet werden.

Der TFTP-Server benötigt ein sogenanntes Stammverzeichnis. Dieses ist ein Freigabeordner, aus dem Dateien für den Abruf durch Clients bereitgestellt werden. Hierin werden auch durch Clients hochgeladene Dateien abgelegt. Legen Sie also einen entsprechenden Freigabeordner an, und wählen Sie diesen im Feld Stammverzeichnis aus.

Auf Wunsch können alle TFTP-Vorgänge protokolliert werden. Aktivieren Sie dazu das zugehörige Kontrollkästchen, und wählen Sie im Dropdown-Feld den Ordner aus, in dem die Protokolldateien abgelegt werden sollen.

Mit dem Dropdown-Feld ZUGRIFFSRECHT steuern Sie, ob Clients nur Dateien vom Server herunterladen dürfen oder ob sie zusätzlich selbst Dateien zum Server hochladen können.

Da das TFTP wie erwähnt keine Möglichkeit zur Authentifizierung bietet, ist es zunächst für jedermann mit Netzwerkzugang zum NAS erreichbar. Sie haben allerdings die Möglichkeit, den Zugriff per Firewall zu beschränken. Im unteren Teil der Konfigurationsoptionen können Sie einen IP-Adressbereich definieren, aus dem der Zugriff zum TFTP-Server erlaubt ist.

Zum Aktivieren des TFTP-Servers klicken Sie abschließend auf ÜBERNEHMEN. Der Dienst wird dann gestartet und steht nach kurzer Wartezeit zur Verfügung.

Sie können den TFTP-Server anschließend relativ einfach überprüfen. Unter Ubuntu bzw. Debian gibt es das Paket `tftp`, das entsprechende Client-Funktionen mitbringt. Auch in Windows ist ein TFTP-Client eingebaut, der jedoch zunächst deaktiviert ist. Er muss als zusätzliche Windows-Komponente aktiviert werden; dies können Sie über die Seite `appwiz.cpl` der Systemsteuerung durchführen. Anschließend können Sie in der Eingabeaufforderung den Befehl `tftp` verwenden. Ergänzen Sie ihn mit dem Schalter `-i`, der die Übertragung auf den Binärmodus einstellt, sowie der IP-Adresse Ihres Geräts. Geben Sie anschließend entweder `GET` (wenn Sie eine Datei vom Server laden möchten) oder `PUT` (wenn Sie eine Datei auf den Server hochladen wollen) ein, und fügen Sie dann den Dateinamen ein. Ein Beispielbefehl könnte lauten:

```
tftp -i 192.168.178.249 GET firmware.zip
```

Nach einem Druck auf [↵] wird die Dateiübertragung ausgeführt.

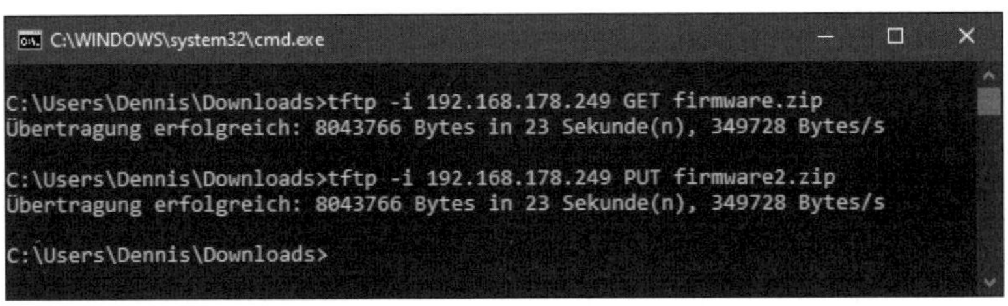

Abbildung 2.57 Über die Windows-Eingabeaufforderung können Sie TFTP-Operationen durchführen.

2.6 Das App Center

Das App Center ist die zentrale Anlaufstelle für die Erweiterung Ihres NAS mit zusätzlichen Programmen und Diensten. Es kann mit einem App-Bezugspunkt verglichen werden, wie man ihn vom Smartphone oder vom Desktop-PC her kennt. Es zeigt diverse verfügbare Apps an, die per Mausklick auf dem NAS installiert werden können und neue Funktionen ergänzen. Das App Center steht nur Administratoren zur Verfügung und findet sich als Verknüpfung auf dem Desktop oder im Hauptmenü.

2.6.1 Eine App für die Installation auswählen

Im App Center können Sie grundsätzlich zwischen dem QNAP STORE und den MULTIMEDIA ADD-ONS unterscheiden. Von der letztgenannten Kategorie dürfen Sie (je nach Gerätemodell) mitunter nicht allzu viel erwarten, teilweise finden sich hier nur drei einzelne Apps, die Komponenten für den Multimediabereich ergänzen, allen voran Informationsdienste für den Bezug von Metadaten. Wesentlich umfangreicher ist der QNAP Store (siehe Abbildung 2.58).

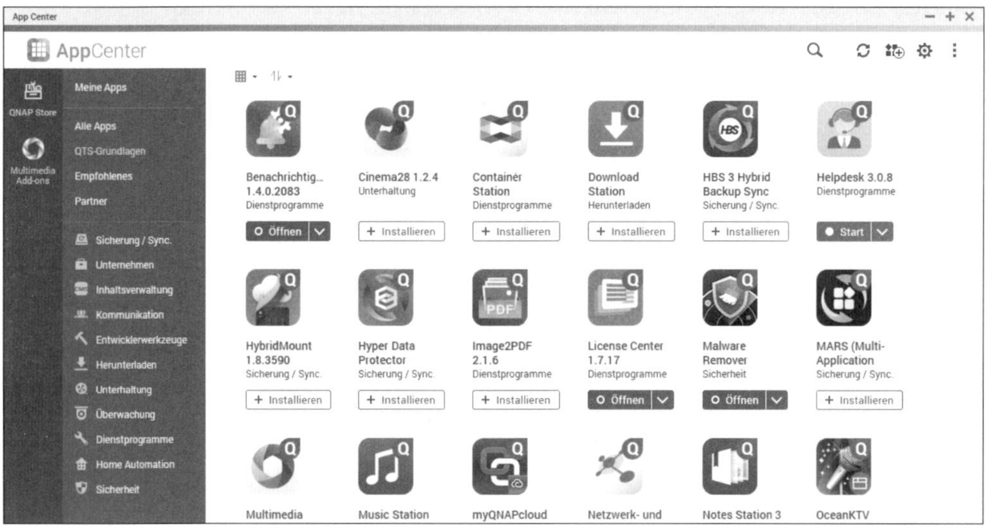

Abbildung 2.58 Bietet Zugriff auf sehr viele zusätzliche Anwendungen für Ihr NAS: das App Center.

Im linken Bereich des App Centers sehen Sie diverse Kategorien, nach denen die Apps sortiert sind. Wenn Sie den Eintrag MEINE APPS anklicken, sehen Sie alle Software-Komponenten, die bereits auf Ihrem NAS installiert sind. Auch nach der Erstinstallation befinden sich dort bereits einige Apps. Unter jedem App-Symbol befindet sich eine blaue Leiste, deren Dropdown-Menü auch einen Eintrag zum Entfernen (also Deinstallieren) bietet – wobei dieser nicht bei essentiellen Apps verfügbar ist, die unbedingt zum Betrieb des NAS erforderlich sind.

In der Sektion QTS-GRUNDLAGEN finden Sie Apps, die häufig auf einem NAS verwendet werden und die man fast schon als Grundausstattung bezeichnen könnte. Man sollte aber auf keinen Fall pauschal alle Apps dieser Kategorie installieren, sondern stets nur solche Apps ergänzen, die man später auch benutzen wird und die einen Mehrwert bieten. Das gilt genauso für die Kategorie EMPFOHLENES, wo sich Empfehlungen von QNAP wiederfinden. Im QNAP Store stammen übrigens die meisten Apps direkt vom Hersteller des Geräts. Teilweise werden auch Komponenten aus dem Open-Source-Bereich verwendet und von QNAP für den Einsatz auf dem NAS angepasst. Das App-Paket wird dann sozusagen von QNAP betreut. Das gilt nicht für den Menüpunkt PARTNER. Hier sind Apps aufgelistet, die von Fremdanbietern stammen.

2.6.2 Apps installieren und deinstallieren

Nähere Informationen zu einer App, insbesondere auch zum Ursprung, erhalten Sie, wenn Sie das zugehörige Icon in der App-Übersicht mit der Maus anklicken. Neben einem Beispielfoto finden Sie in einem neuen Fenster im rechten Bereich weitere Informationen. Am Ende des Textes finden sich Angaben zum Entwickler und zum Betreuer des App-Pakets.

Sowohl im Detailfenster einer App als auch in der Übersichtsliste findet sich eine Schaltfläche, mit der die App auf dem NAS installiert werden kann. Wenn Sie auf Ihrem Gerät mehrere Volumes eingerichtet haben, können Sie sich aussuchen, auf welchem Volume eine App installiert werden soll. Es ist auch möglich, den Speicherort einer bereits installierten App im Nachhinein zu ändern. Nach der Installation wird eine App im Hauptmenü gelistet. Benutzer, denen über das Modul RECHTE in der Systemsteuerung ein Zugriffsrecht gegeben wurde, können die App direkt verwenden. Nach der Installation ändert das Dropdown-Menü einer App im App Center seinen Inhalt und bietet auch die Möglichkeit, eine App wieder vom System zu deinstallieren.

Abbildung 2.59 Eine Anwendung kann durch einen simplen Klick auf »Installieren« zu Ihrem NAS hinzugefügt werden.

2.6.3 Apps auf dem aktuellen Stand halten

Die im App Center verfügbaren Apps werden kontinuierlich weiterentwickelt und erhalten Updates, die Sicherheitslücken schließen und neue Funktionen ergänzen. Das App Center erlaubt die unkomplizierte Aktualisierung von Apps. Grundsätzlich können Sie die Aktualisierung auch automatisieren. Öffnen Sie das Einstellungsmenü des App Centers über das Zahnrad-Symbol oben rechts auf der Hauptseite, und rufen Sie im neuen Fenster die Registerkarte AKTUALISIEREN auf. Sie können hier die Häufigkeit der Update-Prüfung konfigurieren. Ab Werk sucht das App Center täglich nach Updates (siehe Abbildung 2.60).

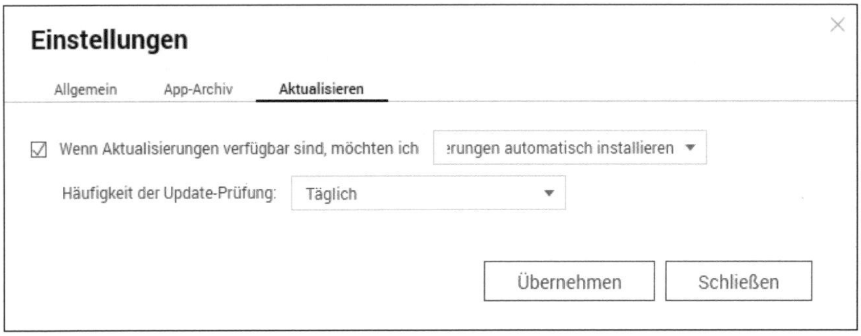

Abbildung 2.60 Auf Wunsch können Anwendungen automatisch auf dem neuesten Stand gehalten werden.

Wenn Updates verfügbar sind, können Sie über das obere Einstellungsfeld die gewünschte Aktion auswählen. In der Grundkonfiguration werden sicherheitskritische Updates automatisch installiert. Solche Updates, die lediglich neue Funktionen erhalten, werden jedoch nicht automatisch installiert. Auf Wunsch können Sie die Einstellung so verändern, dass alle Updates ohne Ihr Zutun installiert werden. Dies bietet sich beispielsweise für einen Privathaushalt an. In einer Firmenumgebung möchte der Administrator Updates vielleicht zunächst überprüfen und beispielsweise kontrollieren, ob ein Update eine Änderung einer Konfiguration erfordert. In diesem Fall ist die manuelle Installation vorzuziehen. Als dritte Option können Sie bei verfügbaren Updates auch lediglich benachrichtigt werden und müssen alle Updates manuell installieren.

Solche Updates, die manuell installiert werden müssen, werden direkt auf der Hauptseite des App Centers in der Kategorie MEINE APPS angezeigt. Dort sehen Sie auch gleich die Anzahl verfügbarer Updates. Sie erhalten auch einen Hinweis über die Benachrichtigungsfunktion. Über die Schaltfläche ALLES rechts oben im App Center lassen sich alle verfügbaren Updates auf einmal installieren. Alternativ werden die Apps, für die Updates installiert werden können, zuoberst im App Center angezeigt. Dort gibt es unter jeder App die Schaltfläche AKTUALISIEREN, mit der Sie die Apps einzeln aktualisieren können.

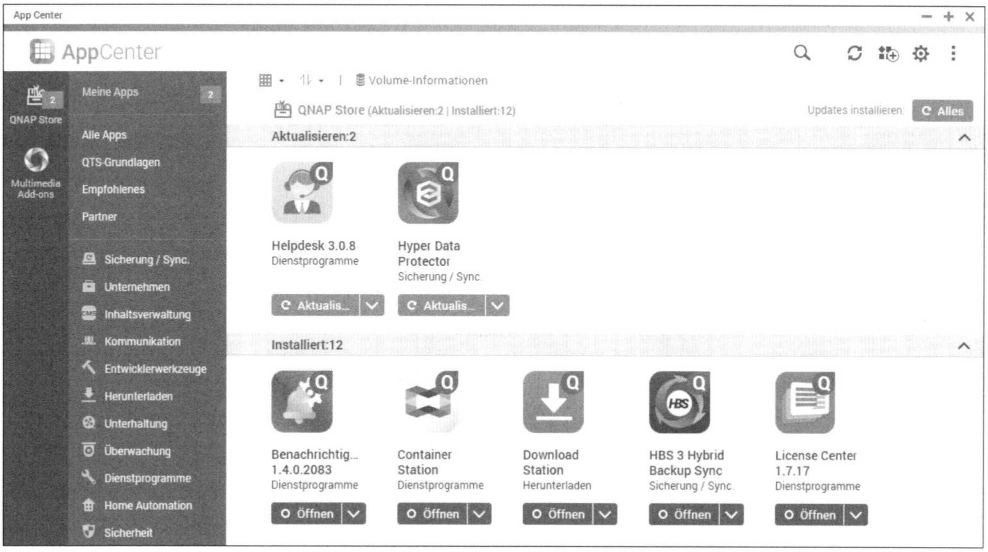

Abbildung 2.61 Zwei Updates sind verfügbar: Sie können Updates jederzeit manuell installieren.

Möchten Sie sich zuvor darüber informieren, was genau das Update verändern wird, dann klicken Sie auf das Icon der App. In einem neuen Fenster sehen Sie die Basisinformationen zur App. Über der Beschreibung finden Sie die Rubrik RESSOURCEN. Wenn Sie auf den Eintrag ÄNDERUNGSPROTOKOLL klicken, dann sehen Sie die Änderungen aller bisherigen Updates in einem neuen Browser-Tab, allerdings zumeist in englischer Sprache (Abbildung 2.62).

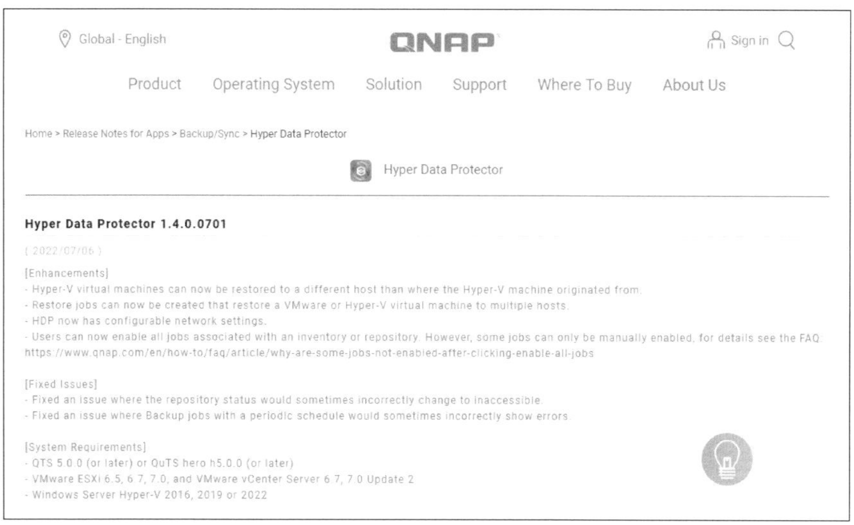

Abbildung 2.62 Über Änderungen und Aktualisierungen von Apps informiert das Änderungsprotokoll.

2.6.4 Weitere App-Quellen hinzufügen und Apps manuell installieren

Bei der Nutzung des App Centers sind Sie nicht auf die von QNAP bereitgestellten Apps (und die direkt zugänglichen Drittanbieter-Apps) beschränkt, sondern können weitere App-Bezugsquellen hinzufügen. Deren Inhalt wird anschließend im App Center gelistet, und die in der externen Quelle enthaltenen Apps können per einfachem Mausklick auf dem NAS installiert werden.

Eine solche App-Quelle können Sie mit einem Repository vergleichen, wie man es vielleicht vom Media Center her kennt. Zur Einrichtung benötigen Sie den Namen der Bezugsquelle und deren Internetadresse. Gegebenenfalls sind auch Zugangsdaten erforderlich. Klicken Sie nun im App Center oben rechts auf das Zahnrad-Icon, mit dem Sie den Einstellungsdialog öffnen. Dort wechseln Sie auf die Registerkarte App-Archiv. Sie können mehrere App-Quellen hinzufügen. Klicken Sie dazu auf die gleichnamige Schaltfläche. Geben Sie im neuen Fenster die benötigten Informationen ein, und klicken Sie dann auf Hinzufügen.

Abbildung 2.63 Externe App-Quellen lassen sich zum App Center hinzufügen.

> **Apps aus anderen Quellen**
>
> Beachten Sie, dass Sie auf diese Weise der externen Quelle ein gewisses Vertrauen aussprechen. Eine App, die aus einer externen Quelle installiert wird, hat unter Umständen weitreichende Berechtigungen auf dem NAS-System und kann möglicherweise auch auf sensible Daten zugreifen.

Achten Sie daher unbedingt auf die Vertrauenswürdigkeit einer externen Quelle, und ergänzen Sie nur solche Quellen, deren Integrität sicher ist. Im Zweifelsfall sollten Sie von der Möglichkeit, externe Paketquellen hinzuzufügen, lieber Abstand nehmen.

Eine bekannte externe Paketquelle, die von zahlreichen Entwicklern unterstützt wird, ist beispielsweise der Qnapclub (*http://www.qnapclub.eu/*), der mehr als 1.000 Pakete bereitstellt.

2.6.5 Den durch Apps belegten Speicherplatz ermitteln

Sie können sich im App Center anzeigen lassen, welche Apps auf welchem Volume installiert sind und wie viel Speicherplatz diese jeweils belegen.

Klicken Sie dazu im App Center im QNAP STORE in der Kategorie MEINE APPS oberhalb der App-Liste auf die Schaltfläche VOLUME-INFORMATIONEN. In einem neuen Fenster sehen Sie, welche Apps auf welchem Volume installiert sind und wie viel Speicherplatz auf dem jeweiligen Volume noch zur Verfügung steht. Für detaillierte Informationen klicken Sie rechts in der Tabelle in der Spalte INSTALLIERTE APPS am Ende der Liste auf den Eintrag INFORMATIONEN (siehe Abbildung 2.64).

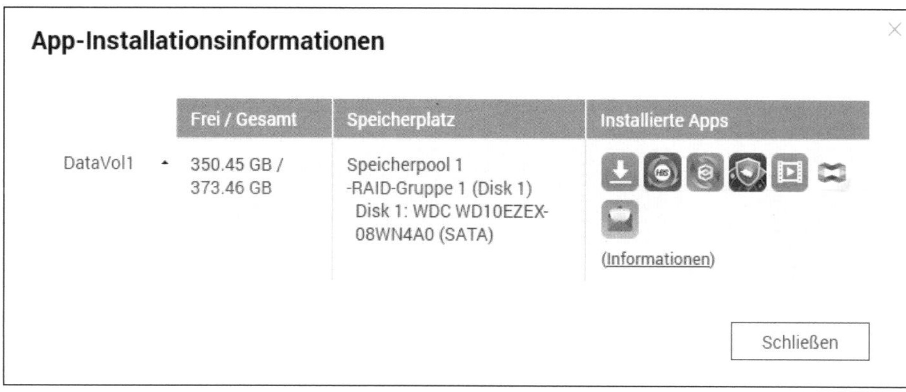

Abbildung 2.64 Die »Volume-Informationen« informieren über den durch Apps belegten Speicherplatz.

Sie wechseln nun zum Modul SPEICHER & SNAPSHOTS und sehen den detaillierten Nutzungsbericht zum ausgewählten Volume. Wenn Sie in der Liste nach unten scrollen, sehen Sie die installierten Apps mitsamt ihrer jeweiligen Größe. Beachten Sie, dass die Schaltfläche ENTFERNEN oberhalb der Tabellen keineswegs zum Entfernen bzw. Deinstallieren von Apps dient. Stattdessen entfernt die Schaltfläche das gewählte Volume aus dem Speicherpool des NAS. Achten Sie also darauf, diese Schaltfläche nicht versehentlich anzuklicken.

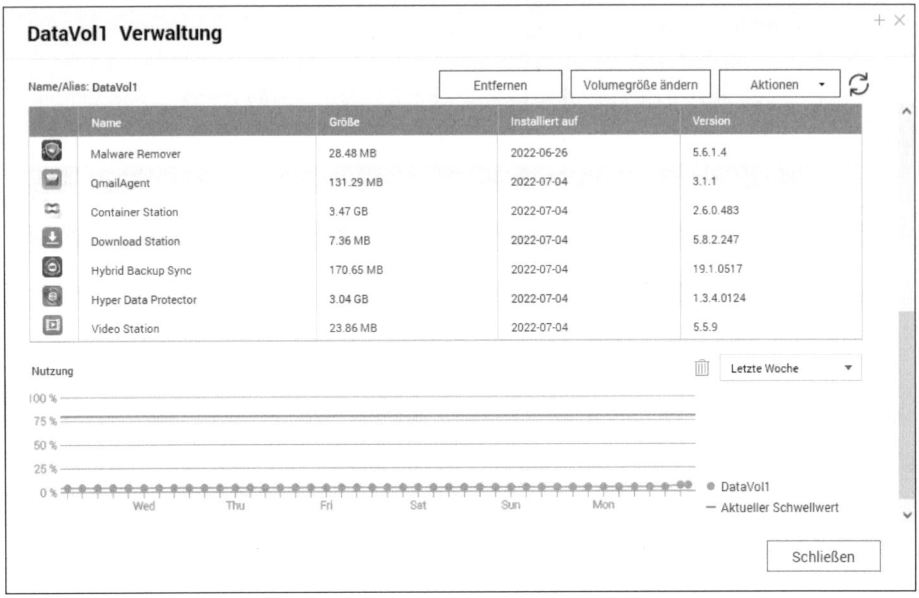

Abbildung 2.65 Sie sehen detailliert, welcher Speicherplatz durch welche App belegt wird.

Kapitel 3
Das NAS sicher betreiben

Entspannen Sie sich. In diesem Kapitel können Sie sich ganz sicher fühlen.

Einem NAS werden mitunter wichtige Daten anvertraut, die nicht in fremde Hände fallen sollten. Außerdem ist es wichtig, dass sich keine unbefugten Personen des Geräts bemächtigen und es für eigene Zwecke verwenden. In diesem Kapitel zeigen wir Ihnen daher grundlegende Funktionen, mit denen Sie potenzielle Angreifer vom Zugriff auf Ihr NAS abhalten.

3.1 Die Optionen des Moduls »Sicherheit«

In der Systemsteuerung konfiguriert das Modul SICHERHEIT in der Gruppe SYSTEM grundlegende Sicherheitsfunktionen und kontrolliert, wer Zugriff auf Ihr Gerät erhält. In diesem Modul legen Sie Zugangsfilter und Passwortrichtlinien fest. Hier werden auch SSL-Zertifikate für eine vertrauliche Datenübertragung über TLS konfiguriert, die wir Ihnen in Abschnitt 4.3, »Eigene SSL-Zertifikate verwenden«, vorstellen.

3.1.1 Die Erlauben/Verweigern-Liste

Auf der Registerkarte ERLAUBEN/VERWEIGERN LISTE (siehe Abbildung 3.1) können Sie den generellen Zugang zu Ihrem NAS auf Basis von IP-Adressen erlauben oder beschränken. Damit bietet diese Registerkarte eine Form von »Mini-Firewall«. Ihre Inhalte sind in der Form, wie wir sie hier zeigen, nur dann verfügbar, wenn die QuFirewall nicht auf Ihrem NAS installiert ist, da andernfalls die Komponenten dieses Moduls verwendet werden. Um die »echte« Firewall geht es in Abschnitt 3.4.

In der Grundkonfiguration ist die Funktion außer Betrieb. Alle Verbindungen zu Ihrem NAS werden zugelassen. Sie können sich aussuchen, ob Sie eine Positiv- oder eine Negativliste erstellen möchten. Bei der Positivliste geben Sie einzelne IP-Adressen oder ganze Netzwerksegmente an, die eine Verbindung zum NAS aufbauen dürfen. Verbindungen von anderen IP-Adressen werden blockiert. Dabei ist es egal, welcher

Dienst oder welche Anwendung auf dem NAS angesprochen werden soll. Die Einstellungen dieser Funktion betreffen jede IP-Verbindung zu Ihrem NAS, unabhängig von der Zielanwendung.

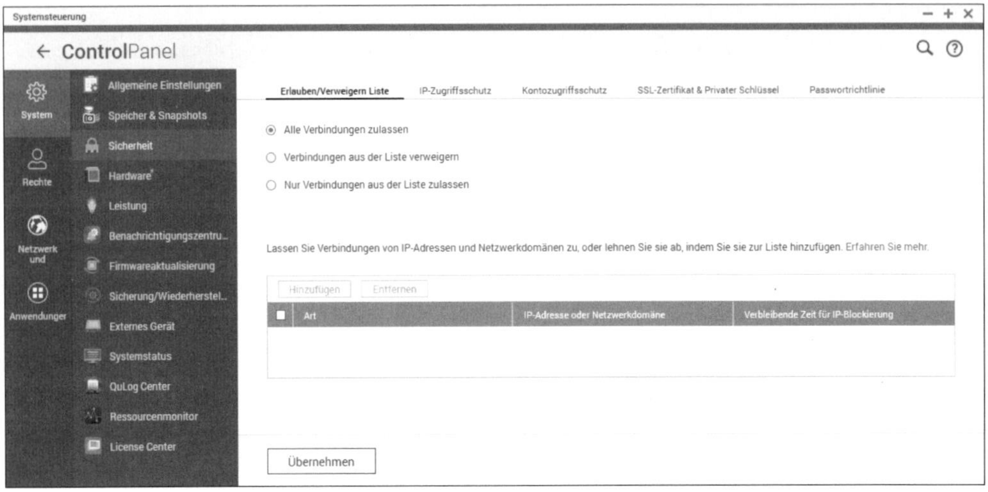

Abbildung 3.1 Mit der Erlauben/Verweigern-Liste legen Sie einen IP-Adressfilter fest und kontrollieren somit, wer Ihr NAS ansprechen kann.

Die Negativliste funktioniert genau andersherum. Mit ihr können Sie also einzelne Angreifer oder aber auch Netzwerksegmente, die unangenehm aufgefallen sind, ausschließen.

Wenn die Nutzer des NAS feste IP-Adressen verwenden, können Sie hiermit einen effektiven Filter aufbauen und beispielsweise nur Verbindungen über das Internet mit einer Zweigstelle eines Unternehmens zulassen. Über die Positivliste können Sie auch lediglich einzelne Nutzer über das Internet zulassen, etwa zu Testzwecken. Vergessen Sie dabei aber nicht, auch Ihr lokales Netzwerk zu erlauben, da Sie sich ansonsten selbst vom Zugriff auf Ihr Gerät aussperren.

Wählen Sie den gewünschten Betriebsmodus, und klicken Sie dann auf die Schaltfläche HINZUFÜGEN. Im neuen Fenster IP-ADRESSE ODER NETZWERKDOMÄNE EINGEBEN spezifizieren Sie nun die erlaubten oder verbotenen IP-Adressen.

Im obersten Feld, das Sie in Abbildung 3.2 sehen, können Sie einzelne IP-Adressen eintragen, darunter ein bestimmtes Netzwerk spezifizieren und zuletzt einen IP-Bereich definieren. Die Schaltfläche HINZUFÜGEN können Sie auch mehrfach verwenden. Wenn Sie abschließend auf ÜBERNEHMEN klicken, ist die Funktion aktiv.

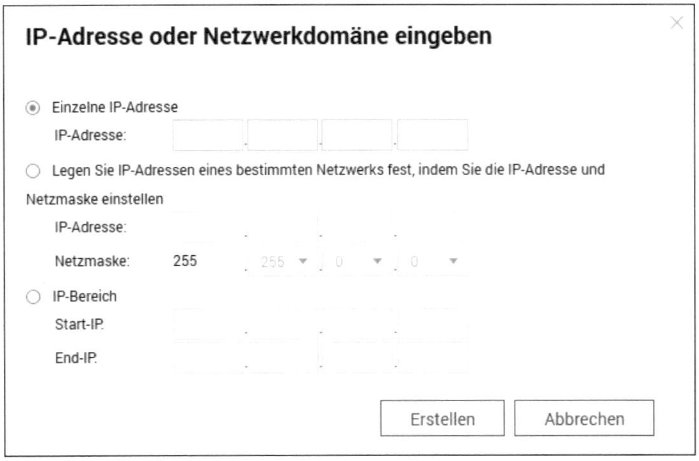

Abbildung 3.2 Sie können einzelne IP-Adressen, Netzwerksegmente und IP-Adressbereiche definieren.

3.1.2 Der IP-Zugriffsschutz

Der IP-Zugriffsschutz ist eine Funktion, die den Nutzern bei der Anmeldung an bestimmten Diensten des NAS ein wenig »auf die Finger schaut«. Natürlich liest dieser Dienst keine Passwörter mit, aber er zählt die Anzahl an fehlgeschlagenen Anmeldeversuchen. Kommt es innerhalb eines einstellbaren Zeitintervalls zu einer höheren Anzahl an fehlgeschlagenen Anmeldeversuchen, dann wird die IP-Adresse des Nutzers eine Zeitlang für weitere Anmeldeversuche gesperrt. Auf diese Weise können Brute-Force-Attacken, bei denen ein Angreifer einfach alle möglichen Passwortkombinationen ausprobiert (und irgendwann Erfolg haben wird), wirkungsvoll blockiert bzw. zumindest wirkungsvoll in die Länge gezogen werden.

fail2ban

Wenn Sie sich bereits gut mit dem Betriebssystem Linux auskennen, wird Ihnen diese Funktion unter dem Begriff *fail2ban* bekannt sein, mit der Zugriffe auf Server abgesichert werden. Ihr QNAP NAS arbeitet genauso.

Sie können diesen Filter für die Dienste SSH, Telnet, HTTP, HTTPS, FTP, SAMBA und AFP einstellen (siehe Abbildung 3.3). Der Filter ist für alle Kategorien, bis auf die beiden letztgenannten, bereits im Grundzustand aktiviert. In der Grundkonfiguration wird ein Nutzer für fünf Minuten blockiert, wenn er innerhalb einer Minute mehr als fünf Anmeldeversuche unternimmt und sich nicht erfolgreich authentifizieren kann.

Sie können über das Kontrollkästchen ganz links weitere Filter aktivieren oder nicht benötigte Filter deaktivieren sowie die Parameter der Sperrung verändern. Falls Sie mit dem Begriff SAMBA noch nichts anfangen können: Hierbei handelt es sich um die

Software-Komponente, die »unter der Haube« SMB-Freigaben realisiert (siehe Abschnitt 13.3). Sie kontrollieren mit diesem Filter also Anmeldungen an Dateifreigaben über das SMB-Protokoll. Der HTTP/HTTPS-Filter betrifft alle Dienste, die ein Webinterface verwenden; dazu zählen nicht nur die QTS-Oberfläche, sondern beispielsweise auch die Multimediaanwendungen.

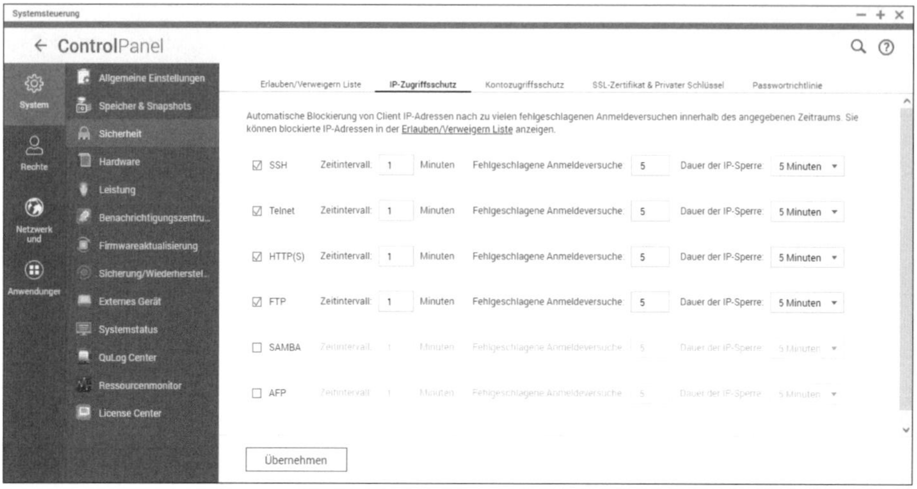

Abbildung 3.3 Der IP-Zugriffsschutz sperrt Nutzer nach mehreren fehlgeschlagenen Anmeldeversuchen vorübergehend vom System aus.

Wenn ein Nutzer blockiert wird, dann wird seine IP-Adresse auf der Registerkarte ERLAUBEN/VERWEIGERN LISTE geführt (siehe Abbildung 3.4) und kann dort auch vor dem Ablauf der Sperrdauer wieder freigegeben werden. Der Nutzer erfährt von der Sperrung nichts, er sieht weiterhin dieselbe Anmeldemaske.

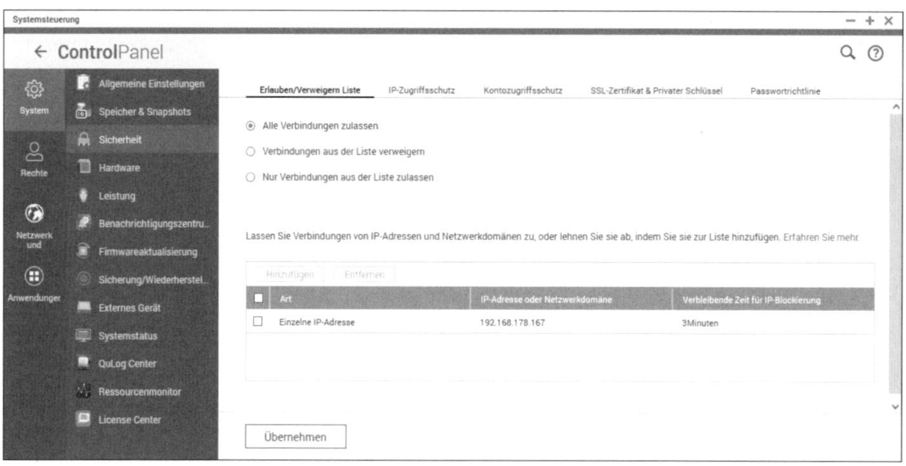

Abbildung 3.4 Ein Nutzer hat zu oft ein falsches Passwort eingegeben und bleibt für weitere drei Minuten gesperrt.

3.1.3 Der Kontozugriffsschutz

Während der IP-Zugriffsschutz einzelne IP-Adressen sperrt und somit Angreifer, die nur von einer IP-Adresse aus arbeiten, wirkungsvoll blockieren kann, arbeitet der Kontozugriffsschutz auf Ebene der Konten.

Wenn sich ein Nutzer während einer einstellbaren Zeitdauer mehrfach ohne Erfolg mit einem Benutzerkonto anmelden möchte, wird dieses Nutzerkonto deaktiviert. Es sind dann keine weiteren Anmeldungen möglich, auch nicht von anderen IP-Adressen. Ein Angreifer, der genau bei einem Konto »einbrechen« möchte, wird also auch dann blockiert, wenn er mehrere IP-Adressen verwendet (oder seine IP-Adresse während des Angriffs wechselt.) Der Kontozugriffsschutz ist zunächst deaktiviert und kann auf der gleichnamigen Registerkarte für dieselben Dienste aktiviert werden, die auch der IP-Zugriffsschutz schützt (siehe Abbildung 3.5).

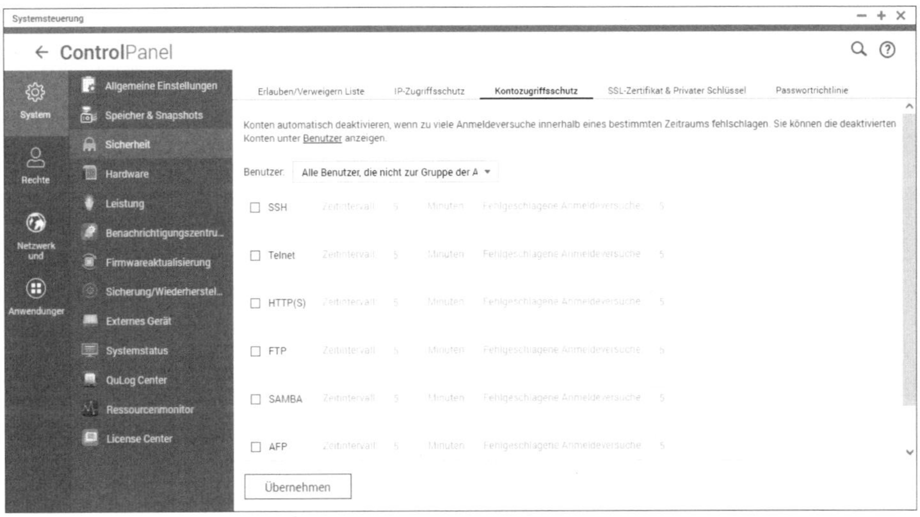

Abbildung 3.5 Der Kontozugriffsschutz deaktiviert Benutzerkonten, wenn zu viele fehlgeschlagene Anmeldeversuche vorgenommen werden.

Beachten Sie, dass ein Konto nicht nur vorübergehend deaktiviert wird, die Sperre bleibt vielmehr so lange bestehen, bis ein Administrator sie manuell im Modul BENUTZER (in der Gruppe RECHTE) der Systemsteuerung wieder aufhebt. Nutzen Sie dafür die Schaltfläche KONTOPROFIL BEARBEITEN. Der Angreifer wird über die Sperrung übrigens nicht informiert. Der Kontozugriffsschutz gilt zunächst nicht für Administratorenkonten. Das können Sie aber über das Auswahlmenü BENUTZER ändern.

3.1.4 Die Passwortrichtlinien

Auf der Registerkarte PASSWORTRICHTLINIE können Sie Kriterien vorgeben, denen Passwörter genügen müssen (siehe Abbildung 3.6). Wenn ein Nutzer das Passwort seines Nutzerkontos ändern möchte, muss das neue Passwort den Regeln entsprechen, die hier definiert wurden.

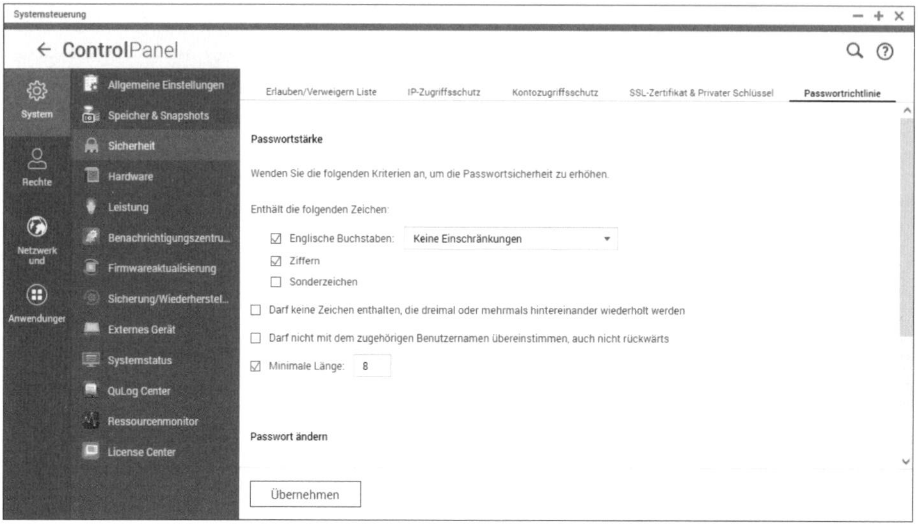

Abbildung 3.6 Auf der Registerkarte »Passwortrichtlinie« können Sie Anforderungen an die Passwörter der Nutzer vorgeben.

Im Auslieferungszustand muss das Passwort mindestens acht Zeichen lang sein, und es muss eine Ziffer enthalten sein. Auf Wunsch können Sie die Minimallänge verändern und auch Sonderzeichen sowie die gemischte Groß-/Kleinschreibung verlangen. Sie können auch festlegen, dass das Passwort nicht dem Benutzernamen entsprechen darf.

Was ist ein gutes Passwort?

Beachten Sie, dass man heutzutage dazu übergeht, lieber längere und dafür weniger komplexe Passwörter zu verlangen bzw. zu benutzen. Sehr komplexe Passwörter, die sich eines großen Zeichenvorrats bedienen, sind mitunter schwer zu merken und werden dann von unerfahrenen Nutzern häufiger auf Klebezettel oder andere ungeeignete Merkhilfen notiert. Längere Passwörter, die beispielsweise aus einem Merksatz abgeleitet werden, sind einfacher zu merken und ab einer Länge von ungefähr zwölf Zeichen auch ausreichend sicher, solange sie nicht in einem Wörterbuch vorkommen und auch nicht anderweitig vorhersehbar sind. Wer allerdings, was ohnehin empfehlenswert ist, einen Passwortmanager verwendet, kann auch einen größeren Zeichenvorrat nutzen und somit die Passwortsicherheit ohne Komforteinbußen weiter erhöhen.

Weiter unten im Fenster können Sie den Gültigkeitszeitraum der Passwörter einschränken und die Nutzer auffordern, ihr Passwort regelmäßig zu erneuern – davon sollten Sie aber nur mit Bedacht Gebrauch machen.

Eine solche Funktion wurde in der Vergangenheit häufig verwendet, hat sich jedoch als nicht zielführend erwiesen. Wenn Nutzer ihr Passwort häufig ändern müssen, verändern sie oftmals nur eine Zahl oder wechseln zwischen zwei Passwörtern hin und her. Das häufige Verändern eines Passworts führt auch dazu, dass die Nutzer besonders einfache Passwörter nutzen, die sich leicht merken lassen. Insgesamt ist dieses Konzept der Sicherheit des Systems also eher abträglich und sollte nur aus gutem Grund aktiviert werden. Sinnvoll eingesetzt werden kann die Funktion, wenn die Nutzer einen Passwortmanager verwenden, der ihnen das Hantieren mit dem Systempasswort abnimmt.

3.2 Die Servicebindung

Wenn Ihr NAS mehrere Netzwerkschnittstellen bietet und Sie das Gerät darüber in verschiedenen Netzwerken betreiben, können Sie die Servicebindung verwenden. Hierüber legen Sie fest, welche Dienste und Anwendungen jeweils über welche Netzwerkschnittstelle erreichbar sind.

Falls Sie beispielsweise eines der verbundenen Netzwerke nur für Gäste oder Nutzer mit weniger weitreichenden Berechtigungen betreiben, können Sie für dieses nur die jeweils benötigten Komponenten freigeben. Sie konfigurieren die Servicebindung auf der gleichnamigen Registerkarte im Modul NETZWERKZUGANG der Systemsteuerung (siehe Abbildung 3.7).

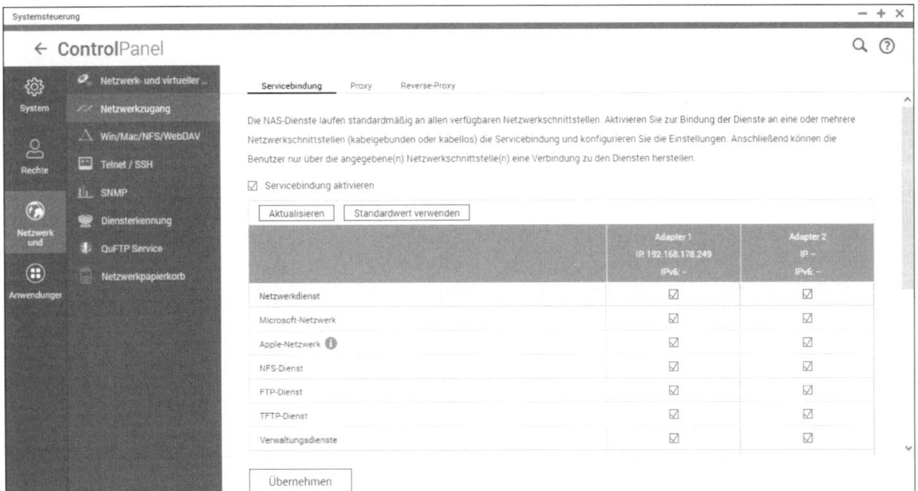

Abbildung 3.7 Legen Sie fest, welcher Dienst des NAS auf welcher Netzwerkschnittstelle aktiv sein soll.

Aktivieren Sie dort zunächst das Kontrollkästchen SERVICEBINDUNG AKTIVIEREN. Anschließend sehen Sie eine Tabelle der verfügbaren Anwendungen und Dienste und können im rechten Bereich über Kontrollkästchen auswählen, welcher Dienst über welche Netzwerkschnittstelle verfügbar sein soll.

3.3 Der Malware Remover

Der Malware Remover ist eine Anwendung, die Ihr NAS auf Schadsoftware untersucht. Die Software ist bereits im Auslieferungszustand installiert und arbeitet unauffällig im Hintergrund. Der Malware Remover kann über das Hauptmenü des Administrators aufgerufen werden.

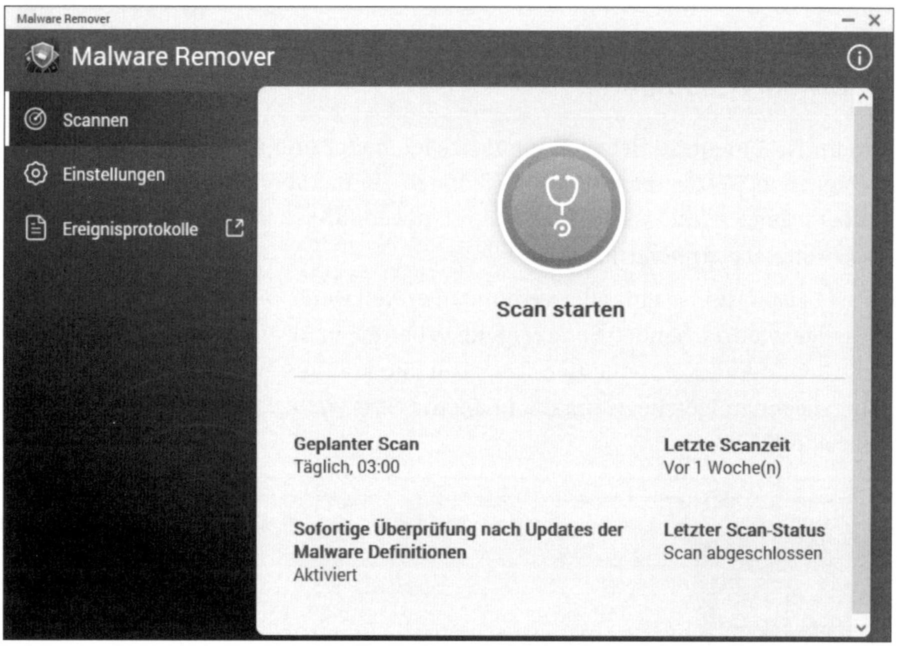

Abbildung 3.8 Der Malware Remover ist bereits im Grundzustand des Systems vorhanden und sucht automatisch nach Schadsoftware.

Auf der Registerkarte SCANNEN (siehe Abbildung 3.8) können Sie über die Schaltfläche SCAN STARTEN einen manuellen Scanvorgang auslösen. Dabei wird das gesamte NAS-System untersucht. Die Software ist so programmiert, dass durch ihre Aktivität die Arbeitsgeschwindigkeit des Geräts nicht merklich leidet.

Das Programm informiert Sie zwar darüber, dass ein Scan ausgeführt wird, gibt aber keine Meldungen über den Fortschritt. Einen manuellen Scan können Sie dann ausführen, wenn umfangreiche Dateioperationen stattgefunden haben und es Bedenken bezüglich der Sicherheit der kopierten Daten gibt.

Ansonsten werden Scanvorgänge nach einem Zeitplan durchgeführt. In der Grundeinstellung wird der Scanvorgang täglich nachts um drei Uhr ausgeführt. Wenn Sie damit nicht einverstanden sind, können Sie dies auf der Registerkarte EINSTELLUNGEN verändern (siehe Abbildung 3.9). Sie können die Häufigkeit der Scans reduzieren und die Uhrzeit für die Ausführung ändern. Das Programm hält sich auch selbst automatisch auf der neuesten Version.

Täglich um sechs Uhr wird nach Updates gesucht, auch diese Uhrzeit können Sie verändern. Das Programm ist so konfiguriert, dass automatisch ein Scan durchgeführt wird, wenn es ein Update der Definitionen der Schadsoftware gegeben hat. Als einzige weitere Einstellung können Sie den automatischen Versand der Scan-Ergebnisse an QNAP aktivieren.

Wenn Sie bezüglich der Einstellungen unsicher sind, ist es grundsätzlich nicht verkehrt, sowohl den Scan als auch die Suche nach Updates täglich auszuführen. Das gilt insbesondere dann, wenn das NAS-System intensiv genutzt wird. Sie sollten eine Uhrzeit einstellen, zu der das NAS auch eingeschaltet ist. Ein automatischer Start eines abgeschalteten Geräts erfolgt nicht. Grundsätzlich ist es eine gute Idee, den Scan nachts auszuführen, wenn das NAS nicht mit anderen Aufgaben beschäftigt ist.

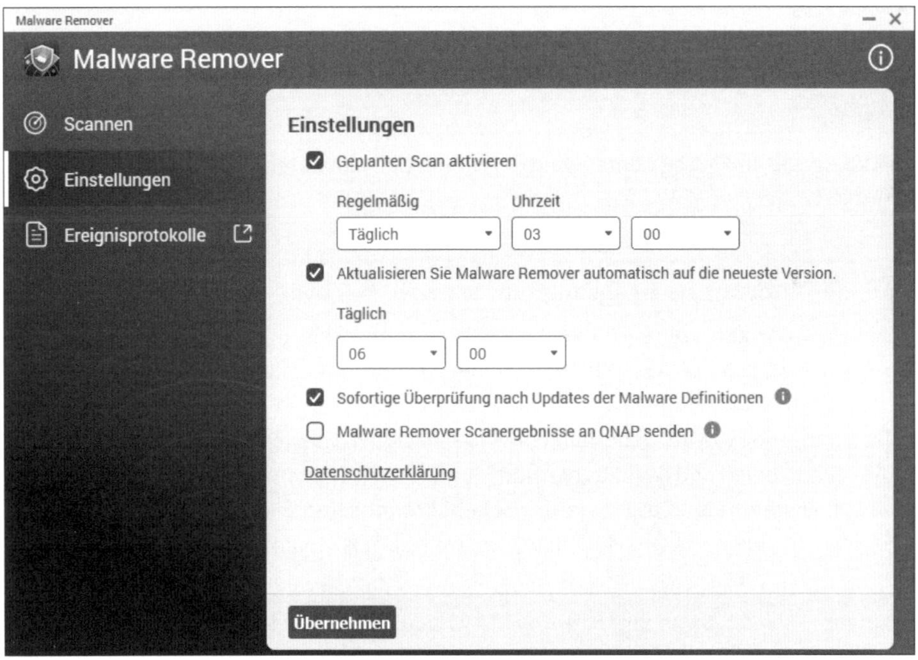

Abbildung 3.9 Stellen Sie ein, wann der Malware Remover automatisch nach Schadsoftware sucht.

Solange es auf Ihrem System keine Schadsoftware gibt, arbeitet der Malware Remover unauffällig im Hintergrund und nervt Sie auch nicht mit Statusmeldungen. Sollte das

Programm eines Tages Schadsoftware finden, wird die betreffende Datei in einen Quarantäne-Ordner verschoben und somit vom Rest des Systems isoliert. Sie können dann die geeigneten Schritte unternehmen – also zumeist die Datei einfach löschen. Über die Aktivitäten des Malware Removers informiert das Ereignisprotokoll im QuLog Center. Dieses rufen Sie – bereits passend eingestellt – über die Registerkarte EREIGNISPROTOKOLLE im Malware Remover auf (siehe Abbildung 3.10). Dort werden Sie auch über eventuelle Schadsoftware-Funde informiert.

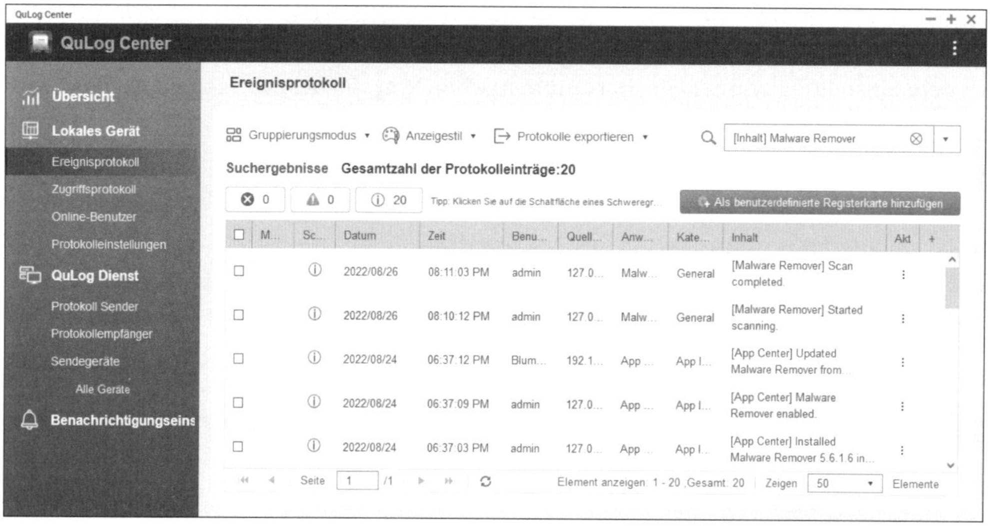

Abbildung 3.10 Im QuLog Center werden Sie über die Aktivitäten des Malware Removers informiert.

McAfee Antivirus als Ergänzung zum Malware Remover

Der Malware Remover wird direkt von QNAP entwickelt und zielt darauf, typische Schadsoftware vom NAS zu entfernen. Über das App Center können Sie zusätzlich das Programm McAfee Antivirus installieren, das zukünftig unter dem Markennamen *Trellix* angeboten wird. Dabei handelt es sich um einen vollwertigen Virenscanner, der die Technologien und Definitionen von McAfee, einem bekannten Hersteller für Antiviruslösungen, nutzt. Das Programm ist gebührenpflichtig, Sie müssen eine Lizenz erwerben und können es nur für einen Probezeitraum kostenlos ausprobieren.

Grundsätzlich bietet bereits der Malware Remover einen soliden Basisschutz. McAfee Antivirus können Sie in Betracht ziehen, wenn die Nutzer des NAS-Systems häufiger ungeprüfte Dateien auf dem NAS ablegen und die Gefahr der Infektion anderer Computer besteht, die auf diese Dateien zugreifen. Die Installation aktueller Antivirussoftware auf den verbundenen Rechnern ist ebenso eine gute Idee.

3.4 Die QuFirewall

Die QuFirewall ist eine Firewall für Ihr NAS. Mit ihr können Fortgeschrittene den Datenverkehr zum NAS anhand eines Regelwerks beeinflussen und Verbindungen zulassen oder blockieren. Der ausgehende Datenverkehr wird hingegen nicht kontrolliert.

Eine Firewall stellt einen wirksamen Mechanismus für die Zugangskontrolle dar, ist aber niemals nur ein einzelnes Werkzeug, das im Rahmen des sicheren Betriebs eingesetzt werden sollte. Die Firewall ist in der Grundkonfiguration noch nicht auf Ihrem NAS installiert, sondern muss zusätzlich über das App Center installiert werden (siehe Abbildung 3.11).

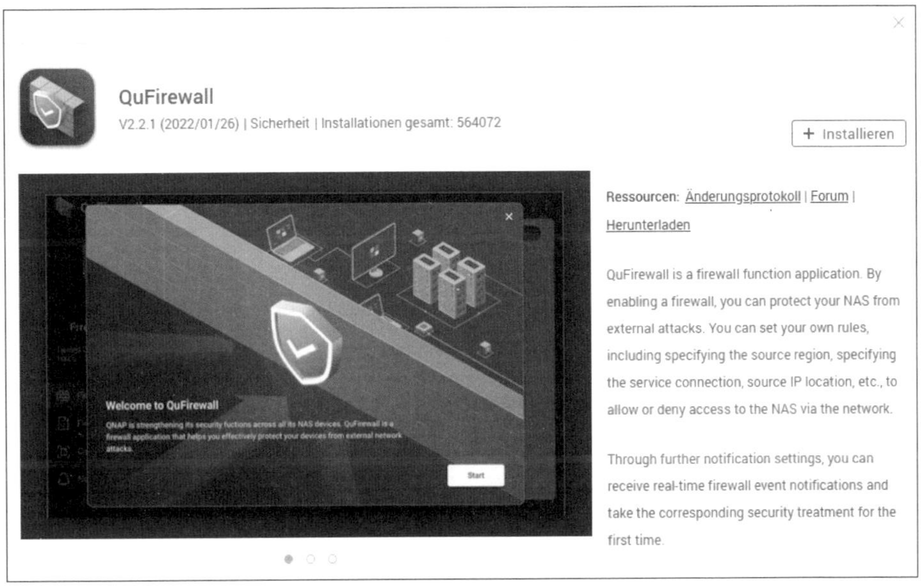

Abbildung 3.11 Die QuFirewall kann über das App Center installiert werden, wenn das NAS nicht schon anderweitig geschützt wird.

Sie finden die *QuFirewall* genannte Applikation in der Kategorie SICHERHEIT. Beachten Sie, dass normalerweise auf dem NAS keine Firewall erforderlich sein sollte, weil ihre Funktionen von einer bereits vorhandenen Firewall, die das lokale Netzwerk gegenüber unerwünschtem Datenverkehr mit dem Internet oder weiteren Netzwerken schützt, erfüllt wird. Auch in privaten Netzwerken sollte eine Firewall im All-in-One-Router vorhanden sein. Daher sollte zunächst die bereits vorhandene Firewall den Erfordernissen entsprechend konfiguriert werden. Erst wenn sich bestimmte Anforderungen mit der vorhandenen Firewall nicht realisieren lassen, sollte die QuFirewall bemüht werden.

Beim ersten Start müssen Sie ein Profil für den Betrieb auswählen. Ihnen stehen die Profile Basic Protection, Include Subnets Only und Restricted Security zur Auswahl (siehe Abbildung 3.12):

- Das Profil Basic Protection bietet sich für die Nutzung im privaten Umfeld an. Erlaubt ist hier der uneingeschränkte Zugriff auf das NAS aus dem lokalen Netzwerk und aus dem lokalen Land (beispielsweise aus Deutschland). Alle Netzwerkports können von erlaubten IP-Adressen aus angesprochen werden.
- Bei der Einstellung Include Subnets Only ist ein Zugriff auf das NAS ausschließlich aus dem lokalen Netzwerk heraus zulässig. Alle anderen Verbindungen werden blockiert. Ein Zugriff über das Internet ist also nicht möglich. Aus dem lokalen Netzwerk heraus können aber alle Dienste und Anwendungen uneingeschränkt angesprochen werden.
- Die Option Restricted Security erlaubt wie die erste Einstellung den Zugriff aus dem lokalen Netzwerk und über das Internet aus dem jeweiligen Heimatland, allerdings nur für ausgewählte Dienste. Die Liste der erlaubten Dienste umfasst alle Standardanwendungen des NAS. Bei der normalen Nutzung wird sich zwischen der ersten und der dritten Option daher kaum ein Unterschied (aus Sicht der Nutzer) ergeben.

Alle Profile können später noch individualisiert werden und stellen lediglich Startwerte dar. Treffen Sie daher eine Wahl, die ungefähr Ihren Wünschen entspricht, und klicken Sie anschließend auf Next.

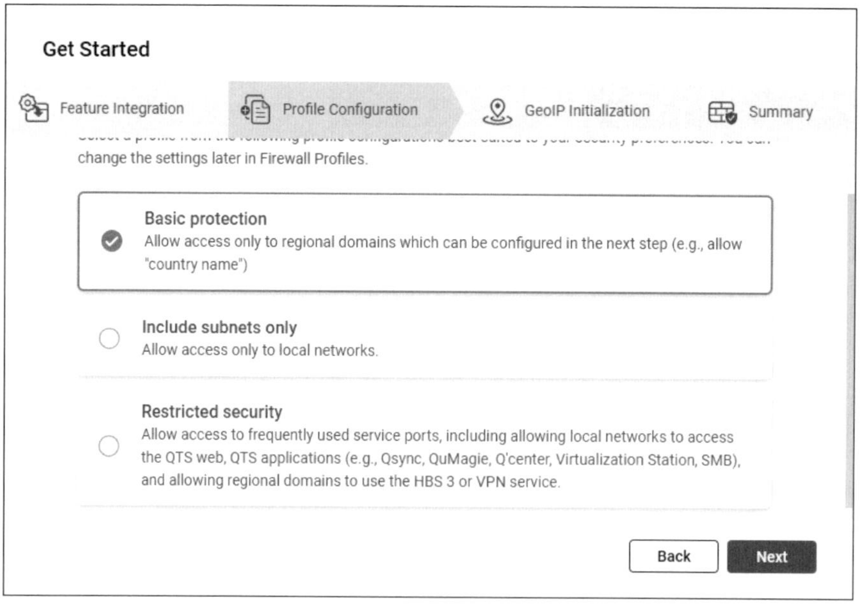

Abbildung 3.12 Wählen Sie zunächst ein Profil, das Ihren Anforderungen ungefähr entspricht.

Auf der nächsten Seite des Einrichtungsassistenten, die Sie in Abbildung 3.13 sehen, müssen Sie das Land eintragen, in dem das NAS betrieben wird. Anhand des Landes erstellt die Firewall eine Liste von IP-Adressen, die im Internet von diesem Land genutzt werden. Das Gerät erstellt damit einen Zugriffsfilter, der den Zugriff auf Ihr NAS nur von den IP-Adressen ermöglicht, die aus Ihrem Heimatland stammen. Dadurch können Sie einen Großteil potenzieller Angreifer vom Zugriff auf Ihr NAS ausschließen. Allerdings müssen Sie berücksichtigen, dass Sie selbst auf einer Urlaubs- oder Geschäftsreise Ihr NAS auch nicht mehr ansprechen können. Wenn so ein Fall eintritt, dürfen Sie nicht vergessen, vorher die Konfiguration der Firewall entsprechend zu ändern.

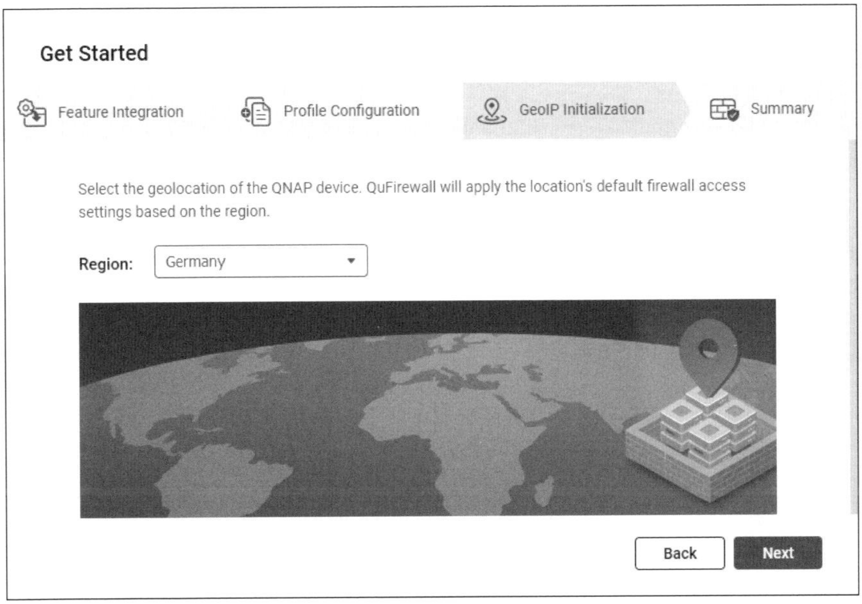

Abbildung 3.13 Geben Sie das Land an, in dem das NAS betrieben wird, und erstellen Sie somit einen GeoIP-Filter.

Damit ist die grundlegende Einrichtung schon abgeschlossen. Auf der letzten Seite des Assistenten können Sie die Firewall mit dem Kontrollkästchen ENABLE FIREWALL einschalten. Klicken Sie dann auf FINISH.

Sie sehen dann wie in Abbildung 3.14 das Hauptprogramm QuFirewall mit geöffneter Registerkarte FIREWALL PROFILES. Dort können Sie auf Wunsch das Grundprofil verändern. Setzen Sie dazu einfach einen Haken in das jeweilige Auswahlfeld.

Wenn Sie links neben dem Auswahlfeld auf den Pfeil klicken, sehen Sie das Regelwerk, das vom ausgewählten Profil verwendet wird. Wenn Sie noch unsicher sind, welches Profil Ihrem Anwendungsfall am nächsten kommt, schauen Sie sich zunächst die enthaltenen Regeln an (siehe Abbildung 3.15).

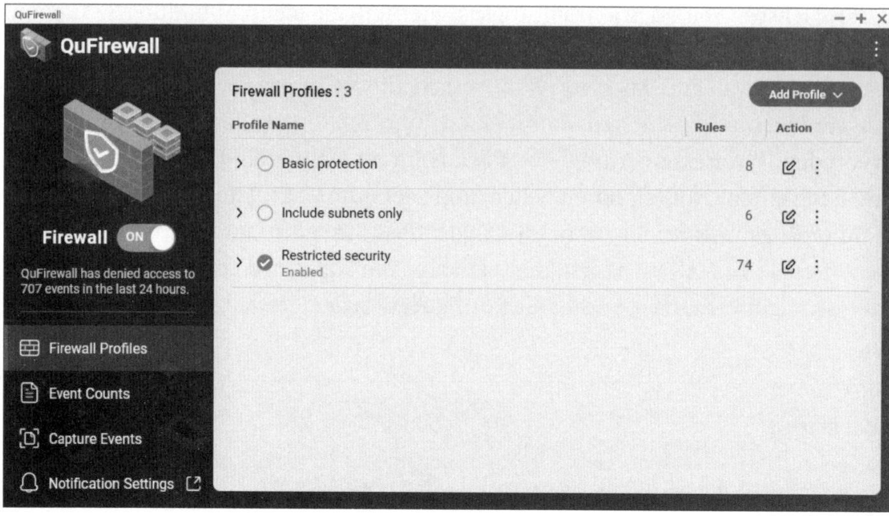

Abbildung 3.14 Wählen Sie das gewünschte Profil aus.

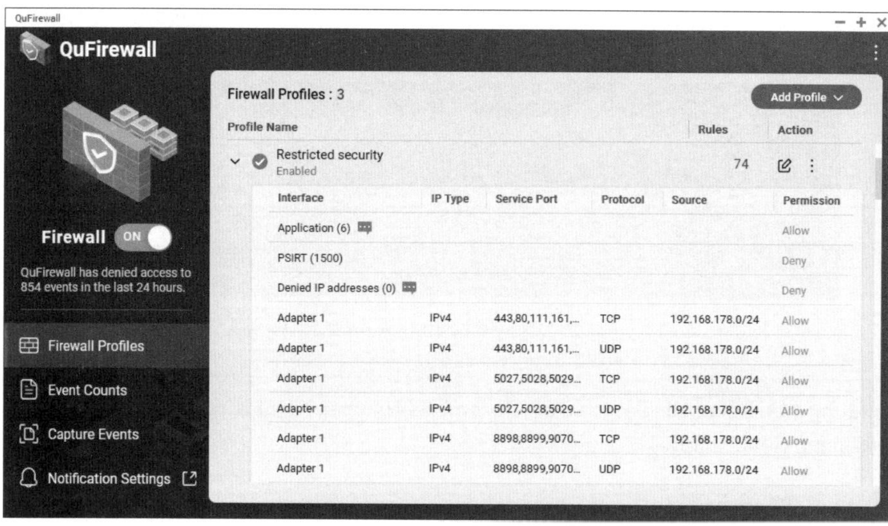

Abbildung 3.15 Überprüfen Sie, welches Regelwerk ein Profil im Detail verwendet.

Zuoberst finden Sie immer eine Liste an Anwendungen (APPLICATION), die nicht verändert werden kann. Der zweite Eintrag PSIRT (die Abkürzung steht für *Product Security Incident Response Team*) ist im Prinzip eine Liste von IP-Adressen, die von Ransomware verwendet werden. Das Sicherheitsteam von QNAP hält diese Liste aktuell. Der PSIRT-Filter blockiert also Datenverkehr von IP-Adressen, die mit Ransomware in Verbindung stehen, und sollte stets eingeschaltet bleiben. Da Ransomware aber durchaus von wechselnden IP-Adressen agieren kann (denken Sie etwa an Bot-Netze), bietet dieser Filter keinen absoluten Schutz.

Unterhalb des PSIRT-Filters finden Sie den Eintrag DENIED IP ADDRESSES. Dies ist eine Liste von IP-Adressen, von denen keine eingehenden Anfragen akzeptiert werden. Diese Liste ersetzt die Liste, die wir Ihnen in Abschnitt 3.1, »Die Optionen des Moduls »Sicherheit««, vorgestellt haben. Zu Beginn ist sie noch leer und kann von Ihnen individuell befüllt werden (siehe Abbildung 3.16). (Falls Sie zuvor bereits in der Systemsteuerung Einträge erstellt haben oder der IP-Zugriffsschutz angeschlagen hat, enthält diese Liste bereits Einträge.)

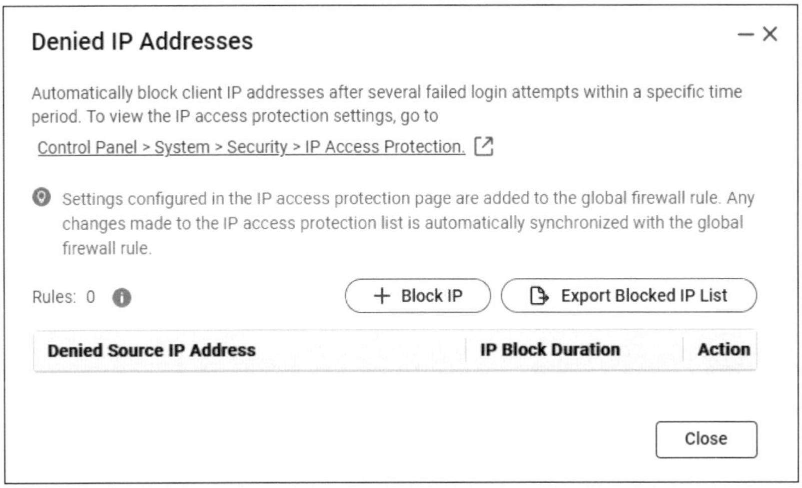

Abbildung 3.16 Die Firewall bietet eine Blockierliste für IP-Adressen.

Möchten Sie einen Eintrag ergänzen, dann klicken Sie auf die Schaltfläche BLOCK IP. Im neuen Fenster (siehe Abbildung 3.17) können Sie eine einzelne IP-Adresse, ein Subnetz oder einen IP-Adressbereich konfigurieren. Die Blockierliste lässt sich auch exportieren und wieder importieren.

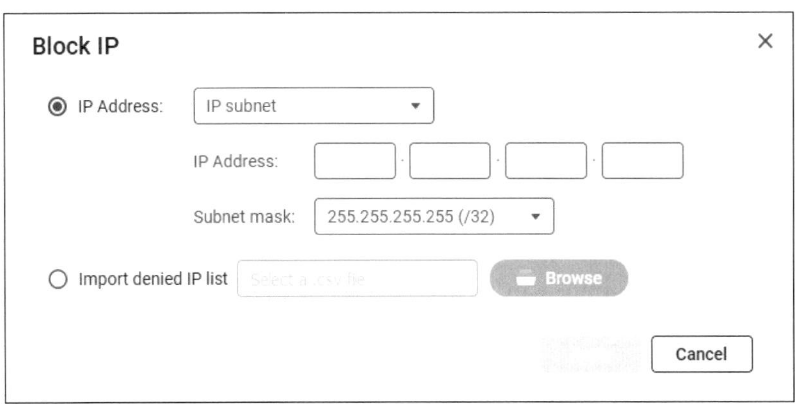

Abbildung 3.17 Legen Sie fest, welche IP-Adressen blockiert werden sollen.

Wenn Sie am Regelwerk eines Profils Änderungen vornehmen möchten, klicken Sie (bei der Übersicht der Regeln) rechts im Fenster auf die Schaltfläche Edit. Sie sehen dann das Fenster Edit Profile, das Ihnen alle im Profil enthaltenen Regeln anzeigt (siehe Abbildung 3.18). Die Regeln werden von oben nach unten abgearbeitet. Sobald die erste Regel auf eine eingehende Kommunikationsanfrage passt, wird die bei den Permissions angegebene Aktion ausgeführt. Es empfiehlt sich daher, zuunterst eine Regel einzufügen, die sämtlichen Netzwerkverkehr verbietet. Der Verkehr, der zulässig ist, sollte dann schon von einer weiter oben stehenden Regel erlaubt worden sein.

Ein Beispiel: Sie haben eine Regel mit einem Länderfilter konfiguriert, der eingehende Verbindungen aus Deutschland erlaubt und alle anderen Verbindungen blockiert. Wenn Sie nun eine Reise nach Frankreich unternehmen, werden Sie von dort aus Ihr NAS nicht ansprechen können. Sie müssen daher zuvor eine weitere Regel ergänzen, die auch Datenverkehr aus Frankreich erlaubt, und diese vor der Regel einfügen, die sämtlichen Verkehr verbietet. Vergessen Sie aber nicht, die Regel nach Ihrer Rückkehr wieder zu entfernen.

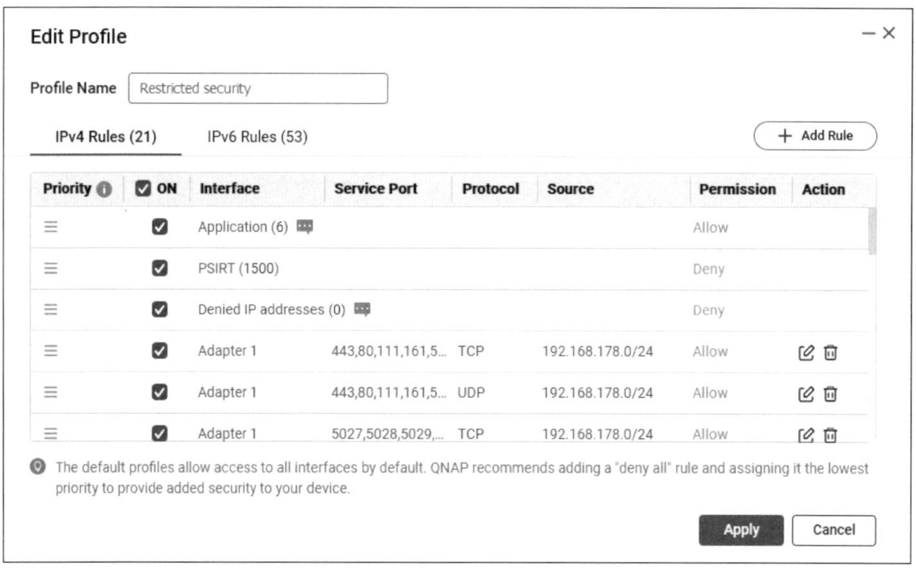

Abbildung 3.18 Jedes Profil kann individuell bearbeitet werden.

Eine eigene Regel erstellen Sie über die Schaltfläche Add Rule.

1. In einem neuen Fenster können Sie festlegen, ob der durch die Regel spezifizierte Datenverkehr erlaubt oder verboten werden soll (siehe Abbildung 3.19).
2. Anschließend bestimmen Sie das Netzwerkinterface des NAS. Hier stehen auch diverse logische Schnittstellen zum Beispiel für VPN-Adapter oder virtuelle Maschinen zur Verfügung.

3. Im Bereich SOURCE spezifizieren Sie die Quelle der Datenverbindung. Sie können hier IP-Adressen, Domains oder Länderregionen angeben. Bei der IP-Adresse können einzelne Adressen, Adressbereiche oder Subnetze spezifiziert werden. Mit einer solchen Filterregel können Sie also auch eine Positivliste für einen IP-Adressfilter erstellen, wenn Sie die zuvor erwähnte Sperrliste entsprechend befüllen.
4. Zuunterst legen Sie noch das Protokoll fest, das die Datenverbindung verwendet. Klicken Sie dann auf APPLY.

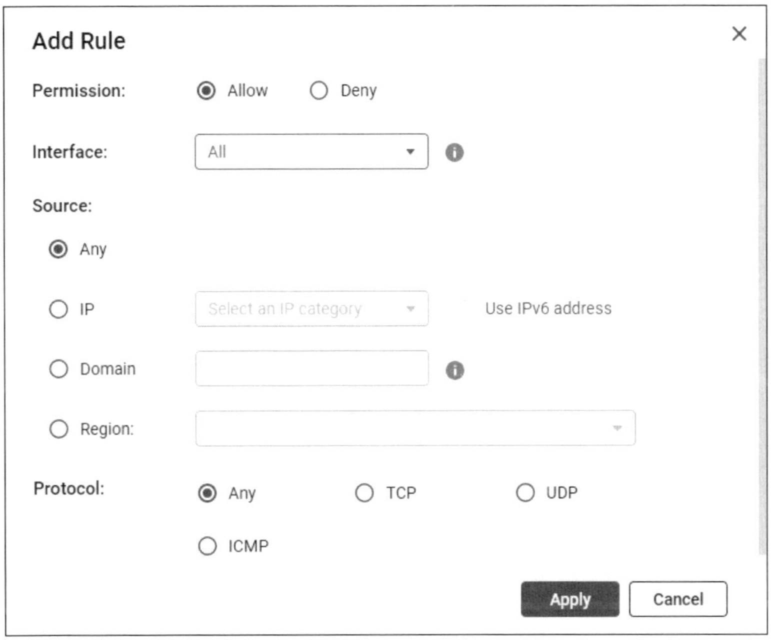

Abbildung 3.19 Konfigurieren Sie eine individuelle Regel für die Firewall.

Die Regel wird nun dem Regelwerk hinzugefügt. Sie müssen diese eventuell noch an die richtige Stelle verschieben; benutzen Sie dafür den Anfasser in der ersten Tabellenspalte.

In der Spalte ON können Sie einzelne Regeln vorübergehend deaktivieren. Ganz rechts kann eine Regel mit dem Papierkorb-Symbol gelöscht werden. Auch das Verändern einer Regel ist über das Bleistift-Symbol möglich. Klicken Sie abschließend auf APPLY.

Auf der Registerkarte FIREWALL PROFILES (im Hauptfenster, siehe Abbildung 3.15) können Sie ein Profil mitsamt eventuellen Änderungen über das Menü mit den drei Punkten exportieren. Wenn eines der vorgefertigten Profile Ihren Anforderungen überhaupt nicht entspricht, können Sie über die Schaltfläche ADD PROFILE auch mit einem leeren Regelwerk beginnen.

Ansonsten bietet die Firewall noch einige informierende Elemente. Auf der Registerkarte EVENT COUNTS können Sie die Zahl der verworfenen Verbindungsanfragen ablesen, und zwar für jedes Interface und für verschiedene Zeiträume.

Eine Auflistung der gesperrten Verbindungen ermöglicht das Programm nicht, aber Sie können auf der Registerkarte CAPTURE EVENTS einen Mitschnitt aller Datenpakete erstellen, die von der Firewall blockiert wurden. Den Mitschnitt können Sie eine Zeitlang laufen lassen und dann als *.pcap*-Datei herunterladen. Mit einer geeigneten Analysesoftware (etwa dem Analyseprogramm Wireshark) können Sie sich die Pakete im Detail ansehen.

Die Registerkarte NOTIFICATION SETTINGS bietet eine Benachrichtigungsfunktion über das Benachrichtigungscenter. Sie können hier einige Ereignisse definieren, bei denen Sie Benachrichtigungen erhalten möchten.

Die Einstellungen des Programms (erreichbar über das Menü mit den drei Punkten ganz oben rechts) sind relativ knapp gehalten. Hier können Sie nur konfigurieren, wie oft die GeoIP-Liste (also die Liste mit den IP-Adressen der Länder) aktualisiert werden soll. Außerdem können Sie einstellen, wann Log-Dateien bzw. -Einträge rotiert werden und ob sie im QuLog-Center verfügbar sein sollen.

3.5 Der Security Counselor

Der Security Counselor ist eine Anwendung, die sicherheitsrelevante Einstellungen auf dem NAS überprüft und mit Empfehlungen des Herstellers abgleicht. Sie achtet beispielsweise darauf, ob unsichere Verfahren zum Übertragen von Dateien eingeschaltet sind. Viele der untersuchten Einstellungen haben Sie als erfahrener Administrator vielleicht ohnehin im Hinterkopf, aber oftmals probiert man am System etwas aus oder aktiviert eine Funktion für eine einzelne Aufgabe und vergisst nachher, diese wieder zu deaktivieren. Dann ist es nicht verkehrt, wenn man über den Security Counselor eine entsprechende Erinnerung bekommt. Deswegen empfehlen wir die Nutzung des Security Counselors auch für fortgeschrittene Nutzerinnen und Nutzer.

Das Programm können Sie über das App Center installieren (siehe Abbildung 3.20). Sie finden es dort in der Kategorie SICHERHEIT. Sie können den Security Counselor anschließend über das Hauptmenü des Administrators aufrufen. Das Programm richtet sich auch an diese Nutzergruppe und ist daher nur an dieser Stelle verfügbar.

Beim ersten Start des Programms müssen Sie eine Sicherheitsrichtlinie auswählen. Es gibt drei verschiedene Sicherheitsrichtlinien, die sich im Umfang der durchgeführten Prüfungen unterscheiden.

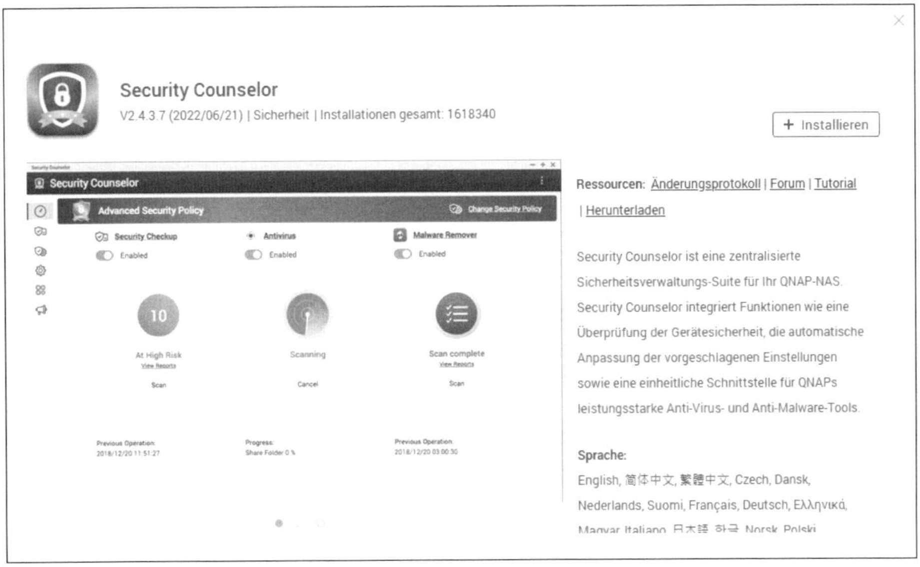

Abbildung 3.20 Der Security Counselor kann über das App Center installiert werden.

Das Menü aus Abbildung 3.21 erklärt bereits die groben Einsatzszenarien:

- Die einfache Sicherheitsrichtlinie ist für die Privatnutzung gedacht, wenn das NAS zu Hause betrieben wird, wo in einem sicheren Heimnetzwerk nur wenige Nutzer auf das Gerät zugreifen.
- Wenn das Gerät in einem größeren Netzwerk genutzt wird, beispielsweise in einer kleineren Firma oder wenn Dienste des Geräts auch über das Internet nutzbar sind, dann sollte die mittlere Sicherheitsrichtlinie gewählt werden, die auch Freigaberichtlinien überprüft.
- Wenn man sicherheitskritische Daten verwaltet und das Gerät in einer größeren Firma nutzt, dann bietet sich die erweiterte Sicherheitsrichtlinie an.

Grundsätzlich sind die einfacheren Sicherheitsrichtlinien nicht unbedingt unsicher, sie prüfen nur nicht solche Dinge, die beim angedachten Einsatzzweck nicht relevant sind. Wer das NAS zu Hause nutzt, muss beispielsweise nur sehr selten Domänen- oder Verzeichnisdiensteinstellungen unter dem Aspekt der Sicherheit konfigurieren.

Nach der Wahl der Sicherheitsrichtlinie sehen Sie das Hauptfenster des Security Counselors (siehe Abbildung 3.22). Dieser behält übrigens auch den Malware Remover, die QuFirewall und ein eventuelles Antivirus-Programm im Auge und informiert über die Ergebnisse und Zustände dieser Komponenten. Sie können hier einen Scanvorgang starten, die Berichte betrachten oder das jeweilige Programm öffnen. Falls erforderlich, können Sie die Komponenten auch einzeln anhalten.

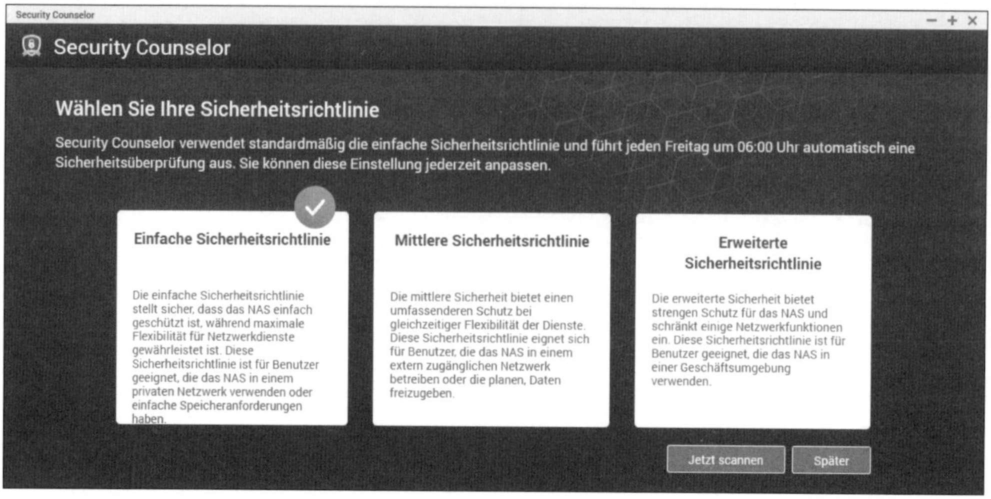

Abbildung 3.21 Wählen Sie eine Sicherheitsrichtlinie.

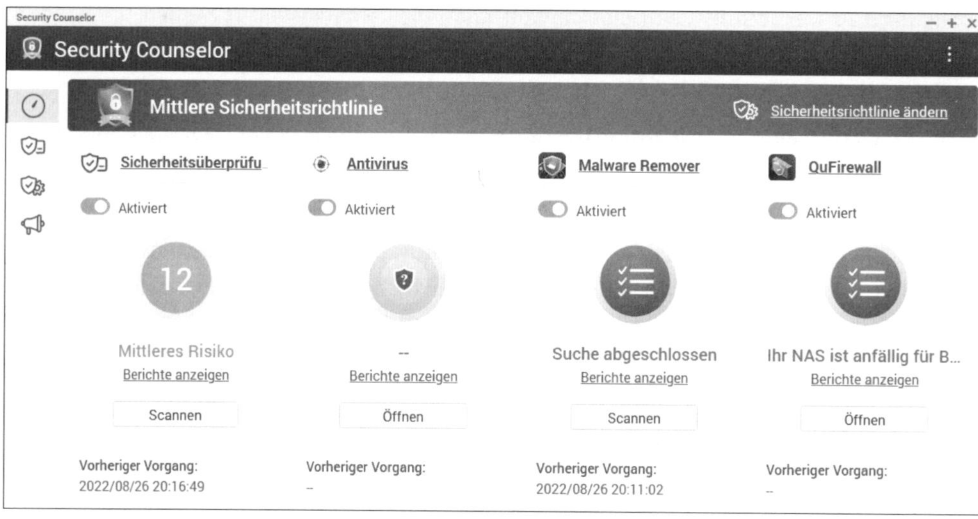

Abbildung 3.22 Der Security Counselor informiert auch über den Zustand und die Ergebnisse anderer Anwendungen aus dem Bereich der Sicherheit.

Links finden Sie die Ergebnisse der Sicherheitsüberprüfung. Dort wird Ihnen angezeigt, wie hoch das Risiko für den sicheren Betrieb Ihres Geräts eingeschätzt wird. Sie sehen auch die Anzahl möglicher Probleme. Über die Schaltfläche SCANNEN können Sie jederzeit eine Überprüfung des Systems starten. Klicken Sie anschließend auf BERICHTE ANZEIGEN, um sich die Ergebnisse anzuschauen.

Sie sehen dann die einzelnen Überprüfungen mit den jeweiligen Ergebnissen in tabellarischer Form (siehe Abbildung 3.23). Jede Prüfung ist in eine der Risikokategorien

Niedrig, Mittel oder Hoch einsortiert. Achten Sie auf die Spalte Status. Wenn dort ein Ausrufezeichen zu sehen ist, hat der Security Counselor etwas an den aktuellen Einstellungen zu beanstanden. Kontrollieren Sie dann die Spalte Ergebnis. Beim Hovern mit der Maus gibt es Detailinformationen zum aktuellen Problem.

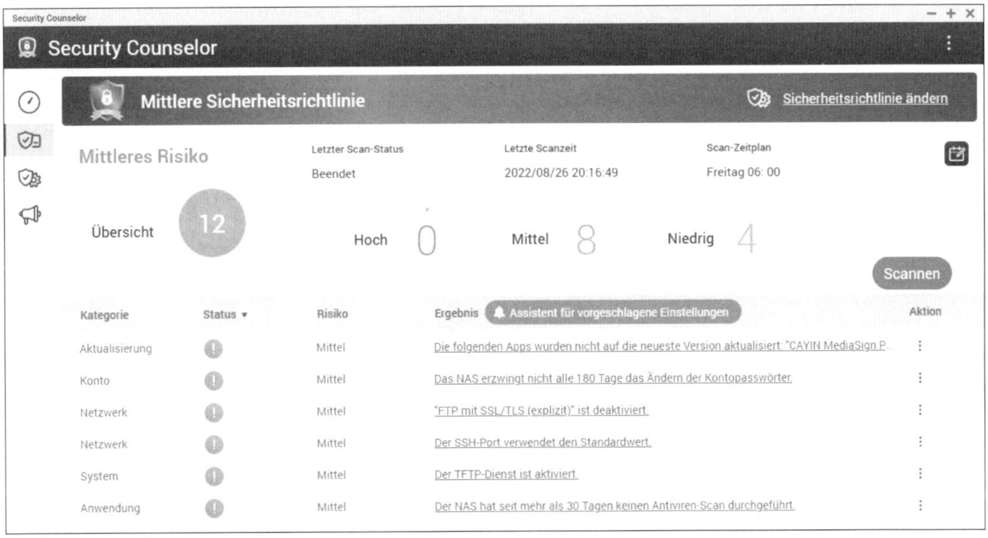

Abbildung 3.23 Die Ergebnisse werden mit einer Bewertung des Schweregrades tabellarisch angezeigt.

Wenn Sie den Grund für die Beanstandung erfahren möchten, klicken Sie in der Spalte Aktion auf die Schaltfläche mit den drei Punkten, und wählen Sie die Option Beschreibung aus dem Dropdown-Menü (siehe Abbildung 3.24).

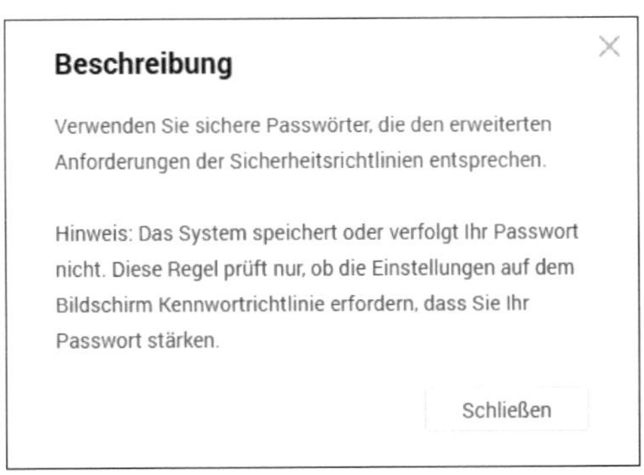

Abbildung 3.24 Für jedes Problem ist eine Beschreibung verfügbar.

Wenn Sie einen Eintrag in der Spalte Ergebnis anklicken, gelangen Sie direkt zur entsprechenden Konfigurationsseite, wo Sie das Problem beheben können.

Wir möchten Ihnen dringend empfehlen, die Ratschläge des Programms manuell zu überprüfen, sie zu bewerten und die notwendigen Schritte manuell vorzunehmen. Wer aber partout keine Lust (oder Zeit) hat, alle Einstellungen manuell zu prüfen, der kann auf die Schaltfläche ASSISTENT FÜR VORGESCHLAGENE EINSTELLUNGEN klicken. Sie sehen dann ein neues Fenster (siehe Abbildung 3.25), in dem Ihnen angeboten wird, die beanstandeten Einstellungen automatisch auf sichere Werte zu ändern.

Hierbei können allerdings durchaus auch Funktionen, die Sie manuell eingerichtet haben, einfach abgeschaltet werden. Überprüfen Sie daher jede Einstellung zunächst manuell. Wenn Sie mit einer Änderung nicht einverstanden sind, entfernen Sie das Häkchen links im Kontrollkästchen vor der betreffenden Einstellung. Klicken Sie dann auf VORSCHLAG ANWENDEN.

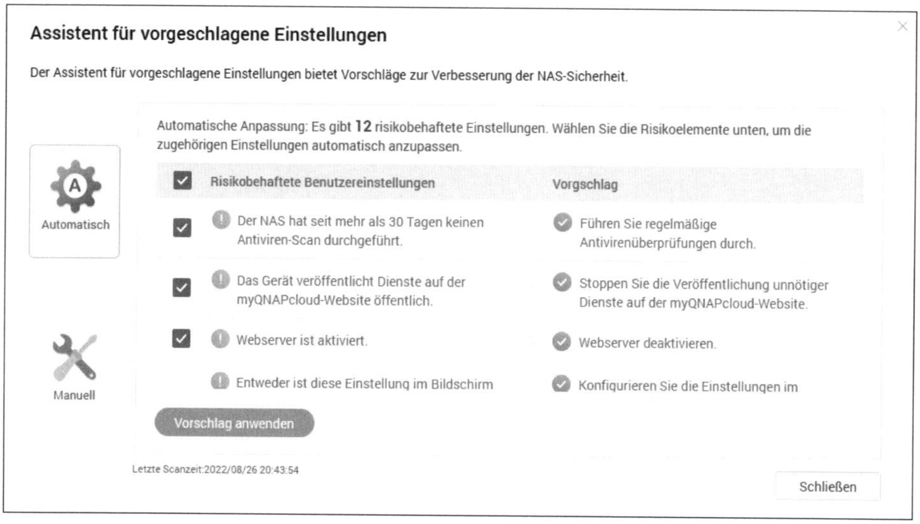

Abbildung 3.25 Auf besonderen Wunsch kann der Assistent die beanstandeten Einstellungen auch selbsttätig korrigieren.

Es empfiehlt sich, den Scan der Einstellungen regelmäßig durchzuführen, insbesondere während der Einrichtung des NAS. Auf der Registerkarte SICHERHEITSÜBERPRÜFUNG können Sie über die Schaltfläche SCAN-ZEITPLAN auch eine automatisierte Sicherheitsprüfung nach einem Zeitplan konfigurieren.

3.6 Die Zwei-Schritt-Verifizierung verwenden

Eine weitere Möglichkeit, Angreifern das Leben schwer zu machen, ist die Nutzung der Zwei-Schritt-Verifizierung, die auch als Zwei-Faktor-Anmeldung bekannt ist.

Bei dieser Form der Authentifizierung müssen Sie bei der Anmeldung nicht nur Ihr übliches Benutzerpasswort eingeben, sondern zusätzlich einen Code, den eine App auf einem Smartphone (oder einem ähnlichen Gerät) generiert hat. Ein solcher Code ist nur einmalig gültig und wird nach einem Muster generiert, auf das sich das NAS und die generierende App zuvor geeinigt haben. Auf diese Weise melden Sie sich mit zwei Faktoren am Gerät an: einmal mit einem Passwort, das Sie wissen, und zusätzlich mit einem Code, den Sie (durch die generierende App) im Besitz haben. Für einen Angreifer wird es schwierig sein, zusätzlich zum Passwort auch noch Kenntnis über den nur einmalig gültigen Code zu erhalten.

Die Zwei-Schritt-Verifizierung bietet sich vor allem für Administratorkonten an, denn diese haben die meisten Zugriffsrechte auf dem NAS und können sämtliche Daten auslesen. Auf der anderen Seite loggen sich Administratoren nicht so häufig (und wenn dann für wichtige oder geplante Aufgaben) ein, so dass der zusätzliche Schritt bei der Anmeldung nicht schwer wiegt.

Wenn Sie die Zwei-Schritt-Verifizierung auf Ihrem NAS-System verwenden möchten, öffnen Sie zunächst die persönlichen Einstellungen des gewünschten Benutzerkontos. Klicken Sie dazu auf dem Desktop oben rechts auf den Nutzernamen, und wählen Sie den Eintrag OPTIONEN aus dem Dropdown-Menü. Wechseln Sie im neuen Fenster auf die Registerkarte 2-SCHRITT-VERIFIZIERUNG, und klicken Sie dort auf ERSTE SCHRITTE.

In einem neuen Fenster sehen Sie einen QR-Code wie in Abbildung 3.26. Diesen müssen Sie mit einer Authenticator-App auf dem Smartphone einscannen.

Abbildung 3.26 Scannen Sie den QR-Code mit einer Authenticator-App.

Bekannte Apps sind zum Beispiel der Google Authenticator und der Microsoft Authenticator. Beim ersten Start der App bietet diese die Möglichkeit, einen QR-Code zu scannen. Alternativ kann meist auch ein Sicherheitsschlüssel eingegeben werden. Beides wird vom NAS im Fenster 2-SCHRITT-VERIFIZIERUNG angezeigt. Über diese Information einigen sich das NAS und die App auf das Muster, nach dem die einmal gültigen Codes generiert werden.

Nach dem Einscannen des QR-Codes (bzw. der Eingabe des Schlüssels) generiert die App sogleich einen sechsstelligen Code, der nach kurzer Wartezeit automatisch aktualisiert wird. Klicken Sie im Fenster 2-SCHRITT-VERIFIZIERUNG des NAS auf WEITER, und geben Sie den von der App generierten Code auf der nächsten Seite des Assistenten ein (siehe Abbildung 3.27). Klicken Sie dann auf BESTÄTIGEN und anschließend auf WEITER. Eventuell müssen Sie auch in der Authenticator-App die Einrichtung abschließen, etwa mit der Schaltfläche KONTO HINZUFÜGEN.

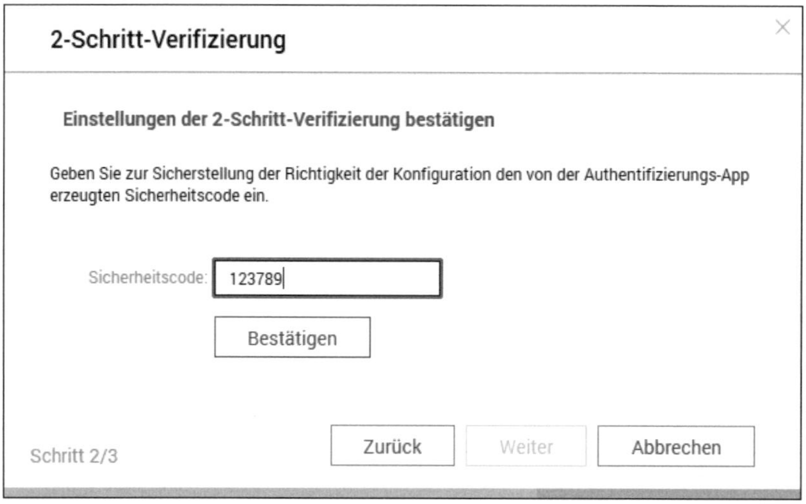

Abbildung 3.27 Geben Sie den Code ein, den die Authenticator-App generiert hat.

Der Assistent für die Einrichtung der Zwei-Schritt-Verifizierung bietet anschließend an, ein alternatives Bestätigungsverfahren auszuwählen, das dann verwendet wird, wenn Sie Ihr Smartphone nicht zur Hand haben. Sie können dann entweder eine Sicherheitsfrage beantworten oder sich einen einmalig gültigen Code per E-Mail zusenden lassen (siehe Abbildung 3.28). Wählen Sie die gewünschte Methode aus, geben Sie die benötigten Daten ein, und klicken Sie anschließend auf FERTIGSTELLEN. Damit ist die Zwei-Schritt-Verifizierung eingerichtet.

Bei der Anmeldung (siehe Abbildung 3.29) müssen Sie zukünftig stets den einmalig gültigen Code eingeben. Im persönlichen Optionsdialog können Sie die Funktion jederzeit wieder ausschalten.

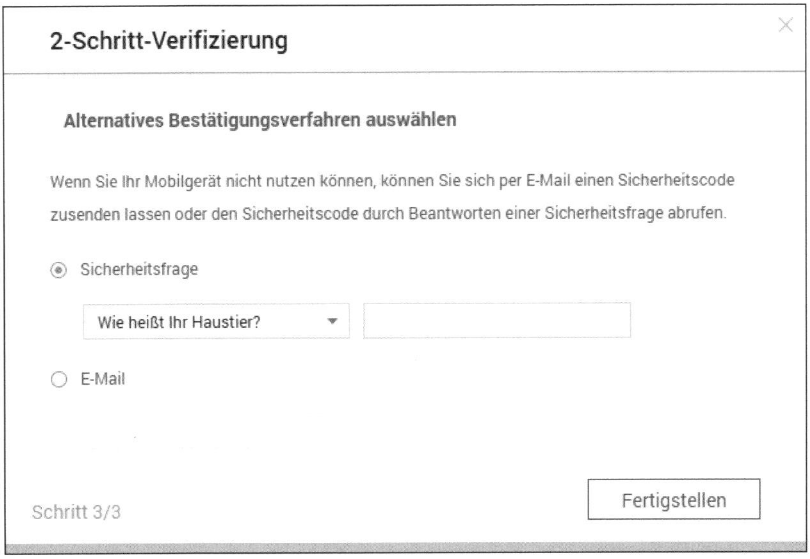

Abbildung 3.28 Legen Sie ein alternatives Bestätigungsverfahren fest.

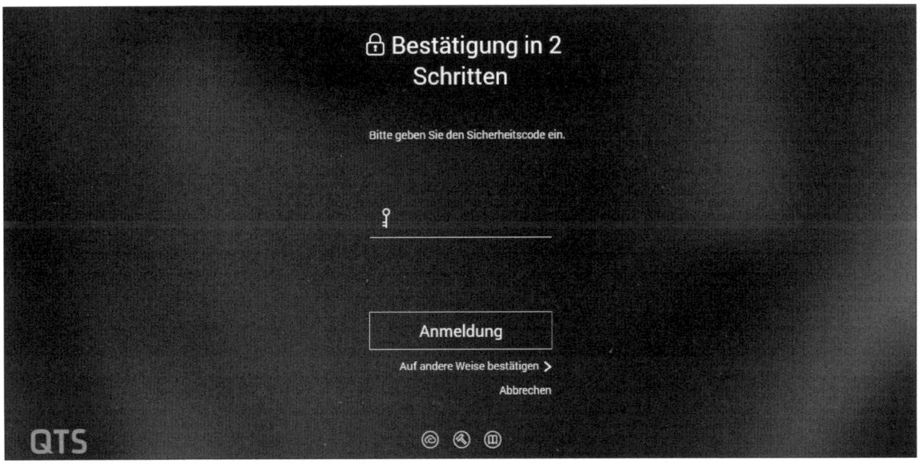

Abbildung 3.29 Bei der Anmeldung werden Sie zukünftig nach dem Sicherheitscode gefragt, den die Authenticator-App generiert.

3.7 Den Zustand der Festplatten überprüfen

Zugegeben, diesen Abschnitt mag man vielleicht nicht sofort in einem Kapitel über den sicheren Betrieb eines NAS vermuten, aber es schadet gewiss nichts, wenn Sie auch ab und zu nach den Festplatten schauen und ob diese noch einwandfrei funktionieren. Denn hierbei geht es ja um die Sicherheit der Daten, die möglichst nicht verloren gehen sollten. Rufen Sie daher ab und zu das Programm *Speicher & Snapshots* auf, das Sie im Hauptmenü des Administrators finden.

1. Wechseln Sie im Programm links in den Bereich Speicher • Datenträger/VJBOD. Sie sehen nun rechts eine Auflistung der Datenträger mit dem jeweiligen Einbauschacht.
2. Werfen Sie einen Blick auf den Bereich Datenträgerinformation, und achten Sie darauf, dass Ihnen überall ein Gut angezeigt wird. Auch die Temperatur der Festplatten sollte im Rahmen bleiben und 50 °C nach Möglichkeit nicht (oder nur an besonders warmen Tagen) überschreiten (siehe Abbildung 3.30).

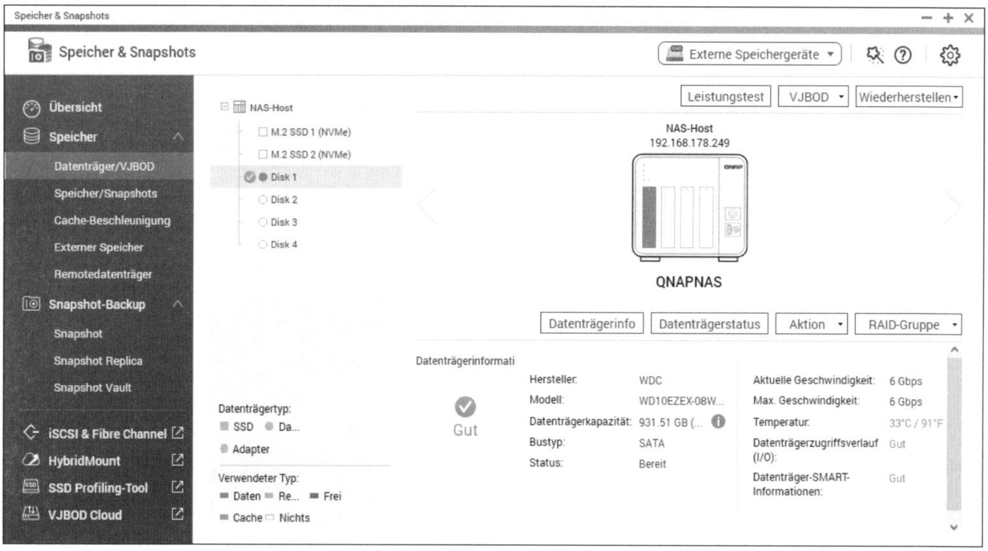

Abbildung 3.30 Die Datenträgerinformation sollte keine Fehler anzeigen.

3. Klicken Sie anschließend auf die Schaltfläche Datenträgerstatus, und wechseln Sie auf die Registerkarte SMART-Info. Dort stehen die Ergebnisse der kontinuierlichen Selbstüberwachung der Festplatte, die sogenannten SMART-Werte für *Self-Monitoring, Analysis and Reporting Technology*. Rechts in der Spalte Status sollte bei allen Einträgen ein Gut stehen. Wenn dem nicht so ist, müssen Sie die Festplatte häufiger kontrollieren und ein Ersatzlaufwerk bereithalten, denn es könnte bald zu einem Ausfall des Datenträgers kommen.

Sie können auch einen ausführlichen Selbsttest der Festplatten durchführen. Wechseln Sie dafür auf die Registerkarte Test. Ihnen steht ein kurzer Test, der nur etwa zwei Minuten dauert, und ein wesentlich längerer Test, der mehrere Stunden in Anspruch nimmt, zur Verfügung (siehe Abbildung 3.32).

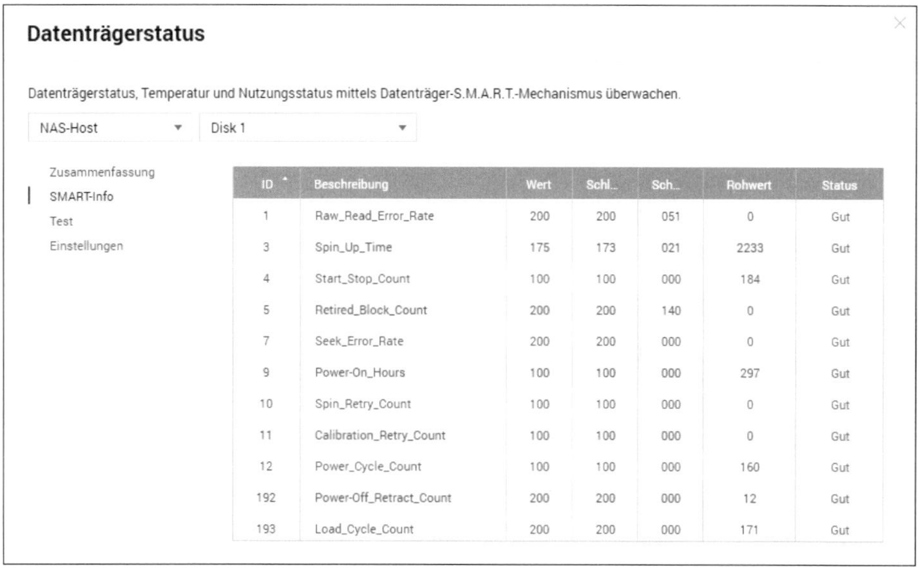

Abbildung 3.31 Überprüfen Sie die SMART-Werte, die alle den Status »Gut« haben sollten.

Wählen Sie den gewünschten Test, und klicken Sie unten auf die gleichnamige Schaltfläche. Nach Abschluss des Vorgangs werden Ihnen hier die Ergebnisse angezeigt. Wenn Sie defekte Sektoren auf dem Laufwerk vermuten, können Sie (zurück im Hauptfenster des Programms) mit der Schaltfläche AKTION • FEHLERHAFTE BLÖCKE SUCHEN eine Überprüfung aller Sektoren starten.

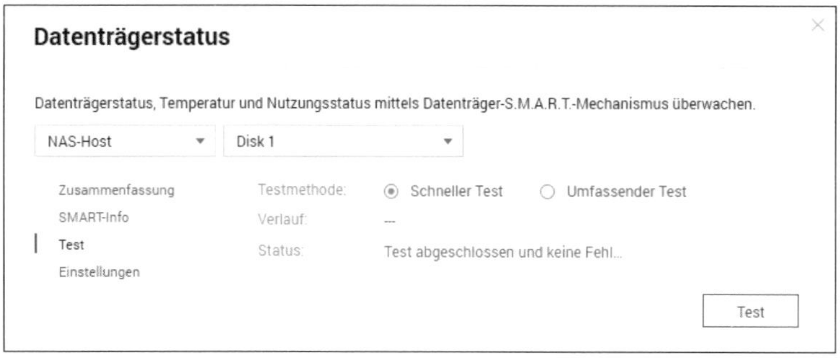

Abbildung 3.32 Sie können einen schnellen oder einen umfassenden Test der Festplatte durchführen.

Die SMART-Werte sollten Sie nicht ignorieren, aber da sie nur einen automatischen Selbsttest darstellen, kann man sich auch nicht komplett auf sie verlassen. Die Erfahrung zeigt, dass manche Festplatten trotz guter SMART-Werte plötzlich ausfallen, während andere Geräte noch jahrelang ihren Dienst verrichten, obwohl der Bericht voller Warnungen ist. Riskieren sollte man das selbstverständlich besser nicht. Das zeigt nur einmal mehr, wie wichtig ein gutes Backup ist.

Kapitel 4
Über das Internet auf das NAS zugreifen

Sicher über das Internet auf das eigene NAS-System zugreifen und dessen Dienste nutzen? Das geht ganz einfach!

In diesem Kapitel zeigen wir Ihnen, wie Sie Ihr NAS über das Internet ansprechen können und welche Schritte dafür nötig sind. Wir zeigen Ihnen insbesondere, welche Möglichkeiten QNAP mit der Anwendungssuite myQNAPcloud offeriert. Einen weiteren Schwerpunkt bilden SSL-Zertifikate, die für eine vertrauliche Kommunikation über das Internet unerlässlich sind. Dieses Kapitel haben wir eher für diejenigen geschrieben, die in das Thema einsteigen und sich mit Portfreigaben, Zertifikaten und DNS-Diensten noch nicht so gut auskennen.

4.1 Generelles zum Zugriff über das Internet

Im lokalen Netzwerk sind zunächst einmal alle Dienste Ihres NAS problemlos zu erreichen, denn mit den Werkseinstellungen sind keine Einschränkungen gesetzt. Gleiches gilt zumindest aus der Sicht Ihres NAS auch für Verbindungen aus dem Internet, denn auch hier führen die Werkseinstellungen nicht zu Einschränkungen.

Das Gerät unterscheidet von sich aus nicht zwischen Anfragen aus dem Internet oder dem lokalen Netzwerk. Sowohl im privaten Heimnetzwerk als auch im lokalen Netzwerk eines Unternehmens schützt jedoch eine Firewall (die gegebenenfalls in den Router eingebaut ist) vor Zugriffen aus dem Internet. Eine Firewall ist oftmals so konfiguriert, dass eingehende Verbindungsanfragen ignoriert oder zumindest abgelehnt werden. In einem Unternehmensnetzwerk wird häufig auch der ausgehende Verkehr reglementiert, in einem Privatnetzwerk ist dies meist nicht so. Im Regelfall wird jedoch das NAS von sich aus Verbindungen in das Internet aufbauen können und beispielsweise einen Zeitserver für das Stellen der Uhrzeit oder den QNAP-Server für Updates und neue Software kontaktieren können. Antworten auf diese Anfragen werden von der Firewall an das NAS weitergeleitet.

Wenn Sie Ihr NAS nicht über das Internet ansprechen möchten, brauchen Sie also nichts weiter zu tun. Updates erhalten Sie sehr wohl, und neue Software können Sie auch installieren, aber niemand kann Ihr NAS aktiv über das Internet ansprechen. Damit sind die gespeicherten Daten darauf gut geschützt. Besonders vorsichtige Naturen könnten zur Steigerung der Sicherheit eventuell noch den ausgehenden Verkehr so beschränken, dass nur Server von QNAP angesprochen werden können.

Wenn Sie Ihr NAS aber über das Internet nutzen möchten, müssen Sie aktiv werden und die Einstellungen der Firewall so anpassen, dass die gewünschten Verbindungen möglich werden. Falls Sie so etwas noch nie gemacht haben, starten Sie am besten mit einigen Grundlagen und Begriffen:

Die Kommunikation in modernen Netzwerken läuft überwiegend (und das gilt sowohl für das lokale Netzwerk als auch für das Internet) über sogenannte *Ports* ab. Die beiden hauptsächlich im Internet für die Datenübertragung genutzten Protokolle, mit denen Sie im Alltag in Berührung kommen, namentlich *TCP* (Transmission Control Protocol) und *UDP* (User Datagram Protocol), sehen jeweils über 65.000 Ports für die Kommunikation vor. Jeder Dienst auf einem Gerät wie dem NAS oder einem anderen Server nutzt einen Port, teilweise werden auch mehrere Ports genutzt. Im Regelfall wird ein Port immer nur von einem Dienst genutzt, wobei es für bestimmte Anwendungen auch Ausnahmen gibt.

Bekannte Protokolle und Dienste, die auf TCP und UDP aufbauen, also etwa das *HTTP* (Hypertext Transfer Protocol) zur Übertragung von Webseiten, nutzen standardisierte Ports. Unverschlüsselte Webseiten werden zum Beispiel über Port 80 des TCPs übertragen, verschlüsselte Webseiten nutzen im Regelfall Port 443. FTP baut Verbindungen über Port 21 auf.

Netzwerkprotokolle müssen nicht immer standardisierte Ports verwenden, allerdings muss der genutzte Port für alle Teilnehmer einer Kommunikation erreichbar sein. Ein FTP-Server auf Ihrem NAS lauscht also beispielsweise auf Port 21 auf Verbindungsanfragen. Solche Anfragen aus dem lokalen Netzwerk werden durch keine Firewall blockiert und erreichen den FTP-Server problemlos. Da die Firewall aber alle Verbindungsanfragen aus dem Internet blockiert, kommen solche Anfragen beim FTP-Server nicht an. Man muss jetzt der Firewall mitteilen, dass eingehende Anfragen akzeptiert werden sollen. Das macht man aber niemals pauschal für alle Anfragetypen, sondern immer nur selektiv für den gewünschten Dienst. Im vorliegenden Fall wird man die Firewall also so konfigurieren, dass Verbindungsanfragen auf Port 21 nicht mehr blockiert und an das gewünschte Gerät weitergeleitet werden. In der Firewall muss man also immer den Port freigeben, den die gewünschte Anwendung, der gewünschte Dienst oder das gewünschte Protokoll verwendet. Man spricht daher auch oft von einer *Freigabe*, die man als sogenannte *Regel* in ein Regelwerk einträgt.

Ein Unternehmen erhält von seinem Internetprovider oftmals (aber nicht immer) mehrere IP-Adressen, die über das Internet angesprochen werden können. Es ist also möglich, dass Ihr NAS eine eigene IP-Adresse verwendet, die weltweit einmalig ist. In diesem Fall wird die Verbindung zwischen Internet und dem NAS oftmals nur durch eine Firewall überwacht. Und dies gilt sowohl für das klassische IPv4 als auch das moderne IPv6.

Bei einer kleineren Firma und erst recht im Privathaushalt vergibt der Provider aber oftmals nur eine einzige öffentliche IP-Adresse für das klassische IPv4. Das liegt an der begrenzten Anzahl möglicher IPv4-Adressen. Diese eine Adresse müssen sich alle Geräte im lokalen Netzwerk teilen. Darum kümmert sich der Router. Er nimmt eine sogenannte Adressübersetzung, auf Englisch *Network Address Translation*, abgekürzt *NAT*, vor. Er übersetzt die einzelne öffentliche IPv4-Adresse in die von den Netzwerkgeräten genutzten privaten IP-Adressen, die nur im lokalen Netzwerk gültig sind und im Internet nicht existieren (bzw. dort nicht genutzt werden). Im lokalen Netzwerk gibt es jeden Port, beispielsweise Port 21 für das FTP, auf jedem Netzwerkgerät, dem eine eigene private IP-Adresse zugewiesen wurde (auch wenn er nicht von jedem Gerät verwendet wird). Auf der Seite der einzelnen öffentlichen IP-Adresse gibt es diesen Port jedoch genau einmal. Deswegen muss bei der Nutzung einer NAT ein Port nicht einfach nur für die Kommunikation freigegeben, also geöffnet, werden. Man muss dem Router auch sagen, an welches Zielgerät im lokalen Netzwerk eingehende Anfragen an die öffentliche IP-Adresse weitergeleitet werden sollen. Deswegen spricht man hier oftmals nicht von Portöffnung, sondern von *Portweiterleitung* (die Begriffe werden zwar oft synonym verwendet, aber unsere pedantische Unterscheidung hilft beim Verständnis).

Letztendlich ist das Ziel aber immer dasselbe: Eingehende Anfragen sollen ein Zielgerät unter einem bestimmten Port erreichen. Ohne dass man den Router konfiguriert, erreichen Verbindungsanfragen das Zielgerät nicht. Der Router weiß schließlich zunächst nicht, an welches Zielgerät eine Anfrage weitergeleitet werden soll, und muss diese (solange es keine Regel dafür gibt) verwerfen. Eine Firewall ist hier also nicht unbedingt nötig, weil sich die Schutzfunktion einer solchen durch die NAT-Funktion quasi von selbst ergibt.

NAT und IPv6

Beim modernen IPv6 braucht man das NAT-Verfahren nicht mehr unbedingt, denn es gibt weltweit genügend IPv6-Adressen, so dass jedes Netzwerkgerät seine eigene auch im Internet nutzbare IP-Adresse erhalten kann. Deswegen erhält man hier vom Internetprovider auch nur ein *Adresspräfix*, aus dem sich die Geräte im Netzwerk eine eigene IP-Adresse bilden können. Beim IPv6 ist aber wieder eine Firewall vonnöten, die im Firmennetzwerk oft ein separates Gerät ist und im Heimnetzwerk im All-in-One-Router integriert ist.

Wenn Sie also einen bestimmten Dienst Ihres QNAP NAS über das Internet nutzen möchten, müssen Sie den Port, den der Dienst nutzt, für das entsprechende Protokoll entweder in einer Firewall öffnen oder den Datentransfer im Router per Portweiterleitung lenken. In jedem Fall ist ein manuelles Eingreifen erforderlich. Sie müssen sich also mit der Bedienung von Firewall und/oder Router vertraut machen und die gewünschten Einstellungen manuell vornehmen. Für den Einstieg gibt es in Form von *UPnP-Portfreigaben* jedoch eine Automatikfunktion, die diese Aufgaben erledigt. Eine solche Funktion wird auch von Ihrem QNAP-NAS geboten, dazu mehr im folgenden Abschnitt.

Wir können Ihnen an dieser Stelle leider nicht sagen, wie Sie Ihr spezielles Router- oder Firewall-Gerät konfigurieren müssen, denn dazu gibt es schlicht zu viele verschiedene Modelle. Allzu schwierig ist diese Aufgabe aber nicht, und im Internet findet sich bestimmt auch für Ihr Gerät eine entsprechende Anleitung. Im Regelfall benötigen Sie immer die folgenden Informationen:

- Welches Netzwerkprotokoll nutzt der Dienst?
  (Das ist meist entweder TCP oder UDP.)
- Über welche Ports kommuniziert der Dienst?

Sobald Sie die Daten in Router und/oder Firewall eingetragen haben, sollte der Kommunikation über das Internet nichts mehr im Wege stehen.

4.1.1 Datenschutz bei der Kommunikation über das Internet

Innerhalb des lokalen Netzwerks wird Ihr NAS (je nach den Netzwerkanforderungen) durch eine Firewall möglicherweise nur wenig oder gar nicht geschützt. Oft ist ein Schutz hier auch nicht nötig, da sich im lokalen Netzwerk im Regelfall nur vertrauenswürdige Geräte und Nutzer aufhalten.

Das ist nicht immer so, und insbesondere in größeren lokalen Netzwerken wird der Netzwerkverkehr sehr wohl auch reglementiert, aber der Grundgedanke des (halbwegs) sicheren Netzwerks gilt auch hier.

Das Internet kann man aber nicht als sicheres Netzwerk auffassen, denn den dort agierenden Personen mit boshaften Absichten stehen dieselben Kommunikationsmittel zur Verfügung wie denen mit legitimen Interessen. Denken Sie daran, dass im Internet nicht pauschal zwischen dem Datenverkehr boshafter Nutzer und dem Datenverkehr von Nutzern mit guten Absichten unterschieden werden kann. Eine boshafte Person kann also Ihr NAS über das Internet erreichen und es ansprechen – vorausgesetzt, Firewall und/oder Router lassen einen solchen Datenverkehr zu. Es ist jetzt die Aufgabe des Endgeräts, nur Anfragen von erwünschten Personen zu akzeptieren. Oft werden Benutzerkonten eingesetzt, die mit einem (hoffentlich sicheren) Passwort geschützt sind. Bei kritischen Diensten werden zusätzlich auch Zertifikate eingesetzt. Das alles funktioniert wunderbar und schützt effektiv, solange dem programmierenden Menschen kein Flüchtigkeitsfehler unterlaufen ist. Wenn dem doch so ist, dann gibt es vielleicht einen Weg (der durchaus schwierig zu beschreiten sein kann), wie ein Angreifer unberechtigt Zugriff auf das System und die dort gespeicherten Daten bekommt. Da niemand absolut fehlerfrei arbeitet, kommen solche Sicherheitslücken leider immer wieder und vor allem überall vor.

Das Risiko, dass eine Sicherheitslücke vorhanden ist, die ein Angreifer ausnutzen kann, steigt mit der Anzahl an Diensten, die von ihm angesprochen werden können. Deswegen sollte man die Anzahl möglicher Angriffsziele möglichst gering halten. Sprich: Geben Sie nur die Dienste für die Kommunikation über das Internet frei, die Sie auch wirklich benötigen und nutzen. Und noch besser: Geben Sie diese Dienste nur für den Zeitraum frei, in dem Sie sie benutzen wollen. Benötigen Sie etwa die Cloud-Funktion nur während einer Urlaubreise, um neue Fotos auf das NAS zu sichern, dann sollten Sie diese auch nur während der Urlaubsreise freischalten. Es ist keine gute Idee, möglichst viele Dienste über das Internet anzubieten, weil diese »irgendwann einmal bestimmt nützlich sind«. Oftmals ist es eine bessere Idee, eine VPN-Funktion zu nutzen, wie wir sie in Kapitel 18 beschrieben haben.

4.1.2 Welche Ports nutzen QNAP-NAS-Geräte für welche Dienste?

Da auf Ihrem QNAP NAS bereits eine ganze Reihe von Diensten laufen, sind dementsprechend auch bereits einige Ports belegt. In Tabelle 4.1 sehen Sie die Ports, die von den Anwendungen für eingehende Kommunikationsanfragen verwendet werden. Enthalten sind nur solche Anwendungen, die sich für die Nutzung über das Internet eignen. Sie müssen diese in Firewall oder Router für die Kommunikation über das Internet freigeben:

Anwendung	Protokoll	Port
FTP, FTPS (Steuerkanal)	TCP	21
FTP (passiv, Datenkanal, Standardwert)	TCP	55536–56559
Webinterface QTS sowie QTS-Anwendungen (unverschlüsselt)	TCP	8080
Webinterface QTS sowie QTS-Anwendungen (verschlüsselt)	TCP	443
QVPN mit OpenVPN	UDP	1194
QVPN mit L2TP/IPSec	UDP	500, 4500, 1701
QVPN mit QBelt-Server	TCP	443

Tabelle 4.1 Anwendungen und genutzte Netzwerkports auf Ihrem NAS-Gerät

Anwendung	Protokoll	Port
SSH	TCP	22
SFTP	TCP	22
TFTP (nicht empfohlen)	UDP	69
Webserver (unverschlüsselt)	TCP	80
Webserver (verschlüsselt)	TCP	8081
WebDAV (unverschlüsselt)	TCP	5000
WebDAV (verschlüsselt)	TCP	5001

Tabelle 4.1 Anwendungen und genutzte Netzwerkports auf Ihrem NAS-Gerät (Forts.)

4.1.3 Das NAS über das Internet ansprechen

Wenn Sie Firewall und Router korrekt konfiguriert haben, sind die gewünschten Anwendungen Ihres NAS-Geräts über das Internet erreichbar. Das gilt beispielsweise auch für Dateifreigaben, die Sie in den Multimediaanwendungen eingerichtet haben. Sie erreichen Ihr Gerät über dessen IP-Adresse. Wenn Sie eine NAT verwenden, nutzen Sie die öffentliche IP-Adresse Ihres Internetanschlusses. Wenn Ihr NAS eine eigene IP-Adresse hat, verwenden Sie diese. Das Gerät kennt seine eigene öffentliche IP-Adresse und nutzt sie für die Erstellung von Freigabelinks. Da der Umgang mit IP-Adressen nicht sonderlich angenehm ist, ergibt es Sinn, für das NAS eine Domain zu registrieren und diese mit der IP-Adresse zu verknüpfen. Wenn sich die IP-Adresse des NAS-Geräts nicht verändert, kann man eine normale Domain nehmen und das *DNS* (Domain Name System, es löst Domainnamen zu IP-Adressen auf) entsprechend konfigurieren. Wenn sich aber die IP-Adresse öfters ändert, verwendet man einen dynamischen DNS-Anbieter, der den nötigen DNS-Eintrag schnell verändern kann. Einen solchen Dienst nennt man *DDNS* (Dynamic Domain Name System). Im Internet finden sich kostenlose Anbieter für dynamisches DNS, und Domains können für sehr kleine Beträge gemietet werden.

Falls Sie für den Einstieg solche Klippen umschiffen möchten, sollten Sie sich die im nächsten Abschnitt vorgestellte Anwendungssuite myQNAPcloud anschauen. QNAP bietet Ihnen alle notwendigen Dienste, um Ihr NAS ohne große Anstrengungen auf sicherem Weg über das Internet ansprechen zu können.

4.2 Der Dienst myQNAPcloud

In diesem Abschnitt zeigen wir Ihnen, wie Ihnen myQNAPcloud bei der Kommunikation mit Ihrem NAS über das Internet behilflich sein kann. Sie lernen, welche Funktionen geboten werden und wie Sie den Dienst verwenden.

4.2.1 Grundlegendes zum gebotenen Funktionsumfang

Mit dem Dienst *myQNAPcloud* bietet QNAP verschiedene Möglichkeiten für den Zugriff auf Ihr NAS über das Internet. Zunächst einmal ist ein dynamischer DNS-Dienst enthalten. Sie erhalten damit also Ihre eigene Domain (oder besser gesagt: Subdomain), die ungefähr so aussieht: *ihrebeispieldomain.myqnapcloud.com.*

Diese wird fortlaufend mit der IP-Adresse Ihres NAS-Geräts im Internet abgeglichen. Dazu teilt das NAS seine aktuelle öffentliche IP-Adresse (auch WAN-Adresse genannt) den Servern von QNAP mit, die daraufhin den Ihnen zugeteilten DNS-Eintrag aktualisieren. Somit können Sie Ihr NAS auch bei wechselnden IP-Adressen (zum Beispiel an einem privaten Internetanschluss) stets über eine gleichbleibende Domain erreichen.

Der Zugriff über eine solche Adresse endet meist am Router bzw. der Firewall zu Hause. Erst wenn Sie dort eine Freigabe oder eine Portweiterleitung erstellen, können Anfragen auch Ihr NAS erreichen und beantwortet werden. Falls Ihnen diese Einstellungen zu kompliziert sind, nutzen Sie einen weiteren Dienst von myQNAPcloud, der sich *myQNAPcloud Link* nennt und eine Art von »Relay-Funktion« bietet. Dabei steht Ihr NAS in ständigem Kontakt mit den Servern von QNAP.

Möchte ein Nutzer über das Internet auf Ihr NAS zugreifen, wird zunächst der Server von QNAP kontaktiert. Wenn sich der Nutzer als berechtigt authentifiziert, wird über die ständige Verbindung zwischen Ihrem NAS und den QNAP-Servern eine Verbindung zwischen dem Nutzer und dem NAS hergestellt. Der Nutzer kann auf Dienste und Daten zugreifen. Die QNAP-Server dienen nur als Bindeglied, allerdings läuft der komplette Datentransfer über sie ab. Diese Funktion erspart also die Konfiguration von Router und Firewall. Das funktioniert deshalb, weil Ihr NAS zuerst die Verbindung zu den QNAP-Servern aufgebaut hat und diese aufrechterhält. Alle Daten, welche die QNAP-Server senden, sind aus Sicht Ihrer Firewall »Antworten«, und diese werden nicht blockiert (die Firewall nutzt dazu ein Verfahren namens *Stateful Packet Inspection*).

Sie kontaktieren das NAS über eine eigene Adresse, die sich *SmartURL* nennt. Sie dient aber nicht ausschließlich für die myQNAPcloud-Link-Funktion. Das »Smarte« daran ist, dass beim Aufrufen der SmartURL geprüft wird, auf welche Weise das NAS angesprochen werden kann. Wenn eine direkte Verbindung über das Internet möglich ist, wird diese genutzt. Ansonsten wird die myQNAPcloud-Link-Funktion verwendet. Die

SmartURL kann also recht universell eingesetzt werden. Zusätzlich können Sie über myQNAPcloud Personen einladen, die einen einfachen Zugriff auf Ihr NAS erhalten. Auch Freigabelinks (zum Teilen von Dateien) können einfach ausgetauscht werden.

Nicht vergessen werden soll die Möglichkeit, mit myQNAPcloud auch ein vertrauenswürdiges SSL-Zertifikat erhalten zu können. Auch das funktioniert automatisiert und erfordert nur sehr wenige Benutzereingaben.

Mit myQNAPcloud lässt sich auf Wunsch sogar der heimische Router im lokalen Netzwerk automatisch konfigurieren, so dass der Nutzer Portweiterleitungen nicht manuell anlegen muss.

Insgesamt sind die Dienste, die myQNAPcloud anbietet, für den Zugriff auf das NAS über das Internet nicht erforderlich. Selbstredend können Sie auch einfach manuell eine Freigabe in der Firewall Ihres lokalen Netzwerks oder eine Portweiterleitung in Ihrem Router einrichten und beispielsweise über die externe IP-Adresse Ihres NAS-Geräts darauf zugreifen. Sie können auch eine eigene Domain verwenden, wenn Ihr NAS unter einer gleichbleibenden IP-Adresse zu erreichen ist. Auch die Verwendung eines beliebigen dynamischen DNS-Anbieters ist problemlos möglich, sofern Sie sich selbst um die Aktualisierung der hinterlegten IP-Adresse kümmern. Der Dienst myQNAPcloud nimmt insbesondere weniger erfahrenen Anwenderinnen und Anwendern diese Arbeiten ab, ohne aber funktionelle Einschränkungen zu erfordern. Einzig die Auswahl der persönlichen Domain beim DDNS erzwingt die Nutzung von QNAP-Domains.

4.2.2 Den Dienst myQNAPcloud einrichten und benutzen

Wenn Sie myQNAPcloud einrichten oder einmal ausprobieren möchten, öffnen Sie die zughörige Anwendung über das Hauptmenü des Administrators oder über das Icon auf dem Desktop. Eine vorherige Installation über das App Center ist nicht erforderlich. Sie sehen dann das Fenster aus Abbildung 4.1.

Für die Nutzung von myQNAPcloud ist ein QNAP-Konto mit einer eigenen QNAP ID zwingend erforderlich.

1. Klicken Sie in der Anwendung oben rechts auf die grüne Schaltfläche ERSTE SCHRITTE, um ein solches Konto anzulegen oder sich anzumelden, wenn Sie schon ein Konto besitzen.
2. Sie sehen dann den Einrichtungsassistenten für myQNAPcloud. Klicken Sie dort auf STARTEN (siehe Abbildung 4.2).

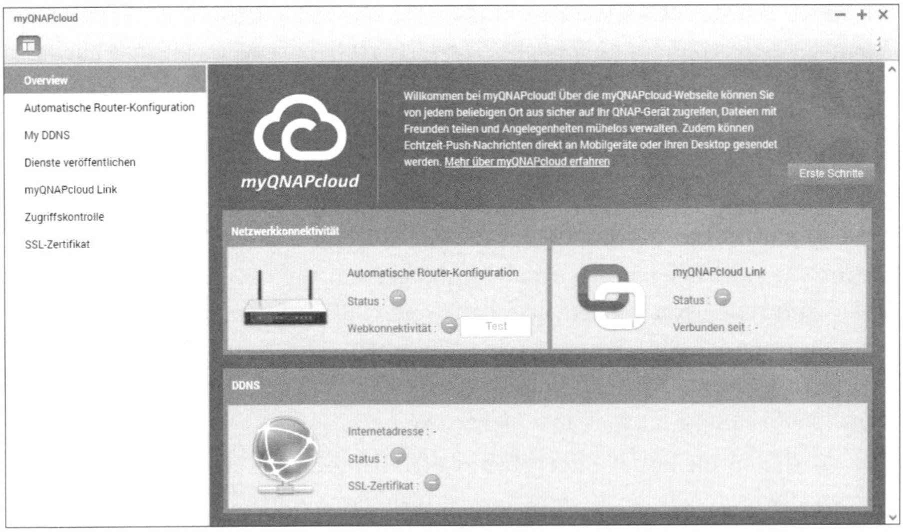

Abbildung 4.1 Bietet eine Menge Dienste für den unkomplizierten Zugriff über das Internet: die myQNAPcloud-Anwendung

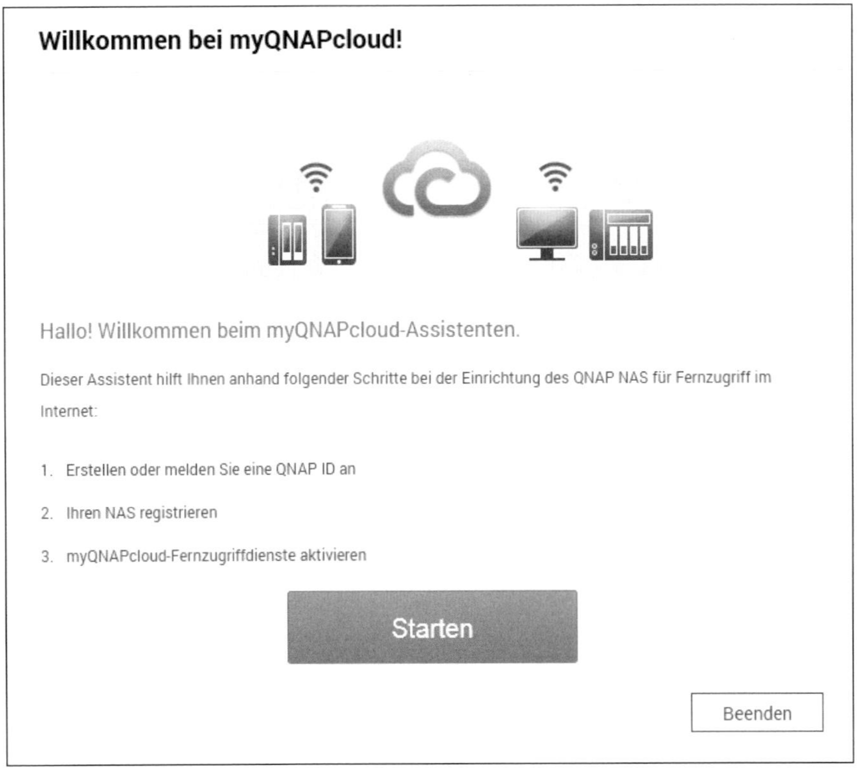

Abbildung 4.2 Sie benötigen eine QNAP ID für ein QNAP-Konto, um myQNAPcloud benutzen zu können.

3. Im ersten Schritt des Assistenten müssen Sie sich mit Ihrer QNAP ID anmelden. Wenn Sie sich schon für eine solche ID registriert haben, geben Sie Ihre Zugangsdaten in die Eingabefelder ein. Ansonsten nutzen Sie die Funktion zum Neuerstellen einer QNAP ID, für die Sie einen Nutzernamen, eine E-Mail-Adresse und ein Kennwort angeben müssen.
4. Im zweiten Schritt müssen Sie für Ihr NAS einen Gerätenamen vergeben (siehe Abbildung 4.3). Dies wird sozusagen Ihre Subdomain für den DDNS-Dienst, über den Sie Ihr NAS erreichen können. Wenn Sie später in einer QTS-Anwendung Freigabelinks (zum Teilen von Dateien) erstellen, werden die Empfänger diesen Gerätenamen lesen können. Sie können mit dem Link einen Hinweis auf Ihre Person geben, müssen dies aber nicht tun. Der Gerätename kann mit dem Hostnamen im Netzwerk identisch sein, muss es aber nicht.

   Der Assistent prüft, ob der eingegebene Gerätename bereits an eine andere Person vergeben wurde oder noch verfügbar ist (der Name muss einmalig sein). Ihnen werden dann die Adressen für den Fernzugriff über den QNAP-DDNS-Dienst sowie eine SmartURL angezeigt. Letztere führt entweder direkt zu Ihrem NAS (sofern dies möglich ist) oder verwendet für die Verbindung die vorhin beschriebene »Relay-Funktion« myQNAPcloud Link mit dem Umweg über die Server von QNAP, die Ihnen das Anlegen von Firewall-Regeln oder das Konfigurieren des Routers erspart.

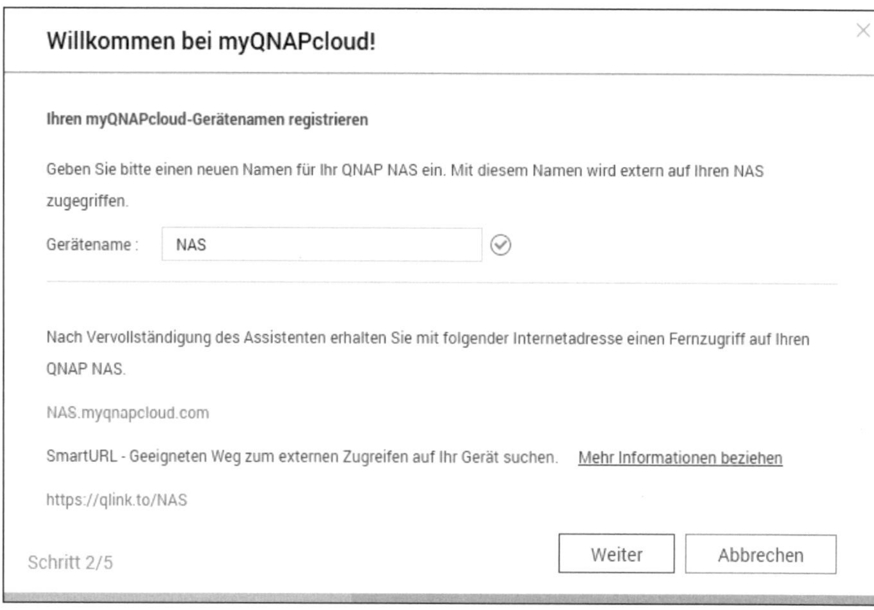

Abbildung 4.3 Vergeben Sie einen Gerätenamen, der unter anderem vom QNAP-DDNS als Subdomain genutzt wird.

5. Auf der dritten Seite des Assistenten, die Sie in Abbildung 4.4 sehen, können Sie verschiedene Services auswählen bzw. aktivieren, die Ihnen myQNAPcloud anbietet. Bei der automatischen Router-Konfiguration versucht die Anwendung, Ihren Router im lokalen Netzwerk über das UPnP zu kontaktieren und automatisch die benötigten Portweiterleitungen einzurichten. Diese Funktion, wir nennen sie *UPnP-Portfreigabe*, mag zwar komfortabel klingen, erfordert aber das Mitspielen des Routers, der die Funktion unterstützen muss.

   Außerdem gibt es gewisse Sicherheitsbedenken, die wir Ihnen im folgenden Abschnitt erklären. Sie können die Funktion auch später noch nutzen, aber im Regelfall ist es sicherer, die Portweiterleitungen manuell anzulegen und sich dabei auf die erforderlichen Freigaben zu beschränken.

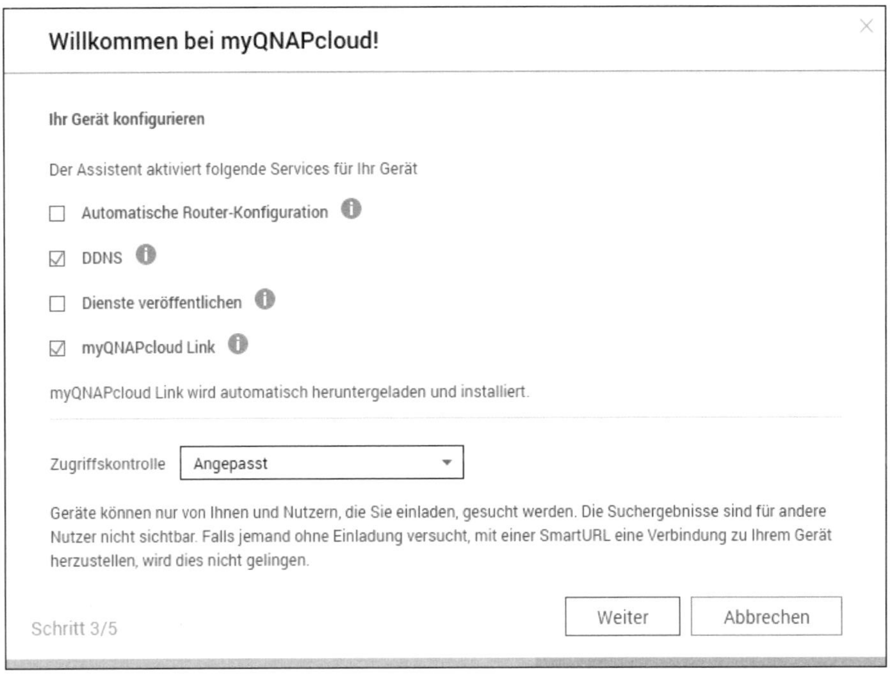

Abbildung 4.4 Wählen Sie aus, welche Dienste Sie von myQNAPcloud benutzen möchten.

6. Das Kontrollkästchen DDNS aktiviert den QNAP-DDNS-Dienst. Ihr NAS wird seine aktuelle externe IP-Adresse an den QNAP-DDNS-Dienst weiterleiten, so dass es immer über die zugewiesene Domain zu erreichen ist.

7. Das Kästchen DIENSTE VERÖFFENTLICHEN führt dazu, dass Personen, die auf Ihr NAS zugreifen, die zur Verfügung stehenden Ressourcen angezeigt werden. Das sind zum Beispiel die Multimedia-Stations, aber auch der Webserver. Sie stellen

weiter unten mit dem Ausklappfeld ZUGRIFFSKONTROLLE ein, welche Personen dies sein sollen.

- Wenn Sie hier ÖFFENTLICH wählen, sehen alle Personen, die Ihren Gerätenamen kennen und Ihr Gerät über myQNAPcloud Link im eigenen myQNAPcloud-Konto kontaktieren, die verfügbaren Services. Diese Einstellung ist zwar nicht per se unsicher, weil für den Zugriff üblicherweise ein Nutzerkonto erforderlich ist, aber trotzdem etwas »geschwätzig«, weswegen sie nur wohlüberlegt ausgewählt werden sollte.
- Bei der Option PRIVAT können nur Sie selbst Ihr NAS über das myQNAPcloud-Konto sehen. Aufgepasst: Diese Einstellung hat keine Bedeutung für die Nutzung der DDNS-Domain. Es geht hier nur um die Kontoseite in myQNAPcloud bzw. um den Aufruf über myQNAPcloud Link. Wie das genau aussieht, zeigen wir Ihnen später. Sie sollten diese Einstellung jetzt wählen, wenn Sie den Dienst nur für sich selbst einrichten und nicht daran interessiert sind, Ressourcen Ihres NAS-Geräts beispielsweise mit Freunden oder Projektpartnern zu teilen.
- Die Möglichkeit ANGEPASST stellt eine Kombination dar. Zunächst wird Ihr NAS in myQNAPcloud nur durch Sie selbst kontaktierbar sein, aber Sie können ausgewählte Personen (die ebenfalls ein QNAP-Konto haben müssen) zu Ihrem NAS einladen. Das bedeutet aber nicht, dass diese Personen direkten Zugriff auf irgendwelche Ressourcen bekommen. Sie müssen sich sehr wohl gegenüber Ihrem NAS mit den Zugangsdaten eines Nutzerkontos authentifizieren. Es geht hier nur um ein schnelles Auffinden und Kontaktieren.

8. Das letzte Kontrollkästchen MYQNAPCLOUD LINK aktiviert schließlich die »Relay-Funktion« und die zugehörige SmartURL über die QNAP-Server und ermöglicht das Ansprechen Ihres NAS-Geräts auch ohne Portfreigaben im Router.

   Alle Einstellungen können aber auch noch später verändert werden.
9. Sie sind nun schon fast fertig, denn im vierten Schritt wird Ihr Gerät automatisch konfiguriert. Es sind keine Eingaben erforderlich, warten Sie einfach ab, bis der Assistent fertig ist. Das Ergebnis wird Ihnen im fünften Schritt angezeigt. Wie in Abbildung 4.5 sehen Sie auch noch eine Zusammenfassung Ihrer Daten und Einstellungen.

Wenn Sie im Assistenten nun auf FERTIGSTELLEN klicken, landen Sie wieder in der Anwendung myQNAPcloud, wo Ihnen auf der Registerkarte OVERVIEW eine erfolgreiche Verbindung angezeigt wird (siehe Abbildung 4.6). Hier sehen Sie auch noch einmal den Gerätenamen und die SmartURL für die Verbindung über das Internet.

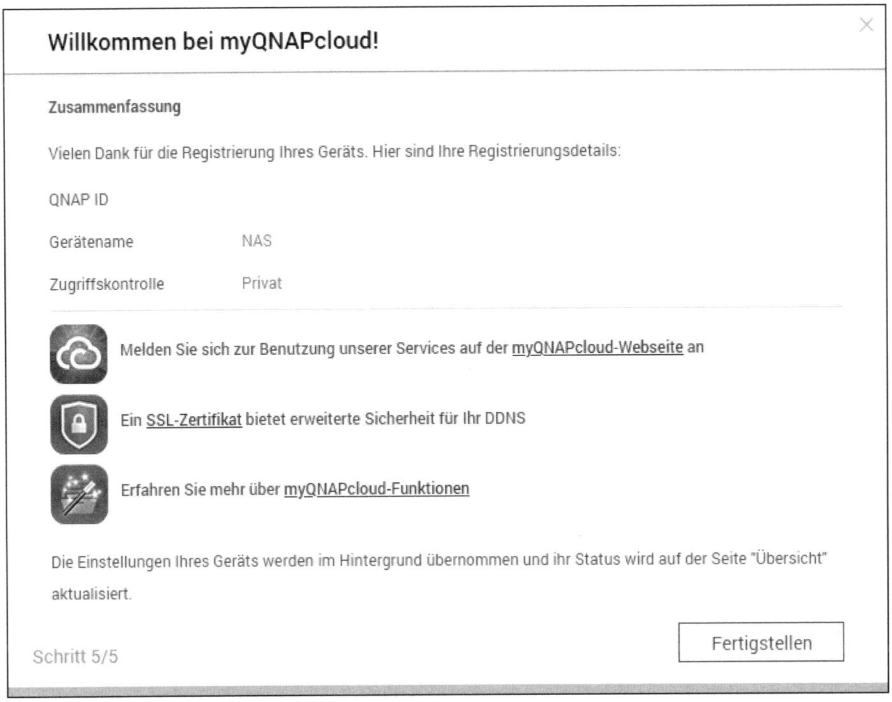

Abbildung 4.5 Schon fertig: Alle Einstellungen sind vorgenommen.

Abbildung 4.6 Die Anwendung hat ihren Dienst aufgenommen und kann verwendet werden.

4.2.3 Die automatische Router-Konfiguration verwenden

Wer sich mit der Netzwerkkonfiguration nur wenig auskennt und keine Portweiterleitungen im Router anlegen möchte, der kann sich von seinem NAS dabei unterstützen lassen. Wie zuvor erwähnt, kann das NAS über das UPnP mit einem dafür geeigneten Router kommunizieren und selbsttätig im Router die benötigten Portweiterleitungen anlegen. Dadurch wird das NAS über das Internet ansprechbar, und die gewünschten Dienste können über das Internet genutzt werden. Viele Router für den Privateinsatz zu Hause beherrschen UPnP-Portweiterleitungen.

Diese Funktion mag für den Einstieg sehr interessant sein, ist aber generell mit Vorsicht zu genießen. Wenn man sie nutzt, übergibt man dem entsprechenden Endgerät die Kontrolle über eine wichtige Sicherheitsfunktion des Routers. Viele Netzwerkgeräte haben in der Vergangenheit weitreichende Portweiterleitungen angelegt, ohne dass dafür ein triftiger Grund bestand. Oft liest man beispielsweise von frei erreichbaren Konfigurationsseiten von Druckern und anderen Geräten. In vielen Heimroutern ist die UPnP-Funktion für die automatische Portweiterleitung daher zunächst abgeschaltet.

UPnP-Portweiterleitungen und UPnP-Medienserver sind zwei völlig verschiedene Themen

An dieser Stelle sei noch kurz daran erinnert, dass es hier ausschließlich um selbsttätige Portweiterleitungen mit Hilfe des UPnPs geht. Der Medienserver, der ebenfalls das UPnP nutzt, ist ein völlig anderes Thema, das mit der Portweiterleitung nichts zu tun hat. Ein UPnP-Medienserver ist grundsätzlich nicht direkt über das Internet erreichbar und kann – sofern er vom Hersteller korrekt programmiert wurde – bedenkenlos eingesetzt werden.

Wenn Sie die Funktion nutzen möchten, müssen Sie diese also möglicherweise zunächst im Router einschalten. Wie das geht, verrät dessen Hilfefunktion. Falls Ihr Router es ermöglicht, sollten Sie UPnP-Portfreigaben nur für das angedachte Gerät erlauben, in diesem Fall also nur für Ihr NAS-Gerät. Auf diese Weise verhindern Sie, dass andere Geräte ebenfalls selbsttätig Portfreigaben einrichten.

Nachdem Sie die Funktion im Router aktiviert haben, öffnen Sie im Webinterface Ihres NAS-Geräts die Anwendung myQNAPcloud und dort die Registerkarte AUTOMATISCHE ROUTER-KONFIGURATION. Setzen Sie einen Haken in das Kontrollkästchen UPNP-PORTWEITERLEITUNG AKTIVIEREN. Sie erhalten einen Warnhinweis über mögliche Sicherheitsrisiken (siehe Abbildung 4.7). QNAP selbst empfiehlt sogar, von der UPnP-Portweiterleitung nach Möglichkeit Abstand zu nehmen und die nötigen Einstellungen besser manuell vorzunehmen. Damit hat der Hersteller sicherlich recht, allerdings muss man auch sagen, dass sich QNAP Mühe gegeben hat, wirklich nur benötigte Ports weiterzuleiten. Außerdem können Sie (im Unterschied zu vielen anderen Geräten) explizit festlegen, welche Ports für welche Dienste geöffnet werden sollen. Trotzdem sollten alle Nutzer, die Portweiterleitungen manuell vornehmen können, diese Aufgabe auch lieber manuell ausführen.

Wenn Sie die UPnP-Funktion nutzen möchten, klicken Sie ganz unten auf AKTIVIERT. Das NAS wird nun an Ihrem Router die nötigen Portweiterleitungen einrichten.

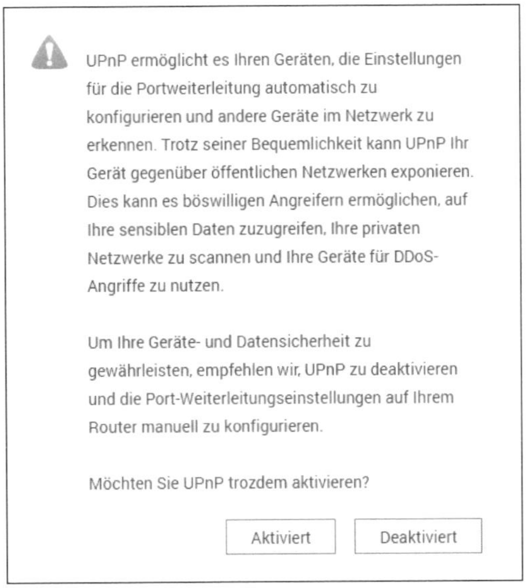

Abbildung 4.7 Die UPnP-Funktion für Portweiterleitungen sollte nur begründet benutzt werden.

Im Fenster aus Abbildung 4.8 sehen Sie eine Tabelle mit den möglichen und den aktivierten Portweiterleitungen. Die erste Spalte verrät Ihnen, welche Portweiterleitungen tatsächlich aktiviert sind. Schauen Sie sich die zugehörenden Dienste an, und überlegen Sie, ob Sie diese Dienste auch über das Internet nutzen möchten. Wenn dem nicht so ist, entfernen Sie das zugehörende Häkchen in der ersten Spalte.

Selbstredend können Sie auch (und zwar jederzeit) andere Dienste aktivieren. Grundsätzlich empfiehlt es sich, möglichst wenige Dienste über das Internet zugänglich zu machen. Freigaben sollten auch nur für die benötigte Zeit aktiviert werden – zum Beispiel während einer Urlaubs- oder Geschäftsreise. Klicken Sie anschließend auf APPLY TO ROUTER. Dann gleicht das NAS die Freigaben mit dem Router ab.

Sollten Sie in der Tabelle einen Dienst vermissen oder eine eigene Anwendung auf dem NAS über das Internet erreichbar machen wollen, dann klicken Sie auf NAS-DIENST HINZUFÜGEN. In einem neuen Fenster (siehe Abbildung 4.9) können Sie den NAS-Dienst benennen und die benötigten Ports für das verwendete Protokoll eintragen.

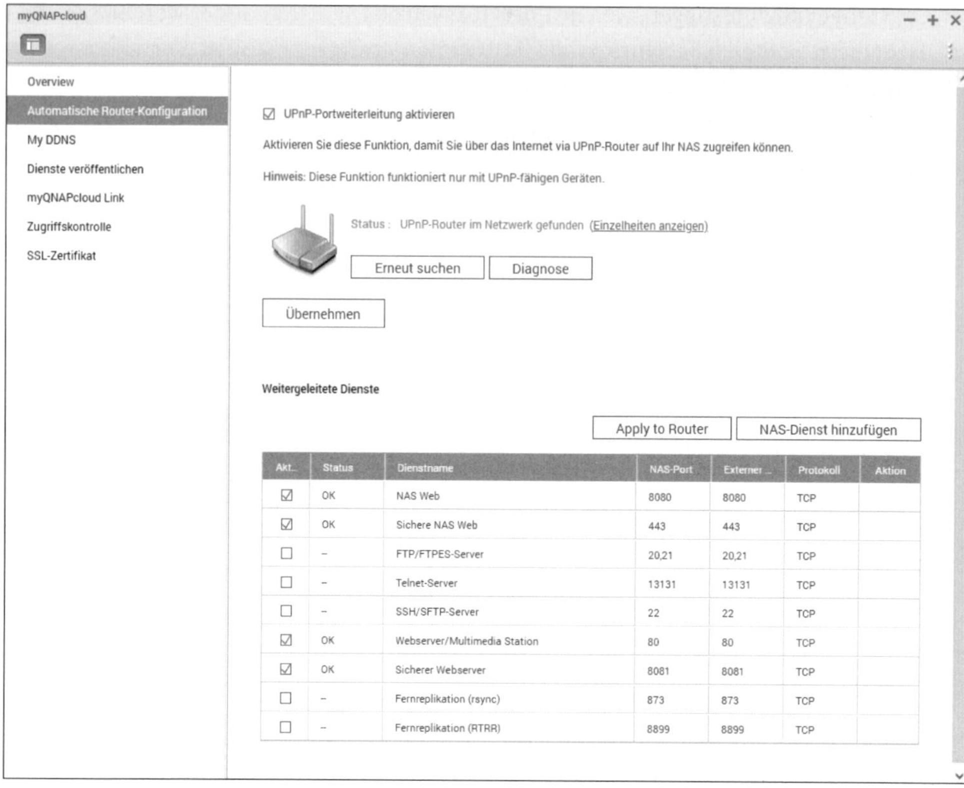

Abbildung 4.8 Überprüfen Sie, welche Ports geöffnet werden, und wählen Sie die gewünschten Anwendungen aus.

Abbildung 4.9 Fügen Sie eigene Anwendungen hinzu, deren Ports automatisch geöffnet werden.

Auf Wunsch können Sie auch einen abweichenden externen Port konfigurieren. Man nutzt dies beispielsweise, wenn der Router eine NAT verwendet und der gewünschte Port schon von einem anderen Netzwerkgerät in Verwendung ist. Auch unter Sicherheitsaspekten kann die Konfiguration eines abweichenden externen Ports einen (geringen) zusätzlichen Sicherheitsgewinn bringen, denn Angriffe auf den Port, den ein Dienst üblicherweise nutzt, laufen zunächst ins Leere. (Man bezeichnet ein solches Vorgehen als *Security through Obscurity*, also auf Deutsch: Sicherheit durch Verschleierung.) Klicken Sie abschließend auf OK.

Wenn Sie einen guten Router in Ihrem Netzwerk betreiben, informiert Sie dieser in seinem Webinterface über die eingerichteten Portfreigaben. Rufen Sie also ruhig einmal das Webinterface des Routers auf, und prüfen Sie, ob das NAS alle Portweiterleitungen korrekt vorgenommen hat.

Sollten Sie die UPnP-Portweiterleitungen nicht mehr verwenden wollen, deaktivieren Sie diese unbedingt sowohl in Ihrem Router als auch am NAS-Gerät. Entfernen Sie hier das Häkchen im obersten Kontrollkästchen UPNP-PORTWEITERLEITUNG AKTIVIEREN.

4.2.4 Den QNAP-DDNS-Dienst konfigurieren

Der DDNS-Dienst von QNAP muss (und kann) nicht sonderlich umfangreich konfiguriert werden. Die Registerkarte MY DDNS, die Sie in Abbildung 4.10 sehen, hat mehr informierenden Charakter.

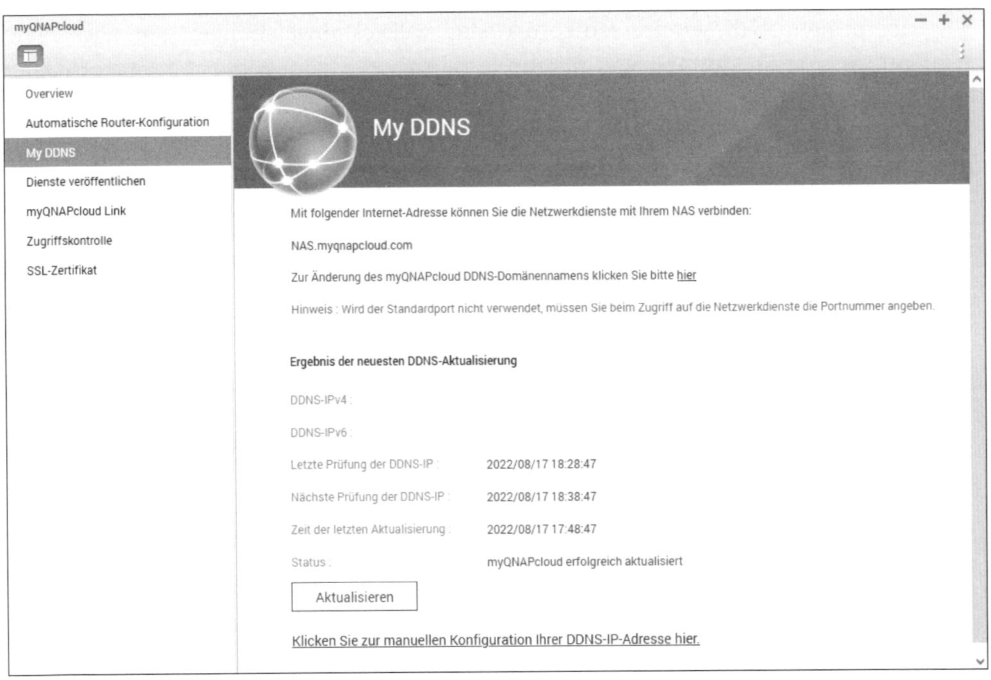

Abbildung 4.10 Überprüfen Sie die IP-Adressen, die im DNS eingetragen werden.

Zuoberst sehen Sie die Internetadresse, über die Sie direkt auf Ihr NAS zugreifen können (sofern Ihr Router oder Ihre Firewall den Zugriff über das Internet nicht unterbinden). Den DDNS-Domainnamen können Sie ändern, also zumindest die Subdomain, die Ihrem Gerätenamen entspricht (der, wie eingangs erwähnt, keinesfalls mit dem Hostnamen im lokalen Netzwerk identisch sein muss). Den Namensteil *myqnapcloud.com* können Sie hingegen nicht anpassen, QNAP stellt auch keine Auswahl an verschiedenen Domainnamen bereit. Möchten Sie eine Anpassung des Gerätenamens vornehmen, dann klicken Sie oben im Fenster auf den Eintrag HIER. In einem neuen Fenster können Sie einen neuen Gerätenamen eingeben.

Zertifikatswarnungen

Beachten Sie aber unbedingt, dass ein hinterlegtes Zertifikat noch auf den vorherigen Gerätenamen (beziehungsweise den vollständigen Domainnamen) ausgestellt wird. Bei einer Änderung wird es also zu Zertifikatswarnungen kommen, solange Sie die hinterlegten Zertifikate nicht auch mit dem neuen Gerätenamen anpassen. Darum wird es ausführlich in Abschnitt 4.2.8, »Ein SSL-Zertifikat hinterlegen«, und in Abschnitt 4.3, »Eigene SSL-Zertifikate verwenden«, gehen.

Im Bereich ERGEBNIS DER NEUESTEN DDNS-AKTUALISIERUNG sehen Sie die IP-Adressen, die vom DDNS zur Namensauflösung genutzt werden. Hier sollten Sie einmal überprüfen, ob diese Adressen korrekt sind. Falls es Abweichungen gibt, klicken Sie auf AKTUALISIEREN. Ihr NAS überprüft nun erneut seine externe IP-Adresse und passt die DNS-Einträge gegebenenfalls an. Dabei werden stets Server von QNAP genutzt, es ist nicht möglich, abweichende Dienste für die Erkennung der IP-Adresse zu nutzen.

Sie können jedoch für das DDNS eine eigene IP-Adresse eintragen. Klicken Sie dazu auf den entsprechenden Text ganz unten im Fenster. Falls Sie Ihr NAS mit einer festen IP-Adresse betreiben, können Sie diese hier hinterlegen (falls die automatische Erkennung nicht funktioniert oder Sie diese nicht nutzen wollen). Allerdings stehen Ihnen bei einer festen IP-Adresse noch ganz andere Möglichkeiten offen. Sie können dann auch eine »normale« Domain verwenden und die feste IP-Adresse im DNS zuweisen. Damit können Sie sich den Domainnamen auch völlig frei selbst aussuchen.

4.2.5 Die Funktionen der Registerkarte »Dienste veröffentlichen«

Der Sinn und Zweck der Registerkarte DIENSTE VERÖFFENTLICHEN mag sich auf Anhieb vielleicht nicht erschließen. Sie sehen auf dieser Registerkarte eine Auflistung aller Anwendungen, die man über das Internet nutzen kann (siehe Abbildung 4.11).

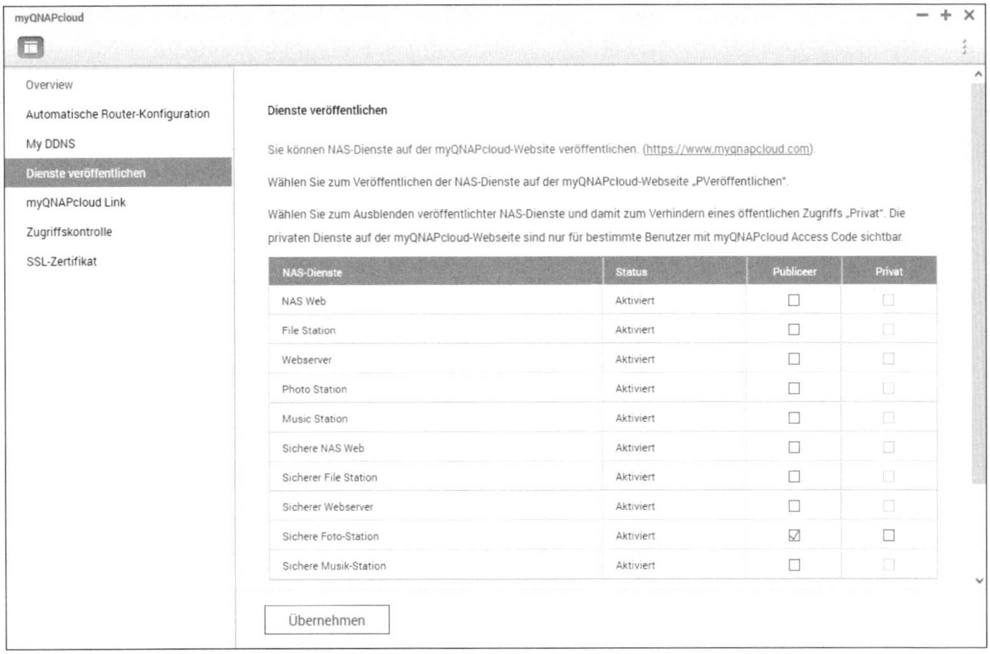

Abbildung 4.11 Legen Sie fest, welche Dienste Ihren Gästen im Internet als verfügbar angezeigt werden.

Der Dienst myQNAPcloud ermöglicht es Ihnen, Personen auf Ihr NAS »einzuladen«. Eine Einladung sprechen Sie an Nutzernamen von myQNAPcloud aus. Gehen Sie so vor:

1. Auf der Registerkarte ZUGRIFFSKONTROLLE legen Sie zunächst einmal pauschal fest, wer Ihr NAS über myQNAPcloud auffinden kann. Hier geht es darum, wem angezeigt wird, dass es Ihr NAS im Internet gibt. Die Auswahl haben Sie schon bei der Einrichtung von myQNAPcloud vorgenommen.
2. Die Auswahl PRIVAT bedeutet, dass nur Sie selbst Ihr NAS auffinden können. Möchten Sie einzelne Nutzer ebenfalls über Ihr NAS informieren, dann müssen Sie die Einstellung ANGEPASST auswählen und die gewünschten Personen einladen. Diese eingeladenen Personen sehen dann zwar Ihr NAS-Gerät, nicht aber unbedingt auch alle Dienste, die dort verfügbar sind.
3. Welche Dienste den eingeladenen Personen nun als verfügbar angezeigt werden, legen Sie auf der Registerkarte DIENSTE VERÖFFENTLICHEN fest.
4. Setzen Sie bei den Anwendungen, die den eingeladenen Personen angezeigt werden sollen, einen Haken in das Kontrollkästchen PUBLICEER, und klicken Sie dann auf ÜBERNEHMEN.

Wichtig ist festzuhalten, dass es hier wirklich nur um die Anzeige der verfügbaren Anwendung geht. Durch das Setzen des Häkchens vergeben Sie keine Zugriffsberechtigung. Die externe Person kann nun zwar die Anwendung aufrufen, muss sich aber selbstredend authentifizieren und benötigt folglich ein Benutzerkonto für Ihr NAS mit Zugangsdaten.

4.2.6 Den myQNAPcloud Link verwenden

Wie eingangs erwähnt, verbirgt sich hinter myQNAPcloud Link die »Relay-Funktion«, bei der Ihr NAS eine beständige Verbindung zu einem QNAP-Server im Internet aufrechterhält. Nutzer können über das Internet eine Verbindung zum QNAP-Server aufbauen, der die beständige Verbindung zu Ihrem NAS nutzt, um Datenpakete dort zuzustellen. Bei dieser Verbindungsart laufen also alle Datenpakete über Server von QNAP, allerdings müssen Sie im Gegenzug keine Ports in einem Router oder in der Firewall öffnen. Ihr NAS ist direkt über das Internet nicht zu erreichen. Einzige Voraussetzung ist, dass Ihr NAS Verbindungen ins Internet aufbauen darf und dass Ihr Router oder die Firewall Datenpakete passieren lässt, die sich einer Verbindung des NAS zuordnen lassen. Meist sind die betreffenden Geräte aber so konfiguriert, dass es keine Probleme geben wird. Die dafür nötige Funktion namens *Stateful Packet Inspection* ist meist so konfiguriert, dass Antwortpakete aus dem Internet an das Gerät hinter der Firewall weitergeleitet werden, das die Verbindung zuvor aufgebaut hat.

Für die Nutzung von myQNAPcloud Link hat sich QNAP etwas zur Erhöhung der Sicherheit einfallen lassen, nämlich die Gerätesichtbarkeit. Wenn diese auf der Registerkarte ZUGRIFFSKONTROLLE auf ÖFFENTLICH eingestellt ist, kann die SmartURL von jeder Person über das Internet verwendet werden. Jede Person kann also (über die Server von QNAP als Vermittler) Kontakt zu Ihrem NAS aufbauen.

Freilich ist vor dem Zugriff auf Ihre Daten eine Authentifizierung nötig, der Nutzer muss sich also mit den Zugangsdaten eines Nutzerkontos anmelden. Man kann die Nutzbarkeit von myQNAPcloud Link aber auch einschränken. Wenn Sie den Modus PRIVAT oder ANGEPASST nutzen, muss man sich zuerst auf der myQNAPcloud-Webseite mit einem QNAP-Konto anmelden, bevor man myQNAPcloud Link für die Verbindung zu Ihrem NAS verwenden kann. Ist die Zugriffskontrolle auf PRIVAT gestellt, dann hat nur Ihr eigenes QNAP-Konto Zugriff über myQNAPcloud Link. Niemand anderes erhält über die SmartURL Zugriff auf Ihr Gerät. Bei der Einstellung ANGEPASST können Sie andere Personen einladen.

Diese müssen über ein QNAP-Konto verfügen und sich vor der Nutzung Ihrer SmartURL mit Ihrem QNAP-Konto auf der myQNAPcloud-Webseite anmelden. In jedem Fall ist vor dem Zugriff auf die Dienste oder Daten Ihres NAS-Geräts eine Authentifizierung vorzunehmen (ausgenommen natürlich Dateifreigaben, zum Beispiel aus einer Multimediaanwendung).

Auf der Registerkarte MYQNAPCLOUD LINK (siehe Abbildung 4.12) können Sie die Funktion über die Schaltfläche rechts oben an- und abschalten. Grundsätzlich sollten Sie die Funktion abschalten, wenn Sie diese nicht benutzen möchten. Es ist problemlos möglich, sie beispielsweise nur für eine Urlaubsreise einzuschalten.

Abbildung 4.12 Greifen Sie mit myQNAPcloud Link über QNAP-Server auf Ihr NAS zu.

Der VERBINDUNGSSTATUS ist üblicherweise auf NORMAL eingestellt. Darüber kontrollieren Sie das Protokoll, das für den Datentransfer genutzt wird. Normalerweise wird das UDP verwendet. Das macht sich hier vorteilhaft, weil ja über diese Verbindung meist TCP-Daten transportiert werden. Das bedeutet, dass es bereits eine Sicherungsschicht für verlorene Datenpakete gibt, so dass der Empfänger eine Wiederholung des Datentransfers anfordern kann. Sollte es die Verbindungstopologie erfordern, können Sie über diese Schaltfläche auch auf eine TCP-Kapselung umstellen, was jedoch normalerweise nicht erforderlich sein sollte.

Weiter unten sehen Sie im Feld SMARTURL Ihre Adresse, die Sie für myQNAPcloud Link verwenden. Die SmartURL beinhaltet Ihren Gerätenamen.

Darunter können Sie über die großen Schaltflächen auf die myQNAPcloud-Webseite zugreifen, die von QNAP bereitgestellten Apps für mobile Geräte herunterladen sowie die Programme laden, die es von QNAP für Desktop-Geräte gibt. Bei den mobilen Apps und den Desktop-Anwendungen können Sie ebenfalls myQNAPcloud Link verwenden. Die Programme haben dafür ein eigenes Eingabefeld, das auch eine Anmeldung mit einem QNAP-Konto ermöglicht. Somit ist Ihr NAS auch bei der Nutzung dieser Software gut geschützt.

Bedenken Sie aber, dass der Datentransfer komplett über QNAP-Server läuft. Sie sollten im eigenen Interesse (was QNAP sogar selbst explizit empfiehlt) stets eine verschlüsselte Verbindung nutzen, damit die Daten Ende-zu-Ende-verschlüsselt sind. Außerdem behält sich QNAP vor, die Geschwindigkeit der Datenübertragung bei exzessiver Nutzung zu drosseln. Sie sollten diese Funktion daher beispielsweise nicht für umfangreiche Backups ganzer Festplatten oder Mediensammlungen nutzen.

4.2.7 Die Zugriffskontrolle richtig einstellen

Wie bereits mehrfach erwähnt, steuern Sie auf der Registerkarte ZUGRIFFSKONTROLLE (siehe Abbildung 4.13), wer myQNAPcloud-Links verwenden darf und wem Ihr NAS im eigenen myQNAPcloud-Konto angezeigt wird. In den meisten Fällen werden Sie sich wahrscheinlich für die Gerätezugriffskontrolle ANGEPASST oder PRIVAT entscheiden und die öffentliche Variante nur wohlüberlegt einsetzen. Die größtmögliche Sicherheit verspricht die Einstellung PRIVAT, bei der nur Sie selbst über die myQNAPcloud-Link-Funktion Zugriff auf Ihr NAS haben. Bei keinem anderen Nutzer wird Ihr NAS als verfügbar angezeigt.

Abbildung 4.13 Legen Sie fest, wem Ihr NAS als verfügbar angezeigt wird und wer myQNAPcloud Link verwenden darf.

Wenn Sie sich für die Variante ANGEPASST entschieden haben und nun einzelne Personen »einladen« bzw. »freischalten« möchten, klicken Sie auf das Kontrollkästchen HINZUFÜGEN. Ihnen wird eine Suchleiste eingeblendet. Geben Sie entweder die E-Mail-Adresse oder die Telefonnummer des QNAP-Kontos ein, das der einzuladenden Person gehört. Wenn Sie die Person hinzugefügt haben, kann diese Ihre SmartURL über myQNAPcloud verwenden, um eine Verbindung zu Ihrem NAS aufzubauen. Denken Sie daran, dass die Person zusätzlich ein Nutzerkonto auf Ihrem NAS besitzen muss, damit sie auf Dienste und Daten zugreifen kann. Ohne vorherige Anmeldung auf der myQNAPcloud-Webseite hat myQNAPcloud Link weder für die eingeladene Person noch für Sie selbst eine Funktion.

Wenn man ohne vorherige Anmeldung auf der myQNAPcloud-Webseite über die SmartURL myQNAPcloud Link nutzt, erhält man (beim Zugangskontrollprofil PRIVAT bzw. ANGEPASST) eine Fehlermeldung (siehe Abbildung 4.14) und muss sich mit dem eigenen oder einem eingeladenen QNAP-Konto anmelden.

4

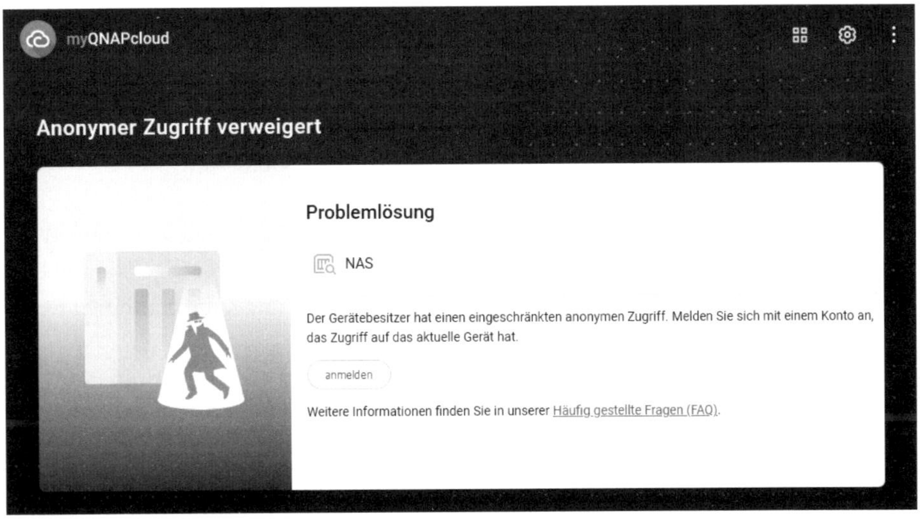

Abbildung 4.14 Ohne (berechtigte) vorherige Anmeldung führt myQNAPcloud Link auf eine Fehlerseite.

Eine eingeladene Person sieht in ihrem eigenen QNAP-Konto (bei aktivierter Zugangskontrolle ANGEPASST) Ihr NAS in der Sektion GERÄTE DES FREUNDES (siehe Abbildung 4.15). Dort sind die »veröffentlichten« Dienste sowie Freigabeordner und Freigabelinks aufgeführt (siehe Abbildung 4.16).

Abbildung 4.15 Ihr NAS wird der eingeladenen Person unter »Geräte des Freundes« angezeigt.

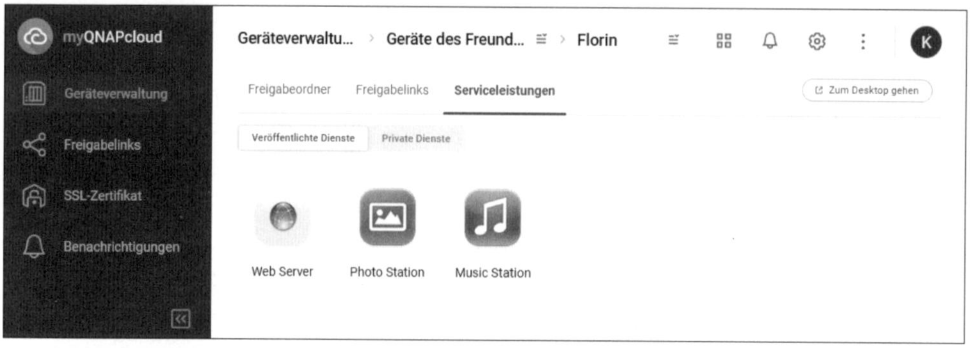

Abbildung 4.16 Die eingeladene Person kann die veröffentlichten Dienste sehen und sich schnell damit verbinden. Eine Authentifizierung ist trotzdem erforderlich.

Sie selbst können wiederum unter Ihrem QNAP-Konto auf der myQNAPcloud-Webseite auf der Registerkarte GERÄTEVERWALTUNG Freigaben für die eingeladenen Personen erstellen (siehe Abbildung 4.17). Sie haben von dort aus Zugriff auf die Freigabeordner Ihres NAS-Geräts und können Dateien teilen. Tragen Sie bei der Erstellung der Freigabe dann einfach die E-Mail-Adresse der Person ein, die Sie zu Ihrem NAS eingeladen haben. Diese sehen Sie dann in ihrem QNAP-Konto auf der myQNAPcloud-Webseite die Freigabelinks (siehe Abbildung 4.18).

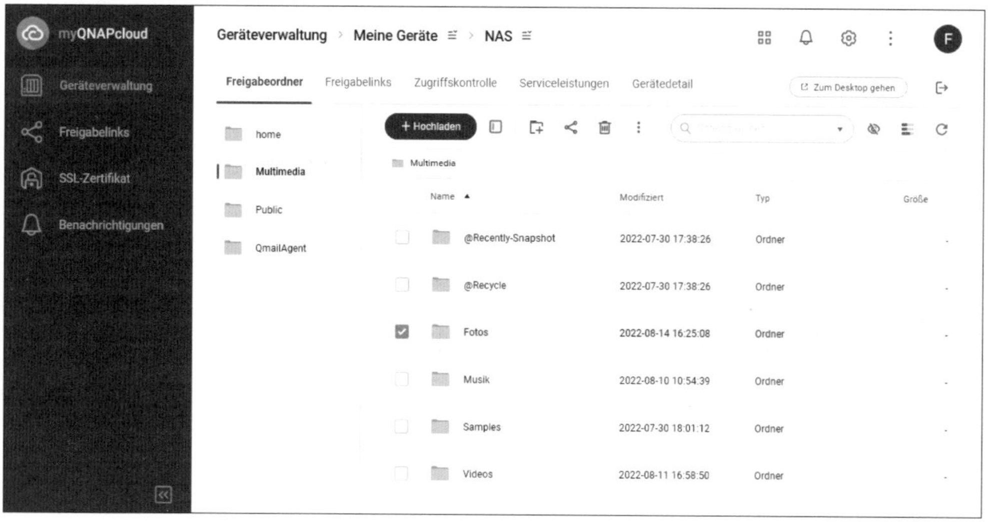

Abbildung 4.17 Auf der Webseite von myQNAPcloud besteht Zugriff auf die Dateien des eigenen NAS-Geräts. Auch Freigaben lassen sich erstellen.

Diese Art der Freigabe mag zwar zunächst etwas umständlich erscheinen, ist aber dann vorteilhaft, wenn man keine direkte Verbindung über das Internet zum eigenen NAS aufbauen kann, etwa weil sich Router oder Firewall nicht konfigurieren lassen oder es die Richtlinien des Unternehmens nicht erlauben.

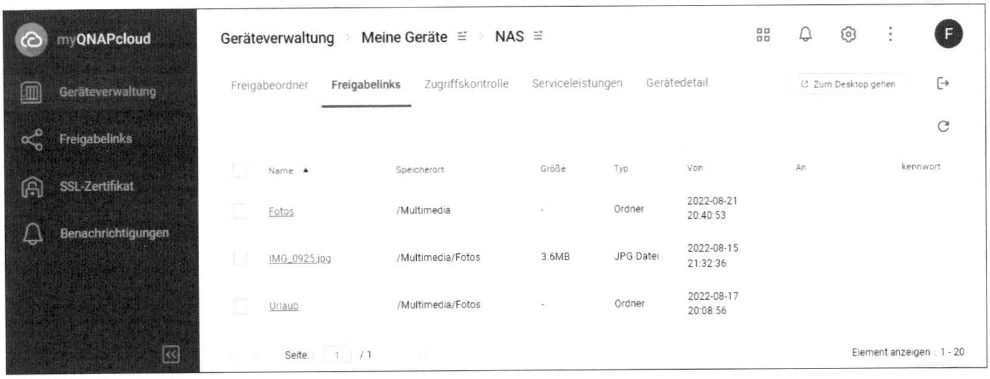

Abbildung 4.18 Auf der Registerkarte »Freigabelinks« werden alle erteilten Freigaben angezeigt.

Außerdem ergibt sich durch die Möglichkeit des Zugangskontrollprofils eine weitere Sicherheitsebene, die eine missbräuchliche Nutzung von Freigabelinks erschwert.

4.2.8 Ein SSL-Zertifikat hinterlegen

Wenn Sie mit Ihrem NAS über das Internet verschlüsselt kommunizieren möchten, benötigen Sie ein *SSL-Zertifikat*, damit Ihnen im Browser keine Zertifikatswarnungen mehr angezeigt werden.

Ein Zertifikat ist zunächst nur eine simple Textdatei, in der Ihr *öffentlicher Schlüssel* und ein paar Angaben zum Nutzer hinterlegt sind. Zum öffentlichen Schlüssel gehört ein *privater Schlüssel*. Während der öffentliche Schlüssel jedermann frei zugänglich gemacht werden kann, muss der private Schlüssel geheim bleiben. Beide Schlüssel dienen zusammen der verschlüsselten Datenübertragung. Die Daten werden mit dem öffentlichen Schlüssel des Empfängers verschlüsselt und können nur (!) durch dessen privaten Schlüssel wieder entschlüsselt werden. Alleine durch diese beiden Komponenten ist sichergestellt, dass niemand Unbefugtes den Datentransfer zwischen dem Nutzer und dem Zielgerät im Klartext mitlesen kann.

Allerdings können Sie sich dabei nicht sicher sein, dass Sie eine Verbindung tatsächlich zu Ihrem eigenen NAS aufgebaut haben. Es könnte sein, dass sich jemand am Identitätsdiebstahl versucht und die Identität Ihres NAS vortäuscht. Zertifikate haben daher zusätzlich einen *Fingerabdruck*. Das ist eine Prüfsumme für den (recht langen) öffentlichen Schlüssel. Wenn Sie den Fingerabdruck kennen, können Sie diesen bei der Datenübertragung prüfen. Der Fingerabdruck lässt sich nicht fälschen. (Eine Fälschung ist nur mit so unglaublich großem Aufwand möglich, dass sie in der Praxis ausgeschlossen werden kann.)

Wenn Sie feststellen, dass der Fingerabdruck des Zertifikats, das Ihnen beim Verbindungsaufbau präsentiert wird, Ihren Erwartungen entspricht, können Sie sicher sein, dass Sie wirklich mit Ihrem NAS verbunden sind. Damit das funktioniert, muss allerdings sichergestellt sein, dass der private Schlüssel wirklich nicht durch eine unberechtigte Person entwendet wurde.

Nun ist eine solche Prüfung des Fingerabdrucks zwar zielführend, aber nicht unbedingt bequem und erst recht nicht sonderlich praktisch, wenn die Nutzergruppe größer ist. (Schließlich muss der Fingerabdruck ja auch unverfälscht die Zielperson erreichen.) Zertifikate können aber auch noch auf andere Weise sicherstellen, dass man sich mit der angedachten Gegenstelle verbindet. Ins Spiel kommen jetzt sogenannte *vertrauenswürdige Instanzen*, die ein Zertifikat beglaubigen. Sie fügen dem Zertifikat eine eigene Prüfsumme hinzu. Diese Prüfsumme lässt sich durch mathematische Methoden einwandfrei der vertrauenswürdigen Stelle zuordnen. Diese Stelle bestätigt durch ihre Prüfsumme, dass die korrekte Gegenstelle antworten wird. Das bedeutet also, dass Sie tatsächlich mit Ihrem NAS verbunden werden, wenn Sie dessen Domain aufrufen. Nur wenn ein Zertifikat die Prüfsumme einer bekannten vertrauenswürdigen Instanz aufweist, wird der Browser (oder ein anderes Programm) dem Zertifikat vertrauen und keine Zertifikatswarnung anzeigen.

Zertifikate gibt es übrigens für viele verschiedene Anwendungen. Im aktuellen Fall sprechen wir von SSL-Zertifikaten, die einst für die SSL-Verschlüsselung entwickelt wurden und auch vom modernen TLS-Standard verwendet werden. In einigen Diensten finden Sie daher auf Ihrem NAS auch die Bezeichnung »TLS-Zertifikat«.

In der myQNAPcloud-Anwendung können Sie SSL-Zertifikate erstellen lassen, die automatisch auf Ihrem NAS installiert werden. Es stehen zwei verschiedene Möglichkeiten zur Wahl: Sie können ein Zertifikat von QNAP erwerben oder eines von Let's Encrypt abrufen.

Beachten Sie die Wortwahl: Das Zertifikat von QNAP ist gebührenpflichtig. Es hat eine begrenzte Laufzeit von drei Jahren und kostet einmalig rund 45 Euro (wobei der Preis in US-Dollar angegeben wird). Wenn der Gültigkeitszeitraum abgelaufen ist, wird das Zertifikat ungültig, und Sie müssen ein neues erwerben, wenn Sie weiterhin ein Zertifikat benutzen möchten. Die Alternative Let's Encrypt verlangt keine Gebühren und bietet kostenlose Zertifikate an. Diese haben zwar eine wesentlich kürzere Gültigkeitsdauer von nur 90 Tagen, allerdings können die Zertifikate (ebenfalls kostenlos) rechtzeitig vor Ablauf verlängert werden. Die Anwendung myQNAPcloud regelt alle notwendigen Schritte automatisiert für Sie.

Das ist insbesondere für den Einstieg eine gute Sache, weil es bei der Zertifikatserstellung einiges zu beachten gibt. Die Erstellung und Verwaltung von Zertifikaten ist zwar kein Hexenwerk, aber es gibt verschiedene Möglichkeiten und Parameter, von denen die zutreffende auszuwählen ist.

Bei beiden Bezugsquellen werden die Zertifikate von einer anerkannten vertrauenswürdigen Stelle beglaubigt. Es wird also zu keinen Zertifikatswarnungen kommen. Durch diese Beglaubigung entstehen keine weiteren Kosten.

Grundsätzlich kann ein Zertifikat nur an eine Domain gebunden werden. Es wird nicht für IP-Adressen ausgestellt. Sehr wohl lässt es sich aber auch mit einer DDNS-Adresse einsetzen. Bei der Zertifikatserstellung wird durch ein automatisiertes Verfahren überprüft, ob das Gerät, welches das Zertifikat anfordert, auch wirklich unter der Domain antwortet, für die das Zertifikat ausgestellt werden soll. Es gibt verschiedene Prüfverfahren, sehr oft werden die DNS-Challenge-Methode oder die Webserver-Methode verwendet. Dazu später in Abschnitt 4.2.9, »Ein Zertifikat von Let's Encrypt erhalten«, mehr.

Wenn Sie mit Ihrem NAS sicher über das Internet kommunizieren wollen, besser gesagt, wenn irgendjemand sicher mit Ihrem NAS über das Internet kommunizieren soll, dann sollten Sie unbedingt ein beglaubigtes Zertifikat hinterlegen. Denken Sie daran, dass auf diese Weise zwei Ziele erreicht werden:

- Die Verbindung ist sicher verschlüsselt, der Datentransfer kann nicht im Klartext mitgelesen werden.
- Sie können sicher sein, dass Sie mit Ihrem Gerät verbunden sind und dass Sie Passwörter oder andere vertrauliche Daten nicht an einen Angreifer senden, der unter Ihrer Identität auftritt.

Was wird denn jetzt genau zugeordnet? Geräte, Domains, Adressen oder Personen?

Bei dem Zertifikat handelt es sich um eine Datei, die auf dem jeweiligen Gerät hinterlegt wird. Das Zertifikat ist an eine Domain gebunden, nicht an ein Gerät. Sie können also Ihr NAS mit an einen anderen Ort nehmen, an dem es eine andere IP-Adresse im Internet erhält. Wenn Sie nun den DNS-Eintrag Ihrer Domain anpassen, gibt es keine Zertifikatswarnungen. Die Domain führt nach wie vor zu einem Gerät, auf dem das korrekte Zertifikat hinterlegt ist.

Sie können auch das Zertifikat (mit dem zugehörenden privaten Schlüssel) zu Hause auf ein anderes Gerät übertragen. Auch diesem wird vertraut werden: Die Domain führt nach wie vor zu einem Gerät, auf dem das korrekte Zertifikat hinterlegt ist.

Wenn jetzt ein Angreifer bei Ihnen im lokalen Netzwerk Ihr NAS ausschaltet und stattdessen ein eigenes in Betrieb nimmt, weist dieses Gerät nicht das korrekte Zertifikat auf. Zwar wird unter Ihrer Domain nun eine Verbindung zum Gerät des Angreifers aufgebaut, aber das Zertifikat fehlt, und es wird eine Sicherheitswarnung im Browser geben. Der Angreifer muss zusätzlich Ihr Zertifikat (und den zugehörenden privaten Schlüssel) stehlen und auf seinem Gerät installieren, damit dem Gerät des Angreifers vertraut wird. Zusätzlich muss in jedem Fall auch die Domain auf das Gerät des Angreifers zeigen. Wer einfach nur Ihr Zertifikat (und den zugehörenden privaten Schlüssel) stiehlt, aber nicht auch Zugriff auf Ihre Domain hat, kann ebenfalls nicht ohne Warnmeldungen agieren.

QNAP selbst ist natürlich daran interessiert, dass Sie den eigenen (gebührenpflichtigen) Dienst nutzen, den es schon wesentlich länger als das Let's-Encrypt-Projekt gibt.

Let's Encrypt

Lassen Sie sich bitte nicht durch den saloppen Namen *Let's Encrypt* täuschen. Es handelt sich um ein professionelles Projekt, das von namhaften Institutionen und Personen unterstützt wird und zum Ziel hat, die vertrauenswürdige Kommunikation über das Internet zu verbessern. Es spricht daher überhaupt nichts dagegen, den Dienst in Anspruch zu nehmen. Es entstehen auch keine Sicherheitsnachteile.

Für die Privatperson oder einen Verein ist Let's Encrypt eine gute Wahl. Auch im Unternehmensumfeld entstehen keine Sicherheitsnachteile und (bei dem geplanten Einsatzzweck) auch keine funktionalen Nachteile. Es gibt allerhöchstens einen psychologischen Effekt zu berücksichtigen: Das Zertifikat ist immer öffentlich einsehbar, sobald eine Verbindung aufgebaut wird. Im Zertifikat ist die Zertifizierungsstelle vermerkt. Die Person, die die Verbindung aufbaut, kann also erfahren, dass das Zertifikat von Let's Encrypt stammt. Wenn man nun geschäftlich auftritt und nicht möchte, dass die Kunden sehen, dass man das Zertifikat vom (vermeintlich) »billigen Jakob« hat, kann man auf eine gebührenpflichtige Alternative ausweichen.

4.2.9 Ein Zertifikat von Let's Encrypt erhalten

Wenn Sie ein kostenfreies Zertifikat von Let's Encrypt abrufen möchten, öffnen Sie in der Anwendung myQNAPcloud auf Ihrem NAS die Registerkarte SSL-Zertifikat.

1. Klicken Sie in der Sektion Let's Encrypt auf die Schaltfläche Herunterladen und installieren.
2. Im neuen Fenster SSL-Zertifikat herunterladen und installieren (siehe Abbildung 4.20) müssen Sie darauf achten, dass Sie eine korrekte E-Mail-Adresse eintragen. An diese sendet Ihnen Let's Encrypt Mitteilungen zu Ihrem Zertifikat, zum Beispiel, wenn seine Gültigkeit demnächst abläuft und eine Verlängerung notwendig wird. Aktivieren Sie am besten das untere Kontrollkästchen Domain vor Ablauf automatisch erneuern.

   Das ist ein wenig unglücklich übersetzt, denn es geht hier nicht um die Aktualisierung der Domain selbst, sondern um die Aktualisierung des Zertifikats. Mit aktiviertem Kontrollkästchen kümmert sich Ihr NAS rechtzeitig um die Aktualisierung.

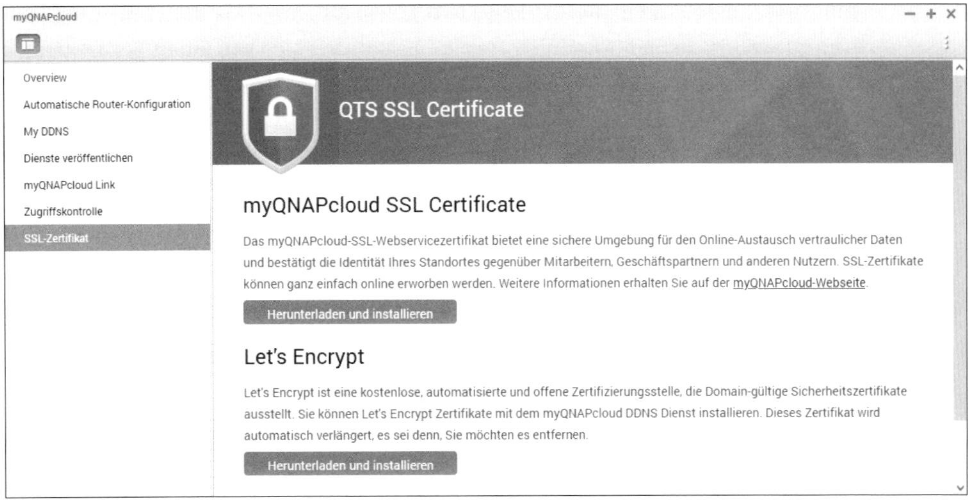

Abbildung 4.19 Zertifikate können automatisch von Let's Encrypt und vom QNAP-eigenen Dienst bezogen werden.

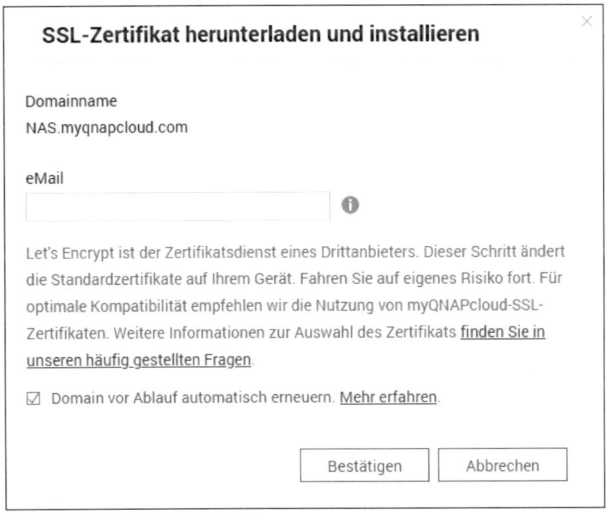

Abbildung 4.20 Für ein Zertifikat von Let's Encrypt müssen Sie eine E-Mail-Adresse angeben.

Wenn Sie den DDNS-Dienst von QNAP nutzen oder Ihr NAS über Port 80 oder 443 über das Internet zu erreichen ist, sind für die Aktualisierung des Zertifikats keinerlei Benutzeraktionen erforderlich. Für die Erstellung des Zertifikats muss Let's Encrypt sicherstellen, dass Ihr NAS unter der angegebenen Domain antwortet. Damit wird quasi eine Art von Identitätsprüfung durchgeführt. Für den DDNS-Dienst von QNAP wird eine sogenannte *DNS Challenge* gestellt. Let's Encrypt fordert den Domaininhaber (das ist in diesem Fall QNAP) dazu auf, im DNS einen bestimmten Eintrag zu setzen, den Let's Encrypt vorgibt. Es handelt sich um einen Texteintrag, der beliebig gefüllt werden kann. Nur der korrekte Domaininhaber kann diesen Eintrag vornehmen. QNAP wird der Anweisung automatisiert nachkommen, Sie müssen sich um nichts weiter kümmern.

Sobald der DNS-Eintrag vorgenommen wurde, ist Let's Encrypt zufriedengestellt und kann bestätigen, dass die Domain korrekt zugeordnet wird. Sie müssen nichts weiter tun, es ist auch nicht nötig, dass Sie bestimmte Ports auf Ihrem NAS freigeben.

Eine *Webserver Challenge* über Port 80 oder 443 ist bei Let's Encrypt dann erforderlich, wenn Sie keine DNS-Einträge setzen können, was bei manchen Domainanbietern vorkommt und bei vielen DDNS-Anbietern die Regel ist. Das ist aber an dieser Stelle nicht relevant, weil Sie über die myQNAPcloud-Anwendung nur Zertifikate für den QNAP-DDNS-Dienst erstellen können. Klicken Sie also auf BESTÄTIGEN, um mit der Zertifikatserstellung fortzufahren.

3. Der Rest läuft völlig automatisch ab. Es ist nicht nötig, dass Sie zunächst ein eigenes Zertifikat nebst zugehörigem Sign Request erstellen, alle nötigen Schritte erledigt der Assistent. Es dauert allerdings ein paar Sekunden, bis Let's Encrypt sichergestellt hat, dass Ihr NAS unter der angegebenen Domain antwortet. Anschließend wird das Zertifikat automatisch auf Ihr NAS geladen und dort als Standardzertifikat hinterlegt (siehe Abbildung 4.21).

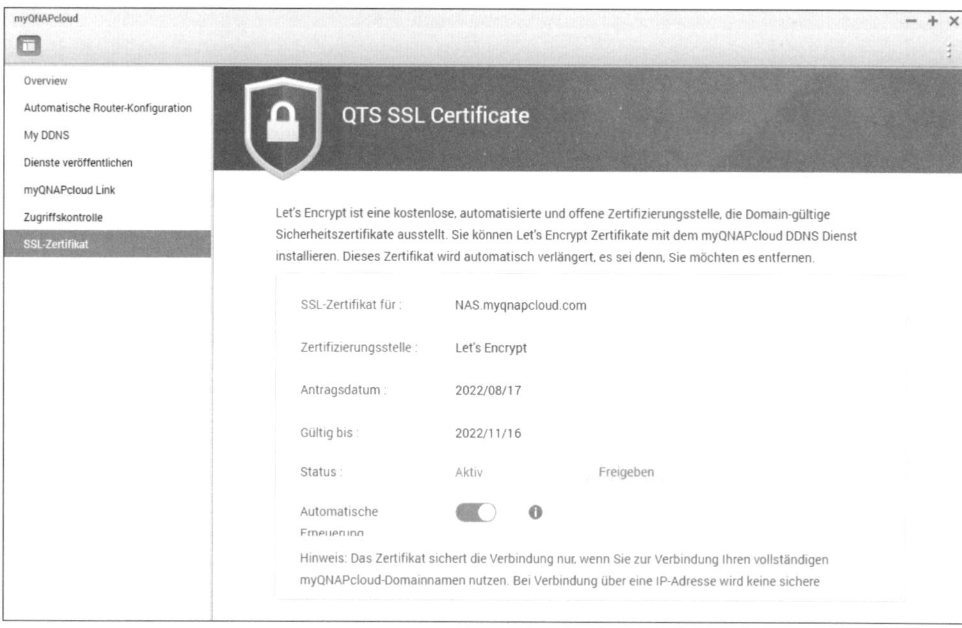

Abbildung 4.21 Das Zertifikat wurde erstellt und auf dem System hinterlegt.

4. Sie kehren wieder automatisch zur Registerkarte SSL-ZERTIFIKAT zurück, auf der Sie nun Angaben zu Ihrem Zertifikat erhalten. Sie sehen, für welche Domain es ausgestellt wurde – hier steht also Ihre QNAP-DDNS-Adresse. Im Feld GÜLTIG BIS sehen Sie, wann die Gültigkeit des Zertifikats endet. Bei Let's Encrypt beträgt der Gültigkeitszeitraum 90 Tage. Wenn das Zertifikat seine Gültigkeit verliert, werden Browser (und andere Anwendungen) Zertifikatswarnungen ausgeben und dem Zertifikat nicht mehr vertrauen. Achten Sie daher darauf, dass die Funktion AUTOMATISCHE ERNEUERUNG angeschaltet ist. Das Zertifikat wird schon einige Tage vor dem Ablauf der Gültigkeit erneuert, so dass es gewiss nicht zu Zertifikatswarnungen kommen wird.
5. Die Schaltfläche FREIGEBEN (siehe Abbildung 4.22) ist etwas unglücklich benannt, denn sie hat nichts mit einem Freigeben des Zertifikats im Sinne von »mit anderen Personen teilen« zu tun. Tatsächlich löscht sie das Zertifikat von Ihrem NAS und gibt die Domain für die erneute Zertifikatsanforderung auf einem anderen Gerät frei.

Abbildung 4.22 »Freigeben« ist als »löschen« zu verstehen und entfernt das Zertifikat vom System. Die Domain wird für einen erneuten Zertifikatsabruf »frei«.

Über das hinterlegte Zertifikat informiert aber nicht nur die Anwendung myQNAPcloud, sondern auch die Systemsteuerung.

1. Öffnen Sie dort in der Gruppe SYSTEM das Modul SICHERHEIT und dort die Registerkarte SSL-ZERTIFIKAT & PRIVATER SCHLÜSSEL.
2. In der Sektion SERVERZERTIFIKAT sehen Sie ebenfalls die relevanten Informationen zu Ihrem Zertifikat. Auch hier können Sie das Zertifikat löschen.
3. Ihnen stehen die Optionen ZERTIFIKAT ERSETZEN und AUF STANDARD RÜCKSETZEN zur Verfügung. Bei der erstgenannten Möglichkeit können Sie das Zertifikat durch ein anderes, beispielsweise ein eigenes Zertifikat, ersetzen, die zweite Möglichkeit stellt wieder den Werkszustand mit dem selbst erstellten Zertifikat von QNAP her.
4. Mit der Schaltfläche ZERTIFIKAT HERUNTERLADEN können Sie die einzelnen Bestandteile des Zertifikats auf den aktuellen Rechner herunterladen. Somit ist es möglich, das Zertifikat beispielsweise auf einem anderen Webserver zu nutzen, der

dieselbe Domain wie Ihr NAS verwendet. Sie können, bei besonderen Sicherheitsanforderungen, auch das Zertifikat auf abhörsicherem Wege an einen Kommunikationspartner zur Prüfung weiterreichen. Dieser kann beispielsweise den Fingerabdruck verwenden, um sicherzugehen, dass er wirklich mit Ihrem NAS kommuniziert. Es ist aber darauf zu achten, dass der private Schlüssel geheim ist. Er darf nicht in fremde Hände fallen. Wird er anderen Personen bekannt, dann können diese Ihre Kommunikation entschlüsseln und Ihre Identität annehmen.

Abbildung 4.23 Das Zertifikat wird auch in der Systemsteuerung eingetragen und kann alternativ hier verwaltet werden.

Wir möchten nochmal daran erinnern, dass ein Zertifikat immer nur für Domainnamen gilt und nicht direkt für IP-Adressen. Zertifikatswarnungen wie aus Abbildung 4.24 bleiben daher nur dann aus, wenn Sie Ihr NAS über die Domain ansprechen, für die das Zertifikat ausgestellt wurde – in diesem Fall also für Ihre QNAP-DDNS-Domain. Wenn Sie das NAS über seine IP-Adresse ansprechen (egal ob über das Internet oder im lokalen Netzwerk) oder den Hostnamen benutzen, wird es in jedem Fall zu Zertifikatswarnungen kommen.

Kann man auch im lokalen Netzwerk mit einem Zertifikat arbeiten?

Möchten Sie auch im lokalen Netzwerk (also gewissermaßen im Intranet) Zertifikatswarnungen vermeiden und nicht nur verschlüsselt, sondern auch authentifiziert kommunizieren, dann ist etwas Handarbeit angesagt. Besorgen Sie sich zuerst eine eigene Domain für das NAS. Es kann sich auch um eine dynamische Domain eines kostenlosen DDNS-Anbieters handeln, solange der Anbieter eine Funktion gestattet: Sie müssen die Domain auf die interne IP-Adresse des NAS verweisen lassen. Nicht jeder Anbieter gestattet dies, denn über diese Technik lassen sich auch Angriffe einleiten.

Deswegen müssen Sie auch bei Ihrem Router nachschauen, ob eventuell ein Schutz vor DNS-Rebind-Attacken angeschaltet ist. Dieser unterbindet die Auflösung von Domains auf lokale IP-Adressen. Tragen Sie gegebenenfalls eine Ausnahme ein. Rufen Sie zunächst über das Internet ein Zertifikat für Ihre Domain ab, bevor Sie diese auf die interne IP-Adresse zeigen lassen. Wenn das Zertifikat korrekt installiert ist, ändern Sie die verbundene IP-Adresse. Jetzt gibt es auch beim Zugriff im lokalen Netzwerk keine Zertifikatswarnungen mehr.

Alternativ lässt sich das NAS auch einfach über seine »externe« Domain ansprechen, wenn der gewünschte Dienst über das Internet erreichbar ist. Der Router erkennt, dass sich das Gerät im lokalen Netzwerk befindet, und der Datenzugriff läuft mit voller Geschwindigkeit im lokalen Netzwerk ab.

Abbildung 4.24 Eine Zertifikatswarnung unterbleibt nur, wenn man das NAS über die verknüpfte Domain aufruft.

4.2.10 Ein Zertifikat von QNAP beziehen

Wenn Sie statt des Zertifikats von Let's Encrypt lieber eines von QNAP verwenden möchten, können Sie auch ein solches problemlos über die Anwendung myQNAPcloud erhalten.

1. Öffnen Sie die Registerkarte SSL-ZERTIFIKAT, und klicken Sie im Bereich MYQNAPCLOUD SSL CERTIFICATE auf die Schaltfläche HERUNTERLADEN UND INSTALLIEREN. Sie erhalten einen Hinweis, dass Sie noch kein Zertifikat besitzen, mit einem Link zur Webseite von myQNAPcloud.

2. Klicken Sie den Link an. Sie müssen sich (sofern noch nicht geschehen) am Dienst mit Ihrem QNAP-Konto anmelden. Vor dem Kauf erhalten Sie noch eine Warnmeldung über die entstehenden Kosten, die fehlende Möglichkeit zur Rückerstattung und die regionale Bindung.

Abbildung 4.25 Das QNAP-SSL-Zertifikat muss auf der myQNAPcloud-Webseite beantragt werden.

3. Sie gelangen dann zur Kaufseite für das Zertifikat (siehe Abbildung 4.26).

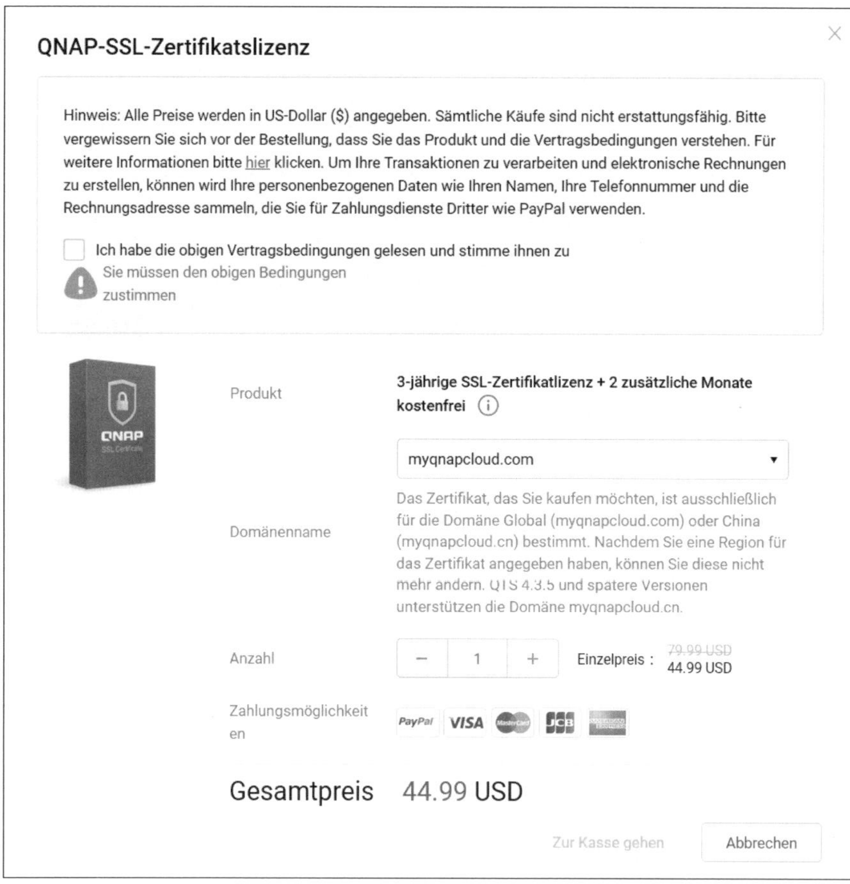

Abbildung 4.26 Das Zertifikat hat eine Gültigkeit von drei Jahren und kostet für diesen Zeitraum knapp 45 Euro.

Bestätigen Sie dort, dass Sie mit den Vertragsbedingungen einverstanden sind. Achten Sie darauf, dass Sie das Produkt für die Domain *myqnapcloud.com* kaufen, denn die Variante mit der chinesischen Top Level Domain ist hierzulande nicht zielführend. Wählen Sie dann die gewünschte Anzahl (zumeist wird ein einzelnes Zertifikat genügen), und starten Sie den Bezahlprozess.

Die anschließende Einrichtung des Zertifikats erfolgt automatisch. Das Ganze läuft in etwa so ab wie bei der Zertifikatsanforderung von Let's Encrypt. Nachdem das Zertifikat erzeugt wurde, wird es automatisch auf Ihrem Gerät installiert und wird fortan sowohl in der Anwendung myQNAPcloud als auch in der Systemsteuerung gelistet.

4.3 Eigene SSL-Zertifikate verwenden

In den bisherigen Abschnitten dieses Kapitels haben wir Ihnen SSL-Zertifikate für TLS-geschützte Verbindungen hauptsächlich im Zusammenhang mit dem myQNAP-cloud-Dienst erklärt, der insbesondere den Einstieg sehr erleichtert, wenn Sie das eigene NAS sicher über das Internet ansprechen wollen. Fortgeschrittene möchten jedoch vielleicht lieber eine eigene Domain oder einen alternativen DDNS-Anbieter nutzen und folglich eigene Zertifikate hinterlegen. In diesem Abschnitt stellen wir Ihnen die Möglichkeiten vor, die Ihr NAS auf diesem Gebiet offeriert.

4.3.1 Mit einem eigenen Zertifikat arbeiten

Wenn Sie für eine eigene Domain bereits ein Zertifikat besitzen, können Sie dieses auf Ihrem NAS installieren.

1. Öffnen Sie dazu die Systemsteuerung und dort in der Gruppe SYSTEM das Modul SICHERHEIT. Darin finden Sie auf der Registerkarte SSL-ZERTIFIKAT & PRIVATER SCHLÜSSEL die Schaltfläche ZERTIFIKAT ERSETZEN.
2. Wählen Sie aus dem Dropdown-Feld die Option ZERTIFIKAT IMPORTIEREN, und klicken Sie dann auf WEITER.

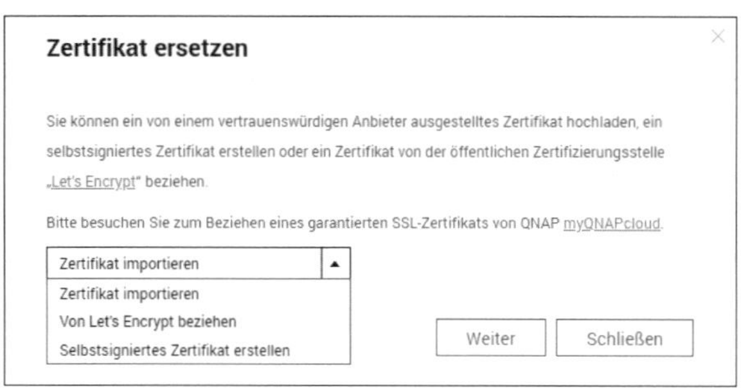

Abbildung 4.27 Wählen Sie die Option »Zertifikat importieren«, wenn Sie schon Zertifikatsdateien besitzen.

3. Im neuen Fenster namens ZERTIFIKAT IMPORTIEREN müssen Sie das Zertifikat und den privaten Schlüssel als separate Dateien hochladen. Unterstützt werden X.509-PEM-Zertifikate. Optional können Sie auch ein Zwischenzertifikat hochladen. Klicken Sie anschließend auf ÜBERNEHMEN. Das Standardzertifikat wird nun durch das von Ihnen hochgeladene Zertifikat ersetzt. Fortan wird Ihr eigenes Zertifikat verwendet.

Abbildung 4.28 Der private Schlüssel muss getrennt vom eigentlichen Zertifikat importiert werden. Sie können auch ein Intermediate-Zertifikat hinzufügen.

4.3.2 Ein selbstsigniertes Zertifikat benutzen

Auf Ihrem NAS können Sie auch ein *selbstsigniertes Zertifikat* hinterlegen. Ein solches wird von keiner vertrauenswürdigen Stelle beglaubigt, seine Verwendung löst also Zertifikatswarnungen aus. Über die manuelle Prüfung des Fingerabdrucks können Sie dennoch sicherstellen, dass Sie mit dem gewünschten Partner verbunden sind.

Der Vorteil eines selbstsignierten Zertifikats gegenüber dem QNAP-Standardzertifikat liegt darin, dass Sie die Angaben im Zertifikat selbst eintragen können. Sie können ein selbstsigniertes Zertifikat außerhalb des NAS-Geräts erstellen und dann darauf hochladen oder alternativ direkt mit dem NAS erstellen.

1. Öffnen Sie dazu wie zuvor beschrieben die Registerkarte SSL-ZERTIFIKAT & PRIVATER SCHLÜSSEL im Modul SICHERHEIT, und klicken Sie auf ZERTIFIKAT ERSETZEN.
2. Wählen Sie im neuen Fenster die Option SELBSTSIGNIERTES ZERTIFIKAT ERSTELLEN, und klicken Sie auf WEITER.
3. Im neuen Fenster SELBSTSIGNIERTES ZERTIFIKAT ERSTELLEN füllen Sie dann alle Felder mit den gewünschten Daten aus. Die Länge des privaten Schlüssels sollten Sie nach Möglichkeit anpassen. Der Standardwert von 1.024 Bit gilt nach heutigen Maßstäben nicht mehr als ausreichend sicher, viele Fachleute äußern bereits gegenüber einer Schlüssellänge von 2.048 Bit Bedenken und empfehlen die Nutzung einer Länge von 4.096 Bit.

Warum sind die Schlüssel so lang?

Wenn Sie in das Thema einsteigen, wundern Sie sich vielleicht über diese großen Zahlen. Allerdings wird hier mit einem asymmetrischen Verschlüsselungsverfahren gearbeitet, bei dem es einen privaten und einen öffentlichen Schlüssel gibt. Gegenüber den symmetrischen Verfahren (beispielsweise dem AES) erfordern asymmetrische Verfahren eine deutlich größere Schlüssellänge.

4. Wenn Sie alle Daten eingetragen haben, klicken Sie auf ÜBERNEHMEN. Das Zertifikat wird sogleich erstellt und als Standardzertifikat auf dem System hinterlegt. Fortan wird es beim Aufbau von TLS-geschützten Verbindungen präsentiert.

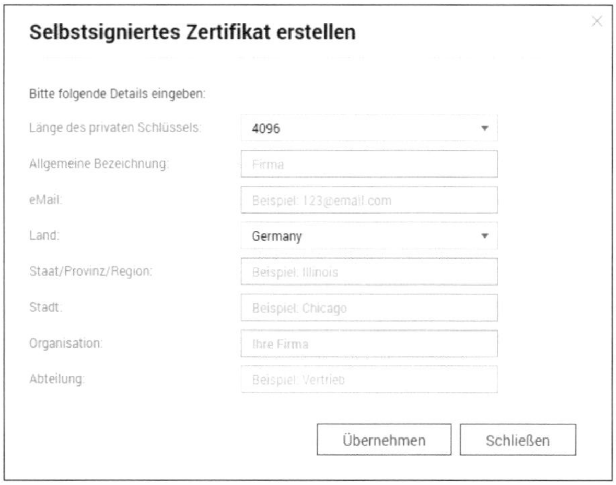

Abbildung 4.29 Ein selbstsigniertes Zertifikat kann mit beliebigen eigenen Daten gefüllt werden.

4.3.3 Ein Zertifikat von Let's Encrypt für beliebige Domains beziehen

Auch wenn Sie nicht den QNAP-eigenen DDNS-Dienst benutzen, können Sie mit den Bordmitteln Ihres NAS-Geräts ein Zertifikat von Let's Encrypt für eine beliebige Domain, eingeschlossen DDNS-Domains, beziehen.

1. Im Modul SICHERHEIT der Systemsteuerung klicken Sie auf der Registerkarte SSL-ZERTIFIKAT & PRIVATER SCHLÜSSEL auf die Schaltfläche ZERTIFIKAT ERSETZEN und wählen im Dropdown-Menü die Option VON LET'S ENCRYPT BEZIEHEN.
2. Im neuen Fenster müssen Sie zunächst Ihren vollständigen Domainnamen eingeben, über den Sie das NAS ansprechen möchten. Tragen Sie auch eine gültige E-Mail-Adresse ein, über die Let's Encrypt Sie beispielsweise über ein abgelaufenes Zertifikat informieren kann.

3. Möchten Sie einen alternativen Namen ergänzen, können Sie diesen (optional) in das unterste Feld eintragen. Klicken Sie dann auf ÜBERNEHMEN.

Die Zertifikatserstellung läuft nun automatisch ab. Dabei wird auch die Überprüfung und Validierung durchgeführt:

- Wenn Sie als Domainnamen den QNAP-eigenen DDNS-Namen eingetragen haben, wird das Domain-Challenge-Verfahren genutzt, und Ihr NAS muss nicht über einen bestimmten Port über das Internet erreichbar sein.
- Bei allen anderen Domains wird die Webserver Challenge verwendet. Dann müssen Sie entweder Port 80 oder Port 443 (TCP) in Ihrer Firewall öffnen. Die nötige Kommunikation wickelt der Zertifikatsassistent ab. Das Zertifikat wird anschließend als Standardzertifikat hinterlegt und bei jeder TLS-geschützten Kommunikation verwendet.

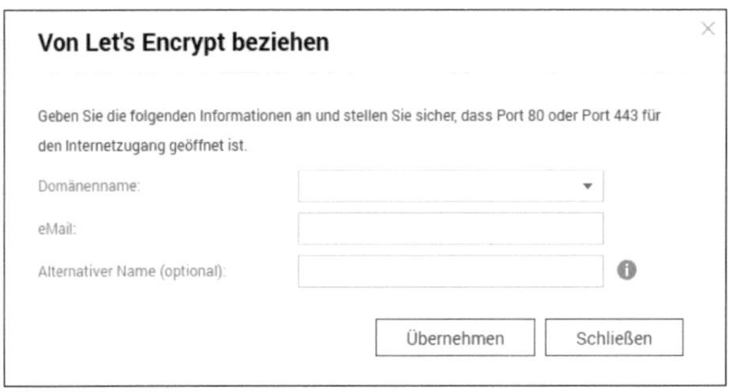

Abbildung 4.30 Let's-Encrypt-Zertifikate können auch für eigene Domains bezogen werden.

Kapitel 5

Software für Clients

In diesem Kapitel zeigen wir Ihnen, welche Software für Computer und mobile Endgeräte es gibt, welchen Funktionsumfang sie haben und wie Sie sie optimal einsetzen, um das volle Potenzial Ihres NAS auszuschöpfen.

An einigen Stellen im Buch gehen wir auf das eine oder andere Programm aus dem QNAP-Universum ein. In diesem Kapitel fassen wir alle Programme zusammen und stellen sie Ihnen nicht nur zur Erfüllung einer speziellen Aufgabe vor, sondern zeigen Ihnen ihr volles Potenzial von A bis Z. Leider werden nicht alle Programme für alle Plattformen angeboten, daher weisen wir Sie zum Beginn dieses Kapitels entsprechend darauf hin.

Wenn von QNAP ein Pendant für Smartphones und Tablets angeboten wird, stellen wir es Ihnen natürlich auch direkt vor. Selbstverständlich lassen wir auch die rein mobilen Varianten nicht außen vor, damit Sie auch unterwegs nicht auf Ihre Daten und Funktionen verzichten müssen.

5.1 Allgemeines

Bevor wir beginnen, Ihnen die Vielzahl an Programmen vorzustellen, möchten wir Ihnen einen kompakten Überblick liefern.

QNAP liefert Programme für folgende Systeme/Stores aus:

- Windows
- macOS
- Ubuntu
- Apple iOS
- Google Play Store
- Android
- Windows Server

Alle Programme können Sie entweder unter den nachstehenden Übersichtsseiten direkt herunterladen, oder Sie erhalten dort einen QR-Code zum jeweiligen Appstore:

- *https://www.qnap.com/de-de/utilities/essentials*
- *https://www.qnap.com/de-de/mobile-apps/*

Falls Sie direkt zu den Programmen für Ihr NAS gelangen wollen, können Sie auch das *Download-Center* unter *https://www.qnap.com/de-de/download* verwenden. Dort müssen Sie zunächst Ihr Gerät auswählen und erhalten anschließend übersichtlich alle Programme passend zu Ihrem NAS zum Download angeboten.

In Tabelle 5.1 finden Sie eine Übersicht aller Programme, darunter werden Sie auch den ein oder anderen Exoten vorfinden – einige sind in Europa gar nicht nutzbar, da die »Infrastruktur« dafür gänzlich fehlt.

Viele Apps werden auch bereits in den Fachkapiteln zu den einzelnen Funktionen ausgiebig besprochen; zu den anderen finden Sie hier eine kurze Zusammenfassung.

Programm	Funktion/Beschreibung	Plattform
Qfinder Pro	Finden von NAS im lokalen Netzwerk, Schnellzugriff auf Basiskonfigurationen/ -administrationen	
Qsync	Datensynchronisation über mehrere Systeme hinweg (wie Dropbox)	
NetBak Replicator	Datensicherung und Widerherstellung von Windows-Systemen	
Qsirch	Volltextsuche mit Stichworten, Tags und Filtern auf einem (oder mehreren) NAS	iOS
QNAP JBOD Manager	Spezialsoftware für Erweiterungsgehäuse (Präfix `TL-<NAME>`)	
QNAP External RAID Manager	Spezialsoftware für flexible Erweiterungsgehäuse (Präfix `TR-<NAME>`)	
QENC Decryptor	Entschlüsselungsprogramm	
QuDedup Extract Tool	Extrahierung und Deduplizierung von Sicherungen mit *Hybrid Backup Sync (HBS)*	
vSphere (Web) Client Plug-in	Spezialsoftware: Erweiterung für VMware zur NAS-Speicherverwaltung	
QNAP SMI-S Provider	Erweiterung für *SCVMM (System Center Virtual Machine Manager)*	Server

Tabelle 5.1 Übersicht der QNAP-Programme

Programm	Funktion/Beschreibung	Plattform
QNAP Snapshot Agent	Erstellung von Snapshots mit *VSS (Volume Shadow copy Service)*	Windows
QVR (Pro) Client	Client für die Videoüberwachung (*Surveillance Station*)	Windows, macOS, Linux
QVPN Device Client	VPN-Client	Windows, macOS
Qfile	Durchsuchen und Verwalten von Dateien	iOS, Google Play, Android
Qmanager	Administration des NAS	iOS, Google Play, Android
Qsync Pro	Dateisynchronisation	iOS, Google Play, Android
KoiMeeter	Videokonferenzlösung	iOS, Google Play
Qnotes3	Notizen	iOS, Google Play, Android
QmailClient	zentrale Sicherung und Verwaltung von E-Mails	iOS, Google Play, Android
QRM+	zentrale Verwaltung vom *IPMI* und Netzwerkgeräten	iOS, Google Play
QuMagie Mobile	KI-gestützte intelligente Fotoverwaltung	iOS, Google Play, Android
Qmusic	Client für die *Music Station*	iOS, Google Play, Android
Qvideo	Client für die *Video Station*	iOS, Google Play, Android
Qphoto	Client für die *Photo Station*	iOS, Google Play, Android
Qremote	Fernbedienung für *HD Station*	iOS, Google Play, Android
OceanKTV Client	Client für ein Karaoke-System	iOS, Google Play, Android
Photo Tagger	Fotos mit Stichworten versehen	iOS

Tabelle 5.1 Übersicht der QNAP-Programme (Forts.)

5.2 Desktop-Apps

In diesem Abschnitt möchten wir Ihnen zunächst die Applikationen für Ihren PC oder Mac zeigen – mit diesen Programmen arbeiten Sie bequem von Ihrer Workstation aus mit dem QNAP NAS. Falls eine Applikation ein direktes Pendant als mobile App besitzt, besprechen wir diese ebenfalls direkt in diesem Abschnitt. Im folgenden Abschnitt 5.3, »Mobile Apps«, gehen wir dann auf die Apps ein, die ausschließlich für mobile Endgeräte verfügbar sind.

5.2.1 Qfinder Pro (Win, Mac, Linux)

Ganz zu Beginn dieses Buches haben wir Ihnen das Programm *Qfinder Pro* bereits vorgestellt. Dieses findet aber nicht nur QNAP-Systeme in Ihrem lokalen Netzwerk, sondern hat noch den ein oder anderen Trick auf Lager, die wir Ihnen nun näher vorstellen möchten.

Direkt nach dem Start sucht Qfinder Pro nach QNAP-NAS-Systemen in Ihrem lokalen Netzwerk. Zu den gefundenen Systemen werden Ihnen ein paar Stammdaten übersichtlich dargestellt (siehe Abbildung 5.1). Bei noch nicht initialisierten Systemen kann der Status nicht abgefragt werden, daher wird dieser mit einem Fragezeichen ausgewiesen.

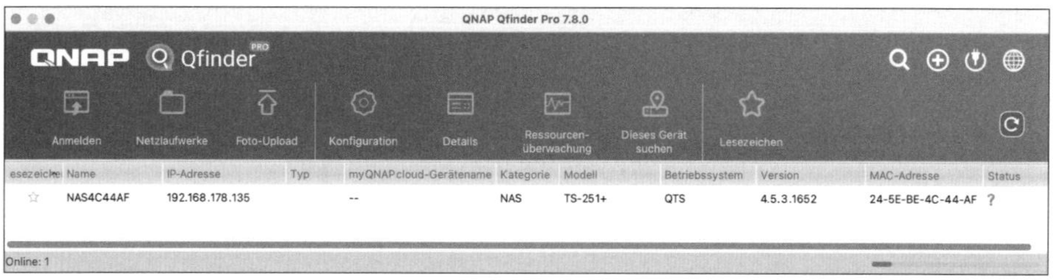

Abbildung 5.1 Ansicht nach dem Starten

Mit einem Doppelklick auf das System erhalten Sie bei nicht initialisierten Systemen den Hinweis aus Abbildung 5.2.

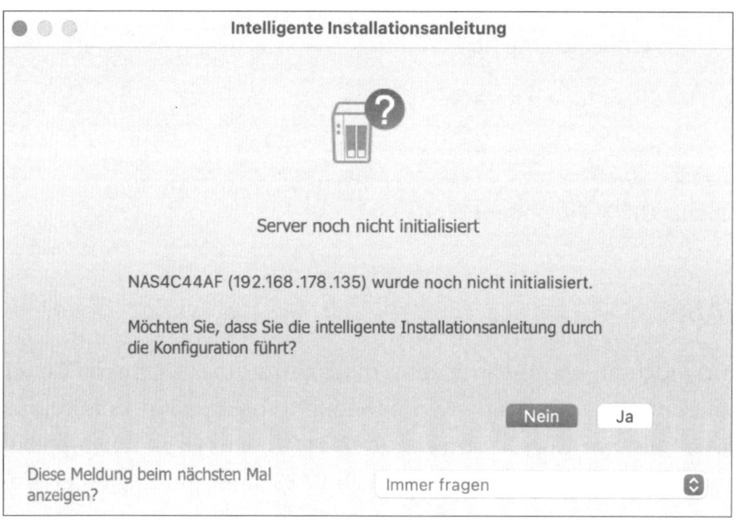

Abbildung 5.2 Abfrage bei nicht initialisierten Systemen

In der Regel hört bei den meisten Nutzern an dieser Stelle die Verwendung des Qfinder Pro auf, da die Installation (wie die eigentliche Bedienung auch) ab diesem Moment im Browser stattfindet. Dennoch hält das Programm ein paar nützliche Funktionen bereit, die wir Ihnen nun im Schnelldurchlauf vorstellen möchten.

»Anmelden«

Wenn Sie auf ANMELDEN klicken, wird lediglich Ihr Standardbrowser gestartet und die Anmeldeseite des ausgewählten Systems aufgerufen.

»Netzlaufwerke«

Nach der Authentifizierung am Gerät wird Ihnen über die Schaltfläche NETZLAUFWERKE zunächst die Möglichkeit geboten, das Protokoll auszuwählen, mit dem Sie das oder die Netzlaufwerke verbinden möchten (siehe Abbildung 5.3).

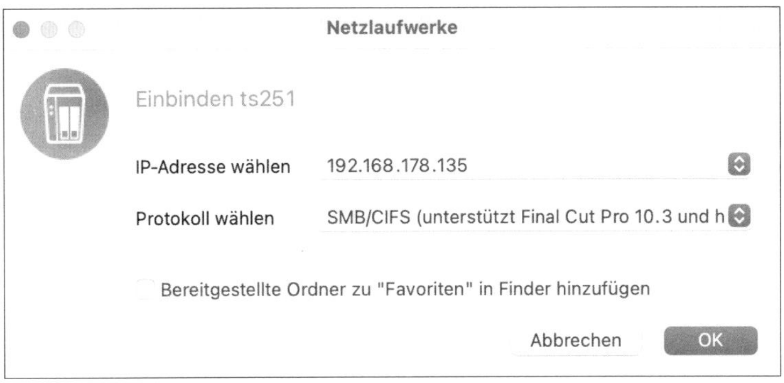

Abbildung 5.3 Netzlaufwerke mit dem Qfinder Pro verbinden

Anschließend wird Ihnen (wenn Sie über mehr als einen freigegebenen Ordner verfügen) die Auswahl der zu verbindenden Netzlaufwerke angezeigt. Hier können Sie einen oder mehrere freigegebene Ordner auswählen. Nach der Bestätigung mit einem Klick auf OK werden die Laufwerke in Ihr System eingebunden.

»Foto-Upload«

Die Schaltfläche FOTO-UPLOAD setzt voraus, dass Sie auf Ihrem NAS die *Photo Station* installiert haben. Ist dies der Fall, können Sie darüber bequem Fotos von Ihrer lokalen Festplatte auf das NAS hochladen. Nach der obligatorischen Anmeldung wird ein neues Fenster mit dem Titel MEDIA UPLOAD geöffnet (siehe Abbildung 5.4). Dort können Sie einzelne Dateien und sogar ganze Ordner auswählen und anschließend noch den Bestimmungsort auf dem NAS festlegen. Nach einem Klick auf START UPLOAD werden die ausgewählten Fotos hochgeladen.

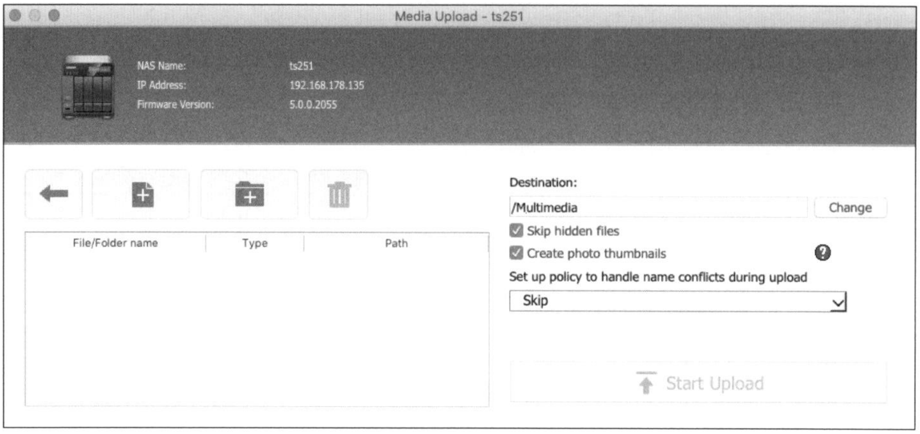

Abbildung 5.4 Hochladen von Fotos auf das NAS

Übersetzungsfehler!

Im Herbst 2022 gab es leider einen kleinen Schönheitsfehler im Foto-Upload. Die Übersetzung war nicht vollständig, so dass Teile der Anwendung in Dänisch dargestellt wurden, wenn Sie Deutsch auswählten. In Abbildung 5.4 sehen Sie daher das Programm mit Englisch als eingestellter Sprache.

»Konfiguration«

Über den Punkt KONFIGURATION haben Sie Zugriff auf die Basiskonfiguration des ausgewählten NAS. Nach der obligatorischen Anmeldung können Sie den Gerätenamen, das Administratorkennwort, das Datum und die Zeit, die Codeseite und die Netzwerkeinstellungen ändern (siehe Abbildung 5.5).

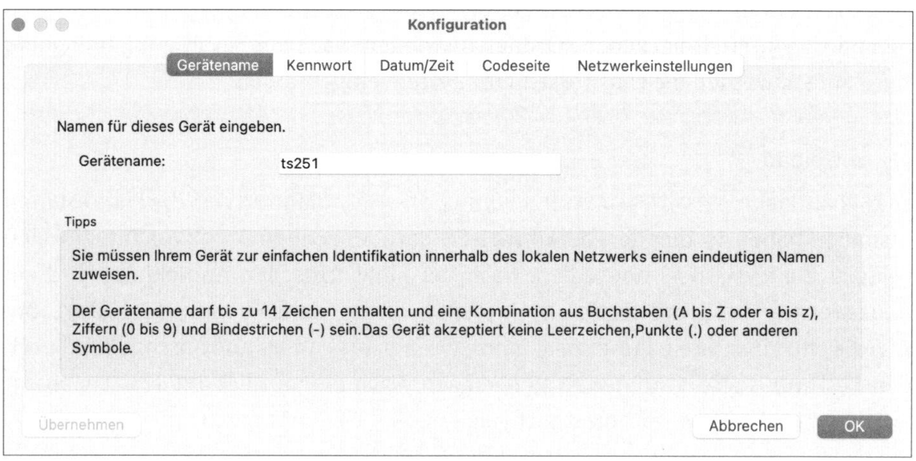

Abbildung 5.5 Anpassung der Basiskonfigurationen in »Konfiguration«

»Details«

Im Menüpunkt DETAILS erhalten Sie eine übersichtliche Auflistung der Details zum ausgewählten NAS – selbstverständlich erst nach der Anmeldung (siehe Abbildung 5.6).

Abbildung 5.6 Darstellung der Detailinformationen zum NAS

»Ressourcen-Überwachung«

Unter RESSOURCEN-ÜBERWACHUNG können Sie schnell in Erfahrung bringen, wie es Ihrem NAS geht. Wie Sie in Abbildung 5.7 sehen, wird in dem neuen Fenster der allgemeine Systemzustand und die Auslastung des Prozessors und des Hauptspeichers, des Netzwerks und des Speichers übersichtlich und fortlaufend dargestellt.

Falls die CPU-Auslastung durchgehend hoch sein sollte, prüfen Sie, ob eine Anwendung das NAS stark auslastet. Besonders Container und VMs können kleinere Modelle so beanspruchen, dass nicht mehr sinnvoll mit dem NAS gearbeitet werden kann. Eine richtige Serverlandschaft kann Ihr kleines QNAP-Gerät leider nicht ersetzen.

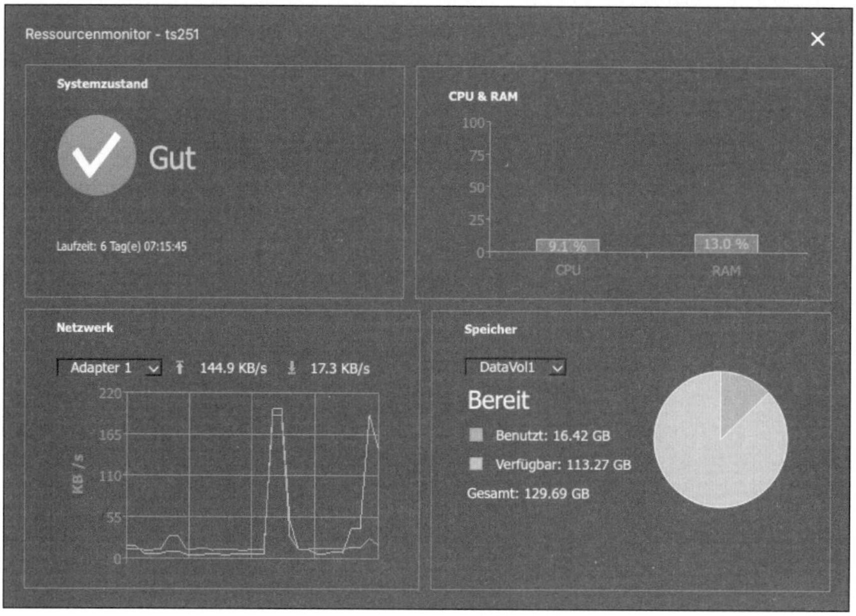

Abbildung 5.7 Übersicht der Auslastung des Systems

»Dieses Gerät suchen«

Gerade wenn Sie mehrere QNAP-Systeme im Einsatz haben, kann die Funktion DIESES GERÄT SUCHEN wirklich hilfreich sein. Wie Sie in Abbildung 5.8 sehen, können Sie mit dieser Option Ihr NAS aufleuchten oder Signaltöne aussenden lassen. Damit ist die Suche im Handumdrehen erledigt, und es wäre ja auch blöd, wenn Sie bei mehreren baugleichen Geräten die Festplatten des falschen NAS austauschen ...

Abbildung 5.8 Auffinden vereinfachen mit »Dieses Gerät suchen«

»Fernreaktivierung (Wake On LAN)«

Mit FERNREAKTIVIERUNG, dem dritten Symbol von oben rechts, können Sie NAS-Systeme, die ausgeschaltet sind, einfach aufwecken. Standardmäßig lauschen alle QNAP-NAS-Systeme auf das sogenannte *Magic Packet*; wird dieses via Broadcast durch das Netzwerk geschickt, wacht das entsprechende System auf und fährt hoch.

Versteckte Funktionen im Menü

Alle bereits vorgestellten Funktionen können Sie auch über die Menüleiste oder das Kontextmenü aufrufen. Darin verstecken sich aber noch drei weitere nützliche Funktionen, für die es kein eigenes Symbol in der Oberfläche gibt:

1. EINSTELLUNG • VERBINDUNG ÜBER SSH

   Mit diesem Menüpunkt können Sie ganz einfach die Funktion, via SSH auf Ihr NAS zuzugreifen, aktivieren, ohne sich durch die gesamte Weboberfläche hangeln zu müssen.

2. WERKZEUGE • FIRMWARE AKTUALISIEREN

   Wie der Name bereits vermuten lässt, können Sie hier die QTS-Version Ihres NAS aktualisieren – entweder über das Internet oder indem Sie eine lokale Version auf das NAS hochladen.

3. WERKZEUGE • SERVER NEUSTARTEN und SERVER AUSSCHALTEN

   Auch hier ist der Name Programm: Mit diesen beiden Funktionen können Sie das NAS schnell neustarten oder herunterfahren lassen.

5.2.2 Qsync (Win, Mac, Linux)

Einfach ausgedrückt ist *Qsync* die Dropbox aus dem QNAP-Universum. Die Funktionsweise und auch den Client haben wir Ihnen im Detail in Abschnitt 8.1.3, »Einrichtung von Qsync auf dem Client«, vorgestellt.

Die mobile Variante trägt den Beinamen *Pro*, auch wenn diese keine gesonderten Funktionen beinhaltet oder gesondert lizenziert werden muss – lediglich die App *Qsync Central* muss auf Ihrem NAS für den Betrieb vorhanden sein, wie auch für *Qsync* selbst. In der Regel ist die Synchronisation von Daten auf mobilen Endgeräten eher unüblich, da diese meist nicht über exorbitant viel Speicherplatz verfügen und Daten dort meist nur betrachtet und nicht bearbeitet werden.

Wie Sie in Abbildung 5.9 sehen, werden Sie nach der Anmeldung zunächst aufgefordert, einen *gekoppelten Ordner* (auch *Ordnerpaar* genannt) einzurichten. Dabei müssen Sie den lokalen Ordner auf Ihrem Smartphone angeben und das Pendant von Ihrem NAS auswählen. Anschließend können Sie noch die allgemeinen Rahmenparameter festlegen, wann und wie synchronisiert werden soll (z. B. nur im WLAN, nur wenn das Gerät aufgeladen wird oder wie mit Konflikten umgegangen werden soll). Im mittleren Screenshot von Abbildung 5.9 sehen Sie den Status der Synchronisierungsaufgabe in einer Übersicht. Auf der rechten Seite wiederum sehen Sie den Inhalt des Burgermenüs.

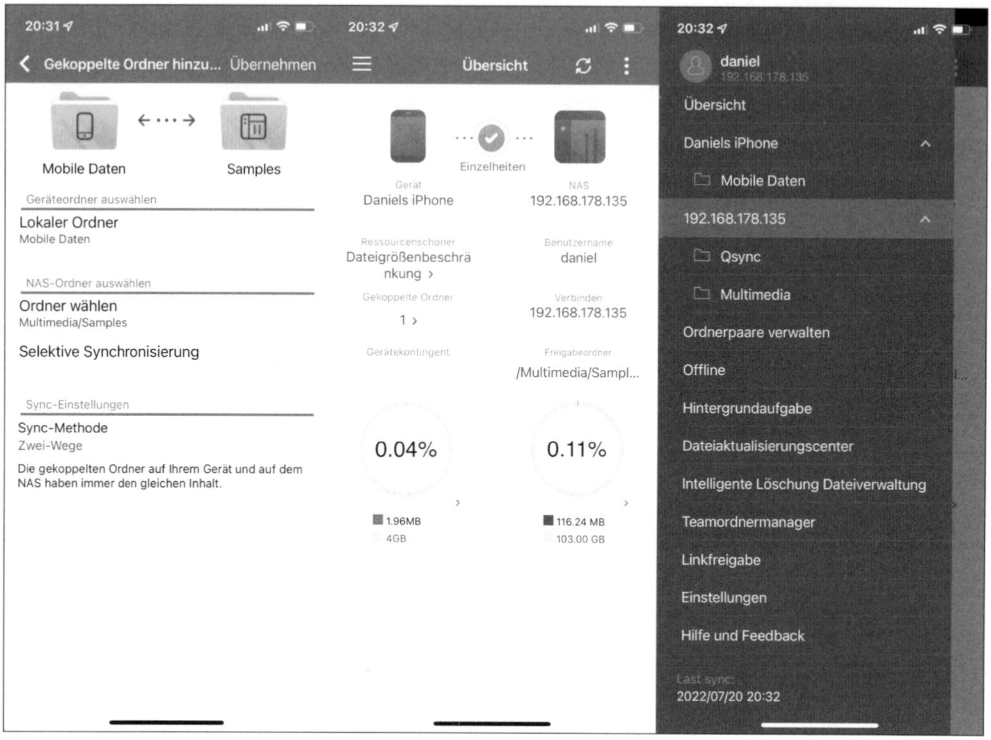

Abbildung 5.9 Ordner koppeln, Übersicht und Burgermenü von Qsync Pro

5.2.3 NetBak Replicator (Win)

Sichern und Wiederherstellen von Windows-Systemen, das gelingt Ihnen mit dem *NetBak Replicator*, den wir Ihnen ausführlich in Abschnitt 9.2, »Windows-Rechner auf NAS sichern mit NetBak Replicator«, vorgestellt haben.

5.2.4 Qsirch PC Edition (Win) und Qsirch (iOS, Play Store, Android)

Mit diesem kleinen Helfer finden Sie jede Datei im NAS. Dank der Volltextsuche mit Stichwörtern und Tags und den Filtermöglichkeiten geht nichts mehr im Datendschungel verloren. Wie Sie mit *Qsirch* arbeiten können, stellen wir Ihnen in Abschnitt 14.1 vor.

Hier möchten wir Ihnen noch die Variante für mobile Endgeräte vorstellen. Das Programm arbeitet analog zur PC Edition, jedoch mit einer leicht angepassten Benutzeroberfläche. Wie Sie in den drei Screenshots aus Abbildung 5.10 sehen, ist die mobile Variante in der Tat sehr nahe am PC-Pendant. Ganz links sehen Sie die Übersicht der im lokalen Netzwerk gefundenen Systeme. Mit einem Klick auf das System und nach der obligatorischen Anmeldung können Sie schnell eine Suche starten (mittlerer Screenshot). Über das Burgermenü können Sie alle weiteren Funktionen von *Qsirch* einfach erreichen.

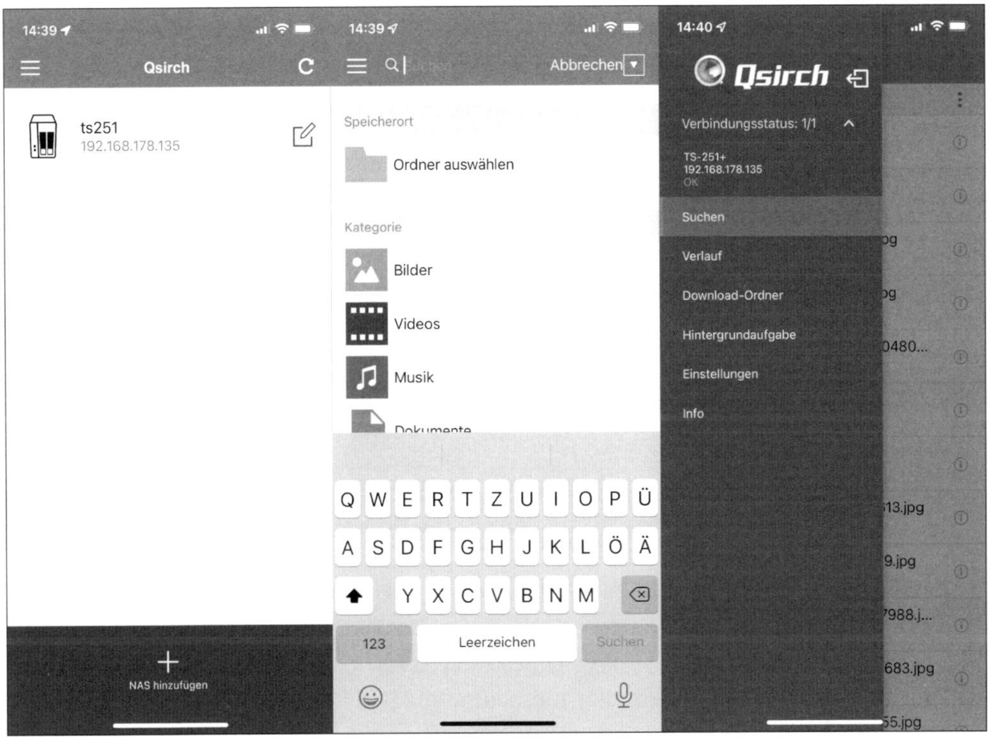

Abbildung 5.10 Übersicht, Suche und Burgermenü der iPhone-App

5.2.5 QNAP JBOD Manager (Win, Mac, Linux)

Diesen Exoten wollten wir Ihnen nicht vorenthalten. Wundern Sie sich nicht, wenn Sie diese Software im Download-Center zu Ihrem NAS nicht vorfinden. Sie ist nämlich exklusiv für *NAS-Erweiterungsgehäuse*, die sogenannten *JBOD-Speichergehäuse*, vorgesehen. Mit diesen können Sie die Kapazität Ihres NAS einfach vergrößern, ohne direkt das NAS tauschen zu müssen.

Auf diesen Systemen, die mit dem Präfix TL-<NAME> versehen sind, können Sie eigene Speicherpools einrichten und diese von einem vorhandenen NAS aus verwalten. Die Anbindung an Ihr NAS erfolgt mittels *QXP PCIe*-Karten und speziell dafür vorgesehener Kabel.

Diese Software dient der gezielten Überwachung und Kontrolle der Systemparameter dieser Speichererweiterungen. Damit können Sie nicht nur den Zustand des Geräts abfragen (mit Parametern wie Lüfterdrehzahl, Gerätetemperatur oder Firmware-Version), sondern auch Ereignisse zentral einsehen und speichern. Ebenso können Sie Benachrichtigungen auf Ihrem Desktop empfangen, wenn Systemwarnungen auftreten.

5.2.6 QNAP External RAID Manager (Win, Mac)

Mit dem Programm QNAP External RAID Manager können Sie schnell den Status von QNAP-RAID-Geräten abfragen, überwachen und einrichten. Im Gegensatz zu den in Abschnitt 5.2.5 vorgestellten *JBOD-Speichergehäusen* sind die *RAID-Erweiterungsgehäuse* (Präfix `TR-<NAME>`) viel flexibler einsetzbar. Diese können als NAS-Erweiterung, externer Speicher für das NAS (quasi wie eine USB-Festplatte) und sogar als externer Speicher von PCs als *DAS-Gerät (Direct-Attached Storage)* betrieben werden.

Die Anbindung erfolgt allerdings nur über das vergleichsweise langsame USB 3 – daher sind diese Erweiterungsgehäuse nicht so performant wie JBOD-Speichergehäuse, die über PCI-Express angesprochen werden, aber deutlich flexibler, da der Betrieb ohne Spezialhardware möglich ist.

5.2.7 QENC Decryptor (Win, Mac, Linux)

Um sensible oder vertrauliche Daten noch weiter zu schützen, können Sie diese mit dem *QENC Decryptor* ver- und entschlüsseln. Darüber hinaus können Sie auch Backups mit *Hybrid Backup Sync* verschlüsselt erstellen lassen. Um aus so einem Backup Daten zurücksichern zu können, müssen Sie ebenfalls das Programm *QENC Decryptor* einsetzen.

In Abschnitt 9.4, »NAS sichern mit Hybrid Backup Sync«, haben wir Ihnen dieses Tool bereits vorgestellt.

Dateien und Ordner verschlüsseln

Öffnen Sie dafür die *File Station*, wählen Sie die zu verschlüsselnden Dateien oder Ordner aus, und wählen Sie nach einem Rechtsklick im Kontextmenü den Punkt VERSCHLÜSSELN aus (siehe Abbildung 5.11).

Nach Eingabe eines Passworts wird die Datei verschlüsselt und mit dem Suffix `qenc` versehen. In der File Station können Sie über das Kontextmenü ebenso die Entschlüsselung vornehmen.

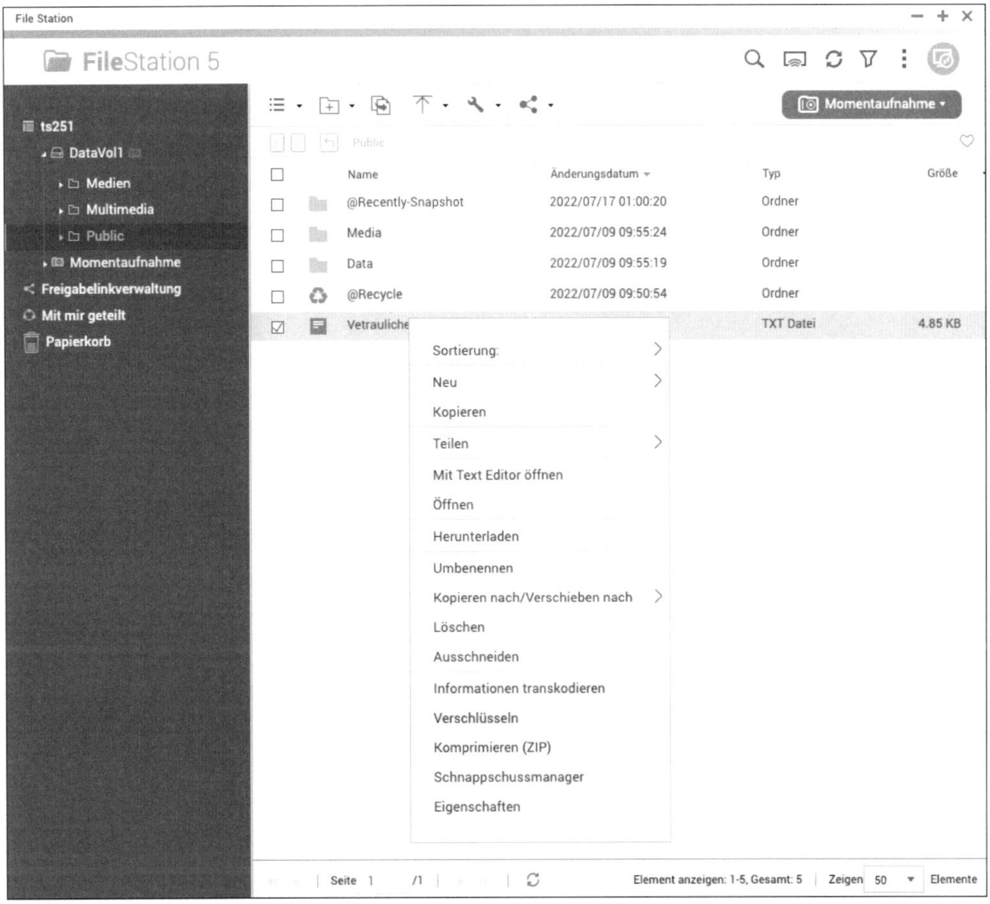

Abbildung 5.11 Datei in der File Station verschlüsseln

Entschlüsseln auf dem Client mit QENC Decryptor

Damit Sie nicht jede verschlüsselte Datei auf Ihr NAS kopieren müssen, können Sie mit dem QENC Decryptor die Entschlüsselung direkt auf Ihrem Client vornehmen. Nach dem Start wartet das Programm auf Aufgaben, die Sie ihm ganz einfach via Drag & Drop ins Programmfenster zuweisen können, oder Sie nutzen die Schaltflächen DATEI AUSWÄHLEN und ORDNER AUSWÄHLEN (siehe Abbildung 5.12).

Haben Sie dem QENC Decryptor eine Aufgabe gegeben, wird zunächst nach dem Passwort und dem Speicherort gefragt; nach der korrekten Eingabe des Passworts beginnt sofort die Entschlüsselung. Ist der Prozess abgeschlossen, erhalten Sie noch eine Zusammenfassung, wie in Abbildung 5.13 dargestellt.

Abbildung 5.12 QENC Decryptor direkt nach dem Start

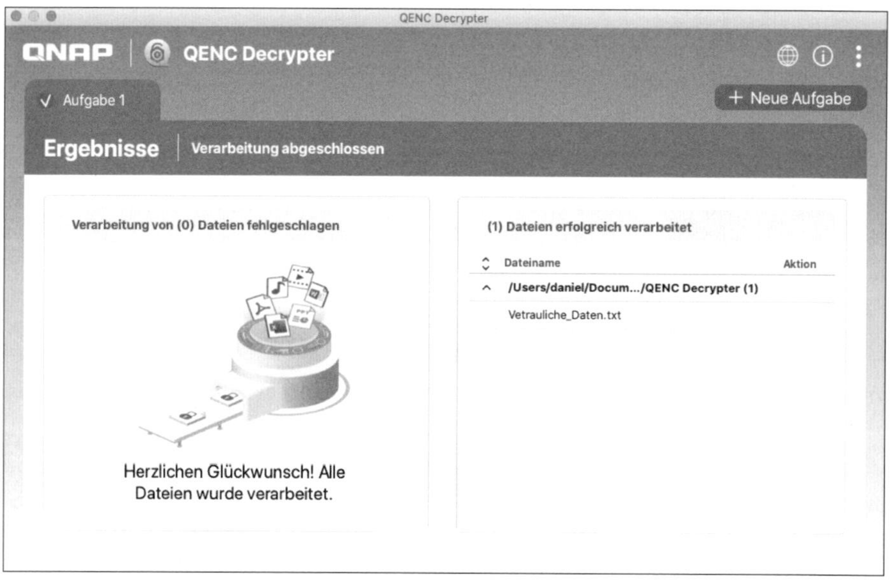

Abbildung 5.13 Zusammenfassung nach getaner Arbeit

5.2.8 QuDedup Extract Tool (Win, Mac, Linux)

Wenn Sie auf Ihrem NAS die sogenannte *Deduplizierung* einsetzen, können Sie viel Kapazität einsparen, da das NAS auf Blockebene jeweils nur eine physische Kopie von Daten vorhält und ansonsten nur Referenzen darauf erzeugt – also Duplikate vermeidet. Dies ist eine äußerst effektive Technik, um das Datenvolumen bis hin zum Faktor 1:20 zu reduzieren.

Bei allen Sicherungen, die mittels *Hybrid Backup Sync (HBS)* erstellt wurden, wird diese Technik standardmäßig angewandt. Die Sicherungen werden auf dem NAS als Dateien mit der Endung *.qdff* gespeichert. Das QuDedup Extract Tool stellt aus diesen *.qdff*-Dateien den nicht deduplizierten Originalzustand der Dateien oder Ordner wieder her.

Nach dem Start geben Sie dem Tool lediglich die Quelle (also eine *.qdff*-Datei) an und können anschließend daraus Dateien und Ordner auswählen, die mit einem Klick auf EXTRAHIEREN lokal gespeichert werden können.

Die Möglichkeiten der Sicherung mit Hybrid Backup Sync und auch die des QuDedup Extract Tools haben wir Ihnen ausführlich in Abschnitt 9.4, »NAS sichern mit Hybrid Backup Sync«, vorgestellt.

5.2.9 QVR Client (Win, Mac)

Mit der Applikation QVR Client können Sie sich auf Ihre *Surveillance Station* (siehe Kapitel 12) aufschalten und nicht nur ein Livebild Ihrer Kameraüberwachung einsehen, sondern die Überwachung auch gleich konfigurieren (siehe Abbildung 5.14).

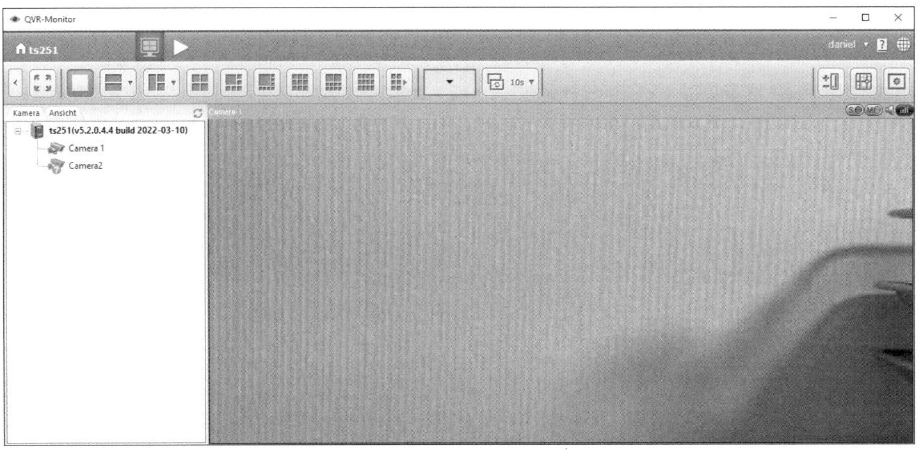

Abbildung 5.14 Ansicht des QVR Clients auf einem Windows-System

Hinweis: QVR Client für macOS nur in veralteter Version!

Leider wird die Anwendung derzeit für macOS nur in der Version 2.2.1 aus dem Jahr 2017 angeboten. Für Windows hingegen stand im Herbst 2022 die aktuelle Version 5.2.0 zur Verfügung.

Und weshalb sich die Anwendung selbst als *QVR-Monitor* bezeichnet, sie im Informationsmaterial aber QVR Client heißt, konnten wir nicht in Erfahrung bringen.

5.2.10 QVR Pro Client (Win, Mac, Linux)

Falls Ihnen der Funktionsumfang der *Surveillance Station* nicht ausreicht, könnte der große Bruder *QVR Pro* Ihnen vielleicht zusagen. Diese Anwendung ist deutlich umfangreicher und benötigt leider auch eine separate Lizenzierung, bietet aber eine Unzahl an Möglichkeiten mehr – unter anderem auch aktuelle Clients für alle gängigen Betriebssysteme.

5.2.11 QVPN Device Client (Win, Mac, iOS)

Aus der Ferne sicher auf Ihre Daten und alle sonstigen Funktionen in Ihrem Netzwerk zugreifen, das können Sie mit *QVPN*.

Falls Sie kein Standard-VPN-Protokoll (wie *PPPTP*, *L2TP/IPSEC*, *OpenVPN* oder *WireGuard*) einsetzen wollen (oder können), steht Ihnen im QVPN-Service zusätzlich noch das proprietäre Protokoll *Qbelt* zur Verfügung. Spätestens wenn Sie dieses einsetzen wollen, kommen Sie am *QVPN Device Client* nicht mehr vorbei, da ausschließlich diese App dieses Protokoll beherrscht. Wie Sie einen VPN-Tunnel einrichten, welche Tunnelarten es gibt und weitere Funktionen zeigen wir Ihnen ausführlich in Kapitel 18, »VPN«. In Abbildung 5.15 sehen Sie einen verbundenen Windows-Client.

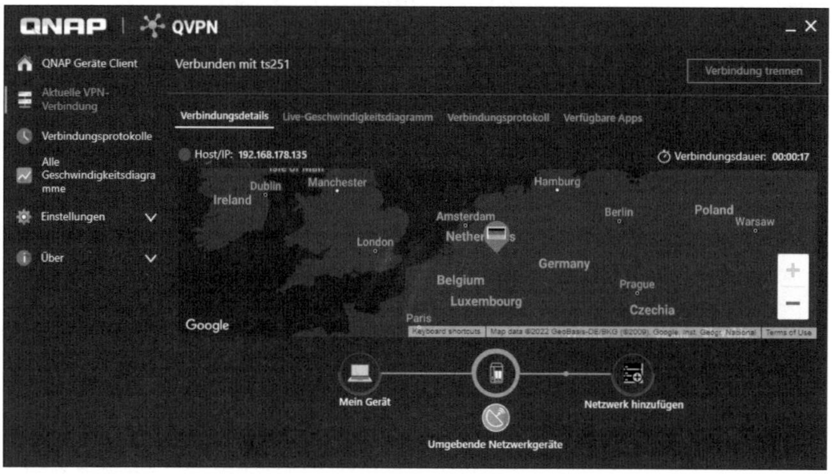

Abbildung 5.15 Ansicht eines verbundenen QVPN auf einem Windows

Wenn Sie auf das Symbol des verbundenen NAS klicken, erhalten Sie eine Übersicht der von diesem NAS bereitgestellten Apps (siehe Abbildung 5.16).

> **Fehler zur Drucklegung**
>
> Auf der Übersichtsseite der Apps wird QVPN Device Client nur für Windows und macOS geführt. Allerdings können Sie sowohl im iOS Appstore als auch im Google Play Store den *QVPN Device Client* herunterladen und fehlerfrei verwenden!

Abbildung 5.16 Übersicht der vom NAS angebotenen Apps

Auf mobilen Endgeräten sieht die App genauso aus, nur dass Sie hier eine leicht angepasste Benutzeroberfläche finden (siehe Abbildung 5.17) – dort werden zum Beispiel nicht auf dem Smartphone vorhandene Apps als Downloadlink auf den jeweiligen Appstore angeboten.

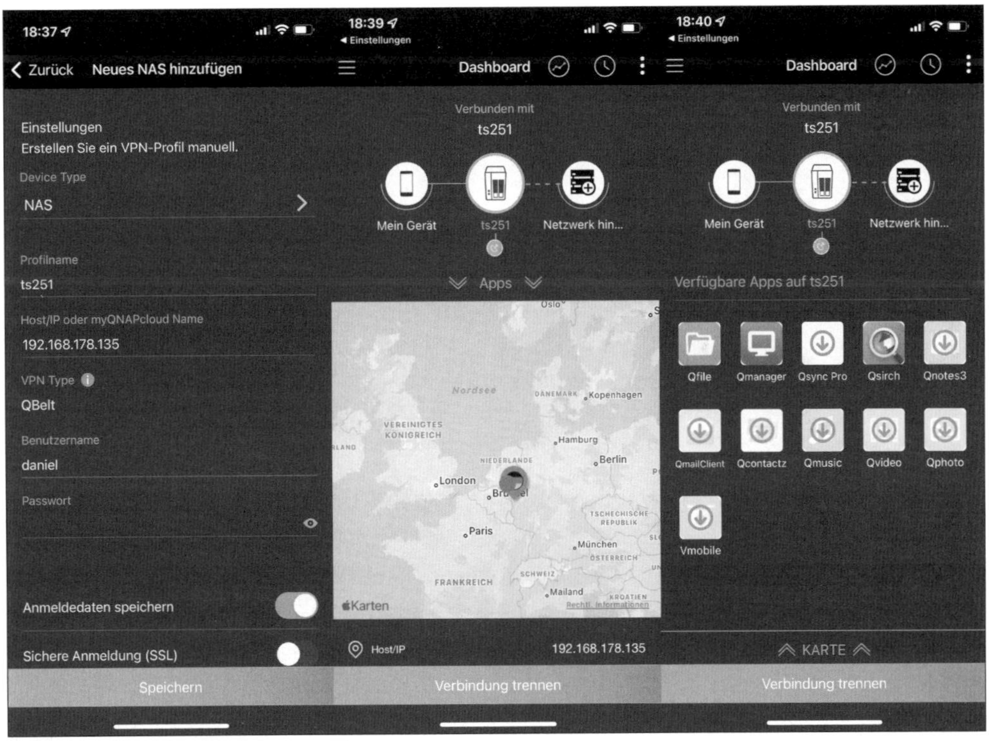

Abbildung 5.17 Konfiguration eines Tunnels, verbundener Tunnel und Übersicht der vom NAS angebotenen Funktionen

5.3 Mobile Apps

Auch wenn wir Ihnen bereits einige mobile Pendants vorgestellt haben, möchten wir Ihnen natürlich die rein mobil verfügbaren Apps nicht vorenthalten.

5.3.1 Qfile (iOS, Google Play, Android, Win Phone)

Unterwegs schnell auf ein paar Dateien zugreifen – genau für diesen Einsatzzweck wurde *Qfile* entwickelt. Das Herzstück eines jeden NAS haben wir Ihnen in Abschnitt 13.3, »Dateiserver«, vorgestellt. Zu den Zusatzfunktionen der mobilen App zählen:

- Dateiverwaltung
- Streaming von Multimediainhalten
- Freigabe von Dateien und Ordnern
- automatischer Fotoupload
- Herunterladen von Dateien zur Offline-Anzeige

In Abbildung 5.18 sehen Sie den Anmeldebildschirm, die Ordnerübersicht und den Inhalt des Burgermenüs. Darin versteckt sich eine äußerst praktische Funktion: automatische Uploads!

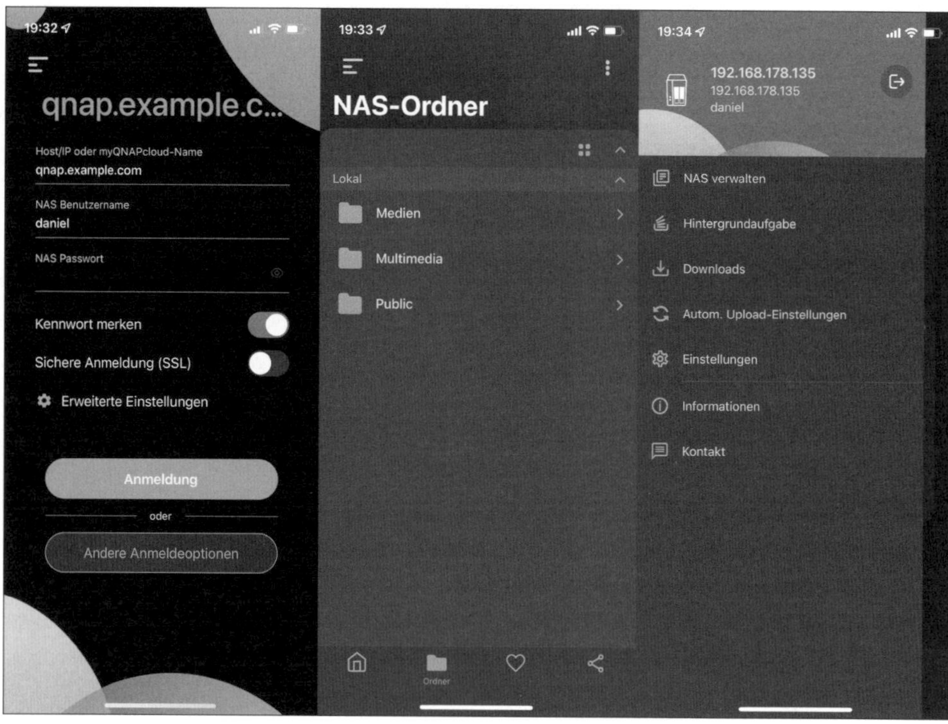

Abbildung 5.18 Übersicht über Qfile

Mit der Funktion *Automatische Uploads* können Sie festlegen, dass alle Fotos (und Videos) Ihres Smartphones ohne Ihr Zutun auf Ihr NAS hochgeladen werden. Dafür müssen Sie lediglich mit der Konfiguration aus Abbildung 5.19 die Spielregeln festlegen.

Abbildung 5.19 Konfiguration für den automatischen Upload

5.3.2 Qmanager (iOS, Google Play, Android, Win Phone)

Falls Sie bereits versucht haben, Ihr QNAP NAS mit dem Browser eines Smartphones zu bedienen, werden Sie schnell festgestellt haben, dass dies kein sonderlich erfreuliches Unterfangen wird. Diese Lücke schließt, zumindest in Teilen, der *Qmanager*. Mit ihm können Sie zumindest die Basisfunktionen Ihres NAS überwachen, verwalten und den Status der aktuellen Benutzer einsehen. Die eine oder andere App können Sie sogar teilweise über den *Qmanager* bedienen.

Wie Sie in Abbildung 5.20 ganz links sehen, erhalten Sie nach der Anmeldung den aktuellen Status Ihres NAS übersichtlich angezeigt. Das Burgermenü zeigt Ihnen nicht nur die zur Verfügung stehenden Funktionen an, sondern weist Sie (wie im QTS selbst auch) mit einem Badge auf Benachrichtigungen hin – im Beispiel aus Abbildung 5.20 auf eine ausstehende Aktualisierung. Tippen Sie auf die Benachrichtigung, gelangen Sie zum App Center, in dem Sie sogar das Update anstoßen können. Darüber hinaus können Sie dort auch Apps installieren.

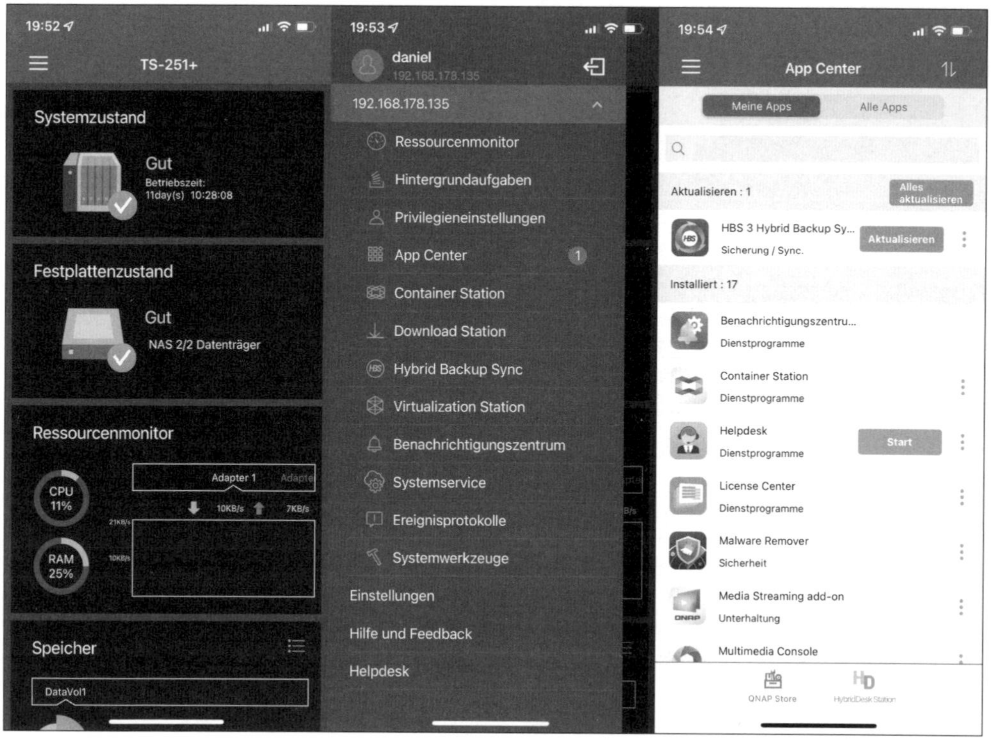

Abbildung 5.20 Auslastung, Menü und App Center des Qmanagers

5.3.3 Qnotes3 (iOS, Google Play, Android)

Ihre Notizen aus der *Notes Station 3* können Sie bequem mit der App Qnotes3 von unterwegs einsehen und bearbeiten oder können neue anlegen. In Abschnitt 15.3, »Notes Station 3.0 – Notizen«, haben wir Ihnen die Anwendung bereits ausführlich vorgestellt.

Wie Sie in Abbildung 5.21 sehen, können Sie auf dem Smartphone analog zur Desktop-App alle Funktionen wie Notizen, Tags, Aufgaben oder Freigabelisten auch mobil einsetzen.

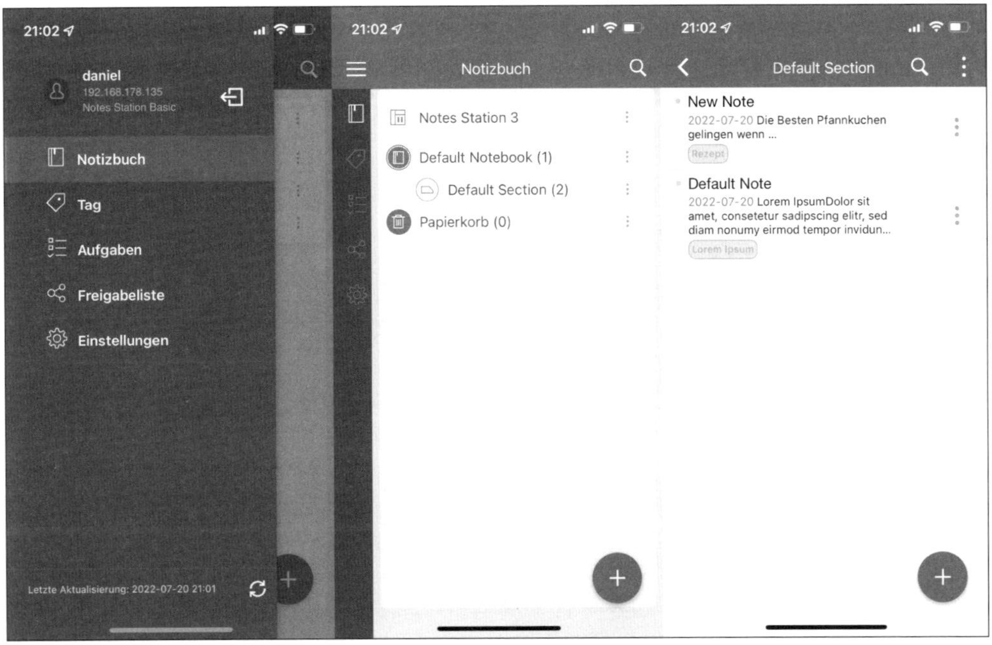

Abbildung 5.21 Qnotes3: Burgermenü, Notizübersicht und Abschnittsauswahl

> **Bei Verbindungsproblemen: Port angeben!**
>
> Wenn die App sich partout nicht mit Ihrer *Notes Station 3* verbinden möchte, dann hilft es unter Umständen, den Port fest anzugeben und nicht automatisch bestimmen zu lassen. Deaktivieren Sie dafür die Option PORT AUTOMATISCH ERKENNEN, und geben Sie den Port Ihres NAS an – standardmäßig steht der Port der Notes Station 3 auf 5000, wobei die Oberfläche des NAS meist auf 8080 oder 8443 läuft.

5.3.4 Qmusic (iOS, Google Play, Android, Win Phone)

Ihre gesamte Musiksammlung in der Hosentasche! Das ist nicht nur ein alter Werbeslogan von Apple, sondern dank der *Music Station* und *Qmusic* auch bei Sammlungen mit mehreren Terabyte kein Problem mehr. Mit Qmusic streamen Sie ganz einfach die Lieblingsmusik auf Ihr Smartphone.

Was Sie alles mit der Music Station anstellen können, stellen wir Ihnen ausführlich im gleichnamigen Abschnitt 11.5, »Music Station«, vor.

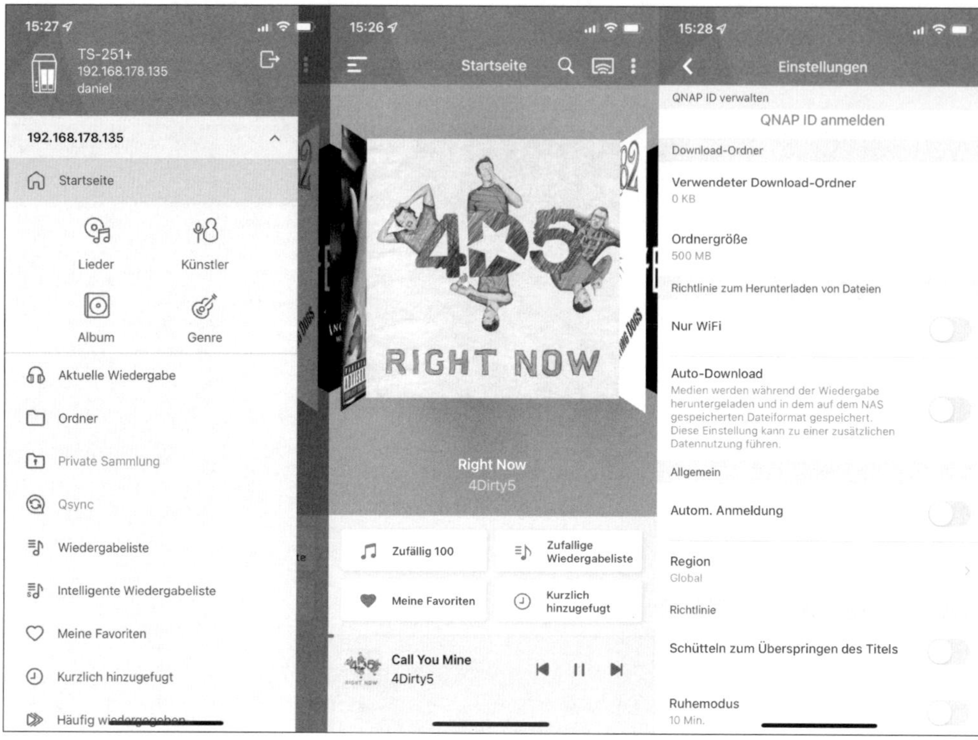

Abbildung 5.22 Qmusic: Burgermenü, Coverflow und Einstellungen

Natürlich können Sie auch einzelne Lieder, Alben, Künstler oder Genres auf Ihr Smartphone herunterladen. Öffnen Sie dafür eine der zuvor genannten Kategorien über das Burgermenü, tippen Sie bei dem Objekt, das Sie herunterladen wollen, auf das Informationssymbol (kleines »i« in einem Kreis), und wählen Sie dort HERUNTERLADEN aus. Die Objekte werden umgehend in den Download-Ordner heruntergeladen, den Sie ganz einfach über das Burgermenü ansteuern können.

5.3.5 Qvideo (iOS, Google Play, Android, Win Phone)

Mit *Qvideo* haben Sie vollen Zugriff auf Ihre Videoinhalte. Wie Sie die dafür benötigte *Video Station* einrichten und was dabei zu beachten ist, stellen wir Ihnen in Abschnitt 11.6, »Video Station«, vor.

Nach der Anmeldung werden Ihnen sofort alle Ihre Inhalte übersichtlich in einer Miniaturdarstellung angezeigt – so wie in der Mitte in Abbildung 5.23 dargestellt. Über das Burgermenü (links) erreichen Sie wie immer bequem alle Kategorien. Über die

Einstellungen (rechts) können Sie z. B. noch festlegen, ob Ihre Inhalte nur über WLAN hoch- oder heruntergeladen werden sollen.

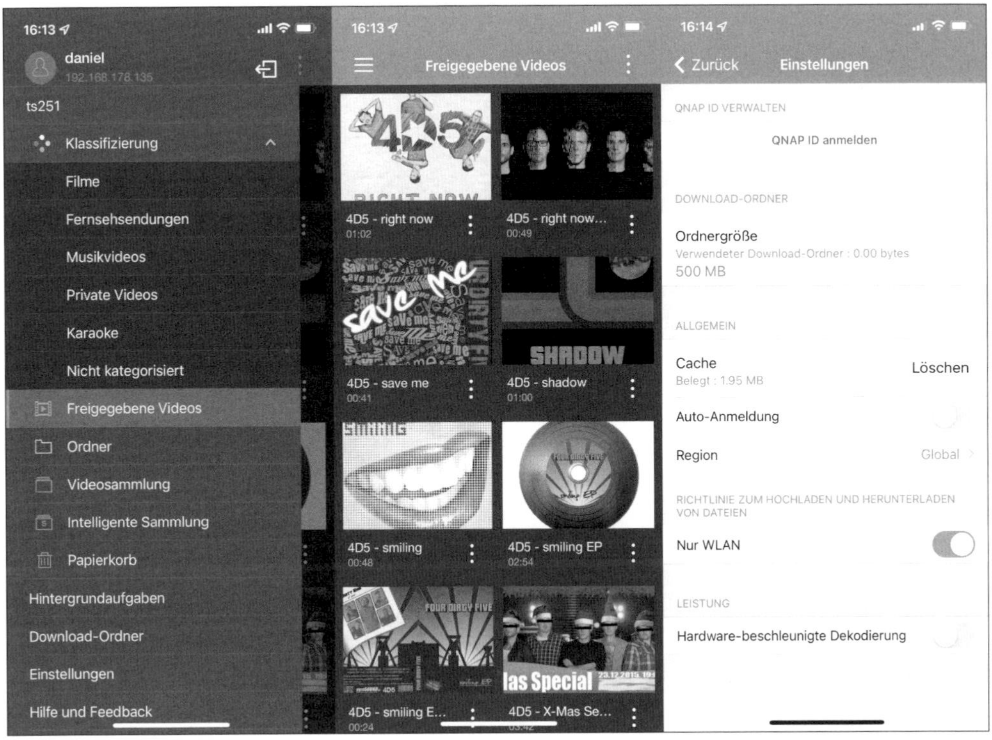

Abbildung 5.23 Qvideo: Burgermenü, Miniaturvorschau und Einstellungen

5.3.6 Qphoto (iOS, Google Play, Android, Win Phone)

Wie Sie von überall auf Ihre Fotosammlung zugreifen können und auch wie Sie die Fotos von Ihrem Smartphone aus automatisch mit Ihrer Sammlung abgleichen lassen können, zeigen wir Ihnen in Abschnitt 11.4, »Photo Station«.

Besonders praktisch ist die Funktion, Bilder mit anderen Personen zu teilen und so etwa Urlaubsfotos oder die Schnappschüsse der letzten Familienfeier weiterzugeben. Über Qphoto haben Sie einen zentralen Zugriff auf alle Fotos, die auf Ihrem NAS gespeichert sind.

Auch bei *Qphoto* folgt QNAP seinem generellen Bedienkonzept (siehe Abbildung 5.24), so dass Sie über das Burgermenü schnell auf alles zugreifen können (links), Ihnen die Inhalte übersichtlich als Miniaturvorschau aufbereitet werden (Mitte) und Sie über die Einstellungen die wichtigen Eckpunkte vorgeben können (rechts).

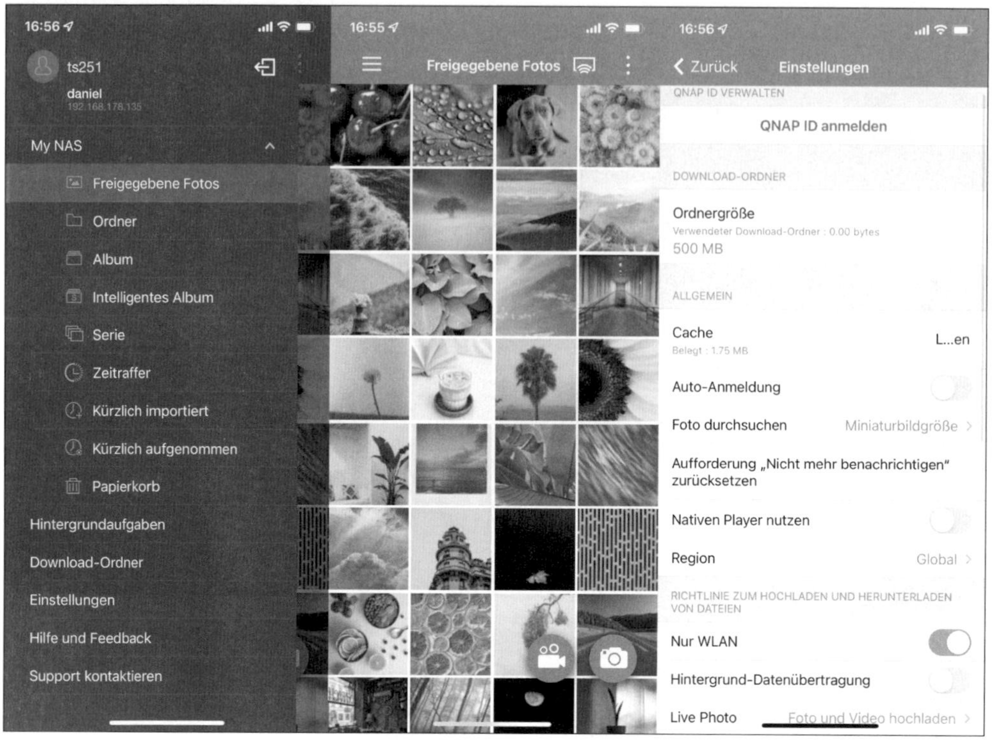

Abbildung 5.24 Qphotos: Burgermenü, Miniaturvorschau und Einstellungen

5.3.7 Vcam (iOS, Google Play, Android)

Mit *Vcam* (Abkürzung für *Virtual Camera*) machen Sie im Handumdrehen jedes Ihrer mobilen Endgeräte zu einer IP-Kamera, die Sie einfach in Ihre *Surveillance Station* einbinden können.

Die Möglichkeiten der Kameraüberwachung stellen wir Ihnen in Kapitel 12, »QVR Pro: Videoüberwachung mit dem NAS«, vor.

Konfiguration der App

Nach dem Start der mobilen App werden Sie durch den Setup Wizard geführt – keine Sorge, dieser umfasst lediglich zwei Schritte, so dass die Konfiguration nicht allzu viel Zeit in Anspruch nimmt (siehe Abbildung 5.25). Sie müssen lediglich den Port angeben (im Beispiel 8080) und eine Authentifizierung festlegen – hier müssen Sie nicht die Anmeldedaten vom *QTS* verwenden, sondern können sich eine beliebige Kombination aus Benutzername und Passwort aussuchen. Im zweiten Schritt können Sie festlegen, ob die Verbindung ausschließlich über WLAN erfolgen soll und welche Übertragungsrate verwendet werden soll (standardmäßig auf Auto).

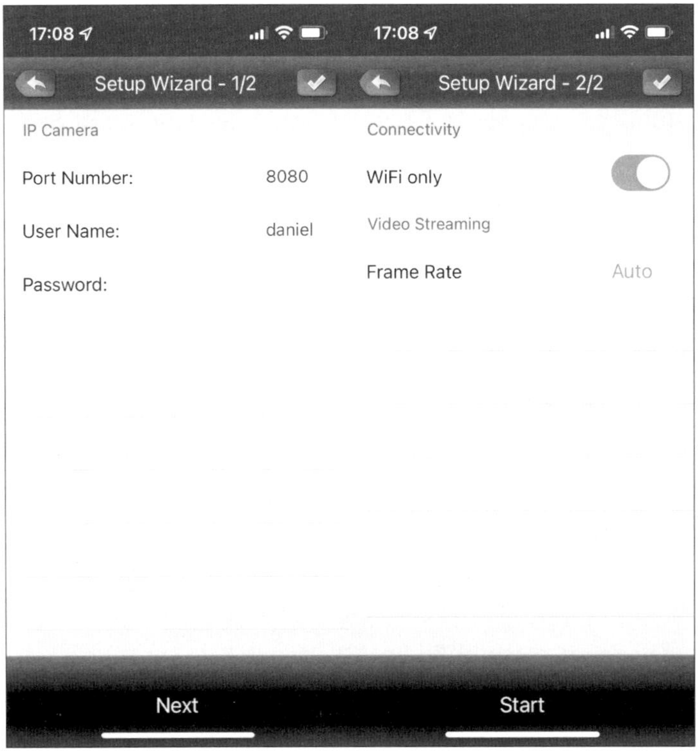

Abbildung 5.25 Konfiguration mit dem Setup Wizard der Vcam-App

Anschließend wird Ihnen in der App direkt ein Livebild angezeigt (siehe Abbildung 5.26). Sie können die App sowohl im Landscape- (wie im Beispiel) als auch im Portrait-Modus betreiben. Die Menüpunkte verschieben sich entsprechend – bei den folgenden Positionsangaben legen wir Abbildung 5.26 zugrunde, also den Landscape-Modus.

Abbildung 5.26 Livebild der Vcam

Über den Aufnahmeknopf (rechts mittig) können Sie die Übertragung starten und beenden. Direkt nach dem Start leuchtet der Knopf blau, was die Aufnahmebereitschaft anzeigt; tippen Sie ihn an, wird er rot, was eine laufende Übertragung anzeigt. Mit der Schaltfläche direkt darüber können Sie (auf Geräten mit einer Front- und Back-Kamera) die Kamera umschalten.

Mit der Schaltfläche unterhalb des Aufnahmeknopfs können Sie die Auflösung anpassen. Standardmäßig ist hier VGA mit 640×480 Pixel voreingestellt. Wiederum darunter befindet sich ein Untermenü (das an der helleren Darstellung zu erkennen ist) für die Kamerafunktionen. Je nach verwendetem Endgerät können Sie hier z. B. folgende Anpassungen vornehmen:

- Frequenz des Bildschirms anpassen
- Farbeffekte anpassen
- Blitz aktivieren oder deaktivieren
- Fokusmodus ändern (standardmäßig auf Auto)
- Szenenwechsel
- Weißabgleich
- Belichtungskorrektur
- Anzeigendrehung
- Smartphone-Anzeige abdunkeln zum Energiesparen

Auf der linken Seite unten finden Sie das Tachometer-Symbol, darüber gelangen Sie in die Einstellungen. Darüber wiederum können Sie (erneut je nach eingesetztem Gerät) den Zoom mit einem Schieberegler einstellen. Unterhalb des Schiebereglers wird Ihnen die derzeitige Zoomstufe als Zahlenwert dargestellt.

Ganz oben finden Sie noch zwei wichtige Informationen: zum einen oben links das aktuelle Datum und die Uhrzeit und, sobald die Übertragung aktiv ist, direkt darunter die IP-Adresse des NAS, an das gesendet wird, in roter Schrift. Auf der rechten Seite wird die derzeitige IP-Adresse der Vcam und darunter die gewählte Auflösung angezeigt. Die IP-Adresse der Vcam können Sie sich direkt notieren, da wir sie im nächsten Konfigurationsschritt angeben müssen.

Konfiguration in der Surveillance Station

Nachdem die App-Konfiguration abgeschlossen ist, die Übertragung gestartet wurde (roter Aufnahmeknopf) und Sie sich die IP-Adresse notiert haben, geht's zur Konfiguration in der *Surveillance Station*.

Öffnen Sie zunächst das Menü KAMERAEINSTELLUNGEN • KAMERAKONFIGURATION, und klicken Sie dort auf die Schaltfläche HINZUFÜGEN (siehe Abbildung 5.27).

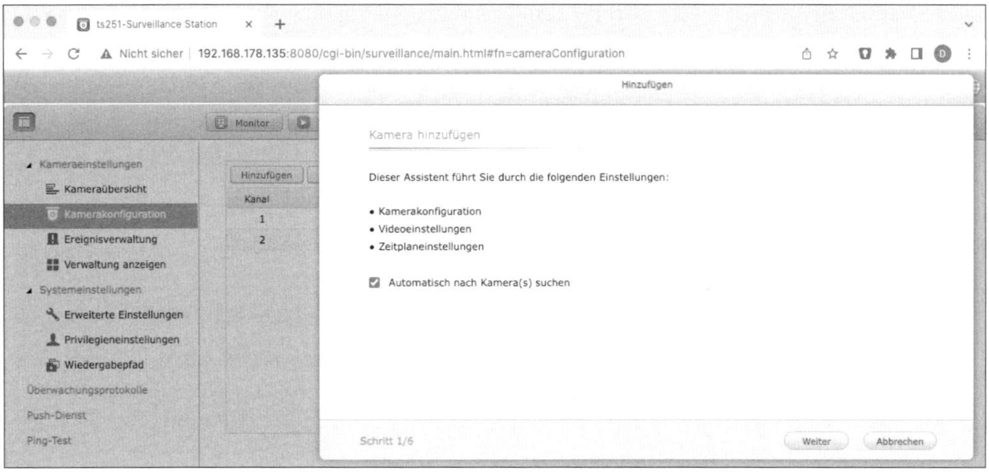

Abbildung 5.27 Hinzufügen einer neuen Kamera in der Surveillance Station

Den automatisch gesetzten Haken bei AUTOMATISCH NACH KAMERA(S) SUCHEN können Sie entfernen, da wir die Daten der Vcam manuell angeben müssen. Nach dem Klick auf WEITER öffnet sich das Konfigurationsfenster; dort müssen Sie mindestens folgende Einstellungen vornehmen (siehe Abbildung 5.28):

- Kameramarke: `QNAP`
- Kameramodell: `QNAP VCAM`
- IP-Adresse: `<SMARTPHONE-IP>`
- Anschluss: `<PORT DER VCAM>`
- Benutzername: `<BENUTZER VCAM>`
- Passwort: `<PASSWORT VCAM>`

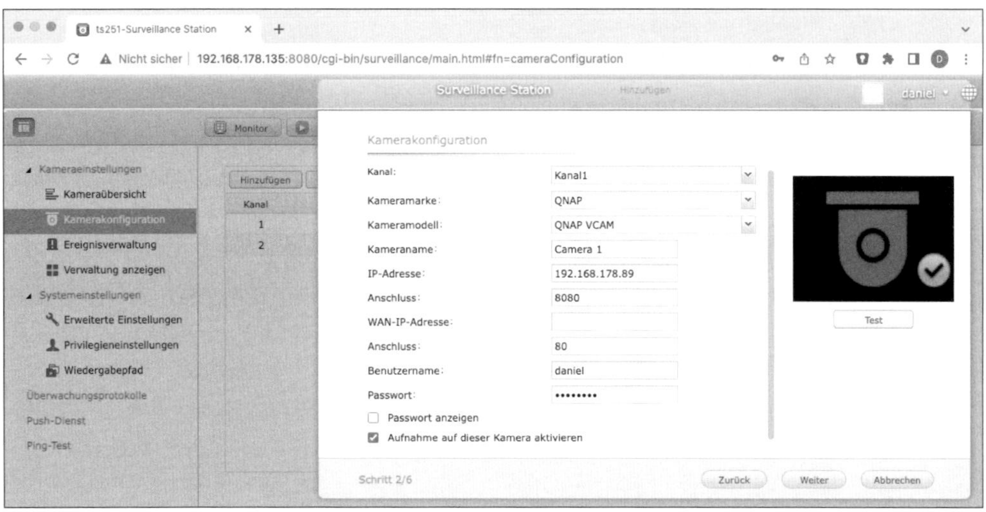

Abbildung 5.28 Konfiguration der Vcam in der Surveillance Station

Nachdem Sie Ihre Werte dort hinterlegt haben, gelangen Sie mit einem Klick auf WEITER zum nächsten Konfigurationspunkt. Dort können Sie die Videokomprimierung festlegen (standardmäßig MOTION JPEG) und ob die Aufnahme mit Ton erfolgen soll, die Aufnahme manuell aktiviert werden muss, wie lange sie mindestens aufbewahrt werden soll und ob automatische Schnappschüsse aktiviert werden sollen.

Im nächsten Schritt können Sie, wie bei regulären Kameras auch, die Zeitplaneinstellung vornehmen und so genau angeben, an welchen Tagen zu welcher Uhrzeit die Vcam aktiv sein soll – dies ergibt natürlich nur Sinn, wenn Ihr verwendetes Smartphone dauerhaft als Kamera eingesetzt wird. Im vorletzten Schritt wird Ihnen nochmal eine Übersicht der getroffenen Einstellungen angezeigt (siehe Abbildung 5.29). Wenn Sie diese mit einem Klick auf WEITER bestätigen, wird die Kamera angelegt.

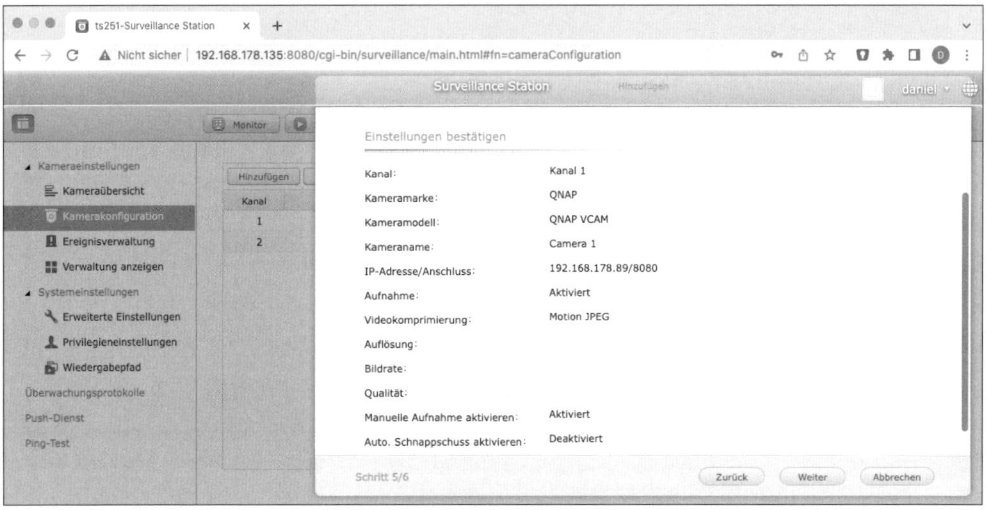

Abbildung 5.29 Übersicht der Einstellungen vor der Einrichtung

Nachdem die Kamera erfolgreich angelegt wurde, können Sie die Einrichtung im letzten Schritt mit einem Klick auf FERTIGSTELLEN abschließen.

Nun ist die virtuelle Kamera in Ihrer Surveillance Station verfügbar. Sobald Sie auf dem mobilen Endgerät die App starten und die Übertragung aktivieren (roter Aufnahmeknopf), verarbeitet die Surveillance Station wie üblich das eingehende Videosignal.

Kapitel 6
Nützliche Dienste von Drittanbietern

Schauen wir doch mal, was die Dritten so zu bieten haben ...

An dieser Stelle möchten wir Ihnen einige nützliche Dienste von Drittanbietern vorstellen, die Sie einfach über das App Center auf Ihrem NAS installieren können:

- Mit dem Content-Management-System WordPress können Sie eine eigene Website erstellen und pflegen, etwa einen Blog. Inhalte können einfach eingefügt werden, WordPress kümmert sich um deren ansprechende Gestaltung auf der Webseite.
- Als Zweites zeigen wir Ihnen, wie Sie auf dem NAS das Datenbankmanagementsystem MariaDB installieren und über phpMyAdmin bedienen. Insbesondere im Unternehmensumfeld sind Datenbanken essentiell für die Ablage von Geschäftsdaten. Auch zu Hause kann eine Datenbank für viele Anwendungen interessant sein, etwa zur Verwaltung der Metadaten eines Media Centers oder zur Aufnahme eigener Messdaten zum Beispiel von einer Wetterstation.
- Den Abschluss bildet der USB-Server VirtualHere. Wenn Sie USB-Geräte haben, auf die Sie von verschiedenen Computern zugreifen möchten, können Sie sie zentral über Ihr NAS verwalten.

6.1 Das Content-Management-System WordPress installieren und benutzen

Ein Content-Management-System ist eine praktische Sache, weil es für die Nutzerinnen und Nutzer eine einfach zu bedienende Schnittstelle für die Eingabe von Inhalten bietet. Das System kümmert sich anschließend um die grafische Aufbereitung der Inhalte und die Platzierung auf einer Webseite. Wer es einsetzen will, muss keine Ahnung von der Programmierung von Webseiten haben und braucht sich mit Themen wie HTML, CSS oder PHP nicht zu beschäftigen. Sie können sich stattdessen auf das Verfassen von Texten oder das Erstellen von Bildern konzentrieren.

Ein Content-Management-System wie WordPress eignet sich wunderbar zur Verwaltung und Auslieferung eines Blogs, also einer Website, die fortlaufend mit neuen Inhalten ergänzt wird. WordPress ist aber nicht nur auf Blogs beschränkt. Sie können damit auch eine statische Website erstellen oder sogar die Homepage Ihrer Firma. Es gibt eine unüberschaubare Anzahl an Designs für Websites, so dass für jeden Geschmack und Anwendungsfall etwas Passendes dabei ist.

WordPress finden Sie über die Suche oder in der Kategorie Inhaltsverwaltung des App Centers. Mit einem Klick auf die Schaltfläche INSTALLIEREN starten Sie den Installationsvorgang (siehe Abbildung 6.1).

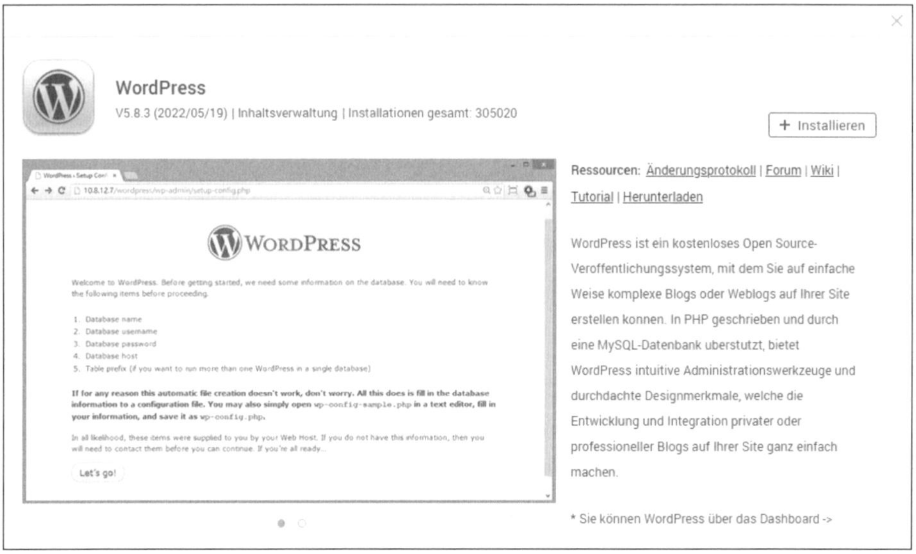

Abbildung 6.1 WordPress finden Sie in der Kategorie Inhaltsverwaltung des App Centers.

Da die Anwendung nicht direkt von QNAP stammt, sondern von Drittanbietern entwickelt wird, sehen Sie nun einen Hinweis, dass QNAP nicht für die Verwendung der Anwendung haftet. Sie müssen den Bedingungen zustimmen, damit WordPress installiert werden kann.

Die anschließende Installation läuft automatisch ab und erfordert keine weiteren Nutzereingaben. Die nötigen Dateien werden aus dem Internet geladen und auf Ihrem NAS installiert. Da WordPress eine recht umfangreiche Anwendung ist, dauert der ganze Vorgang etwas länger.

Nach Abschluss der Installation können Sie WordPress über das Hauptmenü aufrufen. WordPress öffnet sich in einem neuen Tab im Browser. Möglicherweise sehen Sie aber zunächst nur eine Fehlermeldung wie in Abbildung 6.2, die Ihnen anzeigt, dass die notwendige Seite nicht gefunden wurde. Das liegt im Regelfall daran, dass der Webserver auf Ihrem NAS noch nicht aktiviert wurde. Diesen Schritt erledigt das Installationsprogramm nämlich nicht automatisch für Sie.

Öffnen Sie also die Systemsteuerung und dort die Registerkarte WEBSERVER in der Gruppe ANWENDUNGEN (siehe Abbildung 6.3). Aktivieren Sie dort den Webserver mit dem obersten Kontrollkästchen.

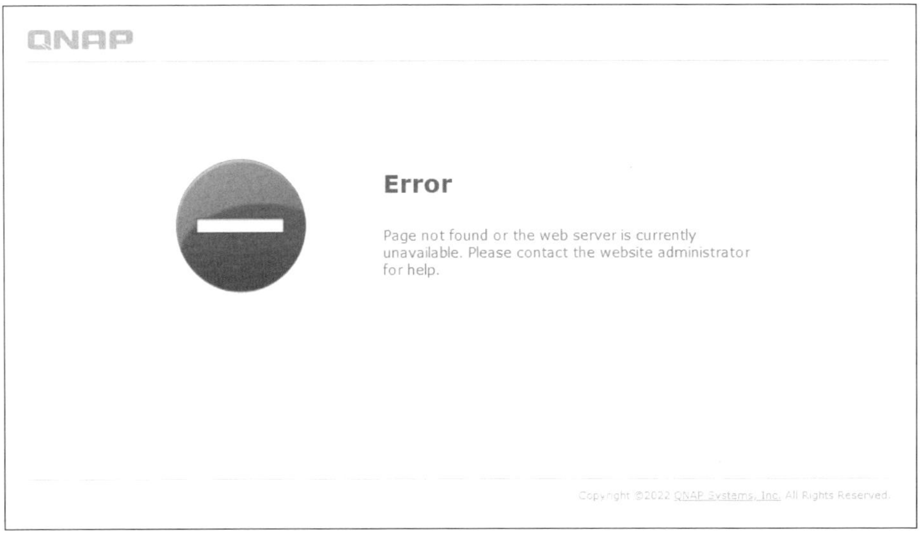

Abbildung 6.2 Eine Fehlermeldung beim ersten Start ist oft auf den nicht richtig konfigurierten Webserver zurückzuführen.

Überprüfen Sie bei dieser Gelegenheit auch gleich die Einstellungen des Webservers, insbesondere hinsichtlich der Verschlüsselung. Wenn Sie später WordPress (auch) über das Internet nutzen möchten, ist es sinnvoll, dafür eine verschlüsselte Verbindung zu nutzen. Prüfen Sie generell, ob Sie mit den vom Webserver verwendeten Ports einverstanden sind oder eine Änderung erforderlich ist. Klicken Sie abschließend auf ÜBERNEHMEN.

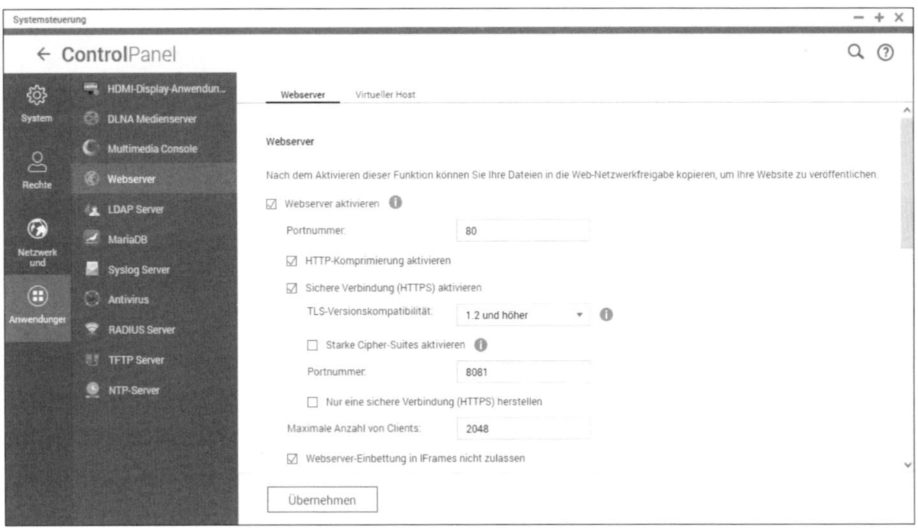

Abbildung 6.3 Stellen Sie sicher, dass der Webserver des NAS aktiviert ist.

Wenn Sie WordPress nun immer noch nicht aufrufen können, prüfen Sie, ob die Adresse im Browser die korrekten Ports verwendet und ob das richtige Protokoll eingetragen ist. Falls Sie eine unverschlüsselte Verbindung zu dem Port aufbauen, auf dem der Webserver eine verschlüsselte Verbindung erwartet, wird es eine Fehlermeldung geben.

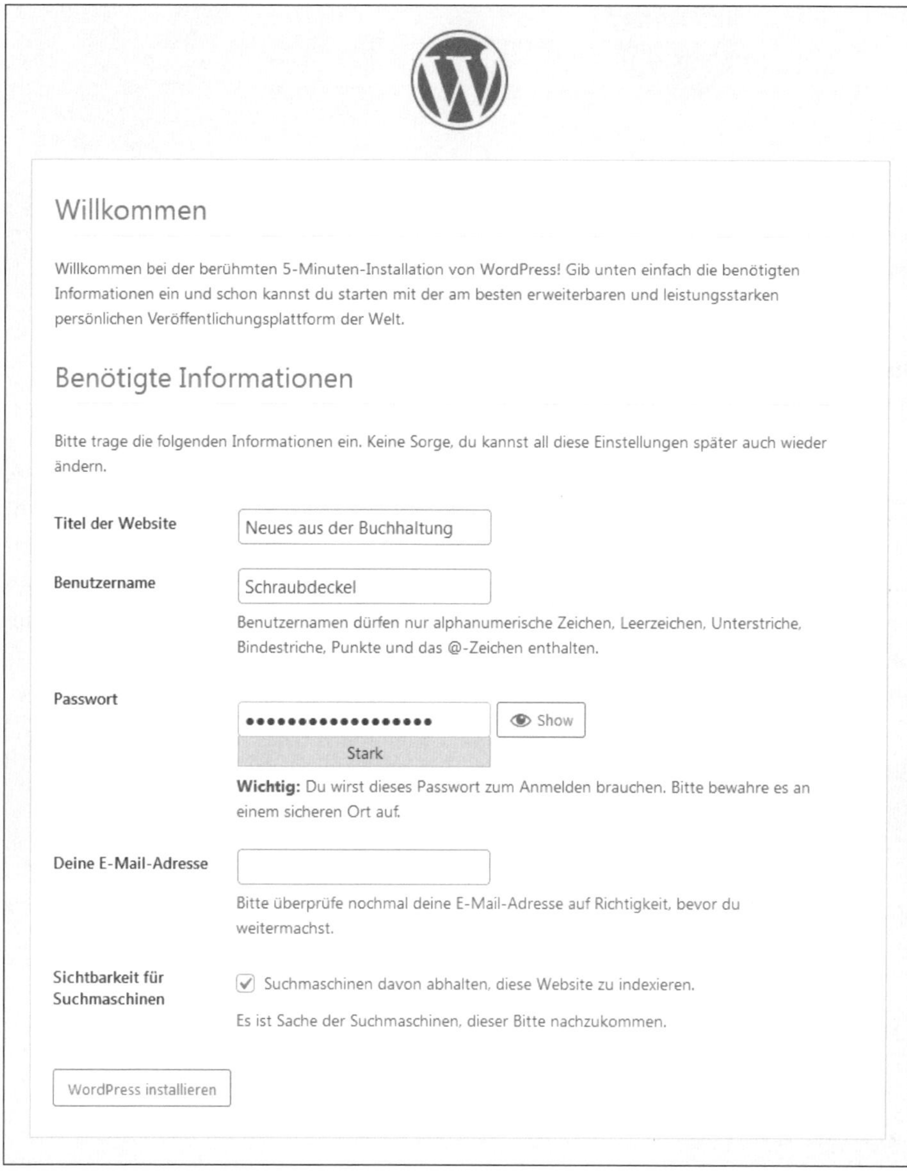

Abbildung 6.4 Geben Sie grundlegende Daten für Ihre Website ein, und erstellen Sie ein Administratorkonto.

Sobald Sie die Verbindung zu WordPress hergestellt haben, sehen Sie den Installationsassistenten. Dort müssen Sie als Erstes die Sprache einstellen, die von WordPress verwendet wird. Voreingestellt ist die englische Sprachfassung, aber es stehen diverse deutschsprachige Varianten zur Verfügung, die sich unter anderem in der Anredeform unterscheiden.

Die eigentliche Einrichtung von WordPress ist sehr schnell erledigt, denn das System benötigt nur wenige Informationen von Ihnen. Geben Sie im Assistenten zuerst den Titel der Website an. Dies ist sozusagen die Hauptüberschrift für Ihre WordPress-Inhalte. Der Titel lässt sich auch später noch ändern.

Dann erstellen Sie ein erstes Benutzerkonto für die Administration des Systems. WordPress verwendet seine eigene Benutzerverwaltung, die unabhängig vom NAS arbeitet, und hat daher auch ein eigenes Administratorkonto.

Vergeben Sie dafür einen Benutzernamen und ein Passwort. Sie sollten andere Daten verwenden als die, die Sie auf dem NAS-System nutzen. Ein sicheres Passwort wird vom Assistenten automatisch generiert, Sie können aber auch ein eigenes definieren. Für das Administratorkonto sollten sichere Zugangsdaten verwendet werden, die sich nicht erraten lassen. Tragen Sie in das entsprechende Feld eine E-Mail-Adresse ein, unter der Sie Systemnachrichten empfangen können. Abschließend können Sie einstellen, dass WordPress Suchmaschinen bittet, die eigene Seite nicht zu erfassen. Beachten Sie aber, dass manche Suchmaschinen diese Bitte ignorieren und die Seite möglicherweise trotzdem erfassen. Wenn Sie nicht möchten, dass Ihre Inhalte in irgendeinem Index erscheinen, müssen Sie später einen Zugangsschutz erstellen. WordPress sieht dafür Benutzerkonten vor. Wenn Sie fertig sind, klicken Sie auf WORDPRESS INSTALLIEREN.

Schon nach kurzer Zeit ist die Installation abgeschlossen. Dann sehen Sie ein neues Fenster (siehe Abbildung 6.5), das Ihnen noch einmal den Benutzernamen des Administratorkontos von WordPress anzeigt. Wenn Sie auf ANMELDEN klicken, können Sie sich mit diesen Zugangsdaten am System anmelden.

Abbildung 6.5 Die Installation ist schon abgeschlossen, WordPress ist bereit.

Nach der Anmeldung sehen Sie die Hauptseite von WordPress, das sogenannte *Dashboard* (siehe Abbildung 6.6). Von hier aus können Sie neue Beiträge erstellen, WordPress verwalten und konfigurieren.

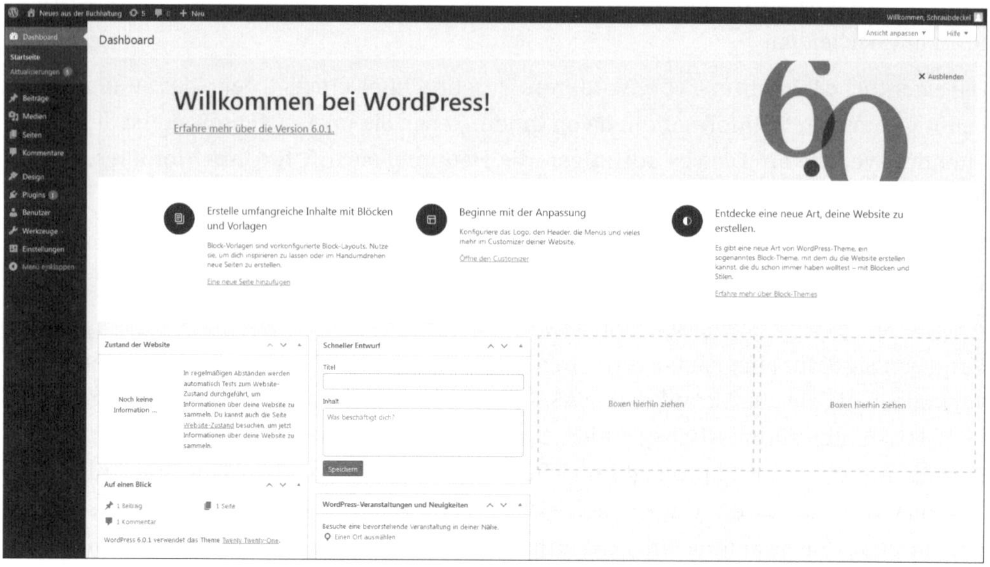

Abbildung 6.6 Das Dashboard bietet Zugriff auf wichtige Funktionen für die alltägliche Nutzung.

Bevor es richtig losgeht, schadet es nicht, einen Blick auf die Einstellungen zu werfen. Klicken Sie also auf den gleichnamigen Eintrag in der linken Leiste. Prüfen Sie insbesondere die Einträge auf der Registerkarte ALLGEMEIN. Dort können Sie Titel und Untertitel der Website verändern (siehe Abbildung 6.7).

Überlegen Sie, ob Sie das Kontrollkästchen JEDER KANN SICH REGISTRIEREN aktivieren möchten oder nicht. Wenn es aktiviert ist, bietet WordPress Ihren Gästen die Möglichkeit, ein eigenes Benutzerkonto zu registrieren. Weiter unten im Fenster befinden sich Einstellungen für die Uhrzeit- und Datumsformate, die von den aktuellen Systemeinstellungen übernommen wurden. Auf Wunsch können Sie hier Änderungen vornehmen.

Als Nächstes empfiehlt es sich, weitere Benutzer anzulegen, denn die alltägliche Arbeit mit WordPress sollte aus Sicherheitsgründen nicht unter dem Administratorkonto ausgeführt werden.

Für die Benutzerverwaltung gibt es links in der Leiste einen eigenen Menüpunkt. Nachdem Sie diesen angeklickt haben, können Sie mit der Schaltfläche NEU HINZUFÜGEN (links oben im Hauptbereich) ein neues Benutzerkonto anlegen.

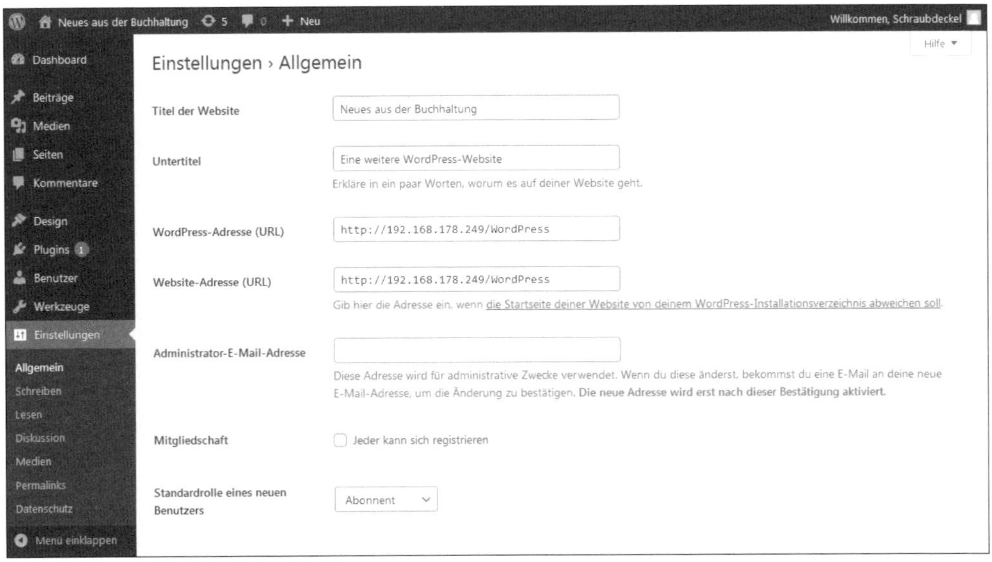

Abbildung 6.7 Nehmen Sie die Einstellungen für WordPress vor.

Füllen Sie dazu die Felder aus, die Ihnen wie in Abbildung 6.8 angezeigt werden. Beachten Sie das Auswahlfeld ROLLE. Hierüber stellen Sie die Berechtigungen ein, über die der neue Benutzer verfügen wird.

- Der *Abonnent* hat die wenigsten Rechte. Er kann lediglich Beiträge lesen, aber nicht verändern oder erstellen. Wenn Sie mit WordPress private Inhalte verwalten möchten, können Sie Benutzerkonten mit Abonnentenrechten für die Personen erstellen, die zum Lesen Ihrer Inhalte berechtigt sein sollen.
- Ein *Mitarbeiter* kann eigene Beiträge erstellen (und bearbeiten), er darf diese aber nicht veröffentlichen. Sie bleiben den übrigen Nutzern also verborgen und müssen von einem User mit höheren Rechten freigeschaltet werden. Nachdem ein Beitrag freigegeben wurde, kann ihn ein Mitarbeiter nicht mehr verändern.
- Eigene Beiträge erstellen, bearbeiten und auch veröffentlichen darf ein *Autor*. Er hat jedoch kein Recht, Beiträge anderer Nutzer zu bearbeiten oder sie zu veröffentlichen. Das bleibt Redakteuren vorbehalten.
- Ein *Redakteur* kann somit auch Beiträge veröffentlichen, die ein Mitarbeiter erstellt hat.

Wenn Sie die E-Mail-Benachrichtigung aktivieren, nutzt WordPress für den Versand die Systemfunktionen des NAS-Systems, sprich das dort hinterlegte E-Mail-Konto.

Nachdem Sie das Benutzerkonto angelegt haben, kehren Sie zur Benutzerübersicht zurück. Dort können Sie auf Wunsch weitere Benutzerkonten anlegen.

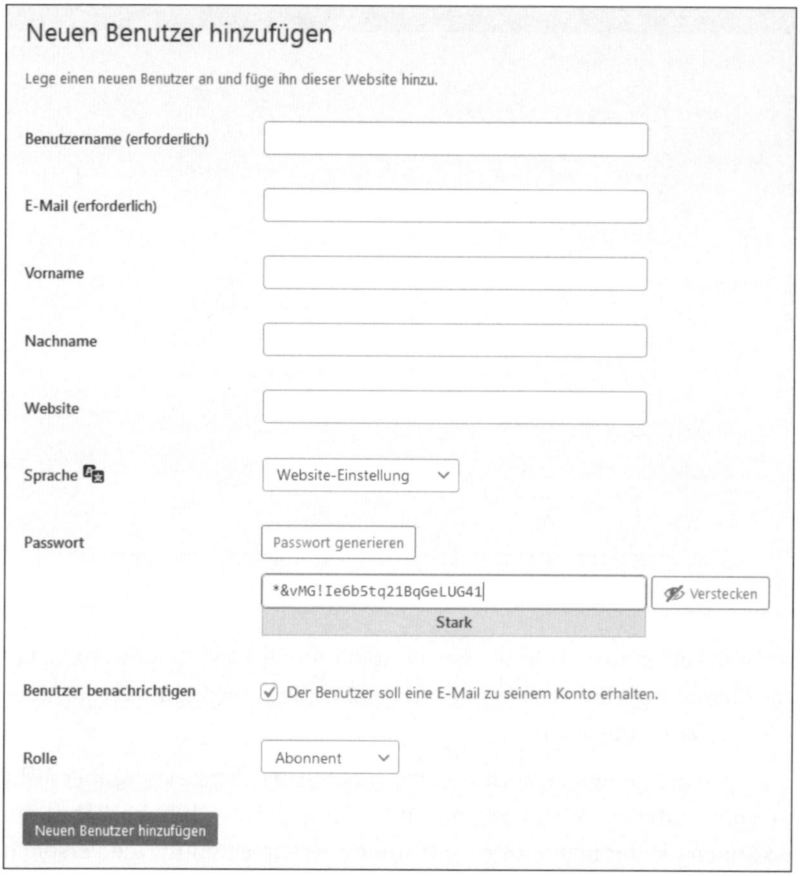

Abbildung 6.8 Erstellen Sie ein neues Benutzerkonto, und legen Sie dessen Rolle fest.

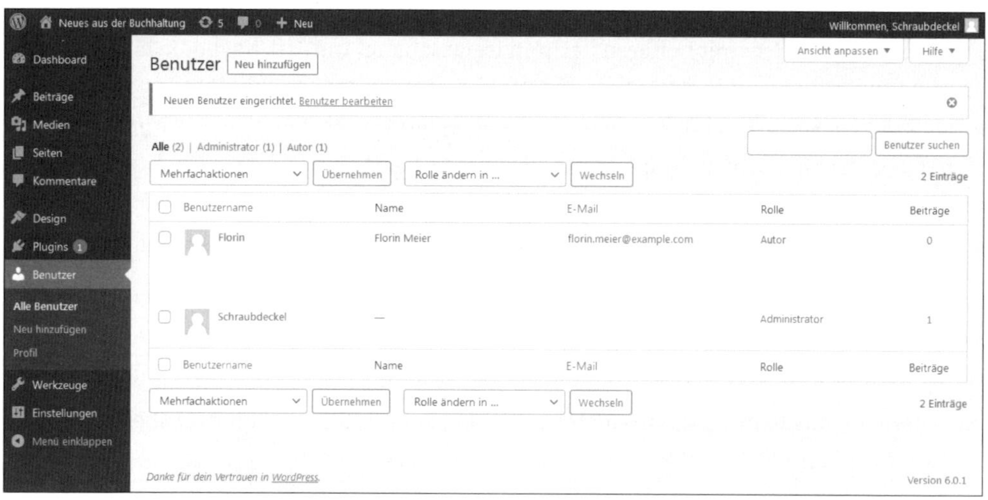

Abbildung 6.9 Alle Benutzer werden auf der Registerkarte »Benutzer« aufgeführt.

Jetzt können Sie den ersten Beitrag erstellen. Klicken Sie links auf BEITRÄGE • ERSTELLEN. Sie sehen dann einen Editor, in dem Sie Ihren Beitrag gestalten können (siehe Abbildung 6.10).

WordPress nutzt sogenannte *Blöcke*, die jeweils einen bestimmten Inhaltstyp aufnehmen. So gibt es zum Beispiel einen Block für Textinhalte oder einen für ein Bild. Wählen Sie die gewünschten Blöcke aus, platzieren Sie diese auf den Beitrag, und ergänzen Sie die gewünschten Inhalte. Texte lassen sich mit den Optionen in der rechten Leiste formatieren.

6

Abbildung 6.10 Nutzen Sie den Editor, um Ihren Beitrag mit Blöcken zu erstellen.

6.2 MariaDB und phpMyAdmin

Da das NAS oftmals rund um die Uhr aktiv ist, eignet es sich wunderbar für den Betrieb eines Datenbankmanagementsystems. Sie können damit eigene Datenbanken verwalten, die von Programmen auf dem NAS oder von Programmen über die Netzwerkverbindung genutzt werden.

Im App Center ist das bekannte Datenbankmanagementsystem MariaDB verfügbar, das mit dem vielleicht sogar noch bekannteren Datenbankmanagementsystem MySQL vollständig kompatibel ist und die SQL-Syntax verwendet. MariaDB können Sie über eine SSH-Verbindung im Terminal verwalten oder aber die Software phpMyAdmin verwenden, die per Webinterface bedient wird und somit eine grafische Benutzeroberfläche bietet.

6.2.1 MariaDB installieren und konfigurieren

MariaDB finden Sie in Version 5 oder 10 im App Center in der Kategorie Dienstprogramme. Beide Versionen arbeiten sehr gut auf Ihrem NAS, aber wenn Sie zusätzlich auch phpMyAdmin benutzen möchten, sollten Sie zur Version 5 greifen. Bei der Version 10 wurden einige Dinge »unter der Haube« geändert, so dass phpMyAdmin keinen Zugriff auf MariaDB erhält. Bis dies mit einem Update behoben wurde, sollten Sie also Version 5 den Vorzug geben. Installieren Sie die gewünschte Version wie üblich über die Schaltfläche INSTALLIEREN. Nach der Installation können Sie die Verwaltungsoberfläche dort auch gleich ÖFFNEN (siehe Abbildung 6.11).

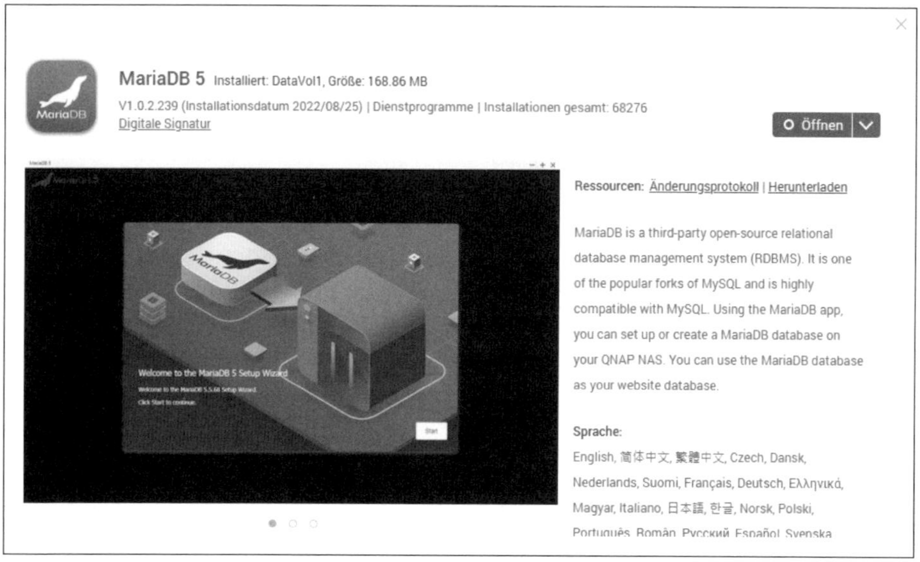

Abbildung 6.11 MariaDB findet sich in den Versionen 5 und 10 in der Kategorie Dienstprogramme des App Centers.

Nach der Installation gibt es im Hauptmenü des Administrators eine Verknüpfung zu MariaDB. Zuerst werden Sie von einem Setup-Assistenten begrüßt. Klicken Sie dort auf START.

Leider wurde der Setup-Assistent nicht sehr glücklich ins Deutsche übersetzt. Zu Beginn soll eine neue Datenbank erstellt werden, wie Sie in Abbildung 6.12 sehen. Vielmehr wird jedoch im ersten Schritt das gesamte Datenbankmanagementsystem initialisiert und neu eingerichtet. Dabei werden zwar auch Datenbanken angelegt, die aber nur intern genutzt werden. Datenbanken, die von Ihnen bzw. von Ihren Programmen verwendet werden können, werden hier noch nicht erstellt. Klicken Sie auf WEITER.

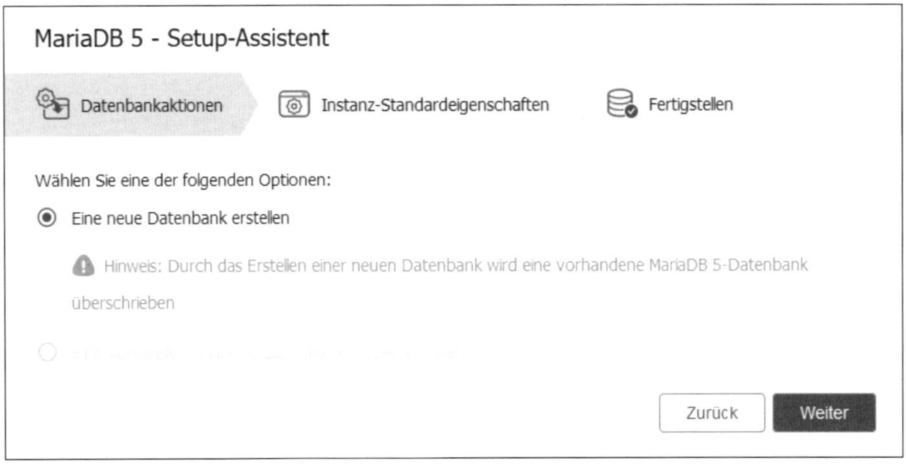

Abbildung 6.12 Zu Beginn wird das Datenbankmanagementsystem initialisiert.

Auf der zweiten Seite, die Sie in Abbildung 6.13 sehen, findet sich die nächste unfreiwillig komische Übersetzung. Sie werden gebeten, ein »Stammpasswort« zu vergeben. Damit ist das Passwort für den root-Benutzer des Datenbankmanagementsystems gemeint. MariaDB verwendet eine komplett eigenständige Benutzerverwaltung mit einem eigenen Administratorkonto. Der Nutzername dieses Administratorkontos lautet `root`. Er darf auf keinen Fall mit dem root-Benutzer des Linux-Basissystems des NAS verwechselt werden, sondern agiert nur auf Ebene von MariaDB. Der Nutzer `root` erhält ein eigenes Passwort (es sollte nicht auch anderweitig verwendet werden). Tragen Sie dies in die entsprechenden Eingabefelder ein.

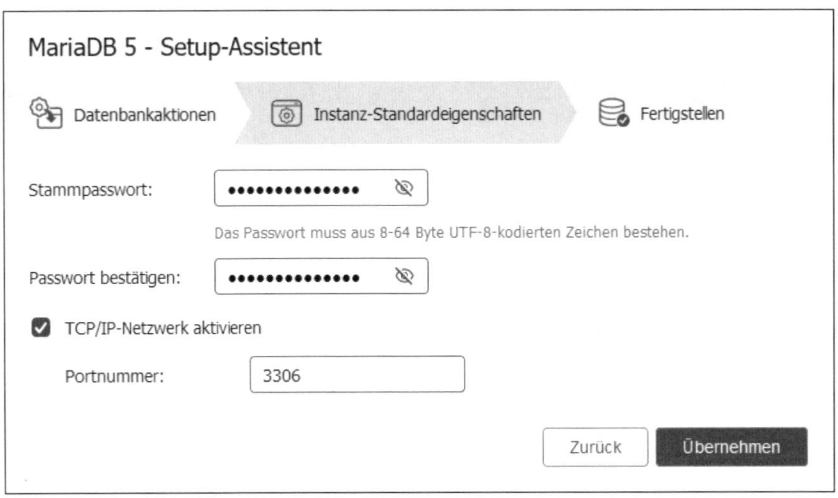

Abbildung 6.13 Vergeben Sie ein Passwort für den Administrator von MariaDB, und aktivieren Sie den Zugriff über TCP/IP.

Als Zweites können Sie den TCP/IP-Zugriff aktivieren. Wenn dieser Zugriff nicht aktiviert ist, können Sie nur über einen Unix-Socket des Linux-Basissystems mit MariaDB kommunizieren. Da die meisten Anwendungen (erst recht über das Netzwerk) mittlerweile TCP/IP verwenden, ergibt es Sinn, diese Schnittstelle zu aktivieren.

Die Kommunikation erfolgt standardmäßig über Port 3306. Den Port sollten Sie nur begründet verändern, damit das System mit »starren« Anwendungen ohne Konfigurationsmöglichkeit kompatibel bleibt, denn die meisten Anwendungen erwarten, dass der Datenbankserver auf Port 3306 antwortet. Klicken Sie anschließend auf ÜBERNEHMEN.

Der Rest der Einrichtung läuft automatisch ab, es sind keine weiteren Eingaben erforderlich. Klicken Sie auf FERTIGSTELLEN, sobald Ihnen diese Schaltfläche angeboten wird.

Anschließend sehen Sie das Konfigurationsprogramm von MariaDB, das Sie auch über das Hauptmenü eines Administrators aufrufen können. Auf der Registerkarte INFORMATIONEN (siehe Abbildung 6.14) wird Ihnen der Unix-Socket angezeigt, den Sie zur Kommunikation verwenden können. Sie sehen auch die aktuelle Version von MariaDB und können die Kommunikation über TCP/IP konfigurieren. Ganz links findet sich noch ein Schiebeschalter, mit dem Sie das Datenbankmanagementsystem komplett abschalten können.

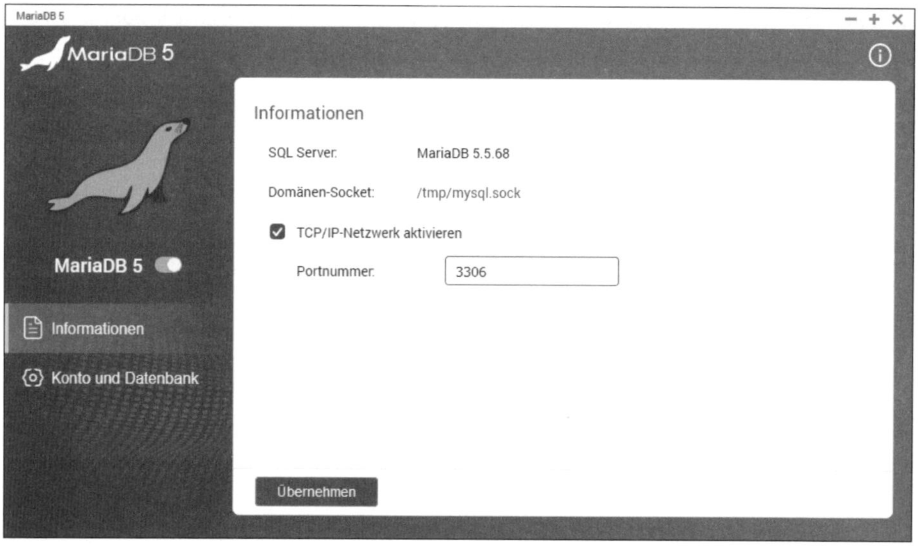

Abbildung 6.14 Auf der Registerkarte »Informationen« können Sie die TCP-Verbindung konfigurieren.

Die Registerkarte KONTO UND DATENBANK (siehe Abbildung 6.15) ist etwas gefährlich. Hier können Sie zunächst das Passwort des root-Benutzers von MariaDB verändern. Sie können auch die Benutzerpasswörter zurücksetzen oder aber das gesamte

Datenbankmanagementsystem zurücksetzen. Dabei ist größte Vorsicht geboten, denn diese Aktion löscht alle hinterlegten Daten. Überhaupt ist es eine sehr gute Idee, bei der Nutzung eines Datenbankmanagementsystems regelmäßige Backups der abgelegten Daten zu erstellen.

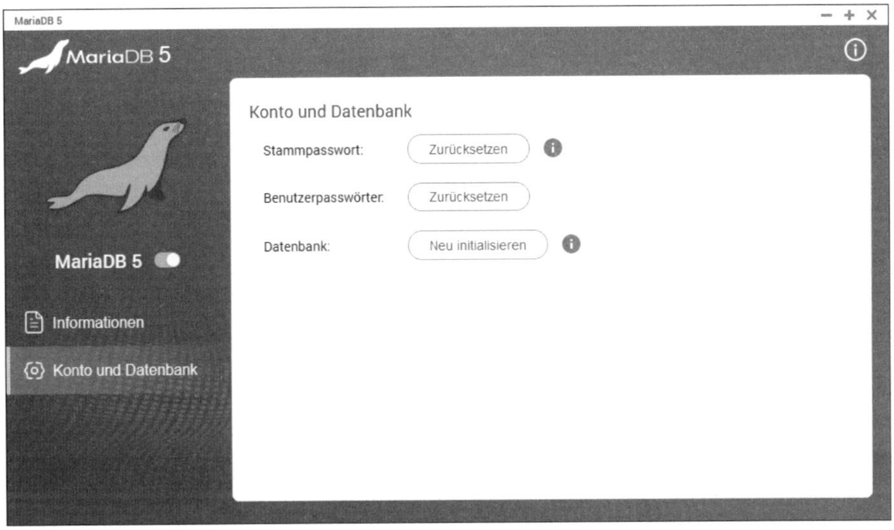

Abbildung 6.15 Das Verwaltungstool für MariaDB bietet nicht viele Optionen, kann aber sämtliche Daten löschen.

Mehr Optionen werden für die Konfiguration von MariaDB nicht geboten. Den Rest müssen Sie, falls erforderlich, über die Kommandozeile erledigen. Ansonsten ist das Datenbankmanagementsystem jetzt betriebsbereit. Sie können Datenbanken und Nutzer erstellen und Daten ablegen.

6.2.2 phpMyAdmin installieren und konfigurieren

MariaDB kann sehr komfortabel über phpMyAdmin bedient und verwaltet werden, das über ein Webinterface eine grafische Benutzeroberfläche bietet und auch die Eingabe von SQL-Kommandos erlaubt. Sie finden das Programm im App Center in der Kategorie Entwicklerwerkzeuge und installieren es über einen einfachen Klick auf die Schaltfläche INSTALLIEREN (siehe Abbildung 6.16).

phpMyAdmin befindet sich anschließend im Hauptmenü des Administrators. Es verwendet denselben Netzwerkport wie auch das QTS-Webinterface. Sie können phpMyAdmin auch direkt aufrufen, indem Sie in der Adresse im Browser `/phpmyadmin` ergänzen.

Nach dem Start müssen Sie sich in phpMyAdmin am MariaDB-System anmelden (siehe Abbildung 6.17). Verwenden Sie den Benutzernamen `root` und das Passwort, das Sie während der Installation von MariaDB festgelegt haben.

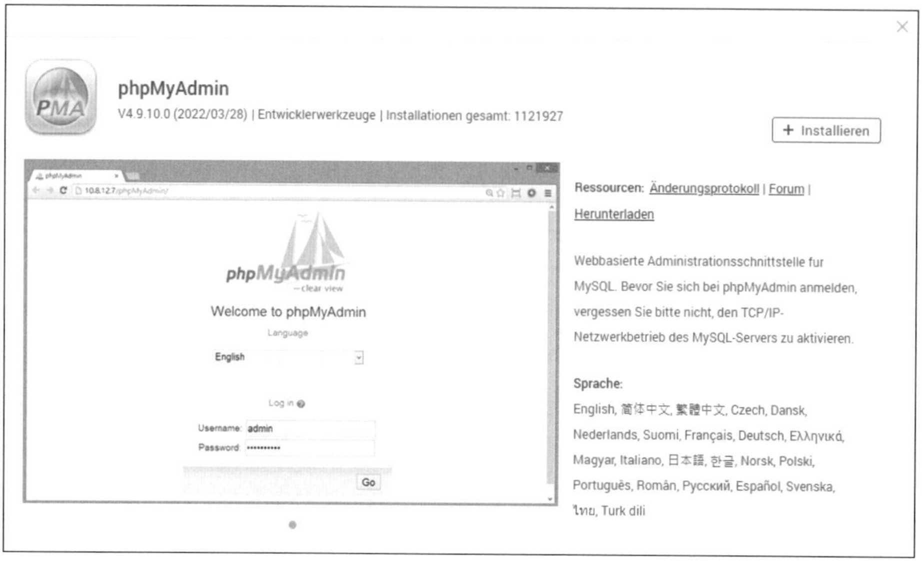

Abbildung 6.16 phpMyAdmin findet sich im App Center in der Kategorie Entwicklerwerkzeuge.

Abbildung 6.17 Zu Beginn müssen Sie sich mit dem Nutzerkonto »root« am MariaDB-System anmelden.

Anschließend sehen Sie die Hauptseite von phpMyAdmin, wo Ihnen links die bereits verfügbaren Datenbanken von MariaDB angezeigt werden, die aber nur der Verwaltung des Datenbankmanagementsystems dienen.

Als Erstes empfiehlt es sich, ein neues Benutzerkonto für einen normalen Systembenutzer zu erstellen. Wie immer sollte für die Alltagsnutzung keinesfalls das Administratorkonto verwendet werden. Sie können ruhig für jede Anwendung einen eigenen Benutzer erstellen, der nur auf die benötigten Datenbanken Zugriffsrechte erhält.

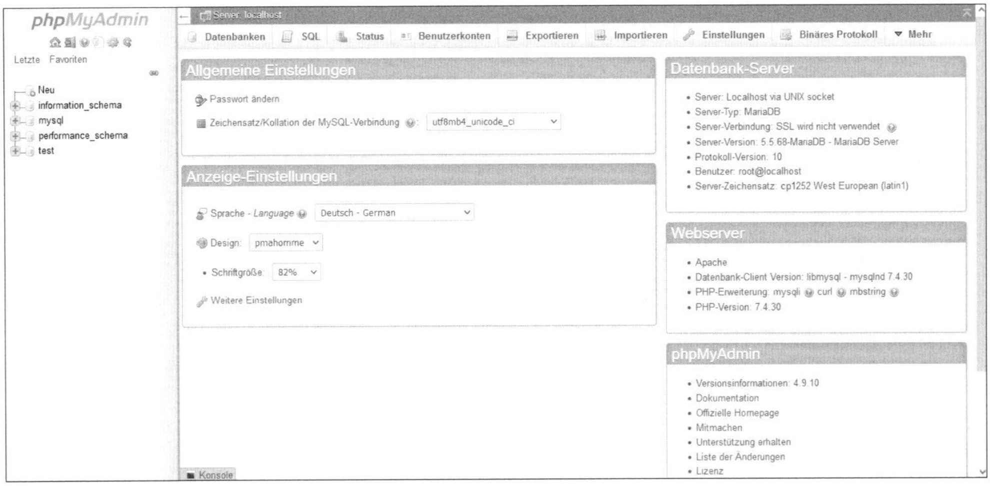

Abbildung 6.18 phpMyAdmin ist bereit für Ihre Wünsche.

Somit bleiben die Daten von allen Anwendungen voneinander getrennt und können nicht versehentlich verändert oder unberechtigt ausgelesen werden. Scrollen Sie ein wenig nach unten, und verwenden Sie die Schaltfläche BENUTZERKONTO HINZUFÜGEN. Im Menü aus Abbildung 6.19 vergeben Sie einen Benutzernamen und ein Passwort.

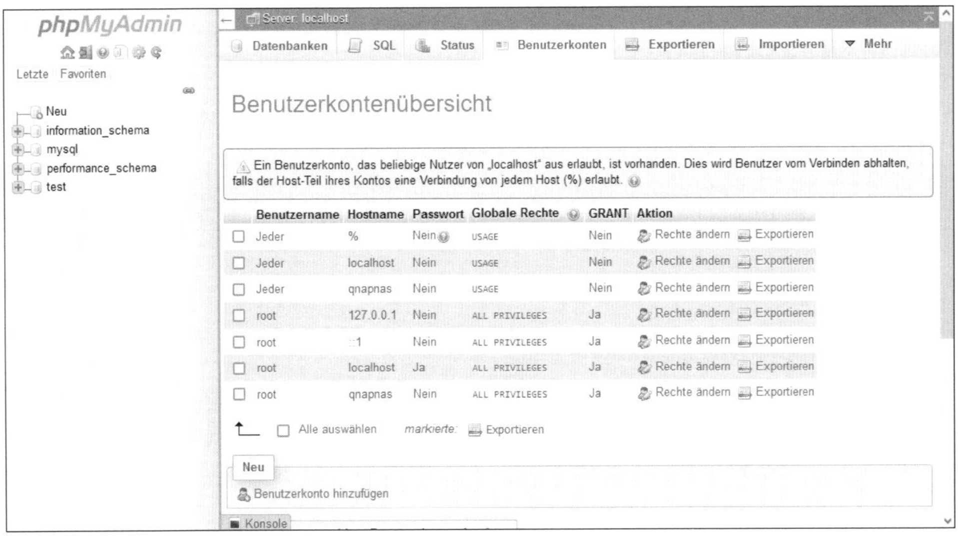

Abbildung 6.19 Legen Sie ein Benutzerkonto für einen normalen Systembenutzer an.

Als Nächstes können Sie auf die Registerkarte DATENBANKEN wechseln und dort eine neue Datenbank erstellen (siehe Abbildung 6.20). Die grafische Oberfläche macht dies besonders einfach. Alternativ können Sie auch die Registerkarte SQL nutzen und dort SQL-Befehle eingeben. Somit sparen Sie sich den Umweg über das Terminal. Vergessen Sie nicht, dem gewünschten Nutzerkonto auf der Registerkarte BENUTZERKONTEN die gewünschten Zugriffsrechte zu geben. Anschließend können Sie die angedachte Anwendung konfigurieren, erste Daten in die neue Datenbank schreiben und diese wieder auslesen.

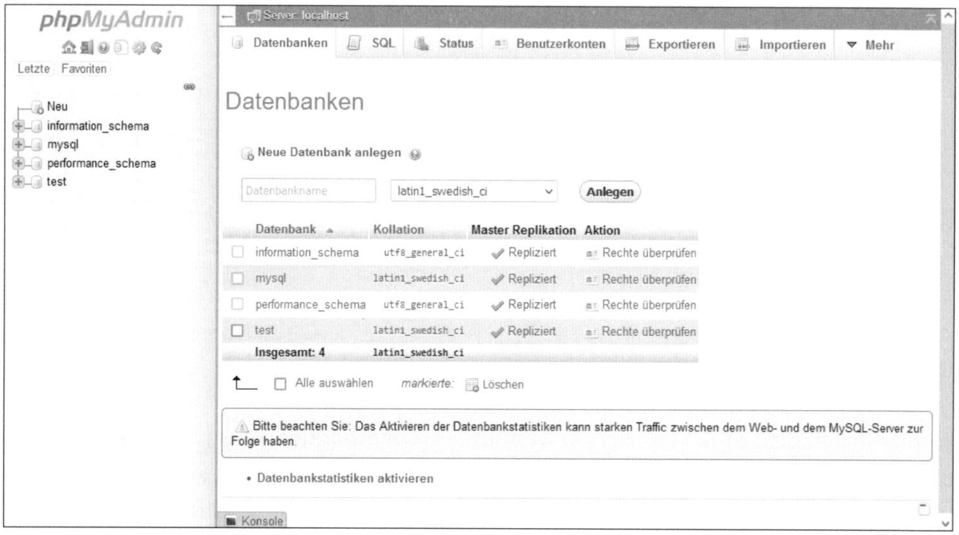

Abbildung 6.20 Legen Sie eine erste Datenbank an.

6.3 VirtualHere USB Server

Ein USB-Server stellt ein am Server angeschlossenes USB-Gerät anderen Client-Computern im Netzwerk zur Verfügung. Dieses Gerät kann dann von Netzwerkteilnehmern verwendet werden, obwohl diese es nicht am eigenen PC angeschlossen haben. Mit der App *VirtualHere USB Server* machen Sie aus Ihrem NAS einen solchen USB-Server.

6.3.1 Funktionsweise und Vorteile

Damit Client-Computer das USB-Gerät nutzen können, wird auf ihnen ein Client-Dienstprogramm installiert. In diesem wählt der Anwender, mit welchem USB-Gerät am Server er sich verbinden möchte.

Aufgrund technischer Beschränkungen kann ein Gerät immer nur von einem Client zeitgleich genutzt werden. Bevor ein anderer Client es nutzen kann, muss der derzeitige Nutzer es freigeben bzw. die Verbindung trennen.

Anwendungen, die auf dem Client-Computer gestartet werden, erkennen das verbundene USB-Gerät wie ein lokales Pendant. Dass die Verbindung durchgeschleift wird, können sie nicht erkennen.

In folgenden Fällen erweisen sich USB-Server als besonders praktisch:

- Ein USB-Gerät soll an verschiedenen Rechnern genutzt werden, weil der Anwender, der es verwenden möchte, den Rechner immer wieder wechselt. Das ist häufig in Unternehmen der Fall, z. B. im Zusammenspiel mit Konferenzräumen oder individueller Kundenberatung in einem Ladengeschäft. Als Beispiel sei ein Hardware-Dongle (Kopierschutzstecker) genannt, das eine Lizenz zur Nutzung einer bestimmten betrieblichen Anwendungssoftware darstellt.
- Ein USB-Gerät soll von verschiedenen Anwendern genutzt werden. Ein Beispiel hierzu: Ältere Hardware aus Zeiten der Einzelplatzrechner muss in eine neue Netzwerkumgebung mit Mehrplatzsystemen integriert werden, weil es keine neuere Hardware mit Netzwerksupport am Markt gibt, die von der eingesetzten Software unterstützt wird. Das passiert häufig in Industriebetrieben, die ältere Fräsen, Lasersysteme, Messsysteme, Waagen etc. mit PC-Anbindung einsetzen.
- USB-Geräte sollen an Systemen genutzt werden, die gar keine USB-Anschlüsse haben, insbesondere virtuelle Maschinen. Nur manche Hypervisor-Systeme können USB-Geräte zu virtuellen Maschinen durchschleusen, für alle anderen bietet sich ein USB-Server an.
- USB-Geräte können dank VPN-Verbindungen auch über das Internet genutzt werden. So könnte eine Anwenderin im Homeoffice ein Dongle verwenden, das sich im Büro befindet. (Mehr zu VPN-Verbindungen erfahren Sie in Kapitel 18.) VirtualHere bietet alternativ auch eine Cloud-Version im Abomodell an, die ohne VPN funktioniert.

Die Nachteile von VirtualHere USB Server

Bevor es losgeht, jedoch zwei Warnungen:

Obwohl die Fernverbindung von USB-Geräten für Software eigentlich transparent ist, gibt es nie eine Garantie dafür, dass ein bestimmtes Gerät und eine bestimmte Software fehlerfrei mit einem USB-Server zusammenarbeiten. Manchmal spielt nämlich die Verbindungsgeschwindigkeit eine Rolle. Geht eine Software davon aus, dass ein USB-Gerät innerhalb weniger Millisekunden antwortet (schließlich müsste es ja lokal angeschlossen sein), kann es sein, dass es zu Fehlern kommen, wenn die leichten Verzögerungen aufgrund der Netzwerkverbindung zum Tragen kommt. Insofern gilt: Probieren Sie es einfach aus!

Nun die zweite Warnung: Das Ganze ist nicht kostenlos. Die nachfolgend vorgestellte App kostet 49 US-Dollar. Das ist ein fairer Preis, sofern die Software für den gewünschten Zweck eingesetzt werden kann. Gute USB-Server als separate Hardware kosten einige hundert Euro. Ob VirtualHere USB Server für Sie geeignet ist, können Sie mit der Trial-Version herausfinden, die nur ein USB-Gerät unterstützt, Meldungen zur Testphase anzeigt und zehn Tage lang funktioniert.

6.3.2 Installation der App auf dem NAS

Um die Software auf dem NAS zu installieren, gehen Sie wie folgt vor:

1. Loggen Sie sich als Administrator in die Weboberfläche des NAS-Systems ein.
2. Öffnen Sie das Menü ☰, und klicken Sie dann auf APP CENTER.
3. Verwenden Sie die Suchfunktion 🔍 oben rechts, um nach »virtualhere« zu suchen.
4. Sie erhalten ein Suchergebnis, den VIRTUALHERE USB SERVER. Klicken Sie unterhalb des Programm-Icons auf INSTALLIEREN (siehe Abbildung 6.21).
5. Da es sich um eine App handelt, die nicht aus dem Hause QNAP kommt, erscheint ein Warnhinweis, dass QNAP die Haftung ablehnt. Bestätigen Sie mit JA, ICH STIMME ZU.

Abbildung 6.21 VirtualHere USB Server installieren

Das war es dann auch schon. Eine Oberfläche zu dieser App sucht man vergebens. Sobald sie installiert ist, können USB-Geräte im Netzwerk genutzt werden. Es wäre nun also der richtige Zeitpunkt, ein Gerät an einen freien USB-Port des NAS-Systems anzuschließen und sich an die Installation der Client-Software zu machen.

6.3.3 VirtualHere Client installieren

Da VirtualHere USB Server keine App-Oberfläche hat, ist die Frage, wie es nun weitergeht. Die Homepage des Herstellers gibt uns Hinweise in der Fragensammlung unter *https://www.virtualhere.com/nas_faq*: Wir müssen das Client-Dienstprogramm herunterladen. Sie finden es unter *https://www.virtualhere.com/usb_client_software* für:

- Windows 10 oder höher auf Basis von 32 Bit, 64 Bit oder ARM64.
- macOS, auch die neuen Silicon-CPUs, aber nicht alle anderen macOS-Versionen und nicht alle USB-Geräte werden derzeit unterstützt.
- Linux. Hier nutzt VirtualHere den in Linux eingebauten Treiber `usbip`. Empfohlen wird Kernel 4.9 oder höher.

Wenn Sie die Software heruntergeladen haben, werden Sie feststellen, dass sie nicht installiert werden muss. Es handelt sich um eine einfache, ausführbare Datei. Kopieren Sie sie an den Ort, an dem Applikationen üblicherweise liegen:

1. Unter Windows: Erzeugen Sie einen neuen Ordner *C:\Programme\VirtualHere*, und legen Sie die EXE-Datei von VirtualHere Client dort ab. Um sie ins Startmenü einzubinden, erzeugen Sie noch im Ordner *C:\ProgramData\Microsoft\Windows\Start Menu\Programs* eine Verknüpfung zur EXE-Datei (Rechtsklick in freien Bereich, NEU, VERKNÜPFUNG).

   Unter macOS: Kopieren Sie die Datei mit Hilfe des Finders in den Ordner *Programme*.
2. Zum Schluss starten Sie das Programm und stellen es auf Deutsch um:

   Rechtsklicken Sie auf USB HUBS, und wählen Sie ADVANCED SETTINGS. Stellen Sie LANGUAGE TO USE FOR THIS CLIENT auf GERMAN, und bestätigen Sie mit SAVE. Die Anwendung muss neugestartet werden. Bestätigen Sie mit YES.

6.3.4 Verwenden von VirtualHere Client

Starten Sie das heruntergeladene Client-Programm, um die Software zu nutzen. VirtualHere Client besteht nur aus einem Programmfenster, das die gefundenen USB-Server (im Programm heißen sie *USB Hubs*) listet. In einer Baumstruktur werden dann unterhalb jedes Hubs die USB-Geräte angezeigt, die am Server angeschlossen sind und mit denen Sie sich verbinden können. Wir kümmern uns zunächst darum, das NAS-System als USB-Hub hinzuzufügen.

NAS als USB-Hub hinzufügen

Wenn Sie sich im lokalen Netzwerk befinden, findet VirtualHere Client möglicherweise das NAS ohne weiteren Umstand. Bei unseren Tests über VPN wurde das NAS nicht direkt gefunden. Für solche Fälle gibt es die Möglichkeit, den USB-Server manuell anzugeben. Wir zeigen das anhand der macOS-Client-Software. Die Menüpunkte sehen in den anderen Betriebssystem-Versionen ähnlich aus.

1. Rechtsklicken Sie im VirtualHere-Programmfenster auf den Eintrag USB HUBS. Im erscheinenden Kontextmenü klicken Sie auf SPEZIFIZIERE HUBS...
2. Es erscheint ein neues Management-Fenster. Klicken Sie hier auf HINZUFÜGEN.
3. Geben Sie im erscheinenden Eingabefeld die IP-Adresse oder den Hostnamen des NAS-Systems ein, gefolgt von einem Doppelpunkt und der Portnummer 7575. Dies ist der Port, über den die Kommunikation und der Datenaustausch der USB-Geräte läuft (siehe Abbildung 6.22).
4. Klicken Sie auf OK und dann in der Liste der Hubs auf SCHLIESSEN. Sobald VirtualHere Client den USB-Server gefunden hat, blendet es einen Hinweis ein, dass sich der USB-Server im Trial-Modus befindet. Bestätigen Sie diesen Hinweis.

Abbildung 6.22 NAS als USB-Hub in VirtualHere Client hinzufügen

Troubleshooting bei Verbindungsproblemen

Wenn VirtualHere Client den USB-Server im NAS nicht findet, prüfen Sie bitte, ob eine Firewall den Datenverkehr blockiert.

Port 7575 muss für den ein- und ausgehenden Datenverkehr erlaubt sein. Gegebenenfalls müssen Sie diesen Port in der Desktop-Firewall explizit freigeben. Auch auf dem

QNAP-System könnte mit QuFirewall eine Firewall installiert sein, die den Datenverkehr unterbindet.

Mit einem USB-Gerät verbinden

Ist der USB-Server als Hub in VirtualHere Client aufgeführt, listet das Programm nun alle USB-Geräte, die dort – in unserem Fall also am NAS –angeschlossen sind.

Um ein USB-Gerät mit dem Client-Computer zu verbinden und dort nutzbar zu machen, rechtsklicken Sie auf einen Eintrag in der Liste, und klicken Sie dann auf VERBINDE DIESES GERÄT. Das Gerät wird daraufhin mit Ihrem Rechner verbunden. In der Liste wird der Eintrag fett dargestellt und um den Hinweis IN BENUTZUNG VON DIR ergänzt. Alternativ zum Rechtsklick können Sie auf einen Eintrag in der Liste doppelklicken.

Das betroffene Gerät ist an Ihrem Rechner nun verwendbar, als wäre es lokal angeschlossen.

Um sich vom Gerät zu trennen, rechtsklicken Sie erneut auf den Eintrag, und wählen Sie im Menü STOPPE VERBINDUNG ZU DIESEM GERÄT. Alternativ können Sie erneut doppelklicken, das hat denselben Effekt.

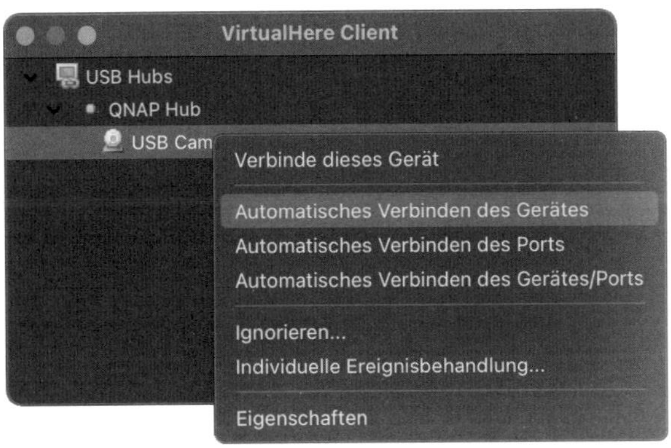

Abbildung 6.23 Gerät verbinden im VirtualHere Client

6.3.5 Automatisch eine Verbindung zu USB-Geräten herstellen

Wenn Sie herausgefunden haben, dass VirtualHere gut für Sie einsetzbar ist, sollten Sie sich unbedingt die Auto-Use-Funktion anschauen. Sie sorgt dafür, dass VirtualHere Client automatisch eine Verbindung zum Gerät herstellt, sobald das Client-Programm gestartet ist, der USB-Server erreichbar ist sowie das USB-Gerät erkannt wurde und frei ist.

Damit dies zuverlässig funktioniert, sollten Sie VirtualHere Client zunächst automatisch starten lassen. Im Fall von Windows funktioniert das wie folgt:

Automatischer Start unter Windows

Für Windows muss das Programm dafür in die Autostart-Gruppe gelegt werden:

1. Drücken Sie die Tastenkombination [Win] + [R].
2. Das AUSFÜHREN-Fenster öffnet sich. Tippen Sie hier »shell:startup« ein, und drücken Sie die Eingabetaste.
3. Es öffnet sich ein Explorer-Fenster, in dem Sie eine Verknüpfung zu VirtualHere Client ablegen können. Dazu klicken Sie mit der rechten Maustaste in einen freien Bereich des Fensters und wählen NEU, dann VERKNÜPFUNG.
4. Wählen Sie den Pfad zur EXE-Datei von VirtualHere Client aus, und bestätigen Sie mit OK, dann mit WEITER.
5. Geben Sie einen Namen ein, z. B. »VirtualHere Client«.

Das Programm wird damit automatisch mit Windows gestartet.

Automatischer Start unter macOS

1. Klicken Sie auf das Apfel-Menü und dann auf SYSTEMEINSTELLUNGEN.
2. Wechseln Sie in BENUTZER:INNEN & GRUPPEN, und wählen Sie Ihren Systembenutzer aus.
3. Wechseln Sie in der rechten Hälfte des Fensters in den Reiter ANMELDEOBJEKTE. Klicken Sie auf +, und wählen Sie die App VirtualHere aus dem Ordner *Programme* aus.

Das Programm wird damit automatisch mit dem Mac gestartet.

Minimiert starten

Damit das VirtualHere-Client-Fenster Sie beim Hochfahren nicht stört, stellen Sie ein, dass es minimiert starten soll:

1. Öffnen Sie VirtualHere Client.
2. Rechtsklicken Sie auf USB HUBS, und wählen Sie STARTE MINIMIERT.

Das Programm wird damit beim automatischen Start stets ohne Programmfenster geöffnet und läuft im Hintergrund.

Zu verbindende Geräte wählen

Die Arbeiten aus den vorhergehenden Abschnitten waren nur die Vorbereitung dafür, dass Sie USB-Geräte automatisch verbinden können, denn dafür muss VirtualHere Client geöffnet sein.

Zum Schluss müssen Sie nun noch wählen, welche USB-Geräte denn nun verbunden werden sollen. Das funktioniert wie folgt:

1. Öffnen Sie VirtualHere Client.
2. Rechtsklicken Sie auf das Gerät, das Sie automatisch verbinden möchten. Im erscheinenden Kontextmenü klicken Sie auf AUTOMATISCHES VERBINDEN DES GERÄTS.

   Damit wird das Gerät immer verbunden, sobald es verfügbar ist.

Bitte beachten Sie: Das automatische Verbinden von Geräten ist ein Segen, wenn man allein mit dem Gerät arbeitet. Es kann natürlich nicht sinnvoll eingesetzt werden, wenn mehrere Anwender dasselbe Gerät automatisch verbinden wollen. USB ist per Definition ein Single-Use-Protokoll. Es kann immer nur ein Anwender ein USB-Gerät verwenden. Sobald dieses verwendet wird, kann kein anderer Anwender sich damit verbinden. Wenn also mehrere Anwender AUTOMATISCHES VERBINDEN DES GERÄTS aktiviert haben, wird es zu einem konkurrierenden Zugriff kommen, und nur einer der Anwender bekommt das Gerät zugeteilt.

Als Alternative zu AUTOMATISCHES VERBINDEN DES GERÄTS gibt es AUTOMATISCHES VERBINDEN DES PORTS. Während Ersteres das USB-Gerät anhand der Hersteller- und Modellkennung wiedererkennt, nutzt AUTOMATISCHES VERBINDEN DES PORTS den USB-Port am NAS zur Wiedererkennung des USB-Geräts. Letzteres ist hilfreich, wenn Sie Geräte desselben Modells mehrfach an einem USB-Server einsetzen. Dann könnte keine Unterscheidung anhand der Hersteller- und Modellkennungen erfolgen, weil diese bei allen Geräten gleich sind.

Programm lizenzieren

Die Trial-Version von VirtualHere läuft zehn Tage lang und erlaubt nur die Verbindung eines einzelnen Geräts. Wenn Ihnen das Programm zusagt, können Sie auf der Homepage des Herstellers eine Lizenz erwerben.

Der Kauf läuft über den Zahlungsdienstleister Stripe ab und erfordert eine Kreditkarte. Der Prozess läuft wie folgt ab. Bitte beachten Sie, dass die beschriebenen Felder auf der Hersteller-Homepage den Stand der Drucklegung widerspiegeln und sich gegebenenfalls im Lauf der Zeit ändern.

1. Öffnen Sie VirtualHere Client auf einem Rechner.
2. Rechtsklicken Sie auf USB HUBS, im erscheinenden Menü klicken Sie auf LIZENZ.
3. Es erscheint ein Fenster, das einen Code mit Seriennummern enthält. Klicken Sie auf KOPIERE ZUR ZWISCHENABLAGE.
4. Rufen Sie im Webbrowser *https://www.virtualhere.com/purchase* auf. Kopieren Sie den Code aus der Zwischenablage in das entsprechende Eingabefeld, und klicken Sie auf BUY.
5. Sie erhalten nach dem Kauf einen Code, den Sie in VirtualHere Client im Lizenzdialog mit dem Button LIZENZ(EN) EINTRAGEN an den Server übermitteln.

Mit dem Erwerb der Lizenz ist das NAS hardwaregebunden lizenziert. Die Lizenz lässt sich nicht auf ein anderes Gerät übertragen. Obwohl die Eingabe der Lizenzdaten im Client geschieht, ist nicht der Client lizenziert, sondern VirtualHub Server auf dem NAS. Es ist gleichgültig, von welchem Client aus Sie die Lizenzierung vornehmen, solange der Client mit dem NAS als USB-Server verbunden ist. Die Eingabe muss auch nicht an jedem Client erfolgen, sondern nur an einem. Danach sind alle Clients in unbegrenzter Anzahl lizenziert, die mit diesem Server verbunden sind.

6.3.6 Fazit

Ein USB-Server ist eine praktische Sache, wenn man denn Verwendung dafür hat. Zugegeben: Der Einsatzbereich liest sich sehr speziell, und wenn Sie bisher nicht selbst in die Lage geraten sind, dass Sie Bedarf daran haben, haben Sie diesen Abschnitt vielleicht auch einfach nur überflogen.

Wer aber im Unternehmensbereich schon mit einem der eingangs genannten Probleme konfrontiert war und mit einem USB-Server die IT-Landschaft so bauen konnte, wie es gewünscht war, der mag nicht mehr auf USB-Server verzichten.

VirtualHere ist ein Programm eines kleinen Herstellers, das mit einem Diskussionsforum guten Support erhält. Wenn das Programm für Sie in der Trial-Version tut, was es soll, kommen Sie mit einer Lizenz günstiger ans Ziel als mit dem Kauf eines separaten USB-Servers in Hardware-Form.

Kapitel 7
Alles auf Anfang

Manches oder alles ungeschehen machen? Ein bisschen was davon lässt sich einrichten ...

7

Dieses Kapitel zeigt Ihnen, wie Sie die Einstellungen Ihres NAS in einer Datei sichern. Sie erhalten ein Backup der Einstellungen und können dieses im Bedarfsfall wiederherstellen. Falls jemand unabsichtlich etwas verstellt oder ein eigenes Experiment mit dem Gerät schiefläuft, dann haben Sie immer einen Weg zurück. Wir zeigen Ihnen aber auch, wie Sie Ihr Gerät zurücksetzen, so dass Sie es ohne Nutzerdaten verkaufen oder noch einmal ganz von vorne beginnen können.

7.1 Backup der Einstellungen und Wiederherstellung

Die Konfiguration eines NAS kann recht aufwändig sein. Das liegt daran, dass moderne NAS einen sehr großen Funktionsumfang haben und viele verschiedene Dienste anbieten. Bis man alles den eigenen Wünschen und Anforderungen entsprechend eingestellt hat, kann es mitunter recht lange dauern. Deswegen ist es eine gute Idee, die Einstellungen des gesamten NAS regelmäßig zu sichern. Sollte das Gerät einmal defekt sein und durch ein Ersatzgerät ausgetauscht werden müssen oder man sich bei eigenen Experimenten mit den Einstellungen vertut und das Gerät nicht mehr wie gewünscht arbeitet, dann ist es gut, wenn man funktionierende Einstellungen schnell wiederherstellen kann.

Disaster Recovery

Im professionellen Umfeld spricht man bei der Wiederherstellung des Produktivbetriebs nach einem Unfall von einer *Disaster Recovery*.

Wenn Sie Ihr QNAP NAS für wichtige Projekte nutzen, sollten Sie ein entsprechendes DR-Konzept erstellen. Aus diesem Planungsdokument muss hervorgehen, wie das Gerät im Notfall möglichst schnell wieder produktiv eingesetzt werden kann. Neben der Archivierung der Daten kann auch dazugehören, dass ein Ersatzgerät vorrätig ist, das schnell angeschlossen werden kann.

Ihr QNAP NAS ermöglicht es, sämtliche Geräteeinstellungen in einer einzigen Datei zu sichern. Diese Datei wird am besten auf einem anderen Computer gespeichert und dort gut aufgehoben. Sollten die Festplatten des NAS einen Defekt erleiden, und die Einstellungsdaten wären einzig auf diesen Festplatten gesichert, dann wären die Einstellungsdaten verloren.

Bedenken Sie bitte auch, dass die Sicherungsdatei mit den Einstellungen auch persönliche Daten wie Passwörter der Benutzerkonten oder Zugangsdaten zu E-Mail-Konten enthalten kann. Es ist daher eine gute Idee, diese Sicherungsdaten vor fremdem Zugriff geschützt aufzubewahren.

Das NAS bietet leider keine Möglichkeit zur Verschlüsselung der Sicherungsdatei mit einem Passwort, aber Sie können ein beliebiges externes Programm zur Verschlüsselung einsetzen oder die Daten beispielsweise auf einem USB-Stick in einem Tresor aufbewahren. Wer häufiger die Einstellungen des NAS verändert, der sollte auch häufiger eine Sicherung durchführen. Das gilt besonders für die Zeit der Ersteinrichtung. Wenn das Gerät erst einmal den Alltagsbetrieb aufgenommen hat und Änderungen nur noch sporadisch erfolgen, kann die Häufigkeit der Sicherungen entsprechend reduziert werden.

7.1.1 Die Sicherung der Einstellungen in eine Datei

Für die Sicherung der Einstellungen in eine Datei bietet Ihr NAS eine einfache »Ein-Klick-Lösung«.

1. Öffnen Sie in der Systemsteuerung in der Gruppe SYSTEM das Modul SICHERUNG/WIEDERHERSTELLUNG und dort die Registerkarte BACKUP/EINSTELLUNGEN WIEDERHERSTELLEN.
2. Gleich zuoberst in der Sektion SYSTEMEINSTELLUNGEN SICHERN finden Sie die Schaltfläche SICHERUNG (siehe Abbildung 7.1). Bei deren Betätigung werden alle Einstellungen gesammelt und in eine Datei geschrieben. Der Browser wird einen Download dieser Datei starten.

   Der Dateiname lautet *QNAPNAS_settings_DATUM.bin*, wobei statt *DATUM* das aktuelle Tagesdatum angegeben ist. Damit ist der Vorgang bereits abgeschlossen. Weitere Komfortmerkmale wie beispielsweise ein Passwortschutz der Sicherungsdaten werden wie gesagt leider nicht geboten. Es ist auch nicht möglich, die Sicherung der Einstellungen zu automatisieren und nach einem Zeitplan wiederholt auszuführen.

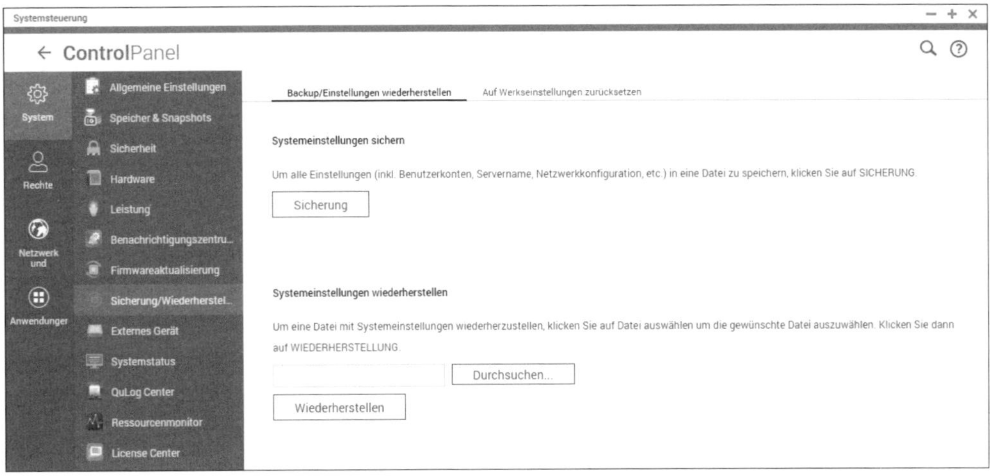

Abbildung 7.1 Für die Sicherung der Einstellungen in eine Datei ist nur eine einzige Schaltfläche anzuklicken.

7.1.2 Die Wiederherstellung der Einstellungen aus einer Datei

Möchten Sie zu einem späteren Zeitpunkt ein Backup der Einstellungen wieder einspielen, dann wenden Sie sich der Sektion SYSTEMEINSTELLUNGEN WIEDERHERSTELLEN zu. Sie finden diese an demselben Ort, an dem Sie auch die Sicherung angelegt haben.

1. Klicken Sie auf die Schaltfläche DURCHSUCHEN, und wählen Sie im Dateibestand des aktuellen Rechners die gewünschte Sicherungsdatei aus.
2. Klicken Sie dann auf die Schaltfläche WIEDERHERSTELLEN. Sie erhalten eine Rückfrage (siehe Abbildung 7.2), ob Sie wirklich fortfahren möchten.

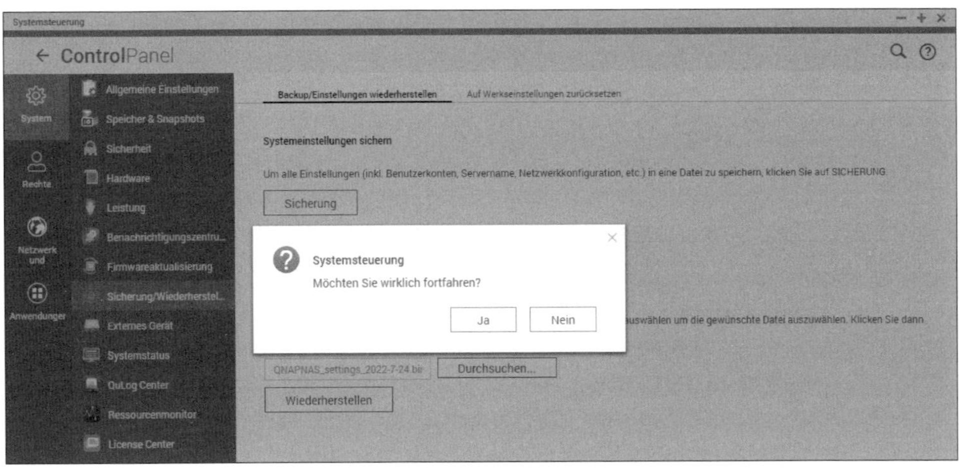

Abbildung 7.2 Bei der Wiederherstellung erhalten Sie eine Sicherheitsfrage.

Bedenken Sie, dass Sie alle aktuellen Einstellungen des NAS durch die in der Datei gespeicherten Einstellungen ersetzen und zwischenzeitliche Änderungen verloren gehen. Dies betrifft selbstredend nur die Einstellungen des Geräts und keine von den Nutzern angelegten oder veränderten Dateien.

3. Wenn Sie auf Ja geklickt haben, startet die automatische Wiederherstellung, die je nach Rechenleistung Ihres NAS durchaus mehrere Minuten dauern kann. Wundern Sie sich also bitte nicht, wenn sich im Browserfenster einen längeren Moment lang nichts tut.
4. Nach der Wiederherstellung ist ein Neustart des NAS nötig, den Ihnen eine neue Systemmeldung anbietet (siehe Abbildung 7.3). Auch der Neustart kann mehrere Minuten dauern. Sie erhalten zunächst Meldungen über das Beenden der laufenden Dienste, anschließend wird das Gerät neu gestartet und steht danach mit den ursprünglichen Einstellungen wieder zur Verfügung.

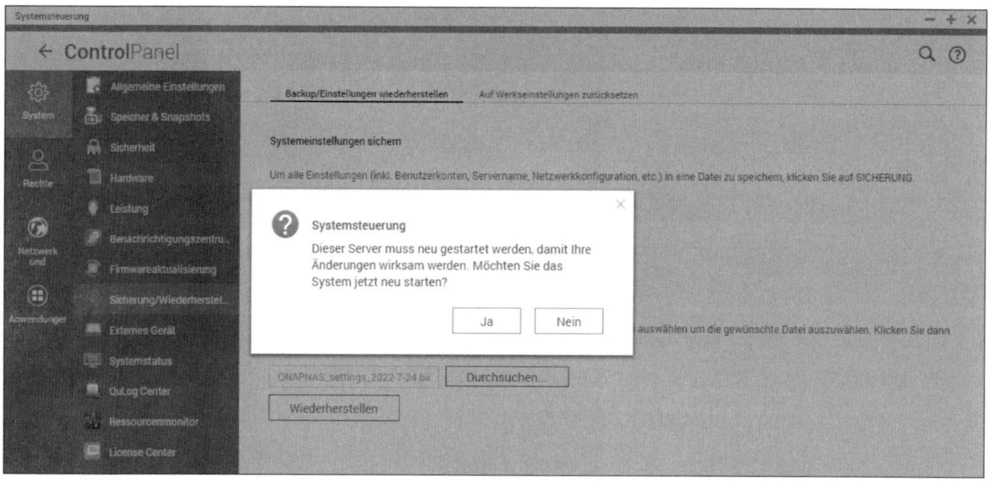

Abbildung 7.3 Ein Neustart ist nach der Wiederherstellung erforderlich.

7.2 Einstellungen zurücksetzen

Ihr NAS bietet verschiedene Möglichkeiten an, um Nutzerdaten und Einstellungen zu löschen. Sinnvoll ist das Löschen von allen Daten, also den Einstellungen und den Nutzerdaten, wenn Sie das Gerät verkaufen möchten. Beachten Sie aber, dass bei diesem Vorgang die Daten auf den Festplatten nicht sicher gelöscht werden, sondern mit einfachen Mitteln wiederhergestellt werden können.

Daten sicher vernichten

Bevor Sie Festplatten verkaufen (oder auch verschrotten), sollten Sie die Daten mit geeigneten Programmen sicher überschreiben. Bei diesem Vorgang werden alle Speichersektoren auf der Festplatte mit einem bestimmten Muster überschrieben, so dass die Daten nicht mehr (oder nur mit extremem Aufwand) rekonstruiert werden können. Das Löschen sämtlicher Daten kann aber auch dann sinnvoll sein, wenn das Gerät von einer Schadsoftware befallen sein sollte oder einem Hackerangriff zum Opfer gefallen ist. Auch wenn jemand durch unvorsichtiges Ausprobieren die Einstellungen gravierend verstellt hat und dadurch ein ordnungsgemäßer Betrieb des Geräts unmöglich geworden ist, kann ein Neuanfang sinnvoll sein.

Bevor Sie sich an das Zurücksetzen der Einstellungen und das Löschen von Nutzerdaten machen, sollten Sie aber gründlich überlegen, ob alle wichtigen Daten vom NAS gesichert sind. Bedenken Sie: Das Löschen von Einstellungen und Daten geht relativ schnell, das Wiederherstellen und Rekonstruieren dauert aber wesentlich länger.

Ihr NAS bietet verschiedene Möglichkeiten zum Zurücksetzen und Löschen von Nutzerdaten, die sich per Software und auch per Hardware auslösen lassen. Zuerst möchten wir Sie mit den zweitgenannten Möglichkeiten vertraut machen.

7.2.1 Das Gerät mit dem Reset-Taster zurücksetzen

An der Rückseite Ihres NAS befindet sich eine kleine mit »Reset« beschriftete Öffnung, hinter der sich ein Reset-Taster verbirgt, der mit einem Zahnstocher, einer aufgebogenen Büroklammer, einem Kugelschreiber oder einem ähnlichen spitzen Gegenstand betätigt werden kann.

Wenn Sie den Reset-Taster für drei Sekunden während des normalen NAS-Betriebs drücken, wird eine erste Stufe des Zurücksetzens der Geräteeinstellungen durchgeführt. Dieses Verfahren eignet sich dann, wenn Sie sich am NAS nicht mehr anmelden können, weil Sie entweder die Zugangsdaten des Administratorkontos vergessen haben oder die Netzwerkeinstellungen falsch konfiguriert sind und das Gerät nicht über eine Netzwerkverbindung angesprochen werden kann. Durch diesen Reset werden einige Systemeinstellungen auf die Basiswerte zurückgesetzt, dazu zählt auch die Netzwerkkonfiguration.

Außerdem wird das spezielle Administratorkonto mit dem Benutzernamen `admin` aktiviert. Dieses Konto ist im normalen Betrieb deaktiviert. Es hat ein besonderes Passwort, das der MAC-Adresse der ersten Netzwerkschnittstelle Ihres Geräts entspricht, aber keine Doppelpunkte oder andere Trennzeichen enthält und nur Großbuchstaben sowie Ziffern verwendet. Die MAC-Adresse der ersten Netzwerkschnittstelle können Sie von einem Aufkleber am Gerät ablesen.

Alternativ kann sie auch über die Software Qfinder Pro erfahren werden, die Sie vielleicht noch von der Ersteinrichtung her kennen. (Näheres zu dieser Software finden Sie in Kapitel 1, »Einrichtung des Geräts«.) Melden Sie sich also am NAS mit dem Benutzernamen `admin` und dem Passwort, bestehend aus der MAC-Adresse ohne Trennzeichen, an. Passen Sie anschließend die Einstellungen des Geräts an.

Am besten ist es, wenn Sie eine Sicherungsdatei mit korrekten Einstellungen wiederherstellen können, wie wir es im vorherigen Abschnitt gezeigt haben. Falls erforderlich, können Sie jetzt auch für das normale Administratorkonto ein neues Kennwort vergeben. Wenn Sie sich wieder mit Ihrem normalen Konto anmelden können, überprüfen Sie, ob das spezielle Administratorkonto mit dem Benutzernamen `admin` wieder deaktiviert ist. Rufen Sie dafür die Benutzerkonfiguration in der Systemsteuerung auf. Falls dem nicht so ist, deaktivieren Sie es manuell. Beachten Sie, dass durch diesen Reset-Vorgang keine Nutzerdaten gelöscht werden. Diese bleiben vollständig erhalten. Der Reset betrifft nur die Systemeinstellungen.

Wenn Sie den Reset-Taster jedoch für mindestens zehn Sekunden gedrückt halten, wird ein erweiterter Reset ausgeführt. Bei diesem Vorgang werden alle Einstellungen auf die Standardeinstellungen zurückgesetzt. Dies betrifft auch die Einstellungen der Benutzerkonten sowie die der Freigabeordner.

Nutzerdaten werden hierdurch allerdings nicht entfernt, auch dieser Reset-Vorgang betrifft nur die Geräteeinstellungen. Sie sollten ihn erst dann ausführen, wenn Ihr Problem durch den einfachen Reset-Vorgang nicht gelöst werden konnte. Nach diesem erweiterten Reset müssen Sie alle Einstellungen erneut vornehmen bzw. eine (hoffentlich vorhandene) Sicherungsdatei einspielen.

Auch bei diesem Reset wird das spezielle Administratorkonto mit dem Nutzernamen `admin` aktiviert. Für das Passwort wird die MAC-Adresse der ersten Netzwerkschnittstelle verwendet. Es werden keine Trennzeichen und ausschließlich Großbuchstaben sowie Ziffern genutzt.

7.2.2 Das Gerät per Software zurücksetzen

Das NAS kann auch per Software zurückgesetzt werden, was offensichtlich nur dann möglich ist, wenn das Gerät über das Webinterface angesprochen werden kann. Möglich ist das Zurücksetzen im Modul SICHERUNG/WIEDERHERSTELLUNG in der Gruppe SYSTEM der Systemsteuerung. Öffnen Sie die Registerkarte AUF WERKEINSTELLUNGEN ZURÜCKSETZEN. Ihnen werden drei verschiedene Methoden geboten, die wir nachfolgend erklären.

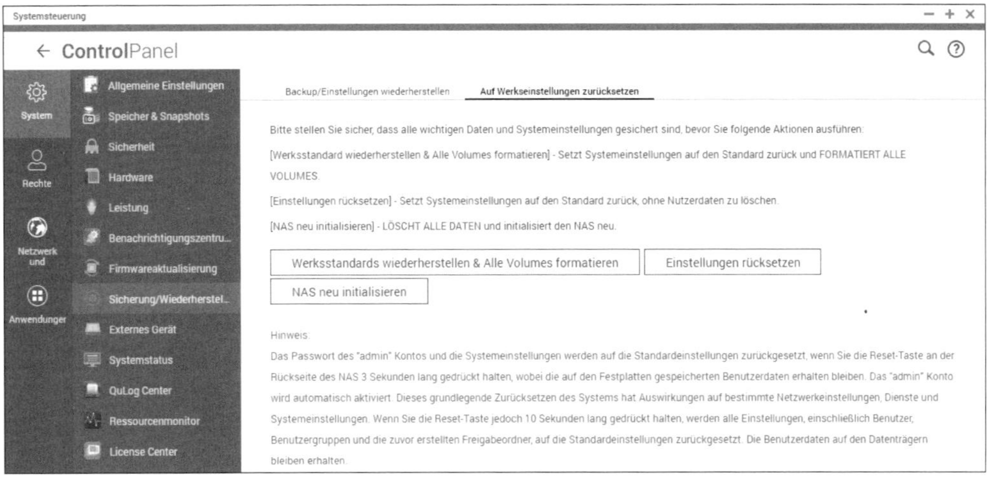

Abbildung 7.4 Es gibt mehrere Möglichkeiten zum Zurücksetzen des NAS.

Die Einstellungen auf die Standardwerte zurücksetzen

Die geringsten Konsequenzen hat es, wenn Sie auf die Schaltfläche EINSTELLUNGEN RÜCKSETZEN klicken. Hierbei werden keine Nutzerdaten gelöscht, sondern nur die Einstellungen des gesamten Geräts. Sie werden auf die Werkseinstellungen zurückgesetzt. Diese Methode ist also mit dem erweiterten Reset vergleichbar, den Sie über den Reset-Schalter am Gerät auslösen können. Nach dem Reset ist das spezielle Administratorkonto mit dem Nutzernamen `admin` aktiviert. Sie können die Einstellungen aus einer Sicherungsdatei wiederherstellen oder die Konfiguration des Geräts manuell vornehmen. Diese Art des Zurücksetzens eignet sich dann, wenn Einstellungen versehentlich so verändert wurden, dass das Gerät nicht mehr wunschgemäß funktioniert.

Die Werksstandards wiederherstellen und die Nutzerdaten löschen

Wenn die Nutzerdaten beispielsweise durch eine Schadsoftware verändert wurden, bietet es sich an, die zweite Stufe des Zurücksetzens zu nutzen. Hierbei werden die Werkseinstellungen für die Geräteeinstellungen geladen, und es werden alle Nutzerdaten gelöscht. Bei diesem Vorgang werden alle Volumes auf den Festplatten neu formatiert, aber nicht entfernt. Ihnen bleibt also die grundlegende Konfiguration Ihres NAS erhalten, und Sie können den betriebsbereiten Zustand durch das Einspielen eines Backups wiederherstellen. Beachten Sie, dass Sie aber nicht nur die Nutzerdaten, sondern auch die Geräteeinstellungen wiederherstellen müssen.

Das gesamte Gerät neu initialisieren

Bei der Neuinitialisierung des Geräts werden nicht nur die Daten der Nutzer gelöscht und die Geräteeinstellungen zurückgesetzt, sondern das System wird zusätzlich neu initialisiert, was auch das Dateisystem umfasst, dessen Volumes und Speicherpools entfernt werden. Diese Art des Zurücksetzens als höchste Stufe bietet sich dann an, wenn Sie das Gerät verkaufen möchten oder tatsächlich wieder komplett von vorne beginnen möchten – etwa, weil sich die Anforderungen komplett geändert haben. Das Gerät verhält sich so wie beim erstmaligen Einschalten nach der Anschaffung. Beachten Sie aber, dass die Daten auf den Festplatten nicht so überschrieben werden, dass sie sich nicht mehr wiederherstellen lassen. Vor einer Veräußerung der Festplatten sollten Sie diese an einen anderen Computer anschließen und dort ein Programm zum sicheren Löschen von Nutzerdaten ausführen.

Kapitel 8
Alles synchron

In diesem Kapitel lernen Sie, wie Sie Daten von einem entfernten System auf Ihr eigenes spiegeln und aktuell halten. Dabei beleuchten wir zwei Szenarien: Dateisynchronisation vom NAS auf einen Computer sowie Synchronisation von Cloud-Diensten oder entfernten Servern auf das eigene NAS.

Im ersten Teil dieses Kapitels in Abschnitt 8.1 lernen Sie, wie Sie die Synchronisation von NAS-Dateien auf Ihrem Computer (mit Windows, Mac oder Ubuntu) mit *Qsync* vornehmen. Die Dateien werden dabei lokal gespiegelt und stehen offline zur Verfügung. Sobald die Verbindung zum NAS wiederhergestellt werden kann, werden Änderungen am Dateibestand zum NAS zurückgespiegelt.

Im zweiten Teil dieses Kapitels in Abschnitt 8.2 zeigen wir die Synchronisation von Dateien eines entfernten NAS, Servers oder Client-Dienstes auf Ihr NAS mit dem Dienst *HybridMount*. Hierbei werden Zugriffe auf den Cloud-Dienst primär nur durchgeschleust und gepuffert, um Geschwindigkeitsvorteile und eine zentrale Ansicht zu realisieren.

8.1 Qsync – PC und NAS synchronisieren

Qsync ermöglicht es Client-Computern, Offlinekopien von NAS-Dateien zu erzeugen und Änderungen bei bestehender Verbindung automatisch zurück zum NAS zu synchronisieren. Damit können Sie an Dateien auf dem NAS arbeiten, während keine oder nur eine schlechte Internetverbindung zur Verfügung steht. Der Zugriff auf die Dateien erfolgt so schnell wie auf lokal vorhandene Dateien, weil sie lokal vorhanden *sind*.

Qsync ist wie Dropbox

Wenn Sie Dropbox mögen, werden Sie Qsync lieben, denn es funktioniert genauso, wie Sie es kennen und erwarten. Qsync erfordert die Installation des Qsync-Dienstes über das App Center auf dem NAS. Danach geben Sie den Dienst für bestimmte Benutzer zur Nutzung frei. Diese installieren den Qsync-Client auf ihrem Computer und wählen die Ordner aus, die synchronisiert werden sollen. Fertig.

Damit funktioniert Qsync anders als das Konzept eines Netzwerklaufwerks bzw. Freigabeordners. Damit auf Netzlaufwerke zugegriffen werden kann, muss eine aktive Netzwerkverbindung zum entsprechenden Server vorhanden sein. Nachteile können auftreten, wenn Änderungen von mehreren Geräten aus synchronisiert werden sollen und es zu Konflikten kommt. Passende Lösungsansätze lernen Sie hier kennen.

8.1.1 Wie Qsync funktioniert

Die vom NAS synchronisierten Dateien liegen in sogenannten *Ordnerpaaren* vor. Dabei wird ein Ordner auf dem NAS mit einem Ordner auf dem lokalen Computer verknüpft. Das geschieht direkt auf dem Computer in einem Programm namens *Qsync Client*. Das heißt, Sie müssen nicht alle Dateien des NAS mit Qsync verwenden, Sie können auch einen Ausschnitt wählen.

Qsync Client überwacht Änderungen an den gespiegelten Dateien und bekommt mit, wenn Dateien geändert wurden. Darüber führt es ein Logbuch. Außerdem überwacht es die Verbindung zum NAS. Sobald eine Verbindung zum NAS hergestellt werden kann, arbeitet Qsync Client sein Logbuch ab und synchronisiert alle Dateiänderungen am lokalen Datenbestand zurück auf das NAS.

Auf Seiten des NAS muss *Qsync Central* installiert sein. Diese App ist im QNAP-eigenen *App Center* innerhalb der webbasierten Administrationsoberfläche des NAS zu finden. Mit Qsync Central können Sie steuern, welche NAS-Benutzer Qsync verwenden dürfen und für welche Freigabeordner es zur Verfügung steht.

Wir richten zunächst das NAS ein, danach widmen wir uns den Client-Computern.

8.1.2 Einrichtung von Qsync auf dem NAS

Zunächst kümmern Sie sich um die Vorbereitung von Qsync auf dem NAS. Voraussetzung für die Durchführung der folgenden Schritte ist, dass Sie einen Speicherpool und ein Volume erstellt haben. Ob dies gegeben ist, erkennen Sie daran, dass Ihnen die App *File Station* in der Weboberfläche des NAS das Volume anzeigt und ermöglicht, Ordner zu erstellen.

In den folgenden Schritten laden Sie die notwendige App Qsync Central auf das NAS herunter, geben sie für NAS-Benutzer zur Nutzung frei, erstellen einen Freigabeordner mit passenden Rechten und geben diesen Freigabeordner für Qsync frei. Eine Checkliste für alle Aufgaben, die auf NAS-Seite zu erledigen sind, finden Sie am Ende dieses Abschnitts.

Qsync Central installieren

Um Qsync Central auf Ihrem QNAP NAS zu installieren, gehen Sie wie folgt vor:

1. Loggen Sie sich als Administrator in die Weboberfläche des NAS-Systems ein.
2. Wechseln Sie über das Menü oben links ins APP CENTER.

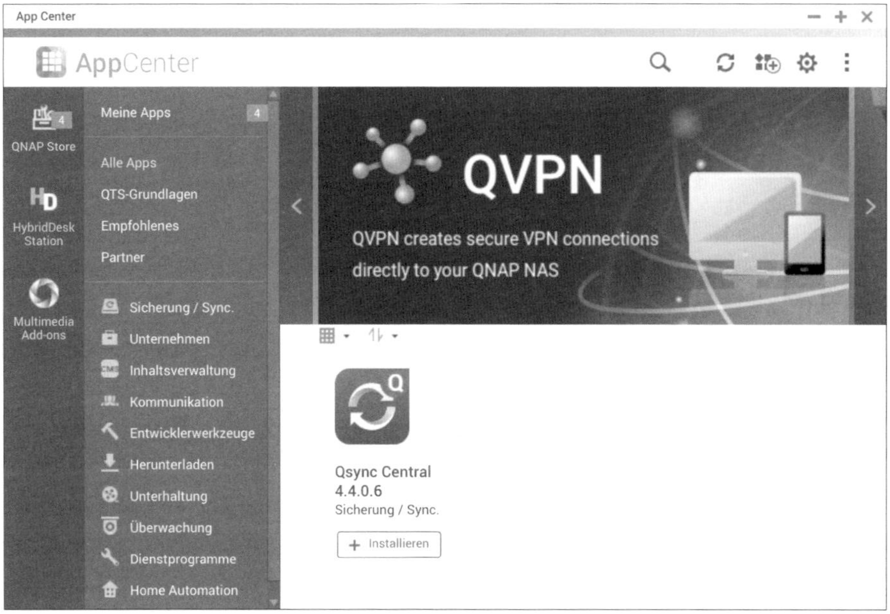

Abbildung 8.1 Qsync Central im QNAP App Center

3. Verwenden Sie die Suchfunktion per Icon, und suchen Sie nach QSync.
4. Klicken Sie beim Suchergebnis auf INSTALLIEREN, und warten Sie, bis Qsync Central installiert wurde.

Qsync für NAS-Benutzer aktivieren

Als Voraussetzung für diesen Schritt müssen NAS-Benutzer vorhanden sein, für die Sie dann Qsync aktivieren. Wenn Sie noch keine Benutzer erstellt haben, können Sie dies unter MENÜ • SYSTEMSTEUERUNG • BENUTZER des NAS erledigen. Danach gehen Sie wie folgt vor:

1. Starten Sie Qsync Central über das Icon im App Center.
2. Wechseln Sie in Qsync Central im linken Menü in den Bereich BENUTZER und dann in den Reiter LISTE ALLER BENUTZER.
3. Wie in Abbildung 8.2 zu sehen, können Sie mit dem Schiebeschalter GENEHMIGEN neben jedem NAS-Benutzer Qsync für diesen jeweiligen Benutzer aktivieren oder deaktivieren. Die von QNAP verwendete Vokabel *Genehmigen* suggeriert zwar,

dass ein Benutzer die Anwendung anfordern und Sie als Administrator dies genehmigen könnten, dem ist jedoch nicht so. Eine gesammelte Aktivierung von Qsync anhand einer Benutzergruppe ist nicht möglich.

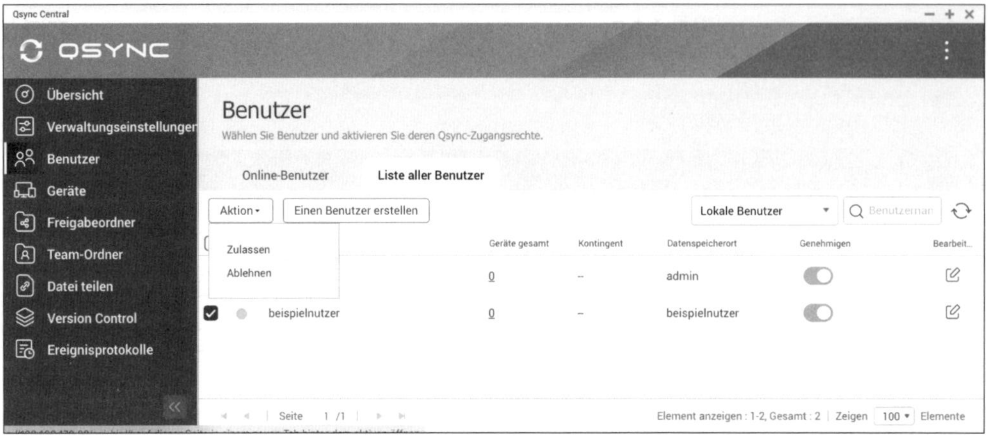

Abbildung 8.2 Qsync für einen NAS-Benutzer aktivieren

Statt über Qsync Central können Sie die Rechte für Qsync auch über • Systemsteuerung • Benutzer und dann Anwendungsberechtigung bearbeiten hinter dem jeweiligen Benutzer anpassen. Hier ist bei Qsync Central ein Haken zu setzen.

Qsync ist standardmäßig aktiviert

Qsync ist nach der Installation von Qsync Central für jeden NAS-Benutzer aktiviert und wird auch für später erstellte Benutzer automatisch aktiviert. Während der Erstellung eines neuen NAS-Benutzers lässt sich die Aktivierung von Qsync jedoch durch Entfernen eines Hakens deaktivieren.

Freigabeordner einrichten

Ein *Freigabeordner* auf dem NAS ist ein Dateiordner, für den bestimmten Benutzern bestimmte Rechte zugewiesen werden. Je nachdem, welche *Anwendungsberechtigungen* ein Benutzer hat, kann der Benutzer auf diesen Ordner über unterschiedliche Arten zugreifen. Eine dieser Arten ist die Windows-Dateifreigabe Microsoft-Netzwerk (SMB), eine andere ist Qsync.

Um mit Qsync fortfahren zu können, benötigen Sie als Nächstes einen Freigabeordner mit entsprechend eingerichtetem Zugriff für den NAS-Benutzer, der Qsync verwenden darf.

Wenn es bereits einen Freigabeordner gibt und lediglich Benutzerrechte angepasst werden müssen, können Sie dies auf einem der beiden folgenden Wege erledigen:

- unter SYSTEMSTEUERUNG • BENUTZER beim jeweiligen Benutzer über den Button BERECHTIGUNG FÜR FREIGABEORDNER BEARBEITEN
- unter SYSTEMSTEUERUNG • FREIGABEORDNER beim jeweiligen Freigabeordner über den Button BERECHTIGUNG FÜR FREIGABEORDNER BEARBEITEN

Falls Sie noch keinen Freigabeordner erstellt haben, erstellen Sie nun einen:

1. Öffnen Sie in der Weboberfläche des NAS im MENÜ die SYSTEMSTEUERUNG.
2. Klicken Sie in der Kategorie RECHTE auf FREIGABEORDNER. Die vorhandenen Freigabeordner werden aufgelistet.
3. Oberhalb der Liste wählen Sie ERSTELLEN • FREIGABEORDNER.
4. Vergeben Sie einen Namen, und klicken Sie auf WEITER.
5. Wählen Sie aus, welchem Benutzer welche Rechte auf diesem Ordner gewährt werden sollen (siehe Abbildung 8.3). Normalerweise setzen Sie einen Haken bei RW (Read/Write), also Lese- und Schreibrechte. Klicken Sie dann auf WEITER.

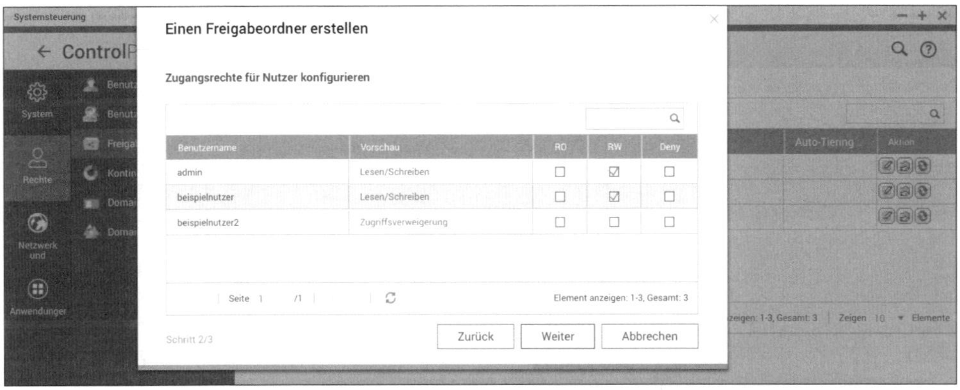

Abbildung 8.3 Einem NAS-Benutzer Schreibrechte auf einen Freigabeordner gewähren

6. Im letzten Schritt können Sie Detaileinstellungen für den Freigabeordner festlegen, die allerdings keinen Einfluss auf Qsync haben. Den Ordner erstellen Sie, indem Sie im Assistenten auf FERTIGSTELLEN klicken.

Freigabeordner in Qsync Central aktivieren

Nachdem Sie nun dafür gesorgt haben, dass ein NAS-Benutzer Qsync nutzen darf, und ihm auch Schreibrechte auf einen bestimmten Freigabeordner erteilt haben, genehmigen Sie nun diesen Freigabeordner in Qsync Central. Erst dann kann der Benutzer diesen Ordner in Qsync sehen und synchronisieren, denn nicht jeder Ordner, für den Benutzer passende Rechte haben, ist automatisch in Qsync nutzbar. Sie aktivieren einen Ordner wie folgt:

1. Öffnen Sie Qsync Central über ▤ • QSYNC CENTRAL.
2. Klicken Sie im linken Menü auf FREIGABEORDNER.
3. Mit dem Schiebeschalter unter GENEHMIGEN (siehe Abbildung 8.4) hinter dem gewünschten Freigabeordner können Sie diesen für die generelle Nutzung mit Qsync freigeben. Mit dem Symbol »Freigabeordnerrecht bearbeiten« ✎ in der Spalte ERLAUBNIS wechseln Sie zur Rechteansicht aus dem vorigen Abschnitt, wo Sie noch einmal prüfen können, welche Benutzer welche Rechte für diesen Freigabeordner haben.

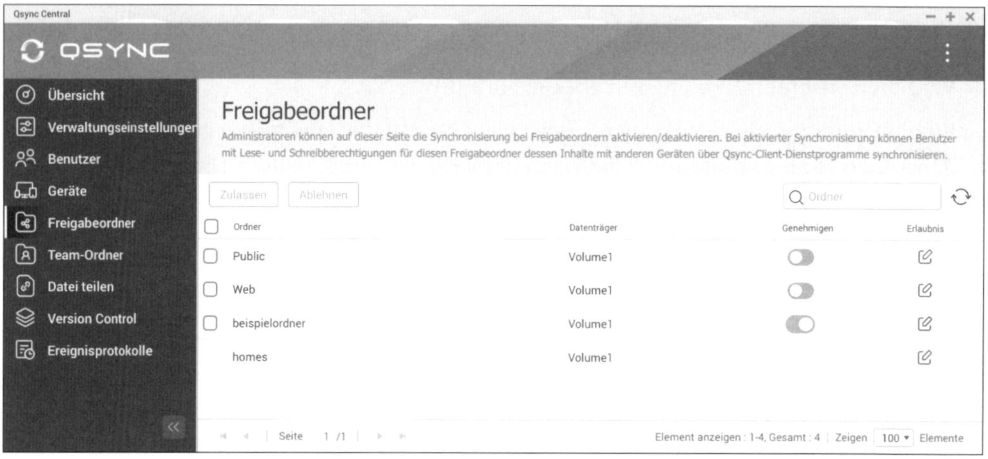

Abbildung 8.4 Freigabeordner in Qsync Central zur Nutzung freigeben

In Abbildung 8.4 sehen Sie den Eintrag HOMES unten in der Liste der Freigabeordner. Dies ist ein Hinweis darauf, dass Qsync automatisch jedem Benutzer die Verbindung zu seinem Home-Verzeichnis des NAS erlaubt und Sie dies auch nicht unterbinden können.

Checkliste Qsync Central

Zusammengefasst müssen auf NAS-Seite folgende Voraussetzungen erfüllt sein, damit Qsync genutzt werden kann (die passenden Menüpfade finden Sie darunter):

- Qsync Central muss auf dem NAS installiert sein.
  ▤ • SYSTEMSTEUERUNG • APP CENTER
- Ein passender NAS-Benutzer muss eingerichtet werden.
  ▤ • SYSTEMSTEUERUNG • BENUTZER
- Qsync muss für diesen NAS-Benutzer als zulässige Anwendung genehmigt werden.
  ▤ • QSYNC CENTRAL • BENUTZER • GENEHMIGEN

- Es muss ein Freigabeordner vorhanden sein, auf den der entsprechende NAS-Benutzer Schreibrechte hat.
  • SYSTEMSTEUERUNG • FREIGABEORDNER
- Der Freigabeordner muss in Qsync Central als Ordner genehmigt werden, damit Benutzer ihn in ihrem Qsync Client sehen und synchronisieren können.
  • QSYNC CENTRAL • FREIGABEORDNER • GENEHMIGEN

8.1.3 Einrichtung von Qsync auf dem Client

Qsync Client ist das Programm, das auf dem Client-Computer – also dem Anwenderrechner – installiert wird. Es handelt sich um eine kostenfreie Software, die QNAP für Windows, Mac und Ubuntu zur Verfügung stellt. In diesem Abschnitt gehen wir den Download, die Installation und Einrichtung beispielhaft gemeinsam durch.

Qsync Client herunterladen

Die Downloadlinks zu Qsync Client finden Sie in der App Qsync Central direkt über die NAS-Weboberfläche. Im Bereich ÜBERSICHT finden Sie unten einen minimierten Bereich QSYNC-NUTZUNG STARTEN, den Sie aufklappen können. Dort sind Downloads für Windows und Mac zu finden, die bei Klick sofort starten (siehe Abbildung 8.5). Für Ubuntu gibt es auch eine Qsync-Client-Version, die Sie über die QNAP-Homepage beziehen können: *www.qnap.com/de-de/utilities/essentials*.

Abbildung 8.5 Download von Qsync Client mit Hilfe der App Qsync Central

Kopieren Sie die heruntergeladenen Dateien auf den Rechner, der zukünftig Dateien mit dem NAS synchronisieren soll, und installieren Sie die Software dort.

Sowohl auf dem Mac als auch unter Windows erfordert die Installation von Qsync Client Administratorrechte. Deshalb können Sie die Software häufig nicht einfach auf einem PC an der Arbeitsstätte installieren. Aber auch wenn Sie entsprechende Rechte haben: Je nachdem, welche Art von Dateien Sie damit auf den Arbeitsrechner transferieren und welchen Umfang die synchronisierten Daten haben, halten Sie bitte vorher Rücksprache mit Ihrem Unternehmen.

Qsync wird beim Systemstart automatisch mitgestartet; das können Sie in den Einstellungen auch deaktivieren. Wenn Sie das Qsync-Client-Fenster geschlossen haben, können Sie es über das zugehörige Symbol im Windows-Systray (beim Mac in der Menüleiste) nahe der Uhrzeit wieder aufrufen. Damit Qsync synchronisieren kann, muss das Programm laufen und in diesem Bereich sein Icon anzeigen. Das Programmfenster muss nicht geöffnet sein.

Verbindung zum NAS herstellen

Beim ersten Start erfragt Qsync Client, zu welchem NAS eine Verbindung aufgebaut werden soll. Dabei ist es möglich, das QNAP NAS im lokalen Netzwerk (PER LAN) oder per QNAP ID zu suchen.

Ersteres funktioniert verständlicherweise nur, wenn Sie sich im selben lokalen Netzwerk wie das NAS befinden. Die Suche via QNAP ID (also durch Eingabe von Benutzername und Kennwort der myQNAPcloud) können Sie zwar auch nutzen, wenn Sie sich im lokalen Netzwerk des NAS befinden, aber auch dann, wenn Sie sich in einem anderen Netzwerk befinden: unterwegs, am Arbeitsplatz oder im Hotel. Voraussetzung dafür ist, dass Ihr QNAP NAS mit der myQNAPcloud verbunden ist und über eine solche QNAP ID verfügt.

Nach erfolgreicher Suche des NAS auf eine der genannten Weisen trägt das Programm die Adresse des NAS in das Adressfeld ein. Geben Sie nun die Benutzerdaten des NAS-Benutzers an, dem Sie im vorigen Abschnitt Zugriff auf Qsync und einen bestimmten Freigabeordner erteilt haben (siehe Abbildung 8.6).

Die Option SICHERE ANMELDUNG sollten Sie unbedingt aktivieren und nur ändern, wenn Sie Probleme mit verschlossenen Ports Ihres Netzwerks haben und sich des Risikos bewusst sind, das mit einer unverschlüsselten Datenverbindung einhergeht.

Den Haken vor AUTOMATISCH DIE BESTE VERBINDUNGSMETHODE WÄHLEN sollten Sie auch aktivieren und nur ändern, wenn Sie auf Verbindungsprobleme stoßen. Damit wählt Qsync innerhalb Ihres lokalen Netzwerks die direkte Verbindung zum NAS per lokaler IP und bei Verbindungen aus fremden Netzen den Weg über die öffentliche myQNAPcloud-Adresse Ihres NAS.

Abbildung 8.6 Qsync Client mit dem NAS verbinden

Falls die öffentliche IP-Adresse des Internetzugangs, hinter dem das NAS steht, über diesen Dienst einmal aufgelöst wurde, verbindet sich Qsync dank dieser Option auch direkt auf diese IP, sofern sie noch aktuell ist und/oder der Cloud-Dienst gerade nicht zur Verfügung steht.

Troubleshooting bei Verbindungsproblemen

Wenn möglich, versuchen Sie immer als Erstes, die Qsync-Verbindung direkt in dem lokalen Netzwerk aufzubauen, in dem sich auch das QNAS NAS befindet. Da Sie dann schon einmal eine funktionierende Verbindung zustande gebracht haben, können Sie bei zukünftigen Verbindungsproblemen besser nachvollziehen, wo Sie zur Lösung ansetzen müssen.

Folgende Liste bietet Ihnen weitere Lösungsansätze:

- Kontrollieren Sie die Verbindung des Computers mit dem Netzwerk: Ist er online, hat er eine IP-Adresse bezogen, ist das Internet erreichbar?
- Wenn Sie einen Proxy-Server angeben müssen, hinterlegen Sie diesen über EINSTELLUNGEN oben rechts.
- Prüfen Sie, ob die Weboberfläche des NAS von diesem Computer aus aufrufbar ist. Wenn nicht, liegt das Problem nicht beim Qsync Client.
- Prüfen Sie, ob eine Firewall auf Ihrem Desktop-Computer die Verbindung blockiert: Manche Firewall-Produkte fragen nach, ob Sie die Verbindung zulassen möchten, andere kappen jede unbekannte Verbindung von vornherein ohne Nachfrage.

- Prüfen Sie, ob eine Firewall außerhalb Ihres Desktop-Computers die Verbindung blockiert: Dies könnte Ihr Internetrouter sein, die Firewall Ihres Arbeitgebers, der Portfilter eines öffentlichen WLANs, generelle Internetfilter im aktuell besuchten Urlaubsland o. Ä.

Ordnerpaare verwalten

Nachdem Sie die Verbindung hergestellt haben, fordert Sie Qsync Client auf, die zu synchronisierenden Ordnerpaare einzurichten. Wenn Sie den Assistenten verlassen und diesen Bildschirm später wieder aufrufen möchten, finden Sie ihn hinter der Schaltfläche GEPAARTE ORDNER ANZEIGEN UND VERWALTEN im Hauptfenster von Qsync Client.

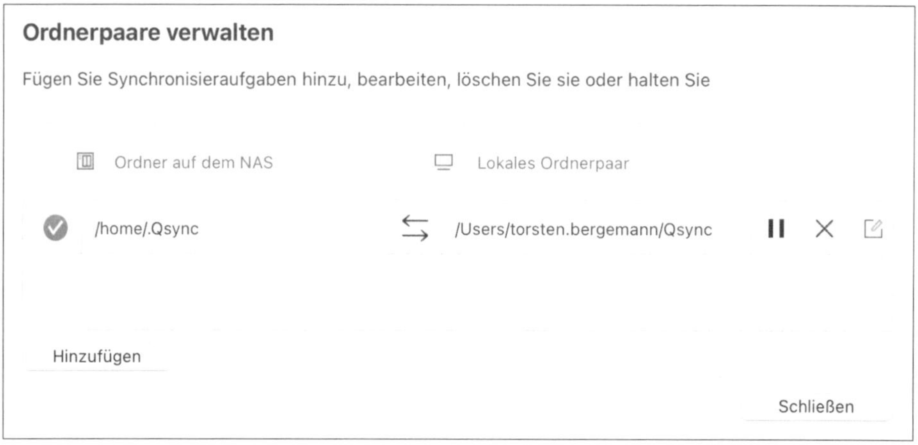

Abbildung 8.7 Home-Verzeichnis in der Ordnerpaare-Übersicht von Qsync Client

Standardmäßig voreingerichtet finden Sie das Home-Verzeichnis des entsprechenden NAS-Benutzers in der Liste der Ordnerpaare. Wie im vorigen Abschnitt erwähnt, kann der NAS-Administrator diesen Ordner nicht von der Qsync-Nutzung ausschließen. Allerdings können Sie dieses Ordnerpaar in Qsync Client mit Klick auf das X entfernen, wenn Sie diesen Ordner nicht synchronisieren möchten. Bevor Sie das tun, fügen Sie aber bitte ein anderes Ordnerpaar hinzu, denn wenn kein Ordnerpaar mehr in der Liste steht, beginnt der Assistent automatisch von vorn, und Sie müssen die NAS-Verbindung neu einrichten.

Um ein weiteres Ordnerpaar hinzuzufügen, klicken Sie auf HINZUFÜGEN. Daraufhin erscheint ein Fenster, in dem Sie angeben können, welcher Ordner auf dem NAS mit welchem Ordner auf der lokalen Festplatte synchronisiert werden soll (siehe Abbildung 8.8).

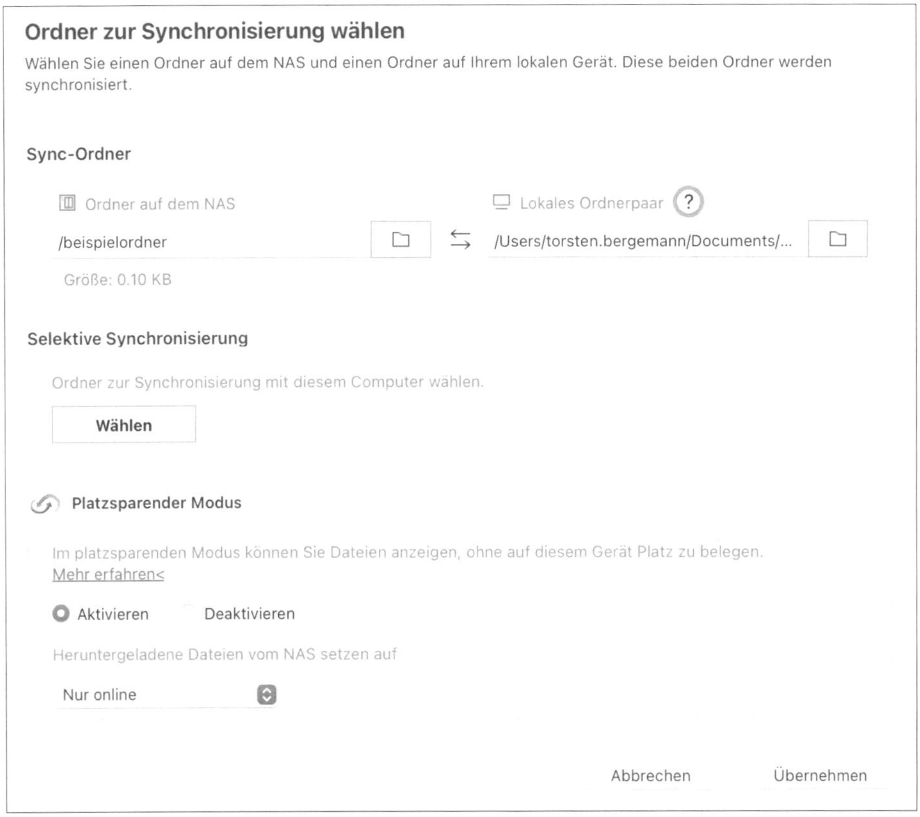

Abbildung 8.8 Ordnerpaar hinzufügen

Wenn Sie bei ORDNER AUF DEM NAS auf das Ordnersymbol klicken, erhalten Sie eine Übersicht aller Ordner auf dem NAS, auf die der NAS-Benutzer Zugriff hat *und* die in Qsync Central zur Nutzung mit Qsync freigegeben wurden. Dabei verwirrt Sie vermutlich folgender Hilfetext:

> *Wählen Sie einen nicht gekoppelten NAS-Ordner. Ein nicht gekoppelter NAS-Ordner mit einem gekoppelten übergeordneten Ordner oder gekoppelten untergeordneten Ordner wird nicht gekoppelt.*

Dass ein nicht gekoppelter NAS-Ordner nicht gekoppelt wird, verstehen Sie bitte so: Sie können diesen Ordner nicht als Ordnerpaar hinzufügen. Sie können diese Ordner schlicht nicht mehr auswählen, wenn Sie ein neues Ordnerpaar hinzufügen. Die Einträge sind im Verzeichnisbaum ausgegraut.

Zur Veranschaulichung stellen Sie sich folgende Verzeichnisstruktur vor: Ordner A enthält Ordner B, und Ordner B enthält wiederum Ordner C:

Ordner A • Ordner B • Ordner C

Angenommen, Ordner B ist derzeit als Ordnerpaar eingerichtet worden. Ordner B ist dann der besagte »gekoppelte übergeordnete Ordner« von Ordner C, weshalb Sie Ordner C nicht als Ordnerpaar hinzufügen können (solange Ordner B als Ordnerpaar eingerichtet ist). Ordner B ist dann außerdem auch der besagte »gekoppelte untergeordnete Ordner« von Order A, weshalb Sie Ordner A nicht als Ordnerpaar hinzufügen können (solange Ordner B ein Ordnerpaar ist).

Wie können Sie die Konstellation trotzdem in der Praxis umsetzen? Ganz einfach: indem Sie nicht einen Ordner und danach dessen übergeordneten Ordner als Ordnerpaar hinzufügen, sondern ausschließlich den übergeordneten Ordner. Schauen Sie also, welche die oberste Ordnerebene ist, auf die Sie Zugriff haben müssen, und fügen Sie diese hinzu. Die Unterordner, die Sie dann nicht benötigen, können Sie im Folgenden ganz einfach über den nächsten Punkt des Assistenten, SELEKTIVE SYNCHRONISIERUNG, ausschließen. In unserem Beispiel von oben würde das bedeuten, dass Sie eben nicht Ordner B als Ordnerpaar einrichten, wie oben vorgenommen, sondern einfach Ordner A.

Platzsparender Modus

Zu jedem Ordnerpaar können Sie festlegen, ob dieses Ordnerpaar platzsparend synchronisiert werden soll. Wenn Sie diesen Modus aktivieren, synchronisieren Sie nicht die Dateien selbst, sondern nur die Dateiliste. Erst wenn Sie auf eine Datei zugreifen, indem Sie sie z. B. öffnen, lädt Qsync Client diese Datei vom NAS herunter. In der Folge sparen Sie Speicherplatz auf der lokalen Festplatte.

Der Modus ist geeignet, wenn das Ordnerpaar auf dem NAS sehr viel Speicher in Anspruch nimmt und Sie nur gelegentlich einzelne Dateien davon öffnen, ohne vorher zu wissen, welche das sind (wenn Sie das vorher wüssten, könnten Sie ja entsprechende Ordner selektiv ausschließen). Dank Synchronisation der Verzeichnisliste erfahren Sie aber stets, welche neuen Dateien es auf dem NAS gibt.

Der platzsparende Modus ist auch gut geeignet, wenn das Ordnerpaar auf dem NAS größer ist als die lokale Festplatte des Computers, mit dem synchronisiert werden soll. Zuletzt schont der platzsparende Modus nicht nur den Speicherplatz auf der Festplatte, sondern auch die Netzwerkbandbreite. Somit ist er eine gute Wahl, wenn Sie viel über getaktete Verbindungen arbeiten, die nach übertragenem Volumen berechnet werden, wie z. B. Mobilfunkverbindungen.

Wenn Sie Qsync ohne platzsparenden Modus verwenden und mit dem Notebook nur mal schnell E-Mails über Ihren mobilen Hotspot abrufen möchten, beginnt Qsync sofort im Hintergrund, auch sämtliche Dateien mit dem NAS zu synchronisieren. Das vergisst man meist; eine hohe Mobilfunkrechnung bzw. rasch verbrauchtes Datenvolumen können die Folge sein.

Es sei an dieser Stelle angemerkt, dass Qsync Client bei aktiviertem »platzsparenden Modus« dennoch alle Dateien zurück zum NAS synchronisieren wird, die zwischenzeitlich lokal geändert wurden. Lediglich die Bandbreite für Dateien, die auf NAS-Seite geändert wurden, sparen Sie ein. Wie Sie die Synchronisation temporär ganz unterbinden, erklären wir später in diesem Abschnitt.

Wenn Sie den platzsparenden Modus aktivieren, können Sie wählen, was mit heruntergeladenen Dateien geschehen soll. Heruntergeladen wurde eine Datei (im platzsparenden Modus) dann, wenn Sie einmal darauf zugegriffen haben. In dem Moment liegt sie in Qsync Client lokal vor. Sie können jetzt zwischen zwei Einstellungen wählen:

- Nur online

  Ihr Computer merkt sich die Datei nur, bis sie wieder mit dem NAS synchronisiert wurde, und »vergisst« sie dann. Der zugehörige Speicherplatz wird wieder freigegeben. Die Datei muss beim nächsten Zugriff wieder vom NAS heruntergeladen werden. Hierbei sparen Sie lokal maximalen Speicherplatz, aber belasten bei jedem Zugriff auf eine Datei auch wieder die Internetverbindung (sofern die Datei bereits synchronisiert wurde, wird sie erneut heruntergeladen).

- Lokal verfügbar

  Ihr Computer merkt sich für diese Datei, dass er sie bereits heruntergeladen hat. Er behält auch dann eine lokale Kopie davon, wenn die Synchronisation mit dem NAS bereits abgeschlossen ist. Die Datei belegt auf der lokalen Festplatte Speicher, aber steht beim nächsten Zugriff auch sofort wieder zur Verfügung, ohne erneut heruntergeladen werden zu müssen. Wenn Sie das später umstellen möchten, können Sie das im Kontextmenü von Windows nach einem Rechtsklick auf die Datei tun oder dies einen zeitgesteuerten Assistenten erledigen lassen (dazu gleich Genaueres).

Je nach Anwendungsfall werden Sie die für Ihren Einsatzzweck geeignete Einstellung finden. Beachten Sie dabei, dass allein das Erstellen einer Bildvorschau in einem Bildordner bereits einen Dateizugriff bedeutet und die Datei damit heruntergeladen wird. Bei Lokal verfügbar bleibt das Bild dann auf dem Computer, auch wenn Sie es nicht geöffnet, sondern nur die Vorschau angezeigt haben. Die Funktion kann manchmal fehlerhaft sein: Bei unseren Tests mit einem Mac haben wir festgestellt, dass wir eine Datei auch dann nicht öffnen konnten, wenn wir darauf zugegriffen haben. Dateien, die »nur online« sind, werden lokal als defekt angezeigt, wenn man sie öffnen möchte. Wir mussten die Datei explizit per Rechtsklick »lokal verfügbar machen«, damit wir sie fehlerfrei öffnen konnten.

Damit einmal heruntergeladene Dateien nicht die lokale Festplatte vollschreiben und Sie sich nicht manuell auf die Suche machen müssen, bei welchen Dateien Sie per Rechtsklick wieder auf Nur online zurückschalten müssen, gibt es einen automatischen Aufräum-Assistenten in Qsync Client. Diesen finden Sie, indem Sie im Programmfenster oben rechts die Einstellungen aufrufen und in den Reiter Speicher-

PLATZ FREIGEBEN wechseln. Hier können Sie einen Zeitpunkt festlegen, zu dem automatisch alle heruntergeladenen Dateien auf NUR ONLINE zurückgestellt werden sollen. Außerdem können Sie den Aufräumprozess hier auch manuell anstoßen.

Abbildung 8.9 Speicherplatz freigeben im platzsparenden Modus

Intelligentes Löschen

INTELLIGENTES LÖSCHEN ist eine Funktion Ihres Qsync Clients, mit der Sie Dateien löschen können, ohne dass diese Löschaktion zum NAS synchronisiert wird. Somit nehmen die Daten auf dem PC weniger Speicherplatz ein, gleichzeitig sind alle Daten auf dem NAS weiterhin vorhanden. Das kann Sinn ergeben, wenn man eine ganze Menge an Dateien synchronisiert hat und »kurz Speicherplatz benötigt«.

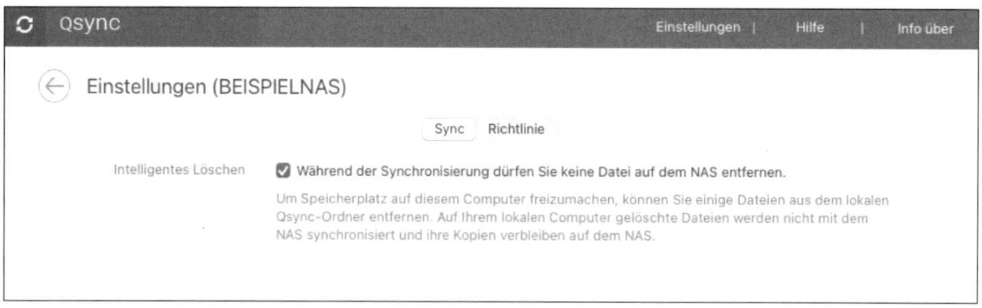

Abbildung 8.10 Intelligentes Löschen aktivieren

Aktivieren können Sie die Funktion, indem Sie im geöffneten Qsync-Client-Fenster auf die NAS-Einstellungen klicken. Das Häkchen ist betitelt mit dem Text Während der Synchronisierung dürfen Sie keine Datei auf dem NAS entfernen, aber Intelligentes Löschen steht auch daneben.

Beim intelligenten Löschen entsteht eine »Lücke«, die der Anwender irgendwann schließen muss. Früher oder später muss er nämlich entscheiden, ob er die lokal gelöschten Dateien auf dem NAS auch löschen oder die lokal gelöschten Dateien auf dem Client wiederherstellen möchte, indem er sie neu vom NAS herunterlädt. Zwischen beiden Möglichkeiten kann der Anwender für jede einzelne, gelöschte Datei wählen. Qsync Client schreibt dazu mit, welche Dateien und Ordner gelöscht wurden. Beim Löschen weist ein Hinweisdialog darauf hin, dass die Datei »intelligent gelöscht« wurde.

Um auszuwählen, mit welcher gelöschten Datei Sie wie verfahren, klicken Sie im Programmfenster von Qsync Client auf die Schaltfläche Intelligente Löschung Dateiverwaltung.

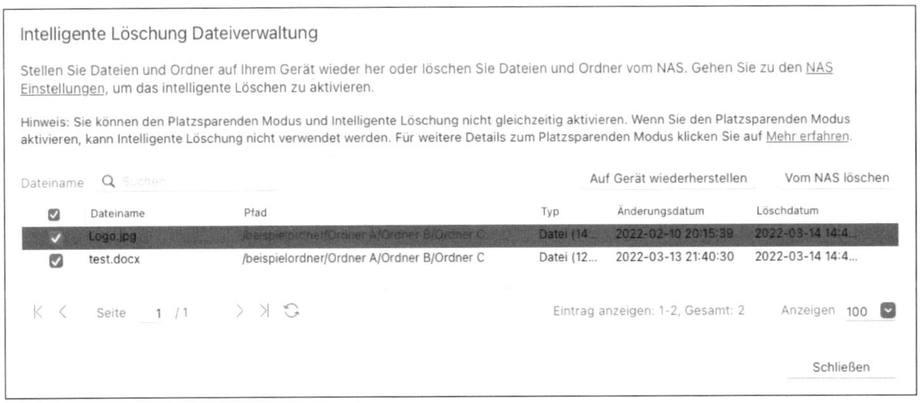

Abbildung 8.11 Dateiverwaltung für die Funktion »Intelligentes Löschen«

»Intelligentes Löschen« und »Platzsparender Modus« sind nicht kombinierbar

Beide Optionen können nicht kombiniert werden. Da die Dateien im platzsparenden Modus ohnehin keinen Platz belegen, kann auch kein Speicherplatz eingespart werden, indem man diese löscht.

Darauf weist Qsync Client in den Einstellungsdialogen auch hin. Allerdings lässt sich das intelligente Löschen trotzdem aktivieren, wenn der platzsparende Modus bereits aktiviert ist. Es erfolgt keine Fehlermeldung, und das intelligente Löschen schreibt einfach nicht mit, was Sie löschen, sondern löscht sofort. Achten Sie daher darauf, beide Funktionen nicht zu kombinieren!

Synchronisationskonflikte lösen

Ein Konflikt tritt zum Beispiel auf, wenn eine Datei vom Computer auf das NAS übertragen werden soll, dort aber bereits eine Datei mit demselben Namen existiert. Diese könnte ein anderer Benutzer angelegt haben, während Sie offline unterwegs waren. Sie können festlegen, wie in einem solchen Fall zu verfahren ist.

Sie erreichen den Menüpunkt bei geöffnetem Qsync-Client-Fenster mit einem Klick auf NAS-EINSTELLUNGEN. Im Einstellungsdialog wechseln Sie in den Reiter RICHTLINIE. Hier können Sie beim Dropdown KONFLIKTRICHTLINIEN zwischen folgenden Einstellungen wählen:

- DIE DATEIEN AUF DEM COMPUTER UMBENENNEN behält sowohl die Version des Computers als auch die vom NAS. Die Version vom Computer wird jedoch umbenannt, und der Dateiname wird um »(conflicted copy)« und einen Zeitstempel ergänzt. Nach der nächsten Synchronisation finden Sie diese zusätzliche Datei auch wieder auf dem NAS. In Folge finden Sie in der Datei mit dem Original-Dateinamen die NAS-Version.
- DIE DATEIEN AUF DEM NAS UMBENENNEN verfährt wie oben, nur umgekehrt. In der Folge finden Sie in der Datei mit dem Original-Dateinamen die Computerversion.
- DIE DATEIEN AUF DEM NAS ERSETZEN bedeutet, dass Sie am Ende nur eine Datei übrighaben, und das ist die Version Ihres Computers. Die Version auf dem NAS wird damit ersetzt. Nach der nächsten Synchronisation haben Sie nur noch eine Datei. Wenn Sie die Datei vom NAS dann öffnen, finden Sie darin die Version des Computers.
- DIE DATEIEN AUF DEM COMPUTER ERSETZEN verfährt wie oben, nur umgekehrt. Wenn Sie nach der Synchronisation die Datei auf dem Computer öffnen, finden Sie darin die Version des NAS.
- FÜR JEDE DATEI FRAGEN stellt Ihnen die obigen Möglichkeiten für jede einzelne Datei zur Auswahl. Die Liste der betroffenen Dateien ist nicht gesammelt abrufbar (wie beim »intelligenten Löschen«), sondern die Abfrage erfolgt per Popup, sobald der Konflikt bei der nächsten Synchronisation erkannt wurde.

Synchronisation manuell stoppen

Um die Synchronisation mit dem NAS zu stoppen, klicken Sie auf das Qsync-Client-Icon im Systray (Mac: Menüleiste) und im erscheinenden Menü auf die drei kleinen Punkte. Dort klicken Sie auf SYNCHRONISIERUNG UNTERBRECHEN. Die Funktion ist hilfreich, wenn Sie die volle Bandbreite Ihres Netzwerks momentan anderweitig nutzen müssen oder wenn Sie eine getaktete Verbindung nutzen, die Sie pro übertragene Dateneinheit bezahlen.

LAN Sync

Wenn Client A eine Datei vom NAS synchronisieren möchte, die Client B bereits synchronisiert hat, kann Client A diese Datei mit dem *LAN Sync* direkt von Client B herunterladen. Dafür müssen Client A und Client B lediglich im selben lokalen Netzwerk sein wie das NAS, mit dem synchronisiert wird. Im Internet ist diese Funktion nicht aktiv.

Wenn diese Funktion aktiviert ist, kann der Verkehr auf den Netzwerkschnittstellen des NAS-Systems reduziert werden. Dies wird sich hauptsächlich in Netzwerken mit sehr vielen Clients bemerkbar machen oder in solchen, in denen etwa Gebäudeteile mit geringen Bandbreiten mit dem Standort des NAS verbunden sind (etwa beim Einsatz von Richtfunk). Das Häkchen zum Aktivieren von LAN SYNC finden Sie in den EINSTELLUNGEN, erreichbar über die blaue Leiste des Programmfensters.

Dateien teilen

Sie können eine Datei an andere Personen übertragen, ohne die Datei selbst versenden zu müssen. Versenden Sie einfach einen Link zur Weboberfläche Ihres NAS, so dass die Zielperson die gewünschte Datei direkt dort abrufen kann. So lassen sich überfüllte E-Mail-Postfächer vermeiden.

Wenn man die Teilen-Funktion auf einen ganzen Ordner anwendet, kann der Empfänger auch nur einzelne Dateien herunterladen. Ebenso kann er eine ZIP-Datei mehrerer Dateien oder des gesamten Ordners erzeugen. Wenn Sie die Dateien zwischenzeitlich weiterbearbeiten, erhält der Empfänger die neueste Dateiversion.

Sehr praktisch sind zwei erweiterte Optionen:

- **Ablaufdatum**

  Der Link kann mit einem Ablaufdatum versehen werden. So können Sie sicherstellen, dass der Abruf Ihrer Daten nicht beliebig lang erfolgen kann, sondern nur innerhalb eines bestimmten Zeitfensters.

- **Kennwort**

  Sie können ein Kennwort festlegen, das beim Aufruf des Links eingegeben werden muss. Da Links versehentlich in fremde Hände gelangen können, können Sie durch ein Kennwort sicherstellen, dass nur Befugte Ihre Dateien abrufen.

Einen Link erzeugen Sie im Windows Explorer (oder beim Mac im Finder) in einem von Qsync synchronisierten Ordner, indem Sie mit der rechten Maustaste auf eine Datei oder einen Ordner klicken und im Kontextmenü QSYNC • LINK FREIGEBEN wählen.

Damit der Link nicht nur im lokalen Netzwerk, sondern auch im Internet funktioniert, müssen Sie Ihr NAS wie in Kapitel 4 beschrieben mit einer Portweiterleitung erreichbar machen bzw. die myQNAPcloud einrichten.

Fotos und Videos importieren

Wenn Sie einen Speicherkartenleser oder einen USB-Stick an einen Windows-PC anstecken, bietet Ihnen Windows den automatischen Import von Fotos auf Ihren PC an. Mit Qsync Client können Sie solche Dateien automatisch auf Ihr NAS importieren. Die notwendige Einstellung dazu finden Sie in den EINSTELLUNGEN, erreichbar über die blaue Leiste des Programmfensters. Der Zielordner lässt sich festlegen.

Fazit

In diesem Abschnitt haben Sie alle notwendigen Kenntnisse erworben, um Dateien auf Ihrem NAS offline auf Computern nutzbar zu machen. Änderungen werden automatisch synchronisiert. Dazu haben Sie vorbereitend die App auf dem NAS eingerichtet und Benutzer sowie Freigabeordner aktiviert. Danach haben Sie auf dem Computer mit Qsync Client ein Ordnerpaar zur Synchronisation mit dem NAS angelegt.

In Abschnitt 13.1 erfahren Sie, wie Sie Qsync zentral steuern und bestimmte Einstellungen für die Mitarbeiterinnen und Mitarbeiter vorgeben und danach vor individuellen Anpassungen sperren. Außerdem lernen Sie mit dem Konzept der Team-Ordner eine Möglichkeit kennen, wie NAS-Nutzer Dateien selbst für andere NAS-Nutzer freigeben, ohne dass ein Administrator dafür vorher einen Freigabeordner erstellt haben muss. Außerdem werfen wir dort auch einen Blick auf die Versionierungsfunktionen, die Qsync bietet.

8.2 HybridMount – Externe Quelle und NAS synchronisieren

Mit HybridMount können Cloud-Speicherdienste sowie bestimmte Serverspeicher in das lokale NAS eingehängt werden. Deren Daten werden daraufhin in File Station oder per SMB/CIFS wie lokale Daten eingeblendet. Im ersten Abschnitt beleuchten wir die unterstützten Cloud-Dienste und die beiden Einbindungsvarianten *Datei-Cloud-Gateway* sowie *Netzlaufwerk-Mount-Modus* näher. Im zweiten Abschnitt installieren Sie HybridMount auf dem NAS. Im dritten und vierten Abschnitt gehen wir die Einrichtung von Speicherdiensten schrittweise gemeinsam durch.

8.2.1 Funktionsweise und unterstützte Cloud-Dienste

HybridMount ist eine App für das QNAP NAS, die über das App Center installiert wird.

Innerhalb der App können Sie Cloud-Speicherdienste sowie bestimmte weitere Serverspeicher einbinden. Die Liste der unterstützten Cloud-Speicherdienste umfasst mehr als 30 Anbieter; dazu gehören:

- Amazon Drive und S3
- Azure Storage

- Box
- Dropbox
- Google Cloud Storage und Drive
- HiDrive
- OneDrive
- Sharepoint
- WebDAV

Hinzu kommen einige hierzulande eher weniger verbreitete Cloud-Dienste.

Clients können auf die eingebundenen Speicher und Cloud-Speicherdienste wie folgt zugreifen:

- per Netzlaufwerk: Eingehängte Cloud-Speicherdienste verhalten sich wie Freigabeordner und bieten dieselben Rechtestrukturen. Wenn der entsprechende NAS-Benutzer über passende Rechte verfügt, kann er über ein Netzlaufwerk auf den Cloud-Speicherdienst zugreifen.
- App File Station in der NAS-Weboberfläche

Darüber hinaus ist clientseitig keine besondere Software nötig, um auf die Daten zuzugreifen. Welche der genannten Wege zur Verfügung stehen, hängt davon ab, welchen Dienst Sie einbinden und auf welche Weise die Einbindung erfolgt. HybridMount bietet zwei Varianten zur Einbindung. Die meisten Dienste lassen sich auf beide Arten einbinden, wobei auch hier gilt: Es gibt einige Ausnahmen. Sie können die Einbindungsart eines einmal eingebundenen Dienstes auch wechseln, sofern beide Varianten unterstützt werden. Die beiden Einbindungsarten beleuchten wir im folgenden Abschnitt näher.

8.2.2 Datei-Cloud-Gateway vs. Netzlaufwerk-Mount-Modus

Im Modus *Datei-Cloud-Gateway* synchronisiert das NAS die Dateilisten eines entfernten Cloud-Speicherdienstes. Sie können für Ordner Prioritäten festlegen, so dass das NAS diese Ordner dann gegebenenfalls sogar herunterlädt und synchron hält. Die Größe des Caches (Pufferspeichers) können Sie festlegen. Der eingebundene Cloud-Speicherdienst wird vom NAS wie ein Freigabeordner behandelt, und der Zugriff darauf ist per SMB/NFS/AFP, also per »Netzlaufwerk«, möglich. Zudem können Apps aus dem App Center (etwa Qsirch oder Qfiling) auf den Cloud-Speicherdienst so zugreifen, als würde es sich um einen lokalen Speicher handeln. Dieser Modus bietet schnelle Zugriffszeiten, erfordert aber Lizenzen. Zwei zeitlich unbegrenzte Lizenzen gehören zum Lieferumfang. Weitere Lizenzen können im License Center erworben werden, einer NAS-App von QNAP. Der Preis liegt im Herbst 2022 bei 20 US-Dollar pro zusätzlichem Cloud-Speicherdienst pro Jahr, wobei auch Viererpakete und Achterpakete mit entsprechenden Vergünstigungen erhältlich sind.

Bei der anderen Einbindungsvariante, dem *Netzlaufwerk-Mount-Modus*, werden die Synchronisation von Dateilisten sowie eine Pufferung nicht unterstützt. Der Modus wird in der QNAP-Onlinehilfe auch als *Netzwerk-Laufwerk-Mount* bezeichnet. Folgende Besonderheiten gelten für diesen Modus:

- Neben Cloud-Speicherdiensten finden Sie bei diesem Modus zusätzlich eine Unterstützung für entfernte CIFS/SMB-, NFS- und FTP/SFTP-Speicher vor. Diese gibt es sogar ausschließlich im Netzlaufwerk-Mount-Modus.
- CIFS/SMB-Speicher können im Netzlaufwerk-Mount-Modus auf Clients als Netzlaufwerk bereitgestellt werden und sind sogar über die QFile-App abrufbar, alle anderen Dienste nicht. Diese finden Sie ausschließlich in *File Station* über die Weboberfläche des NAS. Solche Dienste müssten Sie als Datei-Cloud-Gateway einbinden, wenn Sie sie als Netzlaufwerk von einem Client aus verwenden wollten.

Beim Netzlaufwerk-Mount-Modus sind die Zugriffszeiten langsamer, weil das NAS den entfernten Speicher erst kontaktiert, wenn Sie tatsächlich gerade im Dateibaum auf Daten zugreifen möchten. Im Gegenzug erfordert dieser Modus keine Lizenzen.

Datei-Cloud-Gateway oder Netzlaufwerk-Mount-Modus?

Je genauer Sie sich in die Unterschiede einarbeiten, desto eher stellen Sie fest: Außer der Lizenzierung hat die Nutzung eines Datei-Cloud-Gateways nur Vorteile für Sie. Wer einen Speicherdienst abseits von SMB/CIFS bei Clients als Netzlaufwerk verbinden möchte, kommt um die Einbindung als Datei-Cloud-Gateway nicht herum. Die Benennung seitens QNAP ist in diesem Fall irreführend: Der Netzlaufwerk-Mount-Modus bindet den Cloud-Speicherdienst NAS-seitig wie ein »Netzlaufwerk« ein, Sie können den Cloud-Speicherdienst dann jedoch nicht als Netzlaufwerk *am Client* einbinden. Dies funktioniert nur bei der Einbindung als Datei-Cloud-Gateway.

Unsere Empfehlung lautet:

1. Wenn der entfernte Speicher per SMB/CIFS, NFS oder FTP einzubinden ist, nutzen Sie den Netzlaufwerk-Mount-Modus, denn nur hier werden diese Protokolle unterstützt.
2. Alle anderen Dienste sowie Cloud-Speicherdienste binden Sie als Datei-Cloud-Gateway ein, damit Sie vom Pufferspeicher und der clientseitigen Einbindung als Netzlaufwerk profitieren. Hier müssen Sie Lizenzen erwerben, wenn Sie mehr als zwei Dienste parallel einbinden möchten.

8.2.3 Installation von HybridMount

Um HybridMount auf Ihrem QNAP NAS zu installieren, gehen Sie so vor:

1. Loggen Sie sich als Administrator in die Weboberfläche des NAS-Systems ein.

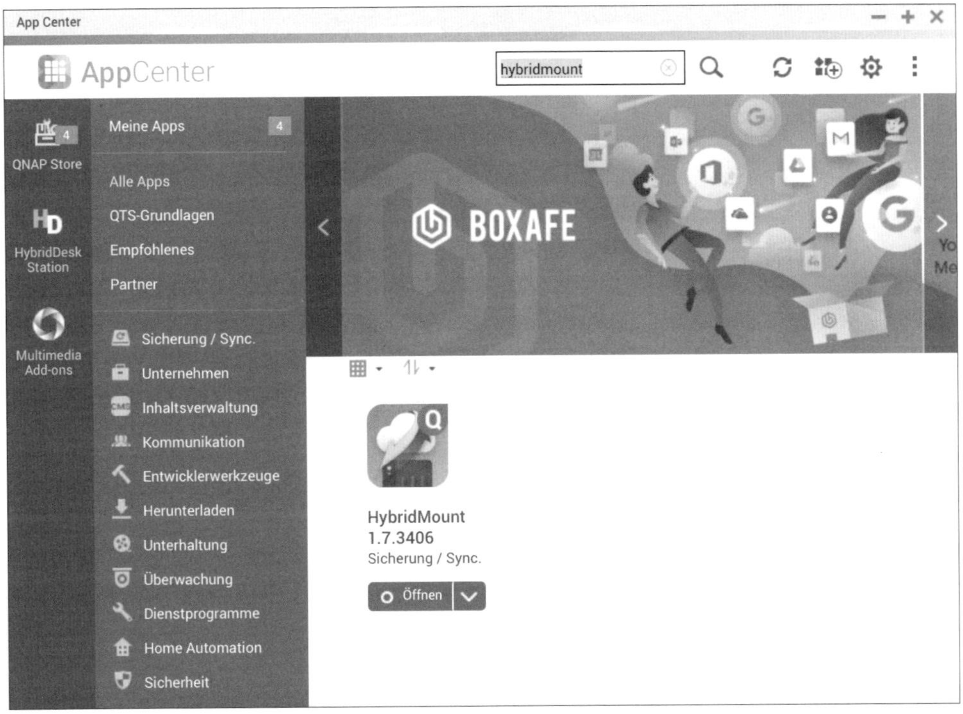

Abbildung 8.12 HybridMount im App Center

2. Wechseln Sie über das Menü oben links ins App Center.
3. Suchen Sie über das Icon nach *HybridMount*.
4. Klicken Sie beim Suchergebnis auf Installieren, und warten Sie, bis HybridMount installiert wurde.

Sie können die App nun über das Symbol starten. Das Programm begrüßt Sie mit einer Übersicht, wie viele Cloud-Dienste bzw. entfernte Speicher mit welcher Einbindungsvariante eingebunden sind.

Voraussetzung für die Durchführung der nachfolgenden Schritte ist, dass Sie einen Speicherpool und ein Volume erstellt haben. Ob dies gegeben ist, erkennen Sie daran, dass Ihnen die App *File Station* in der Weboberfläche des NAS das Volume anzeigt und ermöglicht, Ordner zu erstellen. In diese Ordnerstruktur wird der entfernte Speicher später wie ein Freigabeordner eingeblendet. Außerdem sollte ein NAS-Benutzer oder eine NAS-Benutzergruppe vorhanden sein, der oder die später auf den Cloud-Speicherdienst zugreifen können soll.

8.2.4 Einbindung eines Cloud-Speichers als Datei-Cloud-Gateway

Für die meisten Fälle bietet sich die Einbindung als Datei-Cloud-Gateway an. Wir stellen die Anbindung beispielhaft mit einem *Dropbox*-Konto vor, andere Dienste funktionieren ganz ähnlich.

Beachten Sie, dass diese Einbindungsvariante Lizenzen benötigt. Da zwei Lizenzen ab Werk mitgeliefert werden, werden Sie beim Anlegen Ihrer ersten Verbindungen keine Aufforderung zum Erwerb weiterer Lizenzen erhalten.

1. Klicken Sie in der Weboberfläche des NAS in der App HybridMount oben rechts auf REMOTE-MOUNT ERSTELLEN.
2. Klicken Sie in der darauffolgenden Auswahl auf DATEI-CLOUD-GATEWAY ERSTELLEN.
3. Wählen Sie aus der Liste der verfügbaren Cloud-Dienste den gewünschten Dienst aus. Sie können den Dienst auch per Tastatureingabe filtern.
4. Je nachdem, welchen Dienst Sie wählen, fordert der Assistent Sie auf, Folgendes zu tun:
   - In einem Formular sind die zum Dienst passenden Eckdaten wie Benutzernamen, Kennwörter, Zugriffsschlüssel, Projekt-IDs, Bucket-Name o. Ä. einzugeben.
   - Es öffnet sich ein neues Browserfenster, das eine Website des Cloud-Dienstes mit Anmeldeformular anzeigt. Wenn Sie dieses versehentlich schließen, ermöglicht der Assistent Ihnen, das Fenster per Klick auf AUTHENTIFIZIEREN erneut zu öffnen. Prüfen Sie gegebenenfalls Ihren Popup-Blocker. Wenn Sie gerade vor Beginn der Einrichtung mit dem Webbrowser im genannten Dienst eingeloggt waren, erfolgt gegebenenfalls nur noch die Frage, ob Sie den Zugriff auf das Konto erlauben möchten. Wenn der Dienst schon einmal mit HybridMount verbunden war, schließt sich das Popup-Fenster meist einfach, und die Verbindung wird im Assistenten als erfolgreich angezeigt.
   - Für unser Beispiel wählen wir Dropbox und melden uns mit dem Popup-Fenster beim Cloud-Dienst an. Danach erlauben wir den Zugriff auf das Konto. Das Fenster schließt sich, und der Assistent fragt weitere Daten ab.
5. Mit dem Eingabefeld ZIELORDNER ist nun festzulegen, ob alle Ordner oder nur einzelne Ordner des Cloud-Dienstes in das NAS eingebunden werden sollen. Bei Diensten wie Amazon S3 oder Google Cloud Storage können Sie auch die Container bzw. Buckets wählen, die Sie einbinden möchten. Der Assistent verhält sich etwas störrisch: Wenn die Auswahl mehrerer einzelner Ordner nicht gleich funktioniert, wählen Sie nur einen Ordner, bestätigen Sie, und öffnen Sie das Fenster zur Ordnerauswahl erneut, um dann den nächsten Ordner zu wählen.

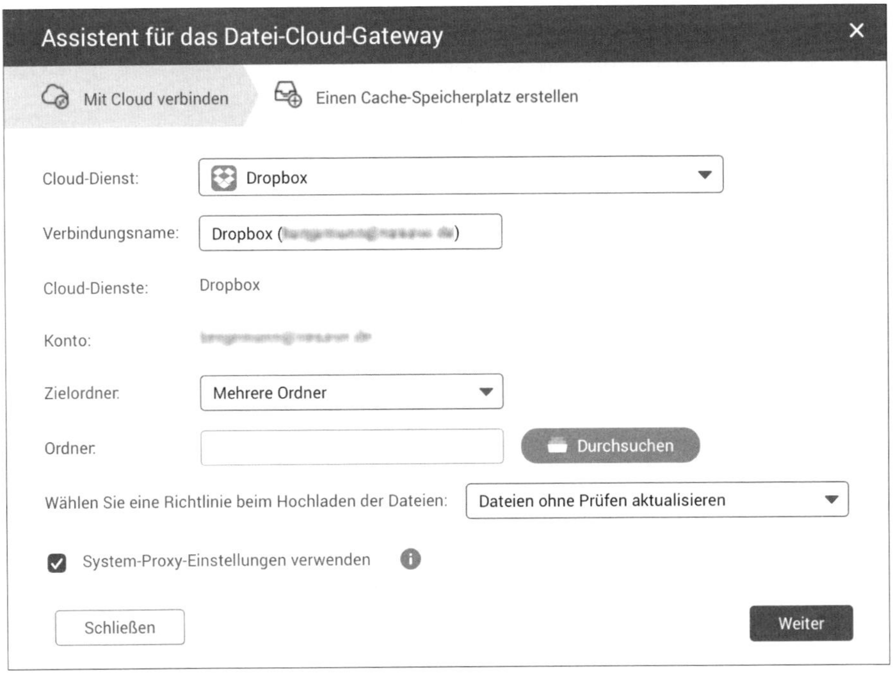

Abbildung 8.13 Dropbox als Datei-Cloud-Gateway hinzufügen

6. Entscheiden Sie sich für eine RICHTLINIE BEIM HOCHLADEN DER DATEIEN. Wenn Sie eine Datei lokal ändern und das NAS diese für Sie zum Cloud-Dienst hochlädt, kann es passieren, dass die betroffene Datei dort auch geändert wurde, z. B. durch einen anderen Benutzer oder durch ein anderes System wie ein Smartphone desselben Benutzers. Im Kasten stellen wir die beiden Möglichkeiten, aus denen Sie hier wählen können, gegenüber.

   Wenn Sie alle Eingabefelder des Assistenten ausgefüllt haben, klicken Sie unten rechts auf WEITER.

Richtlinie beim Hochladen von Dateien

Sie greifen später außerhalb der Weboberfläche des NAS auf die Dateien des Cloud-Dienstes zu und werden dabei keine gesonderte Software installieren, sondern generische Schnittstellen wie Windows-Netzlaufwerke verwenden. Das NAS kann Sie deshalb nicht fragen, welche Dateiversion Sie im Falle eines Versionskonflikts lieber behalten möchten. Sie müssen stattdessen hier festlegen, wie Sie verfahren möchten.

- AUF KONFLIKTE PRÜFEN UND LOKALE DATEIEN UMBENENNEN: Hierbei prüft das NAS vor dem Hochladen, ob die Dateiversion auf Cloud-Seite zwischenzeitlich verändert wurde. Falls nein, überschreibt es die Version mit der Version, die Sie lokal auf dem NAS geändert haben. Falls ja, benennt es die lokale Datei um und lädt sie erst dann in die Cloud, so dass Sie am Ende zwei Versionen vorfinden, aber keinen Datenverlust erleiden.

- Dateien ohne Prüfen aktualisieren: Die lokal veränderte und hochzuladende Version vom NAS überschreibt die Version in der Cloud ungeprüft – auch dann, wenn diese ebenfalls verändert wurde.

Die Variante ohne Prüfung wird Ihre Dateien verständlicherweise zügiger synchronisieren, wobei von Synchronisation in diesem Fall kaum noch gesprochen werden kann; es handelt sich eher um einen Vorgang des Überschreibens.

Diese Option sollten Sie nur wählen, wenn Sie als einzige Person diesen Account beim Cloud-Dienst nutzen und Sie genau wissen, welche Geräte sonst mit den zugehörigen Daten in diesem Account arbeiten.

7. Als Nächstes müssen Sie einen *Cache-Speicherplatz* für diese Verbindung erstellen. Hierbei handelt es sich um einen Pufferspeicher, in dem das NAS Dateien aus der Cloud für den Fall bereithält, dass Sie darauf zugreifen möchten. Ohne Cache (und übrigens Standard bei der Einbindungsvariante *Netzlaufwerk-Mount-Modus*) wäre der Normalfall, dass das NAS eine Datei, auf die Sie zugreifen, erst dann aus der Cloud herunterlädt, wenn Sie wirklich darauf zugreifen. Bis dahin synchronisiert es lediglich eine Liste von Dateinamen. Das führt beim Zugriff natürlich zu Wartezeiten.

   Mit dem Cache-Speicherplatz schaffen Sie einen Pufferspeicher, in dem das NAS diese Dateien vorab herunterlädt. Wie Sie die Pufferung nach Wunsch beeinflussen, darauf gehen wir später ein.

8. Der Cache-Speicherplatz wird im freien Speicherbereich eines Speicherpools des NAS-Laufwerks erstellt. Frei heißt, dass dieser Speicher keinem Volume zugeteilt ist. Es reicht also nicht aus, wenn Sie ein Volume mit freiem Speicher zur Verfügung stellen. Es muss ein nicht verwendeter Speicher sein. Nach der Einrichtung findet sich der Cache-Speicherplatz im Punkt Speicher & Snapshots des NAS als Eintrag »HybridMount« mit einer fortlaufenden Nummer in derselben Liste wie die Volumes wieder.

   Die Kapazität des Cache-Speicherplatzes kann maximal so groß sein wie dieser nicht zugeteilte Speicher. Sie können im Assistenten nun festlegen, wie viel Speicherplatz aus dem Pool Sie für HybridMount zur Verfügung stellen möchten.

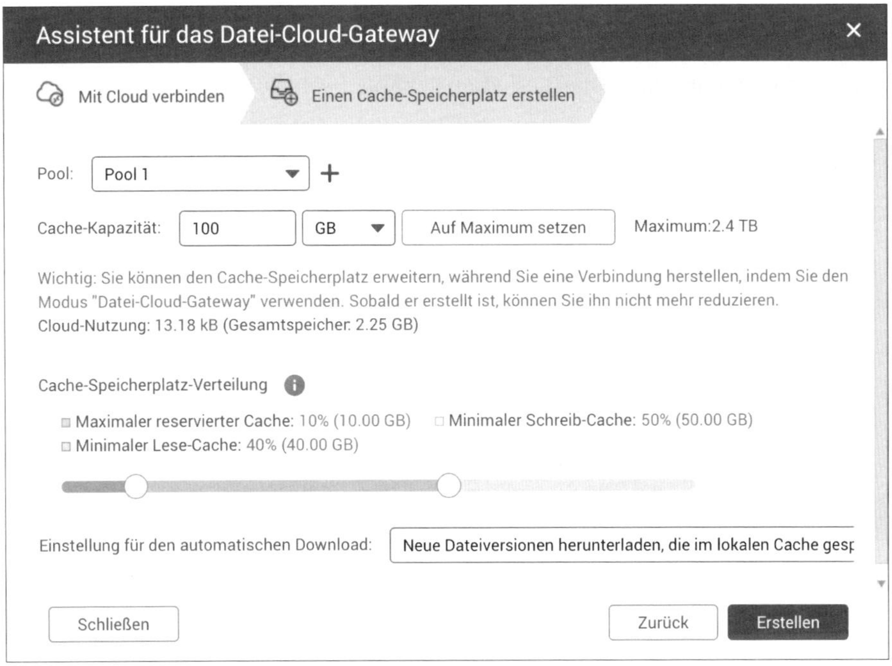

Abbildung 8.14 Cache-Speicherplatz in HybridMount

Beachten Sie bei der Planung Ihrer Cache-Größen bitte, dass jede Verbindung zu einem Cloud-Speicherdienst einen eigenen Cache-Speicherplatz einrichtet. Wenn Sie mehrere Dienste einbinden möchten, teilen Sie also nicht den ganzen freien Speicher dem als Erstes eingerichteten Cloud-Dienst zu.

Des Weiteren legen Sie hier fest, wie hoch die Anteile des Lesecaches und des Schreibcaches am Gesamtspeicher sein sollen.

Wenn Sie Dateien lokal ändern, landen diese bis zum Abschluss der nächsten Synchronisation mit dem Cloud-Speicher im Schreibcache des Cache-Speicherplatzes. Wenn Sie viele Dateien lokal bearbeiten, sollten Sie den Anteil des Schreibcaches etwas höher wählen.

Noch wichtiger ist in der Regel die Rolle des Lesecaches. Hier hält das NAS nach einem Regelwerk Dateien aus dem Cloud-Speicher lokal vor. An einer anderen Stelle können Sie einstellen, welche Dateien auf jeden Fall im Lesecache vorgehalten werden sollen, siehe Kasten »Ordner für den Schreibcache festlegen«. Den übrigen Speicherplatz im Lesecache belegt HybridMount mit Dateien, auf die Sie schon einmal zugegriffen haben. Grundsätzlich werden alle Dateien, die im Lesecache sind, mit dem Cloud-Speicher synchronisiert.

Wenn der Lesecache voll ist, werden die ältesten Dateien entfernt und nur noch deren Metadaten behalten. Mit dem Punkt Einstellung für den automatischen Download können Sie das Verhalten genauer beeinflussen:

- Alle zuvor bearbeiteten Dateien vorab herunterladen lädt jene Dateien in den Lesecache, die Sie zuvor einmal geändert hatten, auch wenn Sie darauf aktuell nicht zugreifen. Das heißt, dass jede Änderung an diesen Dateien auf Seiten des Cloud-Speichers dazu führt, dass das NAS diese Dateien automatisch in den Lesecache überträgt, um Ihnen diese Dateien sofort zur Verfügung stellen zu können. Diese Einstellung ist geeignet, wenn Sie häufig dieselben Dateien aus dem Cloud-Speicher ändern.
- Neue Dateiversionen herunterladen, die im lokalen Cache gespeichert sind hält Dateien aktuell, auf die Sie zuvor einmal zugegriffen haben und die somit bereits im Cache vorhanden sind. Da dies eine ganze Menge Dateien sein können, erzeugt diese Einstellung einen hohen Traffic. Sie ermöglicht aber auch die besten Zugriffszeiten beim lokalen Arbeiten mit den Cloud-Dateien. Diese Einstellung ist geeignet, wenn Sie häufig dieselben Dateien aus dem Cloud-Speicher lesen (aber nicht zwangsläufig auch bearbeiten) und einen großen Cache-Speicherplatz zur Verfügung stellen können.
- Automatischen Download deaktivieren lädt keine Dateien automatisch in den Lesecache. Ausnahmen bilden die Ordner, die Sie an anderer Stelle explizit markieren, um sie im Lesecache vorzuhalten, doch dazu später mehr. Wenn Sie diese Einstellung aktivieren, landen nur Dateien im Lesecache, die Sie geöffnet haben.

Wenn Sie einmal die Größe des Cache-Speicherplatzes festgelegt haben, können Sie diese anschließend nicht mehr ändern (dafür müssten Sie die Verbindung zum Cloud-Speicher löschen und neu einrichten). Sie können aber die Verteilung zwischen Lese- und Schreibcache jederzeit neu festlegen, indem Sie folgende Schritte durchführen:

1. Klicken Sie in der App HybridMount im linken Menü auf Mounting-Management.
2. Klicken Sie beim gewünschten Cloud-Dienst in der Spalte Cache-Speicherplatz auf das Zahnrad-Symbol.
3. Scrollen Sie zum Link Erweiterte Cache-Einstellungen, und klicken Sie diesen an.
4. Legen Sie die Verteilung neu fest. Auch die Einstellungen für den automatischen Download können Sie hier anpassen.
5. Bestätigen Sie mit Übernehmen.

Ordner immer im lokalen Cache vorhalten

Häufig können Anwenderinnen und Anwender sehr genau angeben, auf welche Ordner eines Cloud-Speicherdienstes sie häufig zugreifen. Sie können nun entweder ausschließlich diese Ordner synchronisieren und alle anderen Ordner gar nicht erst einbinden. Sie können aber auch alle Ordner einbinden und bestimmte Ordner dauerhaft im Lesecache vorhalten, so dass diese immer schnell im Zugriff sind:

1. Klicken Sie innerhalb der Weboberfläche des NAS in der HybridMount-App links im Menü auf MOUNTING-MANAGEMENT.
2. Klicken Sie beim gewünschten Cloud-Speicherdienst auf das Menü ⋮.
3. Wählen Sie CACHE-PRIORITÄT.
4. Legen Sie für jeden Ordner fest, mit welcher Priorität dieser im Cache vorgehalten werden soll. Ordner, die auf jeden Fall vorab aus der Cloud in den Cache heruntergeladen werden sollen, markieren Sie mit einem violetten Kreis O.

8.2.5 Einbindung eines Cloud-Speichers im Netzlaufwerk-Mount-Modus

Im vorigen Abschnitt haben Sie einen Cloud-Speicher als Datei-Cloud-Gateway eingerichtet. Dies bietet einen lokalen Pufferspeicher und verkürzt somit Ladezeiten, erfordert aber Lizenzen.

Daneben gibt es den Netzlaufwerk-Mount-Modus, den wir uns nun anschauen. In diesem Abschnitt binden wir noch einmal *Dropbox* ein, jedoch im Netzlaufwerk-Mount-Modus. Wenn Sie eine Entscheidungshilfe benötigen, welche der beiden Einbindungsvarianten für Sie geeignet ist, beachten Sie den Kasten »Datei-Cloud-Gateway oder Netzlaufwerk-Mount-Modus?«

- Wie bei der Variante »Einbindung eines Cloud-Speichers als Datei-Cloud-Gateway« beschrieben, öffnen Sie als Administrator die HybridMount-App auf dem NAS und klicken auf REMOTE-MOUNT ERSTELLEN. In der dann folgenden Auswahl klicken Sie jedoch auf NETZLAUFWERK-MOUNT ERSTELLEN.
- Für unser Beispiel Dropbox wechseln Sie in den Reiter CLOUD-DIENSTE und wählen Dropbox. Die Einrichtung erfolgt analog zur Einrichtung eines Datei-Cloud-Gateways und zeigt je nach gewähltem Cloud-Dienst eine Anmeldemaske des Dienstes in einem Popup und/oder Eingabefelder, die zur Herstellung der Verbindung benötigte Parameter abfragen. Für unser Beispiel tragen wir im Popup-Fenster die Dropbox-Anmeldedaten ein und bestätigen.

Im Gegensatz zur Erstellung einer Verbindung als Datei-Cloud-Gateway endet hier der Einrichtungsassistent, da bei dieser Variante kein Cache eingerichtet wird.

8.2.6 Einbindung eines Remote-Geräts im Netzlaufwerk-Mount-Modus

In den vorigen Abschnitten haben wir die Einbindung von Cloud-Speichern mit HybridMount beleuchtet. Es können aber auch entfernte Speicher über CIFS/SMB, FTP/SFTP, WebDAV oder NFS eingebunden werden. QNAP nennt diese Ressourcen in HybridMount *Remote-Geräte*.

Ihr QNAP NAS kann mit HybridMount via CIFS/SMB ein anderes Netzlaufwerk einbinden, sich also als Client mit einem Netzlaufwerk verbinden und dessen Dateien lokalen NAS-Benutzern bereitstellen. Sie werden sich nun fragen: Warum sollte man das tun? Schließlich könnten sich Anwender auch direkt selbst mit der genannten Ressource verbinden. Es gibt aber durchaus einen Vorteil: Auf diese Weise können nämlich unterschiedliche NAS-Systeme und/oder auch Netzlaufwerke, die etwa von Windows-Servern in einem Unternehmen bereitgestellt werden, über ein einziges NAS zentral zur Verfügung gestellt werden. Somit müssen Anwender nur eine Verbindung zum NAS aufbauen und finden darin weitere Ressourcen anderer Systeme vor, ohne neue Anmeldedaten eingeben zu müssen. Der Verwaltungsaufwand sinkt. Deshalb schauen wir uns die konkrete Einbindung in diesem Abschnitt einmal genauer an. Als praktisches Beispiel nehmen wir an, dass ein Freigabeordner bzw. Netzlaufwerk »Scans« eines fremden QNAP NAS in das lokale NAS eingebunden werden soll.

Voraussetzung für die sinnvolle Umsetzung ist, dass alle Anwender die entfernte CIFS/SMB-Ressource mit denselben Anmeldedaten einbinden. Da das NAS zentral einbindet, kann es keine individuellen Anmeldedaten pro NAS-Benutzer verwenden. Es stellt nur eine Verbindung zur Ressource her und schleust diese gleichen Daten an alle berechtigten NAS-Benutzer durch.

Wie Sie im Abschnitt »Datei-Cloud-Gateway vs. Netzlaufwerk-Mount-Modus« erfahren haben, kann für die hier vorliegenden Protokolle nur der Netzlaufwerk-Mount-Modus verwendet werden. Somit gibt es keinen lokalen Pufferspeicher.

Um ein Remote-Gerät im NAS einzubinden, gehen Sie wie folgt vor:

1. Öffnen Sie als Administrator die NAS-Weboberfläche, und starten Sie die App HybridMount.
2. Klicken Sie in der App oben rechts auf REMOTE-MOUNT ERSTELLEN und im dann erscheinenden Auswahlmenü auf NETZLAUFWERK-MOUNT ERSTELLEN.
3. Der Assistent sucht nun andere Netzwerkgeräte. Wenn Sie andere QNAP-Systeme im Netzwerk installiert haben, sollten diese in der Liste auftauchen (siehe Abbildung 8.15).
   - Wenn Sie das gewünschte Remote-Gerät dort finden, klicken Sie dessen Eintrag an, und tragen Sie unter KONTO den Benutzernamen sowie unter PASSWORT das Passwort für die CIFS/SMB-Verbindung ein. Klicken Sie anschließend auf VERBINDEN.

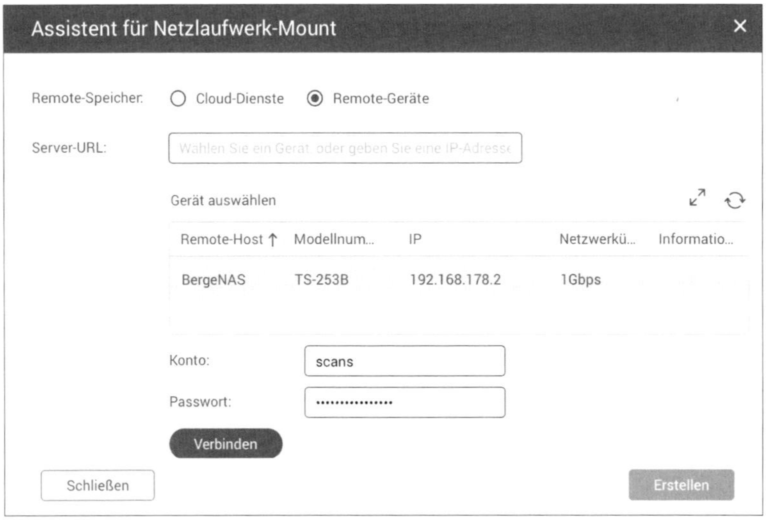

Abbildung 8.15 Remote-Gerät einbinden – Gerätesuche und Eingabe der IP-Adresse

– Wenn Sie das gewünschte Remote-Gerät nicht in der Liste finden, tippen Sie dessen IP-Adresse oder Domänennamen in das Feld SERVER-URL ein. Sobald Sie zu tippen beginnen, springt der Assistent zur nächsten Maske.

Der Assistent zeigt im nächsten Bildschirm (siehe Abbildung 8.16) einige Einstellungen zur Verbindung. Als Erstes legen Sie das PROTOKOLL fest. Je nach gewähltem Protokoll verändern sich die Eingabefelder im Assistenten. Für unser Beispiel einer Netzlaufwerk-Verbindung wählen Sie CIFS/SMB.

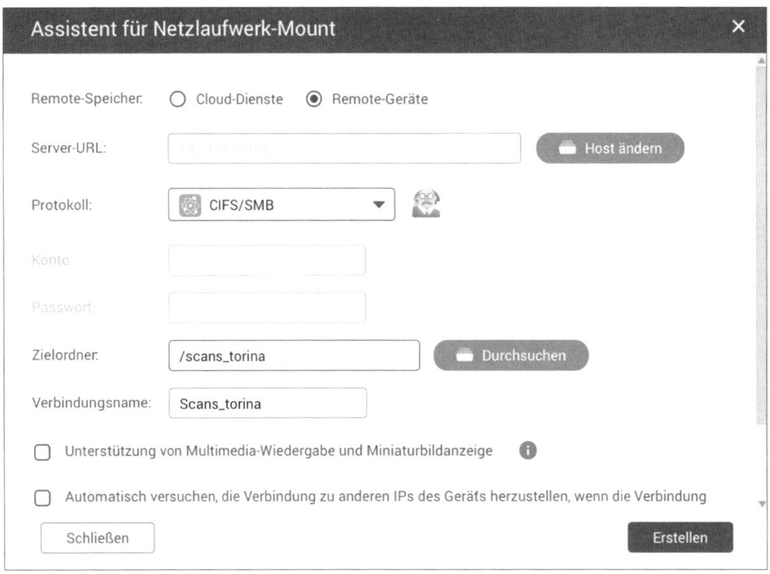

Abbildung 8.16 Remote-Gerät einbinden – Zielordner und Verbindungsname

4. Wählen Sie dann unter Zielordner per Klick auf den Button Durchsuchen die CIFS/SMB-Ressource vom entfernten System, die eingebunden werden soll. Da Sie mit denselben Anmeldedaten im fremden System unter Umständen Zugriff auf mehrere Ressourcen/Netzlaufwerke haben, werden Ihnen hier womöglich mehrere Einträge angezeigt.
5. Schließlich tragen Sie im Feld Verbindungsname einen aussagekräftigen Begriff ein, unter dem Sie die Ressource später im lokalen NAS wiedererkennen.
6. Im Fenster des Assistenten können Sie gegebenenfalls nach unten scrollen. Wenn Sie als Protokoll CIFS/SMB oder NFS gewählt haben, prüfen Sie, dass der Haken bei Zugriff auf diesen eingebundenen Ordner freigeben aktiviert ist. Dies ermöglicht Ihnen, das von extern eingebundene Netzlaufwerk Ihren lokalen NAS-Benutzern wiederum als Netzlaufwerk zur Verfügung zu stellen. Diese Option steht für die übrigen Protokolle nicht zur Verfügung.

8.2.7 Wechsel zwischen Datei-Cloud-Gateway und Netzlaufwerk-Mount-Modus

Sollten Sie feststellen, dass Sie einen Cloud-Speicher mit einer Variante eingebunden haben, die nicht oder nicht mehr Ihren Praxisanforderungen genügt, können Sie glücklicherweise die Einbindungsart jederzeit ändern.

Bitte beachten Sie: Verbindungen wie FTP oder CIFS/SMB sind in HybridMount im Reiter Remote-Geräte eingebunden und können den Modus nicht wechseln.

1. Öffnen Sie in der NAS-Weboberfläche als Administrator die HybridMount-App.
2. Klicken Sie im linken Menü auf Mounting-Management.
3. Wechseln Sie in den Reiter Cloud-Dienste.
4. Finden Sie den gewünschten eingebundenen Cloud-Speicher in der Liste, und klicken Sie in dessen Zeile in der Spalte Optionen auf ⋮.

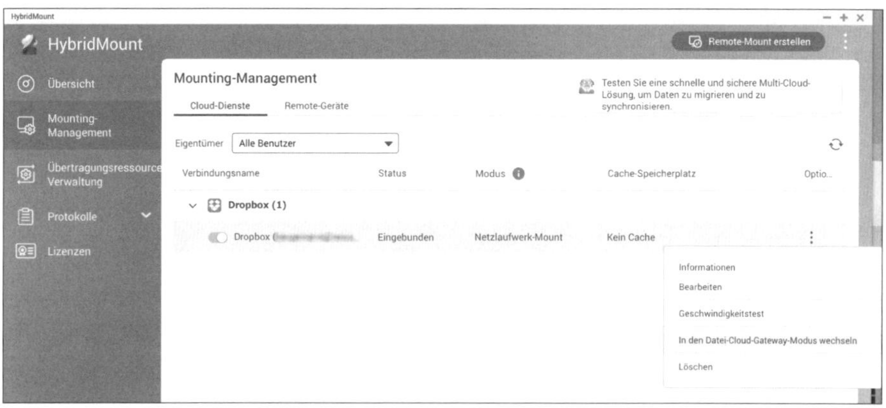

Abbildung 8.17 Einbindungsart eines Cloud-Speichers ändern

5. Im erscheinenden Menü wählen Sie je nach aktueller Einbindungsvariante (siehe Abbildung 8.17):
   - In den Datei-Cloud-Gateway-Modus wechseln, wenn der Cloud-Speicher derzeit im Netzlaufwerk-Mount-Modus eingebunden ist. Die App fordert Sie dann auf, einen Cache-Speicherplatz für diesen Cloud-Speicher zu erstellen. Details hierzu finden Sie in Abschnitt 8.2.4.
   - Zum Netzlaufwerk-Mount-Modus wechseln, wenn der Cloud-Speicher derzeit im Datei-Cloud-Gateway-Modus eingebunden ist. Die App warnt Sie, dass der lokale Cache-Speicher gelöscht wird, da diese Einbindungvariante keinen Pufferspeicher unterstützt.

8.2.8 Einbindung auf Client-Computern

Je nach gewählter Einbindungsvariante stehen Ihnen für die Clients unterschiedliche Arten des Zugriffs zur Verfügung:

Cloud-Speicherdienste, die als Datei-Cloud-Gateway eingebunden sind

Hier steht »das volle Programm« zur Verfügung:

- NAS-Benutzern steht in der NAS-Weboberfläche die App *File Station* zur Verfügung. Die Anwender melden sich dazu in der Weboberfläche des NAS mit ihren eigenen Benutzerdaten an und starten die App. Dateien können vom NAS demnach über den Webbrowser zum NAS hochgeladen und per Download-Funktion heruntergeladen werden. Der Cloud-Speicher wird in File Station in oberster Hierarchieebene unter dem NAS-Namen mit einem Wolken-Symbol angezeigt.
- NAS-Benutzer können ferner über die App QFile auf ihrem Smartphone oder Tablet auf den Cloud-Speicher zugreifen. Der Cloud-Speicher wird dort in oberster Hierarchieebene mit einem blauen Symbol angezeigt. Wenn das NAS mit der myQNAPcloud verbunden ist, muss sich das Smartphone bzw. Tablet für den Zugriff nicht im selben lokalen Netzwerk wie das NAS befinden.
- Wenn Benutzer andere SMB-fähige Datei-Manager-Apps wie z. B. *FileBrowser* oder ähnliche auf ihrem Smartphone oder Tablet installieren, können sie auch darüber auf den Cloud-Speicher zugreifen. Dies entspricht der Zugriffsart des Netzlaufwerks. Dafür muss sich das Smartphone bzw. Tablet im selben lokalen Netzwerk wie das NAS befinden, oder eine VPN-Verbindung muss aufgebaut sein.
- Die Einbindung kann auf Client-Computern als Netzlaufwerk erfolgen. In der Systemsteuerung des NAS kann dazu unter Freigabeordner jeder Cloud-Speicher mit dem Button Berechtigung für Freigabeordner bearbeiten lokalen NAS-Benutzern zur Verfügung gestellt werden. Eine Anleitung finden Sie weiter unten.

Cloud-Speicherdienste, die im Netzlaufwerk-Mount-Modus eingebunden sind

Hier kann ein Zugriff über die NAS-Weboberfläche per File-Station-App erfolgen. Dort wird der Cloud-Speicher als eigenes »Gerät« angezeigt (nicht unterhalb des NAS-Namens).

Per QFile oder Netzlaufwerk ist kein Zugriff möglich.

Remote-Geräte

Remote-Geräte (CIFS/SMB, FTP/SFTP, WebDAV oder NFS) können ebenfalls über die NAS-Weboberfläche per File-Station-App aufgerufen werden. Sie erscheinen unterhalb des NAS-Namens mit einem Remote-Geräte-Symbol .

Im Sonderfall von CIFS/SMB und NFS kann ein Zugriff per Netzlaufwerk erfolgen, wenn der entsprechende Haken in HybridMount gesetzt ist. Die Option kann in HybridMount in der Liste der Remote-Geräte auch nachträglich über das Optionen-Symbol ⋮ gesetzt werden (siehe Abschnitt 8.2.6, »Einbindung eines Remote-Geräts im Netzlaufwerk-Mount-Modus«). Damit der entsprechende NAS-Benutzer die Ressource beim Verbindungsaufbau angeboten bekommt, achten Sie darauf, dass für den Benutzer entsprechende Rechte gesetzt sind. Die Rechte können Sie in der SYSTEMSTEUERUNG unter FREIGABEORDNER durch Klick auf den Button BERECHTIGUNG FÜR FREIGABEORDNER BEARBEITEN neben dem Eintrag des Cloud-Speichers festlegen.

In der App QFile sind Remote-Geräte nicht abrufbar. Wenn jedoch der Zugriff per Netzlaufwerk aktiviert ist (CIFS/SMB und NFS), kann eine SMB-fähige App wie z. B. FileBrowser oder eine ähnliche auf die Ressource zugreifen. Dafür muss sich das Gerät im selben lokalen Netzwerk befinden wie das NAS, oder eine VPN-Verbindung muss aufgebaut sein.

Herstellen einer Netzlaufwerk-Verbindung auf Desktop-Computern

Um sich unter *Windows* mit dem Netzlaufwerk zu verbinden, tragen Sie in die Adresszeile des Windows-Datei-Explorers den Namen oder die IP-Adresse des NAS-Systems mit zwei vorangestellten Backslashes ein, z. B. `\\192.168.178.2`. Danach drücken Sie die Eingabetaste. Der Explorer fordert Sie zur Eingabe Ihrer Anmeldeinformationen auf. Tragen Sie hier die Daten des NAS-Benutzers ein. Anschließend wählen Sie den Freigabeordner des Cloud-Speichers aus der Liste der bereitgestellten Ressourcen aus und wählen einen Netzlaufwerksbuchstaben, den Sie zukünftig verwenden möchten. Wenn die Verbindung nach einem Neustart weiterhin vorhanden sein soll, aktivieren Sie das Häkchen VERBINDUNG BEI ANMELDUNG WIEDERHERSTELLEN. Mit Klick auf FERTIG STELLEN sehen Sie dann die Dateiliste des Cloud-Speichers.

Um sich auf einem Mac mit dem Netzlaufwerk zu verbinden, öffnen Sie den Finder, und wählen Sie im Menü GEHE ZU den Eintrag MIT SERVER VERBINDEN. Tragen Sie in die Adresszeile `smb://` sowie den Gerätenamen oder die IP-Adresse des NAS ein, z. B. `smb://192.168.178.2`. Klicken Sie dann auf VERBINDEN, und geben Sie die Anmeldedaten des NAS-Benutzers ein. Anschließend wählen Sie den Cloud-Speicher aus der Liste der bereitgestellten Ressourcen aus. Sie bekommen nach Bestätigung dann die Dateiliste des Cloud-Dienstes angezeigt.

8.2.9 Zusammenfassung

Wie Sie in diesem Abschnitt gelernt haben, handelt es sich bei der NAS-App Hybrid-Mount um ein sehr leistungsstarkes Werkzeug zur Einbindung entfernter Speicher.

Das von QNAP verwendete Vokabular und die unterschiedlichen Einbindungsmöglichkeiten verwirren den Administrator an einigen Stellen. Das liegt daran, dass QNAP versucht, unterschiedlichste Speicherdienste in einer Oberfläche zusammenzuführen. Dass dabei nicht jeder Dienst auch alle Funktionen unterstützt, ist nachvollziehbar.

Wenn Sie sich entschieden haben, HybridMount im Alltag einzusetzen, werfen Sie auch einen Blick auf die ÜBERTRAGUNGSRESSOURCEN-VERWALTUNG, in der Sie die Anzahl gleichzeitiger Uploads und Downloads zu einem Cloud-Speicherdienst detailliert festlegen können. Auf diese Weise können Sie bei Nutzung mehrerer Cloud-Speicherdienste Prioritäten für einzelne Dienste setzen.

Außerdem können die PROTOKOLLE für Sie interessant sein. Innerhalb von Hybrid-Mount können Sie damit einsehen, wann ein Cloud-Dienst eingebunden (»gemountet«) wurde und ob dieser Einbindeversuch erfolgreich war. Auch Änderungen an Einstellungen werden hier protokolliert.

Zuletzt können Sie in HybridMount im Optionen-Menü ⋮ eines Cloud-Speicherdienstes einen GESCHWINDIGKEITSTEST durchführen, dessen Protokoll Ihnen auch nachträglich noch im Bereich PROTOKOLLE zur Verfügung steht.

Damit verfügen Sie über zahlreiche Tools, um fehlgeschlagene Verbindungen zu analysieren und bestehende Verbindungen auf feinerer Ebene zu optimieren und im täglichen Zusammenspiel zu priorisieren.

Kapitel 9
Sicher ist sicher: Backups

In diesem Kapitel werfen wir einen Blick darauf, wie Sie Datensicherungen (Backups) erzeugen. Ihr QNAP-NAS-System unterstützt Sie dabei in zweierlei Hinsicht: Einerseits können Sie Datensicherungen von Drittsystemen auf das NAS erstellen, andererseits darf man nicht vergessen, dass auch das NAS gesichert werden muss.

Mit *NetBak Replicator* für Windows und *Time Machine* für Mac lernen Sie nachfolgend zwei Tools kennen, die Ihnen dabei kostenfrei zur Verfügung stehen. Auch *Hybrid Backup Sync* von QNAP sehen wir uns an, mit dem das NAS selbst auf verschiedenste Ziele gesichert werden kann.

Außerdem sprechen wir in diesem Kapitel auch zwei fortgeschrittene Themen an: In Abschnitt 9.5 geht es um den Hyper Data Protector, mit dem Sie virtuelle Maschinen sichern können. Noch einen Schritt weiter geht es in Abschnitt 9.6: Mit Boxafe richten Sie ein Tool ein, dass Cloud-Daten, die bei Microsoft oder Google liegen, lokal auf Ihrem QNAP NAS speichern.

Im kommenden Abschnitt möchten wir jedoch als Erstes ein paar grundsätzliche Gedanken zum Thema Datensicherungen anstellen.

9.1 Backupkonzept erstellen

Datensicherungen spielen im Computerbereich seit Anbeginn der Ära eine wichtige Rolle. Sie ermöglichen die Wiederherstellung von Daten, die aus verschiedensten Gründen abhandengekommen sind. Dennoch hat sich die Bedeutung von Datensicherungen in den letzten Jahren noch einmal drastisch verändert: Sie sind wichtiger denn je.

9.1.1 Zur Wichtigkeit einer Datensicherung

Vor einigen Jahren noch kamen die erstellten Backups hauptsächlich zum Einsatz, wenn ein System aufgrund eines Defekts ausgefallen ist, es gestohlen wurde oder wenn ein Benutzer versehentlich Dateien gelöscht hat. Demnach waren einige Administratoren (und damit sind nicht ausschließlich ausgebildete Profis gemeint: Auch in einem Heimnetzwerk gibt es innerhalb der Familie Administratoren) der Ansicht, Backups helfen primär bei Problemen, die man selbst zu verantworten hat. Oder anders gesagt: Wer Systeme entsprechend absicherte, war auf der sicheren Seite.

Diese Ansicht ist nicht zeitgemäß. In der aktuellen Zeit der Cyber-Angriffe entstehen immens hohe Kosten durch Datenverluste, die man nicht selbst zu verantworten hat. Unternehmen wie auch private Anwenderinnen und Anwender setzen Produkte ein, die in Kontakt mit Cloud-Anbietern stehen:

Smart-Home-Steuerungen für Rolltore, Türschlösser, Schlüsseltresore, Heizungen und Rasenmäher. Dazu kommen Sprachassistenten wie Alexa oder Google Assistant, Ihr Smartphone, Ihr PC mit Microsoft-Konto oder Ihr Mac mit iCloud-Synchronisation. Und zu guter Letzt auch Ihr QNAP-NAS-System. All diese Systeme kommunizieren in regelmäßigen Abständen mit Servern des Herstellers, um Nutzungsdaten zu synchronisieren, ihren Standort zu melden, einen dynamischen DNS-Dienst zu aktualisieren u. v. m. Dabei werden Türen für Angriffe auf Ihr Netzwerk und Ihre Systeme geöffnet, auch wenn keine Portweiterleitungen vorhanden sind, die die Systeme frei ins Internet stellen. Wenn ein Dienst eines Herstellers entsprechend gehackt wurde, kann sich dies unter Umständen auch auf Sie und Ihre Daten auswirken.

Ihnen sollte nun klar werden, dass Sie einen Datenverlust eben nicht immer selbst zu verantworten haben. Sie sind auch Sicherheitslücken (und übrigens auch Produktfehlern) eines Herstellers ausgeliefert, dessen Produkte Sie einsetzen. Somit ist die Erstellung von Backups für Sie keine Option, sondern Pflicht. Dazu sollten Sie sich ein Konzept überlegen, damit Sie nicht versehentlich wichtige Daten übersehen.

9.1.2 Zu sichernde Daten strukturiert erfassen

Bevor Sie drauflossichern und wichtige Daten vergessen, sollten Sie auf nachvollziehbare Weise erfassen, welche Daten zu sichern sind. Das könnte zum Beispiel wie folgt ablaufen.

Alle Systeme erfassen

Als Erstes sollten Sie sich einen Überblick verschaffen, welche Systeme zu sichern sind. Wenn Sie selbst keine entsprechende Übersicht z. B. in Excel pflegen, könnten Sie einen der folgenden drei Ansatzpunkte verfolgen:

- Begehung: Durch die Standorte bzw. Räume gehen und Systeme auflisten.
- Listen Ihrer DHCP-Adressvergaben im Internetrouter wie FRITZ!Box oder Speedport. Router bieten in ihrem Webinterface Übersichten, welche Geräte per Kabel oder WLAN verbunden sind und welche IP-Adressen ihnen zugeteilt wurden.
- In Unternehmen: Gerätelisten im DNS-Serverdienst oder Gerätekonten im Active Directory.

- Buchhaltung: Abschreibungslisten/Leasing-Listen.
- Prüfung von Cloud-Diensten: Prüfen Sie anhand Ihrer Abrechnungen, Browser-Lesezeichen sowie verwendeten Apps, welche Cloud-Dienste Sie einsetzen und ob Sie fremde Systeme gemietet haben, die nicht in Ihren eigenen Räumlichkeiten stehen, etwa Webserver, SharePoint etc.
- Netzwerkscanner wie Advanced IP Scanner. Nachteil: Alle Geräte müssen dafür gerade im Netzwerk aktiv sein – damit nur eine Notlösung.

Grundsätzlich sollten Sie alle Systeme auflisten, unabhängig davon, ob Sie diese sichern wollen. Das kommt im zweiten Schritt.

Zu sichernde Daten identifizieren

Im zweiten Schritt prüfen Sie, welche Geräte aus Ihrer Liste zu sichern sind und was genau davon zu sichern ist. Nicht immer muss es das gesamte System sein: Häufig ist es ausreichend, nur bestimmte Ordner zu sichern. Das verkürzt die Sicherungszeit.

Beachten Sie hierbei, dass die Nutzung der Cloud Sie nicht per se davor bewahrt, Datensicherungen anfertigen zu müssen. In der Regel erstellt der Anbieter Backups nur für den Fall, im Falle eines Ausfalls eine einzelne Wiederherstellung zu gewährleisten. Aber was ist, wenn Sie auf Daten zugreifen müssen, die Sie selbst vor vier Wochen gelöscht haben?

Dazu können Sie bei Cloud-Systemen prüfen, ob die betroffenen Systeme eine Backupfunktion über Administrationsoberflächen bieten, die auch einen zeitlichen Verlauf von Sicherungen abbilden.

Falls das nicht der Fall ist, versuchen Sie, die Dateien lokal zu spiegeln, so dass Sie sie per lokaler Dateisicherung wegsichern können. Beispiel Dropbox: Sichern Sie einfach die Dateien, die aus der Cloud auf Ihren Computer heruntergeladen wurden.

Wenn Sie Server abseits von klassischen Dateien betreiben, müssen die Daten meist per Sicherungsjob regelmäßig in eine Datei geschrieben werden. So ist es etwa bei SQL-Servern, wo zu jeder Datenbank ein Abbild (*Dump*) als Datei exportiert werden kann. Die geplanten Aufgaben bzw. Tasks von Windows Server sind hier die geeigneten Hilfsmittel. Virtualisierungsplattformen lassen sich ebenso wenig im laufenden Betrieb sichern, auch hier können die virtuellen Maschinen als Datei exportiert werden. Im Fall von Hyper-V hilft hier PowerShell, im Fall von VMware SSH oder eine separat erworbene Backupsoftware.

Wenn Sie spezielle betriebliche Software einsetzen, sollten Sie sich bei deren Kundendienst informieren, ob das Programmverzeichnis so gesichert werden kann, wie es ist, oder ob besondere Aufräum-Tasks durchgeführt bzw. Systemdienste beendet werden müssen, ehe eine Sicherung auf Dateiebene stattfinden kann. Die Sicherungsmechanismen pro System sind sehr individuell.

Wann immer Sie es hinbekommen, dass ein zu sicherndes System oder Produkt seine Dateien auf Dateiebene ablegt, haben Sie gute Voraussetzungen zur Datensicherung. Dateiebene heißt: in einem Dateiordner, den Sie per Backupprogramm erreichen können.

Wenn Sie für ein Unternehmen sichern, empfehlen wir Ihnen, zu jedem Programm, dessen Daten Sie sichern, parallel eine Kontaktdatenbank mit Herstellerkontakten, Kundennummern, Ansprechpartnern usw. zu erstellen. Wenn Sie keine IT mehr haben, sind Sie dankbar, wenn Sie eine ausgedruckte Liste vorliegen haben, wen Sie überhaupt anrufen können, um sich Hilfe zur Wiedereinrichtung Ihrer ganzen Software-Architektur zu holen.

Abschließend sollte Ihnen Folgendes klar werden: Nur, weil Sie ein System sichern möchten, steht noch nicht Ihr Backupplan. Sie müssen genau prüfen, welche Komponenten des Systems überhaupt zu sichern sind und ob vorbereitend Dienste oder Exporte stattfinden müssen. Wenn Sie dann Dateien vorliegen haben, beginnt erst die Einrichtung des Backupprogramms. Dort können Sie pro zu sichernden Ordner einen sogenannten *Backup-Job*, Sicherungstask, eine Sicherungsaufgabe oder einen Sicherungsplan anlegen. Er gibt an, welcher Ordner mit welchen auszunehmenden Dateien zu welcher Zeit an welchen anderen Ort kopiert werden soll, gegebenenfalls ergänzt um eine Komprimierung, Prüfung auf Änderungen (inkrementelle Sicherung) und Verschlüsselung.

9.1.3 Zeitplan zur Sicherung

Im Backupprogramm können Sie dann einen Zeitplan definieren, der das Intervall der Datensicherung festlegt. Wenn Sie an diesem Punkt ankommen, sollten Sie folgende Randbedingungen beachten:

- Müssen für die Sicherung dieser Daten vorbereitende, ebenfalls automatisch laufende Tasks abgeschlossen sein? Dann planen Sie genug Zeit zur Fertigstellung ein. Es kann sonst passieren, dass Ihr Backupprogramm Daten sichert, die vom vorbereitenden Export-Task des Anwendungsprogramms gerade erst noch geschrieben werden. Je nach Größe der Daten kann das einige Stunden dauern. Ihre Datensicherung würde dann im Backupprogramm als »erfolgreich« gekennzeichnet, aber die Daten sind nicht nutzbar. Empfehlenswert ist es, die vorbereitenden Tasks einige Tage laufen zu lassen und die Dauer dabei zu beobachten.
- Welche Sicherungszeiten sind geeignet? Einen Dateiserver am Montag um 9 Uhr morgens zu sichern, ist sicher keine gute Idee. Wenn zum Exportieren einer Datenbank ein Serverdienst heruntergefahren werden muss, sollten Sie klären, zu welchen Zeiten dies mit dem Betriebsablauf vereinbar ist. Wenn sich eine Sicherung während der Arbeitszeiten nicht verhindern lässt, können einige Backupprogramme die Last auf dem Datenträger oder im Netzwerk drosseln.

9.1.4 Vollsicherung oder inkrementelle Sicherung?

Die meisten Backupprogramme unterstützen Vollsicherungen und inkrementelle Sicherungen. Letzteres sichert nur die Daten, die seit der letzten Vollsicherung verändert wurden. Das klingt gut und spart Speicherplatz. Beachten Sie hierbei aber, dass zum Zeitpunkt der Wiederherstellung neben der inkrementellen Datensicherung auch die letzte Vollsicherung zur Verfügung stehen muss, damit eine Wiederherstellung funktioniert. Zudem ist die Wiederherstellung einer inkrementellen Sicherung meist langsamer, weil die Backupprogramme sich die Daten »zusammensammeln« müssen.

In der Praxis ist ein gesunder Mix aus Vollsicherungen und inkrementellen Sicherungen eine gute Wahl: Zum Beispiel können Sie eine Vollsicherung einmal pro Woche durchführen, inkrementelle Sicherungen täglich an den übrigen Tagen. Jede neue Woche werden die Sicherungen vom selben Tag der vorigen Woche wieder überschrieben. Da die Vollsicherung bei der Erstellung mehr Zeit in Anspruch nimmt, können Sie sie auf die Abendstunden oder das Wochenende legen.

Neben diesem Turnus sollten Sie einen Sicherungsplan für eine monatliche Archivsicherung einrichten, der wiederum auf einen separaten Zielspeicher gefahren wird. Als Archivsicherung bezeichnet man eine Datensicherung, die dauerhaft erhalten bleibt, also nicht überschrieben wird. Dies ermöglicht es Ihnen, versehentlich gelöschte Dateien wiederherzustellen, die in den täglichen Sicherungen bereits überschrieben wurden. Ebenso können Sie Jahressicherungen in Erwägung ziehen. Wie viele Monate oder Jahre Sie aufbewahren, ist Ihre freie Entscheidung.

9.1.5 Lagerungsorte für Backupmedien: Der 3-2-1-Sicherungsplan

Wenn Sie auf externe Festplatten oder ein NAS sichern, sollten Sie sich über die Lagerung der Sicherungen Gedanken machen. Wenn Sie beispielsweise einen Server auf ein QNAP NAS sichern und dieses NAS im selben Gebäude steht, ist es im Brandfall ebenso betroffen und bringt Ihnen keine zusätzliche Sicherheit. Dasselbe gilt für externe Backupfestplatten, die bei vielen Unternehmen leider direkt im Serverschrank liegengelassen werden.

Wenn Sie einen vertrauenswürdigen Anbieter dafür gefunden haben, können Sie Backups in der Cloud ablegen. Entsprechenden Speicher können Sie meist zu einem monatlichen Festpreis mieten. Achten Sie darauf, dass dieser nicht frei erreichbar ist. Einige Daten auch sehr bekannter, deutscher Unternehmen wurden im Internet verteilt, weil deren Datensicherungen in Buckets von Amazon Web Services abgelegt wurden, die nicht mit einem Kennwort gesichert waren. Das ist kein Problem des Anbieters, sondern Ihr persönliches. Auch wenn Sie das QNAP NAS sichern möchten, können Sie dies z. B. auf einem Cloud-Speicherplatz tun. Dazu mehr in Abschnitt 9.4.2, »Einrichtung eines Sicherungsplans«. Behalten Sie diese potenzielle Sicherheitslücke bitte im Hinterkopf, da Sie sie schnell aus den Augen verlieren, sobald Sie gedanklich nur noch das Backupprogramm vor Augen haben.

Viele IT-Systemhäuser bieten auch verwaltete Onlinesicherungen im Monatsabo an, die neben dem Speicherplatz auch die regelmäßige Prüfung der Datensicherung beinhalten.

In diesem Zusammenhang hat sich auch der Begriff *3-2-1-Sicherungsplan* etabliert: Bewahren Sie 3 Sicherungskopien (gemeint sind mindestens drei Verlaufskopien aus der Vergangenheit) auf 2 Speichertypen und mindestens 1 Kopie außerhalb des Unternehmens oder Ihres Haushalts auf.

Fazit: Die Datensicherung muss räumlich getrennt von den Originaldaten aufbewahrt werden, um vor Diebstahl und Brand geschützt zu sein. Zudem sollte ein Cloud-Speicherplatz korrekt abgesichert sein.

9.1.6 Prävention

Zu einem guten Backupkonzept gehört auch die *Prävention*. Dabei können Sie Ihr Netzwerk gegen bestimmte Risiken absichern. Wir wollen an dieser Stelle nicht ins Detail gehen, da dies ein Thema für ein separates Buch ist. Um sich mit dem Thema weitergehend zu beschäftigen, möchten wir Ihnen folgende Impulse geben:

- Verschlüsselung von Datenträgern, die das Haus/Unternehmen verlassen (z. B. per Bitlocker)
- Prüfung aller Portfreigaben auf Ihrem Internetrouter
- Zugriff auf Daten innerhalb des Netzwerks nicht direkt z. B. über Portfreigaben, sondern ausschließlich per VPN
- Prüfung Ihrer WLAN-Sicherheit: aktuelle Verschlüsselungstechniken, gegebenenfalls RADIUS-Server
- In Unternehmen: Einsatz von Domänen mit zentralen Benutzeraccounts (siehe hierzu auch Abschnitt 13.2, »Verzeichnisdienst und Domänencontroller«)
- Prüfung der Kennwortstrategie: Kennwörter nicht wiederverwenden, komplexe Kennwörter nutzen, speziell abgesicherte Kennwort-Manager nutzen (statt ungesicherter Dateiformate wie Word und Co.)

9.1.7 Weitere Überlegungen

Wenn Sie eine Datensicherung für ein Unternehmen einrichten, sollten Sie zudem folgende Überlegungen anstellen:

- Kontrollieren Sie regelmäßig die korrekte Erstellung der Sicherung. Es gibt leider viele Unternehmen, die einen Sicherungsjob einmal einrichten und dann nie wieder kontrollieren, ob dieser erfolgreich abgeschlossen wurde. Fehler wie zu kleine

Backupmedien, falsche Zugangsdaten, abgelaufene Cloud-Abos oder defekte Festplatten fallen vielerorts gar nicht auf.

- Nur, weil das Backupprogramm »erfolgreich« meldet, heißt das nicht, dass alles richtig abgelaufen ist. Prüfen Sie die korrekte Erstellung der Datensicherungen regelmäßig (mindestens einmal pro Jahr), indem Sie ein Backup wiederherstellen und die Daten testen. Damit ist gemeint, dass Sie nicht nur einen Blick darauf werfen, ob Daten gesichert wurden, sondern diese auch in der Umgebung wiederherstellen, wo sie genutzt werden – also z. B. in Ihrem betrieblichen Anwendungsprogramm, einem anderen Server o. Ä. Auch hierbei kann ein IT-Dienstleister helfen. Als Ziel für die testweise Wiederherstellung können Hypervisors bzw. Maschinen mit gleicher Ausstattung in der Cloud geeignet sein, so dass Sie sich Testhardware sparen können. Eine Wiederherstellung alter Sicherungen in der Originalumgebung kommt wahrscheinlich nicht in Frage, weil sie den aktuellen Datenbestand überschreiben würde.
- Dokumentieren Sie Ihr Backupkonzept schriftlich inklusive Speicherorten und Zugangsdaten. Hinterlegen Sie einen Ausdruck an einem Ort, den Sie ohne Computer erreichen können.
- Lassen Sie Ihr Konzept von Ihrem IT-Dienstleister prüfen. Er kann gut einschätzen, ob Sie vielleicht etwas vergessen zu sichern.
- Kontrollieren Sie einmal jährlich, ob das Konzept aktuell ist und gegebenenfalls um weitere Speicherorte ergänzt werden muss, die über das Jahr hinweg hinzugekommen sind.

9.2 Windows-Rechner auf NAS sichern mit NetBak Replicator

In diesem Abschnitt laden Sie NetBak Replicator von der QNAP-Website herunter und richten einen Sicherungsjob ein, der ein Verzeichnis Ihres Windows-PCs auf Ihr QNAP NAS sichert. Das Programm ist ausschließlich für Windows verfügbar. Wenn Sie Macs sichern möchten, schauen Sie bitte in den Abschnitt 9.3.

Um diese Anleitung zu befolgen, wird auf Seiten des NAS ein Benutzer mit Schreibrechten auf einen Freigabeordner benötigt. Dort werden dann die Sicherungen in einem Unterordner abgelegt. In den vorigen Kapiteln finden Sie Anleitungen, wie Sie entsprechende Benutzer und Freigabeordner erzeugen.

9.2.1 Download und Installation

NetBak Replicator ist ein kostenfreies Backupprogramm von QNAP. Sie können es auf *https://www.qnap.com/de-de/utilities/essentials* herunterladen. Zur Installation sind Administratorrechte notwendig. Das bedeutet im Umkehrschluss, dass Sie das Programm nicht auf einem persönlichen Unternehmensrechner einsetzen können, wenn Sie für diesen keinen Administrator-Account haben. Im Installationsprogramm kann man festlegen, dass aber auch Benutzeraccounts ohne Administratorrechte das Programm starten dürfen.

Die Installation ist unspektakulär: Sie müssen die Lizenzbedingungen akzeptieren und können optional noch wählen, ob Sie Treiber für QBack-25S/35S installieren möchten. Dabei handelt sich um ein externes Gehäuse von QNAP für Festplatten, das u. a. mit Verschlüsselung aufwartet.

Der erste Start

Nach der Installation finden Sie das Programm im Startmenü. Bei jedem Start fragt es nach Administratorrechten, um auf alle Ordner des lokalen PCs zugreifen zu können. Beim ersten Start nach der Installation wird die Region abgefragt, in der Sie NetBak Replicator einsetzen. Wählen Sie hier GLOBAL aus.

Anschließend wird ein Assistent geöffnet, der im Netzwerk nach QNAP-NAS-Systemen sucht, um eines davon als Zielspeicher für Ihr Backup zu hinterlegen. Keine Sorge: Wenn Sie den Assistenten abbrechen, können Sie ihn später jederzeit wieder aufrufen, sobald Sie einen Sicherungsjob erstellen.

Einfacher Modus vs. erweiterter Modus

Das Programm kann nach dem Start im *einfachen Modus* oder im *erweiterten Modus* genutzt werden. Im einfachen Modus (siehe Abbildung 9.1) bietet NetBak Replicator nur zwei Buttons: SOFORTSICHERUNG und SOFORTIGE WIEDERHERSTELLUNG.

Abbildung 9.1 NetBak Replicator im einfachen Modus

Das Wort »sofort« soll ein Hinweis dafür sein: Der Auftrag wird sofort ausgeführt, und es gibt keine Wiederholung, also keine Zeitplanung für eine regelmäßige Durchführung. Außerdem stehen weniger Optionen zur Verfügung. Der einfache Modus ist geeignet für Anwenderinnen und Anwender ohne tiefgreifende IT-Kenntnisse, die ihren Windows-Computer selbst sichern möchten. Werfen wir zunächst einen Blick auf diesen einfachen Modus. Einige Komponenten wie die Hinterlegung von Sicherungszielen erfolgen im einfachen Modus und im erweiterten Modus nämlich auf dieselbe Weise.

9.2.2 Sicherung erzeugen im einfachen Modus

Klicken Sie im Programmfenster von NetBak auf SOFORTSICHERUNG, um jetzt Daten des PCs zu sichern.

Auswählen, was gesichert werden soll

Vorausgewählt ist der eigene Benutzer, in Abbildung 9.2 heißt er »Anwender«. Bei Ihnen wird es Ihr aktueller Benutzername sein.

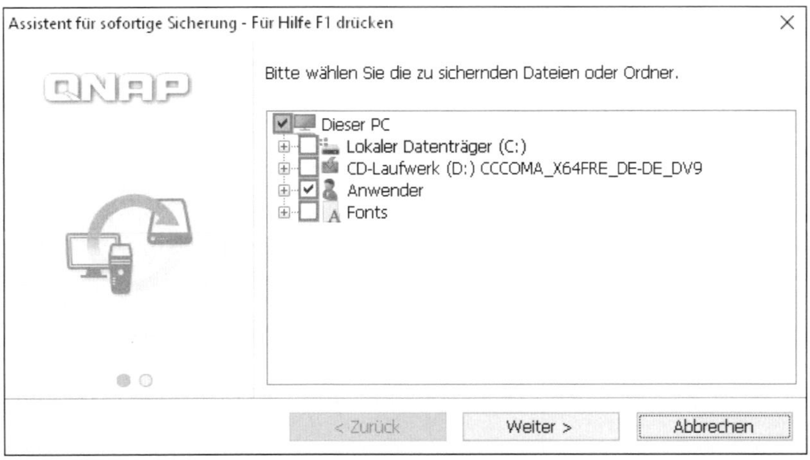

Abbildung 9.2 Zu sichernde Daten wählen

Wenn Sie dies so belassen, werden die Dateien des aktuellen Benutzers gesichert – und nur diese. Wenn andere Benutzeraccounts auf dem PC vorhanden sind, werden diese nicht gesichert. Auch andere Laufwerke sowie Verzeichnisse, die Sie außerhalb Ihres Benutzerverzeichnisses angelegt haben (z. B. *C:\MeinVerzeichnis*), werden nicht gesichert.

Schließen Sie diesen Schritt mit einem Klick auf WEITER ab.

Anwendungsdaten im einfachen Modus

Das zeigt noch einmal, dass dieser Modus für den Endanwender konzipiert ist, der keine komplizierten Fragen gestellt bekommen soll. Das ist auch richtig so, denn dieser Typ von Anwender wird seine Dateien in der Regel nur innerhalb seines Benutzerverzeichnisses ablegen. Immerhin erkennt und inkludiert NetBak Replicator das wichtige, versteckte »AppData«-Verzeichnis, in dem zahlreiche Windows-Programme ihre anwenderbezogenen Daten ablegen, etwa Firefox seine Profile und Lesezeichen oder Thunderbird seine Mail-Daten. Dank der Sicherung dieses Verzeichnisses kann man im Bedarfsfall viele Anwendungsprogramme ohne Neueinrichtung wiederherstellen. Allerdings gibt es auch dort andere Speicherorte wie die Registry.

Sicherungsziele verwalten

Als Nächstes wählen Sie das Sicherungsziel. Dazu sehen Sie ein leeres Eingabefeld, in das Sie den Pfad über die Tastatur bzw. die Zwischenablage des Rechners eintragen können. Die Eingabe erfolgt als lokale Verzeichnisangabe inklusive Laufwerksbuchstabe, alternativ als UNC-Pfad im Format *\\Rechnername\Ressource*. Für die Auswahl von lokalen Verzeichnissen empfiehlt es sich, den Button DURCHSUCHEN zu verwenden (siehe Abbildung 9.3).

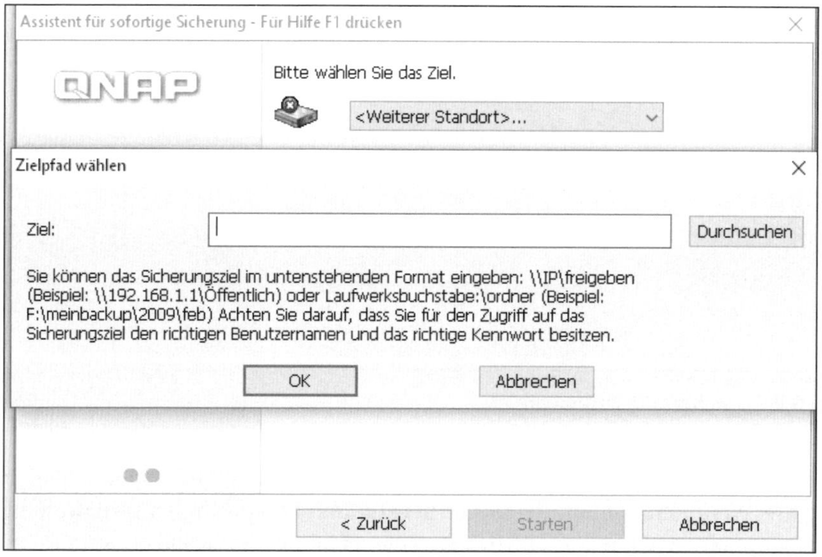

Abbildung 9.3 Sicherungsziel eingeben

Da Sie als Sicherungsziel beliebige Speicherorte angeben können, die für Windows erreichbar sind, können Sie NetBak Replicator tatsächlich auch nutzen, wenn Sie gar kein QNAP-NAS-System haben. Sie könnten also auf Dateifreigaben sichern, die fremde Systeme für Sie bereitstellen, oder sogar auf externe Festplatten.

Wenn Sie mit dem Assistenten beim ersten Programmstart noch kein NAS verknüpft haben und das NAS auch nicht als Netzlaufwerk im Windows Explorer hinterlegt ist, kommen Sie auch mit dem Durchsuchen-Button nicht weiter. Sie können deshalb auf Abbrechen klicken und danach das Auswahlmenü unter dem Text Bitte wählen Sie das Ziel öffnen.

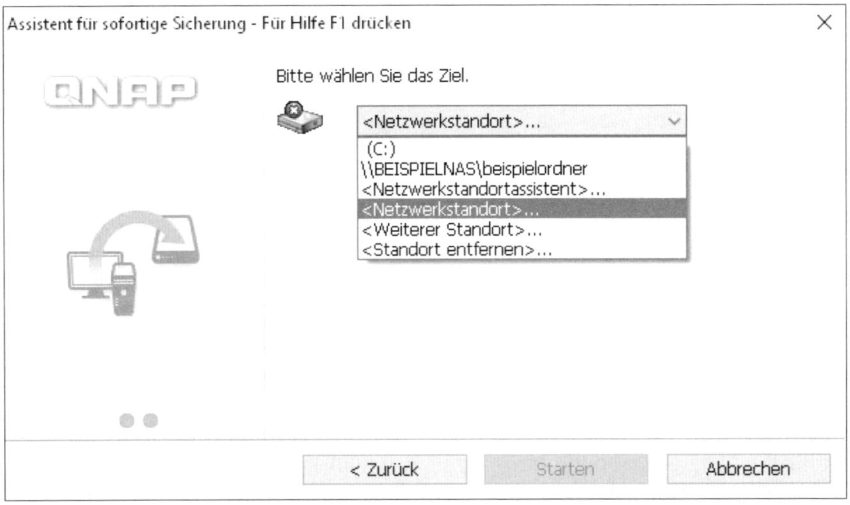

Abbildung 9.4 NetBak Replicator: Dropdown-Menü mit Sicherungszielen

Hier können Sie Folgendes tun:

- Netzwerkstandortassistent öffnet den Assistenten, den Sie beim ersten Programmstart gesehen haben. Hier erhalten Sie erst alle QNAP-NAS-Systeme im Netzwerk aufgelistet. Nach Auswahl eines Systems müssen Zugangsdaten eines NAS-Benutzers eingegeben werden, und die zu sichernde Freigabe kann ausgewählt werden.
- Netzwerkstandort funktioniert ähnlich und sucht Ihnen passende QNAP-NAS-Systeme, mit denen Sie sich verbinden können. Statt in Form eines Assistenten mit mehreren Seiten werden Ihnen hier jedoch alle Eingabefelder in einer Maske gesammelt angezeigt. Sie können auch NAS-Systeme durch Eingabe einer IP-Adresse oder eines Gerätenamens hinzufügen (siehe Abbildung 9.5).

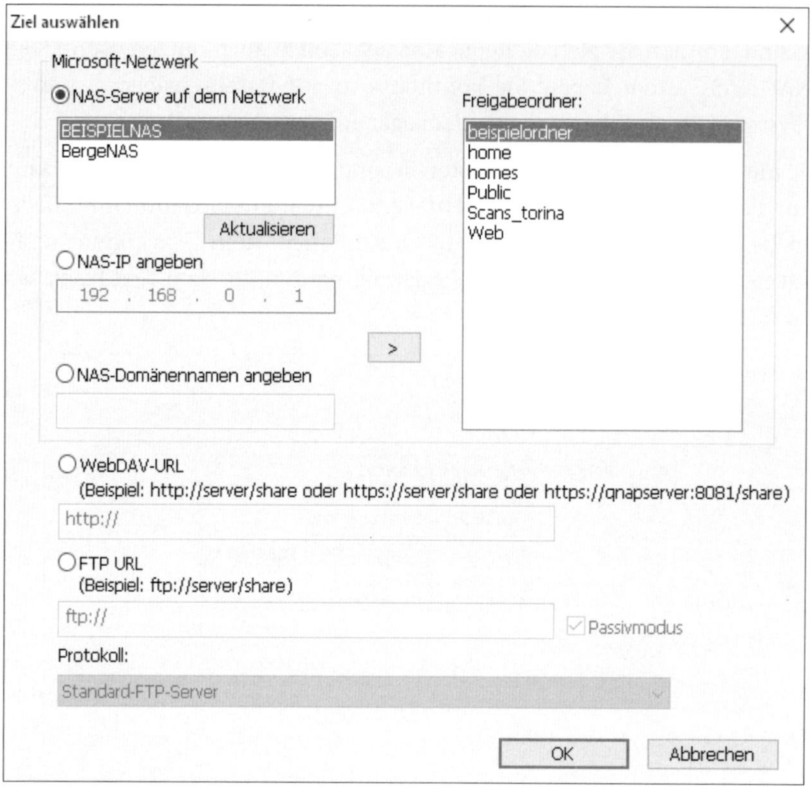

Abbildung 9.5 Netzwerkstandort hinzufügen in NetBak Replicator

Wenn Sie ein Gerät anklicken, fragt das Programm nach einem gültigen Benutzeraccount für dieses NAS und zeigt dann die Freigabeordner, die für diesen Account bereitstehen. Bei Bestätigung mit OK werden Sie – wenn zuvor noch nicht erledigt – gebeten, Benutzername und Kennwort nochmals einzugeben und per Haken VERGESSEN SIE NICHT DEN BENUTZERNAMEN UND DAS PASSWORT zu speichern.

Das angegebene Sicherungsziel wird nun in die Dropdown-Liste des Hauptfensters aufgenommen. Auf dieselbe Weise können Sie mehrere Sicherungsziele hinzufügen. Wenn Sie eines löschen möchten, wählen Sie aus der Dropdown-Liste STANDORT ENTFERNEN, und wählen Sie das zu löschende Sicherungsziel.

Übrigens ist es über diese Maske sogar möglich, einen FTP- oder WebDAV-Server als Sicherungsziel hinzuzufügen. Damit kann NetBak Replicator den PC sogar in die Cloud sichern.

- WEITERER STANDORT zeigt das Eingabefeld von Abbildung 9.3 und ermöglicht die Angabe eines absoluten Pfades inklusive Laufwerksbuchstabe, alternativ einen UNC-Pfad zu einer Netzwerkressource.

Separate NAS-Benutzer und Freigaben für Datensicherungen verwenden!

Für die Datensicherung sollten Sie grundsätzlich einen separaten NAS-Benutzer einrichten. Für diesen Benutzer erzeugen Sie dann auch einen separaten Freigabeordner. Sichern Sie nicht mit demselben NAS-Benutzer, mit dem Sie auch auf Ihre Netzlaufwerke zugreifen. Ebenso verbinden Sie bitte nicht das Sicherungsziel mit einem Netzlaufwerksbuchstaben dauerhaft an dem PC, der gesichert wurde.

Der Grund dafür ist, dass etwaige Verschlüsselungstrojaner nicht nur die lokalen Festplatten des befallenen Rechners verschlüsseln, sondern auch alle Freigaben, die in Form von Netzlaufwerken verbunden sind oder auf die der Benutzer Zugriff hat. Dafür suchen moderne Trojaner mit Scan-Mechanismen im Hintergrund aktiv nach NAS-Systemen, Windows-Freigaben und Servern im lokalen Netzwerk, die gegebenenfalls auch nicht als Laufwerk verbunden sind, aber für die Schreibrechte vorliegen.

Wenn Sie das normale Windows-Benutzerkonto verwenden, um sich mit dem Sicherungsziel zu verbinden, kann der Verschlüsselungstrojaner die Datensicherung auch verschlüsseln und damit unbrauchbar für Sie machen.

Wenn hingegen der Trojaner mit dem aktiven Windows-Benutzerkonto nicht auf das Sicherungsziel zugreifen bzw. schreiben kann, kann hier kein Schaden entstehen. Sicherungsprogramme speichern die Verbindungsdaten des speziell dafür eingerichteten NAS-Benutzers innerhalb ihrer eigenen Einstellungen, die ein Verschlüsselungstrojaner in der Regel nicht ausliest.

9

Fortschritt der Sicherung verfolgen

Wenn Sie das Sicherungsziel angegeben haben, startet nach Klick auf STARTEN sofort der Sicherungsvorgang – wie man es eben bei einer *Sofortsicherung* auch erwarten würde. Den Fortschritt können Sie live verfolgen. Mit dem Klick auf EINZELHEITEN sehen Sie ein Sicherungsprotokoll in Form einer Dateiliste, die nach und nach wächst. Hier können Sie erkennen, an welcher Datei NetBak Replicator gerade arbeitet. Die neueste Datei ist dabei oben in der Liste (siehe Abbildung 9.6).

Mit einem Dropdown-Feld können Sie festlegen, was bei Sicherungsfehlern geschehen soll. Hier haben Sie Folgendes zur Auswahl:

- DIE AKTION BEENDEN stoppt den Backupprozess.
- WARNDIALOG ANZEIGEN zeigt eine Meldung, die Sie mit der Maus bestätigen müssen. Der Sicherungsprozess pausiert also, womit Sie praktisch am Rechner sitzen bleiben müssen, um etwaige Dialogfelder abzuarbeiten.
- FEHLER IGNORIEREN UND FORTSETZEN ist die Standardauswahl und für die meisten Fälle die richtige Wahl, da Sie als Resultat wenigstens eine Sicherungsdatei erzeugen und nicht jeden Fehler einzeln bestätigen müssen.

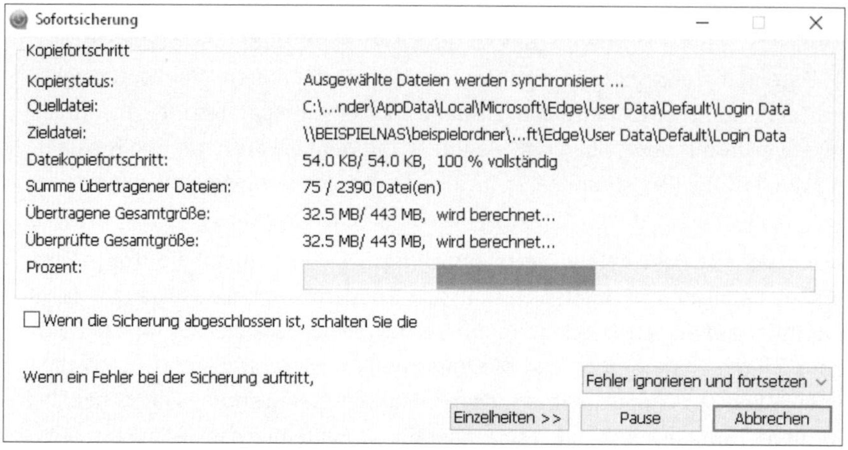

Abbildung 9.6 Fortschritt der Sicherung in NetBak Replicator

Mit der abgeschnittenen Option WENN DIE SICHERUNG ABGESCHLOSSEN IST, SCHALTEN SIE DIE können Sie angeben, dass NetBak Replicator den PC am Ende der Datensicherung herunterfahren soll. Die Software-Entwickler haben die Textfelder nicht so groß angelegt, dass auch längere Texte aus anderen Sprachen als Englisch problemlos dargestellt werden.

Wenn Sie EINZELHEITEN aktiviert haben, finden Sie auch den Button SPEICHERN UNTER vor. Damit können Sie eine Logdatei zum Sicherungsprozess erzeugen, um später nachvollziehen zu können, welche Dateien gesichert wurden. Das Erzeugen von Logdateien ist im professionellen Umfeld und bei Unternehmen empfehlenswert, damit protokollierte Fehler im Nachgang besser untersucht werden können.

Ebenfalls im Bereich EINZELHEITEN finden Sie den Button OPTIONEN. Hier können Sie festlegen, ob alle Ereignisse (also alle gesicherten Dateien einzeln) oder nur Fehler protokolliert werden sollen.

Ist die Sicherung abgeschlossen und der PC wird nicht automatisch heruntergefahren, sehen Sie eine Dialogbox mit einem abschließenden Text, wie viele Dateien in welchem Zeitrahmen gesichert wurden und wie viele durch einen Benutzereingriff übersprungen wurden. Mit einem Klick auf FERTIGSTELLEN kann das Sicherungsfenster geschlossen werden.

9.2.3 Zurechtfinden im Sicherungsziel

Die Sicherung finden Sie in dem Ordner, den Sie zuvor als Sicherungsziel angegeben haben. Dort erzeugt das Programm einen Ordner *NetBakData*.

Der NetBakData-Ordner

Der Ordner *NetBakData* wird immer erzeugt. Darin wiederum ist ein Ordner zu finden, der nach dem Muster Benutzername@PC-Name benannt wurde. Durch dieses Benennungsschema können Benutzerordner desselben Benutzers von unterschiedlichen PCs (z. B. desselben Benutzers, der in einem Unternehmen mit Windows-Domäne unterschiedliche Rechner verwendet) ebenso gesichert werden wie unterschiedliche Benutzeraccounts des immer selben PCs. Wenn Sie das Sicherungsziel untersuchen, stellen Sie fest, dass die gesicherten Dateien und Ordner einfach zum Sicherungsziel kopiert wurden. Es erfolgt keine Komprimierung und keine Verschlüsselung.

In Abbildung 9.7 sehen Sie einen Blick in einen Sicherungszielordner mit der App File Station. Zu sehen ist der versteckte AppData-Ordner des gesicherten PCs, in dem viele Anwendungen ihre Daten und Einstellungen ablegen.

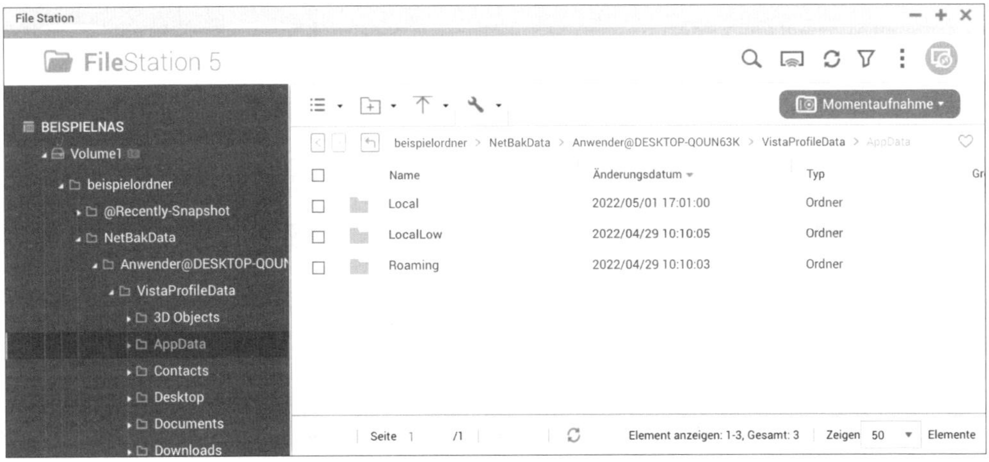

Abbildung 9.7 Sicherungsziel untersuchen in File Station

In der linken Leiste ist zu erkennen, dass *beispielordner* als Sicherungsziel in NetBak Replicator angelegt wurde und sich darin der Ordner *NetBakData* befindet. Dieser wiederum enthält den Ordner mit Benutzer- und PC-Name.

Englisch benannte Benutzerordner im Sicherungsziel

In Abbildung 9.7 finden Sie außerdem die Ordner *Contacts, Desktop, Documents* usw. in der linken Leiste. Dies sind die Ordner, die jeder Windows-Anwender in seinem persönlichen Benutzeraccount vorfindet. Im Dateisystem sind diese Ordner auch auf der PC-Festplatte immer mit englischen Begriffen benannt. Versierte Anwender kennen dieses Phänomen, wenn sie die eigene Festplatte an einem fremden Rechner oder mit einem anderen Betriebssystem auslesen. Die lokale Windows-Version übersetzt diese Begriffe zur Anzeige lediglich in die eingestellte Sprache.

Auch in NetBak Replicator hatten Sie diese Ordner mit deutschen Namen ausgewählt. Im Sicherungsziel sind dann wiederum die englischen Ordnernamen zu finden, weil dies die Dateisystemebene ist. Sobald Sie eine Wiederherstellung innerhalb von NetBak Replicator vornehmen, erkennt das Programm die englischen Ordner und zeigt sie Ihnen wieder in deutscher Sprache an, damit Sie auswählen können, was Sie wiederherstellen möchten.

Konsequenzen der Datensicherung in Form einer simplen Kopie

Wenn Sie für eine weitere Sofortsicherung dasselbe Sicherungsziel wählen, kopiert NetBak Replicator nur noch geänderte Dateien an den Zielort. Im Statusfenster zum Sicherungsfortschritt erkennen Sie das am Text »Ausgewählte Dateien werden synchronisiert«. Beachten Sie, dass NetBak im Sicherungsziel keine Metadateien zu einer Datensicherung ablegt. Das Programm weiß somit nicht, wie oft es in den Ordner geschrieben hat und durch welche der durchgeführten Sicherungen eine Datei in das Sicherungsziel gewandert ist. Dateien, die zwischenzeitlich auch gar nicht mehr am Ursprungsort vorhanden sind, verbleiben am Sicherungsziel. Das ist in der Regel so gewünscht, hat aber zur Konsequenz, dass Sie bei einer Wiederherstellung der Datensicherung Dateien wiederherstellen, die Sie vielleicht inzwischen entfernt haben.

Das Resultat ist keine Wiederherstellung des letzten Systemzustands, sondern der Maximalmenge aller Dateien, die sich im Laufe der unterschiedlichen Sicherungen jemals am Ursprungsort befunden haben. Um dieses unpraktische Phänomen zu umgehen, sollten Sie ab und an einen anderen Ordner als Sicherungsziel wählen. Sie könnten etwa die Sicherungsziele mit dem Datum benennen oder dem Monat, in dem sie angefertigt wurden. Sie schreiben dann einen Monat lang in denselben Ordner, und für den kommenden Monat erzeugen Sie einen neuen. Auf diese Weise können Sie für eine etwaige Wiederherstellung auf mehrere Datensätze zurückgreifen und vermeiden die Wiederherstellung stark veralteter Dateien.

So einschränkend diese Art der Sicherung in der Praxis sein mag: Administratoren wissen auch zu schätzen, dass sie die Daten ohne ein installiertes Datensicherungsprogramm mit jedem Betriebssystem lesen können, um selektiv Daten wiederzustellen. Da Sie alle einzelnen Dateien auch über File Station abrufen können, benötigen Sie für die Wiederherstellung einzelner Dateien kein installiertes NetBak Replicator.

9.2.4 Sicherung wiederherstellen im einfachen Modus

Um eine Sicherung im einfachen Modus wiederherzustellen, klicken Sie im Hauptmenü auf SOFORTIGE WIEDERHERSTELLUNG. Wählen Sie im Menü aus Abbildung 9.8 oben den Ordner, in dem die Sicherung liegt.

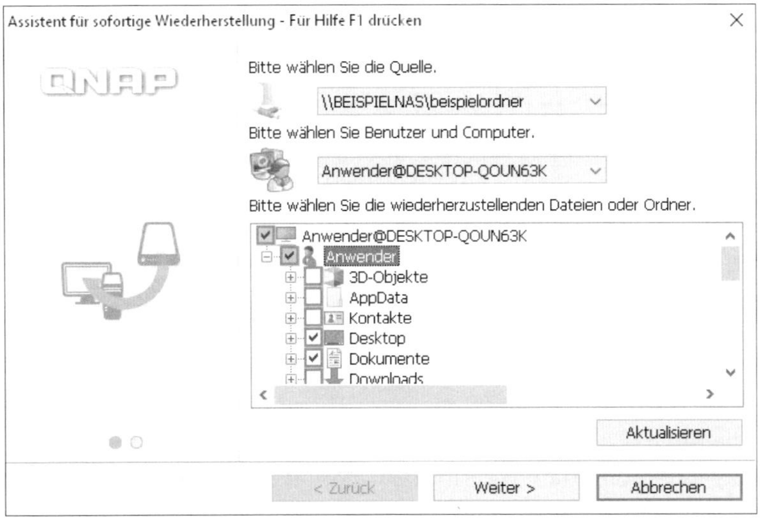

Abbildung 9.8 Sofortige Wiederherstellung im einfachen Modus

Wenn mit derselben Programminstallation zuvor die Sicherung erstellt wurde, werden Ihnen alle angelegten Sicherungsziele angezeigt, und Sie brauchen das gewünschte nur zu wählen. Wenn Sie NetBak Replicator nach einem Datenverlust frisch installiert haben und nun Daten wiederherstellen möchten, müssen Sie den Ort der Sicherung erst manuell anlegen, siehe hierzu auch den Punkt »Sicherungsziele verwalten« in Abschnitt 9.2.2.

Da ein Sicherungsziel Datensicherungen mehrerer Computer und auch mehrerer Benutzer enthalten kann, wählen Sie im Dropdown-Feld darunter die passende Sicherung aus. NetBak Replicator liest nun die Sicherungsdaten aus und zeigt Ihnen die enthaltenen Bestandteile an.

Durch Setzen von Häkchen können Sie nun festlegen, welche Inhalte Sie wiederherstellen möchten. Mit dem kleinen Plus-Symbol vor einem Eintrag können Sie auch Teilbereiche eines Bestandteils wiederherstellen, also z. B. nicht alle Dateien vom Desktop, sondern nur von einem Ordner.

Nach dem Klick auf WEITER bestimmen Sie den Wiederherstellungsort. Sie können am Ursprungsort wiederherstellen, so dass die wiederhergestellte Datei dort abgelegt wird, wo sie vorher auch lag. Beachten Sie, dass Sie damit die aktuelle Datei überschreiben. Alternativ können Sie in einem separaten Ordner wiederherstellen. Somit könnten Sie die wiederhergestellten Dateien in Ruhe prüfen, etwa ob es sich überhaupt um die Version handelt, die Sie suchen. Wenn nicht, haben Sie wenigstens nicht die aktuelle Dateiversion am Ursprungsort überschrieben. Zuletzt können Sie mit einem Dropdown-Feld entscheiden, ob im Zielort vorhandene Dateien mit demselben Namen

- überschrieben werden sollen: ALLE DATEIEN WIEDERHERSTELLEN
- übersprungen werden sollen: DIESE DATEI ÜBERSPRINGEN UND FORTSETZEN
- zu einer Nachfrage führen sollen, so dass Sie pro Datei/Ordner individuell entscheiden können.
- Mit Klick auf START beginnt die Wiederherstellung.

9.2.5 Sicherung erzeugen im erweiterten Modus

Wie erwähnt, ist der einfache Modus ein optimales Hilfsmittel für Einsteigerinnen und Einsteiger, die ihren PC selbst sichern möchten: Einmal eingerichtet, funktioniert die Sicherung auf Knopfdruck. NetBak Replicator bietet jedoch auch einen erweiterten Modus, den wir uns im Folgenden genauer anschauen wollen.

Den Button zum Aktivieren des erweiterten Modus finden Sie direkt im Hauptmenü und dort ganz unten im Programmfenster (siehe Abbildung 9.1).

Im erweiterten Modus stehen Ihnen auch die vom vorigen Abschnitt bekannten Sicherungsvarianten SOFORTSICHERUNG und SOFORTIGE WIEDERHERSTELLUNG zur Verfügung. Auf eine Wiederholung verzichten wir in diesem Abschnitt, weil die Wiederherstellung von Daten genauso funktioniert wie im einfachen Modus. Stattdessen möchten wir die zwei zusätzlichen Arten von Datensicherungen besprechen, die Sie hier per Reiter aufrufen können.

- Die *Automatische Sicherung* überwacht die von Ihnen gewählten Ordner auf Änderungen und spiegelt diese zum Zeitpunkt der Änderung sofort auf das Sicherungsziel.
- Die *Planmäßige Sicherung* überwacht keine Ordner auf Änderungen. Sie funktioniert wie die Sofortsicherung, nur nach einem Zeitplan. Somit prüft sie Änderungen zur letzten Sicherung erst, wenn der Zeitpunkt zur Sicherung erreicht ist.

Automatische Sicherung

Das ist eine Funktionalität, die man in kaum einem anderen Backupprogramm vorfindet: Dateien, die verändert wurden, werden sofort nach der Änderung gesichert. Somit wird eine »Livekopie« des Datenbestands am Sicherungsziel gehalten. Jede Änderung wird sofort synchronisiert.

Diese Form der Sicherung bietet sich an, wenn Sie sich darauf verlassen wollen, dass bei einem Ausfall eine 1:1-Kopie des Bestands auf einem anderen System gespiegelt vorhanden ist. Sie haben dann im Gegensatz zu klassischen Datensicherungen per

Zeitplan oder manuellem Start keinerlei Probleme mit Lastspitzen beim zu sichernden System, da nicht alle Dateien auf einmal gesichert werden.

Als Nachteil ergibt sich hingegen, dass sich die Systeme im Livebetrieb natürlich wesentlich langsamer verhalten. Um es am Beispiel einer geänderten Word-Datei zu verdeutlichen: Mit jedem Speichern des Dokuments im Hintergrund schiebt NetBak Replicator die Datei erneut zum Sicherungsziel. Wenn das Sicherungsziel eine Netzwerkressource ist, belastet dies natürlich auch die Netzwerkbandbreite. Falls Sie planen, mehrere Systeme auf diese Weise auf dasselbe NAS zu sichern, sollten Sie im Hinterkopf behalten, dass die Last auf NAS-Seite hoch ist.

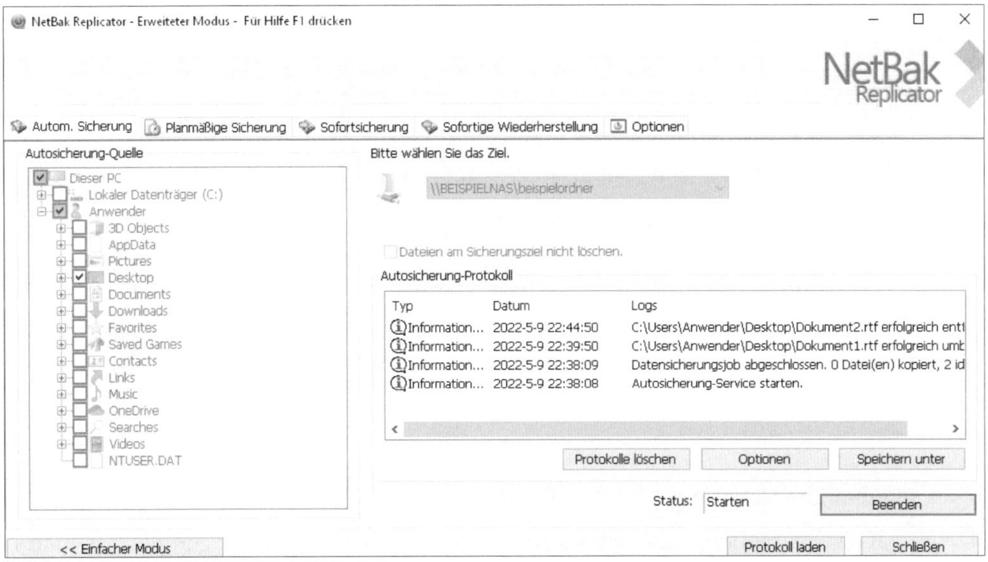

Abbildung 9.9 Automatische Sicherung

Die Bedienelemente zur automatischen Sicherung in NetBak Replicator sind selbsterklärend (siehe Abbildung 9.9). Links wählen Sie per Haken die Ordner und Inhalte, die überwacht werden sollen. Wenn Sie mit diesem PC auch entfernte Systeme sichern möchten, können Sie ein Netzlaufwerk verbinden und dieses hier auswählen. Die Eingabe eines UNC-Netzwerkpfades wie bei der Sofortsicherung ist nicht möglich. In der rechten Hälfte wählen Sie oben das Sicherungsziel aus. Wie Sie ein neues Sicherungsziel anlegen, haben wir weiter oben im Abschnitt 9.2.2 erläutert. Das war es auch schon.

Damit die Überwachung startet, klicken Sie rechts unten auf AUTOSICHERUNG STARTEN. Der danebenstehende Text STATUS informiert Sie, ob die Ordnerüberwachung momentan aktiv ist. Oberhalb der Buttons können Sie jederzeit das Protokoll einsehen und die Sicherung der Dateien mitverfolgen. Sie können das Fenster nun schließen; NetBak Replicator erledigt seinen Job im Hintergrund. Der Status der Autosicherung wird gespeichert und bleibt auch nach einem Neustart des Systems erhalten. Sie können das Fenster inklusive Protokoll jederzeit wieder aufrufen, indem Sie auf das NetBak-Replicator-Symbol im Systray (neben der Uhrzeit) klicken.

Gelöschte Daten im 1:1-Backup

Denken Sie daran, dass NetBak Replicator lokal gelöschte Dateien auch im Sicherungsziel entfernt – und zwar sofort! Es handelt sich um eine 1:1-Kopie, es gibt keine Versionierung und keinen Zugriff auf alte Dateien, die zwischenzeitlich gelöscht wurden. Damit eignet sich die automatische Sicherung eher als eine Art »Lebensversicherung« für den Fall eines Hardware-Ausfalls.

Wenn Sie auch Zugriff auf bereits gelöschte Dateien haben möchten, aktivieren Sie den Haken DATEIEN AM SICHERUNGSZIEL NICHT LÖSCHEN. Damit wächst das Backup über die Menge der tatsächlich noch vorhandenen Daten hinaus, da alle jemals vorhandenen Dateien vorgehalten werden.

Behalten Sie die Größe der Datensicherung im Auge, und seien Sie sich im Falle einer Wiederherstellung darüber im Klaren, dass Sie auch Dateien wiederherstellen, die längst gelöscht waren. Sie können diese Dateien beim Wiederherstellen zwar auslassen, indem Sie das Häkchen entfernen, aber Sie wissen nicht, welche Dateien betroffen sind – denn es erfolgt keine Markierung der im Quellordner bereits gelöschten Dateien.

Planmäßige Sicherung

In den vorhergehenden Abschnitten haben wir NetBak Replicator genutzt, um manuelle Sicherungen sofort per Knopfdruck zu erzeugen oder um einen Ordner live zu überwachen und Änderungen sofort auf ein Sicherungsziel zu spiegeln. Mit der planmäßigen Sicherung vervollständigt QNAP die Funktionalität um eine zeitgesteuerte Sicherung, die nicht den Livebetrieb stört, aber auch keinen manuellen Eingriff erfordert. Hier wird zu bestimmten Zeitpunkten automatisch eine Sicherung durchgeführt.

Alles zu diesen zeitgesteuerten Backups finden Sie im erweiterten Modus von NetBak Replicator im Reiter PLANMÄSSIGE SICHERUNGEN. Zunächst orientieren wir uns im Programmfenster, das Sie in Abbildung 9.10 sehen.

In der linken Hälfte wählen Sie wie gehabt die zu sichernden Elemente aus. Auch hier gilt: Wenn Sie entfernte Quellen sichern möchten, verbinden Sie zuvor ein Netzlaufwerk im Windows Explorer, damit Sie es hier auswählen können. Wenn Sie bestimmte Elemente von der Sicherung ausschließen möchten, geht das über die Optionen, siehe Abschnitt 9.2.6, »Erweiterte Einstellungen«.

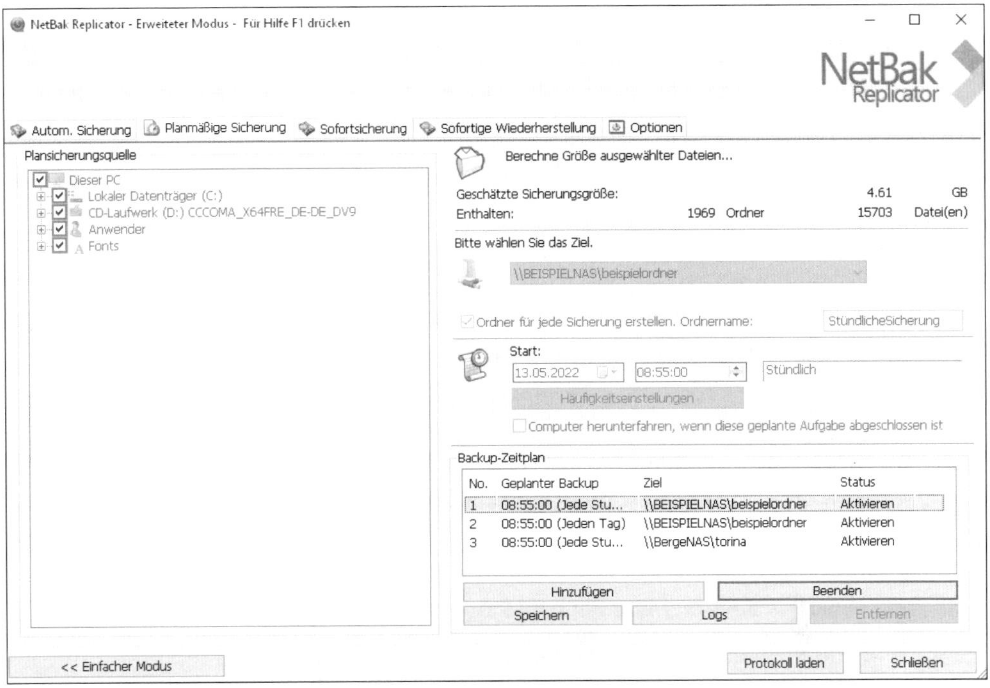

Abbildung 9.10 Planmäßige Sicherungen im NetBak Replicator

In der rechten Hälfte können Sie oben die Einstellungen zum Sicherungsauftrag ändern, und unten sehen Sie die angelegten Zeitpläne. Die Ansicht lässt vermuten, dass Sie nur einmal eine Auswahl von Quellen und Einstellungen vornehmen können, die dann mit verschiedenen Zeitplänen gesichert werden. Schließlich listet die Tabelle unterschiedliche Ziele, aber nicht unterschiedliche Quellen. Lassen Sie sich davon nicht verwirren. Auch wenn die Oberfläche es anders vermuten lässt, können Sie hier unterschiedlichste Sicherungspläne anlegen. Je nachdem, welchen Sicherungsplan Sie in der Tabelle auswählen, werden Sie sehen, dass alle Einstellungen inklusive ausgewählter Quellen sehr wohl individuell pro Sicherungsplan gespeichert werden.

Gehen wir die möglichen Einstellungen eines Backup-Zeitplans einmal gemeinsam durch. Oben rechts können Sie das Sicherungsziel festlegen. Wie bei allen anderen Sicherungsvarianten können Sie bereits angelegte Ziel-NAS-Systeme auswählen, oder Sie erzeugen einen neuen Eintrag in der Liste, siehe Abschnitt 9.2.2. In dem gewählten Freigabeordner (einen Unterordner können Sie leider nicht wählen) erstellt NetBak Replicator auf oberster Ebene einen Ordner *NetBakData*. Darin wiederum erzeugt das Programm einen Ordner mit dem Namen, den Sie im Feld ORDNERNAME eingegeben haben. Darin landen die Sicherungen des gewählten Backup-Zeitplans.

Indem Sie den Haken ORDNER FÜR JEDE SICHERUNG ERSTELLEN anwählen, verhindern Sie, dass im Sicherungsziel ein Durcheinander an neuen und alten Dateien entsteht. Schließlich bleiben bei einer neuen Sicherung auch Dateien im Sicherungsziel liegen, die Sie zwischenzeitlich lokal bereits gelöscht haben. Wenn der Haken gesetzt ist, werden Ordnernamen nach dem Muster *2022-05-13-08-55-00* (also vorne das Datum im amerikanischen Format, hinten die Uhrzeit) innerhalb des Ordners für diese Sicherung erzeugt.

Mit den Datums- und Uhrzeitfeldern können Sie einen Sicherungszeitpunkt festlegen. Die Sicherung wird dann einmalig an diesem Zeitpunkt durchgeführt. Um eine Wiederholung in regelmäßigen Intervallen einzustellen, klicken Sie auf HÄUFIGKEITSEINSTELLUNGEN, und aktivieren Sie den Haken AM AUSGEWÄHLTEN TAG WIEDERHOLEN. Sie haben dann die Wahl zwischen stündlichen, täglichen, wöchentlichen oder monatlichen Wiederholungen. Täglich bedeutet in diesem Fall: jeden Tag, auch am Wochenende. Wenn Sie die Tage genauer festlegen möchten, wählen Sie WÖCHENTLICH, dann können Sie per Haken die gewünschten Wochentage aktivieren. Mit MONATLICH wählen Sie nicht etwa die Monate, sondern die Tage des Monats, an denen Sicherungen stattfinden sollen. Zum Beispiel immer am Monatsersten. Eine Kombination mehrerer Auswahloptionen ist in diesem Dialog nicht möglich, Sie könnten dafür aber mehrere Backup-Zeitpläne erstellen.

Wenn Sie alle Einstellungen vorgenommen haben, klicken Sie unten im Fenster auf HINZUFÜGEN. Damit landet der Plan in der Liste. Wenn Sie nachträglich Änderungen am Plan vornehmen möchten, können Sie ihn in der Liste anklicken und nach Ihren Änderungen auf SPEICHERN klicken. Aber Achtung: Der Backup-Zeitplan wird noch nicht ausgeführt. Dafür muss er erst aktiviert werden.

Die Backup-Zeitpläne in der Tabelle können aktiviert oder deaktiviert werden, so dass Sie auf kleinster Ebene steuern können, welche Pläne tatsächlich starten sollen. Um einen Plan zu aktivieren, klicken Sie ihn an, so dass er geladen wird und Sie seine Einstellungen auf dem Bildschirm einsehen können. Klicken Sie danach auf PLAN STARTEN. Ist ein Plan aktiviert, können Sie ihn danach nicht mehr ändern. Wenn Sie ihn in der Liste auswählen, werden alle Einstellungen ausgegraut. Um ihn zu ändern, markieren Sie ihn und klicken auf BEENDEN. Beenden meint in diesem Fall: Deaktivieren – ein Beenden ist also auch möglich, wenn der Sicherungsauftrag gerade nicht läuft.

Wenn der gewählte Zeitpunkt für einen Backup-Zeitplan erreicht ist, legt sich ein Statusdialog über das NetBak-Replicator-Fenster, und die Sicherung beginnt. Währenddessen können Sie das Programm leider nicht bedienen.

9.2.6 Erweiterte Einstellungen

Wenn der erweiterte Modus aktiviert ist, können Sie im Reiter OPTIONEN einige Einstellungen vornehmen.

Zum einen können hier Filter gesetzt werden, welche Dateien zu sichern sind:

- Dateien, die mindestens eine bestimmte Größe haben
- Dateien, die maximal eine bestimmte Größe haben
- bestimmte Dateitypen wie Dokumente, Bilder, Musik einschließen
- bestimmte Dateitypen wie Dokumente, Bilder, Musik ausschließen
- Dateien mit bestimmten Dateiendungen ausschließen

Durch Kombination der Einstellungen könnten Sie z. B. alle Bilder sichern, außer jene mit der Endung BMP.

Zum anderen können Sie Einstellungen zu Volumenschattenkopien festlegen. Diese Technik wird verwendet, um Dateien sichern zu können, die während der Sicherung geöffnet und somit für den Zugriff gesperrt sind. In den Einstellungen können Sie VSS aktivieren und deaktivieren. Außerdem können Sie VSS-Writer für Anwendungen aktivieren, die selbst Volumenschattenkopien unterstützen und erstellen können, um ihre Daten in einen konsistenten Zustand zu bringen. In Abschnitt 9.1, »Backupkonzept erstellen«, hatten wir bereits erläutert, dass es einige Anwendungen gibt, die im laufenden Betrieb nicht einfach gesichert werden können. Manche davon unterstützen VSS. Details dazu erfahren Sie beim Hersteller des jeweiligen zu sichernden Anwendungsprogramms.

Zum Schluss ist es noch möglich, eine E-Mail-Benachrichtigung festzulegen. Nach Eingabe Ihrer E-Mail-Adresse sowie der Zugangsdaten zum SMTP-Mailserver (das ist der Server für ausgehende Mails) können Sie bis zu zwei E-Mail-Adressen angeben, an die Benachrichtigungen zu durchgeführten Backupjobs gesendet werden sollen. Erweiterte Optionen zu Serverports und Verschlüsselungstechnik können Sie unter MANUELL KONFIGURIEREN festlegen.

9.2.7 Fazit

NetBak Replicator gibt es nur für Windows. Wenn Sie unter diesem Betriebssystem sichern möchten, können Sie mit diesem kostenfreien Programm viel erreichen: Mit sofortigen Sicherungen, automatischen Sicherungen (Liveüberwachung von Ordnern) sowie planmäßigen Sicherungen (Backup-Zeitpläne) haben Sie viele Werkzeuge an Bord, um zügig Ihre Systeme zu sichern. Insbesondere die automatische Sicherung eröffnet auch im Unternehmensumfeld einige interessante Einsatzszenarien. Beachten Sie, dass Sie auf diese Weise lediglich die Daten vom PC auf das NAS sichern. Das NAS selbst ist nicht gesichert, somit auch nicht der Inhalt Ihrer Netzlaufwerke. Diesem Punkt widmet sich Abschnitt 9.4, »NAS sichern mit Hybrid Backup Sync«.

Einigen Punktabzug kassiert NetBak Replicator im Bereich des Sicherungsmanagements, auch *Konsolidierung* genannt. Einmal erstellte Sicherungen verbleiben im Sicherungsziel, bis Sie sie manuell löschen oder aufräumen. Andere Backupprogramme können diese nach Zeitplänen automatisch nach hinten hin ausdünnen und löschen, so dass Sie z. B. von jedem Monat der letzten 12 Monate eine Monatssicherung zurückbehalten und zusätzlich eine Tagessicherung der letzten 7 Tage. Auch in Sachen Verschlüsselung oder Komprimierung hat NetBak Replicator nichts zu bieten.

Wenn Sie diese erweiterten Features im kostenfreien Bereich suchen, werfen Sie einen Blick auf *Personal Backup* von Jürgen Rathlev, *FreeFileSync* oder *Veeam Agent*. Falls professioneller Support benötigt wird und Sie lieber auf Kaufsoftware setzen wollen, könnten Sie sich beispielhaft *NovaBackup* (made in Germany) oder *Acronis* anschauen – um nur einige Kandidaten zu nennen.

Alle diese Backupprogramme arbeiten mit Ihrem NAS zusammen, indem sie das Sicherungsziel auf den Netzwerkspeicher legen. Die Funktionen unterscheiden sich nicht grundlegend von den dargestellten Konzepten. Orientieren Sie sich dabei an den Ausführungen zu Time Machine im nächsten Abschnitt, das ebenfalls den vom NAS freigegebenen Speicher als Sicherungsziel verwendet.

9.3 Macs auf NAS sichern mit Time Machine

Da NetBak Replicator nur für Windows existiert, können Sie damit keine Macs sichern. Zum Glück liefert Apple mit dem hauseigenen Time Machine ein Backupprogramm mit, das für viele Einsatzzwecke gut geeignet ist.

9.3.1 Funktionsweise

Apples Lösung sichert den lokalen Mac auf eine externe Festplatte oder eine Netzwerkressource, die im Finder per SMB bzw. AFP angebunden ist. Es ist nicht möglich, nur bestimmte Ordner festzulegen, ebenso können keine externen Laufwerke oder entfernte Netzlaufwerke gesichert werden. Es ist lediglich möglich, bestimmte lokale Ordner von der Sicherung auszuschließen. Zudem gibt es keine Kontrolle über die Sicherungszyklen.

Auf der anderen Seite punktet Time Machine durch stündliche Backups der letzten 24 Stunden, tägliche Backups des letzten Monats und wöchentliche Backups aller vorherigen Monate. Auch ums Aufräumen kümmert sich das Programm: Alte Backups werden gelöscht, wenn das Volume voll ist. Damit bildet Time Machine einen sinnvollen Backupplan automatisch ab, auch wenn man keinen Einfluss darauf nehmen kann.

Weil alte Backups nur gelöscht werden, wenn das Volume voll ist, müssen wir aktiv werden und im NAS spezielle Speicherplatzbegrenzungen für NAS-Benutzer aktivieren, die standardmäßig nicht aktiv sind. Andernfalls wird ein Mac-Nutzer das NAS mit Time-Machine-Backups bis zum Rand vollschreiben.

9.3.2 Das QNAP NAS für Time Machine vorbereiten

Time Machine kann auf jedes per SMB erreichbare NAS sichern. Insofern ist Ihr NAS vermutlich bereits passend eingerichtet. Wir empfehlen aus Sicherheitsgründen, für das Backup einen eigenen NAS-Benutzer mit separatem Freigabeordner anzulegen. Insofern gehen wir die Schritte noch einmal gemeinsam durch:

- SMB aktivieren und Version festlegen
- NAS-Benutzer für das Time-Machine-Backup anlegen
- Freigabeordner anlegen
- Kontingente (Quota) aktivieren

SMB aktivieren und Version festlegen

Klicken Sie in der NAS-Systemsteuerung im Bereich Netzwerk und Dateidienste auf Win/Mac/NFS/WebDAV, und setzen Sie einen Haken bei Dateidienst für Microsoft-Netzwerk aktivieren. Klicken Sie auf Erweiterte Optionen, und wählen Sie bei Höchste SMB-Version bitte SMB 3.

NAS-Benutzer für das Time-Machine-Backup anlegen

Nun legen Sie einen NAS-Nutzer speziell für das Backup an. Sie können dann bei der täglichen Arbeit mit dem NAS nichts im Bereich der Backups kaputt machen. Auch Viren können schwieriger auf die Backupdaten zugreifen.

Klicken Sie in der NAS-Systemsteuerung im Bereich Rechte auf Benutzer, und legen Sie einen Benutzer für das Backup an, z. B. *TimeMachine_Torsten_MacBook*, so dass Sie die Accounts später einfach den einzelnen Geräten zuordnen können.

Freigabeordner anlegen

Als Nächstes benötigen Sie einen Freigabeordner. Diesen können Sie ebenfalls in der NAS-Systemsteuerung im Bereich Rechte unter Freigabeordner einrichten. Details zum Anlegen von Benutzern und Freigabeordnern finden Sie in den vorigen Kapiteln. Erteilen Sie dem soeben erstellten NAS-Benutzer Lese- und Schreibrechte für diesen Freigabeordner.

Wechseln Sie dann über das Icon in die Eigenschaften des Freigabeordners (siehe Abbildung 9.11).

Hier sind zwei Einstellungen zu prüfen:

Entfernen Sie den Haken Netzwerkpapierkorb aktivieren. Wenn Sie das vergessen, behält das NAS die von Time Machine automatisch gelöschten, veralteten Backups in einem virtuellen Papierkorb. Das belegt sehr schnell sehr viel Speicher, ohne dass Sie so schnell herausfinden können, wie dieser Speicherplatz belegt wurde.

Außerdem finden Sie in den Einstellungen des Freigabeordners den Eintrag DIESEN ORDNER ALS TIME MACHINE BACKUP ORDNER (MACOS) FESTLEGEN. Aktivieren Sie diese Option für eine bessere Kompatibilität mit älteren macOS-Versionen vor macOS Sierra.

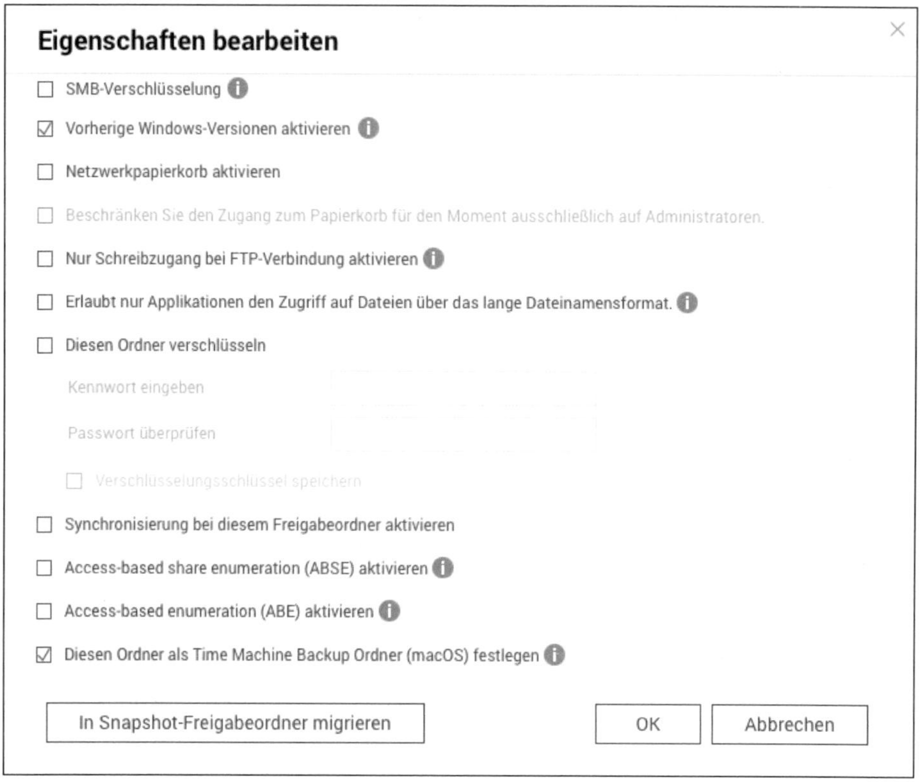

Abbildung 9.11 Einstellungen im Freigabeordner für Time Machine

Kontingente (Quota) aktivieren

Zuletzt aktivieren Sie Quota, also die Speicherplatz-Beschränkungen. Das erfolgt im Bereich RECHTE unter KONTINGENT. Hier setzen Sie den Haken KONTINGENTE FÜR ALLE BENUTZER AKTIVIEREN. Sie haben richtig gelesen: Sie können die Beschränkung nicht für einzelne Benutzer aktivieren, sondern nur für alle. Dafür können Sie später individuelle Vorgaben pro Benutzer festlegen, die die Standardwerte überschreiben. Nach dem Übernehmen der Einstellungen öffnet sich im selben Fenster eine Liste aller Benutzer, so dass Sie individuelle Werte festlegen können. Mit Hilfe dieser Liste können Sie übrigens auch für einzelne Benutzer die Kontingentbeschränkung wieder aufheben.

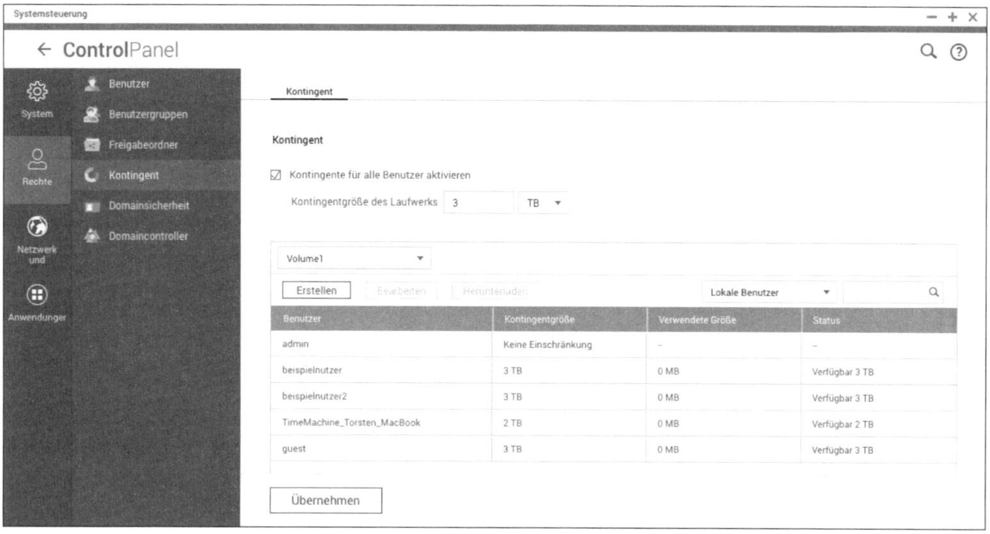

Abbildung 9.12 Kontingente (Quota) aktivieren

Aus der Liste wählen Sie den soeben erstellten NAS-Benutzer für das Time-Machine-Backup und legen mit BEARBEITEN eine sinnvolle Grenze fest. Wie groß das Backup eines Macs wird, verrät Time Machine Ihnen auf dem betroffenen Mac im Optionsdialog (wie Sie das Programm starten, schauen wir uns im nächsten Abschnitt an). Planen Sie für die Monatssicherungen jedoch genug Puffer ein.

Hybrid Backup Sync kann auch mit Time Machine zusammenarbeiten

Der Vollständigkeit halber sei erwähnt, dass die QNAP-eigene App *Hybrid Backup Sync*, die über die Weboberfläche direkt auf dem NAS installiert wird, auch eine Time-Machine-Funktion anbietet. Hier können sich Benutzer einen gemeinsamen Time-Machine-Speicher teilen. Die Time-Machine-Funktionalität von Hybrid Backup Sync wird laut QNAP-Angaben nicht benötigt, wenn Macs ab macOS Sierra gesichert werden, da mit dieser macOS-Version die Sicherung auf SMB-Freigaben eingeführt wurde.

Mehrere Sicherungsvolumes verwenden

Innerhalb des Einrichtungsdialogs für Time Machine können Sie weitere Volumes angeben. Wenn Sie mehrere Volumes angeben, beschreibt macOS diese abwechselnd. Sie könnten damit beispielsweise neben den Sicherungen auf das NAS zusätzlich Sicherungen auf einer externen Festplatte speichern, um im Ernstfall auf unterschiedliche Sicherungsmedien zurückgreifen zu können.

9.3.3 Time Machine einrichten

Time Machine finden Sie als Programm und in den Systemeinstellungen Ihres macOS-Betriebssystems. Beides sind unterschiedliche Dinge. Wenn Sie das Programm starten, können Sie nur Daten wiederherstellen. Zur Einrichtung wechseln wir deshalb über das Apfel-Menü in die SYSTEMEINSTELLUNGEN. Dort finden Sie den Eintrag TIME MACHINE. Wenn nicht, verwenden Sie bitte die Suche oben rechts im Fenster.

Wenn Sie sich im Einstellungsdialog befinden, gibt es nur einen Button BACKUP-VOLUME AUSWÄHLEN (gegebenenfalls auch VOLUME AUSWÄHLEN oder BACKUP-VOLUME HINZUFÜGEN ODER ENTFERNEN).

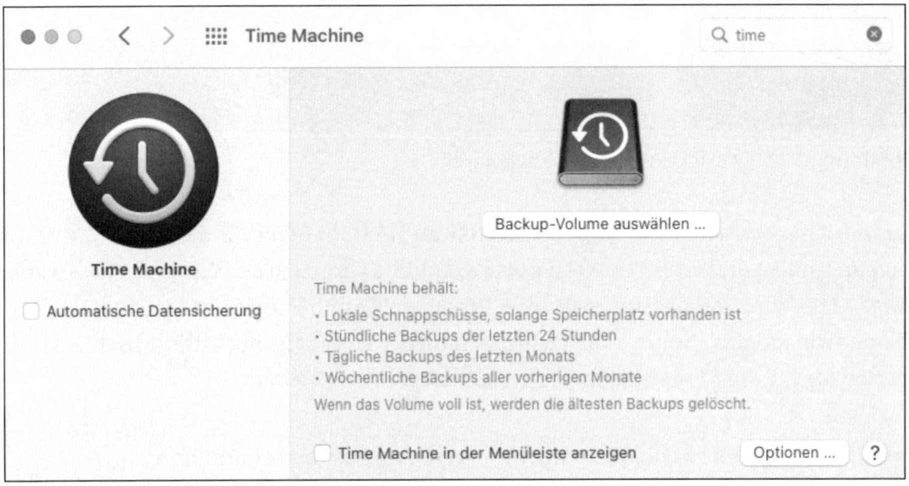

Abbildung 9.13 Startfenster von Time Machine

Wenn Sie diesen Button anklicken, werden Ihnen extern angeschlossene Festplatten als Sicherungsziel angeboten, außerdem alle verbundenen Netzlaufwerke und *Time-Capsule*-Geräte.

Time Capsule

Time Capsule ist ein Produkt von Apple, das eine AirPort-Basis und ein Backuplaufwerk vereint. Es ist nicht mehr erhältlich und laut einigen Berichten im Internet auch mit nicht sehr zuverlässigen Datenträgern ausgestattet. Nutzen Sie besser Ihr QNAP NAS als Sicherungsziel.

Wenn Ihre eingerichtete Freigabe nicht automatisch in der Liste angezeigt wird, verbinden Sie ein Netzlaufwerk im Finder:

1. Öffnen Sie ein Fenster im Finder.
2. Wählen Sie aus dem Menü GEHE ZU den Eintrag MIT SERVER VERBINDEN.

3. Tragen Sie `smb://192.168.178.2` in die Zeile ein, wobei Sie die Zahlen mit der IP-Adresse Ihres eigenen NAS ersetzen. Alternativ können Sie den Gerätenamen verwenden: `smb://BEISPIELNAS`. Klicken Sie dann auf VERBINDEN.
4. Sie werden zur Eingabe von Benutzerdaten aufgefordert. Wählen Sie REGISTRIERTER BENUTZER, und tragen Sie die Benutzerdaten des zuvor angelegten NAS-Benutzers für das Time-Machine-Backup ein.
5. Wählen Sie den Freigabeordner aus, den Sie im vorigen Abschnitt erstellt haben. Wenn dieser nicht angezeigt wird oder ausgegraut ist, sind Sie möglicherweise mit den falschen Benutzerdaten verbunden. Im Finder finden Sie in der linken Hälfte unter ORTE die bestehende NAS-Verbindung. Klicken Sie dort auf das Auswerfen-Symbol ⏏, und beginnen Sie mit dieser Anleitung noch einmal von vorn.

Werden Ihnen nun die Inhalte des Freigabeordners im Finder angezeigt, brauchen Sie hier nichts weiter zu tun (siehe Abbildung 9.14). Laden Sie den Time-Machine-Dialog in der macOS-Systemsteuerung neu, und wählen Sie dort das Netzlaufwerk in der Liste.

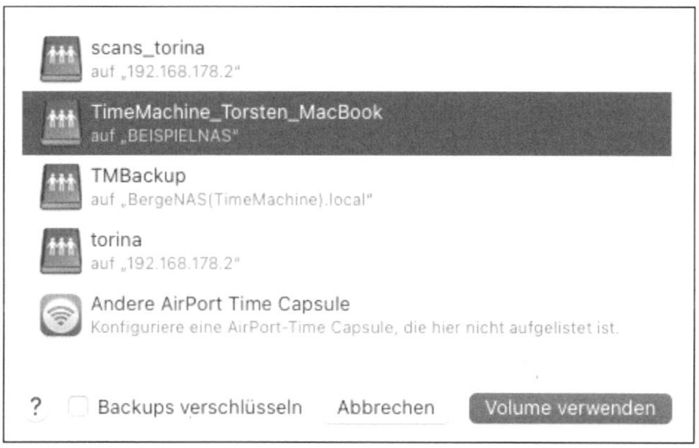

Abbildung 9.14 Volume für Time Machine wählen

Optional können Sie hier wählen, dass das Backup verschlüsselt werden soll. Anschließend werden Sie erneut nach Zugangsdaten gefragt. Tragen Sie hier die NAS-Benutzerdaten des zuvor in der Weboberfläche erstellten Time-Machine-Backupbenutzers ein.

Wenn Sie sich für die Verschlüsselung entschieden haben, folgt als Nächstes die Festlegung des Backuppassworts (siehe Abbildung 9.15). Notieren Sie sich dieses Passwort an einer sicheren Stelle außerhalb der Reichweite Ihres Macs. Sie müssen Zugriff darauf haben, wenn der Mac nicht mehr startet. Ohne dieses Kennwort ist eine Wiederherstellung Ihrer Daten nicht mehr möglich. Mit Klick auf das kleine Schlüssel-Symbol können Sie ein Kennwort vorschlagen lassen.

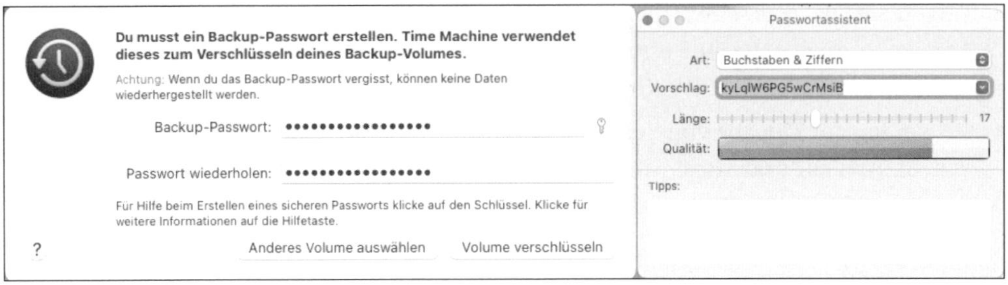

Abbildung 9.15 Backuppasswort für Time Machine festlegen

Wenn Sie die Schritte durchgeführt haben, wird das Volume im Time-Machine-Dialogfeld der macOS-Systemsteuerung angezeigt, und ein Counter zeigt Ihnen an, dass gleich die Erstellung eines Backups beginnt. Ab hier läuft alles automatisch.

Sie können bestimmte Dateien oder Ordner von der Sicherung ausschließen. Klicken Sie auf OPTIONEN, und fügen Sie der Liste mit dem +-Symbol die betroffenen Objekte hinzu. In diesem Dialog können Sie übrigens sehen, wie groß Time Machine einen Backupsatz des Geräts schätzt.

Unterhalb der Liste haben Sie mit BACKUP WÄHREND BATTERIEBETRIEB DURCHFÜHREN die Möglichkeit, bei MacBooks die Sicherung auf den Batteriebetrieb auszuweiten. Normalerweise werden keine Backups erstellt, wenn Sie kein Netzteil angeschlossen haben. Achten Sie genau auf Ihre Nutzungsgewohnheit. Wenn Sie Ihr Gerät nur laden, während Sie es nicht nutzen, ist diese Option ein Muss für Sie, sonst haben Sie keine Backups. Im Ruhezustand werden keine Backups durchgeführt.

9.3.4 Sicherung erzeugen

Wie beschrieben läuft die Erstellung von Backups mit Time Machine vollautomatisch. Wenn der Prozess, der im Hintergrund läuft, Sie bei der Arbeit stört, Ihnen Bandbreite im Netzwerk stiehlt o. Ä., dann können Sie auf manuelle Backuperstellung umschalten.

Backups manuell erstellen

Kommen wir noch einmal zum Startbildschirm von Time Machine zurück (siehe Abbildung 9.13).

Wenn Sie hier den Haken bei AUTOMATISCHE DATENSICHERUNG entfernen, kümmert sich macOS nicht mehr automatisch um die Backuperstellung. Sie können dann noch manuell Backups erstellen. Dies erledigen Sie allerdings nicht in der Systemsteuerung, sondern über das Menüleistensymbol. Klicken Sie im selben Dialogfeld rechts unten auf TIME MACHINE IN DER MENÜLEISTE ANZEIGEN, so dass Sie das Icon oben rechts im Bereich der Uhrzeit finden.

Wenn Sie es nicht finden, wird es möglicherweise aufgrund zu vieler Icons oder zu vieler Menüeinträge in der Leiste ausgeblendet. Wechseln Sie in ein anderes Programm wie den Finder, der wenig Menüeinträge hat, dann sollten Sie das Icon finden. Mit gedrückter Apfel-Taste ⌘ können Sie das Icon innerhalb der Leiste an eine andere Stelle verschieben. Wenn Sie auf das Icon klicken, können Sie mit JETZT BACKUP ERSTELLEN die Sicherung sofort starten. Der Menüpunkt steht Ihnen auch zur Verfügung, wenn die automatische Datensicherung aktiviert ist.

Schnappschüsse werden lokal gespeichert

Auch wenn das Sicherungsvolume nicht zur Verfügung steht, erstellt der Mac Schnappschüsse vom System und bewahrt diese auf, solange Speicherplatz vorhanden ist. Der Speicherplatz wird nicht als belegt ausgewiesen. Somit speichert macOS diese »Snapshots« versteckt im freien Speicherplatz und löscht diese, sobald der Speicher benötigt wird. Mit der App Time Machine kann dann auf diese Sicherungen zugegriffen werden (siehe auch Abschnitt 9.3.6, »Backup wiederherstellen«), auch wenn das Sicherungsvolume gar nicht zur Verfügung steht. Wenn das Volume verbunden ist, kann einfach nur auf mehr Sicherungen zugegriffen werden.

9.3.5 Zeitsteuerung anpassen mit TimeMachineEditor

Wenn Ihnen der Zeitplan von Time Machine häufig dazwischenfunkt, werfen Sie einen Blick auf die Freeware TimeMachineEditor. Sie ermöglicht, auf den Zeitpunkt der Backuperstellung Einfluss zu nehmen. Folgendes ist möglich (siehe Abbildung 9.16):

- Sichern, wenn der Mac gerade nicht aktiv genutzt wird
- Steuerung über Zeitintervall (alle x Stunden/Tage/Wochen)
- Steuerung über einen individuell hinterlegbaren Zeitplan

  Ist der Mac zu diesem festgelegten Zeitpunkt nicht aktiv, hilft Ihnen die Option SICHERUNG SCHNELLSTMÖGLICH NACHHOLEN, FALLS VERPASST.

Außerdem können Sie mit BACKUP PAUSIEREN eine backupfreie Zeit festlegen, so dass Sie nicht bei der Arbeit gestört werden. In den erweiterten Optionen können Sie festlegen, dass eine Sicherung nur bei angeschlossenem Netzwerkkabel durchgeführt werden soll.

Damit das Backup von TimeMachineEditor gesteuert werden kann, muss die automatische Datensicherung in der Systemsteuerung deaktiviert sein.

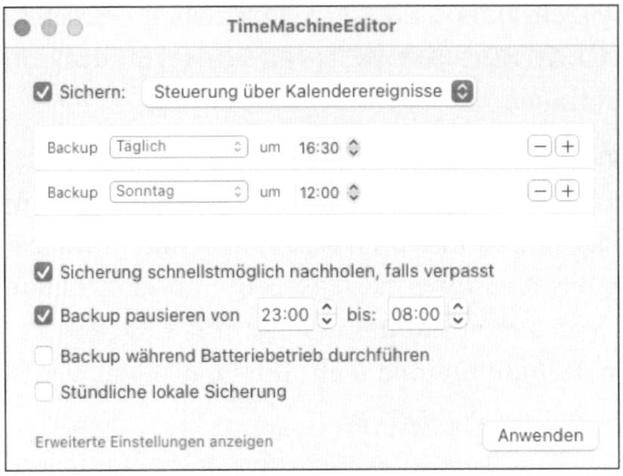

Abbildung 9.16 TimeMachineEditor

9.3.6 Backup wiederherstellen

Die Wiederherstellung von Dateien und Ordnern funktioniert über die Time Machine. Klicken Sie dazu auf das Menüleistensymbol von Time Machine und dann auf TIME MACHINE ÖFFNEN.

Die App Time Machine auf dem Mac verwenden

Ein gestaffelter Satz Finder-Fenster wird Ihnen nun angezeigt. Die übrigen aktiven Programme werden ausgeblendet, und der Desktop wird unscharf (siehe Abbildung 9.17).

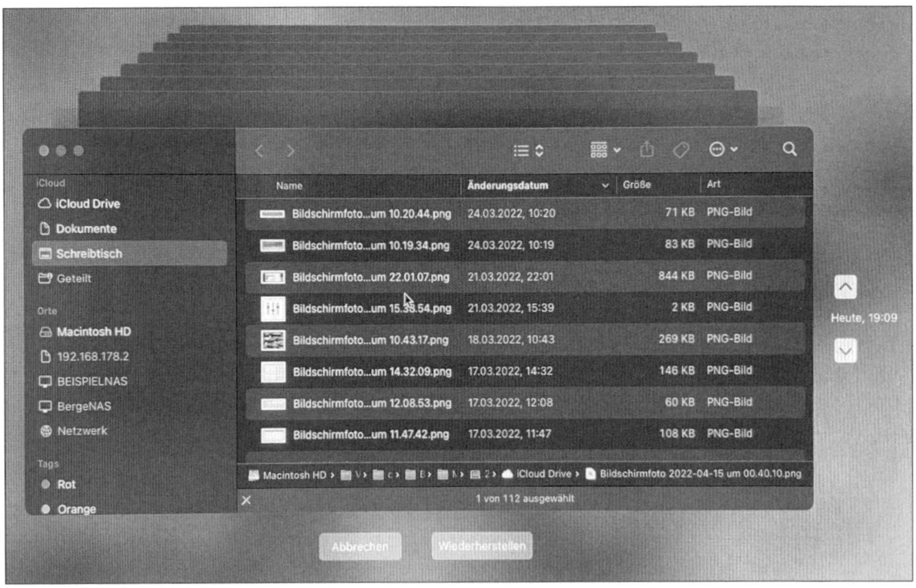

Abbildung 9.17 Wiederherstellungsfenster von Time Machine

Sie sehen den Stand der Dateien vom Zeitpunkt der letzten Sicherung. Sofern eine Netzlaufwerkverbindung zum Sichern Ihrer Daten bestand, wird dies ein Backup von vor circa einer Stunde sein.

Über die Favoritenleiste links können Sie in andere lokale Ordner wandern, Netzverbindungen sind ausgegraut (weil diese nicht in der Sicherung enthalten sind). Zum Auffinden von Dateien finden Sie die üblichen Finder-Werkzeuge wie Listen- und Rasteransichten, auch die für Bilder praktische Vorschauansicht. Sogar die Suche können Sie verwenden.

Rechts neben dem Finder-Fenster finden Sie Buttons zum Blättern. Mit diesen können Sie zwischen den erstellten Sicherungen springen und so »in die Vergangenheit reisen« (wie in einer Zeitmaschine, englisch: »Time Machine«), um den Stand der Dateien zu älteren Zeitpunkten interaktiv einsehen und durchsuchen zu können.

Am rechten Bildschirmrand finden Sie außerdem einen Zeitstrahl, mit dem Sie noch genauer einen bestimmten Tag auffinden können.

Wenn Sie eine Datei genauer untersuchen möchten, markieren Sie sie und drücken die Leertaste oder klicken doppelt auf sie. Es wird dann eine Vorschau angezeigt.

Wenn Sie eine Datei oder einen Ordner gefunden haben, den Sie wiederherstellen möchten, können Sie das Objekt markieren (oder mit der Apfel-Taste mehrere markieren) und unten auf WIEDERHERSTELLEN klicken. Damit werden die Objekte an dem Ort wiederhergestellt, an dem sie einst abgelegt waren. Liegen dort Objekte mit dem gleichen Namen, werden Sie gefragt, ob Sie

- die dort vorhandenen Objekte ersetzen möchten
- die bisherigen Objekte behalten möchten, so dass nichts wiederhergestellt wird
- beide Versionen behalten möchten (eine Version der Objekte erhält einen anderen Namen)

Wenn Sie schon wissen, dass Objekte mit demselben Namen vorhanden sind, können Sie einen anderen Speicherort zum Wiederherstellen wählen. Dafür klicken Sie nicht auf den Button WIEDERHERSTELLEN, sondern rechtsklicken auf die markierten Objekte und wählen im Kontextmenü den Eintrag WIEDERHERSTELLEN AUF. Dies öffnet ein Fenster zur Ordnerauswahl. Hier wählen Sie den Ordner, in dem die Objekte als Kopie wiederhergestellt werden sollen. Etwaige neuere Originale am ursprünglichen Speicherort bleiben erhalten, so dass Sie beide Versionen gut miteinander vergleichen können.

Als dritte Option steht Ihnen die Zwischenablage des Systems zur Verfügung. Per [] + [C] können Sie die Dateien aus einem bestimmten Backup in die Zwischenablage übernehmen, dann Time Machine beenden und schließlich am gewünschten Zielspeicherort mit [] + [V] wieder einfügen.

Time Machine verwenden, wenn der Mac nicht startet

Wenn Sie das Time-Machine-Programm aufgrund eines Systemfehlers nicht starten können, können Sie den Rechner auch mit gedrückter Tastenkombination [Cmd] + [R] neustarten, er öffnet dann eine Wiederherstellungskonsole mit der Time-Machine-Option. Hier können Sie die Netzverbindung zum Time-Machine-Freigabeordner herstellen und das ganze System auf einem Versionsstand wiederherstellen, der noch funktioniert hat. Halten Sie Ihr zuvor notiertes Kennwort zur Wiederherstellung parat. Beachten Sie, dass Sie damit die aktuellen Dateiversionen gänzlich überschreiben.

Time-Machine-Daten auf einem anderen System wiederherstellen

Um Dateien auf einen anderen Mac zu übertragen, können Sie den *Migrationsassistenten* verwenden. Er ist Teil von macOS, und Sie starten ihn auf dem Ziel-Mac, indem Sie mit [] + Leertaste die Spotlight-Suche öffnen und MIGRATIONSASSISTENT eintippen.

Wenn der Ziel-Mac noch nicht grundeingerichtet ist, können Sie während des Einrichtungsprozesses auf ein Time-Machine-Backup zurückgreifen. Der Installationsassistent bietet Ihnen entsprechende Optionen an.

Backupverlauf auf einem anderen Mac übernehmen

Wenn Sie eine Time-Machine-Sicherung auf einem anderen Mac wiederherstellen, bietet Ihr Mac an, den Backupverlauf zu übernehmen.

Wenn Sie den Verlauf übernehmen, erhalten Sie die bisherigen Backups, und Sie können diese auf dem neu eingerichteten Mac einsehen und wiederherstellen. Neue Backups werden aber nur vom aktuellen System erstellt, sie landen in derselben Zeitstrahlansicht. Wählen Sie diese Option, wenn Sie das Sicherungsvolume nicht mehr am vorigen System verwenden wollen, sprich: wenn das alte System ausgemustert wird.

Alternativ können Sie neue Backups erstellen. Die alten Backups bleiben dann ebenfalls erhalten und können auf dem vorigen Mac auch weiterverwendet und um neue Sicherungen ergänzt werden. Parallel kann der neue Mac Sicherungen anfertigen, er erhält jedoch einen eigenen Zeitstrahl und kann nicht die Sicherungen des vorigen Macs wiederherstellen. Nutzen Sie diese Option, wenn Sie das alte System weiterverwenden möchten.

9.3.7 Fazit

Time Machine ist das bekannteste Backupprogramm für den Mac und funktioniert gut. Dazu ist es sehr einfach einzurichten. Auf der anderen Seite gibt es wenig bis keine Möglichkeiten für Profis, auf den Backupprozess genauer Einfluss zu nehmen.

Wenn Sie also feinere Konfigurationsmöglichkeiten suchen, sollten Sie sich auf dem Drittanbieter-Markt kostenpflichtiger Produkte umsehen, z. B. bei *Acronis Cyber Protect Home Office* (*https://www.acronis.com/de-de/products/true-image/* – das Produkt hieß einst True Image) oder *Carbon Copy Cloner* (*https://bombich.com/de*).

9.4 NAS sichern mit Hybrid Backup Sync

In den vorigen Abschnitten haben Sie erfahren, wie Sie Clients auf Basis von Windows und macOS auf ein NAS sichern. Wenn Sie das QNAP-System außerdem auch als zentralen Speicherort für mehrere Computer nutzen, sind die Daten auf den Netzlaufwerken von großem Wert. In diesem Abschnitt schauen wir uns an, wie man diese Daten mit einer QNAP-eigenen Lösung namens *Hybrid Backup Sync (HBS)* in Ihr Backupkonzept einbinden kann.

9.4.1 Installation von Hybrid Backup Sync

Hybrid Backup Sync (für uns ab sofort »HBS«) ist eine kostenfreie App im App Center des QNAP NAS.

Abbildung 9.18 Hybrid Backup Sync im App Center

Gehen Sie wie folgt vor, um sie zu installieren:

1. Loggen Sie sich als Administrator in die Weboberfläche des QNAP NAS ein, und starten Sie über das Menü das App Center.
2. Verwenden Sie den Suchen-Button oben rechts, um nach `Hybrid Backup Sync` zu suchen. Ihnen wird das Ergebnis HBS 3 HYBRID BACKUP SYNC angezeigt.
3. Klicken Sie unterhalb des Suchergebnisses auf INSTALLIEREN.

Wenn HBS installiert ist, können Sie es über das Menü direkt aufrufen.

9.4.2 Einrichtung eines Sicherungsplans

Beim ersten Start von HBS werden Sie gebeten, der Erfassung von Diagnosedaten zuzustimmen. Setzen oder entfernen Sie den entsprechenden Haken, und klicken Sie auf OK.

Sie finden im Hauptfenster Buttons zum Sichern und Wiederherstellen vor.

Klicken Sie auf JETZT SICHERN, dann im erscheinenden Untermenü auf NEUER SICHERUNGSAUFTRAG. Wenn Sie bereits Sicherungsaufträge eingerichtet haben, klicken Sie in der linken Icon-Leiste auf SICHERN & WIEDERHERSTELLEN und dann auf ERSTELLEN und NEUER SICHERUNGSAUFTRAG.

1. Im ersten Schritt des Assistenten (siehe Abbildung 9.19) definieren Sie die Ordner, die Sie sichern möchten, indem Sie Haken davorsetzen. Die Liste ist nach eingerichteten Volumes gegliedert. Mit jedem Haken, den Sie setzen, berechnet HBS für Sie das zu sichernde Datenvolumen.

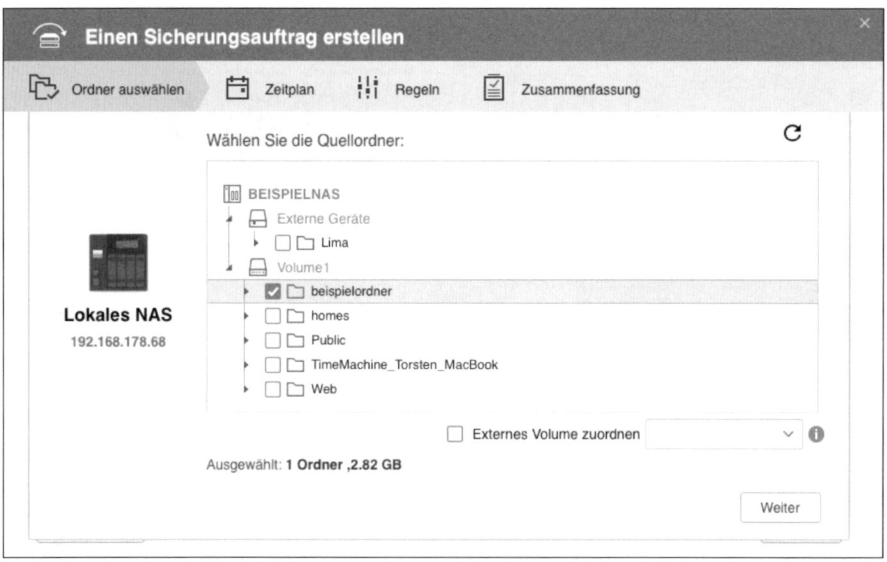

Abbildung 9.19 Zu sichernde Ordner in HBS festlegen

Falls Sie ein externes Laufwerk wie einen USB-Stick oder eine USB-Festplatte an das NAS angeschlossen haben (z. B. an den Front-USB-Anschluss) und das Dateisystem vom NAS unterstützt wird, können Sie hier auch Externes Volume zuordnen wählen, um diesen Wechselspeicher zu sichern. Klicken Sie danach auf Weiter.

2. Im nächsten Schritt wählen Sie den Zielspeicherplatz für das Backup (siehe Abbildung 9.20).

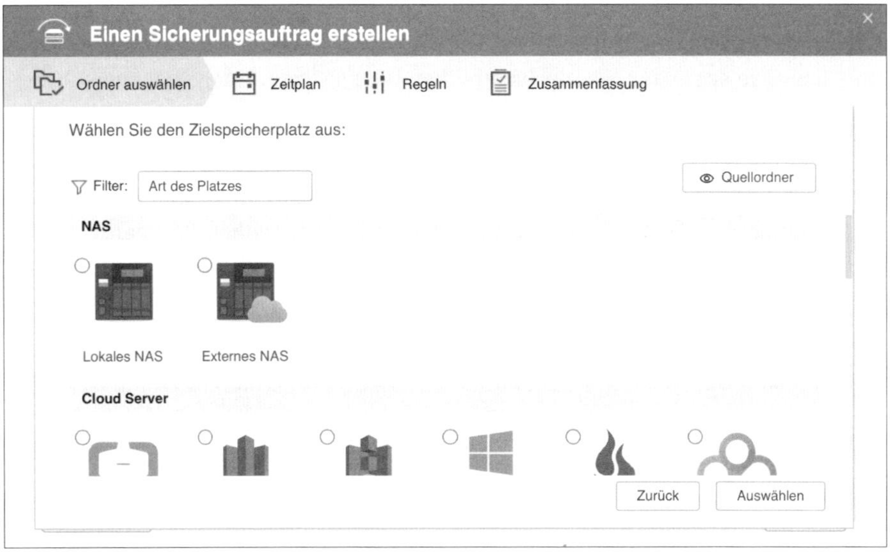

Abbildung 9.20 Sicherungsziel wählen

Hier sollten Sie drei Kategorien unterscheiden:

- **Sicherung auf lokales NAS**

  Hiermit können Sie in einen Ordner auf dem lokalen NAS sichern. Das ergibt freilich kaum Sinn, denn ein Backup sollte stets abseits der Originaldaten gelagert werden. Wenn Sie aber den besonderen Fall haben, dass Sie lokale Daten von Freigabeordnern in regelmäßigen Abständen »wegschaffen« möchten, so dass Sie Benutzerfehlern wie versehentlich gelöschten Dateien vorbeugen können, dann kann eine Sicherung auch innerhalb des NAS sinnvoll sein. Wir empfehlen dennoch eine Sicherung außerhalb.

  Wenn Sie diesen Weg einschlagen möchten, wählen Sie hier Lokales NAS und im darauffolgenden Dialog einen Ordner, in den gesichert werden soll. Um einen neuen Ordner zu erstellen, wählen Sie den darüberliegenden Ordner aus, tragen Sie den Namen eines neuen Ordners in das Eingabefeld unter der Ordnerliste ein, und klicken Sie auf [+]. Wenn Sie den gewünschten Zielordner für das Backup ausgewählt haben, klicken Sie auf OK.

- **Sicherung auf einen externen Datenträger**

  HBS kann auch auf eine externe Festplatte oder einen USB-Stick sichern. Der Vorteil ist, dass Sie diesen Datenträger auch abseits vom NAS lagern können. Am besten, Sie nehmen ihn aus dem Büro mit nach Hause oder von zu Hause mit ins Büro – Hauptsache an einen gänzlich anderen Standort, um im Fall eines Brandes gewappnet zu sein. Beachten Sie, dass das Wechselmedium zum Zeitpunkt des Backups dann aber doch fristgerecht am NAS angeschlossen sein muss. Das kann unpraktisch sein, falls Sie zeitgesteuerte Backups fahren. Möglicherweise nutzen Sie Wechselmedien besser für manuelle Backups ohne Zeitplanung.

  HBS bietet gute Optionen für die Sicherung auf Wechselmedien. Weiter unten in diesem Kapitel erfahren Sie, wie Sie die Sicherung sogar automatisch starten können, sobald Sie den externen Datenträger anschließen. Ebenso kann das Wechselmedium automatisch sauber ausgeworfen (getrennt) werden, wenn das Backup abgeschlossen ist.

  Wenn Sie USB-Speicher als Sicherungsziel verwenden möchten, achten Sie darauf, ein Dateisystem zu verwenden, das Ihr PC und das NAS lesen kann. Somit sind Sie in der Lage, später auch Daten ohne funktionierendes NAS wiederherzustellen.

  Wenn Sie diesen Weg einschlagen möchten, wählen Sie – so seltsam dies auf den ersten Blick erscheinen mag – LOKALES NAS. Klicken Sie dann auf AUSWÄHLEN, um zum nächsten Bildschirm zu gelangen. Im darauffolgenden Dialog (siehe Abbildung 9.21) aktivieren Sie im Gegensatz zum vorigen Abschnitt jedoch den Haken EXTERNES VOLUME ZUORDNEN und wählen den USB-Wechselspeicher aus der Dropdown-Liste, den Sie verwenden möchten.

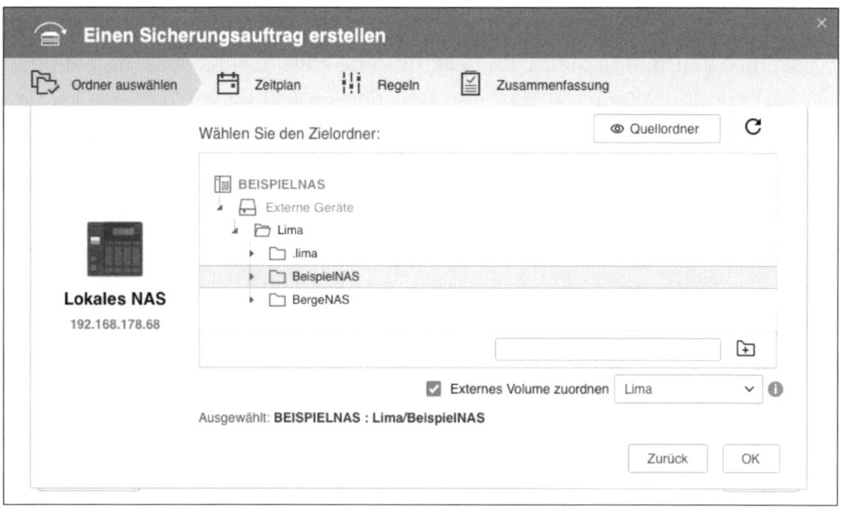

Abbildung 9.21 Externe Festplatte als Backupziel in HBS

Sofern gewünscht können Sie noch einen separaten Unterordner für das Backup erzeugen (siehe voriger Abschnitt »Sicherung auf lokales NAS«). Wenn Sie den gewünschten Zielordner für das Backup ausgewählt haben, klicken Sie auf OK.

- **Sicherung auf ein externes NAS**

  Daneben ist es möglich, auf ein entferntes NAS zu sichern. Dies sollte sich im lokalen Netzwerk befinden oder per Portweiterleitung auf 8899 erreichbar sein. Zum Einsatz kommt die QNAP-eigene Technik *RTRR (Real-time Remote Replication Server)*.

- **Sicherung in die Cloud**

  In der Liste der Sicherungsziele (Abbildung 9.20) finden Sie im Bereich CLOUD SERVER außerdem zahlreiche Cloudanbieter, bei denen Sie die Sicherung ablegen können. Zugegeben, die Liste unterscheidet sich von den Anbietern, die Sie von z. B. HybridMount kennen. Einige wenige Anbieter aus der Liste kennt man auch in Deutschland, etwa Azure Storage, Amazon S3, box, Dropbox, Google Drive, HiCloud, HiDrive, Ionos, OneDrive, SharePoint, WebDAV.

  Wenn Sie diesen Weg einschlagen möchten, aktivieren Sie den gewünschten Anbieter per Klick, und geben Sie im darauffolgenden Popup-Fenster Ihre Logindaten ein. Je nach Anbieter werden weitere Daten abgefragt, um den genauen Ablageort der Backups innerhalb der Cloud zu spezifizieren. Dropbox z. B. fragt die Zugangsdaten ab und verlangt die Autorisierung des Zugriffs. Anschließend fragt HBS lediglich noch nach dem Zielordner für das Backup.

3. Im nächsten Schritt erhalten Sie eine Übersicht über die zu sichernden Ordner sowie die Zielordner für Ihr Backup. Außerdem können Sie im Feld AUFTRAGSNAME den Sicherungsauftrag benennen. Klicken Sie dann auf WEITER.
4. Als Nächstes gelangen Sie zum Zeitplan. Hier werden Ihnen vier Möglichkeiten zur Auswahl gestellt (siehe Abbildung 9.22):

   - **Planer**

     Mit dem Planer können Sie im Reiter EINMALIG einzelne Sicherungszeitpunkte für eine einmalige Sicherung festlegen. Des Weiteren können Sie im Reiter PERIODISCH eine Sicherung in bestimmten Intervallen durchführen. Setzen Sie dazu einfach ein Warte-Intervall, und das NAS wird nach Ablauf der angegebenen Zeit die nächste Sicherung durchführen. Leider beginnt das Intervall nicht ab Abschluss des Auftrags zu zählen, sondern ab Beginn. Neben diesen beiden Sicherungsformen haben Sie mit Reitern für tägliche, wöchentliche und monatliche Sicherungen die volle Flexibilität, was die Sicherungsintervalle angeht. Wenn Sie unterschiedliche Sicherungsformen mischen möchten, können Sie das tun: Legen Sie eine an, und klicken Sie danach im Planer-Bereich erneut auf das Pluszeichen, um eine weitere Sicherungsform anzulegen.

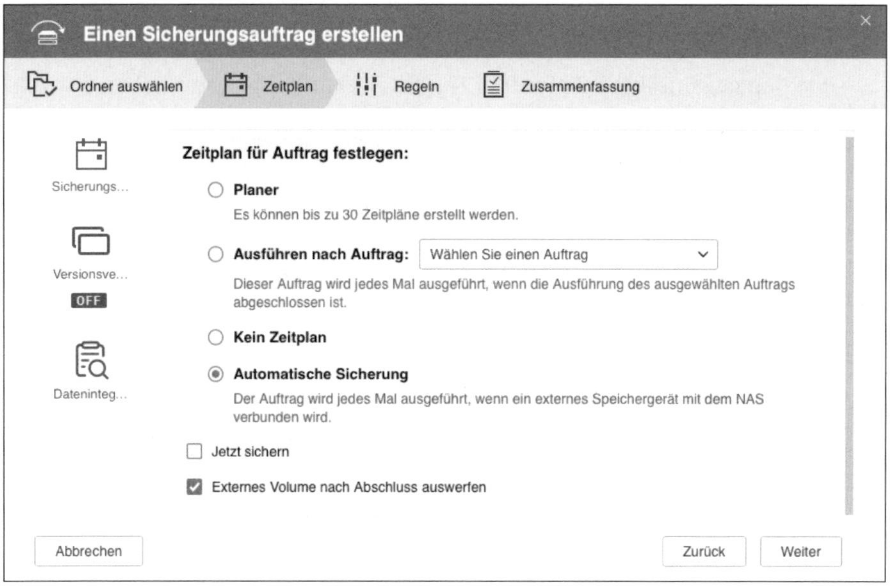

Abbildung 9.22 HBS-Zeitplan-Einstellungen

- **Ausführen nach Auftrag**

  Hiermit bietet Ihnen HBS an, den Sicherungsauftrag nach Abschluss eines anderen Sicherungsvorgangs durchzuführen. Sofern Sie Sicherungsaufträge erstellt haben, die voneinander abhängig sind, ergibt die Auswahl dieser Option absolut Sinn. Sie könnten z. B. ein NAS auf ein anderes NAS sichern und nach Abschluss eine Sicherung in die Cloud anstoßen.

- **Kein Zeitplan**

  Wenn Sie diesen Sicherungsauftrag ausschließlich manuell über die Weboberfläche in der HBS-App bzw. in der App *QManager* vom Smartphone aus starten möchten, müssen Sie keinen Zeitplan angeben.

- **Automatische Sicherung**

  Diese Option steht nur zur Verfügung, wenn Sie auf externe Datenträger sichern. Wenn Sie diese Option wählen, startet die Sicherung automatisch, sobald ein Wechselspeicher an das NAS angeschlossen wird. Das ist optimal für Sicherungsaufträge, die auf einen USB-Stick oder eine externe Festplatte gefahren werden. Diese starten dann umgehend nach Anschließen des Speichers. Damit das auch wiederholt zuverlässig funktioniert, aktivieren Sie weiter unten den Haken EXTERNES VOLUME NACH ABSCHLUSS AUSWERFEN. Sonst bleibt der Wechselspeicher nach dem Backup am NAS angemeldet, und es kommt zu Fehlermeldungen, wenn Sie ihn einfach abziehen.

5. Ebenfalls im Bereich ZEITPLAN finden Sie links Icons für VERSIONSVERWALTUNG und DATENINTEGRITÄTSPRÜFUNG. In Anlehnung an Abschnitt , »Backupkonzept erstellen«, empfehlen wir Ihnen hier eine sinnvolle Auswahl von beizubehaltenden Versionen. Mit der Datenintegritätsprüfung können Sie das Backup auslesen und prüfen, ob die Daten im Bedarfsfall korrekt wiederhergestellt werden könnten. Das ersetzt zwar keine Probewiederherstellung, die Sie manuell prüfen, aber der Automatismus deckt Übertragungsfehler verständlicherweise recht früh auf.
6. Klicken Sie auf WEITER, so gelangen Sie in den Bereich REGELN. Hier können Sie unter anderem:
   - FILTER AKTIVIEREN: Daten vom Backup ausschließen
   - QUDEDUP VERWENDEN: *QuDedup* verkleinert Backups, indem sich wiederholende Datenblöcke nur einmal gespeichert werden und bei Wiederholungen auf den ersten Datenblock verlinkt wird. Die Speicherplatzeinsparung ist enorm, die Systemlast zur Deduplizierung ebenso. QNAP empfiehlt ein NAS mit x86-Prozessor und SSD. Da die Deduplizierung beim sichernden NAS vorgenommen wird, lässt sich die geschrumpfte Datenmenge im Fall einer Cloud-Sicherung anschließend rascher ins Internet übertragen. Wie Sie die Dateien hinterher lesen können, verraten wir im Kasten »QuDedup: QDFF-Dateien lesen«.
   - CLIENTSEITIGE VERSCHLÜSSELUNG VERWENDEN: das Backup mit einem Kennwort verschlüsseln. Die Verschlüsselung erfolgt *vor* der Übertragung an den Zielspeicherort. Im Falle einer Cloud-Sicherung sind die Daten bei der Übertragung also bereits verschlüsselt.
   - ACL UND ERWEITERTE ATTRIBUTE BEIBEHALTEN: im Backup auch die Dateizugriffsrechte von Ordnern und Dateien konservieren. Wenn Sie dies nicht aktivieren, werden Daten ohne solche Eigenschaften gesichert, und die Zugriffsrechte müssen im Wiederherstellungsfall manuell gesetzt werden.
   - AUSLÖSER FÜR BENACHRICHTIGUNG festlegen: Ihr NAS hat ein zentrales Benachrichtigungssystem, mit dem Sie über Ereignisse, vor allem aber Probleme informiert werden. Diese Benachrichtigungen können Sie mit der App QManager sogar auf dem Smartphone empfangen. Mit der vorliegenden Einstellung legen Sie fest, ob Sie bei Abschluss des Sicherungsauftrags, nur bei Fehlern oder in beiden Fällen benachrichtigt werden möchten.
7. Wenn Sie alle Regeln nach Ihren Wünschen festgelegt haben, klicken Sie auf WEITER. Es wird eine abschließende Übersicht angezeigt. Mit Klick auf ERSTELLEN wird der Sicherungsauftrag gespeichert.

QuDedup: QDFF-Dateien lesen

Welche Konsequenzen hat die Aktivierung von QuDedup?

Wenn Sie die QNAP-eigene Deduplizierung aktivieren, profitieren Sie von wesentlich kleineren Backupdateien. Bei der Deduplizierung werden – ähnlich einem Komprimierungsverfahren wie ZIP – sich wiederholende Datenblöcke nur einmal gespeichert. Die Wiederholungen verlinkt HBS dabei einfach auf den Speicherort des ersten Datenblockvorkommens. Beachten Sie, dass die Deduplizierung eine deutlich erhöhte Systemlast und gegebenenfalls auch Sicherungszeit insgesamt in Anspruch nimmt.

QuDedup ist ein proprietäres Verfahren

Es handelt sich um ein Verfahren, das nur bei QNAP zum Einsatz kommt. QNAP stellt keine Dokumentationen zum Dateiformat zur Verfügung. Tools zum Auslesen von QuDedup-Dateien (Dateiendung: QDFF) werden ausschließlich von QNAP bereitgestellt. Da es sich aber um ein herstellereigenes Verfahren handelt, sind Sie mit der Nutzung von QuDedup gewissermaßen davon abhängig, dass die Tools von QNAP funktionieren und verfügbar sind. Für wie viele Jahre dies gewährleistet ist oder ob zukünftige Betriebssysteme z. B. unterstützt werden, können Sie nicht wissen. Ob dies ein Problem für Sie ist, müssen Sie selbst entscheiden.

Lesen von QDFF-Dateien

Zunächst kann HBS auf dem NAS die QDFF-Dateien lesen, denn dort wurden sie ja auch erstellt. Mehr dazu erfahren Sie im nächsten Abschnitt. Dank des Freeware-Tools *QuDedupExTool* (QuDedup Extract Tool) von QNAP haben Sie jedoch auch die Sicherheit, dass Sie die Backupdaten ohne QNAP NAS (z. B. im Fall eines Defekts) unter Windows, Mac und Linux/Ubuntu lesen können. Wie, das erfahren Sie im Abschnitt »QuDedup-Dateien ohne NAS lesen« am Ende von Abschnitt .

9.4.3 Daten wiederherstellen

Selbstverständlich kann HBS die Dateien auch wiederherstellen, die es gesichert hat. Im ersten Schritt schauen wir uns an, wie Sie einen Wiederherstellungsauftrag erzeugen, um ein Backup ganz oder teilweise wiederherzustellen. Danach untersuchen wir die Backupdaten genauer und beleuchten Wege der Wiederherstellung ohne NAS. Denn wenn Ihr NAS-System defekt ist, wollen Sie rasch an Ihre Daten, haben aber kein HBS zur Verfügung.

Wiederherstellungsauftrag in HBS

Sofern Ihr NAS noch funktioniert, sollten Sie HBS zur Wiederherstellung der Daten nutzen. Die Wiederherstellung erfolgt in Form von Wiederherstellungsaufträgen, die nach Festlegung aller Parameter als Hintergrundaufgabe durchgeführt werden.

1. In HBS wechseln Sie in der linken Icon-Leiste auf SICHERN & WIEDERHERSTELLEN und im Menü ERSTELLEN auf WIEDERHERSTELLUNGSAUFTRAG. Wenn Sie keine Sicherungsaufträge mehr haben oder auf einem anderen NAS wiederherstellen, wählen Sie in HBS den Button JETZT WIEDERHERSTELLEN.
2. Klicken Sie an, wo sich die Sicherung befindet, z. B. LOKALES NAS für die Sicherung auf einem externen Datenträger oder Ihren Cloud-Anbieter, wenn die Sicherung in der Cloud liegt.
3. Im nächsten Schritt aktivieren Sie den Radiobutton SICHERUNGSAUFTRAG und wählen im Dropdown-Feld SICHERUNGSQUELLE den Sicherungsauftrag, aus dem Sie wiederherstellen möchten. Abbildung 9.23 zeigt die Wiederherstellung von einer externen Festplatte an.

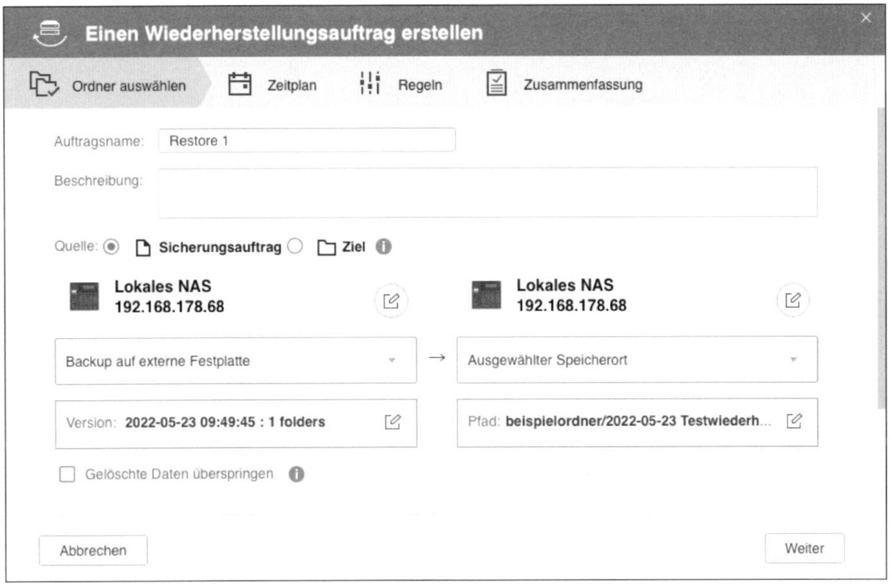

Abbildung 9.23 Wiederherstellungauftrag in HBS erstellen (1)

Wenn Sie Ihren Sicherungsauftrag in der Dropdown-Liste nicht finden, weil Sie z. B. Ihr NAS neu eingerichtet haben, aktivieren Sie statt SICHERUNGSAUFTRAG den Radiobutton ZIEL. Dann klicken Sie auf das Feld QUELLDATEN und navigieren zum Sicherungsordner. Setzen Sie dann einen Haken beim QDFF-Ordner. Bestätigen Sie mit OK.

4. Sobald Sie dort einen gültigen Sicherungsauftrag gewählt haben, erscheint ein weiteres Dropdown-Feld, mit dem Sie den Tag der Sicherung sowie die gewünschten Ordner wählen, die Sie wiederherstellen möchten. Bestätigen Sie mit OK.

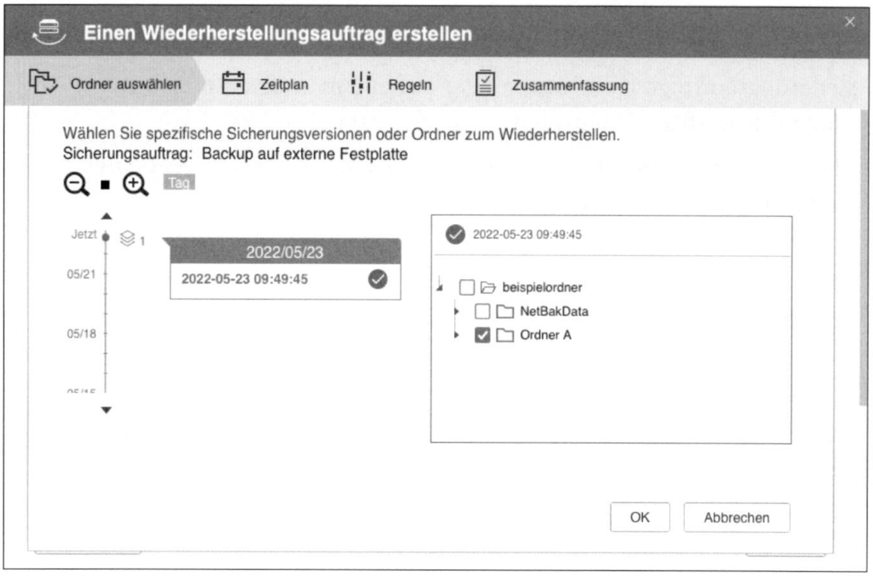

Abbildung 9.24 Auswahl der wiederherzustellenden Sicherung und der Dateien/Ordner in HBS

Wenn Sie keinen Sicherungsauftrag gewählt haben, sondern einen Quellordner einer alten Sicherung, so erhalten Sie nicht den obigen Auswahlbildschirm, können den Sicherungstag aber dennoch über ein Dropdown-Feld unterhalb der Quelle wählen, indem Sie dort z. B. NEUESTE VERSION anklicken.

5. Zurück im Hauptfenster wählen Sie auf der rechten Seite des Fensters aus, wohin Sie die Dateien wiederherstellen möchten. Wir empfehlen, hier nicht den Originalspeicherort zu verwenden, sondern einen separaten Ordner zu wählen, damit Sie die Dateiversionen in Ruhe manuell vergleichen können. Wählen Sie deshalb AUSGEWÄHLTER SPEICHERORT und im Dropdown-Feld darunter den Ordnerpfad, in den wiederhergestellt werden soll. Klicken Sie dann auf WEITER.
6. Im Folgenden legen Sie einen Zeitplan fest. In der Regel wählen Sie hier KEIN ZEITPLAN und setzen den Haken bei JETZT WIEDERHERSTELLEN, da Sie nur einmalig wiederherstellen. Klicken Sie auf WEITER.
7. Im Bereich REGELN können Sie festlegen, ob ACL (siehe Abschnitt , »Einrichtung eines Sicherungsplans«) wiederhergestellt werden sollen. Sofern Sie erstens auf einem NAS wiederherstellen, das dieselben Benutzer hat wie das gesicherte NAS, und zweitens beim Sichern die ACL auch mitgesichert haben, sollten Sie diesen Haken aktivieren.

Im letzten Schritt wird Ihnen eine Zusammenfassung angezeigt, die Sie mit WIEDERHERSTELLEN bestätigen. Sofern Sie den Haken JETZT WIEDERHERSTELLEN gewählt haben, startet die Wiederherstellung nun als Hintergrundaufgabe, deren Fortschritt Sie per Klick auf das Symbol oben rechts innerhalb der NAS-Weboberfläche überwachen können. Andernfalls können Sie warten, bis der Zeitplan die Wiederherstellung startet, oder Sie starten die Wiederherstellung über HBS manuell.

Daten ohne NAS wiederherstellen

Wir haben uns im vorigen Abschnitt angeschaut, wie man Daten wiederherstellen kann, wenn HBS zur Verfügung steht. Ist Ihr NAS aber defekt, möchten Sie so rasch wie möglich an die Daten, ohne auf ein NAS angewiesen zu sein. Das ist eigentlich ganz einfach. Es sind aber zwei Fälle zu unterscheiden:

- **Der Sicherungsauftrag verwendet keine QuDedup-Deduplizierung**

  In diesem Fall finden Sie die Dateien in genau der Struktur im Sicherungsziel wieder, in der sie auch am Originalspeicherort lagen. Für jede Sicherung erzeugt HBS einen Ordner im Format JJJJMMTTSSMM, z. B. 202205231136 für den 23. Mai 2022 um 11:36. Darin finden Sie alle Dateien, die Sie benötigen. Wenn Sie auch ein NAS gesichert haben, können Sie darauf zugreifen, indem Sie File Station auf der NAS-Weboberfläche verwenden. Wenn Sie auf einen externen Datenträger wie USB-Stick oder USB-Festplatte gesichert haben, können Sie darauf mit File Station am NAS oder per Anschluss an einen Rechner mit jedem PC oder Mac zugreifen, der das Dateisystem des Datenträgers lesen kann.

- **Der Sicherungsauftrag verwendet QuDedup-Deduplizierung**

  Der Standardfall ist jedoch, dass QuDedup aktiviert ist, denn dies ist die Voreinstellung und es erzeugt auch kleinere Sicherungssätze. Diese Daten lassen sich ohne NAS nicht so einfach lesen. Würden Sie die Sicherung in HBS wählen, würden Sie gar nicht merken, dass QuDedup aktiviert ist, denn das merkt HBS automatisch. Aber Sie haben in diesem angenommenen Sonderfall ja kein NAS. Abhilfe schafft das QuDedup Extract Tool, das wir uns im nächsten Abschnitt anschauen.

QuDedup-Dateien ohne NAS lesen

Immerhin hat sich QNAP Gedanken dazu gemacht, wie man die Sicherungssätze mit QuDedup auch ohne NAS wiederherstellen kann. Dazu gibt es die Freeware QuDedup Extract Tool. Sie ist für Windows, Mac und Linux/Ubuntu verfügbar.

Das Tool erhalten Sie als Download von *https://www.qnap.com/de-de/utilities/enterprise*. Zur Installation benötigen Sie Administratorrechte. Verschaffen Sie sich Zugriff auf den Sicherungsordner, aus dem Sie Daten wiederherstellen möchten. Er trägt den Namen der Sicherung mit *.qdff* dahinter (wie eine Dateiendung, jedoch beim Ordnernamen). Dazu können Sie den Ordner in einen Freigabeordner kopieren, den Sie vom Rechner aus erreichen. Oder Sie kopieren den Ordner mit File Station auf einen USB-Stick und schließen diesen an Ihren Rechner an. Wenn auf einen externen Datenträger gesichert wurde, schließen Sie die externe Festplatte an den PC an.

1. Klicken Sie in QuDedup Extract Tool auf DATEI DURCHSUCHEN, und wählen Sie den Ordner mit den Sicherungen.
2. Das Programm zeigt Ihnen daraufhin die in der Sicherung enthaltenen Ordner an (siehe Abbildung 9.25). Sie können nun wählen, welche Elemente Sie wiederherstellen möchten.

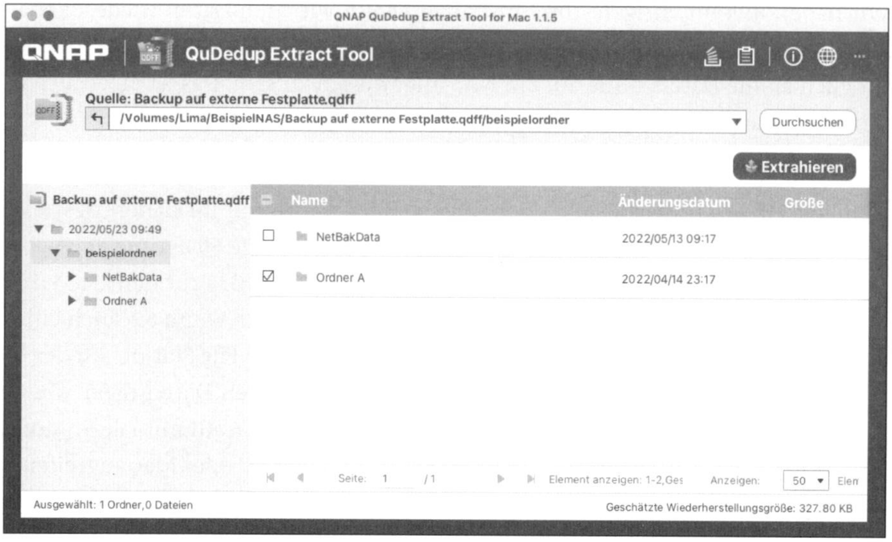

Abbildung 9.25 QuDedup Extract Tool

3. Anschließend klicken Sie oben rechts auf EXTRAHIEREN.
4. QuDedup teilt Ihnen mit, wie viel Speicher für die wiederhergestellten Daten benötigt wird, und fragt Sie nach dem Zielspeicherort. Wählen Sie den Ordner aus, in den Sie wiederherstellen möchten. Empfehlung: Legen Sie einen neuen Ordner an.
5. Als Letztes müssen Sie eine KONFLIKTRICHTLINIE angeben. Damit legen Sie fest, ob vorhandene Dateien am Zielort überschrieben werden dürfen. Wenn Sie einen neuen Ordner angelegt haben, sind hier keinerlei Probleme zu erwarten.

QuDedup erstellt eine Hintergrundaufgabe und beginnt sofort mit der Wiederherstellung.

9.5 Hyper Data Protector: Virtuelle Maschinen sichern

Als *Hypervisor* wird das System bezeichnet, das zur Ausführung weiterer virtueller Systeme dient. Zum Beispiel kann ein Windows Server so konfiguriert werden, dass er weitere Betriebssysteme wie andere Windows-Server-, Windows-Desktop- oder Linux-Systeme wie etwa Webserver ausführen kann. Die virtuellen Betriebssysteme (*virtuelle Maschinen* = *VM*) selbst laufen, als wären sie auf einer physischen Hardware – für sie ist die Virtualisierung transparent.

Die großen, bekannten Hypervisoren in der Businesswelt sind *Microsoft Hyper-V* und *VMware vSphere* mit dem *ESXi*-Hypervisor. Mit dem *Hyper Data Protector* bietet QNAP eine App für Ihr NAS, mit der Sie die Maschinen aus diesen Hypervisoren sichern können. Hyper-V wird ab Version 2016 unterstützt, ESXi ab Version 6.5 bzw. vCenter ab 6.7. In diesem Abschnitt stellen wir Ihnen diese App vor und begleiten Sie bei der Einrichtung.

Im Übrigen kann auch ein QNAP-NAS-System ein Hypervisor sein. Mehr dazu erfahren Sie in Kapitel 16, »Virtuell und sicher«.

9.5.1 Installation

So installieren Sie Hyper Data Protector:

1. Loggen Sie sich als Administrator in die Weboberfläche des NAS-Systems ein, und starten Sie das App Center.
2. Verwenden Sie die Suchfunktion [Q] oben rechts, und suchen Sie nach »Hyper Data«.
3. Sie erhalten das Suchergebnis HYPER DATA PROTECTOR. Klicken Sie unterhalb des Programm-Icons auf INSTALLIEREN.

Abbildung 9.26 Installation von Hyper Data Protector über das App Center

9.5.2 Grundeinrichtung

Ist die App installiert, starten Sie sie über das Menü. Der Hyper Data Protector wird in einem neuen Browser-Tab geöffnet. Am besten, Sie setzen sich ein Lesezeichen auf diese URL, so dass Sie sie jederzeit schnell öffnen können. Sie lautet: *https://[ip-ihres-nas]/HyperDataProtector*.

Der erste Login

Falls der Aufruf der Website viel Zeit in Anspruch nimmt, sich zwischendurch aufhängt oder sich die Seite nicht öffnet, schließen Sie den Browser-Tab, und starten Sie Hyper Data Protector aus der NAS-Weboberfläche über das Menü noch einmal.

Zur Nutzung von Hyper Data Protector müssen Sie die Anmeldedaten eines NAS-Administrators in der Loginmaske eingeben. Nach dem ersten Login sehen Sie zunächst eine Programmvorstellung; diese können Sie mit Klick auf schließen. Bei der Nachfrage, ob die Vorstellung beim nächsten Login erneut angezeigt werden soll, klicken Sie auf NO.

Umstellen auf Deutsch

Ihre erste Amtshandlung ist das Umstellen der Oberflächensprache auf Deutsch, denn die App übernimmt nicht die Sprache, die Sie in der »normalen« Weboberfläche des NAS-Systems eingestellt haben. Klicken Sie dafür oben rechts auf und im dann erscheinenden Menü auf LANGUAGE. Schließlich klicken Sie dort auf DEUTSCH.

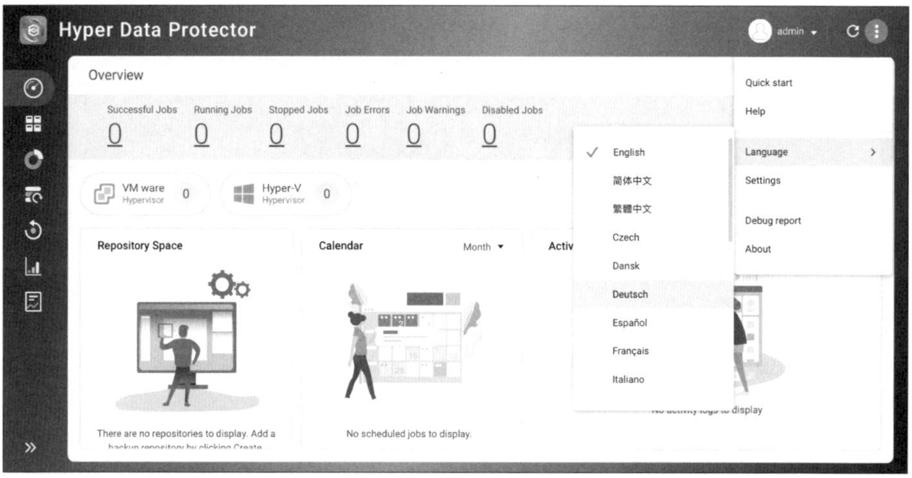

Abbildung 9.27 Die Programmoberfläche von Hyper Data Protector auf Deutsch umstellen

Begriffe kennenlernen

Auf der linken Seite des Programmfensters finden Sie das Menü. Die Icons sind nicht sehr selbsterklärend, deshalb genehmigen Sie sich ruhig das große Menü mit Icon-

Beschriftungen, indem Sie auf » unten links klicken. Folgendes verbirgt sich hinter den Menüeinträgen:

- Die ÜBERSICHT gibt Ihnen einen raschen Überblick über den erfolgreichen Abschluss und Fehler bei den Sicherungsaufträgen von Hyper Data Protector. Es ist die erste Ansicht, die Sie nach dem Login sehen.
- Im zweiten Punkt, INVENTAR, werden die Server gelistet, die Sie sichern.
- Unter REPOSITORY-SPEICHERPLATZ legen Sie fest, wohin die Sicherungen geladen werden. Das Ablegen von Sicherungen erfolgt immer lokal auf dem NAS. Sie müssen dafür einen separaten Speicherbereich auf dem NAS reservieren, der sich dann getrennt von den übrigen NAS-Daten darstellt.
- Unter SICHERUNG erzeugen Sie Sicherungsjobs, die virtuelle Maschinen von Servern aus dem Inventar auf einen Speicher vom Repository-Speicherplatz sichern.
- Die Menüpunkte WIEDERHERSTELLEN und AUFTRAGSSTATUS sind selbsterklärend.
- Im letzten Menüpunkt SYSTEM finden Sie das Ereignisprotokoll zu allem, was rund um Hyper Data Protector passiert ist.

9.5.3 Hypervisor zum Inventar hinzufügen

Zunächst geben Sie den Server an, dessen virtuelle Maschinen Sie sichern möchten. Sie benötigen dazu:

- die IP-Adresse des Hypervisors
- Zugangsdaten eines Benutzers, der Maschinen sichern darf (in der Regel der Administrator)

Außerdem sollten Sie sicherstellen, dass keine Firewall-Regeln auf dem NAS (*Qu-Firewall*) oder auf dem Hypervisor (Microsoft Defender oder Drittanbieter-Firewall) die Verbindung blocken.

Wenn Sie die Voraussetzungen geprüft haben, geht es wie folgt weiter:

1. Klicken Sie innerhalb von Hyper Data Protector auf den Menüpunkt INVENTAR.
2. Klicken Sie auf INVENTAR HINZUFÜGEN.
3. Wählen Sie auf der linken Seite den Typ Ihres Hypervisors. Für unser Beispiel wählen wir HYPER-V.
4. Tragen Sie unter NAME einen frei wählbaren Namen für den Hypervisor ein, mit dem Sie diesen Server innerhalb von Hyper Data Protector benennen möchten.
5. Tragen Sie die übrigen Daten wie zuvor vorbereitet ein. Den DIENST-PORT belassen Sie beim Standard (5985 für Hyper-V, bei VMware ist es 443). Dies ist der Port, über den Hyper Data Protector den Hypervisor abfragt und auch die Sicherungsdaten zieht.

Abbildung 9.28 Dem Inventar einen Hypervisor hinzufügen

6. Klicken Sie auf HINZUFÜGEN, und warten Sie ein paar Minuten, bis Hyper Data Protector den Hypervisor ausgelesen und initialisiert hat.

Zum Schluss finden Sie den gerade hinzugefügten Hypervisor im Menüpunkt INVENTAR im Reiter VMWARE bzw. HYPER-V, je nachdem, welchen Servertyp Sie hinzugefügt haben (siehe Abbildung 9.29). Lassen Sie sich nicht davon beeindrucken, dass zwischendurch VERBINDUNG GETRENNT in der Status-Spalte steht. Warten Sie ab, das Programm versucht es immer wieder.

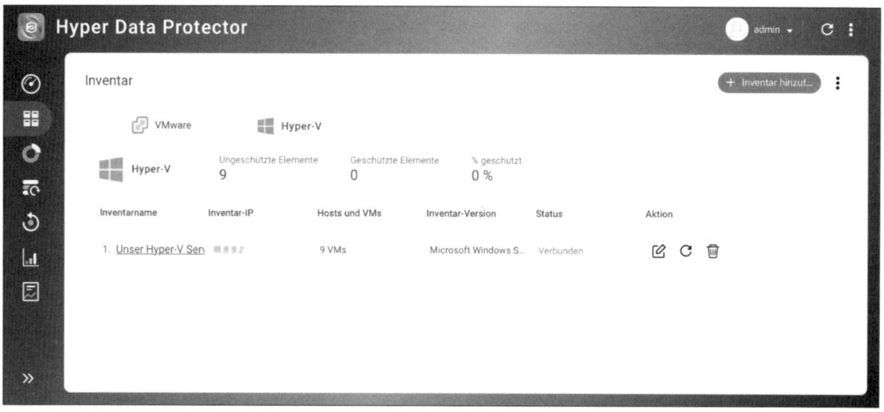

Abbildung 9.29 Inventarübersicht im Hyper Data Protector

Die gefundenen virtuellen Maschinen (VMs) des Hypervisors werden Ihnen hier in der Gesamtzahl genannt. Welche Maschinen Sie davon sichern, legen Sie hier nicht fest, sondern in einem Sicherungsauftrag. Aber vorher müssen wir uns darum kümmern, wohin die Sicherungen überhaupt geschrieben werden.

9.5.4 Repository-Speicherplatz einrichten

Als Nächstes legen Sie fest, wohin Hyper Data Protector die Sicherungen des Hypervisors schreibt. Repositories kann es mehrere geben. Es handelt sich dabei jeweils um einen Ordner auf einem Volume Ihres NAS. Wenn Sie einen auf oberster Ebene erstellen wollen, müssen Sie zuvor in der »normalen« Weboberfläche einen Freigabeordner erstellen und diesen ausschließlich für den eigenen Administrator-Benutzer lesbar machen. Alternativ wählen Sie einen vorhandenen. Da Ihnen Hyper Data Protector beim Erstellen eines Repository-Speicherplatzes nicht anbietet, einen neuen Ordner zu erstellen, empfehlen wir Ihnen, dies vorher tun:

1. Öffnen Sie, z. B. in einem eigenen Browser-Tab, die »normale« Weboberfläche des NAS-Systems, und loggen Sie sich dort als Administrator ein.
2. Öffnen Sie die SYSTEMSTEUERUNG und dort FREIGABEORDNER.
3. Klicken Sie auf ERSTELLEN und dann auf FREIGABEORDNER.
4. Geben Sie einen ORDNERNAMEN an, z. B. *Hyper Data Protector Sicherungen*, und klicken Sie auf WEITER.

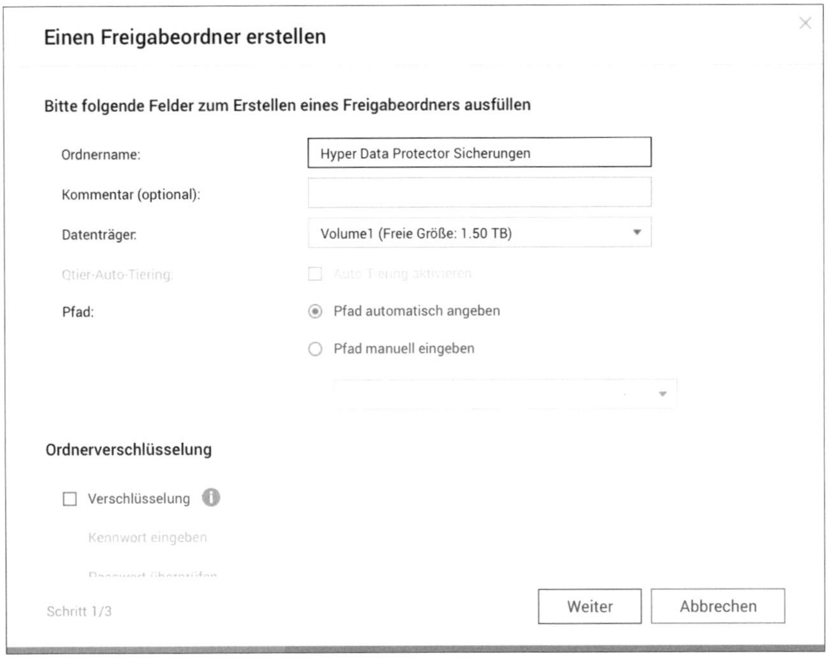

Abbildung 9.30 Ordner für Sicherungen über die NAS-Systemsteuerung erstellen

5. Kontrollieren Sie, dass wirklich nur Sie als Admin-Benutzer Lese-/Schreibrechte (RW) haben und kein anderer NAS-Benutzer. Klicken Sie auf WEITER.
6. Auf der letzten Seite aktivieren Sie den Haken NETZLAUFWERK VERBERGEN und *deaktivieren* NETZWERKPAPIERKORB AKTIVIEREN. Klicken Sie auf FERTIGSTELLEN.

Nun, da Sie einen Ordner auf oberster Ebene erstellt haben, in dem die Sicherungen abgelegt werden können, wechseln Sie wieder in den Browser-Tab mit Hyper Data Protector. Hier erstellen Sie das Repository:

1. Klicken Sie im Menü auf REPOSITORY-SPEICHERPLATZ und dann rechts oben auf den blauen Button SICHERUNGS-REPOSITORY HINZUFÜGEN.
2. Im erscheinenden Menü sehen Sie unter Umständen zwei gleich lautende Einträge. Der erste lautet SICHERUNGS-REPOSITORY HINZUFÜGEN, der zweite lautet SICHERUNGS-REPOSITORY IMPORTIEREN. Wählen Sie den ersten Punkt SICHERUNGS-REPOSITORY HINZUFÜGEN.
3. Wählen Sie bei STANDARDORDNER AUSWÄHLEN den im vorigen Schritt erstellten Freigabeordner aus.
4. Geben Sie bei NAME einen Namen für das neue Repository an (siehe Abbildung 9.31). Orientieren Sie sich bei der Namenswahl daran, dass Sie vielleicht später mehrere Repositories innerhalb dieses Hauptordners erstellen könnten.

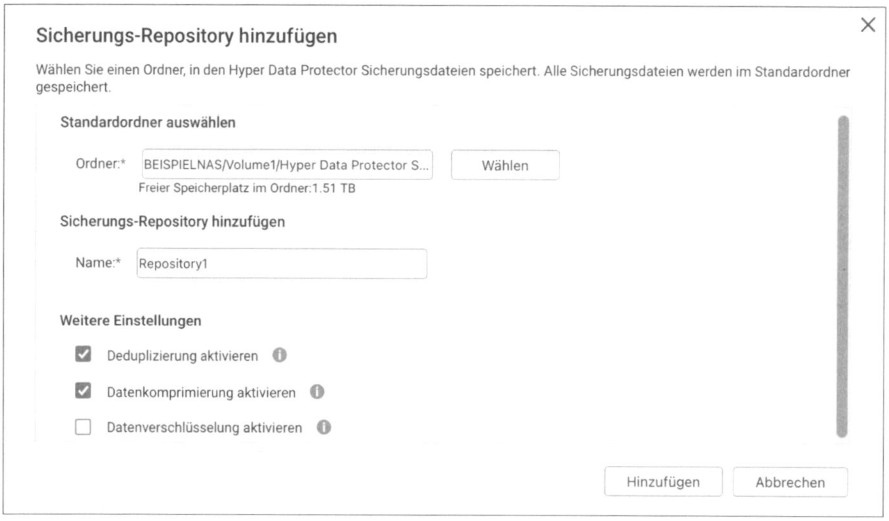

Abbildung 9.31 Sicherungs-Repository hinzufügen

5. Kontrollieren Sie die Vorgaben unter WEITERE EINSTELLUNGEN: Die DEDUPLIZIERUNG setzt die DATENKOMPRIMIERUNG voraus. Wir empfehlen, den Standard zu übernehmen und beides aktiviert zu lassen, um die Sicherungsdaten klein zu halten. Auf der anderen Seite erzeugt das eine hohe Systemlast auf dem NAS und zieht den Sicherungsprozess unter Umständen in die Länge. Finden Sie hier mit eigenen Tests eine gute Einstellung für Ihr Einsatzszenario. Klicken Sie auf HINZUFÜGEN.

Ihr erstelltes Sicherungs-Repository wird nun in der Liste im Hauptfenster von Hyper Data Protector aufgeführt.

9.5.5 Sicherungsauftrag erstellen

Mit einem Sicherungsauftrag legen Sie fest, welche VMs eines Servers wann in welches Sicherungs-Repository gesichert werden. Ehe Sie einen Sicherungsauftrag erstellen können, müssen folgende Voraussetzungen erfüllt sein:

- Der betroffene Hypervisor muss dem Inventar hinzugefügt worden sein.
- Mindestens ein Sicherungs-Repository muss angelegt worden sein.

So legen Sie einen Sicherungsauftrag an:

1. Klicken Sie in Hyper Data Protector auf den Menüpunkt SICHERUNG, und klicken Sie auf AUFTRAG ERSTELLEN. Es erscheint ein Fenster wie in Abbildung 9.32.

Abbildung 9.32 Auftrag erstellen

2. Vergeben Sie unter AUFTRAGSNAME einen Titel für den Sicherungsauftrag, mit dem Sie diesen Auftrag von anderen Aufträgen unterscheiden können.
3. Wählen Sie unter QUELLE WÄHLEN die VMs aus, die gesichert werden sollen. Es erscheint ein neues Fenster. Hier wählen Sie zunächst den Hypervisor aus Ihrem Inventar. Klicken Sie dann auf WEITER. Als Nächstes wählen Sie die VMs aus, die gesichert werden sollen. Dazu können Sie entweder einzelne VMs per Haken auswählen oder alle. Klicken Sie am Ende auf AUSWÄHLEN.
4. Klicken Sie auf ZIEL WÄHLEN, und entscheiden Sie sich für ein Repository, in das Sie sichern möchten. Klicken Sie auf AUSWÄHLEN, um die Einstellung zu übernehmen. Das Fenster sieht nun in etwa aus wie in Abbildung 9.33.
5. Klicken Sie auf WEITER, um zur Zeitplaneinstellung zu gelangen.

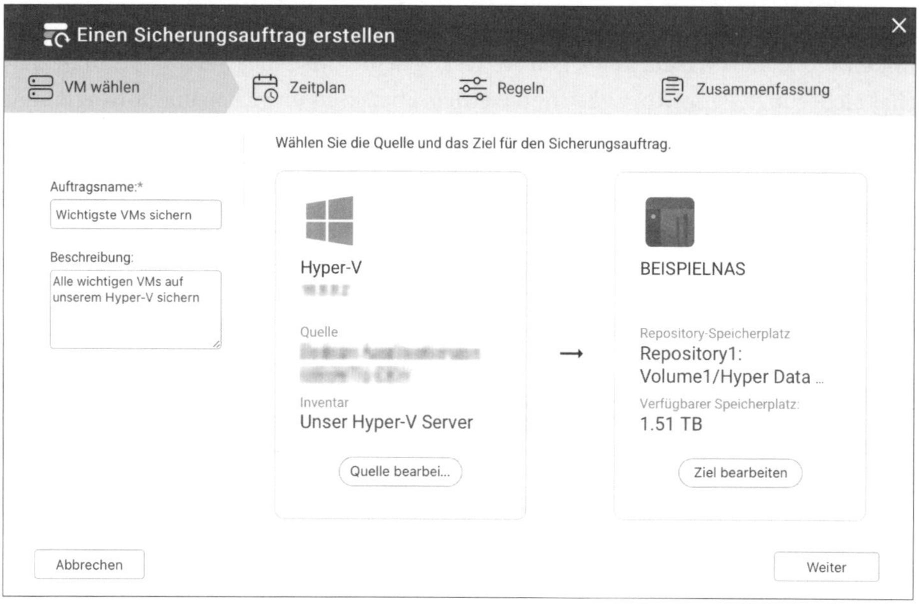

Abbildung 9.33 Auswahl von VMs für die Sicherung

Im Bereich ZEITPLAN gibt es die Reiter ZEITPLAN und BEIBEHALTUNG. Schauen wir uns zunächst den Zeitplan an. Hier haben Sie die Auswahl zwischen drei Optionen:

- PLANER: Hier können Sie bis zu fünf Zeitpläne hinterlegen, nach denen der Sicherungsauftrag ausgeführt werden soll.
- NACH VERKNÜPFTEM AUFTRAG AUSFÜHREN: Hier können Sie festlegen, dass dieser Sicherungsauftrag ausgeführt werden soll, nachdem ein anderer Sicherungsauftrag abgeschlossen ist. Ein Beispiel hierzu: Ein geschäftliches Anwendungsprogramm besteht aus einem Datenbankserver und einem Dateiserver, beides in Form von VMs. Sie möchten beides sichern, aber nacheinander, damit Sie einen konsistenten Datenstand im Backup festhalten. Die eine VM liegt auf einem älteren VMware ESXi Server, die andere auf dem neueren Hyper-V. Sie haben deshalb zwei Sicherungsjobs erstellen müssen. Mit dieser Einstellung können Sie dafür sorgen, dass die Server direkt nacheinander gesichert werden, indem der zweite Sicherungsauftrag erst startet, nachdem der erste abgeschlossen wurde.
- KEIN ZEITPLAN: Der Sicherungsauftrag wird zwar erstellt, aber muss manuell in Hyper Data Protector gestartet werden – ansonsten erfolgt niemals eine Sicherung.

Wenn Sie sich im Reiter ZEITPLAN entschieden haben, wie der Auftrag gestartet werden soll, geht es als Nächstes darum, welche Versionshistorie alter Backups Sie beibehalten möchten.

1. Wechseln Sie (noch im Schritt: ZEITPLAN) in den Reiter BEIBEHALTUNG, und legen Sie fest, wie viele ältere Sicherungen dieses Auftrags Sie behalten möchten, ehe sie gelöscht werden. Einen Vorschlag für eine sinnvolle Versionshistorie können Sie Abbildung 9.34 entnehmen.

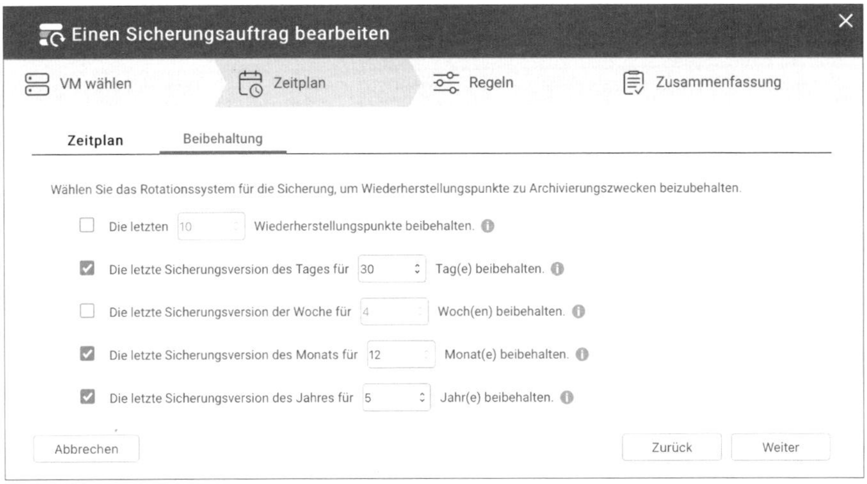

Abbildung 9.34 Beizubehaltende Sicherungsversionen festlegen

Damit halten Sie von den letzten 30 Tagen ein tägliches Backup vor, aus jedem Monat des letzten Jahres je eine Monatssicherung und von den letzten fünf Jahren je eine Jahressicherung.

2. Wenn Sie Ihre Einstellungen gewählt haben, klicken Sie auf WEITER.
3. Sie landen beim Schritt REGELN des Assistenten. Hier können Sie die ÜBERTRAGUNGSVERSCHLÜSSELUNG und die ÜBERTRAGUNGSKOMPRIMIERUNG aktivieren. Die Haken dafür sind standardmäßig gesetzt, belassen Sie diese so. Auch die ANWENDUNGSSPEZIFISCHE VERARBEITUNG sollten Sie aktivieren. Sie basiert auf Volumenschattenkopien und sorgt für einen konsistenten Zustand der Daten in der VM. Falls der Hypervisor mehrere Festplatten hat, können Sie beim Punkt TEMPORÄRES SICHERUNGSLAUFWERK festlegen, auf welcher davon er temporäre Dateien erzeugt.
4. Klicken Sie auf WEITER. Dann erhalten Sie eine Auftragsübersicht. Klicken Sie auf AUFTRAG ERSTELLEN.

Aufträge oder Repositories deaktivieren

Sie können Aufträge deaktivieren, so dass Einstellungen zum Zeitplan gespeichert bleiben, der Auftrag aber dennoch nicht ausgeführt wird. Die Funktion kann hilfreich sein, wenn an bestimmten virtuellen Maschinen oder am Hypervisor Wartungsarbeiten ausgeführt werden und eine Sicherung deshalb vorübergehend ausgesetzt werden soll. Um einen Sicherungsauftrag zu deaktivieren, gehen Sie wie folgt vor:

1. Klicken Sie im Menü auf SICHERUNG.
2. Wählen Sie den zu deaktivierenden Sicherungsauftrag.
3. Klicken Sie auf ⋮ und dann auf DEAKTIVIEREN.

Deaktivierte Sicherungsaufträge zeigen ein kleines, rotes Einbahnstraßen-Symbol neben dem Auftragsnamen an.

Auf dieselbe Weise können Sie Sicherungs-Repositories »abschalten«. Hier nutzt QNAP den Begriff »trennen«. Hyper Data Protector trennt sich dann vom betroffenen Freigabeordner des NAS und deaktiviert auch alle Sicherungsaufträge, die dieses Repository als Sicherungsziel eingestellt haben. So trennen Sie ein Sicherungs-Repository:

1. Klicken Sie im Menü auf REPOSITORY-SPEICHERPLATZ.
2. Klicken Sie auf ⋮ hinter dem zu trennenden Repository.
3. Klicken Sie auf TRENNEN.
4. Bestätigen Sie den Warnhinweis.

Getrennte Repositories zeigen sich mit einem Pappkarton-Icon am Symbol.

9.5.6 Auftragsstatus prüfen

Ob Ihr Sicherungsauftrag zeitplangerecht gestartet wurde, können Sie im Menü unter AUFTRAGSSTATUS einsehen. Hier sehen Sie auch den Fortschritt in Prozent sowie die aktuelle Sicherungsgröße. Mit einem Klick auf ⦿ können Sie die Auftragsbearbeitung abbrechen. Über ⋮ können Sie sich einen detaillierten Bericht anzeigen lassen. Wenn ein Sicherungsauftrag mit einem Fehler abschließt, zeigt Ihnen der Bericht auf, welche VMs gesichert werden konnten. Sie sehen etwa, dass eine VM gesichert werden konnte, während eine weitere nicht gesichert werden konnte.

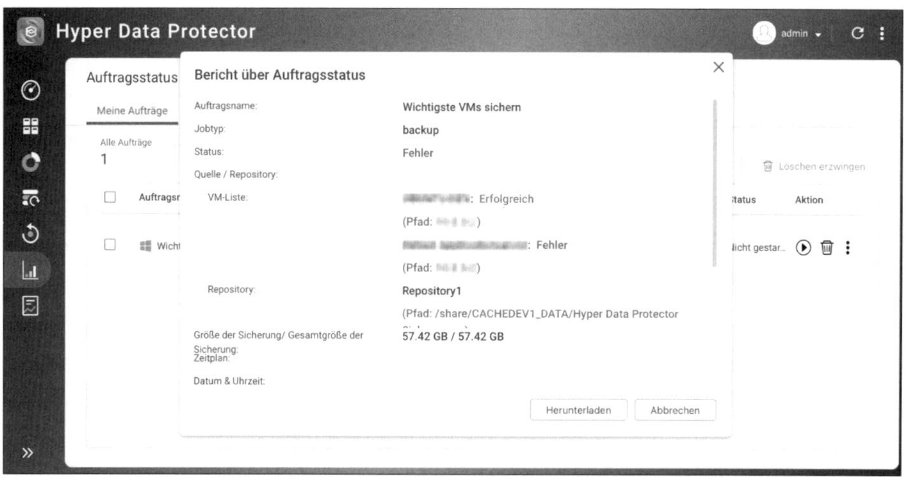

Abbildung 9.35 Auftragsstatus mit Bericht inklusive Detailinformationen

Der Bericht hält sich in Bezug auf die Fehlerquelle sehr allgemein. Eine weitere Funktion hilft Ihnen, Aufträge zu überwachen und Problemen auf die Spur zu kommen: das EREIGNISPROTOKOLL. Um es aufzurufen, klicken Sie im Menü auf den letzten Punkt SYSTEM. Hier finden Sie detaillierte Fehlerbeschreibungen dazu, weshalb ein Sicherungsauftrag fehlschlug. Auch erfolgreiche sowie fehlgeschlagene Logins in die Programmoberfläche werden hier dokumentiert.

9.5.7 Wiederherstellen

Um eine virtuelle Maschine wiederherzustellen, gehen Sie wie folgt vor:

1. Klicken Sie in Hyper Data Protector im Menü auf WIEDERHERSTELLEN.
2. Klicken Sie auf AUFTRAG ERSTELLEN.
3. Vergeben Sie unter AUFTRAGSNAME einen Titel für diesen Wiederherstellungsauftrag, so dass Sie ihn im Ereignisprotokoll von anderen Aufträgen unterscheiden können.

   Klicken Sie auf QUELLE WÄHLEN, und wählen Sie im erscheinenden Fenster dann den Sicherungsauftrag, aus dem Sie eine VM wiederherstellen möchten (siehe Abbildung 9.36). Klicken Sie dann auf WEITER. Ihnen wird eine Zeitstrahlansicht mit den zur Verfügung stehenden Sicherungszeitpunkten angezeigt. Mit den Symbolen [–] und [+] können Sie von Tagen auf Stunden hineinzoomen oder auf Monate hinauszoomen. Nachdem Sie in der linken Hälfte in der Zeitstrahlansicht eine Sicherung ausgewählt haben, aktivieren Sie in der rechten Hälfte des Fensters per Haken die VMs, die Sie aus der gewählten Sicherung wiederherstellen möchten. Klicken Sie auf WEITER.

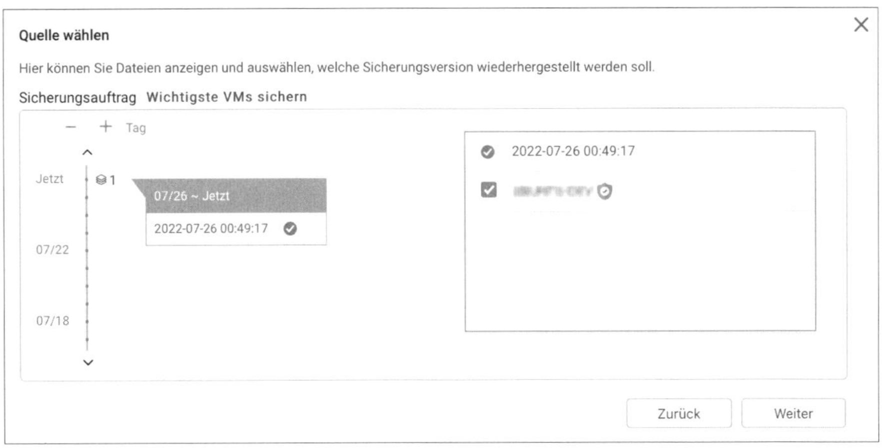

Abbildung 9.36 Wiederherzustellende VMs wählen

4. Sie landen wieder im Hauptbildschirm. Klicken Sie auf ZIEL BEARBEITEN. Vom Assistenten wird vorgeschlagen, die VM auf dem Hypervisor AM ORIGINALSPEICHER-

ORT WIEDERHERZUSTELLEN. Das trifft noch keine Aussage darüber, ob die vorhandene VM überschrieben wird. Diese Einstellung betrifft lediglich den Ablageort der VM-Dateien im Dateisystem. Alternativ können Sie die VM auf einem anderen Hypervisor wiederherstellen, indem Sie aus der Dropdown-Liste den Eintrag AM NEUEN SPEICHERORT WIEDERHERSTELLEN wählen und den entsprechenden Hypervisor aus dem Inventar wählen.

5. Klicken Sie auf WEITER. Es liest sich etwas befremdlich, aber auch hier können Sie einen Zeitplan erstellen. Es wird selten vorkommen, dass Sie eine Sicherung einer VM nach einem regelmäßigen Zeitplan an einer anderen Stelle wiederherstellen, aber es wird unterstützt. Für einen einmaligen Wiederherstellungsauftrag werden Sie in der Regel KEIN ZEITPLAN auswählen. Klicken Sie auf WEITER.
6. Sie landen beim Schritt REGELN. Hier dürfen Sie keine Fehler machen. Wählen Sie aus, ob Sie die vorhandene VM überschreiben möchten (ÜBERSCHREIBEN wählen) oder ob Sie neben der vorhandenen VM eine Kopie in Form der wiederhergestellten Sicherungskopie erzeugen wollen (UMBENENNEN). Da Sie veraltete Daten wiederherstellen und sich in der Regel erst von der Nutzbarkeit des Backups überzeugen wollen, ist Umbenennen stets eine gute Wahl. Sie können den Namen der umbenannten VM im Eingabefeld selbst vergeben.

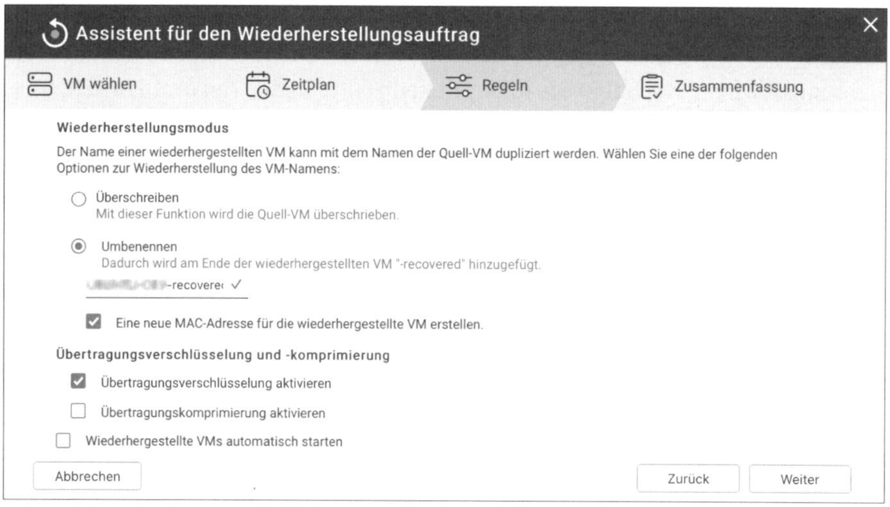

Abbildung 9.37 Quell-VM beim Wiederherstellen überschreiben oder umbenennen

Neue MAC-Adresse erstellen?

Optional können Sie festlegen, ob die wiederhergestellte VM eine neue MAC-Adresse erhalten soll.

Wenn Sie die Quell-VM und das wiederhergestellte Backup zeitgleich laufen lassen wollen, z. B. um Daten manuell zu kopieren, sollten Sie unbedingt eine neue MAC-

Adresse zuteilen, damit die VMs als unterschiedliche Systeme im Netzwerk agieren können.

Wenn hingegen andere Server mit der wiederherzustellenden VM interagieren und darauf angewiesen sind, dass die VM genau derselbe Netzwerkteilnehmer mit z. B. derselben DHCP-Adresse ist, dann sollten Sie die MAC-Adresse nicht neu zuteilen und die der Quell-VM weiternutzen. Achten Sie in diesem Szenario aber darauf, nicht beide VMs (Quell-VM und wiederhergestellte Kopie) gleichzeitig hochzufahren.

7. Wählen Sie noch aus, ob die wiederhergestellte VM direkt hochgefahren werden soll oder ob Sie das manuell erledigen möchten. Klicken Sie auf WEITER.
8. Ihnen wird eine Zusammenfassung angezeigt. Klicken Sie auf AUFTRAG ERSTELLEN, um den Auftrag nur im System abzulegen und später zu starten, oder auf WIEDERHERSTELLEN, um die Wiederherstellung sofort manuell zu starten.

Der Auftrag landet ähnlich den Sicherungsaufträgen in der Übersicht, von wo Sie ihn starten oder überwachen können. Wenn er startet, schreibt er genau wie Sicherungsaufträge in den AUFTRAGSSTATUS und das EREIGNISPROTOKOLL (Menüpunkt SYSTEM), siehe Punkt »Auftragsstatus prüfen«.

9.5.8 Benachrichtigungen versenden

Die Aktivitäten von Hyper Data Protector werden im Ereignis-Log des NAS gespeichert. Sie können sich die Werkzeuge im BENACHRICHTIGUNGSZENTRUM zunutze machen, um sich über bestimmte Ereignisse benachrichtigen zu lassen.

Das Benachrichtigungszentrum finden Sie in der »normalen« Weboberfläche des NAS in der SYSTEMSTEUERUNG im Bereich SYSTEM unter dem Menüpunkt BENACHRICHTIGUNGSZENTRUM. Alternativ starten Sie es aus Hyper Data Protector über das Menü ⋮ und den Punkt EINSTELLUNGEN.

Das Benachrichtigungszentrum ist so strukturiert, dass es die möglichen Ereignisquellen für jede App erkennt. Wenn Sie beispielsweise zum Erfolg/Misserfolg eines Sicherungsauftrags informiert werden möchten, wäre dies das Ereignis SICHERUNGSAUFGABEN-AUFGABE.

Anschließend wählen Sie aus, ob Sie Ereignisse der Kategorie INFORMATIONEN, WARNUNG oder FEHLER weiterleiten möchten. Danach können Sie noch nach Schlüsselwörtern filtern und den Benachrichtigungszeitraum eingrenzen (z. B. 9–17 Uhr). Zum Schluss wählen Sie aus, wie Sie benachrichtigt werden möchten. Zur Auswahl stehen E-Mail, SMS (erfordert SMS-Provider), Instant Messaging oder Push-Benachrichtigung (über QManager).

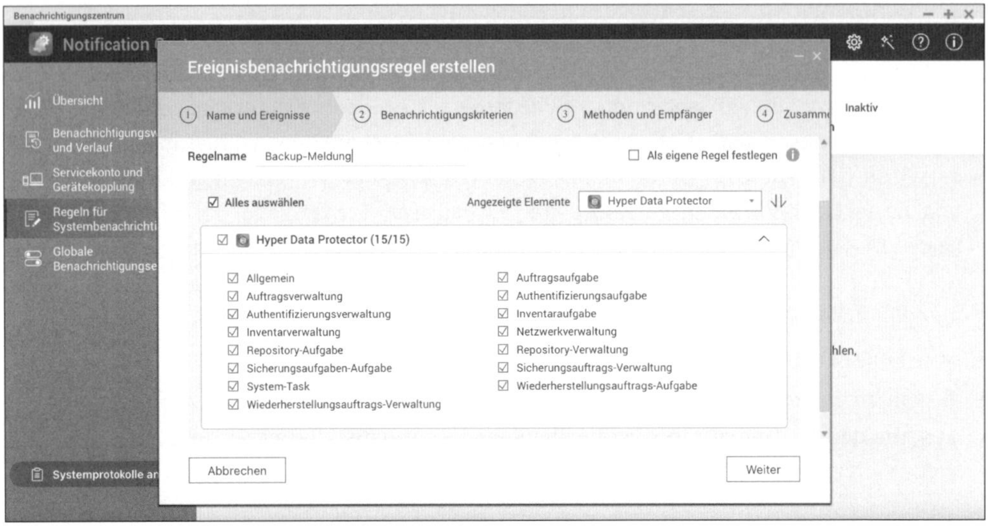

Abbildung 9.38 Benachrichtigungsereignisse von Hyper Data Protector im Benachrichtigungszentrum

Durch die flexiblen Optionen bei der Benachrichtigungsweiterleitung können Sie feinstufig wählen, welche Art von Nachrichten zum Hyper Data Protector Sie auf welchem Wege erhalten möchten. Sie könnten z. B. im Zeitraum 9–17 Uhr eine Mail erhalten und außerhalb dieser Zeit eine Push-Benachrichtigung auf Ihr Smartphone.

9.5.9 Fazit

Für ein Backupprogramm für Hypervisoren kann man mehrere hundert Euro ausgeben. Dass QNAP eine entsprechende App kostenfrei liefert, ist sehr erfreulich, zumal solch ein Programmtyp und das NAS natürlich perfekt zusammenpassen.

In unseren Praxistests stürzte die Programmoberfläche von Hyper Data Protector leider immer wieder ab und warf uns aus dem Loginbereich. Es war nicht einmal möglich, einen Zeitplan zu hinterlegen. Viele Änderungen wurden zwar gespeichert, führten jedoch zum Einfrieren der Website, und wir mussten uns neu einloggen. Das Problem trat mit unterschiedlichen Browsern auf. Hyper Data Protector ist mittlerweile zwei Jahre am Markt. Da fragt man sich, wieso die Oberfläche so instabil läuft. Unter der Haube hat das Programm jedoch stets seinen Dienst verrichtet und die Backups erstellt. Wir gehen davon aus, dass die Fehler kurzfristig behoben werden und wir vielleicht eine Version mit einem Programmfehler erwischt haben.

Achten Sie auf ein stimmiges Backupkonzept. Ein solches umfasst nicht nur die Sicherung als solche, sondern auch ein Wiederherstellungskonzept, eine Aufbewahrungsregel und die Sorge darum, dass Sicherungen an einem separaten, geschützten Ort landen. Sie erinnern sich hoffentlich noch an Abschnitt 9.1?

9.6 Boxafe – Sicherung von Google und Microsoft 365

Boxafe ist eine App, die auf dem NAS installiert werden kann und eine lokale Sicherung der Cloud-Anbieter Microsoft 365 und Google anbietet. In diesem Abschnitt erfahren Sie, welche Änderungen bei Boxafe zu erwarten sind. Außerdem richten wir gemeinsam beispielhaft eine Sicherung eines Microsoft 365 Tenants ein und schauen uns an, welchen Funktionsumfang die App zu bieten hat.

9.6.1 Was wird gesichert und warum sollte man die Cloud sichern?

Boxafe konzentriert sich auf die beiden wichtigsten Anbieter für Cloud- und Collaboration-Dienstleistungen: Microsoft und Google.

- **Microsoft 365**

  Unterstützt werden Microsoft 365 Business, Enterprise und Education sowie Exchange Online. Gesichert werden hierbei alle E-Mails mit Anhängen, Kontakte, Kalenderereignisse inklusive Anhängen, OneDrive-Daten inklusive OneNote und Freigabeberechtigungen, SharePoint Online mit allen Bibliotheken einschließlich Unterseiten, Inhalte von Webseiten, Seiten, Anlagen, Anwendungen etc. sowie Teams inklusive aller Konversationen auf persönlicher Ebene und in Kanälen, Team-Kalender, SharePoint-Inhalte.

- **Google Workspace**

  Unterstützt werden Google Workspace Business Starter, Business Standard, Business Plus und Enterprise sowie Google Workspace for Education and Nonprofits. Gesichert werden hierbei alle E-Mails mit Anhängen, alle Dateiversionen in Google Drive (»Meine Ablage« sowie »Für mich freigegeben«), Google-Docs-Dokumente, Arbeitsblätter, Folien inklusive Berechtigungen, Kontakte sowie Kalenderereignisse inklusive Anhängen aus dem Google Kalender.

Wozu sichern?

Im Kreise der Cloud-Nutzer hält sich wacker die Ansicht, dass ein Backup von Cloud-Dateien unnötig sei. Schließlich könne die Cloud nicht ausfallen. Und wenn sie ausfiele, könne man selbst nichts dagegen tun, weil etwaige Reparaturarbeiten nicht im eigenen Verantwortungsbereich liegen. Und außerdem wäre ein Backup ja gar nicht möglich, wie soll man schließlich an diese Daten aus der Cloud »herankommen«.

Mit diesem Vorurteil müssen wir einmal aufräumen. Natürlich kann ein Cloud-Anbieter ausfallen. Selbst beim sehr bekannten und weit verbreiteten Microsoft 365 gibt es immer mal wieder stundenweise einen Ausfall. Es stimmt, dass Ihnen ein Backup dann nicht weiterhilft, weil Sie dieses ja nicht in ein lauffähiges Cloud-System zurückspielen können. Grundsätzlich ist es aber möglich, ein Backup zu erzeugen – sonst gäbe es ja Apps wie Boxafe nicht. Wozu sollte man es nun anlegen? Wenn tatsächlich etwas »kaputtgeht«, hat der Anbieter doch ein Backup!

Das stimmt, die Anbieter erzeugen Backups und sind in der Lage, den Dienst wieder in einen lauffähigen Zustand zu versetzen. Dabei gibt es aber zwei Dinge zu beachten: Erstens wissen Sie nicht, wie alt das Backup ist, das der Anbieter wiederherstellt. Manchmal geht ein Delta an Daten, das seit dem letzten Backup geändert worden ist, verloren – auch bei Cloud-Diensten. Zweitens versichert Sie das Backup des Cloud-Anbieters nicht gegen Anwenderfehler. Was passiert z. B., wenn Sie eine wichtige E-Mail löschen? Sie können aufwändig eine Wiederherstellungsanfrage an den Cloud-Anbieter senden und auf Antwort warten. Aber nach einer festgelegten Frist (bei Microsoft 365 und Gmail sind es 30 Tage) sind gelöschte E-Mails auch dort unwiderruflich weg. Was Sie benötigen, ist ein Sicherungsverlauf, der Ihnen auch die Wiederherstellung von Daten aus der Vergangenheit ermöglicht. Grob gesagt macht der Cloud-Anbieter nur Backups, um seine eigene Verfügbarkeit zu gewährleisten. Mehr als 30 Tage zurück gehen dessen Versionsverläufe bei den Datensicherungen nicht.

Damit ist Ihnen hoffentlich klar, dass eine Datensicherung Ihrer Cloud-E-Mails, -Kalender, -Dokumente und Co. einen hohen Mehrwert hat. Schauen wir uns nun Boxafe etwas genauer an.

9.6.2 Boxafe im Wandel: Version 2.0 mit neuer Preisstruktur

Boxafe ist 2020 auf den Markt gekommen. Die Nutzung ist derzeit kostenlos. Für den Sommer 2022 wurde Version 2.0 angekündigt. Im Sommer wurde das Release auf das dritte Quartal 2022 verschoben. Wenn Sie dieses Buch in den Händen halten, ist die neue Version vielleicht schon erschienen.

Neben neuen Features ist die Sicherung nur noch bis 30 Benutzer innerhalb des Cloud-Dienstes kostenfrei. Weitere Benutzer kosten jeweils eine monatliche oder jährliche Pauschale, die im Herbst 2022 noch nicht von QNAP kommuniziert wurde. Für Unternehmen mit über 1.000 Benutzern bittet QNAP um Kontaktaufnahme und bietet scheinbar spezielle Konditionen.

Boxafe 2.0 will mit einer besseren Performance und Bedienbarkeit punkten. Neu hinzukommen wird ein Rollensystem für Berechtigungen. Außerdem können Backupdaten nicht mehr nur lokal in einem versteckten Verzeichnis auf dem NAS abgelegt werden, sondern auch in der Cloud (via HybridMount), auf iSCSI-Geräten, sowie VJBOD-Speichern mit Cloud-Anbindung. Zuletzt kann man sich auf die Möglichkeit eines parallelen, zweiten Backups via Hybrid Backup Sync freuen.

Wenn Sie Boxafe nach der Lektüre dieses Abschnitts einsetzen wollen, behalten Sie unbedingt im Hinterkopf, dass ab Version 2.0 die Datensicherung bei mehr als 30 Benutzern im Cloud-Dienst ein kostenpflichtiges Abonnement erfordert. Administratoren, die ihr NAS auf Boxafe Version 2.0 aktualisieren, können ihre Bestandsdaten übernehmen. Ein Downgrade zur alten Version ohne Abonnement ist dann jedoch nicht mehr möglich.

9.6.3 Systemvoraussetzungen und Installation

Boxafe benötigt ein NAS mit 64 Bit auf Basis von Intel, AMD oder ARM. Es müssen mindestens 4 GB Arbeitsspeicher verbaut sein, von denen mindestens 2 GB verfügbar sind. Als Betriebssystem wird eine Version größer als QTS 4.4.2 vorausgesetzt. Die Systemvoraussetzungen machen bereits deutlich, dass Sie Sicherungen mit Boxafe nur auf leistungsstarken Modellen nutzen sollten. Da es dabei um die Backups wichtiger Dateien geht, sollten Sie zu einem gut ausgestatteten Modell greifen.

Installation

Um Boxafe zu installieren, gehen Sie wie folgt vor:

1. Loggen Sie sich als Administrator in die Weboberfläche des NAS-Systems ein, und starten Sie das App Center.
2. Verwenden Sie die Suchfunktion [Q] oben rechts, und suchen Sie nach »Boxafe«.
3. Sie erhalten genau ein Suchergebnis namens BOXAFE. Klicken Sie unterhalb des Programm-Icons auf INSTALLIEREN.

Wenn Ihr NAS mehrere Volumes hat, werden Sie befragt, auf welches Volume die Software installiert werden soll.

Der erste Start

Klicken Sie nach Abschluss der Installation unterhalb des Programm-Icons auf ÖFFNEN. Es wird Ihnen gleich zu Beginn ein Hinweis auf die kommende Version 2.0 und die Änderungen im Lizenzmodell angezeigt. Anschließend stellt ein Assistent Ihnen das Programm vor. Diesen Assistenten können Sie mit Klick auf [X] beenden.

Wenn Sie möchten, können Sie das Programm auf Deutsch umstellen. Bei unseren Tests war die Übersetzung noch nicht vollständig, und die deutsche Sprache wurde auch im Menü nicht angeboten. Es gibt aber einen Trick, wie Boxafe trotzdem Deutsch lernt: Stellen Sie die Sprache auf AUTO DETECT:

1. Öffnen Sie innerhalb von Boxafe das Menü [⋮] oben rechts.
2. Klicken Sie auf LANGUAGE.
3. Wählen Sie AUTO DETECT.

Aufgrund einiger holpriger Übersetzungen ins Deutsche finden Sie in diesem Buch die Screenshots auf Englisch.

9.6.4 Einbindung des Cloud-Dienstes

Damit Sie die Daten des Cloud-Dienstes sichern können, müssen Sie diesen in Boxafe einbinden. Leider ist es nicht damit getan, die eigenen Zugangsdaten einzugeben und dann funktioniert alles.

Google Workspace

Bei Google Workspace nutzt Boxafe die SDK API von Google Drive und benötigt neben einigen Rechte-Einstellungen einen sogenannten Dienstschlüssel. Dieser private Schlüssel wird in Form einer Datei erzeugt, die später in Boxafe auf dem NAS hochgeladen werden muss.

Microsoft 365

Bei Microsoft 365 muss für Boxafe online im Azure Admin Portal eine Applikation erzeugt werden, die mit entsprechenden Rechten ausgestattet werden muss. Auch hier wird ein privater Schlüssel erzeugt, allerdings mit anderen Schritten. QNAP bietet eine PowerShell-Datei zum Download an, die die genannte Applikation in Microsoft 365 erzeugt.

Die Einrichtungsschritte sind nicht trivial und setzen im Fall von Microsoft 365 ein wenig Erfahrung mit PowerShell voraus. Wenn Sie selbst unsicher sind, ziehen Sie gegebenenfalls eine erfahrene Person zu Rate. Außerdem beachten Sie bitte, dass zwischen der hier vorgestellten Version und der Version, die Sie bei sich installiert haben, möglicherweise bereits tiefgreifende Änderungen im Bereich der Dienstanbindung vorgenommen wurden. Den Ankündigungen nach soll die Einrichtung bald einfacher werden.

Microsoft 365 Tenant per PowerShell-Skript verbinden

Wir zeigen Ihnen nachfolgend beispielhaft die notwendigen Schritte zur Einbindung eines Microsoft-365-Tenants inklusive aller Benutzer in Boxafe. Dazu verwenden wir das Admin-Konto des Tenants.

Klicken Sie in Boxafe auf ADD DOMAIN und dann auf MICROSOFT 365. Es erscheint das Menü aus Abbildung 9.39, in dem eine ganze Reihe Felder abgefragt werden.

Die Frage ist nun: Wie kommen Sie an die ganzen Daten, die Sie hier eintragen sollen? Das ist eine regelrechte Schnitzeljagd:

1. Klicken Sie in der Meldung auf den Link THIS TUTORIAL, und befolgen Sie die dort angegebenen Schritte. Nachfolgend zeigen wir Ihnen die Schritte aus der Anleitung in einer zusammengefassten Form. Bitte prüfen Sie diese aber gegen das verlinkte Tutorial, da sich am Einrichtungsprozess zwischenzeitlich etwas geändert haben kann.

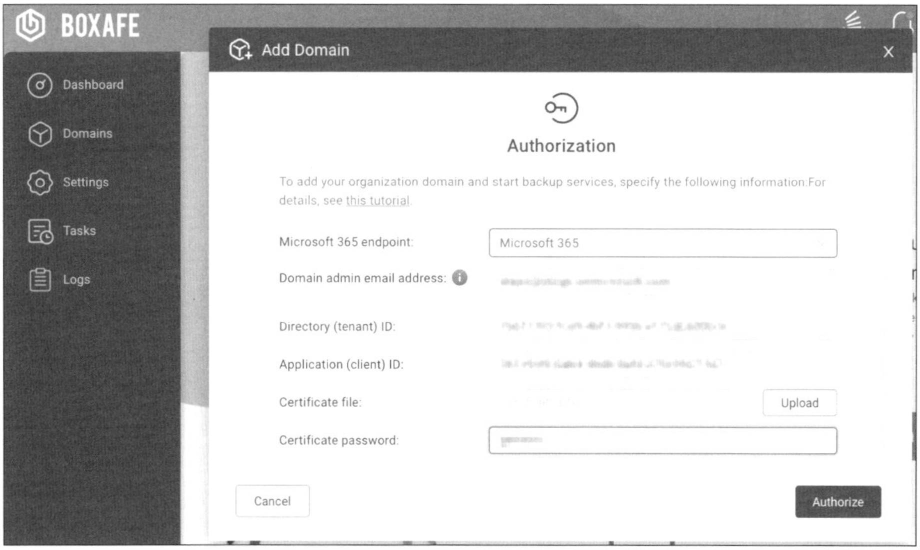

Abbildung 9.39 Domain anlegen in Boxafe

2. Starten Sie einen Windows-Rechner, an dem Sie ein PowerShell-Skript herunterladen und mit Administrationsrechten ausführen können.
3. Laden Sie sich die im verlinkten Tutorial angegebene PowerShell-Datei *BoxafeAppGenerator.ps1* herunter. Erzeugen Sie ein Verzeichnis *C:\boxafe*, und legen Sie die PowerShell-Datei darin ab.
4. Öffnen Sie POWERSHELL aus dem Startmenü, indem Sie nach »PowerShell« suchen, auf das Suchergebnis rechtsklicken und ALS ADMINISTRATOR AUSFÜHREN wählen. Bitte nehmen Sie nicht die Version mit »x86« im Namen!
5. Kopieren Sie mit Hilfe der Zwischenablage den im Tutorial genannten Befehl in das PowerShell-Eingabefenster, und senden Sie ihn ab:

   ```
   Set-ExecutionPolicy -ExecutionPolicy RemoteSigned -Scope Process
   ```

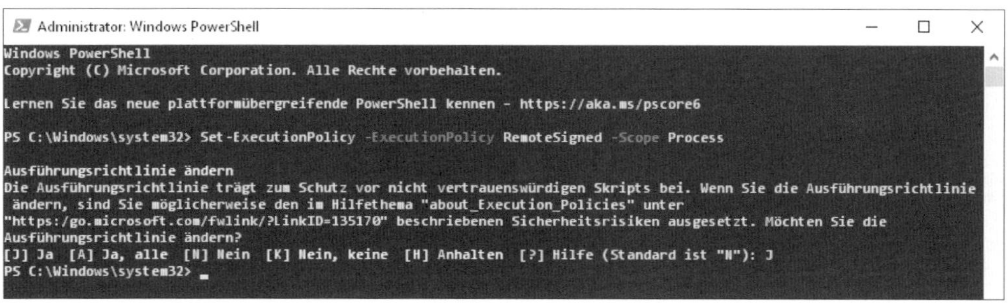

Abbildung 9.40 ExecutionPolicy in PowerShell anpassen

Mit diesem PowerShell-Befehl erlauben Sie dem Computer, aus dem Internet heruntergeladene Skripte überhaupt ausführen zu dürfen. Mit dem Parameter `Scope` sorgen Sie dafür, dass diese Einstellung nur für den aktuellen PowerShell-Prozess gilt. Sie brauchen die Einstellung also nicht manuell wieder zurückzusetzen.

1. Geben Sie folgende Befehle in das PowerShell-Fenster ein:

   ```
   cd \boxafe
   .\BoxafeAppGenerator.ps1 -AzureEnvironmentName AzureGermanyCloud
   ```

2. Bestätigen Sie die Vertrauenswürdigkeit des Skripts mit der Taste [M].
3. Bestätigen Sie die Installation des NuGet-Pakets mit [J].
4. Erlauben Sie das Nachladen von PSGallery durch das Skript mit [J].
5. Das PowerShell-Skript fragt Sie nach einem Passwort für die Verschlüsselung des Zertifikats. Tragen Sie ein sicheres Kennwort ein, und drücken Sie die Eingabetaste. Notieren Sie dieses Kennwort mit dem Titel *Certificate Password*, Sie benötigen es später.
6. Das Skript öffnet ein Anmeldefenster für Microsoft 356. Tragen Sie hier die Zugangsdaten des Haupt-Administrators für den zu sichernden Tenant ein.
7. Das Skript erzeugt im Azure AD des Tenants eine Applikation, die den Zugriff von Boxafe auf die Microsoft-365-Daten regelt. Nach einigen Sekunden ist der Prozess abgeschlossen, es werden einige Daten ausgegeben, und das Skript beendet sich, siehe Abbildung 9.41. Notieren Sie sich folgende Daten aus der Ausgabe, da Sie sie später benötigen:
   - Tenant Id
   - Application Id (Client Id)
8. Das Skript hat unter *C:\boxafe\Certificate.pfx* das Zertifikat abgelegt, das Sie in Boxafe hochladen müssen. In Boxafe wird es Certificate File genannt.
9. Das Skript fordert Sie mit der letzten Meldung auf, eine bestimmte URL aufzurufen und Administrator-Zugriffsrechte zu bestätigen. Kopieren Sie die genannte URL in die Zwischenablage, und rufen Sie diese in einem Browser auf.
10. Die Website fragt nach den Zugangsdaten für Microsoft 365. Geben Sie hier dieselben Admin-Zugangsdaten ein, wie Sie sie beim PowerShell-Skript bereits eingegeben haben.
11. Die Website zeigt einen Wartedialog an und blendet nach einiger Zeit schließlich eine Sicherheitsabfrage ein (siehe Abbildung 9.42), die Sie bestätigen müssen. Der Button dafür ist einfach zu übersehen. Er lautet Administratorzustimmung für »[Ihr Tenant]« erteilen. Klicken Sie darauf. Bestätigen Sie nochmals. Sie erhalten dann die Erfolgsmeldung Die Administratoreinwilligung wurde für die angeforderten Berechtigungen erfolgreich erteilt.

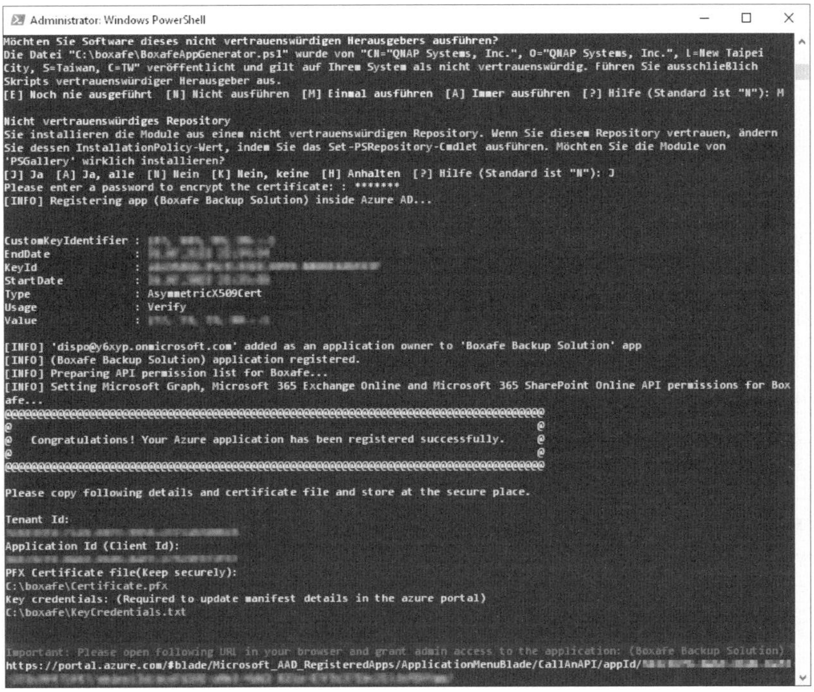

Abbildung 9.41 Das PowerShell-Skript gibt die für Boxafe relevanten IDs aus und erstellt ein Zertifikat.

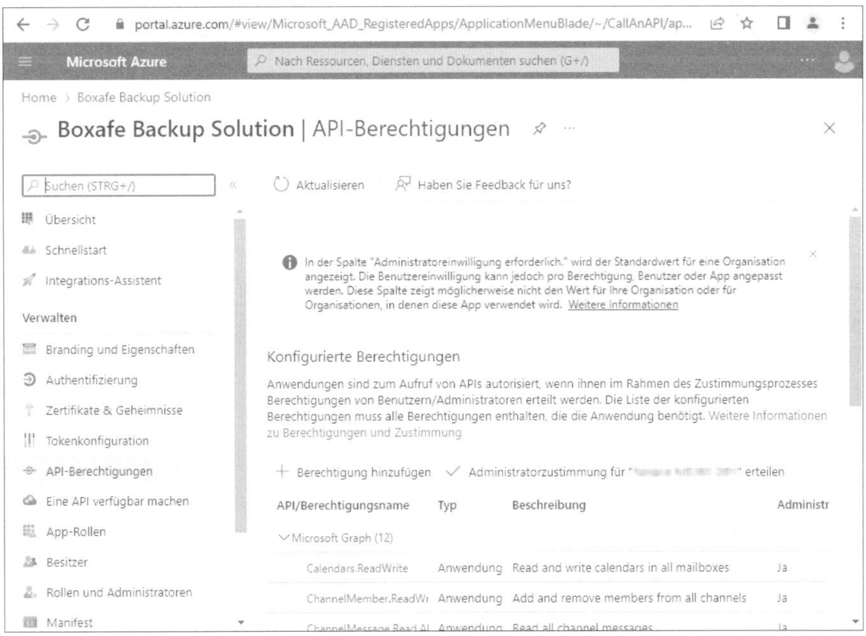

Abbildung 9.42 Zugriffsrechte für Boxafe auf Microsoft 365 erteilen

Einstellungen für Teams

Für Teams werden eigene APIs benötigt, für deren Nutzung man sich bei Microsoft bewerben muss, indem ein Formular ausgefüllt wird. Microsoft bearbeitet die API-Zugänge manuell, die Zuteilung benötigt einige Tage. Wenn Sie diesen Schritt überspringen, können Sie Teams nicht sichern. Fordern Sie also rechtzeitig die notwendigen Zugänge an. Der Link zum Microsoft-Formular ist im Tutorial zu finden, das im Einrichtungsassistenten von Boxafe verlinkt ist.

Einstellungen für SharePoint

Auch für SharePoint sind zusätzliche Einstellungen nötig, die Sie aber selbst vornehmen können:

1. Loggen Sie sich mit dem Haupt-Admin-Konto des Tenants in das Azure Admin Portal ein: *https://portal.azure.com/*
2. Rufen Sie die URL *https://[tenant]-admin.sharepoint.com/_layouts/15/appinv.aspx* auf, wobei Sie [tenant] durch Ihren Tenant ersetzen. Wenn Ihre Administrator-E-Mail-Adresse z. B. *admin@meinefirma.onmicrosoft.com* lautet, so ersetzen Sie [tenant] durch *meinefirma*.
3. Sie erhalten ein Formular, in das Sie die zuvor notierte APPLICATION ID eintragen. Danach klicken Sie auf NACHSCHLAGEN. Das Formular findet Ihre erstellte Applikation und füllt das Feld TITEL aus. Die übrigen Felder füllen Sie wie in Abbildung 9.43 dargestellt aus. Die Eingaben können Sie per Copy & Paste dem genannten Tutorial entnehmen.

Abbildung 9.43 Boxafe Zugriff auf SharePoint ermöglichen

4. Klicken Sie auf ERSTELLEN.
5. Bestätigen Sie die Sicherheitsabfrage VERTRAUEN SIE BOXAFE BACKUP SOLUTION? durch Klick auf VERTRAUEN.

Damit haben Sie dem Microsoft 365 Tenant die nötigen Rechte gegeben, auf alle SharePoint-Daten zuzugreifen. Somit hat auch die erstellte Boxafe-Applikation Zugriff.

Domain in Boxafe registrieren

Nachdem Sie die oben genannten Schritte mit PowerShell durchgeführt haben und der durch das PowerShell-Skript neu erstellten Applikation BOXAFE BACKUP SOLUTION die notwendigen Zugriffsrechte durch den Linkaufruf erteilt haben, stehen Ihnen nun alle Daten zur Verfügung, die der Einrichtungsassistent von Boxafe abfragt. Sie können nun also die im Tenant erstellte Applikation mit der Boxafe-App im NAS verknüpfen, so dass ein Zugriff für die Datensicherung möglich ist.

9

1. Starten Sie die Boxafe-App im Browser: *https://[ip-des-nas]/boxafe/welcome*

   Alternativ rufen Sie Boxafe aus der NAS-Weboberfläche über das Menü ☰ auf.
2. Klicken Sie in Boxafe auf ADD DOMAIN und dann auf MICROSOFT 365.
3. Setzen Sie die ermittelten Daten DIRECTORY (TENANT) ID, APPLICATION (CLIENT) ID sowie das CERTIFICATE PASSWORD gemäß Ihren erstellten Notizen in die Eingabemaske ein, siehe Abbildung 9.39.
4. Klicken Sie neben CERTIFICATE FILE auf UPLOAD, und wählen Sie die Zertifikatsdatei *C:\boxafe\Certificate.pfx*.
5. Klicken Sie auf AUTHORIZE.

Bei erfolgreicher Anmeldung wechselt der Assistent zum nächsten Bildschirm, wo Sie Details zur Sicherung festlegen können (siehe Abbildung 9.44):

1. Wählen Sie mit Haken die Dienste aus, die in die Sicherung einbezogen werden sollen.
2. Setzen Sie den Radiobutton bei ADD USERS auf AUTO, damit alle Benutzer – auch zukünftige – korrekt gesichert werden.
3. Setzen Sie den Radiobutton bei ADD SHAREPOINT SITE auf AUTO, wenn Sie alle SharePoint-Daten mitsichern möchten. Alternativ geben Sie SharePoint-Seiten an, die gesichert werden sollen. Dazu sind die oben angegebenen Zusatzschritte zur Rechtevergabe notwendig.
4. Geben Sie ebenso durch Setzen des Hakens ADD MICROSOFT TEAMS an, ob Teams mitgesichert werden soll. Auch dazu beachten Sie, dass für eine funktionierende Sicherung die oben angegebenen Zusatzschritte nötig sind. Klicken Sie auf NEXT.

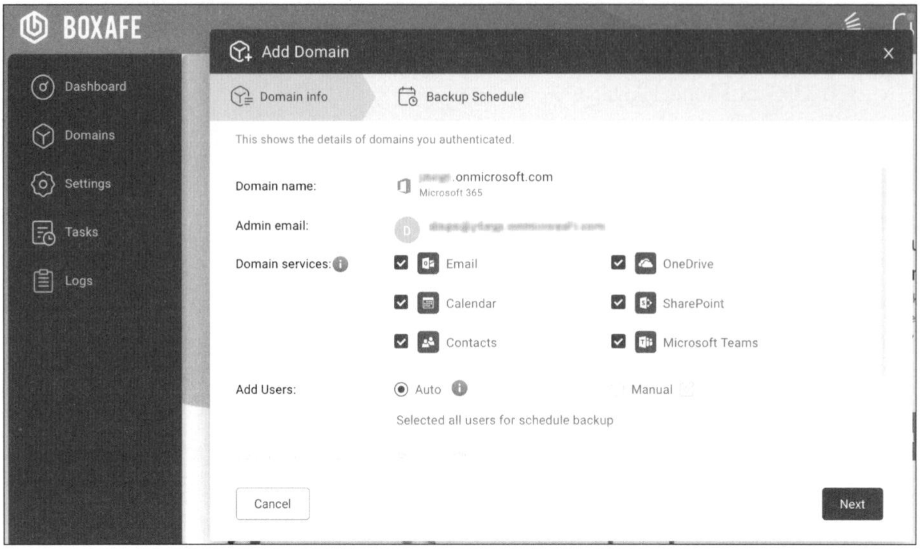

Abbildung 9.44 Zu sichernde Dienste wählen

Als Nächstes können Sie festlegen, wann das Backup starten soll und wie viele Versionen in der Versionshistorie aufgehoben werden sollen, siehe Abbildung 9.45.

1. Wählen Sie den BACKUP TYPE. Hier steht die manuelle Sicherung zur Auswahl (MANUAL), eine automatische Sicherung nach Zeitplan (SCHEDULED) oder CONTINUOUS. Letzteres steht für eine kontinuierliche Sicherung, die Ihnen in der Historie Zugriff auf praktisch alle Ihre Microsoft-365-Datenstände gibt, aber natürlich auch häufiger eine hohe Systemlast auf dem NAS verursacht. In der Praxis gilt dabei ein 15-Minuten-Intervall bis zur nächsten Sicherung.
2. Das START DATE und STOP BACKUP ON lassen Sie so wie vorgeschlagen. Mit Auswahl des heutigen Datums startet die Sicherung (beim Continuous Backup) ca. 15 Minuten nach der Einrichtung.
3. Mit DELETE OLDER VERSIONS OF BACKED UP DATA AFTER stellen Sie ein, wie alt die älteste Sicherung in Ihrer Versionshistorie sein soll. Gelöscht werden Sicherungen erst, wenn sie älter sind als hier angegeben.
4. Klicken Sie zum Abschluss auf ADD.

Damit ist das Hinzufügen Ihres Microsoft 365 Tenants zu Boxafe abgeschlossen. Ein langer Weg, der sich lohnt. Je nach Zeitplaneinstellung startet die Sicherung bereits 15 Minuten später, und Sie können schon wenige Stunden später auf die gesicherten Daten zugreifen. Wie das geht, das schauen wir uns als Nächstes an.

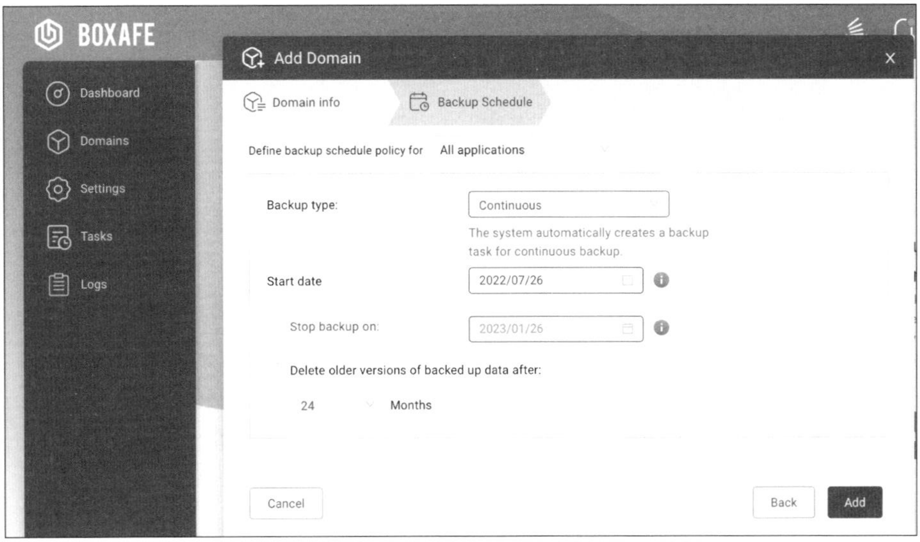

Abbildung 9.45 Sicherungseinstellungen

9.6.5 Sicherungsaufgaben und Log einsehen

Hier erfahren Sie, wie Sie Einblick in die aktuellen und abgeschlossenen Sicherungsaufgaben nehmen. Für fehlgeschlagene Sicherungsaufgaben lernen Sie, wie Sie Details abrufen können, um herauszufinden, wo genau das Problem liegt.

Sehen, was Boxafe tut

Werfen Sie in Boxafe einen Blick in den Menüpunkt TASKS. Hier sehen Sie in drei Reitern aufgeteilt:

- RUNNING TASKS: Sicherungs- bzw. Wiederherstellungsaufgaben, die momentan ausgeführt werden. Gelistet werden alle Aufgaben, die momentan laut Zeitplan fällig zur Ausführung sind. Es werden nicht alle Aufgaben gleichzeitig ausgeführt. Beim Microsoft-365-Backup etwa werden die Aufgaben nacheinander ausgeführt, und nur bei einer Aufgabe ist eine START TIME aufgeführt, während die anderen Aufgaben auf die Ausführung warten.
- SCHEDULED TASKS: Hier finden Sie die Aufgaben, die demnächst anstehen. Beim Continuous Backup sehen Sie etwa, dass jede volle Viertelstunde ein Backup durchgeführt wird. Für jeden zu sichernden Service finden Sie eine eigene Aufgabe mit dem nächsten Ausführungszeitpunkt.
- COMPLETED TASKS: Hier finden Sie die Aufgaben, die gerade durchgeführt wurden. Davor finden Sie ein Symbol: ✓ zeigt Ihnen an, dass die Ausführung erfolgreich verlief. ✗ hingegen zeigt an, dass die Ausführung nicht erfolgreich war beziehungsweise genauer: nicht vollständig erfolgreich.

Wenn Sie mehrere Domains bzw. Workspaces sichern, können Sie oberhalb der Liste mit dem Filter-Symbol die Domain wählen, deren Aufgaben Sie sehen möchten.

Fehlerhafte Tasks genauer untersuchen

Natürlich interessiert Sie genauer, weshalb eine Aufgabe fehlgeschlagen ist. Um das herauszufinden, klicken Sie im Menüpunkt TASKS im Reiter COMPLETED TASKS in der Zeile der fehlgeschlagenen Aufgabe auf das Symbol.

Es erscheint ein Fenster DETAILED TASK STATUS. Im ersten Reiter sehen Sie schon einmal, ob die Aufgabe in Unteraufgaben aufgeteilt ist. Das wäre zum Beispiel der Fall bei einer Aufgabe zum Sichern von E-Mails. Wenn 18 Postfächer gesichert werden, gibt es 18 Unteraufgaben. Hier im ersten Reiter erfahren Sie, wie viele der Unteraufgaben fehlgeschlagen sind. Im Beispiel von Abbildung 9.46 ist es nur eine von 18 Unteraufgaben.

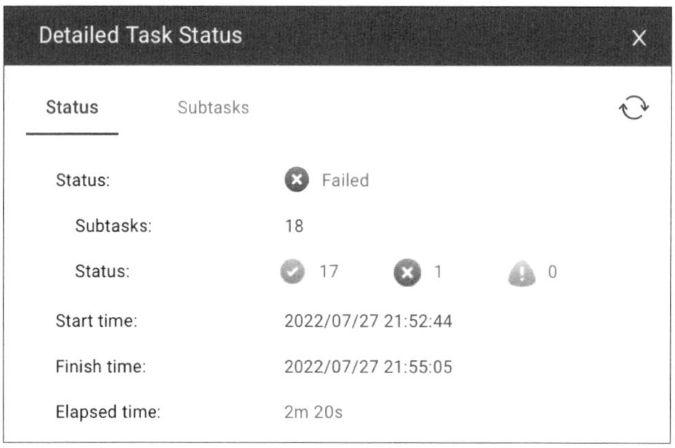

Abbildung 9.46 Im detaillierten Aufgabenstatus gibt Boxafe Auskunft darüber, wie viele Unteraufgaben fehlgeschlagen sind.

Um nun genauer zu erfahren, welche Unteraufgabe fehlgeschlagen ist, wechseln Sie in den Reiter SUBTASKS. Hier wird jede Sicherungsaufgabe einzeln aufgeführt, in unserem Beispiel die Sicherung mit jeder namentlich benannten E-Mail-Adresse. Seien Sie nicht verunsichert, wenn Sie die fehlgeschlagenen Unteraufgaben dort nicht gleich sehen. Trotz Scrollbalken kann es sein, dass es mehrere Seiten gibt. Vergessen Sie nicht, auf die anderen Seiten zu blättern. Letzten Endes werden Sie in dieser Übersicht herausfinden, bei welcher E-Mail-Adresse es genau zu einem Fehler gekommen ist (siehe Abbildung 9.47).

Leider haben wir für unser Beispiel der Microsoft-365-Sicherung keine weiteren Details dazu gefunden, wieso die Sicherung fehlgeschlagen ist. Hinzu kam, dass die Sicherung zwischendurch immer einmal wieder erfolgreich durchlief.

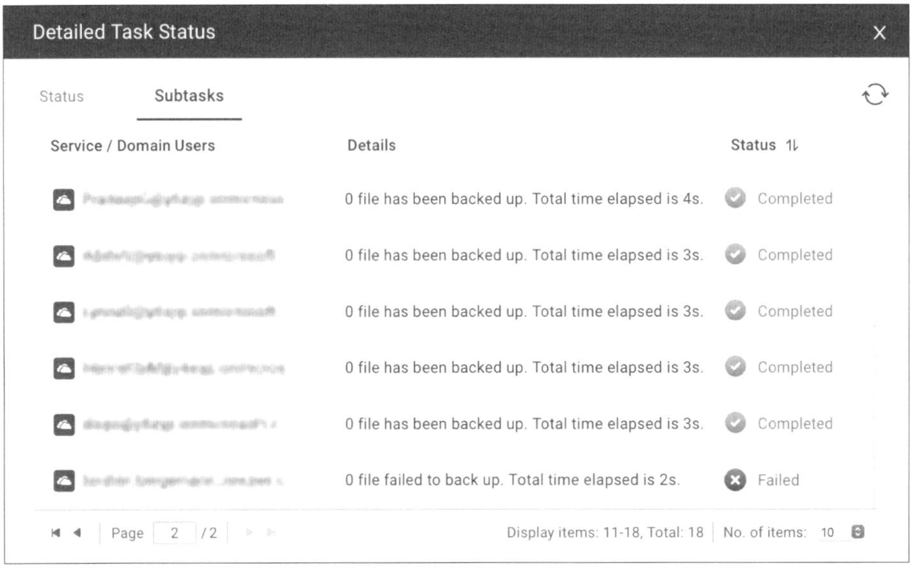

Abbildung 9.47 Unteraufgaben in Boxafe untersuchen

Gezielt nach Fehlern suchen

Sicherlich ist es aufwändig, die COMPLETED TASKS immer wieder durchzuschauen und nach Fehlern zu suchen. Es ist ebenso möglich, gezielt nach Fehlern zu filtern.

Dazu wechseln Sie in den Menüpunkt LOGS. Sie können nun oben rechts über das Filter-Symbol angeben, dass Sie nur Fehler sehen möchten (siehe Abbildung 9.48). Wie bei den vorigen Auswahldialogen können Sie mit dem Symbol die Details zur fehlgeschlagenen Aufgabe abrufen. Die Detailansichten, die Sie damit zu sehen bekommen, sind dieselben wie im Menüpunkt TASKS.

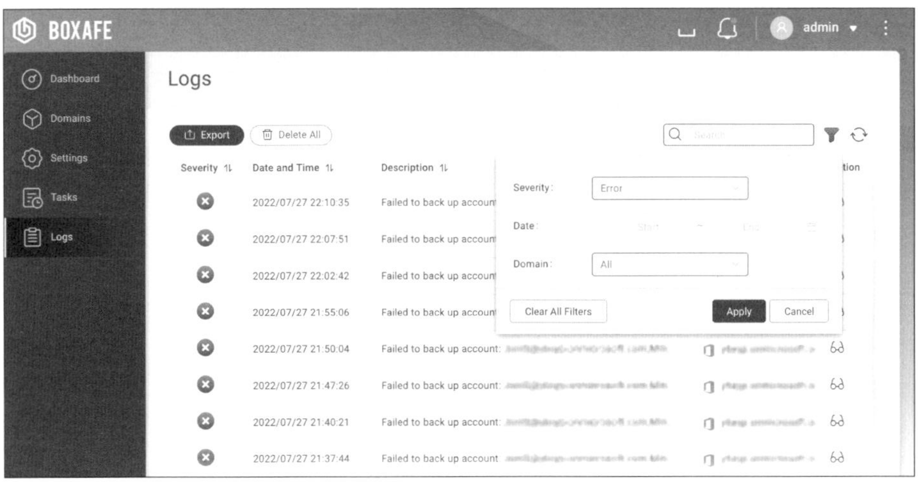

Abbildung 9.48 Gezieltes Filtern nach fehlgeschlagenen Aufgaben

9.6.6 In den Backups recherchieren und Daten wiederherstellen

Eigentlich müssten Sie langsam unruhig werden, denn wir haben praktisch jeden Menüpunkt von Boxafe gemeinsam besucht, aber bisher keine Möglichkeit gefunden, die gesicherten Daten einzusehen, geschweige denn wiederherzustellen.

Die gesuchte Funktion verbirgt sich im Menüpunkt DOMAINS. Klicken Sie hier auf die Microsoft-365-Domain bzw. den Google Workspace, deren bzw. dessen Daten Sie einsehen möchten.

Im Programmfenster orientieren

Sie landen in einer mit Reitern gegliederten Übersicht (siehe Abbildung 9.49). Die Reiter stellen die Dienste in der gesicherten Domain dar, etwa EMAIL, CONTACTS, CALENDAR, ONEDRIVE, SHAREPOINT, MICROSOFT TEAMS.

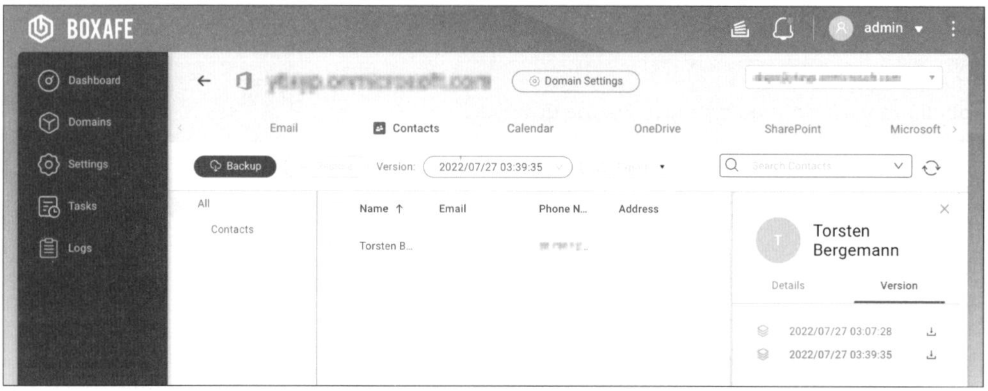

Abbildung 9.49 In den gesicherten Daten recherchieren, hier: Kontakte

Oben rechts im grauen Bereich können Sie mit einem Dropdown-Menü wählen, von welchem Benutzer Sie die Mails, Kontakte, Kalenderereignisse bzw. OneDrive-Daten einsehen möchten. SHAREPOINT und MICROSOFT TEAMS sind hingegen nach Inhalten, Teams bzw. Kanälen gegliedert.

Innerhalb des Reiters finden Sie ein Dropdown-Menü VERSION, mit dem Sie das Datum der Sicherung auswählen können, in die Sie Einsicht nehmen möchten.

In jedem Reiter finden Sie oben rechts auch ein Suchfeld [Q], mit dem Sie Elemente anhand von Stichworten suchen können. Testen Sie auch die Detailfilter, die Sie per Klick auf [V] aufrufen können. Hier können Sie meist Einfluss darauf nehmen, in welchen Feldern des Elements gesucht werden soll. Entsprechend gibt es hier andere Filter, je nachdem, in welchem Reiter Sie sich befinden.

Details eines gesicherten Elements einsehen

Um ein Element anzusehen, klicken Sie es einfach an. Es erscheint rechts eine neue Spalte mit dem Inhalt der E-Mail, den Kontaktdaten des gewählten Kontakts, den Ereignisdetails etc. Im Fall von E-Mails können Sie auf [Icon] klicken, um diese in vergrößerter Version in einem eigenen Fenster zu betrachten.

Falls es von einem Element verschiedene Versionen gibt, finden Sie in der eben genannten rechten Spalte einen weiteren Reiter VERSION. Hier zeigt Ihnen Boxafe, zu welchen Zeitpunkten das Element geändert wurde. Ein Beispiel finden Sie in Abbildung 9.49, wo verschiedene Versionen eines Kontakts aufgelistet werden. Mit dem Icon [Icon] neben dem Versionsdatum können Sie das Element in der jeweiligen Version herunterladen. Wenn Sie das Element in einer anderen Version ansehen statt herunterladen möchten, verwenden Sie das zuvor beschriebene Dropdown-Menü VERSION oberhalb der Elemente, wo Sie alle Sicherungsdaten finden. In dem Menü finden Sie auch die Sicherung von dem Datum, an dem die gesuchte Version des Elements entstand.

9

Daten wiederherstellen

Haben Sie ein gesuchtes Element im Backup gefunden, markieren Sie dies durch Setzen eines Hakens vor dem Element. Sie können auch mehrere Elemente gleichzeitig mit einem Haken versehen, um diese gesammelt wiederherzustellen. Sobald Sie mindestens ein Element angehakt haben, werden in der Buttonleiste oberhalb der Elemente zwei Buttons aktiviert. Ihnen stehen nun zwei Wege offen:

- Sie können das Element mit Klick auf [Export ▾] in einem Standard-Dateiformat auf Ihren Computer herunterladen und dort weiterverarbeiten. Alternativ können Sie die Datei in einem Ordner auf dem NAS wiederherstellen.
- Sie können das Element mit [Restore] zum Cloud-Anbieter wiederherstellen.

Die Dateiformate beim Exportieren

Wenn Sie Elemente zum Exportieren auswählen, werden Ihnen diese als Download im Browser bereitgestellt. Dabei erhalten Sie folgende Formate:

- E-Mails erhalten Sie als *.eml*-Dateien. Diese können durch Outlook, Windows Mail, Thunderbird und weitere E-Mail-Clients per Doppelklick geöffnet werden.
- Bei Kontakten erscheint ein Untermenü, und Sie haben die Wahl zwischen Google CSV, Outlook CSV und dem standardisierten vCard-Format (Dateiendung *.vcf*).
- Kalenderereignisse erhalten Sie im iCalendar-Format mit der Dateiendung *.ics*.

Wenn Sie mehrere Elemente zum Exportieren gewählt haben, erhalten Sie eine ZIP-Datei, die dann mehrere Dateien im genannten Format enthält.

Wenn Sie mit Restore ein Element beim Cloud-Anbieter (also Microsoft 365 oder Google) wiederherstellen, so können Sie einen Account wählen, in dem die Wiederherstellung erfolgen soll (siehe Abbildung 9.50).

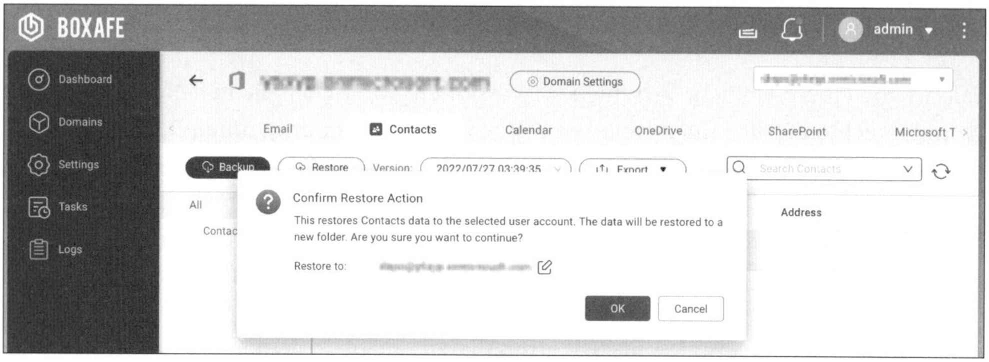

Abbildung 9.50 Wiederherstellen von Elementen direkt beim Cloud-Anbieter

Es ist also möglich, ein Element in einem anderen Account wiederherzustellen als in dem, aus dem es ursprünglich kommt. Die Wiederherstellung erfolgt stets in einem neuen Unterordner, der nach dem Schema *Boxafe_Restore_JJJJMMTT_SSMMSS* benannt ist, also mit einem Datum und einer Uhrzeit versehen. Wenn Sie Elemente für einen Anwender wiederherstellen, müssen Sie ihn entsprechend informieren, dass er sich die Elemente aus diesem Ordner »herausfischt«.

Die Wiederherstellung erfolgt unter Umständen nicht sofort. Es wird eine passende Wiederherstellungsaufgabe (Aufgabentyp RESTORE) erzeugt, die Sie im Menüpunkt TASKS im Reiter RUNNING TASKS einsehen können. Sie landet dort an letzter Stelle. Da Boxafe immer nur eine Aufgabe zeitgleich abarbeitet, wartet die Wiederherstellungsaufgabe zunächst auf die Fertigstellung der davorliegenden Running Tasks (falls vorhanden).

9.6.7 Fazit

Boxafe funktioniert gut und kann Administratoren eine gute Hilfe sein. Natürlich machen die Cloud-Anbieter auch selbst Backups. Aber wenn Sie selbst recherchieren können und damit die Anwenderinnen und Anwender in Ihrem Unternehmen unterstützen können, z. B. von ihnen selbst gelöschte Daten rasch wiederherzustellen, dann ist ein hoher Mehrwert deutlich zu erkennen.

Die Einrichtung des Programms ist ein Graus. Für Administratoren mit Erfahrung ist sie selbstverständlich zumutbar, aber komfortabel ist anders! Es gibt (kostenpflichtige) Lösungen für MSPs (Managed Service Provider, also IT-Systemhäuser), die diese aufwändigen Einrichtungsprozeduren nicht haben. Da Boxafe aber unter anderem explizit MSPs als Zielgruppe adressiert, ist hier noch Potenzial zur Nachbesserung vorhanden.

In der von uns getesteten Version vermissen wir, wie erwähnt, ausführlichere Fehlerbeschreibungen, die Administratoren eher in die Lage versetzen, ein Problem bei der Datensicherung auch lösen zu können. Außerdem wäre sehr hilfreich, wenn man bei der Wiederherstellung den Ordner selbst vorgeben könnte, in den wiederhergestellt werden soll. Was nicht ist, kann ja noch werden. Boxafe befindet sich schließlich im Wandel, und die aktuelle Lizenzpolitik verdeutlicht, dass QNAP selbst das Programm auch noch nicht so richtig als »full featured« ansieht.

Wir sind in diesem Zusammenhang gespannt auf Version 2.0, mit der ein Rechtekonzept angekündigt wurde. Vielleicht ist es damit möglich, dass Anwender sich in einer Art Self-Service selbst einloggen und Elemente wiederherstellen können?

Vergessen Sie nicht: Ab Version 2.0 werden kostenpflichtige Lizenzpläne eingeführt.

9.7 Zusammenfassung

In diesem umfassenden Kapitel haben Sie gelernt, wie Sie Ihr QNAP-NAS-System einsetzen können, um Windows-Rechner und Macs zu sichern. Sie haben dazu passende Tools von QNAP kennengelernt oder können Apple-eigene Sicherungswerkzeuge verwenden. Das Beste daran: Alle Tools sind kostenfrei. Mit QNAP-Systemen und dem hier gezeigten Wissen können Sie alle Daten überallhin sichern. Sie sind sogar in der Lage, das NAS selbst auf lokale Datenträger, andere NAS-Systeme oder in die Cloud zu sichern.

Die allermeisten Anwendungsszenarien lassen sich damit abdecken. Nur wenn Sie sehr spezielle Einstellungen benötigen, kann es sein, dass Sie auf Drittanbieter-Software zurückgreifen müssen. Einige Hinweise haben wir Ihnen dazu mit an die Hand gegeben.

Ehe Sie sich nun voller Tatendrang auf die Einrichtung Ihrer Datensicherung stürzen, seien Sie einmal mehr gewarnt: Keine Sicherung hilft Ihnen, wenn Sie diese falsch eingerichtet haben, das Falsche oder nicht alles sichern, Sie das Format nicht lesen können oder die gesuchte Datei schon gar nicht mehr im Backup enthalten ist. Deshalb nochmals die Empfehlung: Lesen Sie Abschnitt 9.1, »Backupkonzept erstellen«, sorgfältig, und achten Sie darauf, dass Ihre Datensicherungen z. B. auch außerhalb der Räumlichkeiten des NAS gelagert sind.

Kapitel 10
Hardware-Upgrades und Performance-Gewinn

Sie schrecken nicht davor zurück, im Notfall den Schraubenzieher zu zücken? Gut, denn in diesem Kapitel geht es um die Hardware.

In den allermeisten Fällen wird Ihr NAS still und leise seine Arbeit verrichten. Trotzdem kann es jedoch vorkommen, dass Sie eingreifen sollten. Auf die wichtigsten Aufgabenstellungen gehen wir hier ein.

10.1 Ein NAS-Gehäuse ersetzen

Wie Sie den Wechsel auf ein neueres NAS-Modell oder ein NAS mit mehr Einschüben vornehmen oder ein defektes NAS-Gehäuse 1:1 austauschen, zeigen wir Ihnen in diesem Abschnitt.

Es gibt viele Möglichkeiten, weshalb Sie vorhandene Laufwerke in ein neues NAS umziehen möchten: Austausch eines defekten Gehäuses, Wechsel auf ein neueres leistungsstärkeres Modell oder Wechsel auf ein größeres Modell mit mehr Einschüben. Aber warum überhaupt die Laufwerke im neuen NAS weiterverwenden?

Der offensichtlichste Punkt ist natürlich, dass Sie all Ihre Daten schnell migrieren können, ohne sie langwierig sichern und wiederherstellen zu müssen. Zudem werden durch den Umzug nicht nur Ihre Daten migriert, sondern auch all Ihre Dienste und die Konfigurationen Ihres NAS, was Ihnen bei einer potenziellen Neuinstallation viel Arbeit bereiten würde. Der Vorgang wird in der QNAP-Welt als direkte Systemmigration (englisch *Direct System Migration*) bezeichnet.

10.1.1 Vorbereitung

Bevor Sie beginnen, sollten Sie prüfen, ob Ihre vorhandenen Laufwerke kompatibel mit dem Ersatzgehäuse sind und Sie gegebenenfalls noch weitere Aspekte beachten müssen. Keine Sorge, Sie müssen dafür nicht seitenweise technische Dokumentationen wälzen und noch schnell ein Masterabschluss in Informatik ablegen. QNAP stellt Ihnen zur Überprüfung eine einfache Webseite bereit, mit der Sie die Kompatibilität einer NAS-Migration vorab überprüfen können. Unter *www.qnap.com/de-de/nas-migration* können Sie einfach das Betriebssystem Ihres NAS auswählen, Ihr Ursprungs-NAS und das Ziel-NAS. Anschließend gibt Ihnen die Webseite direkt ein Ergebnis aus.

Im Beispiel aus Abbildung 10.1 wurde überprüft, ob von einem TS-251+ auf ein TS-451+ gewechselt werden kann – der grüne Haken bedeutet erwartungsgemäß, dass die Laufwerke ohne Probleme getauscht werden können.

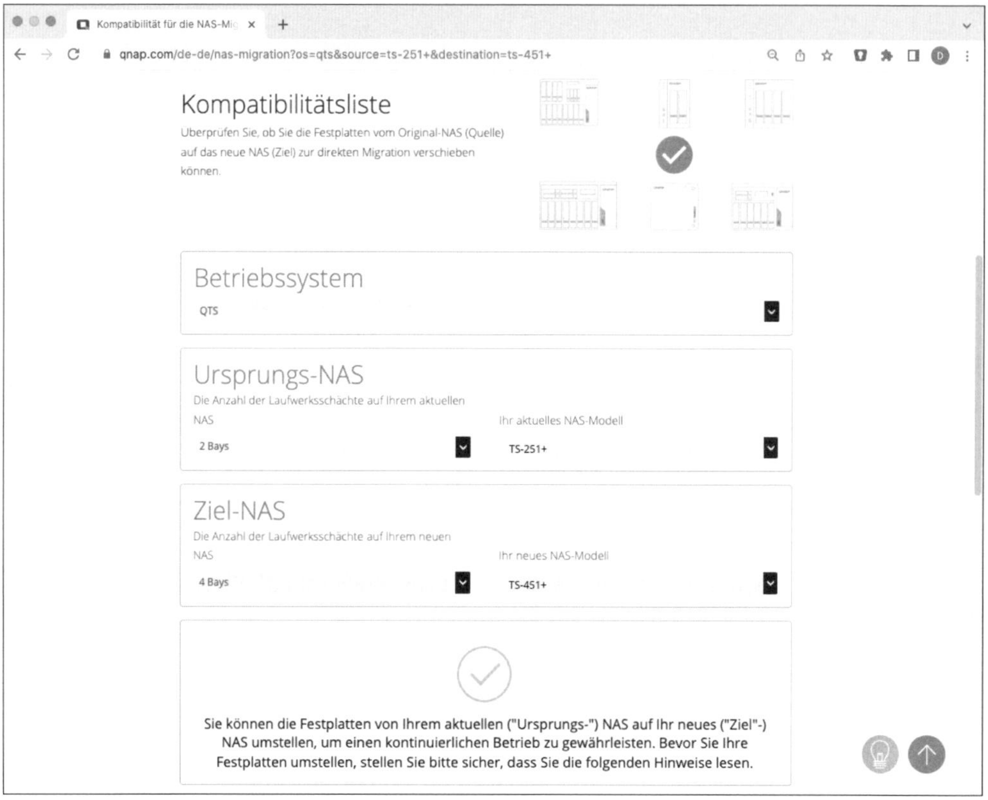

Abbildung 10.1 Kompatibilitätsüberprüfung

Solange Sie sich innerhalb einer Modellreihe befinden und gleich viele Einschübe (oder beim Ziel-NAS mehr Einschübe) vorhanden sind, ist der Gehäusewechsel in der Regel problemlos möglich. Auf der Webseite befindet sich unterhalb der in Abbildung 10.1 dargestellten Matrix noch eine Aufzählung von wichtigen Aspekten, die Sie unbedingt vor dem Gehäusewechsel beachten müssen. Viele dieser Hinweise sind recht offensichtlich und werden automatisch erfüllt sein, wenn Sie die Migration über die Webseite planen. Einige Punkte sind jedoch nicht selbstverständlich:

- Deaktivieren Sie die SSD-Zwischenspeicherung auf dem Quell-NAS, um sicherzugehen, dass alle Daten auf die Festplatten geschrieben werden.

- Überprüfen Sie nach der Migration, ob die Einstellungen korrekt sind. Das betrifft besonders *Qtier* und das SSD-Caching. Auch wenn Sie die Hardware-Ausstattung und die Netzwerkanbindung geändert haben, kann es zu Abweichungen kommen. Sie sollten daher nach dem Umzug der Dateien die QTS-Konfiguration kontrollieren und sicherstellen, dass alles wie gewünscht funktioniert.

Bei Inkompatibilität von Quell- und Ziel-NAS wird Ihnen ein alternatives Vorgehen vorgeschlagen, mit dem Sie zumindest Ihre Daten migrieren können. Dafür benötigen Sie allerdings zusätzliche Laufwerke oder ein ausreichend großes externes Medium. Dann können Sie HBS (Hybrid Backup Sync) nutzen. Wie Sie ein *Hybrid Backup Sync* einrichten und die Sicherung wiederherstellen können, stellen wir Ihnen ausführlich in Abschnitt 9.4, »NAS sichern mit Hybrid Backup Sync«, vor.

10.1.2 Migration

Prinzipiell kann bei der Migration in drei Szenarien unterschieden werden:

1. **Direkte Systemmigration**, also der Umbau der Laufwerke in ein kompatibles NAS
2. **Sicherung und Wiederherstellung**, also Umbau der Laufwerke in ein inkompatibles NAS
3. **Datentransfer**, also die Migration mit neuen Laufwerken

Alle Szenarien stellen wir Ihnen nun vor.

Direkte Systemmigration

Wie bereits erwähnt, ist die eigentliche Migration, sobald alle Voraussetzungen erfüllt sind, gar nicht mehr so komplex. Folgende Schritte müssen Sie dafür durchlaufen:

1. Schalten Sie das Ziel- und Quell-NAS aus.
2. Entfernen Sie die Laufwerke aus dem Quell-NAS.

   Wichtig: Notieren Sie sich die Reihenfolge der Laufwerke, da diese in der exakt gleichen Reihenfolge im Ziel-NAS eingebaut werden müssen!
3. Bauen Sie die Rahmen um, wenn diese nicht miteinander kompatibel sind.
4. Setzen Sie die Laufwerke in der gleichen Reihenfolge in das Ziel-NAS ein.
5. Schalten Sie das Ziel-NAS ein.
6. Melden Sie sich am QTS mit einem Administratorkonto an.
7. Prüfen Sie, ob alle Daten vorhanden sind, und sehen Sie sich die Protokolle an.

   Wichtig: Wenn Sie einen Protokolleintrag mit dem Hinweis »The firmware versions of the system built-in flash and hardware are not consistent« (zu Deutsch: »Die Firmware-Version des systeminternen Flashspeichers und der Hardware ist nicht konsistent«) finden, dann öffnen Sie die Systemsteuerung, und starten Sie unter SYSTEM • FIRMWAREAKTUALISIERUNG ein Update auf die letzte Version.

Sicherung und Wiederherstellung

Falls Ihre NAS-Systeme nicht kompatibel sind, Sie aber trotzdem die gleichen Laufwerke weiterverwenden möchten, dann müssen Sie Ihre Daten zunächst sichern und später auf dem neuen System wiederherstellen.

> **Wichtig: Nur Daten, keine Konfiguration oder Apps!**
>
> Bitte beachten Sie, dass bei dieser Methode leider ausschließlich Ihre Daten migriert werden. Jedwede Konfiguration Ihres NAS und alle installierten Anwendungen müssen Sie manuell anpassen.

Für die Migration müssen Sie nachstehende Schritte durchlaufen:

1. Sichern Sie alle Daten des Quell-NAS.

   Das Sicherungsmedium kann ein anderes NAS, eine USB-Festplatte oder ein PC sein. Sie können selbstverständlich auch *HBS* für die Sicherung und Wiederherstellung verwenden.
2. Schalten Sie das Quell-NAS aus.
3. Bauen Sie die Rahmen um, wenn diese nicht miteinander kompatibel sind.
4. Schalten Sie das Ziel-NAS *ohne* Laufwerke ein.
5. Verwenden Sie *Qfinder Pro*, um das neue NAS in Ihrem Netzwerk zu finden, und öffnen Sie das QTS im Browser.
6. Setzen Sie die Laufwerke in das Ziel-NAS ein. Es erscheint die Meldung »Drives with QNAP signature detected« (zu Deutsch »Laufwerke mit QNAP-Signatur gefunden«).
7. Klicken Sie auf MANUELLE INSTALLATION.
8. Fahren Sie mit der Schnelleinrichtung fort, um die Laufwerke im Ziel-NAS zu initialisieren.

   Wichtig: Sobald Sie den Vorgang starten, werden unwiderruflich alle Daten von den Laufwerken gelöscht!

Datentransfer

Falls Sie zusätzlich zum neuen Gehäuse auch neue Laufwerke beschafft haben, die nun mit Ihren Daten gefüllt werden sollen, können Sie diese Methode einsetzen, um Ihre Daten zu migrieren.

> **Laufwerke austauschen!**
>
> Wenn Ihr Quell- und Ziel-NAS kompatibel sind und Sie ein RAID mit Fehlertoleranz einsetzen, dann sollten Sie die Quelllaufwerke zunächst nach der Methode aus Punkt »Direkte Systemmigration«, migrieren und anschließend wie in Abschnitt 10.2, »Umzug – von klein nach groß!«, die Laufwerke austauschen.

Dabei setzen wir ein HBS ein, um die Daten vom Quell- zum Ziel-NAS zu übertragen. Folgende Schritte sind dafür notwendig:

1. Installieren Sie *Hybrid Backup Sync (HBS)* auf dem Quell- und Ziel-NAS.
2. Öffnen Sie HBS auf dem Quell-NAS, öffnen Sie darin das Menü SICHERN & WIEDERHERSTELLEN, und klicken Sie auf JETZT SICHERN.
3. Wählen Sie die zu sichernden Verzeichnisse und Dateien aus, und klicken Sie auf WEITER.
4. Wählen Sie als Zielspeicherplatz EXTERNES NAS aus, und geben Sie in dem sich öffnenden Fenster die Daten Ihres Ziel-NAS an. Überprüfen Sie die Eingaben mit einem Klick auf GESCHWINDIGKEITSTEST, und beenden Sie die Einrichtung mit einem Klick auf ERSTELLEN.
5. Wählen Sie den Zielordner für die Sicherung auf dem Ziel-NAS aus, oder erstellen Sie einen neuen Ordner.
6. Klicken Sie auf JETZT SICHERN, um den Sicherungsvorgang zu starten.
7. Starten Sie HBS auf dem Ziel-NAS nach Fertigstellung der Sicherung. Wählen Sie im Menü SICHERN & WIEDERHERSTELLEN den Eintrag JETZT WIEDERHERSTELLEN.
8. Wählen Sie die Sicherung aus dem zuvor angegebenen Zielordner aus, geben Sie als Ziel den Ordner auf Ihrem Ziel-NAS an, und starten Sie die Wiederherstellung.

10.2 Umzug – von klein nach groß!

Sie haben fleißig Daten gesammelt und der Speicherplatz auf Ihrem NAS wird knapp? Oder Sie haben die Befürchtung, dass Ihre Festplatten so langsam ans Ende ihrer Lebenszeit kommen? Dann gilt es, neue, eventuell größere Platten in Ihr NAS zu integrieren und alte Datenträger auszutauschen.

Der Vorgang ist für beide Anwendungsfälle größtenteils identisch – worauf Sie dabei achten müssen, werden wir Ihnen nun ausführlich vorstellen.

Dabei darf es aber natürlich nicht zu Datenverlust kommen, gehen Sie beim Umzug Ihrer Daten also sorgfältig vor – die RAID-Konfiguration wird Ihnen dabei hilfreich zur Seite stehen.

Mehr zum Thema: RAID

Welche Arten von RAIDs es gibt und wo die Unterschiede liegen, haben wir Ihnen bereits in Abschnitt 1.2 vorgestellt.

Ein Hinweis noch vorab: Bitte bringen Sie Geduld mit! Die Vorgänge können (je nach Größe der Laufwerke) bis zu einem Tag benötigen. Es ist also keine Funktion, mit der Sie auf einem produktiven NAS einfach mal so »herumspielen« sollten, vor allem, da während des Vorgangs zum Teil die vorhandenen Redundanzen aufgelöst werden müssen – Ihr NAS ist also bei Stromausfällen, Hardware-Defekten oder Ähnlichem während des Vorgangs nicht mehr abgesichert.

10.2.1 Laufwerke austauschen

Öffnen Sie zunächst die Anwendung SPEICHER & SNAPSHOTS, und wechseln Sie dort unter SPEICHER in den Reiter SPEICHER/SNAPSHOTS, wie Abbildung 10.2 zeigt.

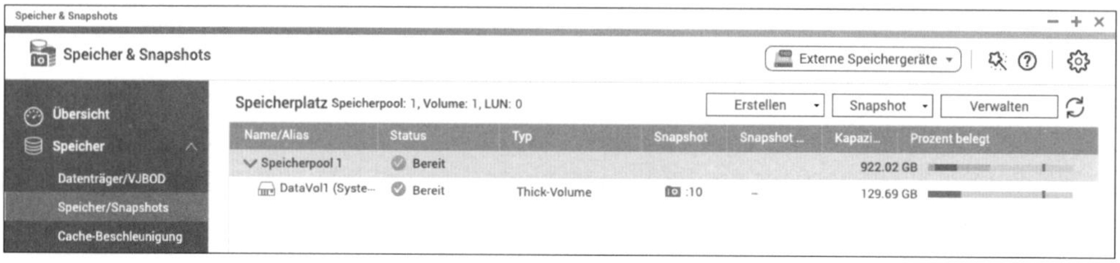

Abbildung 10.2 Übersicht des vorhandenen Speichers

Nicht jeder Speicherpool eignet sich für den Tausch!

Bitte beachten Sie, dass Sie nur bei Speicherpools vom Typ RAID-1, -5, -6 oder -10 Laufwerke tauschen können.

Wählen Sie den betreffenden Speicherpool aus (nicht das darin befindliche Volume), und klicken Sie auf die Schaltfläche VERWALTUNG – im Beispiel aus Abbildung 10.2 existiert nur ein Speicherpool, so dass dieser bereits vorausgewählt ist.

In dem sich öffnenden Fenster (siehe Abbildung 10.3) werden Ihnen nicht nur die Daten zum Speicherpool angezeigt, sondern auch der aktuelle Status der Datenträger.

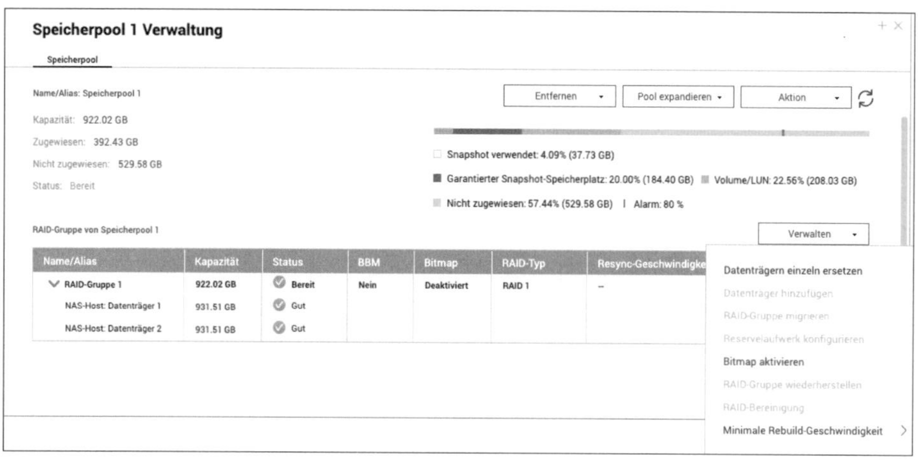

Abbildung 10.3 Verwaltung des Speicherpools

Erneut können Sie die Schaltfläche VERWALTUNG anklicken. In diesem Fenster öffnet sich allerdings ein Kontextmenü – wählen Sie daraus den Punkt DATENTRÄGER EINZELN ERSETZEN aus.

Nun öffnet sich erneut ein Fenster, in dem Sie den Datenträger auswählen müssen, den Sie austauschen möchten. Im Beispiel aus Abbildung 10.4 wurde der Datenträger im ersten Slot ausgewählt.

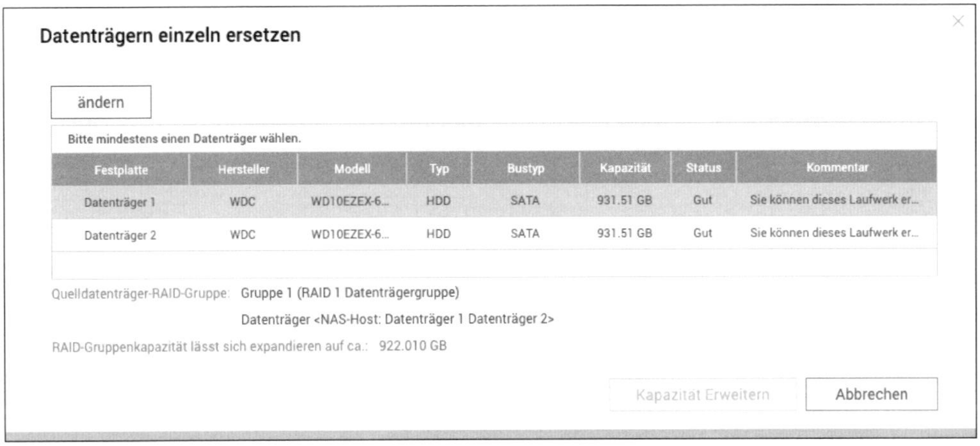

Abbildung 10.4 Datenträger einzeln ersetzen

Nach einem Klick auf die Schaltfläche ÄNDERN wird das Laufwerk außer Betrieb gesetzt. Im Kommentarfeld erscheint der Hinweis, dass Sie dieses Laufwerk entfernen können (siehe Abbildung 10.5). Je nach eingesetztem RAID wird die Auswahl der anderen Laufwerke deaktiviert – im Beispiel aus Abbildung 10.5 wird das standardmäßige RAID 1 eingesetzt.

Abbildung 10.5 Aufforderung zum Entfernen des ausgewählten Laufwerks

Sobald das Laufwerk entfernt wurde, aktualisiert sich das Fenster, die Werte werden geleert, und in der Spalte KOMMENTAR werden Sie aufgefordert, das neue Laufwerk einzusetzen. Sobald Sie das neue Laufwerk eingesetzt haben, wird es erkannt und initialisiert. Die neuen Werte werden entsprechend dargestellt, und das sogenannte *Rebuild* (engl. für Wiederaufbau) – auch *Resync* (engl. für Neusynchronisierung) genannt – wird angestoßen. Dabei wird das RAID wieder aufgebaut und das Laufwerk entsprechend beschrieben, so wie es in Abbildung 10.6 dargestellt wird.

Abbildung 10.6 Das neue Laufwerk wurde erkannt.

Während dieses Vorgangs ist die Auswahl der Laufwerke weiterhin deaktiviert. Leider wird in diesem Fenster der Fortschritt des Prozesses nicht dargestellt, diesen können Sie aber auf drei Arten in Erfahrung bringen.

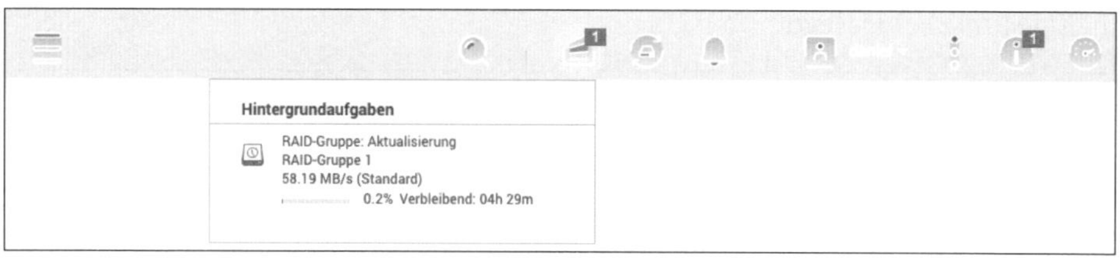

Abbildung 10.7 Status der Aktualisierung über das Menü

Zum einen können Sie im Menü aus Abbildung 10.7 über einen Klick auf die Hintergrundaufgaben einen Fortschrittsbalken sehen, zum anderen wird der Fortschritt dargestellt, wenn Sie mit dem Mauszeiger in der Zeile des neuen Laufwerks über der Spalte STATUS verharren (siehe Abbildung 10.8).

In der Verwaltung der Speicherpools wird Ihnen der Fortschritt (indirekt) auch angezeigt, da die Restlaufzeit des Rebuilds in der Spalte RESYNC-GESCHWINDIGKEIT angegeben wird (siehe Abbildung 10.9).

Abbildung 10.8 Fortschrittsanzeige als Popup in der Spalte »Status«

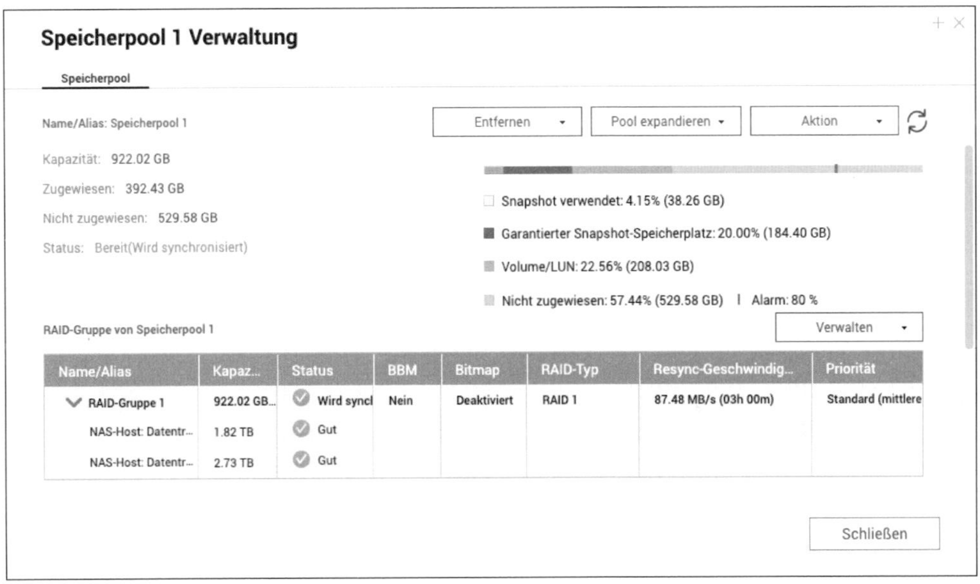

Abbildung 10.9 Anzeige der Resync-Restlaufzeit in der Speicherpool-Verwaltung

Bei den Zeitangaben in den Abbildungen handelt es sich im Übrigen nicht um einen Druckfehler. Auch bei so kleinen Laufwerken wie den im Beispiel verwendeten Geräten mit 1 TB (bzw. 2 TB) kann der Wiederherstellungsprozess je nach Daten und genutzter Kapazität vier bis fünf Stunden in Anspruch nehmen. Da die Dauer von sehr vielen Faktoren abhängt (wie z. B. Anzahl der Volumes, Art der Daten, Anzahl der Ordner und Dateien), gibt es leider keine Faustformel, mit der Sie den Aufwand des Rebuilds bestimmen können. Wir können somit nur unseren Hinweis wiederholen: Bringen Sie Zeit und Geduld mit!

Der gesamte Prozess läuft im Hintergrund, so dass Sie ohne Einschränkungen mit Ihrem NAS weiterarbeiten können – natürlich verbraucht der Prozess etwas Ressourcen, so dass es an der ein oder anderen Stelle zu Verzögerungen kommen kann. Wir empfehlen Ihnen ausdrücklich, während der Wiederherstellung nur lesend auf Ihr NAS zuzugreifen, da Schreibzugriffe langsamer sein werden und diese die Wiederherstellungszeit spürbar verlängern können.

Schneller fertig oder schnellere Antworten? Priorität festlegen!

Sie haben die Möglichkeit, die Priorität festzulegen, mit der der Prozess durchgeführt werden soll. Dabei können Sie aus den nachstehenden drei Prioritäten auswählen:

1. Dienste zuerst (geringe Geschwindigkeit)
2. Standard (mittlere Geschwindigkeit)
3. Resync zuerst (hohe Geschwindigkeit)

Standardmäßig ist der zweite Punkt ausgewählt.

Sobald der Vorgang abgeschlossen ist, wird eine entsprechende Meldung im Infocenter (oder wie es in der eleganten Übersetzung heißt: *Hinweisschild*) dargestellt. Da der Vorgang vollautomatisch ist, sind Ihrerseits auch keine Nacharbeiten erforderlich – wenn Sie Festplatten nur gegen neuere Modelle mit dem gleichen Speicherplatz austauschen. Wenn Sie außerdem auch noch die Kapazität erweitern möchten, müssen Sie nun alle übrigen Laufwerke gegen größere austauschen und dafür die bisher gezeigten Schritte entsprechend wiederholen. Dann gilt es, das RAID zu erweitern.

10.2.2 RAID erweitern

Wurden alle Laufwerke gegen größere Modelle ausgetauscht, so können Sie die Kapazität erweitern. Auch hierbei gilt natürlich, dass das kleinste Laufwerk die maximale Gesamtgröße vorgibt. Wie im Beispiel aus Abbildung 10.10 zu sehen, kann das RAID auf maximal 1,811 TB erweitert werden, da dies die Kapazität des kleinsten Laufwerks ist.

Sobald Sie die Schaltfläche KAPAZITÄT ERWEITERN anklicken, beginnt der Prozess der Vergrößerung. Dieser läuft erneut im Hintergrund ab und kann wiederum sehr viel Zeit in Anspruch nehmen. Bei einer Vergrößerung werden im Wesentlichen folgende Schritte durchlaufen:

1. Vergrößerung des RAIDs
2. Vergrößerung des Volumes im RAID
3. Vergrößerung des Dateisystems im Volume

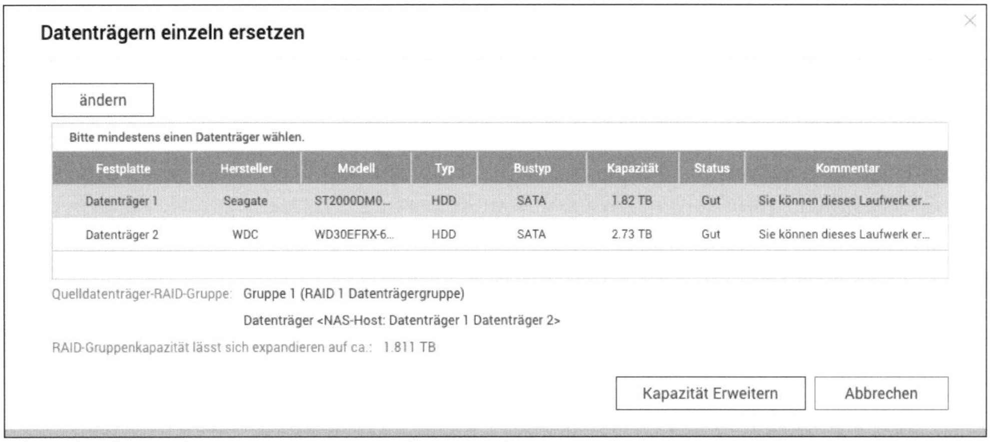

Abbildung 10.10 Kapazität erweitern

Während des Vorgangs können Sie Ihr NAS weiter benutzen. Wie bereits bei dem Austausch der Laufwerke empfehlen wir Ihnen aber, während der Erweiterung nur lesend auf Ihr NAS zuzugreifen, da Schreibzugriffe den Prozess verlängern würden.

Denken Sie an die Priorität!

Sie haben hier erneut die Möglichkeit, die Priorität festzulegen, mit der der Prozess durchgeführt werden soll. Dabei können Sie wieder aus den nachstehenden drei Prioritäten auswählen:

1. Dienste zuerst (geringe Geschwindigkeit)
2. Standard (mittlere Geschwindigkeit)
3. Resync zuerst (hohe Geschwindigkeit)

Standardmäßig ist auch hier der zweite Punkt ausgewählt.

Leider wird erneut der Fortschritt des Prozesses nicht direkt angezeigt, so dass Sie ihn wieder über die Speicherpool-Verwaltung oder über das Menü der Hintergrundaufgaben abfragen müssen.

Sobald der Vorgang abgeschlossen ist, wird wieder eine entsprechende Meldung im Infocenter dargestellt. Auch dieser Vorgang ist vollautomatisch, so dass auch hier Ihrerseits keine Nacharbeiten erforderlich sind.

10.3 Performance-Gewinn durch 10-GbE-Netzwerkkarte

Netzwerkverbindungen mit Gigabit-Geschwindigkeit sind mittlerweile Standard bei allen NAS-Systemen, die entsprechenden Adapter sind fest verbaut. Wenn noch höhere Geschwindigkeiten für Ihr Netzwerk entscheidend sind, ist dieser Abschnitt für

Sie relevant. Die nächsten Stufen sind 2,5 Gigabit Ethernet (GE, GbE, GigE), 10 GbE und 25 GbE. Darüber hinaus sind höhere Geschwindigkeiten nur durch eine Nachrüstung möglich.

Hier erklären wir, wie ein QNAP-System, das nicht von vornherein eine 10-GE-Netzwerkkarte verbaut hat, um eine entsprechende Schnittstelle erweitert werden kann. Dabei greifen wir dem nächsten Abschnitt vorweg: Die M2-SSDs, die wir dabei verbauen, verwenden wir später für einen SSD-Cache – auch der beschleunigt das NAS.

10.3.1 Vorüberlegungen

Bevor wir nur darüber sprechen, wie Sie ein NAS für bessere Netzwerkperformance auswählen bzw. ein vorhandenes NAS umrüsten, möchten wir Sie noch auf einige Vorüberlegungen stoßen. Ihnen sollte klar sein, dass das Umrüsten des NAS-Systems nur ein Schritt im Projekt »Umrüstung des Netzwerks auf 10 GbE« darstellt. Wenn das NAS an einen Heimrouter wie eine FRITZ!Box angeschlossen ist, bringt Sie das nicht weiter, denn solche Geräte unterstützen maximal 1 Gbit/s. Sie benötigen also einen Netzwerkverteiler (Switch), der ebenfalls 10 GbE bietet. Wenn Sie daran aber einen Rechner anschließen, der nur eine gewöhnliche 1-Gbit/s-Netzwerkkarte hat, profitieren Sie nur bedingt von der neuen Geschwindigkeit. Der PC überträgt die Daten nie schneller als bisher (1 Gbit/s), aber wenn mehrere PCs Daten mit dem NAS austauschen, so hat das NAS nun eine höhere Bandbreite zum Switch und kann damit mehrere Rechner gleichzeitig mit 1 Gbit/s versorgen. Das volle Potenzial entfaltet sich jedoch erst, wenn Sie auch die Netzwerkadapter der Rechner umrüsten.

Im WLAN entfalten sich die erhöhten Geschwindigkeiten in der Praxis selten, wenn mehrere Geräte im WLAN eingebucht sind und der WLAN-Router nicht in direkter Sichtweite ist.

10.3.2 Geschwindigkeit ab Werk und nachrüstbar

Wenn Sie vor der Kaufentscheidung bereits wissen, welche Geschwindigkeit Ihr NAS-System haben soll, können Sie ein Gerät erwerben, dessen Netzwerkadapter diese Geschwindigkeiten von vornherein unterstützt. QNAP spricht in diesem Fall von einem »integrierten 10-GbE-Netzwerk«. Entsprechende Geräte finden Sie über den QNAP Product Finder unter *https://www.qnap.com/de-de/product*, indem Sie einen Filter für die gewünschte Netzwerkgeschwindigkeit setzen.

Natürlich geht es auch schneller: QNAP bietet jenseits der SoHo-Produktlinie (Small Office, Home Office) auch Geräte mit eingebautem 25 GbE und eingebautem 40 GbE. Manche Geräte tauchen in mehreren Filterergebnissen auf. In diesem Fall verbaut QNAP schon bei der Auslieferung eine Erweiterungskarte auf PCI-Express-Basis (PCIe), die einem bestimmten Basismodell die gewünschte Netzwerkgeschwindigkeit

»beibringt«. Das TS-453D etwa ist so ein Modell, das ab Werk »nur« 2,5 GbE unterstützt. Als TS-453BT3 unterstützt es 10 GbE. Und das bringt uns schon zum nächsten Thema ...

Was ist, wenn das NAS schon vorhanden ist? In diesem Fall kann man bei bestimmten Geräten eine schnellere Netzwerkkarte via PCIe nachrüsten. Im Product Finder nennt QNAP dies »optionales 10-GbE-Ethernet«. Gut ist natürlich, wenn Sie jetzt bereits den zukünftigen Bedarf abschätzen können, dann können Sie gleich ein entsprechend ausgelegtes Gerät beschaffen. Unter *https://www.qnap.com/de-de/product/series/network-cards* finden Sie eine Übersicht der Erweiterungskarten, die es gibt. Spannend ist die QM2-Serie, die neben einer besseren Netzwerkkarte auch M2-Slots für SSD-Caching (siehe weiter unten) nachrüstet. Zu jeder Karte gibt es detaillierte Angaben, welche NAS-Systeme unterstützt werden.

10.3.3 PCIe-Karte nachrüsten

Am Beispiel einer QM2-2P10G1TA-Karte von QNAP zeigen wir in diesem Abschnitt, wie ein NAS-System vom Typ TS-453D seine Standardgeschwindigkeit von 2,5 GbE auf 10 GbE aufrüstet. Die Karte bietet außerdem zwei M2-Slots zum Einsetzen von SSDs. Was damit möglich ist, zeigen wir später.

Kompatibilität prüfen

Bevor Sie eine Karte für Ihr NAS bestellen oder einbauen, prüfen Sie genau die Kompatibilität der Karte mit Ihrem NAS. Dazu suchen Sie die Karte unter *https://www.qnap.com/de-de/product/series/network-cards*.

Falls Ihre Karte nicht aufgeführt ist, ist diese vielleicht nicht mehr erhältlich. In diesem Fall versuchen Sie, eine ähnliche Karte aufzurufen und die Modellangabe in der URL zu ändern. Meist existieren die alten Modellseiten noch. Auf jeder Modellseite ist aufgeführt, welches NAS unterstützt wird.

Wenn Sie umgekehrt herausfinden müssen, welche Karten Ihr Modell unterstützt (auch nicht mehr erhältliche Karten bei nicht mehr erhältlichen NAS), dann rufen Sie *https://www.qnap.com/de-de/compatibility* auf und geben Ihr NAS-System an. Bei 4-Kategorie wählen Sie Erweiterungskarte. Daraufhin werden die kompatiblen Modelle aufgelistet.

M2-SSDs auf der Erweiterungskarte montieren

In unserem Beispiel bietet die Erweiterungskarte neben der fest verlöteten 10-GbE-Netzwerkschnittstelle auch zwei M2-Steckplätze, die Sie im ersten Schritt bestücken.

1. Entfernen Sie den Kühlkörper der Erweiterungskarte durch Lösen der vier Schrauben. Dadurch werden die M2-Slots freigelegt.

Abbildung 10.11 Zur Montage der M2-SSDs wird der Kühlkörper von der Erweiterungskarte gelöst.

2. Der Erweiterungskarte sind Schaumstoffsticker beigelegt, die als Abstandhalter zum Kühlkörper dienen. Diese müssen auf der M2-SSD montiert werden. Achten Sie darauf, die richtige Seite der M2-SSDs zu bekleben, nämlich die, die später zum Kühlkörper zeigen wird.
3. Setzen Sie die M2-SSDs in die Steckplätze. Achten Sie darauf, dass die Temperaturfühler der QNAP-Erweiterungskarte die SSDs berühren. Schrauben Sie dann die SSDs fest.

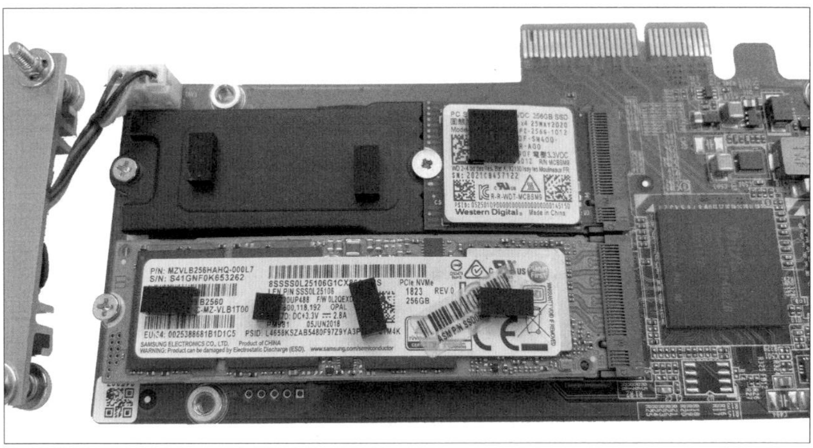

Abbildung 10.12 Die M2-SSDs sind mit Abstandhaltern bestückt und auf der Erweiterungskarte montiert.

4. Montieren Sie den Kühlkörper wieder.

Damit sind die M2-SSDs einsatzbereit auf der Karte montiert.

NAS-Gehäuse öffnen

Als Nächstes müssen Sie das NAS-Gehäuse öffnen. Wir zeigen dies anhand eines TS-453D, bei anderen Modellen verläuft es ähnlich. Konsultieren Sie gegebenenfalls die Anleitung.

Das TS-453D hat eine halbtransparente Plastikkappe vor den Laufwerkseinschüben. Diese Kappe muss entfernt werden, bevor das Gehäuse geöffnet werden kann.

1. Fahren Sie das NAS-System herunter, und trennen Sie den Netzadapter.
2. An der Seite des NAS betätigen Sie den mit einem Schloss gekennzeichneten Schalter. Das geht am einfachsten, wenn Sie das NAS auf die Seite legen. Der Schalter federt zurück. Während Sie ihn in Position halten, können Sie die Kappe entfernen.
3. Der Gehäuseteil, den Sie entfernen können, umrandet drei von vier Gehäuseseiten. Als Nächstes legen Sie das NAS deshalb auf die (von vorn betrachtet) rechte Seite, so dass die USB- und Netzwerkanschlüsse des NAS zum Tisch zeigen, siehe auch Abbildung 10.13.
4. Lösen Sie die drei Schrauben, die den Gehäuserahmen fixieren.
5. Schieben Sie den Gehäuserahmen nach hinten ein Stück vom NAS-Gehäuse herunter und entnehmen Sie den Gehäuserahmen.

Abbildung 10.13 Gehäuserahmen lösen und entfernen

PCIe-Steckplatz ausfindig machen

Nach Entfernen des Gehäuserahmens ist der PCIe-Steckplatz des NAS frei zugängig. Sie finden ihn auf der Gehäuseinnenseite an der Stelle, an der das längliche Slotblech auf der Geräterückseite mit einer Blende versehen ist (siehe Abbildung 10.13). Im 90-Grad-Winkel dazu ist auf der Hauptplatine des Systems ein freier Slot zu finden. Entfernen Sie die Blende vom PCIe-Slot, indem Sie von der Geräteaußenseite die Schraube an der Blende lösen.

Passendes Slotblech montieren

Durch einfaches Ausprobieren stellen Sie fest, dass die Erweiterungskarte nicht im Slot montiert werden kann. Der Karte liegen unterschiedliche Slotbleche bei. Sie können dieses Blech mit ein paar Schrauben von der Erweiterungskarte lösen und das passende Slotblech montieren.

Karte im Steckplatz montieren

Stecken Sie nun die Erweiterungskarte in den PCIe-Slot des NAS-Systems, und fixieren Sie diese mit jener Schraube von außen, die Sie zuvor zur Demontage der Blende gelöst haben.

Gerät zusammenbauen und Karte testen

Bauen Sie das Gerät wieder zusammen:

1. Stecken Sie den Gehäuserahmen wieder auf das NAS, und schieben Sie diesen zur Gerätefront.
2. Fixieren Sie den Rahmen von der Geräterückseite aus mit drei Schrauben.
3. Zum Schluss montieren Sie die halbtransparente Kappe wieder.
4. Stellen Sie das NAS wieder auf seine Gummifüße, schließen Sie den Stromadapter an, und fahren Sie das NAS hoch. Das Netzwerkkabel stecken Sie vorerst in den Netzwerkanschluss, in dem es vorher auch war. Daran gebunden ist eine funktionierende Netzwerkkonfiguration. Die neue Schnittstelle müssen wir erst noch konfigurieren. Dafür müssen wir auf die Weboberfläche. Und das können wir nur, wenn die bekannte Netzwerkkonfiguration noch aktiv ist.

Als Nächstes prüfen Sie, ob die Karte korrekt erkannt wurde:

1. Loggen Sie sich als Administrator auf der Weboberfläche des NAS-Systems ein.
2. Öffnen Sie die Systemsteuerung, und klicken Sie im Bereich Netzwerk und Dateidienste auf Netzwerk- und virtueller Switch.
3. Die Übersicht sollte nun die neue Netzwerkschnittstelle auflisten. Sie erkennen sie an der Geschwindigkeitsangabe hinter der Angabe Adapter. In Abbildung 10.14 handelt es sich um Adapter 3, hinter dessen Name (10 GbE) steht.

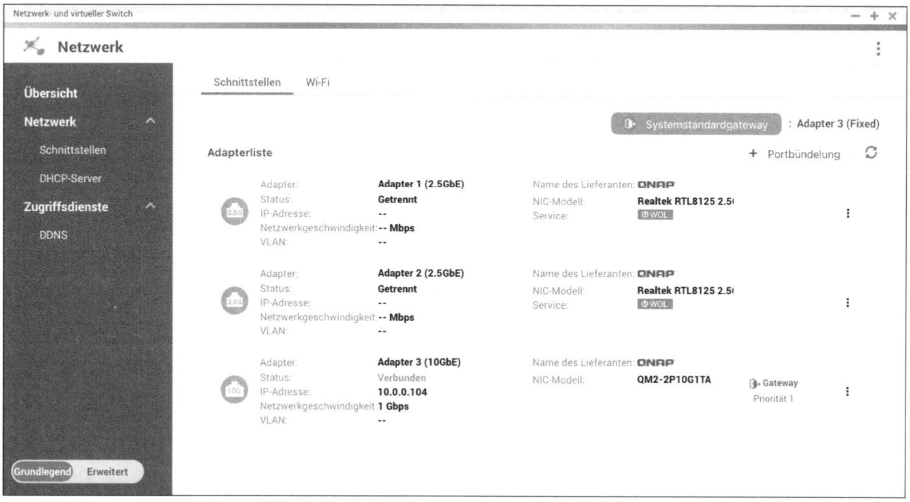

Abbildung 10.14 Netzwerkadapter-Übersicht in der NAS-Systemsteuerung

10.3.4 Netzwerkkonfiguration für neuen Adapter anpassen

Jeder Netzwerkadapter im NAS hat eine individuelle Netzwerkkonfiguration. Im nächsten Schritt passen Sie die Konfiguration der neuen Schnittstelle an.

Klicken Sie in der Systemsteuerung der Weboberfläche beim 10-GbE-Adapter auf das Menü ⋮ und dann auf KONFIGURIEREN. Wenn Ihr NAS eine feste IP-Adresse hat, stellen Sie diese hier ein. Wenn Sie DHCP aktiviert haben, wird das NAS bei Nutzung der neuen Erweiterungskarte eine andere IP-Adresse bekommen, weil es sich um einen anderen Netzwerkadapter handelt – das sieht für den DHCP-Server wie ein gänzlich anderes Gerät aus.

Wenn Sie DHCP nutzen, haben Sie somit folgende Möglichkeiten:

- Sie ziehen das Netzwerkkabel vom bisherigen Netzwerkanschluss des NAS-Systems ab und stecken es in den neuen Anschluss. Danach verwenden Sie *Qfinder Pro* von *https://www.qnap.com/de-de/utilities/essentials*, um das Gerät im Netzwerk zu finden. Gerätename, Logins und sonstige Konfiguration bleiben erhalten, nur die IP ändert sich.
- Sie schließen die neue Netzwerkschnittstelle zusätzlich zur bisherigen Schnittstelle an den Router bzw. Switch an. Damit bleiben Sie in der Weboberfläche eingeloggt. Der STATUS beim 10-GbE-Adapter wechselt auf VERBUNDEN. Wechseln Sie nochmals in den KONFIGURIEREN-Dialog der 10-GbE-Schnittstelle. Hier können Sie die IP-Adresse, die das NAS mit dieser Netzwerkkarte vom DHCP-Server bezogen hat, ablesen (die Felder sind ausgegraut, aber das ist nebensächlich).
- Manche DHCP-Server unterstützen es, Geräten mit bestimmten MAC-Adressen am Netzwerkadapter bestimmte IPs aus dem DHCP-Pool zuzuweisen. Sofern Sie ei-

nen solchen Server haben, können Sie die MAC-Adresse des neuen Netzwerkadapters im Server angeben und mit einer bestimmten IP-Adresse verknüpfen, zum Beispiel der bisherigen IP-Adresse. Die MAC-Adresse des neuen Adapters können Sie über das Menü ⋮ und Klick auf INFORMATIONEN abrufen. Es erscheint ein neues Fenster, in dem Sie dann in den Reiter HARDWARE wechseln.

Sofern Sie mit einer geänderten IP-Adresse fortfahren, prüfen Sie die Einstellungen auf allen Geräten und Clients, die vor dem Einbau der Karte mit dem NAS verbunden waren. Wenn hier Lesezeichen zur Weboberfläche im Browser abgelegt waren, müssen diese aktualisiert werden. Dasselbe gilt für Netzlaufwerkverbindungen, die anhand der IP-Adresse hergestellt wurden.

10.3.5 Fazit

Wenn das NAS zu langsam Daten liefert, kann das an verschiedenen Dingen liegen. Zwei davon können wir mit einer Erweiterungskarte adressieren:

Zum einen kann sich die Netzwerkschnittstelle als Flaschenhals erweisen. Dann hilft die Aufrüstung auf 10 GbE. Mit einer nachrüstbaren Schnittstellenkarte liefert QNAP eine praktikable Lösung, die NAS-Besitzer davor bewahrt, gleich das komplette NAS austauschen zu müssen. Die hier vorgestellte Karte kostet etwas mehr als die Hälfte des NAS (Datenträger ausgenommen), in das sie eingebaut wurde. Ob das die Sache wert ist, muss der Kunde wie immer selbst entscheiden.

Zum anderen kann die Geschwindigkeit der Datenträger ein Problem darstellen. Mit einem SSD-Cache kann man die Ladezeiten von einer und die Schreibzugriffszeiten auf eine HDD-basierte RAID-Gruppe verkürzen. Das schauen wir uns im nächsten Abschnitt genauer an.

10.4 Performance-Gewinn durch Cache-Beschleunigung (SSD-Cache)

Die *Solid State Disks* (SSD) sind besonders schnelle Datenträger. Zwar fallen die Preise, aber der günstigere Speicher für große Datenmengen ist nach wie vor die klassische Festplatte. Wenn Sie die Volumes im NAS, mit denen Sie regelmäßig arbeiten, mit SSDs aufgebaut haben, ist dieses Abschnitt für Sie uninteressant. Für alle anderen gibt es eine gute Nachricht: Man kann eine oder mehrere SSDs als Pufferspeicher (*Cache*) verwenden. Wir schauen uns in diesem Abschnitt an, welche Begrifflichkeiten im Zusammenhang mit der Cache-Beschleunigung wichtig sind und welche Voraussetzungen erfüllt sein müssen, um diese spezielle Funktion zu nutzen. Mit dem SSD Profiling Tool lernen Sie auch ein Programm aus dem QNAP-Repertoire kennen, das die Funktion von SSD-Caches optimiert. Schließlich begleiten wir Sie mit einer Schritt-für-Schritt-Anleitung durch die Einrichtung eines SSD-Caches.

10.4.1 Ein wenig Theorie

Daten, die das NAS von den Festplatten gelesen hat, schreibt es parallel in einen Zwischenspeicher, so dass diese Daten bei zukünftigen Abfragen viel schneller zur Verfügung stehen. Diese Art von Zwischenspeicher nennt sich *Lesecache*. Daten, die es auf Festplatten schreiben soll, schreibt es erst auf SSDs, so dass es sofort wieder für weitere Anfragen zur Verfügung steht. Wenn Zeit ist, schreibt es die Daten aus dem Puffer auf die langsameren Festplatten. Diese Art von Zwischenspeicher nennt sich *Schreibcache*. Ein Schreibcache ist für die Daten, die darinstehen, auch immer ein Lesecache. Die »langsameren Festplatten« übrigens nennt QNAP in seinen Einrichtungsassistenten den *regulären Speicher*.

Der Cache wird beim Herunterfahren des NAS nicht geleert. Sie dürfen die SSDs, die den Cache bilden, nicht einfach herausziehen – auch nicht bei ausgeschaltetem NAS. Stattdessen muss der Cache über die Einstellungsdialoge wieder aufgelöst werden.

Bei einem Lesecache würde das Entfernen oder der Ausfall einer SSD nicht einmal zu einem großen Dilemma führen. Die Daten müssten einfach nur erneut von den Festplatten gelesen werden. Anders sieht es bei einem Schreibcache aus: Diese Daten wären unwiederbringlich verloren. Nicht umsonst weist QNAP deshalb in seiner Onlinehilfe darauf hin, dass für die Einrichtung eines Schreibcaches unbedingt ein RAID aus SSDs empfohlen wird, die sich gegenseitig spiegeln.

Bei der Einrichtung des Caches begegnet Ihnen außerdem die Vokabel des sequenziellen und des zufälligen E/A. *E/A* steht dabei für Ein-/Ausgabe, bezeichnet also das Lesen oder Schreiben auf dem Datenträger. Im Internet oder in der Fachdokumentation stoßen Sie alternativ auf die Abkürzung *I/O* für Input/Output.

- *Sequenzieller Zugriff* betrifft große Datenmengen, die ohne große Umpositionierung des Schreib-/Lesekopfes der Festplatte »hintereinanderweg« gelesen oder geschrieben werden können. Anwendungsgebiete sind etwa Dateiserver, Medienstreaming oder Videobearbeitung, weil hier große Datenportionen bewegt werden.
- Unter *zufälligem Zugriff* wird das Lesen von kleinen Datenportionen verstanden, wobei der Schreib-/Lesekopf immer wieder springen muss. Anwendungsgebiete sind etwa Virtualisierung, Datenbanken, Webserver oder Mailserver. Verständlicherweise sind solche Daten mit klassischen Festplatten konstruktionsbedingt langsamer zu schreiben/zu lesen als mit SSDs.

Zum Schluss müssen wir über *Garbage Collection* sprechen. SSDs müssen im Gegensatz zu Festplatten Datenblöcke aktiv löschen, damit sie neu beschrieben werden können. In anderen Worten: Festplatten überschreiben die markierten Datenbereiche einfach. SSDs müssen sie erst aktiv löschen, um sie danach neu zu beschreiben. Das verlangsamt die SSD über die Zeit hinweg. Die Garbage Collection, zu Deutsch:

Müllabfuhr, erledigt das in einem Zug für alle Datenblöcke, die eine entsprechende Markierung aufweisen.

Mit dieser im Hintergrund stattfindenden Prozedur werden zukünftige Schreibvorgänge schneller, indem die SSD dafür sorgt, dass immer freie Blöcke vorhanden sind. SSDs überleben allerdings wie auch USB-Sticks nur eine begrenzte Anzahl an Schreibvorgängen. Je voller die SSD wird, desto häufiger muss dieser Vorgang stattfinden. Hier kommt die *Schreibverstärkung* ins Spiel. Schreibverstärkung im Faktor 1.0 heißt, dass alle stattfindenden Schreibvorgänge vom Betriebssystem angefordert wurden. Finden für die internen Vorgänge wie Garbage Collection in der SSD mehr Schreibvorgänge statt, ist das eine Sache, die das Betriebssystem nicht mitbekommt und auch nicht beauftragt hat. Entsprechend höher ist der Wert für die Schreibverstärkung. QNAP begegnet dem Problem durch *Over-Provisioning*. Damit wird Platz auf der SSD für die Garbage Collection reserviert. Die meisten SSDs werden laut QNAP mit 7 % oder mehr ihrer Kapazität hergestellt, die für das Over-Provisioning reserviert ist. QNAP erhöht diesen Speicher durch Bereitstellung weiteren freien Speichers und will somit die Lebensdauer der SSDs verlängern. Sie können die optimalen Einstellungen für Over-Provisioning durch die kostenfreie App SSD Profiling Tool ermitteln. Doch bevor wir uns damit beschäftigen, werfen wir einen Blick auf die allgemeinen Voraussetzungen für die Cache-Beschleunigung.

10.4.2 Voraussetzungen

Nachdem wir ein paar Begriffe kennengelernt haben, widmen wir uns den Voraussetzungen zur Einrichtung eines SSD-Caches:

Die SSD muss in einem speziellen Slot im NAS-Gehäuse sitzen – das betrifft aber nur SSDs, die für das Caching verwendet werden sollen. Bei älteren NAS-Systemen finden Sie in der eingebauten Onlinehilfe Hinweise darauf, welche Slots im Gehäuse für das SSD-Caching »optimiert« sind. Nur dort können SSDs verbaut werden. Bei neueren NAS-Systemen setzt QNAP auf die Erweiterungskarten, die Sie in Abschnitt 10.3 kennengelernt haben. Diese Karten gibt es mit eingebautem M2-SSD-Slot. Das hat zwei Vorteile: Erstens wird kein wertvoller Einschubplatz für Festplatten belegt, zweitens ist eine per PCIe angebundene SSD (via Erweiterungskarte) noch einmal schneller als eine per SATA angebundene (via Einbau in einen Einschub).

Darüber hinaus muss das Verhältnis von Arbeitsspeicher im NAS-System zu der Gesamtgröße des SSD-Caches (also der RAID-Gruppe) passen. Seit Firmware-Version 5 des QTS-Systems gilt, dass für 512 GB SSD-Cache mindestens 1 GB RAM vorhanden sein muss, für 1 TB SSD-Cache mindestens 4 GB RAM, für 2 TB SSD-Cache mindestens 8 GB RAM, für 4 TB SSD-Cache mindestens 16 GB RAM.

Zum Schluss ist zu beachten, dass SSDs, die nicht gerade per PCIe (also per Erweiterungskarte) angebunden werden, in der Menge 1:3 zu den Festplatten verbaut sein sollten, also mindestens eine SSD auf drei Festplatten, eher mehr. Für PCIe scheint diese Einschränkung nicht zu gelten. Der Hintergrund ist, dass bestimmte RAID-Level (nämlich Level 0, 5, 6 oder 10), die mit klassischen Festplatten aufgebaut wurden, beim sequenziellen E/A (und nur dort) unter Umständen schneller sein können als ein RAID aus SSDs, woraus der Cache ja besteht. Noch einmal in anderen Worten: Bei zufälligem E/A ist ein SSD-RAID immer schneller und bei PCIe-SSDs trifft dieses Problem nicht zu. Es kommt also stark auf den Anwendungsfall an.

10.4.3 SSD Profiling Tool zur Verlängerung der Lebensdauer

Sie wissen bereits, was Schreibverstärkung ist. Wir haben Ihnen dabei schon von der App *SSD Profiling Tool* von QNAP berichtet, die optimale Einstellungen für Ihre SSDs finden kann, damit die Lebensdauer optimiert wird. Ehe wir den SSD-Cache aktivieren, nutzen wir nun dieses Tool, denn wenn der Cache einmal eingerichtet ist, kann man die Werte nicht mehr ändern und das SSD Profiling Tool nicht mehr ausführen.

So installieren Sie das SSD Profiling Tool:

1. Loggen Sie sich als Administrator in die Weboberfläche des NAS-Systems ein.
2. Starten Sie das App Center, verwenden Sie die Suchfunktion [Q] oben rechts, und suchen Sie nach »SSD«.
3. Sie erhalten das Suchergebnis SSD PROFILING TOOL. Klicken Sie unterhalb des Programmicons auf INSTALLIEREN.

Das SSD Profiling Tool führt Tests mit den verbauten SSDs durch, indem es die Datenträger zu einem gehörigen Anteil vollschreibt und anschließend mit unterschiedlich großen Over-Provisioning-Anteilen die Schreibleistung misst. Entsprechend dauert der Test mehrere Stunden, gegebenenfalls über 24 Stunden.

Ist das Tool installiert, starten Sie es über das Menü ☰. Beim ersten Start erhalten Sie einen Hinweis, dass die vom Tool ermittelten Werte nicht als Benchmark-Ergebnisse zum Vergleich mit anderen Systemen dienen. Sie sind individuell für die eingesetzte NAS-Hardware und die festgelegten Einstellungen.

1. Aktivieren Sie den Haken DIESE MELDUNG NICHT NOCH EINMAL ANZEIGEN, und bestätigen Sie mit OK.
2. Klicken Sie auf TEST ERSTELLEN und auf WEITER.
3. Wählen Sie aus, welche SSDs getestet werden sollen (siehe Abbildung 10.15). Wenn Sie ein Flammen-Symbol sehen, heißt dies, dass die SSD per PCIe angebunden ist, was eben sehr schnell ist. Man kann darüber streiten, ob das Icon dem gerecht wird. Falls mehrere SSDs installiert sind, bietet Ihnen das Tool ein Dropdown-Menü RAID-TYP zur Auswahl eines RAID-Levels an. Ansonsten testen Sie das einzelne Laufwerk. Bei mehreren SSDs ist wichtig, dass Sie hier alle SSDs auswählen, die Sie

für den späteren Cache zu einem RAID zusammenfassen wollen. Wenn Sie nur eine einzige SSD auswählen, erfahren Sie nur die Werte für die Nutzung dieser einen SSD als Cache, aber nicht für das geplante RAID. Klicken Sie auf WEITER.

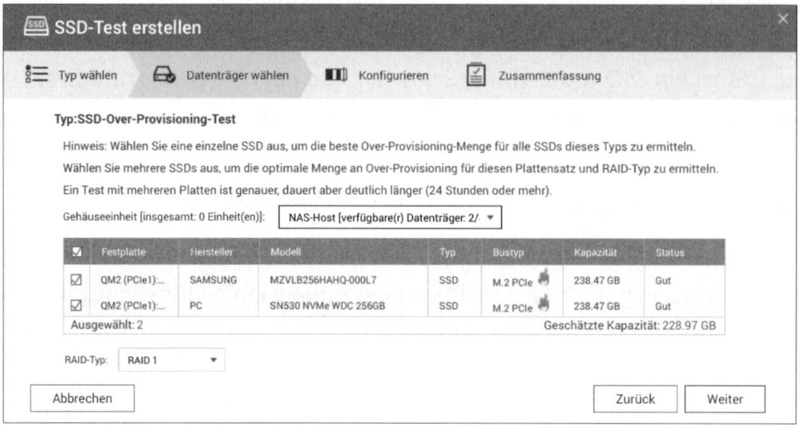

Abbildung 10.15 Auswahl der vom SSD Profiling Tool zu testenden SSDs

4. Sie gelangen zum Schritt KONFIGURIEREN (siehe Abbildung 10.16). Hier können Sie zwei Werte festlegen:
   - Die TESTDATENGRÖSSE, mit der die SSDs beschrieben werden, ehe die Schreibtests stattfinden. Je höher der Wert, desto länger dauert der Test, aber desto genauer ist das Ergebnis.
   - Der OVER-PROVISIONING-TESTBEREICH sowie das TESTINTERVALL geben an, wie viele Tests durchgeführt werden, wobei jeder Test mit einer unterschiedlichen Größe für Over-Provisioning durchgeführt wird.

   Wir empfehlen, bei allen Einstellungen die vordefinierten Werte zu belassen. Klicken Sie auf WEITER.

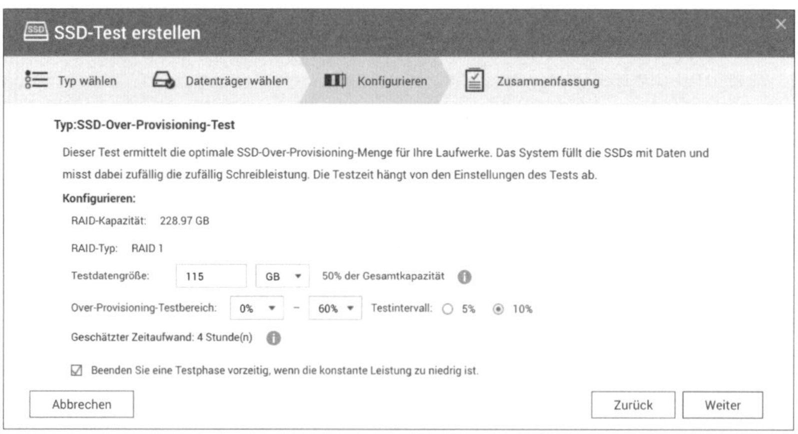

Abbildung 10.16 Test konfigurieren im SSD Profiling Tool

5. Auf der letzten Seite wird Ihnen eine Zusammenfassung angezeigt. Klicken Sie auf FERTIGSTELLEN, um den Test zu beginnen.

Warten Sie die angegebene Zeit ab. Den Fortschritt der Tests können Sie in den Hintergrundaufgaben ablesen, die Ihnen in der Weboberfläche des NAS-Systems angezeigt werden. Vermeiden Sie während des Tests starke CPU-Belastung auf dem NAS, da dies die Ergebnisse verfälscht. Natürlich darf das NAS während des Tests auch nicht heruntergefahren werden, und es dürfen keine Datenträger herausgezogen werden.

So lesen Sie das Testergebnis ab, wenn keine aktive Hintergrundaufgabe mehr angezeigt wird:

1. Öffnen Sie das SSD Profiling Tool, und klicken Sie in der linken Leiste auf TESTBERICHTE. Klicken Sie neben dem Test auf das Icon BERICHT ANZEIGEN.
2. Scrollen Sie im Testergebnis nach unten zum Bereich AUSWERTUNGSERGEBNISSE DES OVER-PROVISIONINGS.
3. Lesen Sie den ermittelten Wert neben EMPFOHLENE OVER-PROVISIONING-MENGE ab. Laut Abbildung 10.17 ergab unser Test, dass kein Over-Provisioning aktiviert werden muss. Mit diesem Ergebnis im Gepäck machen wir uns nun daran, den SSD-Cache einzurichten.

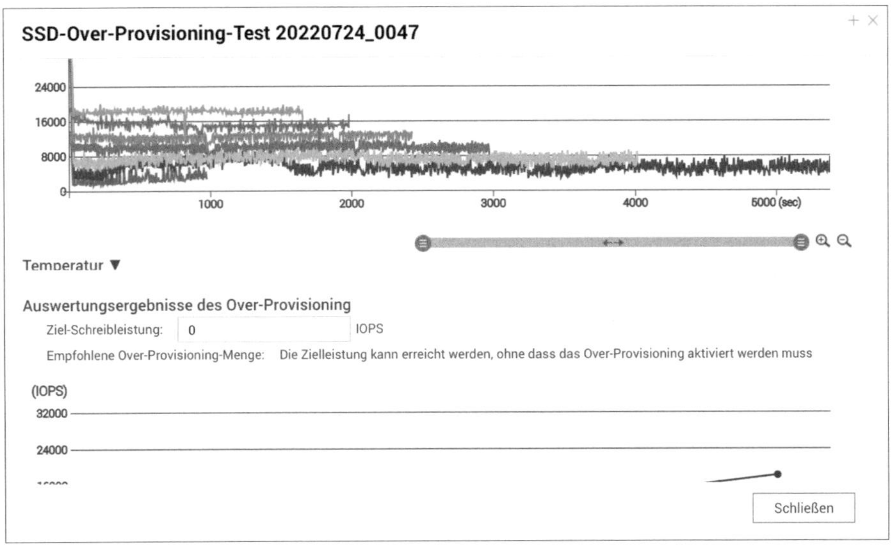

Abbildung 10.17 Testergebnis im SSD Profiling Tool

10.4.4 Cache-Beschleunigung aktivieren

Nachdem Sie wichtige Vokabeln kennengelernt und für Ihre persönliche SSD-Datenträger-Kombination die optimalen Werte in Hinblick auf das Over-Provisioning durch Tests erarbeitet haben, können Sie nun den Cache aktivieren:

1. Loggen Sie sich als Administrator in die Weboberfläche des NAS-Systems ein.
2. Öffnen Sie die SYSTEMSTEUERUNG, und klicken Sie im Bereich SYSTEM auf SPEICHER & SNAPSHOTS.
3. Klicken Sie im linken Menü unterhalb des Eintrags SPEICHER auf CACHE-BESCHLEUNIGUNG. Klicken Sie auf das blaue Plus-Symbol und im Einführungsdialog auf WEITER.
4. Sie werden aufgefordert, die für den Cache zu verwendenden SSDs auszuwählen (siehe Abbildung 10.18).

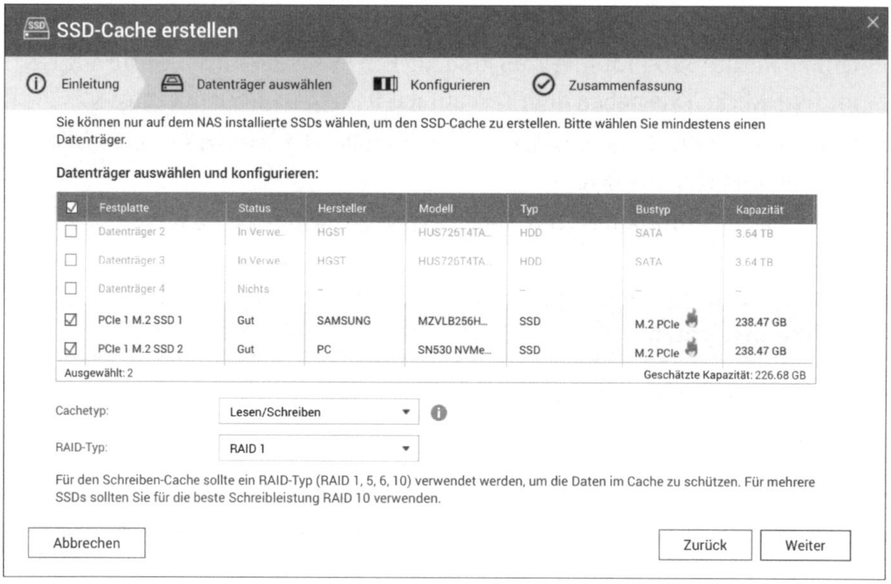

Abbildung 10.18 Datenträger und RAID-Typ für den SSD-Cache wählen

Wie Sie schon aus unserem Theorieteil wissen, können Sie für den Lesecache ruhig ein RAID 0 (Striping) wählen, da ein etwaiger Datenverlust keinerlei Konsequenzen hat. Beim Lese-/Schreibcache bzw. beim Schreibcache rät Ihnen der Assistent dringend zu einem RAID-Typ mit Datensicherheit, also 1 (Mirroring), 5, 6 oder 10. Die beste Performance bietet RAID 10, das setzt natürlich auch vier SSDs voraus.

In unserem Beispiel haben wir zwei gleich große SSDs verbaut und entscheiden uns – der Datensicherheit wegen – für RAID 1.

Die Einstellungen aus diesem Dialog können Sie später nicht mehr anpassen, ohne den Cache komplett zu löschen.

1. Klicken Sie nach Abschluss Ihrer Einstellungen auf WEITER. Im Schritt KONFIGURIEREN stellen Sie nun die Over-Provisioning-Werte ein, die Ihnen der Test im SSD Profiling Tool ermittelt hat. In unserem Beispiel haben wir Over-Provisioning wie im Testergebnis angegeben deaktiviert. Diese Einstellung können Sie später noch

anpassen. Dabei wird der Cache zwar geleert, aber er muss nicht neu eingerichtet werden.

2. Darunter wählen Sie den Cache-Modus, der Ihrem geplanten Einsatzgebiet des NAS am nächsten kommt. Im Theorieteil weiter oben finden Sie die notwendigen Grundlagen. Diese Einstellung können Sie später jederzeit anpassen. Klicken Sie auf WEITER.

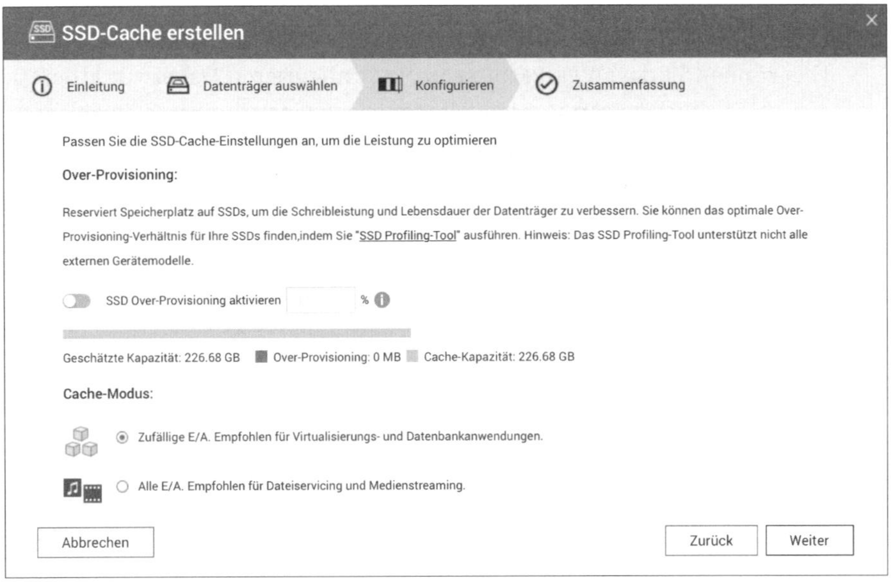

Abbildung 10.19 SSD-Cache konfigurieren

3. Im nächsten Dialogfenster legen Sie fest, für welche Volumes im NAS Sie diesen Cache aktivieren möchten. Sie können – eine entsprechende Anzahl an SSDs vorausgesetzt – für die einzelnen Volumes unterschiedliche SSD-Caches erstellen. Setzen Sie bei den gewünschten Volumes einen Haken. In unserem Beispiel haben wir nur einen SSD-Cache, und der soll für alle Volumes gelten, entsprechend setzen wir alle Haken. Auch diese Einstellung können Sie später anpassen. Wenn Sie fertig sind, klicken Sie auf WEITER.

4. In einer Zusammenfassung werden Ihnen die gewählten Einstellungen für den zu erstellenden SSD-Cache angezeigt. Wenn Sie diese geprüft haben, klicken Sie auf ERSTELLEN.

5. Es wird eine Warnung angezeigt. Ihnen ist natürlich klar, dass die SSDs nun formatiert werden und alle Daten darauf verloren gehen. Außerdem ist Ihnen klar, dass die SSDs nicht entfernt werden dürfen, ehe Sie den Cache manuell wieder abschalten. Das wissen Sie bereits aus dem Theorieteil weiter oben. Deshalb setzen Sie den Haken bei ICH VERSTEHE und klicken auf OK.

10.4.5 Einstellungen später anpassen

Für jede Einstellung des SSD-Caches, die wir oben vorgestellt haben, haben wir angegeben, ob diese im Nachhinein änderbar ist. So können Sie die Anpassung vornehmen:

1. Wechseln Sie in die SYSTEMSTEUERUNG in den Punkt SPEICHER & SNAPSHOTS, und wählen Sie dann den Menüpunkt CACHE-BESCHLEUNIGUNG.
2. Klicken Sie rechts oben im Fenster auf den rechteckigen Button VERWALTEN.
   - Hier können Sie das OVER-PROVISIONING konfigurieren. Dabei würde der Cache zwischenzeitlich geleert werden. Alle sonstigen Einstellungen bleiben erhalten.
   - Außerdem finden Sie im selben Menü die EINSTELLUNGEN. Dort können Sie nachträglich anpassen, für welche Volumes im NAS-System der Cache gilt. Nach Klick auf WEITER können Sie den CACHE-MODUS und damit die Optimierung für zufällige E/A oder alle E/A anpassen. Klicken Sie zum Übernehmen der Einstellungen auf FERTIGSTELLEN.
   - Mit dem Menüpunkt EXPANDIEREN können Sie den Cache um weitere SSDs erweitern. Dabei wird der Cache zwischenzeitlich geleert, sonstige Einstellungen bleiben jedoch erhalten.

10.4.6 Fazit

Die Cache-Beschleunigung über den SSD-Cache führt zu einer deutlich spürbaren Performance-Steigerung bei RAID-Gruppen, die aus gewöhnlichen HDDs bestehen. Auf der anderen Seite muss man dafür – wenn man es richtig machen will – in eine Erweiterungskarte und – für die Datensicherheit – in mindestens zwei M2-SSDs investieren. Damit ist man gut und gern noch einmal so viel Geld los, wie das NAS-Grundgerät bereits gekostet hat.

Das von QNAP bereitgestellte SSD Profiling Tool ist hilfreich, könnte nach unserem Empfinden aber ruhig in die Systemsteuerung integriert sein, statt als externe App daherzukommen.

Wer viele unterschiedlich schnelle Datenträgergruppen einsetzt und seine Zugriffszeiten weiter optimieren möchte, kann weiterführend einen Blick auf Qtier werfen. Hierbei bewegt das NAS Bewegungsdaten, die häufig abgerufen werden, automatisch auf schnelle Datenträger und weniger häufig benötigte Daten auf langsamere Datenträger. Qtier ist Teil der Volume-Verwaltung und kann beim Erstellen eines neuen Volumes oder bei vorhandenen Volumes aktiviert werden.

Kapitel 11
Multimedia von A bis Z

Fotos, Videos oder doch Musik? Ihr NAS verwaltet und spielt fast alles, was das Herz begehrt.

Jetzt wird es Zeit für die Multimediafunktionen Ihres NAS. Diese sind hauptsächlich für den privaten Einsatz zu Hause interessant. Ihr NAS hilft Ihnen dabei, Ihre Foto-, Video- und Musiksammlung zu organisieren und diese Inhalte im Browser oder einer eigenständigen App abzuspielen. Auch die unkomplizierte Möglichkeit, Multimediainhalte mit anderen Personen zu teilen, mag für viele Nutzerinnen und Nutzer interessant sein.

11.1 Zentrale Steuerung: Die Multimedia Console

Die Multimedia Console ist eine Art von Steuerungszentrale für Hintergrunddienste, die Hilfsfunktionen für die Multimediaaufgaben des Geräts erledigen. Dazu zählen etwa die Indizierung von Multimediadateien oder die Generierung von kleinen Vorschaubildern, den sogenannten Thumbnails. Die Multimedia Console wird von einigen Anwendungen aus dem Multimediabereich vorausgesetzt, daher möchten wir diese eingangs vorstellen. Das Programm ist zunächst noch nicht auf dem NAS installiert. Die Installation erfolgt über das App Center. Dort finden Sie die Multimedia Console in der Kategorie QTS-GRUNDLAGEN und können die Installation per Mausklick starten (siehe Abbildung 11.1).

Nach der Installation kann die Multimedia Console über das Hauptmenü eines Administratorkontos aufgerufen werden. Alternativ befindet sich auch eine Verknüpfung in der Systemsteuerung in der Kategorie ANWENDUNGEN. Die Multimedia Console tritt als eigenständige Anwendung auf und öffnet sich in einem eigenen Fenster. Sie startet mit der geöffneten Registerkarte ÜBERSICHT. Dort wird Ihnen zunächst der Status der Hintergrunddienste *Indizierung* und *Miniaturansichtsgenerierung* angezeigt (siehe Abbildung 11.2).

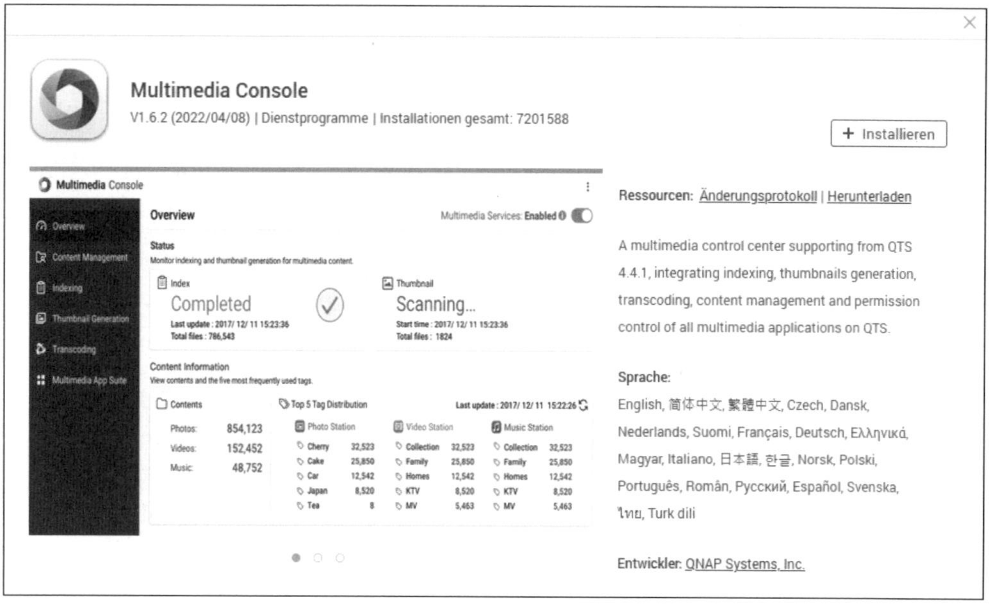

Abbildung 11.1 Die Multimedia Console kann im App Center mit einem Klick auf die Schaltfläche »Installieren« auf Ihrem NAS eingerichtet werden.

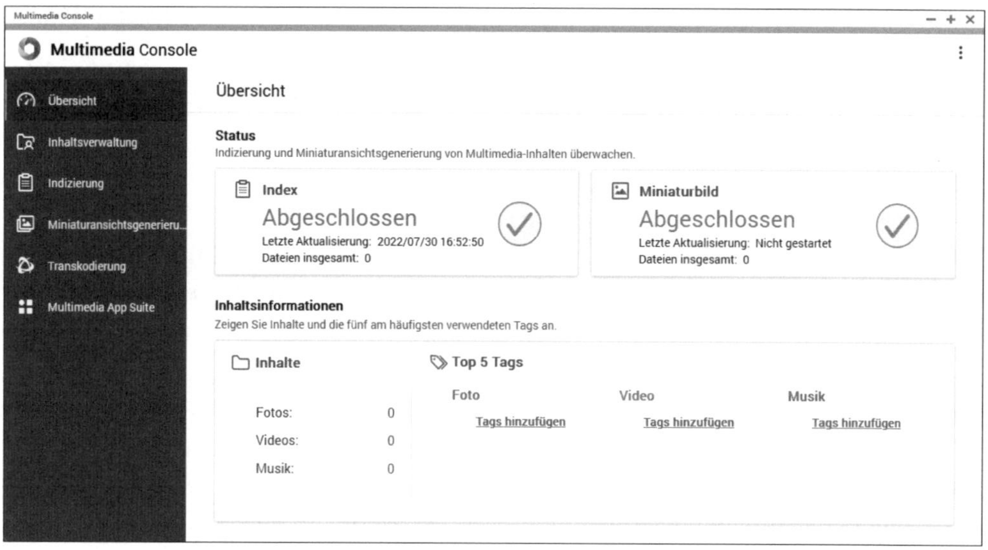

Abbildung 11.2 Die Registerkarte »Übersicht« informiert über die Erfassung des Medienbestands.

Bei der Indizierung werden alle Multimediadateien in den zuvor benannten Freigabeordnern von einem Dienst analysiert. Dabei werden hauptsächlich Metadaten erfasst, die Zusatzinformationen zum jeweiligen Medieninhalt enthalten. Bei Musikdateien sind das beispielsweise die Daten, die in MP3-Tags enthalten sind, also etwa Angaben zum Liedtitel, zum Interpreten oder zum Namen des Albums. Bei Fotos können dies Angaben zum Aufnahmedatum oder zur verwendeten Kamera sein.

Metadaten und Indizierung

Diese Informationen werden vom Indizierungsdienst in eine zentrale Datenbank geschrieben, die von den Multimediaapplikationen verwendet wird. Sie ermöglicht die schnelle Anzeige des Medienbestands und vor allem das rasche Durchsuchen anhand von Stichworten. Deswegen ist die Indizierung eine nützliche Funktion, die man nicht abschalten sollte. Sie wird im Hintergrund durchgeführt und erfasst auch automatisch Änderungen des Medienbestands.

Der Miniaturbilddienst erstellt Thumbnails von Fotos, die als kleines Vorschaubild in den entsprechenden Fotoapplikationen verwendet werden. Diese Vorschaubilder können in den Anwendungen zügig dargestellt werden. Wären sie nicht vorhanden, dann würde das Anzeigen des Fotobestands in Übersichtsseiten sehr lange dauern. Zusätzlich zeigt Ihnen die Registerkarte ÜBERSICHT eine Zusammenfassung über die Anzahl der erfassten Multimediadateien. Sie können auch ablesen, welche Tags (also Schlagworte) für die jeweilige Dateikategorie am häufigsten genutzt werden. Auch neue Tags können per Mausklick hinzugefügt werden. Insgesamt ist die Registerkarte ÜBERSICHT hauptsächlich während der Ersteinrichtung des NAS interessant und hilft im Routinebetrieb hauptsächlich dann, wenn einmal ein Problem bei der Medienerfassung auftritt.

Bevor die beiden Hintergrunddienste Ihre Mediendateien erfassen und analysieren können, müssen Sie ihnen zunächst mitteilen, wo sich diese befinden. Im Unterschied etwa zum Smartphone erfassen die Hintergrunddienste nicht das gesamte Dateisystem, sondern beschränken sich auf ausgewählte Ordner. Zunächst sind keine Ordner definiert. Wundern Sie sich also bitte nicht, wenn Sie schon Multimediadateien auf Ihr NAS kopiert haben, aber alle Anzeigen noch von 0 Dateien sprechen.

Sie können Ordner mit Mediendateien auf der Registerkarte INHALTSVERWALTUNG der Multimedia Console eintragen (siehe Abbildung 11.3). Dies ist sozusagen die zentrale Anlaufstelle für alle Arten von Mediendateien. Alternativ können Sie die Ordner auch in den jeweiligen Applikationen angeben, wo mitunter ein größerer Funktionsumfang geboten wird. Die Daten werden zwischen den Applikationen und der Multimedia Console synchronisiert. Wie Sie Ordner hinzufügen, erklären wir Ihnen im folgenden Abschnitt.

Für die Indizierung des Medienbestands gibt es eine eigene Registerkarte namens INDIZIERUNG. Normalerweise arbeitet die Indizierung unauffällig im Hintergrund, und es wird im Alltag kaum erforderlich sein, diese Registerkarte aufzurufen. Sie können hier im Feld INDEX den momentanen Betriebszustand ablesen (siehe Abbildung 11.4).

Abbildung 11.3 Auf der Registerkarte »Inhaltsverwaltung« werden die Mediendateien verwaltet und den Multimediaanwendungen zugeordnet.

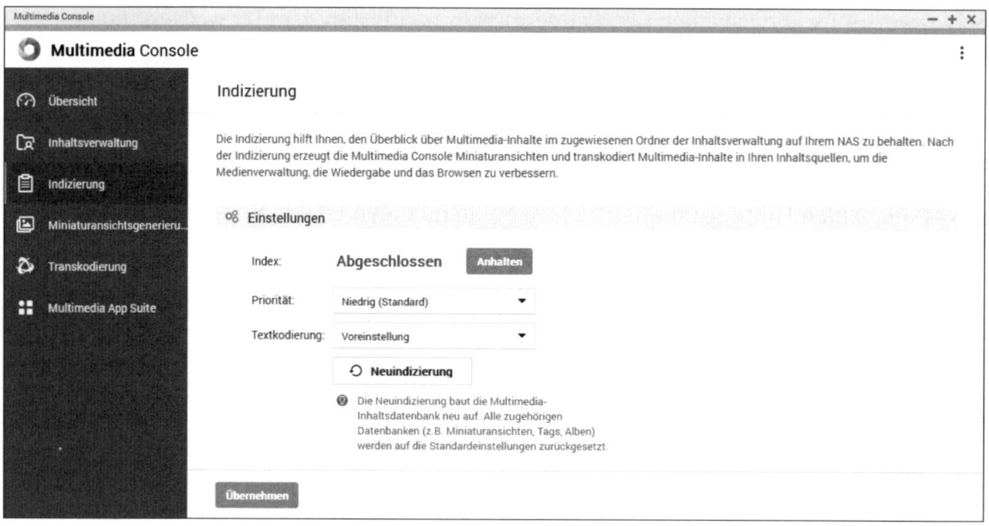

Abbildung 11.4 Die Indizierung arbeitet fast immer unauffällig im Hintergrund und erfordert kaum Aufmerksamkeit.

Eingangs, kurz nach dem Hinzufügen Ihrer Mediensammlung, wird Ihnen der Betrieb der Indizierung angezeigt werden. Das geschieht auch, wenn Sie neue Mediendateien ergänzt haben.

Die meiste Zeit über ist die Indizierung allerdings abgeschlossen. Daher bringt es im Alltag auch kaum etwas, diesen Dienst anzuhalten, was über die entsprechende

Schaltfläche möglich ist. Das Anhalten ist dann von Interesse, wenn Sie eine umfangreiche Sammlung an Mediendateien ergänzt haben und das NAS mit übrigen Aufgaben stark ausgelastet ist. Dann können Sie die Indizierung anhalten, damit nicht unnötig noch weitere Ressourcen belegt werden. Üblicherweise arbeitet die Indizierung mit einer niedrigen Priorität, so dass andere Anwendungen des Geräts mit Vorrang auf die Hardware-Ressourcen zugreifen können. Sie können die Priorität im gleichnamigen Feld verändern.

Die Textkodierung können Sie auf der Voreinstellung belassen, die mit allen modernen Zeichensätzen gut zurechtkommt. Eine Änderung ist nur dann nötig, wenn Sie exotische Zeichensätze in älteren Dateien verwenden, die nicht korrekt erfasst werden. In seltenen Fällen kann es dazu kommen, dass der Medienbestand nicht korrekt erfasst wurde. Das erkennen Sie daran, dass in den Multimediaanwendungen einzelne Dateien oder sogar ganze Verzeichnisse nicht angezeigt werden. So etwas kann zum Beispiel bei einem Stromausfall passieren. In diesem Fall hilft es, wenn Sie die bisher erfassten Informationen löschen und die Indizierung erneut ausführen. Klicken Sie dazu auf die Schaltfläche NEUINDIZIERUNG.

Die Registerkarte MINIATURANSICHTSGENERIERUNG aus Abbildung 11.5 wird im Alltag ebenfalls eher selten von Interesse sein.

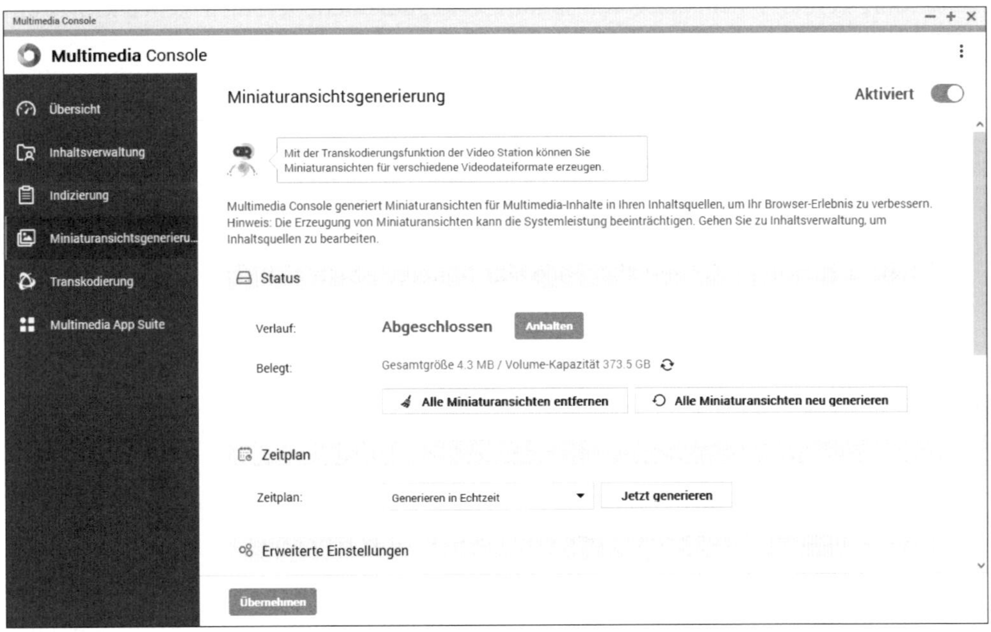

Abbildung 11.5 Auch die Miniaturansichtsgenerierung arbeitet unauffällig im Hintergrund.

Hier sind einige Funktionen rund um die Generierung von Vorschaubildern verfügbar. Diese können Sie zunächst über den Schalter ganz oben rechts deaktivieren. Üblicherweise wird die Funktion aber aktiv bleiben, da sie im Alltag recht nützlich ist und die Navigation im Fotobestand stark vereinfacht. Ohne verfügbare Vorschaubilder wird der Seitenaufbau einer Übersichtsseite einer Fotosammlung sehr zäh werden.

Im Feld VERLAUF werden Sie über den momentanen Betriebszustand der Funktion informiert, und Sie können diese vorübergehend pausieren, wenn die Ressourcen des Geräts gegenwärtig für andere Dienste benötigt werden. Ihnen wird auch angezeigt, welchen Speicherplatz die Vorschaubilder belegen. Bei großen Fotosammlungen kann durchaus ein Speicherbedarf von einigen hundert Megabyte (oder sogar noch mehr) entstehen, der in Relation zu den eigentlichen Mediendateien aber nicht sonderlich stark ins Gewicht fällt. Falls die Erstellung von Vorschaubildern fehlerhaft ist oder aber neu erstellte Dateien nicht erfasst oder Vorschaubilder von gelöschten Dateien nicht entfernt werden, können Sie selbst die Vorschaudateien löschen und neu erstellen lassen.

Eine solche Art der Wartung dürfte im Alltag kaum erforderlich sein. Wer umfangreiche Dateioperationen vornimmt und sehr häufig Dateien löscht und neu anlegt, der kann einmal überprüfen, ob eine Neuanlage der Vorschaubilder möglicherweise etwas Speicherplatz einspart. Da das Erstellen von Vorschaubildern einen gewissen Leistungsbedarf mit sich bringt, können Sie einstellen, wann dieser Prozess ausgeführt werden soll. In der Voreinstellung erfolgt die Generierung in Echtzeit. Sie können jedoch auch einen Zeitplan erstellen und den Prozess beispielsweise nachts ausführen, wenn das NAS üblicherweise kaum ausgelastet ist.

In der Sektion ERWEITERTE EINSTELLUNGEN können Sie die Qualität der Vorschaubilder konfigurieren. Auf Wunsch können Thumbnails mit einer höheren Auflösung und einer besseren Bildqualität erstellt werden. QNAP selbst empfiehlt dies für hochauflösende Bildschirme. Eine bessere Bildqualität führt selbstredend zu einer schöneren Darstellung, erfordert aber auch eine höhere Rechenleistung und mehr Speicherplatz. Wer ernsthaft fotografiert und vielleicht sogar beruflich schnell große Fotosammlungen sichten muss, der wird diese Möglichkeit aber vielleicht zu schätzen wissen. Sie können ferner auch Dateitypen angeben, von denen keine Vorschaubilder generiert werden sollen.

Wenn Sie die Registerkarte TRANSKODIERUNG aufrufen und umfangreiche Funktionen erwarten, werden Sie möglicherweise etwas enttäuscht sein. Die Transkodierungsfunktionen für Videodateien (siehe Abbildung 11.6) sind zunächst nur dann verfügbar, wenn die Video Station installiert ist.

Die Video Station ist das Programm, das sich um das Abspielen und Verwalten der Videosammlung kümmert. Allerdings bringt es keine eigenen Funktionen für die Transkodierung von Videomaterial in ein anderes Format mit, sondern ist auf zusätzliche Software angewiesen. Diese kann zwar über das App Center installiert werden, ist allerdings lizenzpflichtig.

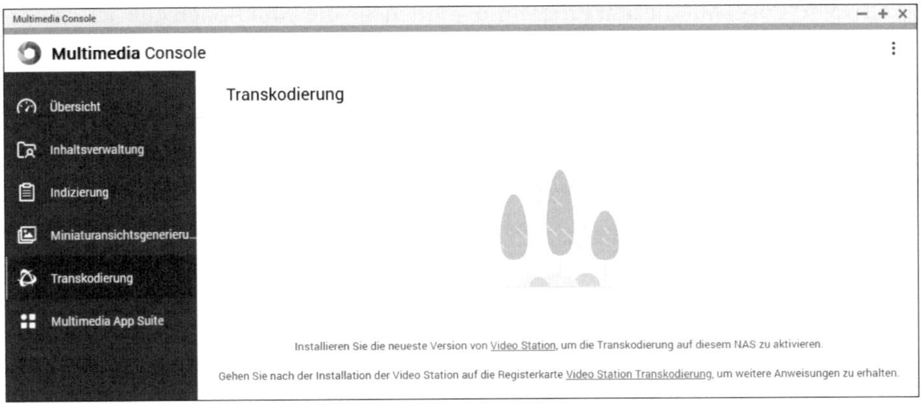

Abbildung 11.6 Auf der Registerkarte »Transkodierung« herrscht noch gähnende Leere, die Funktion erfordert die Installation zusätzlicher Komponenten.

Eine Basislizenz ist zwar kostenlos erhältlich, erfordert aber das Anlegen eines QNAP-Kontos. Heutzutage sollten alle modernen Geräte auch mit modernen Datenformaten zurechtkommen, so dass eine Transkodierung nur selten erforderlich sein sollte. Eine Ausnahme findet sich vielleicht bei der mobilen Nutzung. Wer über eine Mobilfunkverbindung von unterwegs auf die heimische Videosammlung zugreifen möchte, der freut sich über stärker komprimierte Dateien, die das Datenbudget des Smartphones nicht stark belasten. In diesem Fall kann man alternativ zur Echtzeittranskodierung durch das NAS die Videos zunächst etwa an einem PC transkodieren und die fertigen Dateien auf dem NAS neben den Originaldateien abspeichern. Auf einem modernen PC kann die Transkodierung in sehr kurzer Zeit durchgeführt werden, wenn man sich dabei von den Hardware-Encodern der Grafikkarte unterstützen lässt. Entsprechende Konvertierungsprogramme wie etwa Handbrake oder xMedia Recode sind kostenlos erhältlich.

Abschließend zeigt die Multimedia Console auf der Registerkarte MULTIMEDIA APP SUITE alle Multimediaapplikationen, die auf dem NAS installiert werden können (siehe Abbildung 11.7). Im Prinzip handelt es sich dabei aber nur um einen Ausschnitt des App-Angebots aus dem App Center. Sie können die Anwendungen entweder über das App Center oder über die Multimedia Console installieren.

Im Einzelnen werden folgende Programme angeboten:

- **QuMagie**: Dies ist ein Programm für die Verwaltung der Fotosammlung. Es nutzt insbesondere Funktionen aus dem Bereich der künstlichen neuronalen Netze, was man alltagssprachlich auch als künstliche Intelligenz (oder auf Englisch: Artificial Intelligence, abgekürzt AI) bezeichnet. Diese Funktionen werden etwa für die automatische Gesichtserkennung genutzt. Damit können auf Fotos Personen erkannt und zugeordnet werden. Das Programm ist eher für die private Nutzung gedacht. Wer ernsthaft fotografiert, wird vermutlich eher zur Photo Station greifen.

- **QNAP AI Core**: Mit diesem Programm können Sie die Funktionen zur Gesichtserkennung zur Photo Station hinzufügen. Die automatische Gesichtserkennung ist hauptsächlich für die private Nutzung interessant, wo man vielleicht auf Partybildern einzelne Personen erkennen und wiederfinden möchte.
- **Photo Station**: Die Photo Station kümmert sich um die Verwaltung der eigenen Fotosammlung. Fotos lassen sich in Alben organisieren. Es steht auch eine Schlagwortverwaltung zur Verfügung. Ihre Fotosammlung lässt sich als Diashow betrachten. Ein Katalog mit einer Suchfunktion (auch auf Ebene von Metadaten) hilft beim Finden einzelner Fotos. Diese lassen sich auch bequem mit externen Personen teilen. Die Photo Station kann daher auch für die berufliche Nutzung interessant sein.
- **Video Station**: Mit der Video Station können Sie Videodateien verwalten und betrachten. Das Programm ist sozusagen ein Media Center im Kleinformat. Es verwaltet hauptsächlich Spielfilme und TV-Serien und kann passende Informationen aus dem Internet abrufen. Sie erhalten eine Art von Katalog, den Sie durchstöbern können. Videos lassen sich dann direkt im Browser abspielen.
- **Music Station**: Dieses Programm verwaltet Ihre Musiksammlung und spielt sie ab. Ihre Musik wird in einer Bibliothek verwaltet, die sich mit einer umfangreichen Suchfunktion durchstöbern lässt. Es können Wiedergabe- und Favoritenlisten erstellt werden. Das Programm ist dann von Nutzen, wenn Sie noch über eine klassische Offline-Musiksammlung in Dateiform verfügen.
- **Cinema28**: Das ist eine interessante Zusatzsoftware rund um das Streaming von Medien und eine Art von »Fernbedienung« für Ihre Streaming-Geräte. Mit Cinema28 können Sie sich ansehen, welche Medien gerade auf welchem Gerät wiedergegeben werden. Sie können Elemente aus Ihrer Mediensammlung zur Wiedergabeliste aller Streaming-Geräte hinzufügen und die Wiedergabe steuern. Die Software ist ideal für den Partybetrieb im Privathaushalt. Ihre Besprechung würde den Rahmen dieses Buches sprengen, aber wer viel mit Streaming-Funktionen arbeitet, der sollte sich die einfach zu bedienende Software einmal ansehen.
- **Media Streaming add-on**: Dies ist eine Zusatzkomponente, die einige Funktionen rund um das Streaming von Medien an geeignete Wiedergabegeräte hinzufügt. Wer öfters Medien im Heimnetzwerk streamt, der sollte diese Komponente installieren.
- **DLNA**: Mit dem DLNA-Medienserver können Sie Mediendateien aus den Kategorien Musik, Videos und Fotos vom NAS zu DLNA-Wiedergabegeräten in Form eines Streams übertragen. Somit können Sie beispielsweise Musik, die auf dem NAS gespeichert ist, auf dem Küchenradio oder der Musikanlage im Wohnzimmer abspielen. DLNA-Wiedergabegeräte gibt es auch in Form von Apps für das Smartphone oder den Desktop-Computer. Es ist eine sehr praktische Funktion, einzig die Nutzung über das Internet ist hiermit nicht möglich.

- **CAYIN MediaSign Player**: Dies ist eine Anwendung, die von der Video Station für die Echtzeitkonvertierung benötigt wird. Es handelt sich um einen eigenständigen Mediaplayer, der zwar über das App Center installiert werden kann, aber eine eigene Lizenz benötigt. Wenn ein eingeschränkter Funktionsumfang genügt, kann die Lizenz kostenlos bezogen werden. Da dieses Programm nur für die Echtzeitkonvertierung benötigt wird, ist seine Installation optional.

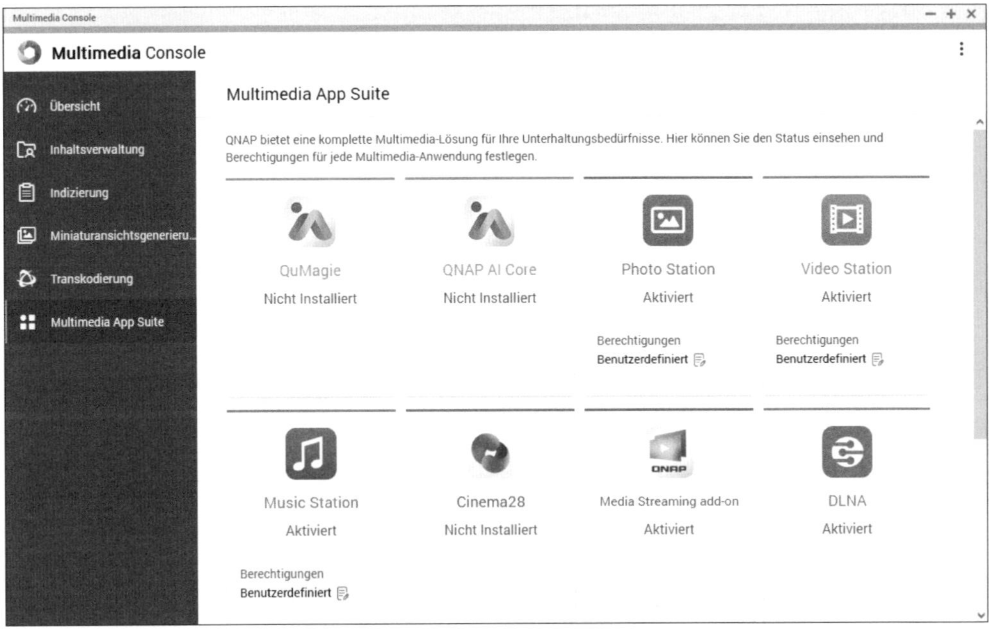

Abbildung 11.7 Alle wichtigen Multimediaanwendungen werden auf der Registerkarte Multimedia App Suite angezeigt und können von hier aus installiert werden.

11.2 Einen Ordner für die Medien anlegen und einbinden

Nachdem Sie die Multimedia Console installiert haben, wird es Zeit, dass Sie Ihre Mediendateien auf das NAS übertragen. Im Grundzustand sind für Mediendateien keine speziellen Ordner angelegt. Stattdessen können Sie beliebige Freigabeordner erstellen und sie mit Mediendateien füllen. Dabei können Sie die Verzeichnisstruktur beliebig planen. Anschließend fügen Sie die Ordner in der Multimedia Console oder in einer Multimediaanwendung hinzu, so dass der Indizierungsdienst diese berücksichtigt.

Erstellen Sie also zunächst einen neuen Freigabeordner, und benennen Sie ihn aussagekräftig. Vergeben Sie die gewünschten Zugriffsrechte. Denken Sie daran, dass jeder Nutzer mit Schreibrechten die Medienordner mit eigenen Dateien befüllen kann. Zum Abschluss der Erstellung informiert Sie (zukünftig bei jedem Freigabeordner, den Sie erstellen) der Assistent (wie in Abbildung 11.8 gezeigt), dass Sie den Ordner als Inhaltsquelle konfigurieren können. Allerdings erledigt dies nicht der Assistent für Sie, sondern Sie müssen persönlich aktiv werden.

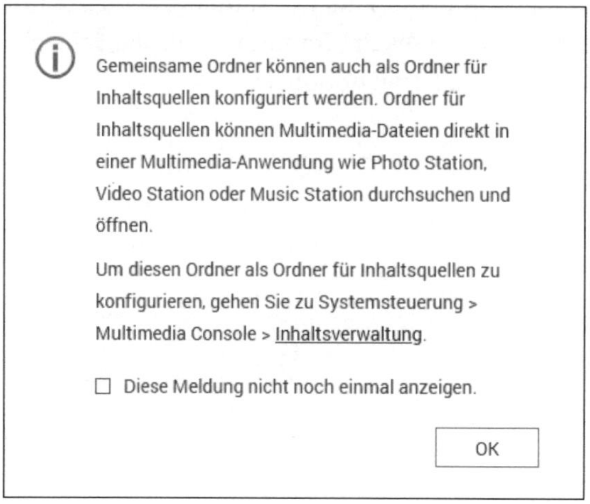

Abbildung 11.8 Ein Freigabeordner (der hier gemeinsamer Ordner genannt wird) kann als Inhaltsquelle für den Indizierungsdienst festgelegt werden.

1. Öffnen Sie also beispielsweise die Multimedia Console und dort die Registerkarte Inhaltsverwaltung.

   Sie sehen dort für jede Multimediaanwendung einen eigenen Reiter. Auch für den DLNA-Server gibt es eigene Einstelloptionen. Sie können für jede Multimediaanwendung einen eigenen Freigabeordner mit Mediendateien bestimmen – das ist auch durchaus sinnvoll, damit zum Beispiel Audiokommentare, die neben Fotodateien abgelegt sind, nicht auch in der Musikanwendung auftauchen, wo sie normalerweise unerwünscht sind. Klicken Sie bei der gewünschten Anwendung (möglicherweise müssen Sie die Anwendung zunächst installieren) in der Sektion Inhaltsquellen auf die Schaltfläche Bearbeiten.

2. In einem neuen Fenster aus Abbildung 11.9 sehen Sie nun den Verzeichnisbaum der Freigabeordner. Navigieren Sie zum gewünschten Verzeichnis, und setzen Sie einen Haken in das Kontrollkästchen. Achten Sie darauf, dass Sie für Unterverzeichnisse möglicherweise auch manuell einen Haken setzen müssen, denn diese werden leider nicht immer automatisch berücksichtigt. Klicken Sie abschließend auf Übernehmen.

3. Nachdem Sie das Verzeichnis hinzugefügt haben, werden sich der Indizierungsdienst und der Dienst für die Miniaturbildergenerierung an ihr Werk machen und Ihre Mediendateien erfassen (siehe Abbildung 11.10). Je nach Umfang der Mediensammlung kann dies ein Weilchen dauern. Wenn Sie einmal einen Blick auf die Registerkarte Indizierung werfen, werden Sie sehen, dass der Dienst aktiv ist.

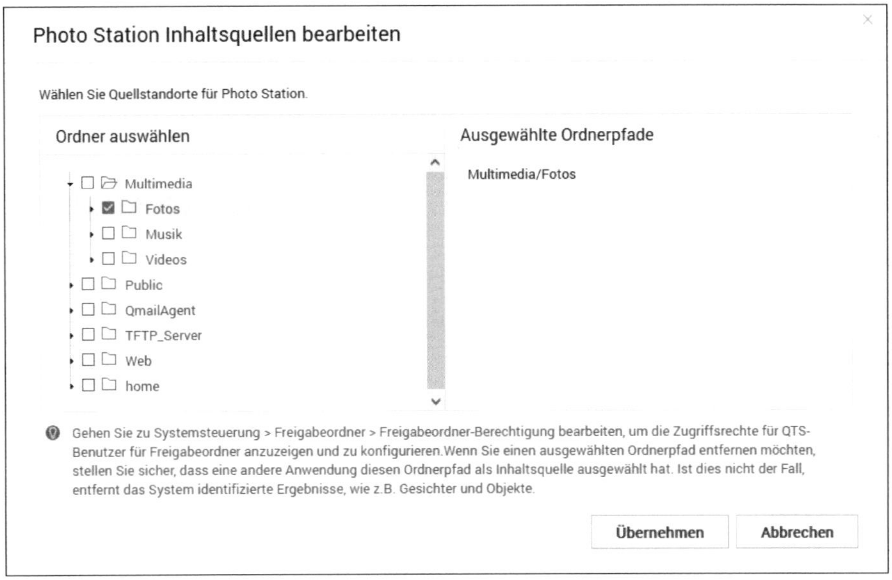

Abbildung 11.9 Wählen Sie die gewünschten Verzeichnisse mit den Mediendateien aus. Dabei müssen Unterverzeichnisse ebenfalls aktiviert werden.

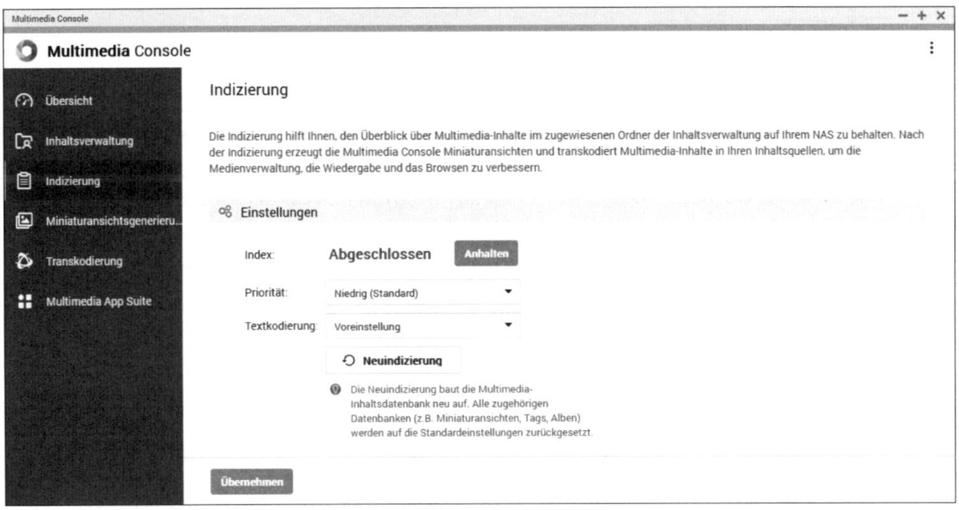

Abbildung 11.10 Der Indizierungsdienst hat seine Arbeit abgeschlossen und alle Daten erfasst.

4. Anschließend können Sie zur Registerkarte INHALTSVERWALTUNG zurückkehren. Dort werden Sie bei der entsprechenden Anwendung ablesen können, wie viele Dateien der Indizierungsdienst bearbeitet hat.

Abbildung 11.11 Der Indizierungsdienst hat in 2 Verzeichnissen 16 Fotos gefunden.

Das war es schon. Ihre Mediendateien sind nun der jeweiligen Anwendung bekannt. Sie können jetzt weitere Verzeichnisse definieren und sie mit den gewünschten Anwendungen verbinden.

11.3 Streaming mit dem DLNA-/UPnP-Medienserver

Wie zuvor erwähnt ermöglicht der DLNA-Medienserver das Streaming von Multimediadateien (Musik, Videos und Fotos) an geeignete Endgeräte. Die Abkürzung *DLNA* steht für *Digital Living Network Alliance*. Dahinter verbirgt sich ein mittlerweile aufgelöster Verband von Herstellern aus dem Bereich der Unterhaltungselektronik bzw. Netzwerktechnik.

Die DLNA zertifizierte Produkte, die reibungslos in einem Netzwerk zusammenarbeiten, so dass Endkunden diese ohne größeren Aufwand in Betrieb nehmen konnten. Insbesondere sollten Konfigurationsarbeiten vermieden werden, so dass auch Laien verschiedene Geräte miteinander kombinieren konnten. DLNA-zertifizierte Mediengeräte finden sich in einem Netzwerk automatisch gegenseitig. Client-Geräte können Medien von einem Server beziehen und diese abspielen. DLNA-zertifizierte Geräte beherrschen den UPnP-Standard. Geräte, die *UPnP* (Universal Plug and Play) beherrschen, arbeiten also auch mit DLNA-kompatiblen Geräten zusammen.

Wenn Sie ein UPnP-fähiges Endgerät in Ihrem Netzwerk betreiben, wird dieses aller Voraussicht nach Mediendateien vom DLNA-Server auf Ihrem NAS beziehen können. Die DLNA wurde deshalb ins Leben gerufen, weil das UPnP ein relativ umfangreiches

Protokoll ist, das zahlreiche Funktionen und Möglichkeiten bietet. Zwei Geräte, die UPnP beherrschen, müssen deswegen nicht automatisch auch hundertprozentig miteinander kompatibel sein. Im Alltag, gerade in der modernen Zeit, gibt es üblicherweise dabei aber keine Probleme, so dass auch UPnP-Geräte ohne DLNA-Zertifizierung (die ja ohnehin nicht mehr neu vergeben wird) problemlos im Team arbeiten.

Der DLNA-Medienserver (wundern Sie sich bitte nicht über die wechselnde Benennung innerhalb des QTS; manchmal wird der Bindestrich verwendet, manchmal auch nicht) kann in der Systemsteuerung konfiguriert werden. Sie finden ihn in der Gruppe ANWENDUNGEN. Er ist üblicherweise schon im Grundzustand installiert.

Um den DLNA-Medienserver sinnvoll nutzen zu können, ist jedoch die zu Beginn dieses Kapitels erwähnte Multimedia Console nötig. Sofern noch nicht geschehen, müssen Sie diese Komponente über das App Center installieren. Außerdem bietet es sich an, das Media Streaming add-on ebenfalls zu installieren. Wenn es fehlt, stehen nur eingeschränkte Serverfunktionen zur Verfügung, die nicht weiter konfiguriert werden können. Das Media Streaming add-on können Sie ebenfalls über das App Center installieren. Alternativ kann es auch in der Multimedia Console auf der Registerkarte MULTIMEDIA APP SUITE installiert werden.

Auf der Registerkarte DLNA MEDIENSERVER können Sie den Medienserver in der Systemsteuerung über das erste Kontrollkästchen aktivieren. Da das UPnP auf eine möglichst unkomplizierte Nutzung ausgelegt ist, gibt es keine Möglichkeiten zur Zugriffssteuerung (siehe Abbildung 11.12).

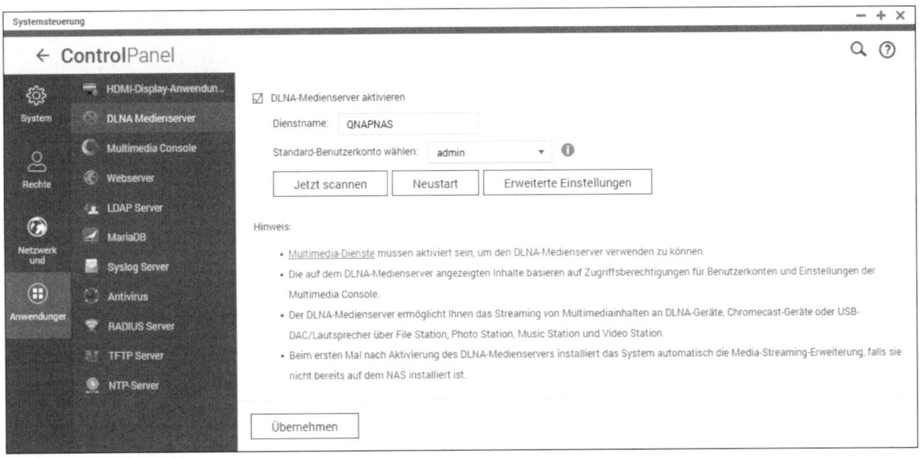

Abbildung 11.12 Der DLNA-Medienserver kann absichtlich nur rudimentär konfiguriert werden, denn er soll möglichst einfach in Betrieb zu nehmen sein.

Der DLNA-Medienserver selbst bietet seine Dienste grundsätzlich allen Geräten im lokalen Netzwerk an. Eine Authentifizierung findet nicht statt. Sollten Sie Gästen Zugang zu Ihrem lokalen Netzwerk gegeben haben, dann können auch diese den Medienserver ohne Einschränkungen nutzen. Darüber hinaus bietet der Medienserver jedem Endgerät denselben Medienbestand an. Es werden grundsätzlich alle Dateien angeboten, die vom Medienserver verwaltet werden. Eine Zugriffskontrolle ist nicht vorgesehen, es gibt also auch keine Möglichkeit, einen Altersschutz zu realisieren.

Wer schon öfters mit UPnP-Geräten gearbeitet hat, der ist möglicherweise dennoch über Funktionen gestolpert, die einen Zugangsschutz oder sogar eine persönliche Bibliothek ermöglichen. Dieses sind dann aber zusätzliche Funktionen, die der Hersteller des Geräts in Eigenregie implementiert hat. Möglich ist es beispielsweise, den Zugang zum DLNA-Medienserver durch eine Firewall zu schützen, die dann aber ein Bestandteil des jeweiligen Geräts ist. Auch QNAP hat so etwas vorgesehen und erweitert den Funktionsumfang des DLNA-Medienservers durch eigene Dienste. Diese sind über das Media Streaming add-on verfügbar. Dazu später mehr.

Im Feld DIENSTNAME aus Abbildung 11.12 können Sie dem DLNA-Medienserver eine Bezeichnung geben. Unter dieser wird er Client-Geräten angezeigt. Es empfiehlt sich also, auf das NAS hinzuweisen, damit die Nutzer den Server einwandfrei identifizieren können. Die Bezeichnung kann, muss aber nicht mit dem Hostnamen des NAS übereinstimmen.

Sie können auch das STANDARD-BENUTZERKONTO WÄHLEN. Der DLNA-Medienserver tritt auf dem System unter dem eingestellten Benutzerkonto auf und kann nur auf solche Dateien zugreifen (und diese allgemein zur Wiedergabe anbieten), wenn das entsprechende Nutzerkonto Zugriffsrechte hat.

Wenn Sie auf JETZT SCANNEN klicken, wird zunächst noch nicht viel passieren. Über diese Schaltfläche wird der Indizierungsvorgang Ihrer Mediensammlung gestartet. Dabei werden Metadaten der Multimediadateien erfasst und in eine zentrale Datenbank geschrieben. Diese Datenbank kann dann mit den Client-Geräten durchsucht werden. Zu den Metadaten zählen bei Musikstücken beispielsweise der Titel und der Name des Interpreten sowie das Genre. Auf diese Weise erhalten Sie eine Art von Bibliothek, in der man nach den gewünschten Medien suchen kann. Wie bei allen anderen Anwendungen auch, müssen Sie dem DLNA-Medienserver mitteilen, welche Dateien er Client-Geräten anbieten soll. Das stellen Sie in der Multimedia Console auf der Registerkarte INHALTSVERWALTUNG ein. Wie das geht, haben wir im vorherigen Abschnitt gezeigt. Der Indizierungsdienst nimmt anschließend automatisch seinen Dienst auf, so dass Sie ihn normalerweise nicht erneut über die Systemsteuerung starten müssen. Sollte der Index eines Tages einmal beschädigt sein, so können Sie einen neuen Scan-Durchlauf über die Schaltfläche JETZT SCANNEN starten. Mit der Schaltfläche NEUSTART starten Sie hingegen den gesamten DLNA-Medienserver neu. Das sollte nur dann erforderlich sein, wenn Sie auf ein Problem stoßen. Das könnte sich darin äußern, dass Clients plötzlich nur noch eine leere Mediendatenbank finden. Ein Neustart des Servers behebt das Problem oftmals.

Der Medienserver ist jetzt aktiv. Wenn Sie ein UPnP-fähiges Wiedergabegerät starten, das ebenfalls in das lokale Netzwerk eingebunden ist, wird Ihnen der Medienserver Ihres NAS dort bei einer entsprechenden Suche angezeigt. Konfigurationsarbeiten sind dafür keine erforderlich, denn Server und Clients finden einander automatisch. Dafür wird das *SSDP*, das Simple Service Discovery Protocol, eingesetzt.

Troubleshooting bei leerer Bibliothek

Sollte bei Ihnen das Client-Gerät den Server nicht automatisch finden, dann überprüfen Sie, ob die Multicast-Kommunikation in Ihrem Netzwerk einwandfrei möglich ist und nicht eventuell durch eine Firewall oder eine Switch-Konfiguration beeinträchtigt wird. Prüfen Sie anschließend, ob sich die Medien des Servers einwandfrei wiedergeben lassen. Falls Sie nur eine leere Bibliothek vorfinden, prüfen Sie in der Multimedia Console, ob der Indizierungsdienst auch Ihre Medien einwandfrei erfasst hat. Falls dem nicht so ist, kontrollieren Sie, ob alle Medienverzeichnisse, insbesondere mit den gewünschten Unterverzeichnissen, auch korrekt als Inhaltsquelle spezifiziert sind.

Sie müssen übrigens den Medienserver nicht unbedingt am Client-Gerät suchen und dort in dessen Medienbestand navigieren. Das kann nämlich bei manchen Client-Geräten recht fummelig werden, wenn diese etwa nur ein kleines Display haben, auf dem nur wenige Textzeilen angezeigt werden. Es gibt auch noch andere Wege: Zum einen können Sie Medien auch aus der File Station (oder der entsprechenden Multimediaanwendung) heraus an Client-Geräte senden. Wählen Sie die gewünschte Mediendatei aus, und klicken Sie dann auf die Schaltfläche . Dort sehen Sie alle Client-Geräte in Ihrem lokalen Netzwerk. Klicken Sie das gewünschte Gerät an. Es wird nach einem kurzen Augenblick mit der Wiedergabe der gewünschten Datei beginnen.

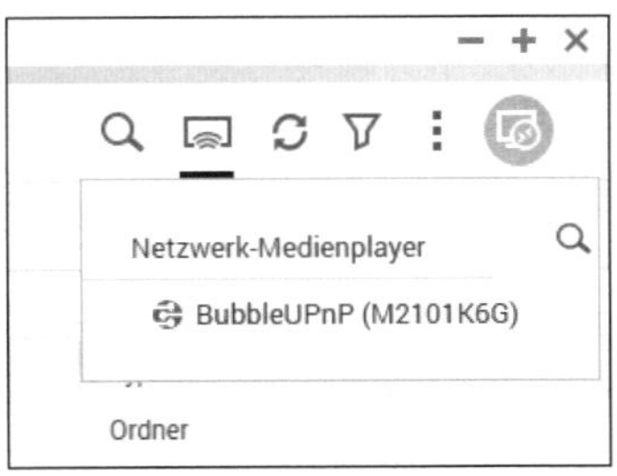

Abbildung 11.13 Auch die File Station beherrscht das Streaming von Multimediadateien an entsprechende Wiedergabegeräte.

Natürlich ist es sinnvoll, dabei auch auf die Medienkompatibilität zu achten. Ein Küchenradio wird mit einer Videodatei im Allgemeinen wenig anfangen können, aber verboten ist so ein Streaming-Vorgang keineswegs. Manch ein Endgerät versucht eine größtmögliche Kompatibilität herzustellen, so dass eventuell ein (gutes) Küchenradio auch den Audioteil einer Videodatei wiedergeben kann.

Als Zweites möchten wir noch auf die Möglichkeit der »Fernbedienung« von Client und Server durch sogenannte Controller-Apps hinweisen. UPnP-Software wie etwa die bekannte App *BubbleUPnP* ermöglichen auf Tablet oder Smartphone das komfortable Stöbern in der Medienbibliothek des Servers. Das gelingt oftmals angenehmer als über das Menüsystem von so mancher Musikanlage. Das gewünschte Medium lässt sich anschließend an ein beliebiges UPnP-Wiedergabegerät streamen. Die Controller-App dient dabei nur als Vermittler und zieht sich anschließend aus dem Vorgang zurück. Die Mediendaten werden nur zwischen Server und Client ausgetauscht. Je nach Gerät ist es aber möglich, mit dem Smartphone zum Beispiel die Wiedergabelautstärke zu verändern. Auch werden am Smartphone die Titel angezeigt, die am Client-Gerät gegenwärtig wiedergegeben werden. Das ist durchaus praktisch und unbedingt wert, einmal ausprobiert zu werden.

11.3.1 Die erweiterten Einstellungen

Der DLNA-Medienserver bietet einige Konfigurationsoptionen, die sichtbar werden, wenn Sie auf die Schaltfläche ERWEITERTE EINSTELLUNGEN klicken. Zuvor ist es aber nötig, das Media Streaming add-on zu installieren, worauf Sie eine Warnmeldung hinweisen wird, sofern die Software-Komponente bei Ihnen noch nicht installiert ist. Wie zuvor erwähnt kann diese Software über das App Center oder die Multimedia Console installiert werden.

Die Installation des Media Streaming add-ons dauert nur einen kurzen Moment, da das Programm nicht allzu groß ist.

Wenn das Media Streaming add-on installiert ist, werden Ihnen die Konfigurationsmöglichkeiten angezeigt (siehe Abbildung 11.14). Auf der Registerkarte GENERAL SETTINGS können Sie – wie auch schon direkt in der Systemsteuerung – dem DLNA-Medienserver einen Namen geben. Auch lässt sich hier das Benutzerkonto einstellen.

Sollte Ihr NAS mehrere physikalische Netzwerkschnittstellen bieten, dann können Sie im Feld NETWORK INTERFACE das Interface auswählen, auf dem der DLNA-Medienserver aktiv ist. Der Medienserver verwendet für die Kommunikation üblicherweise Port 8200 des TCP. Sollte dieser Port bei Ihnen schon anderweitig in Verwendung sein, dann können Sie diesen im Feld PORT verändern. Der Port wird anschließend bei der Berechnung der URLs berücksichtigt, über die ein Client Mediendateien vom Server abrufen kann. Diese URLs behalten übrigens auch längerfristig ihre Gültigkeit, so dass man damit auf Wunsch auch experimentieren kann.

Eine Sache, die Sie vielleicht ändern möchten, ist die MENU LANGUAGE. Das ist die Sprache, die am Client beim Stöbern in der Bibliothek verwendet wird. Hier ist Englisch voreingestellt, was sich aber auch ändern lässt.

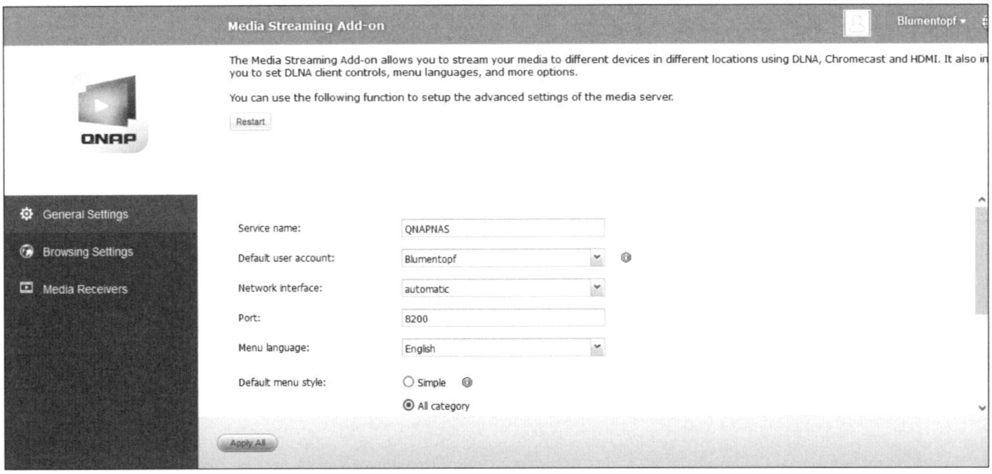

Abbildung 11.14 Die »General Settings« umfassen unter anderem den Gerätenamen und die Menüsprache, die auf eigene Werte angepasst werden sollten.

Wenn Ihnen die Anzahl an verfügbaren Kategorien in der Bibliothek am Client-Gerät zu umfangreich ist, können Sie den Default menu style von All Category auf Simple umstellen. Die Menüansicht wird dadurch verschlankt, und man findet sich möglicherweise besser zurecht – das gilt besonders dann, wenn das Client-Gerät nur ein kleines Display mit wenigen Textzeilen bietet. Auf Wunsch können Sie auch mit benutzerdefinierten Menüstilen arbeiten. Ihnen stehen drei Profile zur Auswahl, die Sie manuell anpassen können. Später lassen sich die Profile auch einzelnen Geräten zuordnen. Somit kann beispielsweise das Küchenradio, das vielleicht nur umständlich bedient werden kann, ein besonders einfaches Menü erhalten, in dem man schnell zum Ziel kommt.

Klicken Sie beim gewünschten Custom-Profil auf Customize, und wählen Sie aus den verfügbaren Menüelementen aus. Sie können aus verschiedenen Elementen jeweils für die Medienkategorien Musik, Fotos und Videos wählen (siehe Abbildung 11.15).

Mit der Registerkarte Browsing Settings steuern Sie, wie Ihre Medien am Client angezeigt werden, wenn Sie den Medienbestand des Servers durchsuchen. Sie können für Fotos festlegen, ob diese als großes Vorschaubild oder in Originalgröße dargestellt werden. Bei Musikstücken können Sie aus diversen Metadaten auswählen, die aus den Dateien extrahiert wurden. Alternativ lässt sich auch schlicht der Dateiname verwenden. Auch für Videodateien können Sie zwischen der Nutzung des Dateinamens oder der Metadaten wählen, sofern diese in den Dateien verfügbar sind.

Die Optionen der Registerkarte Media Receivers (siehe Abbildung 11.16) betreffen die Client-Geräte. Sie sehen hier zunächst eine Liste der gegenwärtig aktiven Client-Geräte, die Sie über die Schaltfläche Scan for devices aktualisieren können.

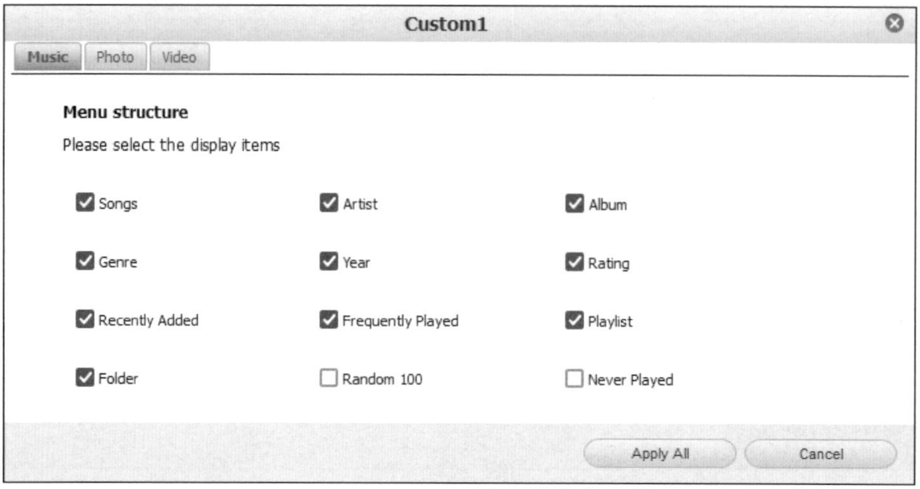

Abbildung 11.15 Als Zusatzfunktion ermöglicht QNAP die Anpassung des Menüumfangs, den man einzelnen Client-Geräten zuordnen kann.

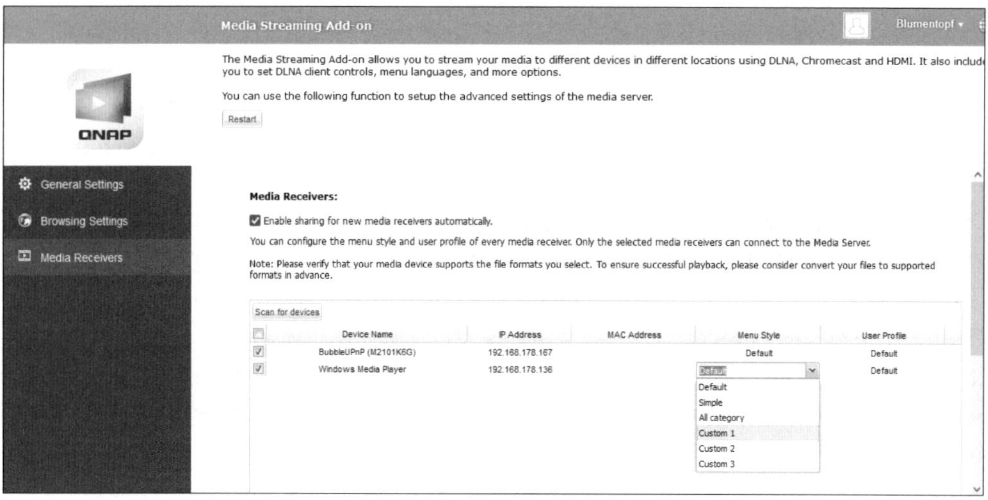

Abbildung 11.16 Der Menüstil kann auf der Registerkarte »Media Receivers« einzelnen Client-Geräten zugewiesen werden.

Mit dem Kontrollkästchen in der ganz linken Spalte der Gerätetabelle können Sie einzelne Geräte davon abhalten, eine Verbindung zum Medienserver aufzubauen. Diese Art der Firewall ist allerdings – wie eingangs erwähnt – keine Funktion des UPnP-Standards, sondern eine Leistung Ihres NAS. Sie arbeitet auf Basis der MAC-Adressen. Unbefugte Personen können ein gesperrtes Netzwerkgerät einfach mit einer geänderten MAC-Adresse ausstatten und erhalten somit Zugriff auf den Medienbestand. Es handelt sich bei dieser Firewall also um keine effektive Kindersicherung – zumindest dann nicht, wenn Ihr Nachwuchs technisch versiert und pfiffig ist.

In der Spalte MENU STYLE können Sie für jedes Gerät einstellen, welchen Menüstil es verwenden soll. Sie können hier auch die Custom-Profile zuweisen, die Sie auf der Registerkarte GENERAL SETTINGS definiert haben. Somit lässt sich an dieser Stelle das Küchenradio aus dem Beispiel mit einer vereinfachten Menüstruktur ausstatten. Außerdem lässt sich eine Verknüpfung mit einem User Profile herstellen. Hierunter finden sich die Benutzerkonten Ihres NAS. Sie können Geräte, die einem bestimmten Benutzer gehören, mit dem entsprechenden User Profile ausstatten. Somit greift die entsprechende Person mit den jeweiligen Rechten ihres Nutzerkontos auf den Datenbestand zu, was auch für Analysezwecke hilfreich sein kann. Im Regelfall kann dieses Feld auf den Standardeinstellungen belassen werden.

11.4 Photo Station

Auch wenn der eine oder andere Nutzer vielleicht gar keine eigene Video- oder Musiksammlung in Dateiform mehr hat, sondern ganz auf Streaming setzt, so ist dies im Bereich Fotos oft noch anders. Dank ständig verfügbarer Smartphone-Kameras hat fast jeder eine mehr oder weniger umfangreiche Fotosammlung. Die Photo Station ist eine geeignete Anwendung zur Verwaltung dieser Sammlung und zum Betrachten und Teilen der enthaltenen Fotos. Die Photo Station extrahiert zahlreiche Informationen aus den Fotos und bietet umfangreiche Suchfunktionen, so dass sich Fotos auch in größeren Sammlungen schnell finden lassen.

11.4.1 Die Photo Station installieren und Dateiverzeichnisse hinzufügen

Wenn Sie die Photo Station auf Ihrem NAS installieren möchten, finden Sie in der Multimedia Console auf der Registerkarte MULTIMEDIA APP SUITE eine Schaltfläche, die die Installation ermöglicht. Sie ist aber nur eine Verknüpfung mit dem App Center, über das Sie die Photo Station auch direkt installieren können. Sie finden das Programm dort in der Kategorie Unterhaltung. Ein Klick auf INSTALLIEREN kopiert alle nötigen Dateien auf Ihr NAS und fügt die Anwendung dem Hauptmenü des Administrators hinzu.

Anschließend sollten Sie sich um die Berechtigungen für die Nutzung des Programms kümmern. Die Berechtigungen können Sie in der Multimedia Console einstellen (siehe Abbildung 11.18).

Wenn Sie die Registerkarte MULTIMEDIA APP SUITE öffnen, finden Sie bei der Photo Station einen Link zu den Berechtigungen. In einem neuen Fenster können Sie im obersten Auswahlfeld die Option ALLE BENUTZER auswählen. Damit erlauben Sie die Nutzung der Photo Station für alle Nutzer Ihres Geräts.

Abbildung 11.17 Die Photo Station findet sich im App Center in der Kategorie Unterhaltung.

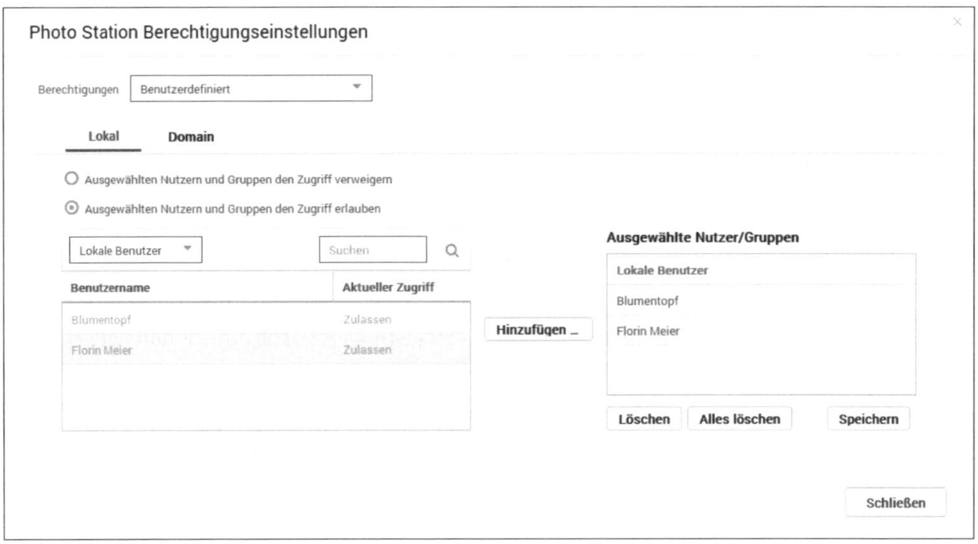

Abbildung 11.18 Sie können auswählen, welche Benutzer die Photo Station verwenden dürfen.

Die Option NUR LOKALE ADMINISTRATORENGRUPPE kommt einem Verbot für alle Nutzer gleich – mit Ausnahme der Administratoren, für die sich praktisch kein Verbot aussprechen lässt, weil sich jeder Administrator ja selbst das Recht zur Nutzung gewähren kann.

Möchten Sie nur ausgewählten Personen die Nutzung der Photo Station erlauben, dann wählen Sie die Option BENUTZERDEFINIERT. Je nach Benutzeranzahl wählen Sie nun aus, ob Sie ausgewählten Nutzern den Zugriff erlauben oder verbieten möchten. Die nichtausgewählten Nutzer erhalten automatisch das gegenteilige Recht. Wählen Sie also die gewünschte Option, und selektieren Sie in der linken Tabelle die gewünschten Benutzer. Wählen Sie diese dann für die Rechtevergabe durch einen Klick auf HINZUFÜGEN... aus. Ein Klick auf SCHLIESSEN macht die konfigurierten Benutzerrechte gültig. Sie können diese übrigens nicht nur für lokale Benutzer, sondern auch für Domänenmitglieder einstellen.

Im nächsten Schritt müssen Sie Ihre Fotosammlung zur Photo Station hinzufügen. Wie eingangs erwähnt, erfasst die Photo Station nicht pauschal alle auf dem NAS gespeicherten Fotos, sondern nur solche Verzeichnisse, die Sie mit dem Programm verknüpfen. In der gegenwärtigen Version kann nur ein Administrator Verzeichnisse zur Photo Station hinzufügen. Die enthaltenen Fotos stehen dann allen Benutzern zur Verfügung. Normale Benutzer können zwar weitere Fotos auf das NAS hochladen (wenn sie dazu die Berechtigung haben), aber sie können keine Verzeichnisse zur Photo Station hinzufügen und auch keine privaten Bibliotheken mit eigenen Fotos verwalten. In der Photo Station steht der Bilderbestand grundsätzlich allen Nutzern zur Verfügung.

1. Verzeichnisse mit Fotos können Sie direkt in der Photo Station verknüpfen. Öffnen Sie das Programm (als Administrator angemeldet), und kontrollieren Sie, dass Sie sich im Modus VERWALTUNG befinden (den Modus stellen Sie links oben im Hauptfenster ein).
2. Klicken Sie dann ganz rechts oben auf die Schaltfläche mit den drei Punkten, und öffnen Sie die Einstellungen aus dem Menü.
3. Im Fenster EINSTELLUNGEN wechseln Sie auf die Registerkarte INHALTSVERWALTUNG.
4. Dort finden Sie die Schaltfläche HINZUFÜGEN, über die Sie einzelne Freigabeordner zur Photo Station hinzufügen können. Achten Sie bei der Auswahl darauf, dass auch gewünschte Unterverzeichnisse mit eingeschlossen werden.
5. Anschließend finden Sie die Verzeichnisse in der Tabelle auf der Registerkarte INHALTSVERWALTUNG.

Alternativ können Sie übrigens auch die Multimedia Console verwenden. Öffnen Sie dort die Registerkarte INHALTSVERWALTUNG, und klicken Sie dann rechts auf die Kachel für die Photo Station. Im Bereich INHALTSQUELLEN können Sie auf BEARBEITEN klicken und dann die gewünschten Verzeichnisse auswählen. Die Inhaltsquellen werden übrigens fortlaufend zwischen der Photo Station und der Multimedia Console synchronisiert, so dass es egal ist, wo Sie Verzeichnisse hinzufügen.

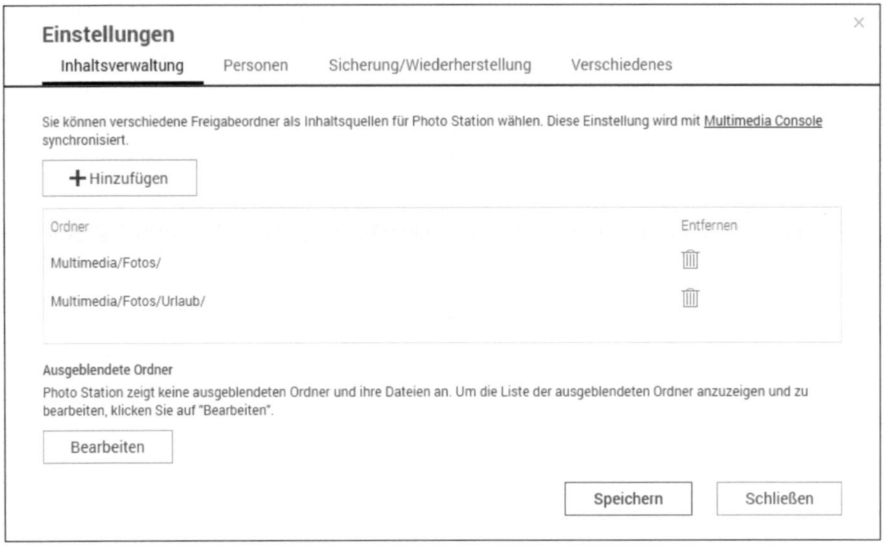

Abbildung 11.19 Auf der Registerkarte »Inhaltsverwaltung« fügen Sie Freigabeordner mit Ihren Fotos zur Photo Station hinzu.

Wenn Sie nun zur Hauptseite der Photo Station zurückkehren und links oben den Modus GALERIE einstellen, sehen Sie (eventuell nach einer kurzen Wartezeit) die Vorschaubilder Ihrer Fotosammlung. Die Photo Station ist nun zur Nutzung bereit. Bevor Sie damit Fotos betrachten, schadet es aber gewiss nicht, das Programm zunächst den persönlichen Bedürfnissen entsprechend einzustellen.

Abbildung 11.20 Im Galeriemodus werden die soeben hinzugefügten Fotos angezeigt.

11.4.2 Die Photo Station den eigenen Bedürfnissen entsprechend einstellen

Im Einstellungsmenü der Photo Station können Sie sowohl allgemeine als auch benutzerspezifische Einstellungen vornehmen. Sie öffnen den Dialog im Modus VERWALTUNG über das Menü mit den drei Punkten (ganz rechts oben im Hauptfenster).

Die Registerkarte PERSONEN bietet nur eine Option: Sie können hier den Menüpunkt PERSONEN im Hauptfenster der Photo Station ausblenden. Über diese Funktion können Sie eine Gesichtserkennung benutzen und Personen auf Ihren Fotos automatisch erkennen lassen. Wenn Sie an derartigen Analysen kein Interesse haben, können Sie die Schaltfläche auch ausblenden.

Die Registerkarte SICHERUNG/WIEDERHERSTELLUNG (siehe Abbildung 11.21) steht nur dem Administrator zur Verfügung. Hier kann ein Backup der Fotoalben angelegt werden. Sie erzeugen hier eine Konfigurationsdatei mit allen Albeneinstellungen und Verknüpfungen zu den enthaltenen Fotos. Wenn Sie die Photo Station neu initialisieren, können Sie somit Ihre Alben relativ schnell wiederherstellen.

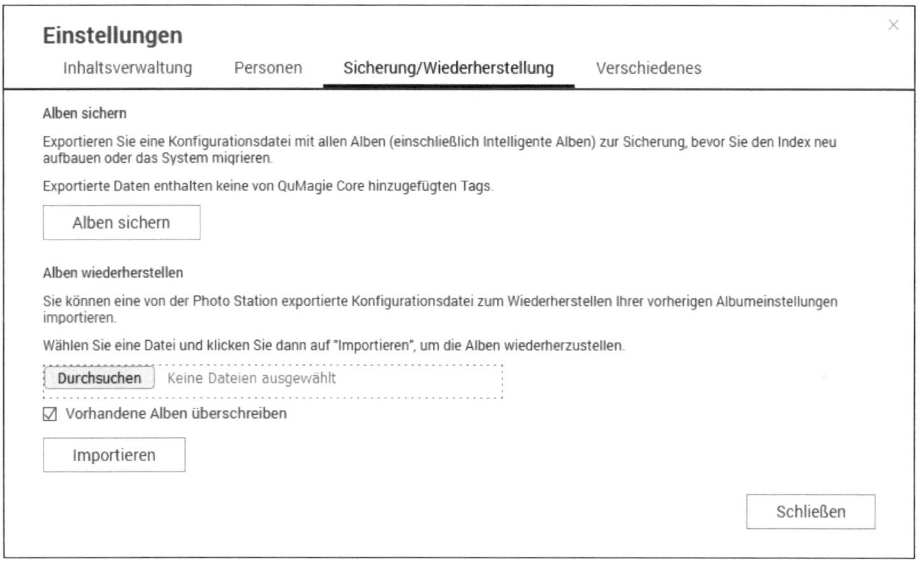

Abbildung 11.21 Ein Administrator kann von Alben eine Sicherheitskopie erstellen, so dass diese im Bedarfsfall schnell wiederhergestellt werden können.

Die Optionen im oberen Bereich der Registerkarte VERSCHIEDENES können von allen Nutzern individuell konfiguriert werden (siehe Abbildung 11.22). Zunächst können Sie einen der bereits verknüpften Freigabeordner auswählen, in dem über die Photo Station hochgeladene Fotos abgespeichert werden. Das Programm bietet nämlich auch die Möglichkeit, eigene Fotos zur Sammlung hochzuladen. Anschließend können Sie diverse selbsterklärende Anzeigeeinstellungen für die Fotoansicht einstellen und abschließend auswählen, ob die Photo Station im Galeriemodus oder im Verwaltungsmodus starten soll.

Ein Administrator sieht zum Schluss zwei weitere Optionen und kann für alle Nutzer festlegen, ob sie Ortsinformationen (also GPS-Tags) in Fotos sehen dürfen. Er kann auch entscheiden, ob Gäste (die zum Beispiel eine Freigabe erhalten haben) Fotos auf ihren eigenen Rechner herunterladen dürfen.

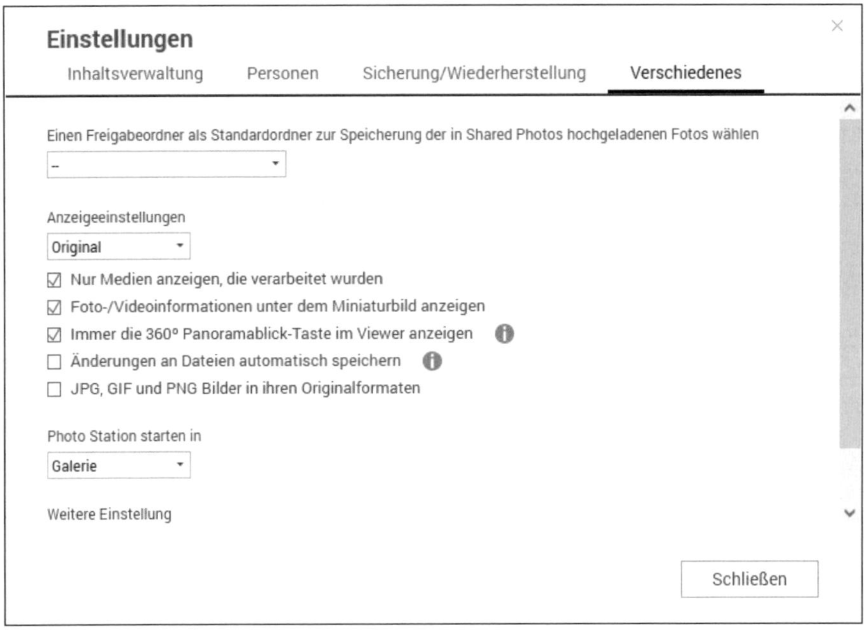

Abbildung 11.22 Die Optionen der Registerkarte »Verschiedenes« stehen (bis auf wenige Ausnahmen) allen Benutzern zur Verfügung und können individuell angepasst werden.

11.4.3 Fotos betrachten

Wenn Sie die Foto Station auf den Galeriemodus einstellen, wird Ihnen zunächst eine Thumbnail-Übersicht angezeigt. Sie sehen Miniaturbilder von Ihren Fotos. Wenn Sie eines davon doppelt anklicken, wechselt die Ansicht zu einer bildschirmfüllenden Darstellung mit einem schwarzen Hintergrund (siehe Abbildung 11.23). An den Rändern des Bildschirms werden bei einer Mausbewegung Pfeilschaltflächen eingeblendet, mit denen Sie durch den Bilderbestand blättern können. Alternativ können auch die Pfeiltasten der Tastatur verwendet werden.

Ganz rechts gibt es eine weitere pfeilförmige Schaltfläche, mit der eine Diashow gestartet werden kann. Die Fotos werden jedoch weiterhin im Fenster des Browsers dargestellt. Wünschen Sie eine Vollbildansicht, dann klicken Sie auf das Icon mit dem doppelten Pfeil, das sich ganz oben rechts in der Symbolleiste befindet. Sie wird sichtbar, sobald Sie die Maus bewegen.

Abbildung 11.23 Im Betrachtungsmodus stehen diverse Optionen bereit, die nach einer Mausbewegung eingeblendet werden.

In dieser Symbolleiste finden sich links Schaltflächen für eine 360°-Ansicht, bei der das Foto gebogen dargestellt wird, so dass sich die Ränder berühren. Die Ansicht kann bei geeigneten Panoramafotos sinnvoll sein. Die zweite Schaltfläche ist für die automatische Gesichtserkennung von Personen zuständig, für die eine zusätzliche Software-Komponente erforderlich ist, die wir Ihnen in Abschnitt 11.4.8, »Die Gesichtserkennung verwenden«, vorstellen.

Daneben befinden sich Schaltflächen zum Herunterladen und zum Teilen des Fotos. Sie können die Bilddatei in verschiedenen Auflösungen auf den aktuellen Rechner herunterladen. Das Teilen ist über einen Freigabelink möglich, der sich auch direkt per E-Mail versenden lässt.

Außerdem kann ein Foto über einige soziale Netzwerke geteilt werden, was das manuelle Hochladen zum jeweiligen Dienst erspart. Daneben können Sie mit der Schaltfläche die Diashow starten. Über das Menü mit den drei Punkten können Sie das Foto als Hintergrundbild des QTS einrichten.

Wenn Sie ernsthaft fotografieren, werden Sie sich für die Schaltfläche interessieren. Hierüber werden Informationen zum Foto eingeblendet. Sie sehen unter anderem GPS-Koordinaten (so sie im Bild enthalten sind), können Bezeichnungen ablesen und eine Bewertung ablesen. Auch Schlagwörter werden angezeigt (siehe Abbildung 11.24). Wenn Sie auf die Registerkarte mit dem Kamera-Symbol wechseln, sehen Sie Informationen aus den Exif-Tags des Fotos und können etwa die Belichtungszeit oder das verwendete Kameramodell ablesen.

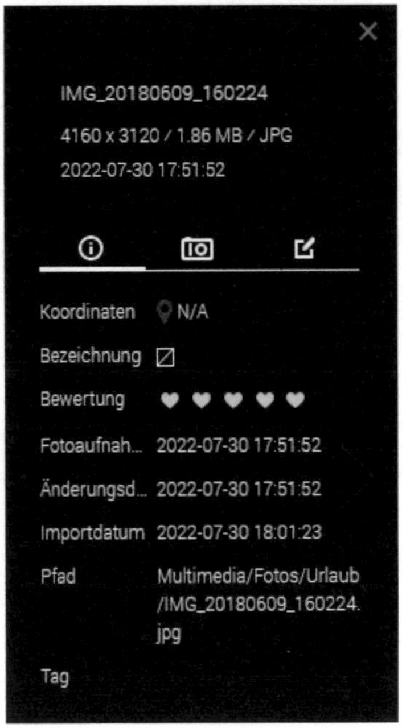

Abbildung 11.24 Auf Wunsch kann die Photo Station zahlreiche Informationen zu einem Foto anzeigen.

Ganz links oben kehren Sie zur normalen Ansicht der Photo Station zurück. Dort sind Sie aber nicht auf die Thumbnail-Ansicht beschränkt. Oben rechts befinden sich drei blaue Schaltflächen, die über dem eigentlichen Foto eingeblebendet werden. Falls sie nicht sichtbar sind, können sie ganz rechts oben mit einer kleinen blauen Schaltfläche mit einem Pfeil-Symbol eingeschaltet werden. In dieser Symbolleiste wechseln Sie mit der Schaltfläche ganz links auf eine großformatige Darstellung eines Fotos (siehe Abbildung 11.25).

Die Ansicht eignet sich gut, um einzelne Fotos schnell in einer größeren Darstellung zu betrachten. Mit den Pfeiltasten der Tastatur kann im Bildbestand geblättert werden. Ein Mausklick auf die Bildfläche blendet am unteren Bildschirmrand eine Leiste mit Vorschaubildern der übrigen Fotos ein.

Wenn Sie mit der Maus auf die linke blaue Schaltfläche zeigen, wird unterhalb die Schaltfläche ANZEIGEEINSTELLUNGEN angezeigt. Damit werden Optionen für die Bilddarstellung eingeblendet. Sie können hier unter anderem die Sortierreihenfolge, aber auch die Größe der Thumbnails für diese Art der Darstellung einstellen. Auch die Quelle lässt sich verändern – damit ist der Freigabeordner gemeint, dessen Fotos angezeigt werden (siehe Abbildung 11.26).

Abbildung 11.25 Auch in der normalen Ansicht gibt es eine großformatige Anzeige von Fotos.

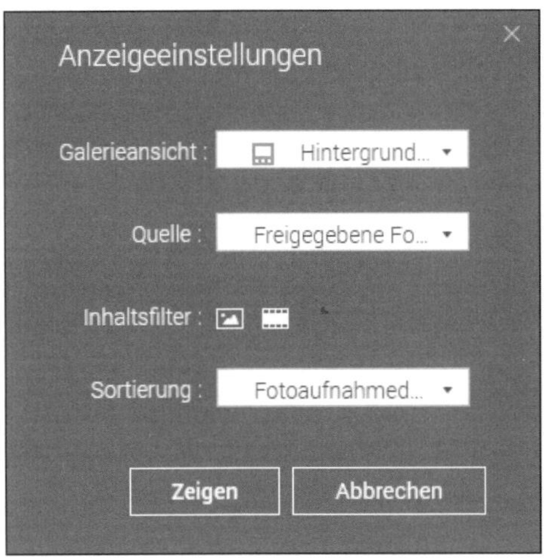

Abbildung 11.26 Die Darstellung der Fotos kann den eigenen Wünschen entsprechend eingestellt werden.

Die mittlere blaue Schaltfläche schaltet eine Musikwiedergabe ein, die sich beispielsweise für Diashows eignet. Die Photo Station bringt eine eigene Musikauswahl (die sich Systemstandard nennt) mit. Unterhalb der Schaltfläche ermöglicht ein Klick auf MUSIKQUELLE WÄHLEN auch eine Verbindung zur Music Station (siehe Abbildung 11.27). Dort können Sie eine Wiedergabeliste auswählen, um eine Diashow mit eigener Musik zu untermalen.

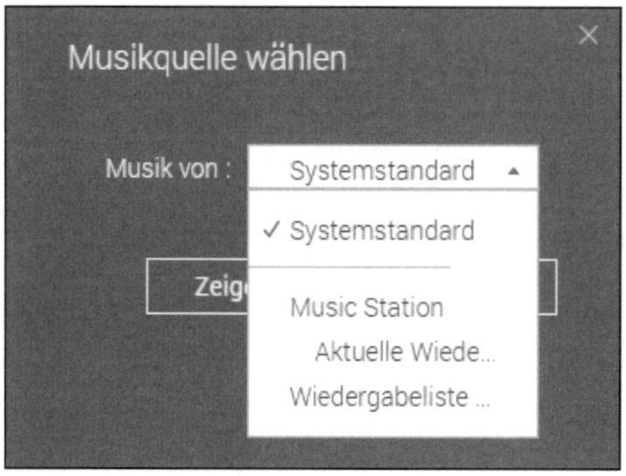

Abbildung 11.27 Die Photo Station bringt eine eigene Musikauswahl mit, die aber schnell langweilig wird. Gut, dass man auch auf Wiedergabelisten der Music Station zugreifen kann.

Die dritte Schaltfläche schließlich startet die Diashow, welche die Fotos aus dem aktuellen Ordner in einer Vollbildansicht anzeigt und verschiedene Übergangseffekte verwendet. Die Diashow lässt sich über die Schaltfläche DIASCHAUEINSTELLUNGEN anpassen (siehe Abbildung 11.28). Sie wird beim Hovern des Mauszeigers über dem Icon für die Diashow sichtbar. Sie können die Anzeigedauer, die Übergangseffekte und die Musikuntermalung verändern.

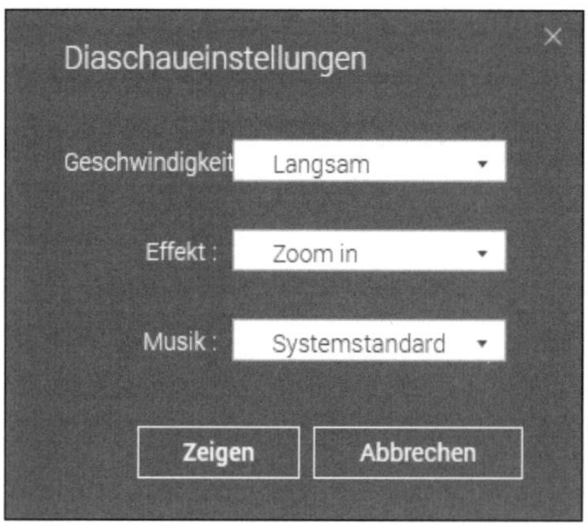

Abbildung 11.28 Auch die Diashow lässt sich nach Gusto anpassen.

Während der Diashow ist am unteren Bildschirmrand eine weitere Symbolleiste verfügbar, die unter anderem das Herunterladen der Fotos auf den aktuellen Rechner ermöglicht. Auch der Dateiname des aktuell gezeigten Fotos lässt sich einblenden.

11.4.4 Fotos mit anderen Personen teilen

Die Photo Station erlaubt das Teilen von Fotos mit anderen Personen auf drei verschiedenen Wegen. Sie können Fotos per E-Mail teilen, direkt einen Freigabelink erhalten und manuell weitergeben oder Fotos über eine Auswahl an sozialen Netzwerken teilen.

Wenn Sie ein einzelnes Foto teilen möchten, klicken Sie auf das aus der Mobilwelt bekannte Icon für das Teilen in der Symbolleiste. Auch im Galeriemodus ist das Teilen möglich, das Kontextmenü der rechten Maustaste bietet einen entsprechenden Eintrag.

Sie können auch mehrere Fotos auf einmal teilen. Treffen Sie dazu einfach eine Mehrfachauswahl über die Auswahlkästchen links unten an den Vorschaubildern bzw. nutzen Sie die `Strg`-Taste für die Mehrfachauswahl, und starten Sie dann das Teilen. Es öffnet sich nun ein neues Fenster mit den Freigabeoptionen (siehe Abbildung 11.29).

Abbildung 11.29 Sofern Sie schon ein E-Mail-Konto für den Versand hinterlegt haben, müssen Sie mindestens noch den Empfänger eintragen.

Ganz oben müssen Sie die Freigabe mit dem Schiebeschalter aktivieren. Sie sehen einen Hinweis zur Datensicherheit.

Unter dem Schiebeschalter befindet sich ein Eingabefeld, in dem das aktuelle Datum und die Uhrzeit steht. Mit diesem Feld können Sie die Freigabe benennen. Das ist nicht unbedingt erforderlich, aber diese Bezeichnung wird später im Freigabecenter gelistet, das Ihnen alle Freigaben anzeigt. Gerade wenn man viele Freigaben erstellt hat, helfen Datum und Uhrzeit nicht immer weiter. Deswegen empfiehlt es sich, einen aussagekräftigen Namen einzutragen. Im oberen Teil des Fensters werden Ihnen die Fotos angezeigt, die Sie für die Freigabe ausgewählt haben. Wenn Ihnen ein Irrtum unterlaufen ist, können Sie die Fotos über das Symbol mit der Mülltonne löschen.

Mit dem Eintrag TEILEN ÜBER können Sie die Art der Freigabe festlegen. Das Symbol teilt die Fotos per E-Mail. Ihr NAS wird dann eine E-Mail an von Ihnen benannte Empfänger versenden. Sie können den Betreff und den Nachrichteninhalt festlegen. Die Fotos werden aber nicht als Anhang mit der E-Mail versendet. Stattdessen enthält die E-Mail einen Link zu Ihrem NAS. Die Empfänger rufen diesen Link auf und werden mit Ihrem NAS verbunden.

Im Browser zeigt sich eine Miniversion der Photo Station, welche die ausgewählten Fotos anzeigt und einen Download erlaubt. Für diese Art der Freigabe muss Ihr NAS also für den Empfänger ansprechbar sein (wobei wir gleich noch eine Ausnahme erklären).

Grundsätzlich muss man zwei Fälle unterscheiden: Sie können einen Link erzeugen, der die öffentliche Internetadresse (genannt WAN-IP, *WAN* steht für Wide Area Network und meint in diesem Fall das Internet) des NAS enthält. Er eignet sich für das Teilen über das Internet. Sie müssen im Router oder in der Firewall Portfreigaben einrichten, so dass die Photo Station vom externen Nutzer der Freigabe angesprochen werden kann. Die Photo Station verwendet dieselben Ports wie das QTS-Webinterface.

Alternativ kann der Link auch mit der internen Adresse des Geräts im lokalen Netzwerk erzeugt werden. Diese Art der Freigabe nutzen Sie dann, wenn Sie die Dateien mit einer Person teilen möchten, die sich im lokalen Netzwerk befindet. Es ist nicht möglich, Fotos direkt mit anderen Nutzerkonten des Geräts zu teilen. Eine solche Funktion bietet die Photo Station nicht.

Sollten Sie die myQNAPcloud-Funktion nutzen, die wir in Kapitel 4, »Über das Internet auf das NAS zugreifen«, erklären, dann bieten sich Ihnen noch zwei weitere Funktionen. Zum einen können Sie den Link dann auch mit der DDNS-Adresse erzeugen lassen, die Ihnen myQNAPcloud bietet. Das ändert aber nichts an der direkten Kontaktaufnahme des Empfängers mit Ihrem NAS. Die Photo Station muss für den Empfänger über das Internet erreichbar sein.

Zum anderen gibt es aber auch die Funktion *SmartShare*. Hierbei steht die Photo Station in ständigem Kontakt mit einem Relay-Server von QNAP, der die Kontaktaufnahme übernimmt. Der Empfänger der Freigabe kontaktiert den QNAP-Server und wird darüber mit Ihrer Photo Station verbunden. Portfreigaben im Router sind hierfür nicht erforderlich.

Im Feld ABSENDER aus Abbildung 11.29 sehen Sie die E-Mail-Adresse, die Sie im persönlichen Bereich des QTS für Ihr Nutzerkonto hinterlegt haben. Dieses E-Mail-Konto wird für den Versand der E-Mail mit dem Freigabelink verwendet. Falls Sie mehrere Konten hinterlegt haben, können Sie das gewünschte über das Dropdown-Feld auswählen. Im Feld AN tragen Sie die E-Mail-Adresse des Empfängers ein. Sie können mehrere Empfänger bestimmen, trennen Sie dann einfach mehrere E-Mail-Adressen mit Kommata.

Sie haben noch kein E-Mail-Konto eingerichtet?

Wenn Sie in Ihrem Nutzerkonto noch kein E-Mail-Konto für den E-Mail-Versand hinterlegt haben, sehen Sie im Feld ABSENDER den Hinweis BITTE EIN E-MAIL-KONTO EINRICHTEN. Wenn Sie diesen Hinweis anklicken, gelangen Sie direkt zu den E-Mail-Optionen Ihres Nutzerkontos. Tragen Sie dort die Zugangsdaten für einen SMTP-Server eines bereits bestehenden E-Mail-Kontos ein. Sie können ein beliebiges E-Mail-Konto verwenden. Die Zugangsdaten für den SMTP-Server erfahren Sie beim E-Mail-Anbieter. Achten Sie darauf, dass Sie die Verschlüsselungsoptionen korrekt einstellen. Dieses Konto wird vom Freigabeassistenten für den Versand der E-Mails mit dem Freigabelink verwendet. Nachdem Sie das Konto hinterlegt haben, können Sie mit der Freigabe der Fotos fortfahren.

Auf Wunsch können Sie die Freigabe mit einem Kennwort schützen. Aktivieren Sie dazu den Schiebeschalter. Der Freigabeassistent schlägt automatisch ein Kennwort vor, Sie können dieses auch ändern. Das Kennwort muss beim Aufrufen der Freigabe eingegeben werden.

Über das entsprechende Kontrollkästchen können Sie das Kennwort in die E-Mail eintragen lassen. Auf diese Weise erhält der Empfänger gleich alle nötigen Zugangsdaten. Selbiges gilt allerdings auch für eventuelle Angreifer, welche die E-Mail abfangen. Dank einer verschlüsselten Übertragung ist es unwahrscheinlich, dass Unbefugte die E-Mail mitlesen, aber nicht ausgeschlossen. Wenn es sich um sensible Daten handelt, sollten Sie das Kennwort nicht in der E-Mail mitsenden, sondern es dem Empfänger auf einem anderen Weg mitteilen. Bei weniger sensiblen Daten schützt das Kennwort vor einem unbefugten Zugriff, falls jemand den Zugangslink errät.

Weiter unten in Abbildung 11.29 können Sie noch die Gültigkeit der Freigabe einschränken. Hier sind sieben Tage voreingestellt, nach Ablauf dieses Zeitraums verliert der Freigabelink seine Gültigkeit. Im Prinzip sind Sie jetzt schon fertig und können auf TEILEN klicken. Es wird dann eine E-Mail mit den Standardtexten versendet. Dieses Vorgehen eignet sich für das Versenden an einen Empfänger, der bereits auf die Freigabe-E-Mail wartet, zum Beispiel während eines Telefongesprächs. Die Standard-E-Mail enthält den Betreff »Freigabe!« und sieht so aus wie in Abbildung 11.30.

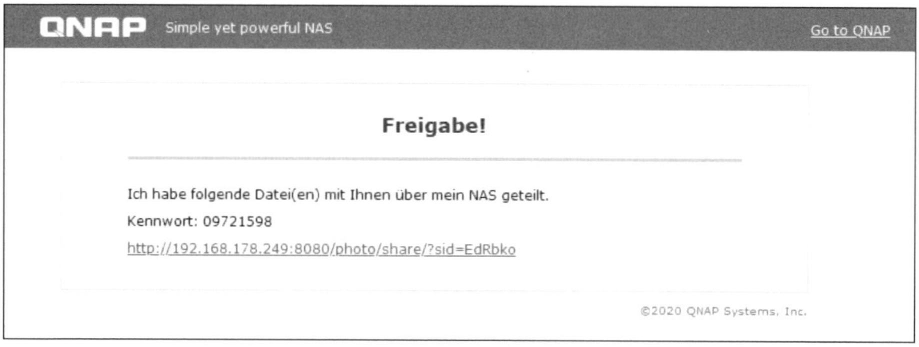

Abbildung 11.30 Eine solche E-Mail wird mit den Standardeinstellungen versendet. Die Texte können auf Wunsch angepasst werden.

Möchten Sie die Nachricht anpassen, klicken Sie auf ZUSÄTZLICHE EINSTELLUNGEN. Sie können dann den Betreff der E-Mail und den eigentlichen Nachrichtentext bearbeiten. Ihnen wird auch ein Feld angezeigt, mit dem Sie das Ziel des Freigabelinks auswählen können. Hier haben Sie wie zuvor erwähnt die Wahl zwischen der externen IP-Adresse des Geräts oder der internen IP-Adresse.

Wenn die Zielperson über das Internet auf die Fotos zugreifen soll, müssen Sie selbstredend die externe IP-Adresse auswählen. Wenn Sie myQNAPcloud nutzen (wie wir es in Kapitel 4, »Über das Internet auf das NAS zugreifen«, gezeigt haben), können Sie die vorhin erwähnte DDNS-Adresse sowie den SmartShare-Link verwenden, der Relay-Server von QNAP nutzt und Ihnen das Anlegen von Portfreigaben erspart.

Mit dem zweiten Symbol im Bereich TEILEN ÜBER können Sie die ausgewählten Fotos über ein soziales Netzwerk teilen. Hier sind verschiedene Netzwerke verfügbar. Beim gewünschten Dienst müssen Sie ein Konto haben, dessen Zugangsdaten Sie dem Freigabeassistenten mitteilen müssen. Der Assistent erstellt dann in Ihrem Namen einen neuen Post und hängt dort die ausgewählten Fotos an.

Mit der dritten Freigabeoption, die über die stilisierte Büroklammer aktiviert wird, erzeugen Sie einen Freigabelink, den Sie selbst an die gewünschten Empfänger weiterleiten (siehe Abbildung 11.31). Die Funktion entspricht also weitestgehend der Freigabe per Mail, verzichtet aber auf den Mailversand.

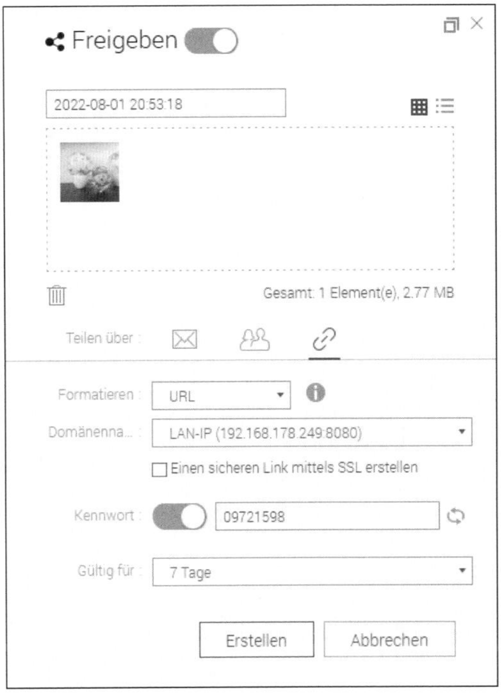

Abbildung 11.31 Passen Sie die Einstellungen einer Link-Freigabe an, und klicken Sie dann auf »Erstellen«.

Im Feld FORMATIEREN können Sie auswählen, ob der Link für den direkten Versand etwa über einen Messenger formatiert wird oder mit HTML-Tags versehen wird, so dass Sie ihn direkt in den Quelltext einer Webseite einfügen können. Darunter spezifizieren Sie den Domänennamen. Der Freigabelink kann entweder die interne IP-Adresse des NAS im lokalen Netzwerk oder die öffentliche IP-Adresse des NAS für die Nutzung über das Internet beinhalten. Treffen Sie die Wahl in Abhängigkeit vom Empfänger und davon, wie dieser das NAS ansprechen wird.

Bei der Nutzung über das Internet empfiehlt es sich, eine verschlüsselte Datenübertragung zu verwenden. Aktivieren Sie also das Kontrollkästchen, so dass ein sicherer Link erzeugt wird. Die Fotos werden dem Empfänger dann über eine TLS-verschlüsselte Verbindung angezeigt. Bei sensiblen Daten ist auch ein Kennwortschutz nicht verkehrt, den Sie über den Schiebeschalter aktivieren müssen. Vergessen Sie dann aber nicht, dass Sie dem Empfänger auch das Passwort mitteilen müssen. Abschließend können Sie die Gültigkeit der Freigabe einschränken.

Sobald Sie auf ERSTELLEN klicken, sehen Sie in einem neuen Fenster den Freigabelink, den Sie mit der nebenstehenden Schaltfläche in die Zwischenablage kopieren können (siehe Abbildung 11.32). Sie können ihn dann in eine beliebige Anwendung einfügen. Unterhalb sehen Sie auch noch einmal das Kennwort (sofern eines definiert ist) und das Ablaufdatum, an dem die Freigabe ihre Gültigkeit verliert.

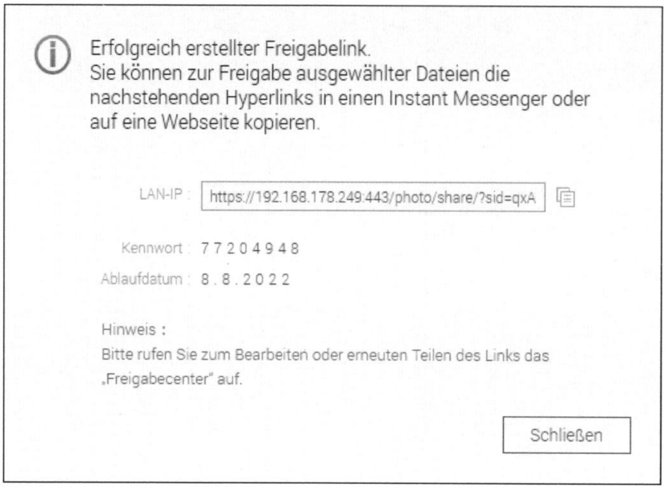

Abbildung 11.32 Der Freigabelink wird in einem neuen Fenster angezeigt. Dort sehen Sie auch das Ablaufdatum und ein eventuell festgelegtes Passwort.

Erteilte Freigaben können Sie über das Freigabecenter bearbeiten. Dieses erreichen Sie im Verwaltungsmodus links unter dem Eintrag FREIGABECENTER. In der Tabelle erscheinen alle erteilten Freigaben unter dem Namen, den Sie bei der Erstellung der Freigabe angegeben haben (siehe Abbildung 11.33).

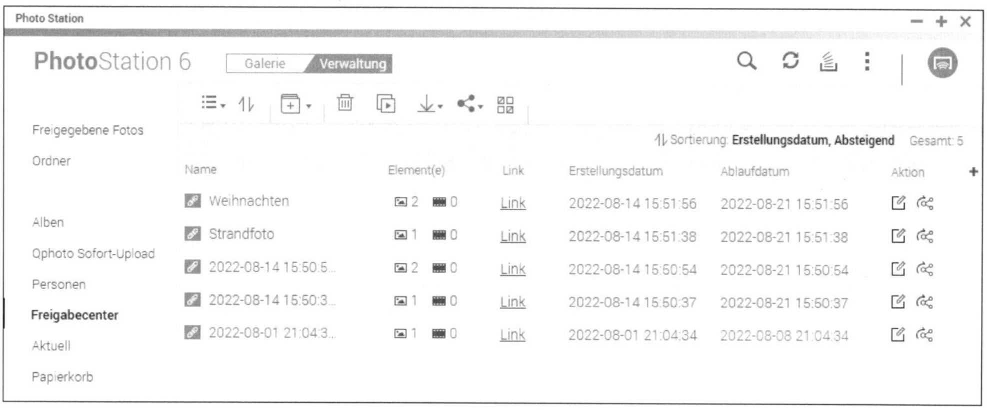

Abbildung 11.33 Das Freigabecenter informiert über erteilte Freigaben.

Standardmäßig ist dies die Kombination aus Datum und Uhrzeit, was bei der Zuordnung der Freigabe zu den entsprechenden Bildern (oder den Empfängern) nicht sonderlich hilfreich ist. Deswegen empfiehlt es sich, stets eindeutige Bezeichnungen einzugeben.

Außerdem hilft ein Doppelklick auf die Bezeichnung einer Freigabe, denn dann werden Ihnen die betreffenden Bilder angezeigt. Auch ein Klick auf das Icon rechts in der Tabelle in der Spalte AKTION kann helfen. Darüber können Sie sich eine Zusammenfassung der Freigabe anzeigen lassen, die auch kleine Vorschaubilder der freigegebenen Fotos beinhaltet. Der Freigabeverlauf informiert Sie über die Nutzung der Freigabe in der Vergangenheit.

Abbildung 11.34 Wenn Sie eine Freigabe nur mit dem Datum benannt haben, hilft die Zusammenfassung bei der Zuordnung der freigegebenen Fotos.

Über das Icon ganz rechts können Sie die Freigabe ein weiteres Mal erstellen, also beispielsweise den Link gleich durch die Photo Station versenden lassen. Die Tabelle zeigt Ihnen ansonsten den Umfang der Freigabe und das Ablaufdatum an. Sie können sich auch den Freigabelink nochmals anzeigen lassen.

11.4.5 Die Suche verwenden

Die Zeitstrahlansicht im Verwaltungsmodus ist ein gutes Tool zum Aufspüren von Fotos, aber insbesondere bei großen Fotosammlungen nicht immer hilfreich. Häufig kann in diesem Fall die Suchfunktion der Photo Station schneller zum Ziel führen. Unabhängig vom Modus steht Ihnen in der obersten Symbolleiste die Schaltfläche ERWEITERTE SUCHE (mit einem Lupen-Symbol) zur Verfügung. Sie öffnet eine Eingabemaske mit diversen Suchfeldern. Hier können Sie eine Suche auch anhand der KAMERAMARKE oder der AUFLÖSUNG durchführen (siehe Abbildung 11.35).

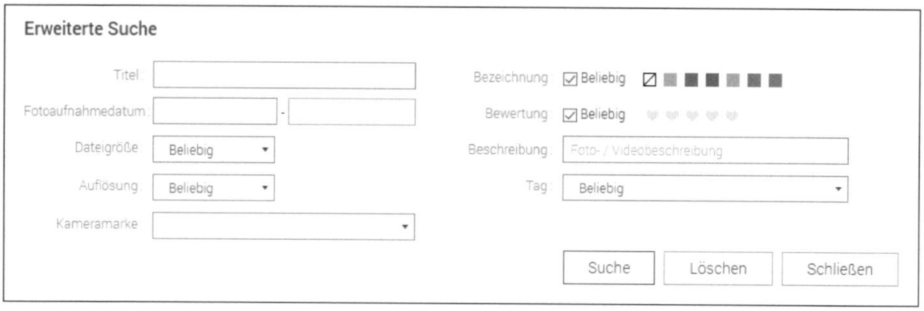

Abbildung 11.35 Die Suchfunktion bietet diverse Eingabefelder für ein effizientes Auffinden einzelner Fotos.

Nützlich sind auch die Felder BEZEICHNUNG und BEWERTUNG im rechten Bereich des Fensters. Wenn Sie Ihre Fotos mit einer Anzahl an Herzchen bewertet oder in verschiedene Farbkategorien einsortiert haben, können Sie einen entsprechenden Suchfilter einschalten. Auch Tags können in der Suche verwendet werden.

Tags (also Schlagwörter) müssen Sie allerdings zunächst Ihren Fotos zuweisen. Das erledigen Sie im Verwaltungsmodus der Photo Station:

1. Öffnen Sie bei einem beliebigen Photo mit einem Rechtsklick das Kontextmenü, und wählen Sie den Eintrag TEXT TAG HINZUFÜGEN. Sie sehen nun ein zunächst noch leeres Fenster.
2. Ein Schlagwort definieren Sie im Eingabefeld TAG-NAME EINGEBEN. Wenn Sie dort ein Tag eingeben und auf HINZUFÜGEN klicken, wird es dem aktuellen Foto hinzugefügt und im großen Rechteck des Fensters gezeigt.
3. Sie können zu jedem Foto mehrere Tags hinzufügen. Diese müssen Sie aber nicht jedes Mal über das Eingabefeld eingeben. Sobald Sie ein Tag erstellt haben, wird es im Dropdown-Menü des Eingabefeldes geführt und lässt sich so einfach weiteren Fotos hinzufügen. Über das kleine Kreuz in der Liste lässt sich ein Tag auch wieder von einem Foto entfernen.

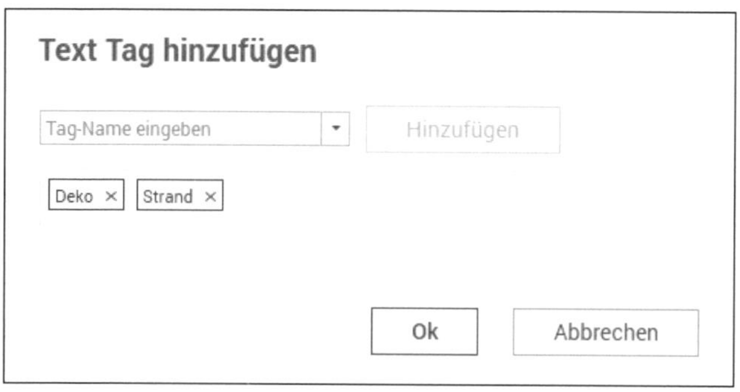

Abbildung 11.36 Schlagwörter (die sogenannten Tags) können Sie über eine eigene Eingabemaske einfach zu Ihren Fotos hinzufügen.

4. Auch eine Farbmarkierung setzen Sie über das Kontextmenü eines Fotos. Sie finden am unteren Ende eine Liste mit den verfügbaren Farben. Sie können ein einzelnes Farbfeld anklicken, erhalten allerdings keine aussagekräftige Rückmeldung, ob Ihre Wahl tatsächlich dem Foto zugewiesen wurde.

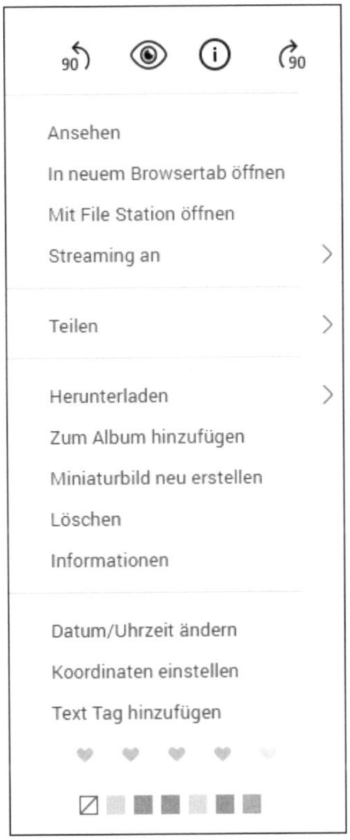

Abbildung 11.37 Farbmarkierungen und Bewertungen können über das Kontextmenü definiert werden.

Öffnen Sie dazu einfach die Informationen zu einem Foto – den zugehörigen Eintrag finden Sie ebenfalls im Kontextmenü. Dort wird Ihnen die Farbkennzeichnung mit einer Rückmeldung bei einer Änderung angezeigt. Übrigens: Sie können die Bewertung mit Herzchen sowohl im Kontextmenü als auch in der Informationsansicht verwenden (siehe Abbildung 11.39).

Eingebettete Ortskoordinaten verwenden

Falls Sie in Ihren Fotos Ortskoordinaten (als GPS-Tags) eingebettet haben, werden Ihnen diese in der Informationsansicht (die es so auch 1:1 in der Vollbildansicht eines Fotos gibt) angezeigt. Ein Klick auf die Koordinaten öffnet eine Landkarte von Google Maps mit einer Markierung des Aufnahmeortes.

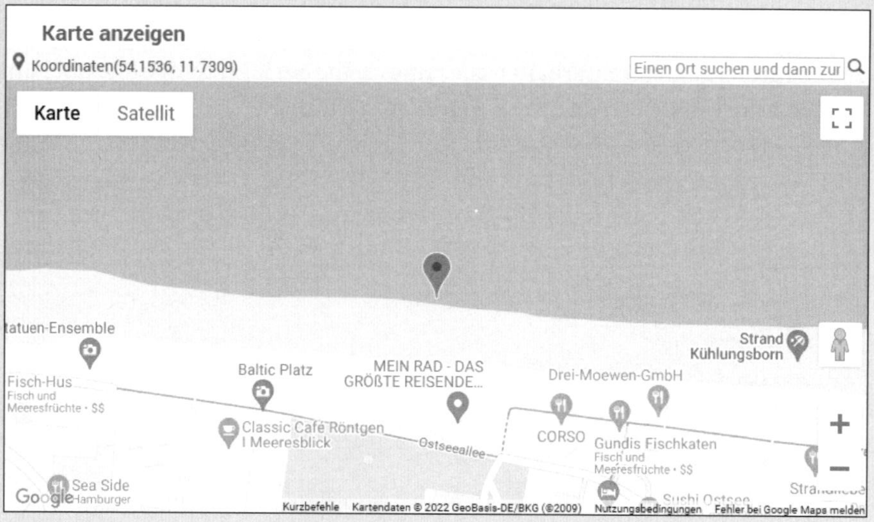

Abbildung 11.38 Ortskoordinaten werden Ihnen direkt auf einer Karte von Google Maps angezeigt.

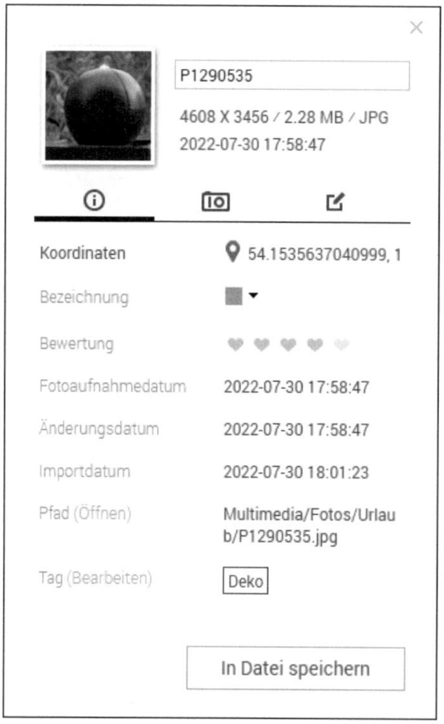

Abbildung 11.39 Die Informationsansicht eignet sich auch gut zum Zuweisen von Farbmarkierungen und Bewertungen.

11.4.6 Mit Alben arbeiten

Alben vereinfachen die Arbeit mit der Photo Station ungemein, erlauben Sie doch das Zusammenfassen mehrerer Fotos zu einer Gruppe. In der Photo Station gibt es zwei verschiedene Arten von Alben:

- zum einen normale, statische Alben, deren Inhalt sich nicht verändert,
- und dynamische Alben, deren Inhalt anhand von Kriterien festgelegt wird.

Wenn Sie Ihre Fotosammlung um weitere Fotos ergänzen, die den Kriterien eines dynamischen Albums entsprechen, werden diese Fotos automatisch dem entsprechenden Album hinzugefügt, so dass dieses stets »auf dem neuesten Stand« bleibt. Ein statisches Album heißt in der Photo Station schlicht *Album*, ein dynamisches wird *smartes Album* genannt.

Für Alben gibt es einen eigenen Bereich in der linken Liste des Verwaltungsmodus. Zunächst sind noch keine Alben angelegt. Um ein Album zu erstellen, klicken Sie in der Symbolleiste auf das Icon . Wählen Sie EIN ALBUM ERSTELLEN aus dem Dropdown-Menü. Sie sehen dann das gleichnamige Fenster aus Abbildung 11.40 und können dort dem Album einen Namen geben.

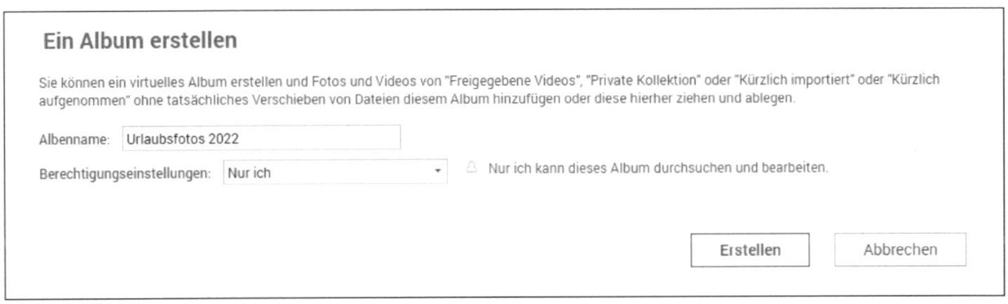

Abbildung 11.40 Legen Sie Alben an, um thematisch zusammengehörende Fotos zu gruppieren.

Bei der Erstellung eines Albums können Sie sich aussuchen, wer auf dieses Album Zugriff haben wird. Zunächst ist die Option NUR ICH ausgewählt. Ein so konfiguriertes Album steht nur der erstellenden Person zur Verfügung und wird anderen Nutzern nicht angezeigt. Bei der Option NAS-NUTZER können Sie sich aussuchen, wer das Album betrachten und gegebenenfalls auch verändern darf.

Klicken Sie dazu auf die Schaltfläche BERECHTIGUNGEN ANPASSEN (siehe Abbildung 11.41). Sie sehen dann eine Liste aller Benutzer des NAS (die Ansicht kann auch auf Domänenmitglieder umgeschaltet werden) und können für jeden Benutzer auswählen, ob er das Album betrachten oder sogar verwalten darf.

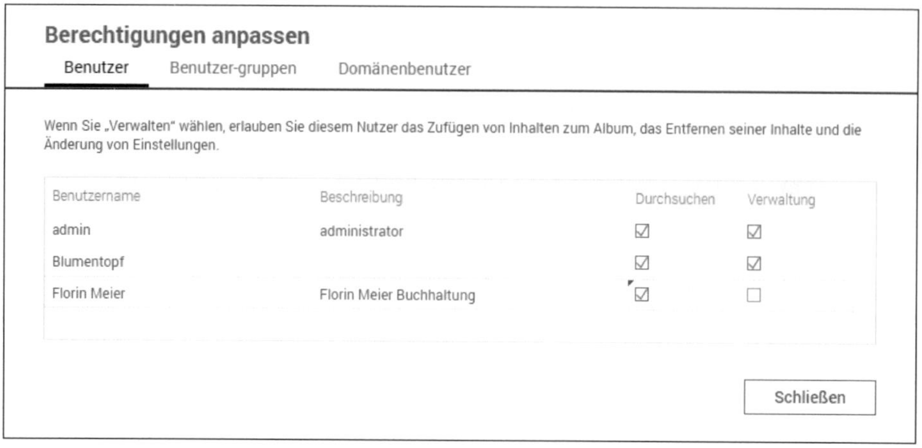

Abbildung 11.41 Legen Sie fest, wer das Album betrachten und gegebenenfalls auch verändern darf.

Als dritte Option können Sie eine ÖFFENTLICHE BERECHTIGUNG einrichten. Damit steht das Album allen Benutzern des NAS (auch Gästen) zur Verfügung, allerdings nur zur Ansicht. Ein Verwaltungsrecht können Sie über die Schaltfläche BERECHTIGUNGEN ANPASSEN vergeben. Auf Wunsch können Sie das Album auch auf dem QTS-Anmeldebildschirm anzeigen lassen. Diese Funktion eignet sich im privaten Umfeld beispielsweise für die neuesten Urlaubsfotos, die frisch auf dem NAS abgelegt wurden und von allen Nutzern betrachtet werden sollen. In einem kleinen Unternehmen können so vielleicht auch die Fotos vom Betriebsausflug allen bekannt gemacht werden. Bei den beiden letztgenannten Berechtigungstypen können Sie übrigens ganz unten im Fenster einen Gültigkeitszeitraum definieren. In der Standardeinstellung ist die Gültigkeit nicht begrenzt.

Nachdem Sie das Album erstellt haben, können Sie Fotos hinzufügen.

1. Klicken Sie dafür den Eintrag ALBEN in der linken Leiste des Hauptfensters doppelt an. Nun klappen alle verfügbaren Alben aus.
2. Navigieren Sie in der Photo Station zu den gewünschten Fotos, und ziehen Sie diese einfach einzeln oder als Mehrfachauswahl auf den Eintrag des gewünschten Albums. Dadurch werden die Fotos zum Album hinzugefügt.

Sie können auf diese Weise alle gewünschten Fotos zum Album hinzufügen. Wenn Sie anschließend den Namen des Albums anklicken, werden alle enthaltenen Bilder angezeigt. Diese können Sie dann wie in jedem anderen Verzeichnis betrachten, auch die Möglichkeit der Diashow ist verfügbar. Wenn Sie zur Übersicht aller Bilder (über den Eintrag ALBEN) zurückkehren und ein Album mit der Maus markieren, können Sie dieses als Ganzes über die bekannte Funktion mit anderen Nutzern teilen.

Auch ein smartes Album ist schnell erstellt. Klicken Sie dazu in der Symbolleiste auf die Schaltfläche ALBUM HINZUFÜGEN, und wählen Sie EIN SMARTES ALBUM ERSTELLEN. Das gleichnamige Fenster öffnet sich (siehe Abbildung 11.42). Dort müssen Sie dem Album zunächst ganz oben einen Namen geben und dann darunter festlegen, wer an diesem Album partizipieren darf. Als Voreinstellung ist vorgesehen, dass das Album nur von der erstellenden Person verwendet werden darf.

Wählen Sie darunter aus, welche Datenquellen für das Album berücksichtigt werden soll. Neben Fotos können Sie auch Videos auswählen, die neben den Fotos abgespeichert sind. Klicken Sie dann auf die Schaltfläche HINZUFÜGEN, und legen Sie damit den QUELLPFAD fest. Sie können aus den Freigabeordnern auswählen, die schon zur Photo Station hinzugefügt wurden.

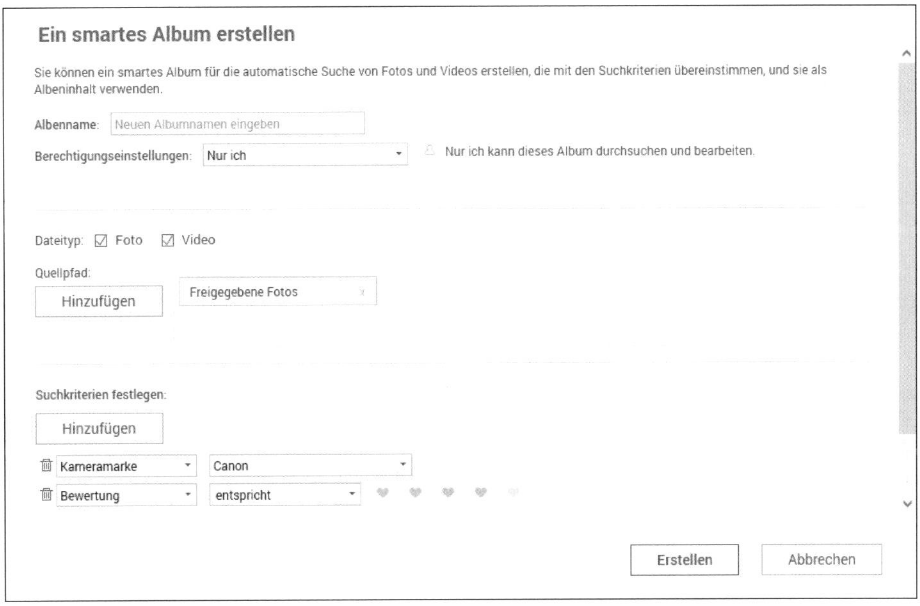

Abbildung 11.42 Ein smartes Album lässt sich schnell anhand der gewünschten Kriterien erstellen.

Anschließend stellen Sie die Suchkriterien ein. Klicken Sie in dieser Sektion auf HINZUFÜGEN, und wählen Sie aus dem Dropdown-Feld das gewünschte Kriterium, das Sie anschließend wie gewünscht konfigurieren. Sie können sogleich weitere Kriterien hinzufügen. Wenn Sie diese Art von Filter komplett konfiguriert haben, klicken Sie auf ERSTELLEN.

Anschließend wird das smarte Album in der Übersicht der Alben gelistet. Ein Doppelklick zeigt alle Fotos an, die den Suchkriterien entsprechen. Der Inhalt des Albums passt sich fortlaufend an, wenn neue Fotos den Suchkriterien entsprechen.

11.4.7 Fotos auf Wiedergabegeräte streamen

Wenn Sie in Ihrem Netzwerk UPnP-/DLNA-fähige Mediaplayer oder aber Multimediageräte wie einen Google Chromecast haben, können Sie direkt aus der Photo Station heraus einzelne Fotos oder auch ganze Alben zu einem solchen Gerät streamen. Dafür gibt es zwei Möglichkeiten:

- Einerseits können Sie im Hauptfenster im Verwaltungsmodus ganz oben rechts auf das bunte Icon mit dem Hinweistext STREAMING-BEDIENFELD ÖFFNEN klicken. Es öffnet den Netzwerkplayer (siehe Abbildung 11.43). Dort sehen Sie in der Spalte GERÄT alle Medienplayer, mit denen die Photo Station zusammenarbeitet. Das Icon aktualisiert die Ansicht, falls Sie das Gerät erst zwischenzeitlich in Betrieb genommen haben. Für jedes Wiedergabegerät ist eine eigene Wiedergabeliste vorgesehen; diese wird rechts neben den Geräten angezeigt. Hier können Sie einzelne Fotos, eine Mehrfachauswahl oder ein Album mit der Maus ziehen und ablegen. Die Wiedergabe der einzelnen Fotos wird auf dem jeweiligen Gerät sofort gestartet. In der Geräteliste findet sich auch eine Play-Schaltfläche, mit der Sie die ausgewählten Fotos als Diashow wiedergeben. Blättern können Sie ansonsten auch mit den Schaltflächen in der Wiedergabeliste. Dort gibt es auch eine Schaltfläche für eine Endloswiedergabe der Diashow.

Abbildung 11.43 Der Netzwerkplayer erlaubt das Streaming von Fotos an mehrere Endgeräte.

- In der Symbolleiste der Vollbildansicht finden Sie die zweite Möglichkeit zum Streamen von Fotos an Netzwerkgeräte. In der Symbolleiste wird dazu das Icon eingeblendet, sobald Sie die Maus bewegen. Dies ist aber nur ein Shortcut zum Netzwerkplayer der Verwaltungsansicht.

Kürzlich hinzugefügte bzw. aufgenommene Fotos anzeigen

Im Verwaltungsmodus finden Sie in der Liste links auf dem Bildschirm den Eintrag Aktuell mit den beiden Unterpunkten Importiert und Aufgenommen. Diese praktische Funktion ist eine Art Schnellfilter und zeigt Ihnen nur die Fotos an, die kürzlich aufgenommen bzw. die kürzlich zur Photo Station hinzugefügt wurden.

11.4.8 Die Gesichtserkennung verwenden

Für die Photo Station gibt es eine Zusatzkomponente namens QNAP AI Core, die über das App Center (Kategorie Unterhaltung) installiert werden kann. Sie rüstet Algorithmen zur Gesichtserkennung nach.

Abbildung 11.44 Mit der Komponente QNAP AI Core fügen Sie die Algorithmen zur Gesichtserkennung zur Photo Station hinzu.

Mit diesen Funktionen wird der Fotobestand der Photo Station automatisch nach Gesichtern von Personen durchsucht. Die Fotos werden anschließend Personen zugeordnet, denen man einen Namen geben kann. Die Funktion eignet sich also gut, um beispielsweise Personen auf Partybildern zuzuordnen. Man kann sich dann in der Photo Station alle Fotos einer Person anzeigen lassen.

In der Photo Station ist die Funktion PERSONEN in der Liste links im Verwaltungsmodus für die Personenerkennung zuständig. Anfangs bietet sie einen Schnellzugriff für die Installation von QNAP AI Core. Die Installation dieser Zusatzsoftware dauert recht lang, da das Programmpaket knapp über 4 Gigabyte groß ist. QNAP AI Core bietet keine eigene Bedienoberfläche, sondern integriert sich nahtlos in die Photo Station.

Nach der Installation beginnt ein automatischer Scan Ihrer Fotos. Die Gesichter werden im Hintergrund erkannt und Personen zugeordnet. Das geschieht auch mit Fotos, die Sie zukünftig zur Photo Station hinzufügen.

Wenn Sie nach einem Neustart der Photo Station auf den Eintrag PERSONEN klicken, sehen Sie zuerst eine leere Seite, die Sie darauf hinweist, dass Sie den erkannten Personen einen Namen geben müssen (siehe Abbildung 11.45). Die Photo Station unterscheidet nämlich zwischen »getaggten« Personen, denen Sie einen Namen gegeben haben, und »empfohlenen« Personen, denen Sie noch einen Namen geben müssen. Wechseln Sie also zur Registerkarte EMPFOHLEN. Sie sehen dort die Fotos, auf denen Gesichter erkannt wurden.

Abbildung 11.45 Zunächst werden noch keine Personen angezeigt, die Registerkarte »Getaggt« ist leer.

Unterhalb der Personen gibt es ein Eingabefeld für den Namen. Wenn Sie dieses anklicken, können Sie den Namen der Person eingeben, die auf den Fotos zu sehen ist (siehe Abbildung 11.46).

Anschließend können Sie auf die Registerkarte GETAGGT wechseln und sehen dort die soeben benannte Person mit ihrem Namen. Ein Doppelklick zeigt alle Fotos, auf denen diese Person zu sehen ist. Auf diese Weise können Sie alle Personen benennen und sie den Fotos zuordnen. Alle weiteren Fotos werden automatisch zugeordnet und gruppiert.

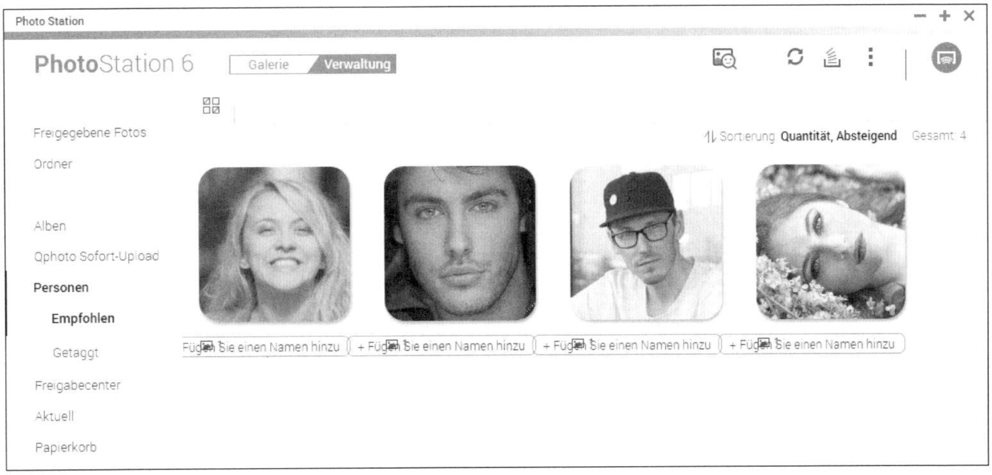

Abbildung 11.46 Alle Personen, deren Gesichter erkannt wurden, werden auf der Registerkarte »Empfohlen« gelistet.

Abbildung 11.47 Personen, die Sie benannt haben, werden auf der Registerkarte »Getaggt« geführt.

Wer Spaß an der automatischen Gesichtserkennung hat, der kann sich auch die Anwendung QuMagie ansehen, die ebenfalls der Fotoverwaltung dient und die noch weitere Funktionen aus dem Bereich der automatischen Objekterkennung bietet (siehe Abbildung 11.48).

Abbildung 11.48 QuMagie ist eine Alternative zur Photo Station, die weitere Funktionen aus dem Bereich der Objekterkennung bietet.

Den Qphoto-Sofort-Upload verwenden

Über die Smartphone-App Qphoto, die wir Ihnen in Abschnitt 5.3, »Mobile Apps«, vorstellen, können Sie Fotos direkt nach dem Aufnehmen auf Ihr NAS hochladen. Dafür ist nur eine Internetverbindung zu Ihrer Photo Station notwendig. Auf diese Weise können Sie Fotos bequem direkt von unterwegs auf dem eigenen NAS sichern.

11.5 Music Station

Wenn Sie auf Ihrem Desktop-Computer eine Musiksammlung in Dateiform pflegen, könnte die Music Station für Sie interessant sein. Diese Anwendung verwaltet eine Musiksammlung und kann die Musik im Browser abspielen. Zusätzlich gibt es passende Apps für Mobilgeräte, mit denen Sie auch von unterwegs auf Ihre Musik zugreifen können. Gegenüber einer simplen Dateifreigabe erweitert dies den Funktionsumfang beachtlich. Zwar kann man auch mit dem UPnP-Medienserver bequem auf seine Musik zugreifen, dies funktioniert allerdings nicht (zumindest nicht ohne größere Basteleien) von unterwegs.

Die Music Station bietet umfangreiche Bibliotheksfunktionen und kann auch mit Wiedergabelisten umgehen. Sie bezieht Informationen zu den Musikstücken aus den Datei-Tags und nutzt diese zum Aufbau der Bibliothek.

11.5.1 Installation und Konfiguration

Die Installation der Music Station kann einfach über das App Center erfolgen. Sie finden das Programm dort in der Kategorie Unterhaltung. Ein Klick auf die Schaltfläche INSTALLIEREN richtet das Programm automatisch auf Ihrem NAS ein. In der Multimedia Console finden Sie auf der Registerkarte MULTIMEDIA APP SUITE auch eine Verknüpfung, die Sie direkt zur Music Station im App Center führt.

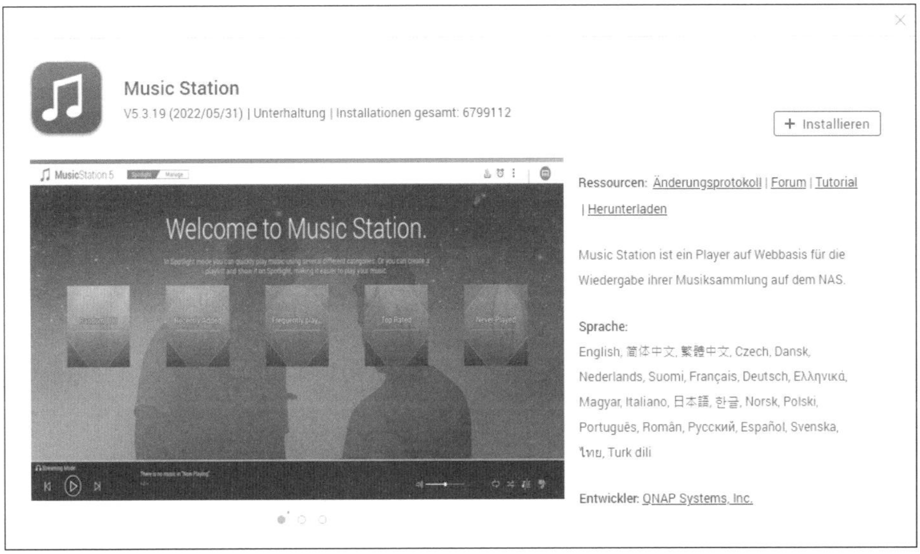

Abbildung 11.49 Die Music Station kann über das App Center installiert werden. Das Programm ist in der Kategorie Unterhaltung gelistet.

Nach der Installation sollten Sie für Ihren Nutzerkreis die Zugangsberechtigungen festlegen. Hierfür gibt es zwei Möglichkeiten: Zum einen können Sie in der Systemsteuerung in der Gruppe RECHTE die Registerkarte BENUTZER öffnen. Dort finden Sie alle lokalen Benutzer aufgelistet. Rechts in der Tabelle finden Sie das Symbol . Hierüber gelangen Sie zu den Anwendungsberechtigungen für das jeweilige Nutzerkonto und können festlegen, ob der Nutzer die Music Station nutzen kann oder nicht (siehe Abbildung 11.50).

Diese Art der Rechtevergabe ist jedoch etwas mühsam, weil Sie für jeden Nutzer einzeln das Berechtigungsfenster öffnen müssen. Einfacher kommen Sie mit der Rechtesteuerung der Multimedia Console zum Ziel.

1. Öffnen Sie dort die Registerkarte MULTIMEDIA APP SUITE. Sie finden dort ein Symbol für die Music Station.
2. Sobald das Programm installiert ist, gibt es eine Schaltfläche namens BERECHTIGUNGEN.

3. Wenn Sie darauf klicken, öffnet sich ein Dialog, mit dem Sie die Zugangsberechtigung für die Music Station für alle Nutzer festlegen können – und zwar sowohl für lokale Nutzerkonten als auch für Domänenmitglieder. Sie haben hier sogar die Wahl, ob Sie die Nutzung zunächst für alle Nutzer erlauben und sie dann nur für einzelne Nutzer verbieten möchten oder ob Sie den umgekehrten Weg gehen möchten.

Abbildung 11.50 Das Fenster »Anwendungsberechtigung bearbeiten« legt für jeden Nutzer fest, welche Anwendungen dieser benutzen darf.

Wählen Sie auch aus, ob Sie lokalen Nutzerkonten oder Domänenmitgliedern Berechtigungen erteilen möchten. Links in der Tabelle sehen Sie die verfügbaren Benutzer, die Sie mit der Schaltfläche HINZUFÜGEN für die jeweilige Berechtigung auswählen können (siehe Abbildung 11.51).

Über das Auswahlfeld BERECHTIGUNGEN ganz oben im Fenster lässt sich die Music Station auch pauschal allen Nutzern zugänglich machen (oder mit der verbliebenen Option effektiv nur Administratoren).

Zusätzlich zu der pauschalen Nutzungsberechtigung können Sie innerhalb der Music Station für jeden Benutzer weitere Funktionen freischalten oder blockieren.

Wenn Sie das Programm über das Hauptmenü eines Administratorkontos öffnen, sehen Sie zunächst die sogenannte Spotlight-Ansicht, die einige vorgefertigte und automatisch befüllte Wiedergabelisten beinhaltet (siehe Abbildung 11.52).

Abbildung 11.51 Legen Sie fest, welcher Nutzer die Music Station verwenden darf.

Gegenwärtig sind diese noch ohne Funktion, da Sie ja noch keine Musik mit der Music Station verknüpft haben. Oben rechts im Programm sehen Sie eine Schaltfläche mit drei Punkten. Darüber gelangen Sie zum Einstellungsdialog der Music Station.

Abbildung 11.52 Der Spotlight-Modus bietet schnellen Zugriff auf die Musiksammlung über vorgefertigte und individuell erstellte Wiedergabelisten.

Auf der Registerkarte ZUGRIFFSBERECHTIGUNGEN (siehe Abbildung 11.53) können Sie für jeden Nutzer der Music Station zusätzliche Funktionen erlauben oder verbieten. Sie können beispielsweise festlegen, ob ein Nutzer Musik über einen Medienserver beziehen darf oder ob ihm die Bluetooth-Funktionen sowie der Netzwerk-Medienplayer zur Verfügung stehen.

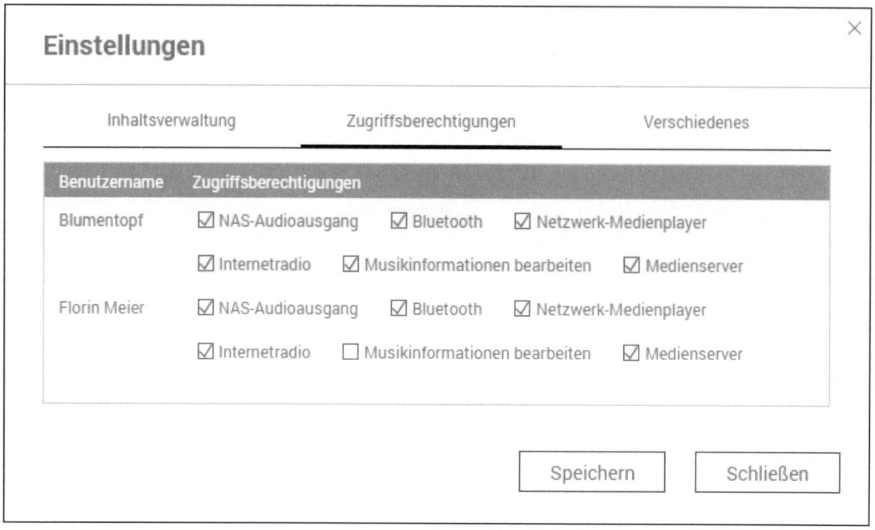

Abbildung 11.53 Für jeden Benutzer der Music Station können weitere individuelle Berechtigungen konfiguriert werden.

Beachten Sie auch die Berechtigung MUSIKINFORMATIONEN BEARBEITEN. Bei der Nutzung der Music Station ist es wichtig, dass die notwendigen Metadaten korrekt hinterlegt sind. Diese können auf Wunsch durch die Nutzer verändert werden. Mit dieser Berechtigung steuern Sie, ob ein Nutzer den Metadatenbestand anpassen darf.

Viel mehr gibt es für den grundlegenden Betrieb nicht einzustellen. Als Nächstes müssen Sie Ihre Musiksammlung mit der Music Station verknüpfen. Die übrigen Optionen des Einstellungsmenüs kümmern sich genau um diese Aufgabe, die wir Ihnen nachfolgend beschreiben.

11.5.2 Musik vorbereiten, hochladen und mit der Music Station verknüpfen

Damit die Music Station nicht nur einzelne Musikdateien abspielen, sondern Ihre Musiksammlung auch verwalten kann, muss die Anwendung über den Inhalt der Dateien Bescheid wissen.

Das Pendant für Videodateien, die Video Station, kann Informationen zu Videodateien aus dem Internet herunterladen und zu einem Film etwa eine Liste der Schauspieler anzeigen – darum geht es in Abschnitt 11.6.2, »Videos vorbereiten, hochladen und verknüpfen«. Die Music Station beherrscht so etwas nicht. Sie ist darauf angewiesen, dass Informationen zu den Musikstücken in den Dateien selbst enthalten sind. Angaben etwa zu den Künstlern oder den Albentiteln, die man auch als Metadaten bezeichnet, müssen in den sogenannten Datei-Tags abgelegt sein, wie man sie als ID3-Tags etwa von MP3-Dateien kennt.

Die Music Station nutzt diese Informationen für die Anzeige von Albeninhalten in der Bibliothek und auch zur automatisierten Erstellung von Wiedergabelisten. Ebenso stützt sich die Suchfunktion auf diesen Datenbestand. Wenn Sie solche Informationen bisher noch nicht in Ihren Musikdateien abgespeichert haben, werden Sie mit der Music Station nicht viel Freude haben.

Musik-Tags hinzufügen

Bei gekauften Musikstücken von Musikhändlern aus dem Internet sind die Metadaten meist vollständig hinterlegt. Wenn man seine CD-Sammlung am Computer ausliest und sie etwa als MP3-Datei abspeichert, können geeignete Programme wie beispielsweise Exact Audio Copy (kurz EAC) Metadaten aus frei zugänglichen Datenbanken im Internet beziehen und sie in die Datei-Tags abspeichern. Das Programm erkennt eine CD anhand der gespeicherten Musik und kann für jede CD eine individuelle ID erstellen. So lässt sich der korrekte Datenbestand abrufen. Da die Music Station keinen Zugriff auf die Rohdaten einer CD hat, gelingt ihr dies nicht. Wenn Ihre Musiksammlung schon fertige Dateien ohne Metadaten hat, kann ein Programm wie MusicBrainz Picard weiterhelfen: *https://picard.musicbrainz.org/*

Es versucht, Metadaten aus dem Internet richtig zuzuordnen, und schafft dies mit einer erfreulich hohen Erfolgsquote. Ansonsten gibt es jederzeit den (bisweilen mühseligen) manuellen Weg. Programme wie etwa mp3tag erlauben eine manuelle Dateneingabe: *https://www.mp3tag.de/*

Achten Sie darauf, dass Sie auch das Datenfeld für den *Albuminterpreten* mit Inhalt füllen. Dieses Feld wird oft leer gelassen, aber die Music Station liest die Informationen aus und verwendet sie hauptsächlich zur Kategorisierung Ihrer Sammlung nach Alben.

Wie Sie die Dateien auf dem Datenträger des Geräts organisieren, ist zweitrangig. Sie können hier eine persönliche Sortierung verwenden und die Musik beispielsweise nach Genre vorsortieren und für jeden Künstler einen eigenen Unterordner nutzen. Häufig wird dann für jedes Album ein weiteres Unterverzeichnis verwendet, das den jeweiligen Albennamen trägt. Wesentlich wichtiger sind aber wie erwähnt die Metadaten in den Datei-Tags, da sich die Music Station nicht um Datei- oder Verzeichnisnamen kümmert.

Wenn Sie Ihre Musiksammlung zusammengestellt haben, legen Sie diese auf Ihrem NAS in einem Freigabeordner Ihrer Wahl ab. Diesen müssen Sie nun mit der Music Station verknüpfen. Nur dann werden die enthaltenen Musikstücke über die Music Station abspielbar sein. Musikdateien in einem Freigabeordner, der nicht mit der Music Station verknüpft ist, werden vom Programm ignoriert.

Sie können die Freigabeordner mit Ihrer Musiksammlung direkt in der Music Station verknüpfen. Öffnen Sie das Menü mit den drei Punkten und darüber wie zuvor gezeigt den Einstellungsdialog. Die Verknüpfung nehmen Sie auf der Registerkarte INHALTSVERWALTUNG vor. Klicken Sie dort auf die Schaltfläche MUSIKORDNER ZUFÜGEN, und wählen Sie im Auswahldialog den gewünschten Ordner (siehe Abbildung 11.54).

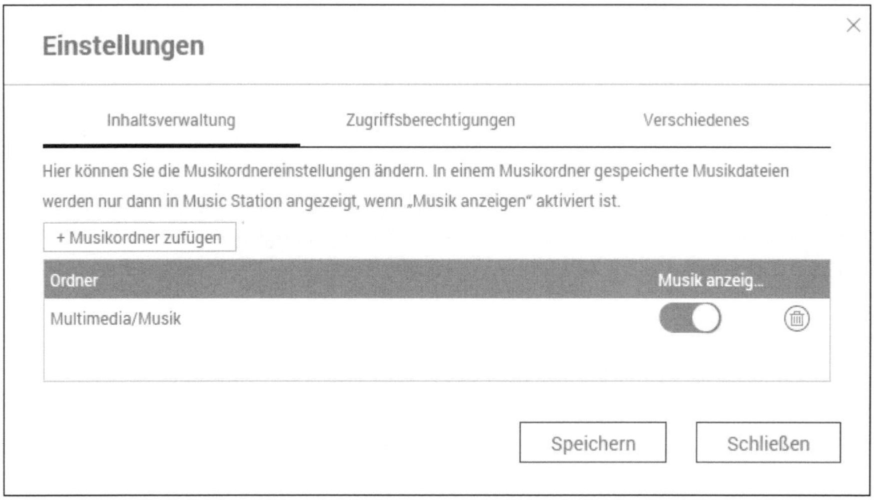

Abbildung 11.54 Ein Administrator kann beliebige Freigabeordner zur Music Station hinzufügen. Jeder Nutzer entscheidet individuell, welche Ordner er davon hören möchte.

Als Administrator angemeldet, können Sie beliebige Freigabeordner verknüpfen. Diese werden dann allen Nutzern in der Music Station angezeigt. Beachten Sie unbedingt den Schalter MUSIK ANZEIGEN. Diesen kann jeder Nutzer individuell schalten. Sie können also als Administrator zunächst beispielsweise die gesamte Musiksammlung der Familie mit der Music Station verknüpfen. Anschließend kann jeder Nutzer auswählen, welche der vom Administrator verknüpften Order er in seiner persönlichen Music Station verwenden möchte.

Zusätzlich kann jeder Nutzer Verzeichnisse unterhalb seines persönlichen Home-Ordners zu »seiner« Music Station hinzufügen. Diese Musikdateien werden dann nur in der Music Station des jeweiligen Nutzers verfügbar sein. Auf diese Weise kann man mit der Music Station individuelle Musikbibliotheken verwalten. Welche Möglichkeiten Sie nun nutzen, bleibt Ihnen überlassen. Wenn Ihr Nutzerkreis überhaupt nicht denselben Musikgeschmack teilt, könnte es besser sein, komplett auf individuelle Bibliotheken zu setzen und vom Administrator keinerlei gemeinsame Freigabeordner zu verknüpfen. Wenn sich die Interessen überschneiden, kann das auch anders gehandhabt werden.

Auf der Registerkarte VERSCHIEDENES können Sie übrigens ein Standardverzeichnis definieren, in dem Musiktitel abgespeichert werden, die über die Music Station hochgeladen wurden. Hier können Sie unter den verknüpften gemeinsam genutzten Freigabeordnern auswählen.

Die mit der Music Station verknüpften Verzeichnisse lassen sich auch über die Multimedia Console verwalten (siehe Abbildung 11.55). Bei einer umfangreichen Nutzergemeinschaft kann dieser Weg für den Administrator einfacher sein, weil man hier einen guten Überblick über alle verknüpften Verzeichnisse hat. Auch Verknüpfungen der individuellen Home-Verzeichnisse sind hier sichtbar.

Abbildung 11.55 Alternativ können Sie auch die Multimedia Console nutzen, um Musikordner zur Music Station hinzuzufügen.

Nachdem Sie die Musik mit der Music Station verknüpft haben, wird sich der Indizierungsdienst mit den Dateien auseinandersetzen und die Metadaten auslesen. Je nach Umfang Ihrer Sammlung kann dies mehrere Minuten dauern. Danach ist die Music Station betriebsbereit.

11.5.3 Musik wiedergeben

Die Music Station hat für den Alltagsbetrieb zwei verschiedene Modi mit den Bezeichnungen SPOTLIGHT und VERWALTEN, die Sie oben nahe des Fensterrandes umschalten können. Der Spotlight-Modus dient zum raschen Musikhören. Im Grundzustand haben Sie hier Zugriff auf einige automatisch befüllte Wiedergabelisten.

Die Schaltfläche ZUFÄLLIG 100 generiert beispielsweise eine Wiedergabeliste mit 100 zufällig ausgewählten Musikstücken aus Ihrer gesamten Sammlung. Beim Hovern mit dem Mauszeiger können Sie auswählen, ob Sie nur eine Wiedergabeliste generieren oder die Wiedergabe auch gleich starten möchten. Die Liste wird Ihnen direkt im Hauptfenster angezeigt (siehe Abbildung 11.56).

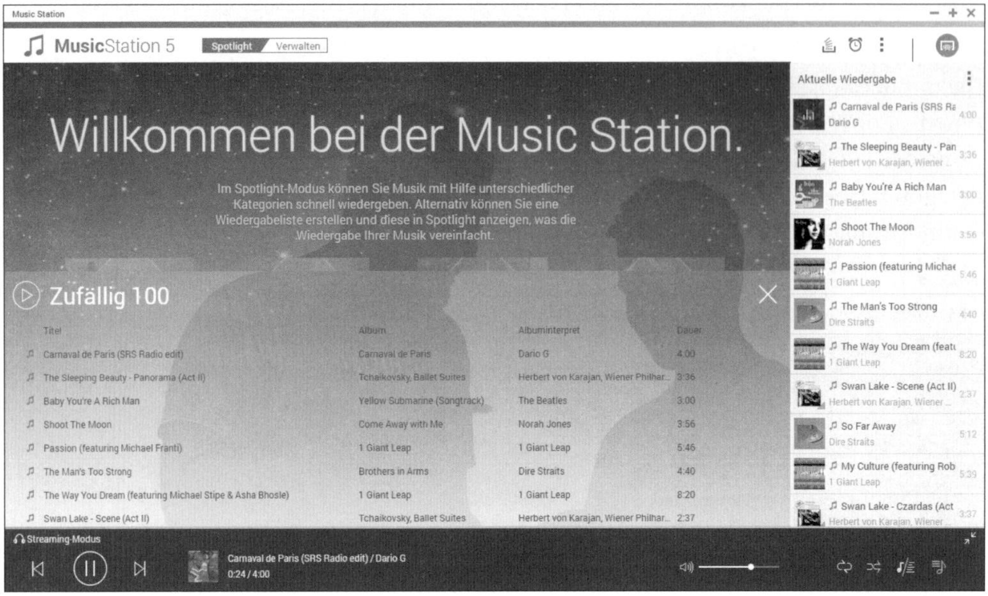

Abbildung 11.56 Während der Wiedergabe bietet die Symbolleiste am unteren Bildschirmrand die üblichen Funktionen eines Musikplayers.

Sie können darin auch navigieren und beispielsweise per Doppelklick zu einem bestimmten Musiktitel springen. Am rechten Fensterrand sehen Sie die aktuelle Wiedergabeliste ein weiteres Mal. Diese Leiste ist dann nützlich, wenn Sie ein Album oder eine eigene Auswahl abspielen. Über die Schaltfläche mit den drei Punkten oben rechts können Sie die Wiedergabeliste leeren. Insgesamt ist die Liste mit 100 automatisch ausgewählten Einträgen im Alltag praktisch, solange Sie keine Hörbücher oder Hörspiele in Ihrer Sammlung haben, da ansonsten möglicherweise auch einzelne Kapitel davon ohne Zusammenhang in der Wiedergabeliste auftauchen.

Mit den übrigen Schaltflächen im Hauptbereich lassen Sie Listen mit den kürzlich hinzugefügten Titeln bzw. mit den am häufigsten abgespielten Titeln erstellen. Sie können ebenso eine Wiedergabe der am besten bewerteten Musikstücke starten – oder jene Titel abspielen, die Sie noch nie zuvor angehört haben. Auf Wunsch können Sie sich auf der Spotlight-Seite auch eigene Wiedergabelisten anzeigen lassen.

Während der Wiedergabe sehen Sie am unteren Fensterrand eine Symbolleiste mit den üblichen Funktionen eines Musikplayers. Sie können zum nächsten Titel springen, die Lautstärke verändern oder eine Zufallswiedergabe starten. Auch Liedtexte lassen sich einblenden (sofern sie in den Metadaten verfügbar sind). Die am rechten Rand angezeigte Wiedergabeliste kann ausgeblendet werden.

Mit der Doppelpfeilschaltfläche lässt sich die Music Station zu einem Miniplayer reduzieren und nimmt fortan nur noch wenig Bildschirmplatz ein. Die Anwendung bleibt jedoch nicht dauerhaft im Vordergrund.

Der zweite Modus der Music Station mit dem Namen VERWALTEN bietet deutlich mehr Funktionen (siehe Abbildung 11.57). Lassen Sie sich nicht vom Namen täuschen, der Modus dient sehr wohl auch zum Musikhören.

Oben links können Sie sich mit den vier großen runden Schaltflächen Ihre Musikbibliothek sortiert nach einzelnen Liedern, nach den Künstlern, den Alben oder nach dem Genre anzeigen lassen. Sie sehen dann jeweils eine Tabelle mit den Ergebnissen, die Sie über die Schaltflächen in der oberen Symbolleiste anpassen können. Hier werden Ihnen je nach Ansicht sogar zusätzliche Inhalte angezeigt, welche die Music Station aus dem Internet lädt und damit die Metadaten aus den Datei-Tags ergänzt. Wenn Sie etwa die Künstlerliste betrachten und die Ansicht auf große Icons umschalten, sehen Sie Fotos der Künstler, die aus dem Internet geladen wurden. Sie können sich in der Tabelle über verschiedene Ebenen bis zu einzelnen Titeln hangeln und diese beispielsweise per Doppelklick unmittelbar wiedergeben.

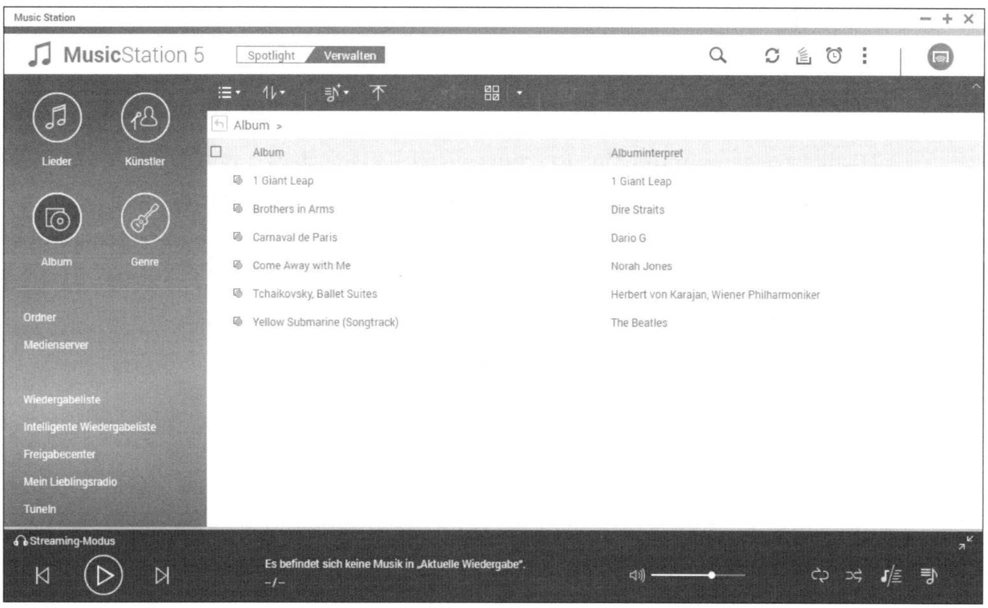

Abbildung 11.57 Die vier großen Schaltflächen oben links bieten im Modus »Verwalten« Zugriff auf Ihre Musiksammlung.

Wer sich nicht auf diese Weise durch die Bibliothek hangeln möchte, der kann ganz oben im Fenster der Music Station die Suchfunktion nutzen, die wir im übernächsten Abschnitt beschreiben.

In der Liste ganz links können Sie Ihre Musiksammlung auch auf Dateiebene betrachten. Sie sehen dort die Verzeichnisstruktur, so wie sie auf den Festplatten des Geräts abgespeichert ist. Sie können auch hier einzelne Titel direkt per Doppelklick wiedergeben.

11.5.4 Mit Wiedergabelisten arbeiten

Wenn man mit der Music Station jedes Mal, wenn man Musik hören möchte, einen Titel per Hand suchen müsste, dann würde das Programm nicht so richtig Spaß machen. Zum Glück gibt es Wiedergabelisten, mit denen Sie sich Listen Ihrer Lieblingsmusik zusammenstellen können und die sich unkompliziert per Mausklick abspielen lassen.

Es gibt zwei verschiedene Arten von Wiedergabelisten: statische und dynamische Wiedergabelisten.

- Statische Wiedergabelisten werden von Ihnen manuell mit einem Inhalt gefüllt, der sich nicht automatisch verändert. Zwar können Sie Wiedergabelisten jederzeit verändern, müssen dies aber jedes Mal selbst ausführen.
- Dynamische Wiedergabelisten werden von der Music Station automatisch anhand eines Regelwerks angelegt. Sie ändern ihren Inhalt, wenn sich der Inhalt Ihrer Musikbibliothek ändert.

  Beispielsweise könnten Sie eine dynamische Wiedergabeliste mit Musik der Dire Straits erstellen. Der Inhalt der Liste wird automatisch angepasst, wenn Sie ein weiteres Album der Dire Straits zu Ihrer Sammlung hinzufügen.

Statische Wiedergabelisten heißen in der Music Station schlicht *Wiedergabeliste*. Wiedergabelisten dynamischer Natur werden *intelligente Wiedergabeliste* genannt. Daran ist zwar nicht wirklich eine Intelligenz beteiligt, aber das wollen wir an dieser Stelle nicht so kleinlich sehen.

Wenn Sie eine normale Wiedergabeliste erstellen möchten, aktivieren Sie zuerst den Modus Verwalten (siehe Abbildung 11.58).

1. Klicken Sie dann links in der Funktionsleiste auf Wiedergabeliste.
2. Oben in der Symbolleiste bietet die Schaltfläche Wiedergabeliste hinzufügen mit dem Eintrag Eine Wiedergabeliste erstellen die gewünschte Funktion.
3. In einem neuen Fenster geben Sie der Wiedergabeliste einen Namen. Sie können diese Wiedergabeliste nur für den eigenen Gebrauch nutzen oder alternativ auch anderen Nutzern der Music Station zur Verfügung stellen. Wenn Sie dies möchten, aktivieren Sie das Kontrollkästchen Für NAS-Benutzer freigeben.
4. Sie können einstellen, ob die Liste auch durch andere Benutzer verändert werden darf. Beachten Sie auch das Kontrollkästchen Diese Wiedergabeliste auf der

SPOTLIGHT-SEITE ANZEIGEN. Wenn Sie es aktivieren, wird diese Wiedergabeliste als Kachel im Spotlight-Modus des Programms angezeigt und lässt sich somit sehr schnell abspielen.

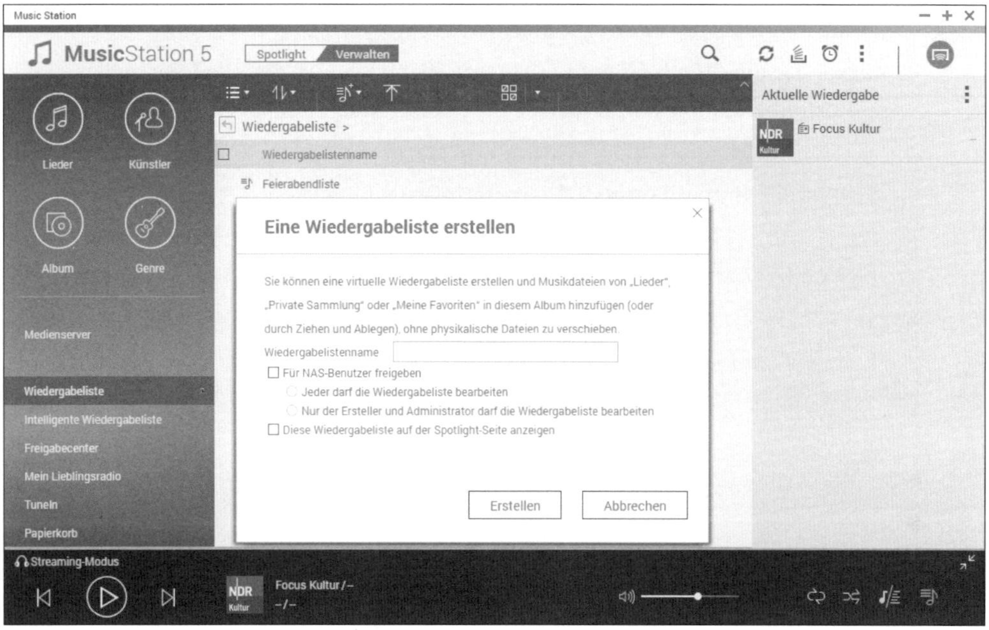

Abbildung 11.58 Wiedergabelisten können nur für den persönlichen Gebrauch erstellt oder mit anderen Benutzern der Music Station gemeinsam genutzt werden.

Nach dem Erstellen der Liste taucht diese in der tabellarischen Ansicht auf. Spätestens wenn Sie den Listennamen doppelt anklicken, wird er auch links unter der Rubrik WIEDERGABELISTE geführt. Nun können Sie in der Music Station zu den gewünschten Musiktiteln navigieren und beispielsweise eine der vier runden Schaltflächen nutzen. Ziehen Sie dann einfach die gewünschten Musiktitel mit der Maus aus der tabellarischen Ansicht auf den Eintrag Ihrer Wiedergabeliste in der linken Leiste. Auf diese Weise werden Titel zur Wiedergabeliste hinzugefügt.

Auch eine intelligente Wiedergabeliste lässt sich recht einfach einrichten. Das können Sie sowohl unter dem Punkt WIEDERGABELISTE als auch unter dem Punkt INTELLIGENTE WIEDERGABELISTE tun (siehe Abbildung 11.59).

1. Klicken Sie oben in der Symbolleiste auf die Schaltfläche WIEDERGABELISTE HINZUFÜGEN, und wählen Sie den Eintrag EINE INTELLIGENTE WIEDERGABELISTE ERSTELLEN.
2. Im neuen Fenster geben Sie der Liste zunächst einen passenden Namen. Wie bei einer normalen Liste können Sie festlegen, ob andere Nutzer an der Liste partizipieren können und ob sie auf der Spotlight-Seite angezeigt werden soll.

3. Anschließend müssen Sie mindestens einen Suchbegriff in eines der Eingabefelder einfügen. Sie können beispielsweise alle Titel eines bestimmten Künstlers anzeigen lassen. Es sind aber auch weitere Modifikatoren möglich. Eine intelligente Wiedergabeliste könnte auch lediglich die Titel eines bestimmten Künstlers umfassen, die ab einem bestimmten Jahr erschienen sind.
4. Klicken Sie abschließend auf ERSTELLEN. Wenn Sie nun die Wiedergabeliste in der Leiste doppelt anklicken, sehen Sie die enthaltenen Titel.

Abbildung 11.59 Eine intelligente Wiedergabeliste stellt Musik anhand diverser Kriterien zusammen, die Sie selbst festlegen.

11.5.5 Die Suche verwenden

Wer sich nicht mühsam durch lange Listen von Künstlern, Alben und Titeln hangeln möchte, bis er seine Lieblingsmusik gefunden hat, der wird vielleicht an der Suchfunktion der Music Station Gefallen finden. Die Suchfunktion erreichen Sie über das Lupen-Symbol in der obersten Symbolleiste. Ihnen werden mehrere Eingabefelder angezeigt, über die sich Musikstücke finden lassen (siehe Abbildung 11.60). Sie können davon eines oder mehrere ausfüllen. Es genügt, wenn Sie Teile eines Suchbegriffs eingeben. Beispielsweise finden Sie über »beat« die Titel der Beatles.

Wenn Sie auf SUCHE klicken, werden Ihnen die Ergebnisse der Suche angezeigt, und Sie können unkompliziert die Wiedergabe starten. Auf Wunsch können Sie aus der Suche auch gleich eine intelligente Wiedergabeliste erstellen lassen. Diese passt ihren Inhalt an, wenn sich Änderungen in Ihrer Musikbibliothek ergeben.

Abbildung 11.60 Füllen Sie eines oder mehrere der Eingabefelder mit einem Suchbegriff. Dafür genügen auch schon Wortbestandteile.

11.5.6 Internetradio hören

Mit der Music Station können Sie auch Internetradiosender hören. Dabei können Sie das Verzeichnis von TuneIn nutzen, das direkt über die Music Station abgerufen werden kann, oder aber die Adresse eines Radiosenders manuell eingeben.

Möchten Sie im Verzeichnis von TuneIn stöbern, klicken Sie einfach auf den gleichnamigen Eintrag links in der Funktionsleiste, wenn Sie den Modus VERWALTEN nutzen. Sie sehen verschiedene Kategorien von Radiosendern und können etwa über die Kategorie LOCAL RADIO bekannte deutschsprachige Sender abrufen (siehe Abbildung 11.61).

Ein Doppelklick startet die Wiedergabe. Der aktuell gespielte Musiktitel wird bei den meisten Sendern unten in der Leiste mit den Steuerelementen angezeigt. Andere Kategorien erlauben etwa das Durchsuchen nach einem bestimmten Genre. Auch Podcasts lassen sich abspielen.

Wenn Sie bei einem Sender mit einem Klick auf die rechte Maustaste das Kontextmenü aufrufen, haben Sie die Möglichkeit, den Sender als Lieblingssender zu Ihrer Favoritenliste hinzuzufügen. Diese Liste sehen Sie, wenn Sie links auf den Eintrag MEIN LIEBLINGSRADIO klicken. In dieser Ansicht können Sie in der oberen Symbolleiste über die Funktion EIN INTERNETRADIO HINZUFÜGEN auch solche Sender hören, von denen Sie die Adresse kennen. Geben Sie einfach die erforderlichen Daten in die Eingabefelder des entsprechenden Fensters ein. Selbst hinzugefügte Sender lassen sich ebenfalls per Doppelklick wiedergeben (siehe Abbildung 11.62).

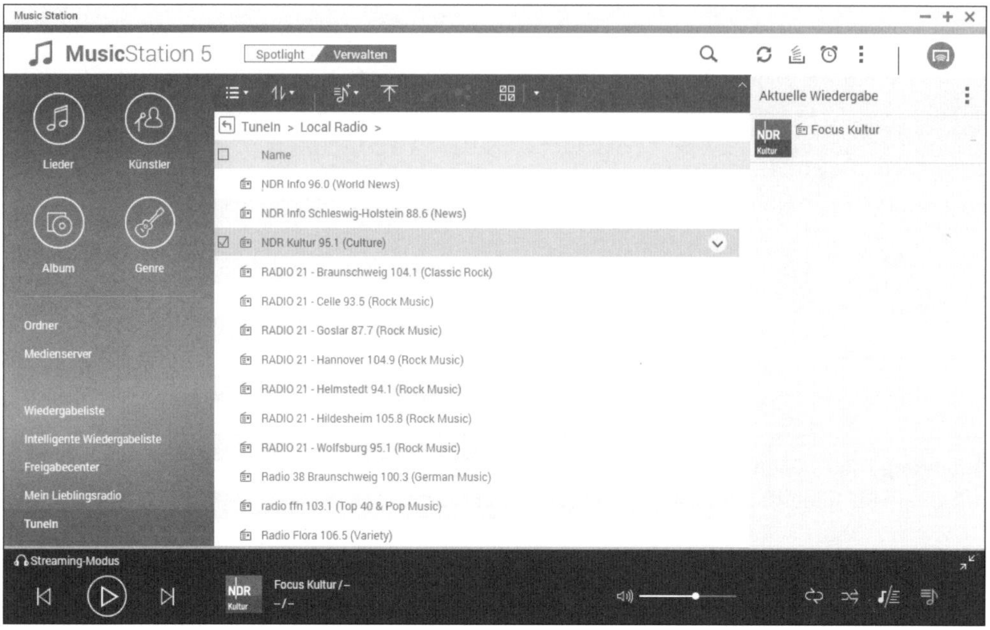

Abbildung 11.61 Mit der Music Station können Sie auch Internetradio hören. Das Programm bietet Zugriff auf die Senderliste von TuneIn.

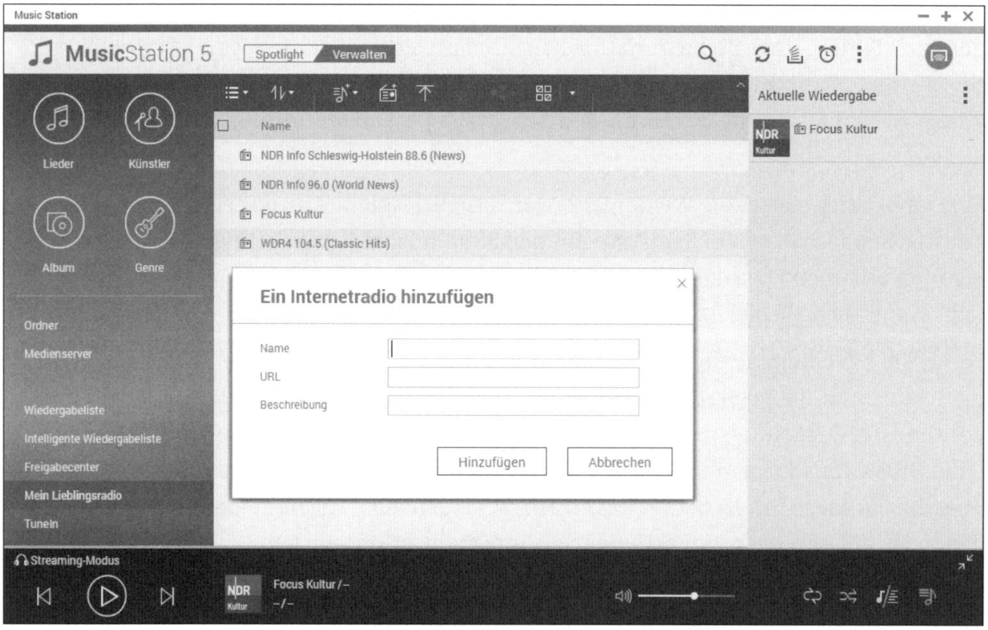

Abbildung 11.62 Auch Internetradiostationen außerhalb von TuneIn lassen sich zur Music Station hinzufügen.

11.5.7 Musik mit anderen Personen teilen

Sie können einzelne Musikstücke, Wiedergabelisten und ganze Alben mit anderen Personen teilen. Dabei stehen die üblichen Methoden zur Verfügung, die Sie schon bei der Photo Station in Abschnitt 11.4.4, »Fotos mit anderen Personen teilen«, kennengelernt haben. Sie können Musikstücke per E-Mail teilen, auf sozialen Netzwerken posten oder über einen Link teilen, den Sie selbst an den Empfänger weiterleiten.

Wenn Sie eine Musikauswahl teilen möchten, markieren Sie zunächst im Hauptfenster der Music Station das gewünschte Element und klicken dann in der Symbolleiste auf das Icon . Im Dropdown-Menü haben Sie die Möglichkeit, Ihre Auswahl per E-Mail zu teilen. Dann erscheint das bekannte Fenster, in dem Sie die Absenderadresse auswählen können und die Empfängeradressen eintragen (siehe Abbildung 11.63).

Abbildung 11.63 Sie können einen Freigabelink erstellen, den Sie an den gewünschten Empfänger weiterleiten.

Denken Sie auch daran, dass Sie oben der Freigabe einen eindeutigen Namen geben können, was hilfreich ist, wenn Sie die Freigabe später den betreffenden Musikstücken zuordnen möchten. Sie können die Freigabe mit einem Passwort schützen. Über die erweiterten Einstellungen können Sie den Inhalt der Nachricht anpassen, eine verschlüsselte Übertragung der Musikdateien aktivieren und die IP-Adresse des NAS auswählen, mit dem der Link erstellt wird.

Hier haben Sie wieder die Wahl zwischen der internen und externen IP-Adresse. Falls Sie die in Kapitel 4, »Über das Internet auf das NAS zugreifen«, genutzte Funktion myQNAPcloud einsetzen, können Sie den Link auch mit der DDNS-Adresse von QNAP oder dem SmartShare-Link erzeugen lassen. Letzterer nutzt Relay-Server von QNAP und erspart das Anlegen von Portfreigaben im Router. Das NAS wird durch QNAP-Server angesprochen und muss selbst nicht direkt über das Internet erreichbar sein. Auf Wunsch können Sie es den Empfängern auch gestatten, die Musikstücke auf den eigenen Rechner herunterzuladen.

Mit der zweiten Möglichkeit der Dateifreigabe teilen Sie die Musikdateien über ein soziales Netzwerk. Wie bei der Photo Station stehen diverse Netzwerke zur Verfügung. Wer lieber einen Link erhalten möchte, den man über verschiedene Wege weiterverteilen kann, der entscheidet sich für die dritte Option. Auch hier gibt es wieder die bekannten Möglichkeiten: Man kann die IP-Adresse des NAS auswählen, die Freigabe mit einem Kennwort schützen, den Datentransfer verschlüsseln und ein Ablaufdatum für die Gültigkeit des Links setzen. Die Freigabe verwendet den Standardport, den auch das Webinterface des QTS-Betriebssystems verwendet.

Über alle Freigaben erteilt das Freigabecenter der Music Station Auskunft. Sie können es über den gleichnamigen Listenpunkt links im Programmfenster aufrufen. Dort sehen Sie den Umfang der Freigabe (also wie viele Musikstücke geteilt werden) und können auch den Freigabelink erneut anzeigen.

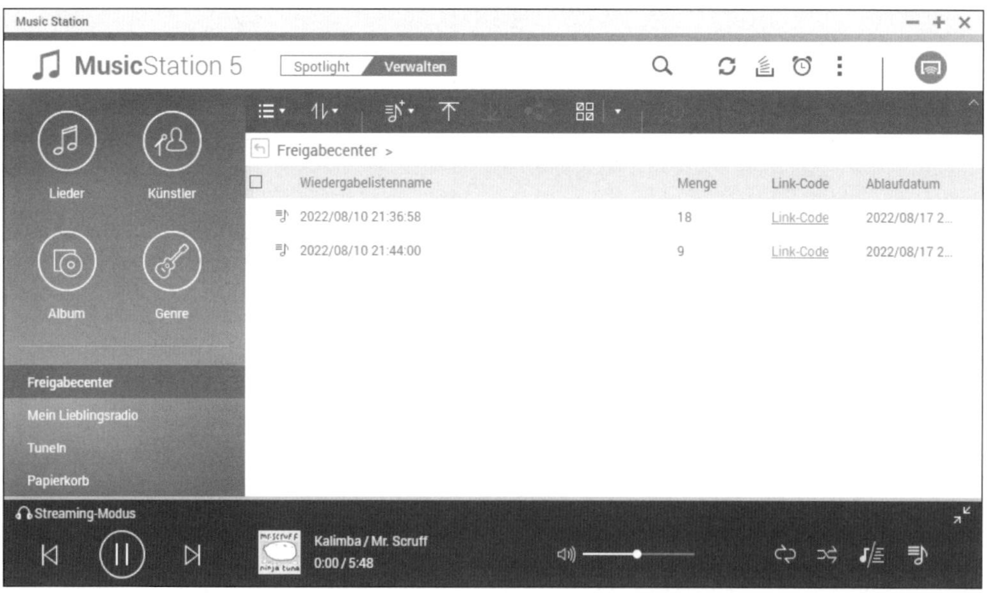

Abbildung 11.64 Das Freigabecenter informiert über alle angelegten Freigaben.

Die Freigaben werden unter der Bezeichnung geführt, die bei der Erstellung vergeben wurde. Dies ist eine Kombination aus dem Datum und der Uhrzeit, was bei der Zuordnung nicht immer weiterhilft. Daher ist es eine gute Idee, beim Anlegen der Freigabe eine eindeutige Bezeichnung einzutragen. Ein Doppelklick auf eine Freigabe zeigt aber auch im Freigabecenter die enthaltenen Titel an.

11.5.8 Die Streaming-Funktionen nutzen

Die Music Station kann Musik auch auf Endgeräte streamen sowie Musik von einem DLNA-/UPnP-kompatiblen Medienserver abrufen. Oben rechts in der Music Station sehen Sie ein buntes rundes Icon, hinter dem sich die Streaming-Funktionen des Programms verstecken (siehe Abbildung 11.65).

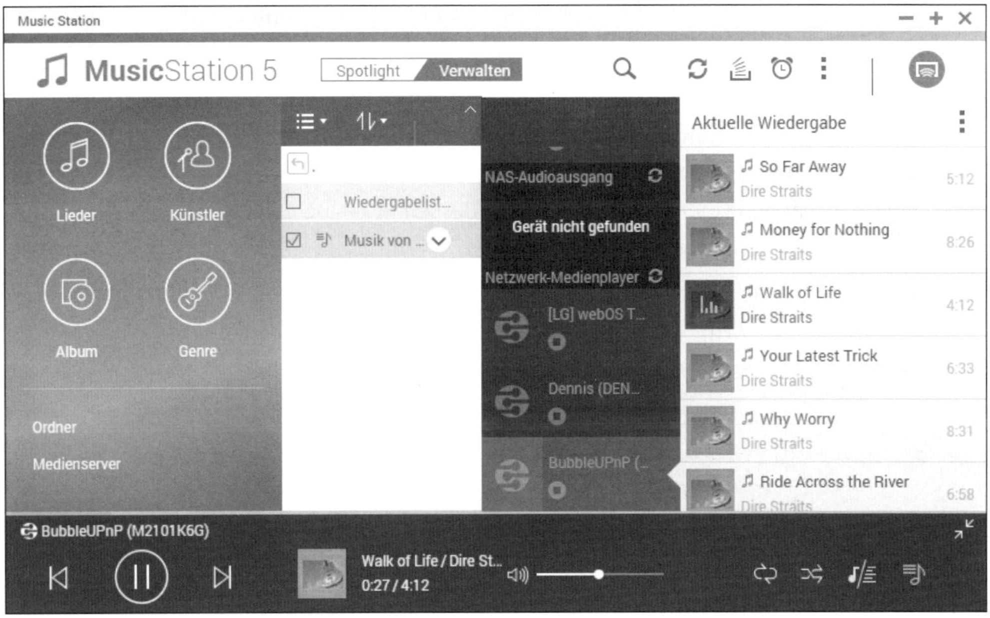

Abbildung 11.65 Die Music Station kann Musik auf UPnP-Wiedergabegeräte streamen und dabei für jedes Gerät eine eigene Wiedergabeliste nutzen.

Wenn Sie es anklicken, sehen Sie in einer Liste die Geräte, auf die die Music Station Musik streamen kann, dazu zählen übrigens auch Chromecast-Geräte bzw. -Lautsprecher.

Die Music Station kann auf jedem dieser Geräte eine eigene Musikwiedergabe starten. Wenn Sie also derzeit bereits über den Browser Musik hören, wird diese Musik einfach weiterlaufen, wenn Sie das Streaming-Gerät wechseln. Lediglich die aktuelle Wiedergabeliste wird leer sein. Sie können dort eine eigene Musikauswahl hinzufügen und die Wiedergabe starten. Die Musikauswahl wird dann auf dem ausgewählten Streaming-Gerät wiedergegeben, während die ursprüngliche Musik nach wie vor im Browser abgespielt wird. Auf diese Weise können Sie mit einer Music Station auf mehreren Geräten unterschiedliche Musik abspielen – was etwa ideal für eine Familie ist, in der Eltern und Kinder einen unterschiedlichen Musikgeschmack haben (vorausgesetzt, die Wiedergabegeräte befinden sich in separaten Räumen ...).

Mit einem Wechsel des Wiedergabegeräts wechseln Sie auch den Inhalt der Wiedergabeliste sowie die Steuerelemente für die Wiedergabe. Wenn Ihr NAS auch einen Audioausgang hat, können Sie auch über diesen Musik wiedergeben. Probieren Sie diese praktischen Funktionen ruhig einmal aus, denn im Vergleich zur Wiedergabe von Musik im Browser eröffnen die Streaming-Funktionen doch sehr angenehme Möglichkeiten zum Musikhören. Denken Sie daran, dass Sie auch auf dem Smartphone Apps installieren können, die es zu einem Streaming-Gerät machen. Beispielsweise ist die bekannte App *BubbleUPnP* dazu in der Lage. Sie können dann von der Music Station Musik auf das Smartphone streamen (sofern Sie dort keine eigene App für die Music Station installieren möchten).

Die Music Station kann darüber hinaus auch Musik von UPnP-kompatiblen Medienservern beziehen. Falls Sie also in Ihrem lokalen Netzwerk noch einen anderen Streaming-Server betreiben, können Sie auch dessen Musikbestand mit der Music Station abspielen.

Wenn Sie im Modus VERWALTEN links auf den Eintrag MEDIENSERVER klicken, werden Ihnen alle verfügbaren Medienserver angezeigt (siehe Abbildung 11.66).

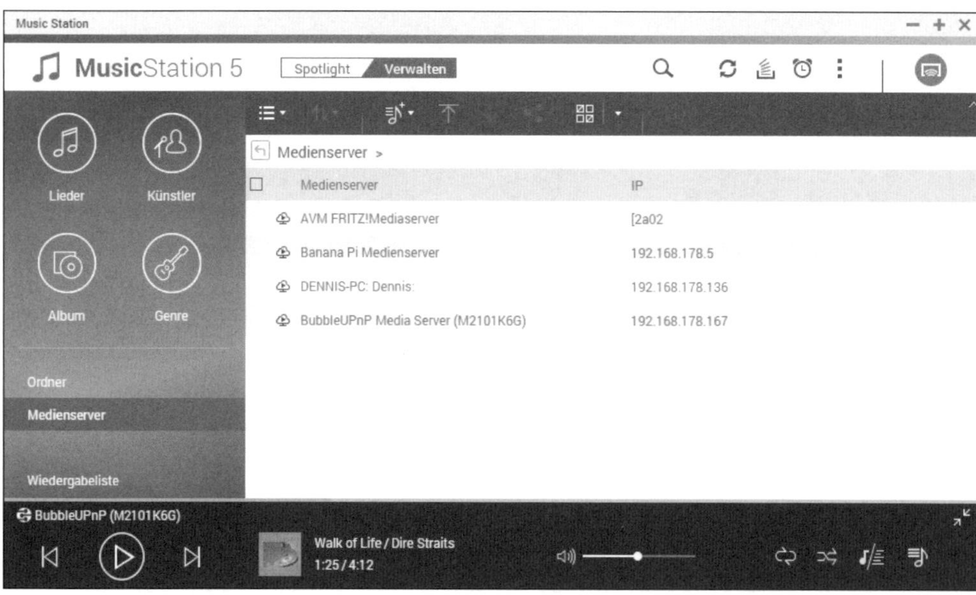

Abbildung 11.66 Die Music Station erlaubt auch das Abrufen von Musik von einem UPnP-kompatiblen Medienserver.

Sie können im rechten Teil des Programmfensters dann wie gewohnt im Medienbestand des Servers navigieren und einzelne Titel abspielen.

Mit der mobilen App Musik hören

Zur Music Station (wie überhaupt zu allen Multimediaanwendungen) gibt es auch Apps für die Verwendung auf Mobilgeräten wie Smartphones und Tablets. Damit können Sie von unterwegs oder aus dem Garten bequem auf Ihre Mediensammlung zugreifen und diese abspielen. Die Apps für die Nutzung mit Ihrem NAS stellen wir Ihnen gesammelt in Abschnitt 5.3, »Mobile Apps«, vor.

11.6 Video Station

In Zeiten boomender Streaming-Dienste pflegen nur noch wenige Nutzer eine eigene Videosammlung in Dateiform. Ihr NAS bietet mit der Video Station dennoch eine moderne und aktuelle Anwendung zur Verwaltung und Wiedergabe von Videos. Sie können Spielfilme und TV-Serien zum Programm hinzufügen.

Die Video Station erkennt die Inhalte anhand des Dateinamens und lädt von öffentlichen Datenbanken im Internet zusätzliche Informationen wie Inhaltsbeschreibungen, Coverfotos und Listen der Schauspieler. Diese Metadaten nutzt das Programm zum Aufbau einer Bibliothek, in der Sie nach Herzenslust stöbern und sich einen Film oder eine Serie für die Abendunterhaltung heraussuchen können.

Auch Privatvideos können mit dem Programm verwaltet werden; hierzu können selbstredend keine Metadaten aus dem Internet geladen werden. Zusätzlich ermöglicht es das Programm, Videos mit anderen Personen zu teilen oder sie auf Mobilgeräte zu streamen. Dabei ist auch eine Konvertierung in ein anderes Datenformat in Echtzeit möglich. Wer also regelmäßig Sendungen aus dem Fernsehen aufnimmt oder seine Filmsammlung in Dateiform vorliegen hat, der sollte sich die Video Station einmal ansehen, denn das Programm ist einfach zu bedienen und erleichtert den Umgang mit diversen Videodateien ungemein.

11.6.1 Installation und Konfiguration

Die Video Station kann wie fast jede andere Software-Komponente mit einem einzigen Mausklick im App Center installiert werden. Sie finden das Programm in der Kategorie Unterhaltung. Alternativ führt auch die Multimedia Console auf der Registerkarte MULTIMEDIA APP SUITE zum Ziel. Im App Center klicken Sie dann nur noch oben rechts auf INSTALLIEREN (siehe Abbildung 11.67). Nach der Installation kann die Video Station über das Hauptmenü berechtigter Nutzer aufgerufen werden.

Abbildung 11.67 Auch die Video Station findet sich im App Center in der Kategorie Unterhaltung.

Die Berechtigung für die Nutzung der Video Station können Sie auf zwei verschiedenen Wegen einstellen.

1. Zum einen funktioniert dies über die Systemsteuerung und das Modul BENUTZER in der Gruppe RECHTE.
2. Wählen Sie in der Tabelle das gewünschte Nutzerkonto aus, und klicken Sie dann ganz rechts auf das Symbol ANWENDUNGSBERECHTIGUNG BEARBEITEN .
3. Im neuen Fenster müssen Sie dann nur noch einen Haken bei der Video Station setzen. Bei dieser Art der Rechtevergabe müssen Sie sich durch die einzelnen Benutzerkonten hangeln, können bei der Gelegenheit aber auch gleich andere Berechtigungen setzen.

Möchten Sie nur schnell die Zugangsberechtigung für die Video Station einstellen, dann führt der zweite Weg schneller zum Ziel:

1. Öffnen Sie dazu die Multimedia Console und dort die Registerkarte MULTIMEDIA APP SUITE.
2. Klicken Sie bei der Video Station auf die Schaltfläche mit der Überschrift BERECHTIGUNGEN. Sie sehen nun das Fenster VIDEO STATION BERECHTIGUNGSEINSTELLUNGEN.
3. Möchten Sie allen Nutzern Ihres NAS pauschal die Nutzung der Video Station erlauben, stellen Sie einfach das obere Auswahlfeld BERECHTIGUNGEN auf ALLE BE-

NUTZER und klicken nach der Beantwortung der Sicherheitsfrage auf SCHLIESSEN – mehr ist nicht zu tun.

4. Möchten Sie nur auserwählten Nutzern die Verwendung der Video Station gestatten, dann wählen Sie in diesem Auswahlfeld die Option BENUTZERDEFINIERT. Sie können dort die Rechte nun für lokale Benutzer oder für Domänenmitglieder einstellen.

Grundsätzlich haben Sie die Wahl, ob Sie einzelnen Benutzern ein Verbot aussprechen oder einzelne Nutzer zur Ausführung berechtigen möchten. Nichtausgewählte Nutzer erhalten dann das gegenteilige Recht. Wählen Sie also zuerst die gewünschte Option. Suchen Sie dann in der Tabelle das gewünschte Nutzerkonto, und klicken Sie dieses an. Mit einem Klick auf die Schaltfläche HINZUFÜGEN fügen Sie das Konto in die rechte Tabelle ein. Dort aufgeführte Nutzerkonten erhalten das zuvor ausgewählte Recht. Wenn Sie mit allen Nutzern fertig sind, klicken Sie auf SCHLIESSEN (siehe Abbildung 11.68).

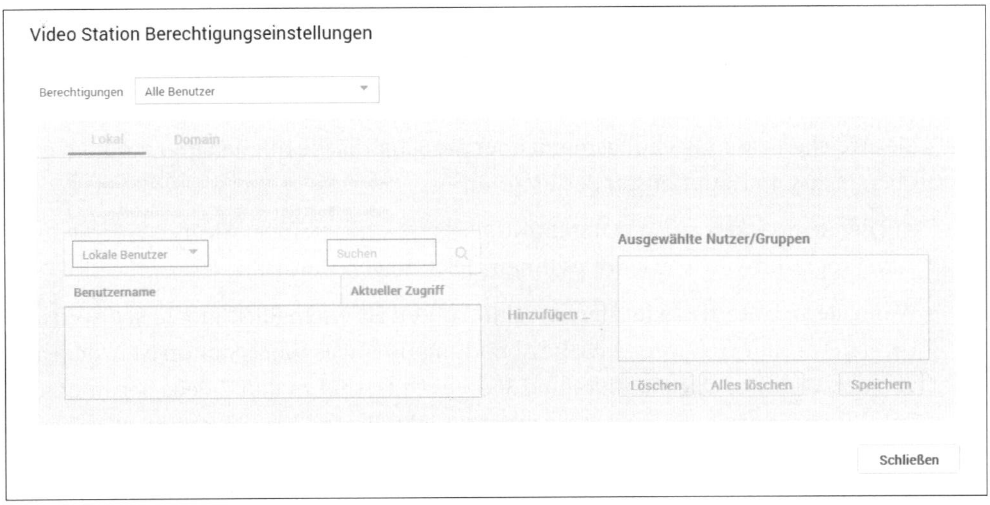

Abbildung 11.68 Wenn Sie allen Nutzern des Geräts die Video Station zugänglich machen möchten, wählen Sie einfach ganz oben »Alle Benutzer« aus.

Wenn Sie nun die Video Station (am besten zunächst unter einem Administratorkonto angemeldet) zum ersten Mal öffnen, werden Sie von einer leeren Anwendung wie in Abbildung 11.69 begrüßt. Selbst wenn Sie schon Videos auf Ihrem NAS abgespeichert haben, werden diese zunächst noch nicht in der Video Station gelistet, denn die Dateiverzeichnisse mit den Videos müssen erst mit der Video Station verknüpft werden. Wie das geht, zeigen wir Ihnen im nächsten Abschnitt. An dieser Stelle stellen wir Ihnen zuerst die Einstellmöglichkeiten des Programms vor.

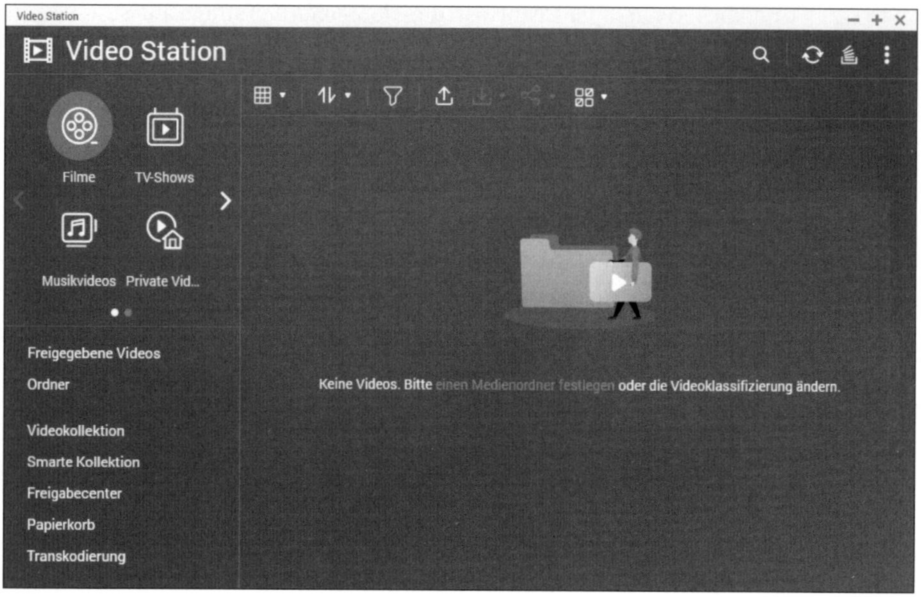

Abbildung 11.69 Anfangs noch ganz leer: die Video Station direkt nach der Installation

Sie erreichen das Einstellungsmenü über die Schaltfläche mit den drei Punkten ganz oben rechts im Hauptfenster des Programms.

Auf der Registerkarte KLASSIFIZIERUNGSEINSTELLUNGEN fügen Sie Ihre Videodateien zum Programm hinzu, wie wir es Ihnen gleich zeigen werden.

Wenn Sie an Untertiteln interessiert sind, sollten Sie einen Blick auf die Registerkarte UNTERTITEL SUCHEN werfen (siehe Abbildung 11.70). Die Video Station ist in der Lage, von den Websites *OpenSubtitles* und *Shooter* Untertitel zu den Videos herunterzuladen. Wenn Sie die Funktion nutzen möchten, aktivieren Sie zunächst den Schalter im oberen Bereich des Fensters und stellen dann darunter die gewünschte Sprachfassung ein. Voreingestellt sind die Sprachen Englisch und Deutsch, wobei dies nur zutrifft, wenn Sie auch Deutsch als Sprache des QTS eingestellt haben. Mit der Auswahl MANUELLE EINSTELLUNGEN können Sie aber auch andere Sprachfassungen herunterladen. Beachten Sie, dass Sie für die Nutzung von OpenSubtitles ein Nutzerkonto benötigen. Dessen Zugangsdaten müssen Sie in die Eingabefelder unten im Fenster eingeben. Klicken Sie abschließend auf ÜBERNEHMEN.

Untertitel müssen allerdings nicht unbedingt aus dem Internet heruntergeladen werden. Falls Ihre Videodateien schon mit Untertiteln ausgestattet sind, kann die Video Station diese auch automatisch importieren.

Das automatische Importieren von Untertiteln können Sie auf der Registerkarte VERSCHIEDENES an- und abschalten (siehe Abbildung 11.71). Dort können Sie auch die Schaltfläche für die 360°-Ansicht von Videodateien dauerhaft verfügbar schalten.

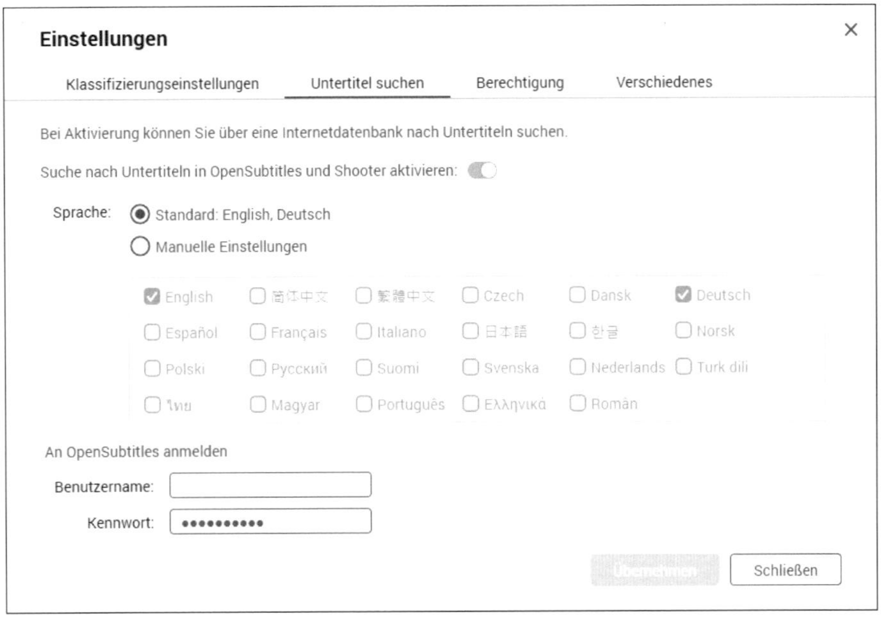

Abbildung 11.70 Die Video Station kann Untertitel automatisch aus dem Internet laden.

Normalerweise ergibt diese Schaltfläche nur dann Sinn, wenn Sie ein 360°-Video betrachten. Die Video Station ermöglicht dann ein Navigieren im Raum per Mausklick und heftet die Ränder des Videos aneinander.

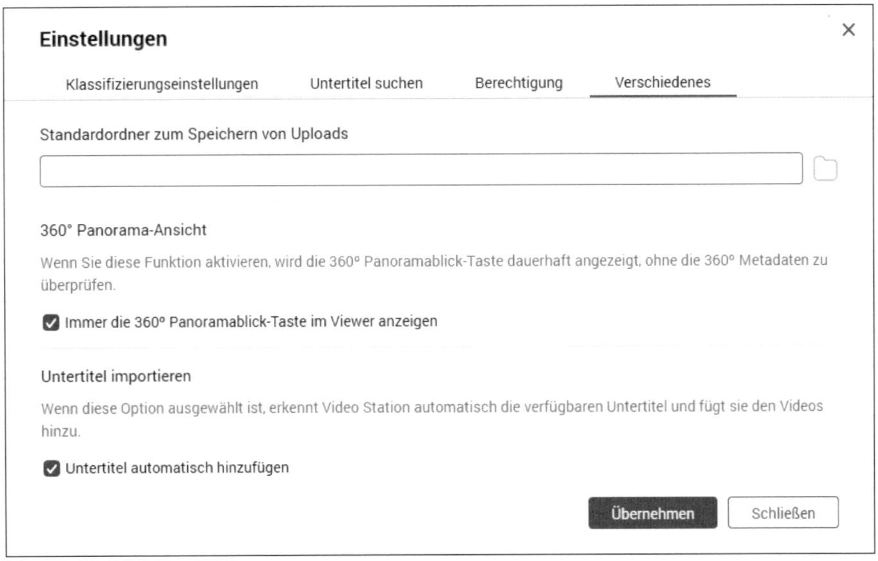

Abbildung 11.71 Untertitel, die in den Videodateien enthalten sind, können automatisch importiert werden. Die 360°-Ansicht lässt sich ausschalten.

Zusätzliche Berechtigungen können Sie auf der Registerkarte BERECHTIGUNG vornehmen. Sie sehen dort zunächst alle Nutzer, die auf die Video Station zugreifen dürfen. Mit dem Dropdown-Feld rechts oben können Sie zwischen lokalen Benutzern und Domänenmitgliedern wechseln (siehe Abbildung 11.72).

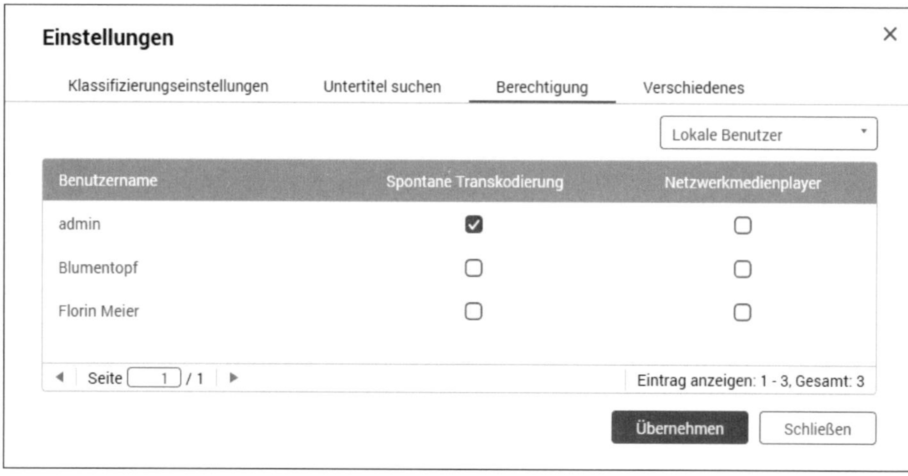

Abbildung 11.72 Die Video Station bietet nur zwei Funktionen, für die separat Berechtigungen erteilt werden können.

Es gibt allerdings nur zwei Berechtigungen zu konfigurieren: Sie können es den Nutzern gestatten (oder untersagen), Videos spontan in ein anderes Format zu konvertieren. Auch die Nutzbarkeit des Netzwerk-Medienplayers kann erlaubt oder verboten werden. Dieser Player erlaubt es, Videos von einem UPnP-/DLNA-Medienserver zu beziehen und sie somit in der Video Station abzuspielen. Da man mit vielen anderen Programmen problemlos auf solche Dienste zugreifen kann, ergibt es wenig Sinn, (etwa als Kindersicherung) die Nutzung des Netzwerk-Medienplayers in der Video Station einzuschränken.

Damit haben Sie bereits alle wichtigen Einstellungen konfiguriert und können nun Ihre Videosammlung zur Video Station hinzufügen.

11.6.2 Videos vorbereiten, hochladen und verknüpfen

Wie eingangs erwähnt, lädt die Video Station automatisch zu Ihren Videos passende Metadaten aus dem Internet und baut damit eine Bibliothek auf. Diese können Sie anschließend in Ruhe durchstöbern und sehen zu Filmen und Serienfolgen Coverfotos, Inhaltsbeschreibungen und Listen der Schauspieler. Auch eine Bewertung und das Erscheinungsjahr werden angezeigt.

Diese Informationen sind im Internet kostenlos verfügbar, allerdings muss die Video Station Filme und Serien korrekt zuordnen können. Die Zuordnung erfolgt anhand des Dateinamens. Deswegen ist es wichtig, dass Sie Spielfilme korrekt benennen.

Die Video Station erhält die Informationen von der Internet Movie Database, abgekürzt *IMDb*. Sie erreichen die Website dieser Datenquelle unter *imdb.com* und können dort im Zweifelsfall den jeweiligen Originaltitel eines Filmes nachschlagen. Die Videodatei eines Spielfilms benennen Sie nun mit dem Originaltitel (dafür gibt es auf der Webseite ein eigenes Datenfeld). Im Regelfall schadet es nicht, wenn Sie in Klammern auch noch das Erscheinungsjahr ergänzen. Somit weiß die Video Station auch bei Mehrfachverfilmungen, welchen Film Sie in Ihrer Sammlung haben. Ein Beispiel für einen guten Dateinamen, bei dem die richtigen Informationen zugeordnet werden, lautet:


```
Pappa ante Portas (1991).mkv
```

Das lässt sich dann gut zum Treffer aus Abbildung 11.73 auflösen.

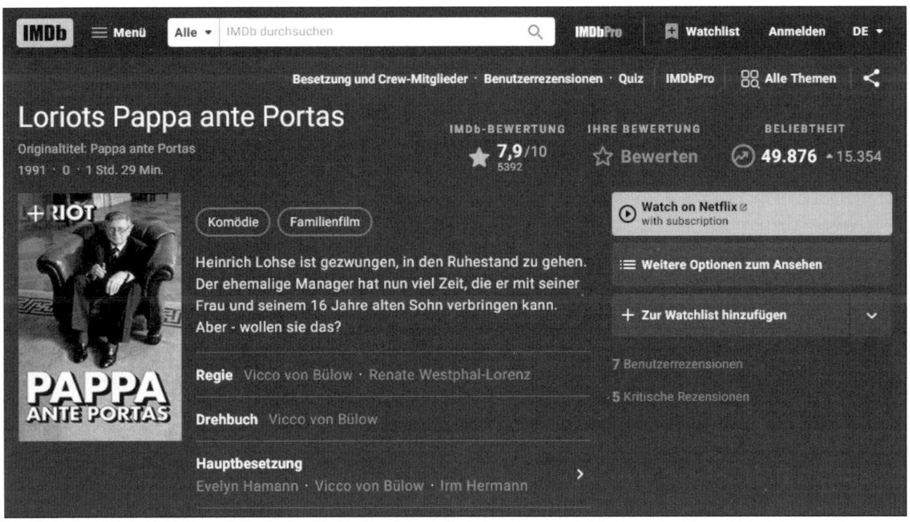

Abbildung 11.73 Der Originaltitel auf der Webseite der IMDb steht oben links in einem eigenen Datenfeld.

Bei TV-Serien müssen Sie der Video Station mitteilen, um welche Folge es sich handelt. Bei Serien wird zwischen Staffeln (die meist einem Produktionsjahr entsprechen) und den Episoden einer Staffel unterschieden. Auch hier hilft Ihnen wieder die Website *imdb.com*. Suchen Sie zuerst nach dem Originaltitel der Serie, und schauen Sie sich dann die Liste der Episoden an, damit Sie Staffel und Episodennummer korrekt zuordnen können. Benennen Sie nun die einzelnen Dateien zunächst mit dem Seriennamen. Schließen Sie daran das Kürzel `.SxxEyy` an, bevor der Dateiname mit der Dateiendung abschließt. In dem Kürzel steht `S` für die Staffel. Den Platzhalter `xx` müssen Sie also durch die korrekte Staffelnummer ersetzen. `E` kennzeichnet die Episode, entsprechend müssen Sie `yy` durch die Nummer der Episode austauschen. Ein Beispielname lautet

```
Raumschiff Enterprise.S01E01.mkv
```

Auch bei Serien kann das Erscheinungsjahr in Klammern ergänzt werden, allerdings ist dies nur dann erforderlich, wenn es mehrere Serien mit demselben Namen gibt.

Wenn Sie alle Spielfilme und TV-Serien korrekt benannt auf der lokalen Festplatte vorliegen haben, können Sie diese auf Ihr NAS hochladen. Selbstverständlich können Sie Unterverzeichnisse zur Strukturierung verwenden. Auf alle Fälle müssen Sie aber Spielfilme von den TV-Serien trennen und ein eigenes (Unter-)Verzeichnis nutzen.

Es bietet sich an, die Verzeichnisse direkt in der Video Station zu hinterlegen. Zwar kann man auch in der Multimedia Console Verzeichnisse mit der Video Station verknüpfen, allerdings ist dies nicht unbedingt zielführend, denn es findet keine Zuordnung zu Spielfilmen und TV-Serien statt. Stattdessen landen die Videodateien dann in einer allgemeinen Kategorie in der Bibliothek der Video Station und werden nicht mit Informationen aus dem Internet ergänzt.

Öffnen Sie also die Video Station und dort das Einstellungsmenü, das Sie oben rechts über die Schaltfläche mit den drei Punkten erreichen. Die Zuordnung nehmen Sie auf der Registerkarte KLASSIFIZIERUNGSEINSTELLUNGEN vor (siehe Abbildung 11.74). Links sehen Sie die verfügbaren Kategorien. Neben Spielfilmen und TV-Shows kann die Video Station auch mit Musikvideos, privaten Videos (also eigenen Videoaufnahmen) und Karaokevideos umgehen. Bei den drei letztgenannten Kategorien werden allerdings keine Informationen aus dem Internet ergänzt. Diese Videos werden einfach neutral in der Video Station aufgeführt.

Wählen Sie nun also die Kategorie FILME oder TV-SHOWS aus. Rechts im Fenster können Sie als Datenquelle zunächst nur IMDB einstellen, weitere Datenquellen lassen sich über das App Center ergänzen. Als Sprache ist derzeit nur ENGLISH verfügbar. Das bedeutet, dass später (gegebenenfalls) die Titel und die Inhaltsbeschreibungen auf Englisch sein werden, ebenso die Episodentitel bei Serien. Sie können allerdings getrost Serien und Filme mit deutschen Titeln im Dateinamen bezeichnen, die Zuordnung gelingt trotzdem. Klicken Sie dann auf HINZUFÜGEN.

In einem neuen Fenster sehen Sie den Verzeichnisbaum der Freigabeordner (siehe Abbildung 11.75). Navigieren Sie zum passenden Verzeichnis, und aktivieren Sie das zugehörige Kontrollkästchen. Achten Sie darauf, dass unten im Fenster die STANDARDKLASSIFIZIERUNG korrekt gesetzt ist. Auch das Kontrollkästchen DIE KLASSIFIZIERUNG FÜR ALLE VIDEOS IM ORDNER ÜBERNEHMEN sollten Sie anschalten, damit alle Videos auf einmal korrekt verarbeitet werden. Schließlich hatten Sie ja zuvor Spielfilme von TV-Serien bereits auf Verzeichnisebene getrennt. Klicken Sie dann auf OK.

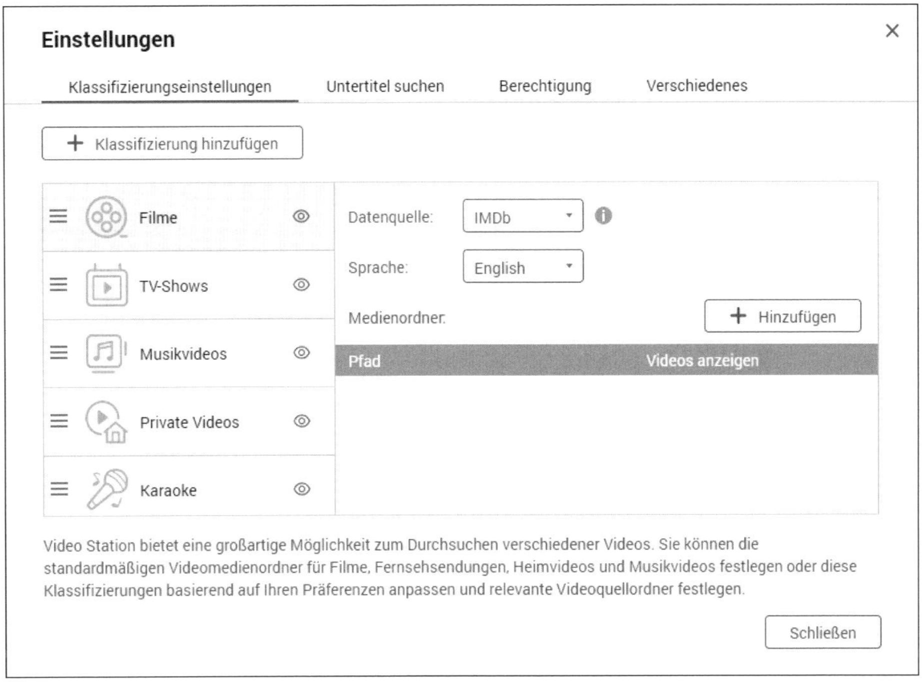

Abbildung 11.74 Wählen Sie die gewünschte Medienkategorie, und klicken Sie dann auf »Hinzufügen«, um Ihre Dateiverzeichnisse zur Video Station hinzuzufügen.

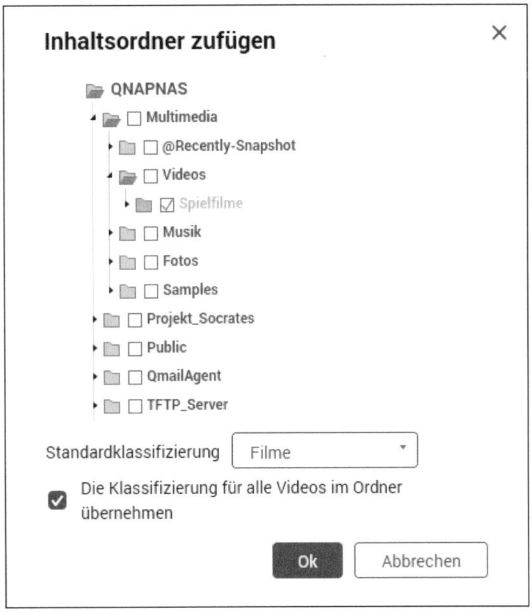

Abbildung 11.75 Wählen Sie die gewünschten Dateiverzeichnisse aus, und achten Sie darauf, dass die Klassifizierung korrekt gesetzt ist.

Ihre Videos werden nun zur Video Station hinzugefügt und automatisch vom Indizierungsdienst bearbeitet. Dabei werden ebenso automatisch die Metadaten aus dem Internet heruntergeladen. Auch die Bibliothek der Video Station wird automatisch aufgebaut. Je nach Umfang Ihrer Videosammlung dauert das ein paar Minuten. Sie können jederzeit weitere Videokategorien hinzufügen.

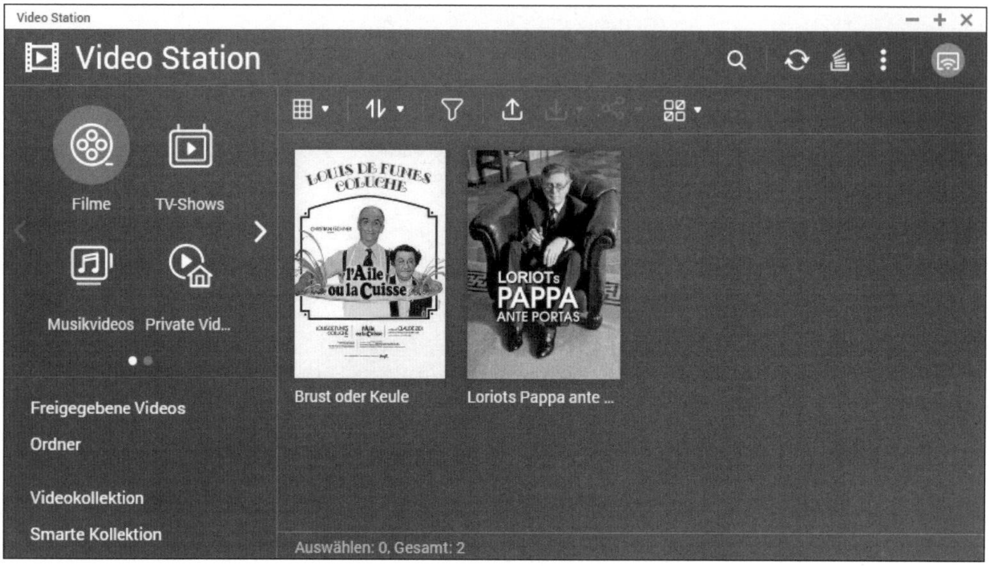

Abbildung 11.76 Die Video Station hat Ihre Filme korrekt zugeordnet und zeigt Ihnen nun die Bibliothek mit Coverfotos an.

Wenn Sie nach einiger Wartezeit im Hauptfenster der Video Station oben links auf die runde Schaltfläche FILME klicken (siehe Abbildung 11.76), werden Ihnen alle vorhandenen Spielfilme angezeigt. Zu den Filmen sehen Sie auch die aus dem Internet geladenen Coverfotos.

In der Symbolleiste oberhalb der Filme können Sie ganz links die Ansicht umschalten. Wenn Sie mit der Maus über ein Cover hovern, sehen Sie eine Schaltfläche mit einem Infosymbol. Dieses zeigt Ihnen die Detailinformationen zu einem Film an. Sie umfassen die Besetzung, eine Bewertung, das Erscheinungsjahr, Angaben zum Regisseur und eine kurze Inhaltsbeschreibung. Die Wiedergabe kann direkt mit der gleichnamigen Schaltfläche gestartet werden.

Der Reiter INFO zeigt grundlegende Dateiinformationen, etwa zur Länge und zur Auflösung (siehe Abbildung 11.77).

Ganz ähnlich sieht dies bei den TV-Serien aus. Dort sehen Sie die vorhandenen Serien und nach einem Doppelklick die verfügbaren Episoden. Mit einem Klick auf die Infoschaltfläche lassen sich auch hier grundlegende Informationen anzeigen.

Abbildung 11.77 Zwar mit deutschem Titel, aber englischer Inhaltsbeschreibung: die Detailinformationen zu Loriots zweitem Spielfilm

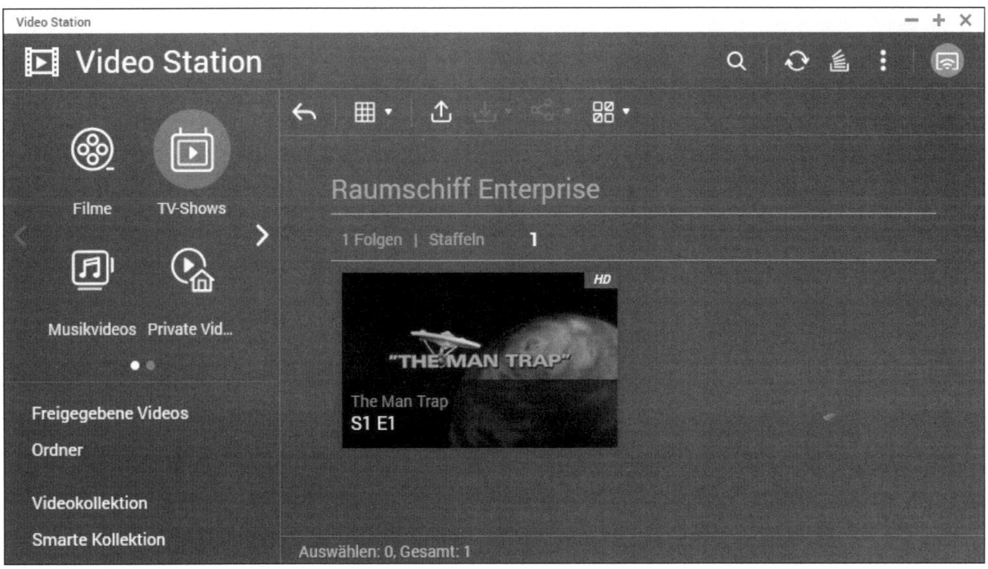

Abbildung 11.78 Auch TV-Serien werden übersichtlich katalogisiert und mit Detailinformationen präsentiert.

Weitere Informationsquellen hinzufügen

Wer mit dem Datenumfang der IMDb nicht zufrieden ist, der kann über das App Center alternative Informationsquellen verfügbar machen. Wechseln Sie dafür ganz links im Hauptfenster auf die Rubrik MULTIMEDIA ADD-ONS und dort in die Kategorie UNTERHALTUNG. Sie finden dort mehrere Informationsquellen, unter anderem die ursprünglich nur auf TV-Serien spezialisierte Quelle TheTVDB, die nach wie vor für TV-Serien eine umfassende Datenquelle darstellt.

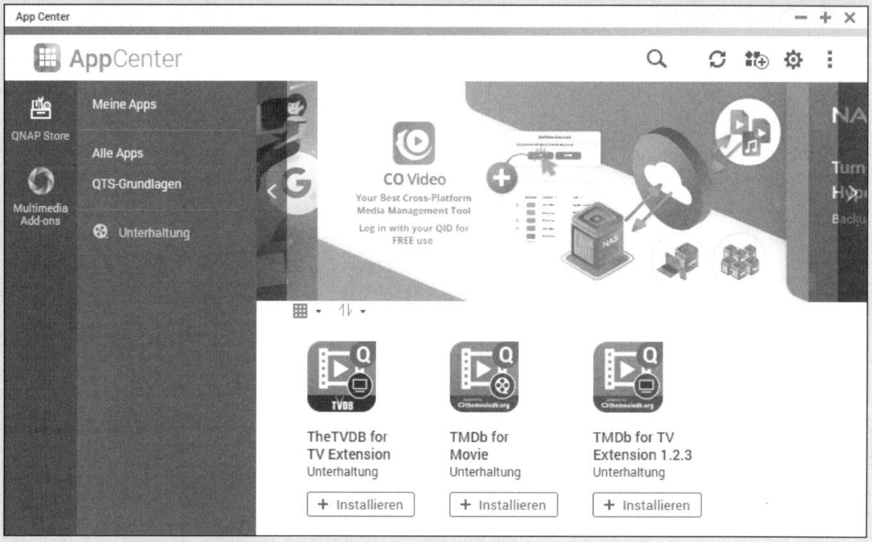

Abbildung 11.79 Über das App Center können weitere Informationsquellen für den Bezug von Metadaten installiert werden.

11.6.3 Videos abspielen

Wenn Sie in der Hauptansicht der Video Station Ihr Wunschvideo gefunden haben, gibt es mehrere Möglichkeiten, es abzuspielen. Am einfachsten startet ein Doppelklick auf das Coverfoto die Wiedergabe.

Alternativ können Sie auch das Kontextmenü (über die rechte Maustaste) nutzen; darin befindet sich ein Eintrag für die Wiedergabe. Ein Play-Button wird auch angezeigt, wenn Sie mit dem Mauszeiger über das Coverfoto hovern. An dieser Stelle können Sie übrigens auch eine eigene Bewertung für Videos vergeben, indem Sie die gewünschte Anzahl an Herzen mit der Maus markieren.

Über die Filterfunktion Videos schneller finden

In der Kategorieansicht gibt es oben in der Symbolleiste die Möglichkeit, Videodateien anhand diverser Metadaten zu filtern. Somit finden Sie einen bestimmten Film oder eine bestimmte Serie schneller. Klicken Sie einfach auf das Trichter-Symbol, und konfigurieren Sie den Filter mit den gewünschten Werten.

Abbildung 11.80 Über einen Filter lässt sich nur eine Auswahl an Elementen aus der Bibliothek anzeigen.

Der Videoplayer bietet die üblichen Bedienelemente, ist vom Funktionsumfang aber eher schlank gehalten (siehe Abbildung 11.81).

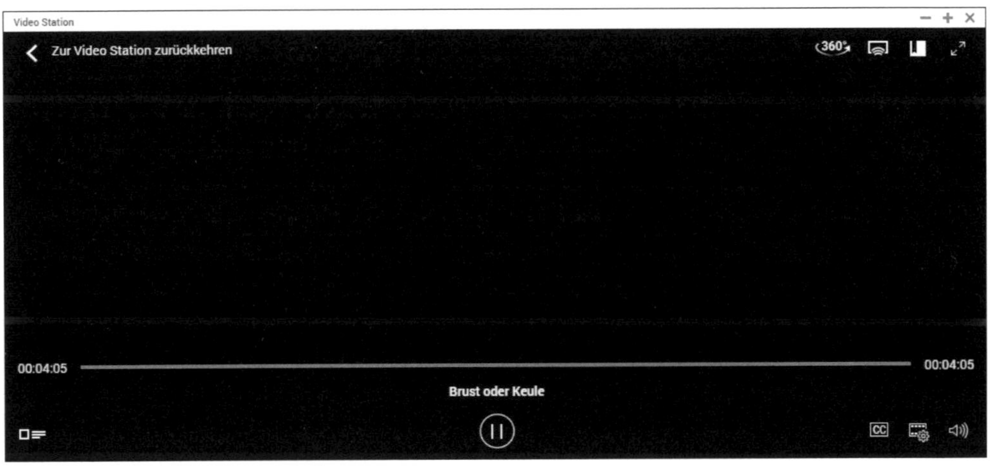

Abbildung 11.81 Der Videoplayer bietet nur die nötigsten Funktionen, erlaubt aber das Streamen an andere Wiedergabegeräte.

Mit der Schaltfläche unten links können Sie beispielsweise die Symbolleiste ausblenden, so dass sie nicht bei einer Mausbewegung sichtbar wird. Unten rechts ist die Schaltfläche für Untertitel zuständig. Sie können dort Untertiteldateien vom aktuellen PC oder direkt vom NAS importieren oder diese im Internet suchen lassen.

Das Einstellungsmenü erlaubt unter anderem das Einschalten eines Hintergrundeffekts. Dabei werden Teile der Videodatei unscharf an den Rändern erweitert und auf Vollbildbreite gestreckt. Das kennt man aus dem Internet, wenn Videos im Hochkantformat auf einer Breitbildanzeige dargestellt werden. Sie können auch die Wiedergabegeschwindigkeit anpassen und das Video in ein anderes Format konvertieren lassen, wofür aber eine zusätzliche Software-Komponente installiert sein muss. Oben rechts im Player können Sie eine Vollbildansicht aktivieren und Lesezeichen erstellen. Außerdem lässt sich das Video hier an andere Wiedergabegeräte im Netzwerk streamen. Sofern Sie diese in den Einstellungen aktiviert haben, ist auch die Schaltfläche für die 360°-Ansicht von Videos verfügbar.

Videos über die Video Station hoch- und herunterladen

Wenn Sie sich eine der Kategorien Ihrer Videosammlung in der Video Station anzeigen lassen, finden Sie in der Symbolleiste auch zwei Schaltflächen, die das Hoch- und Herunterladen von Videodateien erlauben. Beim Hochladen werden die Videos in den Ordner abgespeichert, der im Einstellungsmenü hinterlegt wurde. Beim Herunterladen erfolgt ein gewöhnlicher Dateidownload auf den aktuellen Rechner.

11.6.4 Videos mit anderen Personen teilen

Videos aus Ihrer Sammlung können Sie über die Video Station mit anderen Personen teilen. Dabei wird nicht, wie über die File Station, lediglich die Videodatei geteilt, sondern eine Mini-Version der Video Station, die dem Empfänger die Wiedergabe des Videos im Browser ermöglicht. Die Datei wird direkt zum Empfänger gestreamt, so dass dieser unverzüglich mit der Wiedergabe beginnen kann.

Die Video Station bietet dieselben drei Möglichkeiten zum Teilen wie auch die Photo oder Music Station, allerdings mit grafisch leicht anders gestalteten Dialogen. Wenn Sie eine oder mehrere Videodateien in der Hauptansicht der Video Station ausgewählt haben, steht Ihnen die Schaltfläche zum Teilen (mit dem aus der Mobilwelt bekannten Icon) in der Symbolleiste zur Verfügung.

In einem neuen Fenster (siehe Abbildung 11.82) müssen Sie das Teilen der Datei zunächst mit dem obersten Schiebeschalter aktivieren und die Sicherheitsfrage beantworten. Nicht nur in der Symbolleiste, sondern auch im Fenster haben Sie erneut die Wahl zwischen den bekannten Freigabemethoden: Sie können die Datei per E-Mail teilen, den Link auf einem sozialen Netzwerk posten oder direkt einen Freigabelink erhalten, den Sie selbst versenden können. In jedem Fall wird »hinter den Kulissen« stets ein Link erzeugt, der zu Ihrem NAS führt. Die Nutzer laden die Daten also von Ihrem NAS herunter.

Sie können übrigens bei Videodateien entscheiden, ob Sie auch Untertitel mit anderen Personen teilen möchten. Recht wichtig ist, dass Sie stets das oberste Eingabefeld aus Abbildung 11.82 ausfüllen. Dort stehen zunächst das Datum und die aktuelle Uhrzeit. Leider trägt dieses Feld keine Bezeichnung, aber es beinhaltet den Namen beziehungsweise die Bezeichnung der Freigabe. Es ist zwar nicht unbedingt erforderlich, dieses Feld aussagekräftig auszufüllen, allerdings macht sich eine korrekte Bezeichnung später nützlich, wenn Sie sich alle erteilten Freigaben anzeigen lassen. Tragen Sie hier also eine Bezeichnung für die Videodatei und den Empfänger ein.

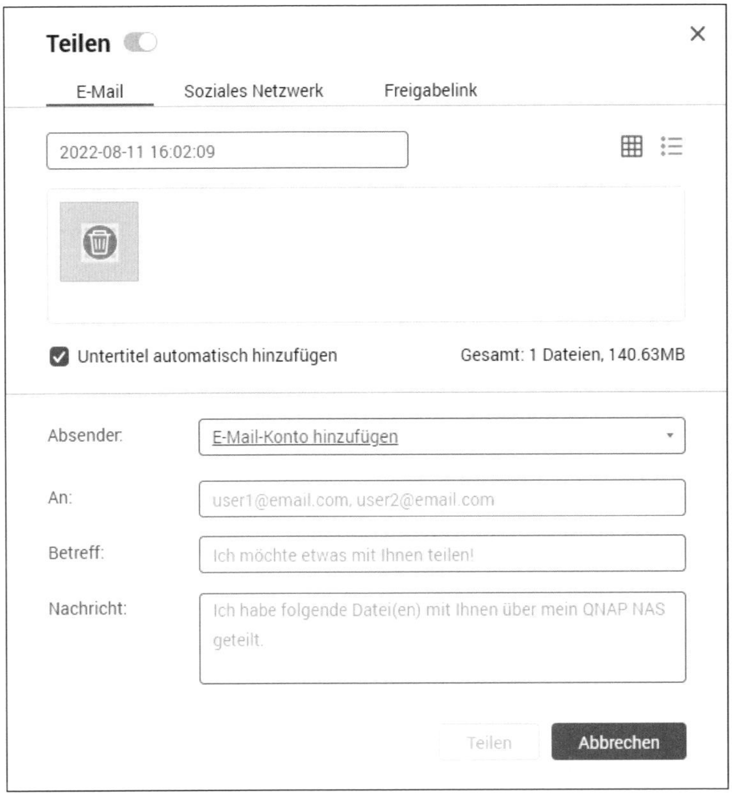

Abbildung 11.82 Videos lassen sich (mitsamt einem Player) auf die übliche Weise mit anderen Personen teilen.

Wenn Sie die Datei per E-Mail teilen möchten, müssen Sie in Ihrem NAS ein E-Mail-Konto hinterlegt haben, welches das Gerät für den Versand der E-Mail nutzt. Wenn Sie dies noch nicht erledigt haben, bietet das Feld ABSENDER die Möglichkeit, ein E-Mail-Konto hinzuzufügen. Ansonsten steht dort die Absenderadresse des genutzten Kontos. Falls Sie mehrere Konten hinterlegt haben, können Sie das gewünschte Konto auswählen.

Beim Teilen werden übrigens stets persönliche E-Mail-Konten genutzt. Jedes Benutzerkonto kann seine eigenen E-Mail-Konten hinterlegen, die nicht von den anderen Benutzern verwendet werden können. Tragen Sie im Feld AN die gewünschten Empfänger ein. Mehrere Empfänger werden mit einem Komma getrennt. Füllen Sie dann die Felder für den Betreff und den Nachrichtentext der E-Mail aus. Wenn Sie weiter nach unten scrollen, können Sie einen Kennwortschutz aktivieren, die Gültigkeitsdauer des Links anpassen und eine verschlüsselte Übertragung einstellen. Wie immer gilt: Bei der Übertragung über das Internet sollte nach Möglichkeit eine verschlüsselte Übertragung genutzt werden. Sie verhindert, dass unbefugte Personen die Daten auslesen können, und reduziert dank moderner Hardware-Technologien nicht (erheblich) die Arbeitsgeschwindigkeit des Geräts. Wenn Sie die Datei nur im (sicheren) lokalen Netzwerk teilen möchten, ist eine Verschlüsselung nicht unbedingt notwendig. Sie können den Link dann mit der internen IP-Adresse des NAS erstellen lassen. Wählen Sie diese im Feld DOMÄNENNAME/IP aus.

Sollte die abschließende Schaltfläche TEILEN deaktiviert sein, liegt das meist an einem aktivierten Kennwortschutz. Der Schiebeschalter ist zunächst aktiviert, aber im Unterschied zur Photo Station schlägt die Video Station kein Kennwort vor. Sie müssen also (zumindest in der gegenwärtigen Fassung) entweder ein Kennwort eintragen oder den Schalter für den Kennwortschutz ausschalten, bevor Sie die Freigabe mit einem Klick auf TEILEN aktivieren können.

Der Empfänger erhält einen kurzen Moment später eine E-Mail, die wie in Abbildung 11.83 gezeigt aussieht. Wenn er auf den darin enthaltenen Link klickt, wird eine Verbindung zu Ihrem NAS aufgebaut. Wenn der Zugriff über das Internet erfolgt, muss Ihr NAS natürlich für den Empfänger der Freigabe erreichbar sein. Die Video Station nutzt dieselben Ports wie auch das QTS, also Port 8080 für unverschlüsselte und Port 443 für verschlüsselte Verbindungen. Wenn der Empfänger den Link öffnet, sieht er eine Mini-Version der Video Station. Zunächst wird ein Vorschaubild für die geteilten Videodaten angezeigt. Wenn man es anklickt, öffnet sich ein im Funktionsumfang stark reduzierter Videoplayer, und die Wiedergabe beginnt.

Abbildung 11.83 So eine E-Mail erhält der Empfänger einer Freigabe. Der Link führt zu einem Videoplayer mit dem geteilten Video.

Wenn Sie die Datei über ein soziales Netzwerk teilen möchten, können Sie auf der mittleren Registerkarte das gewünschte Netzwerk auswählen und den Text für den Post eingeben. Auch wenn es ungewöhnlich sein mag, können Sie für den geposteten Link die interne IP-Adresse des NAS auswählen, im Regelfall wird man hier aber eine externe Adresse nennen. Bedenken Sie bitte, dass Sie die Dateien hier nicht privat mit einigen wenigen Personen, sondern – je nach Einstellungen des sozialen Netzwerks –

mit der Allgemeinheit teilen. Überprüfen Sie also bitte auch, ob Sie die notwendigen Rechte für das Teilen des Videos besitzen.

Als dritte Option können Sie sich den Freigabelink auch einfach nur wie in Abbildung 11.84 anzeigen lassen und ihn dann mit eigenen Mitteln versenden. Diese Funktion eignet sich gut, um den Link beispielsweise in einem Videokonferenzsystem an andere Teilnehmer zu versenden. Sie können sich den Link als URL oder mit HTML-Tags formatieren lassen. Die erste Alternative nutzen Sie, wenn Sie den Link per Messenger verteilen möchten.

Die zweite Methode ist dann sinnvoll, wenn Sie den Link in eine Webseite einbauen möchten. Sie können den Link so gleich in den Seitenquelltext einfügen. Ihnen werden Links sowohl für die externe als auch die interne Verbindung generiert, allerdings erst, wenn Sie auf TEILEN klicken. Sie sehen dann beide Alternativen in einem neuen Fenster. Die übrigen Funktionen wie Kennwortschutz oder Verschlüsselung der Verbindung stehen auch bei dieser Variante der Freigabe zur Verfügung.

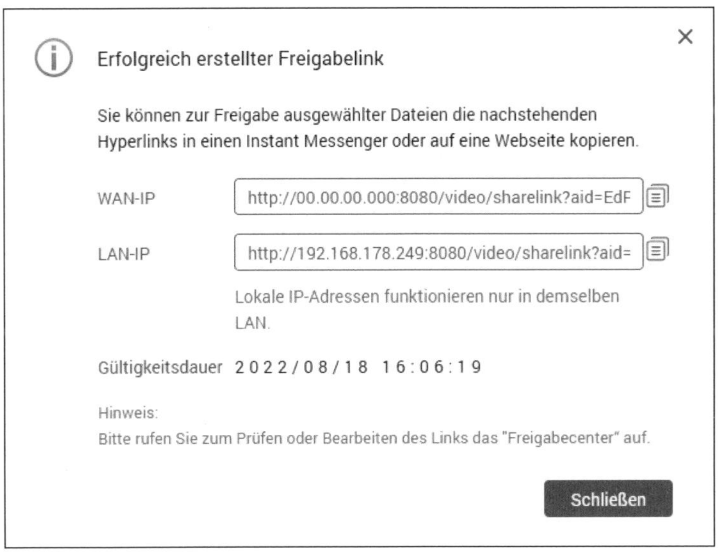

Abbildung 11.84 Im Feld »WAN-IP« sehen Sie die externe IP-Adresse des Geräts, das andere Feld beinhaltet den Freigabelink für die Nutzung im lokalen Netzwerk.

Auch myQNAPcloud kann genutzt werden

Wie schon bei der Photo Station und der Music Station kann auch in der Video Station die Funktion myQNAPcloud aus Kapitel 4, »Über das Internet auf das NAS zugreifen«, genutzt werden. Beim Erstellen der Freigabelinks haben Sie dann nicht nur die Wahl zwischen der internen und externen IP-Adresse, sondern können auch den DDNS-Namen von QNAP sowie den SmartShare-Link verwenden. Bei diesem werden Relay-Server von QNAP genutzt, so dass die Video Station nicht direkt über das Internet erreichbar sein muss, wenn Sie eine Videodatei mit einem externen Empfänger teilen möchten. Diese Funktion ist gut geeignet, wenn Sie nur ab und zu Dateien teilen möchten.

Wenn Sie sich später alle erteilten Freigaben auflisten lassen möchten, klicken Sie links in der Hauptansicht der Video Station auf den Eintrag FREIGABECENTER (siehe Abbildung 11.85). Sie sehen dort alle Freigaben und deren Ablaufdatum. Sie können sich auch den Freigabelink erneut anzeigen lassen.

Im Feld TITEL steht nicht etwa der Dateiname der Videodatei, sondern die Bezeichnung der Freigabe. Wenn Sie diese nicht manuell vergeben haben, enthält der Titel lediglich das Datum und die Uhrzeit, zu der der Freigabelink erzeugt wurde, was nicht gerade der Übersichtlichkeit dient. Über das Kontextmenü der rechten Maustaste können Sie erteilte Freigaben löschen.

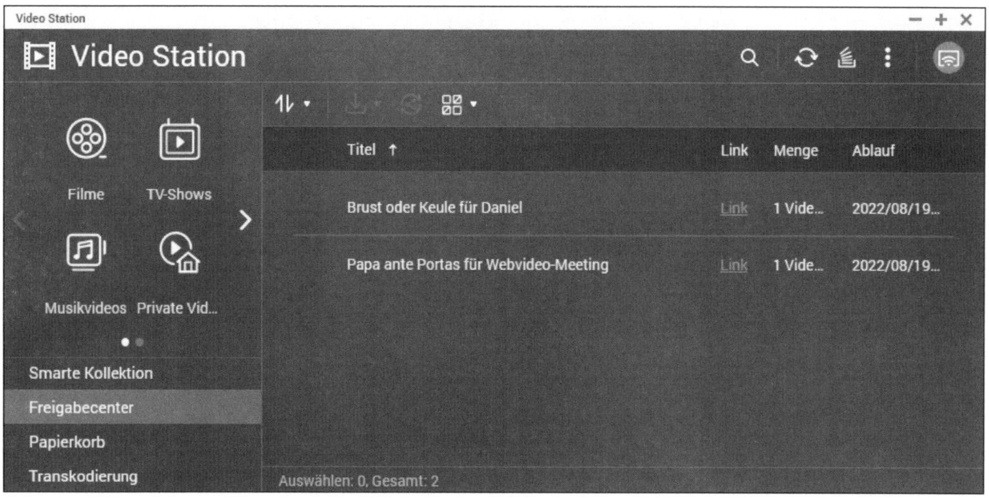

Abbildung 11.85 Das Freigabecenter listet alle erteilten Freigaben auf und ermöglicht deren Verwaltung.

11.6.5 Mit Kollektionen arbeiten

Wer eine umfangreiche Videosammlung besitzt, der wird sich vielleicht über die Möglichkeit freuen, mit der Video Station auch sogenannte Kollektionen verwalten zu können. Mit Kollektionen können Sie Videos in einer Liste zusammenfassen. Diese können Sie wie eine Wiedergabeliste verwenden.

Klicken Sie zum Erstellen einer Kollektion zunächst in der Hauptansicht der Video Station links auf den Eintrag VIDEOKOLLEKTION und dann in der Symbolleiste auf die Schaltfläche NEUE SAMMLUNG ERSTELLEN. In einem neuen Fenster (siehe Abbildung 11.86) geben Sie der Kollektion zunächst einen Namen.

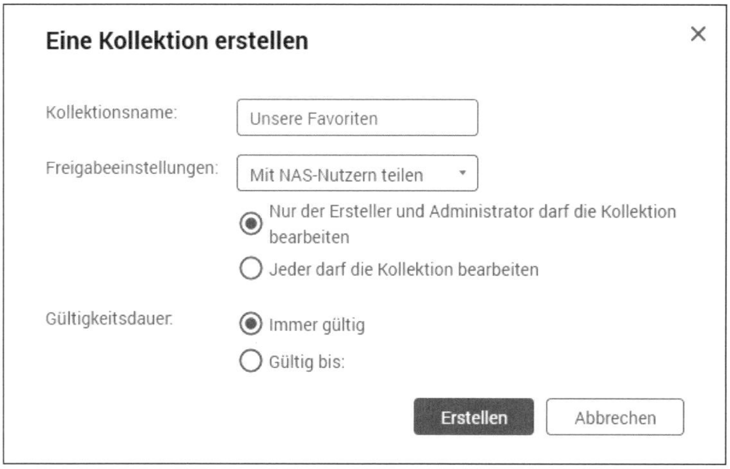

Abbildung 11.86 Kollektionen arbeiten wie Wiedergabelisten und können benutzt werden, um Filme und Serien zusammenzufassen.

Anschließend können Sie festlegen, ob die Kollektion nur Ihnen selbst zur Verfügung steht oder ob Sie sie mit anderen Nutzern der Video Station teilen möchten. Falls Sie sich dafür entscheiden, können Sie auch einstellen, ob andere Personen die Kollektion bearbeiten dürfen. Auch eine Gültigkeitsdauer lässt sich dann einstellen.

Wenn Sie auf ERSTELLEN klicken, wird die Kollektion angelegt und im Bereich VIDEOKOLLEKTION gelistet. Um Videos zur Kollektion hinzuzufügen, klicken Sie links auf das kleine Dreieck-Symbol beim Eintrag VIDEOKOLLEKTION. Damit werden die verfügbaren Kollektionen ausgeklappt. Sie können nun zu einem anderen Bereich der Video Station wechseln und beispielsweise Spielfilme oder Episoden einer Serie mit der Maus auf den Eintrag Ihrer Kollektion ziehen.

Wenn Sie anschließend auf den Eintrag VIDEOKOLLEKTION klicken, sehen Sie alle angelegten Kollektionen. Ein Doppelklick öffnet diese und zeigt die enthaltenen Videos an. Dort können Sie einzelne Videos direkt abspielen.

Alternativ können Sie auf der Kachel einer Kollektion das Kontextmenü mit der rechten Maustaste wie in Abbildung 11.87 öffnen. Dort finden Sie den Eintrag WIEDERGABE, der alle enthaltenen Videos abspielt. Über das Kontextmenü können Sie auch die enthaltenen Videos herunterladen und die Kollektion mit anderen Personen über einen Freigabelink teilen.

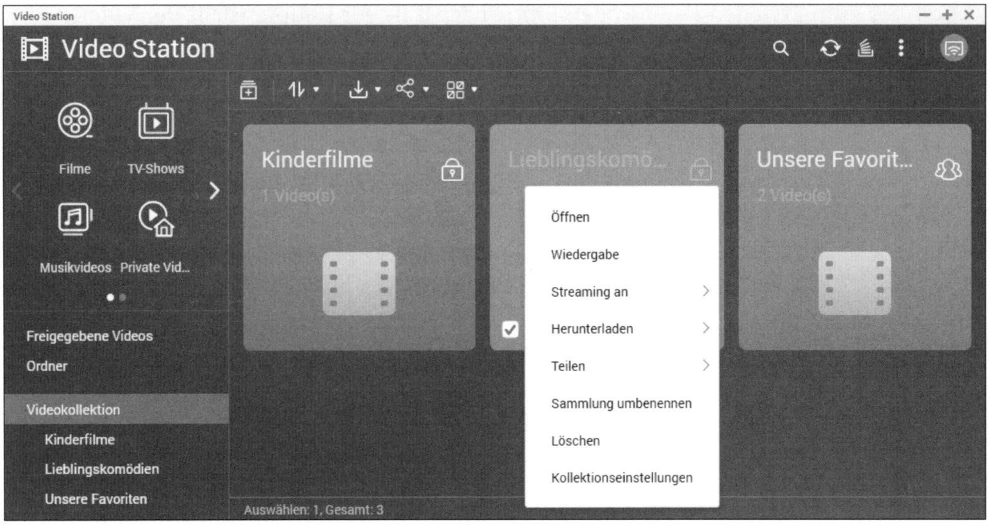

Abbildung 11.87 Kollektionen können über das Kontextmenü der rechten Maustaste verwaltet werden. Auch ein Teilen mit anderen Personen ist möglich.

11.6.6 Transkodierung nutzen

Die Video Station bietet zwar Schnittstellen für die Umwandlung von Videodateien in ein anderes Format, beherrscht diese Funktion aber nicht mit eigenen Mitteln.

Wenn Sie Videos transkodieren möchten, müssen Sie eine zusätzliche Software namens CAYIN MediaSign Player for NAS installieren. Diese Software ist über das App Center verfügbar und in zwei Versionen erhältlich: Die Basisversion ist gegenwärtig kostenlos, eine Fassung mit einem erweiterten Funktionsumfang ist gebührenpflichtig und kostet derzeit knapp 12 Euro.

Für den Anfang oder zum Ausprobieren genügt sicherlich zunächst die kostenlose Fassung. Das Transkodieren von Videos ist dann praktisch, wenn man Videos auf leistungsschwachen Endgeräten abspielen oder sie über eine mobile Datenverbindung übertragen möchte. Wenn man per Transkodierung die Qualität verringert, muss ein kleineres Datenvolumen übertragen werden. Ansonsten sind Transkodierungsfunktionen im Allgemeinen nicht nötig, denn moderne Wiedergabegeräte sollten auch mit dem Originalformat problemlos zurechtkommen.

Videos direkt auf ein Endgerät streamen

Die Video Station kann bereits mit Bordmitteln Videos auf andere Endgeräte streamen. Wenn Sie im lokalen Netzwerk beispielsweise einen UPnP-fähigen Smart-TV betreiben, können Sie die Videos der Video Station darauf abspielen. Klicken Sie im Videoplayer einfach auf das Streaming-Icon . Sie sehen dann eine Liste mit allen verfügbaren Geräten. Wenn Sie eines anklicken, erfolgt die Wiedergabe auf diesem Gerät.

Abbildung 11.88 Der Netzwerk-Medienplayer erlaubt das Streamen von Videos auf ein Wiedergabegerät im lokalen Netzwerk.

Um die nötige Software zu installieren, klicken Sie am besten in der Hauptansicht der Video Station links auf den Eintrag TRANSKODIERUNG. Ein Link führt Sie ins App Center. Dort können Sie beim CAYIN MediaSign Player for NAS auf die Schaltfläche LIZENZ KAUFEN klicken. In einem neuen Fenster (siehe Abbildung 11.89) können Sie zwischen der Plus- und der kostenlosen Basic-Variante wählen.

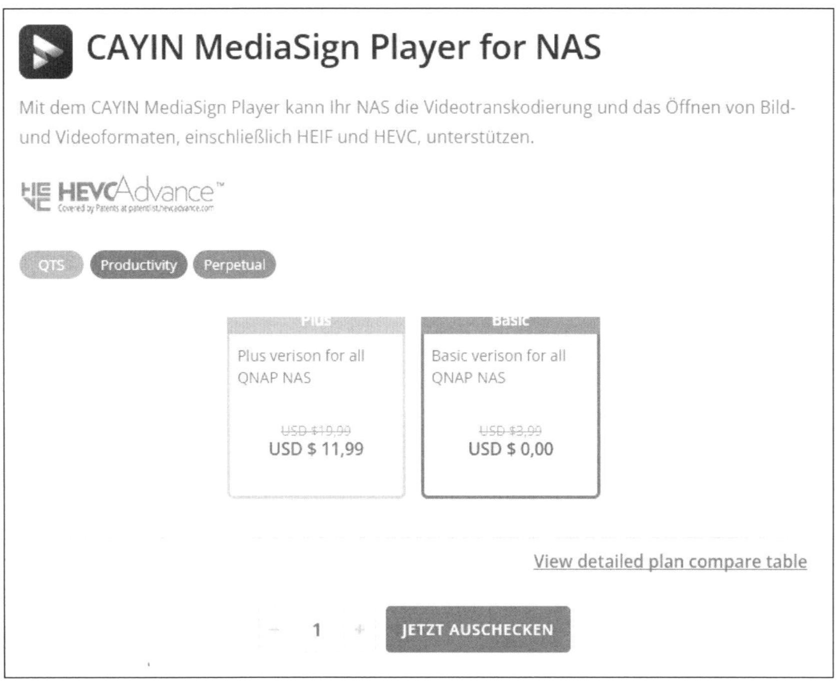

Abbildung 11.89 Der CAYIN MediaSign Player for NAS ist in einer kostenlosen und einer gebührenpflichtigen Version erhältlich. In jedem Fall muss man einen Kaufvorgang ausführen.

In jedem Fall benötigen Sie für die Anschaffung einen QNAP-Account. Wenn Sie auf JETZT AUSCHECKEN klicken, sehen Sie ein Fenster zum Einloggen. Dort können Sie auch einen neuen QNAP-Account anlegen; Sie müssen dafür eine E-Mail-Adresse, einen Benutzernamen und ein Passwort eintragen. Anschließend können Sie die Software erwerben. Für die kostenlose Variante müssen keine Zahlungsinformationen angegeben werden, allerdings fragt Sie der Assistent nach Adressdaten.

Wenn Sie den Kauf abgeschlossen haben und Ihre Lizenz automatisch aktiviert wurde, können Sie die Software über das App Center installieren.

Der CAYIN MediaSign Player ist eine eigenständige Anwendung, die auch das Abspielen Ihrer Videos erlaubt. Sie können den Player über das Hauptmenü aufrufen und ihn einmal ausprobieren, werden allerdings zumindest bei der Basic-Variante nicht gerade vom Funktionsumfang überwältigt sein.

In der Video Station hat sich auf den ersten Blick nicht allzu viel verändert. Die Registerkarte TRANSKODIERUNG wird Sie nach wie vor auf den notwendigen MediaSign Player hinweisen. Die Transkodierungsfunktionen wurden quasi »unter der Haube« hinzugefügt (zumindest, wenn diese Funktionen über das Einstellungsmenü dem gegenwärtigen Benutzer auch erlaubt wurden). Wenn Sie bei einer Videodatei das Kontextmenü öffnen, finden Sie im Bereich WIEDERGABE nun diverse Auflösungen (siehe Abbildung 11.90).

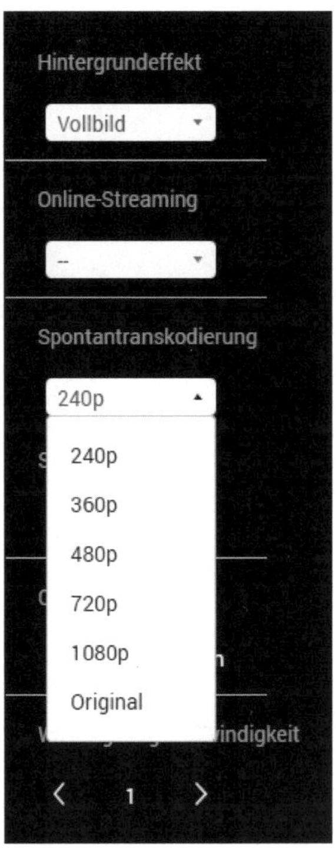

Abbildung 11.90 Die Transkodierung kann nun in der Video Station genutzt werden.

Wenn Sie diese anklicken, startet die Wiedergabe mit der gewählten Auflösung, das Video wird automatisch und in Echtzeit transkodiert. Ebenso hat das Einstellungsmenü des Videoplayers nun auch diese Funktion parat. Sie können dort während der Wiedergabe die Spontantranskodierung einschalten und die gewünschte Auflösung auswählen.

11.7 Plex Media Server

Wenn Sie sich mit den QNAP-eigenen Apps rund um die Medienverwaltung und -betrachtung nicht so recht anfreunden mögen, freuen Sie sich vielleicht über die Alternative in Form des Plex Media Servers. Sie können ihn nämlich ganz einfach auf Ihrem NAS einrichten: Er ist im App Center in der Kategorie Unterhaltung verfügbar und lässt sich von dort aus auf dem bekannten Weg installieren.

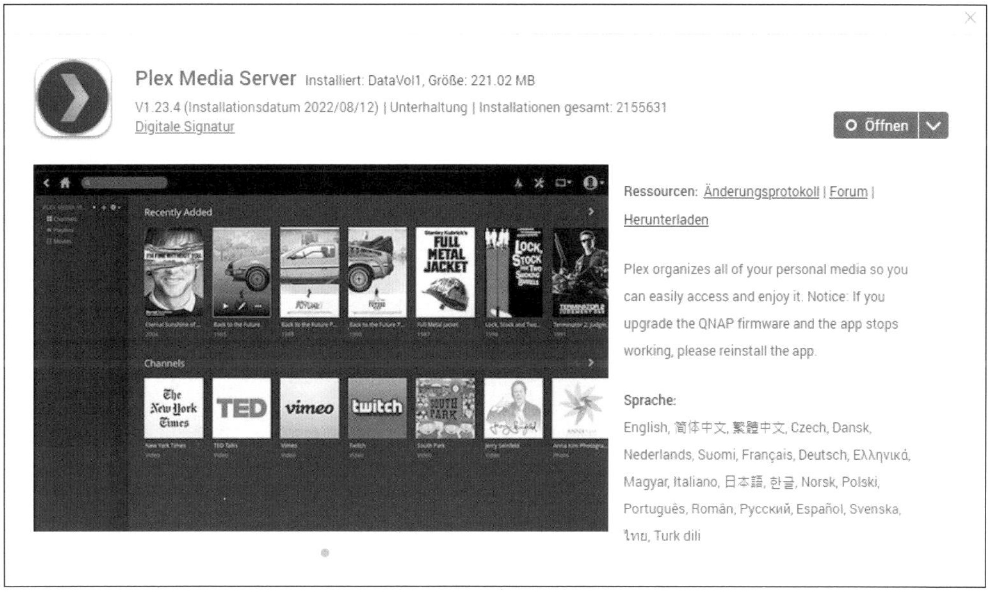

Abbildung 11.91 Der Plex Media Server kann über das App Center installiert werden.

Der Plex Media Server wird auf Ihrem NAS ausgeführt. Er wird – ähnlich wie die »Station-Apps« von QNAP – Ihre Mediensammlung einscannen und zugehörige Metadaten aus dem Internet laden. Anschließend können sich Clients mit dem Media Server verbinden und den Medienbestand mitsamt den Metadaten abrufen.

Der große Vorteil von Plex liegt darin, dass die verschiedensten Clients mit dem Server verbunden werden können. Am universellsten lässt sich der Server über ein Webinterface ansprechen, das man praktisch an jedem internetfähigen Gerät mit einem aktuellen Browser aufrufen kann. Es gibt aber auch (leider teilweise gebührenpflichtige) eigenständige Client-Apps – und dies nicht nur für die großen Desktop-Betriebssysteme Windows, macOS und Linux, sondern auch für die mobilen Betriebssysteme iOS und Android sowie für zahlreiche Geräte aus dem Bereich Home Entertainment. Die Inhalte von Plex lassen sich unter anderem auf Geräte wie Apple TV, Google Chromecast, Amazon Fire TV, Amazon Alexa, Sonos, Play Station und die Xbox streamen. Sie können sich sogar auf einem Smart-TV Ihre Medien unkompliziert ansehen. Wer gerne einmal ein wenig experimentiert, der sollte sich das Plex-System auf alle Fälle einmal anschauen.

Bei der Installation wird der Einrichtungsassistent automatisch gestartet. Damit man Plex sinnvoll benutzen kann, benötigt man ein Benutzerkonto, das Sie sich wie in Abbildung 11.92 gezeigt einrichten müssen. Über dieses Konto können Clients und der Server unkompliziert miteinander verbunden werden. Sie können sich mit einem Konto bei Google, Facebook oder Apple anmelden oder auch ein eigenes Plex-Konto erstellen. Dafür müssen Sie eine E-Mail-Adresse angeben und ein Passwort festlegen.

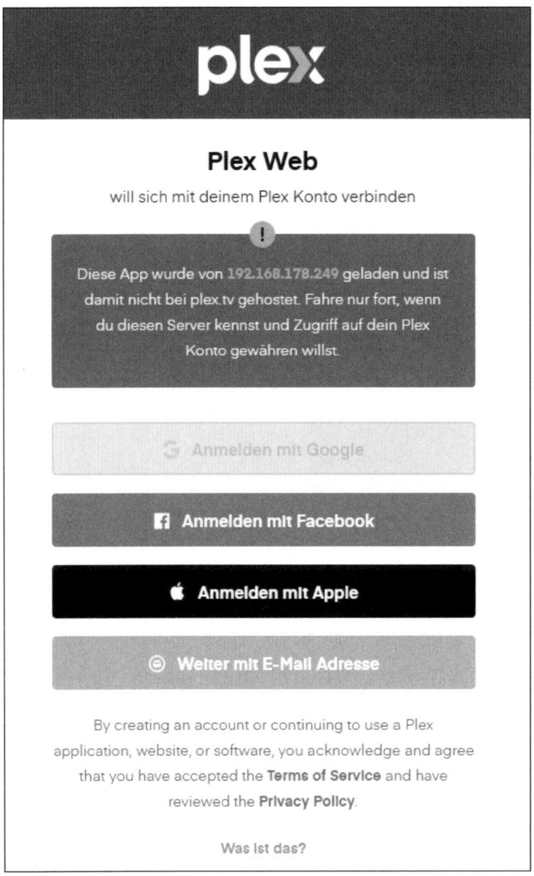

Abbildung 11.92 Zur Nutzung von Plex ist ein Benutzerkonto erforderlich.

Im nächsten Schritt müssen Sie Ihrem Server einen Namen geben. Hier können Sie ruhig den Hostnamen Ihres NAS verwenden oder alternativ auch eine eigene Bezeichnung wählen (siehe Abbildung 11.93). Der Assistent wird Sie fragen, ob Sie den Zugriff auf Ihre Medien auch von außerhalb Ihres Heimnetzwerks ermöglichen wollen. Dafür muss es allerdings auch einen Pfad durch Ihr Netzwerk über Ihren Router und gegebenenfalls eine Firewall bis zu Ihrem NAS geben. Der Installationsassistent hat auf diese Einstellungen (je nach Router) meist keinen Zugriff, deswegen empfiehlt es sich, diese Funktion zunächst zu deaktivieren und sie dann später – bei Bedarf – manuell einzurichten, wenn Sie tatsächlich Ihre Medien auch von unterwegs über das Internet abrufen möchten.

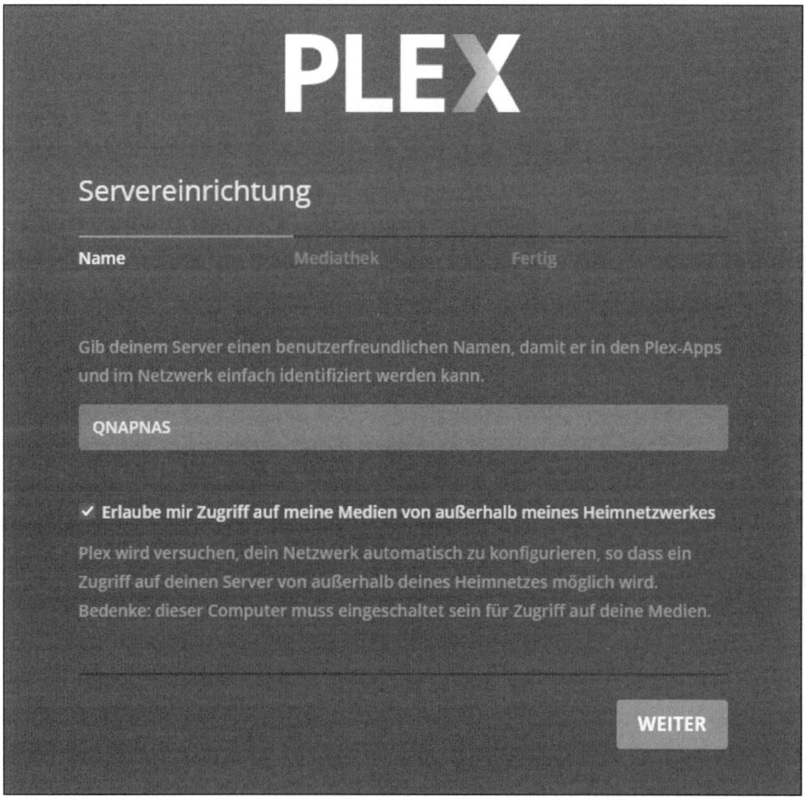

Abbildung 11.93 Legen Sie einen Namen für den Plex Media Server fest.

Wie die QNAP-Apps führt auch der Plex Media Server eine eigene Mediathek und verwaltet darin Ihre Fotos, Musikstücke, Spielfilme und Serienfolgen (siehe Abbildung 11.94). Sie können auch Privatvideos hinzufügen. Den Medienbestand müssen Sie auf dem NAS genauso organisieren wie für die QNAP-Apps. Das gilt besonders für die Benennung der Dateien.

Es ist problemlos möglich, Plex neben den QNAP-Apps zu benutzen. Sie können bereits vorhandene Dateien also jederzeit zu Plex hinzufügen, ohne dadurch die QNAP-Apps zu blockieren.

Abbildung 11.94 Ihre Mediensammlungen müssen Sie zum Plex Media Server hinzufügen.

Klicken Sie im Installationsassistenten auf MEDIATHEK HINZUFÜGEN, und wählen Sie den gewünschten Medientyp.

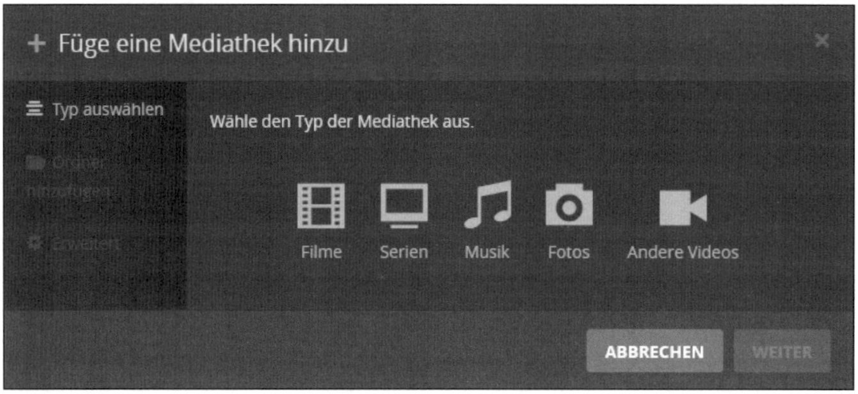

Abbildung 11.95 Plex verwaltet Ihre Medien nach verschiedenen Typen.

Navigieren Sie dann im Dateisystem zum Verzeichnis, das die gewünschten Medien enthält. Für den Einstieg mag dieser Schritt etwas verwirrend sein, denn im Installationsassistenten werden nicht direkt die üblichen Freigabeordner angezeigt, wie man sie in der File Station sieht. Stattdessen sehen Sie das Dateisystem des Linux-Betriebssystems des NAS, auf das Plex (mit entsprechenden Rechten) zugreifen kann. Ihre Freigabeordner finden Sie dort unter dem Eintrag *CACHEDEV1_DATA*.

Sollten Sie eine umfangreiche Datenträgerkonfiguration mit diversen Speicherpools und Volumes angelegt haben, lautet der Verzeichnispfad gegebenenfalls anders. In diesem Fall klicken Sie sich einfach durch die Liste, bis Sie die Freigabeordner gefunden haben. Wählen Sie dann den gewünschten Medienordner aus, und klicken Sie auf HINZUFÜGEN.

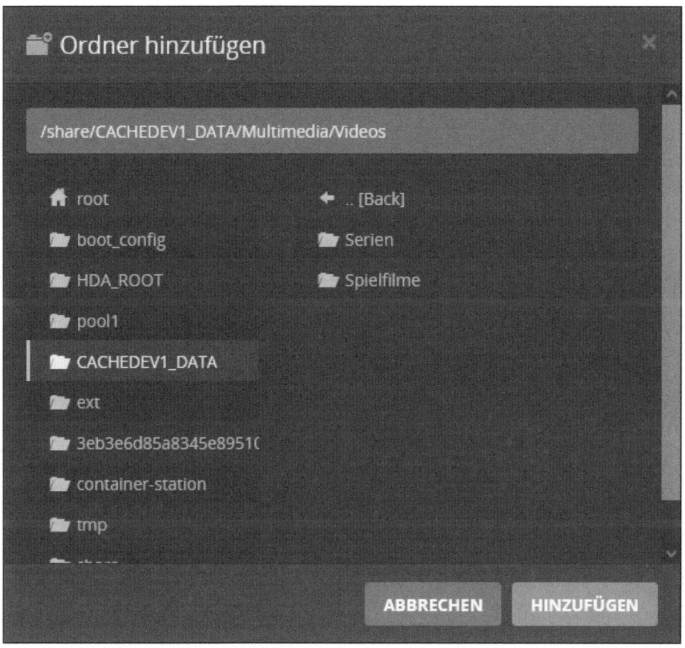

Abbildung 11.96 Suchen Sie nach dem Freigabeordner mit den gewünschten Medien, und fügen Sie diese zu Plex hinzu.

Klicken Sie dann auf MEDIATHEK HINZUFÜGEN (siehe Abbildung 11.97), und wiederholen Sie die Schritte mit allen übrigen Medienkategorien, die Sie in Plex verwenden möchten. Dass Sie ein Online-Konto für Plex benötigen, bedeutet übrigens nicht, dass Ihre privaten Medien zu einem Plex-Server hochgeladen werden. Die Medien verbleiben auf Ihrem NAS.

Das Konto dient nur der Verbindung von Server und Client (allerdings sollten Sie die Zugangsdaten so wählen, dass ein unbefugter Zugriff ausgeschlossen werden kann).

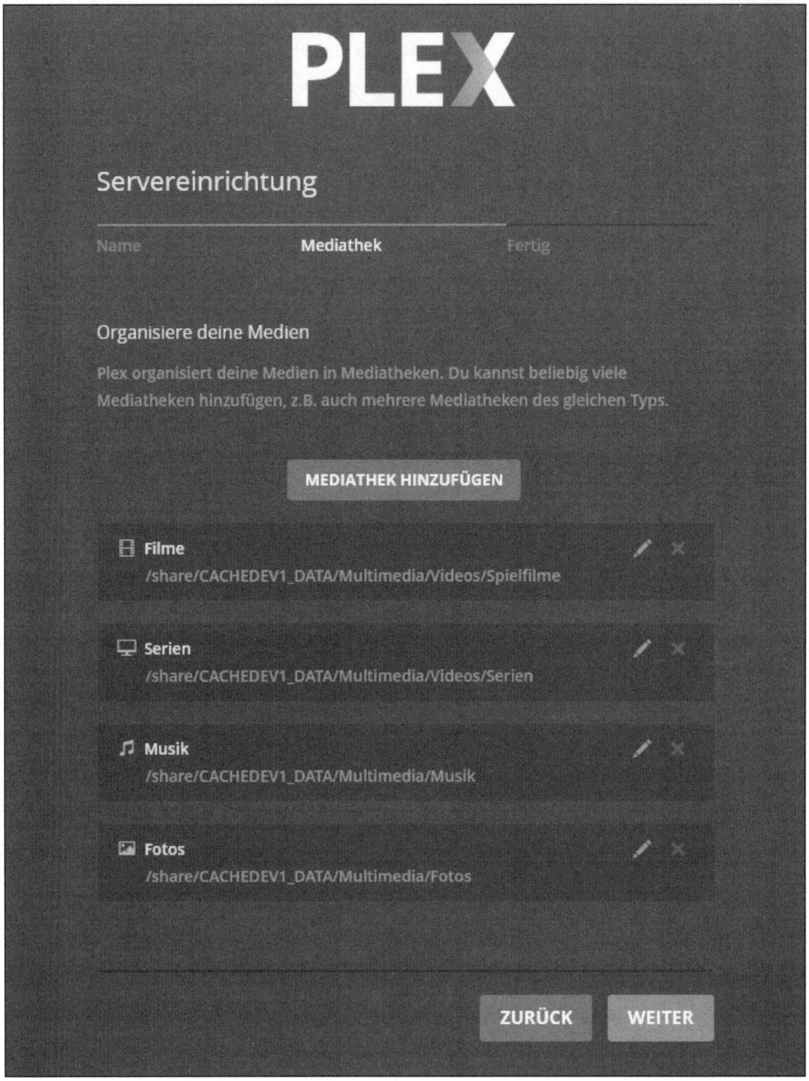

Abbildung 11.97 Fügen Sie alle gewünschten Medientypen zu Plex hinzu.

Damit ist die Einrichtung des Plex Media Servers schon fast abgeschlossen. Der Assistent bietet Ihnen nun an, Apps für die Client-Geräte herunterzuladen. Dieses Angebot müssen Sie zum Ausprobieren nicht direkt annehmen. Wie gesagt bietet Plex bereits in der Grundkonfiguration ein aufgeräumtes Webinterface, mit dem man das System sehr gut kennenlernen kann. Apps für Ihre Mobilgeräte können Sie jederzeit über die offiziellen App-Bezugspunkte wie den Play Store oder den App Store erhalten.

Im Webinterface von Plex gibt darüber hinaus einen Link, über den Sie über weitere Apps für Client-Geräte Informationen erhalten (siehe Abbildung 11.98).

Abbildung 11.98 Auf Wunsch können Sie gleich Apps für Client-Geräte herunterladen.

Wenn Sie auf FERTIG klicken, können Sie direkt einrichten, welche Medienkategorien im Plex-Webinterface angezeigt werden sollen. Klicken Sie dann auf EINRICHTUNG ABSCHLIESSEN (siehe Abbildung 11.99).

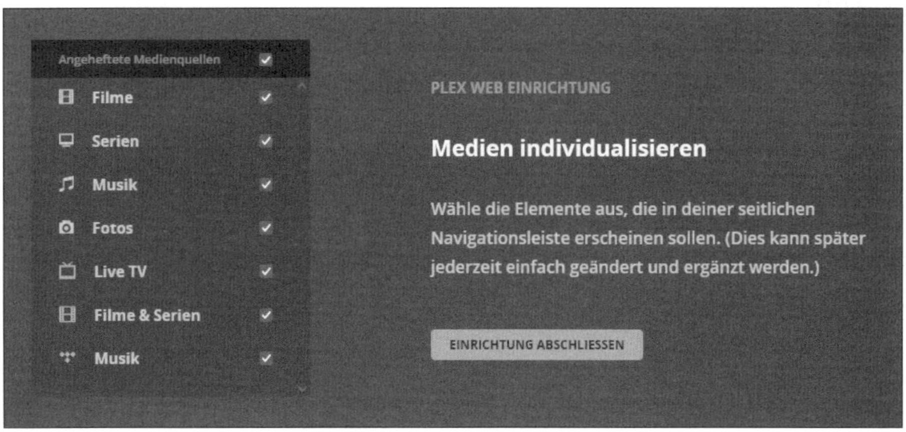

Abbildung 11.99 Sie können auswählen, welche Medienquellen Plex verwalten soll.

Sie sehen nun das Webinterface von Plex (Abbildung 11.100), das Sie mit jedem Browser aufrufen können. Im Hauptmenü des Administrators finden Sie einen Link dorthin. Alternativ lässt sich Plex über Port 32400 ansprechen.

Sie finden auf der linken Seite Ihre Medienkategorien und sehen dann im großen rechten Teil des Fensters die jeweiligen Inhalte. Ein Klick zeigt bei Filmen beispielsweise die Informationen an, die Plex aus dem Internet geladen hat. Eine Play-Schaltfläche ermöglicht schließlich die Wiedergabe der ausgewählten Datei. Plex bietet insgesamt sehr viele Funktionen – einschließlich der Möglichkeit, mit Wiedergabelisten zu arbeiten. Ein Ausprobieren lohnt sich!

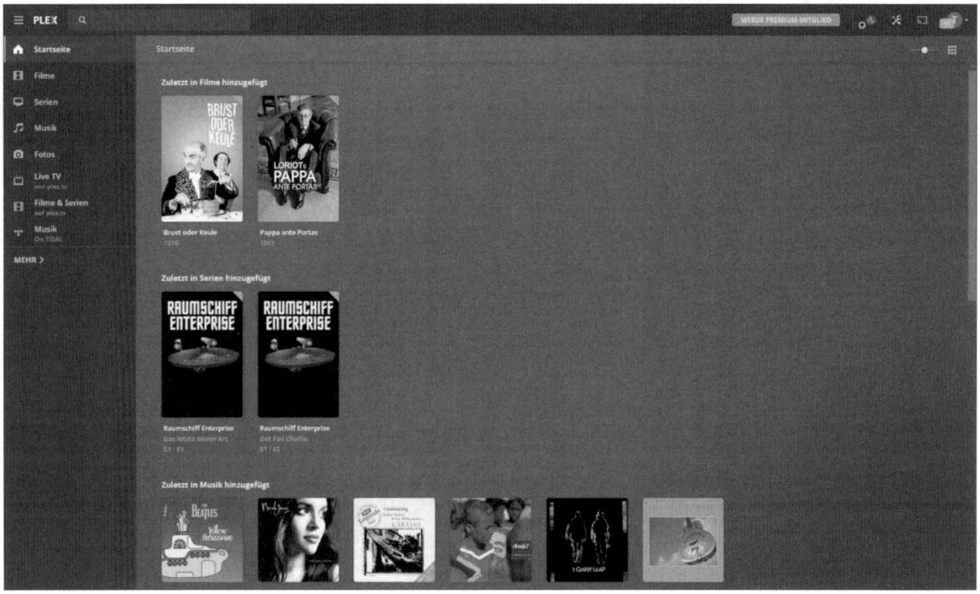

Abbildung 11.100 Plex zeigt Ihnen alle gefundenen Medien nebst Informationen aus dem Internet an. Die Wiedergabe kann beginnen!

Kapitel 12

QVR Pro: Videoüberwachung mit dem NAS

Mit der App QVR Pro kann Ihr QNAP-NAS-System Kameras zu einer zentralen Monitoransicht zusammenfassen und aufzeichnen. Es bildet damit eine Art Schaltzentrale, wie man sie bei Sicherheitsdiensten auf den Monitoren sieht. Und das Ganze ist mit bestimmten Limitierungen sogar kostenfrei nutzbar.

Wir schauen uns zunächst die Unterschiede zwischen dem hier vorgestellten QVR Pro und der bekannten Surveillance Station an. Anschließend stellen wir vor, wie QVR Pro funktioniert. Wir begleiten Sie bei der Installation und der Einrichtung eines Videospeichers. Die Einbindung von IP-Kameras und auch USB-Kameras wird erläutert und wir erklären, wie Sie mit dem QVR Pro Client eigene Kameraansichten zusammenstellen und für die spätere Verwendung speichern. Besonders interessant für Fortgeschrittene sind die Ereignisregeln, mit denen auf fast alles, was die Kamera erkennt, mit unterschiedlichen Aktionen reagiert werden kann.

12.1 Surveillance Station vs. QVR Pro

Wenn man alte QNAP-Hasen fragt, wie man mit dem NAS eine Kameraüberwachung realisiert, hört man als Erstes das Stichwort *Surveillance Station*. Dabei handelt es sich um den Vorgänger von QVR Pro. Obwohl man zur Surveillance Station noch recht viel an Werbeinformationen auf der offiziellen QNAP-Website findet, ergibt es wenig Sinn, sich näher mit diesem Produkt auseinanderzusetzen, da QNAP es nicht mehr weiterentwickelt.

In einem Newsbeitrag vom Juli 2021 gibt QNAP auf seiner Website an, dass QNAP-NAS-Modelle, die nach 2021 veröffentlicht werden, die Surveillance Station nicht mehr unterstützen (*https://www.qnap.com/en/news/2021/qnap-announces-the-life-cycle-policy-of-surveillance-station*). Achtung: Mit »veröffentlicht« ist gemeint, wann QNAP das NAS auf den Markt gebracht hat. Es gibt demnach viele NAS-Systeme, die derzeit noch in den Ladenregalen stehen, die Surveillance Station unterstützen.

Weiter heißt es in dem Beitrag allerdings, dass Updates und Support dem Lebenszyklus des NAS-Systems folgen. Das heißt ganz konkret: Wenn der Produktsupport für das erworbene NAS ausläuft und Sie auf ein neues Modell umsteigen, wird das neue NAS-System Surveillance Station nicht mehr unterstützen.

Den Gnadenschuss gibt QNAP mit dem Hinweis, dass seit August 2021 auch keine Lizenzen mehr für Surveillance Station gekauft werden können. Diese werden ab einer gewissen Kameraanzahl und für bestimmte Features benötigt.

Fazit: Wenn Sie sich bereits mit Surveillance Station auskennen, sollten Sie sich den Nachfolger anschauen. Wenn Ihnen Surveillance Station lediglich als Begriff in Gesprächen mit anderen QNAP-Anwenderinnen und -Anwendern oder im Internet beim Recherchieren begegnet ist, denken Sie daran, dass sich eine Einarbeitung nicht mehr lohnt.

Was macht QVR Pro nun konkret besser als Surveillance Station? Die Bewegungserkennung funktioniert nun mit jeder Kamera. Während Surveillance Station für die Bewegungserkennung noch auf die Funktionen der Kamera zurückgreifen musste (die nicht immer hervorragend implementiert sind), übernimmt QVR Pro selbst die Erkennung – ganz unabhängig davon, ob die Kamera eine Bewegungserkennung anbietet oder nicht. Außerdem soll die maximale Wiedergabegeschwindigkeit von QVR Pro gegenüber Surveillance Station stark verbessert worden sein. Anwender berichten von bis zu 10fach schnellerer Wiedergabe. Abschließend macht QNAP den Umstieg noch schmackhaft, indem Lizenzen zur Einbindung von bis zu acht Kameras inklusive sind. Bei Surveillance Station war die Anzahl abhängig vom NAS, aber lag in der Regel niedriger.

12.2 Funktionsweise von QVR Pro

QVR Pro ist eine App, die über das App Center auf dem NAS-System installiert wird. Sie funktioniert bei NAS-Systemen mit mindestens 4 GB Arbeitsspeicher.

Startet man QVR Pro in der Weboberfläche, so wird dieses nicht – wie bei den meisten anderen Apps – in einem Fenster geladen, sondern es öffnet sich ein neuer Browser-Tab.

Das Programm hat eine eigene Login-Maske und bietet eine eigenständige Weboberfläche, die Sie mit einer separaten URL aufrufen können. Der Login erfolgt mit denselben Zugangsdaten wie bei der bekannten NAS-Weboberfläche. Wenn Sie QVR Pro als Link von der normalen NAS-Weboberfläche aufrufen, sind Sie bereits eingeloggt. Nur wenn Sie es direkt aufrufen, werden Sie nach Logindaten gefragt.

QVR Pro wird nicht wie File Station oder Qsync Central in der Systemsteuerung für bestimmte NAS-Benutzer freigegeben. Das Programm ist darin nicht aufgelistet. Stattdessen hat QVR Pro eigene Einstellungsdialoge, in denen bis auf die einzelne Kamera eingestellt werden kann, welcher NAS-Benutzer was in QVR Pro nutzen oder ändern kann. Somit ist es möglich, dass Sie unterschiedliche Benutzergruppen erstellen, die verschiedene Kameras einsehen können. Da auch einige sonstige Systemeinstellungen des NAS in der QVR-Pro-Weboberfläche zu finden sind, sind auch geübte QNAP-Benutzer zunächst etwas verwirrt, wieso die Optik so stark an die normale Weboberfläche angelehnt ist und so viele Einträge von ihr übernimmt, es aber am Ende doch ein eigenes Produkt ist, in dem man nicht alle Einstellungen findet (teils verlinkt QVR Pro in die gewöhnliche Systemsteuerung der anderen Weboberfläche).

Innerhalb der Weboberfläche von QVR Pro konfigurieren Sie weiterhin Aufnahmespeicher für die Kameraaufnahmen. Damit werden im vorhandenen NAS-Speicher abgetrennte Speicherpools geschaffen, die im Speicherumfang bewusst begrenzt werden können. Damit erreichen Sie, dass die Kameraüberwachung nicht das NAS vollschreiben kann. Außerdem können direkt die in HybridMount angelegten, entfernten Speicher wie andere NAS-Systeme oder Cloud-Speicherdienste genutzt werden, um die Kameraaufnahmen abzulegen.

Nachdem ein Aufnahmespeicher definiert wurde, können Sie Kameras anlegen. Hierbei sucht QVR Pro zunächst das Netzwerk nach unterstützten IP-Kameras ab. Wenn die gesuchte Kamera nicht aufgeführt wird, können Sie sie manuell über die Eingabe der IP-Adresse aufrufen. Ein besonderer Clou ist dabei: Sie können mit einer zusätzlichen NAS-App sogar eine oder mehrere per USB an das NAS angeschlossene Webcams in QVR Pro nutzen. Damit beschäftigen wir uns in Abschnitt 12.6, »Einbindung von Kameras«.

Zuletzt können Sie in der Weboberfläche von QVR Pro Ereignisregeln hinterlegen, mit denen die App selbstständig Aktionen durchführt, sobald bestimmte Bedingungen erfüllt sind. Die Erkennung von Bewegung in einem Kamerabild ist nur eine der unterstützten Ereignisse. Es gibt wesentlich mehr, und Sie können diese sogar kombinieren – dazu mehr in Abschnitt 12.9, »Bewegungen erkennen und auf Ereignisse reagieren«. An durchführbaren Aktionen gibt es neben Aufzeichnungen unter anderem auch Push-Benachrichtigungen in QVR Pro, E-Mails und URL-Aufrufe.

Haben Sie bei der Aufzählung der Funktionen etwas vermisst? Das Wichtigste ist im Webinterface von QVR Pro nicht möglich: das Anschauen von Kamerabildern oder Aufzeichnungen. Dafür gibt es folgende Programme, die alle außerhalb des Webinterfaces funktionieren:

- QVR Pro Client für Windows, macOS oder Ubuntu
- QVR Pro Smart Client als Programm, wenn das NAS direkt an einen HDMI-Bildschirm angeschlossen wird. Dieses ist kostenpflichtig.
- App QVR Pro auf dem Smartphone

Im Client können Sie sich unterschiedliche Ansichten aus verschiedenen Kameras zusammenbauen und diese unter einem Namen ablegen. Sie können die Kameras sogar auf Grundrissen positionieren, um sich besser orientieren zu können. Es ist auch möglich, Teilbereiche von Kamerabildern in vergrößerter Form als eigene »virtuelle Kamera« in die Ansichten aufzunehmen, etwa um Kassenbereiche oder Bedienterminals zu vergrößern. Auch Kameras mit Fischaugentechnik, die 360 Grad erfassen, können Sie auf diese Weise in einzelne Bildausschnitte unterteilen. Und natürlich ermöglicht der QVR Pro Client die Recherche in den Kameraaufzeichnungen. Sofern Sie Ereignisse in der Weboberfläche programmiert haben, die Push-Benachrichtigungen anzeigen sollen, so erhalten Sie diese im Client.

Mit teils kostenpflichtigen Zusatzmodulen können Sie Gesichtserkennung nachrüsten, mehrere NAS-Systeme zu einem Center zusammenschalten, Failover-Speicher für den Fall von Speicherfehlern einrichten, Türen öffnen, Personen zählen und einiges mehr. Wir werfen später einen Blick darauf.

Wer mehrere QVR-Pro-fähige NAS-Systeme hat, muss im QVR Client zwischen diesen recht umständlich umschalten. Wer eine zusammenfassende Ansicht von Kameras mehrerer NAS-Systeme haben möchte, kann QVR Center einsetzen.

12.3 Lizenzierung

QVR Pro bietet acht eingebaute, kostenfreie Kamerakanäle und einen maximalen Aufzeichnungszeitraum von vierzehn Tagen. Zugreifen können nur lokale NAS-Nutzer, keine Domänennutzer (wenn das NAS denn Teil einer Domäne ist oder selbst eine aufspannt). Falls Ihnen das nicht ausreicht, müssen Sie Zusatzlizenzen im QNAP Store erwerben.

Ein weiterer Kanal kostet im Herbst 2022 69 US-Dollar. Ebenso gibt es ein Paket mit vier Kanälen (259 US-Dollar) und eines mit acht Kanälen (479 US-Dollar). Separat davon kann man eine Gold-Lizenz für 400 US-Dollar erwerben, die acht Kanäle, die Einbindung von Domänenbenutzern sowie eine unlimitierte Wiedergabe enthält. Es kann aber nur eine Gold-Lizenz pro NAS aktiviert werden. Wenn Sie also mehr als 16 Kanäle benötigen, müssen Sie neben der Gold-Lizenz noch weitere Kanäle einzeln kaufen. Falls Sie sich an der Kanalanzahl nicht stören, können Sie mit einem 99 US-Dollar teuren Modul die 14-Tage-Limitierung aufheben und sparen damit einiges gegenüber der Gold-Lizenz.

Neben diesen Lizenzen gibt es Add-ons für QVR Pro, die als separate Apps im App Center erhältlich sind. Diese schauen wir uns später an.

Das QVR Center, das mehrere QVR-Pro-Installationen zusammenfasst, beinhaltet eine Lizenz für zwei NAS-Geräte. Wer mehr zusammenschalten möchte, muss knapp 10 US-Dollar pro Monat bzw. knapp 100 US-Dollar pro Jahr investieren. NAS-Systeme mit Gold-Lizenzen zählen bei der Lizenzierung von QVR Center nicht, sie können gratis eingebunden werden.

Die Preisangaben haben wir im Herbst 2022 recherchiert; sie können sich ebenso wie das allgemeine Lizenzierungsmodell von QVR Pro ändern.

12.4 Installation

Um Ihr NAS für die Kameraüberwachung einzurichten, benötigen Sie als Erstes die QVR-Pro-App. Die Installation nehmen Sie wie folgt vor:

1. Loggen Sie sich als Administrator in die Weboberfläche des NAS-Systems ein, und öffnen Sie das App Center. Verwenden Sie die Suche oben rechts, und suchen Sie nach »QVR«.
2. Es werden aufgrund zahlreicher Zusatzmodule mehrere Suchergebnisse angezeigt. Wir benötigen in diesem Fall erst einmal die Hauptanwendung. Klicken Sie bei der App QVR PRO auf den Button INSTALLIEREN.
3. Nach der Installation wird der Installationsbutton zum Öffnen-Button. Klicken Sie auf ÖFFNEN. Die Installation ist noch nicht abgeschlossen.
4. Beim ersten Start zeigt QVR Pro einen zusätzlichen Installationsassistenten, der im ersten Schritt die Systemanforderungen prüft.
5. Im zweiten Schritt bittet der Assistent um Bestätigung des eingestellten Systemdatums und der Uhrzeit.
6. Im dritten Schritt installiert die App das Webinterface für QVR Pro. Dies kann einige Minuten in Anspruch nehmen. Wenn QVR Pro auf diesem NAS früher schon einmal installiert war und die Ordnerstruktur auf dem Speicherpool noch vorhanden ist, erkennt der Assistent die Installationsreste und die vorige Datenbank in diesen Ordnern. Sie können dann zwischen einer Neuinstallation und einer Wiederherstellung wählen.
7. Anschließend wird Ihnen eine Erfolgsmeldung mit einem Link zum QVR-Pro-Webinterface angezeigt (siehe Abbildung 12.1). Klicken Sie auf den Link QVR PRO-WEBKONSOLE ÖFFNEN.
8. Setzen Sie sich als Erstes ein Lesezeichen für diese separate QVR-Bedienkonsole im Browser, damit Sie sie rasch erreichen.

Nach der Installation können Sie das QVR-Pro-Webinterface aufrufen. Die Adresse lautet *https://[ip-des-nas]/qvrpro*.

Abbildung 12.1 QVR-Pro-Installationsassistent

12.5 Einen Aufnahmespeicher einrichten

Sie können QVR Pro auch ohne einen Aufnahmespeicher nutzen. Dann werden die Livebilder jeder Kamera angezeigt, Sie können aber nicht nachträglich in Aufnahmen recherchieren, weil schlicht nichts aufgenommen wurde. Für eine Videoüberwachung ist das natürlich denkbar schlecht, daher ergibt das Setup erst so richtig Sinn, wenn Sie auch »Beweisbilder« aufnehmen. Richten Sie daher als Nächstes einen Aufnahmespeicher ein. Erst dann kümmern wir uns um die Einbindung von Kameras.

Einen Aufnahmespeicher legen Sie wie folgt an:

1. Öffnen Sie das Webinterface von QVR Pro (*https://[ip-des-nas]/qvrpro*), und loggen Sie sich als Administrator ein.

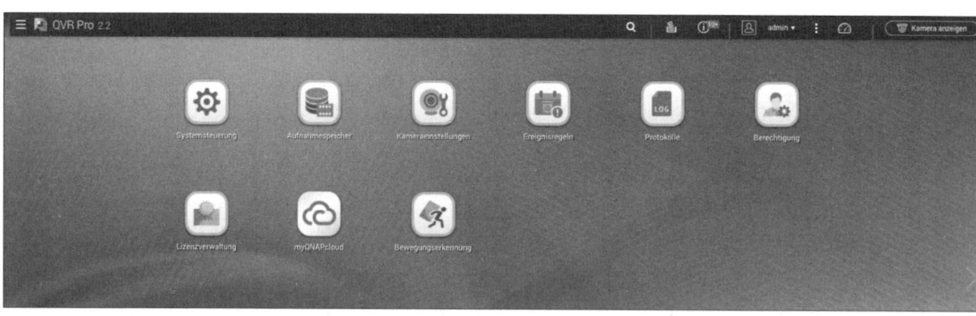

Abbildung 12.2 Das Webinterface von QVR Pro

2. Klicken Sie auf AUFNAHMESPEICHER. Es öffnet sich ein neues Fenster. Orientieren Sie sich kurz. In diesem Fenster können Sie später auch Aufnahmen zur Sicherung auf entfernte NAS-Systeme kopieren. Außerdem finden Sie hier Tools für die Reparatur der QVR-Pro-Datenbank. Eine Reparatur ist gegebenenfalls nach einem harten Ausschalten des NAS notwendig.
3. Klicken Sie im linken Menü auf AUFNAHMESPEICHERPLATZ und dann auf den Button AUFNAHMESPEICHERPLATZ ERSTELLEN.
4. Vergeben Sie im Feld NAME optional einen Namen für den Speicher.
5. Wählen Sie durch Setzen von Haken ein oder mehrere Volumes aus, auf denen der Aufnahmespeicherplatz eingerichtet werden soll. Für jedes Volume, das Sie hier aktivieren, können Sie im Eingabefeld rechts eingeben, mit wie vielen GB oder TB Speicher dieses Volume maximal durch QVR-Pro-Aufnahmedaten belegt werden darf. Alle Volumes, die Sie hier aktivieren, ergeben *in Summe* den Aufnahmespeicherplatz (in Abbildung 12.3 benannt als INSGESAMT ZUGEWIESEN). Dieser wird oberhalb der Liste unter dem Dropdown-Feld in Grün angezeigt.
6. Setzen Sie das AUFBEWAHRUNGSVERHÄLTNIS. Hier können Sie in 5 %-Intervallen einen Schwellenwert zwischen 80 und 95 % wählen. Dieser gilt für die Gesamtauslastung der Volumes in Summe. Am Beispiel des Screenshots: Wenn Sie für die insgesamt 1.000 GB ein Verhältnis von *80 %* vorgeben, wird QVR Pro den zugewiesenen Speicher auf den einzelnen Volumes bis zu 80 % (also mit 800 GB) vollschreiben, ehe es alte Aufnahmen löscht. Zur Klarstellung: Es schreibt *nicht das Volume* zu 80 % voll, sondern den reservierten Speicherplatz von insgesamt 1.000 GB, den Sie rechts in der Tabelle zu jedem Volume definiert haben.

Abbildung 12.3 Aufnahmespeicherplatz erstellen in QVR Pro

7. In Schritt 2 des Assistenten können Sie optional ein Reserve-Volume definieren. Dieses wird in Anspruch genommen, wenn das erste Volume nicht verfügbar ist.
8. In Schritt 3 wird Ihnen eine Zusammenfassung angezeigt, die Sie mit Klick auf ANWENDEN bestätigen. Schließen Sie den Assistenten mit FERTIGSTELLEN.

Aufnahmen in die Cloud auslagern

Wenn Sie einen Aufnahmespeicherplatz definieren, finden Sie oben im Fenster auch einen Reiter HYBRIDMOUNT. Hier können Sie Speicher sehen, die Sie in der separaten App HybridMount eingebunden haben. Dies kann ein entferntes NAS sein, aber auch ein Cloud-Speicher. Wir behandeln HybridMount in Abschnitt 8.2 genauer.

Dazu ein Beispielszenario: Da QVR Pro HybridMount unterstützt, können Sie damit Ihre Kameraaufnahmen auch direkt in die Cloud speichern. Dank Reserve-Volume können Sie zur Ausfallsicherheit lokal speichern, so dass bei fehlendem Internetzugang weiterhin aufgezeichnet wird. Da das Reserve-Volume wirklich nur in Anspruch genommen wird, wenn das Haupt-Volume nicht verfügbar ist, werden die Aufnahmen standardmäßig in die Cloud geschrieben.

12.6 Einbindung von Kameras

Nachdem Sie mit Hilfe des vorigen Abschnitts einen Speicherplatz für Aufnahmen definiert haben, geht es nun darum, die Kameras einzubinden. Zunächst schauen wir uns an, welche Modelle unterstützt werden. Danach geben wir eine Schritt-für-Schritt-Anleitung zur Einbindung.

12.6.1 Unterstützte Kameramodelle

QVR Pro kann mit folgenden Kamerasorten verwendet werden:

- IP-Kameras, die von QVR Pro direkt unterstützt werden. Die Liste unterstützter Modelle finden Sie vor, wenn Sie versuchen, eine Kamera einzubinden, außerdem auf *https://www.qnap.com/de-de/compatibility-qvr-pro*.
- IP-Kameras, die von QVR Pro nicht direkt unterstützt werden, die aber das generische *RTSP (Real Time Streaming Protocol)* unterstützen. Hierbei bietet die Kamera eine Schnittstelle zum Abgreifen des Videostreams, den das NAS als Kanal abonniert und in QVR Pro einbindet.
- IP-Kameras, die von QVR Pro nicht direkt unterstützt werden, die aber *RTMP (Real Time Messaging Protocol)* unterstützen. Hierbei erzeugt das NAS mit Hilfe des Einstellungsdialogs eine Schnittstelle, die in den Geräteeinstellungen hinterlegt werden muss. Das Gerät muss seinerseits die Video- und Audiodaten an die vom NAS erzeugte RTMP-URL senden.

- IP-Kameras, die nicht zu den vorgenannten Kategorien zählen, aber ihr Kamerabild per URL-Abruf in Form eines JPEG-Bilds bereitstellen können, können ebenfalls eingebunden werden. Einige sehr alte Kameramodelle zählen dazu.
- USB-Webcams. Ja, tatsächlich können an die USB-Schnittstellen des NAS auch Webcams angeschlossen werden, und QVR Pro kann deren Signale weiterverarbeiten.

12.6.2 USB-Kameras mit QUSBCam2 anbinden

Wir beginnen mit der Einbindung von USB-Kameras. Diese müssen direkt an die USB-Schnittstellen des NAS angeschlossen werden. Dank der Zusatz-App QUSBCAM2 werden sie vom NAS erkannt und in IP-Kameras umgewandelt. Dabei werden durch die Einbindung auch das RTSP-Protokoll und ONVIF unterstützt. Somit können Drittanbieter-Programme wie VLC die Kamerasignale abgreifen – oder eben QVR Pro. Auf einem NAS-System mit dem leistungsschwächeren ARM-Prozessor können per QUSBCam2 keine Audiodaten abgegriffen werden.

So installieren Sie die App:

1. Loggen Sie sich als Administrator in die Weboberfläche des NAS-Systems ein. Bitte in die »normale« Weboberfläche, nicht in QVR Pro.
2. Starten Sie das App Center, und nutzen Sie die Suchfunktion [Q], um nach »QUSBCam« zu suchen.
3. Ihnen wird das Suchergebnis QUSBCAM2 angezeigt. Die App stammt direkt von QNAP. Installieren Sie diese mit dem Button INSTALLIEREN.

So richten Sie eine Kamera in QUSBCam2 ein:

1. Starten Sie QUSBCam2 in der NAS-Weboberfläche über das Hauptmenü [≡].
2. Ein Willkommensbildschirm mit einem Assistenten wird angezeigt. Schließen Sie diesen per Klick auf das Symbol [X] oben rechts.
3. Im Hauptbildschirm von QUSBCam2 sehen Sie die Kameras, die erkannt wurden. Wenn Sie eine Kamera anklicken, sehen Sie anhand der Schemazeichnung des NAS-Systems, an welchem USB-Port die Kamera angeschlossen ist.

Damit das Kamerasignal von außerhalb der App abgerufen werden kann, muss in QUSBCam2 ein Kanal, bestehend aus einer Kamera und einem USB-Anschluss, erstellt werden. Kamera und USB-Port bilden ein festes Paar. Wenn Sie die Kamera später einmal an einen anderen USB-Anschluss anschließen sollten, muss ein neuer Kanal in QUSBCam2 erstellt werden. QUSBCam2 bietet vier Kanäle, so dass Sie bis zu vier USB-Kameras einbinden können. Folgende Schritte führen Sie bitte bei jeder USB-Kamera durch, die mit QVR Pro verwendet werden soll:

1. Wenn noch nicht geschehen, aktivieren Sie die USB-Webcam. Betätigen Sie dazu den Schiebeschalter in der Spalte AKTIVIEREN, so dass dieser grün dargestellt wird (siehe Abbildung 12.4).

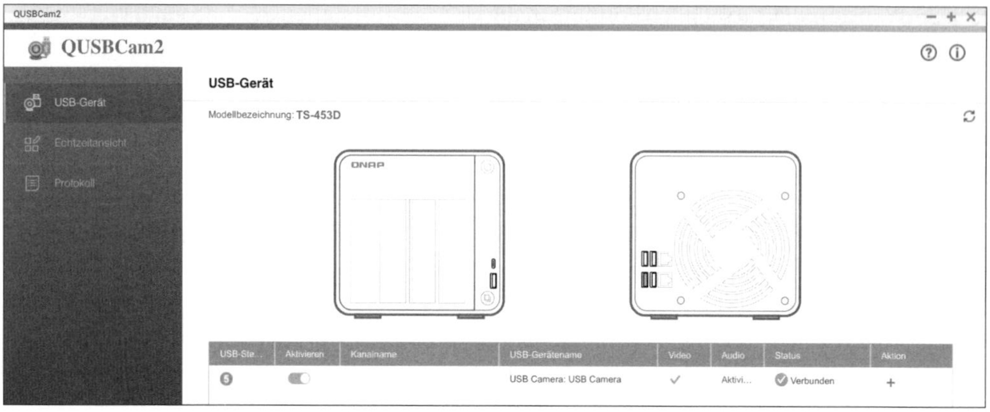

Abbildung 12.4 Kameraübersicht in QUSBCam2

2. Klicken Sie auf das Symbol [+], um einen Kanal für die Kamera zu erstellen.
3. Im Dialogfenster stellen Sie die für Ihre Webcam passenden Werte ein (siehe Abbildung 12.5). Orientieren Sie sich an den technischen Daten, die in der Bedienungsanleitung zu finden sind. Beachten Sie außerdem: Je höher die Auflösung und je mehr Bilder pro Sekunde Sie abrufen, desto höhere Last wird auf dem NAS erzeugt. Uns reichen in diesem Beispiel 640×480 Pixel bei 5 Bildern pro Sekunde. Klicken Sie auf ÜBERNEHMEN, um den Kanal zu erstellen.

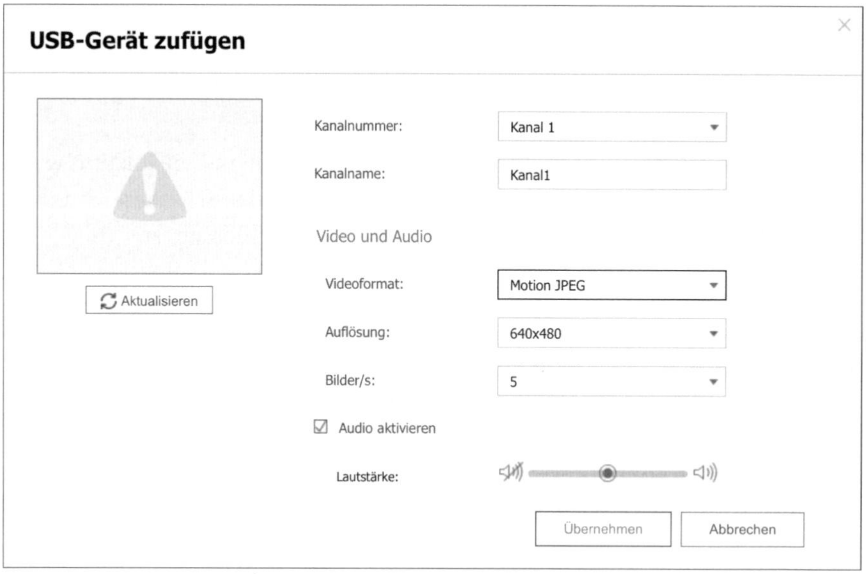

Abbildung 12.5 Kanal erstellen mit QUSBCam2

4. Klicken Sie im linken Menü von QUSBCam2 auf ECHTZEITANSICHT, und vergewissern Sie sich, dass ein Bild der Kamera eingeblendet wird.
5. Klicken Sie in der Echtzeitansicht bei der Kamera auf , um den Kanal für externe Anwendungen wie QVR Pro freizugeben.
6. Es erscheint ein Assistent. Setzen Sie darin den Haken DIESEN KANAL FREIGEBEN. Setzen Sie zur Sicherheit einen Validierungscode. Wenn kein Code gesetzt ist, kann das Kamerasignal ohne weitere Eingabe eines Codes durch Drittprogramme abgerufen werden. Wie wir später gemeinsam feststellen, hat dieser Code für QVR Pro keinerlei Bedeutung. Um einem Missbrauch durch andere Anwendungen vorzubeugen, setzen Sie dennoch einen. Klicken Sie danach auf ÜBERNEHMEN.
7. Es wird Ihnen eine URL angezeigt, die Sie jedoch nur für Drittanbieter-Programme benötigen. QVR Pro findet die Kamera nach der Freigabe auch ohne Eingabe einer URL. Schließen Sie den Assistenten per Klick auf SCHLIESSEN.

Sie können QUSBCam2 nun schließen. Die Freigabe bleibt aktiv. Da die USB-Webcam nun zu einer IP-Kamera geworden ist, fahren Sie mit der Anleitung zur Einbindung von IP-Kameras in QVR Pro fort.

12.6.3 IP-Kameras einbinden

Wenn Sie die IP-Kamera in QVR Pro einbinden, halten Sie die IP-Adresse und die Zugangsdaten zum Webinterface der Kamera bereit.

1. Öffnen Sie das Webinterface von QVR Pro (*https://[ip-des-nas]/qvrpro*), und loggen Sie sich als Administrator ein.
2. Klicken Sie auf KAMERAEINSTELLUNGEN. Es erscheint eine Übersicht aller bisher eingebundenen Kameras. Klicken Sie auf HINZUFÜGEN.

Mit etwas Glück wird die Kamera im nun angezeigten Assistenten direkt gefunden. Das ist meist der Fall, wenn QVR Pro das Modell direkt unterstützt. Auch die von QUSBCam2 erzeugten Kanäle für USB-Kameras erscheinen hier ohne Umwege in der Liste. Für alle weiteren Kameras beachten Sie unseren Kasten »Sonstige IP-Kameras einbinden«.

1. Aktivieren Sie die Kamera durch Setzen eines Hakens vor dem Modell, und klicken Sie auf WEITER.
2. Im nächsten Schritt tragen Sie IP-ADRESSE, ANSCHLUSS, RTSP-PORT, HTTPS-PORT, KONTO (Benutzernamen) und PASSWORT jeder Kamera ein, die vom Assistenten gefunden wurde. Die wichtigsten Angaben hat der Assistent bereits vorausgefüllt (siehe Abbildung 12.6).

Wenn es sich um eine QUSBCam2-Kamera handelt, tragen Sie bei KONTO und PASSWORT bitte die Zugangsdaten eines NAS-Administrators ein.

1. Klicken Sie auf Test, um den Zugang zu testen.
2. Klicken Sie oberhalb der Liste auf Kameraname eingeben, und vergeben Sie für jede Kamera einen Namen, der Ihnen die Wiedererkennung erleichtert. Wenn Sie fertig sind, klicken Sie auf Weiter.
3. Bei der Nachfrage zum Bearbeiten von Einstellungen wählen Sie Später bearbeiten. Dies betrifft die Aufnahmeeinstellungen, die wir separat anschauen.

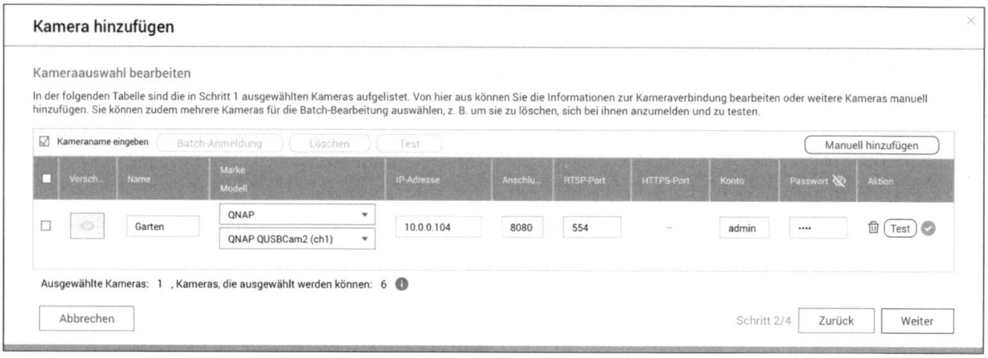

Abbildung 12.6 Kamera einbinden in QVR Pro

Falls Sie von einer Kamera kein Vorschaubild sehen, kann dies ein Hinweis auf eine fehlerhafte Einbindung sein – muss es aber nicht. Wir haben in unseren Tests einige Fälle erlebt, in denen im Einbindungsassistenten kein Vorschaubild angezeigt wurde, im Client das Bild aber fehlerfrei dargestellt wurde.

Sonstige IP-Kameras einbinden

Wenn der Assistent Ihre Kamera nicht auflistet, gehen Sie wie folgt vor:

1. Im Assistenten zum Hinzufügen neuer Kameras klicken Sie in der leeren Suchergebnisliste (Schritt 1/4) auf Weiter.
2. In Schritt 2/4 klicken Sie rechts oberhalb der Liste auf Manuell hinzufügen.
3. Es wird daraufhin ein neuer Eintrag in der Liste erzeugt. Wählen Sie die Marke und das Modell der Kamera aus der Dropdown-Liste aus.

Die folgenden Schritte kennen Sie bereits. Wenn Sie das Modell nicht in der Liste finden, versuchen Sie die Einbindung auf einem der folgenden Wege:

1. Wenn die IP-Kamera RTSP unterstützt, rufen Sie die RTSP-URL aus den Einstellungen bzw. dem Webinterface der Kamera ab. In QVR Pro wählen Sie als Marke Generic Model und als Modell Generic RTSP. Nun tragen Sie die IP-Adresse und die RTSP URL manuell ein. Bei Konto und Passwort tragen Sie die Zugangsdaten zum Webinterface der IP-Kamera ein.

2. Wenn die IP-Kamera RTMP unterstützt, wählen Sie als Marke GENERIC MODEL und als Modell GENERIC RTMP. Klicken Sie rechts in der Liste auf [RTMP], und erzeugen Sie einen RTMP-Link, den Sie danach in der Kamera hinterlegen.
3. Wenn die IP-Kamera ONVIF unterstützt, wählen Sie bei Marke ONVIF. Unter MODELL finden Sie dann einige ONVIF-Modelle, die Sie testen können, um Ihre Kamera einzubinden.
4. Wenn die IP-Kamera wenigstens eine URL zum Anzeigen eines JPEG-Bilds bereitstellt, können Sie dieses über die Marke GENERIC MODEL und das Modell GENERIC JPEG abrufen, um es in QVR Pro einzubinden. Die URL zum Bild tragen Sie dann in die Spalte HTTP URL ein. Den ANSCHLUSS können Sie auf *80* belassen, wenn die URL mit *http* beginnt. Wenn Sie hingegen mit *https* beginnt, tragen Sie bei ANSCHLUSS *443* ein. Gegebenenfalls setzen Sie noch die Zugangsdaten, wenn das Bild nur kennwortgeschützt abrufbar ist.

12

12.7 Aufnahmezeitpläne festlegen

Bald haben Sie es geschafft! Nachdem Sie Aufnahmespeicher angelegt und Kameras verbunden haben, legen Sie nun fest, ob und wie Kameras aufzeichnen.

Jede Kamera kann mit einem individuellen Zeitplan aufnehmen, der eine ganze Woche in 15 Minuten große Intervalle unterteilt. Ausnahmetage können leider nicht hinzugefügt werden.

Die folgenden Einstellungen legen Sie bitte für jede Kamera separat fest:

1. Öffnen Sie im QVR-Pro-Webinterface die Kameraeinstellungen.
2. Klicken Sie bei der Kamera, deren Aufnahmeeinstellungen Sie anpassen möchten, auf BEARBEITEN.
3. Wechseln Sie oberhalb der Liste in den Reiter STREAM & AUFNAHME (siehe Abbildung 12.7)

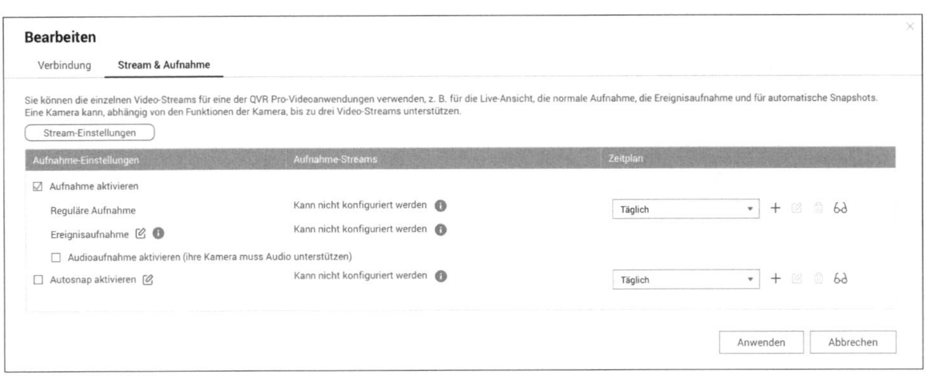

Abbildung 12.7 Aufnahmeeinstellungen in QVR Pro

4. Aktivieren Sie den Haken AUFNAHME AKTIVIEREN, und wählen Sie in der Spalte ZEITPLAN einen Eintrag aus der Dropdown-Liste aus. Um stattdessen einen individuellen Zeitplan zu erstellen, klicken Sie auf BEARBEITEN [+]. Hier können Sie in 15-Minuten-Intervallen die Aufnahmezeiten festlegen.
5. Klicken Sie hinter EREIGNISAUFNAHME auf BEARBEITEN. Hier legen Sie fest, wie viele Sekunden vor einer Bewegungserkennung die Aufnahme starten soll und wie viele Sekunden sie nach der Bewegungserkennung noch weiterlaufen soll. Damit die Aufnahme bei einer Bewegungserkennung funktioniert, müssen Sie Ereignisse hinzufügen. Darauf gehen wir in Abschnitt 12.9, »Bewegungen erkennen und auf Ereignisse reagieren«, noch genauer ein. Klicken Sie auf ANWENDEN.

Wiederholen Sie diesen Vorgang wie angegeben für jede eingerichtete Kamera.

Was ist Autosnap?

Wenn Sie *Autosnap* in den Aufnahmeeinstellungen aktivieren, nimmt QVR Pro in einem definierten Intervall Standbilder der Kamera als JPEG-Bild auf. Diese Einstellung ist unabhängig von einer Aufnahme einstellbar, d. h., auch bei deaktivierter Aufnahme können Autosnaps erzeugt werden. Bei Autosnaps handelt es sich um eine simple Dateiablage. Im Client für die Kameraüberwachung, den wir in Abschnitt 12.8, »Aufnahmen und Livebilder mit QVR Pro Client« vorstellen, können Autosnaps nicht eingesehen werden.

Autosnaps werden auf einer entfernten SMB-Ressource oder auf dem eigenen NAS abgelegt. Wenn sie lokal abgelegt werden, landen sie im Freigabeordner *QVRPro-Autosnap* und sind z. B. über die *File Station* einsehbar – also nicht im QVR-Pro-Webportal, sondern in der normalen Weboberfläche des NAS. Die Ordnerhierarchie ist selbsterklärend, wie Abbildung 12.8 zeigt.

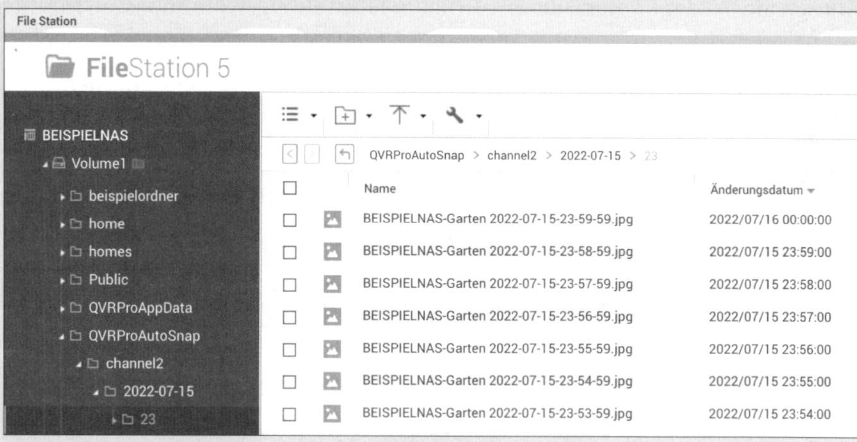

Abbildung 12.8 Ordnerhierarchie von QVR-Pro-Autosnaps

Das Intervall, in dem Autosnaps erzeugt werden, können Sie in den Aufnahmeeinstellungen per Klick auf [✎] selbst definieren. Das kleinste Intervall ist eine Minute, das größte Intervall 60 Minuten – wobei es nur einige Intervallschritte dazwischen zur Auswahl gibt.

12.8 Aufnahmen und Livebilder mit QVR Pro Client

Wie eingangs beschrieben gibt es verschiedene Methoden, um die Kamerabilder von QVR Pro anzuschauen und in Aufnahmen zu navigieren. Die komfortabelste ist der *QVR Pro Client*, der kostenfrei für Windows und macOS verfügbar ist.

12.8.1 Installation und Verbindung zum NAS

Die Software können Sie herunterladen, indem Sie im QVR-Pro-Webportal oben rechts auf [Kamera anzeigen] klicken. Alternativ können Sie die Client-Software unter *https://www.qnap.com/de-de/utilities/surveillance* downloaden.

Bei der Installation werden einige Systemzertifikate eingerichtet, für die Administratorrechte benötigt werden. Stimmen Sie bei entsprechender Aufforderung der Installation zu.

Beim ersten Start zeigt QVR Pro Client einen Assistenten an, der die Funktionen erklärt. Setzen Sie den Haken DIESE MELDUNG NICHT MEHR ANZEIGEN, und schließen Sie den Assistenten mit [×] oben rechts.

Schließlich sehen Sie den Login-Bildschirm. Geben Sie die IP-Adresse oder den Hostnamen Ihres NAS-Systems ein, auf dem QVR Pro installiert ist. Der Port lautet in der Regel 443. Geben Sie dann die Benutzerdaten eines NAS-Nutzers ein. Optional aktivieren Sie SICHERE ANMELDUNG und PASSWORT SPEICHERN. Wenn Sie mit immer demselben Benutzernamen arbeiten, könnten Sie auch die Option AUTO-ANMELDUNG aktivieren.

Welcher Benutzer darf was?

In QVR Pro Client einloggen kann sich jeder NAS-Nutzer. In der Regel sieht aber kein Nutzer irgendeine Kamera. Restriktiv sind alle Kameras und alle Rechte bei allen Nutzern auf VERWEIGERN gestellt. Die Rechte können Sie im QVR-Portal im Punkt BERECHTIGUNG pro Benutzer festlegen.

Hier lässt sich neben der Steuerung, welche Programmfunktionen der Benutzer verwenden kann, auch einstellen, ob der Nutzer die Kamera nur in der Liveansicht sehen darf oder ob er auch durch die vorhandenen Aufnahmen navigieren kann. Auch der Zugriff auf das Audiosignal und die Bedienung der Schwenkfunktionen ist einstellbar.

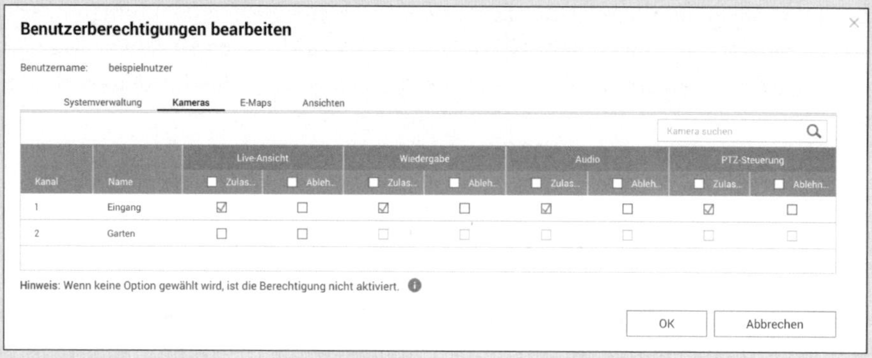

Abbildung 12.9 QVR-Pro-Berechtigungen für Benutzer festlegen

Die eingestellten Rechte wirken sich sofort im laufenden QVR Pro Client aus, ohne dass es einen Programmneustart erfordert.

12.8.2 Kamerabild abrufen

Sofern Sie als Administrator eingeloggt sind oder Ihnen die Zugriffsrechte für die Kameras (siehe Kasten) erteilt wurden, finden Sie mittig in der linken Spalte von QVR Pro Client eine Liste der eingerichteten Kameras.

Ein Kamera-Symbol mit Haken symbolisiert eine erfolgreiche Verbindung zur Kamera. Bei einem roten Kreuz ist die Verbindung zur Kamera inaktiv oder gestört.

Ein grünes REC-Symbol links neben dem Kamera-Symbol zeigt an, dass eine Aufnahme für diese Kamera läuft.

Sie können auf eine Kamera doppelklicken, um deren Livebild zu sehen (siehe Abbildung 12.10).

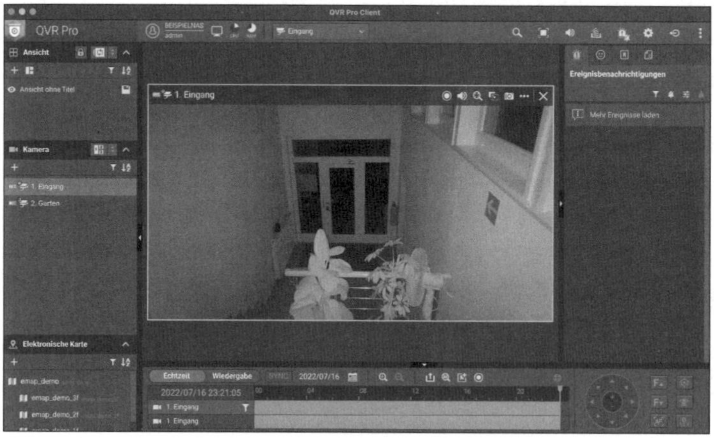

Abbildung 12.10 Kamerabild abrufen in QVR Pro Client

Oberhalb des Kamerabilds finden Sie einige Icons, die wir uns näher anschauen:

1. Sie können eine manuelle Aufnahme starten, indem Sie das Icon AUFNAHME anklicken.
2. Mit dem Icon AUDIO können Sie das Audiosignal, falls vorhanden, wiedergeben.
3. Mit dem Symbol für DIGITALZOOM können Sie in das Kamerabild hineinzoomen. Der Digitalzoom erhöht im Gegensatz zum optischen Zoom nicht den Detailgrad. Das Bild wird demnach pixelig dargestellt, wenn es zu nah gezoomt und von der Kamera nicht hochauflösend genug geliefert wird. Ist der Button aktiviert, können Sie mit einer Leiste die Zoomstufe wählen. Um sich im Bild zu bewegen, fassen Sie den Bildinhalt mit geklickter Maustaste an, und bewegen Sie ihn (wie bei Drag & Drop). Um auf das Originalbild zurückzuwechseln, klicken Sie das Icon für den Digitalzoom erneut an.
4. Mit dem Icon REGION VON INTERESSE können Sie einen Teilausschnitt des Bilds als »eigenes Kamerabild« darstellen. Dieses wird dann neben dem Kamerabild angezeigt und zeigt jegliche Bewegungen im Aufnahmebereich genauso wie das »große Kamerabild«, wie Sie es in Abbildung 12.11 sehen.

   Sobald Sie das Icon angeklickt haben, erscheint ein Rahmen mit einer Zahl im Bild. Diesen können Sie mit der Maus verschieben und durch Anklicken der Ränder auch in der Größe verändern. Das »neue« Kamerabild mit dem Bildteilausschnitt wird separat angezeigt und ist ebenfalls mit der Zahl gekennzeichnet. Das erleichtert Ihnen die Orientierung.

   Sie können mehrere Regionen hinzufügen. Diese werden fortlaufend nummeriert. Wenn Sie eine Region nicht mehr benötigen, können Sie diese mit dem ×-Symbol in der Region schließen.

Abbildung 12.11 Region von Interesse

5. Mit dem Snapshot-Icon können Sie das aktuell angezeigte Kamerabild als JPG-Datei auf dem Rechner abspeichern. Beim Anklicken wird ein Speichern-Dialog angezeigt, mit dem Sie den vorgeschlagenen Dateinamen anpassen und den Ordner zum Speichern festlegen können. Als Dateiname wird eine Kombination aus NAS-Name, Kanal, Kameraname und Datum vorgeschlagen, z. B. *BEISPIELNAS_Ch2_Garten_2022-07-16_12-47-41.jpg*. Sie können diesen Dateinamen auch anpassen. Wenn Sie diese Funktion häufig nutzen, können Sie einen Standardordner festlegen, so dass beim Anklicken des Icons lediglich noch eine Bestätigung angezeigt wird. Den Ordner können Sie über das Icon EINSTELLUNGEN und dort im Reiter SNAPSHOT anpassen.

   Das NAS kann in regelmäßigen Abständen auch automatisch Fotos des Kamerabilds erzeugen und auf einem Freigabeordner, der für Sie erreichbar ist, ablegen. Diese Funktion heißt *Autosnap* und kann in der NAS-Weboberfläche aktiviert werden. Beachten Sie für Autosnap unseren Kasten »Was ist Autosnap?«.

12.8.3 Eigene Ansichten erzeugen

Im vorigen Abschnitt haben Sie gelernt, wie Sie ein Kamerabild abrufen. Wenn Sie zum Testen schon eine »Region von Interesse« erzeugt haben, werden Sie feststellen, dass QVR Pro Client einen neuen Eintrag in der Liste der Ansichten erstellt hat. Was hat es mit diesen Ansichten auf sich?

Eine Ansicht fasst mehrere Kamerabilder zusammen. Während Sie bisher nur von einer Kamera zur nächsten wechseln konnten, können Sie mit einer Ansicht mehrere Kameras zusammen anzeigen – und auch Regionen von Interesse mit hineinschneiden. Durch individuelle Ansichten entstehen Kameraübersichten, wie man sie von Überwachungsdiensten und Kaufhaus-Detektiven kennt: Kameras, die räumlich zusammengehören, weil sie denselben Raum oder dieselbe Etage filmen, werden in einer Ansicht zusammengefasst.

QVR Pro Client kann mehrere solcher Ansichten verwalten. Und wenn Sie eine Region von Interesse hinzufügen und bisher keine Ansicht hatten, dann erstellt das Programm eine Ansicht für Sie. Eine eigene Ansicht können Sie mit dem Icon erzeugen. Dabei wird ein neuer Eintrag in der Ansichten-Liste namens *Ansicht ohne Titel* erzeugt. Sobald Sie das Disketten-Symbol neben dem Namen anklicken, können Sie einen Namen für die neue Ansicht festlegen. Um die Ansicht später umzubenennen, rufen Sie diese per Doppelklick auf und öffnen das Dropdown-Menü in der obersten Zeile oberhalb der Kamerabilder. Klicken Sie dann auf ANSICHT UMBENENNEN.

Um die Ansicht mit Kamerabildern auszustatten, rufen Sie sie per Doppelklick auf, und ziehen Sie dann eine Kamera aus der Kameraliste in die Ansicht. Sie erkennen beim Ablegen, dass QVR Pro Client Ihnen ein Raster anbietet und Sie den Platz im Raster für diese Kamera wählen können, indem Sie die Maus dort loslassen, wo das Kamerabild abgelegt werden soll. Auch wenn das vorhandene Kamerabild seitenfüllend angezeigt wird: Links und rechts, selbst diagonal oberhalb oder unterhalb, können Sie das neue Kamerabild ablegen und somit das Raster nutzen.

Neben den Kameras können wie schon erwähnt auch Regionen von Interesse in einer Ansicht hinzugefügt werden.

Falls mehrere Anwender die erstellte Ansicht gemeinsam nutzen sollen, können Sie diese für alle betroffenen NAS-Nutzer zugänglich machen. Beachten Sie hierzu unseren Kasten »Welcher Benutzer darf was?«.

Kamerabilder im Wechsel rotierend anzeigen

QVR Pro Client kann Ihnen die Kamerabilder nacheinander anzeigen und alle paar Sekunden zum nächsten Bild wechseln. Klicken Sie dazu oberhalb der Kameraliste auf SEQUENZIELLEN MODUS STARTEN.

Im darunter aufklappenden Dialog wählen Sie eine gewünschte Kamerabilder-Anordnung. Wenn Sie zu wenig Kameras haben, ist die Auswahl an Anordnungen eingeschränkt.

Wenn der Modus aktiv ist, wechselt QVR Pro Client selbstständig von einem Kamerabild zum nächsten. Die Zeit bis zum Umschalten können Sie über den kleinen Doppelpfeil neben dem Icon festlegen: mindestens 5 Sekunden, höchstens 150 Sekunden.

Sie können auch zwischen den erstellten Ansichten rotieren. Das entsprechende Icon finden Sie oberhalb der Liste der Ansichten.

12

12.8.4 Aufnahmen einsehen

Natürlich können Sie in den Aufnahmen, die QVR Pro erstellt hat, navigieren. Damit können Sie prüfen, was im Sichtfeld einer Kamera zu einem bestimmten Zeitpunkt in der Vergangenheit passiert ist.

Aufnahmen können Sie überall dort einsehen, wo Sie auch das Kamerabild abrufen können: in der Kameraansicht durch Doppelklick auf eine Kamera oder in einer Ansicht, die Sie individuell zusammengestellt haben.

So können Sie die Aufnahmen einsehen:

1. Falls Sie sich in einer Ansicht mit mehreren Kameras befinden, klicken Sie zunächst auf die Kamera, deren Aufnahme Sie abrufen möchten. Das Kamerabild wird daraufhin gelb umrahmt angezeigt.
2. Betätigen Sie den Schiebeschalter Echtzeit Wiedergabe unterhalb der Kamerabilder, so dass das Wort *Wiedergabe* blau hinterlegt ist.

3. Im Kamerabild werden in hellblau ein Datum und eine Uhrzeit angezeigt. Das ist der Hinweis für Sie, dass dieses Kamerabild nicht live ist, sondern Sie es als Aufnahme betrachten (siehe Abbildung 12.12).

Abbildung 12.12 Wiedergabe mit Zeitleiste in QVR Pro Client

Kamerabilder bei der Wiedergabe synchronisieren

Wenn Sie eine Kamera in den Wiedergabemodus versetzen, bleiben alle übrigen Kameras in der Ansicht in der Liveansicht. Es ist dann sehr verwirrend, wenn Sie ein Kamerabild mit dem jetzigen Zeitpunkt sehen und daneben ein Bild aus der Vergangenheit. Bei genauerer Betrachtung ist dies aber auch nötig, da Sie sonst nicht vergleichen können:

- Sie können dieselbe Kamera mehrfach in eine selbst erstellte Ansicht ziehen, um das Livebild dieser Kamera mit einem Bild aus der Vergangenheit zu vergleichen. Das ist nur möglich, weil Sie ein Kamerabild auf Wiedergabe umschalten und das andere im Livemodus belassen.
- Sie können ebenso zwei oder mehr Zeitpunkte aus der Vergangenheit miteinander vergleichen, indem Sie dieselbe Kamera mehrfach in eine Ansicht ziehen und alle Kameras in den Wiedergabemodus versetzen, aber unterschiedliche Zeitpunkte pro Kamera wählen.
- Wenn Sie aber nicht das Bild einer Kamera von verschiedenen Zeitpunkten vergleichen möchten, sondern die Bilder unterschiedlicher Kameras alle gesammelt von einem bestimmten Zeitpunkt in der Vergangenheit untersuchen möchten,

dann hilft Ihnen der Button SYNC neben dem Schiebeschalter für den Wiedergabemodus. Er schaltet alle Kamerabilder in der aktuellen Ansicht auf denselben Zeitpunkt.

- Klicken Sie auf das Icon ZEITLEISTENDATEN WÄHLEN. Im Auswahldialog aktivieren Sie den Haken WIEDERGABEZEIT FESTLEGEN und wählen den Zeitpunkt, von dem Sie die Aufnahme sehen möchten. Klicken Sie auf WIEDERGABE, um den Zeitpunkt zu laden.
- Der Zeitraum wird in die Zeitleiste geladen, und die Wiedergabe startet. Mit den Bedienelementen rechts können Sie sie stoppen und nach vorn oder zurückspulen.

Ein blauer Balken in der Zeitleiste signalisiert Ihnen, dass von diesem Zeitraum eine Aufnahme vorliegt. Wenn Sie keinen Balken sehen, ist die Aufnahme nicht aktiviert oder der Zeitplan für die Aufnahme ist zu diesem gewählten Zeitpunkt inaktiv.

Mit den -Symbolen können Sie in die Zeitleiste hineinzoomen oder herauszoomen. Je genauer Sie einen bestimmten Zeitpunkt finden möchten, desto näher müssen Sie hineinzoomen.

Um einen bestimmten Zeitpunkt innerhalb der dargestellten Zeitleiste aufzurufen und die zugehörigen Kamerabilder zu sehen, bewegen Sie den hellblauen, senkrechten Balken.

Um das Bildmaterial aus dem QVR Pro Client zu exportieren, haben Sie folgende Möglichkeiten. Achten Sie darauf, dass Sie die richtige Kamera angeklickt haben, diese also gelb umrahmt angezeigt wird.

1. Um ein Standbild zu exportieren, klicken Sie auf das Kamera-Symbol beim jeweiligen Kamerabild.
2. Um ein Video zu exportieren, bewegen Sie den senkrechten Balken in der Zeitleiste auf den gewünschten Startzeitpunkt des zu exportierenden Videos. Klicken Sie dann auf AUFNAHMEN EXPORTIEREN.
3. Im erscheinenden Fenster legen Sie DATEINAME und DAUER des zu exportierenden Videos fest. Wenn Sie statt einer Dauer in Minuten oder Stunden die Endzeit auswählen möchten, wählen Sie in der Dropdown-Liste bei DAUER einfach ENDZEIT ANGEBEN. Dann können Sie den Zeitstempel für das Videoende eintragen.
4. Alternativ zur Eingabe der Zeitstempel können Sie den Zeitpunkt in der Zeitleiste angeben. Geben Sie dazu wie oben gezeigt ungefähre Zeitstempel für Anfang und Ende ein, und klicken Sie dann auf. Das Programm zeigt Ihnen Start- und Endzeitpunkt nun auf der Zeitleiste an. Sie können die gelben Begrenzer mit der Maus anfassen und justieren.
5. Klicken Sie schließlich auf START, um den Export zu beginnen.

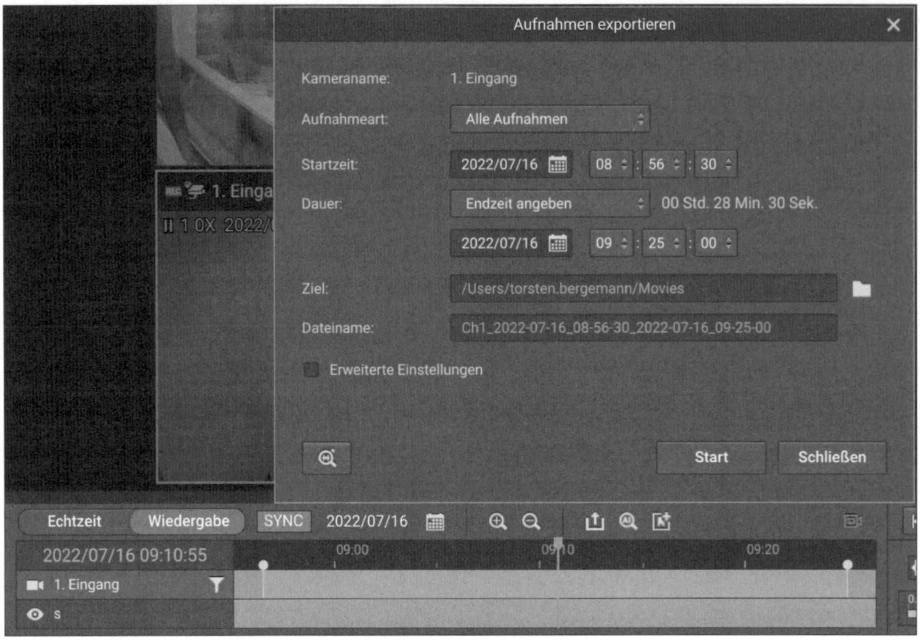

Abbildung 12.13 Videoexport bei QVR Pro Client

12.9 Bewegungen erkennen und auf Ereignisse reagieren

QVR Pro bietet eine umfangreiche Schnittstelle, um auf Ereignisse in den Aufnahmen zu reagieren. QNAP wirbt damit, dass dieses Konzept sich dank einer offenen API auch in fremde Anwendungen integrieren lässt.

Ein Klassiker ist sicherlich, auf Bewegungen zu reagieren. Deshalb schauen wir uns im nachfolgenden Abschnitt an, wie man die Bewegungserkennung von QVR Pro konfiguriert. Danach werfen wir einen Blick in die Ereignisregeln.

12.9.1 Bewegungserkennung konfigurieren

QVR Pro bietet eine implementierte Bewegungserkennung. Das ist insofern besonders, als Sie sich nicht auf die teils mangelhaft implementierte Bewegungserkennung der Kamera verlassen müssen. Noch besser: Sie brauchen gar keine teuren Kameras zu kaufen, die dieses Feature bieten, denn QVR Pro setzt es softwareseitig um.

Wenn Sie eine Kamera neu in QVR Pro eingebunden haben, ist die Bewegungserkennung noch nicht konfiguriert. Entsprechend kann die Software auf Bewegungen noch nicht reagieren.

So konfigurieren Sie die Bewegungserkennung:

1. Öffnen Sie das Webinterface von QVR Pro (*https://[ip-des-nas]/qvrpro*), loggen Sie sich als Administrator ein, und klicken Sie auf BEWEGUNGSERKENNUNG.
2. Klicken Sie in der Spalte ERKENNUNGSEINSTELLUNGEN auf BEARBEITEN.
3. Wählen Sie im erscheinenden Einstellungsdialog bei DETEKTOR den Eintrag QVR PRO, um die in QVR Pro mitgelieferte Erkennung zu verwenden. Alternativ können Sie die Hardwarefunktionen der Kamera nutzen, sofern diese hier überhaupt angeboten werden.
4. Finden Sie durch Tests brauchbare Werte für die Parameter EMPFINDLICHKEIT und MINIMAL ERKENNBARER BEREICH (siehe Abbildung 12.14). Für die Empfindlichkeit können Sie mit dem Button TESTEN erproben, ob der Wert praxistauglich ist, indem Sie nach dem Anklicken des Buttons das Kamerabild rechts beobachten. Für den erkennbaren Bereich können Sie auf ANZEIGEN klicken, um einen Eindruck zu erhalten, wie genau QVR Pro die Bewegung erkennt. Wenn Sie fertig sind, klicken Sie auf ANWENDEN.

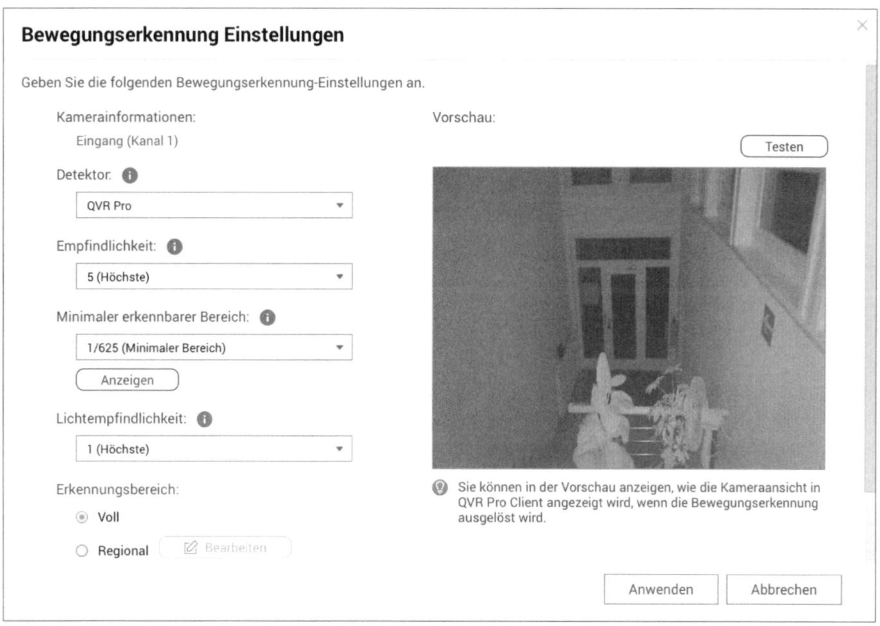

Abbildung 12.14 Bewegungserkennung in QVR Pro

Bewegungserkennung auf eine Region beschränken

Neben der Bewegungserkennung im gesamten Aufnahmebereich können Sie QVR Pro alternativ anweisen, die Bewegungserkennung nur auf einen Teilbereich anzuwenden. Das ist wichtig für den Fall, dass Ihre Kamera teilweise auf z. B. öffentliches Gebiet gerichtet ist. Jeder Passant würde die Bewegungserkennung der Kamera auslösen. Um dies zu vermeiden, aktivieren Sie den Radiobutton REGIONAL und klicken auf BEARBEITEN. Hier können Sie Erkennungsbereiche durch Rechtecke definieren.

Übrigens: Es gibt Webcams, die Bereiche ausschwärzen können, so dass diese auf den Aufnahmen fehlen. Das ist im Rahmen des Datenschutzes eine praktische Funktion – nur QVR Pro bietet sie leider nicht selbst an. Wenn Ihnen dieses Feature wichtig ist, müssen Sie Kameras erwerben, die es anbieten.

12.9.2 Ereignisregeln erstellen

Sobald QVR Pro durch Ihre Konfiguration genau weiß, was als Bewegung gilt und was nicht, können Sie eine Bewegung als Auslöser für eine Aktion im System registrieren. Die QVR-Pro-Weboberfläche bietet dafür einen separaten Punkt EREIGNISREGELN.

Eine *Ereignisregel* ist in QVR Pro eine Bedingung oder ein Satz an Bedingungen, die alle erfüllt sein müssen oder (ist einstellbar) von denen alternativ eine erfüllt sein muss, damit eine Aktion oder eine Reihe von Aktionen durchgeführt wird. Für jede Ereignisregel gibt es einen individuellen Zeitplan, so dass die Regel nur greift, wenn der Zeitplan aktiv ist. Beispielhaft registrieren wir die Bewegungserkennung und sorgen dafür, dass die Bewegung aufgezeichnet wird. Als Voraussetzung für die nachfolgenden Schritte gilt:

- Es muss mindestens eine Kamera eingebunden sein.
- Die Bewegungserkennung muss konfiguriert sein.
- Wenn die Kamera, die die Bewegung erkennt, diese Bewegung auch aufzeichnen soll, so muss für diese Kamera die Aufnahme aktiviert sein. Ansonsten kann die Kamera zwar die Bewegung erkennen, aber eine andere Kamera muss aufzeichnen.

Um die Ereignisregel zu hinterlegen, gehen Sie wie folgt vor:

1. Öffnen Sie das Webinterface von QVR Pro (*https://[ip-des-nas]/qvrpro*), loggen Sie sich als Administrator ein, und klicken Sie auf EREIGNISREGELN.
2. Klicken Sie auf [+], um eine neue Ereignisregel zu erzeugen.
3. Benennen Sie die Regel. In unserem Beispiel tragen wir ins Feld NAME *Bewegung registriert* ein.
4. Im Bereich ZEITPLAN ist standardmäßig TÄGLICH ausgewählt, d. h., die Regel ist rund um die Uhr aktiv. Hier können Sie nachjustieren, wenn Sie andere Pläne haben. Klicken Sie auf WEITER, um zu Schritt 2 von 3 zu gelangen.

Im zweiten Schritt finden Sie die Ansicht aus Abbildung 12.15. Die linke Hälfte listet die Bedingungen. Hier geben Sie an, was die Auslöser für Ihre Aktionen sind.

In der rechten Hälfte des Assistenten sind die Aktionen aufgelistet, die durchzuführen sind, wenn das Ereignis anhand der Einstellungen auf der linken Seite auslöst.

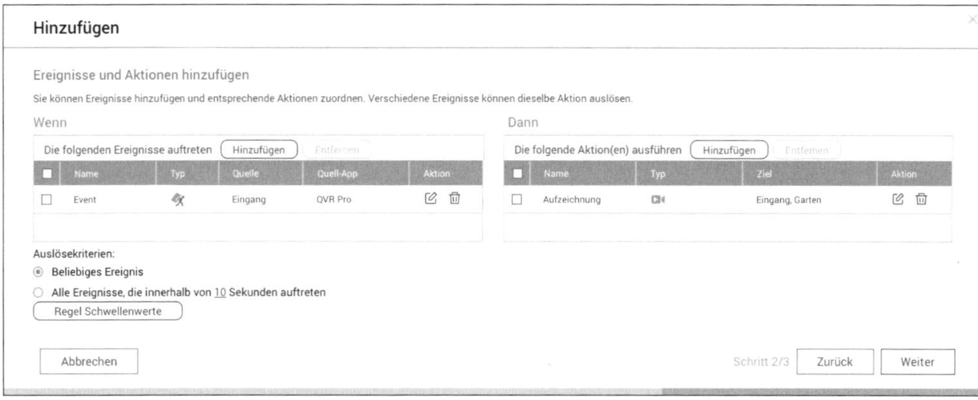

Abbildung 12.15 Ereignisregeln in QVR Pro

Es gibt eine ganze Reihe von Auslösern, die wichtigsten sind:

- Bewegungserkennung
- Audioerkennung
- Verbindungsfehler
- Temperaturalarme

Mit HINZUFÜGEN können Sie Bedingungen nach und nach hinzufügen und konfigurieren. Unterhalb der Liste geben Sie an, ob die Auslösung bereits erfolgt, wenn nur eine der Bedingungen erfüllt ist, oder ob alle erfüllt sein müssen.

Als Aktionen können Sie u. a. wählen:

- Ereignis aufzeichnen
- Kamera steuern (sofern diese das unterstützt)
- Push-Benachrichtigung auf das Handy (erfordert konfigurierte myQNAPcloud-Anbindung)
- E-Mail senden
- SMS senden (erfordert SMS-Anbieter)
- Aktions-URL aufrufen

Um eine Aktion hinzuzufügen, klicken Sie über der Aktionsliste auf HINZUFÜGEN.

Für das Beispiel der Bewegungserkennung und Aufzeichnung gehen Sie wie folgt vor:

1. Klicken Sie in der linken Hälfte (WENN) auf HINZUFÜGEN und wählen Sie im erscheinenden Fenster unter TYP den Eintrag BEWEGUNGSERKENNUNG.
2. Aktivieren Sie unten die Kamera, deren Bewegungserkennung verwendet werden soll. Klicken Sie auf OK. Die Bedingung wird der Liste hinzugefügt.

3. Weiter geht es auf der rechten Seite. Klicken Sie in der rechten Hälfte (DANN) auf HINZUFÜGEN.
4. Wählen Sie im erscheinenden Fenster unter TYP den Eintrag EREIGNISAUFZEICHNUNG. Wählen Sie unten per Haken die Kameras, die im Fall der Bewegungserkennung die Aufnahme vornehmen sollen. Dies müssen nicht zwangsläufig dieselben sein, die die Bewegung erkannt haben. Sie können mehrere Kameras wählen. Klicken Sie auf OK und auf WEITER.

Tipp: Push-Benachrichtigung

Wenn Sie auf dem Handy über erkannte Bewegungen informiert werden möchten, können Sie dies hier auswählen. Voraussetzung für die korrekte Funktion ist jedoch, dass das NAS bei myQNAPcloud registriert ist, da die Benachrichtigungen andernfalls nicht zugestellt werden können.

Die Regel wird im System hinterlegt und wird gemäß Zeitplan ausgeführt.

12.10 Fazit

QVR Pro ist eine leistungsfähige Videoüberwachungslösung und noch dazu kostenfrei für alle QNAP-NAS-Besitzer – zumindest dann, wenn man sich mit acht Kanälen und 14 Tagen Aufzeichnungszeitraum begnügt. Das ist eine Limitierung, die derart hoch angesetzt ist, dass man eine Videoüberwachung für die klassische Einbruchsnachverfolgung ohne großartige Zusatzkosten mit QVR Pro umsetzen kann.

Dabei kann man noch auf teure Videohardware von einem einzigen Anbieter verzichten, da QNAP eine ganze Reihe von Modellen und Standards unterstützt. Somit steht auch einem Recycling von älteren IP-Kameras nichts im Wege.

Wenn Sie sich weiterführend mit QVR Pro beschäftigen möchten, sollte Sie einen Blick auf die Erweiterungsmodule werfen. So kostet die KI-gestützte Suche *Smart Search* (*https://www.qnap.com/de-de/software/qvr-smart-search*) innerhalb von Videos einmalig 29,99 US-Dollar und findet offenbar Dinge im Video anhand von Suchbegriffen, die man in eine Maske einträgt. Die Gesichtserkennung QVR Face Tiger bzw. Face Insight ist nur im Abo-Modell erhältlich, und der Preis ist abhängig von der Anzahl der zu speichernden Personenprofile.

Mit Hilfe solcher Add-ons lässt sich der Funktionsumfang von QVR Pro noch mächtig aufbohren. Achten Sie beim Einsatz solcher Zusatztools auf den deutschen Rechtsrahmen und die Datenschutz-Grundverordnung (DSGVO).

Zum Schluss noch ein Ausblick, wenn wir Sie von QVR Pro begeistern konnten und Sie einen zukünftigen Einsatz planen: Mehrere QVR-Pro-Installationen lassen sich mit dem QVR Center zusammenfassend anzeigen.

Kapitel 13
Dateiserver und Verzeichnisdienste

Für NAS-Systeme generell, aber auch für QNAP insbesondere, bieten sich zahlreiche Einsatzfelder im Unternehmensbereich an. An zentrales Gerät in Ihrem Netzwerk kann es wichtige Aufgaben übernehmen.

In diesem Kapitels tauchen wir tiefer in Qsync ein, das Sie mit der richtigen Konfiguration sehr gut in Ihrem Team nutzen können. Aber auch dem breit gefächerten Feld der Verzeichnisdienste widmen wir uns näher.

13

13.1 Qsync im Unternehmensumfeld

In Kapitel 8, »Alles synchron«, haben wir uns Qsync angeschaut. Dabei handelt es sich um die QNAP-eigene Lösung zur Offlinebereitstellung von Dateiordnern auf Client-Computern. Sie haben kennengelernt, wie Sie als NAS-Administrator Benutzern Zugriff auf bestimmte Ordner erteilen.

In diesem Kapitel wollen wir die Unternehmenswerkzeuge von Qsync beleuchten, die Ihnen als Administrator Arbeit abnehmen sollen:

- **Zentraler Konfigurationsmodus**
  Normalerweise kann jeder Anwender selbst seine Einstellungen anpassen. Im zentralen Konfigurationsmodus können nur Sie als Administrator das über die Weboberfläche des NAS erledigen.
- **Teamordner**
  Mit dieser Funktion können NAS-Anwender eigene Freigaben direkt von ihrem Client aus erstellen und Dateien mit anderen teilen.
- **Benutzeranfragen lösen**
  Immer werden Anwender in Ihrem Unternehmen den Administrator kontaktieren, weil etwas nicht so funktioniert, wie sie es sich vorstellen. Dann ist es hilfreich, wenn man als Administrator ein paar Kontrollmöglichkeiten hat, mit denen man seine Anwender unterstützen kann. Diese werden wir in diesem Abschnitt genauer anschauen.

13.1.1 Zentraler Konfigurationsmodus

Der *zentrale Konfigurationsmodus* ist das Pendant zum *Benutzeranpassungsmodus*. Bei Letzterem kann jeder Benutzer seine Einstellungen in seinem Qsync-Client-Programm selbst festlegen. Im zentralen Konfigurationsmodus hingegen können Sie bestimmte Einstellungen zentral festlegen. Zentral bedeutet: Es gibt einen Satz an Präferenzeinstellungen, der für alle Benutzer gilt, die Qsync neu installieren. Außerdem können Sie diese zentralen Einstellungen jederzeit neu an alle bestehenden Installationen ausrollen.

Zentraler Konfigurationsmodus: Was ist möglich?

Die Funktion klingt nach dem Allheilmittel für Administratoren, doch der Umfang der zentralen Einstellungen ist bisher begrenzt und wird in den zukünftigen Versionen von Qsync hoffentlich noch ergänzt.

Folgendes können Sie mit der derzeitigen Version einstellen:

- **Intelligente Löschung**: Die intelligente Löschung ermöglicht es, synchronisierte Dateien vom Client-Computer zu entfernen, ohne diese auch vom NAS zu löschen. Zu einem späteren Zeitpunkt können die Dateien wiederhergestellt oder auch auf dem NAS gelöscht werden. Mehr zu diesem Thema erfahren Sie in Kapitel 8, »Alles synchron«.
- **Konfliktrichtlinien**: Damit legen Sie fest, was passieren soll, wenn bei der Synchronisation Namenskonflikte auftreten. Sie können wählen zwischen: *Entscheiden lassen, Dateien auf dem NAS umbenennen, lokale Dateien umbenennen, Ersetzen der Datei auf dem NAS, Ersetzen der lokalen Datei.*
- **Filtereinstellungen**: Hier können Sie Dateien anhand von Dateinamenskriterien von der Synchronisierung ausschließen. Dies eignet sich für die Filterung von temporären Dateien oder Dateien mit einer bestimmten Dateiendung.

Folgendes lässt sich außerhalb der Einstellungen zum zentralen Konfigurationsmodus noch zentral festlegen:

- welche Freigabeordner zur Synchronisation angeboten werden
- bestimmte Client-Computer blockieren oder löschen

Eine Anleitung dazu erhalten Sie auf den folgenden Seiten. Sie können allerdings nicht festlegen, welche der Freigabeordner tatsächlich vom Client mit welchen lokalen Ordnern synchronisiert werden. Diese Einstellung lässt sich ausschließlich direkt am Client vornehmen. Eine vollständige Einrichtung von Qsync aus der Ferne ist somit nicht möglich – außer mit einer klassischen Fernwartung, die viel Arbeitszeit in Anspruch nimmt, wenn sie bei vielen Geräten erfolgen muss.

Den zentralen Konfigurationsmodus aktivieren

Den zentralen Konfigurationsmodus konfigurieren Sie über die Oberfläche (siehe Abbildung 13.1).

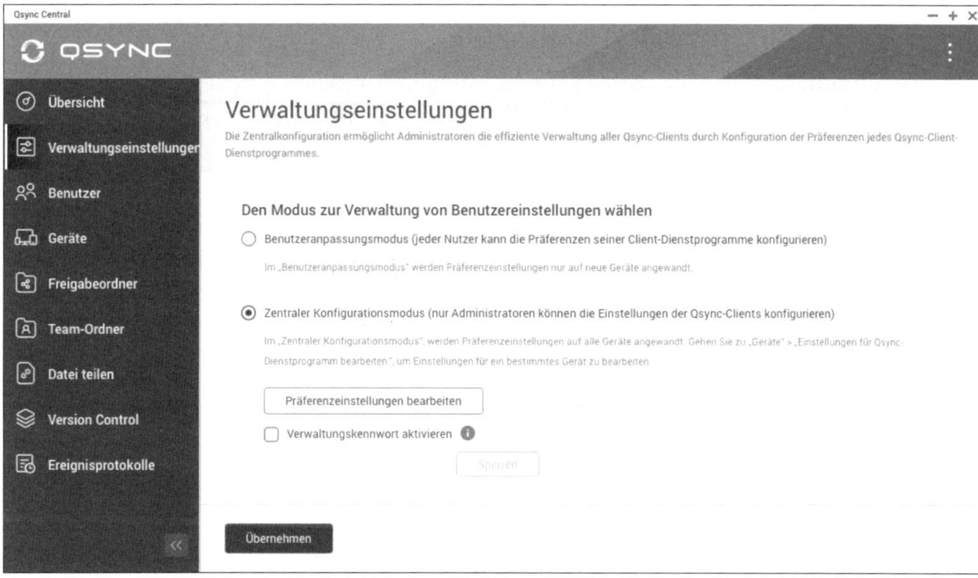

Abbildung 13.1 Qsync: zentralen Konfigurationsmodus aktivieren

1. Melden Sie sich als Administrator in der Weboberfläche des NAS-Systems an.
2. Öffnen Sie die App Qsync Central in der Weboberfläche.
3. Klicken Sie im linken Menü auf VERWALTUNGSEINSTELLUNGEN.
4. Aktivieren Sie den Radiobutton ZENTRALER KONFIGURATIONSMODUS.
5. Auf Wunsch kann ein VERWALTUNGSKENNWORT festgelegt werden, mit dem Nutzer des Qsync Clients die zentral festgelegten Einstellungen ändern können.
6. Klicken Sie unten im Fenster auf ÜBERNEHMEN.

Die zentralen Präferenzeinstellungen definieren, die für alle Benutzer gelten

Nachdem Sie den zentralen Konfigurationsmodus aktiviert haben, können Sie festlegen, welche Regeln für alle Benutzer gelten sollen.

1. Rufen Sie wie im vorigen Absatz angegeben die Verwaltungseinstellungen von Qsync Central auf.
2. Klicken Sie auf PRÄFERENZEINSTELLUNGEN BEARBEITEN.
3. Legen Sie mit dem Haken WÄHREND DER SYNCHRONISATION DÜRFEN SIE KEINE DATEI AUF DEM NAS ENTFERNEN fest, ob Sie diese Einstellung für die intelligente Löschung zentral für alle Anwender setzen möchten. Wenn aktiv, ist das Löschen von Dateien während der Synchronisation gesperrt. Dies behindert möglicher-

weise die Arbeitsabläufe auf Anwenderseite für eine gewisse Zeit, bewahrt aber vor anschließenden Synchronisationskonflikten.

4. Im Reiter RICHTLINIE (siehe Abbildung 13.2) können Sie festlegen, wie mit Dateien umgegangen werden soll, die beim Start der Synchronisation sowohl auf dem Client als auch auf dem NAS vorhanden sind.
5. Außerdem finden Sie dort Filtereinstellungen, um Dateien mit einem bestimmten Namensmuster (z. B. mit bestimmten Änderungen) von der Synchronisation auszuschließen.

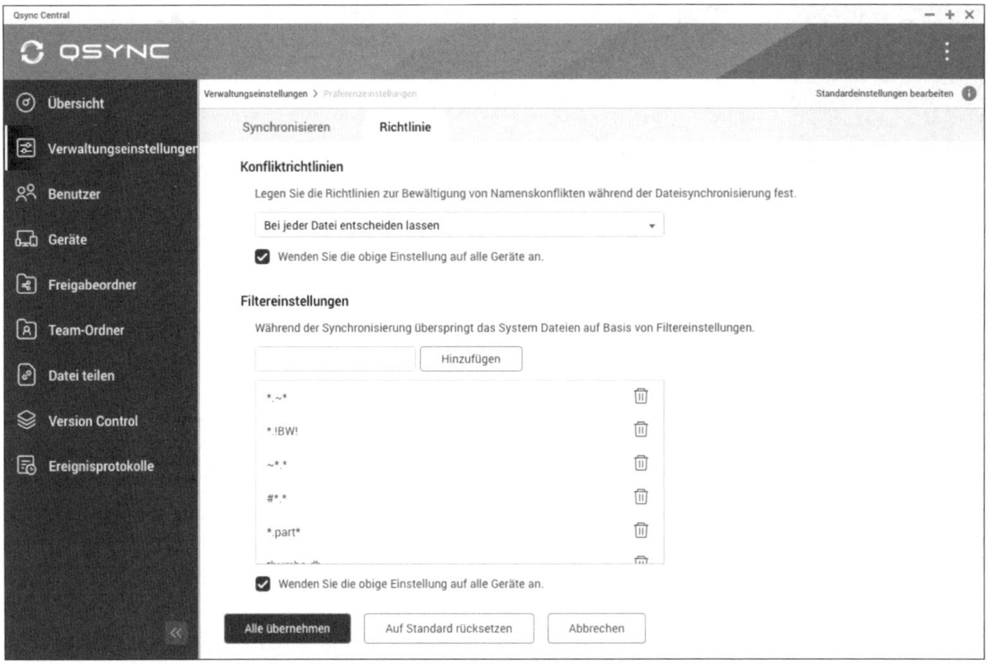

Abbildung 13.2 Qsync-Richtlinien für Konflikte und Filter zentral setzen

So können Sie geänderte Einstellungen an alle Geräte ausrollen:

Was Sie in den im vorigen Abschnitt erwähnten Präferenzeinstellungen festlegen, können Sie für alle Geräte übernehmen (oder *ausrollen*, wie die Administratoren sagen). Alternativ legen Sie sie nur für Geräte fest, die Qsync neu installieren.

Für jede Einstellung können Sie das individuell mit dem Haken WENDEN SIE DIE OBIGE EINSTELLUNG AUF ALLE GERÄTE AN festlegen. Wenn Sie ihn setzen, erhalten auch alle Bestandsgeräte diese Einstellung. Wenn nicht, gilt diese Einstellung nur für Neuinstallationen.

Es ist auch möglich, die Einstellungen eines einzelnen Geräts einzusehen und die Einstellungen dieses einzelnen Geräts in Kopie an alle anderen Geräte auszurollen.

Die Einstellungen eines bestimmten Geräts einsehen, ändern und an alle ausrollen

1. Öffnen Sie als Administrator die App Qsync Central in der Weboberfläche des NAS.
2. Klicken Sie im linken Menü auf GERÄTE. Wenn Sie ein Gerät eines bestimmten Benutzers suchen, können Sie alternativ auf BENUTZER klicken und beim betroffenen Benutzer die Zahl aus der Spalte GERÄTE GESAMT anklicken.
3. Klicken Sie beim betroffenen Gerät auf das Bearbeiten-Symbol. Dieses Symbol finden Sie nur bei Qsync-Installationen und nicht bei Verbindungen, die per QFile-Smartphone-App oder per File-Station-Webinterface hergestellt wurden.
4. Legen Sie die Einstellungen wie gewünscht fest. Erläuterungen für die Einstellungen finden Sie im Abschnitt »Die zentralen Präferenzeinstellungen definieren, die für alle Benutzer gelten«.
5. Klicken Sie auf ALLE ÜBERNEHMEN.

Übrigens ist es in diesem Dialogfeld auch möglich, die Einstellungen dieses Geräts für alle Geräte auszurollen. Aktivieren Sie dazu den Haken DIESE EINSTELLUNG AUF JEDES GERÄT ANWENDEN.

13.1.2 Team-Ordner

Team-Ordner sind ein Werkzeug, mit dem Qsync-Nutzer Dateien mit anderen Nutzern teilen können, ohne dass ein Administrator dafür zuvor Rechte erteilt haben muss.

Unterschiede zu Freigabeordnern

Die gewöhnliche Einrichtung von Qsync auf Basis von Freigabeordnern (siehe Kapitel 8) bedingt, dass ein Administrator des NAS-Systems die Einrichtung vornimmt und Benutzerrechte zuteilt.

Die Team-Ordner-Funktionalität ist laut QNAP für kleine Teams geeignet. Sie entlastet den Administrator, weil Anwender selbst ein ähnliches Freigabekonzept umsetzen und andere Nutzer selbst zur Mitnutzung einladen können.

Dafür wählen die Anwender auf ihrem Client-System einen Ordner per Rechtsklick aus und teilen diesen als Team-Ordner mit anderen NAS-Nutzern. Eine Anleitung finden Sie im kommenden Abschnitt.

Die eingeladenen Teilnehmerinnen und Teilnehmer sehen die geteilten Ordner nicht sofort in ihrer Ordnerstruktur. Sie müssen die Einladung quasi erst annehmen. Auch das schauen wir uns im Detail an.

Ein Team-Ordner unterscheidet nicht zwischen Lese- und Schreibrechten. Alle Teilnehmenden haben stets volle Schreibrechte.

Warnung vor Wildwuchs in der IT

Technisch betrachtet sind Team-Ordner keine Freigabeordner auf dem NAS, sondern Ordner in den nutzereigenen Qsync-Homeverzeichnissen. Bitte verwechseln Sie dies nicht mit dem Homeverzeichnis auf dem NAS, das Anwender in File Station als HOME angezeigt bekommen. Der Inhalt des Qsync-Homeverzeichnisses wird angezeigt, wenn man in File Station auf QSYNC klickt. Wenn Sie Qsync auf einem Client installieren, ist dieses direkt nach der Installation standardmäßig als Ordnerpaar zur Synchronisation eingerichtet.

Als Admin können Sie wie folgt Einblick in die Qsync-Homeverzeichnisse eines Benutzers nehmen:

1. Öffnen Sie in der Weboberfläche des NAS die App File Station.
2. Öffnen Sie auf dem betroffenen Volume den Ordner *homes*, dann den Ordner des entsprechenden Benutzers.
3. Klicken Sie auf ⋮ und dann auf EINSTELLUNGEN, aktivieren Sie dort den Punkt AUSGEBLENDETE DATEIEN AUF DEM NAS ANZEIGEN, und bestätigen Sie mit SCHLIESSEN.
4. Ihnen wird nun ein Ordner *.Qsync* angezeigt. Darin finden Sie die gesuchten Dateien.

Dass Team-Ordner außerhalb der gewöhnlichen Freigabeordner abgebildet werden, hat für Administratoren eine Reihe von Konsequenzen. Team-Ordner finden wir nicht in der Liste der Freigabeordner, sondern sie sind verstreut in den Anwenderverzeichnissen. Sie müssen im Backupkonzept des Unternehmens explizit berücksichtigt werden, indem Benutzerverzeichnisse inklusive versteckter Dateien mitgesichert werden. Da Mitarbeiterinnen und Mitarbeiter volle Kontrolle über ihre eigenen Homeordner haben, können sie mit vollen Rechten über die Dateien verfügen, sie löschen und auch Team-Mitglieder am Administrator vorbei einladen und aus dem Team-Ordner entfernen. Es entsteht ein gewisser »Wildwuchs« in der Rechtestruktur.

Mit diesen Worten möchten wir Ihnen nicht von der Team-Ordner-Funktion abraten. Für kleine Teams und für übersichtliche Unternehmen ohne festangestellten Administrator erspart die Funktion einiges an Wartezeit. Schließlich muss keinem Administrator ein Auftrag zur Einrichtung des Team-Ordners erteilt werden, und niemand muss warten, bis die Ordner einsatzbereit sind. Wenn Sie auf der anderen Seite jedoch auf Administratoren mit guter zeitlicher Verfügbarkeit zugreifen können, sollten Sie erwägen, einen Bogen um die Team-Ordner zu machen und stattdessen dieselben Ziele mit Freigabeordnern umzusetzen.

Team-Ordner einrichten und NAS-Nutzer einladen

Vorweg: Überlegen Sie sich als Erstes, bei welchem NAS-Nutzer Sie den Team-Ordner erstellen möchten, denn ihm »gehören« schlussendlich die Dateien. Sie können als

Admin nicht für jemand anderes einen Team-Ordner erstellen, sondern nur für sich selbst.

Nachdem Sie einen Team-Ordner eingerichtet und Personen eingeladen haben, müssen diese die Einladung in ihrem Qsync Client oder in der Weboberfläche annehmen oder ablehnen.

So erzeugen Sie einen Team-Ordner:

1. Starten Sie auf dem Client-Computer den Explorer (Windows) bzw. Finder (Mac), und wechseln Sie in das Qsync-Homeverzeichnis. Den Speicherort können Sie in den Qsync-Client-Einstellungen im Dialog GEPAARTE ORDNER ANZEIGEN UND VERWALTEN ablesen.
2. Rechtsklicken Sie auf den Ordner, den Sie als Team-Ordner verwenden möchten. Gegebenenfalls erstellen Sie zunächst einen neuen Ordner. Im erscheinenden Kontextmenü wählen Sie das Menü QSYNC, dann DIESEN ORDNER ALS TEAM-ORDNER FREIGEBEN. Wenn dieser Menüpunkt nicht angezeigt wird, warten Sie gegebenenfalls die Synchronisation der Ordnerstruktur mit dem NAS ab. Prüfen Sie außerdem, ob Sie sich wirklich im Qsync-Homeverzeichnis befinden. In Freigabeordnern, die Sie per Qsync synchronisieren, können Sie keine Team-Ordner erstellen. Entsprechend fehlt der Menüpunkt im Kontextmenü des Ordners.
3. Setzen Sie bei denjenigen NAS-Nutzern einen Haken, mit denen der Team-Ordner geteilt werden soll. Oben rechts finden Sie auch eine Suchfunktion. Wenn Ihnen ein Benutzername nur ausgegraut angezeigt wird, handelt es sich entweder um Ihren eigenen Benutzernamen, oder dem betreffenden Benutzer wurde die Nutzung von Qsync noch nicht genehmigt.
4. Welcher Benutzer Qsync nutzen darf, legen Sie als Admin in der Weboberfläche des NAS in der SYSTEMSTEUERUNG im Unterpunkt BENUTZER fest. Hier muss für den betroffenen Benutzer in den Anwendungsberechtigungen ▤ QSYNC aktiviert werden.
5. Wenn Sie die gewünschten NAS-Nutzer gewählt haben, klicken Sie auf ÜBERNEHMEN. Der Ordner erhält ein verändertes Symbol im Explorer bzw. Finder, so dass Sie einfacher erkennen können, dass es sich um einen Team-Ordner handelt.

Wichtig: Die Einladung zur Teilnahme an einem Team-Ordner führt noch nicht dazu, dass die Zielperson auf die Dateien zugreifen kann. Die Einladung muss akzeptiert oder verweigert werden. Wie das funktioniert, erklären wir im nächsten Abschnitt. Bis sich die Zielperson entschieden hat, bleibt der Status der Freigabe für diese Person auf WARTE IMMER NOCH. Wie Sie nachprüfen können, ob die eingeladenen Personen die Einladung angenommen haben, erfahren Sie im Abschnitt »Team-Ordner kontrollieren« weiter unten.

Abbildung 13.3 Qsync: einen Team-Ordner einrichten

Alternativ zur Erstellung über den Qsync Client auf einem Computer kann ein NAS-Nutzer einen Team-Ordner auch in der Weboberfläche des NAS erstellen:

1. Überlegen Sie, in wessen Homeverzeichnis der Team-Ordner erstellt werden soll. Mit diesem NAS-Nutzer loggen Sie sich in die Weboberfläche des NAS-Systems ein und öffnen die App Qsync Central.
2. Klicken Sie im linken Menü auf TEAM-ORDNER.
3. Klicken Sie auf den Button EINEN TEAMORDNER FREIGEBEN.
4. Setzen Sie einen Haken vor den Ordner, den Sie zu einem Team-Ordner machen möchten. Zur Erinnerung: Es werden auch hier nur Ordner angeboten, die im Qsync-Homeverzeichnis des Benutzers liegen und die nicht Unterordner eines anderen Team-Ordners sind.
5. Wählen Sie den Ordner aus, und klicken Sie auf WEITER. Anschließend sehen Sie die Benutzerliste. Wählen Sie die Benutzer aus, die einzuladen sind. Klicken Sie dann auf OK.

Einladung zu einem Team-Ordner akzeptieren

Wenn ein anderer NAS-Benutzer Sie zur Teilnahme an einem Team-Ordner eingeladen hat, erfahren Sie das über eine aktive Benachrichtigung. Ein nachfolgender Blick in das Qsync-Client-Hauptfenster zeigt neben der NAS-Verbindung eine Zahl auf einem Ordner-Symbol (Abbildung 13.4).

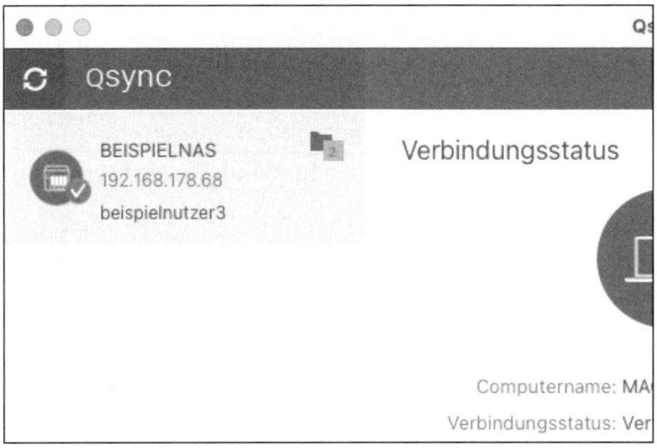

Abbildung 13.4 Qsync Client mit Team-Ordner-Benachrichtigung

Um die Einladungen in Qsync Client zu überprüfen und anzunehmen, gibt es folgende Möglichkeiten:

- Klicken Sie auf das oben gezeigte Symbol.
- Klicken Sie im Qsync-Client-Hauptfenster auf FREIGABECENTER, wechseln Sie in den Tab TEAMORDNER, und klicken Sie dann auf FÜR MICH FREIGEGEBEN.

Sie erhalten dann eine Übersicht, welche Ordner für Sie freigegeben worden sind und wer sie freigegeben hat, so wie in Abbildung 13.5.

Abbildung 13.5 Qsync Client: Team-Ordner-Einladungen akzeptieren

Hier können Sie die Einladung mit Klick auf ☑ akzeptieren oder mit Klick auf ⊖ verweigern. Sofern Sie akzeptieren, fragt Qsync Client Sie nach dem Ordnernamen, unter dem die Freigabe in Ihrem Dateibaum lokal eingebunden werden soll. Zur besseren Orientierung empfehlen wir, den vorgeschlagenen Namen beizubehalten, sofern er nicht mit anderen Ordnernamen in Konflikt steht.

Wenn Sie einen Team-Ordner verlassen wollen, können Sie auf das Symbol ⇦ klicken. Damit werden die Dateien auf Ihrer Festplatte gelöscht. Wenn Sie sie benötigen, fertigen Sie vorher eine Kopie an!

Bitte beachten Sie: Wenn Sie einmal einen Team-Ordner verlassen haben oder eine Einladung verweigert haben, verschwindet dieser Team-Ordner aus Ihrer Liste, und Sie haben keinen Zugriff mehr darauf. Wenn Sie sich umentschieden haben und doch teilnehmen möchten, muss von der freigebenden Person eine neue Einladung erzeugt werden.

In der Weboberfläche des NAS können Sie auch Einladungen bearbeiten und annehmen. Öffnen Sie nach dem Einloggen die App Qsync Central, und klicken Sie im linken Menü auf Team-Ordner. Die Liste mag zunächst leer erscheinen. Klicken Sie auf das Filter-Symbol ▽ oben rechts. Stellen Sie beim Feld Typ um auf Für mich freigegeben, und bestätigen Sie mit Übernehmen. Sie sehen dann alle Einladungen, die für Sie ausgestellt wurden, und können diese mit den oben erläuterten Icons bearbeiten. Um innerhalb der Weboberfläche auf einen für Sie freigegebenen Team-Ordner zuzugreifen, öffnen Sie die App File Station und klicken dann in der Ordnerliste im Bereich Qsync auf Akzeptierter Teamordner.

Team-Ordner kontrollieren

Auf dem Client-Computer können Sie auf den Team-Ordner rechtsklicken und dann im Menü Qsync auf Diesen Ordner als Team-Ordner freigeben klicken. Das ist derselbe Menüpunkt, mit dem Sie den Team-Ordner auch initial angelegt haben, aber Sie können hier auch einsehen, welche anderen NAS-Benutzer bereits Zugriff haben, und es können Anpassungen vorgenommen werden.

Wenn Sie einen Überblick benötigen, welche Team-Ordner überhaupt vorhanden sind, können Sie in die Qsync-Einstellungen wechseln, indem Sie das Qsync-Symbol im Systray von Windows (neben der Uhrzeit) bzw. in der Menüleiste von macOS anklicken. Dort klicken Sie auf den Button Freigabecenter (siehe Abbildung 13.6). In diesem Menü finden Sie eine Übersicht, welche Team-Ordner Sie mit anderen geteilt haben (Freigabe an Personen) und welche Team-Ordner andere mit Ihnen geteilt haben (Für mich freigegeben).

Abbildung 13.6 Qsync – Team-Ordner im Client kontrollieren

Sie können auf das Symbol klicken, um die eingeladenen NAS-Nutzer zu kontrollieren oder anzupassen. Mit dem Symbol können Sie die Freigabe beenden, so dass nur noch Sie als einziger Nutzer Zugriff auf die Dateien haben. Der Team-Ordner wird damit aufgelöst.

In den Eigenschaften selbst erzeugter Team-Ordner, die Sie über aufrufen, können Sie auch einsehen, ob Ihre Einladung von anderen NAS-Nutzern bereits angenommen wurde.

- Wenn die Einladung angenommen wurde, steht hier BEIGETRETEN.
- Wenn die Einladung hingegen aktiv abgelehnt wurde, steht hier VERWEIGERT. Der Haken vor dem Benutzernamen ist dann entfernt. Wenn Sie ihn erneut setzen, wird eine neue Einladung ausgestellt.
- Sofern die Zielperson noch keine Entscheidung getroffen hat, steht hier WARTET IMMER NOCH.
- Hatte die eingeladene Person die Einladung akzeptiert, hat aber mittlerweile den Team-Ordner wieder verlassen, steht hier LINKS. Das ist eine fehlerhafte Übersetzung aus dem Englischen (left = verlassen). Wenn die Person wieder teilnehmen soll, müssen Sie den Haken vor deren Benutzernamen erneut setzen.

In der Weboberfläche können Sie über die App Qsync Central ebenfalls alle Team-Ordner kontrollieren. Im Menüpunkt TEAM-ORDNER stellen Sie dazu über das Filter-Symbol ein, ob Sie von Ihnen erzeugte Team-Ordner oder für Sie freigegebene Team-Ordner sehen möchten.

Fazit

Das Konzept der Team-Ordner erlaubt die Zusammenarbeit an Ordnern mit Teams, ohne dass ein Admin bemüht werden muss, der die Freigaben manuell pflegt. Das Konzept von Einladungen ist rasch erklärt und intuitiv umgesetzt. Das Erkennen neuer Einladungen ist dank aktiver Benachrichtigungen nicht sehr schwer. Etwas nervig ist jedoch, dass einmal abgelehnte oder gelöschte Einladungen erst neu erstellt werden müssen, bevor sie wieder genutzt werden können. Bei all unseren Tests funktionierte das Konzept der Team-Ordner immer zuverlässig.

Der Admin steht vor dem Problem, dass er zentral nicht die Speicherorte von Team-Ordnern einsehen kann. Er kann sie nur einzeln abrufen, indem er manuell jeden Benutzer in der App Qsync Central durchklickt (mehr dazu im nächsten Abschnitt). Er muss im Backupkonzept berücksichtigen, dass die Team-Ordner theoretisch überall sein könnten – und das nicht zentral, sondern irgendwo in den Benutzerordnern verteilt.

13.1.3 Kontrollmöglichkeiten als Admin

In diesem Abschnitt beleuchten wir die Möglichkeiten, die Ihnen als Admin zur Verfügung stehen, um Ihren NAS-Nutzern bei Problemen mit Qsync zu helfen:

- Sie können einzelne Geräte von NAS-Nutzern, die mit Qsync synchronisieren, für die weitere Synchronisation sperren oder aus der Ferne die Qsync-synchronisierten Dateien löschen. Das ist praktisch für Geräte, die gestohlen wurden oder verloren gegangen sind.
- Sie können ein Ereignisprotokoll von jedem Qsync-synchronisierten Gerät abrufen, um eine genaue Fehlerdiagnose durchführen zu können. Damit beantworten Sie im Handumdrehen Anfragen Ihrer Benutzer, wieso z. B. Dateien nicht auf einem Client angezeigt werden.
- Sie können einsehen und ändern, welche Team-Ordner ein NAS-Nutzer erstellt und an wen freigegeben hat.
- Sie können sehen, welche Einladungen zu Team-Ordnern für einen NAS-Nutzer vorliegen, und Sie können diese in seinem Namen akzeptieren, verweigern oder entfernen.
- Sie können die Qsync-Freigabe von Freigabeordnern per Klick aufheben, wenn Sie im Notfall schnell agieren müssen – z. B. weil ein Missbrauch durch Abzug von Unternehmensdaten droht.
- Sie können einsehen und ändern, welche Dateien ein NAS-Nutzer über Qsync nach außen für Fremde per Freigabelink geteilt hat, und können diese Freigabelinks löschen oder bearbeiten. Damit können Sie auch ohne Rücksprache mit dem betrof-

fenen NAS-Nutzer rasch eingreifen, wenn sensible Daten ohne Genehmigung das Unternehmen verlassen sollen.

Qsync-Benutzer mit ihren Geräten einsehen

Melden Sie sich als Administrator in der Weboberfläche des NAS-Systems an (siehe Abbildung 13.7), und starten Sie die App Qsync.

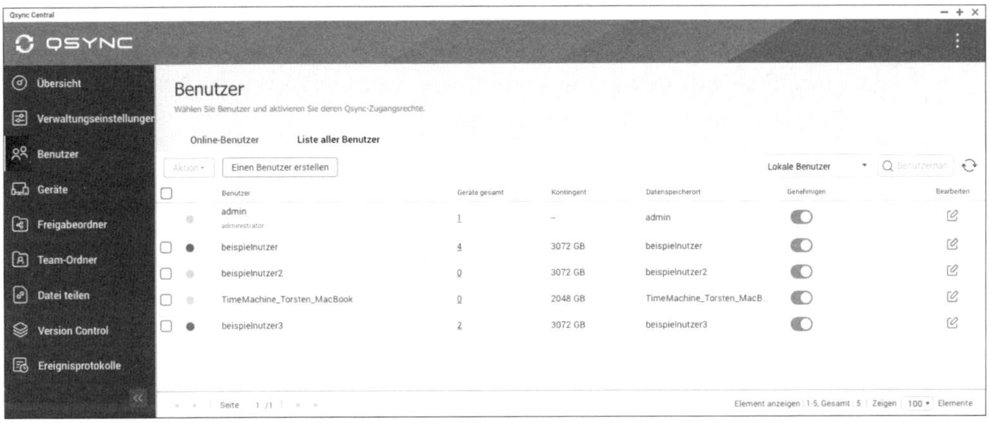

Abbildung 13.7 Qsync-App: Benutzer einsehen und sperren in der NAS-Weboberfläche

Im linken Menü klicken Sie auf BENUTZER, um zu sehen, welche Benutzer momentan eine aktive Verbindung per Qsync Client aufgebaut haben (Reiter ONLINE-BENUTZER). Um eine Liste aller Benutzer zu sehen, die Qsync verwenden dürfen, wechseln Sie in den Reiter LISTE ALLER BENUTZER. In beiden Fällen finden Sie in der Übersicht folgende wichtige Informationen:

- Die Anzahl der Geräte (Spalte GERÄTE GESAMT), die der Benutzer mit Qsync synchronisiert. Sie können diese Zahl anklicken, um die Liste genauer zu untersuchen.
- In der Spalte KONTINGENT finden Sie zur Erinnerung den maximal durch diesen Benutzer belegbaren Speicher. Es handelt sich hierbei nicht um eine Qsync-Einstellung. Das Kontingent wird in der zentralen NAS-Benutzerverwaltung in der SYSTEMSTEUERUNG vergeben. Es wirkt sich aber auch auf Qsync aus.
- Mit dem Schiebeschalter GENEHMIGEN können Sie dem Benutzer mit nur einem Klick die Nutzung von Qsync verwehren. Damit stoppen Sie alle derzeitigen und unterbinden zukünftig sämtliche Zugriffe von irgendwelchen Geräten per Qsync. Beachten Sie, dass dieser Schalter nur Qsync betrifft. Wenn Sie einen Benutzer vollständig ausschließen möchten, erwägen Sie eine Sperrung des Benutzers in der Systemsteuerung: SYSTEMSTEUERUNG öffnen, dann auf BENUTZER, KONTOPROFIL BEARBEITEN, Haken setzen bei DIESES KONTO DEAKTIVIEREN.

Geräteaktivitäten einsehen und Geräte sperren sowie fernlöschen

Statt einen Benutzer vollständig zu sperren, können Sie auch nur bestimmte Geräte sperren. Die Funktion hilft Ihnen, gestohlene Geräte für eine weitere Synchronisation zu sperren oder sogar fernzulöschen, so dass Unternehmensdaten von den Geräten entfernt werden, auch ohne dass Sie diese im Direktzugriff haben. Für eine Fernlöschung muss das Zielgerät allerdings mit dem Internet verbunden sein.

- Klicken Sie als Admin in der NAS-Weboberfläche in der Qsync-App auf GERÄTE. Ihnen werden nun wie in Abbildung 13.8 alle Geräte angezeigt, die jetzt oder in der Vergangenheit mit Qsync mit diesem NAS verbunden waren. Ein blauer Punkt symbolisiert eine derzeit aktive Verbindung.

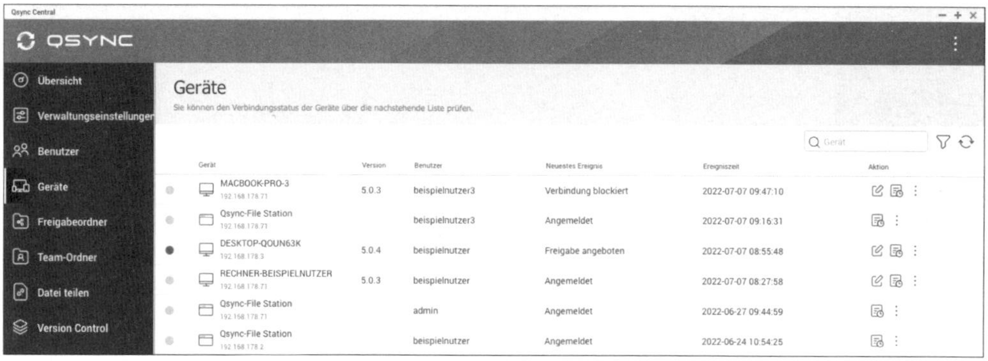

Abbildung 13.8 Qsync-Geräteliste als Admin einsehen

Mit dem Filter-Symbol [Filter-Symbol] können Sie die Geräte eines bestimmten NAS-Nutzers filtern. Alternativ können Sie in der Qsync-App im Menüpunkt BENUTZER in der Spalte GERÄTE GESAMT die Zahl der Geräte anklicken. Dann landen Sie ebenfalls in der Geräteliste, die aber bereits für diesen Benutzer gefiltert ist.

- Sofern es sich um einen Client und nicht um die Web-App File Station handelt, können Sie mit dem Symbol [Bearbeiten-Symbol] einige zentrale Richtlinien für das Gerät anpassen.
- Mit dem Symbol EREIGNISPROTOKOLLE AUFRUFEN [Symbol] können Sie in den Menüpunkt EREIGNISPROTOKOLLE springen und die bereits für dieses Gerät vorgefilterten Ereignisse für das entsprechende Gerät einsehen. Hier sehen Sie sehr detailliert, ob ein Gerät momentan aktiv verbunden ist, ob die Synchronisation läuft oder abgeschlossen ist, welche Team-Ordner freigegeben oder akzeptiert worden sind, welche Dateien gelöscht wurden usw. Zu jedem Eintrag finden Sie auch die IP-Adresse und einen Zeitstempel.

  Rufen Sie diese Ansicht auf, wenn Sie einen NAS-Nutzer aus der Ferne unterstützen. Wenn dieser beispielsweise angibt, dass ein Qsync-synchronisierter Ordner nicht in seiner Liste erscheint, der auf einem anderen Gerät aber sichtbar ist, so können Sie hier abrufen, ob die beiden Geräte online sind und ob die Synchronisation abgeschlossen ist. Wenn Sie hier keinen Fehler finden, könnte es sein, dass der Nutzer die Freigabeordner nicht zur Synchronisation in seinem Qsync Client aktiviert hat. Ausgerechnet diese Einstellung können Sie als Admin nicht zentral einsehen oder ändern.

- Zurück im Menüpunkt GERÄTE können Sie mit dem Symbol ⋮ das Gerät von der Synchronisierung ausschließen, indem Sie auf DIESES GERÄT BLOCKIEREN klicken.

  Das Qsync-Symbol im Systray bzw. der Menüleiste des NAS-Nutzers wird daraufhin rot. Der Client zeigt beim Aufruf einen Fehler. In den Details (siehe Abbildung 13.9) wird genau erklärt, dass ein Admin den Zugriff blockiert hat.

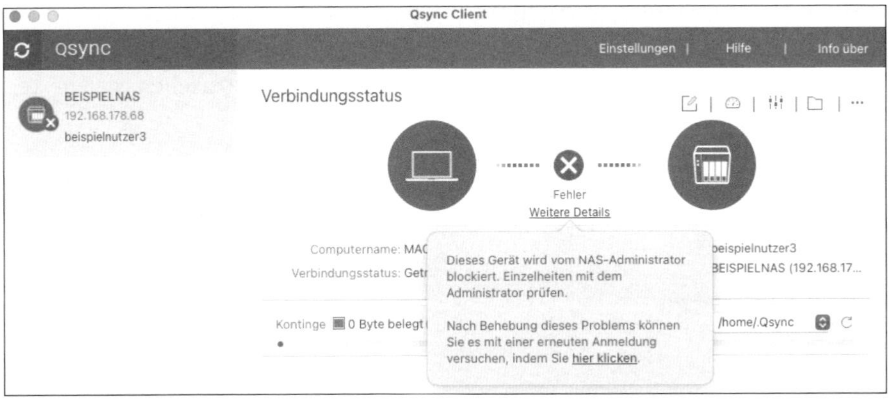

Abbildung 13.9 Qsync: vom Admin blockiertes Gerät

  Um den Schritt rückgängig zu machen, können Sie in der Weboberfläche auf ⋮ und dann auf DIESES GERÄT VERBINDEN klicken. Der Qsync Client stellt die Verbindung wieder her, sobald in der Fehlermeldung auf HIER KLICKEN geklickt wird oder wenn der Client neugestartet wird.

- Zuletzt ist es möglich, ein Gerät fernzulöschen. Darunter versteht man das Auslösen eines Löschbefehls aus der NAS-Weboberfläche mit der Konsequenz, dass das Gerät alle von Qsync synchronisierten Daten löscht. Dabei ist zu beachten, dass die Löschung ausschließlich Qsync-Daten betrifft. Wenn Sie das gesamte Gerät aus der Ferne löschen möchten, müssen Sie sich domänenbasierte Drittanbieterlösungen beschaffen, da Qsync dies nicht für Sie leistet.

  Um eine Fernlöschung durchzuführen, klicken Sie in der Qsync-App in der Geräteliste auf ⋮ und dann auf GERÄT EXTERN LÖSCHEN. Es erfolgt eine Sicherheitsabfrage sowie eine Kennwortabfrage. Wenn Sie eine Zweifaktor-Authentifizierung aktiviert haben, benötigen Sie hier ihren Code. Wenn nicht, tragen Sie bei CODE einfach den unter dem Eingabefeld angezeigten Code ein. Nach dem Löschen steht in der Weboberfläche für dieses Gerät in der Spalte NEUESTES EREIGNIS der Hinweis EXTERN GELÖSCHT.

Auf Client-Seite werden alle Ordner gelöscht (ohne Papierkorb), und in Qsync wird die Verbindung zum NAS entfernt. Wie bei einer Neuinstallation wird der Einrichtungsassistent angezeigt. Eine erneute Einrichtung wird allerdings fehlschlagen, solange das Gerät in diesem Zustand verbleibt.

Sie können diesen Schritt auch nicht rückgängig machen, aber Sie können die Qsync-Synchronisation für dieses Gerät nachträglich wieder erlauben. Das entsprechende Gerät kann dann im Qsync Client wieder neu eingerichtet werden. In der NAS-Weboberfläche klicken Sie dafür auf ⋮ und dann auf RÜCKSETZEN.

Team-Ordner für Benutzer einsehen

In der Qsync-App in der Weboberfläche des NAS können Sie als Admin den Menüpunkt TEAM-ORDNER (siehe Abbildung 13.10) nutzen, um einzusehen, welche Team-Ordner ein NAS-Nutzer verwendet.

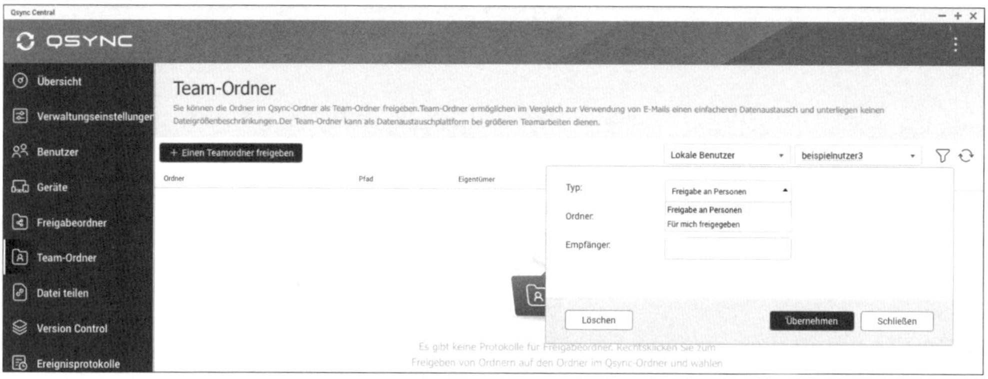

Abbildung 13.10 Qsync-Team-Ordner für alle NAS-Nutzer als Admin einsehen

Die Liste ist meist leer, weil sie nur die Einträge für Sie als Admin anzeigt. Um die Team-Ordner für einen bestimmten NAS-Nutzer einzusehen, nutzen Sie die Dropdown-Felder oben rechts. Über das Filter-Symbol ▽ können Sie mit dem Feld TYP optional festlegen, ob Sie die durch den Nutzer freigegebenen Ordner sehen möchten (FREIGABE AN PERSONEN) oder die Ordner, für die der Nutzer von anderen eingeladen wurde (FÜR MICH FREIGEGEBEN). »Für mich« heißt hier natürlich nicht »für Sie als Admin«, sondern »für diesen gewählten Benutzer«. Wenn Sie FÜR MICH FREIGEGEBEN wählen, haben Sie sogar noch die Möglichkeit, nach dem STATUS der Einladung (verweigert, akzeptiert etc.) zu filtern.

Wenn es entsprechende Suchergebnisse gibt, können Sie den Status des Team-Ordners ändern, indem Sie die Symbole hinter dem Eintrag verwenden. Sie können eine Einladung im Namen des gewählten Nutzers akzeptieren, so dass die Synchronisation auf dessen Gerät automatisch beginnt. Ebenso können Sie eine Einladung verweigern oder eine bereits angenommene Einladung wieder stornieren (VERLASSEN).

Qsync-Synchronisation von Freigabeordnern beenden

In manchen Situationen müssen Sie zügig dafür sorgen, dass bestimmte Ordner nicht mehr synchronisiert werden können. Neben der Möglichkeit, bestimmte Benutzer oder bestimmte Geräte bestimmter Benutzer zu sperren (siehe vorige Abschnitte), können Sie auch einen bestimmten Freigabeordner von der Qsync-Synchronisation ausschließen. Dafür wechseln Sie in der Qsync-App, die Sie als Administrator in der Weboberfläche des NAS geöffnet haben, ins Menü FREIGABEORDNER. Für den gewählten Freigabeordner setzen Sie den Schiebeschalter GENEHMIGEN nach links, so dass er ausgegraut dargestellt wird (siehe Abbildung 13.11).

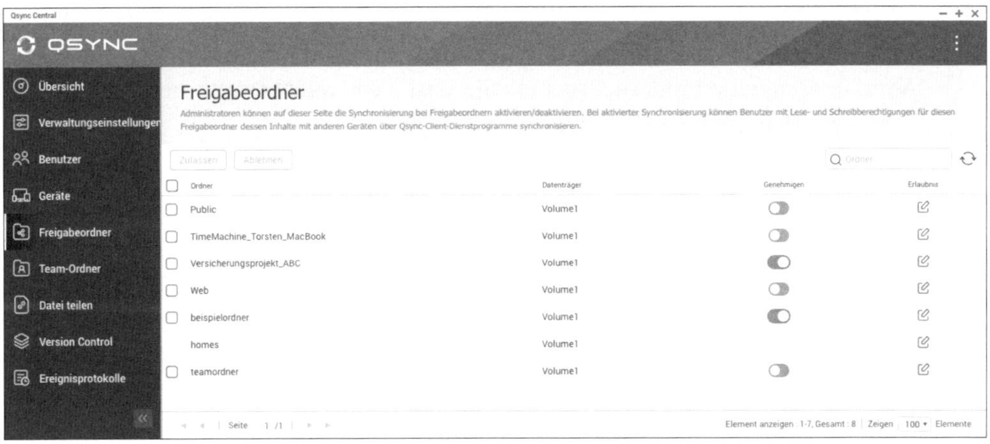

Abbildung 13.11 Freigabeordner in Qsync sperren

In der Konsequenz wird dieser Ordner bei *keinem* NAS-Nutzer mehr per Qsync synchronisiert, vorhandene lokale Kopien bleiben jedoch bestehen. Bei den Benutzern wird im Qsync Client der Ordner in der Liste der Ordnerpaare mit einem roten angezeigt.

Wenn Sie nicht möchten, dass lokale Kopien vom Freigabeordner auf den Geräten verbleiben, müssen Sie die Fernlöschfunktion verwenden (siehe voriger Abschnitt). Beim Fernlöschen werden auch synchronisierte Freigabeordner vom Gerät entfernt. Beachten Sie dabei jedoch, dass Sie diesen Schritt bei jedem Gerät durchführen müssen, das den Ordner verbunden hat. Sie können nicht abrufen, welche Geräte betroffen sind. Sie können lediglich prüfen, welche Benutzer Zugriff auf diesen Freigabeordner haben, und alle Geräte dieser Benutzer einzeln fernlöschen. Als Kollateralschaden beim Fernlöschen entfernen Sie nicht nur den gewünschten Freigabeordner vom Client, sondern auch alle anderen Qsync-Daten inklusive der Team-Ordner und der eingerichteten NAS-Verbindung.

Freigabelinks einsehen und löschen

Wie Sie in Kapitel 8, »Alles synchron«, gelernt haben, können Benutzer über Qsync Freigabelinks für den Abruf von NAS-Daten durch Externe erstellen. Mit diesem Freigabelink können Personen, die gar kein Benutzerkonto auf dem NAS haben, trotzdem Daten oder auch ganze Ordnerstrukturen vom NAS herunterladen oder – je nach Einstellung – auch Daten dorthin hochladen. Der Zugriff geschieht über eine Weboberfläche und erfordert, dass das NAS vorher mit der myQNAPcloud verbunden wurde.

Ungünstig ist, wenn Dateien geteilt werden, die privat oder nur für die interne Nutzung freigegeben sind. Der betroffene Benutzer, der den Freigabelink erzeugt hat, kann ihn auch wieder entfernen. Wenn Sie diesen jedoch aktuell nicht erreichen, können Sie als Admin ebenfalls den Freigabelink im Nachhinein löschen und somit den Abruf der Daten verhindern. Beachten Sie, dass Sie bereits heruntergeladene Kopien der Daten nicht mehr entfernen können.

Beginnen wir einmal damit, wie Sie abrufen können, ob und von wo ein Freigabelink genutzt wurde. Dazu verwenden Sie die App *QuLog Center* in der NAS-Weboberfläche. Diese starten Sie als Admin und wechseln im Bereich Lokales Gerät ins Ereignisprotokoll. Nutzen Sie die Filteroptionen rechts oben im Fenster, um die Einträge der App File Station zu filtern. Klicken Sie auf Suche, um den Filter anzuwenden. Ihnen werden dann die Downloads der Freigabelinks mit Zeitstempel und inklusive IP-Adresse der herunterladenden Maschine angezeigt. Wenn Sie den Filter häufiger nutzen, können Sie ihn als benutzerdefinierte Registerkarte hinzufügen.

Abbildung 13.12 Externen Zugriff auf Freigabelinks im QuLog Center prüfen

Es liegt nahe, dass Sie die Freigabelinks in der Qsync-App in der NAS-Weboberfläche bearbeiten können sollten. Dort gibt es zwar einen Menüpunkt Datei teilen. Hier finden Sie als Admin eine Filtermöglichkeit nach NAS-Nutzer, aber Sie können die Einträge lediglich einsehen, aber nicht ändern oder löschen. Was Sie suchen, finden Sie in der App File Station, die Sie als Admin in der NAS-Weboberfläche öffnen. Hier finden Sie den Punkt FREIGABELINKVERWALTUNG (siehe Abbildung 13.13). Während NAS-Nutzer ohne Adminrechte hier nur ihre eigenen Links verwalten können, sehen Sie als Administrator eine Liste der Freigabelinks aller NAS-Nutzer.

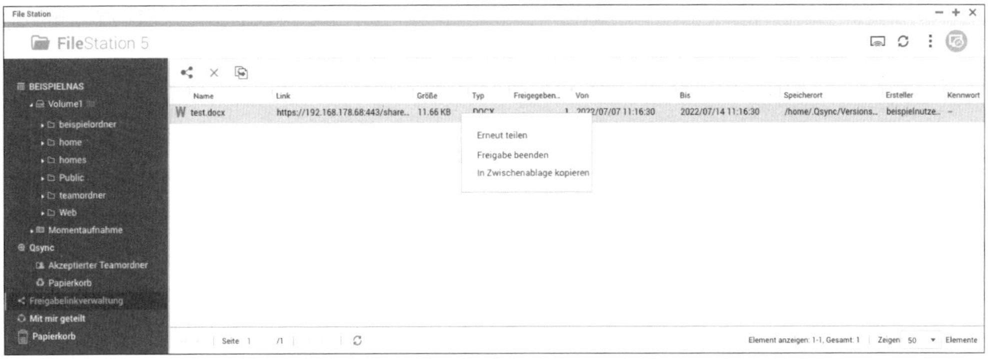

Abbildung 13.13 Qsync-Freigabelinks einsehen und beenden

Hier können Sie die Freigabelinks per Doppelklick auf den Linknamen in die Zwischenablage übernehmen und auch etwaige Kennwörter einsehen, die für den Abruf gelten. Um einen Freigabelink zu löschen, können Sie diesen mit der rechten Maustaste anklicken und FREIGABE BEENDEN wählen.

13.1.4 Fazit

Der zentrale Konfigurationsmodus hält nicht, was der Name verspricht. Dafür ist zu wenig an Funktionsumfang vorhanden. Wir vermissen die Möglichkeit zur Ferneinrichtung von zu synchronisierenden Ordnerpaaren eines Qsync Clients. Vielleicht rüstet QNAP das in zukünftigen Versionen nach.

Ansonsten gibt QNAP Ihnen als Administrator mächtige Werkzeuge an die Hand, um die Qsync-Aktivitäten von NAS-Nutzern nachzuvollziehen und gezielt auf Benutzerebene, Geräteebene, Team-Ordner-Ebene oder Freigabeordner-Ebene zu unterbinden. Selbst das Fernlöschen ist möglich. Für Freigabelinks können Sie genau kontrollieren, wann ein Abruf erfolgt ist, und Sie können die Freigabelinks jedes Nutzers einsehen und entfernen. Die Möglichkeiten sind enorm. Legen Sie los!

Einen Wermutstropfen müssen Sie hinnehmen: Sie können Ihren Anwenderinnen und Anwendern nicht zentral verbieten, dass diese Team-Ordner anlegen und miteinander teilen. Sprechen Sie die Chancen und Risiken dieser Funktion in einem gemeinsamen Team-Meeting an – bestimmt finden Sie einen guten Weg, der für Ihr Unternehmen passt!

13.2 Verzeichnisdienst und Domänencontroller

In diesem Abschnitt beleuchten wir die Einsatzmöglichkeiten eines NAS-Systems im Bereich von Domänen. Nach einer kurzen Einführung wichtiger Vokabeln zeigen wir als Erstes, wie das NAS als Domänencontroller selbst eine Domäne errichten kann. Anschließend schauen wir uns an, wie das NAS Teil einer vorhandenen Domäne werden kann.

13.2.1 Was ist eine Domäne und welche Vorteile gibt es?

Eine Computerdomäne ist ein Verbund von Client- und Server-Computern, die eine gemeinsame Rechtestruktur haben.

Innerhalb der Domäne gibt es einige zentrale Stellen in Form von Diensten, die auf Servern ausgeführt werden. Diese Dienste sind zum Beispiel dafür da, die Domänenstruktur bereitzustellen oder die Benutzer zu authentifizieren und zu verwalten.

In älteren Domänen übernahm all diese Rollen der *Primary Domain Controller (PDC)*. Er konnte durch einen oder mehrere *Secondary Domain Controller* unterstützt werden, die die Authentifizierung unterstützten und so Last vom PDC nahmen. Änderungen an Benutzerdaten jedoch haben sie immer an den PDC weitergereicht.

In moderneren Domänen können die zentralen Rollen, die man in der Systemadministration *FSMO-Rollen* nennt, auf mehrere verschiedene Server übertragen werden. Der PDC ist eine dieser FSMO-Rollen, so dass auch die Kompatibilität mit dem alten Domänenmodell gegeben ist.

Um eine Domäne aufzusetzen, benötigt man normalerweise einen Windows Server (oder mehrere, wenn man die FSMO-Rollen auf mehrere Serversysteme verteilen möchte, was in vielen Fällen empfehlenswert oder sogar notwendig ist) mit entsprechend anspruchsvollen Lizenzierungskosten – zumindest für eine Domäne mit vollem Funktionsumfang und allem Schnickschnack, den Microsoft besonders in teureren Lizenzen implementiert. Es gibt aber auch andere Implementierungen von Domänencontrollern, z. B. mit Samba auf Linux-Ebene, für die keine Lizenzkosten anfallen. Ihr QNAP NAS kann damit auch eine Domäne bereitstellen.

Durch die zentrale Authentifizierung können in einer Domäne die Zugriffe auf beliebige Ressourcen wie Netzlaufwerke, Drucker, Remote-Desktop-Server u. v. m. zentral kontrolliert werden. Für jede Ressource kann angegeben werden, welcher Benutzer darauf mit welchen Rechten zugreifen kann. Diese Infos liegen im zentralen *Active Directory (AD)*. Dabei handelt es sich um ein Verzeichnis, das Ressourcen und Regeln in einer baumartig organisierten Struktur vorhält.

Die Geräte prüfen bei einer Zugriffsanfrage die übermittelten Domänen-Benutzerdaten via Domänencontroller gegen das AD und gewähren danach den entsprechenden Zugriff. Auch für alle Verzeichnisse auf allen Windows-Systemen, die Teil der Domäne sind, werden dann Zugriffsrechte anhand der Domänenbenutzer eingestellt.

Auf Desktop-Systemen mit Windows führt dies dazu, dass der PC den Login nicht nur für lokal im System vorhandene Benutzeraccounts ermöglicht, sondern auch für jene mit gültigen Zugangsdaten aus der Windows-Domäne. Alle Eingaben beim Login-Bildschirm wertet der PC zunächst als Domänen-Benutzerdaten. Lokale Benutzernamen müssen explizit markiert werden (mehr dazu im Kasten »Anmelden mit lokalen Benutzern«).

Wenn der Login erfolgreich ist, bietet das Windows-System dem Benutzer ein eigenes Homeverzeichnis auf der lokalen Festplatte, und der Zugriff auf andere Homeverzeichnisse wird gesperrt. Ebenso kann jeder ein eigenes Hintergrundbild setzen und andere Einstellungen individuell festlegen. An Programmen kann normalerweise jeder Benutzer alles starten, was lokal installiert ist und ohne Administratorrechte ausgeführt werden kann. Wenn Adminrechte benötigt werden, werden diese vor dem Start der Software explizit abgefragt, und das Programm läuft danach mit den Adminrechten auf dem Bildschirm des eingeloggten Nicht-Admin-Benutzers. Wenn ein Administrator manuell die Rechte einer lokal auf dem PC installierten EXE-Programmdatei ändert und sie nur noch für bestimmte Domänenbenutzer oder für eine Domänen-Benutzergruppe ausführbar macht, so kann er damit Einfluss darauf nehmen, welche Benutzer welche Programme auf dem PC ausführen können. 13

Damit die Authentifizierung sauber funktioniert, müssen die Ressourcen entsprechende Domänenfunktionalitäten überhaupt anbieten und der Domäne als Gerät hinzugefügt werden, man spricht auch von »beitreten« (*Domain Join*), so dass der Domänencontroller dieses Gerät in das Active Directory aufnehmen und verwalten kann.

Kein Domain Join mit Windows 10/11 Home

Bei Windows-Desktop-Betriebssystemen wird für den Domain Join die Edition Windows Pro (Professional) oder besser benötigt. Windows Home kann nicht Teil einer Domäne werden.

Ist ein System der Domäne beigetreten, wendet es *Sicherheitsrichtlinien* (englisch *Security Policies*) aus der Domäne auf sich an, die der Administrator für dieses Gerät oder diese Gerätegruppe vorgesehen hat. Wenn Sie eine Eselsbrücke benötigen, denken Sie einfach: Wenn das System die Richtlinie umsetzt, ist es danach »sicher«.

Sicherheitsrichtlinien gesellen sich zu den Benutzer- und Gerätedaten in das baumartig sortierte AD und bestimmen, was auf einem System möglich ist, welche Einstellungen wie gesetzt sind, wer sich anmelden darf u. v. m. In der Praxis betreffen die Richtlinien fast immer Einschränkungen und Begrenzungen von allem, was man an einem PC so machen kann. Deshalb fühlen sich Anwenderinnen und Anwender, die in einem Unternehmen lange Zeit ohne eine Domäne gearbeitet haben, nach der Umstellung hin zur Domänenstruktur meist eingeengt, weil sie nicht mehr so viel an ihrem PC selbst bestimmen können.

Die Sicherheitsrichtlinien ruft ein System je nach Art der Regel beim Hochfahren, bei einem Benutzerlogin, während des laufenden Betriebs oder beim Herunterfahren über den Domänencontroller aus dem AD ab. Sie haben richtig gelesen: Während Sie mit dem System arbeiten, prüft zumindest Windows etwa 90-minütlich, ob es veränderte Regeln gibt.

Schon in einer frisch eingerichteten Domäne gibt es eine ganze Menge von Standard-Sicherheitsrichtlinien. Nicht jedes System unterstützt alle. Die umfangreichste Unterstützung bieten Microsofts eigene Windows-Systeme, aber auch Macs und Linux-Rechner, ja sogar NAS-Systeme, können Teil einer Domäne werden, nur mit weniger Funktionsumfang.

Wenn Sie bereits in einem größeren Unternehmen gearbeitet haben, kennen Sie Domänen von der Anmeldung am eigenen Windows-basierten Arbeitsplatz-Rechner. Ohne einen zentralen Zugang aus der IT-Abteilung geht nichts. Umgekehrt kann man mit seinem Account oft an mehreren Rechnern oder Servern arbeiten: Man kann dort arbeiten, wo gerade ein Rechner frei ist.

Für den Administrator liegen die Vorteile von Domänen auf der Hand:

- Benutzeraccounts müssen nicht bei jedem Server, jeder Freigabe und anderen Ressourcen manuell gepflegt werden.
- Für jedes System können durch Sicherheitsrichtlinien Beschränkungen festgelegt werden. Und das aus der Ferne ganz einfach im AD.
- Benutzeraccounts haben zusätzliche Eigenschaften wie ablaufende Kennwörter, Kennwort-Richtlinien zur Komplexität von Kennwörtern usw., die alle zentral auf dem Domänencontroller gesteuert werden.
- Wird ein Benutzer aus dem Verzeichnis/der Domäne gelöscht, kann er sich sofort auf keiner einzigen Ressource mehr anmelden.

Gerade der letzte Grund ist vor dem Hintergrund fristloser Kündigungen oder von Cyber-Attacken aus anderen Ländern von sehr zentraler Bedeutung. Durch eine Domäne wird der Aufwand bei der Benutzerpflege hinsichtlich unterschiedlicher Systeme, die der Anwender nutzt, überhaupt erst kalkulierbar. Ab einer bestimmten Größe können Sie Ihre Infrastruktur schlicht nicht mehr pflegen, indem Sie zu jedem Gerät laufen und per Hand Konfigurationen vornehmen.

Wenn Sie also die »Turnschuh-Administration« verringern und Ihre Rechnerflotte zentral verwalten möchten, sollten Sie unbedingt eine Domäne aufbauen. Allerdings bedeutet die Verwaltung einer Domäne auch immer eine erhöhte Komplexität, die sich eher nicht lohnt, wenn es nur um die Administration von zwei Desktop-PCs und einem Drucker geht.

Kurz gesagt: Für ein kleines, privates Heimnetz ist eine Domäne fast immer überdimensioniert. Für ein großes Unternehmensnetzwerk, das mehrere Standorte umspannt und professionell administriert werden muss, sollten Sie entsprechend professionelle Werkzeuge einsetzen und eine »echte« Server-Infrastruktur mit Ausfallsicherheit und Redundanz pflegen. In allen Szenarien dazwischen, also in kleinen Umgebungen mit 10 bis 30 Rechnern und Laptops und ähnlich vielen Benutzerkonten, kann Ihnen ein Verzeichnisdienst auf Basis eines QNAPs wertvolle Dienste leisten. Ihr NAS kann nämlich nicht nur Teil der Domäne sein, sondern diese auch verwalten. Beide Rollen schauen wir uns nun an.

13.2.2 Welche Rolle ein QNAP NAS in einer Domäne hat

Ein QNAP-NAS-System kann zwei Rollen einnehmen: Es kann Teil einer Domäne werden oder selbst eine Domäne aufspannen.

Erster Fall: Ein NAS kann durch einen Domain Join Teil einer vorhandenen Domäne werden. Wenn Sie ein NAS neu einrichten, arbeiten Sie nur mit lokalen Benutzern. Wenn Sie das NAS in eine Domäne einhängen, haben Sie zukünftig immer Zugriff auf die lokalen NAS-Nutzer *und* auf die Domänenbenutzer. Sie können dann Ressourcen des NAS, inbesondere die Freigabeordner, für Domänenbenutzer und Benutzergruppen freigeben. Diese Domänenbenutzer erstellen und pflegen Sie im Domänencontroller, aber das NAS liest sie aus und wendet die daraus resultierenden Rechte auf z. B. seine Freigaben an. Bei QNAP kann das NAS einer Domäne beitreten, also einer Windows-Domäne, aber auch einem anderen LDAP-fähigen Verzeichnisdienst und HCL Domino (vormals Lotus Domino von IBM).

Zweiter Fall: Wenn Sie keine vorhandene Domäne haben und dennoch von der zentralen Benutzerverwaltung profitieren möchten, können Sie das QNAP NAS zu einem Domänencontroller machen, indem Sie in der Systemsteuerung des NAS entsprechende Haken setzen. Geräte in Ihrem Netzwerk können dann dieser Domäne beitreten – allen voran die Windows-Desktop-Rechner, auf denen man sich dann nur noch mit Benutzerdaten aus der Domäne anmelden kann. Windows-Systeme, die Netzlaufwerkverbindungen zum NAS aufbauen, können sich dann nicht mehr mit lokalen NAS-Benutzern verbinden, sondern müssen Domänen-Zugangsdaten verwenden.

13.2.3 Das NAS als Domänencontroller verwenden

Im Folgenden erfahren Sie, wie Sie Ihr NAS-System zu einem Domänencontroller machen. Beachten Sie, dass Sie von den Vorteilen einer Domäne erst profitieren, wenn Sie Computer im Netzwerk dann auch der Domäne hinzufügen. Sie brauchen dazu unbedingt die etwas teureren Editionen von Windows, nämlich Professional oder Enterprise. Windows 10/11 Home, das auf vielen Consumer-Geräten vorinstalliert ist, kann einer Domäne nicht hinzugefügt werden. Wenn Sie die geeigneten Editionen derzeit nicht einsetzen, sollten Sie die Planung langfristiger anlegen, zukünftige Systeme mit Windows Professional erwerben und die Einrichtung der Domäne verschieben.

Außerdem möchten wir Sie in Ihrem Tatendrang gleich zu Anfang etwas ausbremsen: Ein NAS-System kann eine Domäne aufspannen, der Schwerpunkt der Implementierung liegt jedoch eindeutig auf der Benutzerauthentifizierung. Folgende Aspekte stehen auf der Contra-Seite:

- Wenn Sie ein NAS als zentralen Domänencontroller in einem größeren Netzwerk einsetzen, muss Ihnen die zentrale Rolle des Systems klar sein. Ein Ausfall bedeutet, dass niemand sich an irgendeinem PC anmelden kann. Wenn eine solche Downtime nicht akzeptabel ist, müssen Sie eine professionelle Server-Infrastruktur aufbauen. Das geht weit darüber hinaus, was ein einzelnes NAS leisten kann.
- Das NAS kennt keine einzelnen FMSO-Rollen, wie sie in der modernen Domänenstruktur vorhanden sind. Ein NAS kann nur Primary oder Secondary Domain Controller sein, führt also – einfach gesprochen – immer alle Rollen in einem System aus.
- Aufgrund seiner beschränkten Systemleistung ist ein NAS als Domänencontroller mit steigender Anzahl der zu verwaltenden Systeme eher überfordert als ein separater Hardware-Server.
- Ein QNAP-System kann (zumindest mit den Bedienelementen der Weboberfläche) nur eine Domäne aufspannen, unterstützt aber nicht mehrere Domänen sowie die Darstellung eines *Forests*, also den Verbund mehrerer Domänen. Auch hier gilt: Wenn Sie mehrere Standorte oder unterschiedliche Domänen in einem Unternehmen verwalten müssen, sollten Sie unbedingt in professionelle Werkzeuge investieren.
- Sie können ohne weitere Hilfsmittel die Domäne schlecht zu einem neuen NAS übernehmen. Es gibt die Möglichkeit, ein Backup auf demselben NAS wieder einzuspielen. Die klassische Migration auf neue Windows-Server-Versionen und damit auch neuere Domänen-Funktionsebenen, wie man sie bei großen Windows-Netzwerken standardmäßig alle paar Jahre durchführt, um »up to date« zu bleiben, gibt es nicht bei QNAP. Ein etwaiger Upgrade-Pfad ist Zukunftsmusik, wir haben dazu keinerlei Dokumentationen gefunden. Inwiefern ein Backup der Domänencontroller-Einstellungen (wir zeigen Ihnen, wie Sie eines anlegen) auf einem anderen QNAP-Modell wiederhergestellt werden kann, ist laut einigen Aussagen in den QNAP-Foren auch unklar.

Erwägen Sie deshalb bei geplantem Unternehmenswachstum und in Hinblick auf spätere Migrationen in jedem Fall die Anschaffung einer Windows-Server-Lizenz, mit der Sie ein »großes« Active Directory realisieren können. Wenn Ihnen die kleine Variante jedoch ausreicht, fahren Sie mit dieser Anleitung fort. Da das NAS nicht alle Einstellungsmöglichkeiten anbietet, werden Sie in diesem Buch externe Windows-Administrationstools verwenden, um Finetuning an den Domäneneinstellungen vorzunehmen. Dieses Wissen können Sie dann auch gut in professionellere Umgebungen mitnehmen.

Domänencontroller aktivieren

Bevor Sie den Domänencontroller aktivieren, stellen Sie bitte sicher, dass das NAS-System eine feste IP-Adresse hat. Diese können Sie in der Weboberfläche in der SYSTEMSTEUERUNG unter NETZWERK- UND VIRTUELLER SWITCH festlegen (siehe Abbildung 13.14).

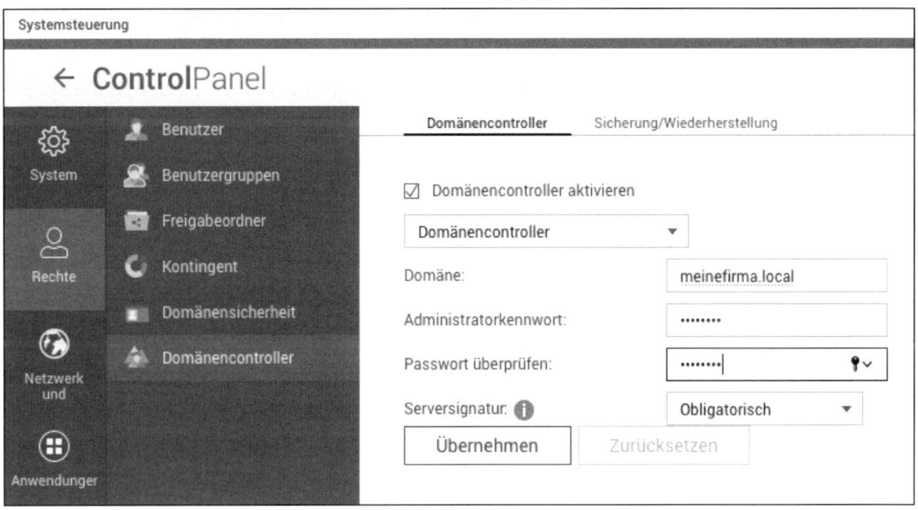

Abbildung 13.14 Domänencontroller-Funktionalität im NAS aktivieren

1. Loggen Sie sich als Administrator in die Weboberfläche des NAS-Systems ein, und starten Sie die SYSTEMSTEUERUNG.
2. Sofern noch nicht geschehen, setzen Sie im Bereich NETZWERK UND DATEIDIENSTE im Menü NETZWERK- UND VIRTUELLER SWITCH eine feste IP für das NAS-System. Ein Domänencontroller setzt eine feste IP voraus und wird auch einen DNS-Server mitinstallieren.
3. Rufen Sie aus dem Bereich RECHTE den Menüpunkt DOMÄNENCONTROLLER auf. Je nach Version der Firmware bzw. NAS heißt die Option möglicherweise auch DOMAINCONTROLLER.

4. Aktivieren Sie den Haken DOMÄNENCONTROLLER AKTIVIEREN. Ist der Haken nicht aktivierbar, läuft vermutlich parallel ein LDAP-Server auf dem NAS. Sie können aber nicht beides auf einem QNAP NAS ausführen, da das AD der Domäne auch auf LDAP basiert. Um hier fortzufahren, müssen Sie erst den LDAP-Server in der SYSTEMSTEUERUNG im Bereich ANWENDUNGEN per Klick auf LDAP-SERVER beenden.
5. Geben Sie einen Domänennamen ein. Dieser besteht aus einem frei wählbaren Namen (Sonderzeichen ausgenommen) und einer Endung, die im Normalfall *.local* lautet. Beispiel: *meinefirma.local*
6. Die Endung *.local* ist für private Zwecke freigegeben. Im Grunde sind Sie frei in Ihrer Namenswahl, sollten aber darauf achten, dass Sie keine Endung (*Top Level Domain (TLD)*) wählen, die es im Internet wirklich gibt. In einem solchen Fall werden Sie Probleme haben, die genannten Adressen im Internet zu finden, weil Ihr NAS die Domänennamen zu internen Zielen auflöst.
7. Wählen Sie ein Administratorpasswort, das den vorgegebenen Kriterien zur Komplexität entspricht. Dieses muss zweimal eingegeben werden. Das Passwort betrifft nur die angelegte Domäne und hat nichts mit der Administration des NAS-Systems zu tun. Notieren Sie sich das Passwort auf Papier an einer sicheren Stelle. Sie können es nicht wiederherstellen.
8. Beim Punkt SERVERSIGNATUR wählen Sie OBLIGATORISCH. Nur bei veralteten Systemen wählen Sie gegebenenfalls aus Kompatibilitätsgründen AUTOMATISCH.
9. Klicken Sie auf ÜBERNEHMEN.

Um den Domänencontroller zu aktivieren, müssen Sie auch die erweiterten Ordnerberechtigungen aktivieren (siehe Abbildung 13.15). Diese ermöglichen eine Berechtigungssteuerung auf Unterordner- und Dateiebene statt nur auf der obersten Ebene des Freigabeordners. Wenn dies noch nicht geschehen ist, weist Sie das NAS nun an, diese Berechtigungen zu konfigurieren. Sie werden zum entsprechenden Einstellungsdialog weitergeleitet.

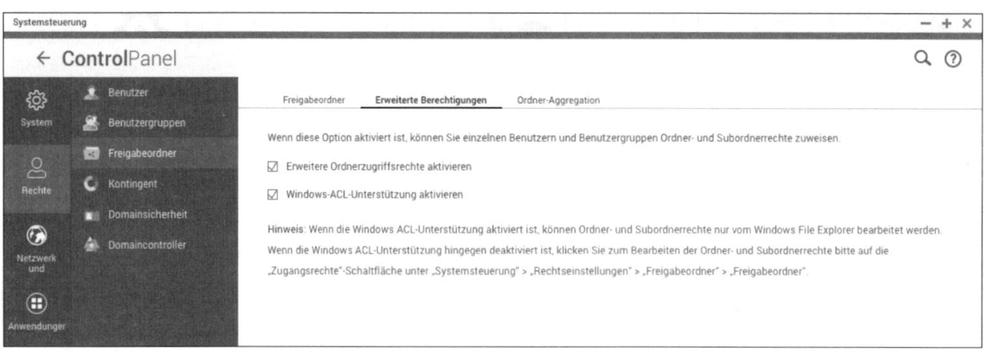

Abbildung 13.15 Erweiterte Dateizugriffsrechte aktivieren

Damit die Dateizugriffsrechte zukünftig auch über den Windows Explorer in den Eigenschaften der Datei bzw. des Ordners im Reiter Sicherheit kontrolliert werden können (sogenannte *NTFS-Berechtigungen*) statt auf dem NAS, sollten Sie auch die Windows-ACL-Unterstützung aktivieren, die im selben Dialog zu finden ist.

Wenn Sie die Haken gesetzt und mit Übernehmen gespeichert haben, wechseln Sie im Menü links zurück zu Domänencontroller, und aktivieren Sie nun das Häkchen Domänencontroller aktivieren, falls es noch inaktiv ist. Speichern Sie durch Klick auf Übernehmen. Es erfolgt eine Warnung, dass lokale NAS-Nutzer für SMB-Netzlaufwerkverbindungen zukünftig abgewiesen werden. Bestätigen Sie dies mit Ja.

Nach der Aktivierung des Domänencontrollers finden Sie im Menü neue Reiter vor: Sie können nun Benutzer und Gruppen, Computer sowie DNS-Einstellungen verwalten. Viel mehr an Einstellungen gibt es auch gar nicht – zumindest nicht in der NAS-Weboberfläche! Wer NAS-Systeme von Synology kennt, ist im Bereich der Domänencontroller etwas mehr Einstellungskomfort gewohnt. Dort wird etwa die Möglichkeit geboten, den Ablauf von Kennwörtern genauer zu steuern. Für QNAP zeigen wir aber auch noch, wie das funktioniert, wenn es wenige Seiten weiter um die Gruppenrichtlinien geht.

Bevor Sie dort tiefer einsteigen, sollten Sie sich um die Sicherung der Domäneneinstellungen kümmern (siehe Abbildung 13.16). Das NAS kann in regelmäßigen Abständen alle Einstellungen zur Domäne sichern.

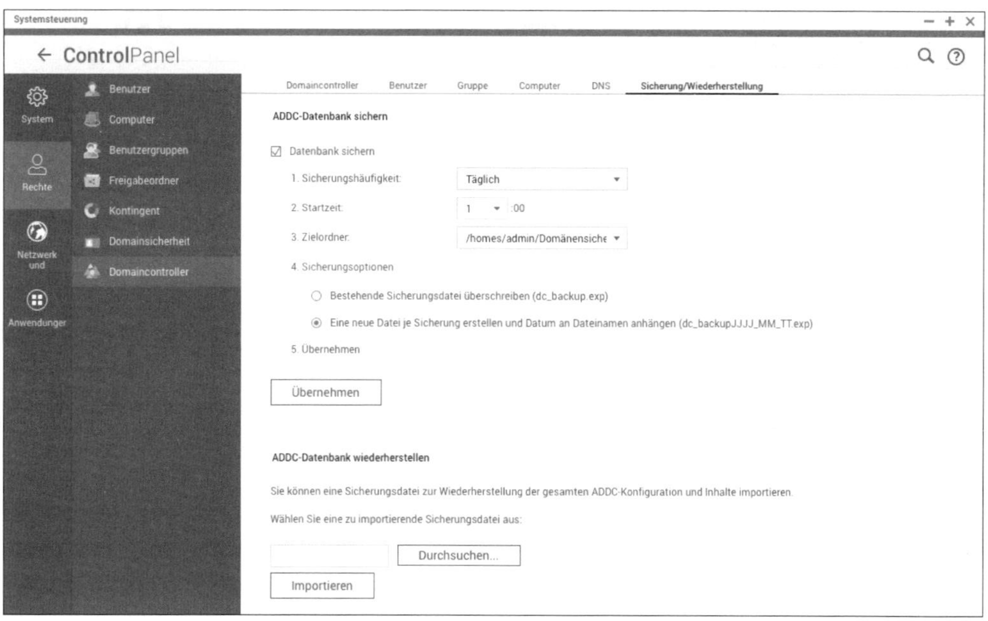

Abbildung 13.16 Domäneneinstellungen (ADDC-Datenbank) regelmäßig sichern

Das ist eine komfortable Funktion, die ein kostenpflichtiger Windows-basierter Domänencontroller nicht anbietet. Insofern tut es nicht weh, die Turnussicherung zu nutzen. Als Zielspeicherort könnte z. B. ein Unterordner im *home*-Verzeichnis des NAS-Admins dienen. Besser wäre mittelfristig ein Ort außerhalb des NAS (siehe Abschnitt 9.1, »Backupkonzept erstellen«).

Auf derselben Seite finden Sie auch einen Punkt zum Wiederherstellen der Dateisicherung. Hier können Sie eine Sicherungsdatei hochladen und wiederherstellen. Beachten Sie, dass alle Daten und Einstellungen, die zwischen dem wiederherzustellenden Sicherungszeitpunkt und jetzt vorgenommen wurden, unwiderruflich verloren gehen.

Benutzer und Geräte definieren

Wie bereits beschrieben, hat eine Domäne eine eigene Benutzer- und Geräteverwaltung. Diese finden Sie nun als Reiter des Menüpunkts DOMÄNENCONTROLLER in der Systemsteuerung Ihres NAS.

Rufen Sie diese Reiter auf, und orientieren Sie sich. Sie stellen Folgendes fest:

- Im Bereich der Benutzer gibt es neben dem `krbtgt`-Service-Benutzer einen Gast-Benutzer und den fest eingebauten Administrator, dessen Kennwort Sie im vorigen Schritt gesetzt haben (siehe Abbildung 13.17).

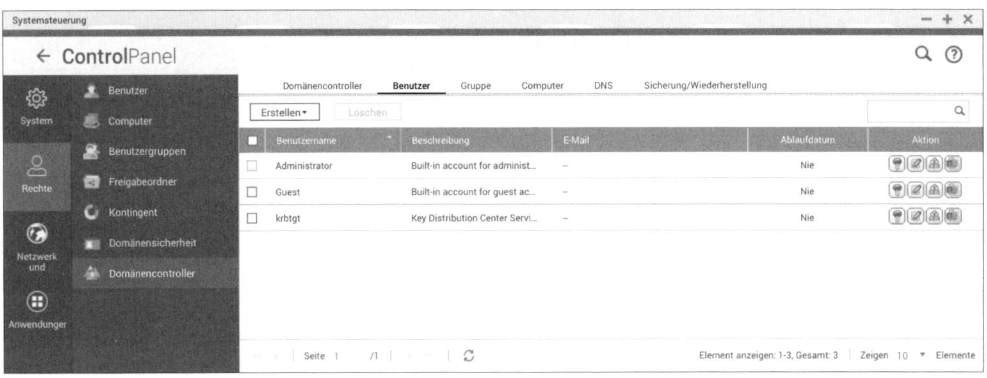

Abbildung 13.17 Benutzerübersicht Domänencontroller

- Über den Menüpunkt ERSTELLEN können Sie einen oder mehrere neue Benutzer in der Domäne erstellen. Wenn Sie mehrere Benutzer erstellen, werden deren Benutzernamen mit einem Präfix versehen und mit einer Nummer hochgezählt. Ebenso können Benutzeraccounts aus einer UTF-8-kodierten CSV-Datei importiert werden. Die Spalten innerhalb der Tabelle müssen in folgender Reihenfolge vorkommen. Die erste Zeile darf keine Überschriften enthalten, stattdessen startet die Datei direkt mit den Daten.

  ```
  Konto, Kennwort, Beschreibung, E-Mail
  ```

- Über GRUPPEN können Sie Benutzer zusammenfassen und damit gesammelt Rechte vergeben. Sie finden eine ganze Menge an vordefinierten Systemgruppen vor, die für die korrekte Funktion der Domäne erforderlich sind.
- Im Reiter COMPUTER finden Sie bereits einen Eintrag vor: Ihr NAS ist bereits Teil der Domäne. Weitere Computer können Sie zwar manuell anlegen. Es ist aber sinnvoller, Systeme durch den Beitritt zur Domäne direkt am betroffenen Rechner selbst hinzuzufügen.

Prüfen Sie den Gerätenamen und die IP vor dem Beitritt zur Domäne!

Prüfen Sie vor dem Beitritt in die Domäne den Gerätenamen bzw. Computernamen, der in Windows für dieses System vergeben ist. Jetzt ist noch die Chance, diesen Namen zu ändern.

Windows vergibt – gerade bei automatischen Installationen auf Herstellerseite – meist einen zufälligen Buchstabensalat als Gerätenamen. Stellen Sie sich nun vor, Sie schauen im AD die Geräteliste an und finden nur solche Bezeichnungen. Das macht die Administration unnötig schwer.

Es gibt verschiedene Herangehensweisen, Geräte zu benennen. Da Benutzer sich häufig PCs teilen und Standorte von PCs sich ändern können, finden Unternehmen oft ein Benennungsschema, das den Firmennamen, den Gerätetyp und eine fortlaufende Nummer enthält, etwa *MEINEFIRMA-NB-014*. Der Unternehmensname wird meist als Kürzel gewählt, weil der Computername maximal 15 Zeichen lang sein darf.

Eher unkompliziert verhält es sich mit der Änderung von IP-Adressen nach einem Domänenbeitritt. Wenn Sie in Ihrem Leben aber jemals einen Windows Server mit zentralen Funktionen wie Domänencontroller oder Exchange Server installieren und deshalb eine feste IP brauchen, beherzigen Sie den Tipp: Erst IP ändern, dann der Domäne beitreten, dann die Rollen und Programme einrichten.

Beim Setzen einer festen IP achten Sie darauf, dass das NAS als DNS-Server eingetragen ist, da sonst die Domänencontroller-Funktionen auf dem NAS nicht korrekt gefunden werden können.

Mit Windows der Domäne beitreten (Domain Join)

Anhand von Windows 10 Pro zeigen wir, wie Sie der Domäne beitreten und damit u. a. von einer zentralen Anmeldung am System profitieren. Bevor Sie loslegen, werfen Sie einen Blick in den Kasten »Prüfen Sie den Gerätenamen und die IP vor dem Beitritt zur Domäne!«.

1. Notieren Sie sich von einem Benutzer mit Adminrechten vom betroffenen PC den Benutzernamen und das Kennwort an einer sicheren Stelle außerhalb des Computers. Sie benötigen diese Daten wieder, wenn Sie den PC möglicherweise irgendwann einmal aus der Domäne wieder entfernen wollen oder müssen.

2. Geben Sie im Windows-Startmenü »Systemsteuerung« ein, und drücken Sie die Eingabetaste.
3. Geben Sie in die Adresszeile des Systemsteuerungsfensters Folgendes ein: »Systemsteuerung\System und Sicherheit\System«, und drücken Sie die Eingabetaste.
4. Klicken Sie je nach Windows-Version den Link Erweiterte Systemeinstellungen, Domäne oder Arbeitsgruppe oder Einstellungen ändern an.
5. Es öffnet sich in allen Fällen ein Fenster, das mehrere Reiter bietet. Der erste Reiter heißt Computername. Wechseln Sie in diesen Reiter, und klicken Sie dann auf Ändern...
6. Aktivieren Sie den Radiobutton vor Domäne, und tragen Sie den Namen der Domäne ein (siehe Abbildung 13.18). Das Suffix der Domäne lassen Sie dabei weg.

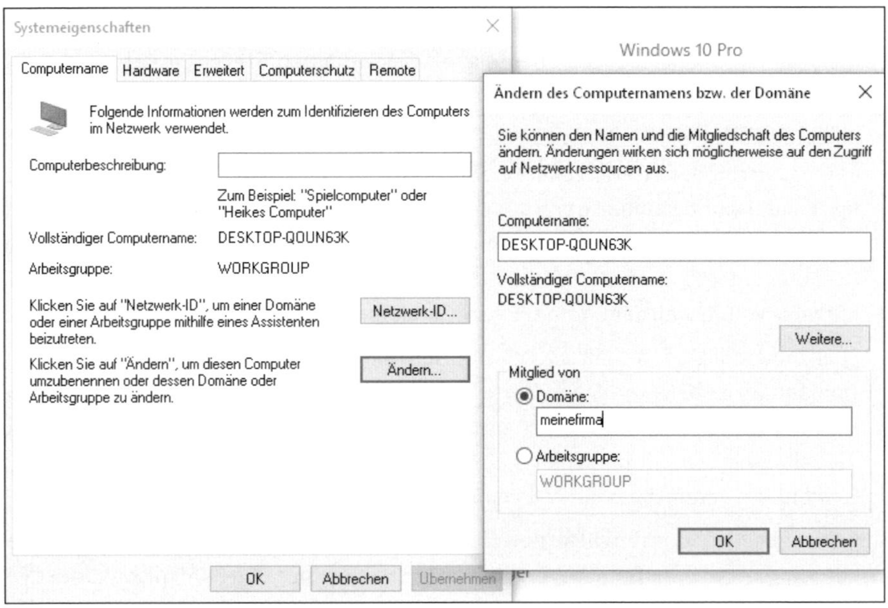

Abbildung 13.18 Mit Windows einer Domäne beitreten

Wenn Sie bei der Einrichtung der Domäne im NAS beispielsweise die Domäne mit *meinefirma.local* benannt haben, tragen Sie in Windows lediglich *meinefirma* ein. Klicken Sie auf OK.

Falls Sie das Eingabefeld Domäne nicht vorfinden, haben Sie Windows Home im Einsatz. Dieses lässt sich nicht mit einer Domäne verbinden.

7. Das System fragt Sie nach Benutzerdaten eines Accounts, mit dem Sie der Domäne beitreten dürfen. Verwenden Sie den Benutzernamen *Administrator* und das Kennwort, das Sie während der Erstellung der Domäne gewählt haben.

8. Nach einer längeren Wartezeit (bleiben Sie geduldig) erscheint die Meldung WILLKOMMEN IN DER DOMÄNE MEINEFIRMA – natürlich passend mit Ihrem Domänennamen! Bestätigen Sie die Meldung. Der Computer verlangt nach einem Neustart, den Sie bitte ausführen.
9. Sollte das Ganze nicht wie geplant funktionieren, werfen Sie einen Blick auf unseren Kasten »Fehlerbehebung beim Beitritt in die Domäne«.
10. Nach dem Neustart melden Sie sich mit einem Account aus der Domäne an. Legen Sie dazu im NAS in den Domäneneinstellungen einen Benutzer ohne Adminrechte an (nicht in der Gruppe der Administratoren).

Anmelden mit lokalen Benutzern

Wenn Sie sich am Anmeldebildschirm des PCs befinden, akzeptiert Windows zukünftig Domänen-Logins und weiterhin die Benutzernamen, die lokal auf dem PC angelegt sind. Wenn Sie aber einfach einen Benutzernamen ins Eingabefeld eintippen, geht Windows immer davon aus, dass Sie damit einen Domänenbenutzer meinen. Intern ersetzt es bei Eingabe `Benutzer` stets durch `Domain\Benutzer`, wobei `Domain` der Name Ihrer Domäne ist.

Wenn Sie sich aus irgendwelchen Gründen künftig mit einem lokalen Benutzernamen anmelden wollen, verwenden Sie als Benutzername `pcname\Benutzername`, wobei Sie `pcname` durch den Computernamen des vorliegenden PCs ersetzen. Den finden Sie im Anmeldefenster von Windows per Klick auf WIE MELDEN SIE SICH AN EINER ANDEREN DOMÄNE AN?. Alternativ können Sie `.\Benutzername` eintippen, was Windows ebenfalls anweist, sich lokal anzumelden.

Im Regelfall werden Sie jedoch immer mit einem Domänenbenutzer arbeiten, sonst hätten Sie sich diese ja nicht anlegen müssen!

Es gibt übrigens eine Gruppenrichtlinie, mit der Sie die lokale Anmeldung unterbinden können. Sie ist zu finden unter COMPUTERKONFIGURATION • WINDOWS-EINSTELLUNGEN • SICHERHEITSEINSTELLUNGEN • LOKALE RICHTLINIEN • ZUWEISEN VON BENUTZERRECHTEN • LOKAL ANMELDEN ZULASSEN. Mehr zu Gruppenrichtlinien finden Sie im Punkt »Gruppenrichtlinienverwaltung«.

Fehlerbehebung beim Beitritt in die Domäne

Wenn Ihr Windows sich nicht überreden lässt, der Domäne beizutreten, kann dies vielfältige Ursachen haben. Hier ein paar Tipps:

- Prüfen Sie die Uhrzeit vom NAS-System und vom Client-Computer. Sie darf nicht mehr als ein paar Sekunden abweichen. Besser, Sie synchronisieren beide mit einem Zeitserver.
- Geben Sie im betroffenen Windows-System in den Einstellungen des Netzwerkadapters manuell das NAS-System als DNS-Server an, damit der PC den Domänencontroller sicher erreichen kann.

- Deaktivieren Sie IPv6 in den Einstellungen des Netzwerkadapters. Es kann dazu führen, dass Windows einen falschen DNS-Server verwendet und damit den Domänencontroller nicht findet.
- Sollte der Beitritt zur Domäne abgelehnt und der Hinweis angezeigt werden, dass Sie sich mit unterschiedlichen Benutzern mit demselben Server bzw. derselben Ressource verbinden wollen, so prüfen Sie, ob es offene Netzlaufwerkverbindungen gibt. Trennen Sie diese, und prüfen Sie auch, ob Software wie Backupprogramme (NetBak Replicator etwa) oder Qsync geöffnet sind, die sich mit dem NAS verbunden haben. Deinstallieren Sie diese Programme vorübergehend. Ein einfaches Beenden führte in unseren Tests nicht zum Erfolg.

Domäne konfigurieren mit Remote Server Administration Tools (RSAT)

Konnten Sie sich erfolgreich mit einem Administratoraccount der Domäne an Ihrem Testsystem anmelden? Herzlichen Glückwunsch! Dann möchten wir Ihnen die *Windows Remote Server Administration Tools (RSAT)* vorstellen.

Wie zuvor erwähnt bietet QNAP in seiner Weboberfläche nur sehr rudimentäre Einstellmöglichkeiten zur Domäne. Dabei betreibt Ihr NAS unter der Haube einen vollständigen Domänencontroller. Sie kommen nur nicht dran, weil QNAP es sich gespart hat, dafür Dialoge zu programmieren!

Das ist aber auch nicht sehr dramatisch, denn es gibt Abhilfe aus dem Hause Microsoft höchstpersönlich. Die RSAT-Tools installieren Sie unter Windows 10 wie folgt:

1. Melden Sie sich als Domänen-Administrator am Windows-Client an.
2. Öffnen Sie die EINSTELLUNGEN (also die neumodische »Systemsteuerung«).
3. Wechseln Sie in den Bereich APPS. Es lädt eine Seite mit dem Titel APPS UND FEATURES. Klicken Sie auf den Link OPTIONALE FEATURES.
4. Oberhalb der Liste klicken Sie auf das Plus-Symbol [+] FEATURE HINZUFÜGEN.
5. Suchen Sie nach »RSAT«, und setzen Sie in der Liste der Suchergebnisse einen Haken vor die folgenden beiden Einträge:
   - RSAT: TOOLS ZUR GRUPPENRICHTLINIENVERWALTUNG
   - RSAT: TOOLS FÜR ACTIVE DIRECTORY DOMAIN SERVICES UND LIGHTWEIGHT DIRECTORY SERVICES
6. Klicken Sie auf INSTALLIEREN. Das Fenster schließt sich, und im Hauptfenster werden die Installationsfortschritte mit Balken dargestellt. Warten Sie den Installationsvorgang ab.

Sobald die Installation abgeschlossen ist, finden Sie neue Programme im Startmenü des Computers. Drei davon möchten wir Ihnen vorstellen. Wir können deren Funktionsumfang in diesem Buch nur kurz anreißen, weil deren Potenzial eigene Bücher füllt. Aber wenn Sie einen Blick mit uns wagen, wird Ihnen klar, welches Potenzial eine Domänenstruktur für Sie bereithält.

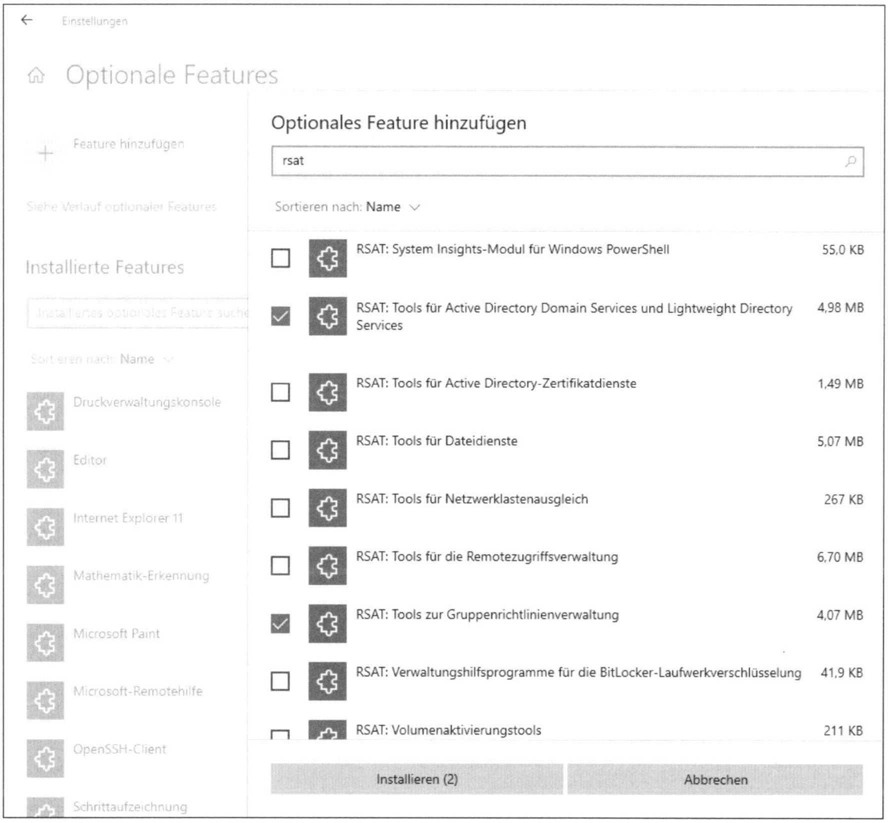

Abbildung 13.19 RSAT-Tools zur Gruppenrichtlinienverwaltung installieren

Beachten Sie, dass Sie die genannten Programme jeweils als Domänen-Administrator ausführen müssen.

Active Directory-Benutzer und -Computer

Wenn Sie im Startmenü nach »active« suchen, wird Ihnen als Suchergebnis das Programm Active Directory-Benutzer und -Computer angezeigt. Mit diesem Programm können Sie wie in der Weboberfläche des NAS die Domänenbenutzer und Domänencomputer einsehen und editieren.

Benutzer finden Sie, indem Sie im linken Baum den Eintrag Ihrer Domäne aufklappen und auf Users klicken. Wenn Sie einen Benutzer doppelt anklicken, um ihn zu editieren, finden Sie im Vergleich zur Weboberfläche wesentlich mehr Eigenschaften, die Sie beeinflussen können: So können Sie für Benutzer Vor- und Nachnamen, Büro, Rufnummern, Mailadressen, Postadressen u. v. m. setzen, so dass das AD zu einer Art Telefonbuch aufgewertet wird.

Im Reiter KONTO können Sie einstellen, dass der Benutzer sein Kennwort selbst nicht ändern darf, wann es abläuft oder dass es nie abläuft. Ebenso ist es möglich, festzulegen, dass der Benutzer das Kennwort bei der nächsten Anmeldung ändern muss. Nur wenige dieser Optionen existieren in der Weboberfläche des NAS.

Im Reiter PROFIL (siehe Abbildung 13.20) können Sie Anmeldeskripte hinterlegen, die beim Login ausgeführt werden. Geben Sie hier einen UNC-Pfad zu einer cmd-Batchdatei auf einem Netzlaufwerk an, auf das der Benutzer nach dem Login Zugriff hat, z. B. *\\BEISPIELNAS\Anmeldeskripte\default.cmd*. Anmeldeskripte sind ein leistungsfähiges Werkzeug, um Netzlaufwerke und freigegebene Drucker zu verbinden. Viele der Befehle lassen sich aber auch durch Gruppenrichtlinien ersetzen.

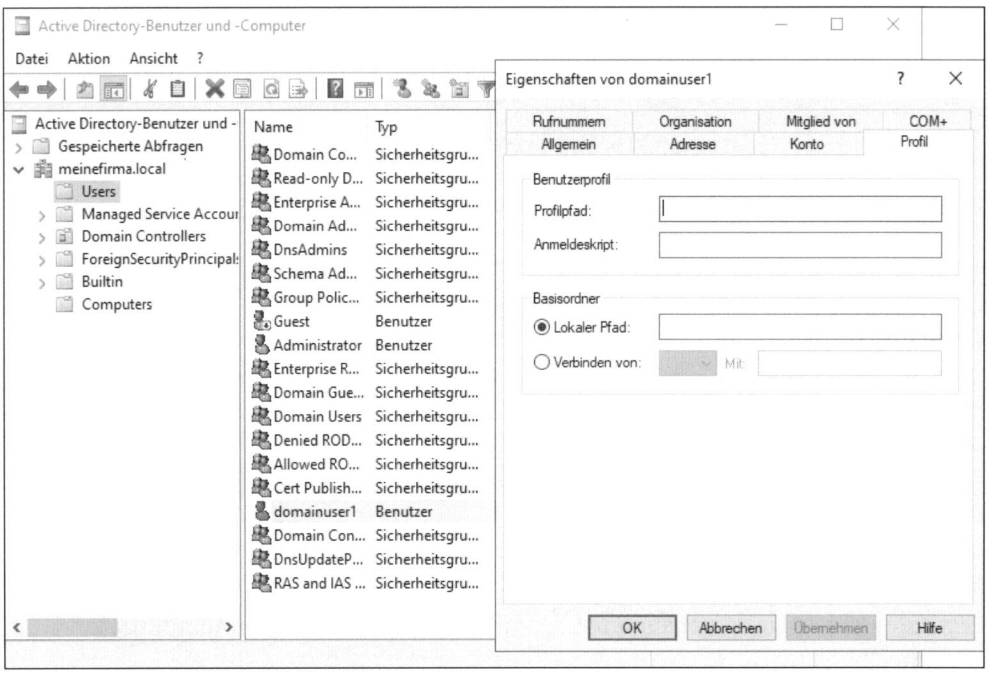

Abbildung 13.20 Active Directory-Benutzer und -Computer

Außerdem kann im Reiter PROFIL ein Netzlaufwerk verbunden werden. An dieser Stelle können Sie idealerweise jedem Benutzer ein »Homelaufwerk« verpassen, indem Sie etwa den Laufwerksbuchstaben H: mit einem Freigabeordner auf dem NAS verbinden, etwa *\\BEISPIELNAS\Homeverzeichnis_Bob*, wenn Sie für jeden Benutzer einen separaten Freigabeordner erstellen, oder *\\BEISPIELNAS\Homeverzeichnisse\Bob*, wenn Sie alle Homeverzeichnisse im gesammelten Freigabeordner *Homeverzeichnisse* ablegen. In diesem Fall würden Sie dank der nun vorhandenen erweiterten Ordneroptionen (siehe Punkt »Domänencontroller aktivieren«) für jeden Benutzer einen eigenen Ordner innerhalb des Freigabeordners erstellen und Schreib- und Leserechte nur für den betroffenen Benutzer erteilen. Damit ist sichergestellt, dass jeder nur in sein Homeverzeichnis gelangt, und dennoch haben Sie nicht unzählig viele Freigabeordner.

Wenn Sie im selben Programm im Menü auf den letzten Eintrag COMPUTERS klicken, sehen Sie die Computer in der Domäne. Auch hier wird Ihnen mehr geboten als in der NAS-Weboberfläche. Sie können z. B. umfangreichere Standortangaben tätigen und die genaue Betriebssystemversion eines Computers auslesen.

Sie können auch per Rechtsklick ein Computerkonto deaktivieren, womit sich niemand mehr an diesem PC anmelden kann.

Wenn Sie mit der rechten Maustaste auf einen PC klicken und VERWALTEN auswählen, lädt nach einigen Sekunden ein Fenster mit dem Titel COMPUTERVERWALTUNG, in dem Sie den betroffenen PC verwalten können (siehe Abbildung 13.21):

- Aufgabenplanung zur automatischen Ausführung von Skripten
- Einblick in die Ereignisanzeige des Computers
- Einsicht in freigegebene Ordner
- Abruf und Verwaltung lokaler Benutzer und Gruppen
- Einsicht in aktuelle Leistungsparameter
- Zugriff auf den Geräte-Manager inklusive Treiberverwaltung und Deaktivierung oder Deinstallation von Geräten
- Datenträgerverwaltung
- Starten und Beenden im Hintergrund laufender Dienste

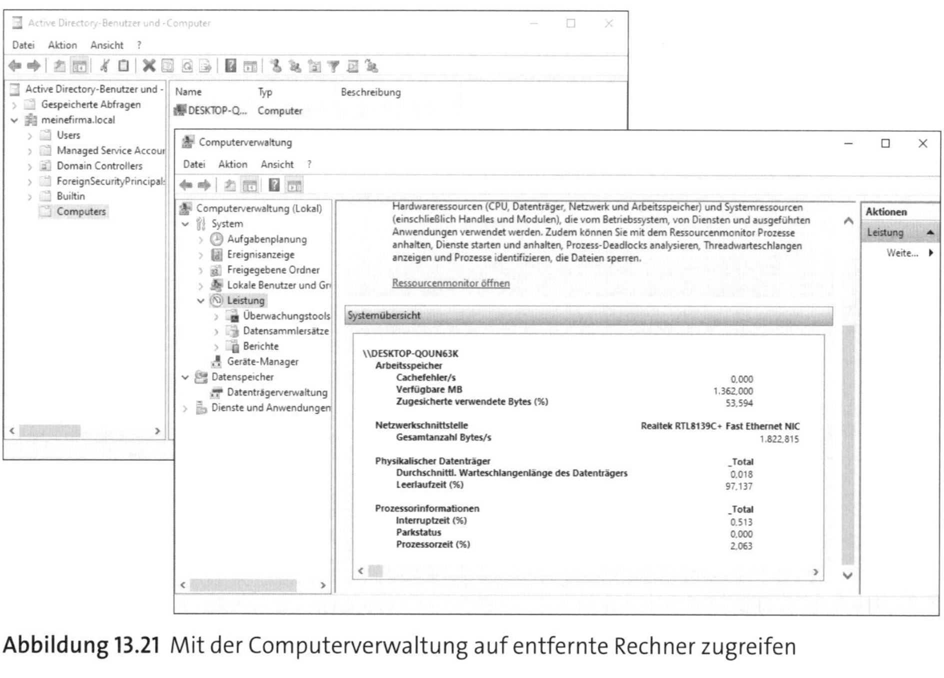

Abbildung 13.21 Mit der Computerverwaltung auf entfernte Rechner zugreifen

Kurzum: Zahlreiche Management-Tools, die Sie von der Arbeit direkt am PC kennen, können Sie nun auch aus der Ferne steuern. Das ist möglich, weil sich die Tools im Hintergrund einfach mit dem Konto des Domänen-Administrators auf dem entfernten Rechner einloggen. Natürlich muss der Rechner dafür angeschaltet sein. Auch in der Windows-Firewall müssen entsprechende Ports offen sein. Manchmal muss lokal nachjustiert werden, damit der Zugriff sauber funktioniert.

Gruppenrichtlinienverwaltung

Wenn Sie im Startmenü nach »gruppe« suchen, wird Ihnen als Suchergebnis das Programm GRUPPENRICHTLINIENVERWALTUNG angezeigt. Mit diesem Programm können Sie die umfangreichen Sicherheitsrichtlinien der Domäne einsehen und editieren.

Klappen Sie im linken Menü die GESAMTSTRUKTUR auf, dann DOMÄNEN, dann schließlich den Eintrag mit Ihrer Domäne. Das Gruppenrichtlinienobjekt (*Group Policy Object = GPO*) DEFAULT DOMAIN POLICY ist der Satz an vordefinierten Sicherheitsrichtlinien. Um sich einen Überblick über die vorhandenen Regeln zu verschaffen, rechtsklicken Sie wie in Abbildung 13.22 gezeigt auf DEFAULT DOMAIN POLICY und dann auf den Menüpunkt BEARBEITEN.

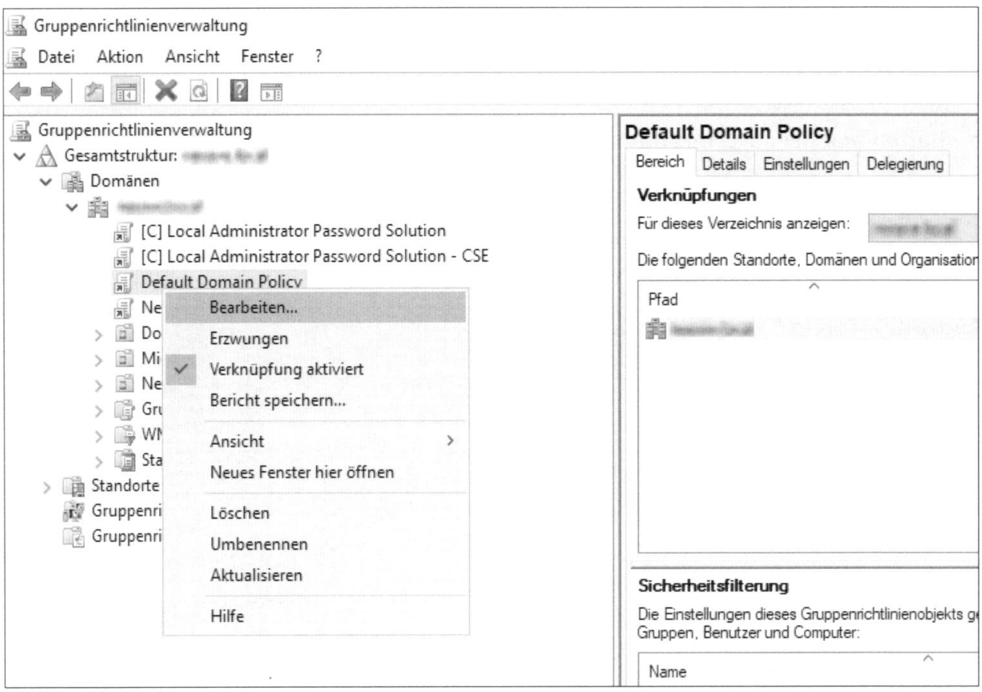

Abbildung 13.22 Gruppenrichtlinienverwaltung

In der Praxis merken Sie sich bitte: Die DEFAULT DOMAIN POLICY sollte nicht verändert werden, da Microsoft sie oftmals mit Updates versieht. Wenn Sie Änderungen vornehmen möchten, erstellen Sie eine neue Sicherheitsrichtlinie, die dann mit der Domäne verlinkt wird. Die Einstellungen werden damit überschrieben, und wenn Sie etwas rückgängig machen möchten, brauchen Sie nur die Verlinkung zu lösen und haben die Standardeinstellungen somit wiederhergestellt. Für Details möchten wir an dieser Stelle auf weiterführende Literatur verweisen, beispielsweise auf die Seite *www.gruppenrichtlinien.de* von Mark Heitbrink oder das Buch *Windows Server* von Peter Kloep et al., das im Rheinwerk Verlag erschienen ist.

Aber wir wollten ja nur einen Blick in die Richtlinien werfen. Mit dem Klick auf BEARBEITEN öffnet sich der GRUPPENRICHTLINIENVERWALTUNGS-EDITOR. Jede Richtlinie ist gleich aufgebaut und in zwei Bereiche aufgeteilt: die Computer- und die Benutzerkonfiguration (siehe Abbildung 13.23).

Die Richtlinien aus der Computerkonfiguration werden vom PC angewendet, wenn der PC hochfährt.

Die Richtlinien der Benutzerkonfiguration werden vom PC angewendet, wenn sich der Benutzer einloggt. Auch wenn die Unterpunkte ähnlich aussehen: Die einzelnen Einstellungen, die in den beiden Kategorien zu finden sind, sind andere. Details zu einer Einstellung finden Sie, indem Sie doppelt daraufklicken.

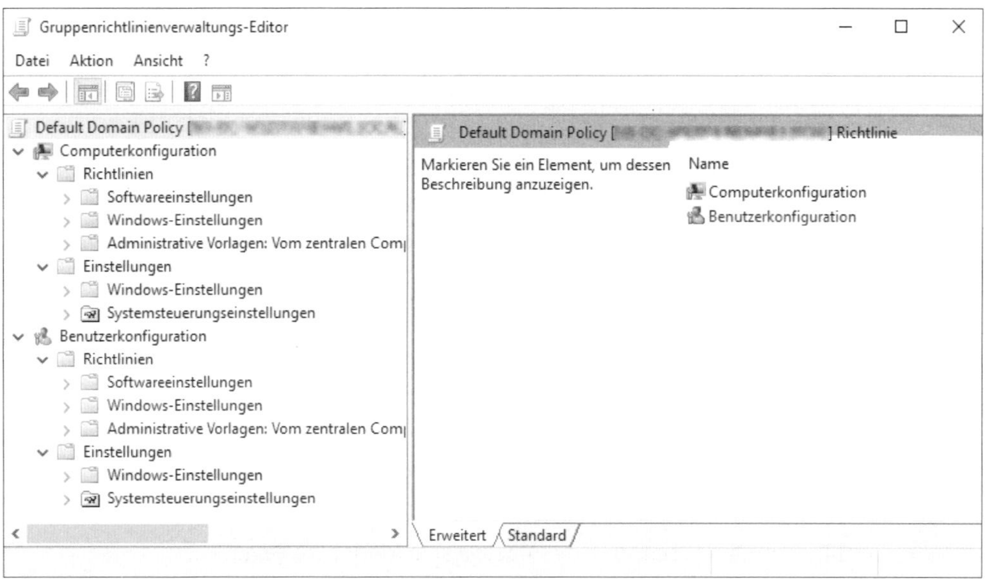

Abbildung 13.23 Gruppenrichtlinienverwaltungs-Editor

Dazu gehören auch umfangreiche Beschreibungstexte in deutscher Sprache. Die Richtlinien sind größtenteils NICHT KONFIGURIERT, was bedeutet, dass diese Einstellung nicht angewendet wird bzw. nicht aktiv ist. Sie wird sozusagen übersprungen.

Um eine Richtline zu nutzen, müssen Sie die Einstellung editieren und sie explizit über die Radiobuttons aktivieren. Oft gibt es weitere Parameter wie Pfadangaben oder sonstige Werte, die man für die Einstellung setzen kann. Wenn Sie die Einstellung anpassen, dürfen Sie nicht vergessen, dass sie auch aktiviert werden muss – Sie werden nicht glauben, wie oft dieser Fehler passiert und man sich fragt, warum die Konfiguration nicht greift.

Da Gruppenrichtlinien auf bestimmte Benutzer, Benutzergruppen, Computer oder Computergruppen gefiltert werden können, können Sie mit diesem fein einstellbaren Konzept dafür sorgen, dass Einstellungen nur für bestimmte Benutzer oder bestimmte Computer gelten. (Die Einstellungen aktivieren Sie dann in der betroffenen Richtlinie. Alles andere, was Sie nicht ändern wollen, belassen Sie auf »Nicht konfiguriert«.)

Wir haben bereits angedeutet, dass die Welt der Gruppenrichtlinien groß und komplex ist. Besonders in alten, gewachsenen Umgebungen findet sich zumeist ein Dickicht an Konfigurationen. Achten Sie daher darauf, dass die Einstellungen nicht zu komplex werden und verständlich bleiben. Wir möchten Ihnen daher nur ein paar Beispiele zeigen, welche Dinge Sie über GPOs direkt hier im Gruppenrichtlinienverwaltungs-Editor festlegen können:

In der Computerkonfiguration:

- Den gesamten Profilordner inklusive Dokumente, Desktop, Bilder etc. auf einen Serverpfad umleiten (servergespeicherte Profile, Roaming-Profile). Damit landen alle benutzerbezogenen Daten nicht mehr auf den Arbeitsplatzrechnern, sondern nur noch auf zentralen Netzlaufwerken.
- Verschiedene Anmeldeoptionen wie PIN oder Bildcode aktivieren/deaktivieren
- Kennwortrichtlinien anpassen: Muss ein Kennwort gewisse Voraussetzungen an Komplexität erfüllen? Wann kann ein altes Kennwort wiederverwendet werden? Nach wie vielen Tagen läuft ein Kennwort ab oder läuft es nie ab? Wie lang muss ein Kennwort mindestens sein?
- Kontosperrungsrichtlinien: Nach wie vielen falschen Anmeldeversuchen wird ein Konto gesperrt? Für wie viele Minuten wird es gesperrt?
- Software zentral im Hintergrund installieren per msi-Paket
- Zeitlimit für den Wechsel in den Energiesparmodus festlegen
- Kameraverwendung abschalten

In der Benutzerkonfiguration:

- Bestimmte Windows-Standardordner wie »Desktop« auf einen anderen Ordner im Netzwerk umleiten
- Den Task-Manager nicht anzeigen, wenn ein Benutzer `Strg` + `Alt` + `Entf` drückt

- Lese- oder Schreibzugriff auf Wechseldatenträger verweigern
- Kennwort beim Verlassen des Ruhezustands anfordern
- Standardaktion des Ein-Aus-Schalters im Startmenü ändern (Herunterfahren, Abmelden, Energiesparmodus ...)
- Laufwerksbuchstaben verbinden oder Verbindung entfernen bzw. aktualisieren

ADSI-Editor

Wenn Sie im Startmenü nach »adsi« suchen, wird Ihnen als Suchergebnis das Programm *ADSI-Editor* angezeigt. Hierbei handelt es sich um den beliebten Editor, mit dem Sie das komplette AD in seiner Baumstruktur durchwandern und einzelne Einträge mit allen Eigenschaften editieren können. Da auch Drittanbieter-Programme Daten im AD ablegen können, die Ihnen der Gruppenrichtlinieneditor der RSAT-Tools nicht anzeigt, hilft Ihnen der ADSI-Editor, diese Einträge aufzufinden und zu editieren. Nutzen Sie den ADSI-Editor jedoch nur, wenn Sie wissen, was Sie tun, und seien Sie besonders in Produktivumgebungen vorsichtig. Es ist ein sehr mächtiges Tool, mit dem Sie leicht Ihre ganze Infrastruktur »kaputtkonfigurieren« können.

13.2.4 Mit dem NAS einer vorhandenen Domäne beitreten

Im vorigen Abschnitt drehte sich alles darum, den Domänencontroller im NAS zu aktivieren und zu konfigurieren. Was aber, wenn Sie doch schon eine Domäne im Netzwerk haben und das NAS Teil davon werden soll?

Wenn das NAS der Domäne hinzugefügt wurde, können Sie für die Rechtevergabe von Freigabeordnern direkt die Benutzerkonten der Domäne angeben. Außerdem können die Rechte von Dateien und Ordnern, die sich innerhalb eines Freigabeordners befinden, auch von einem Windows-System aus verwaltet werden, sprich: Nur die Freigabe mit den Rechten in oberster Ebene muss am NAS erstellt werden, für den Rest brauchen Sie die Weboberfläche des NAS nicht.

Eine feste IP wird empfohlen

Bevor Sie der Domäne beitreten, empfehlen wir, dem NAS eine feste IP zu verpassen. Da das NAS in der Regel Freigabeordner bereitstellt, wäre es nicht vorteilhaft, wenn es zwischendurch die IP wechseln würde. Den entsprechenden Punkt finden Sie hier: Öffnen Sie die SYSTEMSTEUERUNG und dort aus dem Bereich NETZWERK- UND DATEIDIENSTE den Punkt NETZWERK- UND VIRTUELLER SWITCH. Identifizieren Sie den Adapter, mit dem das NAS mit dem Netzwerk verbunden ist. Er ist mit VERBUNDEN gekennzeichnet. Klicken Sie auf ⋮ und dann im erscheinenden Menü auf KONFIGURIEREN.

Das NAS binden Sie wie folgt in die Domäne ein:

1. Loggen Sie sich als Administrator in die Weboberfläche des NAS-Systems ein.

2. Öffnen Sie die SYSTEMSTEUERUNG und dort aus dem Bereich RECHTE den Punkt DOMÄNENSICHERHEIT. Je nach Firmware-Version kann der Menüpunkt auch DOMAINSICHERHEIT heißen.
3. Setzen Sie den Radiobutton beim Punkt ACTIVE DIRECTORY-AUTHENTIFIZIERUNG (DOMAIN-MITGLIED).
4. Klicken Sie auf den Button SCHNELLER KONFIGURATIONSWIZARD.
5. Der Assistent zeigt eine Infoseite an. Klicken Sie auf WEITER.
6. Tragen Sie den Namen der Domäne ein (siehe Abbildung 13.24), einmal in der Form VOLLSTÄNDIGER DNS-DOMAIN-NAME (z. B. *meinefirma.local*) und einmal in der Form NETBIOS-DOMAIN-NAME (z. B. *meinefirma*).
7. Kontrollieren Sie die Angaben zum DNS-Server. Dieser Server muss ein von der Domäne autorisierter DNS-Server sein. Die Angaben, die Sie hier lesen, stammen aus den Netzwerkeinstellungen des NAS. Klicken Sie auf WEITER.

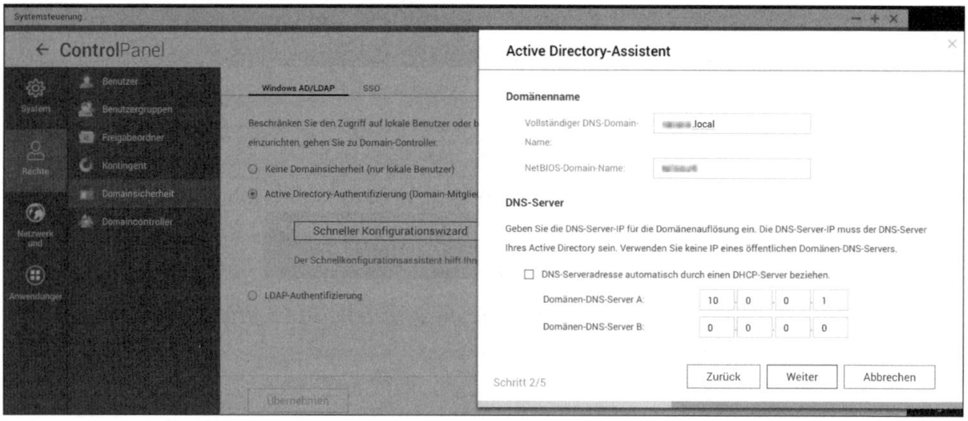

Abbildung 13.24 Domänenbeitritt des NAS als Client

8. Der Assistent fragt die Domänencontroller aus der Domäne ab und zeigt alle verfügbaren Einträge in einer Liste (siehe Abbildung 13.25). In der Regel wird nur ein Server angezeigt. Wenn es mehrere gibt, hat der Domänen-Administrator neben dem Primary Domain Controller weitere Domänencontroller eingerichtet, um die Anmeldelast besser zu verteilen. In einem solchen Fall erkundigen Sie sich bitte, in welcher Reihenfolge die angegebenen Domänencontroller durch das NAS für die Benutzerauthentifizierung angefragt werden sollen. Auf diesen Servern wird eine höhere Last durch das NAS erzeugt.
9. Markieren Sie den betroffenen Server, und klicken Sie auf das Plus-Symbol ➕, um ihn zu verwenden. Sein Eintrag wandert dann in die rechte Liste. Aktivieren Sie – falls vorhanden – gegebenenfalls weitere Server, um die Ausfallsicherheit zu erhöhen und die Antwortzeiten zu verkürzen. Diese Einstellung können Sie später noch anpassen.

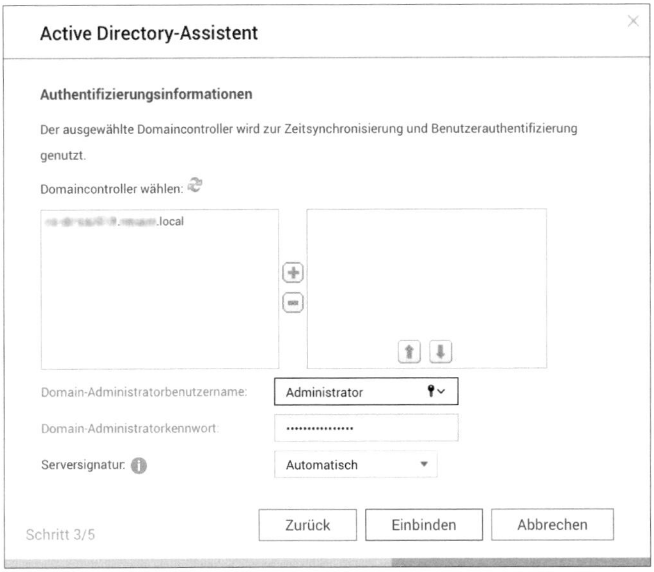

Abbildung 13.25 Domain Join – Domänencontroller für Authentifizierung wählen

10. Tragen Sie bei DOMAIN-ADMINISTRATORBENUTZERNAME und bei DOMAIN-ADMINISTRATORKENNWORT die Zugangsdaten eines Administrators ein, der auch entsprechende Rechte für den Domain Join hat. Klicken Sie auf EINBINDEN. Der Vorgang benötigt dann einige Minuten.
11. Als Nächstes erhalten Sie das Fenster ORGANISATIONSEINHEITEN AUSWÄHLEN (siehe Abbildung 13.26).

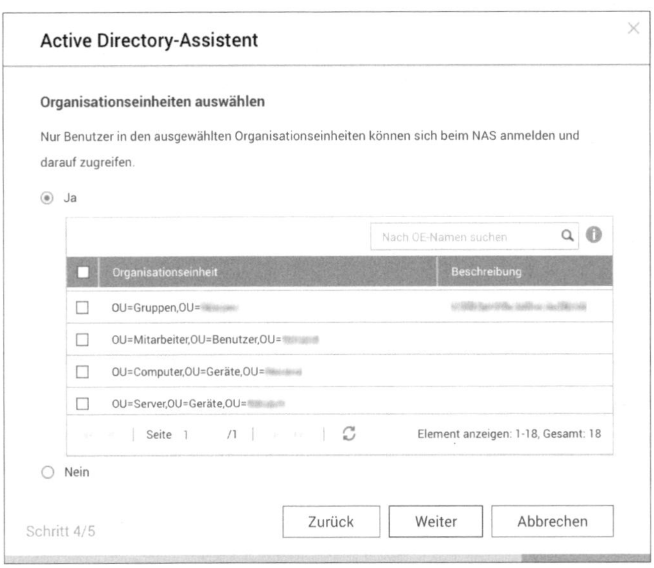

Abbildung 13.26 Organisationseinheiten wählen, die sich am NAS anmelden dürfen

Hier wird festgelegt, welche Benutzer aus welcher Organisationseinheit der Domäne sich beim NAS anmelden dürfen. Im Grunde kommt es darauf an, wie der Administrator Ihre Domäne konfiguriert hat. Fragen Sie ihn, was hier auszuwählen ist. Funktionieren wird es in jedem Fall auch, wenn Sie den Radiobutton auf NEIN stellen. Dann wären alle Benutzerkonten aus allen Organisationseinheiten erlaubt, was im Sinne höchstmöglicher Sicherheit vielleicht zu viele wären. Wenn Sie hier fertig sind, klicken Sie auf WEITER.

12. Es erfolgt die Rückmeldung: DAS NAS WURDE ERFOLGREICH IN DIE DOMÄNE EINGEBUNDEN. Klicken Sie auf FERTIGSTELLEN.

Wie oben angegeben, können Sie die Liste der verwendeten Domänencontroller später noch anpassen. Wenn das erforderlich ist, klicken Sie im Hauptdialog der DOMAINSICHERHEIT, von wo aus Sie den Assistenten gestartet haben, auf REDUNDANTEN DOMÄNENCONTROLLER BEARBEITEN.

So geht es wieder raus aus der Domäne

Wenn Sie später wieder aus der Domäne austreten möchten, setzen Sie im Hauptdialog der DOMAINSICHERHEIT den Radiobutton auf KEINE DOMAINSICHERHEIT (NUR LOKALE BENUTZER), und klicken Sie auf ÜBERNEHMEN. Im dann folgenden Dialogfeld legen Sie eine Arbeitsgruppe fest, in die das NAS eingefügt werden soll. Rufen Sie die Arbeitsgruppe von einem anderen Windows-Client ab. Ansonsten tragen Sie hier im Zweifel einfach *workgroup* ein. Klicken Sie dann auf FERTIGSTELLEN.

Sie können nun zum Beispiel Benutzern aus der Windows-Domäne Rechte für den Zugriff auf Freigabeordner gewähren. Wir zeigen das exemplarisch.

Leider werden beim Erstellen eines Freigabeordners keine Domänen-Nutzerkonten angeboten, so dass Sie bitte den Freigabeordner zuerst erstellen und anschließend die folgenden Schritte durchgehen:

1. Wechseln Sie als Administrator in der NAS-Weboberfläche in die SYSTEMSTEUERUNG.
2. Klicken Sie im Bereich RECHTE auf BENUTZER oder auf BENUTZERGRUPPEN, je nachdem, ob Sie einzelnen Domänenbenutzern oder ganzen Domänen-Benutzergruppen Zugriff auf einen NAS-Freigabeordner erteilen möchten.
3. Nun der feine Unterschied: Ändern Sie das Dropdown-Feld oben rechts von LOKALE BENUTZER auf DOMÄNENBENUTZER.
4. Finden Sie den Benutzer bzw. die Benutzergruppe, deren Rechte Sie ändern möchten. Beachten Sie, dass gegebenenfalls nicht alle Einträge angezeigt werden und Sie blättern müssen, um weitere Einträge zu sehen. Wenn einem das nicht geläufig ist, wird man an dieser Stelle schnell unruhig, wenn man die gewünschten Einträge nicht findet.

5. Klicken Sie auf BERECHTIGUNG FÜR FREIGABEORDNER BEARBEITEN.
6. Finden Sie den gewünschten Freigabeordner in der Liste. Denken Sie daran: Auch hier müssen Sie gegebenenfalls blättern, wenn Sie den Eintrag in der Liste nicht gleich finden. Sie können auch die Suchfunktion verwenden.
7. Ändern Sie die Rechte wie gewünscht: RO für Read-Only (nur lesen), RW (Read-Write) für Vollzugriff, DENY für Verwehren des Zugriffs.

Details zum Einrichten eines NAS-Freigabeordners erhalten Sie auch im folgenden Abschnitt 13.3, »Dateiserver«.

13.2.5 Fazit

Wenn Sie bereits seit vielen Jahren Windows-Domänen mit Windows-Servern aufgebaut und administriert haben, haben Sie sich wahrscheinlich interessiert durch die Domänencontroller-Funktionalitäten des QNAP-NAS-Systems geklickt. Die Ernüchterung macht sich breit, wenn man nur sehr wenige Optionen in der Weboberfläche des NAS-Systems findet.

Dabei steckt so viel mehr dahinter. In diesem Abschnitt haben Sie gesehen, dass QNAP-NAS-Systeme vollwertige Domänen aufspannen können und Sie mit den entsprechenden Tools auch in der Lage sind, diese vollumfänglich zu administrieren. Natürlich steckt am Ende nicht mehr dahinter als ein Linux-basierter Samba-Server – aber das ist egal, denn Sie hatten bei der gesamten Einrichtung gemeinsam mit uns nicht ein einziges Mal Kontakt mit einer Linux-Kommandozeile. Insofern handelt es sich um ein großartiges Feature, mit dem man nur umzugehen wissen muss. Wir hoffen, dass Sie sich nun in der Lage dazu fühlen. Der Begriff »Samba« hilft Ihnen auch bei der Internetrecherche zu weiterführenden Themen und beim Troubleshooting.

Zum Schluss die kleine Erinnerung: Denken Sie an die vorhandenen Beschränkungen, insbesondere die Systemauslastung bei größeren Netzwerken, die Migration zu neuen Funktionsebenen sowie die Nutzung mehrerer Domänen in einem Forest.

13.3 Dateiserver

Wenn Anwender auf dieselben Ordner und Dateien zugreifen wollen, benötigen Sie einen Dateiserver. Dieser stellt Freigaben bereit, die Benutzer auf ihren Rechnern einbinden können. In der QNAP-Sprache heißt diese Technik *Freigabeordner*. Ein solcher wird vom NAS über das SMB-Protokoll im Netzwerk bereitgestellt und kann von Windows-Clients als sogenanntes Netzlaufwerk eingebunden werden. Macs können über den Finder ebenfalls Freigabeordner einbinden. Und natürlich können auch Linux-Computer die Freigabe erreichen, indem sie sie *mounten*. Wir schauen uns in diesem Abschnitt im Schnellverfahren an, wie Sie einen Freigabeordner erstellen, wie

Sie ihn als Netzlaufwerk unter Windows einbinden und wie Sie ihn mit einem Mac erreichen. Details zu SMB und der Einrichtung erhalten Sie außerdem in Abschnitt 2.5.

CIFS? SMB? Samba?

Lesen Sie auch immer mal das eine, mal das andere? Dann wollen wir mit den Begriffen doch einmal aufräumen und Klarheit schaffen:

SMB steht für *Server Message Block* und stammt von IBM. Es ist ein Protokoll zum Freigeben und Austauschen von Dateien in einem Netzwerk.

Microsoft hat das Protokoll als Standard-Filesharing-Protokoll in Windows erst bekannt gemacht. Ende der 90er Jahre unternahm Microsoft den Versuch, SMB in *CIFS* (*Common Internet File System*) »umzubenennen«. CIFS ist ein Dialekt von SMB, aber eigentlich ein anderes Protokoll. Allerdings ist es vollständig kompatibel mit SMB. Der neue Name sollte die plattformübergreifende Kompatibilität des Protokolls unterstützen. Wie gut das funktioniert hat, erkennen Sie daran, dass immer noch fast alle den Begriff *SMB* nutzen.

Mit Windows Vista schließlich war CIFS bereits Geschichte, denn SMB2 war erschienen. Mit Windows 8 und Windows Server 2012 hat Microsoft den SMB3-Standard eingeführt, der mehrere Verbindungen pro Sitzung sowie eine Ende-zu-Ende-Verschlüsselung unterstützt.

SMB ist also ein Microsoft-eigenes, proprietäres Protokoll. Im Reverse-Engineering-Verfahren wurde daraus das offene *Samba*-Projekt, das dieselbe Funktionalität auf Linux-Rechner bringt. Auch Samba spricht mittlerweile SMB3. Samba ist die Implementierung, die auch auf QNAP-NAS-Systemen zum Einsatz kommt.

CIFS ist SMB Version 1

Auch wenn CIFS immer noch als Synonym für SMB kursiert, bezeichnet Microsoft selbst damit zur Abgrenzung SMB in der Version 1. Verbindungen mit SMB Version 1 werden mittlerweile sowohl von Windows als auch von Samba in der Standardeinstellung nicht mehr unterstützt, weil es als veraltet und unsicher gilt. Verschlüsselungstrojaner wie *WannaCry* konnten sich aufgrund von Sicherheitslücken in SMB Version 1 verbreiten, was Microsoft 2017 dazu bewegte, SMB Version 1 standardmäßig nicht mehr zu installieren bzw. bei Nichtnutzung zu deinstallieren. In macOS folgte derselbe Schritt mit Catalina im Jahr 2019.

13.3.1 Das Netzwerkprotokoll SMB aktivieren

Zunächst aktivieren Sie – falls noch nicht geschehen – die notwendigen Protokolle aus dem NAS, mit denen Anwender später die Freigaben erreichen:

1. Loggen Sie sich als Administrator in die Weboberfläche des NAS-Systems ein.
2. Öffnen Sie die SYSTEMSTEUERUNG und wählen Sie aus dem Bereich NETZWERK UND DATEIDIENSTE den Punkt WIN/MAC/NFS/WEBDAV.
3. Setzen Sie im Reiter MICROSOFT-NETZWERK den Haken bei DATEIDIENST FÜR MICROSOFT-NETZWERK AKTIVIEREN. Dies aktiviert den SMB/Samba-Server auf dem NAS.
4. Klicken Sie auf ERWEITERTE OPTIONEN. Hier können Sie einstellen, welche SMB-Versionen Sie mindestens und höchstens unterstützen. Machen Sie Ihre Einstellung abhängig davon, welche Clients Sie im Netzwerk haben, siehe Kasten »CIFS? SMB? Samba?« weiter oben. Klicken Sie auf ÜBERNEHMEN, wenn Sie hier fertig sind, und dann nochmal auf ÜBERNEHMEN.

Das Apple Filing Protocol (AFP)

Wenn Sie als Apple-Fan neben dem Reiter MICROSOFT-NETZWERK bereits den Reiter APPLE-NETZWERK entdeckt haben und Ihr Herz einen Sprung gemacht hat: Der Aufwand lohnt nicht.

AFP gilt als überholt, um es positiv zu formulieren. AFP galt beim Mac eine gewisse Zeit als schnellere Alternative gegenüber SMB. Schon 2013 allerdings verabschiedete sich Apple mit OS X Mavericks langsam vom AFP-Protokoll und stellte auf die eigene Implementierung des SMB2-Protokolls als Standard um. AFP wurde nebenbei unterstützt, aber nicht mehr weiterentwickelt. Es verblieb als Sharing-Lösung für Mac-Netzwerke, sprich: wenn Macs Dateien freigeben. Seit macOS Big Sur aber können APFS-Volumes auch nicht mehr per AFP freigegeben werden.

Insofern gilt: Schenken Sie sich AFP, nehmen Sie gleich SMB.

13.3.2 Freigabeordner erstellen und Rechte vergeben

So erstellen Sie Freigabeordner, um sie im Netzwerk bereitzustellen:

1. Öffnen Sie die SYSTEMSTEUERUNG in der NAS-Weboberfläche.
2. Klicken Sie im Bereich RECHTE auf FREIGABEORDNER.
3. Klicken Sie auf den Button ERSTELLEN und dann auf FREIGABEORDNER.
4. Geben Sie im erscheinenden Dialogfeld im Feld ORDNERNAME einen Begriff ein, mit dem Anwender im Netzwerk klar erkennen können, welche Dateien und Unterordner sich hier befinden. Klicken Sie dann auf WEITER.
5. Sie müssen nun ZUGANGSRECHTE FÜR NUTZER KONFIGURIEREN. In diesem Dialogfeld setzen Sie für die Benutzer, die Zugriff erhalten sollen, einen Haken bei RW (Lesen und Schreiben) oder RO (Nur Lesen). Klicken Sie dann auf WEITER und dann auf FERTIGSTELLEN.

Besonderheit für Domänen

Wenn Ihr NAS ein Domänenmitglied oder selbst Domänencontroller ist, können Sie im gezeigten Assistenten beim Punkt ZUGANGSRECHTE FÜR NUTZER KONFIGURIEREN nicht die Domänenbenutzer auswählen. Dann klicken Sie einfach auf WEITER und beenden den Assistenten. Danach rufen Sie den Dialog BERECHTIGUNG FÜR FREIGABEORDNER BEARBEITEN per Klick auf das Icon hinter dem Namen des Freigabeordners auf. Hier klicken Sie dann auf HINZUFÜGEN. Im erscheinenden Auswahlfenster werden zunächst zwar nur lokale NAS-Benutzer angezeigt, doch mit dem Dropdown-Feld oben links können Sie auf Domänenbenutzer umschalten. Setzen Sie nun die entsprechenden Haken für RW bzw. RO für die gewünschten Benutzer. Anschließend klicken Sie auf HINZUFÜGEN.

13.3.3 Zugriff mit Windows

Um den Freigabeordner von einem Windows-Client aus zu erreichen, können Sie ein Netzlaufwerk verbinden. Der Freigabeordner erhält dann einen Laufwerksbuchstaben. So gehen Sie dafür vor:

1. Öffnen Sie den Windows Explorer (den für Dateien, nicht den Internet Explorer) und klicken Sie in die Adresszeile zwischen Menü und Ordnerliste.
2. Der bisherige Ordnername wird markiert. Wenn Sie zu tippen beginnen, verschwindet der vorhandene Ordnername. Tippen Sie ein: `\\BEISPIELNAS` (verwenden Sie den Namen Ihres NAS oder die IP), wobei der Backslash durch Drücken von [Alt] + [ß] eingegeben wird. Sie benötigen zwei Backslashes! Drücken Sie dann [↵].
3. Wenn der Windows-Client das NAS erreichen kann, fragt er nun mit dem Fenster NETZWERKANMELDEINFORMATIONEN EINGEBEN nach Anmeldedaten. Geben Sie die Zugangsdaten eines NAS-Benutzers ein, dem Sie RO- oder RW-Rechte auf den Freigabeordner gegeben haben. Setzen Sie den Haken ANMELDEDATEN SPEICHERN, wenn Sie sicherstellen möchten, dass Sie die Zugangsdaten nur dieses eine Mal eingeben müssen. Windows speichert sie dann.
4. Sie erhalten eine Übersicht aller Freigabeordner, die das NAS anbietet. Doppelklicken Sie auf einen Freigabeordner, um dessen Inhalt zu sehen (sofern Sie Zugriff haben). Rechtsklicken Sie auf den Ordner, den Sie nutzen möchten, und wählen Sie NETZLAUFWERK VERBINDEN.
5. Im nächsten Schritt geben Sie an, welchen Laufwerksbuchstaben Sie verwenden möchten, z. B. *Z:* – weitere Optionen liefert der Kasten »Optionen für die Netzlaufwerkverbindungen«. Klicken Sie dann auf FERTIGSTELLEN.

Der Inhalt des verbundenen Netzlaufwerks wird angezeigt, sofern die Verbindung erfolgreich war. Führen Sie diese Schritte auf jedem PC aus, mit dem Sie im Netzwerk arbeiten.

Bitte beachten Sie, dass das Netzlaufwerk nur nutzbar ist, wenn Sie sich gerade im Netzwerk des NAS befinden. Wenn Sie von außerhalb auf die Freigabeordner zugreifen möchten, empfehlen wir WireGuard VPN. Die Einrichtung beschreiben wir in Kapitel 18, »VPN«.

Abbildung 13.27 Netzlaufwerk unter Windows verbinden

Optionen für die Netzlaufwerkverbindungen

Der Haken VERBINDUNG BEI ANMELDUNG WIEDERHERSTELLEN bedeutet, dass diese Netzlaufwerkverbindung nach einem Neustart des PCs erneut zur Verfügung steht. Sie brauchen diese Schritte dann nicht erneut durchzugehen. Wir empfehlen, diese Option zu aktivieren.

Den Haken VERBINDUNG MIT ANDEREN ANMELDEINFORMATIONEN HERSTELLEN ermöglicht es Ihnen, sich mit einem anderen Benutzer als dem, den Sie gerade eingegeben haben, mit dem Freigabeordner zu verbinden. Da wir den passenden Benutzernamen bereits eingegeben haben und Windows ihn sich gemerkt hat, setzen wir diesen Haken nicht.

Wenn Sie eine Domäne im Netzwerk verwenden, empfehlen wir einen Blick auf die Gruppenrichtlinien. Mit diesen können Sie Verbindungen zu Freigabeordnern automatisch beim Hochfahren herstellen lassen. Ein QNAP NAS kann auch ein Domänencontroller sein; die zugehörigen Gruppenrichtlinien behandeln wir ebenfalls in Abschnitt 13.2.3.

13.3.4 Zugriff mit macOS

Unter macOS gibt es das Konzept von Laufwerksbuchstaben nicht. *Serververbindungen*, wie macOS sie hier nennt, werden im Finder im Bereich der Laufwerke eingeblendet. Wenn Sie die Verbindung in die Favoriten ziehen, kann der Finder die Verbindung auch nach einem Neustart wiederherstellen.

So stellen Sie auf einem macOS-Client-Computer die Verbindung zum Freigabeordner des NAS-Systems her:

1. Öffnen Sie ein Finder-Fenster.
2. Wählen Sie in der Menüleiste GEHE ZU und dann MIT SERVER VERBINDEN... – alternativ drücken Sie [⌘] + [K].
3. Tragen Sie in das Eingabefeld Folgendes ein, wobei Sie jeweils die tatsächliche IP Ihres NAS-Systems einsetzen:
   - `smb://[ip-des-nas]`, wenn Sie die verfügbaren Freigabeordner angezeigt bekommen wollen. Sie wählen dann einen Freigabeordner aus.
   - `smb://[ip-des-nas]/freigabeordner` (ersetzen Sie `freigabeordner` durch den Namen des zu verbindenden Freigabeordners), wenn Sie den gewünschten Freigabeordner kennen und direkt einbinden möchten.
4. Klicken Sie auf VERBINDEN, und wählen Sie im Anmeldefenster REGISTRIERTER BENUTZER. Geben Sie die Zugangsdaten eines NAS-Benutzers ein, dem Sie RO- oder RW-Rechte auf den Freigabeordner gegeben haben.
5. Wenn Sie die Zugangsdaten speichern und zukünftig nicht erneut eingeben möchten, aktivieren Sie den Haken PASSWORT IM SCHLÜSSELBUND SICHERN.

   Falls Sie den Freigabeordner in der Adresszeile nicht direkt angegeben haben, sehen Sie nun eine Liste der verfügbaren Freigabeordner. Wählen Sie einen aus, und klicken Sie auf OK.

Der Finder zeigt Ihnen die Inhalte des Freigabeordners in einem neuen Finder-Fenster an.

Verbindungen wiederverwenden

Verbindungen lassen sich einfach erneut aufrufen, wenn Sie sie in die Favoriten übernehmen. Klicken Sie dafür auf den Titel des Freigabeordners im Finder-Fenster. Der Name bewegt sich zur Seite und legt ein Ordnersymbol frei. Dieses Symbol ziehen Sie mit gedrückter Maustaste in die linke Spalte des Finder-Fensters in die Favoriten. Wenn Sie mit noch gedrückter Maustaste zwischen zwei Einträgen in der Favoritenleiste stehen bleiben, wird eine horizontale Linie eingeblendet. Wenn Sie dann die Maustaste loslassen, wird dieser Freigabeordner in die Favoritenleiste aufgenommen, und Sie können ihn einfach wiederverwenden, auch nach einem Neustart.

13.3.5 Fazit

Wie Sie an unserer Anleitung erkennen können, ist es eine Sache von fünf Minuten, ein im Netzwerk eingebundenes QNAP-NAS-System zu einem Dateiserver zu machen. Es wird schnell deutlich, dass dies ein Heimspiel für ein NAS-System ist, schließlich wurde diese Gerätegattung für genau diesen Zweck erfunden.

Wenn man die Verbindung auf den Client-Computern zwei- oder dreimal eingerichtet hat, erhält man im eigenen Unternehmen rasch den inoffiziellen Titel des »Administrators«. Auch wenn eigentlich viel mehr dazugehört: Die Kolleginnen und Kollegen werden bei Verbindungsfehlern erst einmal Sie konsultieren, ehe sie umständlich ein Ticket beim IT-Support öffnen. Wenn Sie der Administrator eines Netzwerks sind, kontrollieren Sie doppelt, welche SMB-Versionen Sie noch einsetzen. SMB3 sollte Ihre Wahl sein, allein aufgrund des Performance-Gewinns. Versuchen Sie, SMB Version 1 abzuschalten.

Zur Einordnung für Sie: Vieles im IT-Bereich basiert auf einfachen Netzlaufwerkverbindungen. Backupprogramme von Servern etwa, die auf ein NAS sichern sollen, tun dies natürlich in einen Freigabeordner, der wie hier beschrieben eingerichtet wurde. Entweder schreiben sie dazu in ein unter Windows eingerichtetes Netzlaufwerk, oder sie bieten selbst Werkzeuge zum Aufbau einer SMB-Verbindung.

Zum Schluss noch folgender Hinweis: Ihr NAS kann eine SMB-Freigabe eines anderen NAS oder gänzlich anderen Systems einbinden und wiederum als Freigabe für NAS-Benutzer bereitstellen. Wann dieses »Durchschleusen« eines Netzlaufwerks mit der QNAP-eigenen App HybridMount Sinn ergibt, erfahren Sie in Abschnitt 8.2.

Kapitel 14
Mit Dateien und Dokumenten arbeiten

Wer sucht, der findet. Zumindest irgendetwas.

In diesem Kapitel stellen wir Ihnen Werkzeuge vor, die Ihnen dabei helfen, im Datenbestand Ihres NAS bestimmte Dateien oder Dokumente zu finden. Mit dem Werkzeug Qsirch können Sie nach Dateien suchen, das Programm führt eine Bibliothek mit umfangreichen Metadaten.

Qfiling geht noch einen Schritt weiter und erlaubt die Bearbeitung bestimmter Dateien, die anhand von Suchmustern gefunden wurden. Sie können die gefundenen Dateien sammeln, komprimieren oder in ein anderes Format konvertieren.

Wenn Sie oft mit eingescannten Dokumenten arbeiten, werden Sie die OCR-Funktionen Ihres NAS zu schätzen wissen. Sie können so Papierdokumente durchsuchbar machen, sie einfacher sortieren und wesentlich effizienter arbeiten.

14.1 Dateien suchen und finden mit Qsirch

Auf einem NAS sammeln sich nach einiger Zeit der Nutzung sehr viele Dateien an, und es wird schwierig, den Überblick zu behalten. So steht man öfters vor einer wahren Flut an Verzeichnissen und Dateien und findet auf Anhieb nicht das, was man sucht. Hier kommt die Anwendung Qsirch ins Spiel, die bei der Aufgabe, eine bestimmte Datei aufzufinden, behilflich ist. Qsirch ist aber keinesfalls eine einfache Suchmaschine für Dateien, die diese anhand ihres Namens findet. Qsirch führt vielmehr Buch über Ihren Dateibestand und verwaltet ähnlich wie eine Multimediaanwendung einen Metadatenbestand. So nutzt Qsirch beispielsweise die Algorithmen zur Muster- und Objekterkennung, die QNAP AI Core mitbringt, und analysiert Ihre Fotosammlung. Die erkannten Objekte werden mit Schlagworten versehen. In das Suchfeld von Qsirch können Sie beispielsweise »Strand« eingeben und sehen jene Urlaubsfotos, die am Meer entstanden sind. Genauso erscheinen Fotos aus dem Café, wenn Sie nach »Dessert« suchen.

Qsirch erfasst von Fotos zusätzlich sämtliche Metadaten aus Exif-Tags, so dass Sie auch nach dem Kameramodell oder dem Aufnahmedatum suchen können. Auch von allen anderen Dateien werden Metadaten zusammengetragen. PDF-Dateien können sogar mit einem Modul zur Schrifterkennung gelesen werden, so dass Sie Stichworte zum Inhalt für die Suche nutzen können (siehe Abschnitt 14.3, »Texterkennung für gescannte Dokumente«).

Die Erstellung dieses Kataloges an Informationen nimmt Qsirch automatisch und im Hintergrund vor. Sie können sich bei vielen Dateitypen auch gleich eine Vorschau des Inhaltes anzeigen lassen, bzw. den Dateiinhalt im Browser betrachten. Wenn Sie eine Vielzahl von Dateien und Inhalten verwalten, dann sollten Sie die Anwendung einmal ausprobieren.

14.1.1 Qsirch installieren

Qsirch finden Sie im App Center in der Kategorie Dienstprogramme. Dort können Sie die Anwendung mit einem Klick auf die Schaltfläche INSTALLIEREN auf Ihrem NAS verfügbar machen (siehe Abbildung 14.1). Das Programm wird anschließend im Hauptmenü der berechtigten Nutzer geführt. Vergessen Sie bitte nicht, die Berechtigungen für die Nutzung im Modul BENUTZER der Systemsteuerung entsprechend einzustellen.

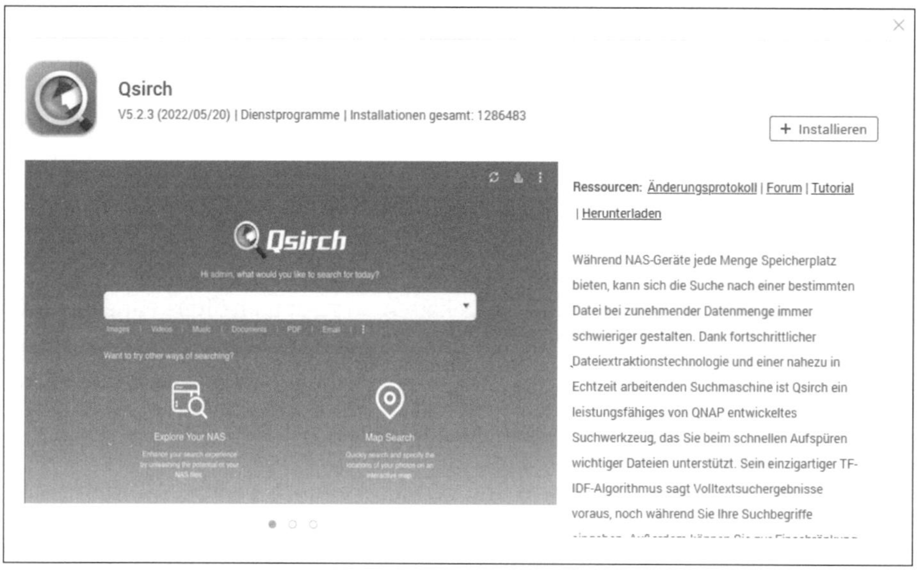

Abbildung 14.1 Qsirch wird in der Gruppe »Dienstprogramme« des App Centers geführt.

14.1.2 Eine Suche durchführen

Wenn Sie Qsirch über das Hauptmenü öffnen, dann sehen Sie auf der Startseite der Anwendung gleich ein Eingabefeld für Ihre Suchbegriffe (siehe Abbildung 14.2). Unterhalb dieses Feldes können Sie die Suche auf bestimmte Dateitypen einschränken.

Hier können Sie Filter für Multimediadateien (Bilder, Videos und Fotos) setzen, oder die Suche auf Dokumente, PDF-Dateien und diverse Microsoft-Office-Formate beschränken. Wenn Sie auf Ihrem NAS auch E-Mail-Funktionen nutzen, dann können Sie auch nach Nachrichteninhalten suchen.

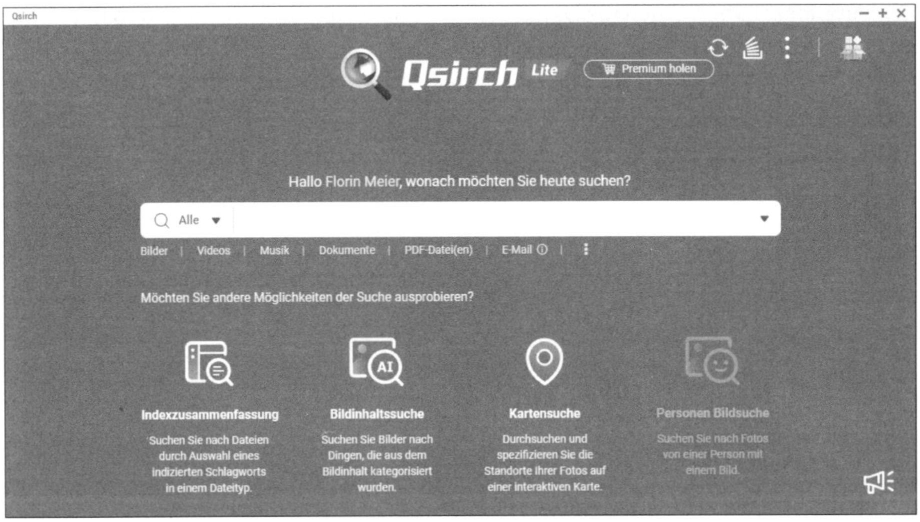

Abbildung 14.2 Im Hauptfenster von Qsirch wartet ein Eingabefeld auf Ihre Suchbegriffe.

Geben Sie in das Suchfeld einfach den gewünschten Suchbegriff ein. Wie gesagt: Sie können nicht nur nach Dateinamen suchen, sondern auch nach Inhalten. Eine Suche nach Bildern mit dem Suchbegriff »Strand« zeigt Ihnen alle Fotos, auf denen die Mustererkennung von QNAP AI Core einen Sandstrand erkannt hat – die Anwendung muss dafür selbstredend auf Ihrem NAS installiert sein (siehe Abbildung 14.3).

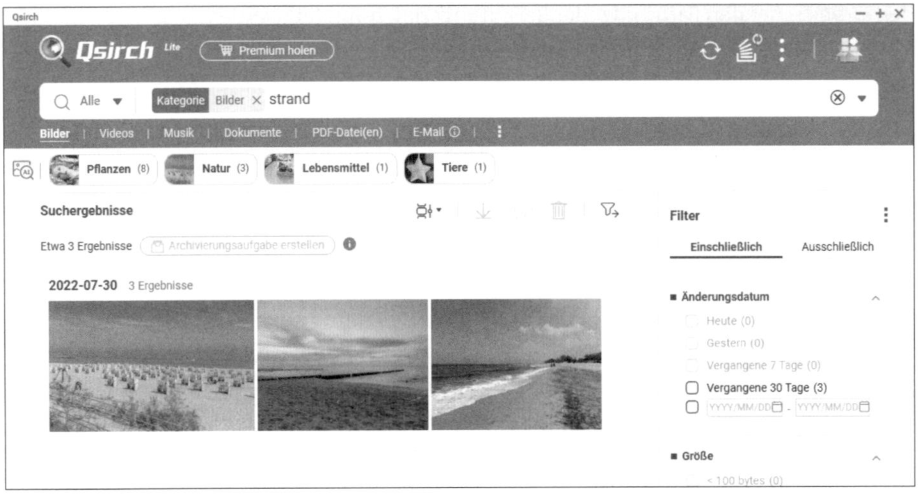

Abbildung 14.3 Qsirch zeigt Ihnen alle Fotos, die am Strand aufgenommen wurden.

Sobald Sie eine Kategorie unterhalb des Suchfeldes anklicken, werden Ihnen rechts in der Spalte Filter die verfügbaren Suchbegriffe angezeigt (siehe Abbildung 14.4).

Jede Dateikategorie bringt ihre eigenen Suchfelder mit. Immer dabei ist das Änderungsdatum, hiermit können Sie zum Beispiel Office-Dokumente finden, die Sie kürzlich verändert haben. Auch die Dateigröße ist immer als Suchfilter verfügbar. Bei Dokumenten und PDF-Dateien können Sie nach dem Verfasser des Dokumentes suchen. Bei Multimediadateien ist die Liste möglicher Filter besonders umfangreich.

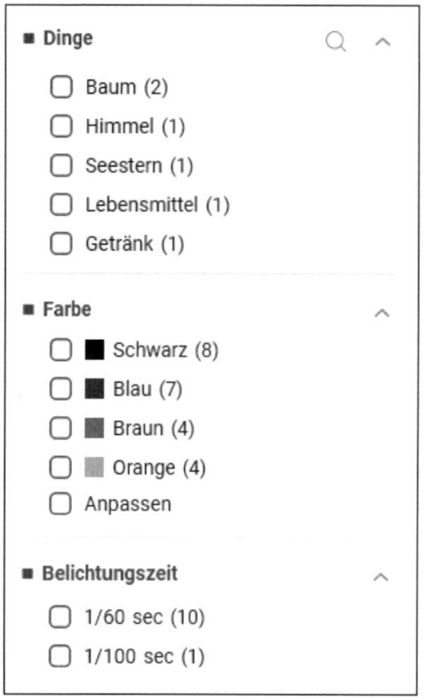

Abbildung 14.4 Fotos können anhand der erkannten Dinge, der vorherrschenden Farbe oder der Belichtungszeit gefunden werden.

An dieser Stelle nur ein Beispiel: Bei Musikdateien sind die Filter Änderungsdatum, Dateigröße, Album, Interpret, Musiker, Verfasser, Anzahl an Kanälen, Dirigent, CD-Nummer, Dauer, Genre, Jahr, Abtastrate und Titelnummer verfügbar. Sie können einen Begriff in das Suchfeld eingeben oder das Kontrollkästchen im Bereich Filter anklicken.

Suchbegriffe können Sie (wie man es von einer Internet-Suchmaschine kennt) mit Suchoperatoren miteinander verknüpfen (siehe Abbildung 14.5). So können Sie im Suchfeld etwa den Operator ODER verwenden, wenn eine Datei einem von mehreren Suchkriterien entsprechen soll. Suchbegriffe lassen sich mit einem – auch von der Suche ausschließen. Die Liste der möglichen Suchoperatoren ist recht lang und kann unter *https://www.qnap.com/de-de/how-to/tutorial/article/qsirch-suchbegriffe-verfeinern* abgerufen werden.

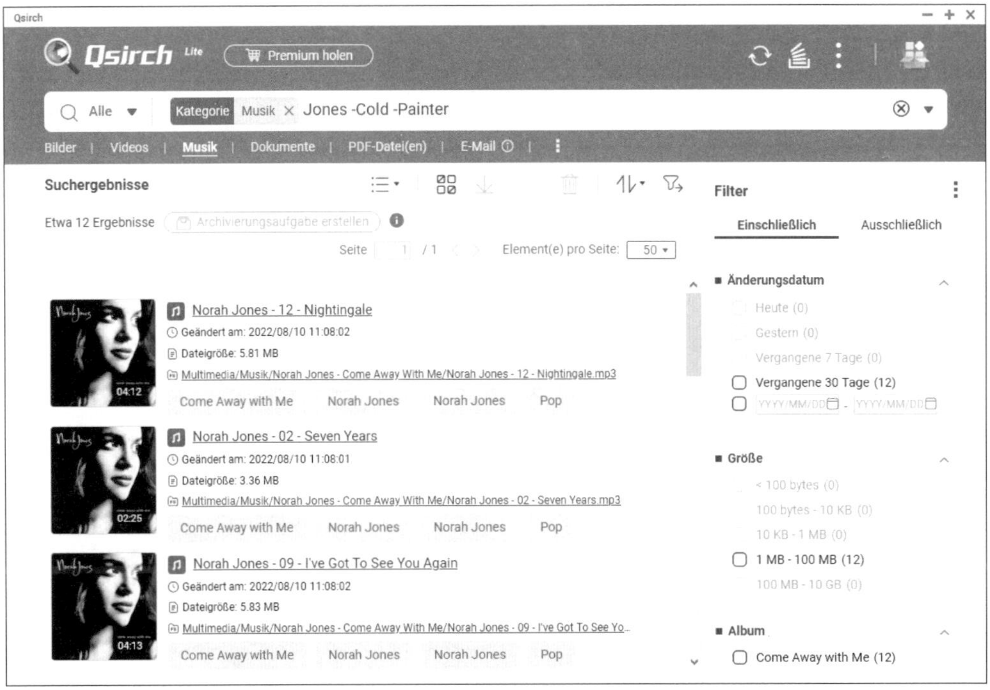

Abbildung 14.5 Suchoperatoren können zur Verknüpfung mehrerer Suchbegriffe verwendet werden.

14.1.3 Qsirch konfigurieren

Wenn Sie Qsirch intensiv nutzen, werden Sie sich sicherlich darüber freuen, dass der Bereich der Suchfilter nach eigenen Wünschen angepasst werden kann.

Wenn Sie im Bereich der Filter oben rechts das Menü mit den drei Punkten öffnen und den Eintrag FILTER anklicken, dann gelangen Sie zum Einstellungsdialog für die Filter (alternativ können Sie auch ganz oben in Qsirch das Menü mit den drei Punkten öffnen und EINSTELLUNGEN auswählen).

Sie können für jede Dateikategorie auswählen, welcher Filtertyp in der Auswahlliste verfügbar sein soll. So lässt sich etwa der Filter Kanal bei Audiodateien ausblenden, wenn Sie diesen ohnehin nicht verwenden (weil etwa alle Musikstücke zweikanalig vorliegen). Sie können auch die Reihenfolge der Filter einstellen und besonders häufig benutzte Filter zuoberst in der Liste erscheinen lassen. Eine solche Anpassung kann jeder Benutzer individuell vornehmen (siehe Abbildung 14.6).

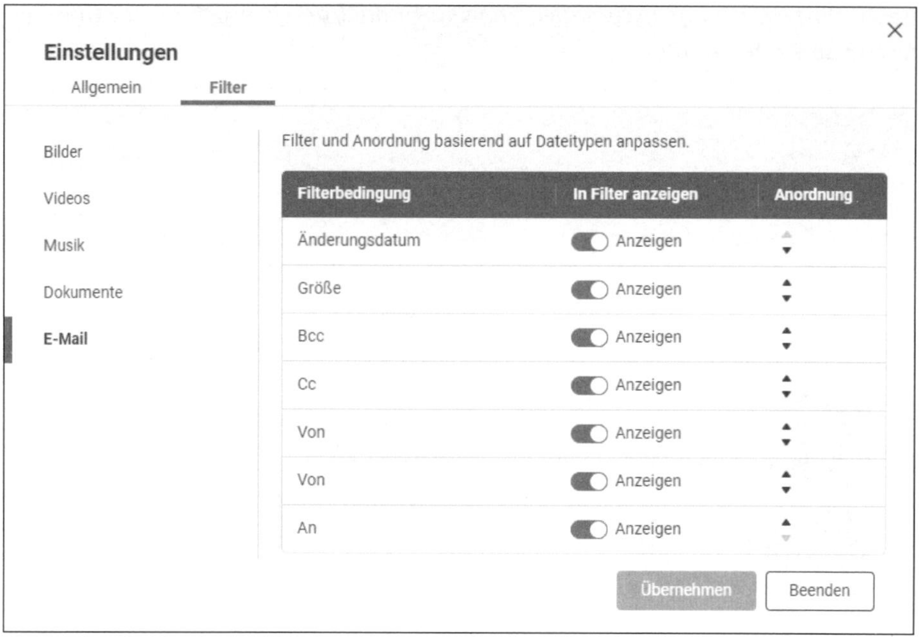

Abbildung 14.6 Jeder Benutzer kann individuell festlegen, welche Filter in welcher Reihenfolge angezeigt werden.

Auf der Registerkarte Allgemein können weitere individuelle Einstellungen vorgenommen werden (siehe Abbildung 14.7):

- Auf dem Reiter Privatsphäre können Sie festlegen, ob Sie an den Benutzererfahrungsprogrammen teilnehmen möchten, also Nutzungsstatistiken übermitteln.
- Der Reiter Suchbereich kontrolliert, ob Sie auch den Papierkorb in die Suche mit einbeziehen möchten.
- Welches Programm zum Anzeigen von Office-Dokumenten verwendet wird, stellen Sie auf dem Reiter Dokument ein. Auf diese Weise können Sie Office-Dokumente direkt aus den Suchergebnissen mit der gewünschten Anwendung öffnen.

Wenn Sie Qsirch unter einem Administratorkonto aufrufen und den Einstellungsdialog öffnen, dann werden auf der Registerkarte Administratoreinstellung weitere Optionen sichtbar. Über die beiden Reiter Ordner ausschliessen und Dateien ausschliessen können Sie Dateien und Verzeichnisse bestimmen, die nicht in den Suchergebnissen von Qsirch auftauchen sollen. Sie können beispielsweise Backup-Verzeichnisse oder Verzeichnisse mit temporären Dateien ausschließen.

Auf dem Reiter Erweiterter Bildindex können Sie Zusatzfunktionen für die Bildanalyse aktivieren. Hier steht etwa ein OCR-Scanner zur Verfügung, der Text auf Bildern erkennen kann (siehe Abbildung 14.8).

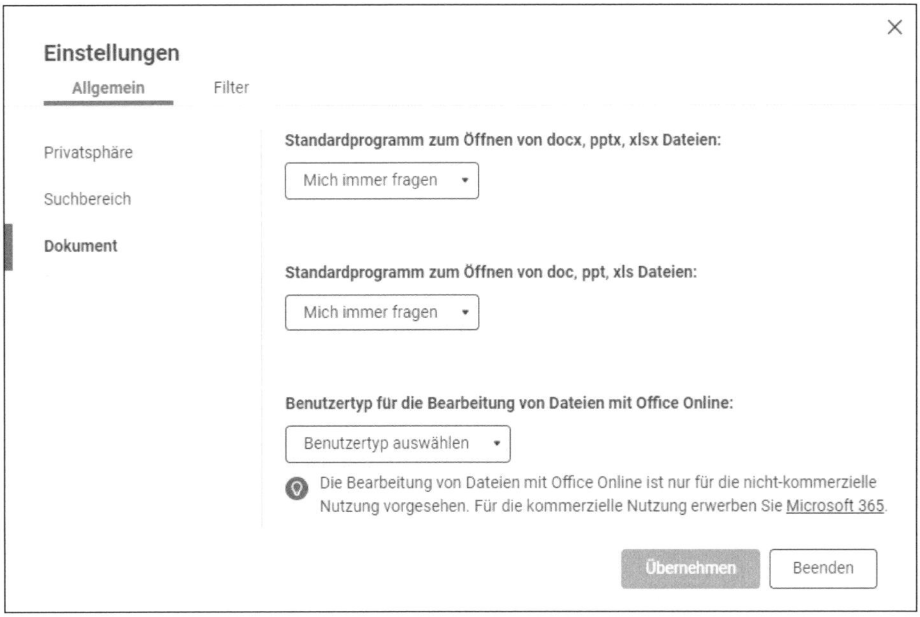

Abbildung 14.7 Sie können festlegen, welches Programm zum Öffnen von Office-Dokumenten genutzt wird.

Abbildung 14.8 Der Administrator kann bestimmte Verzeichnisse und Dateien von Qsirch ausschließen.

Abschließend können Sie auf dem Reiter CLOUD VIEWER festlegen, ob Sie eine Cloud-Anwendung zum Öffnen von Dokumenten verwenden wollen. Es stehen Office Online und Google Docs zur Verfügung. Für diese Funktion muss allerdings myQNAPcloud aktiviert sein – siehe dazu Abschnitt 4.2, »Der Dienst myQNAPcloud«. Dateien werden dann wie in Abbildung 14.9 direkt in den entsprechenden Anwendungen geöffnet.

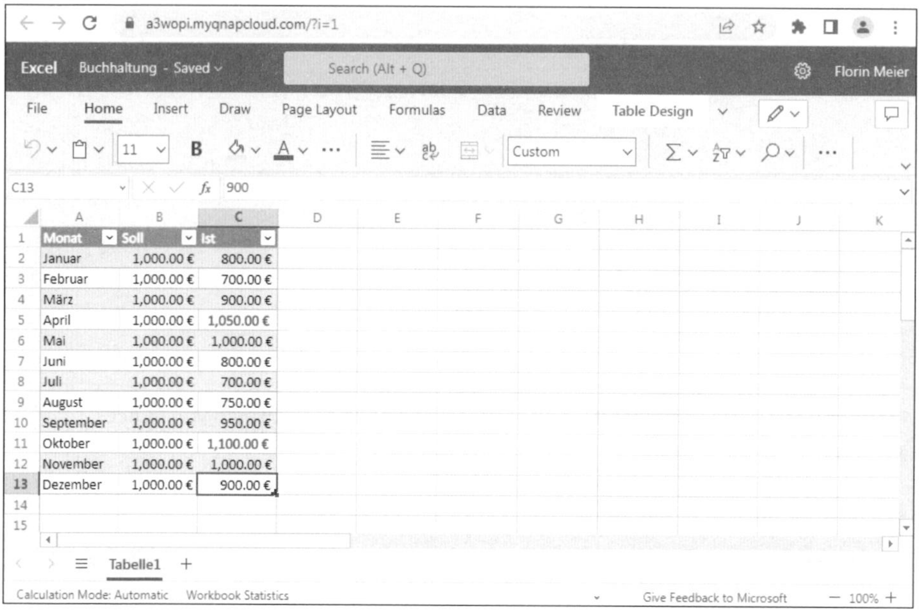

Abbildung 14.9 Office-Dateien können direkt mit einem Cloud-Dienst (wie hier Office Online) geöffnet und bearbeitet werden.

14.2 Dateikategorisierung und -bearbeitung mit Qfiling

Qfiling ist ein Werkzeug, mit dem Sie Dateien, die quer verstreut im Dateisystem des Gerätes abgespeichert sind, anhand eines Regelwerks zusammentragen und bearbeiten können. Das Programm hilft also dabei im Dateibestand »Ordnung zu halten«.

Sie definieren in Qfiling Quellverzeichnisse. In diesen sucht das Programm nach Dateien, die einem Suchmuster entsprechen. Das kann zum Beispiel den Dateityp, die Dateiendung oder aber auch ein Änderungsdatum sein. Die so gefundenen Dateien können auf Wunsch bearbeitet werden. Fotos etwa lassen sich in ein anderes Format umwandeln, allgemeine Dateien können komprimiert werden. Anschließend werden die Dateien an einem Zielpfad abgespeichert. Im Zielverzeichnis können Sie automatisch eine Verzeichnisstruktur anlegen. Auf Wunsch können Sie die Originaldaten anschließend löschen. Alternativ lassen sich auch einfach Dateien, die einem Suchmuster entsprechen, direkt in einen Papierkorb verschieben. Qfiling lässt sich also recht vielseitig einsetzen. Sie können es etwa zum Löschen von temporären Arbeitsdaten nutzen oder für ein rudimentäres Backup. Auch zum Gruppieren von Dateien ist es nützlich.

In Qfiling erstellen Sie Aufgaben, entweder zum Kopieren/Verschieben oder zum Löschen von Dateien. Diese Aufgaben können anschließend einmalig oder einem Zeitplan folgend ausgeführt werden. Das Programm beherrscht sogar den Echtzeitbetrieb, bei dem neu erstellte Dateien, die dem Suchmuster entsprechen, sofort bearbeitet werden.

14.2.1 Qfiling installieren

Qfiling können Sie über das App Center installieren, Sie finden das Programm in der Kategorie Dienstprogramme (siehe Abbildung 14.10). Die Installation erfolgt recht zügig, da das Programm nicht sehr groß ist. Es kann anschließend über das Hauptmenü aufgerufen werden. Qfiling steht allerdings nur Administratoren zur Verfügung.

Abbildung 14.10 Qfiling kann in der Kategoire Dienstprogramme des App Centers gefunden werden.

14.2.2 Eine Aufgabe erstellen

Um im Programm eine neue Aufgabe zur Verarbeitung Ihrer Dateien zu erstellen klicken Sie im Hauptfenster oben rechts auf die Schaltfläche QFILING-AUFGABE ERSTELLEN. Sie haben im Dropdown-Menü die Wahl, entweder eine Archivierungs- oder eine Recyclingaufgabe zu erstellen. Letztere ist wesentlich einfacher gehalten: Hier suchen Sie nur Quelldateien anhand eines Musters aus, die anschließend gelöscht werden.

Funktionen für die Bearbeitung werden hier nicht geboten. Diese bleiben Archivierungsaufgaben vorbehalten.

Für beide Aufgabentypen müssen Sie als erstes die Verzeichnisse auswählen, in denen nach den gewünschten Dateien gesucht werden soll. (Im weiteren Verlauf zeigen wir Ihnen, wie Sie eine Archivierungsaufgabe anlegen. Die Recyclingaufgabe bietet nur einen Teil der Funktionen der Archivierungsaufgabe, hauptsächlich zum Finden der zu löschenden Dateien.) Die Auswahl nehmen Sie im neuen Fenster auf der Registerkarte 1 NAME & QUELLE vor (siehe Abbildung 14.11). Setzen Sie einfach bei dem gewünschten Ordner in der Verzeichnisstruktur ein Häkchen in das Kontrollfeld.

Im rechten Teil des Fensters füllen Sie das Feld AUFGABENNAME mit der gewünschten Bezeichnung. Weiter unten können Sie auch eine ausführliche Beschreibung eingeben. Legen Sie dann fest, ob Sie die Quelldateien nach der Bearbeitung am ursprünglichen Ort behalten oder diese löschen möchten.

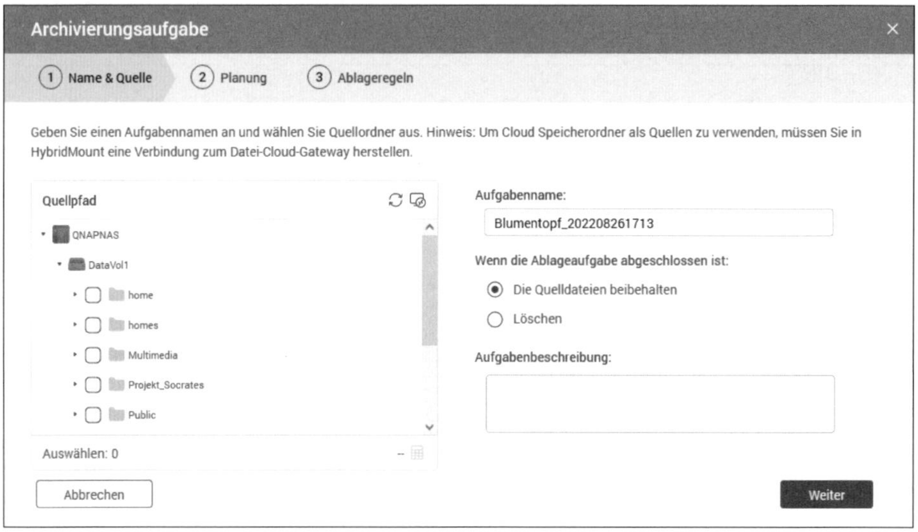

Abbildung 14.11 Wählen Sie die Quellverzeichnisse, in denen Dateien berücksichtigt werden sollen.

Auf der zweiten Seite (siehe Abbildung 14.12) legen Sie fest, ob die erstellte Aufgabe nur einmalig oder wiederholt nach einem Zeitplan ausgeführt werden soll. Hier können Sie auch den Echtzeit-Betrieb festlegen, bei dem Qfiling fortlaufend nach passenden Dateien sucht und diese unverzüglich bearbeitet.

Für die Ausführung nach einem Zeitplan stehen diverse Optionen zur Verfügung, beispielsweise ist eine stündlich, täglich, wöchentlich oder monatlich wiederkehrende Ausführung möglich.

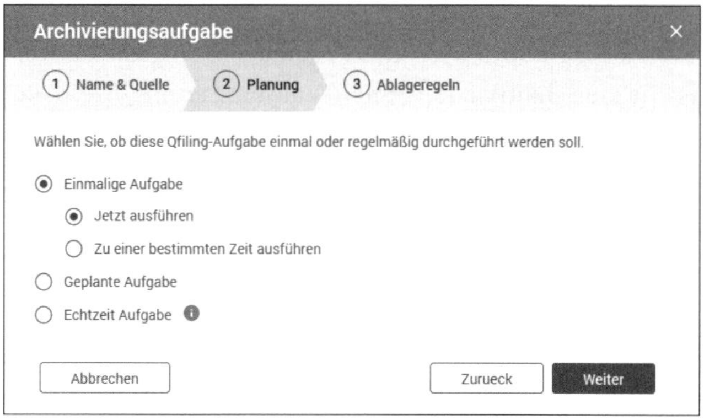

Abbildung 14.12 Legen Sie fest, ob Sie die Aufgabe nur einmalig oder wiederholt ausführen möchten.

Die dritte Seite des Assistenten bildet das Herzstück der Aufgabenerstellung, denn hier legen Sie fest, was mit den zuvor ausgewählten Dateien passieren soll (siehe Abbildung 14.13).

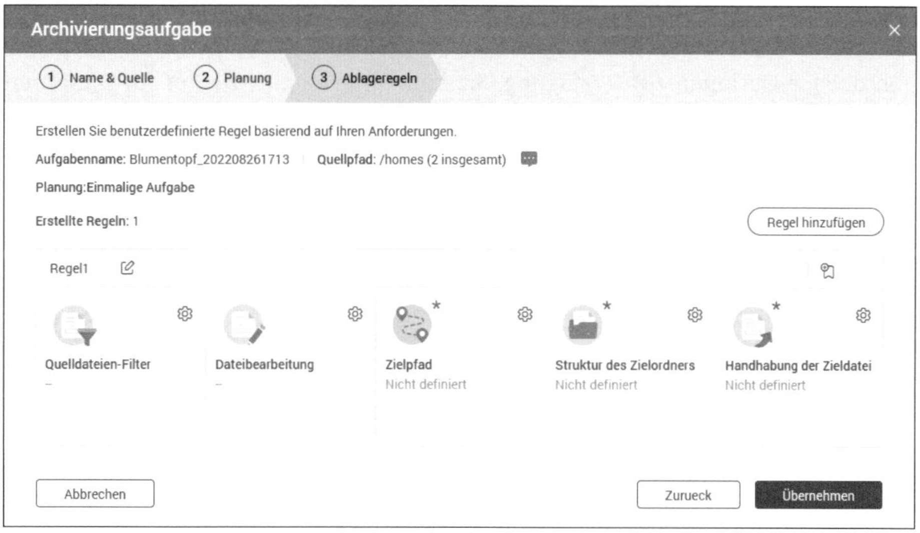

Abbildung 14.13 Konfigurieren Sie die Regel mit den gewünschten Einstellungen.

Im unteren Teil des Fensters sehen Sie diverse Module, die verschiedene Aufgaben ausführen können und individuell konfiguriert werden müssen. Die gesamte Kette an Aufgaben wird als *Regel* bezeichnet.

Über die Schaltfläche REGEL HINZUFÜGEN können Sie eine weitere Aufgabenkette hinzufügen. Auf diese Weise können Sie verschiedene Dateien auf unterschiedliche Weise bearbeiten. Qfiling erlaubt Ihnen, eine Regel abzuspeichern, falls Sie diese wiederholt einsetzen möchten. Eine konfigurierte Regel wird *Rezept* genannt und kann später in der REZEPTBIBLIOTHEK im Hauptfenster des Programms eingesehen werden. Rechts im Fenster sehen Sie die Schaltfläche mit der Sie eine konfigurierte Regel als eigenes Rezept abspeichern können.

Mit dem Bleistiftsymbol auf der gegenüberliegenden Seite des Fensters können Sie einen Beschreibungstext für die Regel eingeben. Die einzelnen Aufgabenmodule haben zunächst noch keine Funktion. Auch wenn Sie diese nicht benötigen, sollten Sie jedes Modul öffnen und überprüfen, ansonsten wird Qfiling eine Fehlermeldung ausgeben. Ein Entfernen von Modulen ist nicht möglich, Aufgaben können auch nicht dupliziert werden. Jedes Modul kann über die zugehörige Schaltfläche mit dem Zahnradsymbol konfiguriert werden.

Die Quelldateien auswählen

Das Modul Quelldateien-Filter dient zur Auswahl der Quelldateien (siehe Abbildung 14.14). Bislang haben Sie ja nur einen Verzeichnispfad ausgewählt. Sie können im Fenster verschiedene Filter definieren. Von diesen muss (über das Ausklappmenü oben links einstellbar) entweder die Kombination oder nur ein einzelner zutreffen.

Klicken Sie oben rechts auf das Pluszeichen, um einen Filter zu definieren. Ihnen stehen diverse Optionen zur Verfügung. Sie können etwa einen Filter für die Dateiendung, die Größe, das Veränderungsdatum oder auch für ein bestimmtes Musikgenre oder ein Kameramodell setzen. Über das Pluszeichen können Sie weitere Filter hinzufügen. Klicken Sie auf ÜBERNEHMEN, wenn Sie Ihre Auswahl getroffen haben.

Abbildung 14.14 Legen Sie über Filter fest, welche Dateien ausgewählt werden sollen.

Einstellen, was mit den Dateien geschehen soll

Als nächstes können Sie die Dateibearbeitung konfigurieren. Für die Bearbeitung gibt es diverse Möglichkeiten, die im neuen Fenster als einzelne Module aufgeführt sind. Im Einzelnen können Sie:

- Videodateien in ein MP4-Format konvertieren und dabei die gewünschte Auflösung (nicht jedoch die Datenrate) einstellen
- Videodateien und deren zugehörige Untertiteldateien, die denselben Dateinamen haben, aus verschiedenen Ordnern zusammentragen und an einem neuen Ort gemeinsam abspeichern
- Beliebige Dateien mit QENC verschlüsseln oder entschlüsseln
- Beliebige Dateien einzeln oder als Gruppe als *zip*- oder *7z*-Datei komprimieren und dabei auch einen Passwortschutz konfigurieren
- Video- und Fotodateien mit einem Wasserzeichen (in Text- oder Bildform) versehen
- Bilder in der Größe verändern
- Bilder in ein anderes Format wie etwa *jpeg*, *png* oder *gif* konvertieren
- In Fotos Gesichter erkennen und diese unscharf maskieren und so anonymisieren
- Bilder mit einer optionalen Zusatzkomponente (die zuerst über das App Center installiert werden muss) als PDF abspeichern
- Beliebige Dateien mit einer Zusatzkomponente namens CloudConvert (deren Nutzung Sie zunächst beantragen müssen) konvertieren.

14

Setzen Sie beim gewünschten Modul ein Häkchen in das zugehörende Kontrollkästchen (siehe Abbildung 14.15). Sie sehen dann ein Fenster zur Konfiguration des Moduls und können die gewünschten Einstellungen vornehmen. Ganz oben können Sie einstellen, ob Sie nach der Bearbeitung nur die veränderten oder auch die Originaldateien an den neuen Zielort kopieren (bzw. verschieben) möchten.

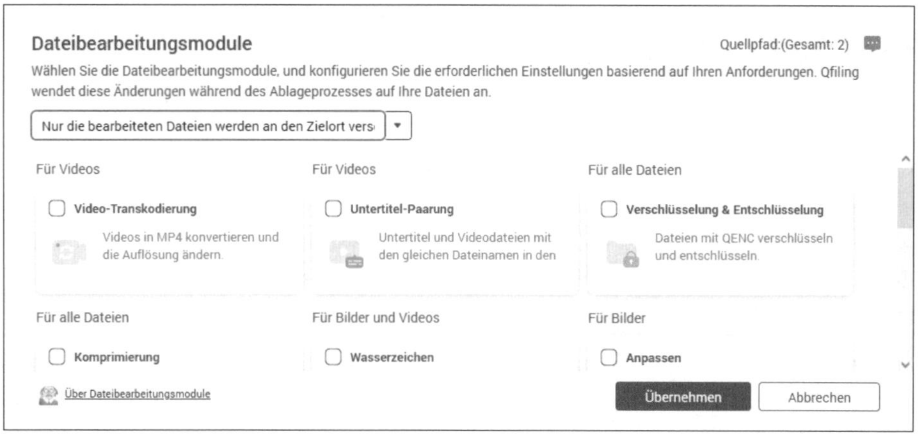

Abbildung 14.15 Konfigurieren Sie die Module zur Dateibearbeitung.

Den Zielpfad einstellen

Als nächstes müssen Sie das Modul ZIELPFAD konfigurieren, aber das ist schnell erledigt (siehe Abbildung 14.16). Hier stellen Sie lediglich ein, wo die gesammelten (und gegebenenfalls bearbeiteten) Dateien abgelegt werden sollen.

Auf Wunsch können Sie über das Pluszeichen auch mehrere Speicherorte eintragen und bestimmen, ob diese gleichzeitig oder nacheinander mit den gewünschten Dateien gefüllt werden sollen.

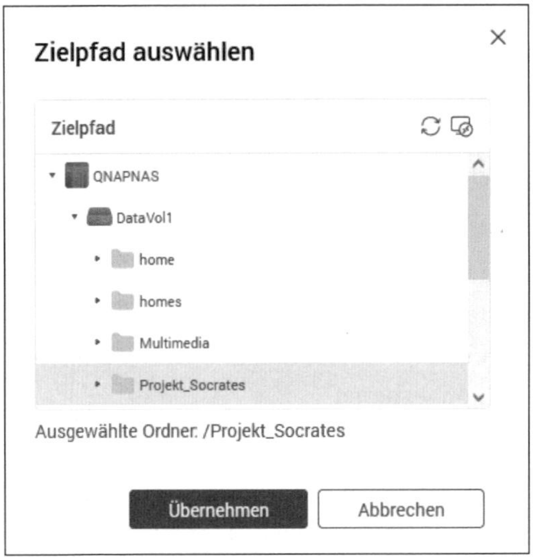

Abbildung 14.16 Wählen Sie den Zielpfad aus, unter dem die Dateien abgespeichert werden sollen.

Die Verzeichnisstruktur festlegen

Im nächsten Schritt bestimmen Sie die Verzeichnisstruktur, die im Zielordner angelegt werden soll (siehe Abbildung 14.17). Voreingestellt ist eine Liste von Bedingungen, sodass verschiedene Dateitypen wie Multimediadateien und Dokumente jeweils in eigene Verzeichnisse einsortiert werden. Sie können hier diverse eigene Kriterien ergänzen. Zum Beispiel ist es möglich, Unterordner auf Basis der Kameramarke oder des Aufnahmemonats zu erstellen. Diese Bedingungen sind also sehr praktisch, um Dateien zu sortieren.

Für Multimediadateien stehen besonders umfangreiche Bedingungen zur Verfügung. So können etwa Musikstücke nach dem Künstler sortiert abgespeichert werden. Dokumente können nach dem Urheber sortiert werden. Allgemeine Dateien lassen sich nach der Dateiendung sortieren. Wenn Sie eine Dateisammlung sortieren möchten, dann sollten Sie sich die zur Verfügung stehenden Optionen (die übrigens auch kombiniert werden können) einmal in Ruhe ansehen, denn hiermit lässt sich eine Vielzahl an Aufgaben erfüllen.

Alternativ können Sie auch einfach der Original-Ordnerstruktur folgen, die auch im Quellordner vorliegt oder die Ordnerstruktur verwerfen und alle Dateien in einem Verzeichnis sammeln.

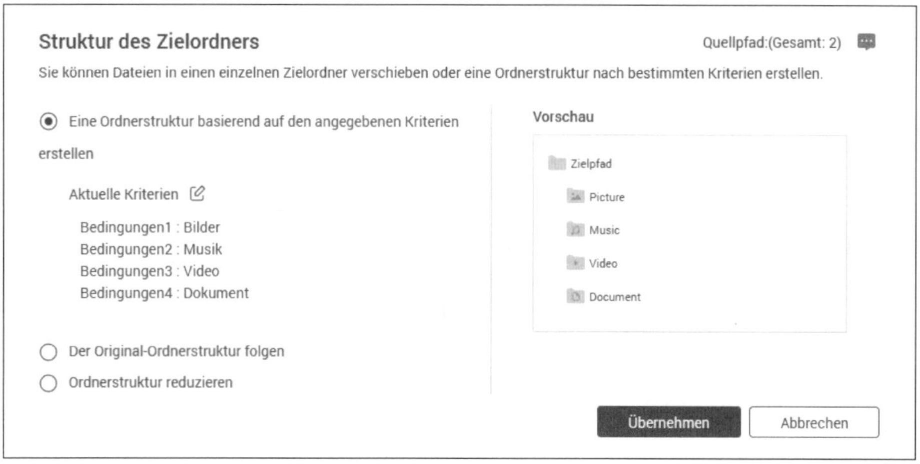

Abbildung 14.17 Legen Sie die Struktur des Zielordners fest.

Konfigurieren, was am Zielort geschehen soll

Im letzten Schritt legen Sie fest, was mit den Dateien am Zielort geschehen soll. Falls es dort schon Dateien mit demselben Namen gibt, dann können Sie das Kopieren abbrechen oder die zu kopierenden Dateien umbenennen. Die vorhandenen Dateien lassen sich im Zielordner auch überschreiben. Auf Wunsch können Sie eine Datenintegritätsprüfung aktivieren, um sicherzugehen, dass es beim Kopiervorgang keine Fehler gegeben hat.

Über das unscheinbare Feld DATEIEN UMBENENNEN sind sehr interessante Funktionen zugänglich (siehe Abbildung 14.18). Qfiling erlaubt es Ihnen, die Dateien am Zielort nach einem Muster umzubenennen (siehe Abbildung 14.19). An den Originalnamen einer Datei lassen sich diverse Ergänzungen anhängen.

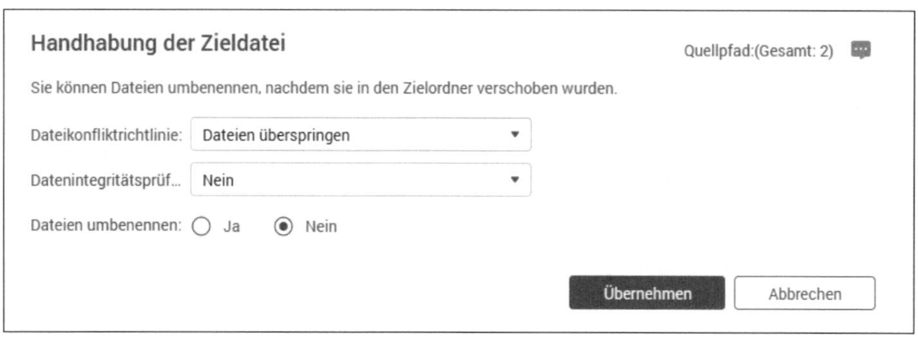

Abbildung 14.18 Legen Sie fest, wie mit doppelten Dateinamen verfahren werden soll und...

Erneut bieten sich bei Multimediadateien die meisten Optionen. Fotos können etwa mit dem Aufnahmedatum, Musikstücke mit dem Künstlernamen ergänzt werden. Beim Namen von Dokumenten lässt sich der Name des Urhebers ergänzen. Der ursprüngliche Name lässt sich stets auch ersetzen und es kann auch ein beliebiger Text (etwa ein Trennzeichen) eingefügt werden. Ersetzungen sind per Suchmuster auch innerhalb des Originalnamens möglich.

Abbildung 14.19 ...lassen Sie Dateien auf Wunsch automatisch umbenennen.

Damit haben Sie alle Filter fertig konfiguriert und können abschließend auf ÜBERNEHMEN klicken. Die Aufgabe wird nun auf der Registerkarte AUFGABENLISTE geführt (siehe Abbildung 14.20).

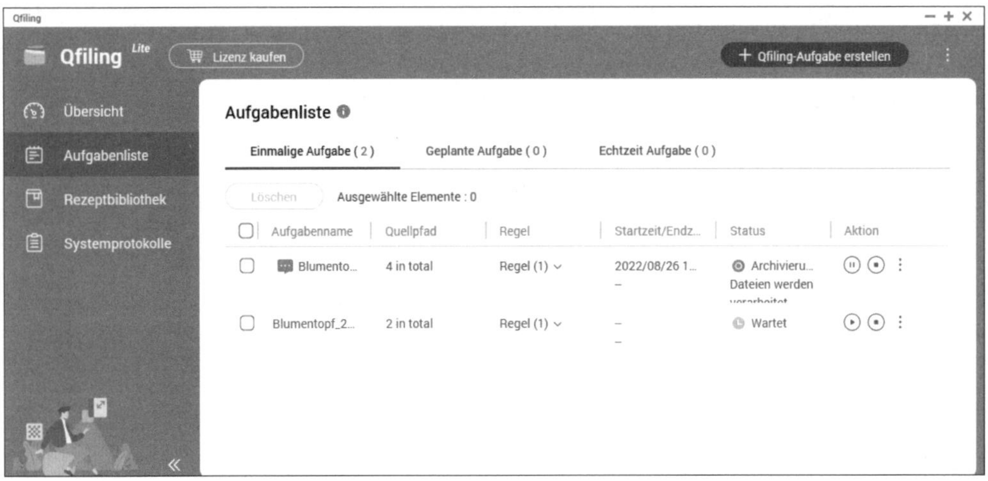

Abbildung 14.20 Alle Aufgaben werden auf der »Aufgabenliste« geführt und gemäß ihrer Konfiguration vom Programm abgearbeitet.

Wenn Sie die sofortige Ausführung eingestellt haben, dann macht sich Qfiling auch gleich ans Werk. Die Spalte STATUS informiert über den Fortschritt. Sie können auch einen Blick auf die Registerkarte SYSTEMPROTOKOLLE werfen, dort werden Informationen zu den Aufgaben und deren Abarbeitung angezeigt. Wenn Sie öfters mit Qfiling arbeiten, dann prüfen Sie auch einmal, ob die Rezepte auf der Registerkarte REZEPTBIBLIOTHEK für Sie nützlich sind. Wie zuvor erwähnt, können Sie dort auch eigene Regelkonfigurationen ablegen und wiederholt verwenden.

14.3 Texterkennung für gescannte Dokumente

Scanner erzeugen dank automatischen Dokumenteneinzugs (ADF) zwar automatisiert mehrseitige PDF-Dokumente, die Texte darin sind aber nicht durchsuchbar. Stellen Sie sich das Ergebnis (trotz PDF) wie ein Bild vor, vom dem der PDF-Viewer nicht weiß, was darinsteht. Mit OCR-Software (*Optical Character Recognition*) kann dieser Text erkannt werden, so dass Sie die Dokumente später nach Schlagworten durchsuchen können.

OCR-Software ist meist separat zu erwerben und wird im semiprofessionellen Bereich in Form einer einmaligen Lizenzpauschale abgerechnet. Im professionellen Bereich mit besten Erkennungsresultaten bieten Firmen wie Adobe Seitenpauschalen an, die Sie prepaid aufladen und »abscannen« können. Das kennen Firmen von klassischen Dokumenten-Management-Systemen (DMS), die auch eine solche OCR-Engine einsetzen.

Der *OCR Converter* von QNAP ist eine App für QNAP-Systeme, die für PDF-Dokumente automatisiert eine Texterkennung durchführen kann, und das seit neuestem sogar für die deutsche Sprache. Die Software setzt ein QNAP-System mit mindestens 2 GB Arbeitsspeicher voraus. Interessanterweise ist dies völlig ohne Lizenzgebühren möglich, was impliziert, dass die Erkennungsqualität nicht das höchste Niveau erreichen wird – wenn Sie professionelle Lösungen mit höchster Scan- und Erkennungsqualität brauchen, müssen Sie entsprechende Programme lizenzieren. In unseren Tests reichte es jedoch aus, ein Dokument im Adobe Reader nach Schlagworten durchsuchen zu können. Es gibt noch ein paar Beschränkungen, mit denen Sie leben müssen, doch dazu später mehr.

Sie können in Ihrem Scanner oder Multifunktionsgerät (Multifunction Printer, *MFP*) einen QNAP-Freigabeordner als Ablageort hinterlegen (bei den unterschiedlichen Herstellern heißt diese Option auch *Scanfolder*, *SMB*, *ScanToSMB* oder *Scan To Folder*) und eine Texterkennung direkt mit den Systemressourcen des QNAP-NAS-Systems laufen lassen. Was Sie von dieser Anwendung erwarten können, klären wir in diesem Abschnitt.

14.3.1 Freigabeordner im Scanner/MFP hinterlegen

Damit Sie die Funktion wie dargestellt nutzen können, muss Ihr MFP seine Dokumente beim Scannen auf dem NAS ablegen. Dazu legen Sie einen Freigabeordner an. Aus Sicherheitsgründen sollten Sie für MFP-Geräte einen eigenen NAS-Benutzer anlegen, so dass dieser nur in einen Scan-Ordner schreiben kann, aber sonst nicht auf Benutzerdaten zugreifen kann. Benutzer holen sich die gescannten Dokumente anschließend aus diesem Ordner und legen sie in ihren eigenen Ordnerstrukturen ab.

1. Loggen Sie sich als Administrator in der Weboberfläche des QNAP-Systems ein.
2. Öffnen Sie das QNAP-Menü und von dort die SYSTEMSTEUERUNG.
3. Wechseln Sie im Bereich RECHTE auf BENUTZER. Klicken Sie auf ERSTELLEN und dann auf EINEN BENUTZER ERSTELLEN. Füllen Sie die Felder aus. Nennen Sie den Benutzer z. B. *Scan*, und aktivieren Sie bei ANWENDUNGSBERECHTIGUNG den Oberbegriff NETZWERKDIENST. Bei FREIGABEORDNERRECHT entfernen Sie vorerst alle Haken, den Freigabeordner legen wir im nächsten Schritt an.
4. Wechseln Sie dann in der linken Leiste zu FREIGABEORDNER. Klicken Sie auf ERSTELLEN und dann auf FREIGABEORDNER. Wählen Sie einen Namen für den Freigabeordner, z. B. *Scans*. Wenn Sie mehrere Scanner im Unternehmen haben, überlegen Sie, für jeden Scanner einen eigenen Ordner anzulegen, falls dies praktischer für Ihre Nutzer ist. Klicken Sie anschließend auf WEITER, und setzen Sie beim soeben erstellten Benutzer einen Haken in der Spalte RW (Read/Write, also Lese- und Schreibrecht). Klicken Sie auf WEITER und dann auf FERTIGSTELLEN.
5. Erzeugen Sie im MFP bzw. Scanner einen Eintrag, damit das Gerät auf diesen Freigabeordner zugreifen kann. In der Regel funktioniert dies über das Webinterface der Maschine. Prüfen Sie im Einstellungsdisplay oder über den Ausdruck eines Konfigurationsberichts bzw. Netzwerkberichts die IP-Adresse des Geräts, und geben Sie diese in Ihrem Webbrowser am PC ein. Sie öffnen damit die Administrationsoberfläche des MFPs. Falls die Einstellungen mit einem Kennwort gesichert sind und Sie dieses nicht geändert haben: Es gibt für jeden Hersteller Standardpasswörter, mit denen Sie sich einloggen können. Diese finden Sie einfach über die gängigen Suchmaschinen. Zum Hinterlegen des Ordners müssen Sie meist folgende Angaben vornehmen:
   - die IP-Adresse des NAS oder Freigabename bzw. Pfad zur Freigabe
   - Benutzernamen und das Kennwort des soeben erstellten Scan-Benutzers
   - Einstellungen zum Scan-Format. Wählen Sie hier PDF und mindestens 300 dpi. Je höher die dpi-Anzahl, desto größer werden die Dateien, aber desto besser werden auch die Scan-Ergebnisse.

Zum Abschluss prüfen Sie, ob das Scannen in den Freigabeordner fehlerfrei funktioniert. Wenn es zu Fehlern kommt, prüfen Sie auch, ob Sie vom Computer aus fehlerfrei auf den Freigabeordner zugreifen können. Wenn Sie keinen Fehler ausfindig machen können, testen Sie einen kürzeren Ordnernamen, entfernen Sie Sonderzeichen und Umlaute aus dem Ordnernamen, Benutzernamen und dem Kennwort, und versuchen Sie es damit erneut. Tatsächlich haben viele MFP-Geräte Probleme mit Umlauten. Es ist uns auch schon passiert, dass das Eingabefeld für das Kennwort zu kurz war. In solch einem Fall müssen Sie das Kennwort kürzen.

14.3.2 OCR Converter installieren

Nun müssen Sie den OCR Converter auf Ihrem QNAP-System installieren.

1. Loggen Sie sich als Administrator in der Weboberfläche des QNAP-Systems ein.
2. Öffnen Sie das QNAP-Menü und von dort das App Center.
3. Nutzen Sie die Suchfunktion, und suchen Sie nach »OCR Converter«. Beim dann erscheinenden Suchergebnis klicken Sie auf INSTALLIEREN. Warten Sie die Installation ab, und starten Sie dann die App.

14.3.3 OCR-Task einrichten

Die Programmoberfläche von OCR Converter ist nur auf Englisch verfügbar. Nach dem ersten Start sehen Sie einen Assistenten, den Sie als Erstes beenden.

Das Programm bietet zwei Bereiche:

- Im Bereich ONE-TIME können Sie einmalig eine Datei oder einen Ordner zur Erkennung auswählen. Ist die Aufgabe abgearbeitet, verschwindet der Job. Mit dieser Art von Task können Sie ein bereits vorhandenes Scan-Archiv, für das noch keine Texterkennung durchgeführt worden ist, einmalig durcharbeiten lassen.
- Im Bereich SCHEDULE (siehe Abbildung 14.21) können Sie einen Zeitplan hinterlegen, mit dem Sie einen Ordner überwachen können. Sobald neue Dokumente dort abgelegt werden, bearbeitet OCR Converter diese und führt eine Texterkennung durch.

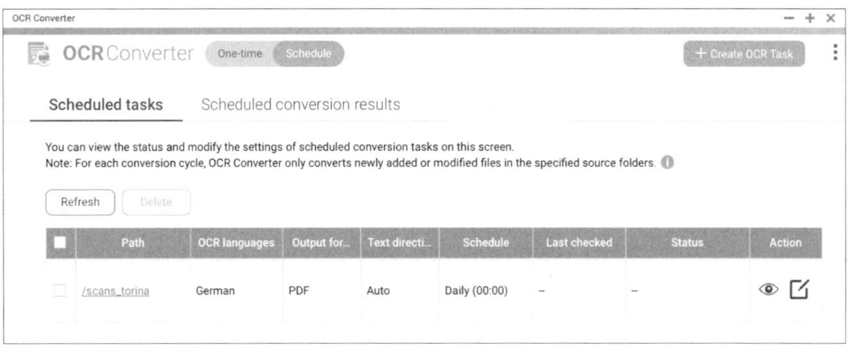

Abbildung 14.21 Task-Übersicht in OCR Converter

Das ist genau das Richtige für Scan-Ordner, wie wir sie erstellt haben. Wenn Sie diesen Bereich aktiviert haben, sehen Sie die Reiter SCHEDULED TASKS für die OCR-Tasks und SCHEDULED CONVERSION RESULTS für eine Protokollansicht der abgearbeiteten Dateien.

Da wir unseren Ordnerinhalt automatisch durchsuchen lassen möchten, ist für uns der Bereich SCHEDULE interessant. Hier legen wir nun einen Auftrag an, der nächtlich wiederholt wird und bei allen Dokumenten im Ordner eine Erkennung durchführt.

1. Klicken Sie im OCR-Converter-Fenster oben rechts auf CREATE OCR TASK.
2. Klicken Sie auf den Button SCHEDULE.
3. Die NAS-Ordnerstruktur wird Ihnen angezeigt. Setzen Sie einen Haken beim zuvor erstellten Scans-Ordner, danach klicken Sie auf NEXT. Wenn Sie den Button nicht finden, wird er abgeschnitten. Schieben Sie das Fenster in diesem Fall weiter nach oben.
4. Im nächsten Fenster des Assistenten wählen Sie in der Spalte OCR LANGUAGES mit dem Icon die Sprache GERMAN aus (siehe Abbildung 14.22). Sie können English erst entfernen, nachdem Sie German hinzugefügt haben. Wenn Dokumente in beiden Sprachen vorkommen können, können Sie beide Sprachen aktiviert lassen. Bis zu drei Sprachen gleichzeitig könen Sie wählen. Die Reihenfolge ist relevant. Sie können die Sprachen umsortieren, die am häufigsten verwendete Sprache sollte oben sein. Empfehlung: Ist Englisch die Ausnahme, wählen Sie nur Deutsch. Die besten Erkennungsresultate erhalten Sie, wenn Sie nur eine Sprache wählen.

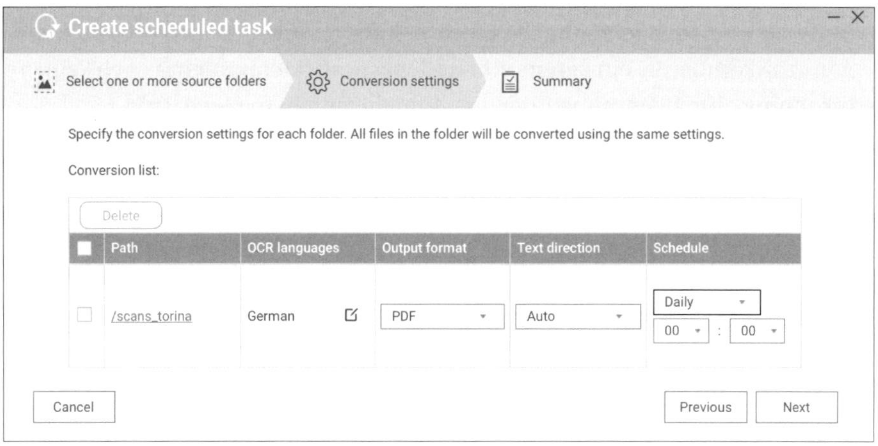

Abbildung 14.22 OCR-Converter-Konvertierungseinstellungen

5. In der Spalte OUTPUT FORMAT wählen Sie PDF. Damit erzeugt OCR Converter eine neue weitere (texterkannte) PDF-Datei mit dem Namen der Originaldatei und einer Dateinamenergänzung, so dass Sie am Ende beide Dateien im Ordner vorfinden. Sie können hier alternativ auch TXT wählen oder PDF und TXT kombinieren.

In diesem Fall würde OCR Converter auch eine Datei im reinen Textformat in den Ordner legen. Mit solchen Dateien könnten Sie Texte gegebenenfalls gut in anderen Programmen weiterverarbeiten, auch in der Software-Entwicklung könnten TXT-Dateien interessant sein. Für Endanwenderinnen und -anwender ist ansonsten die PDF ausreichend.

6. In der Spalte TEXT DIRECTION wählen Sie aus, in welcher Richtung der Text im Dokument geschrieben ist. Das belassen Sie auf AUTO.
7. In der Spalte SCHEDULE stellen Sie ein, wie oft OCR Converter nach neuen Dateien suchen soll. Das kleinste Intervall ist hier täglich, siehe auch Kasten: »Beschränkungen von OCR Converter«.
8. Klicken Sie auf NEXT und dann zum Fertigstellen auf APPLY.

Beschränkungen von OCR Converter

Als kostenfreie QNAP-Software hat OCR Converter einige nervige Beschränkungen, mit denen Sie für den Moment leben müssen:

- **Konvertierung ist langsam**
  Dass ein MFP keine Texterkennung durchführt, hat einerseits zwar Lizenzgründe, aber hauptsächlich sind die Systemressourcen derart beschränkt, dass die Erkennung viel zu langsam wäre. Ein QNAP NAS ist schon wesentlich schneller. Während professionelle Scan-Engines auf dedizierter Hardware Doppelkern-CPUs und viel Arbeitsspeicher optimal nutzen können und die Erkennung von einer mehrseitigen Datei innerhalb weniger Sekunden abschließen, benötigte unser QNAP NAS mit Doppelkern-Celeron und 2 GB RAM an die zehn Minuten für ein zehnseitiges Dokument, also eine Minute pro Seite.
- **Ergebnisse landen im selben Ordner**
  Für manche Anwendungsszenarien wünscht man sich, dass die Originaldateien nach der Konvertierung entfernt werden oder dass man die Ergebnisse in einen anderen Ordner ablegen könnte. Beides ist mit OCR Converter derzeit nicht möglich.
- **Benennung ist nicht wählbar**
  Sie können nicht das Suffix wählen, mit dem OCR Converter die texterkannten Dateikopien ablegt.
- **Zeitplan maximal einmal täglich**
  Eines der größten Ärgernisse ist, dass die Konvertierung nur einmal am Tag gestartet werden kann. Ein kleineres Intervall ist nicht wählbar. Für Unternehmen ist das sehr ärgerlich, da Anwenderinnen und Anwender – abseits der ohnehin langsamen Erkennungsrate – natürlich nicht einen Tag warten wollen, bis die Konvertierung überhaupt einmal begonnen wird. Wenn Sie einmal viel Zeit haben, könnten Sie dieses Problem theoretisch umgehen, indem Sie Tasks mit identischen Einstellungen für 8:00 Uhr, 8:30 Uhr, 9:00 Uhr etc. anlegen.

14.3.4 Texterkennung durchführen und Ergebnisse kontrollieren

Von nun an wird jeden Tag zur angegebenen Zeit eine Erkennung aller Dateien im Scans-Ordner durchgeführt. Bereits erkannte Dateien werden beim nächsten Durchlauf eines Schedules übersprungen. Wenn Sie diese im Dateiauswahl-Dialog für einen One-time-Task erneut aktivieren, erkennen Sie sie am kleinen OCR-Symbol hinter dem Dateinamen. Wenn Sie sie erneut auswählen, werden sie auch beim One-time-Task übersprungen. Wenn Sie allerdings die OCR-erkannte Kopie der Datei entfernen oder umbenennen, weiß OCR Converter nichts mehr von seiner getanen Arbeit und führt die Texterkennung auf dieser Datei erneut durch.

Für jede Datei wird im Rahmen der Texterkennung eine Kopie erzeugt, die im Dateinamen eine Ergänzung im Format #deu#a hat. Sie ist wie gesagt im selben Ordner zu finden.

- Originaldateiname: Beispiel.pdf
- Dateiname nach Erkennung: Beispiel.pdf#deu#a.pdf

Wenn Sie einen OCR-Task erstellt haben, finden Sie diesen während der Konvertierung in den NAS-Hintergrundaufgaben. Diese können Sie in der Weboberfläche oben rechts mit dem Icon aufrufen. Genauere Ergebnisse und auch ein Protokoll der Erkennung finden Sie in OCR Converter. Aufgeteilt nach One-time und Schedule finden Sie dort die Conversion Results mit einer exakten Prozentanzeige des aktuellen Erkennungsfortschritts.

14.3.5 Fazit

Suchen in texterkannten PDF-Dokumenten bereitet Freude. Anwenderinnen und Anwender sind es gewohnt, dass Dateien dies unterstützen. Sie sind sich sehr oft gar nicht im Klaren darüber, dass dies ein gesonderter Arbeitsschritt ist und nur sehr wenige Scanner oder aktuelle IT-Infrastrukturen bereits eine Texterkennung bei allen Dokumenten durchführen.

Denn wer sich damit beschäftigt, stellt schnell fest: Das ist alles nicht so einfach. Software, die scheinbar kostenfrei ist, möchte dann doch Lizenzgebühren, läuft nicht auf allen Betriebssystemen, unterstützt keine automatisierten Erkennungen, erkennt die deutsche Sprache nicht, ist sehr teuer usw.

Vor diesem Hintergrund ist OCR Converter zweifelsohne eine wirklich tolle Sache, die auch gut funktioniert. Es bleiben Wermutstropfen: Man wünscht sich mehr Einstellungsmöglichkeiten. Vielleicht liefert QNAP das demnächst nach. Und ja, es ist langsam. Aber das wäre es auch, wenn Sie es unter Windows auf einem Dual-Core-Celeron mit 2 GB RAM durchführen würden, auf dem noch haufenweise andere Dienste im Hintergrund aktiv sind. Nehmen wir OCR Converter deshalb als willkommene Ergänzung im Unternehmensalltag.

Kapitel 15
Collaboration – Dienste für Ihr Team

Collaboration steht für »Zusammenarbeit«, also das Arbeiten mit anderen Personen im Team. Unter Collaboration Tools versteht man gemeinhin alle Arten von Software, die die Team-Zusammenarbeit unterstützen und fördern. Einige dieser Tools schauen wir uns in diesem Kapitel an.

Das Thema Collaboration Tools ist schwer in einem Kapitel abzuhandeln. Man findet zu jedem Tool ein eigenes Buch am Markt. Hinzu kommt, dass die Geschmäcker verschieden sind. Und da jeder andere Vorlieben hat, wie er mit anderen Personen zusammenarbeiten möchte, gibt es auch viele Meinungen zur Eignung einer Software für einen bestimmten Einsatzzweck.

Wir stellen Ihnen in diesem Kapitel einige Collaboration Tools vor, von denen wir glauben, dass sie interessant sind. Meist, weil sie Funktionalitäten bekannter Cloud-Dienste abbilden, ohne dass sie etwas kosten. Oder weil sie auf Ihrem NAS-System selbst gehostet sind. Schließlich mag nicht jeder seine Daten in die Cloud legen.

Wir hoffen, dass auch für Ihr Team wertvolle Anregungen dabei sind, und wünschen schon jetzt viel Spaß beim Ausprobieren in Ihrem Team. Denn wie gesagt: Die Geschmäcker sind verschieden.

15.1 ownCloud – File Sharing

ownCloud ist ein Filesharing-Programm und ähnlich wie Dropbox – mit dem Unterschied, dass es kostenlos ist und open-source. Somit können Sie es auf einen privaten Server installieren, ohne dass es Beschränkungen beim Speicherplatz oder bei der Anzahl der verbundenen Clients gibt. Für Ihr QNAP-NAS-System gibt es ownCloud als einfach installierbare App, so dass der Weg hin zur Nutzung ein Kinderspiel ist.

15.1.1 Unterschiede zwischen ownCloud und Nextcloud

Im Jahr 2016 verließ der Gründer von ownCloud, Frank Karlitschek, das ownCloud-Projekt und veröffentlichte mit einem neu formierten Team eine eigene Cloud-Lösung namens Nextcloud. Hier sollte Kollaboration stärker im Vordergrund stehen.

Der Grund für den Ausstieg waren wohl ein finanzielles Schwächeln von ownCloud und Differenzen beim Lizenzierungsmodell. Während bei Nextcloud alle Funktionen gratis nutzbar sind, sind bei ownCloud zahlreiche Features nur in kostenpflichtigen Editionen enthalten.

Beiden Tools gemeinsam ist ein Marketplace, über den weitere Add-ons bezogen werden können. Bei Nextcloud sind allerdings mehr Funktionen von vornherein enthalten, und es gibt neben dem Dateihosting weitere Tools für die Kollaboration, wie gemeinsame Notizen, ein bereits eingebautes Tool für das gemeinsame Bearbeiten von Dokumenten (bei ownCloud ist es nachrüstbar) sowie gemeinsame To-dos.

Wir stellen Ihnen in diesem Kapitel ownCloud vor und nicht Nextcloud, weil QNAP und ownCloud im Jahr 2020 eine Partnerschaft eingegangen sind, um ownCloud einfach auf die QNAP-NAS-Systeme zu bekommen. Das Resultat ist eine einfach installierbare App.

Nextcloud auf Ihrem NAS

Falls Sie auch Nextcloud ausprobieren möchten, können Sie sich an einem Docker-Container probieren, der innerhalb der Container-Station-App heruntergeladen und dann manuell konfiguriert werden muss. Ein entsprechendes Image steht bereit.

15.1.2 Installation und Grundeinrichtung

Für die Installation von ownCloud wird ein NAS mit mindestens 2 GB (besser 4 GB) Arbeitsspeicher sowie Firmware-Version QTS 4.5.4 oder höher benötigt. Der erforderliche Speicherplatz wächst natürlich mit den Dateien, die Sie in ownCloud ablegen.

Um die Software auf dem NAS zu installieren, gehen Sie wie folgt vor:

1. Loggen Sie sich als Administrator in die Weboberfläche des NAS-Systems ein, öffnen Sie das Menü ☰, und klicken Sie dann auf App Center.
2. Verwenden Sie die Suchfunktion 🔍 oben rechts, um nach »owncloud« zu suchen.
3. Sie erhalten als Suchergebnis ownCloudX. Dabei handelt es sich um die Basis-Serversoftware für ownCloud. Klicken Sie unterhalb des Programm-Icons auf Installieren, siehe Abbildung 15.1.
4. Da ownCloud nicht von QNAP stammt, erhalten Sie eine Warnung. Bestätigen Sie, dass QNAP keine Gewähr dafür übernimmt, dass ownCloud korrekt funktioniert.

ownCloud basiert auf den Container-Funktionen, die wir in Kapitel 16, »Virtuell und sicher«, vorstellen, und setzt deshalb die App *Container Station* voraus. Wenn Sie diese noch nicht installiert haben, informiert Sie das App Center, dass bei der Installation von ownCloud auch die App Container Station mitinstalliert wird.

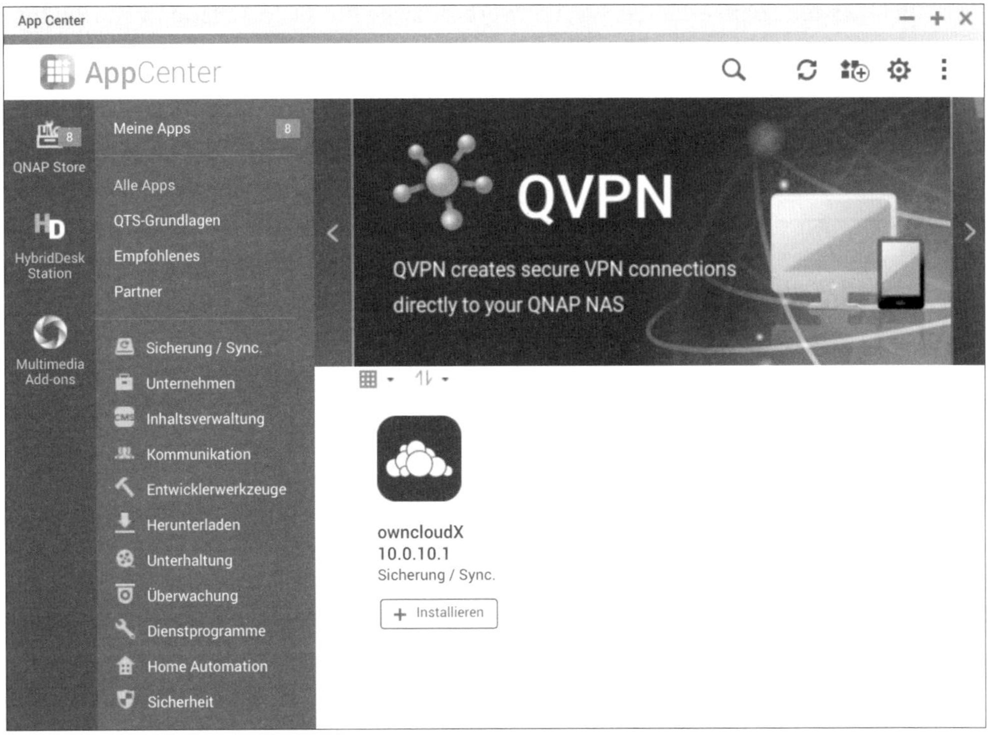

Abbildung 15.1 ownCloud-Installation aus dem App Center

15

Sofern Sie mehr als ein Volume auf Ihrem NAS eingerichtet haben, werden Sie im App Center gefragt, auf welchem Volume die App installiert werden soll. Durch die Installation häufig genutzter Apps auf unterschiedlichen Volumes können Sie die Datenträgerauslastung auf den einzelnen Volumes mit beeinflussen.

Nach der Installation klicken Sie auf ÖFFNEN. Sie landen auf einer neuen Website, für die Sie sich am besten ein Lesezeichen im Webbrowser setzen, so dass Sie sie zukünftig rasch erreichen können. Die ownCloud-Installation ist erreichbar unter *http://[ip-des-nas]:4490*.

Ihnen wird ein Benutzerlogin angezeigt. Tragen Sie als BENUTZERNAME und als PASSWORT gleichermaßen *admin* ein.

ownCloud hat eigene Benutzer

Im Gegensatz zu vielen anderen Apps, die wir in diesem Buch vorstellen, nutzt ownCloud für den Login nicht die Benutzer des NAS-Systems, die in der Systemsteuerung angelegt sind. Der Grund dafür ist, dass ownCloud keine App von QNAP ist. Achten Sie stets darauf, Ihre ownCloud-Zugangsdaten an sicherer Stelle zu verwahren, damit Sie sich nicht aussperren.

Beim ersten Login erhalten Sie eine Werbeanzeige für die Installation von Desktop- und Mobil-Apps. Schließen Sie diese mit Klick auf [X].

Als Erstes ändern Sie das unsichere Kennwort vom admin-Benutzer:

1. Klicken Sie rechts oben auf ADMIN und im sich öffnenden Menü auf BENUTZER.
2. Sie sehen die Benutzerliste. Bisher gibt es nur den admin-Benutzer. Klicken Sie in der Spalte PASSWORT auf das Stift-Symbol. Das Symbol wird erst angezeigt, wenn Sie sich mit der Maus auf dem Passwort-Feld befinden.
3. Wenn Sie das Passwort ins Eingabefeld eingetragen haben, bestätigen Sie mit der Eingabetaste.

Sie erhalten einen Hinweis PASSWORD SUCCESSFULLY CHANGED. Notieren Sie sich das Passwort an einer sicheren Stelle!

Als Zweites setzen Sie Ihre eigene Mail-Adresse, so dass Sie Benachrichtigungen für den admin-User per E-Mail erhalten und im nächsten Schritt den E-Mail-Versand testen können:

1. Klicken Sie oben rechts auf ADMIN und dann im sich öffnenden Menü auf EINSTELLUNGEN.
2. Tragen Sie im Feld E-MAIL Ihre E-Mail-Adresse ein.
3. Klicken Sie auf E-MAIL-ADRESSE ÄNDERN.

Als Drittes setzen Sie einen gültigen E-Mail-Server, damit ownCloud seinen Benutzern Benachrichtigungsmails senden kann:

1. Klicken Sie wieder oben rechts auf ADMIN und dann im sich öffnenden Menü auf EINSTELLUNGEN.
2. In der linken Leiste im Bereich ADMINISTRATOR klicken Sie auf den Menüpunkt ALLGEMEIN.
3. Stellen Sie auf der rechten Seite im Bereich E-MAIL-SERVER den Sendemodus um auf SMTP.
4. Tragen Sie gültige Daten eines Mail-Postfachs ein (siehe Abbildung 15.2). Bei VERSCHLÜSSELUNG wählen Sie SSL/TLS. Bei Authentifizierungsmethode wählen Sie ANMELDEN und aktivieren das Häkchen AUTHENTIFIZIERUNG BENÖTIGT; danach erscheinen auch die Eingabefelder SMTP-BENUTZERNAME und SMTP-PASSWORT.
5. Klicken Sie auf ANMELDEINFORMATIONEN SPEICHERN.
6. Klicken Sie darunter neben dem Text E-MAIL-EINSTELLUNGEN TESTEN auf E-MAIL SENDEN.

Damit ist Ihr ownCloud-Server einsatzbereit, und Sie können Benutzer anlegen, um gemeinsam im Team mit Ihren Dateien zu arbeiten.

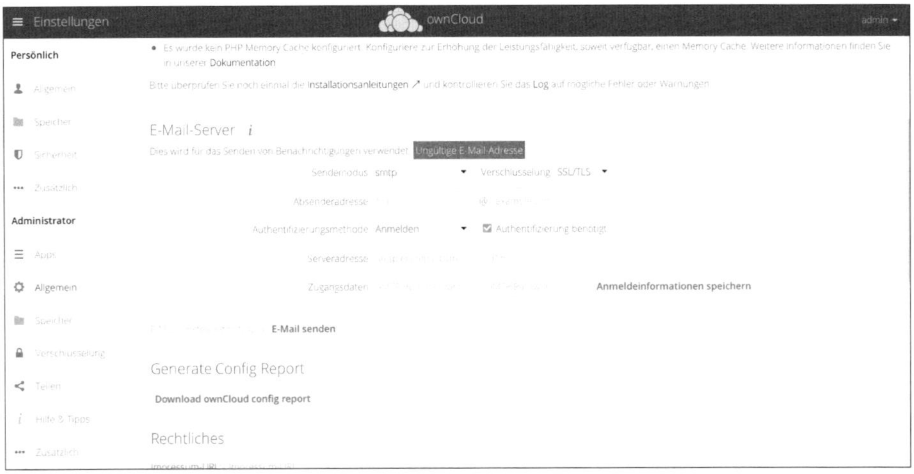

Abbildung 15.2 E-Mail-Server in ownCloud hinterlegen

> **Datenbank für die ownCloud-Daten**
>
> Ihre ownCloud-Installation auf dem NAS nutzt eine SQLite-Datenbank, in der Informationen über die abgelegten Dateien gespeichert werden. Für private Einsatzszenarien ist dies in der Regel ausreichend. Wenn Sie ownCloud allerdings in größerem Umfeld einsetzen möchten, sollte die SQLite-Datenbank der App-Installation gegen eine »richtige« MySQL-Datenbank getauscht werden.
>
> Dazu ist es erforderlich, dass die Installation in den Maintenance Mode versetzt wird und Sie mit dem ownCloud-Befehl `occ` über SSH die nötigen Schritte direkt auf der Konsole durchführen. Die notwendigen Informationen dazu finden Sie unter: *https://doc.owncloud.com/server/next/admin_manual/qnap*

15.1.3 Einrichten von Benutzern und Gruppen

Innerhalb von ownCloud hat jeder Benutzer einen eigenen Dateien-Bereich. In die Dateien von anderen Benutzern hat man keinen Einblick, es sei denn, man teilt Dateien. Insofern kommt dem Benutzer- und Gruppenkonzept von ownCloud eine sehr zentrale Rolle zu.

So richten Sie weitere Benutzer ein:

1. Klicken Sie rechts oben auf ADMIN und dann im sich öffnenden Menü auf BENUTZER.
2. Oberhalb der Benutzerliste tragen Sie in das Eingabefeld BENUTZERNAME den gewünschten Benutzernamen für das ownCloud-System ein. In das Feld E-MAIL kommt die E-Mail-Adresse des Benutzers.
3. Klicken Sie auf ERSTELLEN.

Sie können das Passwort des Benutzers ebenfalls setzen:

1. Klicken Sie in der Benutzerliste in der Zeile des erstellten Benutzers in der Spalte PASSWORT auf das Stift-Symbol ✎. Das Symbol wird erst angezeigt, wenn Sie sich mit der Maus auf dem Passwort-Feld befinden.
2. Wenn Sie das Passwort ins Eingabefeld eingetragen haben, bestätigen Sie mit der Eingabetaste.

Nun, wo der Benutzer im System angelegt ist, kann dieser sich über die ownCloud-Website, die Sie auch gerade verwenden, mit seinen Benutzerdaten anmelden und auf seine Dateien zugreifen.

Die Benutzer können sich untereinander Dateien freigeben, mehr dazu im kommenden Abschnitt. Wenn Sie häufig mehreren Benutzern gleichzeitig Dateien freigeben möchten, ist es einfacher, die Benutzer zu einer Gruppe zusammenzufassen. Beim Teilen müssen Sie dann nicht nacheinander mehrere Benutzer eingeben, sondern lediglich die Gruppe auswählen.

Die Gruppen sind im Benutzer-Bereich von ownCloud in der Spalte links aufgeführt. Hier gibt es bisher die Einträge JEDER und ADMINISTRATOREN. Darüber finden Sie einen Link GRUPPE HINZUFÜGEN (siehe Abbildung 15.3). Wenn Sie diesen anklicken, wandelt sich der Link in ein Eingabefeld für einen Gruppennamen. Hier tragen Sie den gewünschten Gruppennamen ein, etwa *Vertrieb* oder *ProjektteamABC*, und bestätigen mit der Eingabetaste.

Einen Benutzer können Sie der Gruppe hinzufügen, indem Sie in der Gruppe JEDER in der Zeile des betroffenen Benutzers in der Spalte GRUPPE auf das Dropdown-Feld klicken. Hier werden schließlich alle Gruppen aufgeführt, und Sie können durch Setzen eines Hakens die Gruppen für diesen Benutzer festlegen.

Abbildung 15.3 Einen ownCloud-Benutzer einer Gruppe hinzufügen

Nachdem Sie nun verschiedene Benutzer angelegt haben, schauen wir uns als Nächstes an, wie Sie Dateien in ownCloud hochladen und mit anderen Benutzern teilen. Das

Ganze geht über den Webbrowser oder eine App auf dem Desktop-Rechner bzw. dem Smartphone. Wir beginnen mit dem Webbrowser.

15.1.4 Dateien im Webbrowser verwalten und teilen

Der Dateien-Bereich ist jener, den ein Benutzer als Erstes nach dem Login auf der ownCloud-Website sieht. Wenn Sie ihn derzeit nicht geöffnet haben, können Sie ihn mit einem Klick oben rechts auf ☰ und anschließend auf DATEIEN jederzeit aufrufen.

Dateien öffnen und herunterladen

Um Dateien zu öffnen, klicken Sie darauf. Wenn Ihr Browser Probleme mit einzelnen Dateiformaten hat, klicken Sie bei der jeweiligen Datei rechts auf ••• und anschließend auf HERUNTERLADEN.

Um mehrere Dateien herunterzuladen, können Sie diese mit einem Haken markieren. Sobald Sie die Maus über ein Datei-Symbol bewegen, erscheint eine Box zum Anhaken der Datei. Wenn Sie alle Dateien und Ordner mit einem Haken versehen haben, sehen Sie oberhalb der Dateien eine neue Zeile, die Auskunft darüber gibt, wie viele Dateien und Ordner markiert sind. Rechts in derselben Zeile finden Sie eine Angabe, wie groß die Elemente in Summe sind, sowie den Button HERUNTERLADEN. Beim Herunterladen erhalten Sie eine ZIP-Datei bzw. einen Tarball (macOS). Zum Entpacken können macOS-Benutzer einfach das Archiv doppelt anklicken.

Neue Ordner erstellen

Natürlich können Sie Dateien in Ordner einsortieren, um Ihr eigenes Ablagesystem zu schaffen. Beachten Sie, dass dies Ihr persönlicher Dateien-Bereich ist. Andere Benutzer sehen ihn nicht, sondern haben ihre ganz separate Ordnerstruktur. Wenn Sie dieselben Dateien wie bestimmte andere Benutzer sehen möchten, können Sie einen Ordner erstellen und diesen mit dem betroffenen Anwender teilen.

So erstellen Sie einen neuen Ordner:

- Falls Sie einen Unterordner erstellen möchten, wechseln Sie zunächst in den Ordner, in dem der neue Ordner erstellt werden soll.
- Klicken Sie oberhalb der Dateiliste auf [+] und dann im erscheinenden Menü auf ORDNER.
- Der Button wandelt sich in ein Eingabefeld. Tragen Sie den gewünschten Ordnernamen ein.
- Bestätigen Sie mit der Eingabetaste.

Der erstellte Ordner taucht nach wenigen Sekunden in der Dateiliste auf.

Dateien verschieben

Um eine Datei in einen Ordner zu verschieben, fassen Sie diese mit der Maus an, und legen Sie sie auf dem Ordner ab. Um Dateien aus einem Ordner heraus eine Ebene nach oben zu verschieben, nutzen Sie die Breadcrumb-Leiste oberhalb der Dateiliste, die mit einem Haus-Symbol beginnt und alle Ordner ab dem Homeverzeichnis bis hin zum aktuellen Ordner auflistet (siehe Abbildung 15.4). Auch hier können Sie Dateien ablegen, entweder auf einen Ordnernamen in der Leiste oder auf dem Haus-Symbol.

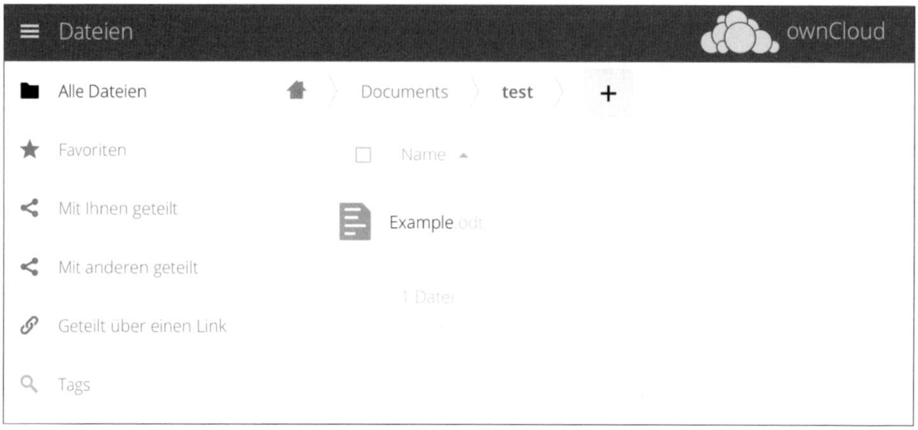

Abbildung 15.4 Die Leiste oberhalb der Dateien zeigt an, in welchem Ordner Sie sich befinden. Hier können Sie aber auch Dateien zum Verschieben ablegen.

Dateien hochladen

Um Dateien zu ownCloud hochzuladen, öffnen Sie einfach den Zielorder auf der ownCloud-Website, und ziehen Sie die Datei aus dem Windows Explorer bzw. dem Finder in macOS auf die ownCloud-Website. Damit wird die Datei hochgeladen. Wenn dies wegen Browser-Inkompatibilitäten einmal nicht wie gewünscht funktioniert, können Sie auch auf [+] und dann auf HOCHLADEN klicken. Der Browser blendet dann einen Dateiauswahl-Dialog ein, in dem Sie die hochzuladenden Dateien auswählen können.

Elemente teilen

Ordner wie auch Dateien können Sie mit anderen ownCloud-Benutzern teilen. Mehrere Elemente gleichzeitig können Sie allerdings nicht teilen. Selbst wenn Sie mehrere Elemente mit einem Haken versehen: Eine Teilen-Funktion gibt es dort nicht. Insofern gilt: Wenn Sie mehrere Dateien gesammelt freigeben möchten, erstellen Sie zunächst einen Ordner, und legen Sie die Dateien darin ab. Danach verlassen Sie den Ordner, indem Sie eine Ebene nach oben wechseln. Damit sehen Sie den erstellten Ordner vor sich in der Dateiliste. Und diesen geben Sie dann frei.

So geben Sie einen Ordner oder eine Datei frei:

1. Klicken Sie in der Zeile der betroffenen Datei bzw. des Ordners auf das Teilen-Symbol .
2. Rechts im Browserfenster öffnet sich eine neue Seitenleiste. Es sind die DETAILS des Elements, und Sie landen gleich im Reiter TEILEN.

Sie haben zwei Ziele, zwischen denen Sie wählen können: Es gibt einen Unterreiter namens NUTZER UND GRUPPEN, und daneben gibt es ÖFFENTLICHE LINKS.

- NUTZER UND GRUPPEN adressiert das Teilen mit Benutzern der eigenen ownCloud-Installation.
  - Klicken Sie in das Eingabefeld, und beginnen Sie zu tippen. Tippen Sie die ersten Buchstaben eines Benutzernamens aus der eigenen ownCloud-Installation ein.
  - Sie erhalten schon während der Eingabe Suchergebnisse. Klicken Sie ein Suchergebnis an, um den Benutzer hinzuzufügen.
  - Nach dem Anklicken wird der Benutzer in eine Liste übernommen, und Sie können die Rechte für diesen Benutzer in Bezug auf diese Datei bzw. diesen Ordner festlegen.
  - Setzen Sie den Haken KANN TEILEN, wenn der Benutzer die Datei selbst auch mit anderen (auch externen) Benutzern teilen können soll. Setzen Sie KANN BEARBEITEN, wenn die Zielperson die Datei ändern können soll.

  Die Änderungen werden sofort übernommen. Die Zielpersonen finden die mit ihnen geteilten Elemente auf der ownCloud-Website im Menü MIT IHNEN GETEILT. Um zu sehen, was Sie selbst freigegeben haben, werfen Sie einen Blick in das Menü MIT ANDEREN GETEILT.

- ÖFFENTLICHE LINKS adressiert externe Anwender, die keinen Benutzeraccount in Ihrer ownCloud-Installation haben und auch nicht haben sollen. Denn auch externen Benutzern können Sie selbstverständlich einen Account im System anlegen, so dass sie dann zu internen Benutzern werden. Die Personen können ja trotzdem nur die Dateien sehen, die Sie für sie freigegeben haben.

  Manchmal möchte man aber niemanden in sein System lassen und stattdessen nur einmal einen Downloadlink erzeugen, der das Herunterladen einer Datei/eines Ordners eine gewisse Zeit lang erlaubt und die externen Benutzer ansonsten auch extern belässt. Beispielszenarien sind die Weitergabe von Daten an Vereinsmitglieder, Klassenkameraden, Kunden, Steuerberater u. v. m. Dafür ist dieser Menüpunkt genau richtig.

  Allerdings können Anwender über diesen Link die mit ihnen geteilte Datei nur abrufen, nicht ändern. Anders verhält es sich, wenn Sie einen Ordner teilen; dazu später mehr. Zunächst schauen wir uns an, wie man eine einzelne Datei teilt:

- Wechseln Sie in den Details des Elements vom Reiter NUTZER UND GRUPPEN in den Reiter ÖFFENTLICHE LINKS.
- Klicken Sie auf ÖFFENTLICHEN LINK ERSTELLEN.
- Sie erhalten ein neues Fenster, in dem Sie optional ein PASSWORT und ein ABLAUFDATUM setzen können (siehe Abbildung 15.5). Das Passwort muss vor dem Download eingegeben werden. Falls ein Ablaufdatum gesetzt ist, ist ein Download nach diesem Datum nicht mehr möglich. Wir empfehlen, grundsätzlich ein Ablaufdatum zu setzen, damit »vergessene Freigaben«, die auch nach Ablauf eines Projekts noch aktiv sind, irgendwann ungültig werden und somit kein Sicherheitsrisiko darstellen. Klicken Sie dann auf TEILEN.

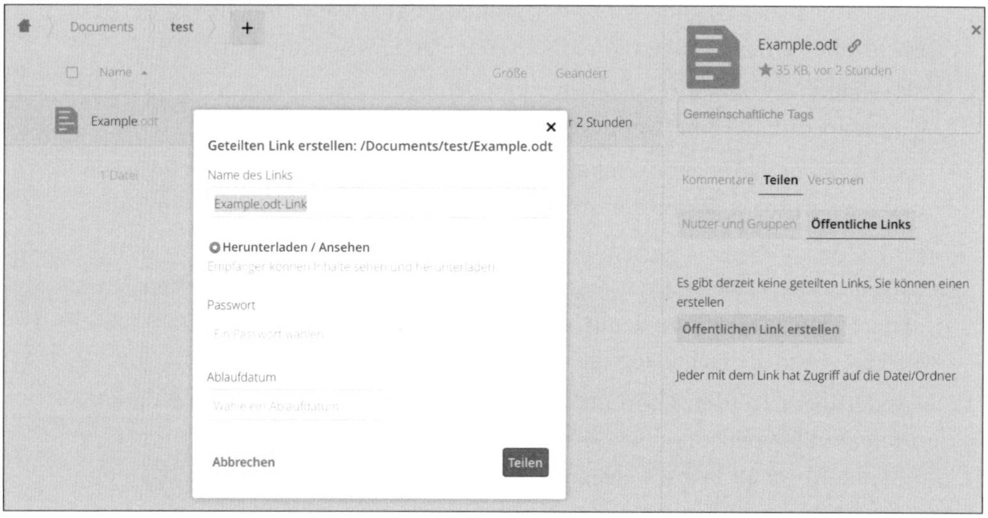

Abbildung 15.5 Elemente dank öffentlicher Links mit externen Personen teilen

Ist der Downloadlink erzeugt, finden Sie ihn in den Details des Objekts im Reiter TEILEN im Unterreiter ÖFFENTLICHE LINKS (dort, wo Sie auch den öffentlichen Link erzeugt haben). Mit Klick auf können Sie den erzeugten Link in die Zwischenablage Ihres Computers übernehmen und per E-Mail oder Chat an Externe weitergeben. Beim Aufruf sehen die Zielpersonen Ihre ownCloud-Website und können die Datei ohne Login (aber gegebenenfalls mit einem Passwort für diese eine Freigabe, wenn Sie dies eingestellt haben) herunterladen.

Die obige Anleitung bezog sich auf Dateien. Wenn Sie Ordner mit Externen teilen, sieht der Freigabe-Dialog etwas anders aus. Hier haben Sie die Möglichkeit, auch Schreibrechte für den Ordner zu erteilen. Die externen Personen können dann die Ordnerinhalte sehen und Dateien löschen oder weitere hochladen.

Eine interessante Funktion ist *File Drop*. Wenn Sie dies für einen Ordner aktivieren, können Externe Dateien hochladen, sehen aber die vorhandenen Inhalte im

Ordner nicht. Dies ist optimal für Einsatzszenarien wie das Einsammeln von Anmeldeformularen, Einsammeln von Fotos von Events usw. geeignet.

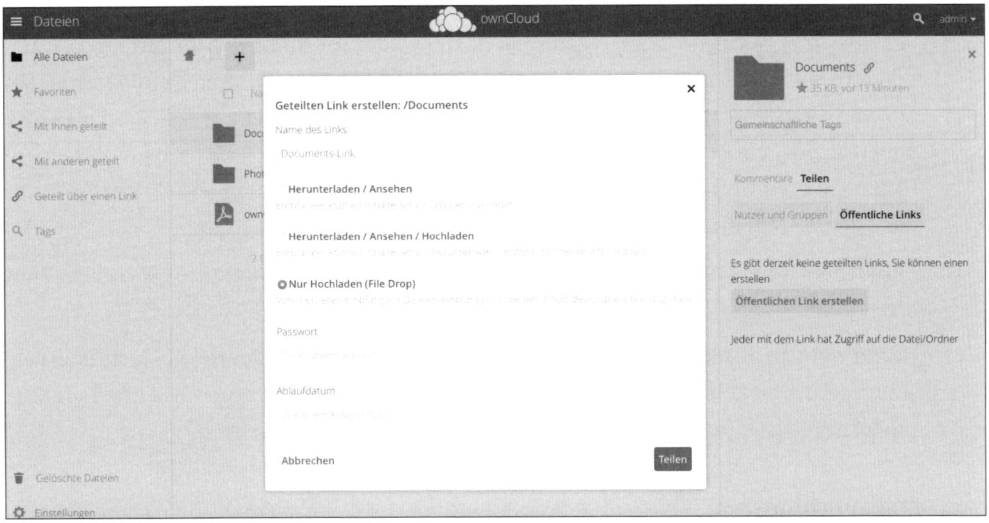

Abbildung 15.6 Für das Teilen von Ordnern mit öffentlichen Links gibt es auch Optionen für Schreibrechte sowie die File-Drop-Funktion.

15

So erreichen Externe Ihre ownCloud Installation

Wenn Sie Externen einen Link zukommen lassen, kontrollieren Sie vorher, ob diese Personen diesen Link überhaupt aufrufen können. Normalerweise erzeugt ownCloud Links mit der IP-Adresse des NAS im lokalen Netzwerk. Diese Links funktionieren nicht, wenn man sich nicht im lokalen Netzwerk befindet. Damit die öffentlichen Links funktionieren, beachten Sie Folgendes:

- Das NAS muss im Internet erreichbar sein. Dafür gibt es die myQNAPcloud, die Ihr System mit einer öffentlichen URL im Internet verknüpft. Richten Sie diese auf Ihrem NAS ein; mehr dazu lesen Sie in Kapitel 4, »Über das Internet auf das NAS zugreifen«.
- Zusätzlich zur Registrierung eines myQNAPcloud-Links muss die ownCloud-App mit einer Portweiterleitung in Ihrem DSL-Router im Internet verfügbar gemacht werden. ownCloud läuft auf Port 4490. Mappen Sie also den externen Port 4490 auf Port 4490 des NAS.
- Sollte die ownCloud-App nach Einrichtung der obigen Schritte weiterhin Links mit der lokalen IP-Adresse erzeugen, ersetzen Sie die IP in diesen URLs gegen Ihren myQNAPcloud-Hostnamen (z. B. *meinnas.myqnapcloud.com*). Den Doppelpunkt hinter dem Hostnamen und die Portnummer 4490 lassen Sie unverändert!

Testen Sie den Link vor Weitergabe, z. B. vom Smartphone aus, das sich nicht im eigenen WLAN befindet.

15.1.5 Nutzung der Desktop-Clients

Sie haben es selbst erlebt: Schon beim ersten Login in die Weboberfläche preist ownCloud die Desktop-Programme an. Sie können diese auf *https://owncloud.com/de/desktop-app/* herunterladen. Verfügbar ist der Client für macOS, Windows und Linux. Er kann sich mit mehreren ownCloud-Installationen verbinden. Ähnlich wie bei Dropbox verbinden Sie den Account mit einem lokalen Ordner auf der Festplatte und geben an, welche Ordner synchronisiert werden sollen. Der Vorteil ist, dass diese lokal und offline verfügbar sind. Änderungen werden synchronisiert, sobald der Rechner das nächste Mal eine Verbindung zum Server aufbauen kann.

Funktionen wie das Teilen von Elementen sind über das Kontextmenü von Dateien erreichbar.

Damit der Client fehlerfrei funktioniert, muss das NAS mit einem SSL-Zertifikat versehen sein. Damit die Nutzung vom Internet aus funktioniert, muss wie oben im Kasten angegeben eine myQNAPcloud-DNS-Adresse registriert sein.

Ersteinrichtung

Beim ersten Start des Clients wird die Server-Adresse abgefragt. Tragen Sie hier die IP-Adresse Ihres NAS-Systems inklusive Port 4490 ein, z. B. `https://192.168.178.2:4490`. Wenn Sie myQNAPcloud korrekt registriert haben, nutzen Sie statt der IP den myQNAPcloud-Hostnamen.

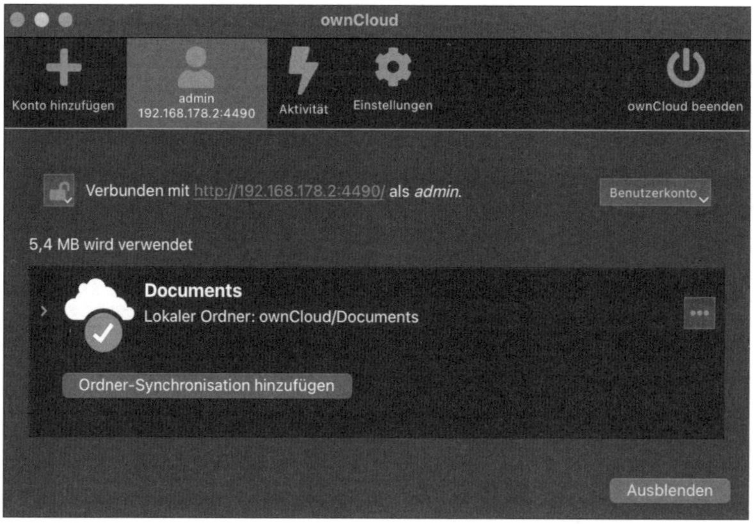

Abbildung 15.7 Ordnerpaare im ownCloud-Desktop-Client einrichten

Nach Eingabe Ihrer Benutzerdaten können Sie festlegen, ob alle Daten vom ownCloud-Account synchronisiert werden sollen oder ob Sie manuell einen Synchronisationsordner erstellen möchten. Wenn Sie Letzteres auswählen, wird zunächst gar nichts synchronisiert. Sie können in den Einstellungen des Clients dann selektiv einzelne Ordnerpaare hinzufügen. Ordnerpaar meint: Ein Ordner auf Ihrer Festplatte wird mit einem Ordner im ownCloud-Account synchronisiert. Um einen Ordner hinzuzufügen, klicken Sie in den Einstellungen des ownCloud-Clients auf ORDNER-SYNCHRONISATION HINZUFÜGEN (siehe Abbildung 15.7). Sie müssen also keineswegs alles auf Ihren Computer laden, was im ownCloud-Account vorhanden ist.

Es gibt eine experimentelle Funktion im ownCloud-Client, die Ihnen alle Dateien eines ownCloud-Ordners anzeigt, aber diese erst herunterlädt, wenn darauf zugegriffen wird. Nutzen Sie experimentelle Funktionen stets mit Vorsicht.

15.1.6 Nutzung von mobilen Clients

Neben den Desktop-Apps gibt es ownCloud-Apps für iOS und Android in den jeweiligen App Stores. Die Einrichtung erfolgt analog zum Desktop-Client anhand der ownCloud-URL. Für die Nutzung von unterwegs ist ein dynamischer DNS-Dienst wie myQNAPcloud und die Portweiterleitung im Router Pflicht.

Haben Sie die Verbindung hergestellt, können Sie auf alle Dateien in Ihrem Account zugreifen (siehe Abbildung 15.8). Jedes Element können Sie offline verfügbar machen, um es auch in Gebieten ohne Mobilfunknetz nutzen zu können. Auch das Freigeben von Dateien ist über das Kontextmenü möglich, allerdings mit weniger Optionen (keine öffentlichen Links).

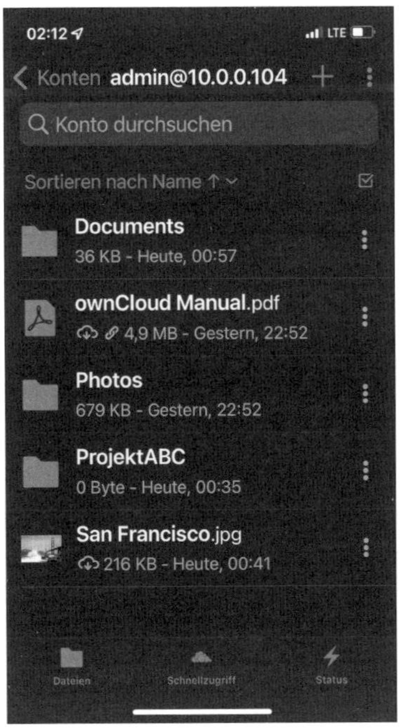

Abbildung 15.8 Die ownCloud-App

15.1.7 Fazit

Dank der Zusammenarbeit von QNAP und ownCloud ist es möglich, ownCloud ohne besondere Kenntnisse über das App Center des NAS-Systems zu installieren – ohne Konsolenbefehle per SSH, ohne Konfigurationsdateien. Das ist erfreulich.

Wenn man den Blick ausschließlich auf die Funktionalität zum Verwalten und Teilen eigener Dateien lenkt, so bietet die QNAP-eigene Lösung Qsync (siehe Abschnitt 8.1) dieselben Features wie ownCloud, ist aber im NAS bereits integriert. Auf der anderen Seite ist Qsync keine freie Software, der Quellcode ist nicht einsehbar. Wer das Konzept freier Software für sich lebt, ist mit ownCloud sicherlich auf dem richtigen Weg.

Falls Sie ownCloud mit weiteren Funktionen ausstatten möchten, sollten Sie einen Blick in den Marketplace werfen, der innerhalb der ownCloud-App über das Hauptmenü erreichbar ist. Dort gibt es Add-ons, die ein gemeinsames Bearbeiten von Dokumenten ermöglichen (Collabora), ein Workflow-Management abbilden oder Volltextsuchen ermöglichen. Mit diesen Zusatzfunktionen können Sie die schmale App-Lösung von QNAP erweitern, allerdings könnte Ihr NAS an die Grenzen seiner Hardware kommen, wenn Sie dort komplexe Funktionen ausführen wollen. Ob das funktioniert, müssen Sie individuell testen.

15.2 Mattermost – Chat-System

Chats, mit denen sich die Mitarbeiterinnen und Mitarbeiter eines Unternehmens abstimmen, sind angesagt. Aus den USA kommt der Chat-Anbieter Slack: ein Chat in der Cloud, der Direktnachrichten zwischen Benutzern ebenso unterstützt wie bestimmte, virtuelle Räume (auch *Kanäle* genannt), in denen ein bestimmter Anwenderkreis über z. B. Projekte chatten kann. Gechattet wird über den Webbrowser, wo jedes Team eine eigene URL hat. Natürlich gibt es auch Chat-Software für Desktop-Betriebssysteme und Smartphones.

Slack ist kostenfrei, aber die Nachrichten-Aufbewahrungsdauer ist beschränkt. Wer auf seine alten Nachrichten zugreifen möchte, muss pro Benutzer im Abomodell bezahlen. Und die Datenhaltung erfolgt in der Cloud, was manchen deutschen Unternehmen im Rahmen der DSGVO (Datenschutz-Grundverordnung) nicht zusagt.

Nach dem Vorbild von Slack entstand Mattermost, das praktisch dasselbe macht und sogar sehr ähnlich aussieht. Mattermost ist als Commercial Version zwar wie Slack in der Cloud abonnierbar, aber in der Team Edition ist es quelloffen und lässt sich frei einsetzen. Es kann kostenfrei heruntergeladen und auf eigenen Systemen installiert werden. Da die Datenhaltung in eigener Verantwortung erfolgt, ist die Nutzung somit auch DSGVO-konform.

Mattermost gibt es als App im QNAP App Center. Es handelt sich dabei laut Angaben in der App-Beschreibung um die Team Edition, die mit der Mattermost Web Application gebundelt und als App bereitgestellt wurde. Nach der Installation meldet sich die Software allerdings als Enterprise Edition. Die unterschiedlichen Angaben sollten Sie nicht verwirren, denn die Enterprise Edition ist technisch mit der Team Edition identisch, kann aber durch Eingabe eines Lizenzschlüssels upgegradet werden, die Team Edition kann nicht verändert werden. Wenn Sie keinen Schlüssel eingeben, bleibt die Enterprise Edition so gesehen die Team Edition.

Wir schauen uns in diesem Abschnitt gemeinsam die Installation der App Mattermost an, richten Teams ein und erklären Ihnen, wie Mattermost genutzt wird.

Alte Version im App Center

Ein Wermutstropfen vorab: Im Herbst 2022 war die im App Center von QNAP angebotene Mattermost-Version noch die Version 5.0 von 2018. Sie funktioniert, keine Frage. Mobile Apps jedoch, die sich mit diesem Server verbinden, warnen davor, dass die Server-Version veraltet ist. Eine mögliche Alternative ist die Installation per Container; darauf gehen wir in Kapitel 16, »Virtuell und sicher«, genauer ein. Die nachfolgend erklärte Grundeinrichtung ist bei allen Installationsformen gleich.

15.2.1 Installation und Aufruf

Zur Nutzung von Mattermost wird ein NAS mit x86-Prozessor benötigt. Die Firmware soll QTS 4.3.3 oder höher sein. Wir zeigen, wie Sie die Software installieren, den Administrator-Account einrichten, ein erstes Team zum Chatten sowie die E-Mail-Benachrichtigungen korrekt hinterlegen.

Installation der App

So installieren Sie die Software:

1. Loggen Sie sich als Administrator in die Weboberfläche des NAS-Systems ein, öffnen Sie das Menü ☰, und klicken Sie dann auf App Center.
2. Verwenden Sie die Suchfunktion 🔍 oben rechts, um nach »mattermost« zu suchen.
3. Sie erhalten als Suchergebnis Mattermost. Klicken Sie unterhalb des Programm-Icons auf Installieren.
4. Da Mattermost nicht von QNAP stammt, erhalten Sie eine Warnung. Bestätigen Sie, dass QNAP keine Gewähr dafür übernimmt, dass Mattermost korrekt funktioniert.

Sofern Sie mehr als ein Volume auf Ihrem NAS eingerichtet haben, werden Sie im App Center gefragt, auf welchem Volume die App installiert werden soll. Durch die Installation häufig genutzter Apps auf unterschiedlichen Volumes können Sie die Datenträgerauslastung auf den einzelnen Volumes mit beeinflussen.

Mattermost funktioniert wie auch ownCloud intern mit Containern und setzt deshalb die App *Container Station* voraus. Wenn Sie diese noch nicht installiert haben, informiert Sie das App Center, dass bei der Installation von Mattermost auch die App Container Station mitinstalliert wird.

Webinterface öffnen

Nach der Installation sehen Sie den Button ÖFFNEN. Wenn es Ihnen genauso ergeht wie uns, dann wird beim Anklicken dieses Buttons ein leeres Fenster geöffnet. Mattermost läuft aber im Hintergrund, und Sie können es in einem neuen Browser-Tab öffnen, und zwar mit der URL *https://[ip-des-nas]:8067*. Wenn Sie eine Zertifikatswarnung erhalten, kann dies daran liegen, dass Ihr SSL-Zertifikat auf Ihren myQNAP-cloud-Hostnamen ausgestellt ist. Stellen Sie die Verbindung trotzdem her, um dieses Problem kümmern wir uns später. Die Seite, die Ihnen angezeigt wird, sehen Sie in Abbildung 15.9.

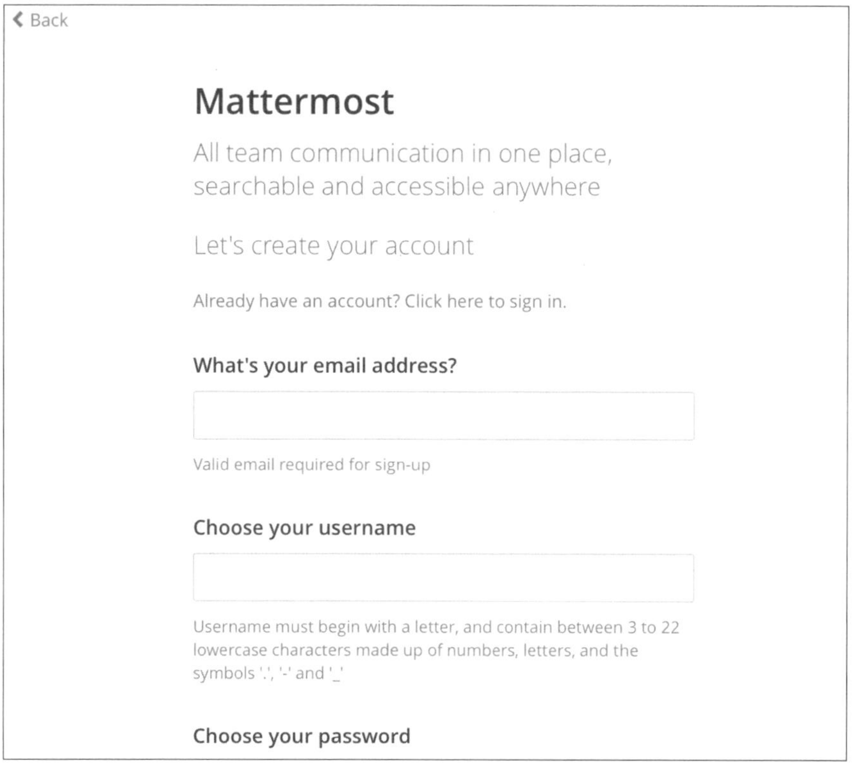

Abbildung 15.9 Erster Aufruf von Mattermost: Account erstellen

Sie sehen den Einrichtungsassistenten in englischer Sprache, mit dem Sie einen Administrator-Account und ein erstes Team erstellen. Wenn Sie das erledigt haben, ist der Chat einsatzbereit.

15.2.2 Admin-Account und Team einrichten

Da es noch keine Accounts auf dem Chat-Server von Mattermost gibt, müssen Sie nun einen anlegen. Der zuerst angelegte Account wird automatisch der Administrator sein.

Admin-Account anlegen

Tragen Sie folgende Daten für einen Account ein, der später der Administrator von Mattermost sein wird:

- einen Benutzernamen – er muss mit einem Buchstaben beginnen, zwischen 3 und 22 Zeichen lang sein und darf die Symbole Punkt, Bindestrich und Unterstrich enthalten
- eine gültige E-Mail-Adresse
- ein Passwort

Senden Sie das Formular ab.

Team erstellen

Sie erhalten nun eine neue Seite, mit der Sie einem *Team* beitreten können. Verstehen Sie ein Team als etwas wie die Mitarbeiter eines Unternehmens. In einem Team können die Mitglieder untereinander kommunizieren. Die Benutzeraccounts sind allerdings teamübergreifend auf dem Server angelegt, so dass Sie Mitglied in mehreren Teams sein können. Ihr Mattermost-Server kann mehrere Teams verwalten. Da noch kein Team existiert, müssen Sie nun eines anlegen.

1. Klicken Sie auf den Link CREATE A NEW TEAM.
2. Geben Sie auf der dann folgenden Seite im Feld TEAM NAME einen Namen für Ihr Team ein. Das könnte z. B. der Name Ihres Unternehmens sein oder Ihrer Abteilung. Der Teamname ist in Überschriften und Menüs zu lesen, so dass man immer weiß, in welchem Team man gerade ist. Für unser Beispiel wählen wir den Namen *meinefirma*.
3. Klicken Sie auf NEXT.

Team-URL festlegen

Als Nächstes legen Sie die *Team-URL* fest. Jedes Team hat auf dem Chat-Server eine eigene Adresse, die beim Aufruf alle Chat-Kanäle des Teams sowie die Direktnachrichten anzeigt, die Sie als Mattermost-Benutzer mit anderen Benutzern dieses Teams ausgetauscht haben.

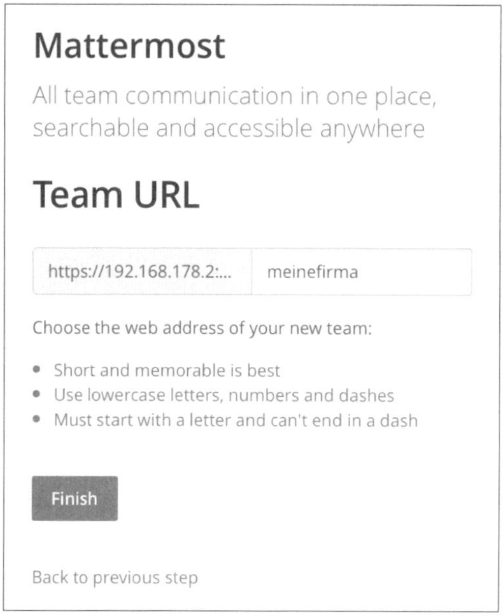

Abbildung 15.10 Festlegen einer Team-URL für den späteren Webclient

Bei der Team-URL handelt es sich um die oben genannte Mattermost-URL, ergänzt um einen Slash sowie einen frei wählbaren, URL-kompatiblen Text. Obwohl dieser Text sich vom Teamnamen unterscheiden darf, sollte man für die URL konsequenterweise den Teamnamen oder eine stark angelehnte Bezeichnung nehmen. Wir wählen hier auch *meinefirma*, so dass die Team-URL in unserem Beispiel *http://192.168.178.2:8067/meinefirma* lautet.

Geben Sie also Ihren gewünschten URL-Bestandteil ein, und klicken Sie auf FINISH.

Sie landen nun auf der Team-URL und sehen ein Tutorial. Wenn Sie dieses durchgeklickt oder mit SKIP TUTORIAL übersprungen haben, befinden Sie sich in einem Chat-Kanal namens TOWN SQUARE. Dies ist ein Standard-Kanal, der in jedem Team und immer vorhanden ist. Es ist der einzige Kanal, in dem jeder Benutzer des Teams obligatorisch Mitglied ist. Falls Sie schon Slack kennen: Dies ist wie der *#general*-Kanal.

15.2.3 Wichtige Systemeinstellungen setzen

Ihr Chat-System ist nun zwar einsatzbereit, doch es gibt noch einiges zu tun, wie Sie in diesem Abschnitt sehen werden: Sprachen wählen, Server-URLs setzen, SMTP-Mailserver-Daten hinterlegen, um nur einige offene Aufgaben zu nennen. Legen wir gleich los!

Sprache auf Deutsch umstellen

Derzeit ist Mattermost auf Englisch eingestellt, obwohl die deutschen Sprachpakete bereits installiert sind. Sie müssen nur aktiviert werden.

Da Ihr Administrator in der englischen Oberfläche erstellt wurde, ist in seinem Account die Sprache derzeit auf Englisch eingestellt. Bei ihm beginnen wir mit der Umstellung:

- Klicken Sie auf der Team-URL links oben auf das Menü-Icon und dann auf Account Settings.
- Klicken Sie im linken Menü auf Display.
- Scrollen Sie nach ganz unten, stellen Sie Language auf Deutsch, und speichern Sie mit Save.

Damit haben Sie als Administrator schon einmal eine deutsche Oberfläche. Aber der Server selbst ist noch englisch. So stellen Sie ihn auf die deutsche Sprache um:

- Klicken Sie auf der Team-URL links oben auf das Menü-Icon.
- Im erscheinenden Menü klicken Sie auf Systemkonsole.
- Klicken Sie unterhalb von Einstellungen im Bereich Allgemein auf den Menüpunkt Lokalisierung.
- Stellen Sie die Default Server Language und die Default Client Language auf Deutsch, und speichern Sie mit Save.

Glückwunsch, Sie haben nun ein deutsches Mattermost-System.

Seiten-URL setzen

Damit Mattermost korrekte Links anzeigt und in seine Benachrichtigungsmails korrekte Links einbinden kann, muss es wissen, mit welcher URL es aufgerufen wird.

Bisher haben wir das Chat-System anhand der IP-Adresse aufgerufen. Somit ist es nur im lokalen Netzwerk erreichbar. Selbst wenn Sie einen myQNAPcloud-Link aktiviert haben, unterstützt Mattermost dies leider nicht. Aber durch die Registrierung haben Sie immerhin einen Hostnamen im Internet, der trotz dynamischer IP-Adresse stets auf die aktuelle IP-Adresse Ihres Internetanschlusses verweist. Damit können wir arbeiten.

Sie benötigen eine Portweiterleitung in Ihrem Internetrouter (z. B. FRITZ!Box) bzw. Ihrer Firewall, mit der Sie den externen Port 8067 an Ihrem Internetanschluss im internen Netzwerk auf Port 8067 des NAS-Systems mappen. In Abschnitt 18.5, »Ihr NAS als WireGuard-VPN-Server«, beschreiben wir anhand einer FRITZ!Box beispielhaft die Einrichtung solch einer Portweiterleitung im Zusammenhang mit VPN. Nutzen Sie diese Anleitung gern für die Portweiterleitung von Mattermost, aber verwenden Sie abweichend den Port 8067.

Sobald die Portweiterleitung eingerichtet ist, können Sie die Mattermost-Installation mit dem Hostnamen Ihres myQNAPcloud-Accounts erreichen, indem Sie einfach die Ports dahintersetzen. Wenn Ihr Hostname beispielsweise *meinefirma.myqnapcloud.com* lautet, so können Sie die Mattermost-Seite nun mit *https://meinefirma.myqnapcloud.com:8067* aufrufen. Und genau diese hinterlegen Sie jetzt in Mattermost:

1. Klicken Sie auf der Team-URL links oben auf das Menü-Icon ☰.
2. Im erscheinenden Menü klicken Sie auf SYSTEMKONSOLE.
3. Klicken Sie unterhalb von EINSTELLUNGEN im Bereich ALLGEMEIN auf den Menüpunkt KONFIGURATION.
4. Tippen Sie die SEITEN-URL inklusive *https* und Portnummer ein, z. B. *https://meinefirma.myqnapcloud.com:8067* (siehe Abbildung 15.11). Speichern Sie auf SAVE.

Die Einstellung wird erst nach einem Neustart des Mattermost-Servers übernommen. Da es keinen Einstellungsdialog gibt, um nur den zugehörigen Service neuzustarten, bleibt Ihnen der Einfachheit halber nur, das NAS komplett neuzustarten. Wenn das nicht möglich ist, können Sie SSH auf dem NAS aktivieren (SYSTEMSTEUERUNG • TELNET/SSH), sich mit einem SSH-Client verbinden und den Befehl `/etc/init.d/mattermost.sh restart` ausführen.

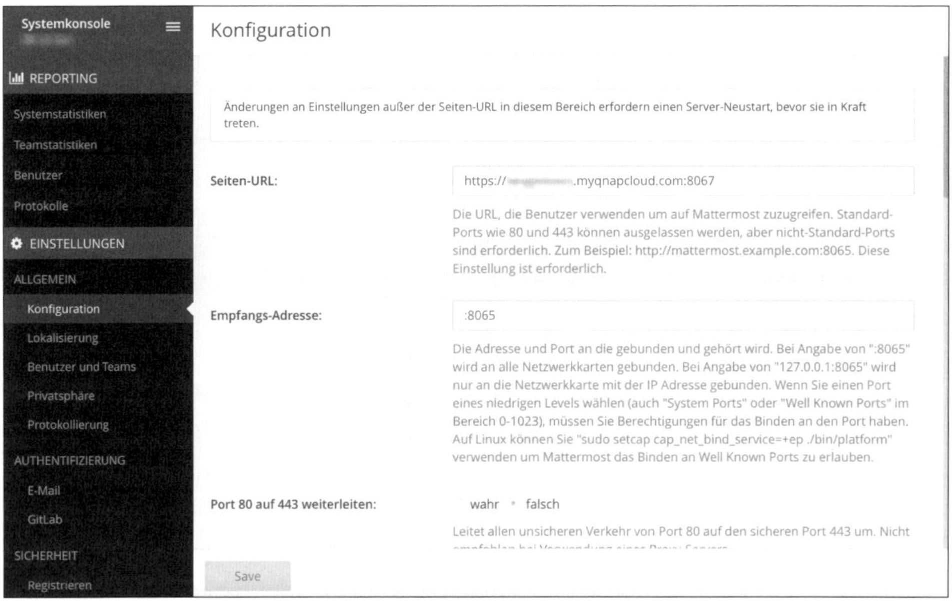

Abbildung 15.11 Seiten-URL in der Systemkonsole festlegen

E-Mail-Server hinterlegen

Zum Einladen neuer Teammitglieder und für Benachrichtigungen zu neuen Beiträgen während der Abwesenheit verwendet Mattermost E-Mails. Damit E-Mails verschickt werden können, ist es erforderlich, dass Sie einen SMTP-Mailserver in den Einstellungen hinterlegen. So gehen Sie dazu vor:

1. Klicken Sie auf der Team-URL links oben auf das Menü-Icon ☰.
2. Im erscheinenden Menü klicken Sie auf Systemkonsole.
3. Klicken Sie unterhalb von Einstellungen im Bereich Benachrichtigungen auf den Menüpunkt E-Mail.
4. Füllen Sie folgende Felder:
   - Benachrichtigungs-Anzeigename: Das ist der Absender, wie er beim E-Mail-Empfänger im Mail-Programm steht, z. B. *Mattermost von meinefirma*.
   - Benachrichtigungs-Absenderadresse: Die E-Mail-Adresse, von der aus die Mails verschickt werden sollen, z. B. *mattermost@meinefirma.com*.
   - SMTP-Server (z. B. *mail.meinefirma.com*)
   - SMTP-Server-Port: Diesen erhalten Sie von Ihrem E-Mail-Provider, z. B. *587*.
   - SMTP-Authentifizierung aktivieren: In der Regel muss dies auf wahr gesetzt werden, wenn Ihnen Zugangsdaten für diesen Account vorliegen.
   - SMTP-Server-Benutzername: Der Benutzername, mit dem Sie sich beim Mailserver anmelden.
   - SMTP-Server-Passwort: Das zugehörige Passwort.

Mit Klick auf Verbindung testen können Sie eine Test-E-Mail senden. Wenn alles geklappt hat, klicken Sie unten auf Save.

15.2.4 Teams und Benutzer verwalten

Mattermost funktioniert mit zentralen Benutzeraccounts auf dem Server, die unterschiedlichen, auch mehreren, Teams angehören können. Nach der Installation gibt es nur einen Benutzer und ein Team.

Team erstellen

Um ein neues Team zu erstellen, gehen Sie wie folgt vor:

1. Klicken Sie auf der Team-URL links oben auf das Menü-Icon ☰.
2. Im erscheinenden Menü klicken Sie auf Neues Team erstellen.
3. Füllen Sie das Feld Teamname aus, und klicken Sie auf Weiter.
4. Wählen Sie eine Team-URL, und klicken Sie auf Fertigstellen.

Das neue Team wurde erstellt, und Sie landen direkt darin. Über die Leiste links können Sie zwischen Ihren Teams wechseln.

Neue Mitglieder kommen über eine Einladung per E-Mail in ein Team.

Neue Mitglieder über persönliche E-Mail-Einladung hinzufügen

So laden Sie ein neues Mitglied ein:

1. Wechseln Sie in das Team, in das Sie ein neues Mitglied einladen möchten.
2. Klicken Sie oben auf das Menü-Icon ☰.
3. Im erscheinenden Menü klicken Sie auf E-Mail-Einladung versenden.
4. Tragen Sie die E-Mail-Adresse sowie Vorname und Nachname des neuen Benutzers ein.
5. Klicken Sie auf Einladung senden.

Der Benutzer erhält eine E-Mail mit einem Link, der zu einer Seite Ihres Mattermost-Servers führt. Dort kann der Benutzer mit der von Ihnen eingetippten E-Mail-Adresse einen Account erstellen. Bis er diesen Schritt ausführt, wird er nicht als Teammitglied auf Mattermost geführt, auch nicht als eines, dessen Registrierung ausstehend ist. Die E-Mail-Adresse ist fest mit dem Einladungslink verknüpft, der Einladungslink kann nicht zum Registrieren anderer Benutzer verwendet werden.

Neue Mitglieder über Team-Einladungslink hinzufügen

Wenn Sie mehrere Personen einladen möchten und es umständlich ist, deren Namen und E-Mail-Adressen einzeln einzutippen, können Sie einen Einladungslink für das gesamte Team an diese Personen senden:

1. Wechseln Sie in das Team, in das Sie einladen möchten.
2. Klicken Sie oben auf das Menü-Icon ☰.
3. Im erscheinenden Menü klicken Sie auf Team-Einladungslink.
4. Klicken Sie auf Link kopieren.

Beachten Sie, dass eingeladene Benutzer ihrerseits auch wieder Benutzer einladen können.

Einem Team ohne Einladung beitreten

Wenn Sie möchten, können Sie einstellen, dass alle Benutzer, die bereits auf dem Server in einem anderen Team angemeldet sind, auch Ihrem Team ohne Einladung beitreten können. Wenn Sie dies aktivieren, wird auf der Startseite ein Link zum Team eingeblendet, so dass jeder beitreten kann. Die entsprechende Einstellung finden Sie unter ☰ und dann Teameinstellungen, sie heißt Erlaube jedem Benutzer mit einem Konto auf diesem Server diesem Team beizutreten.

Einladen neuer Benutzer verhindern

Wenn Sie Ihren Satz an Benutzern vollständig haben und die Möglichkeit zur Account-Erstellung lieber gänzlich unterbinden möchten, ist das auch möglich.

1. Klicken Sie auf einer Team-URL auf das Menü-Icon ☰.
2. Im erscheinenden Menü klicken Sie auf SYSTEMKONSOLE.
3. Klicken Sie unterhalb von EINSTELLUNGEN im Bereich ALLGEMEIN auf den Menüpunkt BENUTZER UND TEAMS.
4. Wählen Sie bei AKTIVIERE KONTOERSTELLUNG die Einstellung FALSCH, und speichern Sie mit SAVE.

Nur Accounts von bestimmten E-Mail-Domains zulassen

Sie können die Account-Erstellung nur für bestimmte Domains erlauben. Dies ist die optimale Einstellung für Unternehmen, Vereine und andere Organisationen, denn diese verwenden in der Regel E-Mail-Adressen mit einer eigenen Domain wie z. B. *meinefirma.com*.

Die passende Einstellung finden Sie in der Systemkonsole unter EINSTELLUNGEN, ALLGEMEIN, BENUTZER UND TEAMS. Indem Sie im Feld BEGRENZE KONTOERSTELLUNG AUF SPEZIFIZIERTE E-MAIL-DOMAINS Ihre Domain eintragen, akzeptiert Mattermost nur noch Registrierungen von dazu passenden E-Mail-Adressen. Wenn Sie mehrere Domains im Unternehmen nutzen, können Sie diese mit Komma getrennt aufführen.

Teamadministratoren ernennen

Sie können andere Benutzer zu Teamadministratoren ernennen, so dass diese die Verwaltung von Teammitgliedern für Sie übernehmen können:

1. Klicken Sie auf der Team-URL auf das Menü-Icon ☰.
2. Im erscheinenden Menü klicken Sie auf MITGLIEDER VERWALTEN.
3. Klicken Sie rechts neben dem betroffenen Benutzernamen auf den kleinen Pfeil neben dessen aktueller Rolle (siehe Abbildung 15.12).

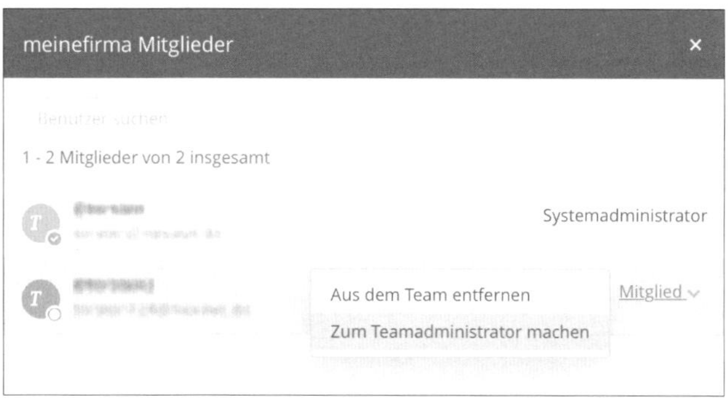

Abbildung 15.12 Mitglieder eines Teams verwalten

4. Wählen Sie ZUM TEAMADMINISTRATOR MACHEN.

Die betroffene Person kann nun selbst den Dialog MITGLIEDER VERWALTEN aufrufen.

Benutzer entfernen

Das Entfernen von Benutzern aus einem Team ist genauso einfach:

1. Klicken Sie auf der Team-URL auf das Menü-Icon.
2. Im erscheinenden Menü klicken Sie auf MITGLIEDER VERWALTEN.
3. Klicken Sie rechts neben dem betroffenen Benutzernamen auf den kleinen Pfeil neben dessen aktueller Rolle (siehe Abbildung 15.12).
4. Wählen Sie AUS DEM TEAM ENTFERNEN.

15.2.5 Öffentliche vs. private Kanäle, Direktnachrichten

Nachdem Sie nun das Konzept von Teams und Benutzerrollen kennengelernt haben, widmen wir uns dem Aufbau des eigentlichen Chats und den unterschiedlichen Kanal- und Nachrichtenarten.

Aufbau des Chat-Fensters

Das Chat-Fenster von Mattermost ist sehr übersichtlich aufgebaut, wie Abbildung 15.13 zeigt:

- Die linke Menüleiste wird nur angezeigt, wenn Sie Mitglied in mehreren Teams sind. Mit den quadratischen Buttons können Sie zwischen den Teams wechseln.
- Im mittleren Bereich finden Sie eine Liste öffentlicher Kanäle, privater Kanäle und Direktnachrichten.
- Im rechten Bereich des Fensters können Sie in dem Kanal oder mit der Person chatten, die Sie im mittleren Bereich ausgewählt haben.

Abbildung 15.13 Aufteilung des Chat-Fensters

Wenn ungelesene Nachrichten in einem Chat auf Sie warten, erfahren Sie das durch eine kleine Zahl neben dem Kanalnamen bzw. Benutzernamen, ähnlich wie bei vielen anderen Messengern, die man vom Smartphone kennt.

Öffentliche Kanäle

Öffentliche Kanäle sind Chat-Räume, denen jeder beitreten kann. Unter der Liste der öffentlichen Kanäle hat jeder registrierte Benutzer den Link Mehr.... Damit kann er die Liste aller öffentlichen Kanäle in diesem Team aufrufen und diesen Kanälen selbstständig und ohne Einladung beitreten. Ist er einem Kanal beigetreten, wird dieser in der Kanalliste mit aufgeführt. Um einen neuen, öffentlichen Kanal zu erstellen, klicken Sie neben Öffentliche Kanäle auf +. Tragen Sie einen Namen ein, und klicken Sie auf Neuen Kanal erstellen.

Obwohl jeder Benutzer Ihren neuen Kanal über die Liste finden kann, steht es Ihnen frei, trotzdem andere Benutzer einzuladen und sie somit auf die Existenz Ihres neuen Kanals hinzuweisen. Nutzen Sie dafür den Link Laden Sie andere zu diesem Team ein, den Sie oberhalb der Text-Eingabebox für Chat-Nachrichten finden.

Private Kanäle

Neben diesen öffentlichen Kanälen, die jeder betreten kann, gibt es private Kanäle, die man nur mit einer Einladung betreten kann. Diese Kanäle sind in der Liste der Kanäle mit einem 🔒-Symbol gekennzeichnet.

Da es *keinen* Mehr... Link unterhalb der Liste der privaten Kanäle gibt, wird rasch klar: Sie haben keine Ahnung, was es sonst so für private Kanäle gibt, zu denen Sie nicht eingeladen wurden. Aber genau das ist das Konzept von privaten Kanälen. Am liebsten wird dieses Konzept von Kanälen wohl genutzt, um Überraschungen für Kolleginnen und Kollegen zu organisieren. Dann sind praktisch alle in einen privaten Kanal eingeladen außer der betroffenen Person selbst.

Um einen neuen, privaten Kanal zu erstellen, klicken Sie neben Private Kanäle auf +. Tragen Sie einen Namen ein, und klicken Sie auf Neuen Kanal erstellen.

Um weitere Benutzer in den Kanal zu bekommen, müssen Sie diese einladen, denn selbst finden können andere Benutzer Ihren privaten Kanal nicht. Nutzen Sie dafür den Link Laden Sie andere zu Privater Kanal ein, den Sie oberhalb der Text-Eingabebox für Chat-Nachrichten finden.

Kanäle verwalten

Sie können Kanäle verwalten, in denen Sie Mitglied sind. Wechseln Sie dafür in den betroffenen Kanal, und klicken Sie oberhalb der Chat-Nachrichten auf den Kanalnamen. Es erscheint ein Menü, über das Sie eine Reihe von Verwaltungsfunktionen aufrufen können, u. a. Mitglieder verwalten und Kanal löschen. Es ist sogar möglich, einen öffentlichen Kanal in einen privaten Kanal umzuwandeln (siehe Abbildung 15.14).

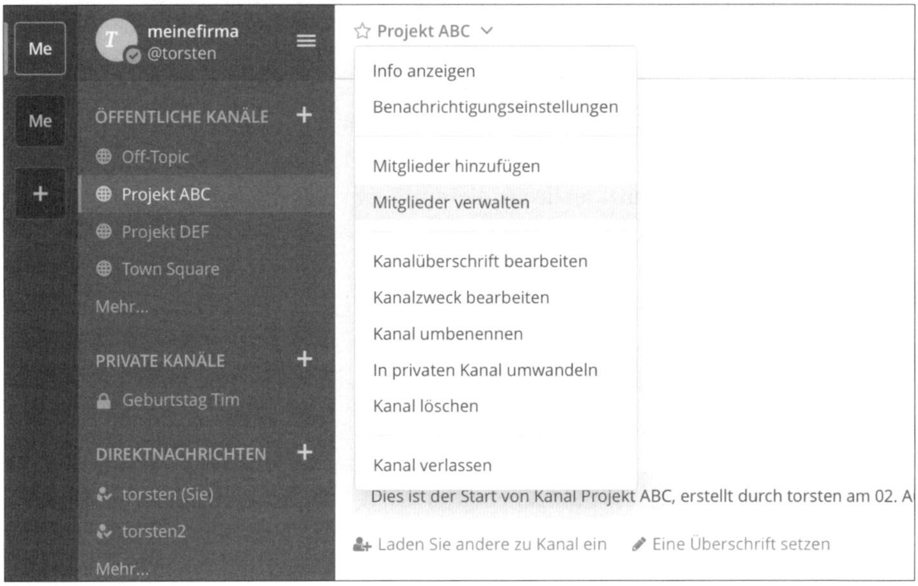

Abbildung 15.14 Kanäle verwalten

Direktnachrichten

Unterhalb der Kanäle finden Sie in der mittleren Leiste noch einen Bereich DIREKTNACHRICHTEN. Über solche können Sie andere Benutzer direkt kontaktieren, um mit ihnen Nachrichten auszutauschen. Um die Verwirrung komplett zu machen, ist es sogar möglich, Direktnachrichten mit bis zu sieben Benutzern gleichzeitig auszutauschen – was ja eigentlich wieder wie ein privater Kanal ist. Unsere persönliche Empfehlung lautet auch: Nutzen Sie Direktnachrichten für den 1:1-Austausch und private Kanäle für den Austausch mit mehreren Mitgliedern. Selbst für den 1:1-Austausch ergibt es sehr häufig Sinn, einen Kanal zu erstellen. So findet man später seine Nachrichten einfacher wieder, weil man weiß, zu welchem Projekt oder Thema sie gehören.

Um mit einem anderen Benutzer per Direktnachricht in Kontakt zu treten, klicken Sie neben DIREKTNACHRICHTEN auf [+]. Wählen Sie den Benutzer aus, mit dem Sie chatten möchten, und klicken Sie auf LOS. Dadurch wird ein neuer Chat eröffnet, der in der Liste unterhalb von DIREKTNACHRICHTEN aufgeführt wird.

Chats schließen

Sie können jeden Kanal und jeden Direktnachrichten-Chat schließen, indem Sie mit der Maus über einen Kanalnamen (bei Direktnachrichten: mit der Maus über den Namen unterhalb von DIREKTNACHRICHTEN) fahren und das Symbol [×] anklicken.

Die Nachrichten gehen dadurch nicht verloren, sondern werden nur ausgeblendet. Sie können die Nachrichten wieder lesen, indem Sie den betroffenen Kanal wieder betreten bzw. den Direktnachrichten-Chat mit der Zielperson wieder öffnen. Um einen privaten Kanal nach dem Verlassen erneut zu betreten, müssen Sie neu eingeladen werden.

15.2.6 Mit Desktop-Anwendungen chatten

Statt über die Website zu chatten, können Sie auch die von Mattermost bereitgestellten Clients nutzen. Diese erhalten Sie auf *https://www.mattermost.com/apps/*. Sie sind verfügbar für Windows, macOS und Ubuntu Linux. Ein Vorteil bei der Nutzung der Client-Software ist, dass Sie Push-Benachrichtigungen über neue Nachrichten erhalten und dass Sie nicht versehentlich das Browserfenster mit dem Chat schließen, wenn Sie im Internet surfen.

Der Client fragt nach der Installation beim ersten Start die SERVER URL ab (siehe Abbildung 15.15). Tragen Sie hier die URL ein, die Sie unter »Seiten-URL setzen« in der Grundeinrichtung in Abschnitt 15.2.3 verwendet haben. Der SERVER DISPLAY NAME ist frei wählbar und ermöglicht Ihnen, die einzelnen Chat-Server zu unterscheiden, wenn Sie denn mehrere im Client einbinden. Klicken Sie dann auf ADD.

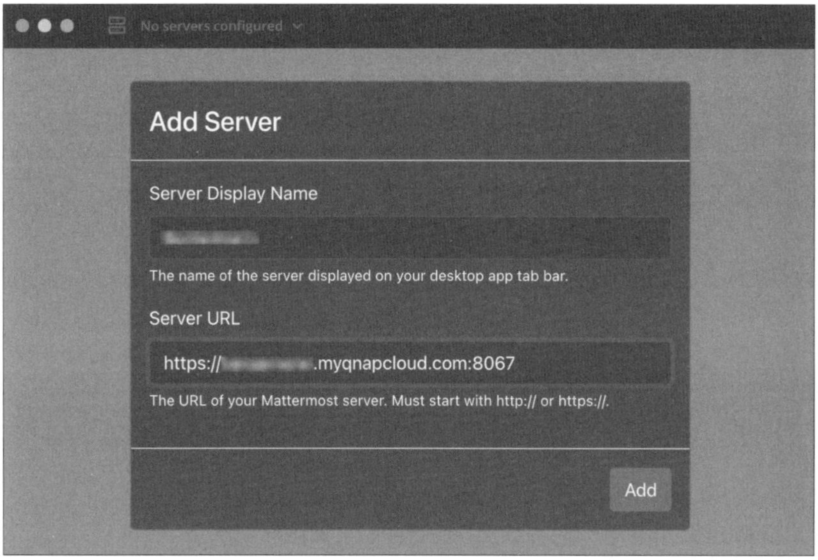

Abbildung 15.15 Desktop-Client zum Mattermost-Server verbinden

Wenn die Verbindung erfolgreich war, werden Sie aufgefordert, Benutzername und Kennwort einzugeben. Wenn Sie sich erfolgreich eingeloggt haben, sehen Sie die Team-Seite. Sie sieht genauso aus wie die, die man im Webbrowser über den Aufruf der Team-URL erhalten würde.

15.2.7 Mit Mobil-Apps chatten

Natürlich gibt es für Sie die Möglichkeit, mit mobilen Apps vom Smartphone aus zu chatten.

Bezug der Apps und Installation

Die Mattermost-Apps erhalten Sie auf offiziellem Wege über den App Store von iOS bzw. Google Play. Auch diese Apps fragen beim ersten Start die Seiten-URL inklusive Port ab und zeigen danach den Benutzer-Login.

> **Nicht unterstützte Server-Version**
>
> Nach erfolgreichem Login weisen die aktuellen Client-Versionen darauf hin, dass die Server-Version nicht mehr unterstützt wird. Die Meldung lässt sich scheinbar nicht deaktivieren.

Push-Benachrichtigungen aktivieren

Bei Verwendung der mobilen Apps kommt dem Thema Push-Benachrichtigung eine besondere Rolle zu. Diese müssen in der Systemkonsole der Mattermost-Installation explizit aktiviert werden.

Um zu verstehen, wieso das nötig ist, muss man wissen, wie Push-Benachrichtigungen funktionieren. Apps können nicht einfach Push-Benachrichtigungen auf dem Smartphone einblenden. Sie müssen sich dafür registrieren und ein Zertifikat haben. Die Benachrichtigungen laufen über die zentralen Server von Apple bzw. Google. Wenn man nun Mattermost aus DSGVO-Gründen selbst hostet, muss einem klar sein, dass man bei Nutzung der Push-Funktionen die Mattermost-Infrastruktur nicht mehr komplett selbst in der Hand hat.

Mattermost bietet die Option, eigene Push-Dienste zu betreiben. Wenn man dies nicht möchte, kann man auch auf die »normalen« Dienste von Apple bzw. Google setzen. Man muss sie aber explizit aktivieren und verstehen, dass man diese ausschließlich mit den offiziellen Mattermost-Apps und nicht mit selbst kompilierten Apps verwenden kann. Das Aktivieren von Push-Benachrichtigungen geht wie folgt:

1. Öffnen Sie Ihre Mattermost-Installation im Webbrowser.
2. Klicken Sie auf der Team-URL links oben auf das Menü-Icon ☰.
3. Im erscheinenden Menü klicken Sie auf Systemkonsole.
4. Klicken Sie unterhalb von Einstellungen im Bereich Benachrichtigungen auf den Menüpunkt Mobil Push (siehe Abbildung 15.16).
5. Wählen Sie beim Menüpunkt Aktiviere Push-Benachrichtigungen den Eintrag Benutze iOS und Android Apps von iTunes und Google Play mit TPNS.

6. Wählen Sie beim Punkt PUSH-BENACHRICHTIGUNGS-INHALT den Eintrag SENDEN EINES AUSSCHNITTS DER VOLLSTÄNDIGEN NACHRICHT oder einen anderen Eintrag, der zu Ihrem Einsatzzweck passt (siehe die Dokumentation direkt auf der Einstellungsseite).

Abbildung 15.16 Push-Benachrichtigungen aktivieren

Auf Seiten der Apps ist nichts weiter einzustellen, die Benachrichtigungen sind sofort aktiv.

15.2.8 Fazit

Mit einem Chat-System wie Mattermost verändert sich die Team-Kommunikation. Der Mehrwert ist unserer Erfahrung nach sehr hoch.

Dank der einfachen App ist Mattermost in wenigen Minuten auf einem QNAP-NAS-System installiert. Die notwendigen Einstellungen bis zur vollwertig nutzbaren Installation gehen schnell von der Hand und sind nicht besonders kompliziert.

Einziger Wermutstropfen: Die Version im App Center ist hoffnungslos veraltet und müsste dringend aktualisiert werden. Dann würden auch die Warnungen in der App verschwinden. Scheinbar fühlt sich niemand für die Pflege des Softwarepakets im App Center verantwortlich.

15.3 Notes Station 3.0 – Notizen

Mit der Notes Station von QNAP erhalten Sie eine App für Notizen inklusive Formatierungen und Bildern, die Sie live gemeinsam mit anderen Benutzern bearbeiten können.

15.3.1 Installation und erster Start

So installieren Sie die Software:

1. Loggen Sie sich als Administrator in die Weboberfläche des NAS-Systems ein, öffnen Sie das Menü ☰, und klicken Sie dann auf APP CENTER.
2. Verwenden Sie die Suchfunktion 🔍, um nach »notes station« zu suchen.
3. Sie erhalten als Suchergebnis NOTES STATION 3. Klicken Sie unterhalb des Programm-Icons auf INSTALLIEREN.

Sofern Sie mehr als ein Volume auf Ihrem NAS eingerichtet haben, werden Sie im App Center gefragt, auf welchem Volume die App installiert werden soll. Durch die Installation häufig genutzter Apps auf unterschiedlichen Volumes können Sie die Datenträgerauslastung auf den einzelnen Volumes mit beeinflussen.

Notes Station funktioniert intern mit Containern und setzt deshalb die App *Container Station* voraus. Wenn Sie diese noch nicht installiert haben, informiert Sie das App Center, dass bei der Installation auch die App Container Station mitinstalliert wird.

Wenn die Installation abgeschlossen ist, können Sie die App mit ÖFFNEN starten. Sie lädt in einem eigenen Browser-Tab und hat eine eigene URL, auf die Sie sich am besten ein Lesezeichen setzen, so dass Sie die Notes Station auch separat aufrufen können. Die URL lautet *https://[ip-des-nas]/ns/*.

Beim ersten Start sehen Sie einen Willkommens-Assistenten, den Sie mit Klick auf ☒ schließen können.

Mit Klick auf ⋮ und den Untermenüpunkt LANGUAGE können Sie das Programm auf Deutsch umstellen.

15.3.2 Aufbau von Notizen und Navigation im Programm

Um den Aufbau von Notizen zu verstehen, sollten wir uns folgende Begrifflichkeiten näher anschauen, die in Notes Station verwendet werden:

- Notes Station sortiert seine Notizen in *Notizbüchern*. Es gibt ein vordefiniertes Notizbuch DEFAULT NOTEBOOK, Sie können auch weitere Notizbücher erstellen.
- Ein Notizbuch besteht aus *Abschnitten*. Das Default Notebook hat bereits einen einzigen Abschnitt mit dem Titel DEFAULT SECTION. Es kann beliebig viele Abschnitte in einem Notizbuch geben.

- Die Abschnitte wiederum enthalten dann die eigentlichen *Notizen*. Darin können Sie Text, Bilder und andere Elemente platzieren. Jede Notiz hat einen Titel. Lassen Sie sich nicht verwirren: Im Programm werden diese Titel manchmal *Hinweis* genannt.

Abschnitte und Notizbücher sind lediglich Strukturelemente für Notizen. Im mittleren, schwarz gefärbten Bereich haben Sie Zugriff auf Ihre Notizbücher mit entsprechenden Abschnitten (siehe Abbildung 15.17).

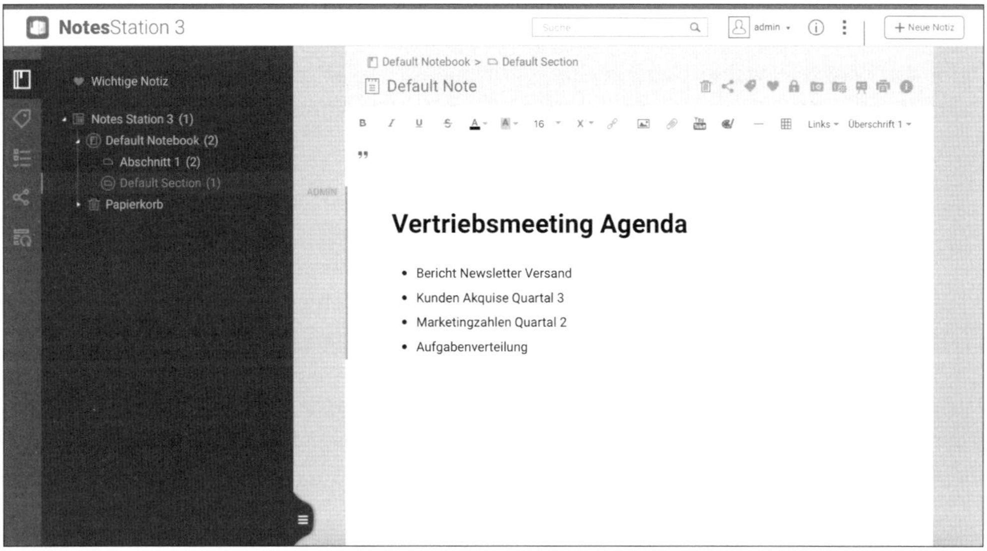

Abbildung 15.17 Notes Station – Übersicht

Die Notizen innerhalb eines Abschnitts werden Ihnen erst angezeigt, wenn Sie einen Abschnitt anklicken. Dann nämlich verschwindet die Navigation, und die Notizen innerhalb des gewählten Abschnitts werden im schwarzen Bereich angezeigt. Mit Klick auf gelangen Sie zurück zur Ansicht mit Notizbüchern und Abschnitten.

Der rechte Bereich zeigt davon unabhängig stets eine Notiz an. Wenn Sie einen anderen Abschnitt angeklickt haben, wird dort die oberste Notiz in der Liste geladen. Ansonsten bleibt die aktuell geöffnete Notiz aktiv.

15.3.3 Bearbeitungswerkzeuge von Notizen

Mit den Bearbeitungswerkzeugen innerhalb von Notizen können Sie sich anhand der Werkzeugleiste rasch vertraut machen. Auf ein paar Besonderheiten möchten wir dennoch eingehen:

Strukturieren

Für die Strukturierung innerhalb von Notizen eignet sich das Dropdown-Feld [Typ... ▾]. Hier haben Sie die Möglichkeit, Texte zu Überschriften verschiedener Ordnung zu formatieren.

Dateien anhängen

Sie können die Notiz mit dem -Icon um einen Dateianhang ergänzen. Die Datei wird dann innerhalb der Notiz verlinkt. Sie können hier allerdings nicht nur wie erwartet Anhänge von Ihrem Computer hochladen, sondern auch vorhandene Dateien auf dem NAS wählen, auf die Sie Zugriff haben. Das ist praktisch, da es eine redundante Dateiablage vermeidet. Anhänge werden allerdings nicht in Notes Station geöffnet, sondern stets zum Download angeboten.

Bilder einfügen und nachbearbeiten

Mit dem Icon können Sie Bilder einfügen, die Sie vom Computer hochladen oder wiederum direkt in einem Ordner auf dem NAS auswählen. Testen Sie unbedingt die Bildbearbeitungswerkzeuge, die Sie nach dem Einfügen mit dem Icon direkt auf dem Bild aufrufen können: Notes Station kann Bilder beschneiden und Bildbereiche verpixeln (ideal für Nummernschilder, private Texte, Gesichter u. v. m.). Mit Hilfe von Zeichenwerkzeugen können Sie außerdem Texte, Pfeile, Rechtecke und Kreise in wählbaren Farben einfügen. Solange Sie sich noch im Editor befinden, sind die Elemente ähnlich wie in einem Vektorprogramm oder in PowerPoint frei verschiebbar. Sobald Sie das Bild speichern und in die Notiz zurückkehren, werden die Elemente fest ins Bild integriert. Sie sind dann beim erneuten Aufruf der Bearbeitungswerkzeuge nicht mehr änderbar.

Die Zeichenwerkzeuge können Sie auch nutzen, ohne dass Sie dafür ein vorhandenes Bild laden müssen. Mit Klick auf erhalten Sie eine weiße Leinwand und können mit denselben Tools von Grund auf selbst kreativ werden.

15.3.4 Notizen gemeinsam bearbeiten

Die interessanteste Funktionalität in Notes Station in Hinblick auf Collaboration ist mit Sicherheit das gemeinsame Bearbeiten von Notizen. Im Gegensatz zur Teilen-Funktion, die man von Smartphones kennt, wird dabei nicht etwa eine Kopie der Notiz versendet. Vielmehr kann der betroffene Benutzer tatsächlich in derselben Notiz arbeiten. Die Änderungen werden bei allen Benutzern, die diese Notiz geöffnet haben, live angezeigt. Wenn man es das erste Mal erlebt, sieht es ulkig aus, wenn sich die eigene Notiz in einem Absatz wie von Geisterhand mit weiteren Inhalten füllt, obwohl man selbst gerade an anderer Stelle tippt.

Inhalte mit anderen NAS-Benutzern teilen

Innerhalb von Notizen können Sie mit dem Icon eine Notiz mit anderen Benutzern teilen. Das ist auch für ganze Abschnitte oder vollständige Notizbücher möglich. Wenn Sie mit der Maus über einen Abschnitt oder ein Notizbuch fahren, erscheint ein -Symbol für ein Menü, über das Sie dieses Element teilen können.

In einem neu erscheinenden Fenster können Sie den Benutzer auswählen, mit dem das Element geteilt werden soll. Hier stellen Sie auch die Rechte für diese Person ein: nur lesen oder auch bearbeiten (siehe Abbildung 15.18).

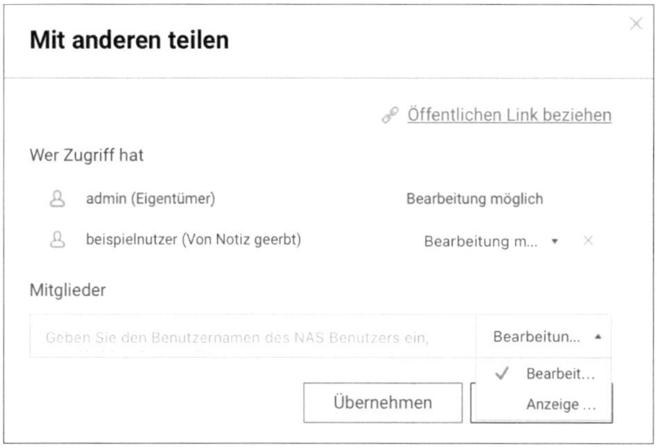

Abbildung 15.18 Notizbücher, Abschnitte und Notizen mit anderen Benutzern teilen

Auf geteilte Inhalte zugreifen

Geteilte Notizen des einen Benutzers mischen sich nicht in die Notizen eines anderen Benutzers. Jeder Benutzer hat seine eigenen Notizbücher mit eigenen Abschnitten und Notizen. Für geteilte Notizen gibt es einen eigenen Menüpunkt FREIGEBEN in Notes Station, der alle Notizen auflistet, die andere mit einem selbst geteilt haben (siehe Abbildung 15.19).

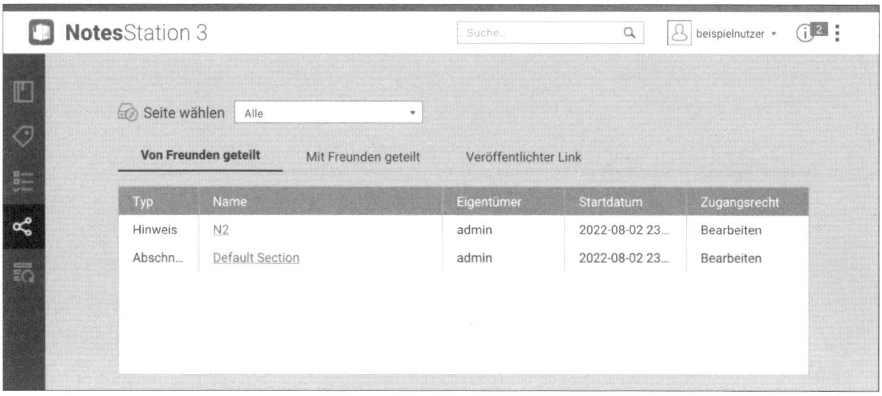

Abbildung 15.19 Übersicht geteilter Notizen in Notes Station

In der Spalte TYP können Sie sehen, ob es sich bei dem freigegebenen Element um ein Notizbuch, einen Abschnitt oder eine Notiz handelt. Wie schon erwähnt, nennt Notes Station die Notiz manchmal Hinweis, wie Abbildung 15.19 zeigt.

Klicken Sie das Element an, das Sie öffnen möchten. Wenn Sie Rechte zum Bearbeiten haben, wir Ihnen die Werkzeugleiste eingeblendet. Gleichzeitige Änderungen durch unterschiedliche Benutzer werden visuell dargestellt (siehe Abbildung 15.20).

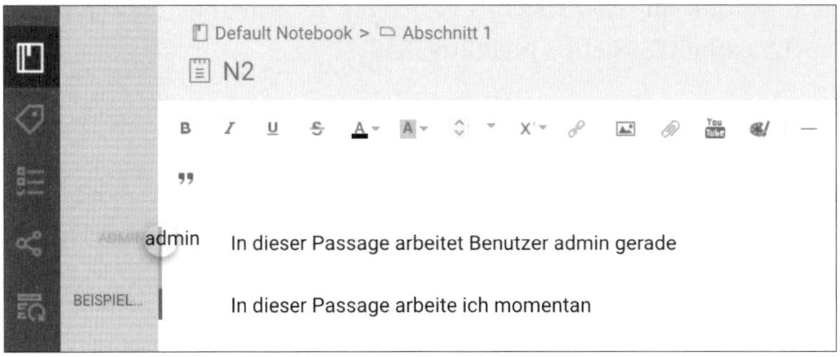

Abbildung 15.20 In einer Liveansicht können Sie sehen, welche Benutzer momentan an welcher Stelle in der Notiz Änderungen vornehmen.

Inhalte mit Externen teilen

Mit den oben gezeigten Schritten können Sie Benutzer desselben NAS-Systems zum gemeinsamen Bearbeiten einladen. Die Freigabe ist jedoch auch für Personen möglich, die keinen Benutzeraccount auf dem NAS haben. Erzeugen Sie dazu für das freizugebende Element einfach einen öffentlichen Link. Den Link dazu namens ÖFFENTLICHEN LINK BEZIEHEN finden Sie im Freigeben-Dialog oben rechts (siehe Abbildung 15.18).

Auch hier können Sie dann auswählen, ob Externe Schreibrechte für das Element haben sollen oder ob lediglich eine Anzeige möglich ist.

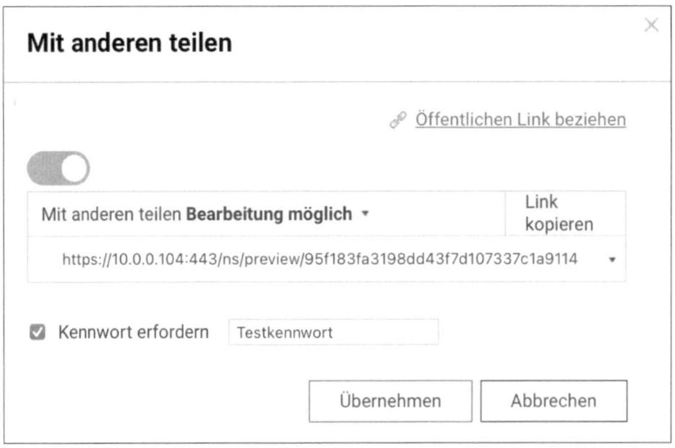

Abbildung 15.21 Elemente für einen externen Benutzerkreis freigeben

Auf Wunsch können Sie ein Kennwort (mindestens sechs Zeichen) setzen, damit nicht jeder, der den Link aufruft, sofort Einsicht in Ihre Daten hat.

Wenn Externe eine Notiz ändern, finden Sie deren Änderungen mit dem Benutzerkürzel A2, A3, A4 etc. Der Grund dafür ist, dass das NAS diese Benutzer ja nicht namentlich kennt – den Link kann jeder aufrufen.

15.3.5 Fazit

Notes Station ist sehr gut geeignet, um mit Kolleginnen und Kollegen ein Besprechungsprotokoll gemeinsam aufzusetzen oder zu besprechen, oder fürs Brainstorming in der Gruppe.

Wir haben nur einen Teilbereich des Funktionsumfangs von Notes Station beleuchtet. Werfen Sie auch einen Blick in die Funktionalität von Tags, die integrierte Aufgabenplanung und den optionalen Kennwortschutz für einzelne Notizen. Selbst eine Versionskontrolle ist integriert.

Insgesamt gefällt uns Notes Station wirklich sehr gut. Wenn wir noch einen Wunsch frei hätten, würden wir uns einen Client für das Smartphone wünschen. Von unterwegs ist der Zugriff derzeit ausschließlich über einen Webbrowser möglich.

Kapitel 16
Virtuell und sicher

Wenn mehrere Systeme auf einer Hardware laufen, dann heißt das: Virtualisierung. Ihr QNAP NAS beherrscht diese Technik, und wir zeigen Ihnen, wie Sie sie für sich nutzbar machen.

Mit virtuellen Maschinen und Containern stehen Ihnen zwei Virtualisierungstechniken zur Verfügung. Im ersten Schritt wollen wir uns anschauen, wann welche Technik zum Einsatz kommt. Anschließend beleuchten wir die beiden Techniken in der Anwendung beim QNAP-NAS-System. Sie lernen, virtuelle Maschinen mit der App Virtualization Station zu erstellen und zu nutzen. Mit der App Container Station stellen Sie Docker- und LXD-Container zusammen und installieren die Chat-Anwendung Mattermost, die in Kapitel 15, »Collaboration – Dienste für Ihr Team«, bereits als App installiert wurde, nun in Form eines Docker-Containers. So erfahren Sie praxisnah, welche Vorteile Ihnen die Technik bietet.

16.1 Virtualisierung verstehen: Virtuelle Maschinen und Docker-Container

Was ist besser: virtuelle Maschinen oder Container? Das ist die Frage, die immer wieder diskutiert wird.

Tatsächlich verfolgen beide Ansätze ganz unterschiedliche Ziele. Demnach gibt es kein Besser oder Schlechter, sondern es kommt darauf an, was Sie vorhaben.

16.1.1 Virtuelle Maschinen

Eine *virtuelle Maschine (VM)* stellen Sie sich am besten wie einen vollständigen Computer vor. Aber nicht physikalisch vorhanden, sondern virtuell auf einem anderen Computer. Somit läuft ein Computer auf einem Computer, und zwar inklusive der Emulation aller zugehörigen Bestandteile wie virtueller CPU, virtueller Festplatte, virtuellem BIOS usw. Wenn Sie eine VM hochfahren, sehen Sie BIOS-Meldungen; das BIOS sucht einen Master Boot Record auf einer Festplatte und meckert, wenn noch kein Betriebssystem installiert wurde. Sie können Image-Dateien von z. B. Windows als virtuelles DVD-Laufwerk in die VM einhängen, davon booten und schließlich Windows installieren. Die wichtigsten Vorteile von VMs sind:

- Mehrere Maschinen können auf einer Hardware laufen und diese ökonomisch sinnvoll nutzen. Gerade Server laufen nicht immer unter Volllast: Ein E-Mail-Server z. B. ist nicht beschäftigt, wenn keine E-Mails eingehen oder verschickt werden. Wieso sollte er nicht mit einem Dateiserver auf derselben Hardware, aber in unterschiedlichen Betriebssystemen laufen?
- Virtuelle Maschinen liegen in einem hardwareunabhängigen Format vor. Sie können sie einfach auf einen anderen zur Virtualisierung fähigen Computer (*Hypervisor*) kopieren und dann dort wieder starten. Das verkürzt Ihnen die Ausfallzeit bei einem Serverwechsel (aufgrund von Ausfällen oder Hardware-Modernisierung) immens.

16.1.2 Container

Die Container-Technik virtualisiert nicht den Computer, sondern Anwendungen. Die Idee ist, Anwendungen wie aus Lego-Bausteinen zusammenzusetzen. Das soll natürlich nicht der Anwender der Software tun. Schon die Prozesse auf Seiten der Software-Entwicklung werden damit stark beschleunigt.

Betrachten wir folgendes Beispiel: Eine WordPress-Website benötigt einen Apache Webserver mit PHP-Runtime zur Ausführung von WordPress und einer MySQL-kompatiblen Datenbank zur Ablage der Seiteninhalte.

Normalerweise würde ein Administrator nun Apache auf einem Server installieren, denn Webserver sind auch nur Programme. Darin muss dann das PHP-Modul aktiviert werden und schließlich MySQL als Datenbank konfiguriert sein. Wenn WordPress eine neuere PHP-Version benötigt, muss der Administrator tätig werden und diese installieren. Wenn WordPress sich automatisch aktualisiert, um Sicherheitslücken zu schließen (und das tut es tatsächlich), dann kann es passieren, dass die Website irgendwann nicht mehr funktioniert, wenn der Administrator im Hintergrund nicht auch immer die PHP-Version aktuell hält. Ebenso könnte die Website beeinträchtigt sein, wenn der Administrator PHP auf die neueste Version aktualisiert und die WordPress-Entwicklung darauf noch nicht vorbereitet sein sollte.

Die Lösung für das Problem liegt auf Seiten der Software-Entwicklung, nicht auf Seiten der Administration, die die Software installiert. Die Entwickler haben das Wissen dazu, von welchen darunter liegenden Diensten und Server-Programmen ihre Software abhängig ist und mit welchen sie kompatibel ist.

Container-Technik funktioniert wie folgt: Die WordPress-Entwickler verpacken ihre Software in einen Container mit einem standardisierten Format. Der Admin installiert ein Programm, das diesen Container lesen und ausführen kann. In dem Container gibt es eine Beschreibungsdatei der Software-Entwickler, die genau angibt, welche PHP-Version und welches Datenbankprodukt WordPress einsetzt.

Beim Installieren des Containers installiert die Container-ausführende Software diese PHP-Version und Datenbank dann einfach mit, natürlich auch als Container. Durch die Angaben in der Beschreibungsdatei wird die Datenbank gleich mit den richtigen Kennwörtern für die WordPress-Datenbank initialisiert. Die WordPress-Entwickler allerdings haben WordPress ohne Datenbank und ohne Apache ausgeliefert. Sie haben lediglich angegeben, welches Release der genannten Software benötigt wird.

Der Unterschied zu einer klassischen Installation:

- Der Administrator kann im Bereich der Software-Abhängigkeiten fast nichts falsch machen.
- Mit neuen WordPress-Containern können die WordPress-Entwickler auch neuere PHP-Versionen voraussetzen. Die muss der Administrator jedoch nicht manuell installieren, denn sie werden beim Ausführen des aktualisierten WordPress-Containers automatisch aus einem zentralen Container-Verzeichnis heruntergeladen, vom WordPress-Container entsprechend (durch die Beschreibungsdatei) konfiguriert und dann ausgeführt.
- Die WordPress-Entwickler können sich jederzeit entscheiden, von z. B. einer MySQL-Datenbank zu einer MariaDB-Datenbank zu wechseln. Sie müssen nur ihre Beschreibungsdatei anpassen. Der Administrator, der WordPress einsetzt, muss gar nichts tun.
- Wenn der Administrator weitere Produkte einsetzt, die MySQL voraussetzen, braucht er nicht – wie sonst üblich – auf Versionskompatibilität zu achten, da für jeden Anwendungscontainer ein eigenes MySQL ausgeführt wird: mal in der einen benötigten Version, mal in der anderen.

Container sind schlank in der Ausführung und im Backup, weil diese im Gegensatz zu einer VM kein Betriebssystem mit sich herumtragen müssen. Andererseits müssen die Container mit der jeweiligen Plattform (Systemarchitektur wie x86 mit 32 Bit oder 64 Bit, ARM etc.) und mit dem eingesetzten Betriebssystem (Windows oder Linux) kompatibel sein.

Wenn sie gestartet sind, sind sie für das darunterliegende Betriebssystem ein Prozess wie jeder andere. In der Container-ausführenden Software können Sie Randbedingungen wie maximale CPU-Ressourcen und Arbeitsspeicher für den Prozess festlegen, um seine Leistungsfähigkeit individuell zu gewichten. Legt der Administrator keinerlei Einschränkungen fest und der Prozess »läuft aus dem Ruder«, indem er z. B. 100 % CPU-Last erzeugt, beeinträchtigt er natürlich auch alle anderen Container. Das Problem entsteht bei VMs auch, beeinträchtigt werden dann aber alle Prozesse, die auf derselben VM laufen. In diesem Punkt nehmen sich die beiden Techniken nichts.

Ein wenig müssen wir die Aufteilung zwischen VM und Container noch aufweichen: Es gibt *LXD*-Container. Dies sind Container mit vollständigem Linux-Betriebssystem. In der Praxis verhält sich ein LXD-Container wie eine VM, ist aber keine. Er ist leichtgewichtiger und schneller. LXD basiert auf LXC, das schon seit 2008 verfügbar ist. Ansätze und Vorgänger entstanden schon um die Jahrtausendwende.

Wieso sind Container dann erst jetzt, über zwanzig Jahre später, ein »Hype«? Die Container-Technik ist gerade in aller Munde, weil ein Produkt es geschafft hat, die Technik zur Isolation von Anwendungen in einem Container (wir sprechen als nicht vom älteren LXC) mit einem Werkzeugkasten einfach und schnell nutzbar zu machen. Dieses Produkt heißt *Docker* und kam 2013 auf den Markt. Seinen Erfolg verdankt Docker seiner guten Verbreitung aufgrund breiter Unterstützung durch die Industrie ab 2014, namentlich Red Hat, IBM, Microsoft und weitere Unternehmen. Nun gut, Red Hat und SUSE nutzen Docker nicht mehr, sondern das dazu kompatible Podman – aber das ist eine andere Geschichte, und der genannte Vorteil des Standardformats ist weiterhin da.

16.1.3 Was ist denn nun besser?

Kommen wir zur Eingangsfrage zurück: Welche der beiden Techniken ist nun besser? Wie Sie nun bewerten können: Diese Frage stellt sich nicht. Manche Software-Produkte werden nur zum Installieren auf einem Betriebssystem ausgeliefert, manche nur als Container, manche gibt es in beiden Formaten.

Eine Anwendung werden Sie aber nicht als virtuelle Maschine bekommen. Denn wie leistungsfähig Sie Ihre Hardware dimensionieren, hat nicht der Software-Entwickler zu entscheiden. Diese Parameter legen Sie fest. Mit VMs entkoppeln Sie ein Betriebssystem von der Hardware. VMs sind ein geeignetes Mittel für Infrastrukturen, die eher statisch sind und sich nicht allzu oft ändern.

Sie als Administrator entscheiden außerdem, welcher Dienst (Mail, Website, Datenbank etc.) auf welchem Server in Ihrem Unternehmen läuft. Ob Sie diesen Dienst dann als Anwendung direkt auf dem Betriebssystem installieren oder entkoppelt davon als Container starten, bezieht auch den Software-Entwickler mit ein, der seine Software dafür überhaupt erst containerbasiert anbieten muss. Wenn beide Varianten zur Verfügung stehen, ist die Wahl eine Frage Ihrer persönlichen Strategie als Administrator. Wenn die Software in einem dynamischen Umfeld eingesetzt wird, sich gegebenenfalls noch verändert oder häufig aktualisiert werden muss, könnte der Einsatz von Containern Vorteile mit sich bringen, wie das oben gezeigte Beispiel von WordPress aufzeigt. Um die Sache rund zu machen: Sie können natürlich auch Container in einer VM ausführen, und Sie können auch für Software, die noch nicht in Containern angeboten wird, selbst einen Container erstellen.

Abschließend fasst die nachfolgende Grafik aus dem Hause QNAP die Systemarchitekturen der VM- und Container-Nutzung gut zusammen (siehe Abbildung 16.1): Während bei einer VM ein Hypervisor zwischen den VMs mit ihren Gast-Betriebssystemen und dem Host steht, werden Container-Apps direkt und ohne zusätzlichen Betriebssystem-Unterbau betrieben.

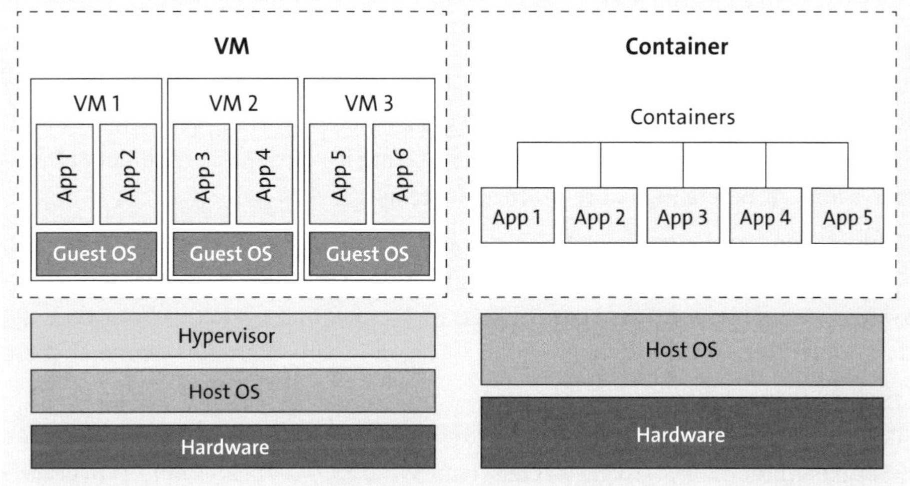

Abbildung 16.1 Virtuelle Maschine (VM) vs. Container

16.1.4 Umsetzung und Bewertung der Technik in QNAP-NAS-Systemen

Für die Firmware QTS auf dem QNAP-NAS-System gibt es zwei Anwendungen, die jeweils eine der beiden genannten Technologien zur Virtualisierung auf dem NAS nutzbar machen:

- *Virtualization Station* ist eine App von QNAP, die VMs erzeugen und betreiben kann. Zur Nutzung werden QTS ab Version 4.1.0, mindestens 4 GB Arbeitsspeicher sowie eine CPU mit Intel Virtualization Technology (VT-x) im NAS benötigt. Gerade die CPU ist ein Problem bei NAS-Systemen der Einstiegsklasse, denn diese kommen oftmals mit einem ARM-Prozessor daher. Ein Beispiel ist das TS-231K, das zwar einen Vierkern-Prozessor hat, dies ist aber ein ARM-Modell von AnnapurnaLabs ohne VT-x. Alle NAS-Systeme mit Intel Celeron oder i3, i5, i7 etc. sollten keinerlei Probleme bereiten. Auch der AMD Ryzen kann Virtualization Station ausführen. Manchmal muss dazu VT-x im BIOS des NAS aktiviert werden.

  Ob Ihr NAS kompatibel ist, finden Sie im Zweifelsfall heraus, indem Sie die App installieren und ausprobieren.

- *Container Station* ist eine App von QNAP, die LXD- und Docker-Container erzeugen und ausführen kann. Sie ist an zwei Verzeichnisse (*Registries*) für Container im Internet angeschlossen und kann von dort Container herunterladen und darüber Container-Abhängigkeiten auflösen. Eigene Registries können ergänzt werden.

Container Station läuft auch auf ARM-CPUs und setzt lediglich QTS 4.2.6 sowie 1 GB Arbeitsspeicher beim NAS voraus. Für die Ausführung von LXD-Containern wird dann aber doch wieder eine x86-CPU mit QTS 4.5.3 benötigt. Ein steigender Anteil an Apps aus dem QNAP App Center nutzt intern die Container-Technik und benötigt deshalb eine installierte Container-Station-App.

An der breiteren Unterstützung von Container Station im Bereich schwachbrüstiger NAS-Systeme können Sie bereits erkennen, dass die Ausführung von VMs auf NAS-Systemen ein Problem darstellt, zumindest wenn Sie kein NAS-System der Spitzenklasse mit z. B. einem Intel Core i7-Prozessor haben.

Nehmen wir zum Beispiel ein Mittelklasse-NAS wie das TS-453D mit Intel Celeron (4 Kernen) und 8 GB RAM. Stellen Sie sich auf dieser Prozessor-Basis ein Windows 10-System vor oder einen Exchange-Mailserver: Das wird im besten Fall nur sehr zäh funktionieren. Und Virtualisierung bringt ja eigentlich erst Vorteile, wenn man mehrere Systeme gleichzeitig betreibt.

Halten wir als Zwischenfazit fest: Die Hardware des NAS-Systems ist ein Flaschenhals. Beim genannten TS-453D ist gegen eine kleine Windows 10-VM im Heimnetzwerk, die man gelegentlich von außerhalb per VPN und Remote Desktop (RDP) erreichen kann, nichts einzuwenden. Eine IT-Landschaft auf Basis mehrerer Windows-Server auf solch einer Hardware-Basis betreiben zu wollen, wäre nicht von Erfolg gekrönt. Als Faustformel kann gelten: Wenn Sie ein NAS-System so bepreisen, dass es einen Satz VMs mit eigenen Hardware-Ressourcen betreiben könnte, ist ein separater Server schlicht günstiger. Beachten Sie das bitte bei Ihren Planungen.

16.2 Virtualization Station

Virtualization Station ermöglicht Ihnen den Betrieb virtueller Maschinen. Nachdem Sie gelernt haben, was virtuelle Maschinen sind, zeigen wir Ihnen in diesem Abschnitt, wie Sie eigene virtuelle Maschinen erstellen und bedienen.

16.2.1 Installation

Die Systemvoraussetzungen zur Nutzung von Virtualization Station finden Sie im vorigen Abschnitt. Die App wird bei jedem NAS zum Download angeboten und prüft die Systemvoraussetzungen erst beim ersten Start der App. So installieren Sie die App:

- Loggen Sie sich als Administrator in die Weboberfläche des NAS-Systems ein, öffnen Sie das Menü ☰, und klicken Sie dann auf App Center.

- Verwenden Sie die Suchfunktion [Q] oben rechts, um nach »virtualization station« zu suchen.
- Sie erhalten ein Suchergebnis, VIRTUALIZATION STATION. Klicken Sie unterhalb des Programm-Icons auf INSTALLIEREN.
- Falls Sie mehrere Volumes auf dem NAS eingerichtet haben, wählen Sie das Volume, auf das Sie installieren möchten. Wir empfehlen die Installation der App auf einem schnellen Speicherverbund, z. B. SSDs.

16.2.2 Der erste Start

Starten können Sie die App in der NAS-Weboberfläche per Klick auf das Hauptmenü ☰ und anschließend auf VIRTUALIZATION STATION.

Zunächst werden die Systemvoraussetzungen geprüft. Wenn die App zuvor nie installiert war, fehlt ein virtueller Switch. Deshalb erhalten Sie ein orangefarbenes Ausrufezeichen (siehe Abbildung 16.2). Lassen Sie sich davon nicht beeindrucken, klicken Sie auf FERTIGSTELLEN, damit der Switch installiert wird.

Abbildung 16.2 Prüfung der Systemvoraussetzungen bei Virtualization Station

Virtuelle Switches

Mit virtuellen Switches binden Sie VMs und Container ins Netzwerk ein. Da Sie kein echtes Kabel in eine VM stecken können, spricht man von virtuellen Switches. Die Konfiguration dieses von Virtualization Station eingerichteten Switches können Sie später in der Systemsteuerung im Punkt NETZWERK- UND VIRTUELLER SWITCH anpassen. Sie sehen die virtuellen Switches erst im Detail, wenn Sie unten links im Einstellungsdialog auf Erweitert umschalten. Dann zeigt die Systemsteuerung die Verbindungen zwischen den VMs und Switches sogar grafisch mit Linien auf (siehe Abbildung 16.3).

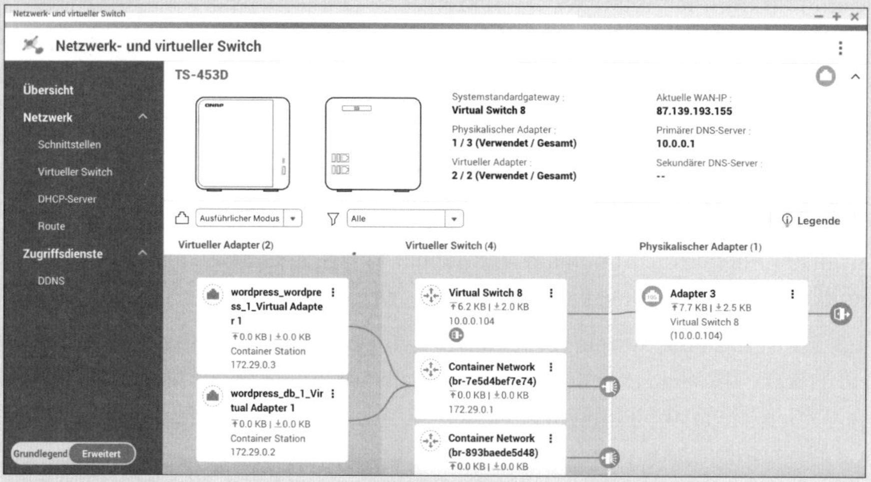

Abbildung 16.3 Virtuelle Switches in der Systemsteuerung konfigurieren

Die Standardkonfiguration ist, dass alle VMs an einem virtuellen Switch hängen und der virtuelle Switch an einen physischen Adapter angebunden wird, so dass die VMs über das Standard-Gateway alle anderen Systeme im Kabelnetzwerk/WLAN erreichen. Der Switch erhält keine IP, die VMs ziehen etwaige IP-Adressen direkt vom DHCP-Server aus dem Kabelnetzwerk (z. B. dem Internetrouter).

Dank virtueller Switches können Sie z. B. auch ein Netz aus virtuellen Maschinen ohne Internetzugriff erstellen, eine VM mit einem Container verbinden oder einen virtuellen Switch mit mehreren physischen Adaptern kombinieren.

Schließen Sie den Willkommens-Assistenten von Virtualization Station mit Klick auf ☒.

Virtualization Station ist nun bereit für die Einrichtung Ihrer ersten VM.

16.2.3 Eine VM erstellen und Betriebssystem installieren

Zur Demonstration erstellen wir eine VM mit geeigneten Hardware-Einstellungen für Windows 11, installieren darin das Betriebssystem und zeigen schließlich, wie diese Windows-Installation von außerhalb bedient werden kann. Zwar bietet Virtualization Station einen Schnell-Assistenten für die Einrichtung einer Windows-VM, wir werden die Schritte aber »zu Fuß« mit Ihnen gehen, um Ihnen die Einrichtungsprozedur einer VM auf diese Weise näherbringen zu können.

Installationsmedien als ISO-Image beschaffen

Für das System, das Sie in die VM installieren möchten, sollten Sie sich zunächst Image-Dateien (sogenannte *ISO-Images*) von den Installationsmedien beschaffen. Das sind im Grunde die Installations-DVDs, nur eben virtuell. In unserem Beispiel erhalten wir die ISO-Dateien für die Windows 11-Installation auf *https://www.microsoft.com/de-de/software-download/windows11.*

Hier suchen Sie den Abschnitt HERUNTERLADEN EINES WINDOWS 11-DATENTRÄGERIMAGES (ISO) und wählen im Dropdown-Feld die Edition aus. Klicken Sie auf HERUNTERLADEN, setzen Sie die Produktsprache auf Deutsch, und klicken Sie danach auf 64-BIT DOWNLOAD.

Wenn Sie lieber andere Systeme installieren wollen, finden Sie die Images auf ähnliche Weise auf den Hersteller-Homepages:

- Debian Linux auf *https://www.debian.org/CD/http-ftp/* (STABLE wählen, DVD-IMAGE und die Version AMD64)
- Ubuntu Linux auf *https://ubuntu.com/download/desktop*
- Windows Server auf *https://www.microsoft.com/de-de/windows-server/trial* (ON-PREMISES-WINDOWS SERVER 2019 wählen, dann KOSTENFREIE TESTVERSION HERUNTERLADEN und schließlich ISO-DATEI HERUNTERLADEN)

16

Legen Sie die Datei auf dem NAS in einem geeigneten Ordner ab (z. B. in einem Freigabeordner über eine Netzlaufwerkverbindung). Sie benötigen sie im nächsten Schritt.

Legen Sie einen Freigabeordner für VMs an

Es ist empfehlenswert, einen fest definierten Ort für die virtuellen Festplatten und ISO-Images zu haben. Am besten, Sie erstellen einen neuen Freigabeordner. Natürlich brauchen Sie auf diesen Freigabeordner nicht von einem anderen Computer aus zuzugreifen, aber nur so können auf dem NAS Ordner in oberster Ebene erstellt werden.

Innerhalb dieses Ordners können Sie einen Unterordner für ISO-Images erstellen und einen zweiten für VMs. Innerhalb des VMs-Ordners können Sie für jede VM, die Sie erstellen, wiederum einen Unterordner erstellen.

Achten Sie darauf, diesen Freigabeordner von etwaigen Backupjobs auszuschließen. Da Virtualization Station diese Dateien immer geöffnet hält, wird es beim Lesen der Dateien im Rahmen eines Backups immer wieder zu Fehlern kommen. Wenn Sie VMs sichern möchten, nutzen Sie stattdessen die in Virtualization Station eingebauten Backupfunktionen. Diese lernen Sie in diesem Kapitel noch kennen.

VM erstellen

Eine VM zu erstellen ist nicht schwer, auch wenn es dabei eine ganze Reihe Optionen gibt, die Sie Ihren Wünschen und Anforderungen entsprechend konfigurieren müssen. Abbildung 16.4 zeigt Ihnen die Einstellungen aus unserem Beispiel zu einer Windows 11-VM im Überblick. Die einzelnen Konfigurationsschritte gehen wir der Reihe nach durch.

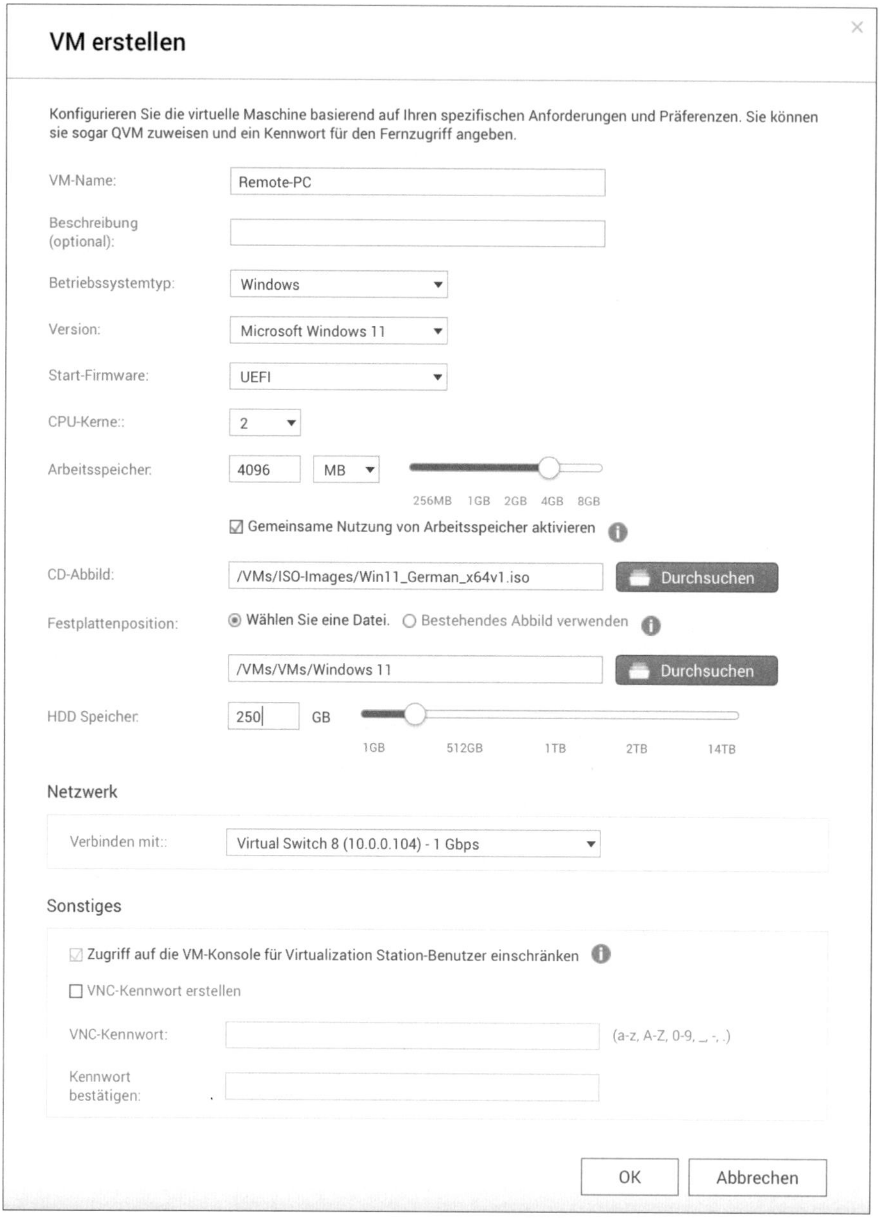

Abbildung 16.4 VM erstellen in Virtualization Station

1. Klicken Sie zunächst in Virtualization Station auf Erstellen.
2. Vergeben Sie im Feld VM-NAME einen aussagekräftigen Namen für die VM, mit dem Sie sie von anderen VMs unterscheiden können. Es hilft, die VMs nach Ihrem Einsatzzweck zu benennen, etwa *Remote-PC* oder *Mailserver*.
3. Wählen Sie unter BETRIEBSSYSTEMTYP das Betriebssystem aus, das Sie installieren werden. Das in einer VM installierte Betriebssystem wird auch *Gast-System* genannt. Die Auswahl, die Sie hier treffen, setzt für die nachfolgenden Parameter einige Voreinstellungen (allen voran den Typ der START-FIRMWARE, denn da hat jedes Betriebssystem so seine Vorlieben), so dass die VM fehlerfrei das gewünschte System ausführen kann. In unserem Beispiel wählen wir WINDOWS.
4. Die übrigen Einstellungen können Sie bei Bedarf anpassen. Durch unsere Vorauswahl von Windows wurden bereits passende Einstellungen für die Start-Firmware gewählt. Die Leistung der erstellten VM können Sie primär über die Parameter CPU-KERNE und Zuweisung von ARBEITSSPEICHER beeinflussen. Das geht so weit, dass die Hauptfunktionen des NAS langsamer werden, wenn Sie es hier übertreiben. Lassen Sie Ihr QNAP-NAS-System den Speicher optimieren, indem Sie die GEMEINSAME NUTZUNG VON ARBEITSSPEICHER AKTIVIEREN. Damit können Sie mehreren VMs in Summe mehr Speicher zuweisen, als Sie physikalisch verbaut haben, indem doppelte Inhalte nur einmal im Speicher vorgehalten werden.
5. Durch Angabe einer Image-Datei im Feld CD-ABBILD können Sie ein virtuelles DVD-Laufwerk in die VM einhängen, in das innerhalb der VM dann die DVD eingelegt ist, die Sie hier als Image angeben. Wenn Sie eine neue VM erstellen, starten Sie in der Regel mit einer leeren Festplatte. Da Sie irgendwie das Betriebssystem auf die VM bekommen müssen, eignet sich die Methode über das CD-Abbild besonders gut für das Booten einer Betriebssystem-Installation. Wenn das System dann installiert ist, können Sie die Image-Datei in den Einstellungen wieder herausnehmen und damit das DVD-Laufwerk entfernen. Für unser Beispiel wählen wir die ISO-Datei von Windows, die wir im vorigen Schritt heruntergeladen haben.
6. Wählen Sie bei FESTPLATTENPOSITION die Option WÄHLEN SIE EINE DATEI. Das ist unglücklich übersetzt und heißt bei Virtualization Station, dass eine neue Festplattendatei für die VM erstellt werden soll. Wählen Sie mit dem unteren DURCHSUCHEN-Button einen Speicherort für die Festplattendatei.

   Den Namen der Datei können Sie nicht wählen. Er lautet so wie die VM.

   Wenn Sie unserer Empfehlung vom vorigen Abschnitt gefolgt sind und einen Freigabeordner für virtuelle Maschinen erstellt haben, haben Sie bereits ein geeignetes Verzeichnis für die Festplattendatei.

   Setzen Sie anschließend mit dem Schieberegler bei HDD SPEICHER eine geeignete Festplattengröße. In unserem Beispiel reichen uns die vorgeschlagenen 250 GB.

VMs sind auch nur Dateien

Bei VMs sind Festplatten natürlich auch virtuell und bestehen einfach nur aus einer Datei. Wenn Sie eine VM aus Virtualization Station später irgendwann einmal in einem anderen Hypervisor nutzen möchten, können Sie die Festplattendatei einfach vom NAS auf das Zielsystem kopieren, dort eine VM erstellen und die Festplatte dort wieder einhängen. Auf dieselbe Weise könnten Sie VMs, die woanders erstellt wurden, mit der Option Bestehendes Abbild verwenden hier in Virtualization Station wieder einhängen und booten. (Zur Erinnerung: Der Erfolg des Bootvorgangs hängt im Wesentlichen davon ab, was Sie bei Start-Firmware gewählt haben. Diese Einstellung muss genauso gewählt werden wie beim vorigen Hypervisor.)

7. Unter Netzwerk sehen Sie, dass die VM mit dem soeben erstellten, virtuellen Switch verbunden wird (siehe Kasten »Virtuelle Switches«). Diese Einstellung können Sie so belassen.
8. Unter Sonstiges sehen Sie, dass der Zugriff auf die VM gesperrt ist. Diese Einstellung belassen Sie erst einmal so.

Klicken Sie zum Abschluss auf OK.

Die VM wird im Menüpunkt Übersicht in Virtualization Station aufgeführt und ist ausgeschaltet.

16.2.4 VM starten und Konsole öffnen

In der Übersicht von Virtualization Station sehen Sie vor jeder VM einen Kreis in einer bestimmten Farbe. Die Farbe symbolisiert den Zustand der VM. Die soeben erstellte VM hat einen grauen Kreis, sie ist abgeschaltet (siehe Abbildung 16.5).

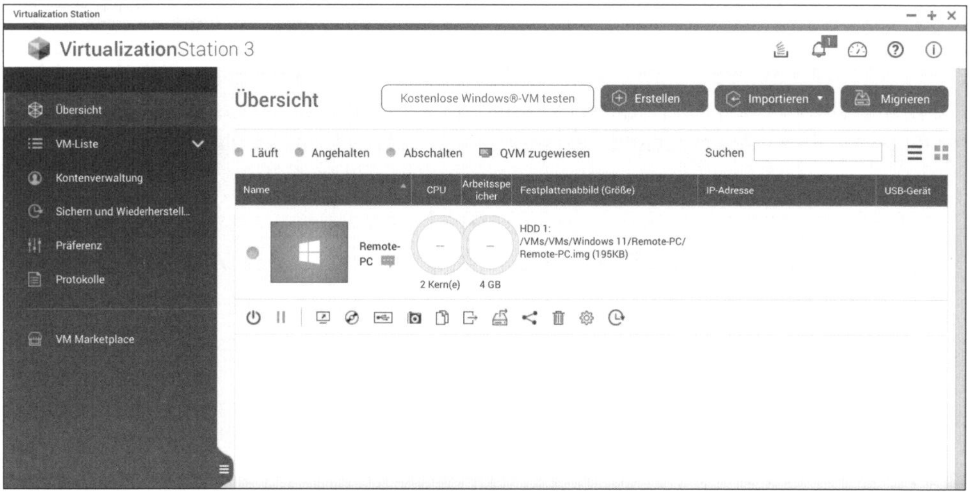

Abbildung 16.5 Übersicht aller VMs in Virtualization Station

Bedienung der VM in der Übersicht

Sie starten nun die VM und leiten die Windows-Installation ein:

- Klicken Sie auf , um die VM einzuschalten. Warten Sie einige Sekunden. Der Kreis wird nun grün dargestellt, und das Vorschau-Symbol wird auch verändert angezeigt.
- Klicken Sie auf , um die Konsole der VM aufzurufen. Als *Konsole* bezeichnet man bei Hypervisoren den Zugriff auf den Bildschirm einer VM mit Eingabemöglichkeit durch die Tastatur und Maus des Hypervisors. Die Signale der Eingabegeräte werden also an die VM weitergeleitet. Die Konsole öffnet sich in einem neuen Browser-Tab.

Wenn Sie die VM mit dem Windows 11-Bootimage nun hochgefahren haben, lesen Sie in der Konsole einige UEFI-Meldungen.

Von DVD (Image Datei) booten

Statt des Windows-Installationsassistenten gibt es nur ein paar Meldungen einer UEFI-Konsole. Das gilt zumindest dann, wenn Sie – wie wir – Windows 11 installieren und UEFI als Start-Firmware eingestellt haben. Dass der Installer nicht startet, hat folgenden Grund: Beim Hochfahren der Maschine wird nur für ca. drei Sekunden eine Meldung angezeigt, die das Booten von der eingelegten DVD ermöglicht. Verpasst man es, in diesen paar Sekunden eine Taste zu drücken, gelangt man in die UEFI-Konsole, die Sie hier sehen.

Klicken Sie im linken Menü der Konsole auf VM-Aktion und Neu starten. Wenn Sie den entsprechenden Hinweis Press any key to boot from CD or DVD auf dem Bildschirm sehen, klicken Sie sofort auf den virtuellen Bildschirm (z. B. auf den Text), und drücken Sie eine Taste auf der Tastatur, z. B. die Leertaste. Mit dem Klick auf den Bildschirm wird die Tastatur an die VM gebunden, und alle Tasten, die Sie drücken, werden an die VM weitergeleitet. Wenn Sie dann eine Taste drücken, erscheint nach einigen Sekunden Ladezeit auch das Installationsprogramm von Windows. Verpassen Sie den Moment, können Sie noch so viele Tasten drücken, es wird nichts passieren, und es erscheint immer wieder die UEFI-Konsole. Das Gute daran: Sie können die VM so lange immer wieder auf die genannte Weise neustarten, bis Sie Erfolg beim Booten von DVD haben.

Probleme beim Konsolenzugriff im Webbrowser

Der Zugriff über die Konsole, wie wir ihn hier zeigen, ist relativ instabil. Solange Sie auf dem virtuellen Bildschirm arbeiten, scheint alles recht gut zu funktionieren. Wenn Sie aber längere Zeit keine Eingaben tätigen und gar die Tabs im Browser wechseln oder andere Programme bedienen, passiert es gelegentlich, dass die Konsole einfriert und kein aktuelles Bild mehr zeigt. Wenn Ihnen das auch passiert, laden Sie den Browser-Tab neu [F5].

Sie können das linke Menü in Virtualization Station mit Klick auf den heraussstehenden Griffel ▮ verbergen und auch wieder anzeigen.

Wenn Sie den Installer des Betriebssystems sehen, können Sie diesen im Webbrowser bedienen, als säßen Sie vor dem Rechner.

Installationseinstellungen für Windows 11

Was auch immer Sie für ein Betriebssystem installieren wollen, nun liegt es an Ihnen, die Installationsassistenten durchzuklicken und das System zu installieren. Bei Windows 11 können Sie dabei wie folgt vorgehen:

1. Klicken Sie im Installationsassistenten von Windows auf WEITER und anschließend auf JETZT INSTALLIEREN.
2. Geben Sie einen gültigen Produktschlüssel von Windows 11 ein, um das Betriebssystem korrekt zu lizenzieren. Alternativ: Klicken Sie auf den Text ICH HABE KEINEN PRODUCT KEY, um eine unregistrierte Demoversion zu installieren. Wenn Ihnen die Editionsauswahl angezeigt wird, wählen Sie WINDOWS 11 PRO. Diese Variante ermöglicht Ihnen später, das System per Remote-Desktop-Verbindung aufzurufen, so dass Sie nicht auf die Konsole im Webbrowser angewiesen sind. Klicken Sie auf WEITER.
3. Akzeptieren Sie die Lizenzbedingungen durch Setzen des Hakens und Klick auf WEITER.
4. Klicken Sie auf BENUTZERDEFINIERT: NUR WINDOWS INSTALLIEREN.
5. Ihnen wird die virtuelle Festplatte angezeigt. Diese ist auch zur Installation bereits vorausgewählt. Klicken Sie auf WEITER.

Der Installationsassistent installiert nun Windows 11. Gehen Sie die Einrichtungsassistenten nach der Installation durch, so dass das System nach dem Hochfahren das Startmenü anzeigt.

QNAP-Gäste-Tools installieren

QNAP bietet sogenannte *Guest Tools* in Form von virtuellen DVD-Images für Windows und Linux an. Für Windows enthält das Set einen Installer, den Sie dann im Gast-System vom virtuellen DVD-Laufwerk starten. Sie installieren damit einen *Virtio-Treiber*. Mit diesem weiß das Gast-System, dass es virtuell ist, und kann bestimmte Informationen mit dem Hypervisor austauschen. Wenn der Treiber installiert ist, sehen Sie z. B. die IP-Adresse des Gast-Systems in der VM-Übersicht von Virtualization Station. Außerdem können Gast-Systeme angehalten (*suspended*) werden. Der Virtio-

Treiber sorgt dafür, dass beim Aufwecken die Uhrzeit mit dem Hypervisor synchronisiert wird. Dasselbe gilt für die Wiederherstellung von Snapshots. Der Windows-Installer für die Gäste-Tools enthält außerdem einen UltraVNC-Server, den Sie optional installieren können, um von außen auf das System zuzugreifen.

So installieren Sie die Gäste-Tools für Windows 11:

1. Klicken Sie in Virtualization Station auf ÜBERSICHT und bei der betroffenen VM in der unteren Icon-Leiste auf das DVD-Symbol.
2. Im erscheinenden Menü klicken Sie auf GUEST-TOOLS-CD EINSTECKEN.
3. Wenn noch ein anderes DVD-Image geladen ist, wie z. B. das Installationsmedium, so weist die App Sie darauf hin, dass dieses nun ausgeworfen wird, um die Gäste-Tools-DVD virtuell einzulegen.
4. Klicken Sie auf das Konsolen-Icon, um das installierte Windows 11 anzuzeigen.
5. Wechseln Sie in den Windows Explorer, und starten Sie die Installations-EXE-Datei im Stammverzeichnis des virtuellen DVD-Laufwerks, das Sie nun in der linken Leiste des Windows Explorers vorfinden. Folgen Sie den Installationsanweisungen, bis der Assistent abgeschlossen ist.

Die Gäste-Tools laufen im Hintergrund und haben keinerlei Oberfläche. Eine Ausnahme bildet der optional installierbare UltraVNC-Server (siehe nächster Abschnitt). Insofern gibt es im Rahmen der Gäste-Tools nichts weiter zu tun. Sobald die Installation abgeschlossen ist, können Sie das virtuelle DVD-Image trennen:

16

- Klicken Sie in Virtualization Station auf ÜBERSICHT und bei der betroffenen VM in der unteren Icon-Leiste auf das DVD-Symbol.
- Es erscheint ein Untermenü. Klicken Sie vor dem Wort WINDOWS GUEST TOOLS auf das Auswerfen-Symbol.

16.2.5 Fernwartung per VNC oder RDP

Wie bereits erwähnt, ist die Steuerung der VM über den Webbrowser eher träge, und es gibt immer mal wieder Verbindungsabbrüche. Es ist deshalb sinnvoller, die VM mit einem Fernwartungstool zu steuern. Hier ein paar Ideen dazu:

- VNC für Windows oder Linux
- Remote Desktop Protocol (RDP) für Windows
- TeamViewer (für private Verbindungen kostenfrei)

Wenn es um die Fernsteuerung von Windows geht, finden Sie einen VNC-Server namens *UltraVNC* auf dem DVD-Image der Gäste-Tools (siehe voriger Abschnitt). Wenn Sie diese Komponente mitinstallieren, können Sie sie wie folgt einrichten:

1. Finden Sie das Taskleisten-Icon im Systray rechts unten bei der Uhrzeit.
2. Klicken Sie mit der rechten Maustaste auf das Taskleisten-Icon und dann auf ADMIN PROPERTIES.
3. Setzen Sie ein VNC PASSWORD, und klicken Sie auf OK.
4. Bestätigen Sie die etwaige Nachfrage nach Administratorrechten, so dass die Änderungen übernommen werden können.

Nun können Sie mit einem VNC-Client wie dem aus dem UltraVNC-Paket von *www.uvnc.com* oder mit RealVNC den PC fernsteuern. Der Port ist 5900.

Für Linux ist VNC der präferierte Weg zur Fernwartung. Für Windows bietet *RDP* (Remote Desktop Protocol) eine noch bessere Performance. Um sich mit einer Windows-Installation verbinden zu können, muss Windows Pro oder besser installiert sein (nicht Windows Home).

Unter Windows 11 Pro aktivieren Sie RDP wie folgt:

1. Klicken Sie mit der rechten Maustaste auf das Startmenü, und wählen Sie im erscheinenden Kontextmenü SYSTEM.
2. Klicken Sie auf den blauen Text ERWEITERTE SYSTEMEINSTELLUNGEN, und wechseln Sie in den Reiter REMOTE.
3. Aktivieren Sie den Radiobutton REMOTE-VERBINDUNG MIT DIESEM COMPUTER ZULASSEN.
4. Da die Authentifizierung von RDP über Kennwörter funktioniert, benötigt Ihr Systembenutzer im Windows-Gast-System ein Kennwort. Setzen Sie über die Systemsteuerung ein Kennwort.

Mit dem unter jedem Windows vorinstallierten Programm REMOTEDESKTOPVERBINDUNG können Sie nun eine Verbindung zu dieser VM herstellen, indem Sie die IP-Adresse der VM in das Verbindungsfenster eintragen. Dank QNAP-Gäste-Tools können Sie die IP-Adresse in der App Virtualization Station im Menüpunkt ÜBERSICHT in der Zeile der betroffenen VM ablesen. Wenn bei der Herstellung der Verbindung eine Abfrage nach Zugangsdaten erscheint, tragen Sie den Benutzernamen vom Windows-Gast-System sowie das zugehörige Kennwort dieses Benutzers (aus dem Gast-System) ein.

16.2.6 VM anhalten und fortfahren

Wenn Sie bisher nicht mit VMs gearbeitet haben, sollten Sie unbedingt wissen, dass VMs angehalten werden können. Das ist ein Feature eines fast jeden Hypervisors. Wir haben das bereits kurz im Abschnitt zu den Gäste-Tools erläutert und wollen dies nun etwas vertiefen.

Wenn eine VM angehalten wird, friert der Hypervisor das System förmlich ein und sichert alle Daten aus dem Arbeitsspeicher der VM in eine temporäre Datei auf der Festplatte des Hypervisors.

In diesem Zustand reagiert die VM natürlich nicht mehr auf Eingaben, auch nicht mehr auf Netzwerkanfragen. Es laufen keine geplanten Aufgaben bzw. Cronjobs mehr. Die VM ist praktisch ausgeschaltet, aber eben doch nicht. Um zum Status »ausgeschaltet« zu wechseln, müssen Sie das Gast-System herunterfahren. Dabei müssen alle Programme beendet werden. Oder Sie müssen es »ausschalten«, ohne es herunterzufahren. Bei Virtualization Station heißt der zugehörige Punkt ABSCHALTUNG ERZWINGEN. Beides ist aber eher unkomfortabel, weil die Abschaltung einem Absturz des Betriebssystems mit Datenverlust gleichkommt. Und das Herunterfahren bedingt das Beenden von Programmen. Nein, der Status »angehalten« ist vielmehr so etwas wie ein Standby-Modus, der aber keinen Strom verbraucht und auch nicht durch externe Signale wie Tastatureingaben, Netzwerkanfragen oder Ähnliches beendet werden kann.

Um eine VM anzuhalten, gehen Sie wie folgt vor:

1. Klicken Sie in Virtualization Station auf ÜBERSICHT und bei der betroffenen VM in der unteren Icon-Leiste auf das Anhalten-Symbol ⏸.
2. Bestätigen Sie die Abfrage, dass Sie sicher sind.

Virtualization Station beginnt daraufhin, den Arbeitsspeicher-Inhalt der VM auf die Festplatte zu schreiben. Dies benötigt durchaus einige Zeit und geschieht als Hintergrundaufgabe, deren Fortschritt Sie auch verfolgen können.

Um die Ausführung der VM wieder fortzusetzen, klicken Sie in der Icon-Leiste auf das Fortfahren-Symbol ▶.

16.2.7 Snapshots

Eine ebenso praktische Funktion wie das Anhalten und Fortsetzen einer VM sind Snapshots. Darunter versteht man eine Sicherung des aktuellen Zustands einer VM, zu dem man jederzeit per Klick zurückwechseln kann.

Snapshots sind keine Backups

Bitte verwechseln Sie Snapshots nicht mit einem Backup (siehe dazu Abschnitt 16.2.8, »VM sichern und wiederherstellen«). Ein Snapshot ist an die VM geknüpft und wird beim Löschen einer VM mitgelöscht, während ein Backup (meist an einem separaten Speicherort abgelegt) dann noch da wäre. Dazu kommt, dass Sie einen Snapshot nicht separieren und woanders wiederherstellen können. Ein Snapshot überschreibt beim Wiederherstellen automatisch den aktuellen Stand der VM.

Snapshots sind ideal, wenn Sie etwas testen und bei Bedarf den alten Zustand wiederherstellen möchten. Ein Beispiel wäre die Installation eines neuen Programms. Sie könnten davor einen Snapshot setzen. Wenn Ihnen das Programm zusagt, können Sie den Snapshot wieder entfernen. Wenn nicht, kehren Sie zum Zeitpunkt des Snapshots zurück. Es darf maximal 32 Snapshots pro VM geben.

So erstellen Sie einen Snapshot:

1. Klicken Sie in Virtualization Station auf ÜBERSICHT und bei der betroffenen VM in der unteren Icon-Leiste auf das Snapshot-Symbol.
2. Klicken Sie im erscheinenden Menü auf EINEN SCHNAPPSCHUSS AUFNEHMEN.
3. Es erscheint ein neues Fenster (siehe Abbildung 16.6). Vergeben Sie unter NAME einen Namen für den Snapshot, mit dem Sie ihn einfach wiedererkennen können.
4. Sie können den Haken SNAPSHOT RESERVIEREN aktivieren. Wenn die maximale Anzahl von 32 Snapshots erreicht ist und ein weiterer erstellt wird, wird der älteste Snapshot gelöscht, der *nicht reserviert ist*.

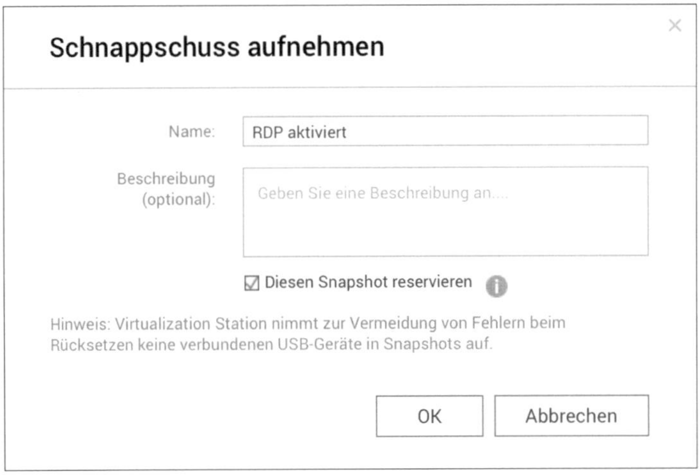

Abbildung 16.6 Snapshot einer VM erstellen

5. Klicken Sie auf OK, um den Snapshot zu erstellen. Der Snapshot wird als Hintergrundaufgabe durchgeführt, deren Fortschritt Sie über das Symbol für Hintergrundaufgaben überwachen können.

So sehen Sie alle erstellten Snapshots einer VM ein:

1. Klicken Sie in Virtualization Station auf ÜBERSICHT und bei der betroffenen VM in der unteren Icon-Leiste auf das Snapshot-Symbol.
2. Klicken Sie im erscheinenden Menü auf SNAPSHOTS VERWALTEN.

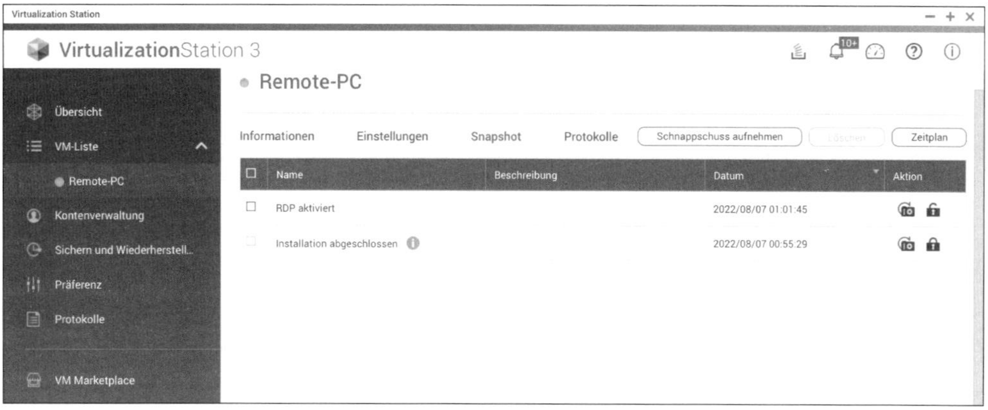

Abbildung 16.7 Snapshots einer VM in Virtualization Station verwalten

Sie landen in den VM-Einstellungen im Reiter SNAPSHOT (siehe Abbildung 16.7). Hier können Sie mit dem Schloss-Symbol Snapshots reservieren und damit vor dem Überschreiben bewahren, wenn mehr als 32 Snapshots vorhanden sind.

Mit dem Icon können Sie zu einem Snapshot (also einem Systemzustand) zurückkehren. Wenn Sie hier klicken, erfolgt eine Sicherheitsabfrage, die Sie mit OK bestätigen. Es wird der aktuelle Zustand des Systems mit dem Zustand überschrieben, der zum wiederhergestellten Snapshot gehört. Sie sollten sich deshalb angewöhnen, noch einmal einen Snapshot zu erstellen, bevor Sie zu einem älteren Snapshot zurückkehren. So können Sie bei Bedarf auch wieder »zurück in die Zukunft«.

Snapshots kosten natürlich Speicherplatz. Wenn Sie aufräumen möchten, können Sie in der Übersicht aller Snapshots Haken vor ausgewählte Snapshots setzen und diese per Klick auf LÖSCHEN entfernen.

Virtualization Station kann außerdem per Klick auf ZEITPLAN automatisch Snapshots der VM in bestimmten Intervallen erzeugen, und zwar einmal täglich, einmal wöchentlich oder einmal monatlich. Denken Sie daran, es kann maximal 32 Snapshots geben, die ältesten werden beim Erstellen eines weiteren entfernt (wenn sie nicht reserviert sind).

16.2.8 VM sichern und wiederherstellen

Wir haben im vorigen Abschnitt erläutert, dass Snapshots keine Backups sind. Aber wie sichern Sie nun eine VM? Dafür gibt es eine Funktion im Menü SICHERN UND WIEDERHERSTELLEN von Virtualization Station.

VM sichern

Klicken Sie oben auf VM sichern. Es erscheint das neues Fenster aus Abbildung 16.8.

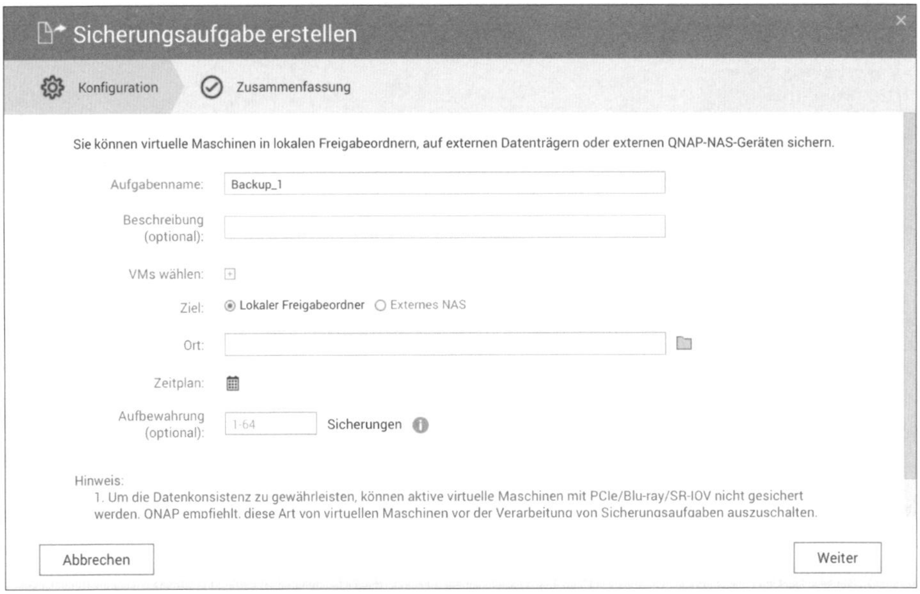

Abbildung 16.8 Eine VM sichern

Sie können bei Aufgabenname einen Titel für den Sicherungsauftrag festlegen, so dass Sie ihn rasch wiederfinden, wenn Sie ihn häufiger verwenden. Bei VMs wählen klicken Sie auf das Plus-Symbol und wählen die zu sichernden VMs. Als Ziel der VM-Sicherung können Sie die Option Lokaler Freigabeordner oder Externes NAS wählen. Bei Ort legen Sie den Zielordner fest. Mit Klick auf Zeitplan können Sie festlegen, ob der Sicherungsauftrag manuell auf Abruf oder regelmäßig in bestimmten Intervallen durchgeführt werden soll. Wenn eine Turnussicherung aktiviert wird, können Sie festlegen, wie viele Sicherungen aufbewahrt werden sollen, ehe die ältesten gelöscht werden.

Wenn Sie die Einstellungen vorgenommen haben, klicken Sie auf Weiter. Sie erhalten noch einmal eine Zusammenfassung. Bei Klick auf Fertigstellen können Sie Sofortige Verarbeitung wählen, was den Sicherungsauftrag unabhängig von jeglicher Planung sofort startet. Geplante Verarbeitung startet die Sicherung nicht sofort. Sie wird dann starten, wenn der gewählte Zeitpunkt des Zeitplans erreicht ist (falls gesetzt). Ansonsten wartet der Sicherungsauftrag darauf, dass Sie ihn manuell starten.

Sicherungsaufgaben sind, sobald sie starten, in den Hintergrundaufgaben zu finden und können dort im Fortschritt überwacht werden.

VM wiederherstellen

Wenn Sie eine VM wiederherstellen möchten, zu der es noch die passende Sicherungsaufgabe im Menüpunkt SICHERN UND WIEDERHERSTELLEN gibt, gehen Sie wie folgt vor:

1. Klicken Sie auf das Icon WIEDERHERSTELLEN neben der Sicherungsaufgabe.
2. Es erscheint ein neues Fenster. Sie können dort angeben, ob Sie die VORHANDENE VM ÜBERSCHREIBEN möchten oder ob die Wiederherstellung in Form einer Kopie erfolgen soll (NEUE VM ERSTELLEN). Klicken Sie auf WEITER.
3. Im Reiter VM-EINSTELLUNGEN geben Sie die Konfiguration der VM an. Sie können den Vorschlag in der Regel übernehmen. Klicken Sie auf WEITER.
4. Klicken Sie nach dem Prüfen der Zusammenfassung auf WIEDERHERSTELLEN.

Wenn die Sicherungsaufgabe zur VM nicht mehr in der Übersicht zu sehen ist (z. B. weil die VM nicht mehr existiert), können Sie den Button Restore VM oberhalb der Sicherungsaufgaben verwenden. Für diesen Fall müssen Sie den Pfad zur Sicherungsdatei angeben. Danach finden Sie die gleichen Einstellungen wie oben angegeben vor.

16.2.9 Fazit

Mit Virtualization Station bietet QNAP einen vollwertigen Hypervisor. Das System arbeitet äußerst zuverlässig, VMs verhalten sich wie erwartet.

Die Performance der VMs lässt zu wünschen übrig, was sicherlich an der schmalen Hardware-Ausstattung der Mittelklasse-NAS-Systeme liegt, die einfach nicht mehr Leistung bereitstellen.

Der Funktionsumfang von Virtualization Station ist beachtlich. Nicht nur Snapshots und Funktionen zum Einfrieren von VMs sind vorhanden. Selbst eine automatische Backupfunktion gehört dazu. Wir wünschen gutes Gelingen bei den ersten Schritten mit der App.

Wenn Sie bereits Erfahrungen sammeln konnten, haben wir folgende Tipps zur Vertiefung:

- Geben Sie den Bildschirminhalt einer VM über HybridDesk Station (HD Station) auf einem externen Bildschirm aus. Sie können die VM dann wie ein physisches System nutzen, indem Sie noch Tastatur und Maus an das NAS anschließen.
- Verwenden Sie an das NAS angeschlossene USB-Geräte innerhalb der VM. So können Sie angeschlossene USB-Drucker in der VM nutzen, oder Lizenz-Dongles. Eine einfache Funktion zum Durchschleusen ist in Virtualization Station eingebaut. Zusätzlich könnte für Sie VirtualHere von Interesse sein (siehe Abschnitt 6.3).
- Werfen Sie einen Blick auf die App Container Station in Abschnitt 16.3, die eine feinere Einteilung von Applikationsebenen bietet.

16.3 Container Station

Die Grundlagen von Container Station und die Unterschiede zu Virtualization Station haben wir Ihnen bereits in Abschnitt 16.1, »Virtualisierung verstehen: Virtuelle Maschinen und Docker-Container«, vorgestellt. Hier geht es nun in die Praxis: Wie nutzen und installieren Sie Apps in Containern auf Ihrem QNAP-System?

16.3.1 Installation

Die Mindestanforderungen für Container Station haben wir in Abschnitt 16.1.4, »Umsetzung und Bewertung der Technik in QNAP-NAS-Systemen«, beleuchtet. So installieren Sie die Software:

1. Loggen Sie sich als Administrator in die Weboberfläche des NAS-Systems ein, öffnen Sie das Menü ☰, und klicken Sie dann auf APP CENTER.
2. Verwenden Sie die Suchfunktion 🔍 oben rechts, um nach »container station« zu suchen.
3. Sie erhalten ein Suchergebnis, CONTAINER STATION. Klicken Sie unterhalb des Programm-Icons auf INSTALLIEREN. Wenn hier STARTEN steht, ist das Programm bereits installiert – möglicherweise hat eine andere Software die App Container Station als Voraussetzung und diese bereits installiert.
4. Falls Sie mehrere Volumes auf dem NAS eingerichtet haben, wählen Sie das Volume, auf das Sie installieren möchten.

Klicken Sie nach der Installation auf START. Container Station weist Sie darauf hin, dass LXC-Container nicht mehr unterstützt werden und stattdessen LXD-Container verwendet werden sollen, die dem aktuellen Standard entsprechen, was wir bereits in Abschnitt 16.1.2, »Container«, angesprochen haben. Aktivieren Sie den Haken I UNDERSTAND. DO NOT SHOW THIS MESSAGE AGAIN, und bestätigen Sie mit OK.

Im nächsten Abschnitt orientieren wir uns im Programm und lernen die Menüpunkte kennen.

16.3.2 Bedienung

Beim Start der App befinden Sie sich im Menüpunkt OVERVIEW (siehe Abbildung 16.9). Hier werden alle Container, die Sie ausführen können, aufgelistet. Mit den typischen Icons können Sie die Container starten, stoppen, neustarten oder löschen.

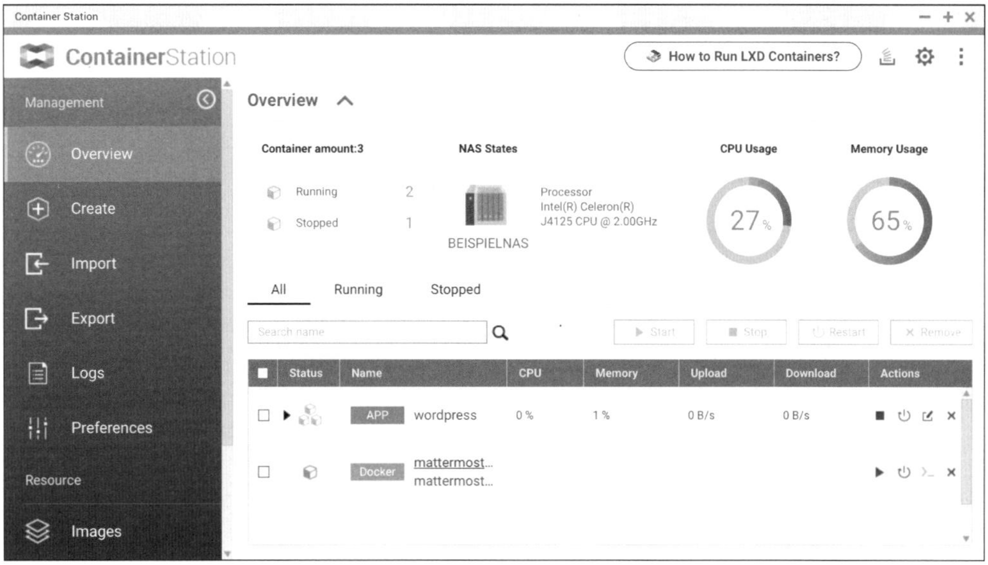

Abbildung 16.9 Container Station – Übersicht

So bekommen Sie Container

Auf die folgenden Weisen gelangen Container in die Container-Station-App:

- Sie laden Container durch den Download einer fertigen App-Vorlage aus einer Registry im Internet. Dies schauen wir uns in Abschnitt 16.3.5 beispielhaft mit der Chat-Applikation Mattermost an.
- Sie importieren einen Container vom NAS oder Computer.
- Sie erstellen selbst eine Applikation durch Einfügen einer YAML-Datei im Format *Docker Compose*, und Container Station lädt die dafür notwendigen Container aus den Registries. Dies schauen wir uns in Abschnitt 16.3.6 beispielhaft mit dem CMS WordPress an.

Registries

Wenn Sie im Menüpunkt CREATE nach Applikationen oder Containern suchen, durchsucht Container Station folgende Verzeichnisse:

- Das QNAP-eigene Container-Verzeichnis *qnap-dev/container-apps:2.0* auf GitHub: *https://github.com/qnap-dev/container-apps*
- Docker Hub: *https://registry.hub.docker.com/*
- LXD Image Server: *https://images.linuxcontainers.org/*

Sie können über den Menüpunkt PREFERENCES im Reiter REGISTRY weitere, eigene Registries hinzufügen. Sie können dort auch das Default Repository wechseln, das Container Station zur Suche nach Applikationen nutzt. Auch die Verwendung von Repositories von GitHub ist hier möglich.

Sie werden in diesen Registries eine Vielzahl an vorbereiteten Container-Images finden. Besonders im Docker Hub sind alle wichtigen Software-Angebote vertreten, und Sie können dort quasi alle Programme aus dem Linux-Bereich direkt als Container herunterladen.

Das ist zwar sehr komfortabel, aber achten Sie darauf, wer die Container anbietet. Nutzen Sie vorzugsweise verifizierte Angebote der offiziellen Projekte, damit Sie Sicherheitsprobleme möglichst minimieren können. Schließlich sind Container auch nur eine andere Form, um Software aus dem Internet auszuführen. Auch wenn sie in einer abgeschlossenen Umgebung laufen, sollten Sie mit ihnen genauso vorsichtig umgehen wie mit anderen ausführbaren Dateien, die Sie im Internet finden.

Daher sollte das QNAP-Verzeichnis Ihre bevorzugte Quelle für Container sein, denn dort können Sie sich darauf verlassen, dass die Angebote von QNAP überprüft wurden.

Darstellung von Apps und Docker-Containern

Eine App ist eine Applikation bzw. Software, die – wie im Einführungsabschnitt beschrieben – einen oder mehrere Container wie Legosteine zusammensetzt, um damit ihre Dienste bereitzustellen. Oft sind das ein Programm-Container (die ausführbaren Dateien plus Hilfsdateien) und ein Datenbank-Container. Hinzu kommen Volumes, dazu später mehr. Eine App, die zusammengesetzt ist, ist in Container Station mit einem grünen APP-Icon versehen. Im Menüpunkt OVERVIEW können Sie mit dem kleinen Dreieck vor dem Applikationsnamen einsehen, aus welchen Docker-Containern sich die App zusammensetzt. Diese Bestandteile sind dann anhand des Icons Docker erkennbar.

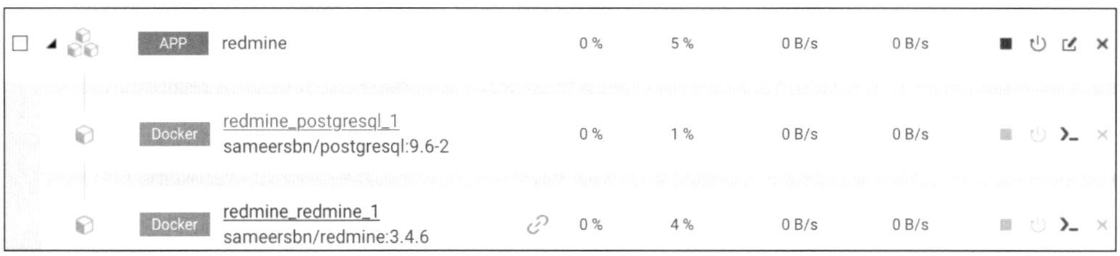

Abbildung 16.10 Container einsehen, aus denen die App sich zusammensetzt

Wenn Sie ein Anker-Symbol neben einem Container finden, handelt es sich dabei meistens um den Applikationscontainer, der eine Website bereitstellt, die Sie aufrufen können (in Abbildung 16.10 ist das REDMINE_REDMINE_1).

Einige Applikationen setzen sich nicht aus mehreren Containern zusammen, sondern beinhalten alle Komponenten zur Ausführung einer App, wie die Chat-Anwendung Mattermost in Abbildung 16.9. Solche Anwendungen führen in der Übersicht direkt das Docker-Icon.

Container-Details und Logfile abrufen

Auf die blau unterstrichenen Einträge in der Liste können Sie klicken, um Details anzuzeigen. Mattermost aus Abbildung 16.9 können Sie wie beschrieben direkt anklicken, weil diese Applikation nicht aus mehreren Containern besteht. Bei Redmine aus Abbildung 16.10 können Sie nicht den Haupteintrag, sondern nur die Bestandteile anklicken, nämlich das Programm und die PostgreSQL-Datenbank. Im Detaildialog aus Abbildung 16.11 eines laufenden Containers können Sie die CPU- und Speicherlast des Containers einsehen sowie die Logs anschauen. Letzteres ist besonders hilfreich für die Fehleranalyse.

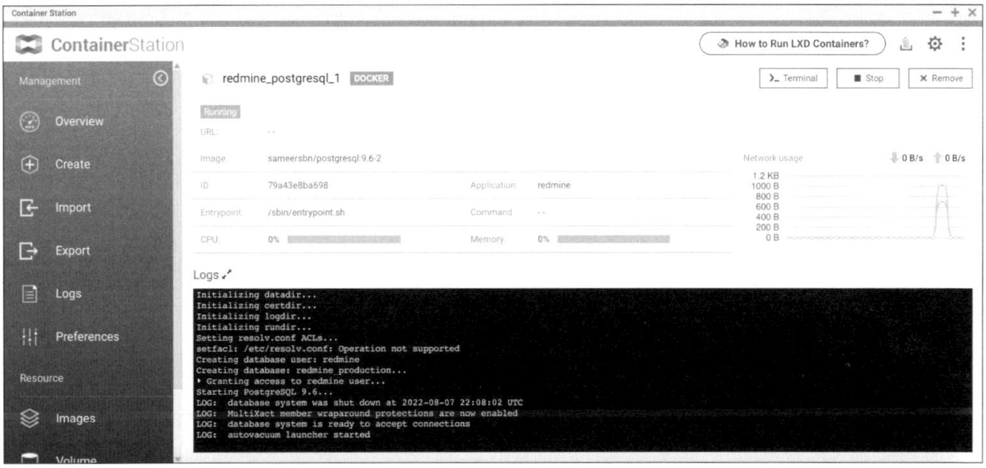

Abbildung 16.11 Details eines laufenden Containers

Es gibt im Menü im Bereich RESOURCE noch die Menüpunkte IMAGES und VOLUME. Schauen wir uns in den kommenden Abschnitten an, was sich dahinter verbirgt.

16.3.3 Images

Im Menüpunkt IMAGES finden Sie eine Liste aller Images aus den Repositories, die Sie bisher heruntergeladen haben. Ein Image lädt Container Station immer automatisch dann herunter, wenn Sie im Menüpunkt CREATE eine Applikation downloaden. Daraus erzeugt Container Station dann direkt eine Container-Instanz und startet sie.

Wenn Sie Applikationen löschen, *behält* Container Station die Images der Container, die die App genutzt hat. Sie finden diese im Menüpunkt IMAGES. Dort können Sie sie mit Klick auf [X] löschen – allerdings erst, wenn kein Container dieses Image mehr nutzt. Von dieser Seite aus können Sie auch neue Container aus den Images erzeugen.

16

Bedenken Sie allerdings: Wenn eine App mehrere Container kombinieren muss (wie Redmine in unserem Beispiel, siehe Abbildung 16.12), reicht es nicht aus, hier einzelne Container zu erzeugen. Dafür suchen Sie die App bitte noch einmal im Menüpunkt CREATE und erzeugen eine neue App. Diese nutzt dann die vorhandenen, heruntergeladenen Images, aber setzt sie korrekt zu einer Applikation zusammen.

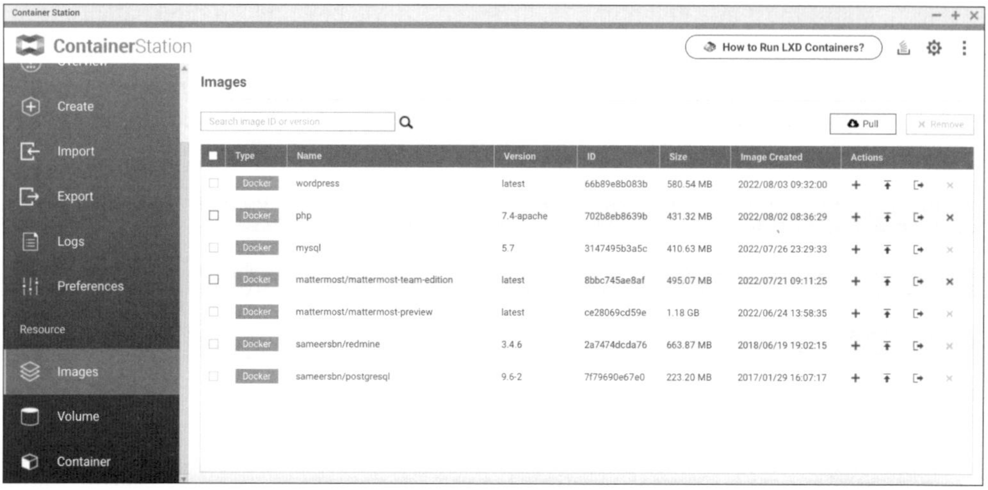

Abbildung 16.12 Images zu den Containern im Überblick

Mit dem Menüpunkt PULL können Sie Images aus einer Registry herunterladen, ohne daraus – wie beim Menüpunkt CREATE – gleich eine Container-Instanz zu erzeugen, die sofort gestartet wird.

16.3.4 Volumes

Die meisten Applikationen auf Container-Basis bringen Volumes mit. Wie Sie mittlerweile wissen, sind die Images eine Art Vorlage für Container, aus denen Sie immer neue Container-Instanzen für unterschiedlichste Anwendungen erzeugen können. Die Applikationen schreiben aber nicht in diese Image-Dateien. Für die Datenhaltung (Persistenz) und auch für den Datenaustausch mit anderen Containern werden sogenannte Volumes genutzt, also so etwas wie virtuelle Festplatten.

Die im Rahmen von Container-Installationen erstellten Volumes finden Sie im Menüpunkt VOLUME in Container Station (siehe Abbildung 16.13).

Manche Volumes nutzen sprechende Namen, mit denen Sie sie rasch den entsprechenden Containern zuordnen können. Manch andere haben kryptische Namen. Um zu sehen, welche Container dieses Volume nutzen (mehrere Container können dasselbe Volume nutzen), klicken Sie auf das Brillen-Icon .

Wenn Sie viel mit Containern ausprobieren, sammeln sich hier über die Zeit einige Volumes an, die von gar keinen Containern mehr aktiv genutzt werden. Mit dem Button PRUNE können Sie diese in einem Zug identifizieren und löschen.

Abbildung 16.13 Volumes in Container Station

16.3.5 Mattermost als Container-App

In Abschnitt 15.2 haben Sie den Chat-Server Mattermost kennengelernt. Wir merkten an, dass die App, die QNAP im App Center für seine NAS-Systeme bereitstellt, einen veralteten Mattermost-Server enthält. Das liegt daran, dass QNAP diese App erstellt hat und dass sie nicht von Mattermost gepflegt wird.

Mit Docker-Containern können Sie sich selbst einen Mattermost-Server bereitstellen, der nicht über das App Center installiert wird, sondern über Container Station. Container Station bedient sich der zentralen Docker-Verzeichnisse (Registry), und diese werden von den meisten Programmiererinnen und Programmierern mit den aktuellen Software-Releases gefüttert. So ist es auch bei Mattermost. Wenn Sie Mattermost über Container Station auf dem NAS installieren, erhalten Sie die aktuelle Version. Einen Haken gibt es natürlich: Sie müssen die Container manuell für den Betrieb in Produktionsumgebungen vorbereiten.

Wir zeigen Ihnen nachfolgend die Installation von Mattermost Preview. Dies ist ein einfacher Docker-Container, in dem das Mattermost-Team alle Komponenten von Mattermost integriert hat. Der Name Preview deutet bereits an, dass dies aufgrund vordefinierter Passwörter innerhalb des Containers nicht der Weg ist, mit dem Sie Mattermost in einer Produktionsumgebung einsetzen sollten. Wir nutzen dennoch die Preview-Version, um mit Ihnen gemeinsam den Prozess von der Suche über die Installation bis hin zur Nutzung einer Container-App beispielhaft durchzugehen.

Mattermost für den Produktivbetrieb

Wenn Sie Mattermost für den Produktivbetrieb als Docker-Container nutzen möchten, sind einige Konfigurationen notwendig: Es müssen die korrekten Domains in den Config-Dateien hinterlegt und Zertifikate eingerichtet werden. Sie können deshalb nicht einfach den Container herunterladen und starten. Die genauen Schritte behandeln wir nicht in diesem Buch, Sie finden sie auf *https://docs.mattermost.com/install/install-docker.html* – doch machen Sie sich bitte erst mit Container Station vertraut, indem Sie mit uns nachfolgend die Preview-Version installieren.

So installieren Sie Mattermost als Preview-Version zum Testen:

1. Öffnen Sie Container Station, und rufen Sie den Menüpunkt CREATE auf.
2. Klicken Sie in das Suchfeld [Q], und tippen Sie »mattermost« ein. Bestätigen Sie mit der Eingabetaste.
3. Wechseln Sie in den Reiter DOCKER HUB.
4. Sie erhalten zahlreiche Suchergebnisse, deren Namen abgeschnitten dargestellt werden. Identifizieren Sie den Eintrag MATTERMOST/MATTERMOST-PREVIEW in der Liste. Dazu fahren Sie mit der Maus über die einzelnen Titel, um diese in voller Länge anzuzeigen. Wenn Sie den Eintrag gefunden haben, klicken Sie bei diesem Ergebnis rechts auf INSTALL.

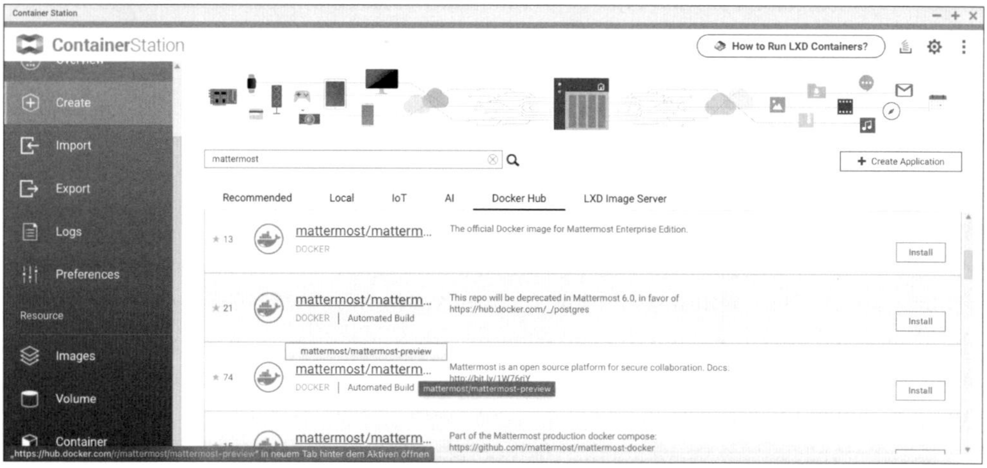

Abbildung 16.14 »mattermost-preview« in Container Station installieren

5. Sie werden mit SELECT IMAGE VERSION zur Auswahl eines Software-Releases aufgefordert. Belassen Sie die Einstellung auf LATEST, und klicken Sie auf NEXT.
6. QNAP warnt Sie, dass keine Haftung für die Installation von Drittanbieter-Apps übernommen wird. Bestätigen Sie mit OK.

7. Im folgenden Fenster CREATE CONTAINER können Sie die Nutzungslimits des Containers auf dem NAS festlegen. Wir geben in unserem Beispiel, das Sie in Abbildung 16.15 sehen, Mattermost 50 % der CPU- und der Arbeitsspeicher-Ressourcen.

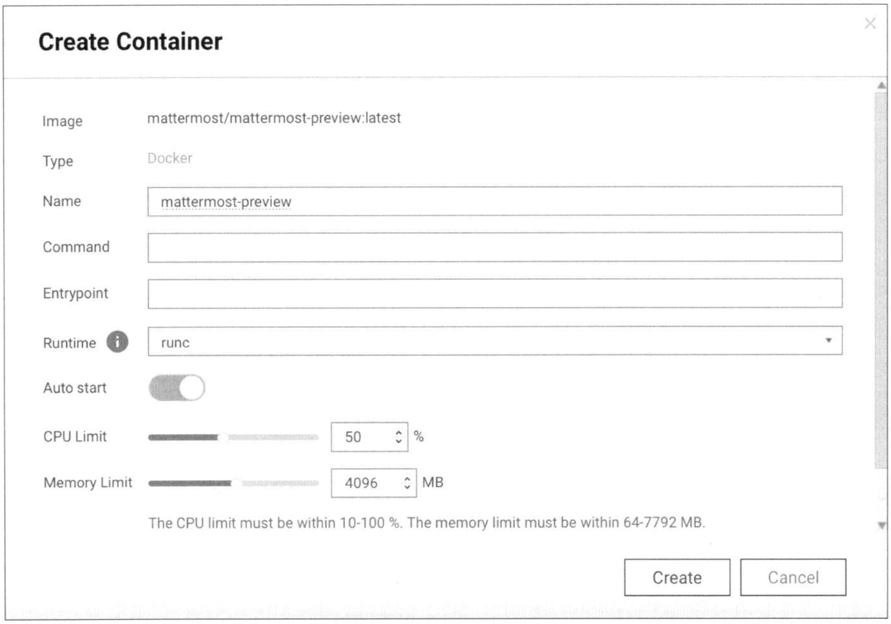

Abbildung 16.15 Container-Einstellungen für Mattermost-Installation

8. Sie erhalten noch eine Übersicht (SUMMARY), diese bestätigen Sie mit OK.

Der Download und die Installation des Containers laufen im Hintergrund. Sie können den Fortschritt über das Symbol für Hintergrundaktivitäten mitverfolgen.

Nach dem Abschluss der Installation finden Sie den Container im Menüpunkt OVERVIEW in Container Station. Er ist bereits gestartet. Um herauszufinden, wie Sie Mattermost aufrufen können, klicken Sie auf den blau unterstrichenen Applikationsnamen. Wie Sie vom vorigen Abschnitt wissen, bringt Sie das zur Konsole und zu den Container-Details.

Obwohl der Container mit grünem Hinweis RUNNING gekennzeichnet ist, benötigt Mattermost eine ganze Weile, bis es hochgefahren ist. In den Details aus Abbildung 16.16 steht währenddessen bei URL nur ein --. Im Log erscheinen immer wieder neue Meldungen, dass User erstellt werden, Channels (Chat-Kanäle) errichtet werden u. v. m. Erst nach vielen Minuten kehrt Ruhe ein, und Container Station zeigt bei URL schließlich eine Internetadresse zum Anklicken an, mit der wir das Webinterface von Mattermost aufrufen können.

Der kleine Pfeil hinter der URL weist auf das Port-Mapping hin, das Container Station durchführt. Mattermost läuft innerhalb des Containers auf Port 8065 und wird auf dem NAS auf Port 49168 gemappt, damit Sie es aufrufen können.

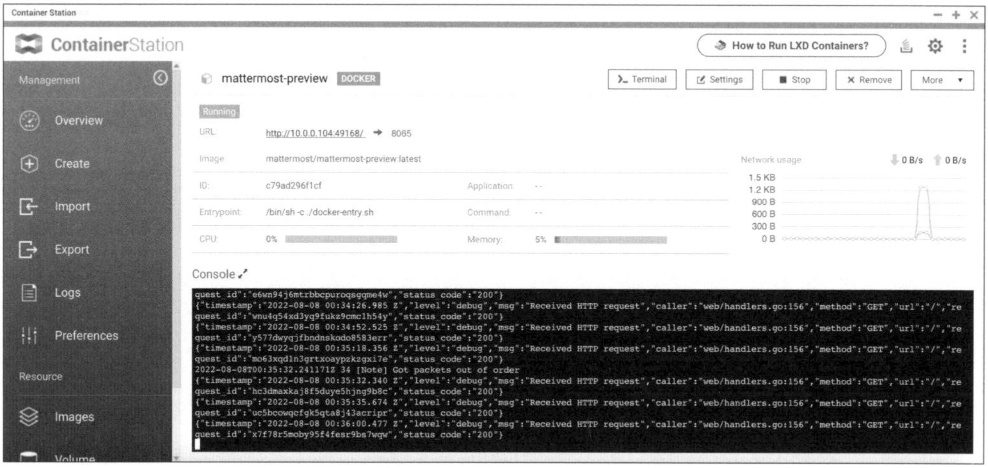

Abbildung 16.16 Details des Mattermost-Containers mit URL

Klicken Sie auf die blau hinterlegte URL. Es öffnet sich ein neuer Browser-Tab mit dem Installationsdialog von Mattermost. Alles Weitere zur Einrichtung von Mattermost können Sie Abschnitt 15.2 entnehmen. Zur Erinnerung: Die Preview-Version ist zum Testen gedacht.

16.3.6 Eigene Applikationen auf Grundlage von Containern erstellen

Zuletzt haben Sie natürlich die Möglichkeit, eigene Applikationen in Container Station zu erzeugen. Dazu können Sie ein Docker Compose File per Copy & Paste einfügen. Container Station wird den Inhalt der Datei auf Syntaxfehler hin prüfen und die Anweisungen für Sie umsetzen. Container Station wird die abhängigen Images herunterladen, die zum Betrieb der Applikation notwendig sind, und die App anschließend auch starten.

Beispielhaft installieren wir nachfolgend das Content-Management-System (CMS) WordPress, das aus einem Apache-Webserver, einer MySQL-Datenbank und natürlich den WordPress-Dateien besteht.

1. Öffnen Sie in Container Station den Menüpunkt CREATE, und klicken Sie oben rechts auf den Button CREATE APPLICATION.
2. Fügen Sie Code aus dem nachfolgenden Listing 16.1 in das Editierfeld YAML ein. Gegebenenfalls können Sie ihn mit dem Dropdown-Feld SAMPLE unten rechts auch einfügen, falls Ihnen WordPress in der Dropdown-Liste angeboten wird.

3. Geben Sie nun den Code aus Listing 16.1 ein. (Sie finden das Beispiel beim Download-Material zum Buch.)
4. Klicken Sie auf CREATE.

```
version: '3'

services:
   db:
     image: mysql:5.7
     volumes:
       - db_data:/var/lib/mysql
     restart: always
     environment:
       MYSQL_ROOT_PASSWORD: somewordpress
       MYSQL_DATABASE: wordpress
       MYSQL_USER: wordpress
       MYSQL_PASSWORD: wordpress

   wordpress:
     depends_on:
       - db
     image: wordpress:latest
     ports:
       - "10084:80"
     restart: always
     environment:
       WORDPRESS_DB_HOST: db:3306
       WORDPRESS_DB_USER: wordpress
       WORDPRESS_DB_PASSWORD: wordpress
volumes:
    db_data:
```

Listing 16.1 Die Docker-Compose-Vorlage für den eigenen WordPress-Container

Wenn Sie den Code etwas genauer untersuchen, steigen Sie schnell dahinter, wie die Docker-Compose-Dateien aufgebaut sind:

- Es gibt zwei Komponenten in der App: eine Datenbank (db) und eine Applikation (wordpress).
- Die Datenbank nutzt das Image von MySQL 5.7. Das lokale Verzeichnis, in dem MySQL seine Datenbanken ablegt, wird auf ein Volume gemappt. Die Benutzerdaten für den Datenbankzugriff sowie der Datenbankname werden als Parameter angegeben. Somit startet die MySQL-Instanz mit genau dieser Konfiguration.

- Die Applikation `wordpress` setzt den Service `db` voraus, weil dort die Daten für das CMS hinterlegt werden sollen. Es soll das neueste WordPress-Release geladen werden (`latest`). Der lokale Port 80, mit dem WordPress im Container läuft, soll auf dem NAS auf Port 10084 gemappt werden. Die WordPress-Instanz erwartet mit den Parametern `WORDPRESS_DB_HOST` usw. die Übergabe der Datenbank-Verbindungsdaten. Sie sind identisch mit denen des `db`-Services.
- Zum Schluss ist das Volume noch einmal aufgeführt, das von `db` genutzt wird.

Kurze Zeit nach der Installation der Container finden Sie die App WORDPRESS in der Übersicht im Menüpunkt OVERVIEW (siehe Abbildung 16.17). Sie können die App mit dem kleinen Dreieck-Symbol neben dem App-Namen aufgliedern und sehen, dass sie aus den beiden angegebenen Containern besteht.

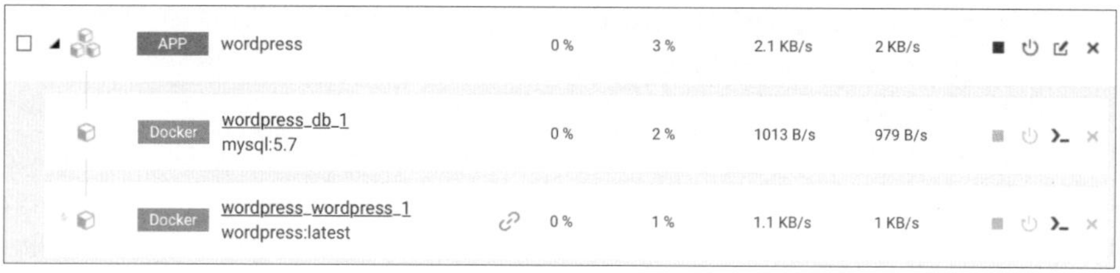

Abbildung 16.17 Container der WordPress-App

Klicken Sie auf das Link-Symbol neben dem Applikationscontainer, um die WordPress-Instanz aufzurufen. Sie werden weitergeleitet auf *http://[ip-des-nas]:10084/wp-admin/install.php*. Wie Sie erkennen, mappt Container Station den Webserver auf Port 80, der im Container läuft, auf dem NAS auf Port 10084 – genau so, wie es in der Config-Datei angegeben ist.

Wenn Sie genau denselben Code noch einmal nutzen, um eine WordPress-App zu erzeugen, werden Sie feststellen, dass der MySQL-Container startet, der Applikationscontainer hingegen nicht: Der Port ist belegt. Sie könnten einen anderen Port als 10084 in der Docker-Compose-Datei angeben, etwa 10085. Alternativ können Sie die Zeile ändern in:

```
- "80"
```

Dies weist Container Station an, automatisch einen freien Port zu finden und freizugeben. Welcher das ist, können Sie dann in den Details des gestarteten Containers ablesen, dort wird die URL nach dem Start eingeblendet.

Seien Sie geduldig, bis die einzelnen Container gestartet sind. Es können einige Minuten vergehen, ehe WordPress eine URL in den Container-Details anzeigt.

16.3.7 Fazit

Mit Container Station können Container unterschiedlicher Formate ausgeführt werden, allen voran natürlich das beliebte Docker-Container-Format. Dass die App sich dabei direkt in den Docker Hub einklinkt und alle Container von dort herunterladen kann, macht die Bedienung besonders einfach. Auch die Akzeptanz des Docker-Compose-Dateiformats ist ein wichtiger Erfolgsfaktor.

Mit den Begriffen *App*, *Image* und *Docker-Container* klarzukommen, fällt beim Einstieg in den Bereich der Container-Virtualisierung unter Umständen etwas schwer. Auch Container Station hilft dabei nicht viel, da einige Applikationen mit Docker-Icon und andere mit App-Icon angezeigt werden. Mit der Zeit wird man in diesem Bereich allerdings sattelfest.

Schade ist, dass Container Station kein automatisches Backup von Containern bietet, wie es Virtualization Station tut. Vielleicht wird das in einer zukünftigen Version noch nachgeliefert.

Wir nehmen an, dass Container Station in der Zukunft der QNAP-NAS-Systeme noch eine zentrale Rolle spielen wird. Das zeigt zum einen die Tatsache, dass bereits zahlreiche Apps im offiziellen QNAP App Center die App Container Station voraussetzen und somit auf Containern basieren. Zum anderen zeigt unser Beispiel der Mattermost-App, welche Probleme QNAP sich einhandelt, wenn es Drittanbieter-Apps zu einer QNAP-App verpackt: Wenn die Anbieter die App nicht selbst pflegen, veraltet sie. Diese Lücke kann die Container-App schließen. Voraussetzung ist allerdings, dass man sich als Admin traut, auch die Konfigurationen der Container anzupassen. Das Beispiel von Mattermost zeigt einmal mehr, dass es für den Einsatz im Produktivbetrieb nicht immer ausreicht, den INSTALL-Button anzuklicken.

Kapitel 17

Alles unter Kontrolle – Überwachung mit QRM+

QRM bietet die Möglichkeit, Rechner auf Windows- und Linux-Basis zentral zu verwalten. Verwaltung heißt in diesem Fall: Einige Kernparameter jedes einzelnen Systems werden in einem zentralen Dashboard zusammengeführt, mit dem Sie sich rasch über den Status Ihrer IT-Infrastruktur informieren können. Diese Lösung schauen wir uns in diesem Kapitel gemeinsam an.

QRM+ steht für QNAP Remote Manager Plus. Es handelt sich um ein Tool, mit dem Server und Clients überwacht werden können. Klären wir zunächst, was »Überwachung« heißt, ehe wir uns den Systemvoraussetzungen und den Funktionen von QRM+ widmen. Schließlich begleiten wir Sie bei der Installation und zeigen, wie Sie Systeme in QRM+ zur Überwachung einbinden und über etwaige Alarme benachrichtigt werden. 17

17.1 Was heißt Überwachung bzw. System-Monitoring?

»Überwachen« ist ein Begriff mit recht negativem Anklang. Man stellt sich darunter schnell einen Admin vor, der die Mausbewegungen seiner Anwender wie am Fernseher mitverfolgt und ihnen auf die Finger haut, wenn falsch geklickt oder ineffizient gearbeitet wird. So etwas mag es zwar geben, aber nicht hier.

Der Begriff *Monitoring* würde besser passen. Darunter kann man sich so etwas wie ein EKG-Gerät vorstellen, das zentrale Gesundheitswerte misst und wild piept, wenn etwas nicht in Ordnung ist. Nun haben Sie vielleicht mehrere hundert Geräte zu überwachen. Woher wissen Sie, wo es piept? Sie benötigen eine Übersicht – nennen wir es neudeutsch: *Dashboard*, das zusammenfassend die Werte aller Systeme in Ihrem Monitoring darstellt. Und wenn bei einem System etwas nicht stimmt, dann sehen Sie es in Ihrem Dashboard. In der Konsequenz brauchen Sie nur regelmäßig in Ihr Dashboard zu schauen und müssen nicht regelmäßig jedes einzelne System kontrollieren. Wenn dann ein Alarm eingeht, können Sie sich über die Fernwartungsfunktionen, die QRM+ bietet, mit dem System verbinden, um Hilfe zu leisten.

Damit die Systeme ihre Messwerte an QRM+ übermitteln, muss auf ihnen ein Programm installiert werden, das wir als Agent bezeichnen. Bei QNAP heißt dieses Programm *QRMAgent*.

Wahrscheinlich werden Sie dieses Konzept bereits von der Zusammenarbeit mit Ihrem IT-Dienstleister oder IT-Systemhaus her kennen. Hier kommen häufig solche Monitoring-Tools zum Einsatz, weil der Dienstleister bei Geräteproblemen proaktiv eingreifen kann, viele Probleme erkennt und reagieren kann, bevor sie zu einem echten Problem auf Kundenseite werden.

In diesem Kapitel erfahren Sie, wie QRM+ auf dem NAS installiert wird. Wir schauen uns zudem das Monitoring von Windows-Clients an und – damit verbunden – die Features zum Erstellen von Inventarlisten in QRM+.

17.2 Funktionsumfang von QRM+

Schauen wir uns zunächst an, was QRM+ an Funktionen bietet:

- Darstellung des Systemstatus von Windows- und Linux-Systemen; es werden allgemeine Hardware-Informationen zum Gerät, Ein/Aus-Status, Auslastung von CPU, Arbeitsspeicher und Datenträger dargestellt
- Abruf von Sensorwerten weiterer IPMI 2.0-fähiger Geräte, unabhängig vom Betriebssystem
- Erstellung einer Inventarliste eingebundener Geräte
- Erkennung und Einbindung von Netzwerkgeräten wie Router, Switches und Server durch IP-Scanning im lokalen Netzwerk sowie die grafische Darstellung der Netzwerktopologie
- Einrichtung individueller Alarme anhand von definierbaren Schwellenwerten für bestimmte Systemparameter; Beispiel: Alarm, wenn weniger als 5 % freier Festplattenplatz
- Nutzung bestimmter Funktionen von QRM+ von der Handy-App aus (derzeit nur für Android)

Darüber hinaus bietet QRM+ eine *KVM*-Funktion (Keyboard, Video, Mouse – Steuerung von Tastatur und Mausfunktionen aus der Ferne, als wäre man vor Ort) für einige wenige, spezielle Geräte, die IPMI-fähig sind.

Was ist IPMI?

IPMI steht für Intelligent Platform Management Interface und ist eine Schnittstelle für die Überwachung und Fernsteuerung von IT-Systemen. Da sie hardware-implementiert ist, funktioniert sie auch, wenn das System abgeschaltet ist oder kein Betriebssystem installiert ist. Ein typischer Einsatzzweck für IPMI ist das An- und Abschalten von Server-Systemen, Sie können so aber auch Systemdaten auslesen und Diagnosefunktionen nutzen.

17.3 Systemvoraussetzungen

Auf dem NAS wird ein x86-System auf Intel- oder AMD-Basis mit der QTS-Firmware-Version 4.3.4 oder höher vorausgesetzt. Außerdem muss das NAS mindestens 4 GB Arbeitsspeicher mitbringen.

QRM+ setzt die Apps *Container Station* und *QRMAgentPack* auf dem NAS voraus. Wie Sie diese Voraussetzungen erfüllen, zeigt der nächste Abschnitt 17.4.

Für QRMAgent unter Windows wird das .NET-Framework benötigt. Unterstützt werden alle Windows-Client-Betriebssysteme ab Windows XP (aber auch das aktuelle Windows 11) und alle Windows-Server-Betriebssysteme ab Windows Server 2003 bis 2012 (unsere Tests verliefen aber auch auf 2019 erfolgreich).

Für Linux gibt es Agenten für Ubuntu 12.04, 14.04 und 16.04, für CentOS 6 und 7 sowie für Debian 8. Über die Kompatibilität mit neueren Linux-Versionen ist auf der QNAP-Website nichts zu finden. Testen Sie die Agenten bei Bedarf, bei uns haben sie in den Tests funktioniert!

17.4 Installation der App auf dem NAS

Um die Software auf dem NAS zu installieren, gehen Sie wie folgt vor:

1. Loggen Sie sich als Administrator in die Weboberfläche des NAS-Systems ein, öffnen Sie das Menü ☰, und klicken Sie dann auf App Center.
2. Verwenden Sie die Suchfunktion 🔍 oben rechts, um nach »QRM« zu suchen.
3. Sie erhalten als Suchergebnis unter anderem QRM+. Klicken Sie unterhalb des Programm-Icons auf Installieren (siehe Abbildung 17.1)

Wenn Sie die beiden abhängigen Komponenten noch nicht auf dem NAS installiert haben, informiert Sie das App Center, dass bei der Installation von QRM+ auch die Apps Container Station und QRMAgentPack mitinstalliert werden.

Sofern Sie mehr als ein Volume auf Ihrem NAS eingerichtet haben, fragt Sie App Center, auf welchem Volume QRM+ installiert werden soll. Durch die Installation häufig genutzter Apps auf unterschiedlichen Volumes können Sie die Datenträgerauslastung auf den einzelnen Volumes mit beeinflussen.

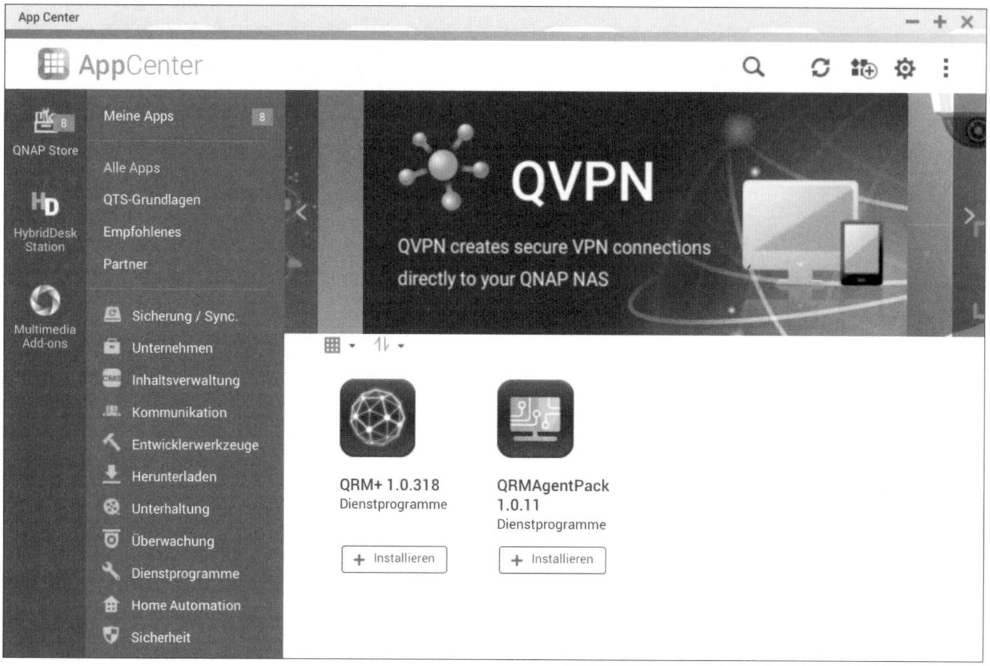

Abbildung 17.1 Installation von QRM+ aus dem App Center

17.5 Start und Orientierung

Sie können QRM+ nun nach dem Login in die NAS-Weboberfläche über das Menü und QRM+ starten. Alternativ geben Sie in die URL-Zeile Ihres Webbrowsers die Adresse *https://[ip-des-nas]/qrmplus* ein.

Wenn Sie in der normalen NAS-Weboberfläche bereits eingeloggt sind, übernimmt QRM+ diese Sitzung – vorausgesetzt, Sie sind berechtigt, QRM+ auszuführen. (Mehr zur Benutzerverwaltung finden Sie in Abschnitt 17.9.1.) Wenn Sie noch nicht eingeloggt sind, zeigt die App einen Login-Bildschirm. Hier loggen Sie sich mit einem Administrator-Benutzer des NAS-Systems ein.

Nach dem Login sehen Sie die Dashboard-Ansicht von QRM+. Wie Sie bereits oben erfahren haben, handelt es sich hierbei um Ihre zentrale Ansicht, die Ihnen einen Überblick über Ihre IT-Infrastruktur gibt. Abbildung 17.2 zeigt ein Dashboard, in dem bereits einige Geräte aufgelistet sind.

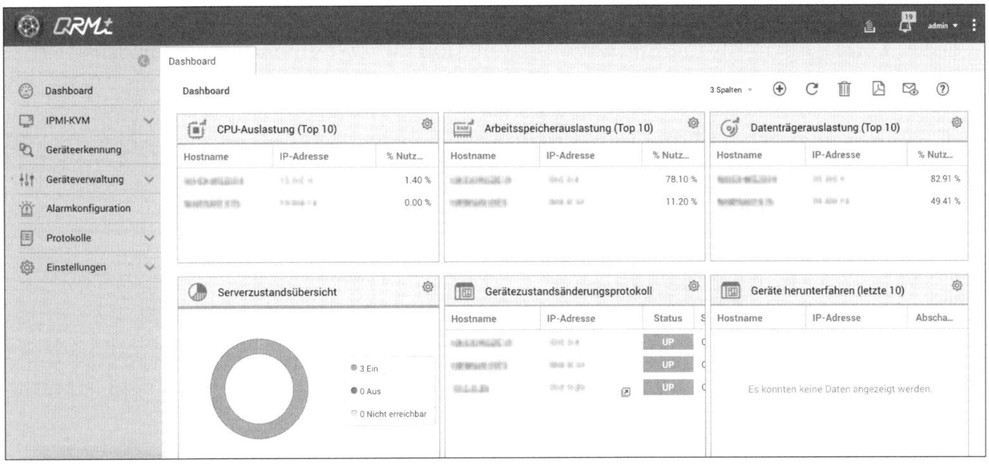

Abbildung 17.2 Dashboard von QRM+

Erfreulicherweise ist QRM+ bereits auf Deutsch eingestellt. Links finden Sie folgende Menüpunkte:

- DASHBOARD: Hier finden Sie eine Übersicht in Form von Top-10-Ergebnissen, welche Geräte eine hohe CPU-, Arbeitsspeicher- und Datenträgerauslastung haben.
- IPMI-KVM: In diesem Menüpunkt können Sie IPMI-fähige Geräte, die die KVM-Funktionalität von QRM+ unterstützen, von QRM+ mit Maus und Tastatur steuern. Da die Sensoren etwas anders sind, gibt es hier auch ein eigenes Dashboard.
- GERÄTEERKENNUNG: Scannt das Netzwerk nach Geräten, die Sie anschließend zu QRM+ hinzufügen können. Je nach Gerätetyp werden Logindaten abgefragt, oder ein Agent-Programm muss installiert werden. Dazu mehr in Abschnitt 17.6.1.
- GERÄTEVERWALTUNG: Hier können die Geräte, die in QRM+ gemonitort werden, aufgelistet werden, und Sie können in die Detailansicht jedes Geräts wechseln, wo weitere Aktionen zum Gerät aufrufbar sind.
- ALARMKONFIGURATION: Hier können Sie frei definieren, bei welcher Schwellenwert-Überschreitung für Sie ein Alarm ausgegeben werden soll. Einige zentrale Parameter können hier herangezogen werden, und wenn deren Auslastung in % über oder unter einen bestimmten, von Ihnen einstellbaren Wert wechselt, können Sie für dieses Gerät eine Alarmmeldung ausgeben lassen. Wenn Sie keine Alarme definieren, werden alle Werte, egal wie hoch oder niedrig, als »normal« angesehen.
- PROTOKOLLE: Ermöglicht Ihnen den Zugriff auf die Aufzeichnungen der vergangenen Alarme, die Ereignisse von IPMI-Geräten, den Verlauf der erfassten Daten pro Gerät (VERLAUFSDATENPROTOKOLLE) und das Systemprotokoll von QRM+.
- EINSTELLUNGEN: Hier können Sie bei der NUTZERVERWALTUNG festlegen, welche Benutzer mit QRM+ arbeiten können. Außerdem gibt es einige Einstellungen, die

wir in Abschnitt 17.9 genauer besprechen. Zuletzt finden Sie hier eine Info, welche QRM+-Agentenprogramme zur Installation bereitstehen und für welche Betriebssysteme diese gelten.

Nun, wo Sie sich im Programm orientiert haben, wollen wir Geräte ins Netzwerk aufnehmen.

17.6 Einbinden von Clients

Für QRM+ gibt es zwei grundsätzlich unterschiedliche Arten, Geräte einzubinden. Sie können sich nicht aussuchen, welche Sie wählen. Stattdessen gibt das der Gerätetyp vor.

- Auf IPMI-fähigen Geräten loggt QRM+ sich aktiv ein und ruft Gerätedaten ab. Entsprechende Systeme machen Sie über den Menüpunkt GERÄTEERKENNUNG ausfindig und fügen sie hinzu. Beim Hinzufügen werden die jeweiligen Logindaten abgefragt.
- Andere Geräte benötigen den QRMAgent. Das ist eine Software, die die Gerätedaten an QRM+ sendet, statt dass QRM+ sie abruft. Solche Geräte finden Sie zwar gegebenenfalls auch über die GERÄTEERKENNUNG (wenn sie sich entdecken lassen), aber beim Hinzufügen werden Sie zur Installation des Agenten aufgefordert. Lange Rede, kurzer Sinn: Den Agenten können Sie im Grunde auch direkt auf dem Gerät installieren, Sie brauchen nicht über die Geräteerkennung zu gehen.

Schauen wir uns zunächst die Geräteerkennung an, danach werfen wir einen Blick auf die beiden Einbindungsarten.

17.6.1 Geräteerkennung

Bei der Geräteerkennung handelt es sich technisch betrachtet um einen IP-Scanner. Sie geben zunächst eine STARTADRESSE und eine ENDADRESSE in einem bestimmten Segment ein. QRM+ schlägt Ihnen bereits das Segment für den Scan vor, in dem es sich selbst befindet. Danach klicken Sie auf SCAN STARTEN. QRM+ wird dann jede Adresse zwischen Start- und Endadresse abfragen und versuchen herauszufinden, was für ein Gerätetyp dahintersteht. Im ersten Lauf werden lediglich die gefundenen Geräte mit ihren IP-Adressen gelistet. Wenn Sie dann noch etwas Geduld aufbringen, kommen auch – wie in Abbildung 17.3 zu sehen – Detailinformationen wie ROLLE (Device, Broadband Router, NAS, Webcam, Printer, Specialized, Unknown sind die Gerätерollen, denen wir begegnet sind) und BETRIEBSSYSTEM hinzu.

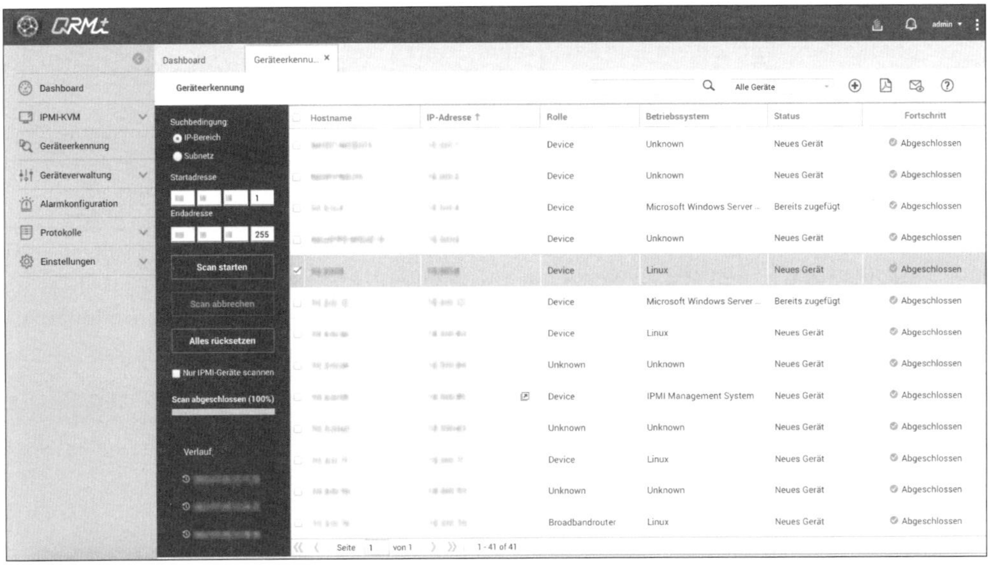

Abbildung 17.3 IP-Scan mit der Geräteerkennung

Berücksichtigen Sie im Rahmen der Geräteerkennung Folgendes:

- Es ist unerheblich, in welchem IP-Adressbereich sich der Rechner befindet, mit dem Sie die Weboberfläche des NAS aufrufen. Da das NAS den IP-Scan durchführt, ist relevant, ob das NAS Zugriff auf den Adressbereich hat, den Sie scannen möchten.
- Sie finden hier nur Geräte, die eingeschaltet und korrekt ins Netzwerk eingebucht sind (sei es mit einer festen IP oder mit DHCP).
- Es werden nur Geräte erkannt, die dies zulassen. Durch z. B. Firewalls und das Abschalten bestimmter Dienste kann die Erkennung verfälscht oder verhindert werden.
- Sie finden auch Geräte, die bereits in QRM+ eingebunden sind. Dies wird Ihnen in der Spalte STATUS mit dem Hinweis NEUES GERÄT bzw. BEREITS HINZUGEFÜGT angegeben (siehe Abbildung 17.3).

Die Ergebnisliste ist stets interessant zu lesen. Mit Sicherheit werden Sie Geräte finden, von denen Sie sich fragen: Was bitte ist das denn? Manche Geräte haben ein -Symbol. In diesem Fall hat QRM+ einen Webserver unter dieser Adresse gefunden. Klicken Sie das Symbol an, um die Website dieses Geräts aufzurufen. Nicht selten finden Sie damit rasch heraus, worum es sich handelt.

Sie können das Ergebnis eines vorhergehenden Scans wieder aufrufen, indem Sie links unten im Scan-Fenster unter VERLAUF einen Datum/Zeit-Eintrag anklicken. Hier werden allerdings nur die letzten fünf Scans gespeichert. Insofern gilt: Wenn Sie das Ergebnis weiternutzen möchten, sollten Sie es jetzt exportieren. Dazu können Sie oberhalb der Suchergebnisse das Symbol anklicken, um eine PDF zu erzeugen und herunterzuladen.

Ehe Sie nun glauben, alle Geräte in einem Zug zu QRM+ hinzufügen zu können, möchten wir Sie bremsen: Nur ein kleiner Teil der Geräte wird unterstützt. Welche das sind, finden Sie heraus, indem Sie den Suchfilter oberhalb der Liste von ALLE GERÄTE auf UNTERSTÜTZTE GERÄTE umstellen. Die Geräte, die Sie hinzufügen möchten, können Sie dann mit einem Haken versehen. Anschließend klicken Sie oberhalb der Liste auf GERÄTE ZU QRM+ HINZUFÜGEN. Sie erhalten dann eine Aufstellung der hinzuzufügenden Geräte wie in Abbildung 17.4.

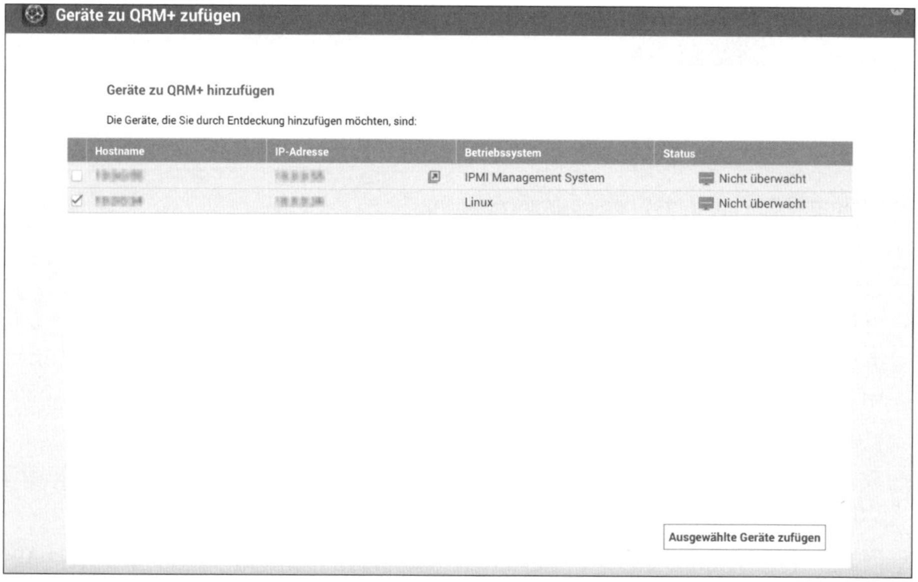

Abbildung 17.4 Aufstellung von Geräten, die zu QRM+ hinzugefügt werden

Im nächsten Abschnitt schauen wir uns nun an, wie Sie Geräte aus der Geräteerkennung heraus in QRM+ einbinden.

17.6.2 IPMI-Geräte aus der Geräteerkennung heraus einbinden

Sie haben es bereits in Abbildung 17.4 gesehen: Bei Geräten mit IPMI ist kein Haken mehr davorgesetzt. Das heißt, diese Geräte werden standardmäßig nicht hinzugefügt, obwohl Sie eben den Haken gesetzt hatten. Wenn Sie sie hinzufügen wollen, aktivieren Sie sie hier nochmals in der Liste. Mit jedem Haken, den Sie setzen, erhalten Sie die bereits erwähnte Abfrage von Logindaten (siehe Abbildung 17.5). Diese Daten benötigt QRM+, um die zu überwachenden Kennzahlen regelmäßig abzufragen.

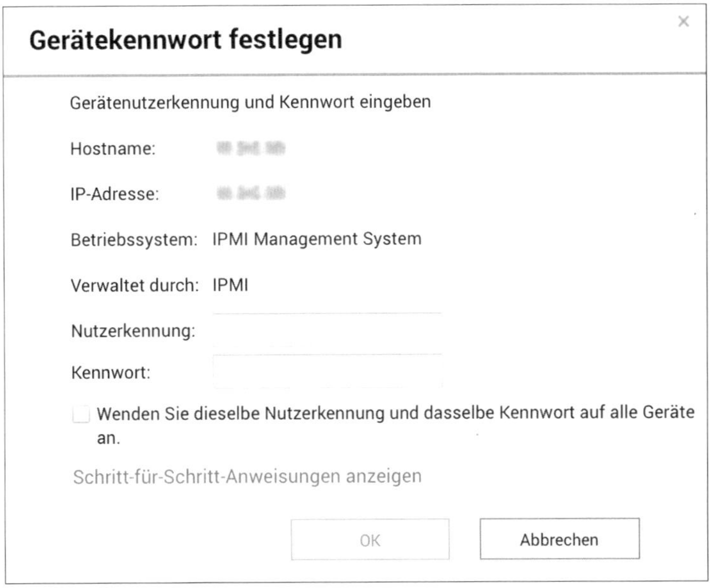

Abbildung 17.5 Für IPMI-Geräte benötigen Sie zum Hinzufügen zu QRM+ die Benutzerdaten für den Login.

Wenn das Hinzufügen mit diesen Zugangsdaten funktioniert, wird das Gerät im Menüpunkt GERÄTEVERWALTUNG mit einem grünen Symbol in der Spalte STATUS angezeigt, andernfalls mit einem roten Symbol. Wenn Sie ein rotes Symbol erhalten, fahren Sie mit der Maus über den roten Hinweis, um aussagekräftige Details zum Fehler zu erfahren. Sie können per Rechtsklick (in der Geräteverwaltung) die Einbindung erneut versuchen, oder Sie löschen das Gerät und versuchen es erneut.

Details zum Fehler finden Sie außerdem im Menüpunkt SYSTEMPROTOKOLL. Oft steht hier zwar nur eine Fehlernummer, mit der man aber über die Herstellerhotline des Geräts oder eine Internetrecherche der Fehlerquelle näherkommt.

17.6.3 Windows- und Linux-Geräte einbinden

Sie haben nun die IPMI-Geräte eingebunden. Für Rechner, auf denen Windows und Linux läuft, wird Ihnen wie eingangs beschrieben der Download von QRMAgent angeboten (siehe Abbildung 17.6).

Sie können hier den Agenten herunterladen und die Installation auf dem Gerät durchführen. Bis dahin erscheint der Client jedoch *nicht* in der GERÄTEVERWALTUNG. Deshalb sagten wir es schon eingangs: Wenn Sie wissen, welche Geräte eingebunden werden müssen, schnappen Sie sich einfach einen USB-Stick. Laden Sie aus diesem Dialogfenster QRMAgent einmal für beide Betriebssysteme herunter und dann auf den Stick.

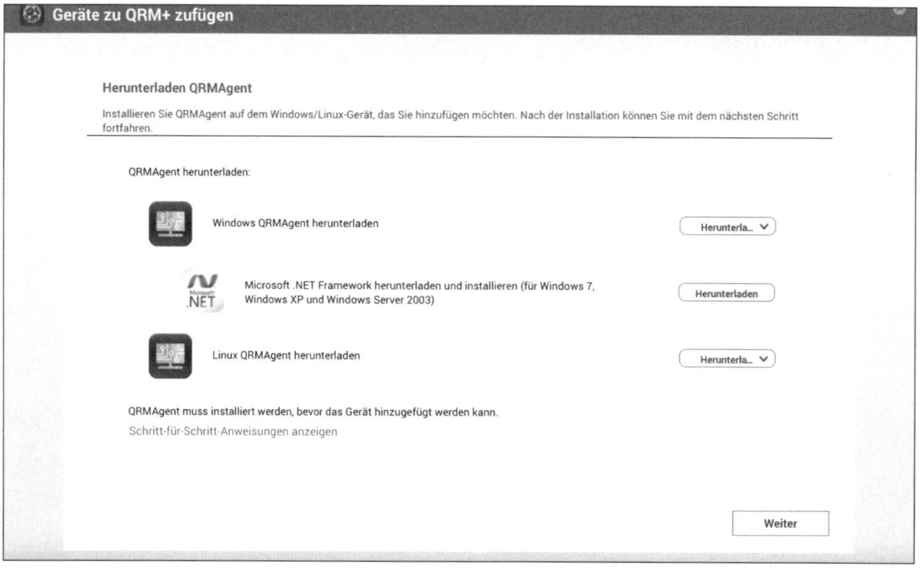

Abbildung 17.6 Das Hinzufügen von Windows- und Linux-Geräten aus der Geräte-erkennung heraus mündet in den Download von QRMAgent.

Schließlich können Sie dann von Rechner zu Rechner laufen, um die Software zu installieren. Die Geräte tauchen nach der Installation der Agenten-Software in QRM+ auf – egal, ob Sie sie vorher über die Geräteerkennung gefunden oder hinzugefügt haben.

Kein Monitoring für Macs

Für Macs gibt es leider keinen Agenten für QRM+, diese Geräteklasse lässt sich nicht überwachen.

Nachfolgend zeigen wir die Installation von QRMAgent am Beispiel eines Windows-Betriebssystems.

17.6.4 QRMAgent unter Windows installieren

Wenn Sie die Installationsdatei für Windows herunterladen, müssen Sie zwischen 32-Bit- und 64-Bit-Installationsdateien wählen. Wenn Sie unsicher sind, schauen Sie in den Eigenschaften des Zielsystems nach. Unter Windows 8 und 10 funktioniert das wie folgt: START • EINSTELLUNGEN • SYSTEM • INFO. Auf der rechten Seite unter GERÄTESPEZIFIKATIONEN finden Sie SYSTEMTYP. Windows 11 gibt es nur als 64-Bit-Version.

Wenn Sie die Installationsdateien herunterladen, erhalten Sie eine ZIP-Datei als Download. Nach dem Entpacken finden Sie zwei Dateien vor. Die *.exe*-Datei zum Installieren sowie eine Datei *config.txt*. Diese Datei enthält vordefinierte Einstellungen, mit welchem QRM-Server (welchem NAS) sich der installierte QRMAgent verbinden soll. Außerdem steht dort vorausgefüllt der Benutzername, mit dem sich der Client beim Server anmelden kann.

Die Installation läuft wie folgt ab:

1. Kopieren Sie die Dateien auf das System, das in QRM+ eingebunden werden soll, z. B. per USB-Stick oder Netzlaufwerk, und führen Sie die Datei auf dem System aus, das Sie in QRM+ einbinden möchten.
2. Bestätigen Sie, dass Sie die Installationsdatei mit Administratorrechten ausführen möchten. Tragen Sie gegebenenfalls die Zugangsdaten eines Administrators ein.
3. Leider etwas uneinheitlich: Der Agent ist im Gegensatz zur Weboberfläche von QRM+ nur auf Englisch verfügbar. Klicken Sie im Willkommensbildschirm auf Next.

   Auf dem nächsten Bildschirm finden Sie die IP-Adresse bzw. den Hostnamen des NAS-Systems, auf dem der QRM-Server läuft. Diese wurde der config-Datei entnommen und ist nicht änderbar. Darunter finden Sie die Client IP Address. Wenn der Rechner mehrere IP-Adressen hat, wählen Sie die, mit der der Rechner das NAS fehlerfrei erreichen kann (siehe Abbildung 17.7). Klicken Sie auf Next.

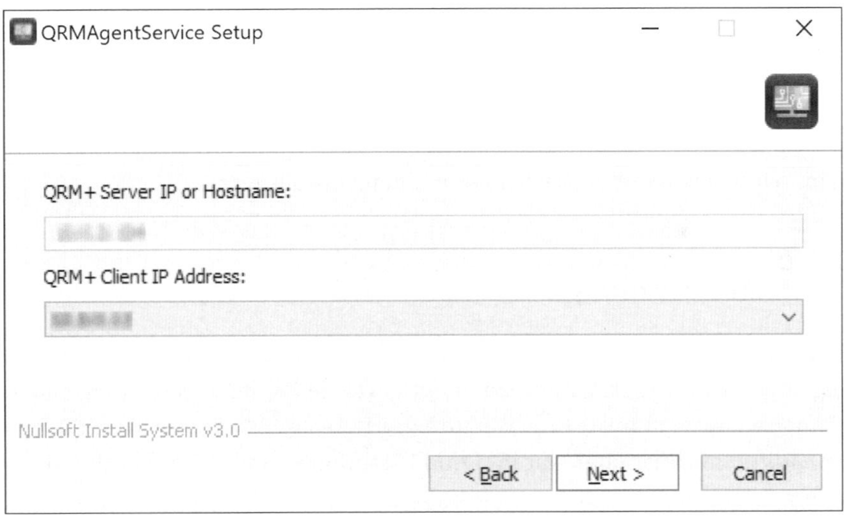

Abbildung 17.7 IP-Adressen bei der QRMAgent-Installation

4. Als Nächstes fordert der Installationsassistent Zugangsdaten an, mit denen der QRM-Server kontaktiert werden kann. Tragen Sie hier unter Username und Password die Zugangsdaten ein, mit denen Sie sich im QRM-Webinterface angemeldet haben. Erwägen Sie bei einer Nutzung im größeren Stil, einen eigenen Benutzer für diese Zwecke anzulegen, so dass Sie nicht die Zugangsdaten des Haupt-Admin-

Benutzers hierfür im Netzwerk verteilen. (Die Benutzerkonfiguration besprechen wir in Abschnitt 17.9.1.) Klicken Sie schließlich auf NEXT.

5. Die Installation wird durchgeführt. Am Ende sehen Sie den Bildschirm COMPLETING QRMAGENTSERVICE SETUP. Achten Sie unbedingt darauf, dass der Haken RUN QRMAGENTSERVICE aktiviert ist. Dieser wird auch erst gestartet, wenn Sie den Assistenten mit FINISH schließen.

Erst mit dem Beenden des Setups erscheint dieses Gerät im QRM-Webinterface in der GERÄTEVERWALTUNG mit einem grünen Hinweis in der Spalte STATUS. Wenn es nicht grün erscheint, prüfen Sie Folgendes:

- Kann das Gerät aufgrund seiner Firewall-Regeln mit dem QRM-Server kommunizieren? Schalten Sie die Firewall des Geräts testweise aus, und wiederholen Sie die Installation. Erscheint das Gerät dann grün in der Liste?
- Es klingt banal: Haben Sie den Installationsprozess abgeschlossen? Wenn Sie den Assistenten nicht binnen einer gewissen Zeit beenden und den Service starten, bleibt das Gerät in der Geräteverwaltung manchmal auf einem Fehlerzustand stehen, vermutlich aufgrund eines Timeouts. So passierte es in unseren Tests immer mal wieder. Wiederholen Sie in diesem Fall die Installation, und bringen Sie sie zügig zum Abschluss.
- Fahren Sie in der GERÄTEVERWALTUNG mit der Maus über den roten Hinweis NICHT ÜBERWACHT in der Spalte STATUS. Hier finden Sie eine aussagekräftige Rückmeldung, wieso die Einbindung fehlgeschlagen ist.

Mit Hilfe der Installationsanleitung sollten Sie nun einige Geräte in QRM+ einbinden können. Wir schauen uns als Nächstes die Geräteverwaltung an.

17.7 Geräteverwaltung

In der Geräteverwaltung erhalten Sie einen Überblick über alle Geräte, die Sie QRM+ hinzugefügt haben. Sie sehen auf einen Blick, welche Geräte angeschaltet sind, und Sie können eine Inventarliste Ihrer Geräte exportieren. Per Klick auf ein Gerät können Sie erweiterte Informationen abrufen und bestimmte administrative Aktionen auf dem Gerät ausführen.

Wir schauen uns an, welchen Nutzen Sie aus der Geräteübersicht ziehen und was Sie in den Detailbildschirmen der einzelnen Geräte tun können.

17.7.1 Arbeiten in der Geräteübersicht

In der Geräteübersicht sind insbesondere vier Angaben wichtig für Sie:

- Der Hostname, mit ihm identifizieren Sie Ihr Gerät. Sie können die Liste nach Hostnamen auf- oder absteigend sortieren, indem Sie einmal oder ein weiteres Mal die Spaltenüberschrift anklicken. Ein kleiner Pfeil in der Spaltenüberschrift zeigt Ihnen, nach welcher Spalte Sie gerade sortieren (siehe Abbildung 17.8).

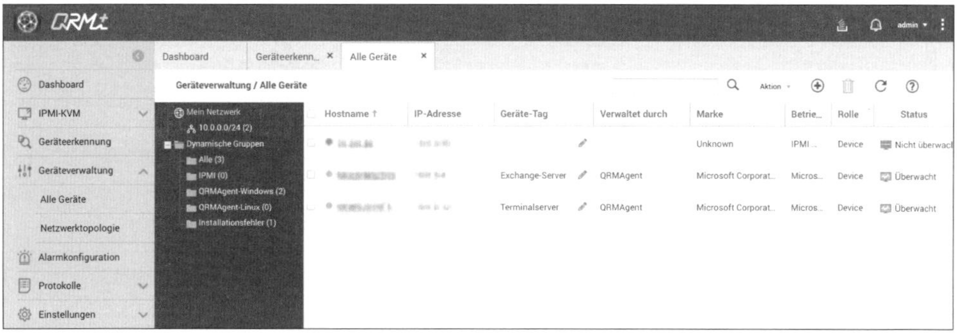

Abbildung 17.8 Geräteübersicht in der Geräteverwaltung

- Ein grüner oder ein roter Kreis vor dem Hostnamen ist kein Hinweis auf einen Fehler, sondern gibt an, ob dieses Gerät angeschaltet ist.
- In der Spalte GERÄTE-TAG steht normalerweise nichts. Sie können durch Klick auf das Stift-Symbol in einer Gerätezeile einen individuellen Text für dieses Gerät hinterlegen, so dass Sie es mit diesem Stichwort wiederfinden. Es hilft, hier die Funktion des Geräts im Netzwerk oder zentrale Services zu nennen, die von diesem Gerät ausgeführt werden. Auch Standortangaben können hier hinterlegt werden. Wenn Sie mehrere Wörter mit Leerzeichen getrennt angeben, werden diese als »Tags« erkannt und in der Übersicht zeilenweise dargestellt.
- Die Spalte STATUS verrät Ihnen, ob das Monitoring richtig funktioniert, genauer gesagt: ob dieses Gerät wirklich korrekt in QRM+ registriert ist und regelmäßig Kennzahlen sendet. Wenn Sie hier ein rotes Symbol haben, fahren Sie mit der Maus darüber, um Details zu erfahren.

Indem Sie die Suchbox oberhalb der Liste verwenden, können Sie durch Texteingabe in den Feldern IP-ADRESSE, HOSTNAME und GERÄTE-TAG suchen. Die Liste wird mit jedem Tastendruck live gefiltert.

Mit dem Symbol Aktion und ALS PDF EXPORTIEREN können Sie eine A4-Übersicht sämtlicher Geräte (unabhängig davon, ob ausgewählt oder nicht) der aktuellen Ansicht als PDF auf Ihren Computer herunterladen. Diese können Sie gut als Inventarliste und Grundlage für Modernisierungsprojekte verwenden (siehe Abbildung 17.9). Wenn Sie nach Suchbegriffen gefiltert haben, ist der PDF-Export leider leer.

QRM+-Bericht

Nutzerkennung: admin
Zeit: [illegible] AM
QRM+-Server-IP: [illegible]

Gesamtzahl der Geräte: 3
Gruppenname: Alle

Sr. No	Hostname	IP-Adresse	Geräte-Tag	Verwaltet durch	Marke	Betriebssystem	Rolle	Status
1	[illegible]	[illegible]	Terminalserver WS2019	QRMAgent	Microsoft Corporation	Microsoft Windows Server 2019 Standard	Device	Überwacht
2	[illegible]	[illegible]	Exchange-Server WS2019	QRMAgent	Microsoft Corporation	Microsoft Windows Server 2019 Standard	Device	Überwacht
3	[illegible]	[illegible]			unknown	IPMI Management System	Device	Nutzer kann nicht authentifiziert werden. Bestätigen Sie die Administratoranmeldedat für dieses Gerät.

Abbildung 17.9 PDF-Export der Geräteverwaltung als Inventarliste verwenden

Die Ordnerstruktur links der Geräteliste ermöglicht Ihnen, Windows-Geräte (QRMAGENT-WINDOWS), Linux-Geräte (QRMAGENT-LINUX) sowie IPMI-Geräte direkt anzuspringen. Die Unterpunkte von MEIN NETZWERK sind die verschiedenen Subnetze, deren Geräte Sie mit QRM+ verwalten. Darüber hinaus können Sie Ihre eigenen Wünsche leider nicht in der Ordnerstruktur realisieren: Sie können keine eigenen Kategorien oder Gruppen anlegen.

Schon direkt in der Geräteübersicht können Sie per Rechtsklick bereits einige wichtige Verwaltungsaktionen auf einem Gerät ausführen, dazu gehören unter anderem:

- Gerät herunterfahren
- Gerät neustarten
- eine Fernwartung starten (dazu mehr im kommenden Abschnitt)

Das Neustarten und Herunterfahren funktioniert auch, wenn Sie mehrere Geräte in der Geräteübersicht mit einem Haken versehen und anschließend Aktion ▾ und dann BETRIEBSSTEUERUNG, danach schließlich EINSCHALTEN, AUSSCHALTEN oder NEU STARTEN wählen. Damit können Sie mehrere Geräte in einem Zug bearbeiten.

Beachten Sie, dass Sie heruntergefahrene Systeme mit QRMAgent nicht wieder hochfahren können, weil der Agent nicht läuft und den Befehl entgegennehmen kann. Das Einschalten funktioniert nur bei IPMI-Geräten, die dafür entsprechende Schnittstellen bieten.

17.7.2 Ein einzelnes Gerät mit QRMAgent verwalten

Wenn Sie in der Geräteübersicht auf den Hostnamen eines bestimmten Geräts klicken, landen Sie in der Detailansicht des Systems (siehe Abbildung 17.10). QRM+ nennt sie ebenfalls Dashboard, weil sie ähnliche Informationen zeigt wie das Haupt-Dashboard, allerdings nur für das einzelne System und in Echtzeit. Es wäre zwar praktisch, aber diese Ansicht lässt sich nicht als PDF exportieren.

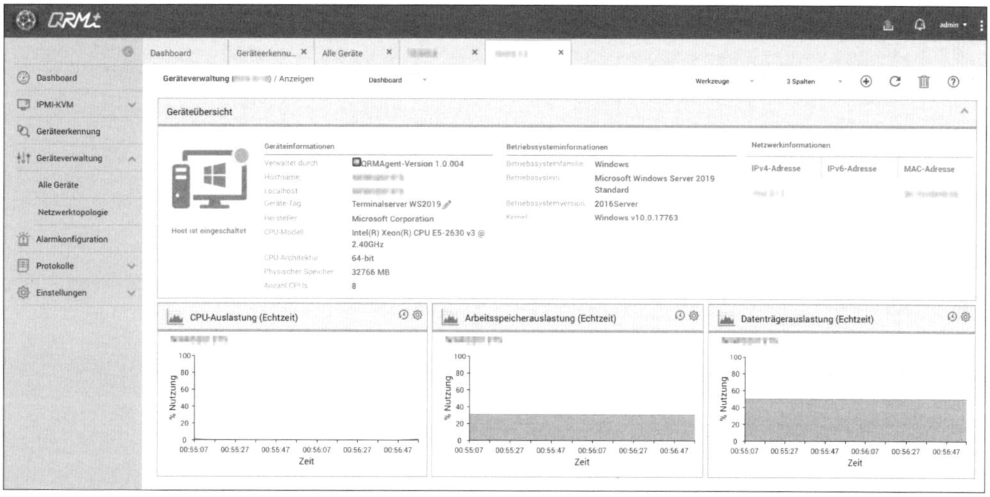

Abbildung 17.10 Einzelansicht eines per QRMAgent eingebundenen Geräts

Welche Systemkennzahlen Sie hier sehen, können Sie konfigurieren. Die einzelnen Boxen nennen sich *Widget*. Über das Zahnrad-Icon können Sie ein Widget entfernen. Über das Plus-Icon oberhalb der Geräteübersicht können Sie Widgets hinzufügen. So lassen sich auch Informationen zur Netzwerkauslastung anzeigen. Widgets können Sie per Drag & Drop umsortieren, indem Sie die grauen Titelzeilen eines Widgets mit der Maus anfassen und bewegen. Wie viele Widgets in einer Zeile dargestellt werden, wählen Sie über das Dropdown-Menü 2 Spalten oberhalb der Geräteübersicht.

Mit dem unglücklich benannten Icon VORSCHAU können Sie eine Kennzahl, z. B. die Datenträgerauslastung, über verschiedene Zeiträume im Verlauf einsehen, z. B. über 24 Stunden oder 1 Woche (siehe Abbildung 17.11). Die Anzeige macht im Safari-Browser Probleme, verwenden Sie gegebenenfalls Firefox. Wie lange QRM+ Verlaufsdaten vorhält, können Sie in den Einstellungen festlegen (siehe Abschnitt 17.9).

Auch in der Detailansicht eines Geräts stehen Ihnen Werkzeuge zur Administration zur Verfügung (siehe Abbildung 17.12).

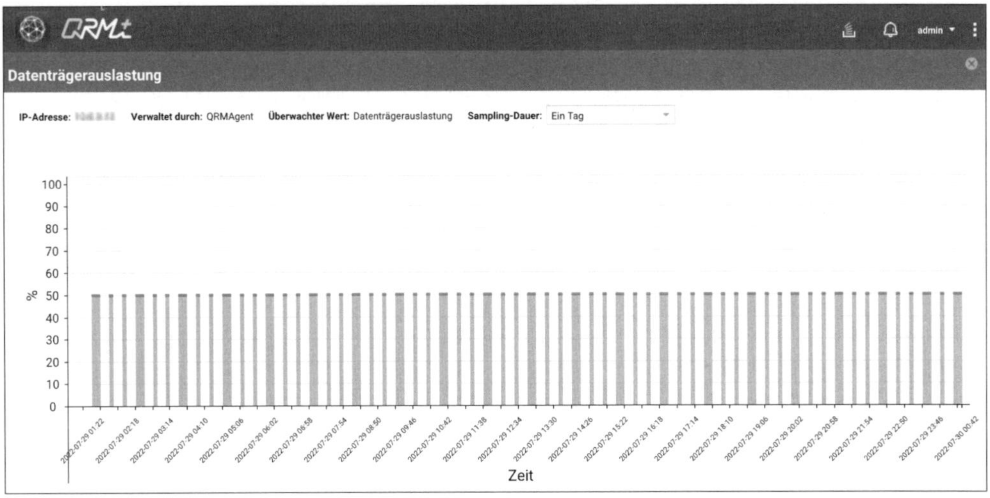

Abbildung 17.11 Detailansicht einer Kennzahl in der Geräteverwaltung (Einzelansicht)

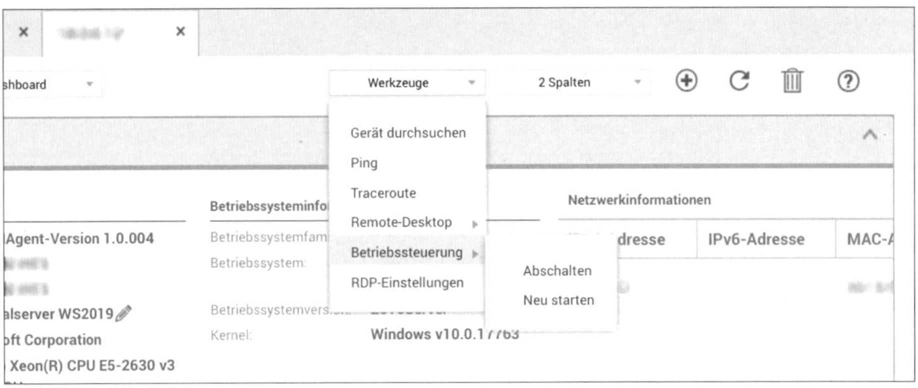

Abbildung 17.12 Werkzeuge-Menü in der Detailansicht

Über das Menü Werkzeuge, das Sie oberhalb der Geräteübersicht finden, können Sie Folgendes tun:

- Das GERÄT DURCHSUCHEN. Das ist leider ungünstig übersetzt und meint *browse the device*, was eigentlich heißt: Ruf die Website des Geräts auf. Das funktioniert natürlich nur, wenn auf dem Gerät ein Webserver läuft. Ansonsten erhalten Sie beim Anklicken dieses Menüeintrags den Fehler »Seite nicht gefunden (404)«.
- Per PING das Gerät zu erreichen versuchen. Wenn dies erfolgreich ist, nennt Ihnen QRM+ die Antwortzeit in Millisekunden.
- Ein TRACEROUTE ausführen. Damit erhalten Sie Informationen darüber, welche weiteren Punkte (Hops) ein Datenpaket auf dem Weg zu diesem Gerät passiert. In unserem Test auf Windows-Server-Geräten funktionierte das leider nicht.

- Mit REMOTE DESKTOP können Sie eine Fernwartung zum Gerät aufbauen und es fernsteuern. Dabei stehen für Windows-Systeme RDP und VNC zur Verfügung, für Linux-Systeme VNC und SSH. Beachten Sie, dass auf dem System entsprechende Server für diese Protokolle installiert sein müssen. RDP ist in jedem Windows Professional und Windows Server vorhanden, muss aber aktiviert werden. Das können Sie sogar per Remote, indem Sie aus dem Werkzeuge-Menü den Punkt RDP-EINSTELLUNGEN aufrufen. VNC ist auswählbar, auch wenn kein VNC-Server installiert ist. Dann schlägt ein Verbindungsversuch natürlich fehl. Sehr praktisch: Zur Nutzung der Fernwartungsfunktionen muss weder ein RDP-Client noch ein VNC-Client oder ein SSH-Client auf dem Computer installiert sein. QRM+ bringt diese Tools direkt im Browser mit. Nicht immer sind die Verbindungsversuche zu den Systemen erfolgreich. Wir konnten nicht festmachen, woran das liegt, kennen das aber von anderen Monitoring-Systemen leider nicht anders. Wenn Ihnen diese Funktion wichtig ist, erwägen Sie den Einsatz eines separat erworbenen Tools zur Fernwartung.

  IPMI-Geräte blenden eine KVM-over-IP-Verbindung für die Fernwartung ein.
- Mit den Unterpunkten des Menüs BETRIEBSSTEUERUNG können Sie Systeme herunterfahren (ABSCHALTEN) und NEU STARTEN. IPMI-fähige Geräte blenden zudem den Befehl EINSCHALTEN sowie AUS- UND WIEDEREINSCHALTUNG ein (*Power Cycling*, entspricht einem »Stecker raus und wieder rein, dann anschalten«).

17.7.3 Ein einzelnes Gerät über IPMI verwalten

Bei IPMI-Geräten sieht das Dashboard etwas anders aus. Hier gibt es lediglich Parameter, die im sogenannten IPMI-Monitor dargestellt werden, wie Abbildung 17.13 zeigt.

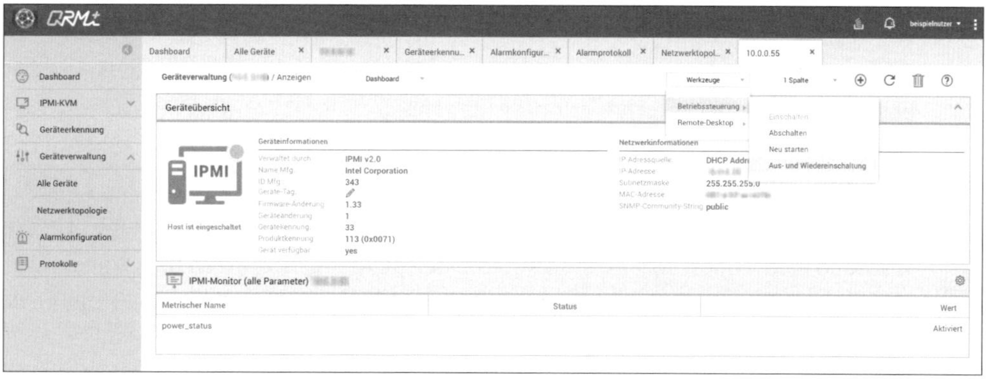

Abbildung 17.13 Einzelansicht eines per IPMI eingebundenen Geräts

IPMI-Geräte können über das Aktionen-Menü eingeschaltet (!), abgeschaltet, neugestartet und mit Power Cycling neugestartet werden. Im Remote-Desktop-Menü steht lediglich IPMI-KVM zur Verfügung, sofern dieses Gerät es unterstützt.

17.7.4 Netzwerktopologie

Mit dem Unterpunkt NETZWERKTOPOLOGIE im Hauptmenüpunkt GERÄTEVERWALTUNG rufen Sie eine grafische Darstellung Ihres Netzwerks ab. Diese sieht eher unspektakulär aus, wenn alle Geräte sich im selben Subnetz befinden.

Geräte mit blauem Symbol sind Windows-basiert. Linux-Geräte haben einen Pinguin als Symbol. Bei IPMI-Geräten finden Sie einen pinken Schriftzug IPMI auf dem Symbol. Abbildung 17.14 zeigt Ihnen das Monitoring mit einer englischen Installation mit unterschiedlichen Betriebssystemen. Diese Ansicht lässt sich mit dem Icon oberhalb des Diagramms auch als PDF exportieren.

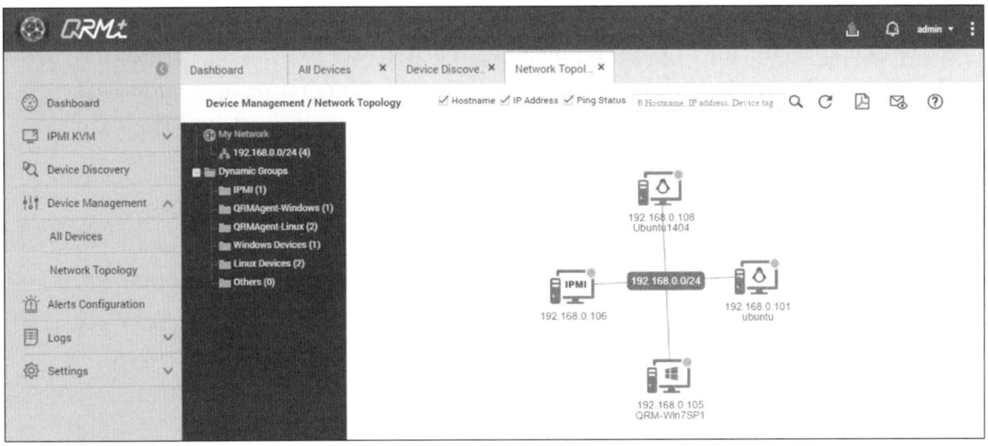

Abbildung 17.14 Netzwerktopologie-Diagramm in QRM+

17.8 Alarme definieren

Per se schreibt QRM+ erst einmal alle Kennzahlen eines Systems mit, die es liefert. Dabei erfolgt keinerlei Interpretation der Ergebnisse. Die Datenträgerauslastung beispielsweise könnte ständig auf 99 % stehen. Das allein würde in QRM+ zu keinerlei Meldungen führen.

Ihnen als Administrator obliegt es, die gelieferten Kennzahlen zu interpretieren. Während viele andere Monitoringsysteme beispielhafte Prüfungen und Warnungen mitliefern, ist QRM+ ab Werk leer. Wenn Sie den Menüpunkt ALARMKONFIGURATION aufrufen, finden Sie keinerlei eingerichtete Alarme.

Schauen wir uns zunächst an, wie ein Alarm in QRM+ aufgebaut ist. Danach richten wir beispielhaft gemeinsam einen Alarm für eine hohe Arbeitsspeicherauslastung ein. Zum Schluss schauen wir uns an, wo wir über aufgetretene Alarme informiert werden.

17.8.1 Wie Alarme aufgebaut sind

Ein Alarm bezieht sich stets auf (nur) einen überwachten Systemwert, z. B. die Arbeitsspeicherauslastung. Für diesen wird eine Schwelle definiert (z. B. 85 %), und es muss angegeben werden, ob der Alarmzustand eintritt, wenn dieser Wert exakt erreicht ist, wenn er unterschritten wird oder wenn er überschritten wird.

Zuletzt müssen die Geräte gewählt werden, für die dieser Alarm gilt. Sie werden aus einer Liste ausgewählt.

Die Bedingung für den Alarmzustand kann nur von einem Systemwert abhängig gemacht werden. Es ist nicht möglich, mehrere Werte zu kombinieren (z. B. Arbeitsspeicherauslastung >85 % *und* CPU-Auslastung >90 %).

Tritt ein Alarmzustand ein, protokolliert QRM+ dies mit dem Zeitstempel, zu dem der Alarmzustand begann, und dem Zeitstempel, zu dem der Alarmzustand wieder beendet wurde. Natürlich können Sie die Alarme abrufen; dazu kommen wir später.

Die Einträge im Menü ALARMKONFIGURATION können einzeln aktiviert und deaktiviert werden, so dass Sie auch temporär ohne einen bestimmten Alarm arbeiten können, ohne diesen gleich löschen zu müssen.

17.8.2 Alarm einrichten

Wir richten beispielhaft einen Alarm für den Fall ein, dass die Arbeitsspeicherauslastung einen Schwellenwert von 85 % überschreitet. Wir aktivieren diese Alarmprüfung für alle Systeme.

1. Rufen Sie den Menüpunkt ALARMKONFIGURATION auf, und klicken Sie auf ⊕.
2. Geben Sie dem Alarm im Feld ALARMNAME eine Bezeichnung, z. B. *hohe RAM-Auslastung*.
3. Wählen Sie bei ALARMTYP den Eintrag QRM+-ALERT. Wie Sie bereits wissen, funktionieren QRMAgent- und IPMI-Geräte gänzlich anders, deshalb haben die Geräteklassen auch unterschiedliche Alarmtypen.
4. Wählen Sie bei PARAMETER die Kennzahl, die den Alarm auslösen soll. Für unser Beispiel wählen wir ARBEITSSPEICHERAUSLASTUNG.
5. Tragen Sie bei Bedingung > und daneben »85« ein. Das bedeutet dann: *größer als 85 %*.
6. Klicken Sie auf ⊕, und wählen Sie die Geräte aus, für die der Alarm gelten soll. Wir möchten alle Geräte auswählen und klicken dafür den Haken in der Spaltenüberschrift neben HOSTNAME an. Danach klicken wir auf OK und auf SPEICHERN.

   Die Konfiguration sieht wie in Abbildung 17.15 aus.

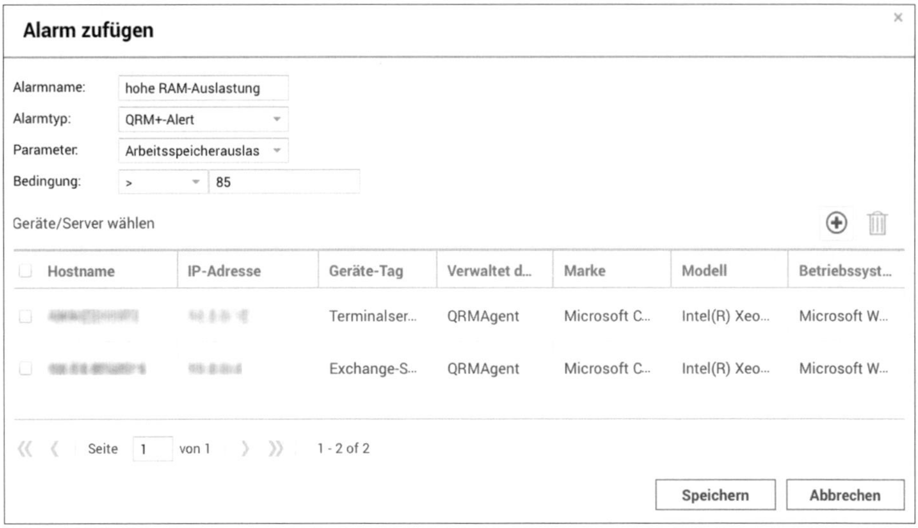

Abbildung 17.15 Alarm anlegen

17.8.3 Wie Sie über Alarme informiert werden

Löst ein Alarm aus, gibt es verschiedene Stellen, wo Sie darüber informiert werden können. Wir stellen sie im Einzelnen vor.

Über das Glocken-Symbol

Die auffälligste Benachrichtigung zu einem ausgelösten Alarm finden Sie über das Glocken-Symbol oben rechts im Webinterface von QRM+ (siehe Abbildung 17.16).

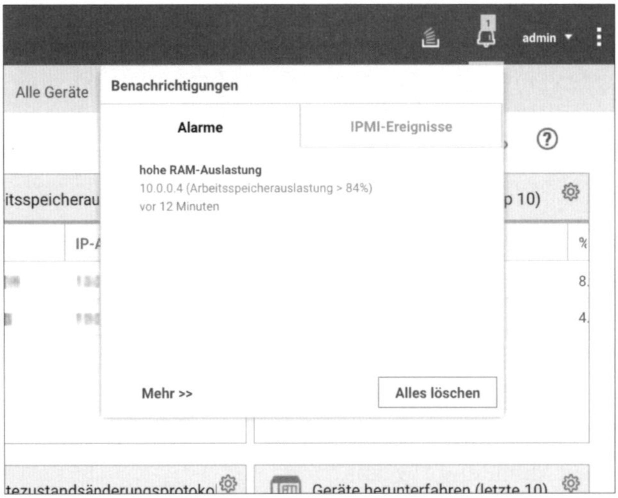

Abbildung 17.16 Benachrichtigungen zu Alarmzuständen erhalten Sie über das Glocken-Symbol.

Das Alarmprotokoll

Details zum Alarm und das Archiv aller Alarme sind im Menüpunkt PROTOKOLLE im Unterpunkt ALARMPROTOKOLL zu finden. Diese Liste funktioniert im Safari-Webbrowser nicht zuverlässig, verwenden Sie auf dem Mac gegebenenfalls Firefox.

Wenn Sie den Menüpunkt aufrufen, finden Sie dort zunächst alle Alarme aller Geräte. Über das Filter-Symbol [Q] können Sie bestimmte Geräte angeben, nach denen die Liste gefiltert werden soll. Dabei ist es möglich, durch Setzen mehrerer Haken auch mehrere Geräte auf einmal auszuwählen, so dass diese gesammelt mit ihren Alarmen aufgeführt werden. Hier sehen Sie auch die Zeitstempel, wann der Alarmzustand eintrat und wann er verlassen wurde.

Die Aufbewahrungszeit von Alarmen wird in den Einstellungen festgelegt (siehe Abschnitt 17.9).

Per E-Mail

Zudem ist es möglich, sich per E-Mail über Alarmauslösungen informieren zu lassen. Dafür muss im Menü EINSTELLUNGEN im Unterpunkt BENACHRICHTIGUNGSEINSTELLUNGEN ein E-Mail-Server hinterlegt werden. Dort können Sie auch festlegen, wie lange ein Alarm aktiv sein muss, ehe eine E-Mail-Benachrichtigung erfolgt. Zudem muss angegeben werden, welche Benutzer über den Alarmfall angemailt werden sollen.

Die E-Mail-Benachrichtigung kann nicht in Abhängigkeit vom Alarm gesetzt werden. Eine Einrichtung wie folgende ist nicht möglich: Sende E-Mails *nur* bei Alarm »hohe Arbeitsspeicherauslastung«.

Benachrichtigungszentrum

Das Benachrichtigungszentrum (auch bekannt als Notification Center) vom QNAP-NAS-System ist ein leistungsfähiges Tool, mit dem Sie Benachrichtigungen aller Apps abgreifen und individuell behandeln können. Diese Art der Alarmbehandlung sollten Sie der E-Mail-Benachrichtigung in QVR+ möglicherweise vorziehen, weil das Handling durch das Benachrichtigungszentrum ebenfalls per Mail erfolgen kann, aber auf Wunsch zeitgesteuert (z. B. erst ab 17 Uhr). Außerdem können per Qmanager-App auch Push-Benachrichtigungen ans Smartphone gesendet werden oder per SMS zugestellt werden. Am besten, Sie testen selbst, welche Art der Benachrichtigung für Ihren Anwendungsfall am ehesten geeignet ist.

Das Benachrichtigungszentrum ist unabhängig von QRM+, kann aber auch dessen Benachrichtigungen verarbeiten. Starten Sie es in der normalen NAS-Weboberfläche als Administrator über das Menü ☰ und dann per Klick auf BENACHRICHTIGUNGSZENTRUM. Erzeugen Sie dort eine eigene Regel per Klick auf REGELN ERSTELLEN. Wählen Sie bei ANGEZEIGTE ELEMENTE den Eintrag QRM+ aus. Setzen Sie den Haken ALS

EIGENE REGEL FESTLEGEN, damit Änderungen daran mit QRM+ korrekt synchronisiert werden. Durch Eintragung von Hostnamen oder IPs in den SCHLÜSSELWORTFILTER können Sie die Benachrichtigungen unterschiedlicher Geräte separat behandeln und routen. Die übrigen Einstellungen im Assistenten sind selbsterklärend.

17.9 Einstellungen

Zahlreiche Unterpunkte im Menü EINSTELLUNGEN haben Sie durch die Einarbeitung in QRM+ bereits kennengelernt. Die übrigen stellen wir hier vor.

17.9.1 Nutzerverwaltung

Die Accounts für QRM+ sind mit denen des NAS-Systems verknüpft. In der Nutzerverwaltung legen Sie fest, welcher NAS-Benutzer sich auch bei QRM+ einloggen darf. Es gibt aber keine Benutzer, die nur in QRM+ existieren.

Unsere Empfehlung lautet, für die Anmeldung von Geräten aus Sicherheitsgründen einen separaten Admin-Benutzer im NAS-System zu erstellen. Verwenden Sie nicht Ihren einzigen Admin-Benutzer und tragen dessen Anmeldedaten in jeden QRMAgent ein, denn das ist ein großes Sicherheitsrisiko.

Beim Hinzufügen eines Benutzers können Sie die Rolle *Power-User* oder *Admin* wählen. Der Unterschied wird in der Dokumentation nicht erläutert, und auch uns ist in Tests kein Unterschied aufgefallen.

17.9.2 Applikationseinstellungen

In diesem Untermenü legen Sie fest, wie lange die erfassten Gerätedaten aufbewahrt werden. Interessant für Sie sind insbesondere die Aufbewahrungszeit für das Alarmprotokoll und die für das Verlaufsdatenprotokoll. Diese beiden Einstellungen legen fest, wie lange in die Vergangenheit Sie aufgetretene Fehler noch sehen und Diagramme mit Vergangenheitsbezug erzeugen können.

Sie könnten z. B. nicht die CPU-Auslastung des letzten Monats grafisch darstellen, wenn Sie die Verlaufsdatenprotokolle nur eine Woche aufheben. Und Sie finden nach längerer Abwesenheit nicht heraus, wie oft ein Fehler bei einem System bereits aufgetreten ist, wenn Sie die Alarmprotokolle bereits nach einem Tag löschen.

Je nach Nutzungsintensität der Alarm- und Verlaufsdaten empfehlen wir hier einen Zeitraum von mindestens einem Monat, gegebenenfalls sechs Monaten Aufbewahrungszeit.

Unterhalb der Aufbewahrungszeit finden Sie auf derselben Seite die Einstellung, wie oft Scans durchgeführt werden. Um die eingebundenen Geräte nicht zu überlasten, empfehlen wir ein Prüfintervall ab fünf Minuten. Die Geräte-Detailansicht zeigt Echtzeitdaten. Hier legen Sie fest, wie Sie Echtzeit definieren. Mindestens zehn Sekunden müssen eingestellt werden. Ist das noch Echtzeit? Ein kleineres Intervall allerdings würde das abgefragte System über Gebühr auslasten.

17.10 Fazit

Was QNAP mit dem Produkt QRM+ abliefert, ist wirklich interessant. Wer schon immer nach einer Inventarisierungssoftware Ausschau hielt, könnte mit QRM+ glücklich werden. Für einfache Monitoring-Aufgaben reicht die App je nach eigenem Anspruch ebenfalls aus.

Für den professionellen Einsatz fehlen QRM+ noch zentrale Funktionen. Dazu gehören neben einer macOS-Unterstützung und besseren Fernwartungstools (oder der Möglichkeit, externe Fernwartungstools einzubinden) vor allem feinere Filterfunktionen als nur durch Tags. Die Aktualisierungswelle von Windows 7 auf Windows 10 z. B. wäre ein Grund, nach allen Geräten mit Windows 7 filtern zu wollen. Das kann QRM+ jedoch nicht.

Ebenso wünschen Profis sich, eigene Prüfungen implementieren zu können. Nehmen wir zum Beispiel einen Exchange-Mail-Server. Alles, was Sie mit QRM+ sehen können, ist die Auslastung von CPU, RAM, Festplatte und Netzwerk. Und ob die Maschine läuft. Gerade bei Exchange kann aber auch einmal der zentrale Exchange-Transportdienst abstürzen. Das bekommen Sie mit QRM+ gar nicht mit, weil Sie nicht einen bestimmten Dienst überwachen können.

Dennoch bleibt das Fazit, dass QRM+ ein guter Einstieg in den Bereich Monitoring darstellt. Gerade die kostenfreie Nutzung macht das System interessant für mittelgroße Netzwerke, solange diese hauptsächlich Windows- und Linux-basiert sind, denn diese Systeme werden von QRM+ optimal unterstützt. Wer sich für QRM+ begeistern konnte, sollte auch einen Blick auf die App werfen. Diese wird leider nur für Android angeboten, aber hilft vielleicht, einige Aufgaben auch von unterwegs erledigen zu können.

Kapitel 18
VPN

VPN ist der De-facto-Standard für die Verbindung mit einem entfernten Netzwerk via Internet. In diesem Kapitel lernen Sie, wie Sie sich aus dem Internet mit dem NAS verbinden und mit dem Windows Explorer oder Finder (macOS) auf Netzfreigaben zugreifen, als befänden Sie sich im lokalen Netzwerk.

VPN steht für *Virtual Private Network* und ermöglicht Ihrem Rechner, Teil eines Netzwerks zu sein, in dem er sich physikalisch überhaupt nicht befindet. Sie können Ihren Laptop oder Ihr Smartphone mit diesem virtuellen Netz also so an Geräte anschließen, als wären sie im gleichen Netzwerk, obwohl sie sich ganz woanders befinden.

18.1 Wozu Sie VPN benötigen

Zum besseren Verständnis betrachten wir folgendes Beispiel: Sie befinden sich mit Ihrem Rechner im Homeoffice, möchten aber auf die Freigaben des NAS-Systems im Unternehmen zugreifen. Ihre Netzlaufwerkverbindungen funktionieren offensichtlich nicht, die Ressourcen werden beim Aufrufen nicht gefunden, und Sie erhalten eine Fehlermeldung. Klar, Sie sind ja auch nicht im Netzwerk der Firma, in dem das QNAP NAS steht.

Nun könnten Sie dank myQNAPcloud über das Webinterface des NAS arbeiten, indem Sie sich Dateien per Webbrowser herunterladen, lokal ändern und danach wieder über das Webinterface hochladen. Das ist jedoch zeitaufwändig. Sie sind mehr Komfort gewohnt: Wenn Sie sich direkt in der Firma befänden, könnten Sie doch per Netzlaufwerkverbindung im Windows Explorer auf die Freigabeordner des NAS zugreifen. Da diese Netzlaufwerkverbindungen intern aber über Adressen arbeiten, die nur funktionieren, wenn Sie wirklich in der Firma sind, kommen Sie damit im Homeoffice nicht weiter.

Die gute Nachricht für Sie: Sie können auch im Homeoffice, in einem Hotel, im ICE nach Paris oder mit einem mobilen Router Teil Ihres Firmennetzwerks werden – oder Ihres privaten Heimnetzwerks, je nachdem, wo Ihr NAS steht.

18.2 So funktionieren VPN-Verbindungen

Wenn Sie nur eine VPN-Verbindung aufbauen wollen, können Sie diesen Abschnitt überspringen und gleich mit der Installation beginnen. Für die Fehlersuche und das allgemeine Verständnis ist es jedoch nützlich, wenn man weiß, was eigentlich passiert, wenn VPN-Verbindungen aufgebaut werden.

Schauen wir uns daher die Funktionsweise von VPN einmal in vereinfachter Form an. VPN basiert auf dem klassischen Client-Server-Konzept.

18.2.1 VPNs arbeiten nach dem Client-Server-Prinzip

Sie benötigen einen VPN-Server in dem Netzwerk, dem Sie beitreten wollen. Im obigen Beispiel wäre dies das Firmennetzwerk, hier müsste Ihr VPN-Server hin, der ausreichend groß dimensioniert sein sollte, falls viele Mitarbeiterinnen und Mitarbeiter gleichzeitig darauf zugreifen wollen. Falls es aber nur um wenige Zugriffe geht oder Sie stattdessen auf Ihr NAS-System zu Hause zugreifen wollen, reicht Ihr QNAP dafür gut aus. QNAP bietet eine VPN-Server-App namens *QVPN Service*, die Sie einfach auf dem NAS installieren können. In Abschnitt 18.4 erfahren Sie, wie Sie diese App installieren, in Abschnitt 18.5 und Abschnitt 18.6 schauen wir uns die etwas aufwändigere Konfiguration an, die Sie auf dem Server durchführen müssen.

Auf der anderen Seite gibt es den VPN-Client. Auch dabei handelt es sich lediglich um ein Softwareprodukt, das auf einem Rechner installiert wird. VPN-Clients für die hier verwendeten VPN-Produkte sind kostenfrei verfügbar und müssen nur mit den notwendigen Parametern konfiguriert werden, so dass sie den VPN-Server erreichen können. Je nach eingesetztem Produkt können diese Parameter einfach als Datei importiert werden oder sie müssen manuell eingetragen werden.

Bestandteile einer VPN-Client-Konfiguration

Die Parameter beinhalten unter anderem folgende Daten:

1. die öffentliche IP-Adresse des VPN-Servers
2. die Adresse, die der Teilnehmer im Zielnetzwerk erhält
3. den DNS-Server, der nach dem Aufbau der Verbindung zu verwenden ist
4. Zugangsdaten zum erfolgreichen Verbindungsaufbau oder einen Passkey bzw. eine Passphrase
5. eine Aufzählung von IP-Adressen oder Angabe eines IP-Adressen-Segments, die über die VPN-Verbindung zu senden sind

Im Grunde untersucht der VPN-Client, nachdem er sich mit den Zugangsdaten aus Punkt 4 erfolgreich ins Zielnetzwerk eingehängt hat, auf dem Client-Computer alle Datenpakete, die versendet werden. Sobald sich darunter ein Paket an einen Host befindet, der in Punkt 5 genannt ist, sendet der VPN-Client das Paket nicht über die Netzwerkschnittstelle des lokalen Computers ins lokale Netzwerk, sondern an einen virtuellen Netzwerkadapter im System, der zum VPN-Client gehört.

Dieser Adapter hat als Absender-IP-Adresse die aus Punkt 2 und sendet die Datenpakete über die VPN-Verbindung an den unter Punkt 1 genannten Server im Internet. Natürlich wandern die Datenpakete damit letzten Endes auch über den physikalischen Netzwerkadapter des Client-Computers, sie sind aber verpackt in verschlüsselten VPN-Paketen und passieren unabhängig von dem Port, auf dem sie ursprünglich gesendet wurden, allesamt den VPN-Port des Netzwerkadapters. Die Pakete gelangen verschlüsselt ins Internet und dort zur öffentlichen IP-Adresse des VPN-Servers. Die Verschlüsselung erfolgt mit dem öffentlichen Schlüssel des VPN-Servers.

18.2.2 Öffentliche IP-Adresse und Portweiterleitung

Öffentlich ist eine IP-Adresse, wenn sie im gesamten Internet erreichbar und dauerhaft ist. Normale Heim-DSL-Anschlüsse haben IP-Adressen, die sich durch eine Zwangstrennung alle 24 Stunden ändern können. Man nennt diese Adressen auch *dynamische IP-Adressen*. Um VPN sinnvoll mit ihnen zu betreiben, können dynamische DNS-Dienste auf dem NAS verwendet werden, etwa myQNAPcloud. Hierbei prüft ein kleines Programm auf dem NAS, mit welcher IP-Adresse das NAS momentan im Internet erreichbar ist (sprich: welche IP-Adresse der Internetprovider momentan diesem Anschluss zugeteilt hat), und meldet diese Adresse an einen Cloud-Anbieter, der einen festen Hostnamen damit verknüpft, etwa *beispielnas.myqnapcloud.com*.

Wenn ein Client im Internet nun diesen Hostnamen kontaktiert, landet er beim DSL-Anschluss mit der dynamischen IP-Adresse. Und 24 Stunden später landet er erneut bei der dann geänderten, dynamischen IP-Adresse, weil das Programm auf dem NAS die neue IP-Adresse dem Dynamic-DNS-Anbieter aktuell mitgeteilt hat.

Zurück zum VPN-Datenpaket: Das erste Gerät, das das Datenpaket erreicht, ist der DSL-Router. Da dieses Paket keine Antwort auf ein Paket ist, das vorher aus dem lokalen Netzwerk ins Internet ging, kann der DSL-Router nicht zuordnen, zu welchem Gerät im lokalen Netzwerk er dieses Paket senden soll. Normalerweise verwirft er solch ein Datenpaket. Es ist aber möglich, dem Router für jeden Port eine Zuordnung zu geben, zu welchem Zielrechner er Datenpakete senden soll, die unter diesem Port eintreffen. Diese Technik nennt sich *Portweiterleitung*. Im DSL-Router des Zielnetzwerks wird nun für den VPN-Port eine Portweiterleitung zum VPN-Server im lokalen Netzwerk hinterlegt.

Der VPN-Server nimmt das VPN-Datenpaket entgegen und entfernt den »Briefumschlag«, den der VPN-Client um das Original-Datenpaket gepackt hat. Dabei entschlüsselt er das Datenpaket. Das ist möglich, weil er den zum öffentlichen Schlüssel passenden privaten Schlüssel hat. Anschließend liest er aus, an welchen Zielrechner das Paket eigentlich gesendet werden sollte. Dann stellt er es an diesen Rechner zu. Somit hat der VPN-Server einen virtuellen Netzwerkadapter mit der IP-Adresse, die oben unter Punkt 2 genannt ist, und den Client aus dem entfernten Netzwerk im lokalen Netzwerk mit einer IP-Adresse repräsentiert, die zum IP-Adresssegment des lokalen Netzwerks gehört. Können Sie mit einer VPN-Verbindung nicht nur den VPN-Server erreichen (im Falle von QNAP wäre dies das NAS), sondern auch andere Geräte im Zielnetzwerk: Ihren Drucker, Ihre Webcam, Ihren smarten Videorekorder, Smart-Home-Systeme usw. – und all das, ohne dass Sie diese Geräte öffentlich im Internet erreichbar machen (also ohne Portweiterleitung).

Antworten die Zielgeräte auf das eingehende Datenpaket, adressieren sie es an den Empfänger mit der IP-Adresse, die im Kasten »Bestandteile einer VPN-Konfiguration« unter Punkt 2 angegeben ist. Damit landet es wiederum beim virtuellen Netzwerkadapter des VPN-Servers, weil dieser den entfernten Netzwerkteilnehmer in virtueller Form lokal repräsentiert. Der VPN-Server verpackt dieses Datenpaket wieder in einen virtuellen Briefumschlag und verschlüsselt es mit dem öffentlichen Schlüssel des VPN-Clients. Danach sendet er das Datenpaket über das Internet an den VPN-Client zurück.

Der DSL-Router des Ursprungsnetzwerks, von dem aus die Anfrage gestartet wurde, benötigt keine VPN-Portweiterleitung, weil es sich um ein Antwortpaket handelt. Der Router weiß somit, an welchen Client er das Paket senden muss.

Der VPN-Client erhält die Antwort auf seine Anfrage vom DSL-Router und kann das Paket mit seinem privaten Schlüssel entschlüsseln.

Damit die Verschlüsselung funktioniert, benötigt der VPN-Server den öffentlichen Schlüssel des VPN-Clients und der VPN-Client den öffentlichen Schlüssel des VPN-Servers. Am Beispiel von WireGuard werden wir später sehen, dass Sie diese Daten auch tatsächlich per Copy & Paste in die jeweiligen Konfigurationen kopieren müssen.

Es gibt eine wichtige Voraussetzung dafür, dass der VPN-Client die zu versendenden Pakete richtig identifizieren kann: Damit er entscheiden kann, ob das Paket über den physikalischen Netzwerkadapter ins lokale Netz oder über den virtuellen Netzwerkadapter ins VPN-Netz geroutet wird, sollten sich die IP-Adresssegmente vom lokalen Netzwerk und vom entfernten VPN-Zielnetzwerk unterscheiden. Alle anderen Lösungen erfordern die Erstellung komplexer NAT-Regeln oder Routing-Einträge im Netzwerk.

18.2.3 DNS-Server und VPN

Bleibt noch zu klären, wozu der DNS-Server aus Punkt 3 dient. DNS steht für *Domain Name System* und löst Hostnamen wie *beispielnas.myqnapcloud.com* zu einer IP-Adresse auf. Im Internet gibt es öffentliche DNS-Server, wie den Server von Google mit der IP 8.8.8.8. Wenn Sie diesen befragen, erhalten Sie zuverlässige Auskünfte, welche IP hinter welcher Domain steckt.

Aber auch im lokalen Netzwerk gibt es DNS-Server, so dass zum Beispiel Ihr NAS mit dem Namen *BEISPIELNAS* im Netzwerk auch durch Aufruf mit dem Namen statt nur der IP gefunden wird. Im Normalfall funktioniert DNS in lokalen Netzwerken so, dass der DSL-Router auch einen DNS-Server bereitstellt und alle Clients diesen Router zur Namensauflösung verwenden. Der DSL-Router erkennt anhand der Anfrage automatisch, ob der angefragte Host überhaupt im lokalen Netzwerk vorhanden ist. Wenn nicht, befragt er seinerseits einen DNS-Server des Internetproviders direkt im Internet (oder z. B. den oben genannten DNS-Server). Die Antwort sendet er dann zurück an den anfragenden Client im lokalen Netzwerk. Auf diese Weise kann ein einzelner DNS-Server Anfragen zu Rechnern im lokalen Netzwerk und zu Hosts im Internet beide korrekt beantworten.

Zu einem Problem wird dies bei einer VPN-Verbindung, weil dort zwei Netzwerke zusammengeschlossen werden, die beide einen DNS-Server haben. Jeder der beiden kennt die lokalen Teilnehmer des eigenen Netzwerks: Der DNS-Server im Netzwerk des VPN-Clients kennt alle Rechner im Netzwerk des VPN-Clients. Der DNS-Server im Netzwerk des VPN-Servers kennt alle Rechner im Netzwerk des VPN-Servers. Sie können nun festlegen, welcher Server zu verwenden ist. Meist tragen die Administratoren den DNS-Server des VPN-Server-Netzwerks ein. Denn nur dann ist gewährleistet, dass der VPN-Client Server und andere Ressourcen wie Drucker oder Maschinen im VPN per Hostnamen erreicht. Wenn die Einrichtung nicht korrekt ist, sind alle Geräte im Zielnetzwerk nur per IP-Adresse erreichbar. Das könnte zu Problemen führen, falls Programme oder Netzlaufwerkverbindungen Hostnamen statt IP-Adressen nutzen. Hostnamen sollte aber stets der Vorzug gegenüber IP-Adressen gegeben werden, weil Sie so auch einmal problemlos IP-Adressen ändern können. Solange der Hostname gleich bleibt, können sich weiterhin alle Clients fehlerfrei verbinden.

Wenn Sie den DNS-Server des Zielnetzwerks (des DNS-Servers im VPN-Server-Netzwerk) eintragen, können Sie nicht mehr die Hostnamen des lokalen Netzwerks verwenden, weil Sie dazu den lokalen DNS-Server kontaktieren müssten. Einen Tod müssen Sie also leider sterben. Sie müssen sich entscheiden, ob Sie lieber die Hosts im lokalen Netzwerk per Hostname statt IP erreichen wollen und die Hosts im entfernten VPN-Netzwerk nur per IP (lokalen DNS-Server eintragen) oder die Hosts im entfernten Netzwerk per Hostnamen statt IP und die Hosts im lokalen Netzwerk per IP (DNS-Server aus dem VPN-Netzwerk eintragen).

18.2.4 Zusammenfassung

Mit dieser Erläuterung können Sie vielleicht noch nicht als professioneller Netzwerk-Admin arbeiten, und ich ignoriere auch viele Praxisprobleme in der Adress-Übersetzung (NAT). Sie haben aber einen grundsätzlichen Einblick erhalten, welche technischen Hürden bei der Nutzung von VPN (mindestens) zu nehmen sind. Sie stellen nämlich die typischen Fehlerquellen bei der Einrichtung von VPN-Verbindungen dar. Hier sind sie noch einmal im Überblick:

- Ein Gerät in der Kette der Weiterleitungen (*Hops*) gibt die Pakete nicht richtig weiter. Dies kann eine Firewall sein, die Pakete bewusst filtert, oder ein DSL-Router auf der Seite des VPN-Servers, der keine Portweiterleitung für eingehende VPN-Datenpakete eingestellt hat. Manche öffentlichen Netzwerke wie Gast-WLANs oder Hotel-Hotspots erlauben teilweise nur Datenverbindungen auf bestimmten Ports, den sogenannten *Webports* 443 oder 80. Um sich Stress mit Netzwerkteilnehmern zu ersparen, blocken sie per se alle anderen Ports und damit manchmal auch VPN-Verbindungen. In solch einem Fall haben Sie kaum eine Chance, eine VPN-Verbindung aufzubauen, da Sie die Netzwerkkonfiguration Ihres lokalen Starbucks wohl nicht anpassen können ...
- Wenn Sie eine öffentliche IPv4-Adresse von Ihrem Internetprovider zugeteilt bekommen, können Sie sich mittlerweile glücklich schätzen. Sogenannte *DS-Lite-Anschlüsse* bieten eine solche leider nicht mehr an, Sie bekommen also noch nicht einmal Ihre eigene öffentliche IPv4-Adresse. Manche Provider teilen auch nur noch IPv6-Adressen zu oder verwenden andere Techniken, um die Teilnehmer mit dem Internet zu verbinden. Der Zugang über das Kabelnetz via Vodafone ist so ein Fall. Ob Sie eine öffentliche IP haben oder zumindest buchen können, verrät Ihnen die Support-Hotline Ihres Internetanbieters.
- Für einen ersten Verbindungscheck können Sie eine IP-Adresse anpingen. Wenn das funktioniert, steht der sogenannte VPN-Tunnel. Wenn Sie denselben Host aber nicht per Hostnamen (statt IP) erreichen, haben Sie ein DNS-Problem. Tragen Sie den korrekten DNS-Server aus dem Zielnetzwerk ein, um dieses Problem zu lösen.
- Wenn selbst ein Ping nicht funktioniert, konnte der VPN-Tunnel vermutlich überhaupt nicht aufgebaut werden. Werfen Sie einen Blick in die Logfiles des VPN-Clients. Wenn dort wiederholt eine Meldung steht wie *Handshake did not complete after 5 seconds*, konnte der VPN-Server überhaupt nicht erreicht werden. Prüfen Sie Ihre Internetverbindung und die Portweiterleitung beim DSL-Router im Zielnetzwerk (nicht Ihrem eigenen DSL-Router!). Im Logfile finden Sie auch Hinweise darauf, ob die Verbindung aufgrund falscher Zugangsdaten nicht hergestellt werden konnte (*Authentication failed* oder ähnliche Meldungen).
- Aus der theoretischen Beschreibung folgt, dass die IP-Adresssegmente des Quellnetzwerks (aus dem Sie sich mit dem VPN-Client verbinden) und dem Zielnetzwerk (in das Sie sich mit dem VPN-Client verbinden), unterschiedlich sein müssen. Zwei FRITZ!Box-Netzwerke, die beide mit dem lokalen Adresssegment 192.168.178.xxx arbeiten, lassen sich nicht ohne Weiteres (wie z. B. Teilsegmentrouten) verbinden. Dazu muss ein Segment verändert werden, z. B. auf 192.168.177.xxx. Andernfalls können die VPN-Datenpakete nicht korrekt zugestellt werden.

18.3 VPN-Protokolle

Es gibt mehrere weit verbreitete VPN-Protokolle mit unterschiedlichen Stärken. QVPN Service unterstützt die Protokolle QBelt, PPTP, IPSec, OpenVPN und WireGuard. Zwei Optionen werden aktuell hauptsächlich genutzt, um beispielsweise Homeoffice-Arbeitsplätze anzubinden: das bewährte OpenVPN und das neuere WireGuard. Wir stellen Ihnen beide Konfigurationen in den folgenden Abschnitten vor.

WireGuard bietet eine *wesentlich* bessere Verbindungsperformance. Wenn Sie die Wahl haben, sollten Sie WireGuard bevorzugt einsetzen. Der Hintergrund dafür ist, dass WireGuard 2020 mit Kernel-Version 5.6 Teil des Linux-Kernels wurde und damit Datenpakete mit weniger Overhead schneller verarbeiten kann als OpenVPN. Wenn Sie WireGuard mit dem QNAP NAS verwenden möchten, werden Sie die notwendigen Konfigurationsdateien für die Clients manuell erzeugen müssen. Wenn Sie sich mit unserer Anleitung aber durch die manuelle Client-Konfiguration von WireGuard gekämpft haben, werden Sie mit einer besseren Verbindungsperformance belohnt.

Wenn Sie aufgrund von Beschränkungen in Ihrem Unternehmen, zur Verfügung stehenden Ports, Unternehmensvorgaben oder aus anderen Gründen OpenVPN nutzen müssen, ist das aber auch kein Beinbruch. Diese Technik ist seit 2002 am Markt und funktioniert sehr zuverlässig. Wenn Sie OpenVPN mit dem QNAP NAS verwenden, können Sie die notwendigen Konfigurationsdateien für die Clients in der App QVPN Service generieren und brauchen diese lediglich in die Clients zu importieren.

In beiden Fällen müssen Sie aber zunächst QVPN Service installieren. 18

18.4 QVPN Service installieren

Wie Sie im vorigen Abschnitt erfahren haben, bietet Ihr QNAP NAS einen VPN-Server in Form einer installierbaren App an: QVPN Service. Wenn Sie VPN nutzen, um sich von extern in Ihr Netzwerk einzuwählen, ist die Installation von QVPN der erste Schritt.

1. Loggen Sie sich als Administrator in die Weboberfläche des NAS-Systems ein, rufen Sie die App *App Center* auf, und verwenden Sie die Suchfunktion [🔍] oben rechts, um nach »VPN« zu suchen.
2. Ihnen wird das Suchergebnis QVPN SERVICE angezeigt. Klicken Sie auf INSTALLIEREN, um diese App zu installieren.
3. Wenn die App fehlerfrei installiert wurde, finden Sie den Button ÖFFNEN unter dem Programm-Symbol (siehe Abbildung 18.1).

Abbildung 18.1 QVPN Service im App Center suchen und installieren

Durch die oben gezeigten Schritte wird lediglich das Softwarepaket installiert. Es ist noch kein VPN-Server aktiviert worden. Entscheiden Sie sich als Nächstes, ob Sie WireGuard oder OpenVPN einsetzen möchten, und fahren Sie entweder mit Abschnitt 18.5 oder Abschnitt 18.6 fort.

18.5 Ihr NAS als WireGuard-VPN-Server

WireGuard ist die moderne VPN-Lösung mit deutlichen Geschwindigkeitsvorteilen gegenüber OpenVPN. Wenn Sie diese Lösung mit dem QNAP NAS einsetzen möchten, müssen Sie die Client-Konfigurationsdateien händisch bearbeiten. Wir führen Sie durch die notwendigen Schritte. WireGuard-Verbindungen tauchen derzeit nicht im Ereignisprotokoll des NAS auf.

Im Gegensatz zu OpenVPN-Verbindungen konfigurieren Sie bei WireGuard die erlaubten Verbindungen nicht anhand von Benutzern, denen Sie den Zugriff für VPN-Verbindungen erteilen. Stattdessen legen Sie sogenannte *Peers* an. Das sind die Rechner, die sich per VPN einwählen dürfen. Beim Anlegen von Peers können Sie neben einem Namen einen öffentlichen Schlüssel eingeben, der für diesen Peer gilt. Diesen lesen Sie zuvor im VPN-Client in einer leeren, neu erstellten Verbindung aus. Der VPN-Server prüft bei eingehenden Verbindungsanfragen dann lediglich, ob er einen Eintrag in der Liste der Peers hat, der zu diesem öffentlichen Schlüssel gehört. Wenn ja, teilt er die zu diesem Peer festgelegte IP-Adresse zu.

OpenVPN im Vergleich dazu funktioniert über eine Authentifizierung über Benutzername und Kennwort. Wohl deswegen finden Sie in QVPN Service entsprechende Menüpunkte Privilegieneinstellungen, Online-NAS-Benutzer und Verbindungsprotokolle. Diese Menüpunkte haben für WireGuard keine Bedeutung, lassen Sie sich durch diese Einträge also nicht verwirren. Um aktive WireGuard-Client-Verbindungen zu erkennen, können Sie ausschließlich die Peer-Tabelle zu Rate ziehen. Darin finden Sie in der Spalte Letzter Handshake einen Hinweis, wann sich ein gewisser Client das letzte Mal eingewählt hat.

18.5.1 WireGuard-Server aktivieren

Der WireGuard-VPN-Server wird in der QVPN-Service-App eingerichtet.

1. Starten Sie als Administrator die App QVPN Service in der Weboberfläche des NAS-Systems, und rufen Sie im linken Menü im Bereich VPN Server den Menüpunkt WireGuard auf.
2. Setzen Sie einen Haken bei WireGuard-VPN-Server aktivieren (siehe Abbildung 18.2).

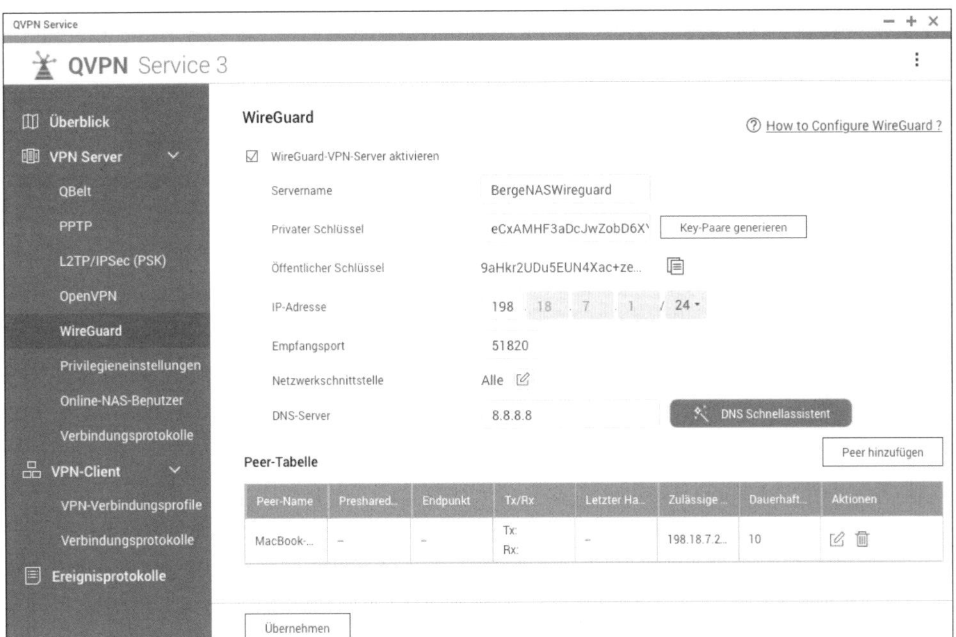

Abbildung 18.2 WireGuard-Einstellungen in der QVPN-Service-App

3. Vergeben Sie im Feld SERVERNAME einen Namen für den NAS-Server. Dieser ist frei wählbar. Bei der Eingabe finden Sie heraus, dass nicht alle Sonderzeichen erlaubt sind.
4. Klicken Sie neben dem Eingabefeld PRIVATER SCHLÜSSEL auf KEY-PAARE GENERIEREN. Die Felder PRIVATER SCHLÜSSEL und ÖFFENTLICHER SCHLÜSSEL werden daraufhin befüllt. Schreiben Sie nicht die Werte aus Abbildung 18.2 ab, sondern erzeugen Sie ein eigenes Schlüsselpaar.

   Der öffentliche Schlüssel wird von einem Gerät zum Verschlüsseln von Datenpaketen verwendet. Die Daten werden immer mit dem öffentlichen Schlüssel des Ziel-Hosts verschlüsselt. Mit dem privaten Schlüssel werden die empfangenen Daten wieder entschlüsselt.
5. Beim Punkt IP-ADRESSE geben Sie an, welches IP-Adresssegment für VPN-Verbindungen verwendet werden soll. Verwenden Sie eines, das keinen Adresskonflikt mit einem vorhandenen Netzwerk verursacht. In der Regel können Sie den Vorschlag *198.18.7.1/24* übernehmen.
6. Als EMPFANGSPORT ist *51820* voreingestellt, der Standardport für WireGuard. Wenn dieser nicht anderweitig belegt ist, belassen Sie diese Einstellung so.
7. Bei NETZWERKSCHNITTSTELLE wählen Sie ALLE.
8. Bei DNS-SERVER tragen Sie z. B. den öffentlichen Google-DNS-Server *8.8.8.8* ein. Es sollte sich um einen Server handeln, der von beiden zu verbindenden Netzwerken aus gleichermaßen erreichbar ist.
9. Klicken Sie auf ÜBERNEHMEN, um den WireGuard-VPN-Server zu aktivieren.

18.5.2 WireGuard-Peer eintragen

Nachdem der VPN-Server gestartet wurde, müssen Sie angeben, welche Clients sich verbinden dürfen. Wie Sie bereits wissen, arbeitet WireGuard nicht mit Benutzeraccounts, sondern mit Peers. Zu jedem Peer gehört ein Name, ein öffentlicher Schlüssel und eine IP-Adresse. Letztere teilt QVPN Service automatisch zu, wenn Sie einen neuen Peer hinzufügen.

Den Namen des Peers können Sie frei wählen. Den öffentlichen Schlüssel erhalten Sie im VPN-Client. Somit müssen wir nun ein wenig zwischen der Client-Einrichtung und der Server-Einrichtung springen. Es ist hilfreich, das Webinterface des NAS-Systems auf dem betroffenen Client-Computer zu öffnen, um bestimmte Werte via Zwischenablage zwischen QVPN Service und VPN-Client zu übertragen.

1. Installieren Sie den WireGuard-VPN-Client auf dem Client-Computer. Diesen können Sie kostenfrei auf *wireguard.com* herunterladen. Für macOS- und Android-Geräte ist er im jeweiligen App Store erhältlich.

2. Öffnen Sie den WireGuard-VPN-Client auf dem Client-Computer, und legen Sie eine neue Verbindung an, indem Sie auf das Plus-Symbol [+ ⌄] klicken und LEEREN TUNNEL HINZUFÜGEN auswählen.

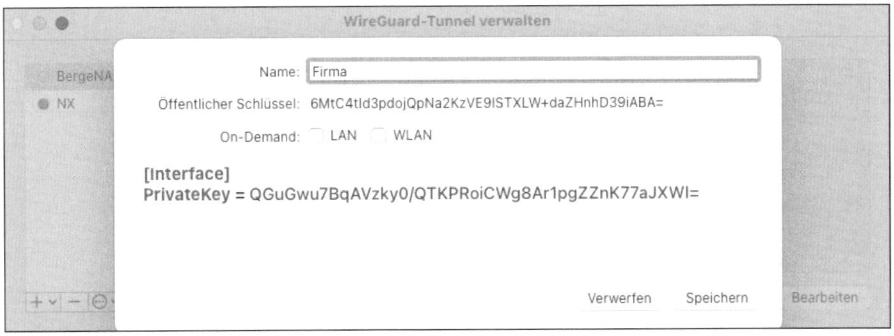

Abbildung 18.3 VPN-Tunnel im WireGuard-VPN-Client anlegen und privaten Schlüssel abrufen

3. Vergeben Sie im Feld NAME einen aussagekräftigen Namen für die VPN-Verbindung, so dass Ihnen bei mehreren vorhandenen VPN-Verbindungen eine Unterscheidung möglich ist. Beispiel: *Firma*.
4. Im unteren Bereich finden Sie ein Code-Eingabefenster. Darin werden Sie die VPN-Konfiguration in Form von Schlüssel-Werte-Paaren vornehmen. Ein Paar ist bereits vorgegeben: der PRIVATEKEY, zu Deutsch »privater Schlüssel«. Dieser gehört zum VPN-Client und wurde gerade für Sie generiert. Schreiben Sie nicht die Werte aus den Bildern in diesem Beispiel ab, sondern nutzen Sie die von Ihrem Programm erzeugten Werte. Der private Schlüssel wird vom Client genutzt, um eingehende VPN-Datenpakete zu entschlüsseln. Geben Sie diesen Key nicht weiter.

   Ein weiterer vorgegebener Wert ist ÖFFENTLICHER SCHLÜSSEL, der direkt unter dem Feld NAME steht. Diesen benötigt der VPN-Server, um Datenpakete an diesen Client zu verschlüsseln. Notieren Sie sich den öffentlichen Schlüssel mit dem Hinweis »öffentlicher Schlüssel VPN-Server«.
5. Klicken Sie im Webinterface des NAS-Systems (in der App QVPN Service im Menüpunkt WIREGUARD) auf PEER HINZUFÜGEN. Sie erhalten dann ein Fenster mit Informationen wie in Abbildung 18.4.
6. Tragen Sie einen aussagekräftigen Namen für Ihren Client-Computer ein, etwa *HomeofficeRechner*.
7. In das Feld ÖFFENTLICHER SCHLÜSSEL tragen Sie den vom VPN-Client erzeugten, öffentlichen Schlüssel ein – nicht den Schlüssel des WireGuard-VPN-Servers, sondern den des VPN-Clients vom Client-Computer!
8. Blenden Sie ERWEITERTE EINSTELLUNGEN ein, und notieren Sie sich die Angabe, die bei ZULÄSSIGE IPS steht. Diese muss später im VPN-Client eingetragen werden.

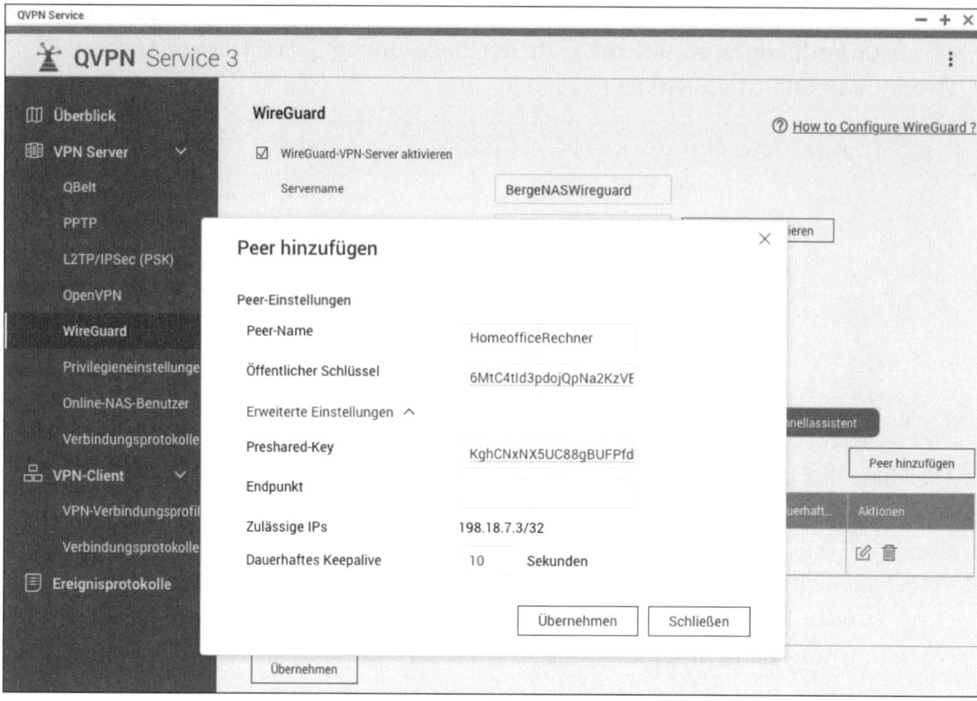

Abbildung 18.4 QVPN Service: WireGuard-Peer hinzufügen

9. Die Felder PRESHARED-KEY und ENDPUNKT sind optional, diese können Sie leer lassen. Der Preshared-Key erhöht nochmals die Sicherheit. Wenn Sie ihn verwenden möchten, muss er base64-kodiert angegeben werden und auf Server und Client gleich eingetragen werden. Sie können einen gültigen Preshared-Key über die Website *wireguardconfig.com* erzeugen, indem Sie dort den Haken bei USE PRE-SHARE KEYS setzen und anschließend auf GENERATE CONFIG klicken. Aus den erzeugten Konfigurationen kopieren Sie sich ausschließlich den Preshared-Key und fügen ihn in das Eingabefeld im NAS-Webinterface ein. Hinweis: Jeder Client (Peer) sollte einen eigenen Preshared-Key haben.
10. Klicken Sie auf ÜBERNEHMEN, um den Peer-Eintrag abzuspeichern.

Die Einrichtung des VPN-Servers ist damit abgeschlossen. Wir fahren mit der Einrichtung des Clients fort.

18.5.3 WireGuard-Konfiguration auf dem Client abschließen

Auf dem VPN-Client ist noch immer das Einrichtungsfenster für den neuen VPN-Tunnel geöffnet. Sie können zwischendurch auf SPEICHERN klicken, um das erzeugte Schlüsselpaar nicht zu verlieren. Danach klicken Sie wieder auf BEARBEITEN und fahren wie folgt fort:

1. Tippen Sie unterhalb des bereits generierten Private Keys die in Abbildung 18.5 dargestellten Schlüssel-Werte-Paare ein. Die Werte passen Sie in den nächsten Schritten gleich an Ihre eigene Netzwerkkonfiguration an.

Abbildung 18.5 WireGuard-VPN-Client-Konfiguration

2. Unter ADDRESS tragen Sie als Wert die IP-Adresse ein, die Sie sich beim Anlegen des Peer-Eintrags im NAS-Webinterface notiert haben. Dies ist die IP-Adresse, die dem Client im Zielnetzwerk zugewiesen wird.
3. Unter DNS tragen Sie entweder den im Internet erreichbaren DNS-Server 8.8.8.8 ein oder einen DNS-Server des Zielnetzwerks für den Fall, dass die Namensauflösung für die dortigen Systeme zuverlässig funktionieren soll. In unserem Beispiel haben wir mit *192.168.178.1* die lokale IP-Adresse der FRITZ!Box der Firma eingetragen. Die genannte FRITZ!Box stellt den DNS-Server in der Firma und ist auch in der Lage, den Hostnamen des NAS-Systems zu einer IP aufzulösen, und genau diese Funktionalität benötigen wir. Beachten Sie: Hier muss (wenn Sie keinen öffentlichen DNS-Server aus dem Internet nutzen) eine IP-Adresse aus dem Zielnetzwerk eingetragen werden, also dem Netzwerk, mit dem Sie sich verbinden. In größeren Firmen steht hier meist die IP-Adresse des *Primary Domain Controllers* (PDC), der in den allermeisten Fällen auch den Microsoft-DNS-Server im Firmennetzwerk bereitstellt.
4. Unter PUBLICKEY tragen Sie den öffentlichen Schlüssel des VPN-Servers ein. Das ist jener, den das NAS beim Setzen des Hakens WIREGUARD-VPN-SERVER AKTIVIEREN generiert hat und den Sie sich notiert haben, als es um den öffentlichen Schlüssel des VPN-Servers ging.

18

Mit diesem Schlüssel wird der VPN-Client VPN-Datenpakete verschlüsseln. Der VPN-Server nutzt dann seinen eigenen, privaten Schlüssel, um das Paket zu entschlüsseln.

5. Unter PRESHAREDKEY tragen Sie denselben Wert ein, den Sie beim Anlegen des Peers im Webinterface des NAS eingetragen haben. Wenn Sie unserer Anleitung gefolgt sind, handelt es sich um den Wert, den Sie von *wireguardconfig.com* kopiert haben.

6. Unter ALLOWEDIPS tragen Sie ein, welche Daten über den VPN-Tunnel gesendet werden sollen. Wenn Sie hier – wie in Abbildung 18.5 gezeigt – mehrere, mit Komma getrennte, IP-Adressen mit der Endung */32* angeben, so sendet der VPN-Client nur die Datenpakete über den VPN-Tunnel, die explizit an eine dieser angegebenen IP-Adressen adressiert wurden.

   In unserem Beispiel haben wir mit *192.168.178.2/32* die IP-Adresse des NAS-Systems angegeben und mit *192.168.178.1/32* die IP-Adresse der FRITZ!Box in der Firma, damit der DNS-Server kontaktiert werden kann. Kein anderes System kann kontaktiert werden.

   Ein anderes, zweites Szenario wäre, wenn Sie alle Datenpakete an irgendeinen Host im Segment 192.168.178.xxx über den Tunnel senden möchten. Um dies zu erreichen, tragen Sie bei ALLOWEDIPS *192.168.178.0/24* ein.

   In einem dritten Szenario möchten Sie, dass absolut alle Datenpakete über den VPN-Tunnel gesendet werden. Dann würden auch alle Internetanfragen durch den Tunnel gesendet werden, vom DSL-Anschluss im Büro aus dem Internet abgerufen und dann über den VPN-Tunnel wieder zu Ihrem Client gesendet werden. Das verursacht eine Menge Traffic im Zielnetzwerk und auch in Ihrem Netzwerk. Es kann aber weitere Gründe geben, die Sie dazu veranlassen, genau das so umsetzen zu wollen. Wenn Sie tatsächlich sämtlichen Datentransfer durch den VPN-Tunnel senden möchten, geben Sie bei ALLOWEDIPS den Wert *0.0.0.0/0* ein.

   Am sichersten und performantesten fahren Sie, indem Sie hier nur die IP-Adressen angeben, für die Sie den Tunnel auch nutzen: das NAS, gegebenenfalls Drucker, gern auch ein ganzes Segment.

7. Unter ENDPOINT tragen Sie die öffentliche IP-Adresse des DSL-Anschlusses ein, hinter dem der VPN-Server mit einer Portweiterleitung sitzt. Dahinter steht nach einem Doppelpunkt die Portnummer. Wenn Sie Ihr NAS mit dem Dynamic-DNS-Dienst myQNAPcloud von QNAP verbunden haben, um das Problem der wechselnden IP-Adressen zu umgehen, dann tragen Sie hier den Hostnamen des NAS-Systems bei myQNAPcloud ein. Wenn Sie der Anleitung gefolgt sind und den Standard-WireGuard-Port nutzen, steht hinter den Doppelpunkten der Port *51820*. Wenn Sie sich in Ihr Büro verbinden und Ihr Bürostandort eine feste IP-Adresse hat, können Sie hier auch die feste IP des DSL-Anschlusses Ihres Bürostandorts an-

geben. Besser wäre aber, wenn Sie für die IP-Adresse einen A-Record bei Ihrer Firmen-Web-Domain erzeugen und diese in den VPN-Client eintragen. *buero.meine-firma.de* verweist dann beispielsweise auf die IP-Adresse Ihres Firmen-DSL-Anschlusses. Vorteil bei der Sache: Wenn Sie mal eine andere IP-Adresse haben oder umziehen, ändern Sie einfach den A-Record und brauchen nicht die Konfiguration jedes einzelnen VPN-Clients zu ändern.

8. Unter PERSISTENTKEEPALIVE tragen Sie wie beim Erstellen des Peer-Eintrags eine *10* ein. Alle 10 Sekunden werden damit kleine Datenpakete erzeugt und über den Tunnel gesendet, auch wenn sonst kein Datenverkehr vorhanden ist. Mit diesen Keep-Alive-Packages erkennen Server und Client, dass die Netzwerkverbindung noch fehlerfrei funktioniert, auch wenn gerade nichts übertragen wird.
9. Und dann sind Sie endlich fertig: Klicken Sie auf SPEICHERN, um die Konfiguration zu übernehmen.

Ehe Sie eine Verbindung aufbauen können, müssen Sie den VPN-Server aus dem Internet erreichbar machen, indem Sie eine Portweiterleitung einrichten.

18.5.4 Portweiterleitung im Internetrouter einrichten

Wie im ersten Abschnitt dieses Kapitels erläutert, muss eine Portweiterleitung für den VPN-Server eingerichtet werden. Diese wird im Internetrouter des Zielnetzwerks, in unserem Beispiel dem Firmen-DSL-Zugang, eingerichtet.

Die Konfiguration unterscheidet sich von Router zu Router. Wir zeigen sie anhand der sehr weit verbreiteten AVM FRITZ!Box.

1. Begeben Sie sich an einen Client-Computer im Zielnetzwerk, und rufen Sie die IP-Adresse der FRITZ!Box auf. Oft funktioniert es auch durch Eingabe von *fritz.box* im Webbrowser. Das notwendige Kennwort ist, sofern es nicht angepasst wurde, auf dem Router aufgedruckt.
2. Schalten Sie links unten in den lichtgrau hinterlegten Links die ANSICHT auf ERWEITERT, und rufen Sie dann wie in Abbildung 18.6 gezeigt im Menü den Punkt INTERNET sowie das Untermenü FREIGABEN auf. Wählen Sie oben den Reiter PORTFREIGABEN.
3. Wenn hier bereits Geräte angelegt sind, prüfen Sie, ob Ihr NAS-System aufgeführt ist. Wenn Sie sich für den myQNAPcloud-Dienst angemeldet haben, sollte bereits ein Eintrag vorhanden sein.
4. Ansonsten legen Sie das NAS-System über den Button GERÄT FÜR FREIGABEN HINZUFÜGEN an. Zum Hinzufügen tragen Sie unter IPv4-ADRESSE die IP-Adresse des NAS-Systems ein. Die folgenden Schritte sind dann identisch.
5. Klicken Sie auf NEUE FREIGABE. Wenn der Button inaktiv ist, prüfen Sie die IP-Adresse, und klicken Sie neben das Eingabefeld, so dass der Cursor nicht mehr im Eingabefeld für die IP-Adresse blinkt. Danach sollte der Button aktiviert sein.

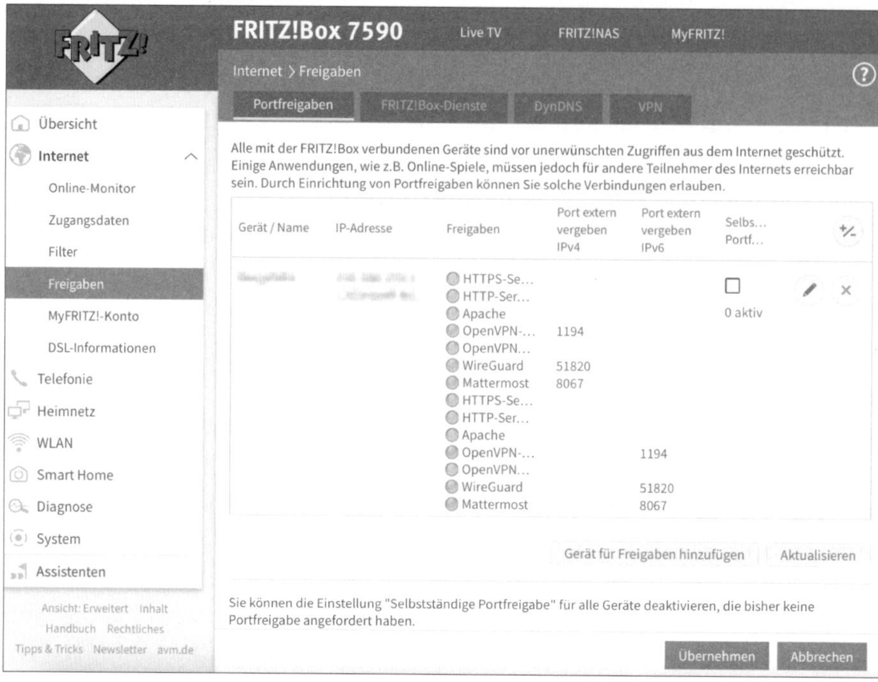

Abbildung 18.6 Portfreigaben in der FRITZ!Box aufrufen

6. Es erscheint ein neues Eingabefenster (siehe Abbildung 18.7). Wählen Sie bei ANWENDUNG den Eintrag ANDERE ANWENDUNG.

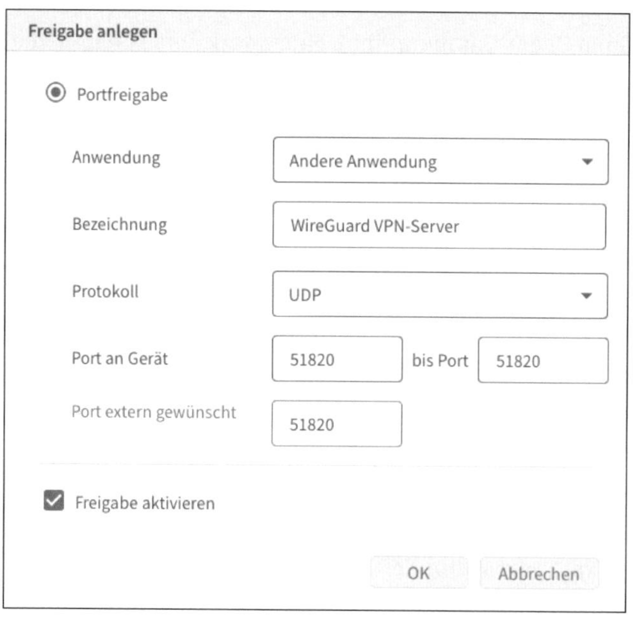

Abbildung 18.7 Portweiterleitung WireGuard in FRITZ!Box anlegen

7. Bei BEZEICHNUNG tragen Sie z. B. *WireGuard VPN-Server* ein.
8. Bei PROTOKOLL wählen Sie UDP.
9. In die drei Port-Felder tragen Sie jeweils *51820* ein, womit nur genau dieser eine Port im Internet freigegeben und auch an genau den gleichen Port des NAS-Systems weitergereicht wird.
10. Bestätigen Sie mit OK. Den vorigen Dialog bestätigen Sie ebenfalls mit OK.

Es kann bis zu ca. 1 Minute dauern, bis die Freigaben aktiv geschaltet sind. Erst wenn Sie ein grünes Symbol vor dem Eintrag sehen, ist die Freigabe aktiv.

18.5.5 Verbindung testen

Zum Testen müssen Sie sich – logischerweise – in ein anderes Netzwerk begeben als das Zielnetzwerk. In unserem Beispielfall heißt das: Wir können keine VPN-Verbindung aufbauen, wenn wir uns im Firmen-WLAN oder Firmennetzwerk befinden. Wenn Sie sich in denselben Räumlichkeiten befinden, könnten Sie alle WLAN-Netzwerkverbindungen und Kabelnetzwerkverbindungen trennen und sich anschließend über einen mobilen Hotspot mit dem Internet verbinden. Von dort können Sie dann die VPN-Verbindung testen. Dazu klicken Sie im WireGuard-VPN-Client beim entsprechenden VPN-Tunnel auf AKTIVIEREN. Wenn Sie mehrere Tunnel eingerichtet haben, kappt der VPN-Client vor dem Verbindungsaufbau automatisch bestehende Verbindungen zu anderen VPN-Tunneln.

18

Protokoll prüfen

Prüfen Sie als Nächstes das Verbindungslog des VPN-Tunnels über das Symbol ⊖ und den Menüpunkt PROTOKOLL ANZEIGEN.

Suchen Sie nach Verbindungsversuchen mit dem Namen Ihres VPN-Tunnels. Hinweise wie *Tunnel ›Firma‹ connection status changed to ›connected‹* sind die Meldungen, die Sie finden müssen und die eine erfolgreiche Verbindung kennzeichnen.

Wenn Sie hingegen Hinweise finden wie *Handshake did not complete after 5 seconds*, so ist dies ein Indiz darauf, dass der VPN-Server nicht erreicht werden kann. Prüfen Sie, ob Sie den Hostnamen bzw. die IP des VPN-Servers anpingen können. Haben Sie eine Internetverbindung? Ist die Adresse korrekt? Wenn ja, können Sie die öffentliche IP des VPN-Servers anpingen? Wenn nein, ist die DSL-Leitung auf Seiten des VPN-Servers vielleicht gestört, oder der dynamische DNS-Eintrag wurde nicht korrekt aktualisiert. Wenn ein Anpingen möglich ist, prüfen Sie die Portweiterleitung. Haben Sie sie korrekt abgespeichert und wird sie grün angezeigt? Die FRITZ!Box vergisst die Portweiterleitung, wenn Sie nicht alle Dialoge mit OK bestätigt haben.

Wenn Sie sich in einem öffentlichen WLAN oder Gast-Netzwerk befinden, testen Sie die Verbindung im Zweifelsfall auch einmal in einem anderen Netzwerk.

Verbindungstest durch Ping

Wenn die Verbindung erfolgreich hergestellt wurde, suchen Sie sich eine Adresse aus dem Zielnetzwerk und versuchen Sie, diese anzupingen. Nun kontaktieren Sie nicht die öffentliche IP des VPN-Servers, sondern einen tatsächlichen Host im Zielnetzwerk, zum Beispiel das NAS-System.

Wenn der Ping nicht erfolgreich ist, prüfen Sie den Eintrag ALLOWEDIPS in der VPN-Client-Konfiguration. Ist die Zieladresse, die Sie kontaktieren, hier aufgeführt? Wenn nicht, fügen Sie sie mit Komma getrennt und gefolgt von */32* der Liste hinzu. Ansonsten prüfen Sie, ob Sie den Zugriff auf das gesamte Subnetz erlauben, indem Sie für ALLOWEDIPS eine Angabe wie *192.168.178.0/24* vornehmen. Achten Sie auf die 0, die das ganze Netz kennzeichnet, und die Angabe */24*, die im Gegensatz zu */32* (Angabe von nur einer einzelnen IP-Adresse) ebenfalls das gesamte Netz anspricht.

Subnetting und CIDR

Wir gehen in dieser Einführung nicht auf die Details der Netzwerkkonfiguration ein. Wenn Sie wissen möchten, was es mit den Schreibweisen */24* bzw. */32* auf sich hat, müssen Sie sich tiefer in das Thema *Subnetting* einlesen und sich anschauen, wie *CIDR* funktioniert. Sie sollten die Konfiguration aber auch erfolgreich ohne dieses Netzwerkwissen abschließen können.

DNS testen

Wenn der Ping zu einer IP-Adresse erfolgreich ist, versuchen Sie nun einen Ping zu einem Hostnamen im Zielnetzwerk, z. B. dem Hostnamen des NAS-Systems. Sofern Sie in der VPN-Client-Konfiguration einen DNS-Server aus dem Zielnetzwerk angegeben haben, wird der Name vom dortigen Server (wenn Sie diesen laut ALLOWEDIPS erreichen können) korrekt aufgelöst, und Ihr Ping wird beantwortet.

Wenn der Ping nicht beantwortet wird, prüfen Sie, ob die DNS-Server-Adresse stimmt und ob Sie den DNS-Server anpingen können. Wenn nicht, könnte die Adresse falsch sein, oder sie ist laut der Angabe ALLOWEDIPS nicht erreichbar.

Prüfen Sie bei Fehlern auch, ob Sie wirklich den richtigen DNS-Server angegeben haben, nämlich den aus dem Zielnetzwerk (in unserem Beispiel: in der Firma). Wenn Sie hier eine IP-Adresse eines öffentlichen DNS-Servers im Internet eintragen, wird dieser natürlich keine lokalen Hostnamen für Sie auflösen. Auch wenn Sie hier versehentlich die IP-Adresse des DNS-Servers im eigenen Netzwerk angegeben haben, funktioniert die Namensauflösung von Systemen aus dem Zielnetzwerk nicht.

18.6 Ihr NAS als OpenVPN-Server

Als Alternative zu WireGuard werfen wir nun einen Blick auf die Einrichtung von OpenVPN. Dieses Protokoll arbeitet bei der Authentifizierung über die Benutzernamen-Kennwort-Kombinationen, so dass bei der Anmeldung gültige Zugangsdaten eines NAS-Benutzers verwendet werden müssen. Wenn das NAS Teil einer Domäne ist, können sich auch Domänennutzer verbinden. Es sind allerdings nicht alle Benutzer automatisch zur Anmeldung via OpenVPN legitimiert. Sie müssen die gewünschten Benutzer in QVPN Service auswählen und aktivieren.

18.6.1 Server aktivieren

OpenVPN aktivieren Sie in der QVPN-App:

1. Loggen Sie sich als Admin in die Weboberfläche des NAS-Systems ein, und öffnen Sie die App QVPN SERVICE.
2. Rufen Sie aus dem Menü im Bereich VPN SERVER den Eintrag OPENVPN auf.
3. Aktivieren Sie den Haken OPENVPN-SERVER AKTIVIEREN (siehe Abbildung 18.8).

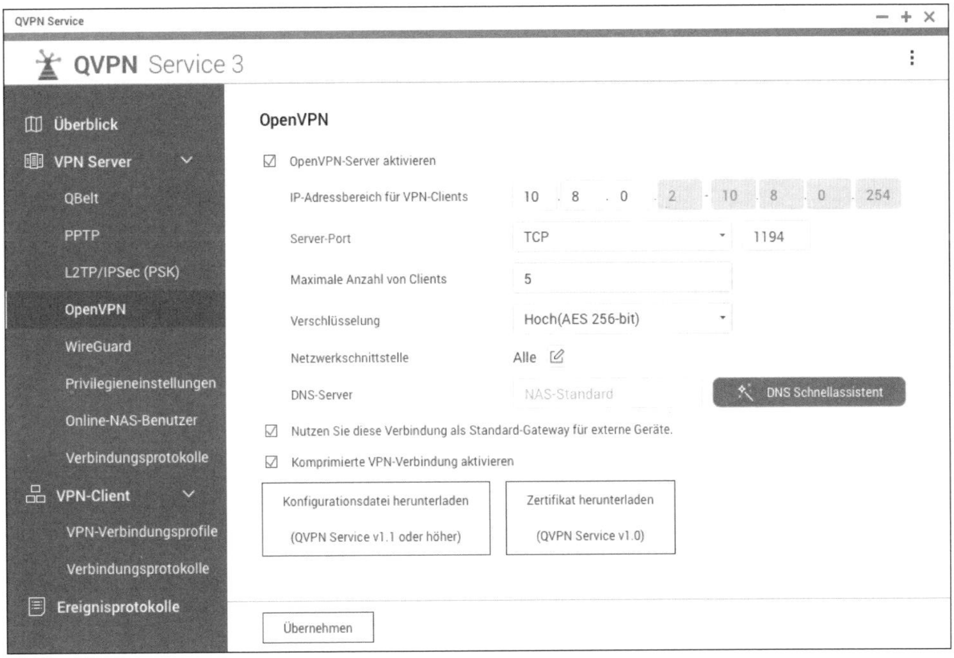

Abbildung 18.8 App QVPN Service: OpenVPN-Server aktivieren

Nun geht es um die korrekte Konfiguration:

1. Geben Sie einen IP-ADRESSBEREICH FÜR VPN-CLIENTS an. Achten Sie darauf, dass dieses Adresssegment nicht das gleiche wie bei den zu verbindenden Netzwerken

ist, da es sonst zu Adresskonflikten kommt. In der Regel können Sie den vorgeschlagenen Wert übernehmen.

2. Wenn auch Sie die anderen Werte individuell festlegen können, haben wir doch mit den im Screenshot dargestellten Werten gute Erfahrungen gemacht.
3. Klicken Sie auf ÜBERNEHMEN, um den VPN-Server zu starten.

18.6.2 Portweiterleitung im Internetrouter einrichten

Als Nächstes gilt es, den VPN-Server im Internet unter der öffentlichen IP-Adresse Ihres Internetzugangs verfügbar zu machen. Dies geschieht über eine Portweiterleitung im Internetrouter.

Die Prozedur zum Anlegen einer solchen Portweiterleitung haben wir in Abschnitt 18.5.4 für WireGuard bereits beschrieben. Nutzen Sie diese Anleitung auch für OpenVPN, wobei Sie bei PROTOKOLL statt auf UDP auf TCP stellen und als Port in allen Port-Eingabefeldern den OpenVPN-Port *1194* angeben.

18.6.3 Erlaubte Benutzer auswählen

Als Nächstes legen Sie fest, welche NAS-Nutzer berechtigt sind, sich per VPN zu verbinden.

1. Wechseln Sie im linken Menü zu den PRIVILEGIENEINSTELLUNGEN, und klicken Sie auf VPN-BENUTZER HINZUFÜGEN.
2. Setzen Sie bei den Benutzern, die sich verbinden dürfen, einen Haken bei OPENVPN. Wenn das NAS-System Teil einer Domäne ist, können Sie im Dropdown-Menü oben links auch Domänenbenutzer auswählen.
3. Bestätigen Sie mit ÜBERNEHMEN.
4. Klicken Sie auf RICHTLINIE FÜR ANMELDEVERSUCHE, und stellen Sie ein, nach wie vielen fehlerhaften Anmeldeversuchen ein Benutzer vorübergehend gesperrt werden soll. Voreingestellt ist der Wert *5*.
5. Klicken Sie im Hauptfenster auch auf ÜBERNEHMEN.

18.6.4 OpenVPN-Client installieren und Konfiguration laden

Nachdem nun der VPN-Server gestartet ist, im Internet verfügbar ist und die Benutzer zur Verbindung legitimiert wurden, geht es darum, einen Client-Computer mit der notwendigen Konfiguration auszustatten, so dass er eine Verbindung herstellen kann.

1. Wechseln Sie in der NAS-Weboberfläche in der QVPN-Service-App in das Menü OPENVPN.

2. Laden Sie mit den Buttons KONFIGURATIONSDATEI HERUNTERLADEN und ZERTIFIKAT HERUNTERLADEN die Konfiguration.
3. Editieren Sie die Datei mit der Endung *.ovpn* gemäß unseren Empfehlungen aus dem Kasten »IP gegen Hostnamen des dynamischen DNS-Dienstes ersetzen«, den Sie am Ende dieses Abschnitts finden.
4. Die angepasste Konfigurationsdatei kopieren Sie samt Zertifikatsdatei auf die Client-Computer, mit denen Sie die VPN-Verbindung aufbauen möchten. Alle Computer können dieselbe Konfiguration erhalten.
5. Auf den Systemen installieren Sie die OpenVPN-Client-Software, die Sie auf *https://openvpn.net/vpn-client/* für verschiedene Client-Betriebssysteme herunterladen können.

   Sie können auch andere VPN-Clients verwenden. Für macOS ist etwa das kostenfreie Programm *Tunnelblick* sehr beliebt.
6. Installieren und öffnen Sie den VPN-Client OPENVPN CONNECT auf dem System. Nachdem Sie den Willkommensdialog mit Hinweisen bestätigt haben, landen Sie im Hauptdialog.
7. Wechseln Sie in den Reiter FILE, und ziehen Sie die *.ovpn*-Datei mit der Maus auf den hellblauen Bereich. Alternativ klicken Sie auf BROWSE und wählen die Datei manuell.

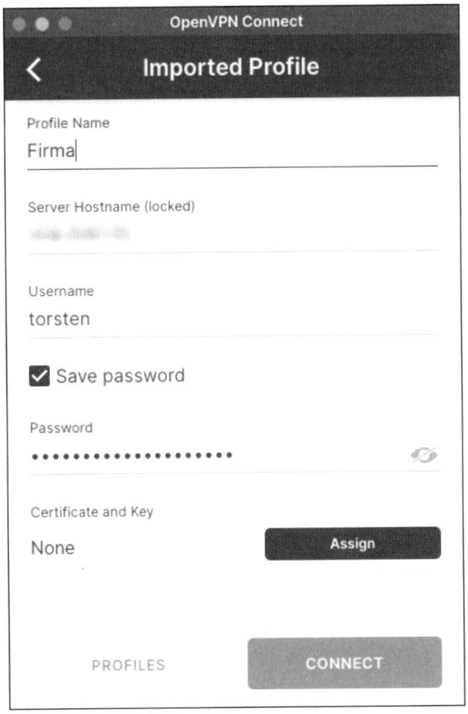

Abbildung 18.9 VPN-Client OpenVPN Connect: Import der .ovpn-Datei

8. Der Assistent bietet Ihnen an, im Feld PROFILE NAME (siehe Abbildung 18.9) die Verbindung zu benennen. Tragen Sie hier einen aussagekräftigen Namen ein, der Ihnen im Falle mehrerer VPN-Verbindungen eine Unterscheidung ermöglicht, etwa *Firma*.
9. Tragen Sie bei USERNAME Ihren NAS-Benutzernamen ein, den Sie in den vorigen Abschnitten als erlaubten VPN-Benutzer hinzugefügt haben.
10. Wenn Sie das Passwort für die Verbindung auch im VPN-Client speichern möchten, setzen Sie den Haken SAVE PASSWORD, und tragen Sie das Passwort ein.
11. Klicken Sie unten im Fenster auf CONNECT, um einen Verbindungsversuch zu starten. Dabei stellt der VPN-Client fest, dass ihm das Zertifikat fehlt, und er zeigt eine Meldung MISSING EXTERNAL CERTIFICATE.

    Aktivieren Sie in der Fehlermeldung den Haken DON'T SHOW AGAIN FOR THIS PROFILE, und klicken Sie auf den Button CONTINUE, ohne ein Client-Zertifikat zu wählen. Die Verbindung wird hergestellt. Achten Sie darauf, dass Sie sich beim Verbindungsversuch nicht im Zielnetzwerk befinden.
12. Um die Verbindung zu trennen, setzen Sie den Schiebeschalter neben dem Namen der VPN-Verbindung nach links (siehe Abbildung 18.10), so dass der Schalter grau dargestellt wird.

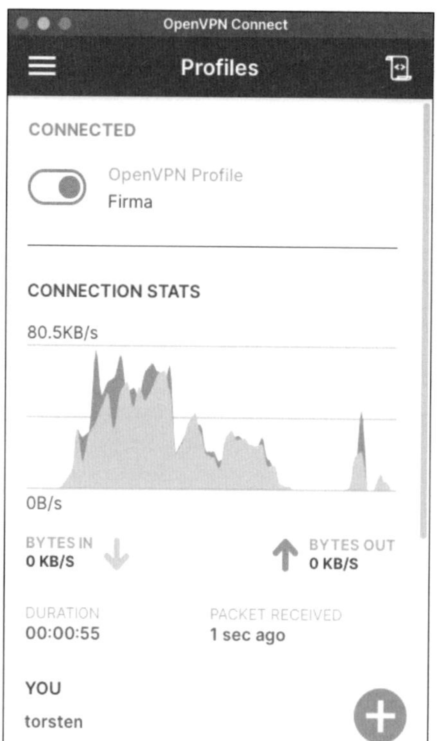

Abbildung 18.10 Verbindungsübersicht OpenVPN Connect

IP gegen Hostnamen des dynamischen DNS-Dienstes ersetzen

Im Grunde können Sie mit den geladenen Konfigurationen direkt arbeiten. Dennoch empfehlen wir eine Änderung der Dateien mit einem Texteditor (etwa Notepad). Es gibt in der Datei mit der Endung *.ovpn* eine Zeile ähnlich der nachfolgenden:

```
remote 91.8.124.176 1194
```

Die angegebene IP-Adresse ist die öffentliche IP-Adresse des Internetanschlusses, hinter dem sich das NAS befindet. Wie Sie aus vorigen Abschnitten wissen, könnte sich diese IP auch einmal ändern. Insbesondere Privatkunden-DSL-Anschlüsse haben in der Regel keine feste IP-Adresse. Wenn Sie Ihr NAS-System beim myQNAPcloud-Dyndns-Dienst registriert haben, haben Sie einen festen Hostnamen vorliegen, der immer auf die aktuelle, wechselnde IP-Adresse des Internetanschlusses gemappt ist – etwa *beispielnas.myqnapcloud.com*. Wir möchten Ihnen deshalb empfehlen, die IP gegen den Hostnamen zu ersetzen:

```
remote beispielnas.myqnapcloud.com 1194
```

18.6.5 Verbindung herstellen und testen

Wenn Sie im vorigen Schritt Probleme beim Herstellen der Verbindung haben, prüfen Sie über das Symbol ▣ das Verbindungsprotokoll. In Abschnitt 18.5.5 haben wir für WireGuard bereits einige Hinweise zum Testen der VPN-Verbindung mit Pings gegeben. Diese helfen Ihnen, auch OpenVPN-Verbindungsprobleme zu lösen.

18.6.6 Laufende Verbindungen einsehen

In der Weboberfläche des NAS-Systems können Administratoren in der QVPN-Service-App die aktuell aufgebauten OpenVPN-Verbindungen prüfen und auch aktiv beenden.

1. Öffnen Sie die QVPN-Service-App in der Weboberfläche.
2. Klicken Sie im Menü im Bereich VPN SERVER auf ONLINE-NAS-BENUTZER.
3. Die hergestellten Verbindungen werden angezeigt und lassen sich durch Klick auf den roten Button trennen.

Ebenso können Sie die Verbindungsversuche von VPN-Benutzern untersuchen und damit zum Beispiel feststellen, ob es fehlgeschlagene Login-Versuche gab. Klicken Sie dazu in der App QVPN Service auf den Menüpunkt VERBINDUNGSPROTOKOLLE. Sie können diese Liste sortieren, indem Sie auf die gewünschte Spaltenüberschrift klicken.

Für detailliertere Suchoptionen verwenden Sie das *QuLog Center*. Hier können Sie nach der Anwendung QVPN Service filtern und Benutzernamen als Suchbegriff eingeben, so dass nur die passenden Einträge angezeigt werden. Die gefilterten Suchergebnisse können Sie sich auch als Registerkarte speichern, wenn Sie diese Suche häufiger ausführen müssen. Durch Ereignisbenachrichtigungsregeln kann QuLog Center Sie informieren, sobald bestimmte Ereignisse auftreten.

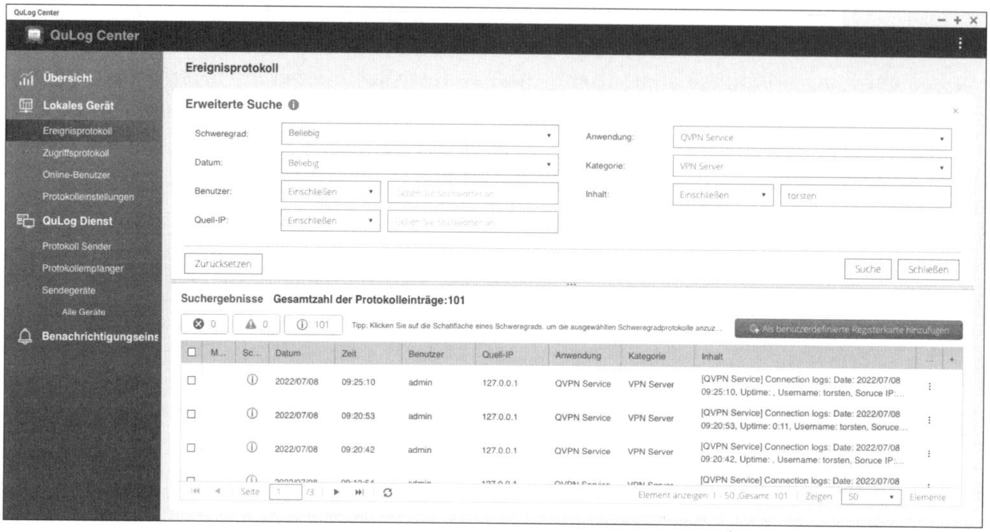

Abbildung 18.11 QuLog Center mit gesetztem Filter für QVPN Service

18.7 NAS als VPN-Client einrichten

In den vorigen Abschnitten haben Sie einen Client-Computer mit einem VPN-Server verbunden, wobei das QNAP-NAS-System die Rolle des VPN-Servers einnahm.

Es ist aber ebenso möglich, sich mit dem NAS-System als Client mit einem fremden VPN-Server zu verbinden. Zwei Beispielszenarien dazu:

- Sie können Ihr NAS als Client mit dem VPN-Server in der Firma verbinden, um dann mit HybridMount auf Dateifreigaben eines Servers im Büro zuzugreifen.
- Sie können zwei NAS aus unterschiedlichen Netzwerken miteinander verbinden, z. B. ein NAS zu Hause mit dem NAS eines Freundes, um dann gegenseitig auf die Daten zugreifen zu können. Ein NAS nimmt dabei die Rolle eines VPN-Servers ein, der VPN-Server muss dort also aktiviert sein. Das andere NAS richtet die Verbindung als VPN-Client ein.

VPN-Client-Verbindungen werden in der QVPN-Service-App im Menü VPN-VERBINDUNGSPROFILE über den Button HINZUFÜGEN erstellt. Hier können Sie *.ovpn*-Profile für eine OpenVPN-Verbindung importieren oder eine WireGuard-Verbindung anlegen (siehe Abbildung 18.12).

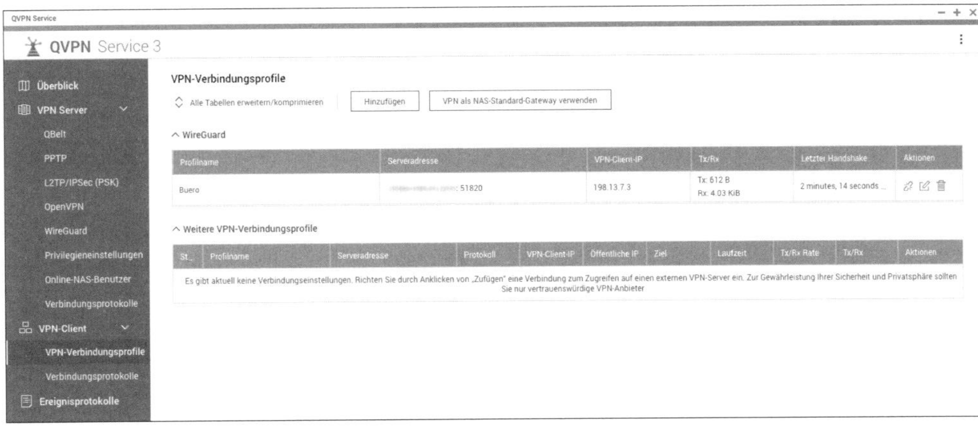

Abbildung 18.12 QVPN Service: Client-VPN-Verbindung im QNAP NAS

Da die Konfiguration an die der vorigen Abschnitte angelehnt ist und dabei auch Besonderheiten der VPN-Konfiguration der entfernten Server zu berücksichtigen sind, verzichten wir an dieser Stelle auf eine detaillierte Anleitung.

Index

M

N

O

P

Q

W

Z